Sobrevivir al fracaso

Sobrevivir al fracaso

Primeros auxilios
para negocios al borde
(y cómo prevenirlo)

Leticia Gasca

VERGARA

Sobrevivir al fracaso
Primeros auxilios para negocios al borde (y cómo prevenirlo)

Primera edición en Argentina: mayo, 2018
Primera edición en México: febrero, 2019

D.R. © 2018, Leticia Gasca

D. R. © 2018, Penguin Random House Grupo Editorial, S.A.
Humberto I, 555, Buenos Aires
www.megustaleer.com.a

D. R. © 2019, derechos de edición mundiales en lengua castellana:
Penguin Random House Grupo Editorial, S. A. de C. V.
Blvd. Miguel de Cervantes Saavedra núm. 301, 1er piso,
colonia Granada, delegación Miguel Hidalgo, C. P. 11520,
Ciudad de México

www.megustaleer.mx

Penguin Random House Grupo Editorial apoya la protección del *copyright*.
El *copyright* estimula la creatividad, defiende la diversidad en el ámbito de las ideas y el conocimiento,
promueve la libre expresión y favorece una cultura viva. Gracias por comprar una edición autorizada
de este libro y por respetar las leyes del Derecho de Autor y *copyright*. Al hacerlo está respaldando a los autores
y permitiendo que PRHGE continúe publicando libros para todos los lectores.

Queda prohibido bajo las sanciones establecidas por las leyes escanear, reproducir total o parcialmente esta
obra por cualquier medio o procedimiento así como la distribución de ejemplares
mediante alquiler o préstamo público sin previa autorización.
Si necesita fotocopiar o escanear algún fragmento de esta obra diríjase a CemPro
(Centro Mexicano de Protección y Fomento de los Derechos de Autor, https://www.cempro.com.mx).

ISBN: 978-607-317-555-5

Impreso en México – *Printed in Mexico*

El papel utilizado para la impresión de este libro ha sido fabricado a partir de madera procedente
de bosques y plantaciones gestionadas con los más altos estándares ambientales, garantizando
una explotación de los recursos sostenible con el medio ambiente y beneficiosa para las personas.

Penguin
Random House
Grupo Editorial

INTRODUCCIÓN

El fracaso de un negocio apesta, provoca dolores de cabeza, corazón y billetera.

Lo sé porque yo he tenido varios fracasos. El peor sucedió hace casi una década y durante mucho tiempo lo borré de mi currículum vitae y de mis conversaciones. Hasta que en el año 2012, en una noche fría de septiembre, nos juntamos cinco amigos (Carlos Zimbrón, Luis López de Nava, Pepe Villatoro, Julio Salazar y yo) en una cantina de la Ciudad de México. Las copas de esa noche nos animaron a confesar nuestros proyectos fracasados, y fue así como descubrimos algo que nos cambió la vida: no éramos los únicos en el mundo. ¡No estábamos solos!

Así nació Fuckup Nights, en ese momento una simple reunión de amigos, hoy un movimiento con presencia en más de doscientas ciudades de todos los continentes (excepto la Antártida). Actualmente las Fuckup Nights se organizan en más de ochenta países del mundo y en veintiséis lenguas diferentes. Nuestra historia es la de un experimento de una noche que después se transformó en una especie de *hobby* y más tarde en uno de los movimientos más activos y de más rápido crecimiento en el mundo.

Lo que nos une es una de las experiencias humanas más comunes y menos exploradas: el fracaso.

LA CAUSA DEL MOVIMIENTO

Al construir un movimiento, lo más importante es que este sea auténtico y que tenga una causa precisa, humana y creíble. En nuestro caso la causa es muy clara: buscamos ser realistas acerca de la situación de los pequeños negocios en el mundo.

Las cifras nos ayudan a mirar el fracaso con perspectiva: el 88 por ciento de los propósitos de Año Nuevo terminan en fracasos; el 95 por ciento de los productos que se lanzan al mercado cada año fracasa, incluso aquellos que llevaban grandes cantidades de dinero invertidas en investigación de mercado y un gran músculo de mercadotecnia. ¿Recuerdan la New Coke? En los años ochenta, Coca-Cola anunció que discontinuaría la

Coca-Cola tradicional y que lanzaría un nuevo producto con una nueva fórmula. Su intención era contraatacar una avanzada de Pepsi, su eterno rival. Sin embargo, los consumidores de Coca (contradiciendo todos los estudios de marketing previos al lanzamiento del producto) se mostraron muy disgustados ante la iniciativa y la empresa decidió retirar la New Coke del mercado a los tres meses de haberla lanzado.

Y hay una cifra aún más contundente con relación al fracaso: el ciento por ciento de los cuerpos humanos fallan, es a esto a lo que llamamos "muerte".

El fracaso en el mundo de los negocios

Sin embargo, a pesar de que el fracaso es más común que el éxito en todos los aspectos de la vida, los seres humanos nos hemos vuelto expertos en minimizarlo e incluso ocultarlo. Llama la atención que el rubro de la experiencia humana en el cual menos se habla del fracaso sea en los negocios. En ese mundo, la apariencia de éxito es considerada por la mayoría como un valor.

Hace tiempo conocí a un "experto en negocios" que prometía a sus clientes hacerlos millonarios en dos sencillos pasos: (1) crear una comunidad de personas que los siguieran y admiraran, y (2) venderles algo a esas personas.

El "experto" aseguraba que el que esa comunidad creada quisiera ser como ellos era indispensable, porque sólo así las personas que la conformaban se convertirían en sus seguidoras. Es decir, la gente te seguirá en la medida en que perciba que eres una persona exitosa y feliz.

A mí me parece que una estrategia de negocios que se basa en rechazar la naturaleza humana es una pésima idea. Además, qué sentido tiene crear un negocio cuyo foco esté puesto en mantener las apariencias constantemente; eso no sólo resulta agotador, es la receta perfecta de la infelicidad.

En el mundo de los negocios negar el fracaso y pretender que el éxito es la única realidad posible atenta contra la resiliencia de las empresas y sus integrantes y, peor aún, incrementa sus posibilidades de fracasar. Por eso son cada vez más las empresas que adoptan herramientas como los *postmortems* y *premortems* para gestionar sus aprendizajes del fracaso. Estas son técnicas grupales diseñadas para descubrir qué salió mal y qué podría hacerse de manera diferente "la próxima vez", o bien para identificar qué puede salir mal antes de arrancar la ejecución.

Haber escuchado tantas y (tan variadas) historias de fracaso me permitió aprender mucho de lo que piensan y hacen los emprendedores en problemas. He identificado puntos en común, por ejemplo: la mayoría de las personas cuya empresa está al borde del fracaso no lo admite públicamente; al contrario, disimula, miente o evita a toda costa hablar del tema. También en muchos casos el fracaso del proyecto viene acompañado de una separación de pareja o de amigos, sobre todo si habían sido socios.

Durante años dediqué mi vida a entender el éxito empresarial, primero como estudiante de negocios y luego como periodista de investigación y datos. Será por eso que el análisis del fracaso en los negocios me resulta apasionante. Varios años trabajé como editora en medios de comunicación especializados en negocios, y, si ahora pudiera volver en el tiempo a aquellos empleos, sin duda cambiaría la metodología de mi cobertura. En lugar de enfocarme en las historias de los exitosos, los exóticos y los corruptos, buscaría a los fracasados, a los resilientes y a los resignados.

Mi visión del mundo de los negocios está construida a partir de mi experiencia en países en vías de desarrollo; sin embargo, al hacer investigación me encuentro con que la mayoría de los análisis en torno de negocios y finanzas está hecha en países desarrollados. En efecto, la influencia de universidades como Harvard y Oxford puede palparse en las escuelas de negocios de todo el mundo y, por lo tanto, en los hombres y mujeres de negocios de todas latitudes.

Sin embargo, es importante reconocer que la tasa de fracaso en países en vías de desarrollo es mucho más alta que en países desarrollados. Las razones son evidentes: cuando una economía es inestable, el mercado está contraído, no hay poder de compra o la inflación es rampante, es mucho más difícil mantener vivo cualquier emprendimiento. A eso hay que sumarle que los países desarrollados suelen tener políticas públicas mucho más cercanas a la realidad de los negocios, y también que allí los procesos destinados a realizar trámites para abrirlos y aun cerrarlos son más ágiles.

Explorar el fracaso en los negocios es explorar las historias ocultas, ir en busca de los "emprendedores ignorados". ¿Por qué digo esto? La mayoría de los centros de investigación en el mundo y los índices de emprendimiento se alimentan de datos de negocios que están operando, es decir, "los exitosos", que constituyen apenas el 20 por ciento del total de intentos de negocios. La realidad es que un 80 por ciento fracasa antes de cumplir dos años, pero este gran porcentaje no suele formar parte de las estadísticas.

Hace tiempo, en una visita a Nueva York me reuní con Loren Feldman, que en ese momento era editor de la sección de pequeñas empresas del *New York Times*. Como el instinto periodístico nunca me abandona, le hice una pregunta extraña: "Para ti, ¿qué es noticia?". Su respuesta fue reveladora: "Para mí es noticia lo que sucede en los negocios todos los días y que nunca reportamos, emprendedores que aprenden de las dificultades que enfrentan". Escucharlo me hizo notar lo afortunada que soy. Cada semana converso con al menos un par de personas cuyos negocios fracasaron. En esas conversaciones aflora todo mi instinto de investigadora, y a quienes me cuentan con confianza el fracaso de su empresa suelo preguntarles todo aquello que pueda ayudarnos a llegar a la raíz, a la causa de su fracaso.

Uno de los periodistas que más admiro me dijo una vez que para alcanzar el núcleo de cualquier tema había que preguntar siete veces "¿por qué?". Así, cuando alguien me cuenta que su negocio fracasó porque no tuvo suficientes ventas le pregunto:

—¿Por qué no había ventas?

—Porque la gente no entraba a nuestra tienda.

—¿Y por qué no entraban a la tienda?

—Porque adentro estaba muy oscuro, quizá.

—¿Y por qué era oscuro? ¿No había suficientes lamparitas?

—No.

—¿Por qué?

—Porque toda la estructura eléctrica del edificio donde alquilábamos estaba descompuesta y los vecinos no se ponían de acuerdo para reunir el dinero y arreglarla.

—¿Y por qué no se mudaron a otro edificio?

—Porque los socios no lográbamos ponernos de acuerdo y tomar esa decisión.

Gracias a esta técnica he aprendido mucho. He descubierto que hay negocios que están al borde del abismo y aun así pueden ser rescatados. Y, también, que hay otros que nacieron para fracasar. En gran medida, de esos dos escenarios trata este libro.

Pequeño adelanto

Estas páginas tienen la intención de compartir el conocimiento que existe en torno de cómo prevenir el fracaso y combatirlo, pero también aquel que se relaciona con aceptarlo y cerrarlo con todas las de la ley para recuperarse y seguir adelante.

Por si quedan dudas, este no pretende ser un libro de negocios. Este es un texto acerca de un aspecto de la vida que sólo conocen aquellos valientes que apuestan a crear su propio empleo y el de otros más.

El primer capítulo busca sentar un terreno claro para hablar acerca del fracaso en los negocios, teniendo en cuenta que estadísticamente la mayoría tiene más posibilidades de fracaso que de éxito (lamento romper tu corazón en las primeras páginas, ya verás que en las últimas te lo compongo).

El segundo intenta dar algunas claves para prevenir el fracaso e identificar las causas más comunes por las cuales los negocios cierran.

El tercero te ayudará a decidir si vale la pena rescatar tu negocio del fracaso o si es más conveniente liquidarlo y comenzar algo nuevo. Además, si decides salvarlo, encontrarás aquí técnicas útiles para rescatar negocios al borde del precipicio.

El cuarto capítulo explora lo que sucede cuando un negocio fracasa: cómo liquidar a los empleados, avisarles a los inversionistas y cerrar con todas las de la ley. También se ahonda en las consecuencias del fracaso, ¿cómo sigue la vida? Cómo arreglar tu ego y tu autoestima después del cierre de un negocio.

Aunque soy la autora de este libro, cofundadora de Fuckup Nights y directora del Failure Institute, una de las características de nuestro movimiento, su valor esencial, lo que en definitiva lo hace posible, es la colectividad. El Failure Institute es el único *think tank* en el mundo dedicado al fracaso en los negocios, surgió como el brazo de investigación de Fuckup Nights con la misión de ayudar a que se tomen decisiones más informadas en negocios, sociedad civil, gobierno y academia. El Instituto fue creado para atender un claro vacío de información en ese aspecto.

Nació la noche en la que en una Fuckup Night anunciamos al orador número cien. Al terminar la sesión, uno de los asistentes me preguntó si, después de escuchar cien historias de fracaso, tenía estadísticas acerca de las causas más comunes. Un par de días más tarde, ya estábamos buscando aliados para investigar de forma rigurosa las causas del fracaso en el mundo empresarial. Cuando nos reunimos con el equipo del Instituto de Emprendimiento Eugenio Garza Lagüera del Tecnológico de Monterrey y los investigadores de EGADE Business School, nos contaron que hace tiempo habían intentado estudiar el fracaso emprendedor y habían fracasado (un "metafracaso", podríamos decir). Después de esa conversación supimos que ellos eran los indicados para hacer realidad la primera investigación del fracaso emprendedor en México.

Desde entonces, hemos desarrollado una metodología propia y una plataforma de datos especializada, el Global Failure Index, que agiliza la investigación del fracaso en cualquier industria y en cualquier lugar del mundo. En la era del *big data*, la investigación exige un trabajo multidisciplinario, equipos integrados por individuos con intereses diversos y aproximaciones metodológicas diferentes. En el Failure Institute somos conscientes de esta necesidad y es por eso que, además de tener un grupo de investigación propio, hemos desarrollado una red de investigadores que desde sus universidades y *think tanks* contribuyen al estudio del fracaso. Estas alianzas nos permiten incrementar el conocimiento colectivo en torno a él. Estamos abiertos a metodologías audaces y diferentes, y estamos convencidos de que esa suma de rigor y audacia es una de las mejores maneras de romper con los tabús del mundo de los negocios.

Gracias entonces a nuestro equipo, a los organizadores de Fuckup Nights de todo el mundo, a los investigadores que se han sumado al esfuerzo por entender el fracaso y a los miles de emprendedores que se han atrevido a aceptarse vulnerables e imperfectos y han compartido su historia de fracaso.

1

LA CRUDA REALIDAD

La verdad más cruda (y pocas veces mencionada) del mundo de los negocios es que, al nacer, un negocio tiene más probabilidades de fracasar que de tener éxito.

De hecho, en casi cualquier país del mundo tres cuartas partes de los negocios que se encaran cierran antes de cumplir dos años. En México, el 75 por ciento de las empresas fracasa antes de ese lapso de tiempo; en España, el 80 por ciento cierra antes de los cinco años de vida; en Colombia, el 45 por ciento antes del primer año; en la Argentina, sólo el 7 por ciento de las empresas sobrevive un año. En Latinoamérica el país con menor tasa de fracaso es Chile, donde apenas el 25 por ciento de las empresas desaparece el primer año. Igualmente el contraste con países desarrollados, como los Estados Unidos, es apabullante. En esa región del mundo, el 70 por ciento de las empresas llega a los tres años de vida y un negocio vive en promedio seis años. Y eso que los Estados Unidos no están en su mejor momento; de hecho la esperanza de vida de una empresa estadounidense cayó a la mitad en las últimas seis décadas y el riesgo de mortalidad se triplicó. La vida promedio de las empresas estadounidenses nunca había sido tan corta. Y a pesar de ello, es uno de los lugares del mundo donde estas suelen sobrevivir por más tiempo.

Estos datos vienen a resaltar algo que ya a esta altura es una evidencia: la mayoría de las empresas no es exitosa, es decir, la mayoría de las empresas fracasa. En el medio hay buenas noticias: una investigación que realizamos en el Failure Institute acerca del fracaso en empresas sociales arrojó que estas viven en promedio un año más que las tradicionales. Las empresas sociales son aquellas que además de generar un retorno financiero generan un retorno social o ambiental, por ejemplo, aquellas dedicadas a la construcción de viviendas para poblaciones vulnerables o a la generación de electricidad de fuentes renovables como el sol o el viento.

De cualquier forma, está claro que hay más fracasados que exitosos. Lo sorprendente es que, a pesar de ello, ignorar el fracaso parece ser más sencillo que asumirlo. Por un lado, nadie quiere sentarse a pensar seriamente qué sucedería si su negocio fracasara; por el otro, la mayoría de las fuentes de información de negocios basa sus contenidos en el éxito. Los eventos y revistas para emprendedores, así como las escuelas de negocios, fundamentan gran parte de sus contenidos en casos de éxito. De ahí que resulte muy fácil meterse en el mundo empresarial con la falsa percepción de que es simple alcanzarlo.

Cada año en la Ciudad de México tiene lugar el evento para emprendedores más grande del país; para muchas personas, se trata del primer y único acercamiento al mundo de los negocios. Allí se provee mucha información, y puede resultarle verdaderamente inspirador a quien ya tiene un negocio o está pensando en emprender uno. Son kilómetros de talleres, charlas y stands; por eso siempre sugiero a mis amigas no ir allí con tacones altos.

Hace unos años, recorriendo este lugar pensaba que si un marciano aterrizaba en ese preciso momento en el planeta Tierra para estudiar el mundo de los negocios, seguramente llegaría a la conclusión de que todos los dueños de negocios son impecables, sonríen, colaboran, son exitosos y tienen un acceso muy sencillo a todo tipo de servicios, en especial bancarios y financieros. La realidad es muy distinta: pocos son los exitosos, sólo algunos colaboran y el acceso a servicios, por ejemplo los bancarios, no es tan sencillo como parece. Sin ir más lejos, cuando intentamos abrir la cuenta bancaria del Instituto del Fracaso nos rechazaron dos bancos alegando preferir organizaciones con mayor trayectoria. En palabras más precisas: organizaciones que implicaran menos riesgo y más dinero (mira, ahí está nuevamente la aversión al fracaso). Esta situación es particularmente irónica en aquellos bancos que se jactan de apoyar a emprendedores como parte de su estrategia de responsabilidad social con el empresario.

En resumen, es usual entrar al mundo de los negocios con la falsa percepción de que el éxito es frecuente y además sencillo. No obstante, la realidad es muy distinta. La mayoría de los grandes empresarios no crea un negocio rentable hasta el tercer o cuarto intento. Pocos le pegan a la primera.

El momento y la industria adecuada (cuándo y dónde)

Paul Gompers, Anna Kovner, Josh Lerner y David Scharfstein, de la Harvard Business School, realizaron una investigación que se tituló *Performance Persistence in Entrepreneurship*. Allí se explica el mecanismo según el cual tras cada intento de negocio las posibilidades de éxito se incrementan.

La investigación se abre con la siguiente pregunta: "¿Comenzar una empresa en el momento adecuado y en la industria correcta es una habilidad o una suerte?".

Los investigadores probaron que se trata de una habilidad. Y que la tasa de éxito de la primera empresa del emprendedor es el mejor predictor de éxito en la empresa posterior. Es decir, aquellos emprendedores que tuvieron éxito al invertir en una buena industria y un buen año (por ejemplo, invertir en computadoras en 1983) probablemente tengan más éxito en sus negocios posteriores que aquellos que lo tuvieron cuando la industria ya estaba desarrollada, es decir, después del período en el que surgió.

Sin embargo, los investigadores no encontraron evidencia de que el hecho de tener más recursos económicos sea la causa de que los emprendedores que han tenido éxito tengan la habilidad de identificar una industria emergente y con potencial. Pero sí de la investigación se desprende que los empresarios con una trayectoria exitosa atraen más fácilmente los recursos económicos porque los proveedores de capital, trabajo, bienes y servicios consideran que el desempeño del emprendedor será similar al que ha tenido en negocios exitosos.

De este estudio surgen las siguientes conclusiones:

- Los emprendedores que están aventurándose por primera vez a poner un negocio tienen sólo un 18 por ciento de probabilidades de éxito.

- Los emprendedores que fracasaron en su primer negocio y están en el segundo tienen un 20 por ciento de probabilidades de éxito.
- Aquellos emprendedores que ya fueron exitosos en un negocio tienen un 30 por ciento de probabilidades de ser exitosos en el siguiente.

La conciencia del fracaso

Al parecer, los únicos que están al tanto de que la mayoría de los emprendedores tiene altas probabilidades de fracasar son los fondos de inversión. Cuando Fuckup Nights tenía un año de vida me invitaron a participar en un foro sobre inversión para hablar acerca del fracaso, así que decidí invitar como panelista a la directora de un fondo de inversión. Para mí era muy importante que los asistentes al foro conocieran de primera mano la visión del inversionista ante el fracaso, por lo que allí mismo le pregunté: "¿Qué sucede cuando una empresa de tu portafolio fracasa?". Ella sonrió y me respondió: "Eso ya lo tenemos contemplado, sabemos que muchas de nuestras empresas van a fracasar".

Los fondos de inversión que colocan capital en empresas nuevas y pequeñas asumen que, de diez empresas en las que invierten, tres o cuatro fracasarán por completo, tres o cuatro tendrán un retorno a la inversión original (es decir, podrán regresar al inversionista exactamente lo mismo que invirtió) y sólo una o dos tendrán retornos sustanciales.

La percepción del emprendedor y el vaso medio vacío

La pregunta más frecuente que me hacen cuando participo en foros o doy entrevistas es: "¿Qué consejo les darías a aquellas personas que tienen un negocio?". Mi respuesta es muy sencilla y sé que puede cambiar para bien el curso de cualquier emprendimiento: "Así como planeas hacia futuro pensando en que todo va a salir bien, también planea pensando en que todo va a salir mal". Mi enfoque no es pesimista, es realista. Y, tras haber escuchado miles de historias de negocios que fracasaron, creo que en este ámbito ser realista es una virtud poco común y, por lo tanto, muy valiosa.

Para el emprendedor su negocio es como su bebé. Imagina que este va a ser el más rápido, el más alto, el más inteligente y fuerte. No tiene una percepción objetiva acerca de su hijo-empresa, esto nubla su visión y le impide tomar decisiones acertadas. La mayoría de los padres ve en el desempeño de sus hijos un reflejo de sí mismos.

Muchos los defenderán; podrán pasar por alto la debilidad, sobrestimarán las fortalezas o ejercerán demasiada presión sobre ellos para que tengan éxito antes de estar listos. Cuando un emprendedor tiene una percepción poco objetiva de su proyecto, corre el riesgo de no detectar a tiempo aquellas señales que indican que el negocio está en problemas, e incluso podría notarlas cuando ya es demasiado tarde.

Elizabeth Thornton, profesora en Babson College y autora de *The Objective Leader*,[1] explica que los emprendedores están tan atados a sus empresas, cegados por una pasión inflexible, que a menudo no ven las cosas con claridad. Esto hace que no puedan reaccionar objetivamente, exageren el valor de las relaciones estratégicas, lean más en los comentarios de sus clientes de lo que deberían y actúen sobre supuestos.

La falta de pensamiento objetivo tuvo un efecto importante en la propia Thornton. Al principio de su carrera, arriesgó todo para lograr un acuerdo de distribución de jugos de fruta de una empresa internacional en los Estados Unidos. "Estaba tan concentrada en dirigir mi negocio que subestimé el clima social, político y económico, sobrestimé mi relación con los proveedores y no

---

[1] *The Objective Leader: How to Leverage the Power of Seeing Things As They Are*, St. Martin's Press, 2015.

pude mitigar claramente todos mis riesgos", dice. Aunque en ese momento era responsable del 75 por ciento de las ventas en los Estados Unidos, su contrato de distribución fue cancelado y perdió todo. La falta de pensamiento objetivo de Thornton le costó un millón de dólares.

Pero tocar fondo no es la única manera de lograr una perspectiva más objetiva. Thornton alienta a los emprendedores a cuestionar constantemente sus suposiciones subyacentes. "Antes de tomar una decisión, pregúntate: ¿cuáles son mis presupuestos? ¿Hay alguna otra forma de ver esto?". Uno de los preconceptos que más debilitan a los empresarios es la sobrestimación de la validación externa. La idea de que es la aprobación del afuera lo que da valor a lo que hacemos. Es así, la autoestima de muchas personas está fuertemente ligada a la opinión de otras.

Uno de los informes más reconocidos acerca del mundo de los pequeños negocios es el Global Entrepreneurship Monitor, que de manera anual informa acerca del estado del emprendimiento en todos los continentes. En su informe de 2012 dice: "Los emprendedores y no emprendedores son bastante similares en sus opiniones acerca de que comenzar un negocio es una buena opción de carrera y de que el emprendimiento lleva al reconocimiento y al estatus". Esta necesidad de validación externa es tan fuerte en los emprendedores que incluso llegan a vincular su identidad a la de su negocio. Sin embargo, iniciar un negocio o permanecer en un negocio en quiebra para que otros piensen que hiciste una buena elección de carrera o que lograrás algún nivel de estatus como resultado puede ser bastante destructivo.

Los emprendedores que necesitan de la validación externa rara vez toman buenas decisiones comerciales. Algunos emprendedores que trabajan desde sus casas cometen el error de alquilar una oficina afuera demasiado pronto, amparados en la creencia de que las demás personas pensarán así que su negocio está resultando un éxito. Otros exageran su progreso, sus ventas, sus alianzas estratégicas, y hasta a menudo se convencen a sí mismos de que sus percepciones sobrestimadas son verdaderas. Para muchos el negocio se convierte instantáneamente en su identidad. ¿Has notado cuántos empresarios hablan todo el tiempo de sus negocios? Esto podría tener que ver con la pasión que sienten por lo que hacen, pero también con una señal de obsesión, de que están absolutamente identificados con eso, son lo que hacen. De ahí que tanto les cueste reconocer cuando aquello a lo que se dedican resulta ser un fracaso.

Sin embargo, la pasión es muy importante. Amar lo que haces y sentir pasión por tu negocio son claves para el éxito. Entonces, ¿cómo puedes hacerlo sin obsesionarte o perder la objetividad? ¿Cómo cambiar este modelo mental improductivo para lograr tomar mejores decisiones?

Una nueva forma de pensar

Para cambiar un modelo mental se requieren datos y evidencia, además de aceptar que cierta forma de pensar no está siendo sana para ti o tu emprendimiento. Los emprendedores más exitosos abordan sus negocios con un alto grado de objetividad. Saben quiénes son, valoran quiénes son y buscan aprovechar sus dones y fortalezas para explorar oportunidades. Son conscientes de que sus ideas de negocios son eso: ideas que pueden o no ser buenas oportunidades comerciales, pero han tomado la decisión de realizar pruebas piloto para tantear el mercado y, si funcionan, intentar hacer de ellas una realidad.

Estos emprendedores con buen desempeño hacen una evaluación objetiva por adelantado con respecto a cuánto tiempo, dinero y compromiso personal desean invertir en un negocio. Son conscientes de que deben cuidarse a sí mismos y a sus familias durante la fase inicial del negocio y han descubierto cómo lo harán. Han rechazado el modelo mental según el cual la pasión significa arriesgarlo todo. El negocio no los está definiendo; son ellos quienes definen cómo y en qué medida sus negocios encajan en sus vidas. ¡Ellos saben que no son sus negocios!

Un movimiento global de fracasados

La vida del emprendedor tiende a ser solitaria. Es muy común que quien funda una empresa nunca comparta sus preocupaciones laborales con nadie. Imaginemos a un joven empresario, lo llamaremos Pablo. Después de un año de trabajar en su negocio de importación de autopartes, Pablo está cansado, desmotivado y aburrido. De vez en cuando piensa en dejarlo todo, cerrar su negocio y buscar un trabajo donde al menos tenga la seguridad de recibir un sueldo de manera regular. Al final de cada mes, Pablo duda acerca de si continuar con la empresa o no. Con el paso del tiempo, las dudas se vuelven más frecuentes y se convierten en una especie de pesadilla.

Pablo no comparte sus inquietudes con nadie hasta que ya es demasiado tarde: un competidor le gana los clientes. Y entonces el joven empresario parece despabilarse e intenta recuperarlos, o captar nuevos, pero mientras tanto sus tarjetas de crédito están llegando al límite. Este es el momento de la aceptación: hay que cerrar el negocio o reinventarlo profundamente (en el mundo de las *startups*, usaríamos el término "pivotear"). Y con esto le surgen aún más preguntas: qué hacer con los activos, cómo despedir a los empleados, cómo avisarles a los inversionistas y, lo más importante, cómo arreglar su ego y así recuperar su autoestima.

El fracaso es un luto que sólo el fracasado entiende. Descubrir que la empresa a la que le dedicaste tu tiempo, energía y dinero no funciona es un duro golpe. Es como si alguien cercano con quien pasabas la mayor parte de tu tiempo muriera. De allí que nuestro movimiento con el tiempo se haya convertido en la comunidad de creadores más grandes del mundo. Una reunión de fracasados que nació por casualidad y, a base de trabajo duro y estrategia, es hoy uno de los movimientos mundiales más relevantes en temas de innovación, arte y negocios. Las Fuckup Nights son un lugar de pertenencia, un espacio donde es posible encontrarse con otros que están atravesando el mismo duelo o han pasado por la situación de perder, aceptar la caída de su propio negocio.

Como conté en la introducción, Fuckup Nights nació en la Ciudad de México, en una noche de septiembre. El Failure Institute, mientras tanto, presentó su primera investigación en 2014. Para enero de ese año, Fuckup Nights ya tenía presencia en dieciocho ciudades y cinco países. Y tan sólo un año después, en setenta ciudades de más de treinta países. Tras cinco años, Fuckup Nights opera en doscientas treinta ciudades de ochenta países en el mundo, y nos consolidamos como el movimiento de creadores más activo y de más rápido crecimiento.

La forma en que los cinco fundadores de este movimiento nos conocimos fue curiosa. Todos nosotros, excepto uno, Luis López de Nava, en diferentes momentos fuimos integrantes del equipo impulsor del Impact Hub DF, un espacio de colaboración y trabajo para emprendedores sociales que en aquellos tiempos se llamaba Hub DF a secas. Sin duda, haber trabajado juntos previamente ayudó a que fuéramos un mejor equipo en el siguiente proyecto que arrancamos: Fuckup Nights. Cuando empezamos a organizar las noches de fracasos ya conocíamos los puntos fuertes y débiles de cada uno, lo que nos motivaba y lo que nos unía. Me fui del equipo impulsor del Hub DF cuando entré a trabajar en la revista *Expansión*. Tomé esa decisión porque sabía que el proyecto del Hub se quedaba en buenas manos y porque pensé que podía generar más impacto positivo desde la revista, pues es el medio de negocios más relevante del país.

Sin duda, haber sido editora en *Expansión* fue una de las experiencias más formativas, exigentes y desafiantes de mi vida. Es un puesto que requiere determinadas habilidades, como hacer la pregunta indicada a la persona correcta, entender qué sucede en las empresas de una manera profunda o ser capaz de interpretar estados financieros rápidamente. Además, requiere estar al tanto de lo que sucede en todos los temas (pues todo, desde los deportes hasta la política, incide en los negocios) y ser capaz de producir (con un magnífico equipo, cabe aclarar) una nueva revista cada quince días.

Cuando Fuckup Nights tenía ocho meses de vida y crecía rápidamente, tomé la decisión de renunciar a lo que sería un trabajo de ensueño de muchos periodistas para coordinar el desarrollo del movimiento. Antes de *Expansión* había trabajado en periódicos, revistas, radio, televisión y en New Ventures, la primera aceleradora de empresas sociales que se creó en México. De formación soy administradora y mercadóloga, con especialidad en ciencia de datos. Lo más curioso es que toda mi vida profesional es resultado del fracaso de un negocio, pero de eso hablaré más adelante.

Sin duda, 2015 fue un año clave, no sólo por haber llegado a la ciudad número cien (que, por cierto, fue Tokio) sino porque a fines de ese año tomé la decisión de dejar de ser directora general de Fuckup Nights. En efecto, cuando el año estaba por terminar, noté que los objetivos del movimiento se habían logrado, pero los míos personales distaban mucho de ser prueba superada; al contrario, estaba a unos pasos del temido *burnout*, ese cansancio crónico del cual a veces no hay marcha atrás. Así que tomé la que consideré como la mejor decisión para la organización y para mí: dividir mi puesto.

En gran medida, mi cansancio y estrés se debían a que estaba desempeñando dos puestos con operaciones muy diferentes. Por un lado, era directora de un movimiento global, y por otro, del Failure Institute. En diciembre de 2015 propuse a mis socios una transición de seis meses que concluiría con la contratación de un director enfocado en el movimiento, mientras yo me concentraba sólo en el Failure Institute.

Como bien indica el dicho, "el que mucho abarca poco aprieta", y una de las formas más comunes en las que los emprendedores ponemos en riesgo nuestros proyectos es no cuidándonos a nosotros mismos. No saber delegar y no darnos tiempo para descansar es la fórmula perfecta para llevar cualquier negocio a la ruina. Repensar mi rol y dividir mi posición ha resultado ser una decisión clave para evitar el fracaso. Esta es una carrera de resistencia, no de velocidad.

Mi fracaso

A continuación, la historia de fracaso que narré la noche en la que nació Fuckup Nights.

Desde los dieciséis años empecé a trabajar con comunidades indígenas en México, y cuando estaba en el tercer año de la universidad conocí a un grupo de mujeres bordadoras en Zoquitlán, uno de los cien municipios más pobres del país, ubicado en el estado de Puebla. Como toda la Sierra Negra, Zoquitlán está habitado por indígenas nahuas.

Este lugar, a diferencia de gran parte del territorio de México, no es fértil ni tropical. Aquí el agua es escasa y la tierra, árida. Por tratarse de poblados de una zona montañosa y alta, las temperaturas descienden mucho durante la noche y el fuerte viento llega hasta a derrumbar las casas elaboradas con varas de madera.

La mayoría de los pobladores de estas comunidades son mujeres, niños y ancianos. Los hombres suelen irse a los Estados Unidos a trabajar en la siembra, y esto hace que las mujeres tengan que tomar un papel de liderazgo clave en sus familias. Algunas de ellas buscan formas de tener ingresos adicionales vendiendo tamales, poniendo una tienda o haciendo artesanías. En realidad, las opciones laborales en una comunidad tan remota son muy pocas; de ahí que el índice de migración sea tan alto.

Las artesanas que conocí bordaban a mano manteles preciosos. Les pregunté a quién se los vendían y en cuánto, y me respondieron que de vez en cuando iba un señor a comprar cada lienzo bordado en treinta pesos. Luego les pregunté cuánto les llevaba bordar un lienzo y su respuesta me devastó: ¡treinta días! Los bordados eran de buena calidad. Yo tenía la convicción de que ellas podían y debían recibir un pago mayor, un pago justo por su trabajo. Le pedí a una de las señoras que bordara una sirena en mi mochila y unos días después me la devolvió con una perfecta sirena surrealista. Cuando regresé a la ciudad, no paré de recibir comentarios positivos acerca del bordado. En ese momento, mi formación en negocios y mi convicción de combatir la pobreza hicieron sinapsis y decidí que debía generar un modelo de negocios que les diera un pago justo a esas artesanas.

Tuve el honor de trabajar con gente más inteligente que yo e igual de convencida de lo importante que es ofrecerles una mejor oportunidad laboral a las mujeres artesanas de la Sierra Negra de Puebla. Aunque todos vivíamos en la Ciudad de México, hacíamos hasta lo imposible por ir allí a colaborar con ellas, vivir en su comunidad y comprender profundamente sus condiciones de vida y su motivación para trabajar.

Una de nuestras primeras actividades como equipo fue ir a la Sierra Negra para visitar a las artesanas, contarles el proyecto y conocer su opinión. La respuesta de las mujeres fue magnífica, prácticamente todas dijeron que sí, que les interesaba participar. Todos juntos realizamos una lluvia de ideas para identificar los productos que obtenían un valor agregado al ser bordados.

A la par que nos constituimos legalmente con el apoyo de nuestras familias (mamá: gracias por ser mi inversionista ángel y siempre un ángel en todos los otros aspectos de mi vida) empezamos a trabajar en el desarrollo del producto: carteras bordadas a mano. El primer lote que hicimos tenía olor a humo, pues las mujeres realizan la labor de bordado en el interior de sus casas, donde preparan la comida en cocinas a leña. Ese primer lote lo tuvimos que meter en el lavarropas para quitarle el aroma, y descubrimos que la tela se encogía. Como ese tuvimos varios fuckups en el camino hacia el producto final.

Uno de los principales retos al que nos enfrentamos fue que la calidad en el bordado difería de artesana a artesana. Por eso llevamos a una experta en bordado a la comunidad, para que capacitara a las mujeres y las ayudara a bordar con la técnica correcta y la mejor calidad. Una vez resuelta la calidad del producto, llegó un reto que no supimos enfrentar: la comercialización. Nuestras habilidades de negociación, como universitarios y novatos, eran muy malas. Todos los contratos que cerramos con puntos de venta fueron a consignación, es decir, la tienda no compraba el producto sino que nos dejaba un espacio para exhibirlo, y el 50 por ciento del precio final iba para la tienda. Con ese margen, cubrir nuestros costos operativos era prácticamente imposible. El costo de producir una cartera resultaba muy alto, principalmente a causa de lo que implicaba trasladar los materiales y productos a la comunidad. Al tratarse de un sitio muy aislado, era necesario llegar en automóvil: gran parte del camino es de tierra y, desde luego, DHL y UPS no llegan allí.

Sin embargo, a pesar de los retos en el desarrollo del producto en sí, las finanzas y la comercialización —motivos por los cuales nació la empresa— se cumplían con éxito: las mujeres mejoraban su calidad de vida y la de sus familias. No sólo tenían una fuente digna de ingresos sino que se sentían productivas, y eso se reflejaba en su autoestima. Pronto surgieron también varones adolescentes interesados en aprender a bordar para tener un ingreso y fue un gusto recibirlos.

Por esos buenos resultados, el proyecto fue finalista en la Feria del Desarrollo del Banco Mundial y yo fui invitada a la ONU para participar como delegada juvenil, representando a los jóvenes de México en la sexagésima segunda edición de la Asamblea General. También gané el Premio Nacional de la Juventud. No obstante, las finanzas de la multipremiada empresa social estaban por el suelo. Nuestro planeamiento financiero fue muy malo, presupuestamos mal los costos y no definimos un precio de venta apropiado. Tampoco consideramos que el 50 por ciento del precio de venta de cada cartera fuera a ser para las tiendas. Mes a mes, la empresa luchaba por cubrir los costos de producir y otorgar un pago justo a las artesanas. Nunca alcanzó el dinero para que los cofundadores, que éramos también los empleados, recibiéramos un sueldo.

Eventualmente, todos los socios buscaron alternativas laborales donde sí recibieran un sueldo, y yo me quedé haciendo todo sola. En realidad me negaba a aceptar que el negocio estaba quebrado y que yo no tenía la menor idea de cómo rescatarlo. Nunca olvidaré ese día en que miraba nuestros estados financieros intentando encontrar el milagro que pudiera salvarnos. Finalmente, entre los números rojos llegó la aceptación y me di cuenta de que la empresa social había fracasado. El siguiente paso fue hablar del estatus de la empresa con mis socios y después con nuestras familias y amigos. Dos días más tarde llegó el momento más difícil de mi vida: viajar ocho horas entre autopista, carretera y caminos de tierra para decirles a las mujeres que el proyecto que construimos juntas había fracasado. Y peor aún: que era mi culpa.

Cuando miro al pasado todavía me sorprenden los logros que obtuvimos (aunque, como ya sabes, la empresa social fracasó). Fuimos pioneros en la comercialización justa de artesanías textiles en México. Después de nosotros vinieron otras empresas con un modelo similar y sin miedo de vender su producto a un precio más elevado.

Estas empresas sirven como recordatorio constante; cuando nos preguntan por qué los productos de comercio justo son más caros, hay que responder con otra pregunta: ¿no será que los demás productos de la llamada "moda rápida" son demasiado baratos? Es que en esta clase de negocios la calidad del producto es esencial, pues hay que venderlo a un precio alto para recuperar los costos, obtener ganancias y pagar sueldos a los artesanos y al equipo operativo.

La falta de experiencia, *skills* en finanzas, llevó a nuestro negocio al fracaso. Cuando el proyecto nació, nunca pensé que este escenario fuera posible. Durante la mayor parte del tiempo imaginé un futuro en donde lograríamos pagarnos un sueldo, y fui muy inocente al no considerar que mis socios, en su mayoría universitarios como yo, sólo eventualmente estarían interesados en recibir un pago por el excelente trabajo realizado. Como buenos administradores habíamos planeado mucho, pero no teníamos un "plan en caso de fracaso", el cual es fundamental, sobre todo para empresas sociales.

El fracaso de una empresa social es mucho más delicado que el de una empresa tradicional, pues cuando una empresa social quiebra no sólo queda mal con sus empleados e inversionistas, también lo hace con la población a la que pretendía beneficiar. Ese fue mi caso: nuestra empresa social nació con el fin de generar alternativas laborales para las artesanas cuyo trabajo era mal pago (un peso por jornada laboral) y ese propósito se cumplió gracias al dinero de los concursos que ganamos, no gracias a los ingresos de la comercialización de las artesanías. De nada sirve ganar concursos si la empresa no funciona financieramente. Temo que haya muchas otras empresas sociales con mal desempeño pero con una gran habilidad para ganar concursos.

Los puntos débiles de los emprendedores sociales

En abril de 2017, en el Failure Institute presentamos los resultados de un estudio enfocado en el fracaso de emprendedores sociales. En lo personal, fue una forma de cerrar este ciclo y entender en lo profundo mi propio fracaso. De acuerdo con nuestro estudio —y según la percepción de los participantes—, dos son los factores que más se destacan como causa de fracaso en un emprendimiento social: la falta de recursos e infraestructura y el contexto.

En el primer factor influye la falta de fondos de apoyo para emprendedores sociales, así como la carencia de habilidades de los propios integrantes del proyecto para obtener los recursos financieros que harían crecer el negocio. En el segundo factor se percibe la presencia de un contexto económico y social poco consistente y sensible a las necesidades del emprendimiento social, la falta e insuficiencia de políticas públicas para apoyar este tipo de emprendimientos y la resistencia público-privada a participar e invertir en empresas con fines sociales. Por otra parte, en el caso particular del emprendimiento social en México, el consejo de administración —conformado en general por los socios fundadores— también resulta ser un factor relevante que contribuye al fracaso, ya que se visualiza como una figura conflictiva que se caracteriza por la falta de claridad en la definición de responsabilidades, la ausencia de compromiso de los socios fundadores e incluso los conflictos interpersonales entre ellos.

A diferencia de otro tipo de iniciativas, el emprendimiento social reacciona proporcionalmente a las cualidades personales del emprendedor (tanto a sus habilidades para atraer socios, voluntarios e inversionistas como para crear redes de apoyo y mediar conflictos personales entre los miembros de la organización), lo cual está significativamente correlacionado con la gestión del proyecto y el logro de un producto pertinente.

Cuando en el Failure Institute analizamos los datos de esta investigación, de inmediato noté que yo era parte de la estadística. Yo, al igual que una gran cantidad de emprendedores sociales, había realizado un mal planeamiento financiero, y cuando la empresa ya estaba quebrada y mis mentores me aconsejaron levantar capital para intentar rescatarla, no supe cómo hacerlo. Aún no tenía la experiencia y los conocimientos para llevar ese negocio al éxito. Si pudiera viajar al pasado y darme un consejo a mí misma, me diría: "Leti, antes de fundar tu empresa social, trabaja en la empresa social de alguien más y termina todos tus cursos de finanzas y contabilidad, considera que recién estás en la mitad de tu carrera universitaria".

La primera Fuckup Night

Cuando Fuckup Nights nació, los cinco cofundadores teníamos otro empleo de tiempo completo, por eso la única forma en que podíamos sostenerlo era manteniendo el evento simple, es decir, llevarlo adelante de manera tal que requiriera la menor cantidad de horas posible para la organización y que se desarrollara con muy poco esfuerzo. Era un *hobby* que nos apasionaba, y nos lo tomamos muy en serio. Por eso, gran parte de las decisiones de los primeros meses, y aun hasta hoy, se tomó con base en la premisa *keep it simple* o "mantenlo simple". Ese es el consejo que con mayor frecuencia damos a los organizadores de Fuckup Nights en el mundo durante nuestra videollamada mensual. Sobre todo a quienes están empezando les repetimos continuamente: "Mantenlo simple y haz que suceda". Ese enfoque impide que se pierda de vista el corazón de Fuckup Nights: contar buenas historias de fracaso. Todo lo demás puede no suceder, pero las historias son la clave para que el movimiento prospere.

Con el concepto de simplicidad en mente, tuvo lugar la primera Fuckup Night de la historia, en septiembre de 2012 en el patio de We Are Todos (un colectivo de artes y oficios ubicado en la colonia Roma, en la Ciudad de México). Compramos cervezas para todos en la tienda de la esquina y, a falta de hieleras, usamos cajones de madera forrados con plástico. "Mantenlo simple" llevado a la práctica. Desde el inicio, el ambiente durante las sesiones de fracasos ha sido totalmente informal y relajado, no hay etiqueta ni protocolo. Antes, durante y después del relato de las historias hay cerveza y música.

Yo fui la conductora de la primera noche y tuve el honor de decir por primera vez: "El primer fracasado de la noche es…", frase que ahora se ha hecho común en todas las Fuckup Nights del mundo. A esa primera sesión asistieron treinta personas, en su mayoría amigos cercanos y familia, y después de los fracasos seguimos conversando hasta pasada la medianoche. Desde luego, los cofundadores tuvimos que volver varias veces a la tienda de la esquina para comprar más cervezas…

Así, durante unos cinco meses les pagamos lo que consumían a todos los asistentes de Fuckup Nights, hasta que nos dimos cuenta de que tal generosidad nos llevaría al *fuckup* si el número de asistentes continuaba creciendo. La primera ocasión que tuvimos ciento cincuenta personas en un encuentro descubrimos que ya no podíamos seguir pagando las bebidas de nuestros amigos, y empezamos a venderlas.

En la tercera edición de Fuckup Nights conté mi historia y viví en carne propia el poder transformador de confesar fracasos propios en público. Para empezar, al hacerlo me quité un peso de encima; ya no tenía que omitirlo más de mi currículum ni de mis conversaciones. Hoy, incluso, mis fracasos tienen su propia sección en mi perfil en LinkedIn.

Contar mi historia me ayudó a cerrar un ciclo: tenía que aceptar que esa experiencia era parte de mí. Además me ayudó mucho a reflexionar acerca de mi manera de hacer negocios. Me recordó lo que hice mal en el pasado, para intentar no volver a repetirlo.

El éxito del fracaso

¿Por qué el hablar sin tapujos del fracaso resultó ser un éxito? Hay muchos factores que incidieron:

- Hablar de un tema tabú siempre despierta curiosidad.
- Se aprende más del fracaso.
- El mundo quiere escuchar el otro lado de la historia de los negocios, y en la mayoría de los foros únicamente se habla de éxito.

A todo esto hay que sumar que Fuckup Nights nació en el centro de una de las grandes revoluciones de nuestra época: la revolución de los contenidos. El contenido es el rey, y cada vez más usuarios se están acostumbrando a acceder a él como, cuando y donde lo deseen. Por otro lado, cualquiera con un smartphone puede también crear los suyos.

Específicamente en el rubro de contenidos sobre negocios casi todos se basan en el éxito: empresas exitosas, entrevistas exclusivas con CEO exitosos, las treinta promesas del futuro, etc. Sin embargo, de pronto Fuckup Nights empezó a generar contenidos audiovisuales radicalmente diferentes: son pocos los que cuando hablan de negocios cuentan sus fracasos. En todas las ciudades del mundo a las que llegó Fuckup Nights fue sencillo superar la cifra de los cien asistentes. Y en la Ciudad de México hemos llegado a reunir miles de personas en varias ocasiones.

Este poder de convocatoria es la consecuencia de una auténtica necesidad de escuchar historias de fracaso, en especial para aprender de ellas y tener presente que esto es algo muy común. Sin embargo, creo que los dos principales factores del éxito de Fuckup Nights son la convicción y el trabajo duro. Sus cinco fundadores estamos profundamente convencidos de que contando historias de fracaso hacemos un mundo mejor, pues se trata de una especie de educación informal y accesible a todos por igual.

El fracaso es parte inevitable de la vida, esa es la cruda realidad, y en esta nueva era en la que está permitido ser vulnerable, el mercado busca un espacio seguro donde contar sus errores. Nosotros lo único que hicimos fue escucharnos, después escuchar al mercado y finalmente crear una red de *fuckuppers* dispuestos a poner el fracaso sobre la mesa.

EN POCAS PALABRAS...

- Al nacer, un negocio tiene más probabilidades de fracasar que de tener éxito, de hecho la mayoría de las empresas fracasa.

- Lo sorprendente es que, a pesar de ello, ignorar el fracaso es muy sencillo: por un lado, nadie quiere sentarse a pensar seriamente qué sucedería si su negocio fracasara; por el otro, la mayoría de las fuentes de información de negocios basa sus contenidos en el éxito.

- Justamente por eso es importante abordar los negocios desde la perspectiva del fracaso: este ángulo brinda un panorama más realista y objetivo.

- En el mundo de los negocios ser realista es una virtud poco común y, por lo tanto, muy valiosa. Cuando un emprendedor tiene una percepción poco objetiva de su proyecto, corre el riesgo de no detectar a tiempo aquellas señales que indican que el negocio está en problemas, e incluso podría notarlas cuando ya es demasiado tarde.

- Un emprendedor exitoso...

    - ✓ Realiza pruebas piloto de sus ideas para tantear el mercado.
    - ✓ Comienza evaluando quién es, qué sabe y a quiénes conoce.
    - ✓ Calcula cuánto tiempo, dinero y compromiso personal desea invertir en su negocio.
    - ✓ Sabe que el negocio no lo define, es él quien define cómo y en qué medida este viene a enriquecer su vida.
    - ✓ El que su emprendimiento fracase no implica que él sea un fracasado. Él no es su negocio.

HERRAMIENTAS PRÁCTICAS
DE LA A A LA Z

Decisiones informadas. Si lo que buscas es identificar los patrones y tendencias de fracaso en cierta región o industria, no tienes más que entrar y jugar con los *gadgets* que el Global Failure Index tiene para ti. Por medio de un mapa interactivo podrás navegar en la base de datos de negocios que fracasaron más grande y diversa del mundo: www.globalfailureindex.com.

Global Entrepreneurship Monitor. Para visitar el reporte global de emprendimiento e identificar oportunidades en tu región visita el sitio http://www.gemconsortium.org/.

Trabajo de campo. Si realizas investigación de campo tienes que leer *Failing in the field: What we can learn when field research goes wrong*, de Dean Karlan y Jacob Appel. Por medio del estudio de casos, este libro presenta cinco áreas que requieren de gran atención para no caer en un *fuckup* que pueda afectar los resultados de la investigación misma o de la validación de una idea de negocio.

2

Prevenir el fracaso

En los negocios, al igual que en la medicina, la prevención es mucho más sencilla y menos costosa que el tratamiento de la enfermedad. Es decir, resulta más fácil prevenir el fracaso que combatirlo cuando ya es inminente.

Voy a tomar como ejemplo el caso de uno de los emprendedores más inteligentes que conozco, quien, a pesar de tener una mente ágil y ser un gran negociador, no supo prevenir el fracaso de su negocio. Se trata de la historia del *emprendedor serial* Uri Martinich, que se asoció con uno de sus amigos de la universidad para crear una empresa que ofrecía un servicio para la creación de páginas web fácil de administrar y que ya incluía el diseño, el servidor que hospedaría los sitios, incluso los contenidos y los correos electrónicos corporativos. Básicamente el cliente llegaba, pagaba y en tres días tenía su sitio web.

Corría el año 2003 y las ventas iban muy bien, el dinero empezó a llegar y de la misma forma se empezó a consumir. Uri narra así su modo de actuar frente a lo que por ese entonces era un incipiente éxito: "Lo primero que hicimos fue mudarnos. Pasamos de una oficina pequeña, en la que estábamos mi socio, un empleado de medio tiempo y yo, a otra que ocupaba medio piso. Contratamos a una secretaria y dos empleados. En resumen, pasamos de costos variables a costos fijos que había que afrontar todos los meses. Después de eso, con más plata, se nos ocurrió subirnos el sueldo. Obvio, ¿no? Y si había un mes particularmente bueno, nos dábamos un bono porque, por supuesto: creíamos que nos lo merecíamos. Comíamos a diario en restaurantes y cuando la plata no alcanzaba, pues, total, la empresa pagaba. Pronto comenzamos a vivir al límite: había plata un mes, pero al siguiente no".

El sistema contable de estos empresarios era demasiado simple: se basaban en el dinero que entraba y salía mes a mes sin realizar proyecciones a largo plazo. "Creíamos que la contabilidad era para las empresas a las que les estaba yendo mal", cuenta Uri.

Tarde o temprano, llegó el mes en el que no tuvieron dinero para pagar los sueldos. "Teníamos que pagar los sueldos: no podía llamar al diseñador y decirle que ese mes tendría que darle sólo la mitad de su sueldo porque habíamos vendido sólo la mitad."

Para solucionar el problema, decidieron ir al banco a pedir dinero prestado, pero como los bancos miden muy bien el riesgo al prestar dinero a empresas pequeñas, les rechazaron el crédito; entonces Uri tomó un crédito personal a su nombre. Y como el banco veía que Uri era un usuario activo de esa línea de crédito le fue ofreciendo aún más crédito. Cuando ya no pudo solicitar más al primer banco, acudió a otro, y así sucesivamente hasta que la situación se volvió insostenible. Un día Uri y su socio decidieron poner todas sus entradas y salidas de dinero en una tabla de Excel… ese fue el momento en que se dieron cuenta de que la empresa estaba quebrada.

En Chile, como en muchos otros países del mundo, cerrar un negocio conforme marca la ley es más complicado y caro que abrirlo, así que los socios tomaron la decisión de cortar gastos y comenzar a pagar deudas. En este momento el socio de Uri comenzó a atravesar una crisis existencial y decidió irse a recorrer Latinoamérica para encontrarse a sí mismo. Todas las deudas estaban a nombre de Uri, que tuvo que asumir esa responsabilidad mientras leía el blog de su socio que, desde la distancia, narraba lo difícil que era quebrar, mientras a él lo estaban embargando.

Años después, Uri mira la historia con perspectiva y equipara lo que allí aprendió con lo que pudo haber extraído del mejor MBA. En la mayoría de las ocasiones es posible prevenir el fracaso; la principal dificultad se halla en que esta responsabilidad cae en los hombros del fundador o director, quien por lo general está abrumado con la operación diaria y no puede ver la *big picture* del negocio. El mejor ejemplo es el caso Polaroid, una empresa que en los años cuarenta revolucionó el mundo gracias a la fotografía instantánea. Sin embargo, sesenta años después, la empresa que fue un ejemplo de innovación olvidó ver la *big picture* del negocio: Polaroid no vio venir la era digital y eso la llevó al fracaso; en 2007 ya había dejado de producir película para sus cámaras.

El mundo de los negocios no es estático, más bien todo lo contrario: es sumamente dinámico. Por eso, una de las acciones clave para prevenir el fracaso es mantenerse actualizado acerca de las tendencias en la industria y de vez en cuando hacer pausas para observar tu propio negocio desde una perspectiva estratégica y a largo plazo.

En la mayoría de las ocasiones es posible prevenir el fracaso. Sin embargo, estamos acostumbrados a pensar los negocios únicamente en términos de éxito, y es por eso que olvidamos hacernos preguntas preventivas tales como: ¿cuál es el mayor riesgo que enfrenta mi negocio? ¿Qué es lo peor que podría pasarle? ¿Cuál es la pregunta más difícil que podría hacerme un cliente, un inversionista o un periodista?

Dar un paso atrás y ver el negocio con perspectiva suena fácil. No obstante, es una actividad muy difícil para los fundadores. Para ellos su negocio es su bebé, de ahí que les resulte natural verlo como el más guapo e inteligente, el que crece más rápido, aunque no sea cierto. Un ejercicio práctico para ver el negocio con perspectiva es preguntarse: "Si yo fuera un cliente y este fuera mi primer contacto con el negocio, ¿cuál sería mi impresión inmediata?". Si te imaginas que la respuesta del cliente sería: "Es un negocio desorganizado" o "no se lo recomendaría a mis amigos" o "el director de la empresa se ve muy agobiado", haz una pausa. Esas respuestas son indicadores claros de lo urgente que se ha vuelto prevenir el fracaso de tu negocio.

Si te cuesta trabajo hacer este ejercicio y ponerte en el lugar de alguien que viene de afuera, sal a la calle y averígualo. Al final de este capítulo voy a sugerirte algunas herramientas tecnológicas para lograrlo.

Trampas de pensamiento

El premio Nobel de Economía 2017 fue otorgado a Richard H. Thaler, investigador estadounidense dedicado al estudio de la economía del comportamiento (en el cual se involucran conceptos de psicología para analizar el proceso de toma de decisiones económicas) o *behavioral economics*. Esto viene a confirmar la relevancia de este sistema de pensamiento que vincula la psicología con los negocios, que para los emprendedores representa una nueva oportunidad: la economía del comportamiento, al estar centrada en la gente, permitirá crear nuevas generaciones de productos y servicios.

Thaler, en sus libros *Nudge*[2] y *Misbehaving*,[3] sostiene que los seres humanos no tomamos decisiones de forma racional, como sí consideraban las teorías económicas de hace cien años, y explica el modo en que asumimos las decisiones relacionadas con el dinero y el futuro.

Los que siguen son cuatro postulados desarrollados por Thaler que todo emprendedor debería conocer.

1. Teoría de la justicia

"Los seres humanos no buscamos únicamente nuestro máximo beneficio personal, sino que estamos

---

[2] Richard Thaler, y Cass Sunstein, *Nudge: Improving Decisions about Health, Wealth, and Happiness*, Yale University Press, 2008.
[3] *Misbehaving: The Making of Behavioral Economics*, Norton & Company, 2005.

dispuestos a sacrificar ganancias para castigar a quienes actúan injustamente." Esto es muy importante para los emprendedores, pues explica por qué consumidores organizados compran un producto de mayor precio pero que no daña el medio ambiente, o bien productos de menor precio, como sucede en los *boicots* comerciales.

2. Teoría del efecto de propiedad

Se refiere a que, al asignar en nuestras mentes un valor a lo que poseemos y a lo que no, tendemos a valuar más alto lo que ya tenemos. Por eso nuestros sentimientos son tan diferentes si ganamos o perdemos algo del mismo valor. Es decir, el sentimiento negativo que nos produce una pérdida es más fuerte que el positivo que experimentamos al obtener una ganancia exactamente igual.

3. Teoría de la contabilidad mental

A lo largo de la vida, la mente desarrolla trucos para simplificar la toma de decisiones financieras y así gastar menos tiempo y energía. Por ejemplo, pensemos en un emprendedor que se fija una meta diaria de ventas y, tras lograrla, se va a descansar. Así simplifica su contabilidad mental pero a la vez también desaprovecha los días en los que hay más oportunidades de venta.

4. *Teoría del codazo amistoso*

Esta es la teoría más aclamada de Thaler y explica que los seres humanos no somos buenos al decidir acerca de nuestro bienestar en el largo plazo, pero que, por ejemplo, el codazo de un amigo ayudándonos a dejar de fumar o a ahorrar para nuestro retiro hace una gran diferencia a la hora de lograr metas enfocadas en el largo plazo. Ese codazo es lo que el economista denomina *nudge*, y se refiere a los pequeños empujones o estímulos que instituciones públicas y privadas pueden dar para ayudarnos a tomar una buena decisión. Esta teoría aplicada en la vida real ha tenido resultados tan sorprendentes en materia de donaciones de órganos, ahorro para el retiro y cuidado del medio ambiente que los gobiernos de los Estados Unidos y del Reino Unido ya tienen sus *nudge units*.

SESGOS COGNITIVOS

Otro premio Nobel de Economía que ha estudiado la forma en la que opera la mente es Daniel Kahneman.

El psicólogo, considerado como el padre de la economía conductual, ha dicho que en ocasiones los líderes a cargo de tomar las decisiones que previenen o provocan un desastre desarrollan sesgos cognitivos que afectan su desempeño.

¿Qué es un sesgo cognitivo? Es un efecto psicológico que produce una desviación en el procesamiento de aquello que percibimos, lo que lleva a interpretar la realidad de forma distorsionada y en consecuencia a tomar decisiones irracionales. Los sesgos cognitivos son resultado de la evolución de nuestro cerebro, que necesita tomar decisiones rápidas para incrementar nuestras posibilidades de sobrevivir. Es importante reconocer que estos sesgos pueden ayudar a tomar decisiones más rápidas cuando la inmediatez es el mayor valor, pero también nos pueden llevar a graves errores. Un sesgo común es que con el paso del tiempo tendemos a aceptar las anomalías como eventos normales. Tomemos por ejemplo a alguien que sube todos los días por una escalera con un peldaño roto. Cuantas más veces la suba sin que le ocurra ningún incidente, más segura sentirá que es dicha escalera.

En todas las organizaciones ocurren pequeños fracasos que a menudo pasan desapercibidos porque no causan ningún daño inmediato. Lamentablemente, estos fracasos en miniatura impregnan el negocio en el día a día y una vez que se han acumulado ya es demasiado tarde. Para una organización dicha tendencia puede ser catastrófica. Diane Vaughan, socióloga de la Universidad de Columbia, estudió este fenómeno en su libro *The Challenger Launch Decision*.[4] Allí se detallan los comportamientos organizacionales y los sesgos que, con el paso del tiempo, permitieron apreciar como algo normal lo que era una anomalía mecánica evidente en un transbordador espacial.

En 1981, después del segundo vuelo del transbordador espacial, la NASA descubrió que el mecanismo que conectaba ciertas secciones del cohete impulsor del transbordador tenía algunas anomalías. Los gases calientes emitidos por el combustible dentro del cohete estaban quemando los sellos del mecanismo. Si las llamas se abrían paso, podían desestabilizar la nave e incluso provocar una explosión, ya que esta almacenaba en su interior una gran cantidad de hidrógeno y oxígeno líquidos. En 1985 declaró que este fenómeno era una "restricción de lanzamiento", es decir, una razón para no realizar el lanzamiento. Sin embargo, en seis vuelos previos al accidente del Challenger se presentaron problemas similares que fueron ignorados. Cada vez que el

---

[4] *The Challenger Launch Decision: Risky Technology, Culture, and Deviance at* NASA, University of Chicago Press, 1996.

lanzamiento de un cohete era exitoso crecía la confianza acerca de que se trataba de un problema manejable.

El 28 de enero de 1986 la temperatura en Cabo Cañaveral era más baja que en lanzamientos anteriores. Como consecuencia, los sellos de goma se endurecieron, lo que retardó su capacidad para fijarse al mecanismo que conectaba diversas secciones del cohete. Los ingenieros de Morton Thiokol, el fabricante del cohete, recomendaron no realizar el lanzamiento. Pero ocurrió que la NASA ya venía experimentando varios retrasos de lanzamiento, lo cual implicaba costos financieros y de reputación. Así que la agencia espacial presionó a los gerentes de Thiokol para que retiraran la recomendación de no seguir adelante con el despegue.

Finalmente, se realizó el lanzamiento del cohete y en menos de un segundo los sellos comenzaron a fallar, tal como temían los ingenieros; setenta y tres segundos después, el transbordador explotaba violentamente. Los siete astronautas, aún vivos en el interior del cohete —aunque probablemente inconscientes por la despresurización de la cabina—, continuaron su trayectoria durante dos minutos y cuarenta y cinco segundos antes de alcanzar el océano Atlántico a más de doscientas millas por hora.

En aquel entonces el presidente Ronald Reagan creó una comisión para estudiar el accidente. El resultado final de dicho grupo de análisis fue un informe de doce mil páginas. Gracias a esa labor, ahora sabemos que presiones políticas externas impulsaron a la NASA hacia su opción fatal. El proyecto estaba retrasado y por encima del presupuesto; sólo un calendario de lanzamiento ambicioso podría lograr ahorros mediante la distribución de los costos generales. Los retrasos en el lanzamiento que plagaron el programa del transbordador habían culminado en cinco aplazamientos del despegue del transbordador Columbia dos semanas antes del lanzamiento del Challenger. Además, estaba previsto que la noche en que esto ocurriría el presidente Reagan daría su Discurso del Estado de la Unión, en el que se presumiría del cohete en órbita. Cancelar el despegue implicaba también la modificación de dicho discurso.

En *The Challenger Launch Decision*, Vaughan pone énfasis en que la explicación tradicional del accidente —"gerentes que calculan de modo amoral, violando intencionadamente las reglas"— es profundamente insatisfactoria. Para comprender en profundidad este gran fracaso de la NASA la investigadora realizó un análisis sociológico detallado de la cultura de la agencia espacial de los Estados Unidos. Su investigación se remonta a 1977, nueve años antes del fatal lanzamiento, cuando se descubrió por primera vez que el diseño del mecanismo que unía al cohete era defectuoso y que ese era simplemente uno de los muchos problemas que amenazaban al transbordador.

Setecientas cuarenta y ocho piezas del Challenger fueron designadas como *criticality 1*, lo que significa que, si la pieza falla, el vehículo y la tripulación se pierden. Durante los primeros veinticinco vuelos del Challenger, 131 fallas técnicas demostraron ser lo suficientemente graves como para justificar la designación de "restricciones de lanzamiento" de la NASA. De estas, 66 se resolvieron después de un vuelo. Las otras fallas fueron anuladas o ignoradas repetidamente.

La NASA manejó todos estos problemas, explica Vaughan, al desarrollar una "cultura de construcción del riesgo", que mide el peligro contra las fuerzas contextuales del presupuesto, la política, las presiones de producción y el comportamiento organizacional. Repetidamente examinó el riesgo, realizó pruebas y estudios, estableció puntos de referencia de rendimiento y concluyó que era seguro proceder. La NASA se convenció a sí misma de que entendía el problema completamente, y los líderes encontraron explicaciones a las anomalías, o al menos las midieron y las encontraron insuficientes para garantizar la interrupción de la producción y el lanzamiento.

En términos de Vaughan, la organización se había acostumbrado a normalizar el riesgo. Cuando los ingenieros de la NASA intimidaron a sus contrapartes en Morton Thiokol la noche del 27 al 28 de enero de 1986, no estaban infringiendo las reglas. Habían escuchado preocupaciones similares durante años. Habían informado esas preocupaciones a sus superiores. Habían solucionado este problema una y otra vez. Levantaron la restricción de lanzamiento como lo habían hecho en todos los vuelos desde 1981. En la cultura de la NASA, las restricciones de lanzamiento se "levantan", no se renuncian. La restricción no consiste en impedir el lanzamiento, sino en llamar la atención sobre un problema, y una vez que este está bajo control, la NASA levanta la restricción para ese vuelo. Poco a poco, a lo largo de los años, la organización desarrolló una cultura en la que los riesgos no eran medidos con objetividad. Los gerentes siguieron los procedimientos previos al vuelo según el libro y enviaron al Challenger a su destino en estricta conformidad con sus normas culturales.

A la socióloga se han sumado decenas más de investigadores interesados en entender en profundidad uno de los más grandes fracasos de la carrera aeroespacial. La conclusión que domina entre la comunidad académica es que el equipo de la NASA fue víctima de un sesgo cognitivo denominado "pensamiento grupal". El psicólogo Irving Janis acuñó este término y lo definió como un modo de pensar en el que los esfuerzos de los miembros por mantener la unanimidad anulan su motivación para evaluar de manera realista los cursos de acción. El pensamiento grupal suele darse en organizaciones donde los expertos están aislados y se privilegian las preferencias del líder. Los síntomas más comunes son ilusiones de invulnerabilidad y unanimidad, y la presión ejercida sobre la disidencia. El equipo responsable del lanzamiento del Challenger estaba muy familiarizado entre sí. Habían trabajado juntos durante muchos años antes de la misión, eran víctimas del sesgo del "pensamiento grupal".

La cohesión grupal en la toma de decisiones puede ser engañosa. Las decisiones a menudo se toman rápidamente y con altos niveles de consenso, pero esto no siempre se correlaciona con las mejores opciones. Cuando se pasan por alto las alternativas porque se favorece la cohesión por sobre la individualidad, pueden tomarse malas decisiones.

¿Cómo puedes evitar esto? Recuerda que una decisión rápida no siempre significa una gran decisión. Examina cuidadosamente las alternativas al reunir a diversos grupos de personas con antecedentes distintos. Es importante que la solución correcta sea la prioridad, no la que más agrade a todo el equipo. Por otro lado, tengamos en cuenta que la NASA incurrió en aislamiento de expertos. Los ingenieros fueron separados del grupo de toma de decisiones. Mientras que estos hacían sus recomendaciones para no lanzar el Challenger, sus opiniones fueron descartadas a favor del lanzamiento.

Dejar a los expertos fuera puede causar grandes problemas. Es importante reconocer que tu equipo no siempre contará con la información necesaria para tomar algunas decisiones, y entonces debes estar preparado para buscar a quienes sí tengan acceso a esa información. Esto refuerza lo clave que resulta tener en cuenta cada una de las perspectivas que nos pueden brindar los diferentes expertos. Siempre considera la importancia de solicitar comentarios y opiniones de especialistas antes de tomar decisiones importantes.

Por último, la cultura de la NASA privilegió las preferencias del líder. En el caso del Challenger, dos de los gerentes de alto nivel presionaron para ejecutar el lanzamiento aunque esto se opusiera a las recomendaciones de los ingenieros.

Es fácil ver cómo las fuertes preferencias de los líderes pueden llevar a decisiones defectuosas. Ellos a menudo olvidan que su rol no siempre es ser el "que toma las decisiones" sino ayudar a que su equipo asuma la medida correcta. Un buen líder es alguien que escucha activamente las opiniones y preocupaciones de todos los miembros de su grupo. Como tal, debería alentar las determinaciones que tome el equipo en su conjunto y, a la par, escuchar la voz de cada individuo. Esto es de gran ayuda para evitar caer en el sesgo cognitivo del pensamiento grupal.

Otro gran ejemplo de cómo la suma de pequeños errores y malas decisiones es capaz de provocar un desastre es el derrame en la plataforma petrolera Deepwater Horizon, en el golfo de México. En abril de 2010, una explosión ocurrida allí mató a once personas, hundió la plataforma y provocó un derrame masivo de 779.000 toneladas de crudo. Numerosas malas decisiones contribuyeron al desastre.

Deepwater Horizon era una torre especializada en perforar pozos en aguas ultraprofundas; se trasladaba de un lugar a otro conforme se requiriera. En esta perforación en particular se usaron pocos centralizadores para colocar la tubería, el lubricante se extrajo demasiado temprano y los gerentes malinterpretaron los resultados de pruebas que confirmaban la filtración de algunos hidrocarburos. Además, para contener el petróleo bajo tierra, BP (British Petroleum, la compañía a cargo de la plataforma) se basó en un complejo dispositivo de seguridad llamado "válvula de control", el cual tenía un historial notoriamente irregular. ¿Por qué Transocean (propietario de la plataforma), los ejecutivos de BP, los gerentes de los equipos de perforación y el mismo equipo de perforación pasaron por alto las señales de advertencia a pesar de que el pozo había estado plagado de problemas técnicos?

La mayoría de nosotros estamos acostumbrados a malinterpretar o ignorar las advertencias que implican las pequeñas fallas; las dejamos pasar sin examinar o, perversamente, percibimos los errores como signos de que los sistemas son resistentes y que, incluso a pesar de ellos, todo funciona bien. Sin embargo, estos acontecimientos aparentemente inofensivos pueden provocar el estallido de una crisis; basta con que las condiciones cambien un poco.

Conocer los sesgos cognitivos es el mejor modo de evitarlos. De acuerdo con la psicología cognitiva conductual, hay más de veinte tipos. A continuación, los cuatro que con mayor frecuencia llevan a tomar malas decisiones de negocios.

1. *El catastrofismo*

Este sesgo cognitivo hace que percibamos catástrofes donde no las hay. Por ejemplo cuando nos empeñamos en creer que un dolor que sentimos es síntoma de alguna enfermedad terminal. Y es que consiste en la tendencia a especular e imaginar el peor resultado posible, incluso cuando este es poco probable. Otra manifestación de este sesgo tiene que ver con pensar que cierta situación será imposible de tolerar, cuando en realidad tan sólo sería algo incómoda o inconveniente, lo que se relaciona con una poca tolerancia a la frustración.

En el contexto de los negocios se manifiesta de múltiples maneras. Por ejemplo: un cliente se queja en redes sociales y de inmediato piensas que seguramente ese post se hará viral y que además será lo primero que encontrarán aquellos potenciales clientes que te googleen. En menos de un segundo se acelera tu ritmo cardíaco, pues tu cerebro interpreta esa fantasía catastrófica como algo real. Estás convencido de que es el inicio de una crisis de comunicación que causará gran desprestigio. Por lo tanto, decides suspender tu actividad en redes sociales hasta lograr convencer al cliente de que borre el comentario negativo.

Justo ese es el peligro del catastrofismo: puede generar reacciones exageradas y paralizar tu capacidad de tomar decisiones.

2. *La negación*

Es la tendencia a negar problemas, debilidades o errores. Es lo opuesto al catastrofismo. Este sesgo genera respuestas automáticas tales como "no me importa", "no me afecta", "me da igual". Tiene dos manifestaciones posibles: la negación de precedentes y la negación de la probabilidad. La primera es la tendencia a evitar incorporar probabilidades o sucesos anteriores muy bien conocidos que pueden ser importantes en la decisión a tomar. La negación de la probabilidad, por otro lado, consiste en rechazar por completo cualquier probabilidad cuando se realiza la decisión bajo incertidumbre. Quien tiende hacia este sesgo cognitivo tiene pensamientos tales como: "No creo que importe si no pago los impuestos del negocio un par de meses". Y cada vez que descubre que otro negocio tampoco está pagando impuestos su negación es reafirmada.

3. *Sesgo confirmatorio*

Es la tendencia a sesgar la realidad para que encaje con ideas preconcebidas.

Esto sucede cuando, por ejemplo, recordamos información de forma selectiva. Podría ser cuando de una etapa particular de nuestra vida rememoramos sólo los buenos (o sólo los malos) recuerdos. En los años sesenta se realizaron experimentos que sugieren que estamos sesgados hacia la confirmación de nuestras creencias existentes. Investigaciones posteriores reinterpretaron estos resultados como una tendencia a probar ideas de un modo unilateral, centrándonos en una posibilidad e ignorando las alternativas. De hecho, los experimentos han encontrado que tendemos a probar hipótesis de un modo unilateral, buscando sólo las pruebas compatibles y descartando las otras. Este sesgo se manifiesta de forma constante en los emprendedores en todas las etapas del negocio. Tomemos un ejemplo enfocado en la primera de ellas: el proceso de validar un emprendimiento. Imaginemos una pareja de emprendedores jóvenes, amantes de los animales, convencidos de que tienen una idea nueva que será un gran éxito: un bar para perros. Su hipótesis es que los dueños de perros no quieren dejarlos solos cuando salen de fiesta durante la noche y están interesados en pagar para que sus mascotas estén en un lugar con comida y bebida especial, así como humanos encargados de mantenerlas divertidas.

La pareja, en lugar de buscar entre todas las pruebas relevantes, se hace preguntas formuladas de modo tal que sólo haya respuestas afirmativas para apoyar su hipótesis. Como consecuencia, comete graves errores en el proceso de validar su idea de negocio, entre ellos, comentarla sólo con sus amigos que también aman a los animales, además de no crear un ambiente neutral donde la gente que esté en desacuerdo le pueda decir con transparencia que considera que su idea es mala. Quien busque pruebas a favor de una hipótesis probablemente tenga éxito. Por ejemplo, ante la pregunta "¿Te gustaría que existiera un bar para perros?", los encuestados mostrarán un grado de satisfacción mayor al que seguramente manifestarían si se les preguntara: "¿Pagarían treinta dólares para que su mascota disfrutara de un bar especial para perros?".

Un pequeño cambio en la formulación de una pregunta puede afectar el modo en el que la gente busca entre la información disponible y, a partir de allí, las conclusiones que se alcanzan. Esto se demostró en un estudio basado en un caso ficticio de custodia infantil. A los participantes de la investigación se les compartieron argumentos acerca de dos padres que buscaban ser tutores de un niño. El padre A era razonablemente adecuado para ser el tutor, mientras que el padre B tenía una mezcla de cualidades positivas y negativas: una relación cercana con el niño pero a su vez un trabajo que lo alejaría de él durante períodos largos. A algunos participantes se les preguntó: "¿Qué padre debería tener la custodia del niño?", y la mayoría de ellos eligió al padre B. Sin embargo, cuando a otros participantes se les preguntó: "¿A qué padre se le debería negar la custodia del niño?", ellos buscaron atributos negativos, pero de nuevo una mayoría contestó que el padre B, lo que implica que era el padre A quien en ese caso debería tener la custodia.

Es decir, sin notarlo, sesgamos nuestros recuerdos para que encajen con ideas preconcebidas. Por ejemplo, si pienso que alguien de mi equipo es torpe, tenderé a recordar sólo los hechos que confirman mi juicio. Para evitar este sesgo, los psicólogos recomiendan el siguiente ejercicio: si piensas que alguien es torpe, busca tanto las pruebas que lo confirman como las que lo desmienten, es decir, hechos que demuestren habilidad, inteligencia y aptitud.

4. *Proyección del pensamiento*

Este sesgo puede llevar a tomar muy malas decisiones y a tener actitudes peores. Es cuando creemos saber lo que piensan los demás y por qué se comportan de la forma en que lo hacen. Por ejemplo: "Mi socio/proveedor/colega piensa que soy un estúpido", "Este cliente quiere verme la cara", "El inversionista piensa que no soy capaz". Si tienes dudas acerca de lo que alguien piensa de ti, será mejor que se lo preguntes de forma directa y clara.

Raúl de Anda, fundador de la aceleradora de empresas Unreasonable México, llama a este sesgo el "efecto fantasma". Habló de él cuando contó su fracaso en Fuckup Nights y lo describió como la acción mental de crear enemigos donde no los hay. "Crees en la mala alineación de los astros, en cualquier factor no tangible y no comprobable para justificar el porqué de las cosas que no están funcionando." Raúl, ex misionero en

África y luchador social desde joven, quería diseñar un programa para disminuir el desempleo entre los universitarios recién egresados. Esta es la historia del efecto fantasma que lo llevó al fracaso.

El reto, claro, estaba en generar dinero, pero no nos asustaba hacer modelos de negocio. Teníamos prácticamente armado todo: clientes (empresas que quisieran recibir universitarios), población a beneficiar (evidentemente, universitarios a punto de ser desempleados), alianzas (universidades) y nosotros, quienes ganaríamos dinero por reclutar a universitarios con gran potencial.

Después de siete meses de trabajo, más de cien reuniones y más de cincuenta presentaciones entregadas, cerramos con cero empresas, hicimos cero ventas, generamos cero empleos, y lo peor es que tuvimos cero aprendizajes. Más de doscientos días de mi vida no me llevaron a nada. Estábamos tan seguros del producto que teníamos y tan orgullosos de nuestro modelo que nunca nos detuvimos a pensar en por qué @@#$% no lo estaban aceptando.

Cuando empezamos a escuchar el NO por parte de los empresarios pensé: "Mmmm, hay algunos imbéciles que no reconocen una gran oportunidad". Cuando llegué a las veinte negaciones, mi pensamiento era: "Wow, hay demasiados imbéciles por aquí, tengo que encontrar mejores empresas". Tocando los treinta rechazos, fue un "creo que sólo hay imbéciles en la zona", pero pasando los cuarenta todo cambió y en mi cabeza sólo había un "creo que el imbécil soy yo".

Para Raúl, el efecto fantasma fue pensar que había convenios ocultos entre empresas y universidades en donde las universidades ofrecían el trabajo no remunerado de los alumnos a las empresas a cambio de patrocinios para eventos. Raúl pensaba que por esa razón no pagaban sus servicios: los tenían sin costo directamente con la universidad.

> Nos casamos tanto con nuestra solución que se nos olvidó la parte más importante: el problema que queríamos resolver. Nuestra soberbia fue tal que nunca nos dimos cuenta de que no teníamos propuesta de valor. Estábamos ofreciendo un servicio a las empresas que las universidades ya tenían gratuitamente: el departamento de vinculación.

Sin duda, Thaler, Kahneman y los demás pioneros de la economía del comportamiento tendieron un puente entre la economía y la psicología, un vínculo que nos ayuda a reconocer que somos irracionales pero que hay herramientas y datos duros a los que podemos recurrir para tomar mejores decisiones.

Experimentación y modelos de negocio

Un negocio es una organización capaz de generar recursos financieros que le permitan ser sostenible en el largo plazo. Para lograr ese propósito es indispensable tener un modelo de negocios.

Cuando digo "modelo de negocios" me refiero al plan estratégico que define qué vas a ofrecer al mercado, cómo lo vas a hacer, quién va a ser tu público objetivo, cómo vas a vender tu producto o servicio y cuál será tu método para generar ingresos. Es decir, cómo vas a crear, desarrollar y capturar valor. Es importante destacar que el modelo de negocios es algo más que saber de dónde vienen los ingresos. Una buena analogía es la siguiente: si tu empresa fuera un edificio, los pilares serían el modelo de negocios, pues es lo que le da estructura a la forma en que la empresa crea valor.

Cuando Fuckup Nights nació no teníamos un modelo de negocios, lo que hacíamos era más bien un *hobby* compartido por cinco amigos, y, como ya saben, mi primera empresa fracasó, entre otras cosas, porque nunca hubo dinero para pagar sueldos. Por eso, desde un inicio tuve claro que Fuckup Nights necesitaba encontrar un buen modelo de negocios.

De hecho, en los inicios de Fuckup Nights encontraba bastantes similitudes con mi proyecto fracasado y eso me preocupaba: en ambas ocasiones éramos un grupo de personas comprometidas con un proyecto por el cual no recibíamos sueldo alguno. La principal diferencia era que en la empresa con la que fracasé al menos había un modelo de negocios claro (la comercialización de productos artesanales). En cambio en el caso de Fuckup Nights tuvimos que realizar varios experimentos para encontrarlo.

Y antes de explicar cómo lo hicimos, quiero aclarar que no es recomendable crear un modelo de negocios a partir de tu *hobby*. Es mucho más probable que tengas buenos resultados si como primer paso identificas problemas o necesidades de la sociedad e intentas resolverlos con un modelo de negocios. Es decir, no debe partir de tus propias necesidades sino de las que puedas captar o identificar en tu entorno.

Uno de los experimentos que hicimos en los primeros meses fue poner una alcancía en forma de chanchito en la entrada de la Fuckup Night. Ese experimento fue un fracaso —la alcancía terminó casi vacía—, en total reunimos unos mil pesos, de los cuales la mitad era un billete de quinientos que puso un amigo mío. Cuando Fuckup Nights tenía alrededor de cinco meses de vida nació una nueva idea: el patronato del fracaso. El concepto era el siguiente: así como los museos tienen patronatos, nosotros también tendríamos uno, y para ser parte de él era necesario realizar un aporte de dos mil dólares.

En marzo de 2013, después de varias reuniones dedicadas a discutir este tema, hicimos una lista de las veinte personas a las que invitaríamos al patronato. Luego decidimos dar una cena en mi casa e invitar a todas las personas que habían participado en las primeras ocho ediciones de Fuckup Nights. Nuestra hipótesis era que quienes ya habían contado su fracaso eran potenciales patronos, pues entendían el concepto y habían vivido en carne propia los beneficios de hablar de su fracaso en público. La cena ocurrió en mi departamento un viernes de finales de abril. Fue una velada muy divertida, llena de amigos apasionados por Fuckup Nights; sin embargo, a ellos no les pareció que el patronato fuera buena idea.

Después de esa experiencia decidimos que, en lugar de buscar patronos, dedicaríamos nuestros esfuerzos a construir una comunidad que ya estaba en crecimiento pero necesitaba fortalecerse. También decidimos que queríamos una comunidad internacional. Estamos convencidos de que el fracaso es una de las mejores maneras de tender puentes entre diferentes culturas: básicamente todos fracasamos en las mismas cosas. A pesar de todo, aún seguía latente la posibilidad de que Fuckup Nights muriera por falta de energía humana, esta última ocasionada por la ausencia prolongada de dinero. Después de un año de experimentos fracasados, al fin tuvimos uno exitoso que dejó al movimiento una pequeña utilidad. Ese momento clave fue el primer aniversario de

Fuckup Nights. Se trató de una Fuckup Night normal, pero con más asistentes y oradores famosos.

En su segundo año de vida comenzamos a aliarnos con marcas para hacer ediciones temáticas. Es decir, sesiones con fracasos de una misma industria o área. La primera edición especial que hicimos fue de fracasos tecnológicos en colaboración con IBM. No obstante, el primer proyecto con el que conseguimos dinero suficiente como para pagar sueldos por unos meses (y con ello disminuimos el riesgo de fracasar de nuevo por motivos similares a los de mi experiencia anterior) fue con *El libro del fracaso*, presentado en la fiesta del segundo aniversario de Fuckup Nights, y que se agotó un mes después de su lanzamiento. A la fecha, el movimiento está consolidado pero aún seguimos (y seguiremos) experimentando modelos para hacerlo crecer sin que pierda su esencia.

Nuestro modelo de negocios actual atiende a la necesidad de grandes corporativos de mejorar su cultura laboral en torno del fracaso, así como a la urgencia de obtener datos e investigaciones que ayuden a gobiernos, bancos de desarrollo y emprendedores a tomar decisiones basadas en evidencia. Estoy convencida de que el movimiento seguirá siendo exitoso en la medida en que no perdamos la capacidad de experimentar, fracasar, aprender y salir a contarle a la comunidad cómo y en qué nos hemos equivocado.

Las causas más comunes del fracaso

En 2014, Fuckup Nights, de la mano del Instituto de Emprendimiento Eugenio Garza Lagüera del Tecnológico de Monterrey y junto con los magníficos investigadores de EGADE Business School, realizamos una investigación histórica acerca de las causas más comunes por las cuales los negocios fracasan. La mejor forma de prevenir el fracaso es entender por qué sucede, y este fue el primer esfuerzo serio en Latinoamérica para comprender las causas por las que ocho de cada diez negocios cierran antes de cumplir los dos años. Un reto adicional era hacer una investigación sólida, útil y atractiva para todo aquel involucrado (o no) en el mundo de los negocios.

Cuando surgió la idea de realizar esta investigación ya habíamos escuchado más de cien historias de fracaso. Teníamos claro que había factores en común, pero nunca habíamos hecho un análisis profundo de estas historias. La noche en la que descubrí que habíamos escuchado tantas historias sin haber identificado las causas más comunes, al volver a casa lo primero que hice fue googlearlo. Busqué "causas comunes de fracaso", "top 5 fracasos" y "estadísticas de fracaso". Fue sorprendente descubrir que la mayoría de los textos se basaba en puras suposiciones. Los estudios acerca de por qué fracasan los negocios son escasos, a pesar de que el fracaso en los negocios sea muy común (sin duda, más común que el éxito). Los factores de éxito de las empresas se estudian mucho y se publican en todos lados; sin embargo, lo cierto es que la mayoría de las empresas fracasa y el conocimiento que surge de esa experiencia no se está sistematizando.

Menos de un mes después ya nos habíamos aliado con el centro de investigación de una universidad y ya teníamos claro que ese proyecto sería un reto mayor al esperado, pues nunca se había realizado una investigación de esa naturaleza en Latinoamérica, y obtener un gran volumen de casos de estudio y datos no sería cosa sencilla. La primera etapa, enfocada en el análisis cualitativo, fue un *focus group* con emprendedores que fracasaron y que amablemente compartieron su historia de fracaso. Dos días antes del *focus group* sólo cuatro emprendedores habían confirmado su participación, y necesitábamos un mínimo de ocho. Después de más de un año de hacer Fuckup Nights mensualmente en muchas ciudades del mundo, pensamos que sería de lo más sencillo convocar a diez personas para una reunión de este tipo. ¡Qué equivocados estábamos! Después de dedicarnos veinticuatro horas a mover cielo, mar y tierra, a hacer llamadas y mandar mails, logramos reunir únicamente a nueve emprendedores que fracasaron.

Ese día estaba feliz por haber logrado la meta, pero me preocupaba el momento en el que tuviéramos que conseguir a más de cuatrocientos emprendedores fracasados para que contestaran la encuesta. Glup. Después del *focus group* y de una serie de entrevistas con emprendedores fracasados, los investigadores desarrollaron un cuestionario para que emprendedores que hubieran fracasado lo contestaran. Hicimos una gran campaña de comunicación hasta alcanzar la meta; así conseguimos 409 personas que contestaron la encuesta.

Descubrir los motivos por los que la mayoría de los negocios fracasan resultó ser de gran utilidad para aquellas personas que tienen un negocio o quieren tenerlo y para los emprendedores que desean volver a intentarlo, así como también para inversionistas, aceleradoras e incubadoras de empresas. Por tanto, nos pusimos la meta de replicar esta investigación en otros países del mundo. Empezamos con Colombia. Para el momento en que *El libro del fracaso* fue publicado, el estudio cuantitativo en dicho país estaba a semanas de ser lanzado. Desde entonces hemos estudiado el fracaso en diferentes regiones e industrias, e incluso desarrollamos el Global Failure Index, una plataforma interactiva de datos que agiliza el estudio del fracaso. Así, hemos descubierto que los factores con más peso en el fracaso de un negocio son:

- Ingresos insuficientes para subsistir.
- Falta de indicadores.
- Falta de procesos de análisis.
- Planeamiento deficiente.
- Problemas en la ejecución.

A continuación, abordaré cada una de estas causas y propondré algunas estrategias para prevenirlas.

1. Ingresos insuficientes para subsistir

El motivo de fracaso que tuvo más menciones en el estudio fue el de ingresos insuficientes para subsistir. El 65 por ciento de los encuestados indicó que el negocio no le dejaba suficiente dinero para mantener su nivel de vida. En otras palabras, el emprendedor asumió que en el mes seis su negocio le daría dinero suficiente como para pagarse un sueldo y eso no sucedió. Así, el fundador (que pase lo que pase tiene que seguir comiendo y pagando el alquiler) abandonó el proyecto y buscó un empleo.

Para prevenir esta causa de fracaso es fundamental realizar un planeamiento básico pero correcto: calcular cuánto cuesta la operación del negocio, estimar los ingresos y egresos que este tendrá con el paso del tiempo (sobre todo durante los dos primeros años), determinar el punto de equilibrio y hacer proyecciones financieras en escenarios pesimistas.

Otra métrica a la que hay que prestar atención para evitar el fracaso por falta de ingresos es la del flujo de caja, o flujo de efectivo. Una forma práctica de calcularlo es restar las entradas y salidas de efectivo una vez a la semana (o una vez al día si se trata de un negocio con muchos movimientos). De esta manera es posible comparar la cantidad de efectivo disponible al comienzo de un período con el importe final del mismo período, y así ver si la empresa está perdiendo dinero a un ritmo mayor al que lo repone.

Ten siempre un ojo puesto en los movimientos de caja y trabaja de cerca con tu contador para mantener un flujo fuerte. En la mayoría de los negocios hay decisiones que se toman únicamente con base en el flujo de caja. Por ejemplo, el dueño de una librería tiene la oportunidad de comprar un gran lote de libros que debería pagar dentro de dos meses. En este momento no tiene el dinero para realizar la compra pero, para determinar si en dos meses podrá hacerlo, debe tener proyecciones claras de su flujo de caja. Si el dueño de la librería toma la decisión equivocada, puede dejar a su empresa sin efectivo y ponerla en una situación de riesgo; por eso debe evaluar la capacidad de la empresa para generar efectivo y equivalentes al efectivo, así como reconocer las fechas en que estos se producen y tener en mente el grado de certidumbre relativa de su aparición.

Asegúrate de que tu negocio tenga un flujo continuo de dinero, incluso si esto implica hacer movimientos estratégicos con tus acreedores, deudores, proveedores, clientes e inversionistas.

Al final de este capítulo te sugiero algunas herramientas tecnológicas para medir el flujo de caja.

Cómo podrías prevenir esta causa de fracaso

Las siguientes preguntas pueden ayudarte:

- ¿Cuánto dinero necesito para cubrir mis gastos básicos?
- ¿En cuánto tiempo el negocio me permitirá tener un sueldo que los cubra?
- ¿Tengo suficiente dinero ahorrado como para sobrevivir un año o hasta que el negocio me permita pagarme un sueldo?
- ¿Todos mis ingresos dependen sólo de este negocio?
- ¿Entiendo claramente los términos de mis préstamos y financiamientos?
- ¿Cuáles son los costos fijos y variables del negocio?
- ¿El flujo de efectivo que tengo me permitirá operar durante los próximos seis meses? ¿Qué debo hacer para lograrlo?

2. *Falta de indicadores*

En un negocio sin sistemas de control para identificar lo que va bien o mal, administrar los recursos financieros y los inventarios puede ser muy problemático. Bajo estas condiciones hay una tendencia fuerte a las fugas, la mala administración y, en consecuencia, los problemas legales.

Seguramente te estás preguntando: ¿qué métricas y estadísticas debería estar rastreando en mi negocio? El primer paso es distinguir entre las métricas de vanidad y las métricas accionables. Las métricas de vanidad son números o estadísticas que se ven bien en el papel, pero que realmente no significan nada importante en tu modelo de negocios. Un buen ejemplo es la cantidad de visitantes, suscriptores y seguidores de un sitio web. No es que estos números no importen, el punto es que no son el mejor indicador de avance de un negocio. Si te enfocas en dar seguimiento a cifras que realmente no reflejan este avance, dentro de unos años mirarás hacia atrás y verás cuánta energía desperdiciaste. Dar seguimiento a métricas que no están alineadas con tus objetivos es una ruta rápida al fracaso. En contraste, las métricas accionables son estadísticas que se relacionan con los objetivos de tu negocio y miden el desempeño de tareas específicas y repetibles que puedes mejorar. Antes de averiguar qué métricas debes seguir, es indispensable determinar cuáles son los objetivos de la empresa.

Eric Ries, autor de *The Lean Startup*,[5] aconseja que todas las métricas deben ser accionables, accesibles y auditables.

- Accionables: Esto quiere decir que se relacionan con actividades del negocio y que pueden mejorar o empeorar de acuerdo con el desempeño de esa actividad. Una buena forma de diseñar métricas accionables es seleccionar dos o más grupos de clientes y ofrecer a cada uno una versión diferente del producto. Esto en el mundo de los negocios se denomina *split testing* y permite medir, por ejemplo, cuál producto es más popular y cuál genera más compradores leales. Seguir el método científico da confianza de que el comportamiento observado fue, de hecho, causado por el cambio que se prueba.
- Accesibles: La mayoría de los sistemas de almacenamiento de datos proporciona informes que son complicados de leer y tardan demasiado en generarse.

---

[5] *The Lean Startup: How Today's Entrepreneurs Use Continuous Innovation to Create Radically Successful Businesses,* Random House, 2011.

Como resultado, muchos equipos no obtienen ningún beneficio de ellos. Para que los informes que contienen métricas valgan la pena, es esencial que todos en la compañía tengan acceso a datos recientes y entiendan cómo interpretarlos. Para alcanzar ese objetivo los informes mismos tienen que ser lo más simples posible.

- Auditables: Las métricas tienen que ser creíbles y, siempre que exista la posibilidad, los reportes se deben basar en datos primarios. Es decir, un informe sobre ingresos que se genera directamente desde la base de datos de órdenes de compra es más creíble que uno que requiere varios pasos intermedios.

Por otra parte, es importante que cualquier integrante de la empresa, empezando por los escépticos, pueda auditar los informes de métricas. Por ejemplo, imagina un informe que indica que el producto A generó más ingresos que el producto B. Es importante que el equipo pueda identificar qué personas decidieron comprar cada producto y que un escéptico del equipo pueda llamarlas y hacerles preguntas sobre su decisión de compra. De lo contrario, ¿cómo podemos generar ideas accionables sobre qué probar después?

Otro escenario común en negocios con indicadores débiles es que desarrollan informes que muestran cantidades abstractas, como visitas o tasas de abandono a sitios web. Es muy difícil interpretar esas cifras aisladas porque no hay punto de comparación. En cambio, si nuestros informes dicen que ocho de cada diez clientes decidieron que la calidad del producto no era la esperada, resulta más sencillo interpretar la información y obtener una métrica base para medir a partir de allí la satisfacción del cliente.

Estos son algunos ejemplos de los diferentes tipos de métricas que importan a medida que el negocio va avanzando:

- Etapa inicial: ventas, tráfico del sitio web, seguidores, suscriptores, comentarios, participación en redes sociales.
- Crecimiento: ingresos, tasa de conversión, tiempo en el sitio, satisfacción del cliente.
- Madurez: utilidades, duración de la retención, tasa de abandono, ingresos por cliente, costos del bien vendido.

Cómo podrías prevenir esta causa de fracaso

Aquí, algunas preguntas que pueden ayudarte:

- ¿Qué procesos del negocio debo medir y controlar? (Las finanzas siempre entran en este rubro; también la producción, los inventarios y las ventas.)

- ¿Todos mis objetivos son medibles? De no ser así, ¿cómo voy a medir mi progreso?
- ¿Tengo alarmas que me digan si algo está mal?
- ¿De qué modo obtendré toda la información que necesito?

3. *Falta de procesos de análisis*

Consiste en no dedicar tiempo a aprender cómo es posible hacer un mejor negocio. Ya lo dijimos: el reto más común para la mayoría de los fundadores de un negocio es que, al verlo como su bebé, lo idealizan, no lo observan de forma objetiva y, en consecuencia, no pueden analizarlo.

Analizar los procesos del negocio de manera periódica y sistemática sirve principalmente para dos cosas: primero, para adaptar la empresa a los cambios de los mercados y de este modo hacer que se mantenga competitiva; segundo, permite depurar aquellos procesos que son innecesarios u obsoletos y que le cuestan dinero. Para analizar los procesos primero necesitamos definirlos, luego clasificarlos, relacionarlos con la estructura organizacional y, finalmente, diseñar una herramienta que nos permita analizarlos.

Propuesta de proceso de análisis

En todo negocio existen tres tipos de procesos básicos: estratégicos, clave o de apoyo.

Los procesos estratégicos son aquellos mediante los cuales la empresa desarrolla sus estrategias y define los objetivos. Por ejemplo, el proceso de definir los objetivos del trimestre, el proceso de planear un presupuesto, el proceso de diseñar un producto.

Los procesos clave son también llamados "operativos" y se relacionan con la actividad diaria de la empresa. Por ejemplo, el proceso de compra de insumos o contratación de servicios, el proceso de producción, el proceso de prestación del servicio, el proceso de comercialización, etcétera.

Los procesos de apoyo, o de soporte, son los que proporcionan los medios (recursos) y el apoyo necesario para que los procesos clave se puedan llevar a cabo, tales como los procesos de formación, el informático o el de logística.

Si estás realizando un análisis de tu negocio por primera vez, es importante que comiences respondiendo a estas preguntas:

- ¿Cuántos procesos operativos, clave y de apoyo tiene el negocio?

- ¿Qué información es realmente importante reunir para el análisis y la toma de decisiones? ¿Qué métricas serían en este caso las más relevantes?
- ¿Qué infraestructura humana, programas o proyectos tiene la empresa para la mejora continua y el crecimiento?

Por otra parte, toda empresa está conformada por personas, de ahí que sea importante considerar a todo el equipo en el proceso de análisis. Para cada puesto de trabajo, puedes plantear estas preguntas:

- ¿Qué hace?
- ¿Qué información debe reportar y cuál es la forma más simple de hacerlo?
- ¿Qué debe analizar y cómo lo hace?
- ¿Qué decisiones debe tomar y a quién y cómo afectan?
- ¿Cómo puede sumarse al crecimiento y la mejora de la organización?

Con toda esta información puedes hacer un mapa de las actividades y los procesos de la empresa. Te invito a que anotes cada actividad en un *post-it* y luego los vayas pegando en una pizarra o en la pared, creando una secuencia lógica. Después, identifica cuál es la métrica clave de cada actividad o proceso, así como la persona responsable. Es muy recomendable que realices esta actividad en equipo. Durante este proceso, lo que buscamos es que las actividades de la empresa no presenten discontinuidades ni saturaciones.

Las discontinuidades son actividades dentro de los procesos que no llevan a ningún fin o que no dan un valor agregado. Este es el caso de la elaboración de reportes sin que exista ningún análisis sobre estos, es decir, se elaboran reportes que no tienen ningún fin más que el de registrar una actividad. Las saturaciones por su parte se refieren a aquellas actividades que se repiten, o al error de tener varios responsables sobre una misma tarea (es posible que haya varios involucrados, pero debe haber un solo líder que rinda cuentas). Cuando se presentan saturaciones hay duplicidad de trabajo y el análisis o toma de decisiones posterior se vuelve complejo o genera conflictos.

Esta forma de analizar tu negocio es sólo una manera de hacer las cosas, y es perfectible... hay varias más. Quizás haya procesos especializados para tu industria, te invito a googlear un poco al respecto.

Cuando el tiempo traiciona

La emprendedora estadounidense Erin Rothman tuvo que pagar caro por esta falta de proceso de análisis.

La idea de negocio de Erin surgió mientras trabajaba como vicepresidente de una exitosa empresa de consultoría ambiental. Notó que varios de sus procesos podrían ser más eficientes si tuvieran sensores que detectaran la lluvia. En ese momento, lo mejor que existía en el mercado era la mezcla de sensores de agua y pluviómetros que parecían sacados de los años setenta, porque, de hecho, habían sido diseñados en esa década.

Erin decidió fabricar un dispositivo más pequeño, más barato, con menor precisión pero, aun así, dentro de la gama de los requisitos. Además vendría acompañado de un programa que analizaría los datos y crearía visualizaciones en tiempo real. Con estas intenciones inició conversaciones al respecto con aceleradoras de empresas en San Francisco —California—, quienes le aconsejaron olvidarse del software (el programa de computadora) y enfocarse en el hardware (el aparato medidor). Sin embargo, al consultar con aceleradoras en Seattle, estas le sugirieron exactamente lo opuesto: que se olvidara del hardware y se enfocara en el software.

Mientras tanto, los inversionistas potenciales le dijeron que el hardware era difícil, demasiado arriesgado, que bastaba con construir el software. Pero Erin no veía el mercado listo para el software, además de que no podía conseguir los datos necesarios sin el hardware. Así que construyó ambos, el hardware y el software.

A pesar de que en un principio el hardware iba a estar listo en marzo, el proveedor tuvo un problema con los medidores de flujo y la producción fue postergada hasta finales de abril. Sin embargo, para esa fecha los medidores de flujo todavía no aparecían, así que en mayo cancelaron la orden y decidieron trabajar con un proveedor diferente que sugirió cambiar el diseño del medidor, lo cual postergó la producción hasta julio.

Los nuevos materiales del equipo provocaron que los costos de fabricación inesperadamente se dispararan, así que en lugar de diez unidades construyeron sólo una. Mientras todos estos cambios ocurrían, Erin habló con casi todos los grupos de ángeles inversionistas de Seattle y pasó por la "diligencia debida" o *due diligence* (el proceso de ser investigado y analizado por el inversionista) con la mayoría de ellos. Todos plantearon preguntas acerca del hardware, y Erin les aseguró que en cuestión de semanas estaría listo. Además, ella misma ya tenía acordadas pruebas piloto con un par de ciudades y de esa forma se validaría el negocio y se cerraría la inversión inicial.

Pero ocurrió que, a pesar de todos los planes y las citas acordadas, el hardware no se terminó a tiempo. Por lo tanto, no tenían los datos para el software. Los clientes no podían validar la solución. Los inversionistas no quisieron invertir.

Erin se deprimió y no habló con nadie durante un mes, mientras pensaba cómo superar esta pérdida devastadora para su empresa. Pronto entendió que la única opción era volver a empezar de cero, pero, esta vez, con un mejor proceso de análisis.

Cómo podrías prevenir esta causa de fracaso

Algunas preguntas que podrían ayudarte:

- ¿Estoy convencido de que mi producto/servicio es necesario?
- ¿Cómo llegué a esa conclusión? ¿Es algo que yo creo o lo he probado en el mercado?
- ¿Estoy familiarizado con metodologías como prototipado rápido o *lean startup*? ¿Las he aplicado en mi negocio?
- ¿He invertido demasiado tiempo en perfeccionar mi producto/servicio en lugar de planificar cómo y dónde lo pondré a disposición del mercado meta?
- ¿Conozco realmente a mi consumidor potencial? ¿Cuáles son sus patrones de compra? ¿Cómo consume la información (impresa, en su celular, en la TV)?

- ¿Cuántos procesos operativos tiene mi negocio? ¿Cuáles procesos son críticos para el modelo de negocios?
- ¿Qué métricas necesito para tomar decisiones?
- ¿Qué procesos son necesarios para la mejora continua y el crecimiento?

4. Planeamiento deficiente

Es importante que la idea de negocio esté puesta en papel y que continuamente pase por procesos de validación en el mercado. Como bien me enseñó un maestro en la universidad: la primera regla para un negocio es no suponer nada.

La mayoría de los empresarios es optimista y no lo puede evitar, está en su naturaleza. Sin embargo, el optimismo puede conducir a la sobrestimación de los ingresos potenciales y a la subestimación de los costos futuros. Las proyecciones financieras poco realistas nos llevan a tomar malas decisiones, todas ellas basadas en datos inexactos o en la pura pasión por determinado producto o servicio. Para mantener con vida sus sueños empresariales, los fundadores de negocios tienen que quitarse las gafas rosadas y hacer proyecciones precisas.

El planeamiento también es fundamental para la paz mental. Si el fundador de un negocio tiene ideas claras de hacia dónde quiere ir y cómo lograrlo, tendrá sueños más tranquilos.

Poner todos los huevos en una sola canasta

Un ejemplo de negocio que fracasó debido al planeamiento deficiente y a los factores externos que no fueron considerados es el del emprendedor argentino Matías Recchia.

La historia arranca así: después de haber tenido muy buenos trabajos en el mundo corporativo, Matías decidió que iba a fundar una empresa de *social gaming* con sus amigos, o, como les explicó a sus padres: "Vamos a vender animalitos virtuales en una red social". A lo que ellos respondieron: "A tus abuelos les vamos a decir que trabajas en un banco".

Más allá del desconcierto familiar, la empresa tuvo un arranque exitoso. Reunieron cuarenta millones de dólares de inversionistas, en particular en Brasil. Tenían alrededor de cincuenta millones de usuarios y diez millones de usuarios concurrentes. Además contrataban publicidad en televisión con estrellas mediáticas. Adriana Lima, la supermodelo, protagonizó uno de sus comerciales.

Cada uno de estos detalles venía a reforzar la idea de que nada podía salir mal. Matías y sus amigos se sentían como Mark Zuckerberg, con una oficina de cuatro mil metros cuadrados en Puerto Madero, Buenos Aires, ocupada por quinientos empleados. También tenían oficinas en San Pablo y Nueva York. Pero un día todo comenzó a salir mal. La economía de Brasil, después de despegar meteóricamente, empezó a caer, y con las complicaciones que eso trajo tomaron conciencia de los errores de planeamiento en la empresa. Por ejemplo, eran tremendamente dependientes de una red social brasileña llamada Orkut. Creían que todo su crecimiento se debía a sus habilidades como viralizadores de contenido. Era un espejismo. Fue muy fácil adquirir usuarios nuevos con costos cero y viralizar los juegos porque prácticamente no tenían competencia dentro de Orkut. Pero (y quizá debido a esto) la estocada más dura llegó cuando Google cerró Orkut: perdieron el 80 por ciento de su tráfico.

Como empresa, no habían planeado escenarios negativos y en consecuencia no estaban preparados para dar el paso que podría salvar el negocio: producir juegos para celular. Enseguida salieron a buscar inversionistas para rescatar la empresa, pero ya para ellos el *social gaming* era cosa del pasado. En una semana tuvieron que despedir a cuatrocientas personas. Lo hicieron un viernes.

"Aprendimos lo importante que es tener un plan de negocio que te diga adónde quieres ir. Aprendimos lo crucial que es saber cuánto dinero tienes para gastar y no depender de que haya una corte de inversionistas a los cuales ofrecerles promesas inmensas", explica Matías. "Mi nuevo modelo de emprendimiento surge ya no de los inicios auspiciosos sino de la realidad del aprendizaje."

Muchos fracasos en el mundo de los negocios empiezan por la falta de planeamiento. Como dicen: *If you fail to plan, you plan to fail.*

Cómo podrías prevenir esta causa de fracaso

Algunas preguntas que te pueden ahorrar un dolor de cabeza:

- ¿Tengo metas claras de dónde quiero que esté mi negocio en seis meses, un año y cinco años?
- ¿Tengo un plan escrito en el que se detalle paso a paso qué haré, cuándo lo haré y qué recursos humanos, financieros y técnicos necesito para lograr mis metas?
- ¿Tengo identificados los riesgos externos que podrían llevar a mi empresa al fracaso?

5. *Problemas en la ejecución*

Esta es la quinta causa más común por la que los negocios fracasan y resulta, probablemente, la más difícil de prevenir.

Por ejemplo, pensemos en una mujer de cuarenta y tantos años, amante de los animales y los parques, a quien podríamos llamar Alma. Hace un año, Alma tuvo la idea de poner una tienda especializada en comida para animales. Tras validar su idea en el mercado, decidió que se enfocaría en alimentos naturales y orgánicos. Desarrolló productos excelentes y una estrategia de marketing perfecta. Sin embargo, al final todo su esfuerzo no rindió frutos porque no supo cómo ejecutar el proyecto. Alma tenía problemas administrando su tiempo y dirigiendo el equipo de trabajo. De pronto descubrió que pasaba más tiempo haciendo entregas de comida a domicilio que trabajando como la CEO de su empresa.

Las ideas no sirven de nada: todo está en su ejecución, en el día a día del negocio. Por eso soy muy escéptica respecto de los concursos de emprendedores que premian buenas ideas. Las buenas ideas las tiene cualquiera. Un ejemplo perfecto son las Fuckup Nights. Estoy segura de que miles de grupos de amigos se han confesado sus fracasos y que cientos han pensado en que sería genial trasladar esa experiencia a más gente. No obstante, somos pocos los que lo hemos llevado a la práctica. La ejecución hace toda la diferencia entre el éxito y el fracaso.

Prevenir esta causa de fracaso es difícil precisamente porque la mejor forma de aprender a ejecutar proyectos es ejecutándolos. Es como aprender a andar en bicicleta leyendo un manual o viendo videos... En realidad, la única forma de aprender a andar en bici es subiéndose a una.

Por esto es muy importante que antes de iniciar cualquier negocio el emprendedor trabaje para alguien más. Lo ideal es encontrar una empresa en donde se requiera —constantemente— de las habilidades necesarias para ser un buen líder, que se ejecuten proyectos y, sobre todo, que haya un jefe dispuesto a enseñar y compartir sus conocimientos.

Cómo podrías prevenir esta causa de fracaso

Algunas preguntas para evitar que la mala ejecución asfixie tu negocio:

- ¿La empresa que estoy fundando es mi primer trabajo de verdad?

- ¿Sé cómo dirigir equipos, delegar tareas o trabajar desde cero con ellos (construcción del equipo de trabajo)?
- ¿Tengo buenas habilidades de liderazgo y comunicación?
- ¿He tomado algún curso no sé algo de *project management*?

No hay ninguna herramienta en Internet, ningún libro o curso que mejore tus habilidades como líder. Desde luego adquirir la teoría ayuda, pero el único modo de ser un mejor líder es practicando.

Negocios que nunca debieron haber nacido

Odio lucir como el Grinch de la historia, pero alguien tiene que decirlo: hay negocios que fracasan porque nunca debieron haber existido.

En muchas ocasiones se trata de emprendimientos que no buscan satisfacer necesidad alguna; básicamente son un capricho de su fundador. Otra categoría que entra aquí es la de aquellos negocios que su propio fundador aborrece. Esta es la mejor receta para el fracaso.

Objetos de culto a los que nadie rinde culto

Un negocio que nunca debió haber existido es el de un diseñador al que llamaremos Rodrigo. El joven artista visual pensaba que la mayoría de las portadas de libros podían ser mucho mejores; su sueño era mejorar el diseño de las tapas así como sus materiales.

Rodrigo imaginaba cubiertas resistentes al agua y al sol, que fueran intercambiables, reciclables y coleccionables. Él creía que este producto podría ser un objeto de culto entre los amantes de la lectura y supuso que, como él, muchos otros tendrían la misma opinión; entonces empezó a diseñar y producir cubiertas para libros que los hacían lucir más elegantes, sí, pero que nadie compró. La gente quiere que los demás vean la portada del libro que están leyendo (salvo contadas excepciones, como *Cincuenta sombras de Grey*, del cual se documentó que las señoras lo leían en el metro de Nueva York con la portada cubierta).

Cuando una empresa no tiene arreglo es mejor aceptarlo en breve: reconocer la falta de sentido, cerrarlo con todas las de la ley (de eso hablaremos al final del libro) y seguir adelante. Aunque pueda sonar fácil, por lo general es sumamente difícil de lograr. Porque, para empezar, el fundador de la empresa tiene que luchar contra su propio ego al aceptar que estaba equivocado acerca del proyecto al que dedicó tanto tiempo y dinero.

Cómo matar una mala idea de negocio

El siguiente es un proceso que sugiero para matar lo antes posible las malas ideas de negocios.

1. *Investigación previa*

Una de las formas más sencillas para identificar si es prudente o no continuar con cierta idea de negocio es investigar si alguien más en el mundo ya la ejecutó y cómo le fue.

En este sentido hay varias posibilidades:

- Si tu idea de negocio ya se está llevando a la práctica de forma exitosa en tu misma región, evalúa si tienes los recursos necesarios para competir.
- Si tu idea de negocio ya se está llevando a la práctica de forma exitosa en otra región del mundo, la situación es diferente. Te sugiero hacer un análisis comparativo entre el mercado de ambas regiones. Es importante considerar el tamaño del mercado, el poder de compra y otras variables sociodemográficas. También es importante que te plantees un escenario en el cual esa empresa podría decidir operar en tu región.

- Si tu idea de negocio se intentó ejecutar anteriormente y fracasó, tendrás que hacer mucha más investigación para averiguar a qué se debió el fracaso y si al negocio sobrevivió la patente de algún producto. Si puedes, conversa con los fundadores y con otros miembros de tu industria para tener una visión más completa.
- Si tu idea de negocio nunca se ha intentado, estás en el escenario más interesante. Es importante identificar por qué no se ha hecho. Quizás es demasiado cara, o hay restricciones legales, o la tecnología no está disponible, o, por qué no, quizá sea una idea extraordinariamente innovadora.

En ningún otro momento de la historia como en la actualidad hemos tenido acceso a tanta información acerca de los consumidores. Las redes sociales, los sistemas de gestión comercial tipo CRM (Customer Relationship Management) y las bases de datos hipersegmentadas (y alimentadas en tiempo real por las redes sociales) arrojan una gran cantidad de datos casi instantáneos. Aprovéchalos para entender mejor el potencial de tu idea de negocio.

2. Haz una prueba piloto

Una forma de evitar caer en negocios que no debieron haber existido es construir una versión muy básica de tu producto o servicio y salir a la calle a preguntar a la gente su opinión e interés de compra. Sé que suena obvio, pero son muchos quienes pasan por alto este punto.

Hay ocasiones en las que lo único que necesitas es hacer las preguntas indicadas a un número suficiente de personas y, desde luego, escuchar sus respuestas con atención. Puedes llevar a cabo entrevistas personales, o en grupo, en las que realices preguntas sencillas que te ayuden a validar cómo recibirá el mercado tu proyecto:

- *¿Qué es lo más valioso de mi producto o servicio? ¿Y lo menos valioso?*
- *¿Qué eventos o circunstancias disparan la compra de un producto así?*
- *¿Qué otras alternativas existen cuando se buscan productos y servicios como el mío?*
- *¿Por qué elegir lo que yo ofrezco y no otras opciones?*
- *¿Cuánto estás dispuesto a pagar?*

Las respuestas que extraigas de aquí pueden proporcionarte datos útiles ante la posibilidad de arrancar un negocio que no tiene potencial. Sin embargo, esta técnica tiene un defecto: la gente por lo general te dice lo que quieres escuchar, sobre todo si te tienen miedo o son tus amigos. Por tal razón, el experimento funciona mejor si lo aplicas con personas que no te conocen o que se caracterizan por ser brutalmente honestas. Otra alternativa, más simple e inmediata (también con mayor posibilidad de sesgo), es preguntar abiertamente en redes sociales qué les parecería X o Y producto.

Mi manera favorita de poner a prueba una idea es hacer una campaña de *crowdfunding* (o financiación colectiva) en sitios como Indiegogo o Kickstarter. Así se validó la idea de Pebble, uno de los primeros relojes inteligentes. Los fundadores subieron un video a un sitio de *crowdfunding* y recaudaron casi veinte millones de dólares. Advertencia: si decides seguir este camino, recuerda que tienes que entregar el producto o servicio a la gente que está aportando dinero.

Otro modo de validar una idea de negocio es simplemente hacer un video que la explique, subirlo a YouTube y ver cuánta atención genera. Justamente esa fue la estrategia de Drew Houston, el CEO y fundador de Dropbox, la plataforma para compartir archivos en Internet. Houston creó un video que demostraba cómo funcionaba la sincronización de archivos en Dropbox. En veinticuatro horas, el video había sido visto por más de diez mil personas, y Houston tenía la información que necesitaba para seguir adelante con su idea de negocio.

3. Iteración y aprendizaje

Mejora el producto o servicio y vuelve a ponerlo a prueba en el mercado.

4. Establecer métricas clave

Si has llegado hasta aquí y la idea de negocio sigue viva, es el momento de establecer un punto de referencia antes de lanzar el negocio.

Investiga los datos históricos de lanzamientos de productos nuevos y determina qué tipo de objetivos deseas establecer. Si todos los lanzamientos exitosos comenzaron con una tasa de respuesta de ventas del 5 por ciento, por ejemplo, tu punto de referencia debe ser del 5 por ciento o más. ¿Por qué? Porque las cosas nunca salen tan bien como esperamos, especialmente cuando esas cosas son ideas en las que queremos creer. Establece dos o tres métricas clave para juzgar el desempeño del negocio, y, si no logras tus objetivos, es un buen momento para repensar si continuar con la empresa o no.

5. *Trabaja para el éxito pero reconoce la posibilidad de fracaso*

Si decides seguir adelante, da siempre tu máximo esfuerzo y haz todo para garantizar el mejor resultado posible. Sin embargo, recuérdale constantemente a tu equipo que a veces el mercado reacciona de formas misteriosas e inesperadas y todo puede suceder.

6. *Gratitud*

Si el proyecto fracasa, agradece a todos los que trabajaron en él. Dales gracias como grupo e individualmente.

7. *Aprende del fracaso*

Realiza una reunión *postmortem* para descubrir qué salió mal y qué podría hacerse de manera diferente "la próxima vez". De eso hablaremos más adelante.

8. *¡A lo que sigue!*

Detener este proyecto no es el fin del mundo. De hecho, al hacerlo tendrás más tiempo, energía y recursos para probar otro proyecto, uno que podría tener éxito.

En la universidad estudié administración de empresas y mercadotecnia. En aquel entonces aún no existían metodologías ágiles para generar, validar e implementar ideas de negocio, así que dedicábamos horas y horas a escribir planes de negocios, planes de marketing y planes financieros. Años después de graduarme, conocí el Business Model Canvas y me quedó claro que hubiera sido mucho más práctico y formativo enfocarnos en dicha metodología. Por eso decidí aprenderla por mi cuenta y llevarla a la práctica con negocios propios y de amigos.

El Business Model Canvas es una metodología propuesta por el autor y consultor suizo Alexander Osterwalder. La base de ese sistema es una tabla que ayuda a las empresas a alinear sus actividades al permitirles visualizar de forma simplificada su propuesta de valor, la infraestructura, los clientes y las finanzas. Esta plantilla permite desarrollar nuevos modelos de negocio, o bien documentarlos.

Cuando comencé a enfocarme en el estudio del fracaso me di cuenta de que podía ser de utilidad realizar un análisis similar para identificar las áreas vulnerables en mi empresa, es decir, aquellas que podrían llevarla al fracaso. Así nació el Business Failure Canvas. La versión presente en este libro es el resultado de varios procesos de iteración y mejora que realicé en decenas de talleres y sesiones uno a uno con amigos emprendedores interesados en prevenir el fracaso de su negocio.

Te invito a realizar el siguiente ejercicio que te ayudará a identificar los puntos débiles de tu empresa. Así, podrás fortalecerlos antes de que sea demasiado tarde. El Business Failure Canvas también es de gran utilidad para personas con negocios en problemas, pues ayuda a identificar correlaciones y otros retos por resolver. En el mismo puedes contestar las preguntas que planteo a continuación, o bien descargar la plantilla interactiva disponible en el sitio sobreviviralfracaso.com. Es importante mencionar que el Business Failure Canvas es un documento en vivo. Esto significa que lo vas a completar de acuerdo con lo que indica tu conocimiento actual, y vas a continuar actualizándolo conforme entiendas más de tu negocio, este crezca o el mercado cambie.

Otra aclaración importante: debes ser lo más específico posible al responder las preguntas. Y en aquellos casos en los que no tengas la información necesaria para dar una respuesta sólida, date el tiempo de investigar o de probar tus hipótesis.

Proceso de análisis	Aliados	Ejecución y liderazgo	Clientes	Comunicación con el mercado	Recursos clave	Finanzas

Proceso de análisis

¿Cuántos procesos operativos tiene mi negocio? ¿Cuáles procesos son críticos para el modelo de negocios?

¿Cuáles son las actividades clave de mi empresa?

¿Qué actividades en caso de fallar pondrían mi operación o flujo de ingresos en riesgo?

¿Qué métricas necesito para tomar decisiones?

¿Qué procesos son necesarios para la mejora continua y el crecimiento?

¿Qué problema o necesidad satisface mi empresa?

¿El mercado realmente necesita mi producto/servicio? ¿Cómo lo validé?

Aliados

¿Quiénes son mis aliados más relevantes dentro y fuera de la empresa?

¿La pérdida de qué aliado pondría mi negocio en riesgo?

¿Qué aliado no quiero perder?

¿Cuáles son los principales riesgos que podrían dañar la relación con mis aliados?

¿Qué aliados necesitará el negocio para lograr sus metas?

¿Tengo aliados tóxicos que están dañando mi negocio?

Ejecución y liderazgo

¿Todos mis objetivos son medibles? De no ser así, ¿cómo voy a medir mi progreso?

¿Tengo alarmas que me digan si algo está mal?

¿Tengo un plan escrito en el que se detalle paso a paso qué haré, cuándo lo haré y qué recursos humanos, financieros y técnicos necesito para lograr mis metas?

¿Le he pedido a mi equipo que evalúe mi liderazgo? (Si la evaluación es anónima funciona mejor.)

Clientes

¿Quiénes son mis clientes más relevantes?

¿Qué métricas accionables me pueden ayudar a medir el crecimiento de mi base de clientes?

¿Qué factores externos o internos podrían matar la relación con esos clientes?

¿Estoy buscando nuevos clientes?

Comunicación con el mercado

¿Conozco realmente a mi consumidor potencial? ¿Cuáles son sus patrones de compra? ¿Cómo consume información? (Impresa, celular, TV.)

¿A través de qué canales contacto a mis clientes?

Si alguno de estos canales desapareciera temporal o permanentemente, ¿pondría mi negocio en riesgo?

¿Están surgiendo nuevos canales de comunicación que estoy pasando por alto?

Recursos clave

¿Qué recursos clave requiere mi propuesta de valor?

¿La falta de qué recurso clave pondría a mi empresa en riesgo? (Dinero, conocimiento, recursos naturales.)

Finanzas

¿Cuáles son mis principales fuentes de ingreso al día de hoy? ¿Y en el largo plazo?

¿Cuáles son los costos más relevantes en mi modelo de negocios?

¿Cuáles son los costos fijos y variables?

¿Qué factores podrían afectar estos costos? (Inflación, aranceles, escasez, crisis.)

¿El flujo de efectivo me permitirá operar durante los próximos seis meses?

EN POCAS PALABRAS...

Es más sencillo prevenir el fracaso que combatirlo cuando ya es inminente.

Claves para prevenir el fracaso:

- Mantenerse actualizado acerca de las tendencias en la industria.
- Hacer pausas para observar tu propio negocio desde una perspectiva estratégica y a largo plazo.
- Sesgos cognitivos. Interpretamos la realidad de forma distorsionada y tomamos decisiones irracionales. Principales sesgos:
    - ✓ Catastrofismo
    - ✓ Negación
    - ✓ Sesgo confirmatorio
    - ✓ Proyección del pensamiento

Causas principales del fracaso de un negocio:

- Ingresos insuficientes para subsistir.
- Falta de indicadores.
- Falta de procesos de análisis.
- Planeamiento deficiente, problemas en la ejecución.

Negocios que nunca debieron haber existido. Cómo matar las malas ideas de negocio lo antes posible:

- Investigación previa.
- Prueba piloto.
- Iteración y aprendizajes.
- Establecimiento de métricas clave.
- Reconocer la posibilidad de fracaso.
- Agradecer a todos los que participaron del proyecto, tanto a nivel grupal como individual.
- Aprender del fracaso.
- Detener el proyecto. Así, le damos lugar a uno nuevo.
- Business Failure Canvas: Plantilla —disponible en este libro y en el sitio sobreviviralfracaso.com— creada para identificar los puntos débiles de tu negocio y fortalecerlos antes de que sea demasiado tarde.

HERRAMIENTAS PRÁCTICAS
DE LA A A LA Z

Design Thinking. La Universidad de Stanford ofrece un curso virtual gratuito http://dschool.stanford.edu/dgift/.

Encuesta en línea. Para entender mejor a tus clientes existen herramientas de investigación de mercado tales como QuestionPro (http://www.questionpro.com), la cual, además de guiarte en el proceso del estudio, agiliza la interacción en redes sociales. Sus encuestas pueden aplicarse desde una tablet sin acceso a Internet. Feedbackify (www.feedbackify.com) permite que les preguntes a tus clientes, desde tu sitio web, acerca de cuestiones específicas que pueden ser respondidas en una escala del 1 al 10. Con UserVoice (www.uservoice.com) tus clientes pueden subir sus ideas y propuestas en línea para que sean votadas por otros clientes. SuggestionBox (www.suggestionbox.com) se enfoca en obtener retroalimentación de los clientes, quienes pueden crear una página para tu empresa sin tu autorización. Esta herramienta permite que el dueño del negocio haga saber a sus consumidores si sus sugerencias ya fueron implementadas.

Flujo de efectivo. Para tener una idea más clara de lo que sucede con el efectivo de tu negocio puedes utilizar la app Pulse (http://pulseapp.com/). Si la operación del negocio no es muy compleja, recomiendo usar uno de los *templates* de Google Docs: son fáciles de usar y permiten que otras personas puedan editar el archivo de forma remota.

Lean Startup. La página del creador del concepto, Eric Ries, contiene recursos y ejemplos para llevar a la práctica esta metodología: http://theleanstartup.com/.

Objetivos y metas en tiempo real. Hay varias apps, entre ellas está Objectiveli (http://objectiveli.com/), disponible sólo para web, que te permite diseñar un planeamiento con base en tres componentes: metas, objetivos e hitos. Asimismo, toda la información que generes y organices la puedes compartir con los miembros de tu equipo.

Prototipado rápido. Si buscas generar un prototipo y ponerlo a prueba, en Hack Design encontrarás buenas alternativas: https://hackdesign.org/toolkit/rapid-prototyping.

Punto de equilibrio. Desde la página de Google Play puedes descargar en tu computadora o smartphone una aplicación llamada "Simple Break-Even Calculator"; tras ingresar la información de tu negocio, la calculadora te indicará cuántas unidades debe vender tu empresa para llegar al punto de equilibrio. Es una herramienta útil para simular diferentes escenarios de costos y precios.

3

COMBATIR EL FRACASO

"¿Es posible salvar mi negocio del fracaso?", me preguntó por correo electrónico una mujer. La llamaremos Rosa.

La orgullosa dueña de un restaurante en una zona de oficinas de la Ciudad de México se dio cuenta de que su negocio estaba en números rojos; mes a mes apenas le alcanzaba para pagar los sueldos. Las ventas del restaurante de Rosa disminuyeron desde que nuevas opciones de comida rápida abrieron en la zona. Por si fuera poco, la cocinera que había estado con ella desde el principio decidía renunciar. Después de diez años, su restaurante estaba quebrado (como le ocurre al 90 por ciento de los negocios de México durante su primera década de vida).

Todas las semanas recibo mails como el de Rosa. Provienen de personas que acaban de fracasar en un negocio o que atraviesan un momento complicado y me contactan en busca de ayuda. Si algo de lo que leíste te suena familiar y tu negocio cerró o está en un mal momento, lo más importante que debes saber es que no estás solo: no olvides que la mayoría de los valientes que emprenden este camino fracasa antes de cumplir dos años.

La buena noticia es que ya sabemos cuáles son las principales causas por las que los negocios fracasan. También sabemos que estas causas van variando de acuerdo con la región y con la industria, y que casi todas pueden corregirse y prevenirse. Es decir, hay negocios al borde del fracaso que pueden salvarse.

El mundo de los negocios está lleno de historias como la de Rosa, de empresarios y emprendedores que se desesperan al ver su empresa al borde del fracaso, incluso de gente que iría a visitar a un brujo con tal de salvar su negocio. En su búsqueda por respuestas o un poco de esperanza, algunos de estos empresarios en apuros prefieren escribirme un mail. Espero que este libro, y en especial este capítulo, les sirva de algo.

A Rosa le respondí que lamentaba mucho la situación de su negocio y la invité a la Fuckup Night para conocerla en persona y poder conversar cara a cara sobre un tema tan relevante para ella y su familia. Después de las historias de fracaso de aquella noche, Rosa se acercó y me dijo: "Hay un momento en la vida en el que vemos cómo el fracaso se acerca lentamente. Algunos se paralizan, no hacen nada y sucumben. Escuchar estas historias me ayudó a ver que tengo que reinventarme". Y tenía toda la razón: es posible combatir el fracaso.

Un ejemplo perfecto de perseverancia a la hora de combatir y vencer el fracaso es el de Iluméxico, una empresa social mexicana que lleva iluminación con paneles solares a comunidades rurales. Hace unos años, el ingeniero Manuel Weichers, fundador de la empresa, comenzó a trabajar con una comunidad en el estado de Veracruz. "Fue un proceso de electrificación en el que todo salió mal, la comunidad estaba muy enojada, yo creía que nos iban a linchar." Para empezar, Manuel compró las lamparitas a un proveedor chino que se las entregó tarde y defectuosas. Luego, instaló en las casas de la comunidad lámparas LED que convirtieron el pueblo en un antro y generaron la disconformidad de los pobladores.

Manuel iba y venía a la comunidad, arreglando desperfectos y calmando ánimos. Al final logró electrificar el pueblo, con pérdidas económicas pero con todos los huesos completos. "Estuve a punto de fracasar, y lo más sencillo hubiera sido rendirme, pero la perseverancia y el éxito final en ese proyecto me abrieron muchas oportunidades."

Para combatir el fracaso es importante aprender a ver el negocio con perspectiva y no dejarse llevar por la operación. "No por mirar un árbol dejes de ver el bosque", me aconsejó hace un par de años, cuando era mi jefe, Adolfo Ortega, uno de los periodistas de negocios más respetados de México. En esa época de mi vida me dedicaba al periodismo de datos y estaba editando un reportaje que tenía múltiples fallas, por lo que, sin darme cuenta, empecé a dejar de verlo como un todo y me enfoqué en párrafos individuales. Así llegué a un punto en el que el texto completo ya no tenía sentido ni ritmo. La analogía de Adolfo fue una de las mejores lecciones de negocios que tuve en mi vida.

Si aprendes a mirar tu empresa con perspectiva, te será mucho más fácil identificar cuando, por ejemplo, surge un nuevo competidor que crece rápidamente y capta a los clientes que tú no has podido alcanzar. Si en cambio tu enfoque está puesto sólo en la operación diaria, es probable que te enteres de la existencia de este nuevo competidor cuando ya sea demasiado tarde.

Cómo mirar el bosque y no sólo el árbol

Un emprendedor cuya mirada vaya más allá del día a día del negocio estará en condiciones de captar cuando el equipo esté pasando por una crisis, o bien cuando esté saturado de trabajo y necesite integrar a nuevas personas. También de este modo es mucho más probable identificar problemas o soluciones inesperados.

Hay una vieja parábola de la India que explica muy bien la falta de perspectiva. Se trata de la historia de un grupo de hombres ciegos que tocan el cuerpo de un elefante para comprender cómo es. Tras tocarlo, uno de ellos asegura que un elefante es largo y flaco como una serpiente. El otro dice que el primero no sabe de lo que está hablando y que el elefante es como el tronco de un árbol, redondo y grueso. El tercero contradice a los dos afirmando que es ancho y circular como un disco gigante. Cada hombre está hablando de una parte diferente del elefante (trompa, pierna y oreja, respectivamente). Debido a que su experiencia se limita a una determinada parte del cuerpo del animal, suponen que este es *únicamente* la parte que ellos pudieron tocar.

Con los emprendedores ocurre a menudo algo similar. Estamos enfrentando un gran reto empresarial y sólo lidiamos con las partes que podemos ver. El problema es que, sin darnos cuenta, miramos el árbol y nos olvidamos del bosque, comenzamos a percibir como aislados problemas que en realidad están relacionados y proponemos soluciones simplistas.

Sin embargo, ¿qué sucede cuando, ya sea por elección o por circunstancia, tenemos que encontrar nuevas soluciones, cuando necesitamos innovar? La innovación, por su propia naturaleza, implica idear un nuevo enfoque para un viejo problema, para lo cual necesitamos ver ese problema de manera diferente. Si hacemos las mismas cosas, obtendremos los mismos resultados. Con nuestra misma bolsa de trucos haremos siempre el mismo espectáculo de magia. Por eso, para ver el bosque en lugar de sólo un árbol, hay que mirar el negocio desde una nueva perspectiva.

Jonah Lehrer, en su libro *Imagine*,[6] habla acerca de lo que en inglés llaman *aha moments*, es decir, esas ocasiones en las que nuestra mente hace conexiones que nos permiten ver nuestro alrededor de un modo distinto y generar nuevas ideas. Por ejemplo, cuando a Isaac Newton se le ocurrió la teoría de la gravedad a partir de una manzana que cayó de un árbol. Algún evento desencadena una idea y el cerebro establece una nueva conexión para resolver el problema de forma creativa. ¿Cómo funciona este proceso? La neurociencia explica que, cuando necesitamos resolver un problema, primero pensamos en las soluciones habituales que son obvias, hasta que ya no se nos ocurre nada más y pareciera que nos hemos topado con un muro que nos impide avanzar. El muro es la incapacidad del hemisferio izquierdo del

---

[6] *Imagine: How Creativity Works*, Canongate Books, 2012.

cerebro de crear nuevas conexiones a partir de ideas anteriores. En el punto de frustración total, el hemisferio derecho se involucra y lo hace en uno de sus idiomas favoritos: el de las imágenes.

De repente, la conexión se establece y, como por arte de magia, surgen nuevas soluciones. Lo que sucedió dentro de tu cerebro es que se creó una nueva sinapsis que conecta las neuronas o se fortaleció una sinapsis que usas poco. Este tipo de momentos de inspiración suelen ocurrir en situaciones improbables: en la ducha, en plena clase de yoga o conversando con un amigo. Por lo tanto, el reto es ayudar al cerebro a realizar nuevas conexiones para inspirar el pensamiento creativo y así abordar los problemas desde una óptica diferente: mirar el bosque completo en lugar de un árbol aislado.

Las siguientes son algunas técnicas que todo emprendedor es capaz de poner en práctica.

Plantea el negocio de forma visual

Seguramente has visto esto en los programas de televisión de detectives: cuelgan en la pared fotografías de los sospechosos, lugares y piezas de evidencia, luego comienzan a conectarlos y moverlos de posición para encontrar patrones.

Aquí puedes hacer algo muy parecido: imprimir o dibujar elementos de tu negocio que consideras relevantes y pegarlos en una pared, o simplemente distribuirlos en el piso. Esta técnica ayuda a destapar la creatividad, ya que el reconocimiento de patrones es mucho más fácil cuando puedes ver las imágenes que cuando sólo las recuerdas.

Si quieres seguir esta técnica pero no sabes por dónde empezar, te sugiero que imprimas tres cosas: los objetivos de tu negocio, cosas que te gustan o preocupan acerca de los competidores y material para inspirarte. Por ejemplo, si tu negocio es una tienda en línea, imprime en letra grande los objetivos de este año o cuatrimestre. Después, busca entre la competencia las cosas que funcionan bien, pueden ser botones en su sitio web, aspectos del diseño del producto o del flujo de experiencia del usuario. También piensa en todas las cosas que no te gustan de tus competidores e imprímelas. Incluso si no estás en "competencia" con nadie más, busca las industrias más cercanas y harás las conexiones más rápido.

Para la última instancia que te propongo, toma de diez a veinte elementos de otros negocios que te inspiran. Puede ser el servicio al cliente, el diseño del espacio o la forma en la que comunican su propuesta de valor. Ahora, coloca todo lo que has impreso en una pizarra o pared, da un par de pasos atrás y observa los materiales visuales. ¿Qué tienen en común? ¿En qué son diferentes? Registra tus ideas en notas adhesivas y súmalas a tu tablero visual. Después de hacer esto, comenzarás a encontrar patrones que te ayudarán a ver el bosque y no sólo un árbol. Si has hecho esto y continúas estancado, invita a un colega o amigo a ver tu *collage* de ideas y conversar al respecto.

Cambia el vocabulario

El lenguaje es increíblemente poderoso. Los seres humanos podemos describir lo mismo usando palabras muy distintas, y esas mismas palabras moldean nuestra percepción de la realidad. Cuando describes para ti mismo o para un grupo un problema usando cierto lenguaje, las personas que te oyen se apegan a ese lenguaje, ese *modo de decir*, y el grupo entero puede quedar estancado en la semántica. Esto es especialmente cierto al definir nuevos productos y características. De ahí que sea tan importante que, si quieres ver a tu empresa de modo diferente, intentes cambiar la forma en que te refieres a ella o en que la describes. Una buena práctica es involucrar al equipo y arrancar identificando qué palabras son confusas o es necesario dejar de usar para ver los retos desde un nuevo ángulo.

El poder de la palabra

En Pormpuraaw, una pequeña comunidad aborigen del extremo occidental de Cabo York —en el norte de Australia—, los lugareños no tienen palabras como "izquierda" y "derecha" o "frente" y "atrás". Sus hablantes siempre describen ubicaciones y dan instrucciones espaciales recurriendo a aquellos términos que refieren puntos cardinales: norte, sur, este y oeste. En este lugar del mundo, nunca dirían que un niño está parado *frente a* una casa; en cambio, sí dirían que está parado, por ejemplo, al *este* de la casa.

Una consecuencia obvia de hablar un idioma así es que debes mantenerte orientado en todo momento, de lo contrario no podrías hablar correctamente. El saludo normal de estos lugareños —los Kuuk Thaayorre— es: "¿Adónde vas?", y la respuesta podría ser algo así como: "Voy rumbo al sudoeste". El resultado es una profunda diferencia en la capacidad de navegación y el conocimiento espacial entre hablantes de idiomas que se basan principalmente en marcos de referencia absolutos (como el caso de los Kuuk Thaayorre) y lenguajes que dependen de marcos de referencia relativos (como el español o el inglés).

Se ha demostrado que las representaciones de conceptos como el tiempo, las relaciones de parentesco o las emociones dependen del lenguaje que usamos para describir la realidad. Es que la percepción de nuestro entorno está mediatizada por el lenguaje, se construye a través de él. Entonces, si los Kuuk Thaayorre piensan diferente sobre el espacio, ¿también lo hacen sobre otras cosas? Para responder esta pregunta, Lera Boroditsky y Alice Gaby, investigadoras de la Universidad de California, San Diego, viajaron a Pormpuraaw a realizar varios experimentos.

Las investigadoras les dieron a integrantes de la tribu Kuuk Thaayorre conjuntos de imágenes que mostraban algún tipo de progresión temporal (por ejemplo, imágenes de un hombre que envejece, o un cocodrilo que crece, o una fruta que alguien está comiendo). Se les pidió a los participantes del estudio organizar las fotos barajadas en el suelo para mostrar el orden temporal correcto. Probaron a cada persona en dos sesiones separadas, cada una enfrentada en una dirección cardinal diferente. Habitualmente, si se le pide a alguien que habla inglés o español que haga este ejercicio, organizará las tarjetas para que el tiempo transcurra de izquierda a derecha. Los hablantes de hebreo, en cambio, tenderán a ordenarlas de derecha a izquierda (ya que ese lenguaje se escribe y lee en dicho sentido), lo que muestra que la dirección que toma la escritura en un idioma influye en el modo en que perciben la realidad quienes hablan ese idioma.

¿Qué ocurre entonces con personas de la tribu Kuuk Thaayorre, que no usan palabras como izquierda y derecha? Ellas no ordenan las tarjetas más a menudo de izquierda a derecha que de derecha a izquierda, ni más cerca o más lejos del cuerpo. Sin embargo, sus modos de distribuirlas no fueron aleatorios: en lugar de organizar el tiempo de izquierda a derecha, lo hicieron de este a oeste. Es decir, cuando estaban sentadas mirando hacia el sur, las cartas iban de izquierda a derecha; cuando miraban hacia el norte, las cartas iban de derecha a izquierda. Cuando miraron hacia el este, las cartas vinieron hacia el cuerpo, y así sucesivamente. Es decir, el lenguaje moldea nuestra percepción del mundo y el enfoque desde el cual resolvemos problemas.

Reúne datos relevantes y visualízalos

Este consejo proviene de mi faceta más *nerd*, la que disfruta de tomar un gran set de datos, analizarlos y transformarlos en gráficos.

Para mirar el negocio desde una nueva perspectiva, es importante obtener información suficiente tanto del negocio en sí como del mercado en el que ese negocio se mueve. Con ayuda de herramientas que seguramente tienes en tu computadora, como Excel o Google Spreadsheets, puedes generar gráficos para comparar datos y observar patrones que estaban ocultos entre el mar de información.

Si buscas ver un problema de manera diferente, cambia la forma en la que te relacionas con los datos. Quizás un nuevo modelo para visualizarlos, agregar colores o cambiar las gráficas de líneas por gráficas de pastel puede ayudarte a generar esas preciadas conexiones neuronales que traen soluciones creativas. En los negocios, esto es especialmente importante para quienes son los responsables de tomar las decisiones.

Ponle pausa

Distanciarse temporalmente y tomar un descanso es una buena forma de cambiar el lugar desde donde miras a tu negocio. Es indispensable, de vez en cuando, dejar que pasen más de cuarenta y ocho horas sin hacer absolutamente nada relacionado con él. Tu mente lo agradecerá, regresarás con más energía, nuevas ideas y una mejor perspectiva. Algunos de los grandes cambios que se hacen en los negocios suceden justo después de que el director haya regresado de sus vacaciones, pues durante ese período libre de mails, juntas y emergencias su cerebro comienza a funcionar de un modo diferente, a partir de otras conexiones neuronales.

Por ejemplo Bill Drayton, fundador de Ashoka, una organización global que apoya a emprendedores sociales, cada año se retira durante una temporada a la naturaleza. Allí reflexiona acerca del rumbo de la organización y después regresa a la oficina para hacer los ajustes necesarios. Las pausas son indispensables para prevenir el fracaso, combatirlo y tener la claridad mental que todos necesitamos para darnos cuenta de cuándo este se vuelve inminente. Retomando la historia del elefante, ¿dónde está tu equipo? ¿Está ciego? ¿Qué estrategias puedes seguir para que el elefante sea más nítido? A veces es imposible observarlo y más bien hay que imaginarlo.

Recuerda: si haces siempre lo mismo, es probable que obtengas los mismos resultados. Por el contrario, si pruebas nuevas técnicas, es posible que ya no quieras volver a las anteriores.

Señales de alerta

Ahora que ya sabemos que gran parte de los factores que llevan al fracaso de un negocio pueden prevenirse, es importante identificar aquellas señales de alerta que indican que las cosas se podrían estar saliendo de control. La lista que se encuentra a continuación está pensada para identificar a tiempo dichas señales. Al comienzo están aquellas relacionadas con el emprendedor y su equipo, y quedan para el final las financieras. Si reconoces varios de estos indicios como propios, es probable que tu negocio esté en riesgo. Te sugiero que comiences a prestarles atención hoy mismo.

Tú mismo(a)
- Sientes que eres la única persona que puede tomar decisiones en el negocio.
- Te cuesta levantarte a trabajar los lunes.
- Te sientes aliviado cuando llega la noche del viernes.
- No abres tus cartas.
- No revisas tus mails.
- No tomas llamadas.
- No puedes dormir.
- Te sientes muy solo en el trabajo.

Gestión y liderazgo
- La empresa es una dictadura en la que una sola persona toma todas las decisiones sin aceptar retroalimentación alguna.
- Los líderes de la empresa no pueden tomar decisiones o ejecutarlas porque no poseen información suficiente o tienen información errónea.
- Los líderes de la empresa no están enfocados en el *core business* y los objetivos de largo plazo.

- Los líderes de la empresa no tienen reuniones regulares para hablar acerca de su dirección ni acuerdan reuniones de consejo.
- Empresa pobre, empresario rico. En otras palabras: los directores tienen salarios gigantes que exprimen los recursos de la empresa.
- El equipo se ve desmotivado o se reporta enfermo constantemente.

Banco
- Tu banco te ha rebotado cheques porque tu cuenta bancaria está sin fondos.
- Tu banco se niega a darte un préstamo o a incrementar tu límite de crédito.

Impuestos
- No has pagado impuestos en los últimos dos meses.
- No llevas la contabilidad formal y, por lo tanto, no sabes cuántos impuestos tienes que pagar.

Deudas
- Tu flujo de efectivo no alcanza para pagar las deudas.
- En más de dos ocasiones no has cumplido los términos de pago que acordaste con tus proveedores o acreedores.
- Algunos de tus acreedores te han amenazado o demandado.

Deudores (aquellos que te deben dinero)
- No te pagan a tiempo.
- No sabes cuántos deudores tienes en total.
- Solamente buscas a tus deudores cuando te quedas sin flujo de efectivo, pues no tienes en el equipo a alguien que se dedique a esa labor.

Finanzas

En el Failure Institute hemos identificado que, a nivel mundial, los factores que tienen más peso en la muerte de los negocios se relacionan con las finanzas. Por ese motivo voy a dedicarle más tiempo a este tema.

Hay algunas señales de alerta que puedes identificar incluso si no tienes conocimientos previos de contabilidad y finanzas:

- Has refinanciado en varias ocasiones la compra de activos.
- Piensas que sólo necesitas una inyección de dinero para solucionar este problema.
- Has adquirido préstamos personales o hipotecado tu casa para que el negocio continuara.
- Sientes que no tienes buena reputación para salir a buscar inversionistas, incluso entre tu familia y amigos.

- Desconoces de dónde viene el 80 por ciento de las ganancias del negocio.

Otras señales de alerta requieren de ciertos conocimientos técnicos y quizá sea necesario que revises esta parte del libro con tu contador o con un amigo que entienda acerca de las llamadas "razones financieras", que son indicadores del desempeño de negocio que se obtienen al dividir entre sí diferentes cifras de estados financieros, como el estado de resultados o el balance general.

El balance general refleja la imagen de la situación financiera y patrimonial de una empresa a una fecha específica. Lo puedes imaginar como una tabla que muestra los bienes y las deudas del negocio. Por otro lado, el estado de resultados sirve para saber si el negocio está ganando o perdiendo dinero. Recordemos que en los primeros meses de operación la empresa siempre o casi siempre se encuentra en números rojos, es decir, tiene pérdidas pero, conforme va creciendo, las ventas aumentan y esta comienza a tener ganancias. El estado de resultados muestra la ganancia o pérdida al final del ejercicio, que generalmente es de un año. Tener ambos estados financieros para tu negocio es indispensable si vas a buscar financiamiento. Prácticamente todas las instituciones te solicitarán estados financieros proforma o proyectados a futuro, con el aval de un contador público. Si las finanzas no son lo tuyo, al final del capítulo te sugeriré algunas herramientas para profundizar en el tema.

Volviendo a las razones financieras, así como un médico revisa los signos vitales de su paciente, como el ritmo cardíaco o la presión arterial, estas permiten hacer un diagnóstico rápido de la situación de tu empresa. Cada razón financiera evalúa una parte de la empresa, y en conjunto constituyen una poderosa arma para entender qué se está haciendo bien o mal en un negocio y corregir el rumbo. Es muy importante aclarar que estas señales financieras son relativas; por lo tanto, necesitan de un parámetro de comparación. Su interpretación depende de cuántos años de operación tenga el negocio, cómo ha sido su desempeño en el tiempo y la industria donde se desarrolla. De modo que las razones financieras pueden compararse contra la historia de la misma empresa o contra la de otras empresas.

Hay una decena de razones financieras; entre ellas, tres te pueden dar una buena señal de alerta de que tu negocio está en grave riesgo:

1. PRUEBA DE SOLVENCIA = activo circulante / pasivo circulante

Esta razón financiera evalúa la solvencia de la empresa, es decir, la capacidad para cubrir las deudas.

El activo circulante son todos los recursos que la empresa puede convertir en efectivo a corto plazo (que en finanzas se entiende como menos de un año). Y por lo tanto puede disponer de ellos fácilmente; por ejemplo, equipo o vehículos que puede vender. El pasivo circulante consiste en deudas a corto plazo.

Por ejemplo, imaginemos que el balance de una empresa que fabrica y vende paneles solares muestra las siguientes cifras:

Pasivo circulante: 100 millones
Activo circulante: 130 millones
La prueba de solvencia arroja el siguiente resultado:
130 / 100 = 1.3 veces

Esto quiere decir que, por cada peso que la empresa debe pagar a más tardar en un año, en su activo de corto plazo tiene un peso con treinta centavos. Ya que cuenta con más de un peso por cada peso que debe, el indicador es favorable.

Cuando el indicador es menor a uno, esta es una gran señal de alerta, pues es muy probable que la empresa no pueda pagar sus deudas.

2. Prueba del ácido (liquidez) = activo circulante − inventarios / pasivo circulante

Esta razón financiera indica cuán fácilmente los activos pueden convertirse en dinero.

La lógica de la prueba del ácido es la siguiente: los inventarios son los recursos del negocio que tardan más tiempo en convertirse en efectivo, porque primero se venderán, luego esta venta pasará a formar parte de las cuentas por cobrar y finalmente, treinta días después o más, se convertirán en dinero. Al eliminar los inventarios, se obtiene un indicador más cercano a la realidad de lo que un negocio puede pagar en términos inmediatos.

Retomando el ejemplo de la fábrica de paneles solares, imaginemos que tiene un activo de corto plazo de ciento treinta millones, inventarios de mercadería con valor de sesenta millones y su pasivo de corto plazo es de cien millones.

La prueba del ácido arroja el siguiente resultado:

$$130 - 60 / 100 = 70 / 100 = 0.70 \text{ veces}$$

La interpretación práctica de este resultado es que, por cada peso que la empresa debe pagar a más tardar en un año, en su activo de corto plazo —descontados los inventarios— tiene setenta centavos. Es decir, en términos inmediatos el negocio ya no se ve tan bien como lo sugería la razón de solvencia: tiene poca liquidez y podría llegar a tener problemas para pagar sus deudas.

Por otro lado, una liquidez demasiado alta tampoco es necesariamente buena porque sería indicio de que la empresa tiene el dinero parado y no está invirtiendo en la generación del producto o servicio que ofrece.

3. EBITDA = utilidad operativa + depreciación y amortización

El nombre de esta razón financiera proviene del acrónimo del inglés *earnings before interest, taxes, depreciation, and amortization* (ganancias antes de intereses, impuestos, depreciación y amortización) e indica si un negocio está ganando o perdiendo dinero a través de su actividad principal, pues elimina distorsiones provocadas por decisiones financieras.

Su cálculo se realiza al sumar la depreciación y amortización a la utilidad operativa, que es la ganancia que tiene la empresa. De esta forma se eliminan distorsiones y es posible tener mayor claridad acerca de si el negocio está ganando o perdiendo dinero y en qué cantidad. Tanto la depreciación como la amortización hacen referencia al desgaste que sufren los activos al usarse para la actividad propia del negocio. La palabra "amortización" se aplica a los activos fijos intangibles, es decir, recursos no materiales que no se pueden tocar, como una patente o una metodología. La palabra "depreciación" se refiere a la pérdida de valor de los activos fijos tangibles tales como edificios, automóviles, computadoras o muebles.

¿Vale la pena?

Si crees que tu negocio está al borde del fracaso, seguramente te habrás cuestionado si vale la pena rescatarlo. Como primer paso para encontrar una respuesta, te invito a que te preguntes si estás en el lugar correcto. En otras palabras, no debes permanecer en un negocio para impresionar a nadie ni para probar nada. Es más, ni siquiera tienes la obligación de ser emprendedor, puede que después de esta experiencia hayas ganado conocimiento de ti mismo y descubras que crear y hacer crecer negocios no es lo tuyo. Pregúntate si estás dispuesto a asumir los riesgos, las críticas y la responsabilidad que implica ser dueño de un negocio. También reflexiona si realmente la empresa te apasiona y si empata con tus prioridades en la vida.

Si tus respuestas son afirmativas, tal vez sea posible salvarlo. Sin embargo, si respondiste que no, tómalo como una señal de alerta. Esto no necesariamente significa que tengas que abandonarlo, pero probablemente sí quiera decir que tienes que hacer cambios mayores para salvarlo. Quizás haya llegado el momento de buscar a alguien que te ayude en la dirección, alguien a quien le puedas ceder el liderazgo. Sin embargo, que no cunda el pánico: decidir que alguien más debe tomar las riendas de tu negocio no significa que eres un fracaso, significa que eres suficientemente exitoso y seguro de ti mismo como para entender cuándo hay que pasarle las riendas de ese caballo a un jinete mejor preparado.

Otra clave al momento de decidir si vale la pena rescatar un negocio o dejarlo morir está en la causa de la posible muerte. Si está muriendo porque no hay mercado o porque el producto no resultó atractivo para los clientes, creo que no hay cura que lo salve; el error estuvo en no validar la idea de negocio. Sin embargo, si la razón es que el equipo no estaba enfocado, que no había un líder o alguna otra causa no relacionada con el mercado, yo sí intentaría revivirlo contratando al equipo correcto y asignando el liderazgo a quien pueda enfocarse al ciento por ciento en el proyecto, para entonces ver si las cosas funcionan o no.

En el libro *The Dip*,[7] Seth Godin reflexiona acerca de cómo saber cuándo hay que abandonar y cuándo

---

[7] *The Dip: A Little Book That Teaches You When to Quit (and When to Stick)*, Penguin Group, 2007.

hay que persistir, es decir, el arte de fracasar intencionalmente. Godin explica que para darse cuenta de esto es importante identificar si estás en lo que él llama *the dip*, esa fase en la que no ves progreso alguno. De hecho, puede parecer hasta que empeoras; además, dudas de ti mismo y te planteas si lo que estás haciendo merece la pena. Esa fase en la que el 99 por ciento de la gente abandona.

Bien, resulta que el éxito está al final del *dip*. Y sólo aquellos que consiguen atravesarlo llegan a ser los mejores del mundo. No obstante, Godin aclara que a veces *the dip* puede confundirse con un callejón sin salida, es decir, con ese proyecto que —da igual cuánto tiempo, esfuerzo o dinero le inviertas— no llegará a ninguna parte. También es ese trabajo cómodo en el que no aprendes nada y en el que nunca te van a ascender, o esa relación con fecha de caducidad.

Cuando estés en un callejón sin salida tienes que ser perceptivo y salir de él lo más pronto posible. El costo por invertir tu vida en algo que no va a mejorar nunca es demasiado grande. No malgastes tu potencial en proyectos mediocres que no conducen a ninguna parte.

Crear un negocio siempre tiene un *dip* muy pronunciado. Miles de personas lo intentan, y ocho de cada diez fracasan antes de los dos años. Lo que aún no sabemos es cuántos de esos negocios cerraron porque no tenía sentido continuar y cuántos lo hicieron porque el fundador se dio por vencido.

Sin duda, la pregunta que múltiples dueños de negocios en problemas se hacen (y que muy probablemente no comparten con nadie) es si deben rescatar su negocio o si es mejor dejarlo morir. Para encontrar la respuesta, el primer paso es un ejercicio de introspección en el cual debes respirar profundo y cuestionarte si realmente tienes ganas de continuar con él. Si la respuesta es afirmativa, y además ya validaste que el mercado realmente necesita tu producto o servicio, no permitas que el miedo a lo que digan los demás evite que hagas los cambios necesarios para rescatar tu negocio y ser la persona que este necesita. No dejes que tus clientes, amigos, parientes, competidores, la economía o tu propia voz interna te detengan.

Primeros auxilios para rescatar tu negocio

A veces es posible rescatar negocios al borde del fracaso. No obstante, se requiere de un esfuerzo mucho mayor al que implicaría la operación en circunstancias normales.

El plan de rescate debe variar de acuerdo con el tipo de negocio y con los factores que lo acercan al fracaso. Sin embargo, más allá de las diferencias, hay seis pasos a seguir recomendables para todo emprendimiento en problemas.

Paso 1. Identifica los problemas de fondo y crea un plan de acción

Piensa cuán lejos llegaste con tu negocio, todo el esfuerzo, tiempo y coraje que has invertido. Y una vez reconocido todo lo que lograste, usa esa energía para enfocarte en el momento presente, ver con la mayor objetividad posible los retos a los que ahora te enfrentas y poner las cosas en papel. Escribe todas las preguntas que tengas acerca del estado de tu negocio, desde temas financieros, de equipo o de mercadotecnia hasta problemas personales. No dejes nada fuera porque te parece algo menor.

Como siguiente paso, revisa tu lista de dudas y elige las cinco más importantes, aquellas que no te dejan tomar decisiones informadas o que pueden matar tu negocio si no las resuelves a tiempo. Después piensa en qué tipo de expertos necesitas para resolver esas preguntas; quizás estén dentro de tu mismo equipo, quizá sean amigos, probablemente tengas que contratar a algún especialista. Lo fundamental detrás de este proceso es identificar aquellas cosas que de cambiarse podrían hacer una gran diferencia.

A continuación, identifica las metas clave que tienes que lograr para rescatar el negocio. Por ejemplo, pagar las deudas, decir adiós a elementos nocivos del equipo y crear uno nuevo, o mejorar tu marketing y relanzar el producto. Una vez que hayas definido esas metas, identifica cuáles son los pequeños objetivos que tienes que lograr para hacerlas realidad. Pensando en cada uno de estos, arma una lista de las actividades que consideras necesarias para alcanzarlos. Cada día dedica al menos un par de horas a esas actividades que te ayudarán a llegar a tu meta final. No lo postergues un día más, cada minuto cuenta cuando de rescatar tu negocio se trata.

Si tienes los recursos, contrata a un consultor que te apoye en el proceso.

Paso 2. Revisa las finanzas

Si la empresa tiene estados financieros, acércate a un profesional (un buen contador o administrador) que haga un diagnóstico de la gravedad de la situación. Si existe un desajuste financiero es fundamental identificar las causas y determinar qué se puede hacer para reactivar el negocio.

Si el problema tiene que ver con que tu negocio no está generando dinero, haz un presupuesto y empieza a recortar costos. Deshazte de las cosas que no estás utilizando y analiza cómo reactivar las fuentes que generan ingresos; por ejemplo, si tu empresa es de servicios, pide a los clientes que paguen al menos la mitad antes de recibir el trabajo.

Si tu negocio está en problemas porque no tienes solvencia para pagar las deudas y si continúas pidiendo prestado dinero y gastándotelo sin pagarlo de vuelta, estás echando tu dinero a la basura. Suena horrible, pero meterte en una espiral de deudas es sumamente grave. La peor parte es que se puede convertir en un hábito que también suele reflejarse en las finanzas personales. Muchas personas han desarrollado una deuda masiva al usar sus tarjetas de crédito para mantener un estilo de vida que en realidad no pueden sostener; lo mismo ocurre con los negocios. Si es tu caso, enfrenta el hecho de que la deuda se lo está comiendo vivo.

Hay otras personas que mes a mes pagan lo mínimo que exige el banco, lo que es una muy mala estrategia financiera, pues provoca que la deuda se siga incrementando. En realidad no estás saliendo del hoyo de la deuda, sólo estás cavando más profundo. Si es tu caso, el primer paso reside en hacer una pausa y averiguar realmente cuánto dinero deben tú o tu empresa (muchas veces cometemos el error de financiar la operación del negocio con créditos personales). Aquí hay varios escenarios; si ya tienes una deuda tan grande que no hay marcha atrás posible, lo mejor será negociar con el banco y otros deudores. En varios países del mundo es posible negociar con las entidades de gobierno en caso de bancarrota.

Te aconsejo que no encares este proceso solo: reúnete con un contador o un financista y mira los números en conjunto. Calculen diferentes escenarios y determinen si hay alguna forma de pagar la deuda aunque sea a largo plazo.

Con todo lo anterior no quiero decir que obtener financiamiento para tu negocio sea una mala idea. Lo que sí quiero decir es que se trata de una herramienta que debe ser usada con cuidado, y que si tienes una deuda es muy importante considerarla dentro de la contabilidad del negocio. Hasta que la situación financiera de la empresa se regularice, es fundamental que examines las finanzas del negocio cada semana y tengas un ojo puesto en el flujo de caja.

Paso 3. Mejora tu servicio al cliente

Si crees que una de las causas del fracaso de tu negocio está en la pérdida de clientes, ve a buscar a los que hayas perdido. En otras palabras, cada vez que veas que un cliente prefiere comprarle a la competencia o simplemente deja de comprar tu producto, intenta descubrir por qué tomó esa decisión y ofrécele algo razonable para salvar la relación. En algunas ocasiones lograrás recuperar los clientes perdidos, en otras no... Lo importante es que obtendrás piezas valiosas, información útil para evitar más pérdidas. A corto plazo, este ejercicio puede ser la diferencia entre seguir en el negocio o cerrar tus puertas. De ahí que Sam Walton, fundador de Walmart, dice que sólo hay un jefe: el cliente. Este puede despedir a todo el mundo en la empresa, del presidente para abajo: basta con que gaste su dinero en otro lugar.

Los clientes existentes son la clave más importante para la supervivencia de la empresa. Bríndales un trato memorable y correrán la voz sobre la experiencia maravillosa que han tenido.

Paso 4. Despide a los empleados tóxicos

A veces, un mal equipo de trabajo puede llevar un negocio a la ruina y, para salvarlo, necesitas el mejor equipo y con la mejor actitud. Si identificas a algún empleado tóxico, considera muy seriamente terminar tu relación profesional con él. Las investigaciones acerca de las neuronas espejo demuestran que las actitudes negativas se contagian en segundos, es decir, el fenómeno del empleado tóxico es contagioso.

Las neuronas espejo son un grupo de células del cerebro que están relacionadas con los comportamientos empáticos, sociales e imitativos. Fueron descubiertas por dos investigadores italianos mientras estudiaban las neuronas encargadas de los movimientos de las manos en los monos. Para sorpresa de los investigadores, estas neuronas no sólo mostraban actividad cuando el simio movía las manos, también se activaban cuando el mono veía a otro miembro de su especie realizar ese mismo gesto. Estas células permiten "reflejar" la acción de otro en nuestro propio cerebro, de ahí su nombre. Las neuronas espejo también se han encontrado en humanos y aves, y se cree que desempeñan una función importante dentro de las capacidades cognitivas ligadas a la vida social, tales como la empatía y la imitación.

La investigadora Marie Dasborough, de la Universidad de Miami, realizó un estudio sobre el impacto de las neuronas espejo en el ámbito laboral. Dividió a los participantes en dos grupos: el primero recibió retroalimentación negativa sobre su desempeño profesional pero transmitido de forma positiva (con sonrisas, lenguaje corporal empático); el segundo recibió retroalimentación positiva, pero con el lenguaje corporal y facial de alguien enojado. Después se les preguntó a ambos grupos acerca de la evaluación recibida. El primer grupo evaluó su desempeño mejor que el segundo: la forma de transmitir el mensaje había sido más relevante que su contenido.

Las actitudes y los estados de ánimo son contagiosos, sobre todo cuando nos exponemos a ellos durante mucho tiempo. Psicólogos de la Universidad de Harvard analizaron el impacto de los cambios emocionales que provocan los estados afectivos de las personas más cercanas. Descubrieron que existe un "patrón de propagación", como ocurre con los virus, y que los focos de contagio eran mayores en el caso de la tristeza que en el de la felicidad. En otras palabras, cada amigo feliz aumenta nuestras posibilidades de ser felices en un 11 por ciento, pero sólo necesitamos un amigo triste para duplicar la probabilidad de sentirnos como él.

Las emociones y actitudes negativas son como la gripe: cuantos más amigos la tengan, más probabilidades tienes de contagiarte. En muchas ocasiones pasamos más tiempo con nuestros colegas de trabajo que con amigos o familia, no dejes que los empleados tóxicos contagien al resto. Nunca comprometas la calidad de tu personal por miedo a que un despido dañe tu reputación. Despedir es parte de la vida de los negocios.

A los empleados que se quedan en la empresa hay que tratarlos con respeto, ser transparentes y decirles lo que está ocurriendo. Trata a tu equipo como deseas que ellos traten a tu negocio; sobre todo en los malos momentos, da incentivos a los empleados que tienen un rendimiento excepcional.

Paso 5. Busca una segunda opinión. Identifica a los detractores e ignóralos

Sé que este consejo parece contradictorio y no quiero que se malinterprete como "busca una segunda opinión y, si no te gusta, ignórala". Lo que quiero decir es que resulta muy valioso escuchar a otras personas, pero, entre ellas, es fundamental distinguir a quienes opinan con conocimiento y buena intención y a quienes lo hacen para hacerte sentir mal (sí, el mundo no es color de rosa, recuerda que siempre habrá *bullies* y *trolls* que se diviertan jugando con tus emociones).

Si tu negocio se tambalea, es esencial que busques la retroalimentación de una persona confiable, con buena reputación en los negocios. Pregúntale qué piensa acerca de las preguntas que escribiste en el punto 2, qué estás pasando por alto, qué puntos no deberían estar en la lista, cuáles considera que deberían ser tus prioridades para rescatarlo.

Los detractores y críticos siempre estarán allí. Lo importante es identificarlos para luego ignorarlos. En el equipo de Fuckup Nights nos hemos vuelto expertos. En un inicio el proyecto resultó muy polémico y fue muy criticado: no solamente hablábamos de un tabú (el fracaso)… ¡además teníamos una mala palabra en nuestro nombre!

Paso 6. Pon manos a la obra

La lista de cosas por hacer para salvar tu negocio puede ser muy larga, lo cual significa que tienes mucho trabajo por delante. Probablemente a ti te suceda igual que a mí: a veces, cuando veo mi *to do list*, me paralizo, no sé por dónde empezar, y mi fuerza de voluntad se derrumba. Hay una técnica sencilla para evitar la parálisis: siempre ten en claro cuáles son las tres cosas más importantes que hay que hacer.

Por ejemplo, para Fuckup Nights lo más importante es (1) Forjar una comunidad internacional fuerte, que crezca de manera ordenada. (2) Mes a mes, sistematizar la gran cantidad de contenidos en torno del fracaso. (3) Generar conocimientos a través de la investigación. Todos los días me aseguro de dedicarle un par de horas a cada una de estas prioridades. Sin embargo, hay veces en las que lo urgente nos obliga a dejar de lado lo importante. Este método me permite equilibrar mi tiempo entre ambas cosas.

Recuerda: rescatar tu negocio es urgente e importante. Si estás convencido de hacerlo, tienes que empezar a trabajar arduamente desde este mismo momento. Después de todo, es mejor que no haya clientes ahora sino en un futuro, cuando estén resueltos los problemas de fondo de la empresa. Y si todo sale mal, entonces yo te ayudaré a comunicar de la mejor forma posible el cierre del negocio; de este tema hablaremos en el siguiente capítulo.

EN POCAS PALABRAS...

Para combatir el fracaso es importante aprender a ver el negocio con perspectiva: "No por mirar un árbol dejes de ver el bosque". Algunas técnicas que permiten ganar perspectiva y encontrar soluciones innovadoras:

- Plantear el problema de forma visual.
- Cambiar el vocabulario en torno del problema.
- Reunir datos relevantes y visualizarlos.
- Poner pausa.

Señales de alerta para reconocer un negocio en problemas, dónde buscarlas:

- Tú mismo
- Gestión y liderazgo
- Banco
- Impuestos
- Deudas
- Deudores
- Finanzas

Rescatar el negocio:

- Tener ganas de hacerlo.
- Identificar la razón del fracaso.

- Crear un plan de acción.
- Revisar las finanzas.
- Mejorar el servicio al cliente.
- Despedir a los empleados tóxicos.
- Buscar una segunda opinión, identificar e ignorar a los detractores.
- Poner manos a la obra.

HERRAMIENTAS PRÁCTICAS
DE LA A A LA Z

Finanzas y contabilidad. Para hacerlo correctamente es importante que te apoyes en un contador certificado y que tú mismo te capacites. En los sitios de Universia y Coursera puedes encontrar cursos de contabilidad para no contadores, así como de análisis de estados financieros.

Productividad y manejo del tiempo. Si tu fuerte no es trabajar para cumplir la lista de pendientes, quizá debas probar con aplicaciones diseñadas para ayudarte a hacerlo. Hay varias aplicaciones gratuitas; las más sencillas de usar, y compatibles con cualquier plataforma, son Todoist, Any.Do y Wunderlist.

Satisfacción del cliente. Herramientas como Temper son útiles para medir la satisfacción del cliente y mejorar su experiencia de compra.

Visualización de datos. Entre las herramientas de visualización de datos más populares y completas están DataWrapper y Tableau. Ambas permiten generar visualizaciones sobre grandes volúmenes de datos y tienen una versión gratuita. Si buscas algo más complejo y sofisticado te sugiero Plotly, pues tiene integrados lenguajes de programación tales como Python, JavaScript o Matlab.

4

ACEPTAR EL FRACASO Y CERRAR BIEN EL NEGOCIO

Odio decir esto pero hay negocios que están más allá de la salvación. Es probable que no haya mercado para ellos, o que la mejor forma de enfrentar la crisis financiera sea el cierre definitivo de la empresa, vender los activos para liquidar a los empleados y renegociar las deudas. Siempre va a ser duro tomar la decisión de cerrar tu negocio, pero no tiene sentido seguir trabajando en un proyecto que ya ha fracasado y que no hay manera de rescatar; por eso, mientras más pronto te des cuenta de la situación, mejor.

Resiliencia emocional

En los negocios, así como en la vida, la resiliencia resulta más importante que el coeficiente intelectual. Es una de las habilidades más útiles y la que hace la diferencia al momento de recuperarse de los fracasos. Pero, ¿qué es? Se trata de la capacidad de sobreponerte a la pérdida y volver a tu centro, donde piensas con claridad y puedes tomar decisiones basadas en la razón. En el campo de la física, la resiliencia es la capacidad que tiene un resorte de volver a su posición original después de estirarse.

En 2014, un estudio publicado por la firma de consultoría PwC 2014 demostró que las organizaciones que proactivamente fomentaban la resiliencia y la salud mental obtenían un retorno de 2.30 dólares por cada dólar gastado, es decir que se trata de una buena inversión. Ese retorno provino de menores gastos en salud, menos personas faltando al trabajo y mayor productividad.

En este punto quizá te estás cuestionando cómo saber si eres resiliente y cómo mejorar esa habilidad. Empecemos por la primera parte, te invito a que te hagas estas preguntas:

- ¿Te enojas fácilmente y la emoción de enojo tarda mucho tiempo en irse?
- ¿Has notado que algunas de tus enfermedades son psicosomáticas?

- ¿Tardas mucho en reponerte después de un golpe emocional?
- Si tuvieras que recuperarte de un fracaso, ¿sientes que te costaría más trabajo que al resto?

Las personas poco resilientes suelen ser enojonas, viven las emociones negativas de forma muy intensa y les es difícil reponerse de un golpe emocional. La buena noticia es que la resiliencia es un músculo que es posible ejercitar, una habilidad; por lo tanto, algo que podemos adquirir con suficiente práctica.

A continuación encontrarás algunos tips que te ayudarán a ejercitar el músculo de la resiliencia.

1. Cultiva un estilo de pensamiento orientado al logro de objetivos

De acuerdo con Karen Reivich y Andrew Shatte, doctores en psicología y autores del libro *The Resilience Factor*, el factor que más incide en nuestra resiliencia es la forma en la que vemos el mundo e interpretamos los eventos que nos suceden; en otras palabras, nuestro estilo de pensamiento.

Alguien que llegó a conclusiones similares, aunque por un método diferente, es mi socio y amigo Luis López de Nava, uno de los cofundadores de Fuckup Nights. Hace tiempo, filosofábamos en torno a la pregunta: "¿Qué es el fracaso?". Y la respuesta de Luis fue definitiva: el fracaso es un estado mental. No porque tu negocio fracase tú eres un fracasado. Tu estilo de pensamiento incide en tu resiliencia, sólo te sientes como un fracaso en la medida en que te lo crees. Este se define durante la infancia, por lo que cambiarlo es un reto. La forma más práctica de cultivar un estado de pensamiento más orientado hacia el logro de objetivos que hacia el drama es formar el hábito de dar gracias todos los días.

2. *Practica atención plena o mindfulness*

Un estudio de los investigadores Badri Bajaj y Neerja Pande confirma que las personas atentas al momento presente son más resilientes. Los académicos solicitaron a 327 estudiantes universitarios que completaran una serie de encuestas para medir su atención plena, su satisfacción con la vida, su estado emocional y su nivel de resiliencia.

Los investigadores descubrieron que "la gente atenta puede lidiar mejor con pensamientos y emociones difíciles sin sentirse abrumada ni cerrarse (emocionalmente)" y que la práctica de la atención plena debilita la cadena de asociaciones que mantienen a las personas obsesionadas con sus problemas o fracasos. Con el tiempo, esta práctica permite que tu cuerpo se mantenga estable aunque el exterior sea caótico y, sobre todo, que tu lóbulo frontal opere de forma óptima. ¿Por qué importa el lóbulo frontal? Porque es el encargado de gran parte del procesamiento del pensamiento racional, el que hace posible que tomes buenas decisiones.

La atención plena entrena nuestra mente para enfocarse en el momento presente. Como decía Oscar Wilde: "Las peores cosas de mi vida sólo ocurrieron en mi imaginación", por eso aprender a estar atento a lo que sucede aquí y ahora en lugar de dejarse llevar por fantasías del pasado o el futuro es una de las mejores formas de gastar menos energía en estar preocupados.

El modo más común de practicar la atención plena es enfocándote en tu respiración. Sin embargo, ese ejercicio no suele ser sencillo para quienes nunca han practicado *mindfulness*; al final del capítulo te sugeriré algunas herramientas prácticas para adquirir este buen hábito.

3. Crea una red de confianza

Las personas con altos niveles de resiliencia son aquellas con conexiones sociales más fuertes, pues aprovechan sus vínculos con otros para lidiar con las experiencias difíciles. Son como equilibristas de circo: caminan sobre una cuerda floja pero son conscientes de que debajo hay una red de seguridad. Es importante establecer relaciones en las que puedes mostrarte vulnerable, en las que puedes hablar de forma abierta acerca de los problemas de tu negocio, y, en caso de que decidas cerrarlo, acerca de ese proceso de duelo.

4. *Diversifica tu portafolio de vida*

Al igual que los inversionistas diversifican su portafolio para reducir el riesgo, identifica tu portafolio de vida y evalúa los retornos que te da cada área. Puedes incluir a tu familia, amigos, trabajo, *hobbies*, lectura, comunidad. Luego, invierte más en aquellas que te dan más retornos.

Recuerda: que un área de tu vida no se parezca a lo que te gustaría no significa que vaya a ocurrir lo mismo en todas las demás.

Cerrar el negocio conforme marca la ley

En el mundo de las leyes, al proceso de cerrar un negocio lo definen varios términos, entre los más comunes solemos oír "liquidación", "quiebra" y "bancarrota". Y aunque sus definiciones precisas dependan del país y de la situación del negocio, se refieren de forma general a lo siguiente:

Liquidación. Es el proceso de concluir todas las obligaciones del negocio, lo que incluye cobrar todas las deudas, pagar lo que se deba, vender edificios, maquinaria y vehículos para transformarlos en dinero y dividir entre los socios el patrimonio que resulte. Como parte de este proceso, el contador deberá realizar un balance de liquidación.

Quiebra. Las hay de varios tipos: la "quiebra fortuita" sucede cuando el negocio ya no tiene capacidad de cumplir sus pagos por razones ajenas a su voluntad, es decir, a pesar de haber administrado de forma correcta los recursos de la empresa; la "quiebra culpable", en la cual las finanzas fueron mal administradas y la contabilidad es irregular, y la "quiebra fraudulenta", cuyo significado se explica por sus propias palabras.

El proceso legal para cerrar empresas busca una solución justa para todas las partes involucradas. Es importante considerar que, cuando una empresa es declarada en quiebra, de cualquier forma tiene que cumplir sus obligaciones con accionistas, proveedores y empleados. Además, después de que esto ocurre los contratos aún son válidos. Por ejemplo, si las cláusulas de cancelación de un contrato indican que tienes que pagar una penalización por cancelarlo antes de tiempo, deberás pagar la penalización aunque la empresa ya se haya declarado en quiebra.

El cierre de un negocio conforme indica la ley suele ser más lento y complejo que su apertura, sobre todo en aquellos casos en los que la empresa tiene deudas que no puede pagar o problemas entre los socios. Por eso muchos emprendedores optan por no declararse en bancarrota y declarar ante la autoridad fiscal que no tienen ingresos. Sin embargo, esto puede ser un lastre a la hora de abrir negocios posteriores, por lo que te aconsejo que con la asesoría de un contador y un abogado cierres el negocio con todas las de la ley. En términos generales este sería el proceso:

- Los socios de la empresa se reúnen en asamblea para redactar un acta con la propuesta de disolución de la sociedad. El documento debe especificar la causa de dicha disolución y quiénes estarán a cargo del proceso de liquidación.
- Cobrar todas las deudas.
- Pagar todo lo que el negocio deba, incluyendo sueldos de empleados e impuestos.
- Vender los bienes de la sociedad.
- Liquidar a cada socio.
- Practicar el balance final de la liquidación.
- Cancelar la inscripción de la empresa en los registros de comercio.

- Presentar ante la autoridad fiscal el aviso de inicio de liquidación.
- Realizar otra asamblea donde los encargados del proceso rindan un informe detallado.

Comunicar el fracaso

Cuando mi empresa social fracasó, me tomó varios meses aceptarlo. Después de asimilarlo y ser capaz de decirme a mí misma: "Leti, tu empresa es un fracaso", todavía tuve que afrontar el reto de contárselo al mundo. Lo más complicado fue hablar con las mujeres artesanas, que eran el corazón del emprendimiento. De hecho, el día en que se los dije fue uno de los más tristes que he vivido. El camino rumbo a la Sierra Negra me pareció eterno; tuve que tomar mucho valor para pararme frente a ellas y decirles que nuestro proyecto había muerto, que era mi culpa.

Sin duda, ante el fracaso —y ante cualquier otro tema complejo— el mejor consejo se reduce a dos palabras: transparencia total. Cuando las grandes compañías cometen un error o se ven envueltas en un escándalo suelen contratar agencias de relaciones públicas y comunicación para que salgan al rescate. En el caso de los negocios de menor tamaño esto a veces no es posible; sin embargo, los siguientes consejos te ayudarán a comunicar de forma constructiva el cierre de tu negocio.

Comunicar al equipo

Una vez que los socios del negocio toman la decisión conjunta de cerrar es importante comunicárselo primero al equipo de directores. Para hacerlo, te recomiendo redactar un comunicado que explique con mucha claridad los siguientes puntos:

- Qué sucedió y por qué se tomó la decisión.
- Cuál es el plan de acción.
- Qué representa esto para ellos y sus equipos.
- Recuérdales que su apoyo es importante en este proceso.
- Promete generar un canal de comunicación abierto y brindar actualizaciones regulares (y cumple).

Comunicar el cierre de un negocio es un tema delicado, cargado de emociones y repercusiones legales, por eso es ideal siempre dar la noticia al leer el comunicado, para así asegurarte de que el mensaje sea claro. Si la empresa tiene una gran cantidad de empleados, los directores de cada área deberán leérselo a su equipo. Si la empresa no tiene un equipo tan numeroso, conviene reunir a todos sus integrantes para hacerlo. Tras dar la noticia es importante tener una sesión de preguntas y estar preparados para responder todo tipo de dudas; la mayor parte de ellas estará relacionada con la fecha hasta la que se percibirá el sueldo, qué ocurrirá con el seguro de salud, los planes de ahorro para el retiro o el bono de fin de año.

Comunicar a los proveedores

En el caso de los proveedores, el encargado de esta área debe llamar telefónicamente a su contacto en la posición más alta de la empresa proveedora y leerle el comunicado del cual hablamos previamente. Es importante que tu abogado te diga en qué momento debes hacer esta llamada.

Comunicar a los clientes

La parte más delicada de comunicar el cierre del negocio a los clientes es que puede que algunos de ellos aún tengan deudas con la empresa y la noticia les haga decidir no pagarlas nunca. Sin embargo, ya que la transparencia es la regla de oro, habrá que darles la noticia de cualquier forma. El momento oportuno para contactarlos deberá determinarse en conjunto entre las áreas de ventas, mercadotecnia y legal.

Comunicar a los medios

Por lo general no suele ser necesario comunicar el cierre del negocio a los medios, solamente habrá que hacerlo si este implica un evento de gran magnitud para la comunidad. En estos casos envía a los periodistas vía correo electrónico el comunicado que ya redactaste e incluye información de contacto para preguntas adicionales.

Comunicar a los inversionistas

Lo más importante que debes saber es: no importa si se trata de tu papá o de un fondo de inversión, si comunicas a un inversionista el cierre del negocio cuando este ya ha sucedido —o es inevitable— estás cometiendo un grave error. Una vez que alguien invierte en tu empresa se vuelve parte de la familia y es tu aliado. Las reuniones con inversionistas no existen para convencerlos de que todo va bien, sino para que te ayuden a que las cosas vayan aun mejor y para rectificar lo que va mal. Si manejas el cierre de tu empresa con transparencia y anticipación, tendrás más probabilidades de que los inversionistas y acreedores crean en tus negocios futuros.

Los inversionistas profesionales están preparados para perder dinero: ellos saben que de diez empresas en las que invierten tres o cuatro fracasarán por completo, tres o cuatro tendrán un retorno a la inversión original (es decir, podrán regresar al inversionista exactamente lo mismo que invirtió) y sólo una o dos tendrán retornos sustanciales. Por eso, a largo plazo, para un inversionista es más importante que la empresa sea transparente a que sea un éxito rotundo. Tus inversionistas deben saber con anticipación que la empresa cerrará y conocer cuál es el plan para que así puedan minimizar sus pérdidas.

Comunicarlo en tu currículum

¿Te parece una locura incluir en tu CV una sección con tus fracasos? Hace unos años Jeff Scardino, un publicista de Nueva York, saltó a la fama por hacer este experimento: creó dos currículums diferentes, uno normal y otro donde incluía cosas mucho más reales, como sus fracasos, sus errores y las empresas de donde lo habían despedido. Envió los dos currículums a diferentes compañías y tuvo muchas más llamadas de las que recibieron el currículum en el que también figuraban sus fracasos. En efecto, mientras que de las empresas a las que les envió su CV normal sólo recibió una llamada, ocho fueron las que se comunicaron con él de aquellas a las que les había llegado su CV realista.

El experimento de Jeff fue uno de esos que llevan la utopía a la práctica. Los invito a que en sus currículums y en sus perfiles de LinkedIn incluyan, así como lo hacen con los logros que tuvieron en empleos previos, los fracasos y errores que cometieron. Yo ya lo hice, incluí una sección con mis fracasos en mi cuenta de LinkedIn y los resultados han sido sorprendentes: cuando potenciales clientes buscan mi currículum, de inmediato les llama la atención e incluso sirve como pretexto para empezar la conversación y romper el hielo.

Aprender del fracaso

Se suele pensar que del fracaso se aprende de forma automática. Sin embargo, es un proceso que requiere tiempo y la intención proactiva de aprender. Para aprender realmente del fracaso es necesario pasar por un proceso de duelo, por breve que sea. Cuando una empresa muere, cada fundador lo sufre de forma diferente, aunque hay puntos en común. Como todo proceso de duelo, se empieza por reconocer que el negocio ha terminado, luego vienen etapas de enojo y tristeza, hasta que llega la aceptación, y ahí es cuando puedes ver lo que sucedió con perspectiva y aprender de esa experiencia.

Algunos emprendedores relacionan su identidad personal con su negocio. En estos casos es necesario pasar por una fase de desprendimiento, en la que el emprendedor reconozca que él y su negocio no son lo mismo; en otras palabras, tú no eres tu negocio así que, si tu negocio fracasó, eso no quiere decir que tú seas un fracasado, simplemente significa que este proyecto no funcionó, tal como les sucede a ocho de cada diez personas que intentan montar una empresa. Como dice Buda, el apego es la raíz del sufrimiento y evita que veamos la realidad tal cual es. De hecho, tus probabilidades de éxito se incrementan cuanto más desapegado de tu emprendimiento estés.

Superar emocionalmente un fracaso se puede volver aún más difícil si te dejas llevar por la trampa de la culpa. Es muy fácil ser duro contigo mismo; sin embargo, la vida sigue después del fracaso y en ti está la decisión de continuar de manera constructiva o destructiva. Si sientes que lo necesitas, no dudes en buscar la ayuda de un profesional: un psicólogo, un coach o un agente de viajes que te ayude a planear adónde te escaparás para aclarar tu mente.

Postmortems

Una de las estrategias más poderosas para analizar y registrar los aprendizajes del negocio es realizar una sesión de *postmortem*.

¿Qué es un *postmortem*? En el mundo de la medicina, es la autopsia que le practican a un cadáver para determinar la causa de la muerte. En el mundo de los negocios, es una conversación que sucede al terminar un proyecto o cerrar un negocio en la que se busca analizar lo que salió bien y lo que salió mal. Responde a la pregunta: "¿Cómo lo hicimos?".

Lo ideal es realizarlo al terminar cualquier proyecto, sin importar el resultado. Hay quienes tienden a pensar que se trata de hablar sólo de lo que salió mal. Nunca he trabajado en un proyecto que haya salido a la perfección, así que es mucho más realista hablar de lo que salió bien, mal y regular.

Una vez que hayas concluido el cierre del negocio, te invito a que convoques a tus colaboradores más cercanos a una reunión informal; procura no dejar que pase mucho tiempo para que no olviden detalles que será importante analizar. Si es posible tener un moderador que no haya sido parte de la organización, mucho mejor, pues permite que todos los demás miembros del equipo tengan la libertad de decir lo que piensan sin preocuparse excesivamente por la estructura o el proceso. El moderador también debe ser el que tome notas. Recomiendo usar una pizarra blanca. Eso permite a los miembros del equipo mantenerse involucrados en lugar de garabatear notas frenéticamente.

Para obtener aprendizajes reales de ese *postmortem* es importante mantener una mentalidad constructiva. El objetivo de la reunión no es resaltar fallas y culpar a alguien, tampoco se trata de revisar el desempeño de los empleados. Por lo tanto, es importante que tus ex colegas tengan la mentalidad correcta: positiva y centrada en el aprendizaje, no a la defensiva o hipercrítica.

El *postmortem* debe tener una agenda. Sin importar que se trate de una reunión relajada necesita una estructura básica, que puede ser más o menos así:

- Explicar por qué estamos reunidos y qué haremos durante las próximas dos horas (cinco minutos). Este es el momento de crear un ambiente de confianza que permita una sesión verdaderamente productiva.
- Resumen de la última etapa del negocio (cinco minutos). Presentar una breve sinopsis de lo que sucedió en el negocio y aclarar que así es como lo ves desde tu perspectiva y que otras interpretaciones son válidas. Sé lo más breve posible.
- Sesión de preguntas (setenta minutos). Aquí es donde realmente se desarrolla la conversación y los miembros del equipo pueden hablar. Es importante que todos tengan la oportunidad de contribuir. Puedes usar preguntas como las siguientes para guiar la conversación:

- **Preguntas cuantitativas.** ¿Se cumplieron o no se cumplieron los plazos? ¿Proporcionamos todos los entregables delineados en el alcance del negocio? ¿Se lograron las métricas de éxito predefinidas? ¿Se siguieron los flujos de trabajo y los procesos? ¿Hubo un exceso de presupuesto? ¿El modelo de negocios funcionó? ¿Por qué?

- **Preguntas cualitativas.** ¿Nuestro trabajo tenía altos estándares de calidad? ¿El cliente está de acuerdo? ¿Los integrantes del equipo tenían los recursos, la información y el apoyo que necesitaban para realizar sus propias tareas? ¿Los objetivos estaban mal definidos o comunicados?

- **Preguntas subjetivas.** ¿Qué es lo que más y lo que menos disfruté de este negocio? ¿Cómo fue trabajar con el cliente? ¿Qué cambios harían en este tipo de negocio en el futuro? ¿Cómo podría funcionar mejor el trabajo del equipo? ¿Desean trabajar en un negocio similar nuevamente? Si no, ¿por qué? ¿Están orgullosos de nuestros productos finales? Si es así, ¿qué los hizo geniales? En caso negativo, ¿qué fue lo que faltó o no? ¿Cuáles de nuestros métodos o procesos fueron difíciles o frustrantes de usar?

- Conclusión (treinta minutos). Agradece a todos por participar.

Después de la reunión, date un tiempo contigo mismo para desarrollar aprendizajes útiles y ponerlos por escrito.

Premortems

El *premortem* es, en resumen, un *postmortem* que se realiza antes de arrancar con el proyecto o negocio. El propósito de esta reunión es generar razones plausibles que podrían llevar al fracaso. Realizar una sesión de *premortem* requiere un cambio de perspectiva temporal, pensar en eventos futuros como si ya hubieran ocurrido.

Este tipo de sesión también requiere un tiempo mínimo de dos horas, y es importante que participen todos los involucrados. Si no lo haces, te enfrentarás a una cantidad de puntos ciegos de los cuales sólo pudo haberte advertido la persona que no fue invitada. En lo posible, prográmala de modo tal que sea cara a cara. Este proceso no funcionará por correo electrónico. Un chat en vivo podría funcionar, aunque será engorroso. Los videochats serían la próxima mejor solución. Pero, a menos que sea físicamente imposible, junta a todos en una habitación y pon en marcha el siguiente proceso.

Paso 1. Dedica una hora a enumerar todos los problemas posibles que puedas imaginar

Escríbelos en papel o en una pizarra blanca. En esta etapa no hay ningún problema que no pueda ser planteado, y todos en la reunión deben sentirse completamente desinhibidos para sugerir lo que sea, por más ridículo que piensen que pueda sonar.

Para ello, debes alentar a tu equipo a explorar diferentes variaciones del mismo problema. Por ejemplo, ¿qué pasa si un oso se come a un miembro del equipo? ¿Qué pasa si nuestro sitio web se cae? ¿Qué pasa si el inversionista más importante se retracta?

El objetivo es crear una lista completamente exhaustiva de cosas que podrían salir mal. Lo único que no se permite durante esta fase es proponer soluciones.

Paso 2. Selecciona los diez problemas principales

En este punto tienes una enorme lista de problemas, es el momento de elegir los diez más importantes. Enfócate en aquellos que son críticos para el proyecto. En otras palabras, si ocurre, ¿impactará severamente sobre el negocio? Si la respuesta es no, táchalo: no pertenece a tu lista de *premortem*.

También te sugiero que en este momento descartes de la lista aquellos problemas sobre los cuales no tienes control. Cada proyecto enfrentará algunos riesgos externos que simplemente no puede controlar. Ignóralos ahora porque no hay nada que puedas hacer al respecto.

Paso 3. Dedica una hora a crear soluciones

Una vez que los mayores problemas han salido a la luz, es el momento de pensar en cómo solucionarlos antes de que surjan. Como decía Einstein: "Si tuviera sólo una hora para salvar el mundo, dedicaría cincuenta y cinco minutos a definir el problema, y sólo cinco a la solución". Para cada solución crea un plan de acción, actividades específicas y un responsable.

Es importante revisar la lista de problemas y soluciones de vez en cuando y realizar esta reunión al menos cada seis meses.

EXPRIME TU FRACASO AL MÁXIMO

Sí, como si fuera una naranja. Total, el fracaso ya sucedió y no puedes regresar el tiempo. Lo que sí puedes hacer es tratar de obtener el máximo valor de esa experiencia o, dicho en lenguaje financiero, incrementar tu "rentabilidad sobre el fracaso".

Para dar crédito a quien lo merece, el genial concepto de "rentabilidad sobre el fracaso", o *return on failure* (en inglés), fue acuñado por los profesores Martine Haas, de Wharton, y Julian Birkinshaw, de London Business School. En un *paper* que publicaron en *Harvard Business Review*, ellos explican que, si intentáramos imaginar la fórmula de la rentabilidad sobre el fracaso, en el denominador estarían los recursos que invertiste en el proyecto fracasado. Por lo tanto, una forma de aumentar tu retorno es mantener ese número lo más bajo posible, es decir, cuidar la cantidad de tiempo y dinero que inviertes.

En el numerador estarían los activos que obtuviste de ese fracaso. Por ejemplo, información del mercado, conocimiento de tu equipo o acerca de ti mismo. Otra forma de aumentar tu retorno es mantener este número lo más alto posible.

Haas y Birkinshaw sugieren tres pasos para aumentar la rentabilidad del fracaso en las empresas:

- Reunir tantos puntos de vista como sea posible acerca de lo que causó el fracaso y los potenciales resultados positivos de este.
- Compartir la sabiduría.
- Hacer una encuesta a nivel corporativo para asegurarse de que este enfoque hacia el fracaso está ayudando a tomar mejores decisiones.

Mi experiencia con emprendedores que fracasaron me ha enseñado que el paso más difícil es el número uno. Muchos ni siquiera intentan darlo. Sin embargo, si realmente quieres exprimir al máximo tu fracaso, tienes que atreverte a hacer una lista exhaustiva de todos sus "subproductos", los buenos y los malos. Para eso, involucra a la mayor cantidad de personas y considera entre los aspectos positivos lo que aprendiste de los clientes y la dinámica del mercado; la estrategia, la cultura y los procesos de la organización; tu equipo y tu estilo de liderazgo y las tendencias futuras. Recuerda que todo esto va en el denominador (la parte de abajo de la fórmula) y quieres que sea lo más amplio posible.

En cuanto a la parte negativa que hay que considerar, están todos los costos directos e indirectos del fracaso. Por ejemplo, tiempo, dinero, costos externos como la reputación, y costos internos como que el proyecto haya sido una distracción del *core* del negocio. Para exprimir al máximo tu rentabilidad sobre el fracaso quieres que este número sea lo más bajo posible. Recuérdalo en el próximo proyecto que arranques.

Hacer el recuento de los daños y beneficios puede resultar doloroso, pero la verdadera gratificación viene cuando compartes el resultado de ese balance. Algunas organizaciones ya han dado un paso más al publicar reportes de fracaso, o *failure reports*, con la misma relevancia con que publican su informe anual (o su "informe del éxito"). Por ejemplo, Ingenieros Sin Fronteras, el Failure Institute y algunas organizaciones más cada año publicamos un informe con los fracasos del período.

EN POCAS PALABRAS...

Resiliencia emocional

Es la capacidad de sobreponerte a la pérdida y volver a tu centro. Para ejercitar el músculo de la resiliencia:

- Cultiva un estilo de pensamiento orientado al logro de objetivos.
- Practica atención plena o mindfulness.
- Crea una red de confianza.
- Diversifica tu portafolio de vida.

Cerrar el negocio conforme marca la ley

- Redacción de un acta con la propuesta de disolución de la sociedad.
- Cobrar las deudas.
- Pagar las deudas.
- Vender los bienes.
- Liquidar a cada socio.
- Practicar el balance final de la liquidación.
- Cancelar la inscripción de la empresa en los registros de comercio.
- Presentar ante la autoridad fiscal el aviso de inicio de liquidación.

- Rendir un informe detallado de la situación en una nueva asamblea.

Comunicar el fracaso
- Al equipo.
- A los proveedores.
- A los clientes.
- A los inversionistas.
- En tu currículum.

Aprender del fracaso
- Requiere tiempo y la intención proactiva de aprender.
- Se trata de un proceso de duelo que, como tal, involucra diversas etapas: enojo, aceptación, aprendizaje a partir de la experiencia.
- Fase de desprendimiento: un negocio fracasado no implica ser un fracasado.
- No dejarse llevar por las trampas de la culpa.
- Buscar ayuda profesional de ser necesario.
- Usar estrategias para analizar y registrar los aprendizajes del negocio antes y después del fracaso: *premortem* y *postmortem*.

**HERRAMIENTAS PRÁCTICAS
DE LA A A LA Z**

Atención plena. Practica *mindfulness* diez minutos cada día. Si quieres más, puedes usar apps como Headspace, Spire, Mental Workout, Calm, Whil, Simple Habit.

CONCLUSIONES

Las tasas de fracaso en el mundo de los negocios a nivel global son altísimas. El impacto emocional, familiar y financiero de una empresa fallida puede ser devastador. Por eso decidí crear este libro que de forma intencional busca invitarte a que te hagas preguntas incómodas, a salir de tu zona de confort e identificar a tiempo las señales de alerta que indican que tu negocio está en problemas, ya sea en las finanzas, en tu forma de ser líder o en tu perspectiva acerca de la empresa.

Los ejercicios aquí propuestos buscan cambiar tus modelos mentales para que puedas mirar el negocio desde un ángulo más realista. Para lograrlo se requieren datos y evidencia, así como reconocer que cierta forma de pensar no está resultando saludable.

En el mundo de los negocios, ser realista es una virtud escasa y, por lo tanto, muy valiosa. Un emprendedor poco objetivo corre el riesgo de no detectar a tiempo aquellas señales que indican que su emprendimiento está en problemas, o incluso podría notarlas cuando ya fuera demasiado tarde. Una de las mejores formas de ser más objetivos es entender cómo funciona nuestra empresa y cómo lo hace nuestra mente.

Para la primera parte, entender cómo funciona el negocio, te propongo empezar con el Business Failure Canvas, disponible en el capítulo 2 (p. 111), pues te ayudará a identificar los puntos débiles de tu negocio y fortalecerlos antes de que sea demasiado tarde. Para lo segundo, comprender cómo funciona tu mente, es importante identificar en qué sesgos de pensamiento incurres y entender los postulados básicos de la economía del comportamiento, o *behavioral economics*.

Quizá, tras leer este libro, te hayas dado cuenta de que la decisión más sabia para tu corazón y tu billetera sea cerrar tu empresa. Recuerda que un fracaso se vive como un duelo, y a quien le toca atraviesa distintas instancias: negación, rabia, tristeza, aceptación. Recién en esta última etapa podrás aprovechar lo que esta experiencia te dejó y aprender de ella. Sobrevivir al fracaso es posible. Recuerda: esta es una carrera de resistencia, no de velocidad. La investigación ha demostrado que cada vez que vuelves a intentarlo se incrementan tus posibilidades de éxito y que arrancar un buen negocio tiene más que ver con la habilidad que con la suerte.

Yo espero que esta guía de supervivencia haya sido de utilidad para aquellos valientes que lo intentaron y fracasaron, para los que fracasarán, y hasta para los que aún se empeñan en negar sus fracasos.

Anexo 1

Sobrevivir al fracaso

Técnicas de supervivencia antes, durante y después del fracaso de un negocio

Antes del fracaso (medidas preventivas)
Ten en orden la contabilidad y las finanzas desde el día uno. De lo contrario, estás condenando tu negocio al fracaso.

Realiza proyecciones financieras en escenarios pesimistas.

Valida que el mercado realmente demandará tu producto o servicio.

Identifica las métricas para el éxito. Además de las finanzas, ¿cómo saber si el negocio será exitoso?

Trabaja constantemente en ser un buen líder. Recuerda que las ideas no sirven de nada, la ejecución lo es todo.

Durante el fracaso

Identifica el problema de fondo.

Revisa la situación financiera de la empresa junto con un experto.

Mejora tu servicio al cliente.

Despide a los empleados tóxicos.

Elige un camino:

a) Luchar para salvar la empresa.

b) Vender la empresa.

c) Cerrar la empresa como la ley lo indica.

Después del fracaso

Si el negocio no puede sobrevivir, al menos hazlo tú. Cuida tu salud.

Recuerda: no eres tu negocio, eres mucho más que eso.

Anexo 2

LOS SIETE HÁBITOS DE LOS FRACASADOS ALTAMENTE EFECTIVOS

Sí, leíste bien. Los fracasados altamente efectivos existen: son aquellos que tras fracasar en un negocio saben recuperarse de forma rápida y con el menor daño posible.

Ya que el hábito hace al monje, espero que estos siete hábitos se conviertan en parte de tu rutina y te guíen a la hora de lidiar con el fracaso —inevitable en la vida— de una forma más hábil.

1. *Practicar la resiliencia.* La resiliencia es la propiedad que tiene un resorte de estirarse y volver a su posición original. Para practicar esta habilidad, la próxima vez que te sientas muy frustrado porque las cosas no salieron como querías, observa el modo en que reaccionas y cuánto tiempo te toma volver a un estado mental de

claridad (elemental para hacer negocios). También identifica qué actividades te podrían ayudar a reducir ese tiempo de recuperación: escribir tus pensamientos, meditar, hacer yoga o cualquier otro tipo de ejercicio.

2. *Ser transparente.* Los fundadores de Unreasonable México tienen una filosofía que aplican al extremo con excelentes resultados: transparencia total. Si las cosas no salen como lo esperabas, hay que ser absolutamente transparente con todos los involucrados; tus socios, empleados y clientes lo agradecerán.

3. *Escuchar lo que dice el mercado.* Hay empresas que fracasan porque nunca debieron haber existido. Simplemente no satisfacían ninguna necesidad real y eran, más bien, producto de la emoción del fundador de la empresa. Para quien funda un negocio su empresa es como su bebé, lo ve como el más bonito, el más inteligente y el que llegará más lejos en la vida; y puede ser que esté totalmente equivocado. Por eso es importante que antes de comenzar tengas un producto mínimo viable y lo saques al mercado lo antes posible. Toda persona interesada en arrancar un negocio debe familiarizarse con técnicas como el prototipado rápido.

4. *Tener las finanzas del negocio en orden.* De acuerdo con la investigación publicada en *El libro del fracaso*, la

mayoría de las empresas fracasa por motivos financieros: ingresos insuficientes para subsistir y mala administración son causas comunes. Un buen hábito es recordar que las reuniones con tu contador son una prioridad y que si no tienes conocimientos de finanzas, y eres fundador de un negocio, debes empezar a capacitarte en el tema hoy mismo.

5. *Tener un gobierno corporativo*. Los fracasados altamente efectivos tienen un grupo de personas que los ayudan a tomar mejores decisiones y evitan que se dejen llevar por el día a día de la empresa. Tener un buen gobierno corporativo no tiene por qué ser complicado: en muchas ocasiones basta con que el grupo de socios que fundó la empresa se reúna una vez al mes o con integrar un grupo de consejeros externos. Incluso puede ser tan sencillo como celebrar reuniones mensuales con amigos en cuya opinión confías.

El gobierno corporativo se complementa con la transparencia y permite que, en lugar de centrar tu atención en ver un solo árbol, puedas ver todo el bosque y de este modo tomar mejores decisiones de negocios. Un buen gobierno corporativo puede, por ejemplo, ayudar a identificar tus puntos débiles o bien el inminente fracaso de tu negocio meses antes de que este suceda.

6. *Ser honesto con los inversionistas*. No importa si el inversionista es tu papá o un fondo de inversión, si les comunicas el cierre de la empresa cuando este ya ha sucedido o es inevitable, estás cometiendo un grave error. Una vez que alguien invierte en tu empresa es parte de la familia y es tu aliado. Las reuniones con inversionistas no existen para convencerlos de que todo va bien, sino para que te ayuden a que las cosas vayan aún mejor o para rectificar las situaciones que van mal.

7. *Confiésalo*. Muchos han dicho que la mejor terapia para superar el fracaso es contarlo frente al público. Si crees que es tu caso, cuéntanos tu historia. Los fracasados del mundo te lo agradecerán.

Anexo 3

CÓMO CREAR UN MOVIMIENTO Y NO FRACASAR EN EL INTENTO

Fuckup Nights es un movimiento mundial que nació como un *hobby*. Nunca nos imaginamos que estas reuniones para contar historias de fracaso se replicarían en más de cien ciudades de todos los continentes.

Por eso, al menos una vez al mes alguien me pregunta cómo se crea un movimiento mundial y sobre todo cómo promover la expansión geográfica de un proyecto.

Mi respuesta siempre tiene que ver con que un movimiento, para crecer como la hiedra, debe ser auténtico. La primera Fuckup Night nació porque cinco amigos en la Ciudad de México nos confesamos nuestros fracasos en una noche de copas y nos pareció una experiencia tan buena que decidimos replicarla con más amigos. Nuestra única intención era reunir a gente cercana y crearle un espacio para que contara sus peores tropiezos.

Christian Davenport, investigador de la Universidad de Michigan y autor de *How Social Movements Die*, explica que al menos hay tres ópticas mediante las cuales se puede determinar si un movimiento es un éxito o un fracaso:

1. *Que la idea pase a la práctica*
   Es decir, la idea debe permitir que la gente se reúna en torno de ella. En nuestro caso, esa idea fue el fracaso.

2. *Que esas personas reunidas den un paso hacia la acción*
   En Fuckup Nights esto sucede en diferentes escalas: primero, ocurre cada mes en diversas ciudades del mundo con los valientes que se animan a contar su fracaso en público. Sucedió cuando cientos de personas con negocios que fracasaron nos compartieron sus historias para hacer posible la investigación de las causas del fracaso. Y, finalmente, cuando personas de todo el mundo realizaron pequeños donativos para hacer posible la traducción al inglés y el rediseño de *El libro del fracaso*.

3. *Que el movimiento genere resultados visibles*
   Este resulta nuestro reto más atractivo, pues Fuckup Nights es un movimiento que genera resultados a nivel micro y macro. Por un lado, están quienes se acercan y nos dicen que escuchar a otros les hizo

notar que no estaban solos y así lograron recuperarse de su fracaso, y también están aquellos que gracias a las noches de fracaso ya no tienen miedo de empezar un negocio. Además, el movimiento impacta en todos aquellos que se benefician con la investigación de las causas más comunes de fracaso: emprendedores, aceleradoras e incubadoras de empresas, inversionistas y hacedores de políticas públicas.

Hoy las redes sociales y la inmediatez de la comunicación hacen más sencillo que nunca predecir si un movimiento tendrá éxito o si fracasará en el intento. De hecho, estoy convencida de que la veloz expansión de Fuckup Nights no habría sido posible sin las redes sociales.

La primera noche de fracasos fuera de México sucedió en San Sebastián, España. Todo comenzó porque una periodista visitó la Fuckup Night (que en ese momento sólo tenía lugar en la Ciudad de México), le gustó y lo publicó en *Yorokubu*, revista española. Una lectora de la revista nos contactó por Facebook y nos preguntó si podía organizar Fuckup Nights en su ciudad.

Su mail nos tomó por sorpresa: nunca imaginamos llevar nuestro *hobby* a otra ciudad ni que alguien estuviera dispuesto a dedicarle tanto tiempo y esfuerzo a que eso ocurriera.

En ese momento caímos en la cuenta del potencial de reunir a un grupo de personas para hablar sin tapujos del fracaso en los negocios y creamos un sistema que permitió la expansión del movimiento de forma ordenada. Ya que no sabíamos cómo crear o hacer crecer un movimiento, aprendimos sobre la marcha.

Estos son los tres consejos que le daría a quien esté interesado en empezar un movimiento:

1. *Que el dinero no sea tu motivación*
   Quienes organizan Fuckup Nights en el mundo no lo hacen por dinero. Es más, puede que tengan pérdidas debido a los gastos de producción del evento. Entonces, ¿por qué lo hacen? En la construcción de un movimiento el factor intangible es el más relevante, la gente está dispuesta a comprometerse con él porque sabe que genera un impacto positivo en el mundo. Cuando converso con el equipo de Fuckup Nights de distintas partes del mundo me gusta preguntarles qué trajo el movimiento a sus vidas. Las respuestas más comunes son: nuevos amigos, mucho aprendizaje, una red de apoyo para los momentos difíciles y también el incremento en el nivel de resiliencia. Recuerda: encontrar un modelo de negocios para un movimiento es sumamente difícil, evita que el dinero sea tu motivación principal.

2. *Adaptación a otras culturas*

Todas las Fuckup Nights en el mundo deben seguir lineamientos básicos, como el *branding* y el modelo de contar historias de fracaso en diez imágenes y siete minutos. Sin embargo, impulsamos a nuestros aliados de todo el mundo a que topicalicen el evento de acuerdo con su cultura. Por ejemplo en Oaxaca, después de que se cuentan las historias de fracaso, se escucha cumbia y los asistentes se ponen a bailar. En París beben vino en lugar de cerveza.

3. *Congruencia absoluta*

Ya que somos un movimiento que habla del fracaso, si fallamos en algo lo anunciamos de inmediato. En noviembre de 2014, en la Fuckup Night de la Ciudad de México, cometimos un gran error: asistió mucha más gente de la que esperábamos. En el evento había poco más de trescientas personas y afuera quedaban otras cien. Deben saber que esa Fuckup Night la sufrí: me sentía muy mal por haber dejado a gente sin entrar, pero, por seguridad, ya no podía dejar pasar a nadie más. *Epic fuckup*. Al día siguiente nos disculpamos en Facebook y recibimos todo tipo de comentarios: desde los que nos reclamaron y se enojaron (con toda razón) hasta los que agradecieron la honestidad.

Cuando los líderes de un movimiento dejan de ser congruentes con sus valores, este se debilita, deja de percibirse como auténtico.

Por eso, en el *Manual del Fuckupper* (ese que explica paso a paso cómo se organizan las Fuckup Nights) incluimos una sección llamada "Los Fuckups de Fuckup Nights". Ahí enlistamos todos los fracasos y errores que hemos tenido en estos últimos dos años con la idea de que nuestros aliados en otros lugares del mundo no cometan las mismas faltas.

También fue por eso que, en la edición de diciembre de 2014 de Fuckup Nights de la Ciudad de México, Charlie y Luis, en un acto de congruencia y en representación de los cinco cofundadores, se subieron al escenario a contar los fracasos del movimiento.

Anexo 4

EL FRACASO EN BOCA DE SUS PROTAGONISTAS

El fracaso de una idea condenada al éxito
Tito Loizeau, Argentina

Hay buenas ideas que dan resultados mediocres. Hay ideas malas que fracasan. Y también hay negocios condenados al éxito que, paradójicamente, terminan en un gran fracaso. Eso me sucedió a mí. Allí por el año 2007, tuve una idea que estaba condenada a ser un éxito: crear una Barbie Store en la Argentina. Conseguí socios para desarrollarla, convencí a Mattel de echarla a andar y el emprendimiento despegó. Sin embargo, lo que se veía prometedor siete años más tarde se confirmó como un fracaso. Para entender lo que falló es preciso hacer un ejercicio de memoria. Remontarnos atrás, no cinco ni ocho años, mucho más:

cuarenta, porque las razones del fracaso de esta idea están entrelazadas con mi historia personal.

Mi primer emprendimiento fue una pequeña revista hecha a mano que editaba yo mismo. Mi público eran mis familiares. Luego me hice más eficiente gracias a la máquina de escribir y, papel carbónico mediante, pude hacer tres copias de un tirón. Más tarde, edité la revista de mi escuela. Ahí confirmé mi intuición: mi vocación era comunicar, escribir, transmitir.

Una vez graduado del colegio y enfrentado a la duda acerca de qué estudiar, tuve una conversación con mi padre:

—Papá, quiero ser periodista.

—Hijo, te vas a morir de hambre.

—Bueno, entonces me gustaría ser publicista.

—Es al primero que echan de una empresa.

—¿Y entonces qué te parece que estudie?

—Contador público.

Fue así que, lleno de vocación, comencé la carrera de contador público. No bien la terminé, monté un estudio contable. Esa empresa, que inauguré a los veintiún años, fue mi primer emprendimiento como adulto. Trabajé allí durante cuatro o cinco años, pero resultaba claro para mí que eso no era lo que yo quería hacer. Entonces, como sucede cuando uno se inquieta, comencé a buscar otros horizontes. Al principio formé parte de una cadena de cines del interior del país, un emprendimiento que terminó en fracaso. Además yo mismo fundé una empresa que fabricaba sillones, pero esta también fracasó. No quedaba convencido y los negocios no terminaban de cerrar, así que seguía buscando qué hacer.

Con el *boom* de Internet, hacia finales de los noventa, me vino a la mente una idea: hacer un sitio de cupones de descuento. Esa idea, qué sorpresa, fracasó. Pero de ese sitio surgió un éxito, mi primer gran éxito: Promored, una agencia de marketing promocional. La iniciamos en el año 2000 en la Argentina, y diez años después era líder en la región, con una plantilla de cerca de trescientos empleados. Para 2013 éramos la agencia de marketing promocional más grande de Latinoamérica. Hicimos más de cinco mil promociones para doscientos clientes.

Y fue en el año 2007, mientras trabajaba en Promored, que se me ocurrió una idea: armar una casa de Barbie en el centro comercial Unicenter. La casa fue un éxito, y entonces me surgió el chispazo condenado al éxito: por qué no abrir una Barbie Store. Y con esa propuesta fui a Mattel. Ellos, confundidos, me preguntaron qué era eso. Una tienda que ofreciera diversos servicios para las niñas dueñas de muñecas Barbie. Fue difícil convencer a una multinacional, pero al final lo logré. En septiembre de 2007 abrió sus puertas en Palermo la primera Barbie Store del mundo.

El éxito inicial fue enorme. Era un negocio muy fácil de vender y no se me dificultaba encontrar socios. Los comentarios de los clientes, la difusión boca a boca y las notas de prensa nacionales e internacionales lo volvían una idea infalible. Y hasta cierto punto lo era. Sin embargo, las cosas no tardaron en empezar a funcionar mal. Para 2015, casi en números rojos, tuvimos que tomar la decisión de cerrar.

¿Cómo explicar que esta idea, con todos los ingredientes para ser exitosa, haya terminado como lo hizo?

Las explicaciones posibles son muchas. Sin embargo, destacaré sólo unas cuantas.

Una, quizá de las más importantes, fue que nuestro mercado era principalmente la Argentina, y hacía tiempo que el país había cerrado las importaciones. Teníamos una Barbie Store sin Barbies. Y teníamos también un grave problema de ubicación: muchas de las tiendas estaban ubicadas en centros comerciales que abren doce horas al día. Sin embargo nuestro público, las niñas, pasan siete horas de esas doce en la escuela. Además, los socios que teníamos no eran los que necesitaba este negocio: en lugar de socios ideales, creamos una estructura enorme de gente. Habíamos crecido demasiado. Y ese crecimiento hacía que nuestros errores se multiplicaran, no en un local sino en ocho. Por eso no pudimos manejar nuestras franquicias y todas fracasaron. Pero lo cierto es que el problema principal fui yo.

Los emprendedores con frecuencia somos el techo de nuestro propio crecimiento, y solemos cometer un error capital: no saber delegar. No sabemos hacerlo, no nos gusta hacerlo, y cuando lo hacemos suele ser demasiado tarde. Sin embargo, hay también otro peligro, y ese es el de delegar antes de tiempo. Eso fue lo que me pasó con la Barbie Store. La armé y la delegué al buen equipo que había formado. ¿Y por qué lo hice tan rápido? No porque no estuviera enfocado o porque estuviera muy ocupado: lo hice porque no tenía pasión por la Barbie Store. Mi pasión estaba en armarla, en vendérsela a Mattel, pero el resto me provocaba aburrimiento. Y si bien es cierto que la palabra puede ser un *cliché* entre los emprendedores, hay algo verdadero alrededor de ella: si ustedes sienten pasión por un emprendimiento, eso no les va a garantizar el éxito, pero si ustedes no sienten pasión por un emprendimiento, aun cuando este pueda estar condenado al éxito, van a fracasar.

Un hombre no hace un grupo
Fran Maravilla, El Salvador

Empecé a dedicarme a la música a los dieciséis años. Al principio tuve una vida increíble, de enorme felicidad. La música me trajo alegría. Subirme a un escenario, tocar, dejar fluir la adrenalina y expresarme: eso me hacía feliz y me llenaba en todos los sentidos. Y también me llevó de viaje: estuve en festivales de Costa Rica, Argentina y California. Con mi banda tocaba en encuentros de rock latinoamericano, recorría el mundo y hasta comía delicioso. ¿Qué no me iba a gustar de todo eso?

Pero las cosas no serían para siempre así. A los veinticuatro años, el estilo de vida rockero se agotaba y los miembros de la banda veíamos pocas posibilidades de profesionalizarnos. Esto en parte se debe a que en El Salvador no hay academias de música: lejos de lo que sucede con los diseñadores o los emprendedores, los músicos tenemos muy pocas oportunidades de ganarnos la vida tocando. La mayoría de los miembros de mi banda había ido a la universidad. Después de terminar sus estudios, y ante la disyuntiva de seguir en la música o dedicarse a sus carreras profesionales, la mayoría optó por aquella seguridad que ofrece el trabajo convencional. Fue así que mi grupo de rock se desbandó.

Pero yo no quise esa vida. Decidí seguir en la música, aunque fuera de otra manera. Junto con mi amigo Joma Rubio, fundé Indie Collective. Básicamente empezamos a organizar conciertos de bandas independientes, alejadas de la escena musical dominante de El Salvador: bandas de las llamadas "tribus urbanas", que en ese entonces eran pocas y estaban dispersas. Uno de nuestros primeros eventos se llamó "Por amor a la música: una semana sin covers", que no sólo organizamos sino para el que también imprimimos *flyers* y publicidad. El modelo de negocios no fue malo: los primeros dos eventos los organizamos con veinte dólares y, al final, recaudamos seiscientos. Eso nos ayudó a crecer.

Algo que marcó un antes y un después en nuestro trabajo fue cuando trajimos a tocar a Austin TV —una banda mexicana que ya se había presentado en Coachella y otros festivales importantes—. Al poco tiempo organizamos el Festival Grito Rock; ahí por primera vez juntamos a doce bandas de jazz, rock y otros géneros, cosa que no sucedía con mucha frecuencia en este país, pues las escenas musicales estaban muy segregadas.

El Festival Grito Rock se organiza en cincuenta ciudades, y nosotros asumimos la organización en San Salvador. Para ello pedimos apoyo incluso a la Alcaldía de la ciudad. La experiencia me llevó a interesarme en la gestión cultural. Al poco tiempo visité uno de los eventos más importantes de la región: el Mercado Centroamericano de la Música. Allí conocí a gente importante: programadores, managers y personalidades de la música latina. Tras diez años de dedicarme a tocar, por fin me codeaba con la crema y nata.

La experiencia fue inspiradora: tuve, a raíz de la visita, la idea de hacer intercambios a través de Indie Collective con el propósito de posicionar bandas centroamericanas. Y lo hicimos, pero el trabajo de promoción fue muy duro: al no tener dinero ni recursos destinados para eso, el desgaste físico, mental y espiritual fue enorme. Durante ese tiempo, además de cumplir mis obligaciones como promotor, tuve que tomar un trabajo de tiempo completo en una tienda de instrumentos, cuarenta y tantas horas por semana. Pero seguí adelante: iba a los encuentros con los profesionales, y pagaba los viajes y los gastos de mi propio bolsillo.

Al poco tiempo fui a los Estados Unidos y pasé tres meses allí para visitar una serie de festivales. Hice *networking* y conocí a muchas personas, pero también descuidé a mis socios de Centroamérica. Al volver a mi país me di cuenta de que había perdido el respaldo de mi grupo y de quienes lo conformaban. Fue muy duro. No me quedó más que volver a mis raíces: a mi familia y a mis amigos más cercanos. Tras cierto tiempo, decidí reemprender. Fundé la Asociación para el Fomento de la Industria Musical de El Salvador, en la que ahora trabajo.

Al final del proceso, creo que he logrado crecer individualmente pero luego de una lección muy dura: nunca debes abandonar a tus socios. Ahora no olvido que mi crecimiento fue a costa de perder a mi grupo. Ese fue mi fracaso.

Cómo arruiné mi primera (y única) empresa
Helen Wexler, Jerusalén

Me gustaría contarles sobre cómo eché a perder mi primera y única empresa. En ese entonces estaba estudiando arquitectura. Creí que eso era lo que quería ser, una arquitecta. Pero en la mitad de la carrera me di cuenta de que no era así. Entonces decidí contactar a un empresario y juntos le vendimos al director de la Facultad de Arquitectura la idea de establecer un curso empresarial para arquitectos. Era sencillo: dar clases a los jóvenes arquitectos que estaban interesados en iniciar su propio negocio.

Así fue como nació Drops, una aplicación para mensajes basados en localización. Funcionaba de esta manera: se enviaba un mensaje a una persona específica desde una locación y esta lo recibía siempre y cuando no estuviera en esa misma ubicación.

Uno de nuestros primeros logros fue que otros directores de facultades nos permitieran contratar a estudiantes a cambio de créditos académicos. Así conseguimos armar un excelente equipo de desarrolladores y videastas que, básicamente, trabajaban de manera gratuita para nosotros. También logramos apropiarnos por completo de la dirección IP de la aplicación. En general las cosas parecían ir bien. Otra oportunidad que aprovechamos fue entrar a BABA: el acelerador de negocios de alumnos de la Academia de Artes y Diseño Bezalel (Jerusalén). A través de un acuerdo, logramos que el festival de arquitectura Open House promoviera Drops para una dinámica de "cazatesoros" (lo anunciaron, además, en todos sus materiales publicitarios). Por ese entonces también hicimos nuestra primera presentación para inversionistas en Gemini Ventures. Eran tiempos emocionantes.

Nuestra universidad nos apoyaba mucho, pues quería presentarse como una institución orientada al desarrollo tecnológico. Y en un abrir y cerrar de ojos comenzamos a recibir mucha atención mediática. Aparecimos en el Canal Dos, *Time Out* escribió un artículo sobre nosotros y comenzaron a publicarse titulares sorprendentes, tales como "La aplicación de mensajes israelí que competirá con Whatsapp" o "Ya nunca olvidarás la leche en el supermercado gracias a Drops". La publicidad y las relaciones públicas nos ayudaban a tener miles de descargas diarias. Era increíble. De hecho, en algún momento superamos a Twitter.

La cosa iba tan bien que comenzamos a trabajar en otro proyecto llamado Spacebook. Lo que planeábamos era utilizar toda la información obtenida de nuestros usuarios de Drops para realizar análisis de sentimientos sobre hiperlugares, así podríamos crear una herramienta para urbanistas y arquitectos. Y entonces,

¡bop!, la burbuja explotó. Y no se trató de un declive gradual, fue más bien parecido a un tren que descarrila.

Para entonces ya nos habían aceptado para presentar el proyecto en el Mobile World Congress de Barcelona. Así que nos subimos a un avión e intentamos convencer a inversionistas en tecnología de que los fracasos de la aplicación podían superarse. Decíamos que apenas era la primera versión, que pensábamos relanzarla, que aún era temprano para obtener información concluyente sobre la experiencia de los usuarios pero, les decíamos, hemos visto "crecimiento internacional orgánico" (en realidad sólo se trataba de nuestros conocidos descargando la aplicación en los Estados Unidos).

Encima, las reseñas escritas por los usuarios eran muy negativas: afirmaban que era una plataforma tediosa, llena de errores, que gastaba demasiada batería y no mantenía su atención. Recuerdo reseñas que iban de "muy buena idea, lástima que no funciona" a "no puedo conectarme". Las cosas comenzaron a empeorar, y eso se apreció en la dinámica del equipo. En cuanto vimos el potencial de inversionistas, la necesidad de pasar de ser un proyecto escolar a ser una compañía se hizo evidente.

Y cuando se arman las compañías, se necesita de un director. Este fue un punto de fricción, para decirlo amablemente. La conversación iba más o menos así: "Yo quiero ser director", "pero yo también", "pero yo tengo más experiencia", "sí, pero no la adecuada", etcétera. En algún momento, varios miembros del equipo tenían tarjetas en las que se presentaban como directores de la compañía. Y sólo éramos cuatro. Para empeorar las cosas, en cuanto terminó el semestre dejamos de tener equipo de trabajo: los pasantes obtuvieron sus calificaciones y se fueron. Además, la mitad del equipo base dejó el país para pasar un semestre de intercambio en el extranjero.

Eso fue todo. A la distancia veo claramente que abordar Drops como un proyecto escolar, y no como un auténtico negocio, fue un error. En cuanto nos enfrentamos al primer obstáculo, todo se desbarató.

¿Qué podemos aprender de todo esto? Puedo decir que es muy importante definir los roles de los miembros del equipo desde el inicio. Y sonará obvio, pero uno no puede fundar una compañía de tecnología sólo con arquitectos. También es importante reconocer que no es posible lanzar un producto demasiado rápido al mercado. Es necesario invertir suficiente tiempo en pruebas e investigación antes de hacerlo. Por último, diré que hay que hacer el intento de fracasar elegantemente: reconocer los errores y agradecer a las personas que nos han ayudado en el camino. No alcanza con avergonzarse e intentar pasar la página como si no hubiera ocurrido nada.

Debe decirse: hay vida después del fracaso. Finalmente, Drops fue uno de los proyectos que me permitieron presentarme como una arquitecta que trabaja con tecnologías de la comunicación, y obtuve mi primer empleo como analista de información gracias a él. Agradezco este fracaso, y espero que otros tengan los suyos igual de gloriosos: sólo así se consigue la suficiente *chutzpah* para animarse a hacer algo.

Ama tus curvas
Ana María Angulo, Colombia

El proyecto Ama Tus Curvas comenzó como una exploración personal de mi identidad como mujer, pues soy de talla grande y no lograba encajar en varios aspectos de mi vida personal, social y profesional. Cuando lo creé, pensé que más mujeres se sentirían identificadas con mi forma de sentir y de expresarme ante el mundo. Uno de los mayores problemas que tenemos las *plus size* es que no encontramos ropa de nuestra talla y nuestros gustos, de ahí que exista la necesidad de formar una comunidad de mujeres empoderadas de su vida, su cuerpo y su estilo.

Entonces comencé a buscar en redes sociales e Internet todo lo referente al tema: marcas de ropa, modelos que triunfan en el exterior y proyectos similares. Comprobé que las tallas grandes son una tendencia global y que tendría una excelente oportunidad de crear una empresa innovadora en Colombia, con un notable sentido social. En agosto de 2015 se lanzó el primer evento de tallas grandes de Colombia, el Plus Size Fashion Weekend, que por ser el primero en su tipo tuvo un éxito mediático de alto impacto: ese día asistieron medios nacionales e internacionales que señalaron la ruptura con los paradigmas establecidos por la industria de la moda. Lo que muchos ignoraban era que detrás de ese gran evento sólo estábamos mi mejor amiga Angélica Solano y yo. No teníamos equipo de logística, producción, mercadeo y organización. A veces me pregunto cómo lo logramos. Creo que la respuesta es: "Estamos dementes y perseguimos un sueño de talla grande".

En esa ocasión la inversión fue muy baja. Logramos llevar a cabo el evento por medio de aliados estratégicos y la convocatoria se realizó por redes sociales; no hubo patrocinadores ni grandes riesgos en la parte financiera. En realidad tampoco se había formalizado la empresa… hasta ese momento se trataba sólo de una idea con gran potencial de desarrollo.

La segunda edición se realizó en octubre de 2016. Para entonces ya estaba creada la empresa Ama Tus Curvas SAS. Se consiguieron tres patrocinadores, se contrató una agencia de publicidad, se convocó a las marcas por redes sociales y páginas web. En resumen, la comunicación estratégica mejoró mucho. Todo esto se tradujo en costos que finalmente no dieron el resultado esperado. Falló el planeamiento financiero.

El evento no se vendió como se esperaba, los empresarios de marcas de talla grande no estaban dispuestos a invertir en un acontecimiento que sólo tenía una edición anterior, o eran emprendedores como yo y no tenían los medios para hacerlo; por eso muchos no participaron. La respuesta de los medios fue buena, asistieron a cubrir el evento; la producción en cuanto a luces y sonido se mejoró, y la inversión en el alquiler del lugar fue muy alta. Todos los recursos que se consiguieron se volvieron gastos de proveedores de publicidad, logística y organización. Y no fue suficiente, todavía hay compromisos de pago con todos ellos.

A pesar de lo que representó este desfalco financiero y moral para mí, no desisto de realizar este sueño. Nadie te dice cómo enfrentar los malos momentos, sólo llegan y arrasan con todo lo que tengas. Puedo decir que, cuando me di cuenta de que el evento no iba a generar los ingresos que esperaba, no me detuve. Tal vez fue un error, porque pude haberlo cancelado y las pérdidas habrían sido mínimas. Pero me dije: "Vale la pena el riesgo, si no fue en este, será en el próximo". Además, consolidar cualquier proyecto lleva mucho tiempo y esfuerzo, más cuando existen barreras sociales que se niegan a aceptar algo diferente. Les quiero compartir que, a pesar de todas las anécdotas negativas, sigo en pie de lucha por mi sueño y en verdad espero que el PSFW 2017 sea un ejemplo de organización y de impacto social.

Se parece a Foursquare y Yelp: mi app fracasada
Ian MacKinnon, Canadá

Lo diré desde un principio: mi fracaso fue gastar doscientos mil dólares que no eran míos en desarrollar una app para encontrar el bar más cercano, y ni mamá la descargó. La app se llamaba Placeling y tenía muchas ventajas. Mi cofundador y yo impresionamos a los inversionistas con nuestro pedigrí: él había sido consultor de Boston Consulting Group y yo había trabajado en Google y sabía hacer aplicaciones para IOS.

Por si fuera poco, nuestro proyecto empalmaba perfecto con el nicho más candente del año 2011: el llamado *social-mobile-local*. La idea de Placeling era cerrar la brecha entre Foursquare y Yelp. En la app el usuario podía *taggear* lugares de su ciudad y subir recomendaciones y fotos para que sus amigos las vieran, y, como no compartía su ubicación, la aplicación era más privada que Foursquare. A la vez, al venir únicamente de amigos del usuario —y no de *foodies* deconocidos—, era menos impersonal que Yelp.

Les enseñé la idea a mis amigos y todos se emocionaron.

—¡Sí! ¡Hazlo! Foursquare es una mierda, Yelp está lleno de cretinos. ¡Persigue tu sueño! —me dijeron.

Y eso hice.

Mi socio y yo imaginamos que en un año venderíamos la app por mil millones de millones y que nos jubilaríamos antes que nuestros padres. Y no sólo eso, ¡también nos moriríamos antes! ¡Todo gracias a la vida de excesos que nos esperaba!

Según nosotros, la promoción se daría en tres canales: el primero, un lanzamiento en grande, con mucho trabajo de relaciones públicas; el segundo, el de la recomendación de boca en boca, y el tercero: Facebook y Twitter.

Pero tuvimos un problema: nada de eso sucedió.

Al poco tiempo de lanzar Placeling, nos dimos cuenta de que éramos una más en la larga lista de aplicaciones para encontrar el bar más cercano que salieron en 2011. Nadie en los medios nos hizo mucho caso: nada importaba una app que fuera *algo entre una cosa y otra cosa*.

La noticia tampoco se movió de boca en boca. De hecho, de boca en boca es una mala estrategia por una razón muy sencilla: la gente no habla de las apps como habla de, por ejemplo, *Game of Thrones*. En Canadá, la persona promedio se la pasa hablando de las series de Netflix, pero difícilmente predica sobre las apps que usa. En pocas palabras, nadie nos compartió en Facebook ni Twitter.

Pronto descubrí que los únicos que estaban bajando Placeling eran otros emprendedores de mi ciudad que querían conocerla para juzgarla con severidad. Me di cuenta entonces de que nuestros amigos nos habían aconsejado mal. Así pasa a veces: cuando alguien te quiere, va a apoyarte aunque no deba. Muchas veces descubrimos que los amigos son incapaces de darnos una crítica honesta.

Lo más importante que aprendí del mundo de las *startups* se puede resumir con una teoría de Paul Graham: que la gente aprecia los sitios y las aplicaciones web de forma muy desigual. Empresas como Google y Microsoft tienen muchos fanáticos, y por eso son tan valiosas. Una tienda en línea de artículos para mascotas, en cambio, importa mucho menos. Necesitas algo que despierte entusiasmo.

Si tu producto no tiene fanáticos, difícilmente se vuelva exitoso. Los fanáticos son quienes hacen correr la voz, los que convencen a otros de usarlo.

Poco tiempo después de esta revelación nos dimos cuenta de que nuestra app no iba a crecer mucho —sí, la gente sale por una copa, pero no lo suficiente— y optamos por cerrar Placeling. Nuestro conteo final de usuarios fue terrible: en total, sólo 1241 *signups*.

Me dolió mucho el cierre, en particular porque tuvimos el dudoso honor de ser la primera *startup* financiada por

GrowLab —una incubadora de Vancouver— en quebrar. Luego lo harían muchas otras, así que me gusta decir que nosotros fuimos como los *hipsters* del fracaso emprendedor: estábamos fracasando cuando nadie más lo hacía.

La parte que más temía era la de sentarme a la mesa con los representantes de las firmas de inversión y decirles que habíamos perdido su dinero. Aún recuerdo cuando de adolescente abollé el coche de mi papá y tuvo que pagar doscientos dólares de reparaciones: casi me mata. ¡Ahora eran doscientos mil dólares!

Sorpresivamente, los inversionistas ni siquiera nos gritonearon. "No se sientan mal, estas cosas pasan", nos dijeron. Yo no lo podía creer. Llamé a mi papá esa noche y le reclamé: ¡Por qué demonios me castigaste cuando abollé tu auto! ¡Fueron sólo doscientos dólares!

Los fracasos son relativos: doscientos mil dólares puede ser mucho dinero para nosotros, pero es una cifra insignificante para una empresa de capital de riesgo. Entendí que los inversionistas nos habían financiado no porque estuvieran seguros de que nuestra app sería el nuevo Foursquare, sino para poder darnos más dinero en el improbable caso de que tuviéramos éxito.

Al final, fracasar no estuvo mal: a partir de entonces me convertí en emprendedor. ¿Te gustaría darme algo de capital? Yo con gusto lo desperdicio.

Del amor al odio: historia del FICBA
Melissa García Nera, Colombia

No es fácil para mí hablar de mi fracaso. Me supone un reto, algo que pocas veces he enfrentado en la vida. El fracaso que viví fue duro tanto en lo personal como en lo profesional, pero estaba segura de que algún día lo contaría, así que me alegra estar haciéndolo aquí ahora.

Junto con otros socios, fundé Pasajero Producciones, una empresa dedicada a la producción audiovisual y a la fotografía. En los años que llevamos trabajando hemos tenido toda clase de clientes. El proceso ha sido lindo, y estoy contenta de dónde estamos hoy. Nuestras líneas de trabajo son dos: por un lado tenemos La Fábrica, que es una empresa de fotografía social —quince años, bodas, bautismos—; por el otro la organización, durante tres años, del Festival Internacional de Cine de Barichara, también llamado FICBA.

A primera vista, el FICBA fue un proyecto exitoso: en sus tres ediciones tuvo dieciocho mil espectadores en total, las multitudes siempre abarrotaron las funciones, el ambiente era increíble. Desde el principio, el festival contó con el apoyo del Ministerio de Cultura y recibió los estímulos culturales más importantes que otorga el gobierno de Colombia. Alcanzó los trescientos cincuenta millones de pesos colombianos de presupuesto, treinta y cinco empleados y cincuenta patrocinadores en total, trescientos cincuenta proyecciones y cinco salas simultáneas de cine. Incluso logró reabrir unas antiguas bodegas de tabaco que llevaban cerradas treinta y cinco años. Los medios hablaban del festival, los diarios nos consideraron nota de portada, las columnas de opinión nos celebraban.

Si todo estaba tan bien, si todo era tan ejemplar y perfecto, entonces, ¿por qué fracasamos?

El primer problema del FICBA es que nunca fue rentable. Al final de la segunda edición —nuestro mejor momento en los medios, el punto más alto de nuestra reputación— descubrimos, tras hacer cuentas, que el festival estaba quebrado. Pasajero Producciones venía costeando la prensa, la publicidad, las fotos y hasta las oficinas. Era un modelo insostenible. Así que decidimos no organizarlo más.

Unos meses después, sin embargo, me encontré en Cartagena a la fotógrafa Adelfa Martínez, y ella me preguntó sobre el FICBA.

—Adelfa, estamos quebrados, no tenemos retornos, así que no habrá FICBA este año —le respondí.

—Eso no es posible. Muchos creen en tu festival, hacerlo es una responsabilidad con la cultura —me aseguró.

Esas palabras me llenaron de orgullo y de entusiasmo: decidí ese mismo día que sí organizaría la tercera edición del festival.

Ahí comenzaron mis errores. Cometí cinco muy serios.

Error 1. *Hacer las cosas con prisa.* Programé el festival para junio a pesar de que ya corría el mes de febrero. No era tiempo suficiente para organizarlo bien.

Error 2. *Renovar el equipo de trabajo.* Asumí que, como no les habíamos pagado en ediciones anteriores, los empleados no querrían volver a trabajar con nosotros. Así que me deshice de mis trabajadores veteranos y los cambié por gente sin experiencia.

Error 3. *Cambiar de proveedores.* Como las anteriores nos subieron los precios, opté por empresas nuevas.

Error 4. Dos meses antes del festival decidimos que *el país invitado sería Cuba*, el país con las comunicaciones más difíciles y la peor Internet en el mundo. Es muy complicado coordinar cuando nadie te responde los correos.

Error 5. *Ignorar el clima político.* En las primeras versiones del festival las relaciones con la Alcaldía fueron buenas. Pero en su tercera versión la actitud del alcalde de Barichara cambió drásticamente: ya el primer día amenazó con cancelar los servicios de limpieza del pueblo y, en ese mismo momento, empleados del gobierno local desconocieron los permisos de montaje —otorgados meses antes— a uno de los patrocinadores más importantes del festival. Acontecimientos así generaron mucha tensión con todos y entre todos.

Luego de estos errores, la desorganización continuó. Muchas de las películas cubanas nunca nos llegaron y esto arruinó la programación interna. Hubo gente que organizó eventos paralelos —*pool parties*, por ejemplo— en el marco del festival sin nuestro permiso, aunque sí con el de la Alcaldía.

La tercera versión del FICBA fue la más cara, la de mayor público y la más internacional, y, a la vez, la que marcó la muerte del festival. Esa muerte también se debe a la subsiguiente guerra política y mediática: al poco tiempo, el gobierno de Barichara canceló su relación con nosotros y nos atacó en los medios de comunicación. Algunos diarios nos apoyaron, pero la mayoría se puso en contra. Muchos nos acusaron de corrupción, de haber usado mal los fondos (¡cuando en realidad nunca habíamos ganado dinero!). Pasamos de ser la mejor alternativa turística del pueblo a la peor desgracia que le había ocurrido. Y, al final de todo esto, volvíamos a estar en quiebra.

¿Qué aprendí? También cinco cosas. La primera, que no basta la pasión para un negocio: tienes que asegurarte de que funcione financieramente. La segunda, que no puedes olvidar factores externos: si algo amenaza con afectar tu proyecto, tienes que considerar ese problema. La tercera, que hay que hacerle caso al instinto: si en Cartagena yo le hubiera explicado a aquella fotógrafa que mi empresa estaba en quiebra, quizá nunca habría organizado el festival. La cuarta, que si vas ganando en el juego, no hay que cambiar de estrategia. Ahora sé que nunca debí haber cambiado de equipo ni de proveedores ni de calendario.

Y la quinta, que muchas veces una también tiene la culpa de las cosas. Tardé mucho en reconocerlo, pero asumirlo fue necesario para superar este fracaso.

No confíes en ti, pero sí confía en otros
Nils Von Heijne, Suecia

Mis orígenes como emprendedor son muy raros: un día estaba sentado en un banco fuera de mi trabajo y empecé a conversar con un extraño que resultó llamarse Gabriel. Ese extraño se convertiría en mi socio, y juntos trabajaríamos en una agencia de comunicaciones llamada Pronto, una de las primeras en trabajar con redes sociales en Escandinavia.

Tras conocer a Gabriel me hice adicto a las ideas y a emprender. Cada semana me descubría lanzando una empresa nueva: unas funcionaban, otras no.

Pero hubo tres que fracasaron en grande, y quiero hablar de ellas.

A los veintitrés años tenía un amigo que era, extrañamente, músico y granjero. Tenía un granero a las afueras de Estocolmo y quería convertirlo en estudio musical.

Cuando me lo confesó, me pareció la mejor idea del mundo. Invertí todo mi dinero en este extraño negocio y me asocié con unos tipos muy raros —amigos de mi amigo— que nunca había visto antes. El lugar era extravagante: había vacas en el primer piso y un estudio de grabación en el segundo. La idea era que, una vez construido, les alquilaríamos el espacio a músicos y organizaríamos *livestreams* 24/7 para promocionar a las bandas. Se llamaría Magazine Productions. No llevábamos ni una semana de empezar la remodelación cuando nos contactó una banda que yo no conocía, pero al parecer había sido famosa en los ochenta. La banda quería que le organizáramos un concierto. Nosotros aceptamos y ganamos algo de dinero con el negocio. Nos fue bien.

Sin embargo, al mes me llegó una carta del fisco que básicamente decía que les debíamos treinta mil coronas a unas personas y que, si no pagábamos en diez días, quedaríamos personalmente fichados todos. Y en Suecia es terrible "quedar fichado".

Pronto descubrimos que un miembro de la empresa había decidido replicar el modelo del concierto que organizamos para la banda ochentosa pero para un grupo desconocido. Rentó un local muy caro e invitó a personas, aunque nadie fue.

A nosotros no nos dijo nada y, en lugar de dar la cara, huyó a Noruega. El resultado fue que tuvimos que poner el dinero de nuestro bolsillo. Así quebró Magazine Productions.

Luego vino el segundo fracaso. Como ya mencioné, en los inicios de Pronto Gabriel y yo fundábamos una empresa por semana. Éramos una compañía de comunicaciones digitales pero hacíamos de todo: desde vender ropa japonesa *vintage* hasta ofrecer pan recién horneado a domicilio, y también fundamos una empresa llamada Kioskbolaget. Esta idea nos nació una tarde, mientras íbamos por la ruta. En ese viaje notamos que las tiendas pequeñas de autoservicio, o kioscos, estaban dominadas principalmente por tres empresas, entre las que se incluía Seven Eleven. Sin embargo, hay kiosquitos solitarios, independientes, regados por todo el país. Pensamos: si compramos todos, podríamos fundar una cadena.

Y aunque no teníamos dinero para hacerlo, nos preguntamos: ¿cuánto cuesta uno? Entramos a Internet y buscamos. Había uno a la venta en un pueblito que costaba cien mil coronas. Así que lo compramos. En cinco minutos ya éramos dueños de un kiosco. Fuimos a visitarlo; ya había personas trabajando allí y por ley tuvimos que contratarlas. Nuestra idea era cambiar el concepto: hacer un kiosco *cincuentero*, con música de los Beatles. Así que lo remodelamos. Pero los trabajadores no entendieron, no les gustó, y no sabían quiénes éramos nosotros. Ellos llevaban dos años trabajando allí normalmente, y de pronto llegamos nosotros a decirles que tenían que poner música de los Beatles todo el día. Fue muy raro para todos.

En el kiosco vendíamos helados y revistas. Nuestra facturación mensual era de unas veinte mil coronas. Pero también por ley estábamos obligados a vender boletos de autobús. Esto porque el lugar estaba muy cerca de una parada. Una vez, alguien se metió a robar. Y lo hizo justo al día siguiente de que hubiéramos recibido un paquete de boletos de autobús para todo un mes. El ladrón se robó trescientas mil coronas en boletos. La situación fue terrible: tuvimos que pagar esas trescientas mil coronas en treinta días, todo esto por culpa de un robo a un negocio que facturaba veinte mil al mes. Esto mató a Kioskbolaget y casi mata a Pronto. Por si fuera poco, los empleados nos demandaron y les tuvimos que pagar liquidaciones. Ese fue mi segundo fracaso.

Luego vino el tercer fracaso: mi favorito porque involucró el dinero de otros, no el mío. Fundé uTales, una empresa que intentaba revolucionar los libros para niños. Era una plataforma con opción de *crowdsourcing* que le permitía a cualquiera hacer un libro ilustrado para niños, venderlo, y que alguien lo leyera en el iPad. Los libros se podían comprar individualmente o podías suscribirte al producto. El sitio era perfecto para los autores que quisieran crear un libro ilustrado digital. Los escribían e ilustraban unas tres mil mujeres de mediana edad, la gran mayoría del centro de los Estados Unidos.

¿Y los compradores? No había. Aun así, éramos buenos captando inversionistas: logramos una inversión de un millón de coronas. Pero el proyecto nunca despegó. A pesar de eso, contraté a un director de tecnología y un equipo de empleados. El sitio web no ganaba dinero, pero yo aplacaba a los inversores con reportes diarios que decían: "No estamos ganando dinero aún, pero pronto lo haremos". Lo cierto es que nunca ganamos nada. Y tardé cuatro años en cerrar la empresa porque me sentía mal por haber tirado a la basura el dinero de tantos que habían confiado en ella.

"No confíes en otros" podría ser la lección de todo esto. Sin embargo, yo también tuve la culpa: me emocioné tanto con las ideas que con frecuencia descuidé a mis equipos. Nunca los capacité bien, nunca expliqué mi visión. Así que tal vez la lección sea otra: de ahora en adelante, no confiar en mí pero sí en los demás.

REFERENCIAS

Autores varios, *El libro del fracaso*, Instituto del Fracaso y Fuckup Nights, 2014.

Banco Mundial, *Doing Business en México 2014 – Entendiendo las regulaciones para las pequeñas y medianas empresas*, Banco Internacional para la Reconstrucción y el Desarrollo, Banco Mundial, 2014.

Ciavarella, M. A., A. K. Buchholtz, C. M. Riordan, R. D. Gatewood y G. S. Stokes, *The Big Five and venture survival: Is there a linkage?*, Journal of Business Venturing, 2004.

Enman, C., *Who Says You Need a Business Plan?*, SDM: Security Distributing & Marketing, 2014.

GEM, "Key Indicators. Global Entrepreneurship Monitor", extraído de http://www.gemconsortium.org/key-indicators, 2013.

GEW, *Global Entrepreneurship Week Policy Survey 2013*, extraído el 15 de julio de 2014 de www.gew.co, 2013.

GODIN, S., *The Dip*, Penguin Group, 2007.

GOMPERS, P.; A. KOVNER, J. LERNER y D. SCHARFSTEIN, *Performance Persistence in Entrepreneurship*, Harvard Business School, 2008.

MCCLELLAND, D. C., *The Achieving Society*, Princeton, NJ., Van Nostrand, 1961.

NARANJO, E., I. LUCATERO, M. CAMPOS, M. A. FLORES y N. LÓPEZ, "Monitor Global de la Actividad Emprendedora México 2013", extraído de www.gemconsortium.org, 2013.

VAUGHAN, D., *The Challenger Launch Decision*, University of Chicago Press, 1997.

ÍNDICE

Introducción. 7

1. La cruda realidad. 19
2. Prevenir el fracaso. 51
3. Combatir el fracaso. 123
4. Aceptar el fracaso y cerrar bien el negocio. 163

Conclusiones. 189

Anexo 1. Sobrevivir al fracaso 193
Anexo 2. Los siete hábitos de los
    fracasados altamente efectivos 195
Anexo 3. Cómo crear un movimiento
    y no fracasar en el intento. 199

Anexo 4. El fracaso en boca
   de sus protagonistas........................ 205

Referencias................................... 233

Sobreviví al fracaso de Leticia Gasca
se terminó de imprimir en febrero de 2019
en los talleres de
Impresora Tauro S.A. de C.V.
Av. Año de Juárez 343, col. Granjas San Antonio,
Ciudad de México

GREAT BOOKS OF THE WESTERN WORLD

28. GILBERT
    GALILEO
    HARVEY

29. CERVANTES

30. FRANCIS BACON

31. DESCARTES
    SPINOZA

32. MILTON

33. PASCAL

34. NEWTON
    HUYGENS

35. LOCKE
    BERKELEY
    HUME

36. SWIFT
    STERNE

37. FIELDING

38. MONTESQUIEU
    ROUSSEAU

39. ADAM SMITH

40. GIBBON I

41. GIBBON II

42. KANT

43. AMERICAN STATE
    PAPERS
    THE FEDERALIST
    J. S. MILL

44. BOSWELL

45. LAVOISIER
    FOURIER
    FARADAY

46. HEGEL

47. GOETHE

48. MELVILLE

49. DARWIN

50. MARX
    ENGELS

51. TOLSTOY

52. DOSTOEVSKY

53. WILLIAM JAMES

54. FREUD

GREAT BOOKS
OF THE WESTERN WORLD
ROBERT MAYNARD HUTCHINS, *EDITOR IN CHIEF*

25.

MONTAIGNE

MORTIMER J. ADLER, *Associate Editor*
Members of the Advisory Board: STRINGFELLOW BARR, SCOTT BUCHANAN, JOHN ERSKINE, CLARENCE H. FAUST, ALEXANDER MEIKLEJOHN, JOSEPH J. SCHWAB, MARK VAN DOREN.
Editorial Consultants: A. F. B. CLARK, F. L. LUCAS, WALTER MURDOCH.
WALLACE BROCKWAY, *Executive Editor*

The Essays
of Michel Eyquem de Montaigne

Translated by Charles Cotton, *Edited by* W. Carew Hazlitt

WILLIAM BENTON, *Publisher*
ENCYCLOPÆDIA BRITANNICA, INC.
CHICAGO · LONDON · TORONTO · GENEVA

BY ARRANGEMENT WITH G. BELL & SONS, LTD., LONDON

THE UNIVERSITY OF CHICAGO

*The Great Books
is published with the editorial advice of the faculties
of The University of Chicago*

©
1952
BY ENCYCLOPÆDIA BRITANNICA, INC.

COPYRIGHT UNDER INTERNATIONAL COPYRIGHT UNION

ALL RIGHTS RESERVED UNDER PAN AMERICAN AND UNIVERSAL COPYRIGHT
CONVENTIONS BY ENCYCLOPÆDIA BRITANNICA, INC.

BIOGRAPHICAL NOTE
Michel de Montaigne, 1533–1592

Montaigne was born February 28, 1533. His father, Pierre Eyquem, was of merchant stock and had acquired the title of "lord and squire of Montaigne" by bearing arms for Francis I in Italy. His mother was descended from a family of Spanish Jews. Montaigne was their third son, but by the death of his elder brothers he became heir to the estate.

Although his father claimed "no knowledge of letters," he had mastered Latin, Spanish, and Italian, and like many other men of the time he made a hobby of education. He had his son awakened each morning by "the sound of a musical instrument." Servants who could speak no French were assigned to teach him Latin orally before he had learned his native tongue. At the age of six he was sent to the College of Guienne at Bordeaux, where he remained for seven years. In 1546 Montaigne was put to the study of law. His interest in jurisprudence and his success as a counsellor appear to have been small; he seldom attended the Parliament at Bordeaux, where his father had secured a magistrate's seat for him in 1554. He made frequent visits to Paris, the city "which makes me French." He witnessed at Bordeaux one of the frequent riots caused by the salt-tax, and was present at both the siege of Thionville in 1559 and the siege of Rouen in 1562. He spent much time about the court, and there gave himself "over to the desires that rule, as freely and recklessly as anyone else."

In 1565 Montaigne married Françoise de la Chassaigne, whose father was also a member of the Bordeaux Parliament. Montaigne said that "spoiled natures such as mine, that hate every sort of bond and obligation" are not fit for marriage; yet he lived on excellent terms with his wife and bestowed some pains on the education of his daughter, Léonore, the only one of six children to survive infancy. In 1568, upon the death of his father, Montaigne inherited the family estate. "Being long out of patience with public duties and the servitude of the court," he retired to his chateau in 1571, abandoned the name of Eyquem, and determined to live "a tolerable life that is a burden neither to myself nor anyone else."

During his father's lifetime, and at his request, Montaigne had translated the *Theologia Naturalis* of Raymond of Sabunde, a Spanish schoolman. Upon first coming to live at Montaigne, he prepared for publication the works of Étienne de la Boétie, a friend of his youth, whose death, in 1563, he felt as a great loss. The remaining years of his seclusion were spent in writing the first two volumes of the *Essays*, which were published in 1580 at Bordeaux. He noted that his work found favor "the further off I am read," that in his own country of Gascony "they think it droll to see me in print." In addition to his writing, he maintained a relation to the court; he was awarded the order of Saint-Michel in 1571 and served as gentleman-in-ordinary to both Henry III and his successor, Henry of Navarre.

In the year following the publication of the *Essays*, Montaigne left his estate for extensive travel. He was determined to obtain relief from internal disorders that had been troubling him. Distrusting physicians, he sought cure by the use of mineral waters. He journeyed through Lorraine, Switzerland, Bavaria, and Italy. From the baths of Lucca he traveled to Rome, where he had an audience with the Pope and was made a Roman citizen.

While at Lucca, Montaigne was informed of his election as mayor of Bordeaux and of a royal endorsement enjoining residence. After some time he journeyed homewards. His reluctance to hold public office was tempered only by the memory of his father, who had held various municipal posts in Bordeaux. Although Montaigne was not satisfied with his administration, he felt that he "nearly accomplished what I expected to do and far surpassed what I promised." He was re-elected for a second period, which terminated in 1585. He again retired to Montaigne but, in a short time, was driven from his estate by the plague and forced to seek refuge elsewhere.

Montaigne had begun to revise the *Essays*

almost immediately after their publication in 1580; he perfected their form and added new ones which average fully four times the length of the earlier ones. By 1588 he completed the work and re-issued a revised version of the first two books together with a final volume of the essays written since 1580. While in Paris to superintend their publication he became involved in the civil strife between Henry III and Henry of Navarre, and was committed to the Bastille as a kind of hostage. But he was well known to and favored by both Catherine de Medici and the Guises and was soon released. In Paris at this time he met Marie de Jars de Gournay, one of the most learned ladies of the sixteenth and seventeenth centuries, who had conceived such veneration for the author of the *Essays* that she traveled to the capital to make his acquaintance. A whimsical but pleasant friendship resulted, and Montaigne gave her the title of his "fille d'alliance" (adopted daughter), which she bore for the rest of her long life. Upon his death, with the approval of his widow, she became his literary executor and, together with Pierre de Brach, a poet of some note, published an edition, now the standard one, which made use of Montaigne's final annotations.

Montaigne did not long survive the publication of his third book. Shortly after he returned to his château, he was stricken with quinsy, which brought about paralysis of the tongue. He remained in possession of his other faculties and, on the evening of September 13, 1592, asked his wife, in writing, to call together some of his neighbors so he might bid them farewell. He requested mass to be said in his room, and died while it was being celebrated.

Contents

Biographical Note, v

BOOK THE FIRST

1. That men by various ways arrive at the same end, 3
2. Of sorrow, 5
3. That our affections carry themselves beyond us, 6
4. That the soul discharges her passions upon false objects, where the true are wanting, 10
5. Whether the governor of a place besieged ought himself to go out to parley, 11
6. That the hour of parley is dangerous, 12
7. That the intention is judge of our actions, 13
8. Of idleness, 14
9. Of liars, 15
10. Of quick or slow speech, 17
11. Of prognostications, 18
12. Of constancy, 20
13. The ceremony of the interview of princes, 22
14. That men are justly punished for being obstinate in the defence of a fort that is not in reason to be defended, 22
15. Of the punishment of cowardice, 23
16. A proceeding of some ambassadors, 24
17. Of fear, 25
18. That men are not to judge of our happiness till after death, 26
19. That to study philosophy is to learn to die, 28
20. Of the force of imagination, 36
21. That the profit of one man is the damage of another, 42
22. Of custom, and that we should not easily change a law received, 42
23. Various events from the same counsel, 51
24. Of pedantry, 55
25. Of the education of children, 62
26. That it is folly to measure truth and error by our own capacity, 80
27. Of friendship, 82
28. Nine-and-twenty sonnets of Estienne de la Boetie, 88
29. Of moderation, 89
30. Of cannibals, 91
31. That a man is soberly to judge of the divine ordinances, 98
32. That we are to avoid pleasures, even at the expense of life, 99
33. That fortune is oftentimes observed to act by the rules of reason, 100
34. Of one defect in our government, 101
35. Of the custom of wearing clothes, 102
36. Of Cato the Younger, 103
37. That we laugh and cry for the same thing, 105
38. Of solitude, 107
39. A consideration upon Cicero, 112
40. That the relish of good and evil depends in a great measure upon the opinion we have of them, 115
41. Not to communicate a man's honour, 125
42. Of the inequality amongst us, 126
43. Of sumptuary laws, 131
44. Of sleep, 132
45. Of the battle of Dreux, 133
46. Of names, 133
47. Of the uncertainty of our judgment, 136
48. Of war-horses, or destriers, 139
49. Of ancient customs, 143
50. Of Democritus and Heraclitus, 145
51. Of the vanity of words, 147
52. Of the parsimony of the ancients, 149
53. Of a saying of Cæsar, 149
54. Of vain subtleties, 150
55. Of smells, 151
56. Of prayers, 152
57. Of age, 156

BOOK THE SECOND

1. Of the inconstancy of our actions, 159
2. Of drunkenness, 162
3. A custom of the Isle of Cea, 167
4. To-morrow's a new day, 173
5. Of conscience, 174
6. Use makes perfect, 176
7. Of recompenses of honour, 181
8. Of the affection of fathers to their children, 183
9. Of the arms of the Parthians, 193
10. Of books, 194
11. Of cruelty, 200
12. Apology for Raimond de Sebonde, 208
13. Of judging of the death of another, 294
14. That the mind hinders itself, 297
15. That our desires are augmented by difficulty, 297
16. Of glory, 300
17. Of presumption, 307
18. Of giving the lie, 322
19. Of liberty of conscience, 324
20. That we taste nothing pure, 326
21. Against idleness, 327
22. Of posting, 329
23. Of ill means employed to a good end, 330
24. Of the Roman grandeur, 332

25. Not to counterfeit being sick, 332
26. Of thumbs, 333
27. Cowardice the mother of cruelty, 334
28. All things have their season, 339
29. Of virtue, 340
30. Of a monstrous child, 343
31. Of anger, 344
32. Defence of Seneca and Plutarch, 347
33. The story of Spurina, 350
34. Observation on the means to carry on a war according to Julius Cæsar, 354
35. Of three good women, 358
36. Of the most excellent men, 362
37. Of the resemblance of children to their fathers, 365

BOOK THE THIRD

1. Of profit and honesty, 381
2. Of repentance, 388
3. Of three commerces, 395
4. Of diversion, 401
5. Upon some verses of Virgil, 406
6. Of coaches, 434
7. Of the inconvenience of greatness, 443
8. Of the art of conference, 446
9. Of vanity, 457
10. Of managing the will, 486
11. Of cripples, 497
12. Of physiognomy, 502
13. Of experience, 516

The Author to the Reader

READER, thou hast here an honest book; it doth at the outset forewarn thee that, in contriving the same, I have proposed to myself no other than a domestic and private end: I have had no consideration at all either to thy service or to my glory. My powers are not capable of any such design. I have dedicated it to the particular commodity of my kinsfolk and friends, so that, having lost me (which they must do shortly), they may therein recover some traits of my conditions and humours, and by that means preserve more whole, and more life-like, the knowledge they had of me. Had my intention been to seek the world's favour, I should surely have adorned myself with borrowed beauties: I desire therein to be viewed as I appear in mine own genuine, simple, and ordinary manner, without study and artifice: for it is myself I paint. My defects are therein to be read to the life, and my imperfections and my natural form, so far as public reverence hath permitted me. If I had lived among those nations, which (they say) yet dwell under the sweet liberty of nature's primitive laws, I assure thee I would most willingly have painted myself quite fully and quite naked. Thus, reader, myself am the matter of my book: there's no reason thou shouldst employ thy leisure about so frivolous and vain a subject. Therefore, farewell.

From MONTAIGNE, *June* 12, 1580

Book the First

1. THAT MEN BY VARIOUS WAYS ARRIVE AT THE SAME END

THE most usual way of appeasing the indignation of such as we have any way offended, when we see them in possession of the power of revenge, and find that we absolutely lie at their mercy, is by submission, to move them to commiseration and pity; and yet bravery, constancy, and resolution, however quite contrary means, have sometimes served to produce the same effect.

Edward, Prince of Wales (the same who so long governed our Guienne, a personage whose condition and fortune have in them a great deal of the most notable and most considerable parts of grandeur), having been highly incensed by the Limousins, and taking their city by assault, was not, either by the cries of the people, or the prayers and tears of the women and children, abandoned to slaughter and prostrate at his feet for mercy, to be stayed from prosecuting his revenge; till, penetrating further into the town, he at last took notice of three French gentlemen, who with incredible bravery, alone sustained the whole power of his victorious army. Then it was that consideration and respect unto so remarkable a valour first stopped the torrent of his fury, and that his clemency, beginning with these three cavaliers, was afterwards extended to all the remaining inhabitants of the city.

Scanderbeg, Prince of Epirus, pursuing one of his soldiers with purpose to kill him, the soldier, having in vain tried by all the ways of humility and supplication to appease him, resolved, as his last refuge, to face about and await him sword in hand; which behaviour of his gave a sudden stop to his captain's fury, who, for seeing him assume so notable a resolution, received him into grace; an example, however, that might suffer another interpretation with such as have not read of the prodigious force and valour of that prince.

The Emperor Conrad III having besieged Guelph, Duke of Bavaria, would not be prevailed upon, what mean and unmanly satisfactions soever were tendered to him, to condescend to milder conditions than that the ladies and gentlewomen only who were in the town with the duke might go out without violation of their honour, on foot, and with so much only as they could carry about them. Whereupon they, out of magnanimity of heart, presently contrived to carry out, upon their shoulders, their husbands and children, and the duke himself; a sight at which the emperor was so pleased, that, ravished with the generosity of the action, he wept for joy, and immediately extinguishing in his heart the mortal and capital hatred he had conceived against this duke, he from that time forward treated him and his with all humanity. The one and the other of these two ways would with great facility work upon my nature; for I have a marvellous propensity to mercy and mildness, and to such a degree that I fancy of the two I should sooner surrender my anger to compassion than to esteem. And yet pity is reputed a vice amongst the Stoics, who will that we succour the afflicted, but not that we should be so affected with their sufferings as to suffer with them. I conceived these examples not ill suited to the question in hand, and the rather because therein we observe these great souls assaulted and tried by these two several ways, to resist the one without relenting, and to be shook and subjected by the other. It may be true that to suffer a man's heart to be totally subdued by compassion may be imputed facility, effeminacy, and over-tenderness; whence it comes to pass that the weaker natures, as of women, children, and the common sort of people, are the most subject to it; but after having resisted and disdained the power of groans and tears, to yield to the sole reverence of the sacred image of Valour, this can be no other than the effect of a strong and inflexible soul enamoured of and honouring masculine and obstinate courage. Nevertheless, astonishment and admiration may, in less generous minds, beget a like effect: witness the people of Thebes, who, having put two of their generals upon trial for their lives for having continued in arms beyond the precise term of their commission, very hardly pardoned Pelopidas, who, bowing under the weight of so dangerous an accusation, made no manner of defence for himself, nor produced other arguments than prayers and supplications; whereas, on the contrary, Epaminondas, falling to recount magniloquently the exploits he had performed in their service, and, after a haughty and arrogant manner reproaching them with ingratitude and injustice, they had not the heart to proceed any further in his trial, but broke up the court and departed, the whole assembly highly commending the high courage of this personage.

Dionysius the elder, after having, by a tedious siege and through exceeding great difficulties, taken the city of Reggio, and in it the governor Phyton, a very gallant man, who had made so obstinate a defence, was resolved to make him a tragical example of his revenge: in order whereunto he first told him, "That he had the day before caused his son and all his kindred to be drowned." To which Phyton returned no other answer but this: "That they were then by one day happier than he." After which, causing him to be stripped, and delivering him into the hands of the tormentors, he was by them not only dragged through the streets of the town, and most ignominiously and cruelly whipped, but moreover villified with most bitter and contumelious language: yet still he maintained his courage entire all the way, with a strong voice and undaunted countenance proclaiming the honourable and glorious cause of his death; namely, for that he would not deliver up his country into the hands of a tyrant; at the same time denouncing against him a speedy chastisement from the offended gods. At which Dionysius, reading in his soldiers' looks, that instead of being incensed at the haughty language of this conquered enemy, to the contempt of their captain and his triumph, they were not only struck with admiration of so rare a virtue, but moreover inclined to mutiny, and were even ready to rescue the prisoner out of the hangman's hands, he caused the torturing to cease, and afterwards privately caused him to be thrown into the sea.

Man (in good earnest) is a marvellous vain, fickle, and unstable subject, and on whom it is very hard to form any certain and uniform judgment. For Pompey could pardon the whole city of the Mamertines, though furiously incensed against it, upon the single account of the virtue and magnanimity of one citizen, Zeno, who took the fault of the public wholly upon himself; neither entreated other favour, but alone to undergo the punishment for all: and yet Sylla's host, having in the city of Perugia manifested the same virtue, obtained nothing by it, either for himself or his fellow-citizens.

And, directly contrary to my first examples, the bravest of all men, and who was reputed so gracious to all those he overcame, Alexander, having, after many great difficulties, forced the city of Gaza, and, entering, found Betis, who commanded there, and of whose valour in the time of this siege he had most marvellous manifest proof, alone, forsaken by all his soldiers, his armour hacked and hewed to pieces, covered all over with blood and wounds, and yet still fighting in the crowd of a number of Macedonians, who were laying on him on all sides, he said to him, nettled at so dear-bought a victory (for, in addition to the other damage, he had two wounds newly received in his own person), "Thou shalt not die, Betis, as thou dost intend; be sure thou shalt suffer all the torments that can be inflicted on a captive." To which menace the other returning no other answer, but only a fierce and disdainful look; "What," says Alexander, observing his haughty and obstinate silence, "is he too stiff to bend a knee! Is he too proud to utter one suppliant word! Truly, I will conquer this silence; and if I cannot force a word from his mouth, I will, at least, extract a groan from his heart." And thereupon converting his anger into fury, presently commanded his heels to be bored through, causing him, alive, to be dragged, mangled, and dismembered at a cart's tail. Was it that the height of courage was so natural and familiar to this conqueror, that because he could not admire, he respected it the less? Or was it that he conceived valour to be a virtue so peculiar to himself, that his pride could not, without envy, endure it in another? Or was it that the natural impetuosity of his fury was incapable of opposition? Certainly, had it been capable of moderation, it is to be believed that in the sack and desolation of Thebes, to see so many valiant men, lost and totally destitute of any further defence, cruelly massacred before his eyes, would have appeased it: where there were above six thousand put to the sword, of whom not one was seen to fly, or heard to cry out for quarter; but, on the contrary, every one running here and there to seek out and to provoke the victorious enemy to help them to an honourable end. Not one was seen who, however weakened with wounds, did not in his last gasp yet endeavour to revenge himself, and with all the arms of a brave despair, to sweeten his own death in the death of an enemy. Yet did their valour create no pity, and the length of one day was not enough to satiate the thirst of the conqueror's revenge, but the slaughter continued to the last drop of blood that was capable of being shed, and stopped not till it met with none but unarmed persons, old men, women, and children, of them to carry away to the number of thirty thousand slaves.

II. OF SORROW

No man living is more free from this passion than I, who yet neither like it in myself nor admire it in others, and yet generally the world, as a settled thing, is pleased to grace it with a particular esteem, clothing therewith wisdom, virtue, and conscience. Foolish and sordid guise! The Italians have more fitly baptized by this name malignity; for 'tis a quality always hurtful, always idle and vain; and as being cowardly, mean, and base, it is by the Stoics expressly and particularly forbidden to their sages.

But the story [1] says that Psammenitus, King of Egypt, being defeated and taken prisoner by Cambyses, King of Persia, seeing his own daughter pass by him as prisoner, and in a wretched habit, with a bucket to draw water, though his friends about him were so concerned as to break out into tears and lamentations, yet he himself remained unmoved, without uttering a word, his eyes fixed upon the ground; and seeing, moreover, his son immediately after led to execution, still maintained the same countenance; till spying at last one of his domestic and familiar friends dragged away amongst the captives, he fell to tearing his hair and beating his breast, with all the other extravagances of extreme sorrow.

A story that may very fitly be coupled with another of the same kind, of recent date, of a prince of our own nation, who being at Trent, and having news there brought him of the death of his elder brother, a brother on whom depended the whole support and honour of his house, and soon after of that of a younger brother, the second hope of his family, and having withstood these two assaults with an exemplary resolution; one of his servants happening a few days after to die, he suffered his constancy to be overcome by this last accident; and, parting with his courage, so abandoned himself to sorrow and mourning, that some from thence were forward to conclude that he was only touched to the quick by this last stroke of fortune; but, in truth, it was, that being before brimful of grief, the least addition overflowed the bounds of all patience. Which, I think, might also be said of the former example, did not the story proceed to tell us that Cambyses asking Psammenitus, "Why, not being moved at the calamity of his son and daughter, he should with so great impatience bear the misfortune of his friend?" "It is," answered he, "because only this last affliction was to be manifested by tears, the two first far exceeding all manner of expression."

And, peradventure, something like this might be working in the fancy of the ancient painter, who having, in the sacrifice of Iphigenia, to represent the sorrow of the assistants proportionably to the several degrees of interest every one had in the death of this fair innocent virgin, and having, in the other figures, lain out to the utmost power of his art, when he came to that of her father, he drew him with a veil over his face, meaning thereby that no kind of countenance was capable of expressing such a degree of sorrow. Which is also the reason why the poets feign the miserable mother, Niobe, having first lost seven sons, and then afterwards as many daughters (overwhelmed with her losses), to be at last transformed into a rock,

Diriguisse malis,[2]

thereby to express that melancholic, dumb and deaf stupefaction, which benumbs all our faculties, when oppressed with accidents greater than we are able to bear. And, indeed, the violence and impression of an excessive grief must of necessity astonish the soul, and wholly deprive her of her ordinary functions: as it happens to every one of us, who, upon any sudden alarm of very ill news, find ourselves surprised, stupefied, and in a manner deprived of all power of motion, so that the soul, beginning to vent itself in tears and lamentations, seems to free and disengage itself from the sudden oppression, and to have obtained some room to work itself out at greater liberty.

Et via vix tandem voci laxata dolore est.[3]

In the war that Ferdinand made upon the widow of King John of Hungary, about Buda, a man-at-arms was particularly taken notice of by every one for his singular gallant behaviour in

---

[1] Herodotus, iii. 14.

[2] Petrified with her misfortunes.—Ovid, *Met.*, vi. 304.

[3] And at length and with difficulty is a passage opened by grief for words.—*Æneid*, xi. 151.

a certain encounter; and, unknown, highly commended, and lamented, being left dead upon the place: but by none so much as by Raisciac, a German lord, who was infinitely enamoured of so rare a valour. The body being brought off, and the count, with the common curiosity coming to view it, the armour was no sooner taken off but he immediately knew him to be his own son, a thing that added a second blow to the compassion of all the beholders; only he, without uttering a word, or turning away his eyes from the woeful object, stood fixedly contemplating the body of his son, till the vehemency of sorrow having overcome his vital spirits, made him sink down stone-dead to the ground.

Chi puo dir com' egli arde, è in picciol fuoco,[1]

say the Innamoratos, when they would represent an insupportable passion,

> *Misero quod omnes*
> *Eripit sensus mihi. Nam simul te,*
> *Lesbia, aspexi, nihil est super mi,*
> *Quod loquar amens.*
> *Lingua sed torpet: tenuis sub artus*
> *Flamma dimanat; sonitu suopte*
> *Tinniunt aures; gemina teguntur*
> *Lumina nocte.*[2]

Neither is it in the height and greatest fury of the fit that we are in a condition to pour out our complaints or our amorous persuasions, the soul being at that time overburdened, and labouring with profound thoughts; and the body dejected and languishing with desire; and thence it is that sometimes proceed those accidental impotencies that so unseasonably surprise the lover, and that frigidity which by the force of an immoderate ardour seizes him even in the very lap of fruition. For all passions that suffer themselves to be relished and digested are but moderate.

Curæ leves loquuntur, ingentes stupent.[3]

A surprise of unexpected joy does likewise often produce the same effect:

Ut me conspexit venientem, et Troja circum.

---

[1] He who can express in words the ardour of his love, has but little love to express.—Petrarch, *Son.*, 137.

[2] Love deprives me of all my faculties: Lesbia, when once in thy presence, I have not left the power to tell my distracting passion: my tongue becomes torpid; a subtle flame creeps through my veins; my ears tingle in deafness; my eyes are veiled with darkness.—Catullus, *Epig.*, li. 5.

[3] Light griefs can speak: deep sorrows are dumb. —Seneca, *Hippol.*, ii. 3. 607.

Arma amens vidit, magnis exterrita monstris,
Diriguit visu in medio, calor ossa reliquit,
Labitur, et longo vix tandem tempore fatur.[4]

Besides the examples of the Roman lady, who died for joy to see her son safe returned from the defeat of Cannæ; and of Sophocles and of Dionysius the Tyrant, who died of joy; and of Thalna, who died in Corsica, reading news of the honours the Roman Senate had decreed in his favour, we have, moreover, one in our time, of Pope Leo X, who, upon news of the taking of Milan, a thing he had so ardently desired, was rapt with so sudden an excess of joy that he immediately fell into a fever and died. And for a more notable testimony of the imbecility of human nature it is recorded by the ancients that Diodorus the dialectician died upon the spot, out of an extreme passion of shame, for not having been able in his own school, and in the presence of a great auditory, to disengage himself from a nice argument that was propounded to him. I, for my part, am very little subject to these violent passions; I am naturally of a stubborn apprehension, which also, by reasoning, I every day harden and fortify.

III. THAT OUR AFFECTIONS CARRY THEMSELVES BEYOND US

SUCH as accuse mankind of the folly of gaping after future things, and advise us to make our benefit of those which are present, and to set up our rest upon them, as having no grasp upon that which is to come, even less than that which we have upon what is past, have hit upon the most universal of human errors, if that may be called an error to which nature herself has disposed us, in order to the continuation of her own work, prepossessing us, amongst several others, with this deceiving imagination, as being more jealous of our action than afraid of our knowledge.

We are never present with, but always beyond ourselves: fear, desire, hope, still push us on towards the future, depriving us, in the meantime, of the sense and consideration of that which is to amuse us with the thought of what shall be, even when we shall be no more. *Calamitosus est animus futuri anxius.*[5]

---

[4] When she beheld me advancing, and saw, with stupefaction, the Trojan arms around me, terrified with so great a prodigy, she fainted away at the very sight: vital warmth forsook her limbs: she sinks down, and, after a long interval, with difficulty speaks.—*Æneid*, iii. 306.

[5] Mind anxious about the future is unhappy.— Seneca, *Epist.*, 98.

We find this great precept often repeated in Plato, "Do thine own work, and know thyself." Of which two parts, both the one and the other generally comprehend our whole duty, and do each of them in like manner involve the other; for who will do his own work aright will find that his first lesson is to know what he is, and that which is proper to himself; and who rightly understands himself will never mistake another man's work for his own, but will love and improve himself above all other things, will refuse superfluous employments, and reject all unprofitable thoughts and propositions. As folly, on the one side, though it should enjoy all it desire, would notwithstanding never be content, so, on the other, wisdom, acquiescing in the present, is never dissatisfied with itself. Epicurus dispenses his sages from all foresight and care of the future.

Amongst those laws that relate to the dead, I look upon that to be very sound, by which the actions of princes are to be examined after their decease. They are equals with, if not masters of the laws, and, therefore, what justice could not inflict upon their persons, 'tis but reason should be executed upon their reputations and the estates of their successors—things that we often value above life itself. 'Tis a custom of singular advantage to those countries where it is in use, and by all good princes to be desired, who have reason to take it ill, that the memories of the wicked should be used with the same reverence and respect with their own. We owe subjection and obedience to all our kings, whether good or bad, alike, for that has respect unto their office; but as to esteem and affection, these are only due to their virtue. Let us grant to political government to endure them with patience, however unworthy; to conceal their vices; and to assist them with our recommendation in their indifferent actions, whilst their authority stands in need of our support. But, the relation of prince and subject being once at an end, there is no reason we should deny the expression of our real opinions to our own liberty and common justice, and especially to interdict to good subjects the glory of having reverently and faithfully served a prince, whose imperfections were to them so well known; this were to deprive posterity of a useful example. And such as, out of respect to some private obligation, unjustly espouse and vindicate the memory of a faulty prince, do private right at the expense of public justice. Livy does very truly say, "That the language of men bred up in courts is always full of vain ostentation and false testimony, every one indifferently magnifying his own master, and stretching his commendation to the utmost extent of virtue and sovereign grandeur." Some may condemn the freedom of those two soldiers who so roundly answered Nero to his beard; the one being asked by him why he bore him ill-will? "I loved thee," answered he, "whilst thou wert worthy of it, but since thou art become a parricide, an incendiary, a player, and a coachman, I hate thee as thou dost deserve." And the other, why he should attempt to kill him? "Because," said he, "I could think of no other remedy against thy perpetual mischiefs."[1] But the public and universal testimonies that were given of him after his death (and so will be to all posterity, both of him and all other wicked princes like him), of his tyrannies and abominable deportment, who, of a sound judgment, can reprove them?

I am scandalized, that in so sacred a government as that of the Lacedæmonians there should be mixed so hypocritical a ceremony at the interment of their kings; where all their confederates and neighbours, and all sorts and degrees of men and women, as well as their slaves, cut and slashed their foreheads in token of sorrow, repeating in their cries and lamentations that that king (let him have been as wicked as the devil) was the best that ever they had;[2] by this means attributing to his quality the praise that only belongs to merit, and that of right is due to supreme desert, though lodged in the lowest and most inferior subject.

Aristotle, who will still have a hand in everything, makes a *quære* upon the saying of Solon, that none can be said to be happy until he be dead: "whether, then, he who has lived and died according to his heart's desire, if he have left an ill repute behind him, and that his posterity be miserable, can be said to be happy?" Whilst we have life and motion, we convey ourselves by fancy and pre-occupation, whither and to what we please; but once out of being, we have no more any manner of communication with that which is, and it had therefore been better said by Solon that man is never happy, because never so till after he is no more.

Quisquam
Vix radicitus e vita se tollit, et eicit
Sed facit esse sui quiddam super inscius ipse,
Nec removet satis a projecto corpore sese, et
Vindicat.[3]

[1] Tacitus, *Annal.*, xv. 67.
[2] Herodotus, vi. 68.
[3] Scarcely one man can, even in dying, wholly detach himself from the idea of life; in his igno-

Bertrand de Glesquin, dying at the siege of the Castle of Randon, near unto Puy, in Auvergne, the besieged were afterwards, upon surrender, enjoined to lay down the keys of the place upon the corpse of the dead general. Bartholomew d' Alviano, the Venetian general, happening to die in the service of the Republic in Brescia, and his corpse being to be carried through the territory of Verona, an enemy's country, most of the army were of opinion to demand safe-conduct from the Veronese; but Theodoro Trivulsio opposed the motion, rather choosing to make his way by force of arms, and to run the hazard of a battle, saying it was by no means fit that he who in his life was never afraid of his enemies should seem to apprehend them when he was dead. In truth, in affairs of the same nature, by the Greek laws, he who made suit to an enemy for a body to give it burial renounced his victory, and had no more right to erect a trophy, and he to whom such suit was made was reputed victor. By this means it was that Nicias lost the advantage he had visibly obtained over the Corinthians, and that Agesilaus, on the contrary, assured that he had before very doubtfully gained over the Bœotians.[1]

These things might appear strange, had it not been a general practice in all ages not only to extend the concern of ourselves beyond this life, but, moreover, to fancy that the favour of Heaven does not only very often accompany us to the grave, but has also, even after life, a concern for our ashes. Of which there are so many ancient examples (to say nothing of those of our own observation) that it is not necessary I should longer insist upon it. Edward I, King of England, having in the long wars betwixt him and Robert, King of Scotland, had experience of how great importance his own immediate presence was to the success of his affairs, having ever been victorious in whatever he undertook in his own person, when he came to die, bound his son, in a solemn oath, that so soon as he should be dead he should boil his body till the flesh parted from the bones, and bury the flesh, reserving the bones to carry continually with him in his army, so often as he should be obliged to go against the Scots, as if destiny had inevitably attached victory even to his remains. John Zisca, the same who, in vindication of Wicliffe's heresies, troubled the Bohemian state, left order that they should flay him after his death, and of his skin make a drum to carry in the war against his enemies, fancying it would contribute to the continuation of the successes he had always obtained in the wars against them. In like manner certain of the Indians, in their battles with the Spaniards, carried with them the bones of one of their captains, in consideration of the victories they had formerly obtained under his conduct. And other people of the same New World carry about with them, in their wars, the relics of valiant men who have died in battle, to incite their courage and advance their fortune. Of which examples the first reserve nothing for the tomb but the reputation they have acquired by their former achievements, but these attribute to them a certain present and active power.

The proceeding of Captain Bayard is of a better composition, who, finding himself wounded to death with a harquebuse shot, and being importuned to retire out of the fight, made answer that he would not begin at the last gasp to turn his back to the enemy; and, accordingly, still fought on, till feeling himself too faint and no longer able to sit his horse, he commanded his steward to set him down at the foot of a tree, but so that he might die with his face towards the enemy, which he did.

I must yet add another example, equally remarkable for the present consideration with any of the former. The Emperor Maximilian, great-grandfather to the now King Philip, was a prince endowed throughout with great and extraordinary qualities, and amongst the rest with a singular beauty of person, but had withal a humour very contrary to that of other princes, who for the despatch of their most important affairs convert their close-stool into a chair of State, which was, that he would never permit any of his bedchamber, how familiar soever, to see him in that posture, and would steal aside to make water as religiously as a virgin, shy to discover either to his physician or any other whomsoever those parts that we are accustomed to conceal. I myself, who have so impudent a way of talking, am, nevertheless, naturally so modest this way, that unless at the importunity of necessity or pleasure, I scarcely ever communicate to the sight of any, either those parts or actions that custom orders us to conceal, wherein I suffer more constraint than I conceive is very well becoming a man, especially of my profession. But he nourished this modest humour to such a degree of superstition as to give express orders in his last will that they should put on him drawers so soon

---

rance he must needs imagine that there is in him something that survives him, and cannot sufficiently separate or emancipate himself from his prostrate carcase.—Lucretius, iii. 890.

[1] Plutarch, Nicias; Agesilaus.

as he should be dead; to which, methinks, he would have done well to have added that he should be blindfolded, too, that put them on. The charge that Cyrus left with his children, that neither they, nor any other, should either see or touch his body after the soul was departed from it, I attribute to some superstitious devotion of his; for both his historian and himself, amongst their great qualities, strewed the whole course of their lives with a singular respect and reverence to religion.

I was by no means pleased with a story, told me by a man of very great quality, of a relation of mine, and one who had given a very good account of himself both in peace and war, that, coming to die in a very old age, of excessive pain of the stone, he spent the last hours of his life in an extraordinary solicitude about ordering the honour and ceremony of his funeral, pressing all the men of condition who came to see him to engage their word to attend him to his grave; importuning this very prince, who came to visit him at his last gasp, with a most earnest supplication that he would order his family to be there, and presenting before him several reasons and examples to prove that it was a respect due to a man of his condition; and seemed to die content, having obtained this promise, and appointed the method and order of his funeral parade. I have seldom heard of so persistent a vanity.

Another, though contrary curiosity (of which singularity, also, I do not want domestic example), seems to be somewhat akin to this, that a man shall cudgel his brains at the last moments of his life, to contrive his obsequies to so particular and unusual a parsimony as of one servant with a lantern. I see this humour commended, and the appointment of Marcus Emilius Lepidus, who forbade his heirs to bestow upon his hearse even the common ceremonies in use upon such occasions. Is it yet temperance and frugality to avoid expense and pleasure of which the use and knowledge are imperceptible to us? See, here, an easy and cheap reformation. If instruction were at all necessary in this case, I should be of opinion that in this, as in all other actions of life, each person should regulate the matter according to his fortune; and the philosopher Lycon prudently ordered his friends to dispose of his body where they should think most fit, and as to his funeral, to order it neither too superfluous nor too mean. For my part, I should wholly refer the ordering of this ceremony to custom, and shall, when the time comes, accordingly leave it to their discretion, to whose lot it shall fall to do me that last office. *Totus hic locus est contemnendus in nobis, non negligendus in nostris;*[1] and it was a holy saying of a saint, *Curatio funeris, conditio sepulturæ, pompa exsequiarum, magis sunt vivorum solatia, quam subsidia mortuorum.*[2] Which made Socrates answer Crito, who, at the hour of his death, asked him how he would be buried: "How you will," said he.[3] If I were to concern myself beyond the present about this affair, I should be most tempted, as the greatest satisfaction of this kind, to imitate those who in their lifetime entertain themselves with the ceremony and honours of their own obsequies beforehand, and are pleased with beholding their own dead countenance in marble. Happy are they who can gratify their senses by insensibility, and live by their death!

I am ready to conceive an implacable hatred against all popular domination, though I think it the most natural and equitable of all, so oft as I call to mind the inhuman injustice of the people of Athens, who, without remission, or once vouchsafing to hear what they had to say for themselves, put to death their brave captains newly returned triumphant from a naval victory they had obtained over the Lacedæmonians near the Arginusian Isles, the most bloody and obstinate engagement that ever the Greeks fought at sea; because (after the victory) they followed up the blow and pursued the advantages presented to them by the rule of war, rather than stay to gather up and bury their dead. And the execution is yet rendered more odious by the behaviour of Diomedon, who, being one of the condemned, and a man of most eminent virtue, political and military, after having heard the sentence, advancing to speak, no audience till then having been allowed, instead of laying before them his own cause, or the impiety of so cruel a sentence, only expressed a solicitude for his judges' preservation, beseeching the gods to convert this sentence to their good, and praying that, for neglecting to fulfil the vows which he and his companions had made (with which he also acquainted them) in acknowledgment of so glorious a success, they might not draw down the indignation of the gods upon them; and so

---

[1] The place of our sepulture is wholly to be contemned by us, but not to be neglected by our friends. —Cicero, *Tusc. Quæs.*, i. 45.

[2] The care of funerals, the place of sepulture, the pomps of obsequies, are rather consolations to the living than any benefit to the dead.—St. Augustine, *City of God*, i. 12.

[3] Plato, *Phædo*, 115.

without more words went courageously to his death.

Fortune, a few years after, punished them in the same kind; for Chabrias, captain-general of their naval forces, having got the better of Pollis, Admiral of Sparta, at the Isle of Naxos, totally lost the fruits of his victory, one of very great importance to their affairs, in order not to incur the danger of this example, and so that he should not lose a few bodies of his dead friends that were floating in the sea, gave opportunity to a world of living enemies to sail away in safety, who afterwards made them pay dear for this unseasonable superstition.

*Quæris, quo jaceas, post obitum, loco?
Quo non nata jacent.*[1]

This other restores the sense of repose to a body without a soul: *Neque sepulcrum, quo recipiatur, habeat: portum corporis, ubi, remissa humana vita, corpus requiescat a malis.*[2] As nature demonstrates to us that several dead things retain yet an occult relation to life: wine changes its flavour and complexion in cellars, according to the changes and seasons of the vine from whence it came; and the flesh of venison alters its condition in the powdering-tub, and its taste according to the laws of the living flesh of its kind, as it is said.

IV. That the soul discharges her passions upon false objects, where the true are wanting

A gentleman of my country, marvellously tormented with the gout, being importuned by his physicians totally to abstain from all manner of salt meats, was wont pleasantly to reply, that in the extremity of his fits he must needs have something to quarrel with, and that railing at and cursing, one while the Bologna sausages, and another the dried tongues and the hams, was some mitigation to his pain. But, in good earnest, as the arm when it is advanced to strike, if it miss the blow, and goes by the wind, it pains us; and as also that, to make a pleasant prospect, the sight should not be lost and dilated in vague air, but have some bound and object to limit and circumscribe it at a reasonable distance,

*Ventus ut amittit vires, nisi robore densæ
Occurrant Sylvæ, spatio diffusus inani.*[3]

So it seems that the soul, being transported and discomposed, turns its violence upon itself, if not supplied with something to oppose it, and therefore always requires an object at which to aim and whereon to act. Plutarch says of those who are delighted with little dogs and monkeys, that the amorous part that is in us, for want of a legitimate object, rather than lie idle, does after that manner forge and create one false and frivolous. And we see that the soul, in its passions, inclines rather to deceive itself, by creating a false and fantastical subject, even contrary to its own belief, than not to have something to work upon. After this manner brute beasts direct their fury to fall upon the stone or weapon that has hurt them, and with their teeth even execute revenge upon themselves for the injury they have received from another:

*Pannonis haud aliter post ictum sævior ursa,
Cui jaculum parva Lybis amentavit habena,
Se rotat in vulnus, telumque irata receptum
Impetit, et secum fugientem circuit hastam.*[4]

What causes of the misadventures that befall us do we not invent? what is it that we do not lay the fault to, right or wrong, that we may have something to quarrel with? It is not those beautiful tresses you tear, nor is it the white bosom that in your anger you so unmercifully beat, that with an unlucky bullet have slain your beloved brother; quarrel with something else. Livy, speaking of the Roman army in Spain, says that for the loss of the two brothers, their great captains, *Flere omnes repente, et offensare capita.*[5] 'Tis a common practice. And the philosopher Bion said, pleasantly, of the king, who by handfuls pulled his hair off his head for sorrow, "Does this man think that baldness is a remedy for grief?" Who has not seen peevish gamesters chew and swallow the cards and swallow the dice in revenge for the loss of their money? Xerxes whipped the sea, and wrote a challenge to Mount Athos; Cyrus employed a whole army, several days at work, to revenge himself of the river Gyndas, for the fright it had put him into in passing over it; and Caligula demolished a

---

[1] Dost ask where thou shalt lie when dead? Where things not born lie, that never being had.—Seneca, *Troa.*, ii. 30.

[2] Nor let him have a sepulchre wherein he may be received, a haven for his body; where, being gone, that body may rest freed from its woes.—Ennius, *in* Cicero, *Tusc. Quæs.*, i. 44.

[3] As winds lose their force, and are dispersed in empty space, when not confined by dense woods.—Lucan, iii. 362.

[4] As the bear, made fiercer by the wound from the Libyan's thong-hurled dart, turns round upon the wound, and attacking the received spear, contorts it, as she flies.—*Ibid.*, vi. 220.

[5] They all at once wept, and tore their hair.—Livy, xxv. 37.

very beautiful palace for the pleasure his mother had once enjoyed there.

I remember there was a story current, when I was a boy, that one of our neighbouring kings having received a blow from the hand of God, swore he would be revenged, and, in order to it, made proclamation that for ten years to come no one should pray to Him, or so much as mention Him throughout his dominions, or, so far as his authority went, believe in Him; by which they meant to paint not so much the folly as the vainglory of the nation of which this tale was told. They are vices that always go together, but in truth such actions as these have in them still more of presumption than want of wit. Augustus Cæsar, having been tossed with a tempest at sea, fell to defying Neptune, and, in the pomp of the Circensian games, to be revenged, deposed his statue from the place it had amongst the other deities. Wherein he was still less excusable than the former, and less than he was afterwards when, having lost a battle under Quintilius Varus in Germany, in rage and despair he went running his head against the wall, crying out, "O Varus! give me back my legions!" for these exceed all folly, forasmuch as impiety is joined therewith, invading God Himself, or at least Fortune, as if she had ears that were subject to our batteries; like the Thracians, who when it thunders or lightens, fall to shooting against heaven with Titanian vengeance, as if by flights of arrows they intended to bring God to reason. Though the ancient poet in Plutarch tells us:

Point ne se faut couroucer aux affaires,
Il ne leur chault de toutes nos choleres.[1]

But we can never enough decry the disorderly sallies of our minds.

V. Whether the governor of a place besieged ought himself to go out to parley

QUINTUS MARCIUS, the Roman legate in the war against Persius, King of Macedon, to gain time wherein to reinforce his army, set on foot some overtures of accommodation, with which the king being lulled asleep, concluded a truce for some days, by this means giving his enemy opportunity and leisure to recruit his forces, which was afterwards the occasion of the king's final ruin. Yet the elder senators, mindful of their forefathers' manners, condemned this proceeding as degenerating from their ancient practice, which, they said, was to fight by valour, and not by artifice, surprises, and night-encounters; neither by pretended flight nor unexpected rallies to overcome their enemies; never making war till having first proclaimed it, and very often assigned both the hour and place of battle. Out of this generous principle it was that they delivered up to Pyrrhus his treacherous physician, and to the Etrurians their disloyal schoolmaster. This was, indeed, a procedure truly Roman, and nothing allied to the Grecian subtlety, nor to the Punic cunning, where it was reputed a victory of less glory to overcome by force than by fraud. Deceit may serve for a need, but he only confesses himself overcome who knows he is neither subdued by policy nor misadventure, but by dint of valour, man to man, in a fair and just war. It very well appears, by the discourse of these good old senators, that this fine sentence was not yet received amongst them:

Dolus, an virtus, quis in hoste requirat?[2]

The Achaians, says Polybius, abhorred all manner of double-dealing in war, not reputing it a victory unless where the courage of the enemy was fairly subdued. *Eam vir sanctus et sapiens sciet veram esse victoriam, quæ, salva fide et integra dignitate, parabitur,*[3] says another.

Vosne velit, an me, regnare hera, quidve ferat, fors virtute experiamur.[4]

In the kingdom of Ternate, amongst those nations which we so broadly call barbarians, they have a custom never to commence war till it be first proclaimed; adding withal an ample declaration of what means they have to do it with, with what and how many men, what ammunitions, and what, both offensive and defensive, arms; but also that being done, if their enemies do not yield and come to an agreement, they conceive it lawful to employ without reproach in their wars any means which may help them to conquer.

The ancient Florentines were so far from seeking to obtain any advantage over their enemies by surprise, that they always gave them a month's warning before they drew their army

---

[1] We must not trouble the gods with our affairs; they take no heed of our angers and disputes.—Plutarch, *On the Tranquillity of the Soul.*

[2] What matters whether by valour or by stratagem we overcome the enemy?—*Æneid,* ii. 390.

[3] An honest and prudent man will acknowledge that only to be a true victory which is obtained without violation of his own good faith, or blemish upon his own honour.—Florus, i. 12.

[4] Whether you or I shall rule, or what shall happen, let us determine by valour.—Ennius, *in* Cicero, *De Offic.,* i. 12.

into the field, by the continual tolling of a bell they called Martinella.

For what concerns ourselves, who are not so scrupulous in this affair, and who attribute the honour of the war to him who has the profit of it, and who after Lysander[1] say, "Where the lion's skin is too short, we must eke it out with a bit from that of the fox"; the most usual occasions of surprise are derived from this practice, and we hold that there are no moments wherein a chief ought to be more circumspect, and to have his eye so much at watch, as those of parleys and treaties of accommodation; and it is, therefore, become a general rule amongst the martial men of these latter times, that a governor of a place never ought, in a time of siege, to go out to parley. It was for this that in our fathers' days the Seigneurs de Montmord and de l'Assigni, defending Mouson against the Count de Nassau, were so highly censured. But yet, as to this, it would be excusable in that governor who, going out, should, notwithstanding, do it in such manner that the safety and advantage should be on his side; as Count Guido di Rangone did at Reggio (if we are to believe Bellay, for Guicciardini says it was he himself) when the Seigneur de l'Escut approached to parley, who stepped so little away from his fort, that a disorder happening in the interim of parley, not only Monsieur de l'Escut and his party who were advanced with him, found themselves by much the weaker, insomuch that Alessandro de Trivulcio was there slain, but he himself was constrained, as the safest way, to follow the count, and, relying upon his honour, to secure himself from the danger of the shot within the walls of the town.

Eumenes, being shut up in the city of Nora by Antigonus, and by him importuned to come out to speak with him, as he sent him word it was fit he should to a greater man than himself, and one who had now an advantage over him, returned this noble answer. "Tell him," said he, "that I shall never think any man greater than myself whilst I have my sword in my hand," and would not consent to come out to him till first according to his own demand, Antigonus had delivered him his own nephew Ptolomeus in hostage.[2]

And yet some have done very well in going out in person to parley, on the word of the assailant: witness Henry de Vaux, a cavalier of Champagne, who being besieged by the English in the Castle of Commercy, and Bartholomew de Brunes, who commanded at the leaguer, having so sapped the greatest part of the castle without, that nothing remained but setting fire to the props to bury the besieged under the ruins, he requested the said Henry to come out to speak with him for his own good, which he did with three more in company; and his ruin being made apparent to him, he conceived himself singularly obliged to his enemy, to whose discretion he and his garrison surrendered themselves; and fire being presently applied to the mine, the props no sooner began to fail, but the castle was immediately blown up from its foundations, no one stone being left upon another.

I could, and do, with great facility, rely upon the faith of another; but I should very unwillingly do it in such a case, as it should thereby be judged that it was rather an effect of my despair and want of courage than voluntarily and out of confidence and security in the faith of him with whom I had to do.

VI. That the hour of parley is dangerous

I saw, notwithstanding, lately at Mussidan, a place not far from my house, that those who were driven out thence by our army, and others of their party, highly complained of treachery, for that during a treaty of accommodation, and in the very interim that their deputies were treating, they were surprised and cut to pieces: a thing that, peradventure, in another age, might have had some colour of foul play; but, as I have just said, the practice of arms in these days is quite another thing, and there is now no confidence in an enemy excusable till the treaty is finally sealed; and even then the conqueror has enough to do to keep his word: so hazardous a thing it is to intrust the observation of the faith a man has engaged to a town that surrenders upon easy and favourable conditions, to the licence of a victorious army, and to give the soldier free entrance into it in the heat of blood.

Lucius Æmilius Regillus, the Roman prætor, having lost his time in attempting to take the city of Phocæa by force, by reason of the singular valour wherewith the inhabitants defended themselves, conditioned, at last, to receive them as friends to the people of Rome, and to enter the town, as into a confederate city, without any manner of hostility, of which he gave them all assurance; but having, for the greater pomp, brought his whole army in with him, it was no more in his power, with all the endeavour he could use, to restrain his people: so that, avarice and revenge trampling under foot both his au-

---

[1] Plutarch, *Lysander*.
[2] *Idem*, Eumenes.

thority and all military discipline, he there saw a considerable part of the city sacked and ruined before his face.

Cleomenes was wont to say, "that what mischief soever a man could do his enemy in time of war was above justice, and nothing accountable to it in the sight of gods and men." And so having concluded a truce with those of Argos for seven days, the third night after, he fell upon them when they were all buried in sleep, and put them to the sword, alleging that there had no nights been mentioned in the truce; but the gods punished this subtle perfidy.

In a time of parley also, and while the citizens were relying upon their safety warrant, the city of Casilinum was taken by surprise, and that even in the age of the justest captains and the most perfect Roman military discipline; for it is not said that it is not lawful for us, in time and place, to make advantage of our enemies' want of understanding, as well as their want of courage.

And, doubtless, war has naturally many privileges that appear reasonable even to the prejudice of reason. And therefore here the rule fails, *Neminem id agere ut ex alterius prædetur inscitia.*[1] But I am astonished at the great liberty allowed by Xenophon in such cases, and that both by precept and by the example of several exploits of his complete emperor; an author of very great authority, I confess, in those affairs, as being in his own person both a great captain and a philosopher of the first form of Socrates' disciples; and yet I cannot consent to such a measure of licence as he dispenses in all things and places.

Monsieur d'Aubigny, besieging Capua, and playing a furious battery against it, Signor Fabricio Colonna, governor of the town, having from a bastion begun to parley, and his soldiers in the meantime being a little more remiss in their guard, our people entered the place at unawares, and put them all to the sword. And of later memory, at Yvoy, Signor Juliano Romero having played that part of a novice to go out to parley with the constable, at his return found his place taken. But, that we might not escape scot-free the Marquess of Pescara having laid siege to Genoa, where Duke Octaviano Fregosa commanded under our protection, and the articles betwixt them being so far advanced that it was looked upon as a done thing, and upon the point to be concluded, the Spaniards in the meantime having slipped in, made use of this treachery as an absolute victory. And since, at Ligny, in Barrois, where the Count de Brienne commanded, the emperor having in his own person beleaguered that place, and Bertheville, the said count's lieutenant, going out to parley, whilst he was capitulating, the town was taken.

Fu il vincer sempre mai laudabil cosa,
Vincasi o per fortuna, o per ingegno,[2]

say they. But the philosopher Chrysippus was of another opinion, wherein I also concur; for he was used to say that those who run a race ought to employ all the force they have in what they are about, and to run as fast as they can; but that it is by no means fair in them to lay any hand upon their adversary to stop him, nor to set a leg before him to throw him down. And yet more generous was the answer of that great Alexander to Polypercon, who was persuading him to take the advantage of the night's obscurity to fall upon Darius. "By no means," said he; "it is not for such a man as I am to steal a victory, *Malo me fortunæ pœniteat, quam victoriæ pudeat.*"[3]

Atque idem fugientem haud est dignatus Oroden
Sternere, nec jacta cæcum dare cuspide vulnus:
Obvius, adversoque occurrit, seque viro vir
Contulit, haud furto melior, sed fortibus armis.[4]

VII. THAT THE INTENTION IS JUDGE OF OUR ACTIONS

'TIS a saying, "That death discharges us of all our obligations." I know some who have taken it in another sense. Henry VII, King of England, articled with Don Philip, son to Maximilian the Emperor, or (to place him more honourably) father to the Emperor Charles V, that the said Philip should deliver up the Duke of Suffolk of the White Rose, his enemy, who was fled into the Low Countries, into his hands; which Philip accordingly did, but upon condition, nevertheless, that Henry should attempt nothing against the life of the said duke; but coming to die, the king in his last will commanded his son to put him to death immediately after his decease. And, lately, in the tragedy

---

[1] No one should prey upon another's folly.—Cicero, *De Offic.*, iii. 17.

[2] Victory is ever worthy of praise, whether obtained by valour or by wisdom.—Ariosto, xv. 1.

[3] I had rather complain of ill-fortune than be ashamed of victory.—Quintus Curtius, iv. 13.

[4] He deigned not to cut off Orodes as he fled, or with the darted spear to give him a wound unseen; but overtaking him, he confronted him, face to face, and encountered man to man: superior, not in stratagem, but in valiant arms.—*Æneid*, x. 732.

that the Duke of Alva presented to us in the persons of the Counts Horn and Egmont at Brussels, there were very remarkable passages, and one amongst the rest, that Count Egmont (upon the security of whose word and faith Count Horn had come and surrendered himself to the Duke of Alva) earnestly entreated that he might first mount the scaffold, to the end that death might disengage him from the obligation he had passed to the other. In which case, methinks, death did not acquit the former of his promise, and that the second was discharged from it without dying. We cannot be bound beyond what we are able to perform, by reason that effect and performance are not at all in our power, and that, indeed, we are masters of nothing but the will, in which, by necessity, all the rules and whole duty of mankind are founded and established: therefore Count Egmont, conceiving his soul and will indebted to his promise, although he had not the power to make it good, had doubtless been absolved of his duty, even though he had outlived the other; but the King of England wilfully and premeditately breaking his faith, was no more to be excused for deferring the execution of his infidelity till after his death than Herodotus's mason, who having inviolably, during the time of his life, kept the secret of the treasure of the King of Egypt, his master, at his death discovered it to his children.[1]

I have taken notice of several in my time, who, convicted by their consciences of unjustly detaining the goods of another, have endeavoured to make amends by their will, and after their decease; but they had as good do nothing, as either in taking so much time in so pressing an affair, or in going about to remedy a wrong with so little dissatisfaction or injury to themselves. They owe, over and above, something of their own; and by how much their payment is more strict and incommodious to themselves, by so much is their restitution more just and meritorious. Penitency requires penalty; but they yet do worse than these, who reserve the declaration of a mortal animosity against their neighbour to the last gasp, having concealed it during their life, wherein they manifest little regard of their own honour, irritating the party offended in their memory; and less to their conscience, not having the power, even out of respect to death itself, to make their malice die with them, but extending the life of their hatred even beyond their own. Unjust judges, who defer judgment to a time wherein they can have no knowledge of the cause! For my part, I shall take care, if I can, that my death discover nothing that my life has not first and openly declared.

VIII. OF IDLENESS

As we see some grounds that have long lain idle and untilled, when grown rich and fertile by rest, to abound with and spend their virtue in the product of innumerable sorts of weeds and wild herbs that are unprofitable, and that to make them perform their true office, we are to cultivate and prepare them for such seeds as are proper for our service; and as we see women that, without knowledge of man, do sometimes of themselves bring forth inanimate and formless lumps of flesh, but that to cause a natural and perfect generation they are to be husbanded with another kind of seed; even so it is with minds, which if not applied to some certain study that may fix and restrain them, run into a thousand extravagances, eternally roving here and there in the vague expanse of the imagination—

Sicut aquæ tremulum labris ubi lumen ahenis,
Sole repercussum, aut radiantis imagine lunæ,
Omnia pervolitat late loca; jamque sub auras
Erigitur, summique ferit laquearia tecti[2]

—in which wild agitation there is no folly, nor idle fancy they do not light upon,

Velut ægri somnia, vanæ
Finguntur species.[3]

The soul that has no established aim loses itself, for, as it is said,

Quisquis ubique habitat, Maxime, nusquam habitat.[4]

When I lately retired to my own house, with a resolution, as much as possibly I could, to avoid all manner of concern in affairs, and to spend in privacy and repose the little remainder of time I have to live, I fancied I could not more oblige my mind than to suffer it at full leisure to entertain and divert itself, which I now hoped it might henceforth do, as being by time become

---

[1] Herodotus, ii. 121.

[2] As when on brazen vats of water the trembling beams of light, reflected from the sun, or from the image of the radiant moon, swiftly float over every place around, and now are darted up on high, and strike the ceilings of the lofty roof.—*Æneid*, viii. 22.

[3] As sick men's dreams, creating vain phantasms. —Horace, *De Art. Poet.*, 7.

[4] He who lives everywhere, lives nowhere.—Martial, vii. 73.

more settled and mature; but I find—

Variam semper dant otia mentem,[1]

——that, quite contrary, it is like a horse that has broke from his rider, who voluntarily runs into a much more violent career than any horseman would put him to, and creates me so many chimæras and fantastic monsters, one upon another, without order or design, that, the better at leisure to contemplate their strangeness and absurdity, I have begun to commit them to writing, hoping in time to make it ashamed of itself.

IX. OF LIARS

THERE is not a man living whom it would so little become to speak from memory as myself, for I have scarcely any at all, and do not think that the world has another so marvellously treacherous as mine. My other faculties are all sufficiently ordinary and mean; but in this I think myself very rare and singular, and deserving to be thought famous. Besides the natural inconvenience I suffer by it (for, certes, the necessary use of memory considered, Plato had reason when he called it a great and powerful goddess), in my country, when they would say a man has no sense, they say, such a one has no memory; and when I complain of the defect of mine, they do not believe me, and reprove me, as though I accused myself for a fool: not discerning the difference betwixt memory and understanding, which is to make matters still worse for me. But they do me wrong; for experience, rather, daily shows us, on the contrary, that a strong memory is commonly coupled with infirm judgment. They do me, moreover (who am so perfect in nothing as in friendship), a great wrong in this, that they make the same words which accuse my infirmity, represent me for an ungrateful person; they bring my affections into question upon the account of my memory, and from a natural imperfection, make out a defect of conscience. "He has forgot," says one, "this request, or that promise; he no more remembers his friends; he has forgot to say or do, or conceal such and such a thing, for my sake." And, truly, I am apt enough to forget many things, but to neglect anything my friend has given me in charge, I never do it. And it should be enough, methinks, that I feel the misery and inconvenience of it, without branding me with malice, a vice so contrary to my humour.

However, I derive these comforts from my infirmity: first, that it is an evil from which principally I have found reason to correct a worse, that would easily enough have grown upon me, namely, ambition; the defect being intolerable in those who take upon them public affairs. That, as several like examples in the progress of nature demonstrate to us, she has fortified me in my other faculties proportionably as she has left me unfurnished in this; I should otherwise have been apt implicitly to have reposed my mind and judgment upon the bare report of other men, without ever setting them to work upon their own force, had the inventions and opinions of others been ever present with me by the benefit of memory. That by this means I am not so talkative, for the magazine of the memory is ever better furnished with matter than that of the invention. Had mine been faithful to me, I had ere this deafened all my friends with my babble, the subjects themselves arousing and stirring up the little faculty I have of handling and employing them, heating and extending my discourse, which were a pity: as I have observed in several of my intimate friends, who, as their memories supply them with an entire and full view of things, begin their narrative so far back, and crowd it with so many impertinent circumstances, that though the story be good in itself, they make a shift to spoil it; and if otherwise, you are either to curse the strength of their memory or the weakness of their judgment: and it is a hard thing to close up a discourse, and to cut it short, when you have once started; there is nothing wherein the force of a horse is so much seen as in a round and sudden stop. I see even those who are pertinent enough, who would, but cannot stop short in their career; for whilst they are seeking out a handsome period to conclude with, they go on at random, straggling about upon impertinent trivialities, as men staggering upon weak legs. But, above all, old men who retain the memory of things past, and forget how often they have told them, are dangerous company; and I have known stories from the mouth of a man of very great quality, otherwise very pleasant in themselves, become very wearisome by being repeated a hundred times over and over again to the same people.

Secondly, that, by this means, I the less remember the injuries I have received; insomuch that, as the ancient said, I should have a register of injuries, or a prompter, as Darius, who, that he might not forget the offence he had received from those of Athens, so oft as he sat down to dinner, ordered one of his pages three times to repeat in his ear, "Sir, remember the

---

[1] Leisure ever creates varied thought.—Lucan, iv. 704.

Athenians";[1] and then, again, the places which I revisit, and the books I read over again, still smile upon me with a fresh novelty.

It is not without good reason said "that he who has not a good memory should never take upon him the trade of lying." I know very well that the grammarians distinguish betwixt an *untruth* and a *lie,* and say that to tell an *untruth* is to tell a thing that is false, but that we ourselves believe to be true; and that the definition of the word *to lie* in Latin, from which our French is taken, is to tell a thing which we know in our conscience to be untrue; and it is of this last sort of liars only that I now speak. Now, these do either wholly contrive and invent the untruths they utter, or so alter and disguise a true story that it ends in a lie. When they disguise and often alter the same story, according to their own fancy, 'tis very hard for them, at one time or another, to escape being trapped, by reason that the real truth of the thing, having first taken possession of the memory, and being there lodged and impressed by the medium of knowledge and science, it will be difficult that it should not represent itself to the imagination, and shoulder out falsehood, which cannot there have so sure and settled footing as the other; and the circumstances of the first true knowledge evermore running in their minds, will be apt to make them forget those that are illegitimate, and only forged by their own fancy. In what they wholly invent, forasmuch as there is no contrary impression to jostle their invention, there seems to be less danger of tripping; and yet even this also, by reason it is a vain body, and without any hold, is very apt to escape the memory, if it be not well assured. Of which I have had very pleasant experience, at the expense of such as profess only to form and accommodate their speech to the affair they have in hand, or to the humour of the great folks to whom they are speaking; for the circumstances to which these men stick not to enslave their faith and conscience being subject to several changes, their language must vary accordingly: whence it happens that of the same thing they tell one man that it is this, and another that it is that, giving it several colours; which men, if they once come to confer notes, and find out the cheat, what becomes of this fine art? To which may be added, that they must of necessity very often ridiculously trap themselves; for what memory can be sufficient to retain so many different shapes as they have forged upon one and the same subject? I have known many in my time very ambitious of the repute of this fine wit; but they do not see that if they have the reputation of it, the effect can no longer be.

In plain truth, lying is an accursed vice. We are not men, nor have other tie upon one another, but by our word. If we did but discover the horror and gravity of it, we should pursue it with fire and sword, and more justly than other crimes. I see that parents commonly, and with indiscretion enough, correct their children for little innocent faults, and torment them for wanton tricks, that have neither impression nor consequence; whereas, in my opinion, lying only, and which is of something a lower form, obstinacy, are the faults which are to be severely whipped out of them, both in their infancy and in their progress, otherwise they grow up and increase with them; and after a tongue has once got the knack of lying, 'tis not to be imagined how impossible it is to reclaim it: whence it comes to pass that we see some, who are otherwise very honest men, so subject and enslaved to this vice. I have an honest lad to my tailor, whom I never knew guilty of one truth, no, not when it had been to his advantage. If *falsehood* had, like *truth,* but one face only, we should be upon better terms; for we should then take for certain the contrary to what the liar says: but the reverse of *truth* has a hundred thousand forms, and a field indefinite, without bound or limit. The Pythagoreans make *good* to be certain and finite, and *evil,* infinite and uncertain. There are a thousand ways to miss the white, there is only one to hit it. For my own part, I have this vice in so great horror, that I am not sure I could prevail with my conscience to secure myself from the most manifest and extreme danger by an impudent and solemn lie. An ancient father says "that a dog we know is better company than a man whose language we do not understand." *Ut externus alieno non sit hominis vice.*[2] And how much less sociable is false speaking than silence?

King Francis I bragged that he had, by this means, nonplussed Francisco Taverna, ambassador of Francisco Sforza, Duke of Milan, a man very famous for his science in talking in those days. This gentleman had been sent to excuse his master to his majesty about a thing of very great consequence, which was this: the king, still to maintain some intelligence with Italy, out of which he had lately been driven, and par-

---

[1] Herodotus, v. 105.

[2] As a foreigner cannot be said to supply to us the place of a man.—Pliny, *Nat. Hist.,* vii. 1.

ticularly with the duchy of Milan, had thought it convenient to have a gentleman on his behalf to be with that duke: an ambassador in effect, but in outward appearance a private person who pretended to reside there upon his own particular affairs; for the duke, much more depending upon the emperor, especially at a time when he was in a treaty of a marriage with his niece, daughter to the King of Denmark, and now dowager of Lorraine, could not manifest any practice and conference with us, but very much to his own prejudice. For this commission one Merveille, a Milanese gentleman, and an equerry to the king, being thought very fit, was accordingly despatched thither with private credentials, and instructions as ambassador, and with other letters of recommendation to the duke about his own private concerns, the better to mask and colour the business; and was so long in that court, that the emperor at last had some inkling of his real employment there; which was the occasion of what followed after, as we suppose; which was, that under pretence of some murder, his trial was in two days despatched, and his head in the night struck off in prison. Messire Francisco being come, and prepared with a long counterfeit history of the affair (for the king had applied himself to all the princes of Christendom, as well as to the duke himself, to demand satisfaction), had his audience at the morning council; where, after he had for the support of his cause laid open several plausible justifications of the fact, that his master never looked upon this Merveille for other than a private gentleman, and his own subject, who was there only in order to his own business, neither had he ever lived after any other aspect; absolutely disowning that he had ever heard he was one of the king's household, or that his majesty so much as knew him, so far was he from taking him for an ambassador: the king, in his turn, pressing him with several objections and demands, and sifting him on all hands, gravelled him at last by asking, why, then, the execution was performed by night, and as it were by stealth? At which the poor confounded ambassador, the more handsomely to disengage himself, made answer, that the duke would have been very loath, out of respect to his majesty, that such an execution should have been performed by day. Any one may guess if he was not well rated when he came home, for having so grossly tripped in the presence of a prince of so delicate a nostril as King Francis.

Pope Julius II having sent an ambassador to the King of England to animate him against King Francis, the ambassador having had his audience, and the king, before he would give an answer, insisting upon the difficulties he should find in setting on foot so great a preparation as would be necessary to attack so potent a king, and urging some reasons to that effect, the ambassador, very unseasonably, replied that he had also himself considered the same difficulties, and had represented them to the Pope. From which saying of his, so directly opposite to the thing propounded, and the business he came about, which was immediately to incite him to war, the king first derived argument (which also he afterwards found to be true), that this ambassador, in his own mind, was on the side of the French; of which having advertised the Pope, his estate at his return home was confiscated, and he himself very narrowly escaped the losing of his head.

x. Of quick or slow speech

Onc ne furent à touts toutes graces données; [1]
so we see in the gift of eloquence, wherein some have such a facility and promptness, and that which we call a *present* wit so easy, that they are ever ready upon all occasions, and never to be surprised; and others more heavy and slow, never venture to utter anything but what they have long premeditated, and taken great care and pains to fit and prepare.

Now, as we teach young ladies those sports and exercises which are most proper to set out the grace and beauty of those parts wherein their chiefest ornament and perfection lie, so it should be in these two advantages of eloquence, to which the lawyers and preachers of our age seem principally to pretend. If I were worthy to advise, the slow speaker, methinks, should be more proper for the pulpit, and the other for the bar: and that because the employment of the first does naturally allow him all the leisure he can desire to prepare himself, and besides, his career is performed in an even and unintermitted line, without stop or interruption; whereas the pleader's business and interest compels him to enter the lists upon all occasions, and the unexpected objections and replies of his adverse party jostle him out of his course, and put him, upon the instant, to pump for new and extempore answers and defences. Yet, at the interview betwixt Pope Clement and King Francis at Marseilles, it happened, quite contrary, that Monsieur Poyet, a man bred up all his life at the bar,

---

[1] All graces were never yet given to any one man. —A verse in one of La Boëtie's *Sonnets*.

and in the highest repute for eloquence, having the charge of making the harangue to the Pope committed to him, and having so long meditated on it beforehand, as, so they said, to have brought it ready made along with him from Paris; the very day it was to have been pronounced, the Pope, fearing something might be said that might give offence to the other prince's ambassadors who were there attending on him, sent to acquaint the king with the argument which he conceived most suiting to the time and place, but, by chance, quite another thing to that Monsieur de Poyet had taken so much pains about: so that the fine speech he had prepared was of no use, and he was upon the instant to contrive another; which finding himself unable to do, Cardinal du Bellay was constrained to perform that office. The pleader's part is, doubtless, much harder than that of the preacher, and, yet, in my opinion, we see more passable lawyers than preachers, at all events in France. It should seem that the nature of wit is to have its operation prompt and sudden, and that of judgment, to have it more deliberate and more slow. But he who remains totally silent, for want of leisure to prepare himself to speak well, and he also whom leisure does noways benefit to better speaking, are equally unhappy.

'Tis said of Severus Cassius that he spoke best extempore, that he stood more obliged to fortune than to his own diligence; that it was an advantage to him to be interrupted in speaking, and that his adversaries were afraid to nettle him, lest his anger should redouble his eloquence. I know, experimentally, the disposition of nature so impatient of a tedious and elaborate premeditation, that if it do not go frankly and gaily to work, it can perform nothing to purpose. We say of some compositions that they stink of oil and of the lamp, by reason of a certain rough harshness that laborious handling imprints upon those where it has been employed. But besides this, the solicitude of doing well, and a certain striving and contending of a mind too far strained and overbent upon its undertaking, breaks and hinders itself like water, that by force of its own pressing violence and abundance, cannot find a ready issue through the neck of a bottle or a narrow sluice. In this condition of nature, of which I am now speaking, there is this also, that it would not be disordered and stimulated with such passions as the fury of Cassius (for such a motion would be too violent and rude); it would not be jostled, but solicited; it would be roused and heated by unexpected, sudden, and accidental occasions. If it be left to itself, it flags and languishes; agitation, only, gives it grace and vigour. I am always worst in my own possession, and when wholly at my own disposition: accident has more title to anything that comes from me than I; occasion, company, and even the very rising and falling of my own voice, extract more from my fancy than I can find when I sound and employ it by myself. By which means, the things I say are better than those I write, if either were to be preferred, where neither is worth anything. This, also, befalls me, that I do not find myself where I seek myself, and I light upon things more by chance than by any inquisition of my own judgment. I perhaps sometimes hit upon something when I write, that seems quaint and sprightly to me, though it will appear dull and heavy to another. —But let us leave these fine compliments: every one talks thus of himself according to his talent. But when I come to speak, I am already so lost that I know not what I was about to say, and in such cases a stranger often finds it out before me. If I should make erasure so often as this inconvenience befalls me, I should make clean work; occasion will, at some other time, lay it as visible to me as the light, and make me wonder what I should stick at.

XI. Of prognostications

For what concerns oracles, it is certain that a good while before the coming of Jesus Christ, they had begun to lose their credit; for we see that Cicero is troubled to find out the cause of their decay, and he has these words: *Cur isto modo jam Oracula Delphis non eduntur, non modo nostra ætate, sed jam diu; ut nihil possit esse contemptius?* [1] But as to the other prognostics, calculated from the anatomy of beasts at sacrifices (to which purpose Plato does, in part, attribute the natural constitution of the intestines of the beasts themselves), the scraping of poultry, the flight of birds—*Aves quasdam . . . rerum augurandarum causa natas esse putamus*[2] —claps of thunder, the overflowing of rivers— *Multa cernunt Aruspices, multa Augures provident, multa oraculis declarantur, multa vaticinationibus, multa somniis, multa portentis*[3]—

---

[1] What is the reason that the oracles at Delphos are no longer uttered: not merely in this age of ours, but for a long time past nothing is more in contempt?—Cicero, *De Divin.*, ii. 57.

[2] We think some sorts of birds are purposely created to serve the purposes of augury.—Idem, *De Nat. Deor.*, ii. 64.

[3] The Aruspices discern many things, the Augurs foresee many things, many things are announced

and others of the like nature, upon which antiquity founded most of their public and private enterprises, our religion has totally abolished them. And although there yet remain amongst us some practices of divination from the stars, from spirits, from the shapes and complexions of men, from dreams and the like (a notable example of the wild curiosity of our nature to grasp at and anticipate future things, as if we had not enough to do to digest the present)—

> Cur hanc tibi, rector Olympi,
> Sollicitis visum mortalibus addere curam,
> Noscant venturas ut dira per omina clades? . . .
> Sit subitum, quodcumque paras; sit cæca futuri
> Mens hominum fati, liceat sperare timenti.[1]

(*Ne utile quidem est scire quid futurum sit: miserum est enim, nihil proficientem angi*[2])— yet are they of much less authority now than heretofore. Which makes the example of Francis, Marquis of Saluzzo, so much more remarkable; who being lieutenant to King Francis I in his army beyond the mountains, infinitely favoured and esteemed in our court, and obliged to the king's bounty for the marquisate itself, which had been forfeited by his brother; and as to the rest, having no manner of provocation given him to do it, and even his own affection opposing any such disloyalty, suffered himself to be so terrified, as it was confidently reported, with the fine prognostics that were spread abroad everywhere in favour of the Emperor Charles V, and to our disadvantage (especially in Italy, where these foolish prophecies were so far believed, that at Rome great sums of money were ventured out upon return of greater when the prognostics came to pass, so certain they made themselves of our ruin), that having often bewailed to those of his acquaintance who were most intimate with him, the mischiefs that he saw would inevitably fall upon the crown of France, and the friends he had in that court, he revolted and turned to the other side; to his own misfortune, nevertheless, what constellation soever governed at that time. But he carried himself in this affair like a man agitated with divers passions; for having both towns and forces in his hands, the enemy's army under Antonio de Leyva close by him, and we not at all suspecting his design, it had been in his power to have done more than he did; for we lost no men by this infidelity of his, nor any town, but Fossano only, and that after a long siege and a brave defence.

> Prudens futuri temporis exitum
> Caliginosa nocte premit Deus,
> Ridetque, si mortalis ultra
> Fas trepidat.[3]
>
> Ille potens sui
> Lætusque deget, cui licet in diem
> Dixisse, vixi! cras vel atra
> Nube polum pater occupato,
> Vel sole puro.[4]

Lætus in præsens animus; quod ultra est, Oderit curare.[5]

And those who take this sentence in a contrary sense interpret it amiss: *Ista sic reciprocantur, ut et si divinatio sit, dii sint; et si dii sint, sit divinatio.*[6] Much more wisely Pacuvius—

> Nam istis, qui linguam avium intelligunt,
> Plusque ex alieno jecore sapiunt, quam ex suo,
> Magis audiendum, quam auscultandum, censeo.[7]

The so celebrated art of divination amongst the Tuscans took its beginning thus: A labourer striking deep with his culter into the earth, saw the demigod Tages ascend, with an infantine aspect, but endued with a mature and senile wisdom. Upon the rumour of which, all the people ran to see the sight, by whom his words and science, containing the principles and means to attain to this art, were recorded, and kept for many ages. A birth suitable to its progress! I, for my part, should sooner regulate my affairs by the chance of a die than by such idle and vain

---

by oracles, vaticinations, dreams, and portents.—*Ibid.*, ii. 65.

[1] Why, ruler of Olympus, hast thou to anxious, careworn mortals added this care, that they should know by omens future slaughter? . . . Send, unlooked for, the ills thou hast in store for them. Let human minds be blind to future things. Let hope, amidst our fears, have some place.—Lucan, ii. 14.

[2] It is useless to know what shall come to pass; it is a miserable thing to be tormented to no purpose.—Cicero, *De Nat. Deor.*, iii. 6.

[3] A wise God covers with thick night the path of the future, and laughs at the man who alarms himself without reason.—Horace, *Od.*, iii. 29.

[4] He lives happy and master of himself, who can say, as each day passes on, "I have lived"; no matter whether to-morrow the great Father shall give us a clouded sky or a clear day.—*Ibid.*, iii. 29.

[5] A mind happy, cheerful in the present state, will take good care not to think of what is beyond it.—*Ibid.*, ii. 25.

[6] These things have that reciprocate, that if there be divination, there must be deities; and if deities, divination.—Cicero, *De Divin.*, i. 6.

[7] As to those who understand the language of birds, and who rather consult the livers of animals than their own, I had rather hear them than attend to them.—*Ibid.*, 57, from Pacuvius.

dreams. And, indeed, in all republics, a good share of the government has ever been referred to chance. Plato, in the civil regimen that he models according to his own fancy, leaves to it the decision of several things of very great importance, and will, amongst other things, that marriages should be appointed by lot, attributing so great importance to this accidental choice as to ordain that the children begotten in such wedlock be brought up in the country, and those begotten in any other be thrust out as spurious and base; yet so, that if any of those exiles, notwithstanding, should, peradventure, in growing up give any good hope of himself, he might be recalled, as, also, that such as had been retained, should be exiled, in case they gave little expectation of themselves in their early growth.

I see some who are mightily given to study and comment upon their almanacs, and produce them for authority when anything has fallen out pat; and, for that matter, it is hardly possible but that these alleged authorities sometimes stumble upon a truth amongst an infinite number of lies. *Quis est enim, qui totum diem jaculans non aliquando collineet?* [1] I think never the better of them for some such accidental hit. There would be more certainty in it if there were a rule and a truth of always lying. Besides, nobody records their flimflams and false prognostics, forasmuch as they are infinite and common; but if they chop upon one truth, that carries a mighty report, as being rare, incredible, and prodigious. So Diogenes, surnamed the Atheist, answered him in Samothrace, who, showing him in the temple the several offerings and stories in painting of those who had escaped shipwreck, said to him, "Look, you who think the gods have no care of human things, what do you say to so many persons preserved from death by their especial favour?" "Why, I say," answered he, "that their pictures are not here who were cast away, who are by much the greater number."

Cicero observes that of all the philosophers who have acknowledged a deity, Xenophanes the Colophonian only has endeavoured to eradicate all manner of divination; which makes it the less a wonder if we have now and then seen some of our princes, sometimes to their own cost, rely too much upon these fopperies. I had given anything with my own eyes to see those two great marvels, the book of Joachim the Calabrian abbot, which foretold all the future Popes, their names and forms; and that of the Emperor Leo, which prophesied all the emperors and patriarchs of Greece. This I have been an eye-witness of, that in public confusions, men astonished at their fortune, have abandoned their own reason, superstitiously to seek out in the stars the ancient causes and menaces of their present mishaps, and in my time have been so strangely successful in it, as to make me believe that this being an amusement of sharp and volatile wits, those who have been versed in this knack of unfolding and untying riddles, are capable, in any sort of writing, to find out what they desire. But above all, that which gives them the greatest room to play in, is the obscure, ambiguous, and fantastic gibberish of their prophetic canting, where their authors deliver nothing of clear sense, but shroud all in riddle, to the end that posterity may interpret and apply it according to its own fancy.

Socrates' demon might, perhaps, be no other but a certain impulsion of the will, which obtruded itself upon him without the advice or consent of his judgment; and in a soul so enlightened as his was, and so prepared by a continual exercise of wisdom and virtue, 'tis to be supposed, those inclinations of his, though sudden and undigested, were very important and worthy to be followed. Every one finds in himself some image of such agitations, of a prompt, vehement, and fortuitous opinion; and I may well allow them some authority, who attribute so little to our prudence, and who also myself have had some, weak in reason, but violent in persuasion and dissuasion, which were most frequent with Socrates, by which I have suffered myself to be carried away so fortunately, and so much to my own advantage, that they might have been judged to have had something in them of a divine inspiration.

XII. OF CONSTANCY

THE law of resolution and constancy does not imply that we ought not, as much as in us lies, to decline and secure ourselves from the mischiefs and inconveniences that threaten us; nor, consequently, that we shall not fear lest they should surprise us: on the contrary, all decent and honest ways and means of securing ourselves from harms, are not only permitted, but, moreover, commendable, and the business of constancy chiefly is, bravely to stand to, and stoutly to suffer those inconveniences which are not possibly to be avoided. So that there is no

---

[1] For who shoots all day at butts that does not sometimes hit the white?—Cicero, *De Divin.*, ii. 59.

supple motion of body, nor any movement in the handling of arms, how irregular or ungraceful soever, that we need condemn, if they serve to protect us from the blow that is made against us.

Several very warlike nations have made use of a retreating and flying way of fight as a thing of singular advantage, and, by so doing, have made their backs more dangerous to their enemies than their faces. Of which kind of fighting the Turks still retain something in their practice of arms; and Socrates, in Plato, laughs at Laches, who had defined fortitude to be a standing firm in the ranks against the enemy. "What!" says he, "would it, then, be a reputed cowardice to overcome them by giving ground?" urging, at the same time, the authority of Homer, who commends in Æneas the science of flight. And whereas Laches, considering better o' it, admits the practice as to the Scythians, and, in general, all cavalry whatever, he again attacks him with the example of the Lacedæmonian foot—a nation of all others the most obstinate in maintaining their ground—who, in the battle of Platæa, not being able to break into the Persian phalanx, bethought themselves to disperse and retire, that by the enemy supposing they fled, they might break and disunite that vast body of men in the pursuit, and by that stratagem obtained the victory.

As for the Scythians, 'tis said of them, that when Darius sent his expedition to subdue them, he sent, by a herald, highly to reproach their king, that he always retired before him, and declined a battle; to which Idanthyrses,[1] for that was his name, returned answer, that it was not for fear of him, or of any man living, that he did so, but that it was the way of marching in practice with his nation, who had neither tilled fields, cities, nor houses to defend, or to fear the enemy should make any advantage of: but that if he had such a stomach to fight, let him but come to view their ancient places of sepulture, and there he should have his fill.

Nevertheless, as to cannon-shot, when a body of men are drawn up in the face of a train of artillery, as the occasion of war often requires, it is unhandsome to quit their post to avoid the danger, forasmuch as by reason of its violence and swiftness we account it inevitable; and many a one, by ducking, stepping aside, and such other motions of fear, has been, at all events, sufficiently laughed at by his companions. And yet, in the expedition that the Emperor Charles V made against us into Provence, the Marquis de Guast going to reconnoitre the city of Arles, and advancing out of the cover of a windmill, under favour of which he had made his approach, was perceived by the Seigneurs de Bonneval and the Seneschal of Agenois, who were walking upon the Théâtre aux Arènes; who having shown him to the Sieur de Villiers, commissary of the artillery, he pointed a culverin so admirably well, and levelled it so exactly right against him, that had not the marquis, seeing fire given to it, slipped aside, it was certainly concluded the shot had taken him full in the body. And, in like manner, some years before, Lorenzo de Medici, Duke of Urbino, and father to the queen-mother, laying siege to Mondolpho, a place in the territories of the vicariat in Italy, seeing the cannoneer give fire to a piece that pointed directly against him, it was well for him that he ducked, for otherwise the shot, that only razed the top of his head, had doubtless hit him full in the breast. To say truth, I do not think that these evasions are performed upon the account of judgment; for how can any man living judge of high or low aim on so sudden an occasion? And it is much more easy to believe that fortune favoured their apprehension, and that it might be as well at another time to make them face the danger, as to seek to avoid it. For my own part, I confess I cannot forbear starting when the rattle of a arquebuse thunders in my ears on a sudden, and in a place where I am not to expect it, which I have also observed in others, braver fellows than I.

Neither do the Stoics pretend that the soul of their philosopher need be proof against the first visions and fantasies that surprise him; but, as to a natural subjection, consent that he should tremble at the terrible noise of thunder, or the sudden clatter of some falling ruin, and be affrighted even to paleness and convulsion; and so in other passions, provided his judgment remain sound and entire, and that the seat of his reason suffer no concussion nor alteration, and that he yield no consent to his fright and discomposure. To him who is not a philosopher, a fright is the same thing in the first part of it, but quite another thing in the second; for the impression of passions does not remain superficially in him, but penetrates farther, even to the very seat of reason, infecting and corrupting it, so that he judges according to his fear, and conforms his behaviour to it. In this verse you may see the true state of the wise Stoic learnedly and plainly expressed:

---

[1] Herodotus, iv. 127.

Mens immota manet; lachrymæ volvuntur inanes.[1]

The Peripatetic sage does not exempt himself totally from perturbations of mind, but he moderates them.

XIII. THE CEREMONY OF THE INTERVIEW OF PRINCES

THERE is no subject so frivolous that does not merit a place in this rhapsody. According to our common rule of civility, it would be a notable affront to an equal, and much more to a superior, to fail of being at home, when he has given you notice he will come to visit you. Nay, Queen Margaret of Navarre further adds, that it would be a rudeness in a gentleman to go out, as we so often do, to meet any that is coming to see him, let him be of what high condition soever; and that it is more respectful and more civil to stay at home to receive him, if only upon the account of missing him by the way, and that it is enough to receive him at the door, and to wait upon him. For my part, who as much as I can endeavour to reduce the ceremonies of my house, I very often forget both the one and the other of these vain offices. If, peradventure, some one may take offence at this, I can't help it; it is much better to offend him once than myself every day, for it would be a perpetual slavery. To what end do we avoid the servile attendance of courts, if we bring the same trouble home to our own private houses? It is also a common rule in all assemblies, that those of less quality are to be first upon the place, by reason that it is more due to the better sort to make others wait and expect them.

Nevertheless, at the interview betwixt Pope Clement and King Francis at Marseilles, the king, after he had taken order for the necessary preparations for his reception and entertainment, withdrew out of the town, and gave the Pope two or three days respite for his entry, and to repose and refresh himself, before he came to him. And in like manner, at the assignation of the Pope and the emperor at Bologna, the emperor gave the Pope opportunity to come thither first, and came himself after; for which the reason given was this, that at all the interviews of such princes, the greater ought to be first at the appointed place, especially before the other in whose territories the interview is appointed to be, intimating thereby a kind of deference to the other, it appearing proper for the less to seek

---

[1] Though tears flow, the mind remains unmoved. —*Æneid,* iv. 449.

out and to apply themselves to the greater, and not the greater to them.

Not every country only, but every city, and every society, has its particular forms of civility. There was care enough to this taken in my education, and I have lived in good company enough to know the formalities of our own nation, and am able to give lessons in it. I love to follow them, but not to be so servilely tied to their observation that my whole life should be enslaved to ceremonies, of which there are some so troublesome that, provided a man omits them out of discretion, and not for want of breeding, it will be every whit as handsome. I have seen some people rude, by being over-civil and troublesome in their courtesy.

Still, these excesses excepted, the knowledge of courtesy and good manners is a very necessary study. It is, like grace and beauty, that which begets liking and an inclination to love one another at the first sight, and in the very beginning of acquaintance; and, consequently, that which first opens the door and intromits us to instruct ourselves by the example of others, and to give examples ourselves, if we have any worth taking notice of and communicating.

XIV. THAT MEN ARE JUSTLY PUNISHED FOR BEING OBSTINATE IN THE DEFENCE OF A FORT THAT IS NOT IN REASON TO BE DEFENDED

VALOUR has its bounds as well as other virtues, which, once transgressed, the next step is into the territories of vice; so that by having too large a proportion of this heroic virtue, unless a man be very perfect in its limits, which upon the confines are very hard to discern, he may very easily unawares run into temerity, obstinacy, and folly. From this consideration it is that we have derived the custom, in times of war, to punish, even with death, those who are obstinate to defend a place that by the rules of war is not tenable; otherwise men would be so confident upon the hope of impunity, that not a henroost but would resist and seek to stop an army.

The Constable, Monsieur de Montmorency, having at the siege of Pavia been ordered to pass the Ticino, and to take up his quarters in the Faubourg St. Antonio, being hindered by a tower at the end of the bridge, which was so obstinate as to endure a battery, hanged every man he found within it for their labour. And again, accompanying the Dauphin in his expedition beyond the Alps, and taking the Castle of Villano by assault, and all within it being put to the sword by the fury of the soldiers, the governor and his ensign only excepted, he caused them both to be trussed up for the same reason; as also did Captain Martin du Bellay, then governor of Turin, with the governor of St. Bony, in the same country, all his people having been cut in pieces at the taking of the place.

But forasmuch as the strength or weakness of a fortress is always measured by the estimate and counterpoise of the forces that attack it—for a man might reasonably enough despise two culverins, that would be a madman to abide a battery of thirty pieces of cannon—where also the greatness of the prince who is master of the field, his reputation, and the respect that is due unto him, are also put into the balance, there is danger that the balance be pressed to much in that direction. And it may happen that a man is possessed with so great an opinion of himself and his power, that thinking it unreasonable any place should dare to shut its gates against him, he puts all to the sword where he meets with any opposition, whilst his fortune continues; as is plain, in the fierce and arrogant forms of summoning towns and denouncing war, savouring so much of barbarian pride and insolence, in use amongst the Oriental princes, and which their successors to this day do yet retain and practise. And in that part of the world where the Portuguese subdued the Indians, they found some states where it was a universal and inviolable law amongst them that every enemy overcome by the king in person, or by his lieutenant, was out of composition, both of ransom and mercy.

So that above all things a man should take heed, if he can, of falling into the hands of a judge who is an enemy and victorious.

XV. Of the Punishment of Cowardice

I once heard of a prince, and a great captain, having a narration given him as he sat at table of the proceeding against Monsieur de Vervins, who was sentenced to death for having surrendered Boulogne to the English, openly maintaining that a soldier could not justly be put to death for want of courage. And, in truth, 'tis reason that a man should make a great difference betwixt faults that merely proceed from infirmity, and those that are visibly the effects of treachery and malice: for, in the last, we act against the rules of reason that nature has imprinted in us; whereas, in the former, it seems as if we might produce the same nature, who left us in such a state of imperfection and weakness of courage, for our justification. Insomuch that many have thought we are not fairly questionable for anything but what we commit against our conscience; and it is partly upon this rule that those ground their opinion who disapprove of capital and sanguinary punishments inflicted upon heretics and misbelievers; and theirs also who hold that an advocate or a judge is not accountable for having from mere ignorance failed in his administration.

But as to cowardice, it is certain that the most usual way of chastising it is by ignominy and disgrace; and it is supposed that this practice was first brought into use by the legislator Charondas; and that, before his time, the laws of Greece punished those with death who fled from a battle; whereas he ordained only that they should be for three days exposed in the public place, dressed in woman's attire, hoping yet for some service from them, having awakened their courage by this open shame: *Suffundere malis hominis sanguinem, quam effundere.*[1] It appears also that the Roman laws did anciently punish those with death who had run away; for Ammianus Marcellinus says that the Emperor Julian commanded ten of his soldiers, who had turned their backs in an encounter against the Parthians, to be first degraded, and afterwards put to death, according, says he, to the ancient laws, and yet, elsewhere, for the like offence, he only condemned others to remain amongst the prisoners, under the baggage ensign. The severe punishment the people of Rome inflicted upon those who fled from the battle of Cannæ, and those who ran away with Cneius Fulvius at his defeat, did not extend to death. And yet, methinks, 'tis to be feared, lest disgrace should make such delinquents desperate, and not only faint friends, but enemies.

Of late memory, the Seigneur de Franget, lieutenant to the Marshal de Chattilion's company, having by the Marshal de Chabannes been put in government of Fuentarabia, in the place of Monsieur de Lude, and having surrendered it to the Spaniard, he was for that condemned to be degraded from all nobility, and both himself and his posterity declared ignoble, taxable, and for ever incapable of bearing arms, which severe sentence was afterwards accordingly executed at Lyons. And, since that, all the gentlemen who were in Guise when the Count of Nassau entered into it, underwent the same punishment, as several others have done since for the like offence. Notwithstanding, in case of such a manifest ignorance or cowardice as ex-

---

[1] Rather bring the blood into a man's cheek than let it out of his body.—Tertullian, *Apologetics.*

ceeds all ordinary example, 'tis but reason to take it for a sufficient proof of treachery and malice, and for such to be punished.

XVI. A PROCEEDING OF SOME AMBASSADORS

I OBSERVE in my travels this custom, ever to learn something from the information of those with whom I confer (which is the best school of all others), and to put my company upon those subjects they are the best able to speak of:

Basti al nocchiero ragionar de' venti,
Al bifolco dei tori; et le sue piaghe
Conti 'l guerrier; conti 'l pastor gli armenti.[1]

For it often falls out that, on the contrary, every one will rather choose to be prating of another man's province than his own, thinking it so much new reputation acquired; witness the jeer Archidamus put upon Periander, "that he had quitted the glory of being an excellent physician to gain the repute of a very bad poet." And do but observe how large and ample Cæsar is to make us understand his inventions of building bridges and contriving engines of war, and how succinct and reserved in comparison, where he speaks of the offices of his profession, his own valour, and military conduct. His exploits sufficiently prove him a great captain, and that he knew well enough; but he would be thought an excellent engineer to boot; a quality something different, and not necessary to be expected in him. The elder Dionysius was a very great captain, as it befitted his fortune he should be; but he took very great pains to get a particular reputation by poetry, and yet he was never cut out for a poet. A gentleman of the long robe being not long since brought to see a study furnished with all sorts of books, both of his own and all other faculties, took no occasion at all to entertain himself with any of them, but fell very rudely and magisterially to descant upon a barricade placed on the winding stair before the study door, a thing that a hundred captains and common soldiers see every day without taking any notice or offence.

Optat ephippia bos piger, optat arare caballus.[2]

By this course a man shall never improve himself, nor arrive at any perfection in anything. He must, therefore, make it his business always to put the architect, the painter, the statuary, every mechanic artisan, upon discourse of their own capacities.

And, to this purpose, in reading histories, which is everybody's subject, I use to consider what kind of men are the authors: if they be persons that profess nothing but mere letters, I, in and from them, principally observe and learn style and language; if physicians, I the rather incline to credit what they report of the temperature of the air, of the health and complexions of princes, of wounds and diseases; if lawyers, we are from them to take notice of the controversies of rights and wrongs, the establishment of laws and civil government, and the like; if divines, the affairs of the Church, ecclesiastical censures, marriages, and dispensations; if courtiers, manners and ceremonies; if soldiers, the things that properly belong to their trade, and, principally, the accounts of the actions and enterprises wherein they were personally engaged; if ambassadors, we are to observe negotiations, intelligences, and practices, and the manner how they are to be carried on.

And this is the reason why (which perhaps I should have lightly passed over in another) I dwelt upon and maturely considered one passage in the history written by Monsieur de Langey, a man of very great judgment in things of that nature: after having given a narrative of the fine oration Charles V had made in the Consistory at Rome, and in the presence of the Bishop of Mascon and Monsieur du Velly, our ambassadors there, wherein he had mixed several injurious expressions to the dishonour of our nation; and amongst the rest, "that if his captains and soldiers were not men of another kind of fidelity, resolution, and sufficiency in the knowledge of arms than those of the king, he would immediately go with a rope about his neck and sue to him for mercy" (and it should seem the emperor had really this, or a very little better opinion of our military men, for he afterwards, twice or thrice in his life, said the very same thing); as also, that he challenged the king to fight him in his shirt with rapier and poignard in a boat. The said Sieur de Langey, pursuing his history, adds that the forenamed ambassadors, sending a despatch to the king of these things, concealed the greatest part, and particularly the two last passages. At which I could not but wonder that it should be in the power of an ambassador to dispense with anything which he ought to signify to his master, especially of so great importance as this, coming from the mouth of such a person, and spoken in so great an assembly; and I should rather conceive it had been the servant's duty

---

[1] Let the sailor content himself with talking of the winds; the herd of his oxen; the soldier of his wounds; the shepherd of his flocks.—An Italian translation of Propertius, ii. 1, 43.

[2] The lazy ox desires a saddle and bridle; the horse wants to plough.—Horace, *Epist.*, i. 14, 43.

faithfully to have represented to him the whole thing as it passed, to the end that the liberty of selecting, disposing, judging, and concluding might have remained in him: for either to conceal or to disguise the truth for fear he should take it otherwise than he ought to do, and lest it should prompt him to some extravagant resolution, and, in the meantime, to leave him ignorant of his affairs, should seem, methinks, rather to belong to him who is to give the law than to him who is only to receive it; to him who is in supreme command, and not to him who ought to look upon himself as inferior, not only in authority, but also in prudence and good counsel. I, for my part, would not be so served in my little concerns.

We so willingly slip the collar of command upon any pretence whatever, and are so ready to usurp upon dominion, every one does so naturally aspire to liberty and power, that no utility whatever derived from the wit or valour of those he employs ought to be so dear to a superior as a downright and sincere obedience. To obey more upon the account of understanding than of subjection, is to corrupt the office of command; insomuch that P. Crassus, the same whom the Romans reputed five times happy, at the time when he was consul in Asia, having sent to a Greek engineer to cause the greater of two masts of ships that he had taken notice of at Athens to be brought to him, to be employed about some engine of battery he had a design to make; the other, presuming upon his own science and sufficiency in those affairs, thought fit to do otherwise than directed, and to bring the less, which, according to the rules of art, was really more proper for the use to which it was designed; but Crassus, though he gave ear to his reasons with great patience, would not, however, take them, how sound or convincing soever, for current pay, but caused him to be well whipped for his pains, valuing the interest of discipline much more than that of the work in hand.

Notwithstanding, we may on the other side consider that so precise and implicit an obedience as this is only due to positive and limited commands. The employment of ambassadors is never so confined, many things in their management of affairs being wholly referred to the absolute sovereignty of their own conduct; they do not simply execute, but also, to their own discretion and wisdom, form and model their master's pleasure. I have, in my time, known men of command checked for having rather obeyed the express words of the king's letters, than the necessity of the affairs they had in hand. Men of understanding do yet, to this day, condemn the custom of the kings of Persia to give their lieutenants and agents so little rein, that, upon the least arising difficulties, they must fain have recourse to their further commands; this delay, in so vast an extent of dominion, having often very much prejudiced their affairs; and Crassus, writing to a man whose profession it was best to understand those things, and pre-acquainting him to what use this mast was designed, did he not seem to consult his advice, and in a manner invite him to interpose his better judgment?

XVII. OF FEAR

Obstupui, steteruntque comæ et vox faucibus hæsit.[1]

I AM not so good a naturalist (as they call it) as to discern by what secret springs fear has its motion in us; but, be this as it may, 'tis a strange passion, and such a one that the physicians say there is no other whatever that sooner dethrones our judgment from its proper seat; which is so true, that I myself have seen very many become frantic through fear; and, even in those of the best settled temper, it is most certain that it begets a terrible astonishment and confusion during the fit. I omit the vulgar sort, to whom it one while represents their great-grandsires risen out of their graves in their shrouds, another while hobgoblins, spectres, and chimæras; but even amongst soldiers, a sort of men over whom, of all others, it ought to have the least power, how often has it converted flocks of sheep into armed squadrons, reeds and bullrushes into pikes and lances, friends into enemies, and the French white cross into the red cross of Spain! When Monsieur de Bourbon took Rome, an ensign who was upon guard at Borgo San Pietro was seized with such a fright upon the first alarm, that he threw himself out at a breach with his colours upon his shoulder, and ran directly upon the enemy, thinking he had retreated toward the inward defences of the city, and with much ado, seeing Monsieur de Bourbon's people, who thought it had been a sally upon them, draw up to receive him, at last came to himself, and saw his error; and then facing about, he retreated full speed through the same breach by which he had gone out, but not till he had first blindly advanced above three hundred paces into the open field. It did not, however, fall out so well with Captain Julio's ensign, at the time when St. Paul was taken from

---

[1] I was amazed, my hair stood on end, and my voice stuck in my throat.—*Æneid*, ii. 774.

us by the Count de Bures and Monsieur de Reu, for he, being so astonished with fear as to throw himself, colours and all, out at a porthole, was immediately cut to pieces by the enemy; and in the same siege, it was a very memorable fear that so seized, contracted, and froze up the heart of a gentleman, that he sank down, stone-dead, in the breach, without any manner of wound or hurt at all. The like madness does sometimes push on a whole multitude; for in one of the encounters that Germanicus had with the Germans, two great parties were so amazed with fear that they ran two opposite ways, the one to the same place from which the other had fled.[1] Sometimes it adds wings to the heels, as in the two first: sometimes it nails them to the ground, and fetters them from moving; as we read of the Emperor Theophilus, who, in a battle he lost against the Agarenes, was so astonished and stupefied that he had no power to fly—*adeo pavor etiam auxilia formidat*[2]—till such time as Manuel, one of the principal commanders of his army, having jogged and shaked him so as to rouse him out of his trance, said to him, "Sir, if you will not follow me, I will kill you; for it is better you should lose your life than, by being taken, lose your empire." But fear does then manifest its utmost power when it throws us upon a valiant despair, having before deprived us of all sense both of duty and honour. In the first pitched battle the Romans lost against Hannibal, under the consul Sempronius, a body of ten thousand foot, that had taken fright, seeing no other escape for their cowardice, went and threw themselves headlong upon the great battalion of the enemies, which with marvellous force and fury they charged through and through, and routed with a very great slaughter of the Carthaginians, thus purchasing an ignominious flight at the same price they might have gained a glorious victory.

The thing in the world I am most afraid of is fear, that passion alone, in the trouble of it, exceeding all other accidents. What affliction could be greater or more just than that of Pompey's friends, who, in his ship, were spectators of that horrible murder? Yet so it was, that the fear of the Egyptian vessels they saw coming to board them, possessed them with so great alarm that it is observed they thought of nothing but calling upon the mariners to make haste, and by force of oars to escape away, till being arrived at Tyre, and delivered from fear, they had leisure to turn their thoughts to the loss of their captain, and to give vent to those tears and lamentations that the other more potent passion had till then suspended.

Tum pavor sapientiam omnem mihi ex animo expectorat.[3]

Such as have been well banged in some skirmish, may yet, all wounded and bloody as they are, be brought on again the next day to charge; but such as have once conceived a good sound fear of the enemy, will never be made so much as to look him in the face. Such as are in immediate fear of losing their estates, of banishment, or of slavery, live in perpetual anguish, and lose all appetite and repose; whereas such as are actually poor, slaves, or exiles, ofttimes live as merrily as other folk. And the many people who, impatient of the perpetual alarms of fear, have hanged or drowned themselves, or dashed themselves to pieces, give us sufficiently to understand that fear is more importunate and insupportable than death itself.

The Greeks acknowledge another kind of fear, differing from any we have spoken of yet, that surprises us without any visible cause, by an impulse from heaven, so that whole nations and whole armies have been struck with it. Such a one was that which brought so wonderful a desolation upon Carthage, where nothing was to be heard but affrighted voices and outcries; where the inhabitants were seen to sally out of their houses as to an alarm, and there to charge, wound, and kill one another, as if they had been enemies come to surprise their city. All things were in disorder and fury till, with prayers and sacrifices, they had appeased their gods; and this is that they call a panic terror.

XVIII. THAT MEN ARE NOT TO JUDGE OF OUR HAPPINESS TILL AFTER DEATH

Scilicet ultima semper
Exspectanda dies homini est; dicique beatus
Ante obitum nemo supremaque funera debet.[4]

THE very children know the story of King Crœsus to this purpose, who being taken prisoner by Cyrus, and by him condemned to die, as he was going to execution cried out, "O Solon, Solon!" which being presently reported to Cyrus, and he sending to inquire of him what it meant, Crœsus gave him to understand that he

---

[1] Tacitus, *Annal.*, i. 63.
[2] So much does fear dread even the means of safety.—Quintus Curtius, ii. 11.
[3] Then fear drove out all intelligence from my mind.—Ennius, in Cicero, *Tusc. Quæs.*, iv. 8.
[4] We should all look forward to our last day: no one can be called happy till he is dead and buried. —Ovid, *Met.*, iii. 135.

now found the teaching Solon had formerly given him true to his cost, which was, "That men, however fortune may smile upon them, could never be said to be happy till they had been seen to pass over the last day of their lives," by reason of the uncertainty and mutability of human things, which, upon very light and trivial occasions, are subject to be totally changed into a quite contrary condition. And so it was that Agesilaus made answer to one who was saying what a happy young man the King of Persia was, to come so young to so mighty a kingdom: " 'Tis true," said he, "but neither was Priam unhappy at his years." In a short time, kings of Macedon, successors to that mighty Alexander, became joiners and scriveners at Rome; a tyrant of Sicily, a pedant at Corinth; a conqueror of one-half of the world and general of so many armies, a miserable suppliant to the rascally officers of a king of Egypt: so much did the prolongation of five or six months of life cost the great Pompey; and, in our fathers' days, Ludovico Sforza, the tenth Duke of Milan, whom all Italy had so long truckled under, was seen to die a wretched prisoner at Loches, but not till he had lived ten years in captivity, which was the worst part of his fortune. The fairest of all queens,[1] widow to the greatest king in Europe, did she not come to die by the hand of an executioner? Unworthy and barbarous cruelty! And a thousand more examples there are of the same kind; for, it seems, that as storms and tempests have a malice against the proud and overtowering heights of our lofty buildings, there are also spirits above that are envious of the grandeurs here below.

Usque adeo res humanas vis abdita quædam
Obterit, et pulchros fasces, sævasque secures
Proculcare, ac ludibrio sibi habere videtur.[2]

And it should seem, also, that Fortune sometimes lies in wait to surprise the last hour of our lives, to show the power she has, in a moment, to overthrow what she was so many years in building, making us cry out with Laberius,

Nimirum hac die
Una plus vixi mihi, quam vivendum fuit.[3]

And, in this sense, this good advice of Solon may reasonably be taken; but he, being a philosopher (with which sort of men the favours and disgraces of Fortune stand for nothing, either to the making a man happy or unhappy, and with whom grandeurs and powers are accidents of a quality almost indifferent) I am apt to think that he had some further aim, and that his meaning was, that the very felicity of life itself, which depends upon the tranquillity and contentment of a well-descended spirit, and the resolution and assurance of a well-ordered soul, ought never to be attributed to any man till he has first been seen to play the last, and, doubtless, the hardest act of his part. There may be disguise and dissimulation in all the rest: where these fine philosophical discourses are only put on, and where accident, not touching us to the quick, gives us leisure to maintain the same gravity of aspect; but, in this last scene of death, there is no more counterfeiting: we must speak out plain, and discover what there is of pure and clean in the bottom of the pot.

Nam veræ voces tum demum pectore ab imo
Ejiciuntur; et eripitur persona, manet res.[4]

Wherefore, at this last, all the other actions of our life ought to be tried and sifted: 'tis the master-day, 'tis the day that is judge of all the rest, " 'tis the day," says one of the ancients, "that must be judge of all my foregoing years." To death do I refer the assay of the fruit of all my studies: we shall then see whether my discourses came only from my mouth or from my heart. I have seen many by their death give a good or an ill repute to their whole life. Scipio, the father-in-law of Pompey, in dying, well wiped away the ill opinion that till then every one had conceived of him. Epaminondas being asked which of the three he had in greatest esteem, Chabrias, Iphicrates, or himself, "You must first see us die," said he, "before that question can be resolved." And, in truth, he would infinitely wrong that man who would weigh him without the honour and grandeur of his end.

God has ordered all things as it has best pleased Him; but I have, in my time, seen three of the most execrable persons that ever I knew in all manner of abominable living, and the most infamous to boot, who all died a very regular death, and in all circumstances composed, even to perfection. There are brave and fortunate deaths: I have seen death cut the thread of the progress of a prodigious advancement, and in

---

[1] Mary, Queen of Scots.
[2] So true it is, that some occult power upsets human affairs, the glittering fasces and the cruel axes spurns under foot, and seems to make sport of them.—Lucretius, v. 1231.
[3] I have lived longer by this one day than I should have done.—Macrobius, ii. 7.

[4] Then at last truth issues from the heart; the visor's gone, the man remains.—Lucretius, iii. 57.

the height and flower of its increase, of a certain person, with so glorious an end that, in my opinion, his ambitious and generous designs had nothing in them so high and great as their interruption. He arrived, without completing his course, at the place to which his ambition aimed, with greater glory than he could either have hoped or desired, anticipating by his fall the name and power to which he aspired in perfecting his career. In the judgment I make of another man's life, I always observe how he carried himself at his death; and the principal concern I have for my own is that I may die well—that is, patiently and tranquilly.

XIX. THAT TO STUDY PHILOSOPHY IS TO LEARN TO DIE

CICERO says "that to study philosophy is nothing but to prepare one's self to die." The reason of which is, because study and contemplation do in some sort withdraw from us our soul, and employ it separately from the body, which is a kind of apprenticeship and a resemblance of death; or else, because all the wisdom and reasoning in the world do in the end conclude in this point, to teach us not to fear to die. And to say the truth, either our reason mocks us, or it ought to have no other aim but our contentment only, nor to endeavour anything but, in sum, to make us live well, and, as the Holy Scripture says, at our ease. All the opinions of the world agree in this, that pleasure is our end, though we make use of divers means to attain it: they would, otherwise, be rejected at the first motion; for who would give ear to him that should propose affliction and misery for his end? The controversies and disputes of the philosophical sects upon this point are merely verbal—*Transcurramus solertissimas nugas*[1]—there is more in them of opposition and obstinacy than is consistent with so sacred a profession; but whatsoever personage a man takes upon himself to perform, he ever mixes his own part with it.

Let the philosophers say what they will, the main thing at which we all aim, even in virtue itself, is pleasure. It amuses me to rattle in their ears this word, which they so nauseate to hear; and if it signify some supreme pleasure and excessive contentment, it is more due to the assistance of virtue than to any other assistance whatever. This pleasure, for being more gay, more sinewy, more robust, and more manly, is only the more seriously voluptuous, and we ought to give it the name of pleasure, as that which is more favourable, gentle, and natural, and not that of vigour, from which we have denominated it. The other, and meaner pleasure, if it could deserve this fair name, it ought to be by way of competition, and not of privilege. I find it less exempt from traverses and inconveniences than virtue itself; and, besides that the enjoyment is more momentary, fluid, and frail, it has its watchings, fasts, and labours, its sweat and its blood; and, moreover, has particular to itself so many several sorts of sharp and wounding passions, and so dull a satiety attending it, as equal it to the severest penance. And we mistake if we think that these incommodities serve it for a spur and a seasoning to its sweetness (as in nature one contrary is quickened by another), or say, when we come to virtue, that like consequences and difficulties overwhelm and render it austere and inaccessible; whereas, much more aptly than in voluptuousness, they ennoble, sharpen, and heighten the perfect and divine pleasure they procure us. He renders himself unworthy of it who will counterpoise its cost with its fruit, and neither understands the blessing nor how to use it. Those who preach to us that the quest of it is craggy, difficult, and painful, but its fruition pleasant, what do they mean by that but to tell us that it is always unpleasing? For what human means will ever attain its enjoyment? The most perfect have been fain to content themselves to aspire unto it, and to approach it only, without ever possessing it. But they are deceived, seeing that of all the pleasures we know, the very pursuit is pleasant. The attempt ever relishes of the quality of the thing to which it is directed, for it is a good part of, and consubstantial with, the effect. The felicity and beatitude that glitters in Virtue, shines throughout all her appurtenances and avenues, even to the first entry and utmost limits.

Now, of all the benefits that virtue confers upon us, the contempt of death is one of the greatest, as the means that accommodates human life with a soft and easy tranquillity, and gives us a pure and pleasant taste of living, without which all other pleasure would be extinct. Which is the reason why all the rules centre and concur in this one article. And although they all in like manner, with common accord, teach us also to despise pain, poverty, and the other accidents to which human life is subject, it is not, nevertheless, with the same solicitude, as well by reason these accidents are not of so great necessity, the greater part of mankind passing over their whole lives without ever knowing

---

[1] Let us skip over those subtle trifles.—Seneca, *Epist.*, 117.

what poverty is, and some without sorrow or sickness, as Xenophilus the musician, who lived a hundred and six years in perfect and continual health; as also because, at the worst, death can, whenever we please, cut short and put an end to all other inconveniences. But as to death, it is inevitable—

> *Omnes eodem cogimur; omnium*
> *Versatur urna serius ocius*
> *Sors exitura, et nos in æternum*
> *Exilium impositura cymbæ.*[1]

——and, consequently, if it frights us, 'tis a perpetual torment, for which there is no sort of consolation. There is no way by which it may not reach us. We may continually turn our heads this way and that, as in a suspected country, *quæ, quasi saxum Tantalo, semper impendet.*[2] Our courts of justice often send back condemned criminals to be executed upon the place where the crime was committed; but, carry them to fine houses by the way, prepare for them the best entertainment you can,

> *Non Siculæ dapes*
> *Dulcem elaborabunt saporem:*
> *Non avium citharæque cantus*
> *Somnum reducent.*[3]

Do you think they can relish it? and that the fatal end of their journey being continually before their eyes, would not alter and deprave their palate from tasting these regalios?

> *Audit iter, numeratque dies, spatioque viarum*
> *Metitur vitam; torquetur peste futura.*[4]

The end of our race is death; 'tis the necessary object of our aim, which, if it fright us, how is it possible to advance a step without a fit of ague? The remedy the vulgar use is not to think on't; but from what brutish stupidity can they derive so gross a blindness? They must bridle the ass by the tail.

> *Qui capite ipse suo instituit vestigia retro,*[5]

'tis no wonder if he be often trapped in the pitfall. They affright people with the very mention of death, and many cross themselves, as it were the name of the devil. And because the making a man's will is in reference to dying, not a man will be persuaded to take a pen in hand to that purpose till the physician has passed sentence upon him, and totally given him over, and then betwixt grief and terror, God knows in how fit a condition of understanding he is to do it.

The Romans, by reason that this poor syllable *death* sounded so harshly to their ears, and seemed so ominous, found out a way to soften and spin it out by a periphrasis, and instead of pronouncing such a one is dead, said, "Such a one has lived," or "Such a one has ceased to live";[6] for, provided there was any mention of life in the case, though past, it carried yet some sound of consolation. And from them it is that we have borrowed our expression, "The late Monsieur such and such a one." Peradventure, as the saying is, the term we have lived is worth our money. I was born betwixt eleven and twelve o'clock in the forenoon the last day of February, 1533, according to our computation, beginning the year the 1st of January, and it is now but just fifteen days since I was complete nine-and-thirty years old; I make account to live, at least, as many more. In the mean time, to trouble a man's self with the thought of a thing so far off, were folly. But what? Young and old die upon the same terms; no one departs out of life otherwise than if he had but just before entered into it; neither is any man so old and decrepit, who, having heard of Methuselah, does not think he has yet twenty years good to come. Fool that thou art, who has assured unto thee the term of life? Thou dependest upon physicians' tales: rather consult effects and experience. According to the common course of things, 'tis long since that thou hast lived by extraordinary favour; thou hast already outlived the ordinary term of life. And that it is so, reckon up thy acquaintance, how many more have died before they arrived at thy age than have attained unto it; and of those who have ennobled their lives by their renown, take but an account, and I dare lay a wager thou wilt find more who have died before than after five-and-thirty years of age. It is full both of reason and piety too, to take example by the humanity of

---

[1] We are all bound one voyage; the lot of all, sooner or later, is to come out of the urn. All must to eternal exile sail away.—Horace, *Od.*, ii. 3, 25.
[2] Ever, like Tantalus' stone, it hangs over us.—Cicero, *De Finib.*, i. 18.
[3] Sicilian dainties will not tickle their palates, nor the melody of birds or harps bring back sleep.—Horace, *Od.*, iii. 1, 18.
[4] He considers the route, computes the time of travelling, measuring his life by the length of the journey, and torments himself by thinking of the blow to come.—Claudian, in *Ruf.*, ii. 137.
[5] Who in his folly seeks to advance backwards.—Lucretius, iv. 474.
[6] Plutarch, Cicero.

Jesus Christ Himself; now, He ended His life at three-and-thirty years. The greatest man, that was no more than a man, Alexander, died also at the same age. How many several ways has death to surprise us?

> *Quid quisque, vitet, nunquam homini satis*
> *Cautum est in horas.*[1]

To omit fevers and pleurisies, who would ever have imagined that a duke of Brittany should be pressed to death in a crowd as that duke was, at the entry of Pope Clement, my neighbour, into Lyons? Hast thou not seen one of our kings killed at a tilting, and did not one of his ancestors die by the jostle of a hog? Æschylus, threatened with the fall of a house, was to much purpose circumspect to avoid that danger, seeing that he was knocked on the head by a tortoise falling out of an eagle's talons in the air. Another was choked with a grapestone; an emperor killed with the scratch of a comb in combing his head. Æmilius Lepidus with a stumble at his own threshold, and Aufidius with a jostle against the door as he entered the council-chamber. And betwixt the very thighs of women, Cornelius Gallus the prætor; Tigillinus, captain of the watch at Rome; Ludovico, son of Guido di Gonzaga, Marquis of Mantua; and (of worse example) Speusippus, a Platonic philosopher, and one of our Popes. The poor judge Bebius gave adjournment in a case for eight days, but he himself, meanwhile, was condemned by death, and his own stay of life expired. Whilst Caius Julius, the physician, was anointing the eyes of a patient, death closed his own; and, if I may bring in an example of my own blood, a brother of mine, Captain St. Martin, a young man, three-and-twenty years old, who had already given sufficient testimony of his valour, playing a match at tennis, received a blow of a ball a little above his right ear, which, as it gave no manner of sign of wound or contusion, he took no notice of it, nor so much as sat down to repose himself, but, nevertheless, died within five or six hours after, of an apoplexy occasioned by that blow.

These so frequent and common examples passing every day before our eyes, how is it possible a man should disengage himself from the thought of death, or avoid fancying that it has us, every moment, by the throat? What matter is it, you will say, which way it comes to pass, provided a man does not terrify himself with the expectation? For my part, I am of this mind, and if a man could by any means avoid it, though by creeping under a calf's skin, I am one that should not be ashamed of the shift; all I aim at is, to pass my time at my ease, and the recreations that will most contribute to it, I take hold of, as little glorious and exemplary as you will.

> *Prætulerim . . . delirus inersque videri,*
> *Dum mea delectent mala me, vel denique fallant,*
> *Quam sapere, et ringi.*[2]

But 'tis folly to think of doing anything that way. They go, they come, they gallop and dance, and not a word of death. All this is very fine: but withal, when it comes either to themselves, their wives, their children, or friends, surprising them at unawares and unprepared, then, what torment, what outcries, what madness and despair! Did you ever see anything so subdued, so changed, and so confounded? A man must, therefore, make more early provision for it; and this brutish negligence, could it possibly lodge in the brain of any man of sense (which I think utterly impossible), sells us its merchandise too dear. Were it an enemy that could be avoided, I would then advise to borrow arms even of cowardice itself; but seeing it is not, and that it will catch you as well flying and playing the poltroon, as standing to't like an honest man—

> *Nempe et fugacem persequitur virum,*
> *Nec parcit imbellis juventæ*
> *Poplitibus timidoque tergo.*[3]

——and seeing that no temper of arms is of proof to secure us—

> *Ille licet ferro cautus se condat, et ære,*
> *Mors tamen inclusum protrahet inde caput*[4]

—let us learn bravely to stand our ground, and fight him. And to begin to deprive him of the greatest advantage he has over us, let us take a way quite contrary to the common course. Let us disarm him of his novelty and strangeness, let us converse and be familiar with him, and

---

[1] Be as cautious as he may, man can never foresee the danger that may at any hour befall him.—Horace, *Od.*, ii. 13, 13.

[2] I had rather seem mad or a sluggard, so that my defects are agreeable to myself, or that I am not painfully conscious of them, than be wise and captious.—Idem, *Epist.*, ii. 2, 126.

[3] He pursues the flying poltroon, nor spares the hamstrings of the unwarlike youth who turns his back.—*Ibid.*, iii. 2, 14.

[4] Let him hide beneath iron or brass in his fear, death will pull his head out of his armour.—Propertius, iii. 18.

have nothing so frequent in our thoughts as death. Upon all occasions represent him to our imagination in his every shape; at the stumbling of a horse, at the falling of a tile, at the least prick with a pin, let us presently consider, and say to ourselves, "Well, and what if it had been death itself?" and, thereupon, let us encourage and fortify ourselves. Let us evermore, amidst our jollity and feasting, set the remembrance of our frail condition before our eyes, never suffering ourselves to be so far transported with our delights, but that we have some intervals of reflecting upon, and considering how many several ways this jollity of ours tends to death, and with how many dangers it threatens it. The Egyptians were wont to do after this manner, who in the height of their feasting and mirth, caused a dried skeleton of a man to be brought into the room to serve for a memento to their guests.

Omnem crede diem tibi diluxisse supremum:
Grata superveniet, quæ non sperabitur, hora.[1]

Where death waits for us is uncertain; let us look for him everywhere. The premeditation of death is the premeditation of liberty; he who has learned to die, has unlearned to serve. There is nothing of evil in life, for him who rightly comprehends that the privation of life is no evil: to know how to die, delivers us from all subjection and constraint. Paulus Æmilius answered him whom the miserable King of Macedon, his prisoner, sent to entreat him that he would not lead him in his triumph, "Let him make that request to himself."[2]

In truth, in all things, if nature do not help a little, it is very hard for art and industry to perform anything to purpose. I am in my own nature not melancholic, but meditative; and there is nothing I have more continually entertained myself withal than imaginations of death, even in the most wanton time of my age,

Jucundum quum ætas florida ver ageret.[3]

In the company of ladies, and at games, some have perhaps thought me possessed with some jealousy, or the uncertainty of some hope, whilst I was entertaining myself with the remembrance of some one, surprised, a few days before, with a burning fever of which he died, returning from an entertainment like this, with his head full of idle fancies of love and jollity, as mine was then, and that, for aught I knew, the same destiny was attending me.

Jam fuerit, nec post unquam revocare licebit.[4]

Yet did not this thought wrinkle my forehead any more than any other. It is impossible but we must feel a sting in such imaginations as these, at first; but with often turning and returning them in one's mind, they, at last, become so familiar as to be no trouble at all; otherwise, I, for my part, should be in a perpetual fright and frenzy; for never man was so distrustful of his life, never man so uncertain as to its duration. Neither health, which I have hitherto ever enjoyed very strong and vigorous, and very seldom interrupted, does prolong, nor sickness contract my hopes. Every minute, methinks, I am escaping, and it eternally runs in my mind, that what may be done tomorrow, may be done to-day. Hazards and dangers do, in truth, little or nothing hasten our end; and if we consider how many thousands more remain and hang over our heads, besides the accident that immediately threatens us, we shall find that the sound and the sick, those that are abroad at sea, and those that sit by the fire, those who are engaged in battle, and those who sit idle at home, are the one as near it as the other. *Nemo altero fragilior est: nemo in crastinum sui certior.*[5] For anything I have to do before I die, the longest leisure would appear too short, were it but an hour's business I had to do.

A friend of mine the other day turning over my tablets, found therein a memorandum of something I would have done after my decease, whereupon I told him, as it was really true, that though I was no more than a league's distance only from my own house, and merry and well, yet when that thing came into my head, I made haste to write it down there, because I was not certain to live till I came home. As a man that am eternally brooding over my own thoughts, and confine them to my own particular concerns, I am at all hours as well prepared as I am ever like to be, and death, whenever he shall come, can bring nothing along with him I did not expect long before. We should always, as near as we can, be booted and spurred, and

---

[1] Think each day, when past, is thy last: the next day, as unexpected, will be the more welcome.—Horace, *Epist.*, i. 4, 13.
[2] Plutarch, Æmilius Paulus.
[3] When my florid age rejoiced in pleasant spring.—Catullus, lxviii.

[4] Presently the present will have gone, never to be recalled.—Lucretius, iii. 928.
[5] No man is more fragile than another: no man more certain than another of to-morrow.—Seneca, *Epist.*, 91.

ready to go, and, above all things, take care, at that time, to have no business with any one but one's self.

> *Quid brevi fortes jaculamur ævo*
> *Multa?* ¹

for we shall there find work enough to do, without any need of addition. One man complains, more than of death, that he is thereby prevented of a glorious victory; another, that he must die before he has married his daughter, or educated his children; a third seems only troubled that he must lose the society of his wife; a fourth, the conversation of his son, as the principal comfort and concern of his being. For my part, I am, thanks be to God, at this instant in such a condition, that I am ready to dislodge, whenever it shall please Him, without regret for anything whatsoever. I disengage myself throughout from all worldly relations; my leave is soon taken of all but myself. Never did any one prepare to bid adieu to the world more absolutely and unreservedly, and to shake hands with all manner of interest in it, than I expect to do. The deadest deaths are the best.

> *Miser, O miser, aiunt, omnia ademit*
> *Una dies infesta mihi tot præmia vitæ.*²

And the builder,

> *Manent,* says he, *opera interrupta, minæque*
> *Murorum ingentes.*³

A man must design nothing that will require so much time to the finishing, or, at least, with no such passionate desire to see it brought to perfection. We are born to action.

> *Quum moriar medium solvar et inter opus.*⁴

I would always have a man to be doing, and, as much as in him lies, to extend and spin out the offices of life; and then let death take me planting my cabbages, indifferent to him, and still less of my garden's not being finished. I saw one die, who, at his last gasp, complained of nothing so much as that destiny was about to cut the thread of a chronicle history he was then compiling, when he was gone no farther than the fifteenth or sixteenth of our kings.

> *Illud in his rebus non addunt, nec tibi earum*
> *Jam desiderium rerum super insidit una.*⁵

We are to discharge ourselves from these vulgar and hurtful humours. To this purpose it was that men first appointed the places of sepulture adjoining the churches, and in the most frequented places of the city, to accustom, says Lycurgus,⁶ the common people, women, and children, that they should not be startled at the sight of a corpse, and to the end, that the continual spectacle of bones, graves, and funeral obsequies should put us in mind of our frail condition.

> *Quin etiam exhilarare viris convivia cæde*
> *Mos olim, et miscere epulis spectacula dira*
> *Certantum ferro, sæpe et super ipsa cadentum*
> *Pocula, respersis non parco sanguine mensis.*⁷

And as the Egyptians after their feasts were wont to present the company with a great image of death, by one that cried out to them, "Drink and be merry, for such shalt thou be when thou art dead"; so it is my custom to have death not only in my imagination, but continually in my mouth. Neither is there anything of which I am so inquisitive, and delight to inform myself, as the manner of men's deaths, their words, looks, and bearing; nor any places in history I am so intent upon; and it is manifest enough, by my crowding in examples of this kind, that I have a particular fancy for that subject. If I were a writer of books, I would compile a register, with a comment, of the various deaths of men: he who should teach men to die, would at the same time teach them to live. Dicearchus made one, to which he gave that title; but it was designed for another and less profitable end.

Peradventure, some one may object, that the pain and terror of dying so infinitely exceed all manner of imagination, that the best fencer will be quite out of his play when it comes to the push. Let them say what they will: to premeditate is doubtless a very great advantage; and besides, is it nothing to go so far, at least, without disturbance or alteration? Moreover, Nature

---

¹ Why, for so short a life, tease ourselves with so many projects?—Horace, *Od.,* ii. 16, 17.

² "Wretch that I am," they cry, "one fatal day has deprived me of so many joys of life."—Lucretius, iii. 911.

³ The works remain incomplete, the tall pinnacles of the walls unmade.—*Æneid,* iv. 88.

⁴ When I shall die, let it be doing that I had designed.—Ovid, *Amor.,* ii. 10, 36.

⁵ They do not add, that dying, we have no longer a desire to possess things.—Lucretius, iii. 913.

⁶ Plutarch, Lycurgus.

⁷ It was formerly the custom to enliven banquets with slaughter, and to combine with the repast the dire spectacle of men contending with the sword, the dying in many cases falling upon the cups, and covering the tables with blood.—Silius Italicus, xi. 51.

herself assists and encourages us: if the death be sudden and violent, we have not leisure to fear; if otherwise, I perceive that as I engage further in my disease, I naturally enter into a certain loathing and disdain of life. I find I have much more ado to digest this resolution of dying, when I am well in health, than when languishing of a fever; and by how much I have less to do with the commodities of life, by reason that I begin to lose the use and pleasure of them, by so much I look upon death with less terror. Which makes me hope, that the further I remove from the first, and the nearer I approach to the latter, I shall the more easily exchange the one for the other. And, as I have experienced in other occurrences, that, as Cæsar says, things often appear greater to us at a distance than near at hand, I have found, that being well, I have had maladies in much greater horror than when really afflicted with them. The vigour wherein I now am, the cheerfulness and delight wherein I now live, make the contrary estate appear in so great a disproportion to my present condition, that, by imagination, I magnify those inconveniences by one-half, and apprehend them to be much more troublesome, than I find them really to be, when they lie the most heavy upon me; I hope to find death the same.

Let us but observe in the ordinary changes and declinations we daily suffer, how nature deprives us of the light and sense of our bodily decay. What remains to an old man of the vigour of his youth and better days?

Heu! senibus vitæ portio quanta manet.[1]

Cæsar, to an old weather-beaten soldier of his guards, who came to ask him leave that he might kill himself, taking notice of his withered body and decrepit motion, pleasantly answered, "Thou fanciest, then, that thou art yet alive." Should a man fall into this condition on the sudden, I do not think humanity capable of enduring such a change: but nature, leading us by the hand, an easy and, as it were, an insensible pace step by step conducts us to that miserable state, and by that means makes it familiar to us, so that we are insensible of the stroke when our youth dies in us, though it be really a harder death than the final dissolution of a languishing body, than the death of old age; forasmuch as the fall is not so great from an uneasy being to none at all, as it is from a sprightly and flourishing being to one that is troublesome and painful. The body, bent and bowed, has less force to support a burden; and it is the same with the soul, and therefore it is, that we are to raise her up firm and erect against the power of this adversary. For, as it is impossible she should ever be at rest, whilst she stands in fear of it; so, if she once can assure herself, she may boast (which is a thing as it were surpassing human condition) that it is impossible that disquiet, anxiety, or fear, or any other disturbance, should inhabit or have any place in her.

Non vultus instantis tyranni
  Mente quatit solida, neque Auster
Dux inquieti turbidus Adriæ,
Nec fulminantis magna Jovis manus.[2]

She is then become sovereign of all her lusts and passions, mistress of necessity, shame, poverty, and all the other injuries of fortune. Let us, therefore, as many of us as can, get this advantage; 'tis the true and sovereign liberty here on earth, that fortifies us wherewithal to defy violence and injustice, and to contemn prisons and chains.

In manicis et
Compedibus sævo te sub custode tenebo.
Ipse Deus, simul atque volam, me solvet. Opinor,
Hoc sentit; moriar; mors ultima linea rerum est.[3]

Our very religion itself has no surer human foundation than the contempt of death. Not only the argument of reason invites us to it—for why should we fear to lose a thing, which being lost cannot be lamented?—but, also, seeing we are threatened by so many sorts of death, is it not infinitely worse eternally to fear them all, than once to undergo one of them? And what matters it, when it shall happen, since it is inevitable? To him that told Socrates, "The thirty tyrants have sentenced thee to death"; "And nature them," said he. What a ridiculous thing it is to trouble ourselves about taking the only step that is to deliver us from all trouble! As our birth brought us the birth of all things,

---

[1] Alas, to old men how small a portion of life is left!—Maximian, *or* Pseudo-Gallus, *Elegies,* i. 16.

[2] Not the menacing look of a tyrant shakes her well-settled soul, nor turbulent Auster, the prince of the stormy Adriatic, nor yet the strong hand of thundering Jove, such a temper moves.—Horace, *Od.,* iii. 3, 3.

[3] I will keep thee in fetters and chains, in custody of a surly keeper.—A god will, when I ask him, set me free. This god I think is death. Death is the term of all things.—Horace, *Epist.,* i. 16, 76.

so in our death is the death of all things included. And therefore to lament that we shall not be alive a hundred years hence, is the same folly as to be sorry we were not alive a hundred years ago. Death is the beginning of another life. So did we weep, and so much it cost us to enter into this, and so did we put off our former veil in entering into it. Nothing can be a grievance that is but once. Is it reasonable so long to fear a thing that will so soon be despatched? Long life, and short, are by death made all one; for there is no long, nor short, to things that are no more. Aristotle tells us that there are certain little beasts upon the banks of the river Hypanis, that never live above a day: they which die at eight of the clock in the morning, die in their youth, and those that die at five in the evening, in their decrepitude: which of us would not laugh to see this moment of continuance put into the consideration of weal or woe? The most and the least, of ours, in comparison with eternity, or yet with the duration of mountains, rivers, stars, trees, and even of some animals, is no less ridiculous.

But nature compels us to it. "Go out of this world," says she, "as you entered into it; the same pass you made from death to life, without passion or fear, the same, after the same manner, repeat from life to death. Your death is a part of the order of the universe, 'tis a part of the life of the world.

Inter se mortales mutua vivunt

. . .

Et, quasi cursores, vitaï lampada tradunt.[1]

"Shall I exchange for you this beautiful contexture of things? 'Tis the condition of your creation; death is a part of you, and whilst you endeavour to evade it, you evade yourselves. This very being of yours that you now enjoy is equally divided betwixt life and death. The day of your birth is one day's advance towards the grave.

Prima, quæ vitam dedit, hora carpsit.[2]

Nascentes morimur, finisque ab origine pendet.[3]

"All the whole time you live, you purloin from life, and live at the expense of life itself. The perpetual work of your life is but to lay the foundation of death. You are in death, whilst you are in life, because you still are after death, when you are no more alive; or, if you had rather have it so, you are dead after life, but dying all the while you live; and death handles the dying much more rudely than the dead, and more sensibly and essentially. If you have made your profit of life, you have had enough of it; go your way satisfied.

Cur non ut plenus vitæ conviva recedis?[4]

"If you have not known how to make the best use of it, if it was unprofitable to you, what need you care to lose it, to what end would you desire longer to keep it?

Cur amplius addere quæris,
Rursum quod pereat malè, et ingratum
occidat omne?[5]

"Life in itself is neither good nor evil; it is the scene of good or evil, as you make it. And, if you have lived a day, you have seen all: one day is equal and like to all other days. There is no other light, no other shade; this very sun, this moon, these very stars, this very order and disposition of things, is the same your ancestors enjoyed, and that shall also entertain your posterity.

Non alium videre patres, aliumve nepotes
Aspicient.[6]

"And, come the worst that can come, the distribution and variety of all the acts of my comedy are performed in a year. If you have observed the revolution of my four seasons, they comprehend the infancy, the youth, the virility, and the old age of the world: the year has played his part, and knows no other art but to begin again; it will always be the same thing.

Versamur ibidem, atque insumus usque.[7]

Atque in se sua per vestigia volvitur annus.[8]

---

[1] Mortals, amongst themselves, live by turns, and, like the runners in the games, give up the lamp, when they have won the race, to the next comer.—Lucretius, ii. 76, 79.

[2] The first hour that gave us life, took away also an hour.—Seneca, *Her. Fur.*, iii. 874.

[3] As we are born, we die, and the end commences with the beginning.—Manilius, *Ast.*, iv. 16.

[4] Why not depart from life, as a sated guest from a feast?—Lucretius, iii. 951.

[5] Why seek to add longer life, merely to renew ill-spent time, and be again tormented?—*Ibid.*, iii. 914.

[6] Your grandsires saw no other things; nor will your posterity.—Manilius, i. 522.

[7] We are even turning in the same circle, ever therein confined.—Lucretius, iii. 1093.

[8] The year is even turning round in the same footsteps.—Virgil, *Georg.*, ii. 402.

"I am not prepared to create for you any new recreations.

*Nam tibi præterea quod machiner, inveniamque
Quod placeat, nihil est; eadem sunt omnia semper.*[1]

"Give place to others, as others have given place to you. Equality is the soul of equity. Who can complain of being comprehended in the same destiny, wherein all are involved? Besides, live as long as you can, you shall by that nothing shorten the space you are to be dead; 'tis all to no purpose; you shall be every whit as long in the condition you so much fear, as if you had died at nurse.

> *Licet quot vis vivendo vincere secla,
> Mors æterna tamen nihilominus illa manebit.*[2]

"And yet I will place you in such a condition as you shall have no reason to be displeased.

> *In vera nescis nullum fore morte alium te,
> Qui possit vivus tibi te lugere peremptum,
> Stansque jacentem.*[3]

"Nor shall you so much as wish for the life you are so concerned about.

Nec sibi enim quisquam tum se vitamque requirit.[4]

. . . .

Nec desiderium nostri nos afficit ullum.[5]

"Death is less to be feared than nothing, if there could be anything less than nothing.

> *Multo . . . mortem minus ad nos esse putandum,
> Si minus esse potest, quam quod nihil esse videmus.*[6]

"Neither can it any way concern you, whether you are living or dead: living, by reason that you are still in being; dead, because you are no more. Moreover, no one dies before his hour: the time you leave behind was no more yours, than that was lapsed and gone before you came into the world; nor does it any more concern you.

*Respice enim, quam nil ad nos anteacta vetustas
Temporis æterni fuerit.*[7]

"Wherever your life ends, it is all there. The utility of living consists not in the length of days, but in the use of time; a man may have lived long, and yet lived but a little. Make use of time while it is present with you. It depends upon your will, and not upon the number of days, to have a sufficient length of life. Is it possible you can imagine never to arrive at the place towards which you are continually going? and yet there is no journey but hath its end. And, if company will make it more pleasant or more easy to you, does not all the world go the self-same way?

Omnia te, vitâ perfuncta, sequentur.[8]

"Does not all the world dance the same brawl that you do? Is there anything that does not grow old, as well as you? A thousand men, a thousand animals, a thousand other creatures, die at the same moment that you die:

> *Nam nox nulla diem, neque noctem aurora secuuta est,
> Quæ non audierit mistos vagitibus ægris
> Ploratus, mortis comites et funeris atri.*[9]

"To what end should you endeavour to draw back, if there be no possibility to evade it? you have seen examples enough of those who have been well pleased to die, as thereby delivered from heavy miseries; but have you ever found any who have been dissatisfied with dying? It must, therefore, needs be very foolish to condemn a thing you have neither experimented in your own person, nor by that of any other. Why dost thou complain of me and of destiny? Do we do thee any wrong? Is it for thee to govern us, or for us to govern thee? Though, peradventure, thy age may not be accomplished, yet thy life is: a man of low stature is as much a man as a giant; neither men nor their lives are measured by the ell. Chiron refused to be immortal, when he was acquainted with the conditions under which he was to enjoy it, by the god of time itself and its duration, his father Saturn. Do but seriously consider how much more insupportable and painful an immortal life would be to

---

[1] I can devise, nor find anything else to please you: 'tis the same thing over and over again.—Lucretius, iii. 957.

[2] Live triumphing over as many ages as you will, death still will remain eternal.—*Ibid.*, 1103.

[3] Know you not that, when dead, there can be no other living self to lament you dead, standing on your grave.—*Ibid.*, 898.

[4] No one then troubles himself about himself, or about life.—*Ibid.*, 932.

[5] Nor has any regret about himself.—*Ibid.*, 935.

[6] Death would seem much less to us—if indeed there could be less in that which we see to be nothing.—*Ibid.*, 939.

[7] Consider, how as nothing to us is the old age of times past.—*Ibid.*, 985.

[8] All things, then, life over, must follow thee.—*Ibid.*, 981.

[9] No night has followed day, no day has followed night, in which there has not been heard sobs and sorrowing cries, the companions of death and funerals.—*Ibid.*, v. 579.

man than what I have already given him. If you had not death, you would eternally curse me for having deprived you of it; I have mixed a little bitterness with it, to the end, that seeing of what convenience it is, you might not too greedily and indiscreetly seek and embrace it: and that you might be so established in this moderation, as neither to nauseate life, nor have an antipathy for dying, which I have decreed you shall once do, I have tempered the one and the other betwixt pleasure and pain. It was I that taught Thales, the most eminent of your sages, that to live and to die were indifferent; which made him, very wisely, answer him, 'Why then he did not die?' 'Because,' said he, 'it is indifferent.' Water, earth, air, and fire, and the other parts of this creation of mine, are no more instruments of thy life than they are of thy death. Why dost thou fear thy last day? it contributes no more to thy dissolution, than every one of the rest: the last step is not the cause of lassitude: it does but confess it. Every day travels towards death: the last only arrives at it." These are the good lessons our mother Nature teaches.

I have often considered with myself whence it should proceed, that in war the image of death, whether we look upon it in ourselves or in others, should, without comparison, appear less dreadful than at home in our own houses (for if it were not so, it would be an army of doctors and whining milksops), and that being still in all places the same, there should be, notwithstanding, much more assurance in peasants and the meaner sort of people, than in others of better quality. I believe, in truth, that it is those terrible ceremonies and preparations wherewith we set it out, that more terrify us than the thing itself; a new, quite contrary way of living; the cries of mothers, wives, and children; the visits of astounded and afflicted friends; the attendance of pale and blubbering servants; a dark room, set round with burning tapers; our beds environed with physicians and divines; in sum, nothing but ghostliness and horror round about us; we seem dead and buried already. Children are afraid even of those they are best acquainted with, when disguised in a visor; and so 'tis with us; the visor must be removed as well from things as from persons; that being taken away, we shall find nothing underneath but the very same death that a mean servant, or a poor chambermaid, died a day or two ago, without any manner of apprehension. Happy is the death that leaves us no leisure to prepare things for all this foppery.

XX. OF THE FORCE OF IMAGINATION

"*Fortis imaginatio generat casum,*"[1] say the schoolmen.

I am one of those who are most sensible of the power of imagination: every one is jostled by it, but some are overthrown by it. It has a very piercing impression upon me; and I make it my business to avoid, wanting force to resist it. I could live by the sole help of healthful and jolly company: the very sight of another's pain materially pains me, and I often usurp the sensations of another person. A perpetual cough in another tickles my lungs and throat. I more unwillingly visit the sick in whom by love and duty I am interested, than those I care not for, to whom I less look. I take possession of the disease I am concerned at, and take it to myself. I do not at all wonder that fancy should give fevers and sometimes kill such as allow it too much scope, and are too willing to entertain it. Simon Thomas was a great physician of his time: I remember, that happening one day at Toulouse to meet him at a rich old fellow's house, who was troubled with weak lungs, and discoursing with his patient about the method of his cure, he told him, that one thing which would be very conducive to it, was to give me such occasion to be pleased with his company, that I might come often to see him, by which means, and by fixing his eyes upon the freshness of my complexion, and his imagination upon the sprightliness and vigour that glowed in my youth, and possessing all his senses with the flourishing age wherein I then was, his habit of body might, peradventure, be amended; but he forgot to say that mine, at the same time, might be made worse. Gallus Vibius so long cudgelled his brains to find out the essence and motions of madness, that, in the end, he himself went out of his wits, and to such a degree, that he could never after recover his judgment; and might brag that he was become a fool by too much wisdom. Some there are who through fear anticipate the hangman; and there was the man, whose eyes being unbound to have his pardon read to him, was found stark dead upon the scaffold, by the stroke of imagination. We start, tremble, turn pale, and blush, as we are variously moved by imagination; and, being a-bed, feel our bodies agitated with its power to that degree, as even sometimes to expiring. And boiling youth, when fast asleep, grows so warm

---

[1] A strong imagination begets the event itself.—*Axiom. Scholast.*

with fancy, as in a dream to satisfy amorous desires:

*Ut, quasi transactis sæpe omnibu' rebu' profundant
Fluminis ingentes fluctus, vestemque cruentent.*[1]

Although it be no new thing to see horns grown in a night on the forehead of one that had none when he went to bed, notwithstanding, what befell Cippus, King of Italy, is memorable; who having one day been a very delighted spectator of a bull-fight, and having all the night dreamed that he had horns on his head, did, by the force of imagination, really cause them to grow there. Passion gave to the son of Crœsus[2] the voice which nature had denied him. And Antiochus fell into a fever, inflamed with the beauty of Stratonice, too deeply imprinted in his soul. Pliny pretends to have seen Lucius Cossitius, who from a woman was turned into a man upon her very wedding-day. Pontanus and others report the like metamorphosis to have happened in these latter days in Italy. And, through the vehement desire of him and his mother,

Vota puer solvit, quæ fœmina voverat, Iphis.[3]

Myself passing by Vitry le François, saw a man the Bishop of Soissons had, in confirmation, called Germain, whom all the inhabitants of the place had known to be a girl till two-and-twenty years of age, called Mary. He was, at the time of my being there, very full of beard, old, and not married. He told us, that by straining himself in a leap his male instruments came out; and the girls of that place have, to this day, a song, wherein they advise one another not to take too great strides, for fear of being turned into men, as Mary Germain was. It is no wonder if this sort of accident frequently happen; for if imagination have any power in such things, it is so continually and vigorously bent upon this subject, that to the end it may not so often relapse into the same thought and violence of desire, it were better, once for all, to give these young wenches the things they long for. Some attribute the scars of King Dagobert and of St. Francis to the force of imagination. It is said, that by it bodies will sometimes be removed from their places; and Celsus tells us of a priest whose soul would be ravished into such an ecstasy that the body would, for a long time, remain without sense or respiration. St. Augustine makes mention of another,[4] who, upon the hearing of any lamentable or doleful cries, would presently fall into a swoon, and be so far out of himself, that it was in vain to call, bawl in his ears, pinch or burn him, till he voluntarily came to himself; and then he would say, that he had heard voices as it were afar off, and did feel when they pinched and burned him; and to prove that this was no obstinate dissimulation in defiance of his sense of feeling, it was manifest, that all the while he had neither pulse nor breathing.

'Tis very probable, that visions, enchantments, and all extraordinary effects of that nature, derive their credit principally from the power of imagination, working and making its chiefest impression upon vulgar and more easy souls, whose belief is so strangely imposed upon, as to think they see what they do not see.

I am not satisfied whether those pleasant ligatures[5] with which this age of ours is so occupied that there is almost no other talk, are not mere voluntary impressions of apprehension and fear; for I know, by experience, in the case of a particular friend of mine, one for whom I can be as responsible as for myself, and a man that cannot possibly fall under any manner of suspicion of insufficiency, and as little of being enchanted who having heard a companion of his make a relation of an unusual frigidity that surprised him at a very unseasonable time; being afterwards himself engaged upon the same account, the horror of the former story on a sudden so strangely possessed his imagination, that he ran the same fortune the other had done; and from that time forward, the scurvy remembrance of his disaster running in his mind and tyrannising over him, he was subject to relapse into the same misfortune. He found some remedy, however, for this fancy in another fancy, by himself frankly confessing and declaring beforehand to the party with whom he was to have to do, this subjection of his, by which means, the agitation of his soul was, in some sort, appeased; and knowing that, now, some such misbehaviour was expected from him, the restraint upon

---

[1] So that, as it were with all the matter acted duly out, they pour the billows of a potent stream and stain their garment.——Lucretius, iv. 1029.
[2] Herodotus, i. 85.
[3] Iphis, become a boy, paid the gifts which, as a woman, he had promised.—Ovid, *Met.*, ix. 793.
[4] Restitutus; *City of God*, Bk. xiv. 24.
[5] *Les nouements d' aiguillettes*, as they were called, knots tied by some one, at a wedding, on a strip of leather, cotton, or silk, and which, especially when passed through the wedding-ring, were supposed to have the magical effect of preventing a consummation of the marriage, until they were untied.

his faculties grew less. And afterwards, at such times as he was in no such apprehension, when setting about the act (his thoughts being then disengaged and free, and his body in its true and natural estate) he was at leisure to cause the part to be handled and communicated to the knowledge of the other party, he was totally freed from that vexatious infirmity. After a man has once done a woman right, he is never after in danger of misbehaving himself with that person, unless upon the account of some excusable weakness. Neither is this disaster to be feared, but in adventures where the soul is over-extended with desire or respect, and, especially, where the opportunity is of an unforeseen and pressing nature; in those cases, there is no means for a man to defend himself from such a surprise, as shall put him altogether out of sorts. I have known some, who have secured themselves from this mischance, by coming half sated elsewhere, purposely to abate the ardour of the fury, and others, who, being grown old, find themselves less impotent by being less able; and one, who found an advantage in being assured by a friend of his, that he had a counter-charm of enchantments that would secure him from this disgrace. The story itself is not much amiss, and therefore you shall have it.

A count of a very great family, and with whom I was very intimate, being married to a fair lady, who had formerly been courted by one who was at the wedding, all his friends were in very great fear; but especially an old lady his kinswoman, who had the ordering of the solemnity, and in whose house it was kept, suspecting his rival would offer foul play by these sorceries. Which fear she communicated to me. I bade her rely upon me: I had, by chance, about me a certain flat plate of gold, whereon were graven some celestial figures, supposed good against sunstroke or pains in the head, being applied to the suture; where, that it might the better remain firm, it was sewed to a ribbon to be tied under the chin; a foppery cousin-german to this of which I am speaking. Jaques Pelletier, who lived in my house, had presented this to me for a singular rarity. I had a fancy to make some use of this knack, and therefore privately told the count, that he might possibly run the same fortune other bridegrooms had sometimes done, especially some one being in the house, who, no doubt, would be glad to do him such a courtesy: but let him boldly go to bed. For I would do him the office of a friend, and, if need were, would not spare a miracle it was in my power to do, provided he would engage to me, upon his honour, to keep it to himself; and only, when they came to bring him his caudle, if matters had not gone well with him, to give me such a sign, and leave the rest to me. Now he had had his ears so battered, and his mind so prepossessed with the eternal tattle of this business, that when he came to't, he did really find himself tied with the trouble of his imagination, and, accordingly, at the time appointed, gave me the sign. Whereupon, I whispered him in the ear, that he should rise, under pretence of putting us out of the room, and after a jesting manner pull my nightgown from my shoulders—we were of much about the same height—throw it over his own, and there keep it till he had performed what I had appointed him to do, which was, that when we were all gone out of the chamber he should withdraw to make water, should three times repeat such and such words, and as often do such and such actions; that at every of the three times, he should tie the ribbon I put into his hand about his middle, and be sure to place the medal that was fastened to it, the figures in such a posture, exactly upon his reins, which being done, and having the last of the three times so well girt and fast tied the ribbon that it could neither untie nor slip from its place, let him confidently return to his business, and withal not forget to spread my gown upon the bed, so that it might be sure to cover them both. These ape's tricks are the main of the effect, our fancy being so far seduced as to believe that such strange means must, of necessity, proceed from some abstruse science: their very inanity gives them weight and reverence. And, certain it is, that my figures approved themselves more venerian than solar, more active than prohibitive. 'Twas a sudden whimsey, mixed with a little curiosity, that made me do a thing so contrary to my nature; for I am an enemy to all subtle and counterfeit actions, and abominate all manner of trickery, though it be for sport, and to an advantage; for though the action may not be vicious in itself, its mode is vicious.

Amasis, King of Egypt,[1] having married Laodice, a very beautiful Greek virgin, though noted for his abilities elsewhere, found himself quite another man with his wife, and could by no means enjoy her; at which he was so enraged, that he threatened to kill her, suspecting her to be a witch. As 'tis usual in things that consist in fancy, she put him upon devotion, and having, accordingly, made his vows to Ve-

---

[1] Herodotus, ii. 181.

nus, he found himself divinely restored the very first night after his oblations and sacrifices. Now women are to blame to entertain us with that disdainful, coy, and angry countenance, which extinguishes our vigour, as it kindles our desire; which made the daughter-in-law of Pythagoras say, "That the woman who goes to bed to a man, must put off her modesty with her petticoat, and put it on again with the same." The soul of the assailant, being disturbed with many several alarms, readily loses the power of performance; and whoever the imagination has once put this trick upon, and confounded with the shame of it (and she never does it but at the first acquaintance, by reason men are then more ardent and eager, and also, at this first account a man gives of himself, he is much more timorous of miscarrying), having made an ill beginning, he enters into such fever and despite at the accident, as are apt to remain and continue with him upon following occasions.

Married people, having all their time before them, ought never to compel or so much as to offer at the feat, if they do not find themselves quite ready: and it is less unseemly to fail of handselling the nuptial sheets, when a man perceives himself full of agitation and trembling, and to await another opportunity at more private and more composed leisure, than to make himself perpetually miserable, for having misbehaved himself and been baffled at the first assault. Till possession be taken, a man, that knows himself subject to this infirmity, should leisurely and by degrees make several little trials and light offers, without obstinately attempting, at once, to force an absolute conquest over his own mutinous and indisposed faculties. Such as know their members to be naturally obedient, need take no other care but only to counterplot their fantasies.

The indocile liberty of this member is very remarkable, so importunately unruly in its tumidity and impatience, when we do not require it, and so unseasonably disobedient when we stand most in need of it: so imperiously contesting in authority with the will, and with so much haughty obstinacy denying all solicitation, both of hand and mind. And yet, though his rebellion is so universally complained of, and that proof is thence deduced to condemn him, if he had, nevertheless, feed me to plead his cause, I should, peradventure, bring the rest of his fellow-members into suspicion of complotting this mischief against him, out of pure envy at the importance and pleasure especial to his employment; and to have, by confederacy, armed the whole world against him, by malevolently charging him alone, with their common offence. For let any one consider, whether there is any one part of our bodies that does not often refuse to perform its office at the precept of the will, and that does not often exercise its function in defiance of her command. They have every one of them passions of their own, that rouse and awaken, stupefy and benumb them, without our leave or consent. How often do the involuntary motions of the countenance discover our inward thoughts, and betray our most private secrets to the bystanders. The same cause that animates this member does also, without our knowledge, animate the lungs, pulse, and heart, the sight of a pleasing object imperceptibly diffusing a flame through all our parts, with a feverish motion. Is there nothing but these veins and muscles that swell and flag without the consent, not only of the will, but even of our knowledge also? We do not command our hairs to stand on end, nor our skin to shiver either with fear or desire; the hands often convey themselves to parts to which we do not direct them; the tongue will be interdict, and the voice congealed, when we know not how to help it. When we have nothing to eat, and would willingly forbid it, the appetite does not, for all that, forbear to stir up the parts that are subject to it, no more nor less than the other appetite we were speaking of, and in like manner, as unseasonably leaves us, when it thinks fit. The vessels that serve to discharge the belly have their own proper dilatations and compressions, without and beyond our concurrence, as well as those which are destined to purge the reins; and that which, to justify the prerogative of the will, St. Augustine urges,[1] of having seen a man who could command his rear to discharge as often together as he pleased, Vives, his commentator, yet further fortifies with another example in his time, of one that could break wind in tune; but these cases do not suppose any more pure obedience in that part; for is anything commonly more tumultuary or indiscreet? To which let me add, that I myself knew one so rude and ungoverned, as for forty years together made his master vent with one continued and unintermitted outbursting, and 'tis like will do so till he die of it. And I could heartily wish that I only knew by reading how often a man's belly, by the denial of one single puff, brings him to the very door of an exceeding painful death; and that the emperor, who gave liberty to let fly in all places, had at the

---

[1] *City of God,* xiv. 24.

same time given us power to do it. But for our will, in whose behalf we prefer this accusation, with how much greater probability may we reproach herself with mutiny and sedition, for her irregularity and disobedience? Does she always will what we would have her to do? Does she not often will what we forbid her to will, and that to our manifest prejudice? Does she suffer herself, more than any of the rest, to be governed and directed by the results of our reason? To conclude, I should move, in the behalf of the gentleman, my client, it might be considered, that in this fact, his cause being inseparably and indistinctly conjoined with an accessory, yet he only is called in question, and that by arguments and accusations which cannot be charged upon the other; whose business, indeed, it is sometimes inopportunely to invite, but never to refuse, and invite, moreover, after a tacit and quiet manner; and therefore is the malice and injustice of his accusers most manifestly apparent. But be it how it will, protesting against the proceedings of the advocates and judges, Nature will, in the meantime, proceed after her own way, who had done but well had she endowed this member with some particular privilege; the author of the sole immortal work of mortals; a divine work, according to Socrates; and love, the desire of immortality, and himself an immortal demon.

Some one, perhaps, by such an effect of imagination may have had the good luck to leave behind him here, the scrofula, which his companion who has come after, has carried with him into Spain. And 'tis for this reason you may see why men in such cases require a mind prepared for the thing that is to be done. Why do the physicians possess, beforehand, their patients' credulity with so many false promises of cure, if not to the end, that the effect of imagination may supply the imposture of their decoctions? They know very well that a great master of their trade has given it under his hand, that he has known some with whom the very sight of physic would work. All which conceits come now into my head by the remembrance of a story that was told me by a domestic apothecary of my father's, a blunt Swiss, a nation not much addicted to vanity and lying, of a merchant he had long known at Toulouse, who being a valetudinary, and much afflicted with the stone, had often occasion to take clysters, of which he caused several sorts to be prescribed him by the physicians, according to the accidents of his disease: which, being brought him, and none of the usual forms, as feeling if it were not too hot, and the like, being omitted, he lay down, the syringe advanced, and all ceremonies performed, injection alone excepted; after which, the apothecary being gone, and the patient accommodated as if he had really received a clyster, he found the same operation and effect that those do who have taken one, indeed; and if at any time the physician did not find the operation sufficient, he would usually give him two or three more doses, after the same manner. And the fellow swore, that to save charges (for he paid as if he had really taken them) this sick man's wife, having sometimes made trial of warm water only, the effect discovered the cheat, and finding these would do no good, was fain to return to the old way.

A woman fancying she had swallowed a pin in a piece of bread, cried and lamented as though she had an intolerable pain in her throat, where she thought she felt it stick; but an ingenious fellow that was brought to her, seeing no outward tumour nor alteration, supposing it to be only a conceit taken at some crust of bread that had hurt her as it went down, caused her to vomit, and, unseen, threw a crooked pin into the basin, which the woman no sooner saw, but believing she had cast it up, she presently found herself eased of her pain. I myself knew a gentleman, who having treated a large company at his house, three or four days after bragged in jest (for there was no such thing), that he had made them eat of a baked cat; at which a young gentlewoman, who had been at the feast, took such a horror, that falling into a violent vomiting and fever, there was no possible means to save her. Even brute beasts are subject to the force of imagination as well as we; witness dogs, who die of grief for the loss of their masters; and bark and tremble and start in their sleep; so horses will kick and whinny in their sleep.

Now all this may be attributed to the close affinity and relation betwixt the soul and the body intercommunicating their fortunes; but 'tis quite another thing when the imagination works not only upon one's own particular body, but upon that of others also. And as an infected body communicates its malady to those that approach or live near it, as we see in the plague, the smallpox, and sore eyes, that run through whole families and cities—

Dum spectant oculi læsos, læduntur et ipsi;
Multaque corporibus transitione nocent [1]

---

[1] When we look at people with sore eyes, our own eyes become sore. Many things are hurtful to

—so the imagination, being vehemently agitated, darts out infection capable of offending the foreign object. The ancients had an opinion of certain women of Scythia, that being animated and enraged against any one, they killed him only with their looks. Tortoises and ostriches hatch their eggs with only looking on them, which infers, that their eyes have in them some ejaculative virtue. And the eyes of witches are said to be assailant and hurtful:

Nescio quis teneros oculus mihi fascinat agnos.[1]

Magicians are no very good authority with me. But we experimentally see that women impart the marks of their fancy to the children they carry in the womb; witness her that was brought to bed of a Moor; and there was presented to Charles, the Emperor, and King of Bohemia, a girl from about Pisa, all over rough and covered with hair, whom her mother said to be so conceived by reason of a picture of St. John the Baptist that hung within the curtains of her bed.

It is the same with beasts; witness Jacob's sheep, and the hares and partridges that the snow turns white upon the mountains. There was at my house, a little while ago, a cat seen watching a bird upon the top of a tree: these, for some time, mutually fixing their eyes one upon another, the bird at last let herself fall dead into the cat's claws, either dazzled by the force of its own imagination, or drawn by some attractive power of the cat. Such as are addicted to the pleasures of the field have, I make no question, heard the story of the falconer, who having earnestly fixed his eyes upon a kite in the air, laid a wager that he would bring her down with the sole power of his sight, and did so, as it was said, for the tales I borrow I charge upon the consciences of those from whom I have them. The discourses are my own, and found themselves upon the proofs of reason, not of experience; to which every one has liberty to add his own examples; and who has none, let him not forbear, the number and varieties of accidents considered, to believe that there are plenty of them: if I do not apply them well, let some other do it for me. And, also, in the subject of which I treat, our manners and motions, testimonies and instances, how fabulous soever, provided they are possible, serve as well as the true; whether they have really happened or no, at Rome or Paris, to John or Peter, 'tis still within the verge of human capacity, which serves me to good use. I see, and make my advantage of it, as well in shadow as in substance; and amongst the various readings thereof in history, I cull out the most rare and memorable to fit my own turn. There are authors whose only end and design it is, to give an account of things that have happened; mine, if I could arrive unto it, should be to deliver of what may happen. There is a just liberty allowed in the schools, of supposing similitudes, when they have none at hand. I do not, however, make any use of that privilege, and as to that matter, in superstitious religion, surpass all historical authority. In the examples which I here bring in, of what I have heard, read, done, or said, I have forbidden myself to dare to alter even the most light and indifferent circumstances: my conscience does not falsify one tittle; what my ignorance may do, I cannot say.

And this it is that makes me sometimes doubt in my own mind, whether a divine, or a philosopher, and such men of exact and tender prudence and conscience, are fit to write history: for how can they stake their reputation upon a popular faith? how be responsible for the opinions of men they do not know? and with what assurance deliver their conjectures for current pay? Of actions performed before their own eyes, wherein several persons were actors, they would be unwilling to give evidence upon oath before a judge; and there is no man, so familiarly known to them, for whose intentions they would become absolute caution. For my part, I think it less hazardous to write of things past, than present, by how much the writer is only to give an account of things every one knows he must of necessity borrow upon trust.

I am solicited to write the affairs of my own time, by some who fancy I look upon them with an eye less blinded with passion than another, and have a clearer insight into them by reason of the free access fortune has given me to the heads of various factions; but they do not consider, that to purchase the glory of Sallust, I would not give myself the trouble, sworn enemy as I am to obligation, assiduity, or perseverance: that there is nothing so contrary to my style as a continued narrative, I so often interrupt, and cut myself short in my writing for want of breath; I have neither composition nor explanation worth anything, and am ignorant, beyond a child, of the phrases and even the very words proper to express the most common things; and for that reason it is, that I have undertaken to

---

our bodies by this sort of transition.—Ovid, *De Rem. Amor.*, 615.

[1] Some eye, I know not whose, is bewitching my tender lambs.—Virgil, *Eclog.*, iii. 103.

say only what I can say, and have accommodated my subject to my strength: should I take one to be my guide, peradventure I should not be able to keep pace with him; and in the freedom of my liberty, might deliver judgments, which upon better thoughts, and according to reason, would be illegitimate and punishable. Plutarch would tell us, of what he has delivered to us, that it is the work of others: that his examples are all and everywhere exactly true: that they are useful to posterity, and are presented with a lustre that will light us the way to virtue, is his own work. It is not of so dangerous consequence, as in a medicinal drug, whether an old story be so or no.

XXI. That the profit of one man is the damage of another

Demades the Athenian condemned one of his city, whose trade it was to sell the necessaries for funeral ceremonies, upon pretence that he demanded unreasonable profit, and that that profit could not accrue to him but by the death of a great number of people. A judgment that appears to be ill grounded, forasmuch as no profit whatever can possibly be made but at the expense of another, and that by the same rule he should condemn all gain of what kind soever. The merchant only thrives by the debauchery of youth; the husbandman by the dearness of grain; the architect by the ruin of buildings; lawyers, and officers of justice, by the suits and contentions of men; nay, even the honour and office of divines are derived from our death and vices. A physician takes no pleasure in the health even of his friends, says the ancient Greek comic writer, nor a soldier in the peace of his country, and so of the rest. And, which is yet worse, let every one but dive into his own bosom, and he will find his private wishes spring and his secret hopes grow up at another's expense. Upon which consideration it comes into my head, that Nature does not in this swerve from her general polity; for physicians hold, that the birth, nourishment, and increase of everything is the dissolution and corruption of another:

Nam quodcumque suis mutatum finibus exit,
Continuo hoc mors est illius, quod fuit ante.[1]

XXII. Of custom, and that we should not easily change a law received

He seems to me to have had a right and true apprehension of the power of custom, who first invented the story of a country-woman who, having accustomed herself to play with and carry a young calf in her arms, and daily continuing to do so as it grew up, obtained this by custom, that, when grown to be a great ox, she was still able to bear it. For, in truth, custom is a violent and treacherous schoolmistress. She, by little and little, slily and unperceived, slips in the foot of her authority, but having by this gentle and humble beginning, with the benefit of time, fixed and established it, she then unmasks a furious and tyrannic countenance, against which we have no more the courage or the power so much as to lift up our eyes. We see her, at every turn, forcing and violating the rules of nature: *Usus efficacissimus rerum omnium magister.*[2] I refer to her Plato's cave in his *Republic,* and the physicians, who so often submit the reasons of their art to her authority; as the story of that king, who by custom brought his stomach to that pass, as to live by poison, and the maid that Albertus reports to have lived upon spiders. In that new world of the Indies, there were found great nations, and in very differing climates, who were of the same diet, made provision of them, and fed them for their tables; as also, they did grasshoppers, mice, lizards, and bats; and in a time of scarcity of such delicacies, a toad was sold for six crowns, all which they cook, and dish up with several sauces. There were also others found, to whom our diet, and the flesh we eat, were venomous and mortal. *Consuetudinis magna vis est: pernoctant venatores in nive: in montibus uri se patiuntur: pugiles, cæstibus contusi, ne ingemiscunt quidem.*[3]

These strange examples will not appear so strange if we consider what we have ordinary experience of, how much custom stupefies our senses. We need not go to what is reported of the people about the cataracts of the Nile; and what philosophers believe of the music of the spheres, that the bodies of those circles being solid and smooth, and coming to touch and rub upon one another, cannot fail of creating a marvellous harmony, the changes and cadences of which cause the revolutions and dances of the stars; but that the hearing sense of all creatures

---

[1] For, whatever from its own confines passes changed, this is at once the death of that which before it was.—Lucretius, ii. 752.

[2] Custom is the best master of all things.—Pliny, *Nat. Hist.,* xxvi. 2.

[3] The power of custom is very great: huntsmen will lie out all night in the snow, or suffer themselves to be burned up by the sun on the mountains; boxers, however hurt by the cæstus, never utter a groan.—Cicero, *Tusc. Quæs.,* ii. 17.

here below, being universally, like that of the Egyptians, deafened, and stupefied with the continual noise, cannot, how great soever, perceive it. Smiths, millers, pewterers, forgemen, and armourers could never be able to live in the perpetual noise of their own trades, did it strike their ears with the same violence that it does ours.

My perfumed doublet gratifies my own smelling at first; but after I have worn it three days together, 'tis only pleasing to the bystanders. This is yet more strange, that custom, notwithstanding long intermissions and intervals, should yet have the power to unite and establish the effect of its impressions upon our senses, as is manifest in such as live near unto steeples and the frequent noise of the bells. I myself lie at home in a tower, where every morning and evening a very great bell rings out the *Ave Maria*: the noise shakes my very tower, and at first seemed insupportable to me; but I am so used to it, that I hear it without any manner of offence, and often without awaking at it.

Plato reprehending a boy for playing at nuts, "Thou reprovest me," says the boy, "for a very little thing." "Custom," replied Plato, "is no little thing." I find that our greatest vices derive their first propensity from our most tender infancy, and that our principal education depends upon the nurse. Mothers are mightily pleased to see a child writhe off the neck of a chicken, or to please itself with hurting a dog or a cat; and such wise fathers there are in the world, who look upon it as a notable mark of a martial spirit, when they hear a son miscall, or see him domineer over a poor peasant, or a lackey, that dares not reply, nor turn again; and a great sign of wit, when they see him cheat and overreach his playfellow by some malicious treachery and deceit. Yet these are the true seeds and roots of cruelty, tyranny, and treason; they bud and put out there, and afterwards shoot up vigorously, and grow to prodigious bulk, cultivated by custom. And it is a very dangerous mistake to excuse these vile inclinations upon the tenderness of their age, and the triviality of the subject: first, it is nature that speaks, whose declaration is then more sincere, and inward thoughts more undisguised, as it is more weak and young; secondly, the deformity of cozenage does not consist nor depend upon the difference betwixt crowns and pins; but I rather hold it more just to conclude thus: why should he not cozen in crowns since he does it in pins, than as they do, who say they only play for pins, they would not do it if it were for money? Children should carefully be instructed to abhor vices for their own contexture; and the natural deformity of those vices ought so to be represented to them, that they may not only avoid them in their actions, but especially so to abominate them in their hearts, that the very thought should be hateful to them, with what mask soever they may be disguised.

I know very well, for what concerns myself, that from having been brought up in my childhood to a plain and straightforward way of dealing, and from having had an aversion to all manner of juggling and foul play in my childish sports and recreations (and, indeed, it is to be noted, that the plays of children are not performed in play, but are to be judged in them as their most serious actions), there is no game so small wherein from my own bosom naturally, and without study or endeavour, I have not an extreme aversion for deceit. I shuffle and cut and make as much clatter with the cards, and keep as strict account for farthings, as it were for double pistoles; when winning or losing against my wife and daughter, 'tis indifferent to me, as when I play in good earnest with others, for round sums. At all times, and in all places, my own eyes are sufficient to look to my fingers; I am not so narrowly watched by any other, neither is there any I have more respect to.

I saw the other day, at my own house, a little fellow, a native of Nantes, born without arms, who has so well taught his feet to perform the services his hands should have done him, that truly these have half forgotten their natural office; and, indeed, the fellow calls them his hands; with them he cuts anything, charges and discharges a pistol, threads a needle, sews, writes, puts off his hat, combs his head, plays at cards and dice, and all this with as much dexterity as any other could do who had more, and more proper, limbs to assist him. The money I gave him—for he gains his living by showing these feats—he took in his foot, as we do in our hand. I have seen another who, being yet a boy, flourished a two-handed sword, and, if I may so say, handled a halberd with the mere motions of his neck and shoulders for want of hands; tossed them into the air, and caught them again, darted a dagger, and cracked a whip as well as any coachman in France.

But the effects of custom are much more manifest in the strange impressions she imprints in our minds, where she meets with less resistance. What has she not the power to impose upon our judgments and beliefs? Is there any so fantastic opinion (omitting the gross impostures of religions, with which we see so many great nations, and so many understanding men, so strangely besotted; for this being beyond the reach of human reason, any error is more excusable in such as are not endued, through the divine bounty, with an extraordinary illumination from above), but, of other opinions, are there any so extravagant, that she has not planted and established for laws in those parts of the world upon which she has been pleased to exercise her power? And therefore that ancient exclamation was exceeding just: *Non pudet physicum, id est speculatorem venatoremque naturæ, ab animis consuetudine imbutis quærere testimonium veritatis?* [1]

I do believe, that no so absurd or ridiculous fancy can enter into human imagination, that does not meet with some example of public practice, and that, consequently, our reason does not ground and back up. There are people, amongst whom it is the fashion to turn their backs upon him they salute, and never look upon the man they intend to honour. There is a place, where, whenever the king spits, the greatest ladies of his court put out their hands to receive it; and another nation, where the most eminent persons about him stoop to take up his ordure in a linen cloth. Let us here steal room to insert a story.

A French gentleman was always wont to blow his nose with his fingers (a thing very much against our fashion), and he justifying himself for so doing, and he was a man famous for pleasant repartees, he asked me, what privilege this filthy excrement had, that we must carry about us a fine handkerchief to receive it, and, which was more, afterwards to lap it carefully up, and carry it all day about in our pockets, which, he said, could not but be much more nauseous and offensive, than to see it thrown away, as we did all other evacuations. I found that what he said was not altogether without reason, and by being frequently in his company, that slovenly action of his was at last grown familiar to me; which nevertheless we make a face at, when we hear it reported of another country. Miracles appear to be so, according to our ignorance of nature, and not according to the essence of nature: the continually being accustomed to anything, blinds the eye of our judgment. Barbarians are no more a wonder to us, than we are to them; nor with any more reason, as every one would confess, if after having travelled over those remote examples, men could settle themselves to reflect upon, and rightly to confer them with, their own. Human reason is a tincture almost equally infused into all our opinions and manners, of what form soever they are; infinite in matter, infinite in diversity. But I return to my subject.

There are peoples, where, his wife and children excepted, no one speaks to the king but through a tube. In one and the same nation, the virgins discover those parts that modesty should persuade them to hide, and the married women carefully cover and conceal them. To which, this custom, in another place, has some relation, where chastity, but in marriage, is of no esteem, for unmarried women may prostitute themselves to as many as they please, and being got with child, may lawfully take physic, in the sight of every one, to destroy their fruit. And, in another place, if a tradesman marry, all of the same condition, who are invited to the wedding, lie with the bride before him; and the greater number of them there is, the greater is her honour, and the opinion of her ability and strength: if an officer marry, 'tis the same, the same with a labourer, or one of mean condition, but then, it belongs to the lord of the place to perform that office; and yet a severe loyalty during marriage is afterwards strictly enjoined. There are places where brothels of young men are kept for the pleasure of women; where the wives go to war as well as the husbands, and not only share in the dangers of battle, but, moreover, in the honours of command. Others, where they wear rings not only through their noses, lips, cheeks, and on their toes, but also weighty gimmals of gold thrust through their paps and buttocks; where, in eating, they wipe their fingers upon their thighs, genitories, and the soles of their feet: where children are excluded, and brothers and nephews only inherit; and elsewhere, nephews only, saving in the succession of the prince: where, for the regulation of community in goods and estates, observed in the country, certain sovereign magistrates have committed to them the universal charge and overseeing of the agriculture, and distribution of the fruits, according to the necessity of every one: where they lament the death of children, and feast at the decease of old men; where they lie ten or twelve in a bed, men and their wives together: where women, whose husbands come to violent ends, may marry again, and others not: where the condition of women is looked upon with such contempt, that they kill

---

[1] Is it not a shame for a natural philosopher, that is, for an observer and hunter of nature, to seek testimony of the truth from minds prepossessed with custom.—Cicero, *De Nat. Deor.*, i. 30.

all the native females, and buy wives of their neighbours to supply their use; where husbands may repudiate their wives without showing any cause, but wives cannot part from their husbands, for what cause soever; where husbands may sell their wives in case of sterility; where they boil the bodies of their dead, and afterwards pound them to a pulp, which they mix with their wine, and drink it; where the most coveted sepulture is to be eaten with dogs, and elsewhere by birds; where they believe the souls of the blessed live in all manner of liberty, in delightful fields, furnished with all sorts of delicacies, and that it is these souls, repeating the words we utter, which we call Echo; where they fight in the water, and shoot their arrows with the most mortal aim, swimming; where, for a sign of subjection, they lift up their shoulders, and hang down their heads; where they put off their shoes when they enter the king's palace; where the eunuchs, who take charge of the sacred women, have, moreover, their lips and noses cut off, that they may not be loved; where the priests put out their own eyes, to be better acquainted with their demons, and the better to receive their oracles; where every one makes to himself a deity of what he likes best; the hunter of a lion or a fox, the fisher of some fish; idols of every human action or passion; in which place, the sun, the moon, and the earth are the principal deities, and the form of taking an oath is, to touch the earth, looking up to heaven; where both flesh and fish is eaten raw; where the greatest oath they take is, to swear by the name of some dead person of reputation, laying their hand upon his tomb; where the new year's gift the king sends every year to the princes, his vassals, is fire, which being brought, all the old fire is put out, and the neighbouring people are bound to fetch the new, every one for themselves, upon pain of high treason; where, when the king, to betake himself wholly to devotion, retires from his administration (which often falls out), his next successor is obliged to do the same, and the right of the kingdom devolves to the third in succession; where they vary the form of government, according to the seeming necessity of affairs; depose the king when they think good, substituting certain elders to govern in his stead, and sometimes transferring it into the hands of the commonalty; where men and women are both circumcised and also baptized; where the soldier, who in one or several engagements, has been so fortunate as to present seven of the enemies' heads to the king, is made noble: where they live in that rare and unsociable opinion of the mortality of the soul; where the women are delivered without pain or fear: where the women wear copper leggings upon both legs, and if a louse bite them, are bound in magnanimity to bite them again, and dare not marry, till first they have made their king a tender of their virginity, if he please to accept it: where the ordinary way of salutation is by putting a finger down to the earth, and then pointing it up towards heaven: where men carry burdens upon their heads, and women on their shoulders; where the women make water standing, and the men squatting: where they send their blood in token of friendship, and offer incense to the men they would honour, like gods: where, not only to the fourth, but in any other remote degree, kindred are not permitted to marry: where the children are four years at nurse, and often twelve; in which place, also, it is accounted mortal to give the child suck the first day after it is born: where the correction of the male children is peculiarly designed to the fathers, and to the mothers of the girls; the punishment being to hang them by the heels in the smoke: where they circumcise the women: where they eat all sorts of herbs, without other scruple than of the badness of the smell: where all things are open—the finest houses, furnished in the richest manner, without doors, windows, trunks, or chests to lock, a thief being there punished double what they are in other places: where they crack lice with their teeth like monkeys, and abhor to see them killed with one's nails: where in all their lives they neither cut their hair nor pare their nails; and, in another place, pare those of the right hand only, letting the left grow for ornament and bravery: where they suffer the hair on the right side to grow as long as it will, and, shave the other; and in the neighbouring provinces, some let their hair grow long before, and some behind, shaving close the rest: where parents let out their children, and husbands their wives, to their guests to hire: where a man may get his own mother with child, and fathers make use of their own daughters or sons, without scandal: where at their solemn feasts they interchangeably lend their children to one another, without any consideration of nearness of blood. In one place, men feed upon human flesh; in another, 'tis reputed a pious office for a man to kill his father at a certain age; elsewhere, the fathers dispose of their children, whilst yet in their mothers' wombs, some to be preserved and carefully brought up, and others to be abandoned or made away. Elsewhere the old husbands lend their wives to young men; and in another place they are in common, without offence; in one place particularly, the women take it for a mark of honour to have as many gay fringed tassels at the bottom of their garment, as they have lain with several men. Moreover, has not custom made a republic of women separately by themselves? has it not put arms into their hands, and made them raise armies and fight battles? And does she not, by her own precept, instruct the most ignorant vulgar, and make them perfect in things which all the philosophy in the world could never beat into the heads of the wisest men? For we know entire nations, where death was not only despised, but entertained with the greatest triumph; where children of seven years old suffered themselves to be whipped to death, without changing countenance; where riches were in such contempt, that the meanest citizen would not have deigned to stoop to take up a purse of crowns. And we know regions, very fruitful in all manner of provisions, where, notwithstanding, the most ordinary diet, and that they are most pleased with, is only bread, cresses, and water. Did not custom, moreover, work that miracle in Chios that, in seven hundred years, it was never known that ever maid or wife committed any act to the prejudice of her honour?

To conclude; there is nothing, in my opinion, that she does not, or may not do; and, therefore, with very good reason it is, that Pindar calls her the queen, and empress of the world. He that was seen to beat his father, and reproved for so doing, made answer, that it was the custom of their family: that, in like manner his father had beaten his grandfather, his grandfather his great-grandfather, "And this," says he, pointing to his son, "when he comes to my age, shall beat me." And the father, whom the son dragged and hauled along the streets, commanded him to stop at a certain door, for he himself, he said, had dragged his father no farther, that being the utmost limit of the hereditary outrage the sons used to practise upon the fathers in their family. It is as much by custom as infirmity, says Aristotle,[1] that women tear their hair, bite their nails, and eat coals and earth, and, more by custom than nature, that men abuse themselves with one another.

The laws of conscience, which we pretend to be derived from nature, proceed from custom; every one, having an inward veneration for the opinions and manners approved and received amongst his own people, cannot, without very great reluctance, depart from them, nor apply himself to them without applause. In times past, when those of Crete would curse any one, they prayed the gods to engage him in some ill custom. But the principal effect of its power is, so to seize and ensnare us, that it is hardly in us to disengage ourselves from its gripe, or so to come to ourselves, as to consider of and to weigh the things it enjoins. To say the truth, by reason that we suck it in with our milk, and that the face of the world presents itself in this posture to our first sight, it seems as if we were born upon condition to follow on this track; and the common fancies that we find in repute everywhere about us, and infused into our minds with the seed of our fathers, appear to be the most universal and genuine: from whence it comes to pass, that whatever is off the hinges of custom, is believed to be also off the hinges of reason; how unreasonably for the most part, God knows.

If, as we who study ourselves, have learned to do, every one who hears a good sentence, would immediately consider how it does any way touch his own private concern, every one would find that it was not so much a good saying, as a severe lash to the ordinary stupidity of his own judgment: but men receive the precepts and admonitions of truth, as directed to the common sort, and never to themselves; and instead of applying them to their own manners, do only very ignorantly and unprofitably commit them to memory. But let us return to the empire of custom.

Such people as have been bred up to liberty, and subject to no other dominion but the authority of their own will, look upon all other form of government as monstrous and contrary to nature. Those who are inured to monarchy do the same; and what opportunity soever fortune presents them with to change, even then, when with the greatest difficulties they have disengaged themselves from one master, that was troublesome and grievous to them, they presently run, with the same difficulties, to create another; being unable to take into hatred subjection itself.

'Tis by the mediation of custom, that every one is content with the place where he is planted by nature; and the Highlanders of Scotland no more pant after Touraine, than the Scythians after Thessaly. Darius asking certain Greeks what they would take to assume the custom of the Indians, of eating the dead bodies of their fathers (for that was their use, believing they

---

[1] Ethics, VII. 5.

could not give them a better, nor more noble sepulture, than to bury them in their own bodies), they made answer, that nothing in the world should hire them to do it; but having also tried to persuade the Indians to leave their custom, and, after the Greek manner, to burn the bodies of their fathers, they conceived a still greater horror at the notion.[1] Every one does the same, for use veils from us the true aspect of things.

Nil adeo magnum, nec tam mirabile quidquam
Principio, quod non minuant mirarier omnes
Paullatim.[2]

Taking upon me once to justify something in use amongst us, and that was received with absolute authority for a great many leagues round about us, and not content, as men commonly do, to establish it only by force of law and example, but inquiring still farther into its origin, I found the foundation so weak, that I who made it my business to confirm others, was very near being dissatisfied myself. 'Tis by this receipt that Plato[3] undertakes to cure the unnatural and preposterous loves of his time, as one which he esteems of sovereign virtue; namely, that the public opinion condemns them; that the poets, and all other sorts of writers, relate horrible stories of them; a recipe, by virtue of which the most beautiful daughters no more allure their fathers' lust; nor brothers, of the finest shape and fashion, their sisters' desire; the very fables of Thyestes, Œdipus, and Macareus, having with the harmony of their song, infused this wholesome opinion and belief into the tender brains of children. Chastity is, in truth, a great and shining virtue, and of which the utility is sufficiently known; but to treat of it, and to set it off in its true value, according to nature, is as hard as 'tis easy to do so according to custom, laws, and precepts. The fundamental and universal reasons are of very obscure and difficult research, and our masters either lightly pass them over, or not daring so much as to touch them, precipitate themselves into the liberty and protection of custom, there puffing themselves out and triumphing to their heart's content: such as will not suffer themselves to be withdrawn from this original source, do yet commit a greater error, and subject themselves to wild opinions; witness Chrysippus who, in so many of his writings, has strewed the little account he made of incestuous conjunctions, committed with how near relations soever.

Whoever would disengage himself from this violent prejudice of custom, would find several things received with absolute and undoubting opinion, that have no other support than the hoary head and rivelled face of ancient usage. But the mask taken off, and things being referred to the decision of truth and reason, he will find his judgment as it were altogether overthrown, and yet restored to a much more sure estate. For example, I shall ask him, what can be more strange than to see a people obliged to obey laws they never understood; bound in all their domestic affairs, as marriages, donations, wills, sales, and purchases, to rules they cannot possibly know, being neither written nor published in their own language, and of which they are of necessity to purchase both the interpretation and the use? Not according to the ingenious opinion of Isocrates, who counselled his king to make the traffics and negotiations of his subjects, free, frank, and of profit to them, and their quarrels and disputes burdensome, and laden with heavy impositions and penalties; but, by a prodigious opinion, to make sale of reason itself, and to give to laws a course of merchandise. I think myself obliged to fortune that, as our historians report, it was a Gascon gentleman, a countryman of mine, who first opposed Charlemagne, when he attempted to impose upon us Latin and imperial laws.

What can be more savage, than to see a nation where, by lawful custom, the office of a judge is bought and sold, where judgments are paid for with ready money, and where justice may legitimately be denied to him that has not wherewithal to pay; a merchandise in so great repute, as in a government to create a fourth estate of wrangling lawyers, to add to the three ancient ones of the church, nobility, and people; which fourth estate, having the laws in their own hands, and sovereign power over men's lives and fortunes, makes another body separate from nobility: whence it comes to pass, that there are double laws, those of honour and those of justice, in many things altogether opposite one to another; the nobles as rigorously condemning a lie taken, as the other do a lie revenged: by the law of arms, he shall be degraded from all nobility and honour who puts up with an affront; and by the civil law, he who vindicates his reputation by revenge incurs a capital punishment: he who applies himself to the law for reparation of an offence done to his honour, disgraces himself; and he who does not,

---

[1] Herodotus, iii. 38.
[2] There is nothing, at first, so grand, so admirable, which, by degrees, people do not regard with less admiration.—Lucretius, ii. 1027.
[3] *Laws,* viii. 836–840.

is censured and punished by the law. Yet of these two so different things, both of them referring to one head, the one has the charge of peace, the other of war; those have the profit, these the honour; those the wisdom, these the virtue; those the word, these the action; those justice, these valour; those reason, these force; those the long robe, these the short;—divided betwixt them.

For what concerns indifferent things, as clothes, who is there seeking to bring them back to their true use, which is the body's service and convenience, and upon which their original grace and fitness depend; for the most fantastic, in my opinion, that can be imagined, I will instance amongst others, our flat caps, that long tail of velvet that hangs down from our women's heads, with its party-coloured trappings; and that vain and futile model of a member we cannot in modesty so much as name, which nevertheless we make show and parade of in public. These considerations, notwithstanding, will not prevail upon any understanding man to decline the common mode; but, on the contrary, methinks, all singular and particular fashions are rather marks of folly and vain affectation, than of sound reason, and that a wise man ought, within, to withdraw and retire his soul from the crowd, and there keep it at liberty and in power to judge freely of things; but, as to externals, absolutely to follow and conform himself to the fashion of the time. Public society has nothing to do with our thoughts, but the rest, as our actions, our labours, our fortunes, and our lives, we are to lend and abandon them to its service, and to the common opinion; as did that good and great Socrates who refused to preserve his life by a disobedience to the magistrate, though a very wicked and unjust one: for it is the rule of rules, the general law of laws, that every one observe those of the place wherein he lives.

Νόμοις ἕπεσθαι τοῖσιν ἐγχωρίοις καλόν.[1]

And now to another point. It is a very great doubt, whether any so manifest benefit can accrue from the alteration of a law received, let it be what it will, as there is danger and inconvenience in altering it; forasmuch as government is a structure composed of divers parts and members joined and united together, with so strict connection, that it is impossible to stir so much as one brick or stone, but the whole body will be sensible of it. The legislator of the Thurians ordained, that whosoever would go about either to abolish an old law, or to establish a new, should present himself with a halter about his neck to the people to the end, that if the innovation he would introduce should not be approved by every one, he might immediately be hanged; and he of the Lacedæmonians employed his life, to obtain from his citizens a faithful promise, that none of his laws should be violated.[2] The Ephorus who so rudely cut the two strings that Phrynis had added to music, never stood to examine whether that addition made better harmony, or that by its means the instrument was more full and complete; it was enough for him to condemn the invention, that it was a novelty, and an alteration of the old fashion. Which also is the meaning of the old rusty sword carried before the magistracy of Marseilles.

For my own part, I have a great aversion from novelty, what face or what pretence soever it may carry along with it, and have reason, having been an eyewitness of the great evils it has produced. For those for which for so many years have lain so heavy upon us, it is not wholly accountable; but one may say, with colour enough, that it has accidentally produced and begotten the mischiefs and ruin that have since happened, both without and against it; it, principally, we are to accuse for these disorders.

Heu! patior telis vulnera facta meis.[3]

They who give the first shock to a state, are almost naturally the first overwhelmed in its ruin; the fruits of public commotion are seldom enjoyed by him who was the first motor; he beats and disturbs the water for another's net. The unity and contexture of this monarchy, of this grand edifice, having been ripped and torn in her old age, by this thing called innovation, has since laid open a rent, and given sufficient admittance to such injuries: the royal majesty with greater difficulty declines from the summit to the middle, then it falls and tumbles headlong from the middle to the bottom. But if the inventors do the greater mischief, the imitators are more vicious, to follow examples of which they have felt and punished both the horror and the offence. And if there can be any degree of honour in ill-doing, these last must yield to the others the glory of contriving, and the courage of making the first attempt. All sorts of

---

[1] It is good to obey the laws of one's country.—Verses from a lost Greek tragedy, possibly derived from an anthology of Greek quotations compiled by Crispin.

[2] Plutarch, *Lycurgus,* xxii.

[3] Alas! the wounds were made by my own weapons.—Ovid, *Heroides,* ii. 48.

new disorders easily draw, from this primitive and ever-flowing fountain, examples and precedents to trouble and discompose our government; we read in our very laws, made for the remedy of this first evil, the beginning and pretences of all sorts of wicked enterprises; and that befalls us, which Thucydides said of the civil wars of his time,[1] that, in favour of public vices, they gave them new and more plausible names for their excuse, sweetening and disguising their true titles; which must be done, forsooth, to reform our conscience and belief: *honesta oratio est;*[2] but the best pretence for innovation is of very dangerous consequence: *adeo nihil motum ex antiquo probabile est.*[3] And freely to speak my thoughts, it argues a strange self-love and great presumption to be so fond of one's own opinions, that a public peace must be overthrown to establish them, and to introduce so many inevitable mischiefs, and so dreadful a corruption of manners, as a civil war and the mutations of state consequent to it, always bring in their train, and to introduce them, in a thing of so high concern, into the bowels of one's own country. Can there be worse husbandry than to set up so many certain and knowing vices against errors that are only contested and disputable? And are there any worse sorts of vices than those committed against a man's own conscience, and the natural light of his own reason? The Senate, upon the dispute betwixt it and the people about the administration of their religion, was bold enough to return this evasion for current pay: *Ad deos id magis, quam ad se, pertinere: ipsos visuros, ne sacra sua polluantur;*[4] according to what the oracle answered to those of Delphos who, fearing to be invaded by the Persians, in the Median war, inquired of Apollo, how they should dispose of the holy treasure of his temple; whether they should hide, or remove it to some other place? He returned them answer, that they should stir nothing from thence, and only take care of themselves, for he was sufficient to look to what belonged to him.[5]

The Christian religion has all the marks of the utmost utility and justice: but none more manifest than the severe injunction it lays indifferently upon all to yield absolute obedience to the civil magistrate, and to maintain and defend the laws. Of which, what a wonderful example has the divine wisdom left us, that, to establish the salvation of mankind, and to conduct His glorious victory over death and sin, would do it after no other way, but at the mercy of our ordinary forms of justice, subjecting the progress and issue of so high and so salutiferous an effect, to the blindness and injustice of our customs and observances; sacrificing the innocent blood of so many of His elect, and so long a loss of so many years, to the maturing of this inestimable fruit? There is a vast difference betwixt the case of one who follows the forms and laws of his country, and of another who will undertake to regulate and change them; of whom the first pleads simplicity, obedience, and example for his excuse, who, whatever he shall do, it cannot be imputed to malice; 'tis at the worst but misfortune: *Quis est enim, quem non moveat clarissimis monumentis testata consignataque antiquitas?*[6] besides what Isocrates says, that defect is nearer allied to moderation than excess: the other is a much more ruffling gamester; for whosoever shall take upon him to choose and alter, usurps the authority of judging, and should look well about him, and make it his business to discern clearly the defect of what he would abolish, and the virtue of what he is about to introduce.

This so vulgar consideration, is that which settled me in my station, and kept even my most extravagant and ungoverned youth under the rein, so as not to burden my shoulders with so great a weight, as to render myself responsible for a science of that importance, and in this to dare what in my better and more mature judgment I durst not do in the most easy and indifferent things I had been instructed in, and wherein the temerity of judging is of no consequence at all; it seeming to me very unjust to go about to subject public and established customs and institutions to the weakness and instability of a private and particular fancy (for private reason has but a private jurisdiction), and to attempt that upon the divine, which no government will endure a man should do, upon the civil laws; with which, though human reason has much more commerce than with the other, yet are they sovereignly judged by their own proper judges, and the extreme sufficiency

---

[1] iii. 52.

[2] Fine words truly.—Terence, *And.,* i. 1. 114.

[3] We are ever wrong in changing ancient ways. —Livy, xxxiv. 54.

[4] Those things more belong to the gods to determine than to them; let the gods, therefore, take care that their sacred mysteries were not profaned. —Livy, x. 6.

[5] Herodotus, viii. 36.

[6] For who is there that antiquity, sealed and attested with so many glorious monuments, cannot move?—Cicero, *De Divin.,* i. 40.

serves only to expound and set forth the law and custom received, and neither to wrest it, nor to introduce anything of innovation. If, sometimes, the divine providence has gone beyond the rules to which it has necessarily bound and obliged us men, it is not to give us any dispensation to do the same; those are masterstrokes of the divine hand, which we are not to imitate, but to admire, and extraordinary examples, marks of express and particular purposes, of the nature of miracles, presented before us for manifestations of its almightiness, equally above both our rules and force, which it would be folly and impiety to attempt to represent and imitate; and that we ought not to follow, but to contemplate with the greatest reverence: acts of His personage, and not for us. Cotta very opportunely declares: *Quum de religione agitur, Ti. Coruncanium, P. Scipionem, P. Scævolam, pontifices maximos, non Zenonem, aut Cleanthem, aut Chrysippum, sequor.*[1] God knows, in the present quarrel of our civil war, where there are a hundred articles to dash out and to put in, great and very considerable, how many there are who can truly boast they have exactly and perfectly weighed and understood the grounds and reasons of the one and the other party; 'tis a number, if they make any number, that would be able to give us very little disturbance. But what becomes of all the rest, under what ensigns do they march, in what quarter do they lie? Theirs have the same effect with other weak and ill-applied medicines; they have only set the humours they would purge more violently in work, stirred and exasperated by the conflict, and left them still behind. The potion was too weak to purge, but strong enough to weaken us; so that it does not work, but we keep it still in our bodies, and reap nothing from the operation but intestine gripes and dolours.

So it is, nevertheless, that Fortune, still reserving her authority in defiance of whatever we are able to do or say, sometimes presents us with a necessity so urgent, that 'tis requisite the laws should a little yield and give way; and when one opposes the increase of an innovation that thus intrudes itself by violence, to keep a man's self in so doing, in all places and in all things within bounds and rules against those who have the power, and to whom all things are lawful that may any way serve to advance their design, who have no other law nor rule but what serves best to their own purpose, 'tis a dangerous obligation and an intolerable inequality——

Aditum nocendi perfido præstat fides,[2]

——forasmuch as the ordinary discipline of a healthful state does not provide against these extraordinary accidents; it presupposes a body that supports itself in its principal members and offices, and a common consent to its obedience and observation. A legitimate proceeding is cold, heavy, and constrained, and not fit to make head against a headstrong and unbridled proceeding. 'Tis known to be, to this day, cast in the dish of those two great men, Octavius and Cato, in the two civil wars of Sulla and Cæsar, that they would rather suffer their country to undergo the last extremities, than relieve their fellow-citizens at the expense of its laws, or be guilty of any innovation; for, in truth, in these last necessities, where there is no other remedy, it would, peradventure, be more discreetly done, to stoop and yield a little to receive the blow, than, by opposing without possibility of doing good, to give occasion to violence to trample all under foot; and better to make the laws do what they can when they cannot do what they would. After this manner did he who suspended them for four-and-twenty hours, and he who, for once, shifted a day in the calendar, and that other who of the month of June made a second of May. The Lacedæmonians themselves, who were so religious observers of the laws of their country, being straitened by one of their own edicts, by which it was expressly forbidden to choose the same man twice to be admiral; and on the other side, their affairs necessarily requiring that Lysander should again take upon him that command, they made one Aratus admiral, 'tis true, but withal, Lysander went superintendent of the navy; and, by the same subtlety, one of their ambassadors being sent to the Athenians to obtain the revocation of some decree, and Pericles remonstrating to him, that it was forbidden to take away the tablet wherein a law had once been engrossed, he advised him to turn it only, that being not forbidden; and Plutarch commends Philopœmen, that being born to command, he knew how to do it, not only according to the laws, but also to overrule even the

---

[1] When matter of religion is in question, I am governed by T. Coruncanius, P. Scipio, P. Scævola, the high priests, and not by Zeno, Cleanthes, or Chrysippus.—Cicero, *De Nat. Deor.*, iii. 2.

[2] Putting faith in a treacherous person, opens the door to harm.—Seneca, *Œdip.*, iii. 686.

laws themselves, when the public necessity so required.

XXIII. Various events from the same counsel

Jacques Amiot, grand almoner of France, one day related to me this story, much to the honour of a prince of ours (and ours he was upon several very good accounts, though originally of foreign extraction), that in the time of our first commotions, at the siege of Rouen, this prince, having been advertised by the queen-mother of a conspiracy against his life, and in her letters particular notice being given him of the person who was to execute the business (who was a gentleman of Anjou, or of Maine, and who to this effect ordinarily frequented this prince's house), discovered not a syllable of this intelligence to any one whatever; but going, the next day, to St. Catherine's Mount, from which our battery played against the town (for it was during the time of the siege), and having in company with him the said lord almoner, and another bishop, he saw this gentleman, who had been denoted to him, and presently sent for him; to whom, being come before him, seeing him already pale and trembling with the conscience of his guilt, he thus said, "Monsieur," such a one, "you guess what I have to say to you; your countenance discovers it; 'tis in vain to disguise your practice, for I am so well informed of your business, that it will but make worse for you, to go about to conceal or deny it: you know very well such and such passages" (which were the most secret circumstances of his conspiracy), "and therefore be sure, as you tender your own life, to confess to me the whole truth of the design." The poor man seeing himself thus trapped and convicted (for the whole business had been discovered to the queen by one of the accomplices), was in such a taking, he knew not what to do; but, folding his hands, to beg and sue for mercy, he threw himself at his prince's feet, who taking him up, proceeded to say, "Come, sir; tell me, have I at any time done you offence? or have I, through private hatred or malice, offended any kinsman or friend of yours? It is not above three weeks that I have known you; what inducement, then, could move you to attempt my death?" To which the gentleman, with a trembling voice, replied, "That it was no particular grudge he had to his person, but the general interest and concern of his party, and that he had been put upon it by some who had persuaded him it would be a meritorious act, by any means, to extirpate so great and so powerful an enemy of their religion." "Well," said the prince, "I will now let you see, how much more charitable the religion is that I maintain, than that which you profess: yours has counselled you to kill me, without hearing me speak, and without ever having given you any cause of offence; and mine commands me to forgive you, convict as you are, by your own confession, of a design to kill me without reason. Get you gone: let me see you no more; and if you are wise, choose, henceforward, honester men for your counsellors in your designs."

The Emperor Augustus being in Gaul, had certain information of a conspiracy L. Cinna was contriving against him; he therefore resolved to make him an example; and, to that end, sent to summon his friends to meet the next morning in counsel. But the night between he passed in great unquietness of mind, considering that he was about to put to death a young man, of an illustrious family, and nephew to the great Pompey, and this made him break out into several passionate complainings. "What then," said he, "is it possible that I am to live in perpetual anxiety and alarm, and suffer my would-be assassin, meantime, to walk abroad at liberty? Shall he go unpunished, after having conspired against my life, a life that I have hitherto defended in so many civil wars, in so many battles by land and by sea? And after having settled the universal peace of the whole world, shall this man be pardoned, who has conspired not only to murder, but to sacrifice me?"—for the conspiracy was to kill him at sacrifice. After which, remaining for some time silent, he began again, in louder tones, and exclaimed against himself saying: "Why livest thou, if it be for the good of so many that thou shouldst die? must there be no end of thy revenges and cruelties? Is thy life of so great value that so many mischiefs must be done to preserve it?" His wife Livia, seeing him in this perplexity: "Will you take a woman's counsel?" said she. "Do as the physicians do, who, when the ordinary recipes will do no good, make trial of the contrary. By severity you have hitherto prevailed nothing; Lepidus has followed Salvidienus; Murena, Lepidus; Cæpio, Murena; Egnatius, Cæpio. Begin now, and try how sweetness and clemency will succeed. Cinna is convict; forgive him, he will never henceforth have the heart to hurt thee, and it will be an act to thy glory." Augustus was well pleased that he had met with an advocate of his own humour; wherefore, having thanked his wife, and, in the morning, countermanded his friends he had before summoned to council, he commanded Cinna all alone to be brought to him; who being accordingly come, and a chair by his appointment set him, having ordered all the rest out of the room, he spake to him after this manner: "In the first place, Cinna, I demand of thee patient audience; do not interrupt me in what I am about to say, and I will afterwards give thee time and leisure to answer. Thou knowest, Cinna, that having taken thee prisoner in the enemy's camp, and thou an enemy, not only so become, but born so, I gave thee thy life, restored to thee all thy goods, and, finally, put thee in so good a posture, by my bounty, of living well and at thy ease, that the victorious envied the conquered. The sacerdotal office which thou madest suit to me for, I conferred upon thee, after having denied it to others, whose fathers have ever borne arms in my service. After so many obligations, thou hast undertaken to kill me." At which Cinna crying out that he was very far from entertaining any so wicked a thought: "Thou dost not keep thy promise, Cinna," continued Augustus, "that thou wouldst not interrupt me. Yes, thou hast undertaken to murder me in such a place, on such a day, in such and such company, and in such a manner." At which words, seeing Cinna astounded and silent, not upon the account of his promise so to be, but interdict with the weight of his conscience: "Why," proceeded Augustus, "to what end wouldst thou do it? Is it to be emperor? Believe me, the Republic is in very ill condition, if I am the only man betwixt thee and the empire. Thou art not able so much as to defend thy own house, and but t'other day was baffled in a suit, by the opposed interest of a mere manumitted slave. What, hast thou neither means nor power in any other thing, but only to undertake Cæsar? I quit the throne, if there be no other than I to obstruct thy hopes. Canst thou believe that Paulus, that Fabius, that the Cossii and the Servilii, and so many noble Romans, not only so in title, but who by their virtue, honour their nobility, would suffer or endure thee?" After this, and a great deal more that he said to him (for he was two long hours in speaking), "Now go, Cinna, go thy way: I give thee that life as traitor and parricide which I before gave thee in the quality of an enemy. Let friendship from this time forward begin betwixt us, and let us show whether I have given, or thou hast received thy life with the better faith"; and so departed from him. Some time after, he preferred him to the consular dignity, complaining that he had not the confidence to demand it; had him ever after for his very great friend, and was, at last, made by him sole heir to all his estate. Now, from the time of this accident which befell Augustus in the fortieth year of his age, he never had any conspiracy or attempt against him, and so reaped the due reward of this his so generous clemency. But it did not so happen with our prince, his moderation and mercy not so securing him, but that he afterwards fell into the toils of the like treason, so vain and futile a thing is human prudence; throughout all our projects, counsels and precautions, Fortune will still be mistress of events.

We repute physicians fortunate when they hit upon a lucky cure, as if there was no other art but theirs that could not stand upon its own legs, and whose foundations are too weak to support itself upon its own basis; as if no other art stood in need of Fortune's hand to help it. For my part, I think of physic as much good or ill as any one would have me: for, thanks be to God, we have no traffic together. I am of a quite contrary humour to other men, for I always despise it; but when I am sick, instead of recanting, or entering into composition with it, I begin, moreover, to hate and fear it, telling them who importune me to take physic, that at all events they must give me time to recover my strength and health, that I may be the better able to support and encounter the violence and danger of their potions. I let Nature work, supposing her to be sufficiently armed with teeth and claws to defend herself from the assaults of infirmity, and to uphold that contexture, the dissolution of which she flies and abhors. I am afraid, lest, instead of assisting her when close grappled and struggling with disease, I should assist her adversary, and burden her still more with work to do.

Now, I say, that not in physic only, but in other more certain arts, Fortune has a very great part. The poetic raptures, the flights of fancy, that ravish and transport the author out of himself, why should we not attribute them to his good fortune, since he himself confesses that they exceed his sufficiency and force, and acknowledges them to proceed from something else than himself, and that he has them no more in his power than the orators say they have those extraordinary motions and agitations that sometimes push them beyond their design. It is the same in painting, where touches shall sometimes slip from the hand of the painter, so surpassing both his conception and his art, as to beget his own admiration and astonishment. But Fortune does yet more evidently manifest the share she has in all things of this kind, by the graces and elegances we find in them, not only beyond the intention, but even without the knowledge of the workman: a competent reader often discovers in other men's writings other perfections than the author himself either intended or perceived, a richer sense and more quaint expression.

As to military enterprises, every one sees how great a hand Fortune has in them. Even in our counsels and deliberations there must, certainly, be something of chance and good-luck mixed with human prudence; for all that our wisdom can do alone is no great matter; the more piercing, quick, and apprehensive it is, the weaker it finds itself, and is by so much more apt to mistrust itself. I am of Sulla's opinion; and when I closely examine the most glorious exploits of war, I perceive, methinks, that those who carry them on make use of counsel and debate only for custom's sake, and leave the best part of the enterprise to Fortune, and, relying upon her aid, transgress, at every turn, the bounds of military conduct and the rules of war. There happen, sometimes, fortuitous alacrities and strange furies in their deliberations, that for the most part prompt them to follow the worst grounded counsels, and swell their courage beyond the limits of reason. Whence it happened that several of the great captains of old, to justify those rash resolutions, have been fain to tell their soldiers, that they were invited to such attempts by some inspiration, some sign and prognostic.

Wherefore, in this doubt and uncertainty, that the shortsightedness of human wisdom to see and choose the best (by reason of the difficulties that the various accidents and circumstances of things bring along with them) perplexes us withal, the surest way, in my opinion, did no other consideration invite us to it, is to pitch upon that wherein is the greatest appearance of honesty and justice; and, not being certain of the shortest, to keep the straightest and most direct way; as in the two examples I have just given, there is no question but it was more noble and generous in him who had received the offence to pardon it than to do otherwise. If the former miscarried in it, he is not, nevertheless, to be blamed for his good intention; neither does any one know, if he had proceeded otherwise, whether by that means he had avoided the end his destiny had appointed for him; and he had, moreover, lost the glory of so humane an act.

You will read in history of many who have been in such apprehension, that the most part have taken the course to meet and anticipate conspiracies against them by punishment and revenge; but I find very few who have reaped any advantage by this proceeding; witness so many Roman emperors. Whoever finds himself in this danger, ought not to expect much either from his vigilance or power; for how hard a thing is it for a man to secure himself from an enemy, who lies concealed under the countenance of the most assiduous friend we have, and to discover and know the wills and inward thoughts of those who are in our personal service. 'Tis not to much purpose to have a guard of foreigners about one, and to be always fenced about with a pale of armed men; whosoever despises his own life is always master of that of another man. And moreover, this continual suspicion, that makes a prince jealous of all the world, must of necessity be a strange torment to him. Therefore it was that Dion, being advertised that Callippus watched all opportunities to take away his life, had never the heart to inquire more particularly into it, saying that he had rather die than live in that misery, that he must continually stand upon his guard, not only against his enemies, but his friends also; which Alexander much more vividly and more roundly manifested in effect, when, having notice by a letter from Parmenio that Philip, his most beloved physician, was by Darius' money corrupted to poison him, at the same time that he gave the letter to Philip to read, drank off the potion he had brought him. Was not this to express a resolution, that if his friends had a mind to despatch him out of the world, he was willing to give them opportunity to do it? This prince is, indeed, the sovereign pattern of hazardous actions; but I do not know whether there be another passage in his life wherein there is so much firm courage as in this, nor so illustrious an image of the beauty and greatness of his mind.

Those who preach to princes so circumspect and vigilant a jealousy and distrust, under colour of security, preach to them ruin and dishonour; nothing noble can be performed without danger. I know a person, naturally of a very great daring and enterprising courage, whose good fortune is continually marred by such persuasions, that he keep himself close surrounded by his friends, that he must not hearken to any reconciliation with his ancient enemies, that he must stand aloof, and not trust his person in hands stronger than his own, what promises or offers soever they may make him, or what advantages soever he may see before him. And I know another, who has unexpectedly advanced his fortunes by following a clear contrary advice.

Courage, the reputation and glory of which men seek with so greedy an appetite, presents itself, when need requires, as magnificently in *cuerpo* as in full armour; in a closet, as in a camp; with arms pendant, as with arms raised.

This over-circumspect and wary prudence is a mortal enemy to all high and generous exploits. Scipio, to sound Syphax's intention, leaving his army, abandoning Spain, not yet secure nor well settled in his new conquest, could pass over into Africa in two small ships, to commit himself, in an enemy's country, to the power of a barbarian king, to a faith untried and unknown, without obligation, without hostage, under the sole security of the grandeur of his own courage, his good fortune, and the promise of his high hopes. *Habita fides ipsam plerumque fidem obligat.*[1] In a life of ambition and glory, it is necessary to hold a stiff rein upon suspicion: fear and distrust invite and draw on offence. The most mistrustful of our kings established his affairs principally by voluntarily committing his life and liberty into his enemies' hands, by that action manifesting that he had absolute confidence in them, to the end they might repose as great an assurance in him. Cæsar only opposed the authority of his countenance and the haughty sharpness of his rebukes to his mutinous legions in arms against him:

> *Stetit aggere fultus*
> *Cespitis, intrepidus vultu: meruitque timeri,*
> *Nil metuens.*[2]

But it is true, withal, that this undaunted assurance is not to be represented in its simple and entire form, but by such whom the apprehension of death, and the worst that can happen, does not terrify and affright; for to represent a pretended resolution with a pale and doubtful countenance and trembling limbs, for the service of an important reconciliation, will effect nothing to purpose. 'Tis an excellent way to gain the heart and will of another, to submit and intrust one's self to him, provided it appear to be freely done, and without the constraint of necessity, and in such a condition that a man manifestly does it out of a pure and entire confidence in the party, at least, with a countenance clear from any cloud of suspicion. I saw, when I was a boy, a gentleman, who was governor of a great city, upon occasion of a popular commotion and fury, not knowing what other course to take, go out of a place of very great strength and security, and commit himself to the mercy of the seditious rabble, in hopes by that means to appease the tumult before it grew to a more formidable head; but it was ill for him that he did so, for he was there miserably slain. But I am not, nevertheless, of opinion that he committed so great an error in going out as men commonly reproach his memory withal, as he did in choosing a gentle and submissive way for the effecting his purpose, and in endeavouring to quiet this storm, rather by obeying than commanding, and by entreaty rather than remonstrance; and I am inclined to believe that a gracious severity, with a soldier-like way of commanding, full of security and confidence, suitable to the quality of his person, and the dignity of his command, would have succeeded better with him; at least, he had perished with greater decency and reputation. There is nothing so little to be expected or hoped for from this many-headed monster, in its fury, as humanity and good-nature; it is much more capable of reverence and fear. I should also reproach him, that having taken a resolution (in my judgment rather brave than rash) to expose himself, weak and naked, in this tempestuous sea of enraged madmen, he ought to have stuck to his text, and not for an instant to have abandoned the high part he had undertaken; whereas, coming to discover his danger nearer hand, and his nose happening to bleed, he again changed that demiss and fawning countenance he had at first put on, into another of fear and amazement, filling his voice with entreaties and his eyes with tears, and, endeavouring so to withdraw and secure his person, that carriage more inflamed their fury, and soon brought the effects of it upon him.

It was upon a time intended that there should be a general muster of several troops in arms (and that is the most proper occasion of secret revenges, and there is no place where they can be executed with greater safety), and there were public and manifest appearances, that there was no safe coming for some, whose principal and necessary office it was to review them.

---

[1] Trust often obliges fidelity.—Livy, xxii. 22.

[2] He stood on a mound, his face all intrepid, and merited to be feared, he fearing nothing.—Lucan, v. 316.

Whereupon, a consultation was held, and several counsels were proposed, as in a case that was very nice, and of great difficulty; and, moreover, of grave consequence. Mine, amongst the rest, was, that they should by all means avoid giving any sign of suspicion, but that the officers who were most in danger should boldly go, and with cheerful and erect countenances ride boldly and confidently through the ranks, and that instead of sparing fire (which the counsels of the major part tended to) they should entreat the captains to command the soldiers to give round and full volleys in honour of the spectators, and not to spare their powder. This was accordingly done, and served so good use, as to please and gratify the suspected troops, and thenceforward to beget a mutual and wholesome confidence and intelligence amongst them.

I look upon Julius Cæsar's way of winning men to him as the best and finest that can be put in practice. First, he tried by clemency to make himself beloved even by his very enemies, contenting himself, in detected conspiracies, only publicly to declare, that he was pre-acquainted with them; which being done, he took a noble resolution to await without solicitude or fear, whatever might be the event, wholly resigning himself to the protection of the gods and fortune: for, questionless, in this state he was at the time when he was killed.

A stranger having publicly said, that he could teach Dionysius, the tyrant of Syracuse, an infallible way to find out and discover all the conspiracies his subjects could contrive against him, if he would give him a good sum of money for his pains, Dionysius, hearing of it, caused the man to be brought to him, that he might learn an art so necessary to his preservation. The man made answer, that all the art he knew, was, that he should give him a talent, and afterwards boast that he had obtained a singular secret from him. Dionysius liked the invention, and accordingly caused six hundred crowns to be counted out to him. It was not likely he should give so great a sum to a person unknown, but upon the account of some extraordinary discovery, and the belief of this served to keep his enemies in awe. Princes, however, do wisely to publish the informations they receive of all the practices against their lives, to possess men with an opinion they have so good intelligence that nothing can be plotted against them, but they have present notice of it. The Duke of Athens did a great many foolish things in the establishment of his new tyranny over Florence: but this especially was most notable, that having received the first intimation of the conspiracies the people were hatching against him, from Matteo di Moroso, one of the conspirators, he presently put him to death, to suppress that rumour, that it might not be thought any of the city disliked his government.

I remember I have formerly read a story of some Roman of great quality who, flying the tyranny of the Triumvirate, had a thousand times by the subtlety of as many inventions escaped from falling into the hands of those that pursued him. It happened one day that a troop of horse, which was sent out to take him, passed close by a brake where he was squat, and missed very narrowly of spying him; but he considering, at this point, the pains and difficulties wherein he had so long continued, to evade the strict and incessant searches that were every day made for him, the little pleasure he could hope for in such a kind of life, and how much better it was for him to die once for all, than to be perpetually at this pass, he started from his seat, called them back, showed them his form, and voluntarily delivered himself up to their cruelty, by that means to free both himself and them from further trouble. To invite a man's enemies to come and cut his throat, seems a resolution a little extravagant and odd; and yet I think he did better to take that course, than to live in continual feverish fear of an accident for which there was no cure. But seeing all the remedies a man can apply to such a disease, are full of unquietness and uncertainty, 'tis better with a manly courage to prepare one's self for the worst that can happen, and to extract some consolation from this, that we are not certain the thing we fear will ever come to pass.

xxiv. Of pedantry

I was often, when a boy, wonderfully concerned to see, in the Italian farces, a pedant always brought in for the fool of the play, and that the title of Magister was in no greater reverence amongst us: for being delivered up to their tuition, what could I do less than be jealous of their honour and reputation? I sought, indeed, to excuse them by the natural incompatibility betwixt the vulgar sort and men of a finer thread, both in judgment and knowledge, forasmuch as they go a quite contrary way to one another: but in this, the thing I most stumbled at was, that the finest gentlemen were those who most despised them; witness our famous poet Du Bellay:

Mais je hay par sur tout un sçavoir pedantesque.[1]

And 'twas so in former times; for Plutarch says, that Greek and Scholar were terms of reproach and contempt amongst the Romans. But since, with the better experience of age, I find they had very great reason so to do, and that *magis magnos clericos non sunt magis magnos sapientes.*[2] But whence it should come to pass, that a mind enriched with the knowledge of so many things should not become more quick and sprightly, and that a gross and vulgar understanding should lodge within it, without correcting and improving itself, all the discourses and judgments of the greatest minds the world ever had, I am yet to seek. To admit so many foreign conceptions, so great and so high fancies, it is necessary (as a young lady, one of the greatest princesses of the kingdom, said to me once, speaking of a certain person) that a man's own brain must be crowded and squeezed together into a less compass, to make room for the others; I should be apt to conclude, that as plants are suffocated and drowned with too much nourishment, and lamps with too much oil, so with too much study and matter is the active part of the understanding which, being embarrassed, and confounded with a great diversity of things, loses the force and power to disengage itself, and, by the pressure of this weight, is bowed, subjected and doubled up. But it is quite otherwise; for our soul stretches and dilates itself proportionably as it fills; and in the examples of elder times, we see, quite contrary, men very proper for public business, great captains, and great statesmen, very learned withal.

And, as to the philosophers, a sort of men remote from all public affairs, they have been sometimes also despised by the comic liberty of their times; their opinions and manners making them appear to men of another sort ridiculous. Would you make them judges of a lawsuit, of the actions of men? they are ready to take it upon them, and straight begin to examine if there be life, if there be motion, if man be any other than an ox; what it is to do and to suffer? what animals, law and justice are? Do they speak of the magistrate, or to him, 'tis with a rude, irreverent, and indecent liberty. Do they hear their prince, or a king commended, they make no more of him than of a shepherd, goatherd, or neatherd: a lazy Coridon, occupied in milking and shearing his herds and flocks, but more rudely and harshly than the herd or shepherd himself. Do you repute any man the greater for being lord of two thousand acres of land? they laugh at such a pitiful pittance, as laying claim themselves to the whole world for their possession. Do you boast of your nobility, as being descended from seven rich successive ancestors? they look upon you with an eye of contempt, as men who have not a right idea of the universal image of nature, and that do not consider how many predecessors every one of us has had, rich, poor, kings, slaves, Greeks, and barbarians; and though you were the fiftieth descendant from Hercules, they look upon it as a great vanity, so highly to value this, which is only a gift of fortune. And 'twas so the vulgar sort contemned them, as men ignorant of the most elementary and ordinary things; as presumptuous and insolent.

But this Platonic picture is far different from that these pedants are presented by. Those were envied for raising themselves above the common sort, for despising the ordinary actions and offices of life, for having assumed a particular and inimitable way of living, and for using a certain method of high-flight and obsolete language, quite different from the ordinary way of speaking: but these are contemned as being as much below the usual form, as incapable of public employment, as leading a life and conforming themselves to the mean and vile manners of the vulgar:

Odi homines ignava opera, philosopha sententia.[3]

For what concerns the philosophers, as I have said, if they were great in science, they were yet much greater in action. And, as it is said of the geometrician of Syracuse, who having been disturbed from his contemplation to put some of his skill in practice for the defence of his country, that he suddenly set on foot dreadful and prodigious engines, that wrought effects beyond all human expectation; himself, notwithstanding, disdaining all this handiwork, and thinking in this he had played the mere mechanic, and violated the dignity of his art, of which these performances of his he accounted but trivial experiments and playthings: so they, whenever they have been put upon the proof of action, have been seen to fly to so high a pitch, as made it very well appear their souls

---

[1] Of all things I hate pedantic learning.—Du Bellay.

[2] The greatest clerks are not the wisest men.—A proverb given in Rabelais' *Gargantua*, i. 39.

[3] I hate men who jabber about philosophy, but do nothing.—Pacuvius, in Gellius, xiii. 8.

were marvellously elevated, and enriched by the knowledge of things. But some of them, seeing the reins of government in the hands of incapable men, have avoided all management of political affairs; and he who demanded of Crates, how long it was necessary to philosophise, received this answer: "Till our armies are no more commanded by fools." Heraclitus resigned the royalty to his brother; and, to the Ephesians, who reproached him that he spent his time in playing with children before the temple: "Is it not better," said he, "to do so, than to sit at the helm of affairs in your company?" Others having their imagination advanced above the world and fortune, have looked upon the tribunals of justice, and even the thrones of kings, as paltry and contemptible; insomuch, that Empedocles refused the royalty that the Agrigentines offered to him. Thales, once inveighing in discourse against the pains and care men put themselves to to become rich, was answered by one in the company, that he did like the fox, who found fault with what he could not obtain. Whereupon, he had a mind, for the jest's sake, to show them to the contrary; and having, for this occasion, made a muster of all his wits, wholly to employ them in the service of profit and gain, he set a traffic on foot, which in one year brought him in so great riches, that the most experienced in that trade could hardly in their whole lives, with all their industry, have raked so much together. That which Aristotle reports of some who called both him and Anaxagoras, and others of their profession, wise but not prudent, in not applying their study to more profitable things—though I do not well digest this verbal distinction—that will not, however, serve to excuse my pedants, for to see the low and necessitous fortune wherewith they are content, we have rather reason to pronounce that they are neither wise nor prudent.

But letting this first reason alone, I think it better to say, that this evil proceeds from their applying themselves the wrong way to the study of the sciences; and that, after the manner we are instructed, it is no wonder if neither the scholars nor the masters become, though more learned, ever the wiser, or more able. In plain truth, the cares and expense our parents are at in our education, point at nothing, but to furnish our heads with knowledge; but not a word of judgment and virtue. Cry out, of one that passes by, to the people: "O, what a learned man!" and of another, "O, what a good man!" they will not fail to turn their eyes, and address their respect to the former. There should then be a third crier, "O, the blockheads!" Men are apt presently to inquire, does such a one understand Greek or Latin? Is he a poet? or does he write in prose? But whether he be grown better or more discreet, which are qualities of principal concern, these are never thought of. We should rather examine, who is better learned, than who is more learned.

We only labour to stuff the memory, and leave the conscience and the understanding unfurnished and void. Like birds who fly abroad to forage for grain, and bring it home in the beak, without tasting it themselves, to feed their young; so our pedants go picking knowledge here and there, out of books, and hold it at the tongue's end, only to spit it out and distribute it abroad. And here I cannot but smile to think how I have paid myself in showing the foppery of this kind of learning, who myself am so manifest an example; for, do I not the same thing throughout almost this whole composition? I go here and there, culling out of several books the sentences that best please me, not to keep them (for I have no memory to retain them in), but to transplant them into this; where, to say the truth, they are no more mine than in their first places. We are, I conceive, knowing only in present knowledge, and not at all in what is past, no more than in that which is to come. But the worst on't is, their scholars and pupils are no better nourished by this kind of inspiration; and it makes no deeper impression upon them, but passes from hand to hand, only to make a show, to be tolerable company, and to tell pretty stories, like a counterfeit coin in counters, of no other use or value but to reckon with, or to set up at cards. *Apud alios loqui didicerunt, non ipsi secum.*[1] *Non est loquendum, sed gubernandum.*[2] Nature, to show that there is nothing barbarous where she has the sole conduct, oftentimes, in nations where art has the least to do, causes productions of wit, such as may rival the greatest effects of art whatever. In relation to what I am now speaking of, the Gascon proverb, derived from a cornpipe, is very quaint and subtle. *Bouha prou bouha, mas a remuda lous dits qu'em.*[3] We can say, Cicero says thus; these were the manners of Plato; these are the very words of Aristotle;

---

[1] They have learned to speak from others, not from themselves.—Cicero, *Tusc. Quæs.*, v. 36.

[2] Speaking is not so necessary as governing.—Seneca, *Epist.*, 108.

[3] You may blow till your eyes start out; but if once you offer to stir your fingers, it is all over.

but what do we say ourselves? What do we judge? A parrot would say as much as that.

And this puts me in mind of that rich gentleman of Rome, who had been solicitous, with very great expense, to procure men that were excellent in all sorts of science, whom he had always attending his person, to the end, that when amongst his friends any occasion fell out of speaking of any subject whatsoever, they might supply his place, and be ready to prompt him, one with a sentence of Seneca, another with a verse of Homer, and so forth, every one according to his talent; and he fancied this knowledge to be his own, because it was in the heads of those who lived upon his bounty; as they, also, do whose learning consists in having noble libraries. I know one, who, when I question him what he knows, he presently calls for a book to show me, and dares not venture to tell me so much as that he has piles in his posteriors, till first he has consulted his dictionary, what piles and posteriors are.

We take other men's knowledge and opinions upon trust; which is an idle and superficial learning. We must make it our own. We are in this very like him who, having need of fire, went to a neighbour's house to fetch it, and finding a very good one there, sat down to warm himself without remembering to carry any with him home. What good does it do us to have the stomach full of meat if it do not digest, if it be not incorporated with us, if it does not nourish and support us? Can we imagine that Lucullus, whom letters, without any manner of experience, made so great a captain, learned to be so after this perfunctory manner? We suffer ourselves to lean and rely so strongly upon the arm of another, that we destroy our own strength and vigour. Would I fortify myself against the fear of death, it must be at the expense of Seneca: would I extract consolation for myself or my friend, I borrow it from Cicero. I might have found it in myself, had I been trained to make use of my own reason. I do not like this relative and mendicant understanding; for though we could become learned by other men's learning, a man can never be wise but by his own wisdom.

Μισῶ σοφιστὴν, ὅστις οὐχ ἀυτῷ σοφός.[1]

Whence Ennius: *Nequidquam sapere sapientem, qui ipse sibi prodesse non quiret.*[2]

*Si cupidus, si
Vanus, et Euganea quantumvis mollior agna.*[3]

Non enim paranda nobis solum, sed fruenda sapientia est.[4]

Dionysius laughed at the grammarians, who cudgelled their brains to inquire into the miseries of Ulysses, and were ignorant of their own; at musicians, who were so exact in tuning their instruments, and never tuned their manners; at orators, who made it a study to declare what is justice, but never took care to do it. If the mind be not better disposed, if the judgment be no better settled, I had much rather my scholar had spent his time at tennis, for, at least, his body would by that means be in better exercise and breath. Do but observe him when he comes back from school, after fifteen or sixteen years that he has been there, there is nothing so unfit for employment; all you shall find he has got, is, that his Latin and Greek have only made him a greater coxcomb than when he went from home. He should bring back his soul replete with good literature, and he brings it only swelled and puffed up with vain and empty shreds and patches of learning; and has really nothing more in him than he had before.

These pedants of ours, as Plato says of the Sophists,[5] their cousins-german, are, of all men, they who most pretend to be useful to mankind, and who alone, of all men, not only do not better and improve that which is committed to them, as a carpenter or a mason would do, but make them much worse, and make us pay them for making them worse, to boot. If the rule which Protagoras proposed to his pupils were followed—either that they should give him his own demand, or make affidavit upon oath in the temple how much they valued the profit they had received under his tuition, and satisfy him accordingly—my pedagogues would find themselves sorely gravelled, if they were to be judged by the affidavits of my experience.[6] Our common Perigordian patois very pleasantly calls these pretenders to learning, *lettre-ferits*, as a man should say, letter-marked—men on whom letters have been stamped by the blow of a mallet. And, in truth, for the most part, they appear to be deprived even of common sense;

---

[1] I hate the wise man, who in his own concern is not wise.—Euripides, in Cicero, *Ep. Fam.*, xiii. 15.

[2] That wise man knows nothing, who cannot profit himself by his wisdom.—Cicero, *De Offic.*, iii. 15.

[3] If he be grasping, or a boaster, or softer than an Euganean lamb.—Juvenal, *Sat.*, viii. 14.

[4] For wisdom is not only to be acquired, but to be utilised.—Cicero, *De Finib.*, i. 1.

[5] Plato, *Meno*.

[6] Plato, *Protagoras*.

for you see the husbandman and the cobbler go simply and fairly about their business, speaking only of what they know and understand; whereas these fellows, to make parade and to get opinion, mustering this ridiculous knowledge of theirs, that floats on the superficies of the brain, are perpetually perplexing and entangling themselves in their own nonsense. They speak fine words sometimes, 'tis true, but let somebody that is wiser apply them. They are wonderfully well acquainted with Galen, but not at all with the disease of the patient; they have already deafened you with a long ribble-row of laws, but understand nothing of the case in hand; they have the theory of all things, let who will put it in practice.

I have sat by, when a friend of mine, in my own house, for sport-sake has with one of these fellows counterfeited a jargon of Galimatias, patched up of phrases without head or tail, saving that he interlarded here and there some terms that had relation to their dispute, and held the coxcomb in play a whole afternoon together, who all the while thought he had answered pertinently and learnedly to all his objections; and yet this was a man of letters, and reputation, and a fine gentleman of the long robe.

*Vos, O patricius sanguis, quos vivere par est
Occipiti cæco, posticæ occurrite sannæ.*[1]

Whosoever shall narrowly pry into and thoroughly sift this sort of people, wherewith the world is so pestered, will, as I have done, find, that for the most part, they neither understand others, nor themselves; and that their memories are full enough, but the judgment totally void and empty; some excepted, whose own nature has of itself formed them into better fashion. As I have observed, for example, in Adrian Turnebus, who having never made other profession than that of mere learning only, and in that, in my opinion, he was the greatest man that has been these thousand years, had nothing at all in him of the pedant, but the wearing of his gown, and a little exterior fashion, that could not be civilised to courtier ways, which in themselves are nothing. I hate our people, who can worse endure an ill-contrived robe than an ill-contrived mind, and take their measure by the leg a man makes, by his behaviour, and so much as the very fashion of his boots, what kind of man he is. For within there was not a more polished soul upon earth. I have often purposely put him upon arguments quite wide of his profession, wherein I found he had so clear an insight, so quick an apprehension, so solid a judgment, that a man would have thought he had never practised any other thing but arms, and been all his life employed in affairs of State. These are great and vigorous natures,

*Queis arte benigna
Et meliore luto finxit præcordia Titan,*[2]

that can keep themselves upright in despite of a pedantic education. But it is not enough that our education does not spoil us; it must, moreover, alter us for the better.

Some of our Parliaments, when they are to admit officers, examine only their learning; to which some of the others also add the trial of understanding, by asking their judgment of some case in law; of these the latter, methinks, proceed with the better method; for although both are necessary, and that it is very requisite they should be defective in neither, yet, in truth, knowledge is not so absolutely necessary as judgment; the last may make shift without the other, but the other never without this. For as the Greek verse says,

Ὡς οὐδὲν ἡ μάθησις ἦν μὴ νοῦς παρῇ.[3]

Would to God that, for the good of our judicature, these societies were as well furnished with understanding and conscience as they are with knowledge. *Non vitæ, sed scholæ discimus.*[4] We are not to tie learning to the soul, but to work and incorporate them together; not to tincture it only, but to give it a thorough and perfect die; which, if it will not take colour, and meliorate its imperfect state, it were without question better to let it alone. 'Tis a dangerous weapon, that will hinder and wound its master, if put into an awkward and unskilful hand: *Ut fuerit melius non didicisse.*[5]

And this, peradventure, is the reason why neither we nor theology require much learning in women; and that Francis, Duke of Brittany, son of John V, one talking with him about his marriage with Isabella the daughter of Scot-

---

[1] O you, of patrician blood, whose fortune it is to live without eyes in the back of your head, beware of grimaces at you from behind.—Persius, *Sat.*, i. 61.

[2] Whom benign Titan (Prometheus) has framed of better clay.—Juvenal, xiv. 34.

[3] To what use serves learning, if the understanding be away.—In Stobæus, iii. 37 (1609).

[4] We do not study for the service of our future life, but only for the school.—Seneca, *Epist.*, 106.

[5] So that it were better never to have learned at all.—Cicero, *Tusc. Quæs.*, ii. 4.

land, and adding that she was homely bred, and without any manner of learning, made answer, that he liked her the better, and that a woman was wife enough if she could distinguish her husband's shirt from his doublet. So that it is no so great wonder, as they make of it, that our ancestors had letters in no greater esteem, and that even to this day, they are but rarely met with in the principal councils of princes; and if the end and design of acquiring riches, which is the only thing we propose to ourselves, by the means of law, physic, pedantry, and even divinity itself, did not uphold and keep them in credit, you would, without doubt, see them in as pitiful a condition as ever. And what loss would this be, if they neither instruct us to think well nor to do well? *Postquam docti prodierunt, boni desunt.*[1] All other knowledge is hurtful to him who has not the science of goodness.

But the reason I glanced upon but now, may it not also hence proceed, that, our studies in France having almost no other aim but profit, except as to those who, by nature born to offices and employments rather of glory than gain, addict themselves to letters, if at all, only for so short a time (being taken from their studies before they can come to have any taste of them, to a profession that has nothing to do with books), there ordinarily remain no others to apply themselves wholly to learning, but people of mean condition, who in that only seek the means to live; and by such people, whose souls are, both by nature and by domestic education and example, of the basest alloy the fruits of knowledge are immaturely gathered and ill digested, and delivered to their recipients quite another thing. For it is not for knowledge to enlighten a soul that is dark of itself, nor to make a blind man see. Her business is not to find a man's eyes, but to guide, govern, and direct them, provided he have sound feet and straight legs to go upon. Knowledge is an excellent drug, but no drug has virtue enough to preserve itself from corruption and decay, if the vessel be tainted and impure wherein it is put to keep. Such a one may have a sight clear enough who looks asquint, and consequently sees what is good, but does not follow it, and sees knowledge, but makes no use of it. Plato's principal institution in his Republic is to fit his citizens with employments suitable to their nature. Nature can do all, and does all. Cripples are very unfit for exercises of the body, and lame souls for exercises of the mind. Degenerate and vulgar souls are unworthy of philosophy. If we see a shoemaker with his shoes out at the toes, we say, 'tis no wonder; for, commonly, none go worse shod than they. In like manner, experience often presents us a physician worse physicked, a divine less reformed, and (constantly) a scholar of less sufficiency, than other people.

Old Aristo of Chios had reason to say, that philosophers did their auditors harm, forasmuch as most of the souls of those that heard them were not capable of making benefit of instructions, which, if not applied to good, would certainly be applied to ill: ἀσώτους *ex Aristippi, acerbos ex Zenonis schola exire.*[2]

In the excellent institution that Xenophon attributes to the Persians, we find that they taught their children virtue, as other nations do letters. Plato tells us, that the eldest son in their royal succession was thus brought up; so soon as he was born he was delivered, not to women, but to eunuchs of the greatest authority about their kings for their virtue, whose charge it was to keep his body healthful and in good plight; and after he came to seven years of age, to teach him to ride and to go a-hunting. When he arrived at fourteen he was transferred into the hands of four, the wisest, the most just, the most temperate, and most valiant of the nation; of whom the first was to instruct him in religion, the second to be always upright and sincere, the third to conquer his appetites and desires, and the fourth to despise all danger.

'Tis a thing worthy of very great consideration, that in that excellent, and, in truth, for its perfection, prodigious form of civil regimen set down by Lycurgus, though so solicitous of the education of children, as a thing of the greatest concern, and even in the very seat of the Muses, he should make so little mention of learning; as if that generous youth, disdaining all other subjection but that of virtue, ought to be supplied, instead of tutors to read to them arts and sciences, with such masters as should only instruct them in valour, prudence, and justice; an example that Plato has followed in his laws. The manner of their discipline was to

---

[1] Since the *savans* have made their appearance among us, the good people have become eclipsed.—Seneca, *Ep.*, 95. Cf. Rousseau, *Discours sur les Lettres*.

[2] They proceeded effeminate debauchees from the school of Aristippus, and churls and cynics from that of Zeno.—Cicero, *De Nat. Deor.*, iii. 31.

propound to them questions in judgment upon men and their actions; and if they commended or condemned this or that person or fact, they were to give a reason for so doing; by which means they at once sharpened their understanding, and learned what was right. Astyages, in Xenophon, asks Cyrus to give an account of his last lesson; and thus it was, "A great boy in our school, having a little short cassock, by force took a longer from another that was not so tall as he, and gave him his own in exchange: whereupon I, being appointed judge of the controversy, gave judgment, that I thought it best each should keep the coat he had, for that they both of them were better fitted with that of one another than with their own: upon which my master told me, I had done ill, in that I had only considered the fitness of the garments, whereas I ought to have considered the justice of the thing, which required that no one should have anything forcibly taken from him that is his own." And Cyrus adds that he was whipped for his pains, as we are in our villages for forgetting the first aorist of $\tau \nu \pi \tau \hat{\omega}$.

My pedant must make me a very learned oration, *in genere demonstrativo,* before he can persuade me that his school is like unto that. They knew how to go the readiest way to work; and seeing that science, when most rightly applied and best understood, can do no more but teach us prudence, moral honesty, and resolution, they thought fit, at first hand, to initiate their children with the knowledge of effects, and to instruct them, not by hearsay and rote, but by the experiment of action, in lively forming and moulding them; not only by words and precepts, but chiefly by works and examples; to the end it might not be a knowledge in the mind only, but its complexion and habit: not an acquisition, but a natural possession. One asking to this purpose, Agesilaus, what he thought most proper for boys to learn? "What they ought to do when they come to be men," said he. It is no wonder, if such an institution produced so admirable effects.

They used to go, it is said, to the other cities of Greece, to inquire out rhetoricians, painters, and musicians; but to Lacedæmon for legislators, magistrates, and generals of armies; at Athens they learned to speak well: here to do well; there to disengage themselves from a sophistical argument, and to unravel the imposture of captious syllogisms; here to evade the baits and allurements of pleasure, and with a noble courage and resolution to conquer the menaces of fortune and death; those cudgelled their brains about words, these made it their business to inquire into things; there was an eternal babble of the tongue, here a continual exercise of the soul. And therefore it is nothing strange if, when Antipater demanded of them fifty children for hostages, they made answer, quite contrary to what we should do, that they would rather give him twice as many full-grown men, so much did they value the loss of their country's education. When Agesilaus courted Xenophon to send his children to Sparta to be bred, "it is not," said he, "there to learn logic or rhetoric, but to be instructed in the noblest of all sciences, namely, the science to obey, and to command."[1]

It is very pleasant to see Socrates, after his manner, rallying Hippias, who recounts to him what a world of money he has got, especially in certain little villages of Sicily, by teaching school, and that he made never a penny at Sparta: "What a sottish and stupid people," says Socrates, "are they, without sense or understanding, that make no account either of grammar or poetry, and only busy themselves in studying the genealogies and successions of their kings, the foundations, rises, and declensions of states, and such tales of a tub!" After which, having made Hippias from one step to another acknowledge the excellency of their form of public administration, and the felicity and virtue of their private life, he leaves him to guess at the conclusion he makes of the inutilities of his pedantic arts.

Examples have demonstrated to us, that in military affairs, and all others of the like active nature, the study of sciences more softens and untempers the courages of men, than it in any way fortifies and excites them. The most potent empire, that at this day appears to be in the whole world, is that of the Turks, a people equally inured to the estimation of arms and the contempt of letters. I find Rome was more valiant before she grew so learned. The most warlike nations at this time in being are the most rude and ignorant: the Scythians, the Parthians, Tamerlane, serve for sufficient proof of this. When the Goths overran Greece, the only thing that preserved all the libraries from the fire was, that some one possessed them with an opinion, that they were to leave this kind of furniture entire to the the enemy, as being most proper to divert them from the exercise of arms, and to fix them to a lazy and sedentary life. When our King Charles VIII, almost with-

---

[1] Plutarch, Agesilaus, vii.

out striking a blow, saw himself possessed of the kingdom of Naples and a considerable part of Tuscany, the nobles about him attributed this unexpected facility of conquest to this, that the princes and nobles of Italy, more studied to render themselves ingenious and learned, than vigorous and warlike.

XXV. OF THE EDUCATION OF CHILDREN

To Madame Diane de Foix,
Comtesse de Gurson

I NEVER yet saw that father, but let his son be never so decrepit or deformed, would not, notwithstanding, own him: not, nevertheless, if he were not totally besotted, and blinded with his paternal affection, that he did not well enough discern his defects: but that with all defaults, he was still his. Just so, I see better than any other, that all I write here are but the idle reveries of a man that has only nibbled upon the outward crust of sciences in his nonage, and only retained a general and formless image of them; who has got a little snatch of everything, and nothing of the whole, *à la Françoise*. For I know, in general, that there is such a thing as physic, as jurisprudence: four parts in mathematics, and, roughly, what all these aim and point at; and peradventure, I yet know farther, what sciences in general pretend unto, in order to the service of our life: but to dive farther than that, and to have cudgelled my brains in the study of Aristotle, the monarch of all modern learning, or particularly addicted myself to any one science, I have never done it; neither is there any one art of which I am able to draw the first lineaments and dead colour; insomuch that there is not a boy of the lowest form in a school, that may not pretend to be wiser than I, who am not able to examine him in his first lesson, which, if I am at any time forced upon, I am necessitated, in my own defence, to ask him, unaptly enough, some universal questions, such as may serve to try his natural understanding; a lesson as strange and unknown to him, as his is to me.

I never seriously settled myself to the reading any book of solid learning but Plutarch and Seneca; and there, like the Danaides, I eternally fill, and it as constantly runs out; something of which drops upon this paper, but little or nothing stays with me. History is my particular game as to matter of reading, or else poetry, for which I have particular kindness and esteem: for, as Cleanthes said, as the voice, forced through the narrow passage of a trumpet, comes out more forcible and shrill; so, methinks, a sentence pressed within the harmony of verse, darts out more briskly upon the understanding, and strikes my ear and apprehension with a smarter and more pleasing effect. As to the natural parts I have, of which this is the essay, I find them to bow under the burden; my fancy and judgment do but grope in the dark, tripping and stumbling in the way, and when I have gone as far as I can, I am in no degree satisfied; I discover still a new and greater extent of land before me, with a troubled and imperfect sight and wrapped up in clouds, that I am not able to penetrate. And taking upon me to write indifferently of whatever comes into my head, and therein making use of nothing but my own proper and natural means, if it befal me, as ofttimes it does, accidentally to meet in any good author, the same heads and commonplaces upon which I have attempted to write (as I did but just now in Plutarch's "Discourse of the Force of Imagination"), to see myself so weak and so forlorn, so heavy and so flat, in comparison of those better writers, I at once pity or despise myself. Yet do I please myself with this, that my opinions have often the honour and good fortune to jump with theirs, and that I go in the same path, though at a very great distance, and can say, "Ah, that is so." I am farther satisfied to find, that I have a quality, which every one is not blessed withal, which is, to discern the vast difference betwixt them and me; and notwithstanding all that, suffer my own inventions, low and feeble as they are, to run on in their career, without mending or plastering up the defects that this comparison has laid open to my own view. And, in plain truth, a man had need of a good strong back to keep pace with these people. The indiscreet scribblers of our times, who, amongst their laborious nothings, insert whole sections and pages out of ancient authors, with a design, by that means, to illustrate their own writings, do quite contrary; for this infinite dissimilitude of ornaments renders the complexion of their own compositions so sallow and deformed, that they lose much more than they get.

The philosophers, Chrysippus and Epicurus, were in this of two quite contrary humours: the first not only in his books mixed passages and sayings of other authors, but entire pieces, and, in one, the whole *Medea* of Euripides; which gave Apollodorus occasion to say, that should a man pick out of his writings all that was none of his, he would leave him nothing but blank paper: whereas the latter, quite contrary, in three hundred volumes that he left behind him, has not so much as any one quotation.

I happened the other day upon this piece of fortune; I was reading a French book, where after I had a long time run dreaming over a great many words, so dull, so insipid, so void of all wit or common sense, that indeed they were only French words; after a long and tedious travel, I came at last to meet with a piece that was lofty, rich, and elevated to the very clouds; of which, had I found either the declivity easy or the ascent gradual, there had been some excuse; but it was so perpendicular a precipice, and so wholly cut off from the rest of the work, that, by the six first words, I found myself flying into the other world, and thence discovered the vale whence I came so deep and low, that I have never had since the heart to descend into it any more. If I should set out one of my discourses with such rich spoils as these, it would but too evidently manifest the imperfection of my own writing. To reprehend the fault in others that I am guilty of myself, appears to me no more unreasonable, than to condemn, as I often do, those of others in myself: they are to be everywhere reproved, and ought to have no sanctuary allowed them. I know very well how audaciously I myself, at every turn, attempt to equal myself to my thefts, and to make my style go hand in hand with them, not without a temerarious hope of deceiving the eyes of my reader from discerning the difference; but withal, it is as much by the benefit of my application, that I hope to do it, as by that of my invention or any force of my own. Besides, I do not offer to contend with the whole body of these champions, nor hand to hand with any one of them: 'tis only by flights and little light attempts that I engage them; I do not grapple with them, but try their strength only, and never engage so far as I make a show to do. If I could hold them in play, I were a brave fellow; for I never attack them, but where they are most sinewy and strong. To cover a man's self (as I have seen some do) with another man's armour, so as not to discover so much as his fingers' ends; to carry on a design (as it is not hard for a man that has anything of a scholar in him, in an ordinary subject to do) under old inventions, patched up here and there with his own trumpery, and then to endeavour to conceal the theft, and to make it pass for his own, is first injustice and meanness of spirit in those who do it, who having nothing in them of their own fit to procure them a reputation, endeavour to do it by attempting to impose things upon the world in their own name, which they have no manner of title to; and, next, a ridiculous folly to content themselves with acquiring the ignorant approbation of the vulgar by such a pitiful cheat, at the price at the same time of degrading themselves in the eyes of men of understanding, who turn up their noses at all this borrowed incrustation, yet whose praise alone is worth the having. For my own part, there is nothing I would not sooner do than that, neither have I said so much of others, but to get a better opportunity to explain myself. Nor in this do I glance at the composers of centos, who declare themselves for such; of which sort of writers I have in my time known many very ingenious, and particularly one under the name of Capilupus, besides the ancients. These are really men of wit, and that make it appear they are so, both by that and other ways of writing; as for example, Lipsius, in that learned and laborious contexture of his Politics.

But, be it how it will, and how inconsiderable soever these essays of mine may be, I will say I never intended to conceal them, no more than my old bald grizzled pate before them, where the painter has presented you not with a perfect face, but with mine. For these are my own particular opinions and fancies, and I deliver them as only what I myself believe, and not for what is to be believed by others. I have no other end in this writing, but only to discover myself, who, also, shall, peradventure, be another thing tomorrow, if I chance to meet any new instruction to change me. I have no authority to be believed, neither do I desire it, being too conscious of my own inerudition to be able to instruct others.

A friend of mine, then, having read the preceding chapter, the other day told me, that I should a little farther have extended my discourse on the education of children. Now, madam, if I had any sufficiency in this subject, I could not possibly better employ it, than to present my best instructions to the little gentleman that threatens you shortly with a happy birth (for you are too generous to begin otherwise than with a male); for having had so great a hand in the treaty of your marriage, I have a certain particular right and interest in the greatness and prosperity of the issue that shall spring from it; besides that, your having had the best of my services so long in possession, sufficiently obliges me to desire the honour and advantage of all wherein you shall be concerned. But, in truth, all I understand as to that particular is only this, that the greatest and most important difficulty of human science is the education of children. For as in agriculture, the husbandry that is to precede planting, as also planting itself, is certain, plain, and well known; but after that which is planted comes to life, there is a great deal more to be done, more art to be used, more care to be taken, and much more difficulty to cultivate and bring it to perfection: so it is with men; it is no hard matter to get children; but after they are born, then begins the trouble, solicitude, and care rightly to train, principle, and bring them up. The symptoms of their inclinations in that tender age are so obscure, and the promises so uncertain and fallacious, that it is very hard to establish any solid judgment or conjecture upon them. Look at Cimon, for example, and Themistocles, and a thousand others, who very much deceived the expectation men had of them. Cubs of bears and puppies readily discover their natural inclination; but men, so soon as ever they are grown up, applying themselves to certain habits, engaging themselves in certain opinions, and conforming themselves to particular laws and customs, easily alter, or at least disguise, their true and real disposition; and yet it is hard to force the propension of nature. Whence it comes to pass, that for not having chosen the right course, we often take very great pains, and consume a good part of our time in training up children to things, for which, by their natural constitution, they are totally unfit. In this difficulty, nevertheless, I am clearly of opinion, that they ought to be elemented in the best and most advantageous studies, without taking too much notice of, or being too superstitious in those light prognostics they give of themselves in their tender years, and to which Plato, in his Republic, gives, methinks, too much authority.

Madam, science is a very great ornament, and a thing of marvellous use, especially in persons raised to that degree of fortune in which you are. And, in truth, in persons of mean and low condition, it cannot perform its true and genuine office, being naturally more prompt to assist in the conduct of war, in the government of peoples, in negotiating the leagues and friendships of princes and foreign nations, than in forming a syllogism in logic, in pleading a process in law, or in prescribing a dose of pills in physic. Wherefore, madam, believing you will not omit this so necessary feature in the education of your children, who yourself have tasted its sweetness, and are of a learned extraction (for we yet have the writings of the ancient Counts of Foix, from whom my lord, your husband, and yourself, are both of you descended, and Monsieur de Candale, your uncle, every day obliges the world with others, which will extend the knowledge of this quality in your family for so many succeeding ages), I will, upon this occasion, presume to acquaint your ladyship with one particular fancy of my own, contrary to the common method, which is all I am able to contribute to your service in this affair.

The charge of the tutor you shall provide for your son, upon the choice of whom depends the whole success of his education, has several other great and considerable parts and duties required in so important a trust, besides that of which I am about to speak: these, however, I shall not mention, as being unable to add anything of moment to the common rules: and in this, wherein I take upon me to advise, he may follow it so far only as it shall appear advisable.

For a boy of quality then, who pretends to letters not upon the account of profit (for so mean an object as that is unworthy of the grace and favour of the Muses, and moreover, in it a man directs his service to and depends upon others), nor so much for outward ornament, as for his own proper and peculiar use, and to furnish and enrich himself within, having rather a desire to come out an accomplished cavalier than a mere scholar or learned man; for such a one, I say, I would, also, have his friends solicitous to find him out a tutor, who has rather a well-made than a well-filled head; seeking, indeed, both the one and the other, but rather of the two to prefer manners and judgment to mere learning, and that this man should exercise his charge after a new method.

'Tis the custom of pedagogues to be eternally thundering in their pupil's ears, as they were pouring into a funnel, whilst the business of the pupil is only to repeat what the others have said: now I would have a tutor to correct this error, and, that at the very first, he should, according to the capacity he has to deal with, put it to the test, permitting his pupil himself to taste things, and of himself to discern and choose them, sometimes opening the way to him, and sometimes leaving him to open it for himself; that is, I would not have him alone to invent and speak, but that he should also hear his pupil speak in turn. Socrates, and since him Arcesilaus, made first their scholars speak, and then they spoke to them. *Obest plerumque iis, qui discere volunt, auctoritas eorum, qui docent.*[1] It is good to

---

[1] The authority of those who teach, is very often an impediment to those who desire to learn.—Cicero, *De Nat. Deor.*, i. 5.

make him, like a young horse, trot before him, that he may judge of his going, and how much he is to abate of his own speed, to accommodate himself to the vigour and capacity of the other. For want of which due proportion we spoil all; which also to know how to adjust, and to keep within an exact and due measure, is one of the hardest things I know, and 'tis the effect of a high and well-tempered soul, to know how to condescend to such puerile motions and to govern and direct them. I walk firmer and more secure up hill than down.

Such as, according to our common way of teaching, undertake, with one and the same lesson, and the same measure of direction, to instruct several boys of differing and unequal capacities, are infinitely mistaken; and 'tis no wonder, if in a whole multitude of scholars, there are not found above two or three who bring away any good account of their time and discipline. Let the master not only examine him about the grammatical construction of the bare words of his lesson, but about the sense and substance of them, and let him judge of the profit he has made, not by the testimony of his memory, but by that of his life. Let him make him put what he has learned into a hundred several forms, and accommodate it to so many several subjects, to see if he yet rightly comprehends it, and has made it his own, taking instruction of his progress by the pedagogic institutions of Plato. 'Tis a sign of crudity and indigestion to disgorge what we eat in the same condition it was swallowed; the stomach has not performed its office unless it have altered the form and condition of what was committed to it to concoct. Our minds work only upon trust, when bound and compelled to follow the appetite of another's fancy, enslaved and captivated under the authority of another's instruction; we have been so subjected to the trammel, that we have no free, nor natural pace of our own; our own vigour and liberty are extinct and gone: *Nunquam tutelæ suæ fiunt.*[1]

I was privately carried at Pisa to see a very honest man, but so great an Aristotelian, that his most usual thesis was: "That the touchstone and square of all solid imagination, and of all truth, was an absolute conformity to Aristotle's doctrine; and that all besides was nothing but inanity and chimera; for that he had seen all, and said all." A position, that for having been a little too injuriously and broadly interpreted, brought him once and long kept him in great danger of the Inquisition at Rome.

Let him make him examine and thoroughly sift everything he reads, and lodge nothing in his fancy upon simple authority and upon trust. Aristotle's principles will then be no more principles to him, than those of Epicurus and the Stoics: let this diversity of opinions be propounded to, and laid before him; he will himself choose, if he be able; if not, he will remain in doubt.

Che, non men che saper, dubbiar m' aggrata,[2]

for, if he embrace the opinions of Xenophon and Plato, by his own reason, they will no more be theirs, but become his own. Who follows another, follows nothing, finds nothing, nay, is inquisitive after nothing. *Non sumus sub rege; sibi quisque se vindicet.*[3] Let him, at least, know that he knows. It will be necessary that he imbibe their knowledge, not that he be corrupted with their precepts; and no matter if he forget where he had his learning, provided he know how to apply it to his own use. Truth and reason are common to every one, and are no more his who spake them first, than his who speaks them after: 'tis no more according to Plato, than according to me, since both he and I equally see and understand them. Bees cull their several sweets from this flower and that blossom, here and there where they find them, but themselves afterwards make the honey, which is all and purely their own, and no more thyme and marjoram: so the several fragments he borrows from others, he will transform and shuffle together to compile a work that shall be absolutely his own; that is to say, his judgment: his instruction, labour and study, tend to nothing else but to form that. He is not obliged to discover whence he got the materials that have assisted him, but only to produce what he has himself done with them. Men that live upon pillage and borrowing, expose their purchases and buildings to every one's view: but do not proclaim how they came by the money. We do not see the fees and perquisites of a gentleman of the long robe; but we see the alliances wherewith he fortifies himself and his family, and the titles and honours he has obtained for him and his. No man divulges his revenue; or at least, which way it comes in: but every one publishes his acquisitions. The advantages of our

---

[1] They are ever in wardship.—Seneca, *Epist.*, 33.

[2] I love to doubt, as well as to know.—Dante, *Inferno*, xi. 93.

[3] We are under no king; let each look to himself. —Seneca, *Epist.*, 33.

study are to become better and more wise. 'Tis, says Epicharmus, the understanding that sees and hears, 'tis the understanding that improves everything, that orders everything, and that acts, rules, and reigns: all other faculties are blind, and deaf, and without soul. And certainly we render it timorous and servile, in not allowing it the liberty and privilege to do anything of itself. Whoever asked his pupil what he thought of grammar and rhetoric, or of such and such a sentence of Cicero? Our masters stick them, full feathered, in our memories, and there establish them like oracles, of which the letters and syllables are of the substance of the thing. To know by rote, is no knowledge, and signifies no more but only to retain what one has intrusted to our memory. That which a man rightly knows and understands, he is the free disposer of at his own full liberty, without any regard to the author from whence he had it or fumbling over the leaves of his book. A mere bookish learning is a poor, paltry learning; it may serve for ornament, but there is yet no foundation for any superstructure to be built upon it, according to the opinion of Plato, who says, that constancy, faith, and sincerity, are the true philosophy, and the other sciences, that are directed to other ends, mere adulterate paint. I could wish that Paluel or Pompey, those two noted dancers of my time, could have taught us to cut capers, by only seeing them do it, without stirring from our places, as these men pretend to inform the understanding, without ever setting it to work; or that we could learn to ride, handle a pike, touch a lute, or sing, without the trouble of practice, as these attempt to make us judge and speak well, without exercising us in judging or speaking. Now in this initiation of our studies and in their progress, whatsoever presents itself before us is book sufficient; a roguish trick of a page, a sottish mistake of a servant, a jest at the table, are so many new subjects.

And for this reason, conversation with men is of very great use and travel into foreign countries; not to bring back (as most of our young monsieurs do) an account only of how many paces Santa Rotonda is in circuit; or of the richness of Signora Livia's petticoats; or, as some others, how much Nero's face, in a statue in such an old ruin, is longer and broader than that made for him on some medal; but to be able chiefly to give an account of the humours, manners, customs, and laws of those nations where he has been, and that we may whet and sharpen our wits by rubbing them against those of others.

I would that a boy should be sent abroad very young, and first, so as to kill two birds with one stone, into those neighbouring nations whose language is most differing from our own, and to which, if it be not formed betimes, the tongue will grow too stiff to bend.

And also 'tis the general opinion of all, that a child should not be brought up in his mother's lap. Mothers are too tender, and their natural affection is apt to make the most discreet of them all so overfond, that they can neither find in their hearts to give them due correction for the faults they commit, nor suffer them to be inured to hardships and hazards, as they ought to be. They will not endure to see them return all dust and sweat from their exercise, to drink cold drink when they are hot, nor see them mount an unruly horse, nor take a foil in hand against a rude fencer, or so much as to discharge a carbine. And yet there is no remedy; whoever will breed a boy to be good for anything when he comes to be a man, must by no means spare him when young, and must very often transgress the rules of physic:

Vitamque sub dio, et trepidis agat In rebus.[1]

It is not enough to fortify his soul; you are also to make his sinews strong; for the soul will be oppressed if not assisted by the members, and would have too hard a task to discharge two offices alone. I know very well, to my cost, how much mine groans under the burden, from being accommodated with a body so tender and indisposed, as eternally leans and presses upon her; and often in my reading perceive that our masters, in their writings, make examples pass for magnanimity and fortitude of mind, which really are rather toughness of skin and hardness of bones; for I have seen men, women, and children, naturally born of so hard and insensible a constitution of body, that a sound cudgelling has been less to them than a flirt with a finger would have been to me, and that would neither cry out, wince, nor shrink, from a good swinging beating; and when wrestlers counterfeit the philosophers in patience, 'tis rather strength of nerves than stoutness of heart. Now to be inured to undergo labour, is to be accustomed to endure pain: *labor callum obducit dolori.*[2] A boy is to be broken in to the toil and roughness of exercise,

---

[1] Let him live in the open air, and ever in movement about something.—Horace, *Od.*, ii. 3, 5.

[2] Labour hardens us against pain.—Cicero, *Tusc. Quæs.*, ii. 15.

so as to be trained up to the pain and suffering of dislocations, cholics, cauteries, and even imprisonment and the rack itself; for he may come, by misfortune, to be reduced to the worst of these, which (as this world goes) is sometimes inflicted on the good as well as the bad. As for proof, in our present civil war whoever draws his sword against the laws, threatens the honestest men with the whip and the halter.

And, moreover, by living at home, the authority of this governor, which ought to be sovereign over the boy he has received into his charge, is often checked and hindered by the presence of parents; to which may also be added, that the respect the whole family pay him, as their master's son, and the knowledge he has of the estate and greatness he is heir to, are, in my opinion, no small inconveniences in these tender years.

And yet, even in this conversing with men I spoke of but now, I have observed this vice, that instead of gathering observations from others, we make it our whole business to lay ourselves upon them, and are more concerned how to expose and set out our own commodities, than how to increase our stock by acquiring new. Silence, therefore, and modesty are very advantageous qualities in conversation. One should, therefore, train up this boy to be sparing and a husband of his knowledge when he has acquired it; and to forbear taking exceptions at or reproving every idle saying or ridiculous story that is said or told in his presence; for it is a very unbecoming rudeness to carp at everything that is not agreeable to our own palate. Let him be satisfied with correcting himself, and not seem to condemn everything in another he would not do himself, nor dispute it as against common customs. *Licet sapere sine pompa, sine invidia.*[1] Let him avoid these vain and uncivil images of authority, this childish ambition of coveting to appear better bred and more accomplished, than he really will, by such carriage, discover himself to be. And, as if opportunities of interrupting and reprehending were not to be omitted, to desire thence to derive the reputation of something more than ordinary. For as it becomes none but great poets to make use of the poetical licence, so it is intolerable for any but men of great and illustrious souls to assume privilege above the authority of custom; *si quid Socrates aut Aristippus contra morem et consuetudinem fecerunt, idem sibi ne arbitretur licere: magnis enim illi et divinis bonis hanc licentiam assequebantur.*[2] Let him be instructed not to engage in discourse or dispute but with a champion worthy of him, and, even there, not to make use of all the little subtleties that may seem pat for his purpose, but only such arguments as may best serve him. Let him be taught to be curious in the election and choice of his reasons, to abominate impertinence, and, consequently, to affect brevity; but, above all, let him be lessoned to acquiesce and submit to truth so soon as ever he shall discover it, whether in his opponent's argument, or upon better consideration of his own; for he shall never be preferred to the chair for a mere clatter of words and syllogisms, and is no further engaged to any argument whatever, than as he shall in his own judgment approve it: nor yet is arguing a trade, where the liberty of recantation and getting off upon better thoughts, are to be sold for ready money: *neque, ut omnia, quæ præscripta et imperata sint, defendat, necessitate ulla cogitur.*[3]

If his governor be of my humour, he will form his will to be a very good and loyal subject to his prince, very affectionate to his person, and very stout in his quarrel; but withal he will cool in him the desire of having any other tie to his service than public duty. Besides several other inconveniences that are inconsistent with the liberty every honest man ought to have, a man's judgment, being bribed and prepossessed by these particular obligations, is either blinded and less free to exercise its function, or is blemished with ingratitude and indiscretion. A man that is purely a courtier, can neither have power nor will to speak or think otherwise than favourably and well of a master, who, amongst so many millions of other subjects, has picked out him with his own hand to nourish and advance; this favour, and the profit flowing from it, must needs, and not without some show of reason, corrupt his freedom and dazzle him; and we commonly see these people speak in another kind of phrase than is ordinarily spoken by others of the same nation, though what they say in that courtly language is not much to be believed.

Let his conscience and virtue be eminently

---

[1] Let him be wise without ostentation, without envy.—Seneca, *Epist.*, 103.

[2] If Socrates and Aristippus have transgressed the rules of good conduct or custom, let him not imagine that he is licensed to do the same; for it was by great and sovereign virtues that they obtained this privilege.—Cicero, *De Offic.*, i. 41.

[3] Neither is there any necessity upon him, that he should defend all things that are recommended to and enjoined him.—Cicero, *Acad.*, ii. 3.

manifest in his speaking, and have only reason for their guide. Make him understand, that to acknowledge the error he shall discover in his own argument, though only found out by himself, is an effect of judgment and sincerity, which are the principal things he is to seek after; that obstinacy and contention are common qualities, most appearing in mean souls; that to revise and correct himself, to forsake an unjust argument in the height and heat of dispute, are rare, great, and philosophical qualities. Let him be advised, being in company, to have his eye and ear in every corner; for I find that the places of greatest honour are commonly seized upon by men that have least in them, and that the greatest fortunes are seldom accompanied with the ablest parts. I have been present when, whilst they at the upper end of the chamber have been only commending the beauty of the arras, or the flavour of the wine, many things that have been very finely said at the lower end of the table have been lost and thrown away. Let him examine every man's talent; a peasant, a bricklayer, a passenger: one may learn something from every one of these in their several capacities, and something will be picked out of their discourse whereof some use may be made at one time or another; nay, even the folly and impertinence of others will contribute to his instruction. By observing the graces and manners of all he sees, he will create to himself an emulation of the good, and a contempt of the bad.

Let an honest curiosity be suggested to his fancy of being inquisitive after everything; whatever there is singular and rare near the place where he is, let him go and see it; a fine house, a noble fountain, an eminent man, the place where a battle has been anciently fought, the passages of Cæsar and Charlemagne:

*Quæ tellus sit lenta gelu, quæ putris ab æstu,
Ventus in Italiam quis bene vela ferat.*[1]

Let him inquire into the manners, revenues, and alliances of princes, things in themselves very pleasant to learn, and very useful to know.

In this conversing with men, I mean also, and principally, those who only live in the records of history; he shall, by reading those books, converse with the great and heroic souls of the best ages. 'Tis an idle and vain study to those who make it so by doing it after a negligent manner, but to those who do it with care and observation, 'tis a study of inestimable fruit and value; and the only study, as Plato reports, that the Lacedæmonians reserved to themselves. What profit shall he not reap as to the business of men, by reading the lives of Plutarch? But, withal, let my governor remember to what end his instructions are principally directed, and that he do not so much imprint in his pupil's memory the date of the ruin of Carthage, as the manners of Hannibal and Scipio; nor so much where Marcellus died, as why it was unworthy of his duty that he died there. Let him not teach him so much the narrative parts of history as to judge them; the reading of them, in my opinion, is a thing that of all others we apply ourselves unto with the most differing measure. I have read a hundred things in Livy that another has not, or not taken notice of at least; and Plutarch has read a hundred more there than ever I could find, or than, peradventure, that author ever wrote; to some it is merely a grammar study, to others the very anatomy of philosophy, by which the most abstruse parts of our human nature penetrate. There are in Plutarch many long discourses very worthy to be carefully read and observed, for he is, in my opinion, of all others the greatest master in that kind of writing; but there are a thousand others which he has only touched and glanced upon, where he only points with his finger to direct us which way we may go if we will, and contents himself sometimes with giving only one brisk hit in the nicest article of the question, whence we are to grope out the rest. As, for example, where he says that the inhabitants of Asia came to be vassals to one only, for not having been able to pronounce one syllable, which is No. Which saying of his gave perhaps matter and occasion to La Boetie to write his "Voluntary Servitude." Only to see him pick out a light action in a man's life, or a mere word that does not seem to amount even to that, is itself a whole discourse. 'Tis to our prejudice that men of understanding should so immoderately affect brevity; no doubt their reputation is the better by it, but in the meantime we are the worse. Plutarch had rather we should applaud his judgment than commend his knowledge, and had rather leave us with an appetite to read more, than glutted with that we have already read. He knew very well, that a man may say too much even upon the best subjects, and that Alexandridas justly reproached him who made very good but too long speeches to the Ephori, when he said: "O stranger! thou speakest the things thou shouldst speak, but not as thou shouldst speak

---

[1] What country is bound in frost, what land is friable with heat, what wind serves fairest for Italy.
—Propertius, iv. 3, 39.

them." Such as have lean and spare bodies stuff themselves out with clothes; so they who are defective in matter, endeavour to make amends with words.

Human understanding is marvellously enlightened by daily conversation with men, for we are, otherwise, compressed and heaped up in ourselves, and have our sight limited to the length of our own noses. One asking Socrates of what country he was, he did not make answer, of Athens, but of the world; he whose imagination was fuller and wider, embraced the whole world for his country, and extended his society and friendship to all mankind; not as we do, who look no further than our feet. When the vines of my village are nipped with the frost, my parish priest presently concludes, that the indignation of God is gone out against all the human race, and that the cannibals have already got the pip. Who is it, that seeing the havoc of these civil wars of ours, does not cry out, that the machine of the world is near dissolution, and that the day of judgment is at hand; without considering, that many worse things have been seen, and that, in the meantime, people are very merry in a thousand other parts of the earth for all this? For my part, considering the licence and impunity that always attend such commotions, I wonder they are so moderate, and that there is no more mischief done. To him who feels the hailstones patter about his ears, the whole hemisphere appears to be in storm and tempest; like the ridiculous Savoyard, who said very gravely, that if that simple king of France could have managed his fortune as he should have done, he might in time have come to have been steward of the household to the duke his master: the fellow could not, in his shallow imagination, conceive that there could be anything greater than a Duke of Savoy. And, in truth, we are all of us, insensibly, in this error, an error of a very great weight and very pernicious consequence. But whoever shall represent to his fancy, as in a picture, that great image of our mother Nature, in her full majesty and lustre, whoever in her face shall read so general and so constant a variety, whoever shall observe himself in that figure, and not himself but a whole kingdom, no bigger than the least touch or prick of a pencil in comparison of the whole, that man alone is able to value things according to their true estimate and grandeur.

This great world which some do yet multiply as several species under one genus, is the mirror wherein we are to behold ourselves, to be able to know ourselves as we ought to do in the true bias. In short, I would have this to be the book my young gentleman should study with the most attention. So many humours, so many sects, so many judgments, opinions, laws, and customs, teach us to judge aright of our own, and inform our understanding to discover its imperfection and natural infirmity, which is no trivial speculation. So many mutations of states and kingdoms, and so many turns and revolutions of public fortune, will make us wise enough to make no great wonder of our own. So many great names, so many famous victories and conquests drowned and swallowed in oblivion, render our hopes ridiculous of eternising our names by the taking of half-a-score of light horse, or a henroost, which only derives its memory from its ruin. The pride and arrogance of so many foreign pomps and ceremonies, the tumorous majesty of so many courts and grandeurs, accustom and fortify our sight without astonishment or winking to behold the lustre of our own; so many millions of men, buried before us, encourage us not to fear to go seek such good company in the other world: and so of all the rest. Pythagoras was wont to say, that our life resembles the great and populous assembly of the Olympic games, wherein some exercise the body, that they may carry away the glory of the prize, others bring merchandise to sell for profit; there are, also some (and those none of the worst sort) who pursue no other advantage than only to look on, and consider how and why everything is done, and to be spectators of the lives of other men, thereby the better to judge of and regulate their own.

To examples may fitly be applied all the profitable discourses of philosophy, to which all human actions, as to their best rule, ought to be especially directed: a scholar shall be taught to know—

Quid fas optare, quid asper
Utile nummus habet; patriæ carisque propinquis
Quantum elargiri deceat; quem te Deus esse
Jussit, et humana qua parte locatus es in re;
Quid sumus, aut quidnam victuri gignimur [1]

——what it is to know, and what to be ignorant; what ought to be the end and design of

---

[1] Learn what it is right to wish; what is the true use of coined money; how much it becomes us to give in liberality to our country and our dear relations; whom and what the Deity commanded thee to be; and in what part of the human system thou art placed; what we are and to what purpose engendered.—Persius, iii. 69.

study; what valour, temperance, and justice are; the difference betwixt ambition and avarice, servitude and subjection, licence and liberty; by what token a man may know true and solid contentment; how far death, affliction, and disgrace are to be apprehended:

Et quo quemque modo fugiatque feratque laborem; [1]

by what secret springs we move, and the reason of our various agitations and irresolutions: for, methinks, the first doctrine with which one should season his understanding, ought to be that which regulates his manners and his sense; that teaches him to know himself, and how both well to die and well to live. Amongst the liberal sciences, let us begin with that which makes us free; not that they do not all serve in some measure to the instruction and use of life, as all other things in some sort also do; but let us make choice of that which directly and professedly serves to that end. If we are once able to restrain the offices of human life within their just and natural limits, we shall find that most of the sciences in use are of no great use to us, and even in those that are, that there are many very unnecessary cavities and dilatations which we had better let alone, and following Socrates' direction, limit the course of our studies to those things only where is a true and real utility:

*Sapere aude,
Incipe; vivendi recte qui prorogat horam,
Rusticus exspectat, dum defluat amnis; at ille
Labitur et labetur in omne volubilis ævum.* [2]

'Tis a great foolery to teach our children

*Quid moveant Pisces, animosaque signa Leonis,
Lotus et Hesperia quid Capricornus aqua,* [3]

the knowledge of the stars and the motion of the eighth sphere, before their own.

Τί Πλειάδεσσι κᾳμοί;
Τί δ' ἀστράσιν Βοώτεω; [4]

---

[1] And how you may shun or sustain every hardship.—*Æneid*, iii. 459.

[2] Dare to be wise; begin: he who defers the hour of living well, is like the clown, waiting till the river shall have flowed out; but the river still runs on, and will run on, with constant course, to ages without end.—Horace, *Epist.*, i. 2, 40.

[3] What influence Pisces have, or the sign of angry Leo, or Capricorn laving in the Hesperian wave. —Propertius, iv. 1, 89.

[4] What care I about the Pleiades or the stars of Taurus?—Anacreon, *Od.*, xvii. 10.

Anaximenes writing to Pythagoras, "To what purpose," said he, "should I trouble myself in searching out the secrets of the stars, having death or slavery continually before my eyes?" for the kings of Persia were at that time preparing to invade his country. Every one ought to say thus, "Being assaulted, as I am by ambition, avarice, temerity, superstition, and having within so many other enemies of life, shall I go cudgel my brains about the world's revolutions?"

After having taught him what will make him more wise and good, you may then entertain him with the elements of logic, physics, geometry, rhetoric, and the science which he shall then himself most incline to, his judgment being beforehand formed and fit to choose, he will quickly make his own. The way of instructing him ought to be sometimes by discourse, and sometimes by reading; sometimes his governor shall put the author himself, which he shall think most proper for him, into his hands, and sometimes only the marrow and substance of it; and if himself be not conversant enough in books to turn to all the fine discourses the books contain for his purpose, there may some man of learning be joined to him, that upon every occasion shall supply him with what he stands in need of, to furnish it to his pupil. And who can doubt, but that this way of teaching is much more easy and natural than that of Gaza, in which the precepts are so intricate, and so harsh, and the words so vain, lean, and insignificant, that there is no hold to be taken of them, nothing that quickens and elevates the wit and fancy, whereas here the mind has what to feed upon and to digest. This fruit, therefore, is not only without comparison, much more fair and beautiful; but will also be much more early ripe.

'Tis a thousand pities that matters should be at such a pass in this age of ours, that philosophy, even with men of understanding, should be looked upon as a vain and fantastic name, a thing of no use, no value, either in opinion or effect, of which I think those ergotisms and petty sophistries, by prepossessing the avenues to it, are the cause. And people are much to blame to represent it to children for a thing of so difficult access, and with such a frowning, grim, and formidable aspect. Who is it that has disguised it thus, with this false, pale, and ghostly countenance? There is nothing more airy, more gay, more frolic, and I had like to have said, more wanton. She preaches nothing but feasting and jollity; a melancholic anxious look shows that she does not inhabit there.

Demetrius the grammarian finding in the temple of Delphos a knot of philosophers set chatting together, said to them, "Either I am much deceived, or by your cheerful and pleasant countenances, you are engaged in no very deep discourse." To which one of them, Heracleon the Megarean, replied: " 'Tis for such as are puzzled about inquiring whether the future tense of the verb βάλλω be spelt with a double λ, or that hunt after the derivation of the comparatives χείρον and βέλτιον, and the superlatives χείριστον and βέλτιστον, to knit their brows whilst discoursing of their science: but as to philosophical discourses, they always divert and cheer up those that entertain them, and never deject them or make them sad."

*Deprendas animi tormenta latentis in ægro
Corpore; deprendas et gaudia; sumit utrumque
Inde habitum facies.*[1]

The soul that lodges philosophy, ought to be of such a constitution of health, as to render the body in like manner healthful too; she ought to make her tranquillity and satisfaction shine so as to appear without, and her contentment ought to fashion the outward behaviour to her own mould, and consequently to fortify it with a graceful confidence, an active and joyous carriage, and a serene and contented countenance. The most manifest sign of wisdom is a continual cheerfulness; her state is like that of things in the regions above the moon, always clear and serene. 'Tis Baroco and Baralipton that render their disciples so dirty and ill-favoured, and not she; they do not so much as know her but by hearsay. What! It is she that calms and appeases the storms and tempests of the soul, and who teaches famine and fevers to laugh and sing; and that, not by certain imaginary epicycles, but by natural and manifest reasons. She has virtue for her end; which is not, as the schoolmen say, situated upon the summit of a perpendicular, rugged, inaccessible precipice: such as have approached her find her, quite on the contrary, to be seated in a fair, fruitful, and flourishing plain, from whence she easily discovers all things below; to which place any one may, however, arrive, if he know but the way, through shady, green, and sweetly flourishing avenues, by a pleasant, easy, and smooth descent, like that of the celestial vault. 'Tis for not having frequented this supreme, this beautiful, triumphant, and amiable, this equally delicious and courageous virtue, this so professed and implacable enemy to anxiety, sorrow, fear, and constraint, who, having nature for her guide, has fortune and pleasure for her companions, that they have gone, according to their own weak imagination, and created this ridiculous, this sorrowful, querulous, despiteful, threatening, terrible image of it to themselves and others, and placed it upon a rock apart, amongst thorns and brambles, and made of it a hobgoblin to affright people.

But the governor that I would have, that is such a one as knows it to be his duty to possess his pupil with as much or more affection than reverence to virtue, will be able to inform him, that the poets have evermore accommodated themselves to the public humour, and make him sensible, that the gods have planted more toil and sweat in the avenues of the cabinets of Venus than in those of Minerva. And when he shall once find him begin to apprehend, and shall represent to him a Bradamante or an Angelica for a mistress, a natural, active, generous, and not a viragoish, but a manly beauty, in comparison of a soft, delicate, artificial, simpering, and affected form; the one in the habit of a heroic youth, wearing a glittering helmet, the other tricked up in curls and ribbons like a wanton minx; he will then look upon his own affection as brave and masculine, when he shall choose quite contrary to that effeminate shepherd of Phrygia.

Such a tutor will make a pupil digest this new lesson, that the height and value of true virtue consists in the facility, utility, and pleasure of its exercise; so far from difficulty, that boys, as well as men, and the innocent as well as the subtle, may make it their own: it is by order, and not by force, that it is to be acquired. Socrates, her first minion, is so averse to all manner of violence, as totally to throw it aside, to slip into the more natural facility of her own progress: 'tis the nursing mother of all human pleasures, who in rendering them just, renders them also pure and permanent; in moderating them, keeps them in breath and appetite; in interdicting those which she herself refuses, whets our desire to those that she allows; and, like a kind and liberal mother, abundantly allows all that nature requires, even to satiety, if not to lassitude: unless we mean to say, that the regimen which stops the toper before he has drunk himself drunk, the glutton before he has eaten to a surfeit, and the lecher before he has got the pox, is an enemy to pleasure. If the

---

[1] You may discern the torments of mind lurking in a sick body; you may discern its joys: each habit the face assumes from the mind.—Juvenal, ix. 18.

ordinary fortune fail, she does without it, and forms another, wholly her own, not so fickle and unsteady as the other. She can be rich, be potent and wise, and knows how to lie upon soft perfumed beds: she loves life, beauty, glory, and health; but her proper and peculiar office is to know how to regulate the use of all these good things, and how to lose them without concern: an office much more noble than troublesome, and without which the whole course of life is unnatural, turbulent, and deformed, and there it is indeed, that men may justly represent those monsters upon rocks and precipices.

If this pupil shall happen to be of so contrary a disposition, that he had rather hear a tale of a tub than the true narrative of some noble expedition or some wise and learned discourse; who at the beat of drum, that excites the youthful ardour of his companions, leaves that to follow another that calls to a morris or the bears; who would not wish, and find it more delightful and more excellent, to return all dust and sweat victorious from a battle, than from tennis or from a ball, with the prize of those exercises; I see no other remedy, but that he be bound prentice in some good town to learn to make minced pies, though he were the son of a duke; according to Plato's precept, that children are to be placed out and disposed of, not according to the wealth, qualities, or condition of the father, but according to the faculties and the capacity of their own souls.

Since philosophy is that which instructs us to live, and that infancy has there its lessons as well as other ages, why is it not communicated to children betimes?

Udum et molle lutum est; nunc, nunc properandus, et acri
Fingendus sine fine rota.[1]

They begin to teach us to live when we have almost done living. A hundred students have got the pox before they have come to read Aristotle's lecture on temperance. Cicero said, that though he should live two men's ages, he should never find leisure to study the lyric poets; and I find these sophisters yet more deplorably unprofitable. The boy we would breed has a great deal less time to spare; he owes but the first fifteen or sixteen years of his life to education; the remainder is due to action. Let us, therefore, employ that short time in necessary instruction. Away with the thorny subtleties of dialectics, they are abuses, things by which our lives can never be amended: take the plain philosophical discourses, learn how rightly to choose, and then rightly to apply them; they are more easy to be understood than one of Boccaccio's novels; a child from nurse is much more capable of them, than of learning to read or to write. Philosophy has discourses proper for childhood, as well as for the decrepit age of men.

I am of Plutarch's mind, that Aristotle did not so much trouble his great disciple with the knack of forming syllogisms, or with the elements of geometry, as with infusing into him good precepts concerning valour, prowess, magnanimity, temperance, and the contempt of fear; and with this ammunition, sent him, whilst yet a boy, with no more than thirty thousand foot, four thousand horse, and but forty-two thousand crowns, to subjugate the empire of the whole earth. For the other arts and sciences, he says, Alexander highly indeed commended their excellence and charm, and had them in very great honour and esteem, but not ravished with them to that degree, as to be tempted to affect the practice of them in his own person.

Petite hinc, juvenesque senesque,
Finem animo certum, miserisque viatica canis.[2]

Epicurus, in the beginning of his letter to Meniceus, says, "That neither the youngest should refuse to philosophise, nor the oldest grow weary of it." Who does otherwise, seems tacitly to imply, that either the time of living happily is not yet come, or that it is already past. And yet, for all that, I would not have this pupil of ours imprisoned and made a slave to his book; nor would I have him given up to the morosity and melancholic humour of a sour, ill-natured pedant; I would not have his spirit cowed and subdued, by applying him to the rack, and tormenting him, as some do, fourteen or fifteen hours a day, and so make a packhorse of him. Neither should I think it good, when, by reason of a solitary and melancholic complexion, he is discovered to be overmuch addicted to his book, to nourish that humour in him; for that renders him unfit for civil conversation, and diverts him from better employments. And how many have I seen in my time totally brutified by an immoderate thirst after

---

[1] The clay is moist and soft: now, now make haste, and form the pitcher on the rapid wheel.—Persius, iii. 23.

[2] Young men and old men derive hence a certain end to the mind, and stores for miserable grey hairs. —*Ibid.*, v. 64.

knowledge? Carneades was so besotted with it, that he would not find time so much as to comb his head or to pare his nails. Neither would I have his generous manners spoiled and corrupted by the incivility and barbarism of those of another. The French wisdom was anciently turned into proverb: "early, but of no continuance." And, in truth, we yet see, that nothing can be more ingenious and pleasing than the children of France; but they ordinarily deceive the hope and expectation that have been conceived of them; and grown up to be men, have nothing extraordinary or worth taking notice of: I have heard men of good understanding say, these colleges of ours to which we send our young people (and of which we have but too many) make them such animals as they are.

But to our little monsieur, a closet, a garden, the table, his bed, solitude and company, morning and evening, all hours shall be the same, and all places to him a study; for philosophy, who, as the formatrix of judgment and manners, shall be his principal lesson, has that privilege to have a hand in everything. The orator Isocrates, being at a feast entreated to speak of his art, all the company were satisfied with and commended his answer: "It is not now a time," said he, "to do what I can do; and that which it is now time to do, I cannot do." For to make orations and rhetorical disputes in a company met together to laugh and make good cheer, had been very unseasonable and improper, and as much might have been said of all the other sciences. But as to what concerns philosophy, that part of it at least that treats of man, and of his offices and duties, it has been the common opinion of all wise men, that, out of respect to the sweetness of her conversation, she is ever to be admitted in all sports and entertainments. And Plato, having invited her to his feast, we see after how gentle and obliging a manner, accommodated both to time and place, she entertained the company, though in a discourse of the highest and most important nature.

Æque pauperibus prodest, locupletibus æque;
Et, neglecta, æque pueris senibusque nocebit.[1]

By this method of instruction, my young pupil will be much more and better employed than his fellows of the college are. But as the steps we take in walking to and fro in a gallery,

though three times as many, do not tire a man so much as those we employ in a formal journey, so our lesson, as it were accidentally occurring, without any set obligation of time or place, and falling naturally into every action, will insensibly insinuate itself. By which means our very exercises and recreations, running, wrestling, music, dancing, hunting, riding, and fencing, will prove to be a good part of our study. I would have his outward fashion and mien, and the disposition of his limbs, formed at the same time with his mind. 'Tis not a soul, 'tis not a body that we are training up, but a man, and we ought not to divide him. And, as Plato says, we are not to fashion one without the other, but make them draw together like two horses harnessed to a coach. By which saying of his, does he not seem to allow more time for, and to take more care of, exercises for the body, and to hold that the mind, in a good proportion, does her business at the same time too?

As to the rest, this method of education ought to be carried on with a severe sweetness, quite contrary to the practice of our pedants, who, instead of tempting and alluring children to letters by apt and gentle ways, do in truth present nothing before them but rods and ferules, horror and cruelty. Away with this violence! away with this compulsion! than which, I certainly believe nothing more dulls and degenerates a well-descended nature. If you would have him apprehend shame and chastisement, do not harden him to them: inure him to heat and cold, to wind and sun, and to dangers that he ought to despise; wean him from all effeminacy and delicacy in clothes and lodging, eating and drinking; accustom him to everything, that he may not be a Sir Paris, a carpet-knight, but a sinewy, hardy, and vigorous young man. I have ever from a child to the age wherein I now am, been of this opinion, and am still constant to it. But amongst other things, the strict government of most of our colleges has evermore displeased me; peradventure, they might have erred less perniciously on the indulgent side. 'Tis a real house of correction of imprisoned youth. They are made debauched, by being punished before they are so. Do but come in when they are about their lesson, and you shall hear nothing but the outcries of boys under execution, with the thundering noise of their pedagogues drunk with fury. A very pretty way this, to tempt these tender and timorous souls to love their book, with a furious countenance, and a rod in hand! A cursed and pernicious way of proceeding! Besides what Quintilian has very

---

[1] It profits poor and rich alike, but, neglected, equally hurts old and young.—Horace, *Epist.*, i. 1, 25.

well observed, that this imperious authority is often attended by very dangerous consequences, and particularly our way of chastising. How much more decent would it be to see their classes strewed with green leaves and fine flowers, than with the bloody stumps of birch and willows? Were it left to my ordering, I should paint the school with the pictures of joy and gladness; Flora and the Graces, as the philosopher Speusippus did his. Where their profit is, let them there have their pleasure too. Such viands as are proper and wholesome for children, should be sweetened with sugar, and such as are dangerous to them, embittered with gall. 'Tis marvellous to see how solicitous Plato is in his *Laws* concerning the gaiety and diversion of the youth of his city, and how much and often he enlarges upon their races, sports, songs, leaps, and dances: of which, he says, that antiquity has given the ordering and patronage particularly to the gods themselves, to Apollo, Minerva, and the Muses. He insists long upon, and is very particular in, giving innumerable precepts for exercises; but as to the lettered sciences, says very little, and only seems particularly to recommend poetry upon the account of music.

All singularity in our manners and conditions is to be avoided as inconsistent with civil society. Who would not be astonished at so strange a constitution as that of Demophoon, steward to Alexander the Great, who sweated in the shade, and shivered in the sun? I have seen those who have run from the smell of a mellow apple with greater precipitation than from a harquebuss shot; others afraid of a mouse; others vomit at the sight of cream; others ready to swoon at the making of a feather bed; Germanicus could neither endure the sight nor the crowing of a cock. I will not deny, but that there may, peradventure, be some occult cause and natural aversion in these cases; but, in my opinion, a man might conquer it, if he took it in time. Precept has in this wrought so effectually upon me, though not without some pains on my part, I confess, that beer excepted, my appetite accommodates itself indifferently to all sorts of diet.

Young bodies are supple; one should, therefore, in that age bend and ply them to all fashions and customs: and provided a man can contain the appetite and the will within their due limits, let a young man, in God's name, be rendered fit for all nations and all companies, even to debauchery and excess, if need be; that is, where he shall do it out of complacency to the customs of the place. Let him be able to do everything, but love to do nothing but what is good. The philosophers themselves do not justify Callisthenes for forfeiting the favour of his master Alexander the Great, by refusing to pledge him a cup of wine. Let him laugh, play, wench, with his prince: nay, I would have him, even in his debauches, too hard for the rest of the company, and to excel his companions in ability and vigour, and that he may not give over doing it, either through defect of power or knowledge how to do it, but for want of will. *Multum interest, utrum peccare aliquis nolit, an nesciat.*[1] I thought I passed a compliment upon a lord, as free from those excesses as any man in France, by asking him before a great deal of very good company, how many times in his life he had been drunk in Germany, in the time of his being there about his majesty's affairs; which he also took as it was intended, and made answer, "Three times"; and withal, told us the whole story of his debauches. I know some, who for want of this faculty, have found a great inconvenience in negotiating with that nation. I have often with great admiration reflected upon the wonderful constitution of Alcibiades, who so easily could transform himself to so various fashions without any prejudice to his health; one while outdoing the Persian pomp and luxury, and another, the Lacedæmonian austerity and frugality; as reformed in Sparta, as voluptuous in Ionia.

Omnis Aristippum decuit color, et status, et res.[2]

I would have my pupil to be such a one,

> *Quem duplici panno patientia velat,*
> *Mirabor, vitæ via si conversa decebit,*
> *Personamque feret non inconcinnus utramque.*[3]

These are my lessons, and he who puts them in practice shall reap more advantage than he who has had them read to him only, and so only knows them. If you see him, you hear him; if you hear him, you see him. God forbid, says one in Plato, that to philosophize were only to read a great many books, and to learn the arts. *Hanc amplissimam omnium artium bene vivendi disciplinam, vita magis quam literis, persequ-*

---

[1] There is a vast difference betwixt forbearing to sin, and not knowing how to sin.—Seneca, *Epist.*, 90.

[2] Every complexion of life, every station and circumstance, well became Aristippus.—Horace, *Epist.*, I, xvii. 23.

[3] I should admire him who with patience bearing a patched garment, bears well a changed fortune, acting both parts equally well.—*Ibid.*, 25.

uti sunt.[1] Leo, prince of the Phliasians, asking Heraclides Ponticus of what art or science he made profession; "I know," said he, "neither art nor science, but I am a philosopher." One reproaching Diogenes, that, being ignorant, he should pretend to philosophy; "I therefore," answered he, "pretend to it with so much the more reason." Hegesias entreated that he would read a certain book to him; "You are pleasant," said he; "you choose those figs that are true and natural, and not those that are painted; why do you not also choose exercises which are naturally true, rather than those written?"

The lad will not so much get his lesson by heart as he will practise it: he will repeat it in his actions. We shall discover if there be prudence in his exercises, if there be sincerity and justice in his deportment, if there be grace and judgment in his speaking; if there be constancy in his sickness; if there be modesty in his mirth, temperance in his pleasures, order in his domestic economy, indifference in his palate, whether what he eats or drinks be flesh or fish, wine or water. *Qui disciplinam suam non ostentationem scientiæ, sed legem vitæ putet: quique obtemperet ipse sibi, et decretis pareat.*[2] The conduct of our lives is the true mirror of our doctrine. Zeuxidamus, to one who asked him, why the Lacedæmonians did not commit their constitutions of chivalry to writing, and deliver them to their young men to read, made answer, that it was because they would inure them to action, and not amuse them with words. With such a one, after fifteen or sixteen years' study, compare one of our college Latinists, who has thrown away so much time in nothing but learning to speak. The world is nothing but babble; and I hardly ever yet saw that man who did not rather prate too much, than speak too little. And yet half of our age is embezzled this way: we are kept four or five years to learn words only, and to tack them together into clauses; as many more to form them into a long discourse, divided into four or five parts; and other five years, at least, to learn succinctly to mix and interweave them after a subtle and intricate manner: let us leave all this to those who make a profession of it.

Going one day to Orleans, I met in the plain on this side Clery, two pedants travelling towards Bordeaux, about fifty paces distant from one another; and a good way further behind them, I discovered a troop of horse, with a gentleman at the head of them, who was the late Monsieur le Comte de la Rochefoucauld. One of my people inquired of the foremost of these dominies, who that gentleman was that came after him; he, having not seen the train that followed after, and thinking his companion was meant, pleasantly answered, "He is not a gentleman, he is a grammarian, and I am a logician." Now we who, quite contrary, do not here pretend to breed a grammarian or a logician, but a gentleman, let us leave them to throw away their time at their own fancy: our business lies elsewhere. Let but our pupil be well furnished with things, words will follow but too fast; he will pull them after him if they do not voluntarily follow. I have observed some to make excuses, that they cannot express themselves, and pretend to have their fancies full of a great many very fine things, which yet, for want of eloquence, they cannot utter; 'tis a mere shift, and nothing else. Will you know what I think of it? I think they are nothing but shadows of some imperfect images and conceptions that they know not what to make of within, nor consequently bring out: they do not yet themselves understand what they would be at, and if you but observe how they haggle and stammer upon the point of parturition, you will soon conclude, that their labour is not to delivery, but about conception, and that they are but licking their formless embryo. For my part, I hold, and Socrates commands it, that whoever has in his mind a sprightly and clear imagination, he will express it well enough in one kind of tongue or another, and, if he be dumb, by signs

Verbaque prævisam rem non invita sequentur.[3]

And as another as poetically says in his prose,

Quum res animum occupavere, verba ambiunt:[4]

and this other, *Ipsæ res verba rapiunt.*[5] He knows nothing of ablative, conjunctive, sub-

---

[1] They have proceeded to this discipline of living well, which of all arts is the greatest, by their lives, rather than by their reading.—Cicero, *Tusc. Quæs.*, iv. 3.

[2] Who considers his own discipline, not as a vain ostentation of science, but as a law and rule of life; and who obeys his own decrees, and the laws he has prescribed to himself.—*Ibid.*, ii. 4.

[3] Once a thing is conceived in the mind, the words to express it soon present themselves.—Horace, *De Art. Poet.*, v. 311.

[4] When things are once in the mind, the words offer themselves readily.—Seneca, *Controvers.* iii., (Proem).

[5] The things themselves force words to express them.—Cicero, *De Finib.*, iii. 5.

stantive, or grammar, no more than his lackey, or a fishwife of the Petit Pont; and yet these will give you a bellyful of talk, if you will hear them, and peradventure shall trip as little in their language as the best masters of art in France. He knows no rhetoric, nor how in a preface to bribe the benevolence of the courteous reader; neither does he care to know it. Indeed all this fine decoration of painting is easily effaced by the lustre of a simple and blunt truth: these fine flourishes serve only to amuse the vulgar, of themselves incapable of more solid and nutritive diet, as Aper very evidently demonstrates in Tacitus. The ambassadors of Samos, prepared with a long and elegant oration, came to Cleomenes, King of Sparta, to incite him to a war against the tyrant Polycrates; who, after he had heard their harangue with great gravity and patience, gave them this answer: "As to the exordium, I remember it not, nor consequently the middle of your speech; and for what concerns your conclusion, I will not do what you desire": a very pretty answer this, methinks, and a pack of learned orators most sweetly gravelled. And what did the other man say? The Athenians were to choose one of two architects for a very great building they had designed; of these, the first, a pert affected fellow, offered his service in a long premeditated discourse upon the subject of the work in hand, and by his oratory inclined the voices of the people in his favour; but the other in three words; "O, Athenians, what this man says, I will do." When Cicero was in the height and heat of an eloquent harangue, many were struck with admiration; but Cato only laughed,[1] saying "We have a pleasant consul." Let it go before, or come after, a good sentence or a thing well said, is always in season; if it neither suit well with what went before, nor has much coherence with what follows after, it is good in itself. I am none of those who think that good rhyme makes a good poem. Let him make short long, and long short if he will, 'tis no great matter; if there be invention, and that the wit and judgment have well performed their offices, I will say, here's a good poet, but an ill rhymer.

Emunctæ naris, durus componere versus.[2]

Let a man, says Horace, divest his work of all method and measure,

Tempora certa modosque, et, quod prius ordine verbum est,
Posterius facias, præponens ultima primis
Invenias etiam disjecti membra poetæ,[3]

he will never the more lose himself for that; the very pieces will be fine by themselves. Menander's answer had this meaning, who being reproved by a friend, the time drawing on at which he had promised a comedy, that he had not yet fallen in hand with it; "It is made, and ready," said he, "all but the verses." Having contrived the subject, and disposed the scenes in his fancy, he took little care for the rest. Since Ronsard and Du Bellay have given reputation to our French poesy, every little dabbler, for aught I see, swells his words as high, and makes his cadences very near as harmonious as they. *Plus sonat, quam valet.*[4] For the vulgar, there were never so many poetasters as now; but though they find it no hard matter to imitate their rhyme, they yet fall infinitely short of imitating the rich descriptions of the one, and the delicate invention of the other of these masters.

But what will become of our young gentleman, if he be attacked with the sophistic subtlety of some syllogism? "A Westphalia ham makes a man drink; drink quenches thirst; therefore, a Westphalia ham quenches thirst." Why, let him laugh at it; it will be more discretion to do so, than to go about to answer it: or let him borrow this pleasant evasion from Aristippus: "Why should I trouble myself to untie that, which, bound as it is, gives me so much trouble?" One offering at this dialectic juggling against Cleanthes, Chrysippus took him short, saying, "Reserve these baubles to play with children, and do not by such fooleries divert the serious thoughts of a man of years." If these ridiculous subtleties, *contorta et aculeata sophismata,*[5] as Cicero calls them, are designed to possess him with an untruth, they are dangerous; but if they signify no more than only to make him laugh, I do not see why a man need to be fortified against them. There are some so ridiculous, as to go a mile out of their way to hook in a fine word: *Aut qui non verba rebus aptant, sed res extrinsecus arces-*

---

[1] Plutarch, Marcus Cato.
[2] Of delicate humour, but of rugged versification.—Horace, *Sat.,* iv. 8.
[3] Take away certain rhythms and measures, and change the order of the words, putting that which should be first last, and the last first, still these misplaced members have all the elements of poetry.—*Ibid.,* i. 4, 58.
[4] More sound than sense.—Seneca, *Epist.,* 40.
[5] Cicero, *Acad.,* ii. 24.

sunt, quibus verba conveniant.[1] And as another says, *Qui alicujus verbi decore placentis, vocentur ad id, quod non proposuerant scribere.*[2] I for my part rather bring in a fine sentence by head and shoulders to fit my purpose, than divert my designs to hunt after a sentence. On the contrary, words are to serve, and to follow a man's purpose; and let Gascon come in play where French will not do. I would have things so excelling, and so wholly possessing the imagination of him that hears, that he should have something else to do, than to think of words. The way of speaking that I love, is natural and plain, the same in writing as in speaking, and a sinewy and muscular way of expressing a man's self, short and pithy, not so elegant and artificial as prompt and vehement;

Hæc demum sapiet dictio, quæ feriet;[3]

rather hard than wearisome; free from affectation; irregular, incontinuous, and bold; where every piece makes up an entire body; not like a pedant, a preacher, or a pleader, but rather a soldier-like style, as Suetonius calls that of Julius Cæsar; and yet I see no reason why he should call it so. I have ever been ready to imitate the negligent garb, which is yet observable amongst the young men of our time, to wear my cloak on one shoulder, my cap on one side, a stocking in disorder, which seems to express a kind of haughty disdain of these exotic ornaments, and a contempt of the artificial; but I find this negligence of much better use in the form of speaking. All affectation, particularly in the French gaiety and freedom, is ungraceful in a courtier, and in a monarchy every gentleman ought to be fashioned according to the court model; for which reason, an easy and natural negligence does well. I no more like a web where the knots and seams are to be seen, than a fine figure, so delicate, that a man may tell all the bones and veins. *Quæ veritati operam dat oratio, incomposita sit et simplex.*[4] *Quis accurate loquitur, nisi qui vult putide loqui?*[5]

That eloquence prejudices the subject it would advance, that wholly attracts us to itself. And as in our outward habit, 'tis a ridiculous effeminacy to distinguish ourselves by a particular and unusual garb or fashion; so in language, to study new phrases, and to affect words that are not of current use, proceeds from a puerile and scholastic ambition. May I be bound to speak no other language than what is spoken in the market-places of Paris! Aristophanes the grammarian was quite out, when he reprehended Epicurus for his plain way of delivering himself, and the design of his oratory, which was only perspicuity of speech. The imitation of words, by its own facility, immediately disperses itself through a whole people; but the imitation of inventing and fitly applying those words, is of a slower progress. The generality of readers, for having found a like robe, very mistakenly imagine they have the same body and inside too, whereas force and sinews are never to be borrowed; the gloss and outward ornament, that is, words and elocution, may. Most of those I converse with, speak the same language I here write; but whether they think the same thoughts I cannot say. The Athenians, says Plato, study fulness and elegancy of speaking; the Lacedæmonians affect brevity, and those of Crete to aim more at the fecundity of conception than the fertility of speech; and these are the best. Zeno used to say, that he had two sorts of disciples, one that he called φιλολόγους, curious to learn things, and these were his favourites; the other, λογοφίλους, that cared for nothing but words. Not that fine speaking is not a very good and commendable quality; but not so excellent and so necessary as some would make it; and I am scandalized that our whole life should be spent in nothing else. I would first understand my own language, and that of my neighbours with whom most of my business and conversation lies.

No doubt but Greek and Latin are very great ornaments, and of very great use, but we buy them too dear. I will here discover one way, which has been experimented in my own person, by which they are to be had better cheap, and such may make use of it as will. My late father having made the most precise inquiry that any man could possibly make amongst men of the greatest learning and judgment, of an exact method of education, was by them cautioned of this inconvenience then in use, and

---

[1] Who do not fit words to the subject, but seek out for things quite from the purpose to fit the words.—Quintilian, viii. 3.

[2] Who by their fondness of some fine sounding word, are tempted to something they had no intention to treat of.—Seneca, *Epist.*, 59.

[3] That has most weight and wisdom which pierces the ear.—Epitaph on Lucan, in Fabricus, *Biblioth. Lat.*, ii. 10.

[4] Let the language that is dedicated to truth be plain and unaffected.—Seneca, *Epist.*, 40.

[5] For who studies to speak too accurately, that

---

does not at the same time design to perplex his auditory?—*Ibid.*, 75.

made to believe, that the tedious time we applied to the learning of the tongues of them who had them for nothing, was the sole cause we could not arrive to the grandeur of soul and perfection of knowledge, of the ancient Greeks and Romans. I do not, however, believe that to be the only cause. However, the expedient my father found out for this was, that in my infancy, and before I began to speak, he committed me to the care of a German, who since died a famous physician in France, totally ignorant of our language, but very fluent, and a great critic in Latin. This man, whom he had fetched out of his own country, and whom he entertained with a very great salary for this only end, had me continually with him: to him there were also joined two others, of inferior learning, to attend me, and to relieve him; who all of them spoke to me in no other language but Latin. As to the rest of his family, it was an inviolable rule, that neither himself, nor my mother, man nor maid, should speak anything in my company, but such Latin words as every one had learned only to gabble with me. It is not to be imagined how great an advantage this proved to the whole family; my father and my mother by this means learned Latin enough to understand it perfectly well, and to speak it to such a degree as was sufficient for any necessary use; as also those of the servants did who were most frequently with me. In short, we Latined it at such a rate, that it overflowed to all the neighbouring villages, where there yet remain, that have established themselves by custom, several Latin appellations of artisans and their tools. As for what concerns myself, I was above six years of age before I understood either French or Perigordin, any more than Arabic; and without art, book, grammar, or precept, whipping, or the expense of a tear, I had, by that time, learned to speak as pure Latin as my master himself, for I had no means of mixing it up with any other. If, for example, they were to give me a theme after the college fashion, they gave it to others in French, but to me they were to give it in bad Latin, to turn it into that which was good. And Nicholas Grouchy, who wrote a book *De Comitiis Romanorum;* William Guerente, who wrote a comment upon Aristotle; George Buchanan, that great Scotch poet; and Mark Antony Muret (whom both France and Italy have acknowledged for the best orator of his time), my domestic tutors, have all of them often told me, that I had in my infancy, that language so very fluent and ready, that they were afraid to enter into discourse with me. And particularly Buchanan, whom I since saw attending the late Mareschal de Brissac, then told me, that he was about to write a treatise of education, the example of which he intended to take from mine, for he was then tutor to that Count de Brissac who afterwards proved so valiant and so brave a gentleman.

As to Greek, of which I have but a mere smattering, my father also designed to have it taught me by a device, but a new one, and by way of sport; tossing our declensions to and fro, after the manner of those who, by certain games at tables and chess, learn geometry and arithmetic. For he, amongst other rules, had been advised to make me relish science and duty by an unforced will, and of my own voluntary motion, and to educate my soul in all liberty and delight, without any severity or constraint; which he was an observer of to such a degree, even of superstition, if I may say so, that some being of opinion that it troubles and disturbs the brains of children suddenly to wake them in the morning, and to snatch them violently and over-hastily from sleep (wherein they are much more profoundly involved than we), he caused me to be wakened by the sound of some musical instrument, and was never unprovided of a musician for that purpose. By this example you may judge of the rest, this alone being sufficient to recommend both the prudence and the affection of so good a father, who is not to be blamed if he did not reap fruits answerable to so exquisite a culture. Of this, two things were the cause: first, a sterile and improper soil; for, though I was of a strong and healthful constitution, and of a disposition tolerably sweet and tractable, yet I was, withal, so heavy, idle, and indisposed, that they could not rouse me from my sloth, not even to get me out to play. What I saw, I saw clearly enough, and under this heavy complexion nourished a bold imagination, and opinions above my age. I had a slow wit, that would go no faster than it was led; a tardy understanding, a languishing invention, and above all, incredible defect of memory; so that, it is no wonder, if from all these nothing considerable could be extracted. Secondly, like those, who, impatient of a long and steady cure, submit to all sorts of prescriptions and recipes, the good man being extremely timorous of any way failing in a thing he had so wholly set his heart upon, suffered himself at last to be overruled by the common opinions, which always follow their leader as a flight of cranes, and complying with the method of the time, having no more those persons he had brought out of Italy, and who had given him the first model of education, about him, he sent me at six years of age to the College of Guienne, at that time the best and most flourishing in France. And there it was not possible to add anything to the care he had to provide me the most able tutors, with all other circumstances of education, reserving also several particular rules contrary to the college practice; but so it was, that with all these precautions it was a college still. My Latin immediately grew corrupt, of which also by discontinuance I have since lost all manner of use; so that this new way of education served me to no other end, than only at my first coming to prefer me to the first forms; for at thirteen years old, that I came out of the college, I had run through my whole course (as they call it), and, in truth, without any manner of advantage, that I can honestly brag of, in all this time.

The first thing that gave me any taste for books, was the pleasure I took in reading the fables of Ovid's Metamorphoses, and with them I was so taken, that being but seven or eight years old, I would steal from all other diversions to read them, both by reason that this was my own natural language, the easiest book that I was acquainted with, and for the subject, the most accommodated to the capacity of my age: for as for Lancelot of the Lake, Amadis of Gaul, Huon of Bordeaux, and such trumpery, which children are most delighted with, I had never so much as heard their names, no more than I yet know what they contain; so exact was the discipline wherein I was brought up. But this was enough to make me neglect the other lessons that were prescribed me; and here it was infinitely to my advantage, to have to do with an understanding tutor, who very well knew discreetly to connive at this and other truantries of the same nature; for by this means I ran through Virgil's Æneid, and then Terence, and then Plautus, and then some Italian comedies, allured by the sweetness of the subject; whereas had he been so foolish as to have taken me off this diversion, I do really believe, I had brought nothing away from the college but a hatred of books, as almost all our young gentlemen do. But he carried himself very discreetly in that business, seeming to take no notice, and allowing me only such time as I could steal from my other regular studies, which whetted my appetite to devour those books. For the chief things my father expected from their endeavours to whom he had delivered me for education, were affability and good humour; and, to say the truth, my manners had no other vice but sloth and want of mettle. The fear was not that I should do ill, but that I should do nothing; nobody prognosticated that I should be wicked, but only useless; they foresaw idleness, but no malice; and I find it falls out accordingly. The complaints I hear of myself are these: "He is idle, cold in the offices of friendship and relation, and in those of the public, too particular, too disdainful." But the most injurious do not say, "Why has he taken such a thing? Why has he not paid such an one?" but, "Why does he part with nothing? Why does he not give?" And I should take it for a favour that men would expect from me no greater effects of supererogation than these. But they are unjust to exact from me what I do not owe, far more rigorously than they require from others that which they do owe. In condemning me to it, they efface the gratification of the action, and deprive me of the gratitude that would be my due for it; whereas the active well-doing ought to be of so much the greater value from my hands, by how much I have never been passive that way at all. I can the more freely dispose of my fortune the more it is mine, and of myself the more I am my own. Nevertheless, if I were good at setting out my own actions, I could, peradventure, very well repel these reproaches, and could give some to understand, that they are not so much offended, that I do not enough, as that I am able to do a great deal more than I do.

Yet for all this heavy disposition of mine, my mind, when retired into itself, was not altogether without strong movements, solid and clear judgments about those objects it could comprehend, and could also, without any helps, digest them; but, amongst other things, I do really believe, it had been totally impossible to have made it to submit by violence and force. Shall I here acquaint you with one faculty of my youth? I had great assurance of countenance, and flexibility of voice and gesture, in applying myself to any part I undertook to act: for before—

Alter ab undecimo tum me vix ceperat annus,[1]

——I played the chief parts in the Latin tragedies of Buchanan, Guerente, and Muret, that were presented in our college of Guienne with great dignity; now Andreas Goveanus, our principal, as in all other parts of his charge, was,

---

[1] I had just entered on my twelfth year.—Virgil, *Eclogues*, viii. 39.

without comparison, the best of that employment in France; and I was looked upon as one of the best actors. 'Tis an exercise that I do not disapprove in young people of condition; and I have since seen our princes, after the example of some of the ancients, in person handsomely and commendably perform these exercises; it was even allowed to persons of quality to make a profession of it in Greece. *Aristoni tragico actori rem aperit: huic et genus et fortuna honesta erant: nec ars, quia nihil tale apud Græcos pudori est, ea deformabat.*[1] Nay, I have always taxed those with impertinence who condemn these entertainments, and with injustice those who refuse to admit such comedians as are worth seeing into our good towns, and grudge the people that public diversion. Well-governed corporations take care to assemble their citizens, not only to the solemn duties of devotion, but also to sports and spectacles. They find society and friendship augmented by it; and, besides, can there possibly be allowed a more orderly and regular diversion than what is performed in the sight of every one, and, very often, in the presence of the supreme magistrate himself? And I, for my part, should think it reasonable, that the prince should sometimes gratify his people at his own expense, out of paternal goodness and affection; and that in populous cities there should be theatres erected for such entertainments, if but to divert them from worse and private actions.

To return to my subject, there is nothing like alluring the appetite and affections; otherwise you make nothing but so many asses laden with books; by dint of the lash, you give them their pocketful of learning to keep; whereas, to do well, you should not only lodge it with them, but make them espouse it.

XXVI. THAT IT IS FOLLY TO MEASURE TRUTH AND ERROR BY OUR OWN CAPACITY

'Tis not, perhaps, without reason, that we attribute facility of belief and easiness of persuasion, to simplicity and ignorance; for I fancy I have heard belief compared to the impression of a seal upon the soul, which by how much softer and of less resistance it is, is the more easy to be impressed upon. *Ut necesse est, lancem in libra, ponderibus impositis, deprimi, sic animum perspicuis cedere.*[2] By how much the soul is more empty and without counterpoise, with so much greater facility it yields under the weight of the first persuasion. And this is the reason that children, the common people, women, and sick folks, are most apt to be led by the ears. But then, on the other hand, 'tis a foolish presumption to slight and condemn all things for false that do not appear to us probable; which is the ordinary vice of such as fancy themselves wiser than their neighbours. I was myself once one of those; and if I heard talk of dead folks walking, of prophecies, enchantments, witchcrafts, or any other story I had no mind to believe,

Somnia, terrores magicos, miracula, sagas,
Nocturnos lemures, portentaque Thessala.[3]

I presently pitied the poor people that were abused by these follies. Whereas I now find, that I myself was to be pitied as much, at least, as they; not that experience has taught me anything to alter my former opinions, though my curiosity has endeavoured that way; but reason has instructed me, that thus resolutely to condemn anything for false and impossible, is arrogantly and impiously to circumscribe and limit the will of God, and the power of our mother nature, within the bounds of my own capacity, than which no folly can be greater. If we give the names of monster and miracle to everything our reason cannot comprehend, how many are continually presented before our eyes? Let us but consider through what clouds, and as it were groping in the dark, our teachers lead us to the knowledge of most of the things about us; assuredly we shall find that it is rather custom than knowledge that takes away their strangeness—

Jam nemo, fessus saturusque videndi,
Suspicere in cœli dignatur lucida templa;[4]

——and that if those things were now newly presented to us, we should think them as incredible, if not more, than any others.

Si nunc primum mortalibus adsint
Ex improviso, si sint objecta repente,

---

[1] He imparted this affair to Aristo the tragedian, a man of a good family and fortune, which did neither of them receive any blemish by that profession; nothing of this kind being reputed a disparagement in Greece.—Livy, xxiv. 24.

[2] As the scale of the balance must give way to the weight that presses it down, so the mind must of necessity yield to demonstration.—Cicero, *Acad.*, ii. 12.

[3] Dreams, magic terrors, marvels, sorceries, hobgoblins, and Thessalian prodigies.—Horace, *Epist.*, ii. 2, 208.

[4] Weary of the sight, now no one deigns to look up to heaven's lucid temples.—Lucretius, ii. 1037.

Nil magis his rebus poterat mirabile dici,
Aut minus ante quod auderent fore credere gentes.[1]

He that had never seen a river, imagined the first he met with to be the sea; and the greatest things that have fallen within our knowledge, we conclude the extremes that nature makes of the kind.

Scilicet et fluvius qui non est maximus, ei'st
Qui non ante aliquem majorem vidit; et ingens
Arbor, homoque videtur, et omnia de genere omni
Maxima quæ vidit quisque, hæc ingentia fingit.[2]

Consuetudine oculorum assuescunt animi, neque admirantur, neque requirunt rationes earum rerum, quas semper vident.[3] The novelty, rather than the greatness of things, tempts us to inquire into their causes. We are to judge with more reverence, and with greater acknowledgement of our own ignorance and infirmity, of the infinite power of nature. How many unlikely things are there testified by people worthy of faith, which, if we cannot persuade ourselves absolutely to believe, we ought at least to leave them in suspense; for, to condemn them as impossible, is by a temerarious presumption to pretend to know the utmost bounds of possibility. Did we rightly understand the difference betwixt the impossible and the unusual, and betwixt that which is contrary to the order and course of nature, and contrary to the common opinion of men, in not believing rashly, and on the other hand, in not being too incredulous, we should observe the rule of *Ne quid nimis*, enjoined by Chilo.[4]

When we find in Froissart, that the Count de Foix knew in Bearn the defeat of John, King of Castile, at Juberoth the next day after it happened, and the means by which he tells us he came to do so, we may be allowed to be a little merry at it, as also at what our annals report, that Pope Honorius, the same day that King Philip Augustus died at Mantes, performed his public obsequies at Rome, and commanded the like throughout Italy, the testimony of these authors not being, perhaps, of authority enough to restrain us. But what if Plutarch,[5] besides several examples that he produces out of antiquity, tells us, he knows of certain knowledge, that in the time of Domitian, the news of the battle lost by Antony in Germany, was published at Rome, many days' journey from thence, and dispersed throughout the whole world, the same day it was fought; and if Cæsar was of opinion, that it has often happened, that the report has preceded the incident, shall we not say, that these simple people have suffered themselves to be deceived with the vulgar, for not having been so clear-sighted as we? Is there anything more delicate, more clear, more sprightly, than Pliny's judgment, when he is pleased to set it to work? Anything more remote from vanity? Setting aside his learning, of which I make less account, in which of these excellences do any of us excel him? And yet there is scarce a young schoolboy that does not convict him of untruth, and that pretends not to instruct him in the progress of the works of nature.

When we read in Bouchet the miracles of St. Hilary's relics, away with them: his authority is not sufficient to deprive us of the liberty of contradicting him; but generally and offhand to condemn all suchlike stories, seems to me a singular impudence. That great St. Augustine[6] testifies to have seen a blind child recover sight upon the relics of St. Gervaise and St. Protasius at Milan; a woman at Carthage cured of a cancer, by the sign of the cross made upon her by a woman newly baptized; Hesperius, a familiar friend of his, to have driven away the spirits that haunted his house, with a little earth of the sepulchre of our Lord; which earth, being also transported thence into the church, a paralytic to have there been suddenly cured by it; a woman in a procession, having touched St. Stephen's shrine with a nosegay, and rubbing her eyes with it, to have recovered her sight, lost many years before; with several other miracles of which he professes himself to have been an eyewitness: of what shall we accuse him and the two holy bishops, Aurelius and Maximinus, both of whom he attests to the truth of these things? Shall it be of ignorance, simplicity and facility; or of malice and imposture? Is any man now living so impudent as to think himself comparable to them in virtue, piety, learning, judgment, or any kind of perfection? *Qui ut rationem nullam afferent, ipsa*

---

[1] *Ibid.* The sense of the passage is above.

[2] A little river seems to him who has never seen a larger river, a mighty stream; and so with other things—a tree, a man—anything appears greatest of the kind that never knew a greater.—*Ibid.*, vi. 674.

[3] Things grow familiar to men's minds by being often seen; so that they neither admire, nor are inquisitive about, things they daily see.—Cicero, *De Nat. Deor.*, ii. 38.

[4] Μηδέν ἄγαν. Aristotle in his *Rhetoric*, ii. 12.

[5] Plutarch, Æmilius Paulus.

[6] *City of God*, xxii. 8.

auctoritate me frangerent.[1] 'Tis a presumption of great danger and consequence, besides the absurd temerity it draws after it, to contemn what we do not comprehend. For after, according to your fine understanding, you have established the limits of truth and error, and that, afterwards, there appears a necessity upon you of believing stranger things than those you have contradicted, you are already obliged to quit your limits. Now, that which seems to me so much to disorder our consciences in the commotions we are now in concerning religion, is the Catholics dispensing so much with their belief. They fancy they appear moderate, and wise, when they grant to their opponents some of the articles in question; but, besides that they do not discern what advantage it is to those with whom we contend, to begin to give ground and to retire, and how much this animates our enemy to follow his blow: these articles which they select as things indifferent, are sometimes of very great importance. We are either wholly and absolutely to submit ourselves to the authority of our ecclesiastical polity, or totally throw off all obedience to it: 'tis not for us to determine what and how much obedience we owe to it. And this I can say, as having myself made trial of it, that having formerly taken the liberty of my own swing and fancy, and omitted or neglected certain rules of the discipline of our Church, which seemed to me vain and strange: coming afterwards to discourse of it with learned men, I have found those same things to be built upon very good and solid ground and strong foundation; and that nothing but stupidity and ignorance makes us receive them with less reverence than the rest. Why do we not consider what contradictions we find in our own judgments; how many things were yesterday articles of our faith, that to-day appear no other than fables? Glory and curiosity are the scourges of the soul; the last prompts us to thrust our noses into everything, the other forbids us to leave anything doubtful and undecided.

XXVII. OF FRIENDSHIP

HAVING considered the proceedings of a painter that serves me, I had a mind to imitate his way. He chooses the fairest place and middle of any wall, or panel, wherein to draw a picture, which he finishes with his utmost care and art, and the vacuity about it he fills with grotesques, which are odd fantastic figures without any grace but what they derive from their variety, and the extravagance of their shapes. And in truth, what are these things I scribble, other than grotesques and monstrous bodies, made of various parts, without any certain figure, or any other than accidental order, coherence, or proportion?

Desinit in piscem mulier formosa superne.[2]

In this second part I go hand in hand with my painter; but fall very short of him in the first and the better, my power of handling not being such, that I dare to offer at a rich piece, finely polished, and set off according to art. I have therefore thought fit to borrow one of Estienne de la Boetie, and such a one as shall honour and adorn all the rest of my work—namely, a discourse that he called *Voluntary Servitude;* but, since, those who did not know him have properly enough called it *Le contre Un.* He wrote in his youth by way of essay, in honour of liberty against tyrants; and it has since run through the hands of men of great learning and judgment, not without singular and merited commendation; for it is finely written, and as full as anything can possibly be. And yet one may confidently say it is far short of what he was able to do; and if in that more mature age, wherein I had the happiness to know him, he had taken a design like this of mine, to commit his thoughts to writing, we should have seen a great many rare things, and such as would have gone very near to have rivalled the best writings of antiquity: for in natural parts especially, I know no man comparable to him. But he has left nothing behind him, save this treatise only (and that, too, by chance, for I believe he never saw it after it first went out of his hands), and some observations upon that edict of January, made famous by our civil wars, which also shall elsewhere, peradventure, find a place. These were all I could recover of his remains, I to whom, with so affectionate a remembrance, upon his deathbed, he by his last will bequeathed his library and papers, the little book of his works only excepted, which I committed to the press. And this particular obligation I have to this treatise of his, that it was the occasion of my first coming acquainted with him; for it was showed to me long before I had the good fortune to know him; and gave

---

[1] Who, though they should give me no reason for what they affirm, convince me with their sole authority.—Cicero, *Tusc. Quæs.*, i. 21.

[2] A fair woman in her upper form terminates in a fish's tail.—Horace, *De Art. Poet.*, 4.

me the first knowledge of his name, proving the first cause and foundation of a friendship which we afterwards improved and maintained, so long as God was pleased to continue us together, so perfect, inviolate, and entire, that certainly the like is hardly to be found in story, and amongst the men of this age there is no sign nor trace of any such thing in use; so much concurrence is required to the building of such a one, that 'tis much, if fortune bring it but once to pass in three ages.

There is nothing to which nature seems so much to have inclined us, as to society; and Aristotle says,[1] that the good legislators had more respect to friendship than to justice. Now the most supreme point of its perfection is this: for, generally, all those that pleasure, profit, public or private interest create and nourish, are so much the less beautiful and generous, and so much the less friendships, by how much they mix another cause, and design, and fruit in friendship, than itself. Neither do the four ancient kinds, natural, social, hospitable, venerian, either separately or jointly, make up a true and perfect friendship.

That of children to parents is rather respect: friendship is nourished by communication, which cannot, by reason of the great disparity, be betwixt these, but would rather perhaps offend the duties of nature; for neither are all the secret thoughts of fathers fit to be communicated to children, lest it beget an indecent familiarity betwixt them; nor can the advices and reproofs, which is one of the principal offices of friendship, be properly performed by the son to the father. There are some countries where 'twas the custom for children to kill their fathers; and others, where the fathers killed their children, to avoid their being an impediment one to another in life; and naturally the expectations of the one depend upon the ruin of the other. There have been great philosophers who have made nothing of this tie of nature, as Aristippus for one, who being pressed home about the affection he owed to his children, as being come out of him, presently fell to spit, saying, that this also came out of him, and that we also breed worms and lice; and that other, that Plutarch endeavoured to reconcile to his brother; "I make never the more account of him," said he, "for coming out of the same hole." This name of brother does indeed carry with it a fine and delectable sound, and for that reason, he and I called one another brothers: but the complication of interests, the division of estates, and that the wealth of the one should be the poverty of the other, strangely relax and weaken the fraternal tie: brothers pursuing their fortune and advancement by the same path, 'tis hardly possible, but they must of necessity often jostle and hinder one another. Besides, why is it necessary that the correspondence of manners, parts, and inclinations, which begets the true and perfect friendships, should always meet in these relations? The father and the son may be of quite contrary humours, and so of brothers: he is my son, he is my brother; but he is passionate, ill-natured, or a fool. And moreover, by how much these are friendships that the law and natural obligation impose upon us, so much less is there of our own choice and voluntary freedom; whereas that voluntary liberty of ours has no production more promptly and properly its own than affection and friendship. Not that I have not in my own person experimented all that can possibly be expected of that kind, having had the best and most indulgent father, even to his extreme old age, that ever was, and who was himself descended from a family for many generations famous and exemplary for brotherly concord:

Et ipse
Notus in fratres animi paterni.[2]

We are not here to bring the love we bear to women, though it be an act of our own choice, into comparison; nor rank it with the others. The fire of this, I confess,

Neque enim est dea nescia nostri
Quæ dulcem curis miscet amaritiem,[3]

is more active, more eager, and more sharp: but withal, 'tis more precipitant, fickle, moving and inconstant; a fever subject to intermissions and paroxysms, that has seized but on one part of us. Whereas in friendship, 'tis a general and universal fire, but temperate and equal, a constant established heat, all gentle and smooth, without poignancy or roughness. Moreover, in love, 'tis no other than frantic desire for that which flies from us:

Come segue la lepre il cacciatore
Al freddo, al caldo, alla montagna, al lito;

---

[1] *Ethics*, viii.

[2] And I myself noted for paternal love towards my brothers.—Horace, *Od.*, ii. 2, 6.

[3] Nor is the goddess unknown to me, who mixes a pleasing sorrow with my love's flame.—Catullus, lxviii. 17.

Ne più l'estima poi che presa vede;
E sol dietro a chi fugge affretta il piede: [1]

so soon as it enters into the terms of friendship, that is to say, into a concurrence of desires, it vanishes and is gone, fruition destroys it, as having only a fleshly end, and such a one as is subject to satiety. Friendship, on the contrary, is enjoyed proportionably as it is desired; and only grows up, is nourished and improves by enjoyment, as being of itself spiritual, and the soul growing still more refined by practice. Under this perfect friendship, the other fleeting affections have in my younger years found some place in me, to say nothing of him, who himself so confesses but too much in his verses; so that I had both these passions, but always so, that I could myself well enough distinguish them, and never in any degree of comparison with one another; the first maintaining its flight in so lofty and so brave a place, as with disdain to look down, and see the other flying at a far humbler pitch below.

As concerning marriage, besides that it is a covenant, the entrance into which only is free, but the continuance in it forced and compulsory, having another dependence than that of our own freewill, and a bargain commonly contracted to other ends, there almost always happens a thousand intricacies in it to unravel, enough to break the thread and to divert the current of a lively affection: whereas friendship has no manner of business or traffic with aught but itself. Moreover, to say truth, the ordinary talent of women is not such as is sufficient to maintain the conference and communication required to the support of this sacred tie; nor do they appear to be endued with constancy of mind, to sustain the pinch of so hard and durable a knot. And doubtless, if without this, there could be such a free and voluntary familiarity contracted, where not only the souls might have this entire fruition, but the bodies also might share in the alliance, and a man be engaged throughout, the friendship would certainly be more full and perfect; but it is without example that this sex has ever yet arrived at such perfection; and, by the common consent of the ancient schools, it is wholly rejected from it.

That other Grecian licence is justly abhorred by our manners; which also, from having, according to their practice, a so necessary disparity of age and difference of offices betwixt the lovers, answered no more to the perfect union and harmony that we here require, than the other: *quis est enim iste amor amicitiæ? cur neque deformem adolescentem quisquam amat, neque formosum senem?* [2] Neither will that very picture that the Academy presents of it, as I conceive, contradict me, when I say, that this first fury inspired by the son of Venus into the heart of the lover, upon sight of the flower and prime of a springing and blossoming youth, to which they allow all the insolent and passionate efforts that an immoderate ardour can produce, was simply founded upon external beauty, the false image of corporal generation; for it could not ground this love upon the soul, the sight of which as yet lay concealed, was but now springing, and not of maturity to blossom: that this fury, if it seized upon a low spirit, the means by which it preferred its suit were rich presents, favour in advancement to dignities, and such trumpery, which they by no means approve: if on a more generous soul, the pursuit was suitably generous, by philosophical instructions, precepts to revere religion, to obey the laws, to die for the good of one's country; by examples of valour, prudence, and justice, the lover studying to render himself acceptable by the grace and beauty of his soul, that of his body being long since faded and decayed, hoping by this mental society to establish a more firm and lasting contract. When this courtship came to effect in due season (for that which they do not require in the lover, namely, leisure and discretion in his pursuit, they strictly require in the person loved, forasmuch as he is to judge of an internal beauty, of difficult knowledge and abstruse discovery), then there sprung in the person loved the desire of a spiritual conception by the mediation of a spiritual beauty. This was the principal; the corporeal, an accidental and secondary matter: quite the contrary as to the lover. For this reason they prefer the person beloved, maintaining that the gods in like manner preferred him too, and very much blame the poet Æschylus for having, in the loves of Achilles and Patroclus, given the lover's part to Achilles, who was in the first flower and pubescency of his youth, and the handsomest of all the Greeks. After this general community, the sovereign and most worthy part presiding and governing, and performing its proper

---

[1] As the hunter pursues the hare, through cold and heat, over hill and dale, but, so soon as it is taken, no longer cares for it, and only delights in chasing that which flees from him.—Ariosto, x. 7.

[2] For what is that love of friendship? why does no one love a deformed youth, or a comely old man?—Cicero, *Tusc. Quæs.*, iv. 33.

offices, they say, that thence great utility was derived, both by private and public concerns: that it constituted the force and power of the countries where it prevailed, and the chiefest security of liberty and justice. Of which the salutiferous loves of Harmodius and Aristogiton are instances. And therefore it is that they called it sacred and divine, and conceive that nothing but the violence of tyrants and the baseness of the common people are inimical to it. Finally, all that can be said in favour of the Academy, is, that it was a love which ended in friendship, which well enough agrees with the Stoical definition of love: *Amorem conatum esse amicitiæ faciendæ ex pulchritudinis specie.*[1]

I return to my own more just and true description. *Omnino amicitiæ, corroboratis jam confirmatisque, et ingeniis, et ætatibus, judicandæ sunt.*[2] For the rest, what we commonly call friends and friendships, are nothing but acquaintance and familiarities, either occasionally contracted, or upon some design, by means of which there happens some little intercourse betwixt our souls. But in the friendship I speak of, they mix and work themselves into one piece, with so universal a mixture, that there is no more sign of the seam by which they were first conjoined. If a man should importune me to give a reason why I loved him, I find it could no otherwise be expressed, than by making answer: because it was he, because it was I. There is, beyond all that I am able to say, I know not what inexplicable and fated power that brought on this union. We sought one another long before we met, and by the characters we heard of one another, which wrought upon our affections more than, in reason, mere reports should do; I think 'twas by some secret appointment of heaven. We embraced in our names; and at our first meeting, which was accidentally at a great city entertainment, we found ourselves so mutually taken with one another, so acquainted, and so endeared betwixt ourselves, that from thenceforward nothing was so near to us as one another. He wrote an excellent Latin satire, since printed, wherein he excuses the precipitation of our intelligence, so suddenly come to perfection, saying, that destined to have so short a continuance, as begun so late (for we were both full-grown men, and he some years the older),

there was no time to lose, nor were we tied to conform to the example of those slow and regular friendships, that require so many precautions of long preliminary conversation. This has no other idea than that of itself, and can only refer to itself: this is no one special consideration, nor two, nor three, nor four, nor a thousand; 'tis I know not what quintessence of all this mixture, which, seizing my whole will, carried it to plunge and lose itself in his, and that having seized his whole will, brought it back with equal concurrence and appetite to plunge and lose itself in mine. I may truly say lose, reserving nothing to ourselves, that was either his or mine.

When Lælius, in the presence of the Roman consuls, who after they had sentenced Tiberius Gracchus, prosecuted all those who had had any familiarity with him also, came to ask Caius Blosius, who was his chiefest friend, how much he would have done for him, and that he made answer: "All things." "How! All things!" said Lælius. "And what if he had commanded you to fire our temples?" "He would never have commanded me that," replied Blosius. "But what if he had?" said Lælius. "I would have obeyed him," said the other. If he was so perfect a friend to Gracchus, as the histories report him to have been, there was yet no necessity of offending the consuls by such a bold confession, though he might still have retained the assurance he had of Gracchus' disposition. However, those who accuse this answer as seditious, do not well understand the mystery; nor presuppose, as it was true, that he had Gracchus' will in his sleeve, both by the power of a friend, and the perfect knowledge he had of the man: they were more friends than citizens, more friends to one another than either friends or enemies to their country, or than friends to ambition and innovation; having absolutely given up themselves to one another, either held absolutely the reins of the other's inclination; and suppose all this guided by virtue, and all this by the conduct of reason, which also without these it had not been possible to do, Blosius' answer was such as it ought to be. If any of their actions flew out of the handle, they were neither (according to my measure of friendship) friends to one another, nor to themselves. As to the rest, this answer carries no worse sound, than mine would do to one that should ask me: "If your will should command you to kill your daughter, would you do it?" and that I should make answer, that I would; for this expresses no consent to such an act, forasmuch as I do not in the least suspect my own will, and as little that of such a

---

[1] Love is a desire of contracting friendship arising from the beauty of the object.—*Ibid.*, vi. 34.

[2] Those are only to be reputed friendships, that are fortified and confirmed by judgment and length of time.—Cicero, *De Amicit.*, xx.

friend. 'Tis not in the power of all the eloquence in the world, to dispossess me of the certainty I have of the intentions and resolutions of my friend; nay, no one action of his, what face soever it might bear, could be presented to me, of which I could not presently, and at first sight, find out the moving cause. Our souls had drawn so unanimously together, they had considered each other with so ardent an affection, and with the like affection laid open the very bottom of our hearts to one another's view, that I not only knew his as well as my own; but should certainly in any concern of mine have trusted my interest much more willingly with him, than with myself.

Let no one, therefore, rank other common friendships with such a one as this. I have had as much experience of these, as another, and of the most perfect of their kind: but I do not advise that any should confound the rules of the one and the other, for they would find themselves much deceived. In those other ordinary friendships, you are to walk with bridle in your hand, with prudence and circumspection, for in them the knot is not so sure, that a man may not half suspect it will slip. "Love him," said Chilo, "so, as if you were one day to hate him; and hate him so, as you were one day to love him." This precept, though abominable in the sovereign and perfect friendship I speak of, is nevertheless very sound, as to the practice of the ordinary and customary ones, and to which the saying that Aristotle had so frequent in his mouth, "O my friends, there is no friend"; may very fitly be applied. In this noble commerce, good offices, presents, and benefits, by which other friendships are supported and maintained, do not deserve so much as to be mentioned; and the reason is the concurrence of our wills; for, as the kindness I have for myself, receives no increase, for anything I relieve myself withal in time of need (whatever the Stoics say), and as I do not find myself obliged to myself for any service I do myself: so the union of such friends, being truly perfect, deprives them of all idea of such duties, and makes them loathe and banish from their conversation these words of division and distinction, benefit, obligation, acknowledgment, entreaty, thanks, and the like. All things, wills, thoughts, opinions, goods, wives, children, honours, and lives, being in effect common betwixt them, and that absolute concurrence of affections being no other than one soul in two bodies (according to that very proper definition of Aristotle), they can neither lend nor give anything to one another. This is the reason why the lawgivers, to honour marriage with some resemblance of this divine alliance, interdict all gifts betwixt man and wife; inferring by that, that all should belong to each of them, and that they have nothing to divide or to give to each other.

If, in the friendship of which I speak, one could give to the other, the receiver of the benefit would be the man that obliged his friend; for each of them contending and above all things studying how to be useful to the other, he that administers the occasion is the liberal man, in giving his friend the satisfaction of doing that towards him, which above all things he most desires. When the philosopher Diogenes wanted money, he used to say, that he redemanded it of his friends, not that he demanded it. And to let you see the practical working of this, I will here produce an ancient and singular example; Eudamidas a Corinthian, had two friends, Charixenus a Sycionian, and Areteus a Corinthian; this man coming to die, being poor, and his two friends rich, he made his will after this manner. "I bequeath to Areteus the maintenance of my mother, to support and provide for her in her old age; and to Charixenus I bequeath the care of marrying my daughter, and to give her as good a portion as he is able; and in case one of these chance to die, I hereby substitute the survivor in his place." They who first saw this will, made themselves very merry at the contents: but the legatees being made acquainted with it, accepted it with very great content; and one of them, Charixenus, dying within five days after, and Areteus, by that means, having the charge of both duties devolved solely to him, he nourished the old woman with very great care and tenderness, and of five talents he had in estate, he gave two and a half in marriage with an only daughter he had of his own, and two and a half in marriage with the daughter of Eudamidas, and in one and the same day solemnized both their nuptials.

This example is very full, if one thing were not to be objected, namely, the multitude of friends: for the perfect friendship I speak of is indivisible; each one gives himself so entirely to his friend, that he has nothing left to distribute to others: on the contrary, is sorry that he is not double, treble, or quadruple, and that he has not many souls, and many wills, to confer them all upon this one object. Common friendships will admit of division; one may love the beauty of this person, the good-humour of that, the liberality of a third, the paternal affection of a fourth, the fraternal love of a fifth, and so of the rest: but this friendship that possesses the whole soul, and there rules and sways with an absolute sovereignty, cannot possibly admit of a rival. If two at the same time should call to you for succour, to which of them would you run? Should they require of you contrary offices, how could you serve them both? Should one commit a thing to your silence, that it were of importance to the other to know, how would you disengage yourself? A unique and particular friendship dissolves all other obligations whatsoever: the secret I have sworn not to reveal to any other, I may without perjury communicate to him who is not another, but myself. 'Tis miracle enough certainly, for a man to double himself, and those that talk of tripling, talk they know not of what. Nothing is extreme, that has its like; and he who shall suppose, that of two, I love one as much as the other, that they mutually love one another too, and love me as much as I love them, multiplies into a confraternity the most single of units, and whereof, moreover, one alone is the hardest thing in the world to find. The rest of this story suits very well with what I was saying; for Eudamidas, as a bounty and favour, bequeaths to his friends a legacy of employing themselves in his necessity; he leaves them heirs to this liberality of his, which consists in giving them the opportunity of conferring a benefit upon him; and doubtless, the force of friendship is more eminently apparent in this act of his, than in that of Areteus. In short, these are effects not to be imagined nor comprehended by such as have not experience of them, and which make me infinitely honour and admire the answer of that young soldier to Cyrus, by whom being asked how much he would take for a horse, with which he had won the prize of a race, and whether he would exchange him for a kingdom? "No truly, sir," said he, "but I would give him with all my heart, to get thereby a true friend, could I find out any man worthy of that alliance." He did not say ill in saying, "could I find": for though one may almost everywhere meet with men sufficiently qualified for a superficial acquaintance, yet in this, where a man is to deal from the very bottom of his heart, without any manner of reservation, it will be requisite, that all the wards and springs be truly wrought, and perfectly sure.

In confederations that hold but by one end, we are only to provide against the imperfections that particularly concern that end. It can be of no importance to me of what religion my physician or my lawyer is; this consideration has nothing in common with the offices of friendship which they owe me; and I am of the same indifference in the domestic acquaintance my servants must necessarily contract with me. I never inquire, when I am to take a footman, if he be chaste, but if he be diligent; and am not solicitous if my muleteer be given to gaming, as if he be strong and able; or if my cook be a swearer, if he be a good cook. I do not take upon me to direct what other men should do in the government of their families (there are plenty that meddle enough with that), but only give an account of my method in my own.

Mihi sic usus est: tibi, ut opus est facto, face.[1]

For table-talk, I prefer the pleasant and witty before the learned and the grave; in bed, beauty before goodness; in common discourse, the ablest speaker, whether or no there be sincerity in the case. And, as he that was found astride upon a hobby-horse, playing with his children, entreated the person who had surprised him in that posture to say nothing of it till himself came to be a father,[2] supposing that the fondness that would then possess his own soul, would render him a fairer judge of such an action; so I, also, could wish to speak to such as have had experience of what I say: though, knowing how remote a thing such a friendship is from the common practice, and how rarely it is to be found, I despair of meeting with any such judge. For even these discourses left us by antiquity upon this subject, seem to me flat and poor, in comparison of the sense I have of it, and in this particular, the effects surpass even the precepts of philosophy.

Nil ego contulerim jucundo sanus amico.[3]

The ancient Menander declared him to be happy that had had the good fortune to meet with but the shadow of a friend: and doubtless he had good reason to say so, especially if he spoke by experience: for in good earnest, if I compare all the rest of my life, though, thanks be to God, I have passed my time pleasantly enough, and at my ease, and the loss of such a friend excepted, free from any grievous affliction, and in great tranquillity of mind, having been contented with my natural and original commodities, without being solicitous after oth-

---

[1] This has been my way; as for you, do as you think fit.—Terence, *Heaut.*, i. 1, 28.

[2] Plutarch, Agesilaus.

[3] While I have sense left to me, there will never be anything more acceptable to me than an agreeable friend.—Horace, *Sat.*, i. 5, 44.

ers; if I should compare it all, I say, with the four years I had the happiness to enjoy the sweet society of this excellent man, 'tis nothing but smoke, an obscure and tedious night. From the day that I lost him,

> *Quem semper acerbum,*
> *Semper honoratum (sic, di, voluistis) habebo,*[1]

I have only led a languishing life; and the very pleasures that present themselves to me, instead of administering anything of consolation, double my affliction for his loss. We were halves throughout, and to that degree, that methinks, by outliving him, I defraud him of his part.

Nec fas esse ulla me voluptate hic frui
Decrevi, tantisper dum ille abest meus particeps.[2]

I was so grown and accustomed to be always his double in all places and in all things, that methinks I am no more than half of myself.

> *Illam meæ si partem animæ tulit*
> *Maturior vis, quid moror altera?*
> *Nec carus æque, nec superstes*
> *Integer? Ille dies utramque*
> *Duxit ruinam.*[3]

There is no action or imagination of mine wherein I do not miss him; as I know that he would have missed me: for as he surpassed me by infinite degrees in virtue and all other accomplishments, so he also did in the duties of friendship.

> *Quis desiderio sit pudor, aut modus*
> *Tam cari capitis?*[4]

> *O misero frater adempte mihi!*
> *Omnia tecum una perierunt gaudia nostra,*
> *Quæ tuus in vita dulcis alebat amor.*
> *Tu mea, tu moriens fregisti commoda, frater;*
> *Tecum una tota est nostra sepulta anima:*
> *Cujus ego interitu tota de mente fugavi*
> *Hæc studia, atque omnes delicias animi.*
> *Alloquar? audiero nunquam tua verba loquentem?*
> *Nunquam ego te, vita frater amabilior*
> *Aspiciam posthac; at certe semper amabo;*[5]

---

[1] A day to me for ever sad, for ever sacred, so have you willed, ye gods.—Æneid, v. 49.

[2] I have determined that it will never be right for me to enjoy any pleasure, so long as he, with whom I shared in all pleasures, is away.—Terence, *Heaut.*, I. i. 97.

[3] If that half of my soul were snatched away from me by an untimely stroke, why should the other stay? That which remains will not be equally dear, will not be a whole: the same day will involve the destruction of both.—Horace, *Od.*, ii. 17, 5.

[4] What shame can there be, or measure, in lamenting so dear a friend?—*Ibid.*, i. 24, 1.

But let us hear a boy of sixteen speak....

Because I have found that that work has been since brought out, and with a mischievous design, by those who aim at disturbing and changing the condition of our government, without troubling themselves to think whether they are likely to improve it: and because they have mixed up his work with some of their own performance, I have refrained from inserting it here. But that the memory of the author may not be injured, nor suffer with such as could not come near hand to be acquainted with his principles, I here give them to understand that it was written by him in his boyhood, and that by way of exercise only, as a common theme that has been tumbled and tossed by a thousand writers. I make no question but that he himself believed what he wrote, being so conscientious that he would not so much as lie in jest: and I moreover know, that could it have been in his own choice, he had rather have been born at Venice than at Sarlac, and he had reason. But he had another maxim sovereignly imprinted in his soul, very religiously to obey and submit to the laws under which he was born. There never was a better citizen, more affectionate to his country; nor a greater enemy to all the commotions and innovations of his time: so that he would much rather have employed his talent to the extinguishing of those civil flames, than have added any fuel to them; he had a mind fashioned to the model of better ages. But in exchange of this serious piece, I will present you with another of a more gay and frolic air, from the same hand, and written at the same age.

XXVIII. NINE-AND-TWENTY SONNETS OF ESTIENNE DE LA BOETIE

To Madame De Grammont,
Comtesse De Guissen

MADAM, I offer to your ladyship nothing of mine, either because it is already yours, or because I find nothing in my writings worthy of you: but I have a great desire that these verses,

---

[5] O brother, taken from me miserable! with thee, all our joys have vanished, those joys which, in thy life, thy dear love nourished. Dying, thou, my brother, hast destroyed all my happiness. My whole soul is buried with thee. Thou dead, I have bidden adieu to the Muses, to all the studies which charmed my mind. No more can I speak to thee; no more hear thy voice. Never again shall I see thee, O brother dearer to me than life. Nought remains, but that I love thee while life shall endure.—Catullus, lxviii. 20; lxv. 9.

into what part of the world soever they may travel, may carry your name in the front, for the honour will accrue to them, by having the great Corisande d'Andoins for their safe-conduct. I conceive this present, madam, so much the more proper for you, both by reason there are few ladies in France who are so good judges of poetry, and make so good use of it as you do; as also, that there is none who can give it the spirit and life that you can, by that rich and incomparable voice nature has added to your other perfections. You will find, madam, that these verses deserve your esteem, and will agree with me in this, that Gascony never yielded more invention, finer expression, or that more evidence themselves to flow from a master hand. And be not jealous, that you have but the remainder of what I published some years since, under the patronage of Monsieur de Foix, your worthy kinsman; for, certainly, these have something in them more sprightly and luxuriant, as being written in a greener youth, and enflamed with a noble ardour that one of these days I will tell you, madam, in your ear. The others were written later, when he was a suitor for marriage, and in honour of his wife, and already relishing of I know not what matrimonial coldness. And for my part, I am of the same opinion with those who hold that poesy appears nowhere so gay as in a wanton and irregular subject.

XXIX. OF MODERATION

As IF we had an infectious touch, we, by our manner of handling, corrupt things that in themselves are laudable and good: we may grasp virtue so that it becomes vicious, if we embrace it too stringently and with too violent a desire. Those who say there is never any excess in virtue, forasmuch as it is not virtue when it once becomes excess, only play upon words:

Insani sapiens nomen ferat, æquus iniqui,
Ultra quam satis est, virtutem si petat ipsam.[1]

This is a subtle consideration of philosophy. A man may both be too much in love with virtue, and be excessive in a just action. Holy Writ agrees with this, Be not wiser than you should, but be soberly wise. I have known a great man prejudice the opinion men had of his devotion, by pretending to be devout beyond all examples of others of his condition. I love temperate and moderate natures. An immoderate zeal, even to that which is good, even though it does not offend, astonishes me, and puts me to study what name to give it. Neither the mother of Pausanias, who was the first instructor of her son's process, and threw the first stone towards his death, nor Posthumius the dictator, who put his son to death, whom the ardour of youth had successfully pushed upon the enemy a little more advanced than the rest of his squadron, appear to me altogether as strange; and I should neither advise nor like to follow so savage a virtue, and that costs so dear. The archer that shoots over, misses as much as he that falls short, and 'tis equally troublesome to my sight to look up at a great light, and to look down into a dark abyss. Callicles in Plato [2] says, that the extremity of philosophy is hurtful, and advises not to dive into it beyond the limits of profit; that, taken moderately, it is pleasant and useful; but that in the end, it renders a man brutish and vicious, a contemner of religion and the common laws, an enemy to civil conversation and all human pleasures, incapable of all public administration, unfit either to assist others or to relieve himself, and a fit object for all sorts of injuries and affronts. He says true; for in its excess, it enslaves our natural freedom, and, by an impertinent subtlety, leads us out of the fair and beaten way that nature has traced for us.

The love we bear to our wives is very lawful, and yet theology thinks fit to curb and restrain it. As I remember, I have read in one place of St. Thomas Aquinas, where he condemns marriages within any of the forbidden degrees, for this reason, amongst others, that there is some danger, lest the friendship a man bears to such a woman, should be immoderate; for if the conjugal affection be full and perfect betwixt them, as it ought to be, and that it be over and above surcharged with that of kindred too, there is no doubt, but such an addition will carry the husband beyond the bounds of reason.

Those sciences that regulate the manners of men, divinity and philosophy, will have their say in everything: there is no action so private and secret that can escape their inspection and jurisdiction. They are best taught, who are best able to control and curb their own liberty: women expose their nudities as much as you will upon the account of pleasure, though in the necessities of physic they are altogether as shy. I

---

[1] The wise man is no longer wise, the just man no longer just, if he seek to carry his love for wisdom or virtue beyond that which is necessary.—Horace, *Epist.*, i. 6, 15.

[2] In the *Gorgias*.

will, therefore, in their behalf teach the husbands, that is, such as are too vehement in the exercise of the matrimonial duty—if such there still be—this lesson, that the very pleasures they enjoy in the society of their wives are reproachable if immoderate, and that a licentious and riotous abuse of them, is a fault as reprovable here as in illicit connections. Those immodest and debauched tricks and postures, that the first ardour suggests to us in this affair, are not only indecently but detrimentally practised upon our wives. Let them at least learn impudence from another hand; they are ever ready enough for our business, and I for my part always went the plain way to work.

Marriage is a solemn and religious tie, and therefore the pleasure we extract from it should be a sober and serious delight, and mixed with a certain kind of gravity; it should be a sort of discreet and conscientious pleasure. And seeing that the chief end of it is generation, some make a question, whether when men are out of hopes of that fruit, as when they are superannuated or already with child, it be lawful to embrace our wives: 'tis homicide, according to Plato.[1] Certain nations (the Mohammedan, amongst others) abominate all conjunction with women with child, others also, with those who are in their courses. Zenobia would never admit her husband for more than one encounter, after which she left him to his own swing for the whole time of her conception, and not till after that would again receive him: a brave and generous example of conjugal continence. It was doubtless from some lascivious poet,[2] and one that himself was in great distress for a little of this sport, that Plato borrowed this story: that Jupiter was one day so hot upon his wife, that not having so much patience as till she could get to the couch, he threw her upon the floor, where the vehemence of pleasure made him forget the great and important resolutions he had but newly taken with the rest of the gods, in his celestial council; and to brag that he had had as good a bout, as when he got her maidenhead, unknown to their parents.

The kings of Persia were wont to invite their wives to the beginning of their festivals; but when the wine began to work in good earnest, and that they were to give the reins to pleasure, they sent them back to their private apartments, that they might not participate in their immoderate lust, sending for other women in their stead, with whom they were not obliged to so great a decorum of respect. All pleasures and all sorts of gratifications are not properly and fitly conferred upon all sorts of persons. Epaminondas had committed to prison a young man for certain debauches; for whom Pelopidas mediated, that at his request he might be set at liberty, which Epaminondas denied to him, but granted it at the first word to a wench of his, that made the same intercession; saying, that it was a gratification fit for such a one as she, but not for a captain. Sophocles being joint prætor with Pericles, seeing accidentally a fine boy pass by: "O what a charming boy is that!" said he. "That might be very well," answered Pericles, "for any other than a prætor, who ought not only to have his hands, but his eyes, too, chaste." Ælius Verus, the emperor, answered his wife, who reproached him with his love to other women, that he did it upon a conscientious account, forasmuch as marriage was a name of honour and dignity, not of wanton and lascivious desire; and our ecclesiastical history preserves the memory of that woman in great veneration, who parted from her husband because she would not comply with his indecent and inordinate desires. In fine, there is no pleasure so just and lawful, where intemperance and excess are not to be condemned.

But, to speak the truth, is not man a most miserable creature the while? It is scarce, by his natural condition, in his power to taste one pleasure pure and entire; and yet must he be contriving doctrines and precepts to curtail that little he has; he is not yet wretched enough, unless by art and study, he augment his own misery.

Fortunæ miseras auximus arte vias.[3]

Human wisdom makes as ill use of her talent, when she exercises it in rescinding from the number and sweetness of those pleasures that are naturally our due, as she employs it favourably and well, in artificially disguising and tricking out the ills of life, to alleviate the sense of them. Had I ruled the roast, I should have taken another and more natural course which, to say the truth, is both commodious and holy, and should, peradventure, have been able to have limited it too; notwithstanding that both our spiritual and corporal physicians, as by compact betwixt themselves, can find no other way to cure, nor other remedy for the infirmities of the

---

[1] *Laws*, viii.
[2] Homer, *Iliad*, xiv. 294.

[3] We artificially augment the wretchedness of fortune.—Propertius, iii. 7, 44.

body and the soul, than by misery and pain. To this end, watchings, fastings, hair-shirts, remote and solitary banishments, perpetual imprisonments, whips and other afflictions, have been introduced amongst men: but so, that they should carry a sting with them, and be real afflictions indeed; and not fall out as it once did to one Gallio, who having been sent an exile into the isle of Lesbos, news was not long after brought to Rome, that he there lived as merry as the day was long; and that what had been enjoined him for a penance, turned to his pleasure and satisfaction; whereupon the Senate thought fit to recall him home to his wife and family, and confine him to his own house, to accommodate their punishment to his feeling and apprehension.[1] For to him whom fasting would make more healthful and more sprightly, and to him to whose palate fish were more acceptable than flesh, the prescription of these would have no curative effect; no more than in the other sort of physic, where drugs have no effect upon him who swallows them with appetite and pleasure: the bitterness of the potion and the abhorrence of the patient are necessary circumstances to the operation. The nature that would eat rhubarb like buttered turnips, would frustrate the use and virtue of it; it must be something to trouble and disturb the stomach, that must purge and cure it; and here the common rule, that things are cured by their contraries, fails; for in this, one ill is cured by another.

This belief a little resembles that other so ancient one, of thinking to gratify the gods and nature, by massacre and murder: an opinion universally once received in all religions. And still, in these later times wherein our fathers lived, Amurath at the taking of the Isthmus, immolated six hundred young Greeks to his father's soul, in the nature of a propitiatory sacrifice for his sins. And in those new countries discovered in this age of ours, which are pure and virgin yet, in comparison of ours, this practice is in some measure everywhere received: all their idols reek with human blood, not without various examples of horrid cruelty: some they burn alive, and take, half broiled, off the coals to tear out their hearts and entrails; some, even women, they flay alive, and with their bloody skins clothe and disguise others. Neither are we without great examples of constancy and resolution in this affair: the poor souls that are to be sacrificed, old men, women, and children, themselves going about some days before to beg alms for the offering of their sacrifice, presenting themselves to the slaughter, singing and dancing with the spectators.

The ambassadors of the King of Mexico, setting out to Fernando Cortez the power and greatness of their master, after having told him, that he had thirty vassals, of whom each was able to raise an hundred thousand fighting men, and that he kept his court in the fairest and best fortified city under the sun, added at last, that he was obliged yearly to offer to the gods fifty thousand men. And it is affirmed, that he maintained a continual war, with some potent neighbouring nations, not only to keep the young men in exercise, but principally, to have wherewithal to furnish his sacrifices with his prisoners of war. At a certain town in another place, for the welcome of the said Cortez, they sacrificed fifty men at once. I will tell you this one tale more, and I have done; some of these people being beaten by him, sent to acknowledge him, and to treat with him of a peace, whose messengers carried him three sorts of gifts, which they presented in these terms: "Behold, lord, here are five slaves: if thou art a furious god that feedeth upon flesh and blood, eat these, and we will bring thee more; if thou art an affable god, behold here incense and feathers; but if thou art a man, take these fowls and these fruits that we have brought thee."

XXX. OF CANNIBALS

WHEN King Pyrrhus invaded Italy, having viewed and considered the order of the army the Romans sent out to meet him; "I know not," said he, "what kind of barbarians" (for so the Greeks called all other nations) "these may be; but the disposition of this army, that I see, has nothing of barbarism in it."[2] As much said the Greeks of that which Flaminius brought into their country;[3] and Philip, beholding from an eminence the order and distribution of the Roman camp formed in his kingdom by Publius Sulpicius Galba, spake to the same effect. By which it appears how cautious men ought to be of taking things upon trust from vulgar opinion, and that we are to judge by the eye of reason, and not from common report.

I long had a man in my house that lived ten or twelve years in the New World, discovered in these latter days, and in that part of it where Villegaignon landed, which he called Antarctic France. This discovery of so vast a country seems

---

[1] Tacitus, *Annal.*, vi. 3.

[2] Plutarch, Pyrrhus.
[3] *Idem*, Flaminius.

to be of very great consideration. I cannot be sure, that hereafter there may not be another, so many wiser men than we having been deceived in this. I am afraid our eyes are bigger than our bellies, and that we have more curiosity than capacity; for we grasp at all, but catch nothing but wind.

Plato brings in Solon,[1] telling a story that he had heard from the priests of Sais in Egypt, that of old, and before the Deluge, there was a great island called Atlantis, situate directly at the mouth of the Straits of Gibraltar, which contained more countries than both Africa and Asia put together; and that the kings of that country, who not only possessed that isle, but extended their dominion so far into the continent that they had a country of Africa as far as Egypt, and extending in Europe to Tuscany, attempted to encroach even upon Asia, and to subjugate all the nations that border upon the Mediterranean Sea, as far as the Black Sea; and to that effect overran all Spain, the Gauls, and Italy, so far as to penetrate into Greece, where the Athenians stopped them: but that some time after, both the Athenians, and they and their island, were swallowed by the Flood.

It is very likely that this extreme irruption and inundation of water made wonderful changes and alterations in the habitations of the earth, as 'tis said that the sea then divided Sicily from Italy:

Hæc loca, vi quondam, et vasta convulsa ruina,
Dissiluisse ferunt, quum protenus utraque tellus
Una foret.[2]

Cyprus from Syria, the isle of Negropont from the continent of Bœotia, and elsewhere united lands that were separate before, by filling up the channel betwixt them with sand and mud:

Sterilisque diu palus, aptaque remis,
Vicinas urbes alit, et grave sentit aratrum.[3]

But there is no great appearance that this isle was this New World so lately discovered: for that almost touched upon Spain, and it were an incredible effect of an inundation, to have tumbled back so prodigious a mass, above twelve hundred leagues: besides that our modern navigators have already almost discovered it to be no island, but *terra firma*, and continent with the East Indies on the one side, and with the lands under the two poles on the other side; or, if it be separate from them, it is by so narrow a strait and channel, that it none the more deserves the name of an island for that.

It should seem, that in this great body, there are two sorts of motions, the one natural, and the other febrific, as there are in ours. When I consider the impression that our river of Dordoigne has made in my time, on the right bank of its descent, and that in twenty years it has gained so much, and undermined the foundations of so many houses, I perceive it to be an extraordinary agitation: for had it always followed this course, or were hereafter to do it, the aspect of the world would be totally changed. But rivers alter their course, sometimes beating against the one side, and sometimes the other, and sometimes quietly keeping the channel. I do not speak of sudden inundations, the causes of which everybody understands. In Medoc, by the sea-shore, the Sieur d'Arsac, my brother, sees an estate he had there, buried under the sands which the sea vomits before it: where the tops of some houses are yet to be seen, and where his rents and domains are converted into pitiful barren pasturage. The inhabitants of this place affirm, that of late years the sea has driven so vehemently upon them, that they have lost above four leagues of land. These sands are her harbingers: and we now see great heaps of moving sand, that march half a league before her, and occupy the land.

The other testimony from antiquity, to which some would apply this discovery of the New World, is in Aristotle; at least, if that little book of Unheard-of miracles be his. He there tells us, that certain Carthaginians, having crossed the Atlantic Sea without the Straits of Gibraltar, and sailed a very long time, discovered at last a great and fruitful island, all covered over with wood, and watered with several broad and deep rivers; far remote from all *terra firma*, and that they, and others after them, allured by the goodness and fertility of the soil, went thither with their wives and children, and began to plant a colony. But the senate of Carthage perceiving their people by little and little to diminish, issued out an express prohibition, that none, upon pain of death, should transport themselves thither; and also drove out these new inhabitants; fearing, 'tis said, lest in process of time they should so multiply as to supplant themselves and ruin their state. But this relation of Aristotle no more agrees with our new-found lands than the other.

---

[1] In *Timæus*.

[2] These lands, they say, once with violence and vast desolation convulsed, burst asunder, which erewhile were one.—*Æneid*, iii. 414.

[3] That which was once a sterile marsh, and bore vessels on its bosom, now feeds neighbouring cities, and admits the plough.—Horace, *De Art. Poet.*, 65.

This man that I had was a plain ignorant fellow, and therefore the more likely to tell truth: for your better bred sort of men are much more curious in their observation, 'tis true, and discover a great deal more, but then they gloss upon it, and to give the greater weight to what they deliver and allure your belief, they cannot forbear a little to alter the story; they never represent things to you simply as they are, but rather as they appeared to them, or as they would have them appear to you, and to gain the reputation of men of judgment, and the better to induce your faith, are willing to help out the business with something more than is really true, of their own invention. Now in this case, we should either have a man of irreproachable veracity, or so simple that he has not wherewithal to contrive, and to give a colour of truth to false relations, and who can have no ends in forging an untruth. Such a one was mine; and besides, he has at divers times brought to me several seamen and merchants who at the same time went the same voyage. I shall therefore content myself with his information, without inquiring what the cosmographers say to the business. We should have topographers to trace out to us the particular places where they have been; but for having had this advantage over us, to have seen the Holy Land, they would have the privilege, forsooth, to tell us stories of all the other parts of the world besides. I would have every one write what he knows, and as much as he knows, but no more; and that not in this only, but in all other subjects; for such a person may have some particular knowledge and experience of the nature of such a river, or such a fountain, who, as to other things, knows no more than what everybody does, and yet to keep a clutter with this little pittance of his, will undertake to write the whole body of physics: a vice from which great inconveniences derive their original.

Now, to return to my subject, I find that there is nothing barbarous and savage in this nation, by anything that I can gather, excepting, that every one gives the title of barbarism to everything that is not in use in his own country. As, indeed, we have no other level of truth and reason, than the example and idea of the opinions and customs of the place wherein we live: there is always the perfect religion, there the perfect government, there the most exact and accomplished usage of all things. They are savages at the same rate that we say fruits are wild, which nature produces of herself and by her own ordinary progress; whereas in truth, we ought rather to call those wild, whose natures we have changed by our artifice, and diverted from the common order. In those, the genuine, most useful and natural virtues and properties are vigorous and sprightly, which we have helped to degenerate in these, by accommodating them to the pleasure of our own corrupted palate. And yet for all this, our taste confesses a flavour and delicacy, excellent even to emulation of the best of ours, in several fruits wherein those countries abound without art or culture. Neither is it reasonable that art should gain the pre-eminence of our great and powerful mother nature. We have so surcharged her with the additional ornaments and graces we have added to the beauty and riches of her own works by our inventions, that we have almost smothered her; yet in other places, where she shines in her own purity and proper lustre, she marvellously baffles and disgraces all our vain and frivolous attempts.

Et veniunt hederæ sponte sua melius;
Surgit et in solis formosior arbutus antris;
Et volucres nulla dulcius arte canunt.[1]

Our utmost endeavours cannot arrive at so much as to imitate the nest of the least of birds, its contexture, beauty, and convenience: not so much as the web of a poor spider.

All things, says Plato,[2] are produced either by nature, by fortune, or by art; the greatest and most beautiful by the one or the other of the former, the least and the most imperfect by the last.

These nations then seem to me to be so far barbarous, as having received but very little form and fashion from art and human invention, and consequently to be not much remote from their original simplicity. The laws of nature, however, govern them still, not as yet much vitiated with any mixture of ours: but 'tis in such purity, that I am sometimes troubled we were not sooner acquainted with these people, and that they were not discovered in those better times, when there were men much more able to judge of them than we are. I am sorry that Lycurgus and Plato had no knowledge of them; for to my apprehension, what we now see in those nations, does not only surpass all the pictures with which the poets have adorned the golden age, and all their inventions in feigning a happy state of man, but, moreover, the fancy and even the wish and de-

---

[1] The ivy grows best spontaneously; the arbutus best in shady caves; and the wild notes of birds are sweeter than art can teach.—Propertius, i. 2, 10.
[2] *Laws*, x.

sire of philosophy itself; so native and so pure a simplicity, as we by experience see to be in them, could never enter into their imagination, nor could they ever believe that human society could have been maintained with so little artifice and human patchwork. I should tell Plato, that it is a nation wherein there is no manner of traffic, no knowledge of letters, no science of numbers, no name of magistrate or political superiority; no use of service, riches or poverty, no contracts, no successions, no dividends, no properties, no employments, but those of leisure, no respect of kindred, but common, no clothing, no agriculture, no metal, no use of corn or wine; the very words that signify lying, treachery, dissimulation, avarice, envy, detraction, pardon, never heard of. How much would he find his imaginary Republic short of his perfection? *Viri a diis recentes.*[1]

Hos natura modos primum dedit.[2]

As to the rest, they live in a country very pleasant and temperate, so that, as my witnesses inform me, 'tis rare to hear of a sick person, and they moreover assure me, that they never saw any of the natives, either paralytic, blear-eyed, toothless, or crooked with age. The situation of their country is along the sea-shore, enclosed on the other side towards the land, with great and high mountains, having about a hundred leagues in breadth between. They have great store of fish and flesh, that have no resemblance to those of ours: which they eat without any other cookery, than plain boiling, roasting, and broiling. The first that rode a horse thither, though in several other voyages he had contracted an acquaintance and familiarity with them, put them into so terrible a fright, with his centaur appearance, that they killed him with their arrows before they could come to discover who he was. Their buildings are very long, and of capacity to hold two or three hundred people, made of the barks of tall trees, reared with one end upon the ground, and leaning to and supporting one another, at the top, like some of our barns, of which the coverings hang down to the very ground, and serves for the side walls. They have wood so hard, that they cut with it, and make their swords of it, and their grills of it to broil their meat. Their beds are of cotton, hung swinging from the roof, like our seaman's hammocks, every man his own, for the wives lie apart from their husbands. They rise with the sun, and so soon as they are up, eat for all day, for they have no more meals but that: they do not then drink, as Suidas reports of some other people of the East that never drank at their meals; but drink very often all day after, and sometimes to a rousing pitch. Their drink is made of a certain root, and is of the colour of our claret, and they never drink it but lukewarm. It will not keep above two or three days; it has a somewhat sharp, brisk taste, is nothing heady, but very comfortable to the stomach; laxative to strangers, but a very pleasant beverage to such as are accustomed to it. They make use, instead of bread, of a certain white compound, like Coriander comfits; I have tasted of it; the taste is sweet and a little flat. The whole day is spent in dancing. Their young men go a-hunting after wild beasts with bows and arrows; one part of their women are employed in preparing their drink the while, which is their chief employment. One of their old men, in the morning before they fall to eating, preaches to the whole family, walking from the one end of the house to the other, and several times repeating the same sentence, till he has finished the round, for their houses are at least a hundred yards long. Valour towards their enemies and love towards their wives, are the two heads of his discourse, never failing in the close, to put them in mind, that 'tis their wives who provide them their drink warm and well seasoned. The fashion of their beds, ropes, swords, and of the wooden bracelets they tie about their wrists, when they go to fight, and of the great canes, bored hollow at one end, by the sound of which they keep the cadence of their dances, are to be seen in several places, and amongst others, at my house. They shave all over, and much more neatly than we, without other razor than one of wood or stone. They believe in the immortality of the soul, and that those who have merited well of the gods, are lodged in that part of heaven where the sun rises, and the accursed in the west.

They have I know not what kind of priests and prophets, who very rarely present themselves to the people, having their abode in the mountains. At their arrival, there is a great feast, and solemn assembly of many villages: each house, as I have described, makes a village, and they are about a French league distant from one another. This prophet declaims to them in public, exhorting them to virtue and their duty: but all their ethics are comprised in these two articles, resolution in war, and affection to their wives. He also prophesies to them events to come, and the issues they are to expect from their

---

[1] Men fresh from the gods.—Seneca, *Epist.*, 90.

[2] These were the manners first taught by nature. —Virgil, *Georg.*, ii. 20.

enterprises, and prompts them to or diverts them from war: but let him look to't; for if he fail in his divination, and anything happen otherwise than he has foretold, he is cut into a thousand pieces, if he be caught, and condemned for a false prophet: for that reason, if any of them has been mistaken, he is no more heard of.[1]

Divination is a gift of God, and therefore to abuse it, ought to be a punishable imposture. Amongst the Scythians, where their diviners failed in the promised effect, they were laid, bound hand and foot, upon carts loaded with furze and bavins, and drawn by oxen, on which they were burned to death.[1] Such as only meddle with things subject to the conduct of human capacity, are excusable in doing the best they can: but those other fellows that come to delude us with assurances of an extraordinary faculty, beyond our understanding, ought they not to be punished, when they do not make good the effect of their promise, and for the temerity of their imposture?

They have continual war with the nations that live further within the mainland, beyond their mountains, to which they go naked, and without other arms than their bows and wooden swords, fashioned at one end like the head of our javelins. The obstinacy of their battles is wonderful, and they never end without great effusion of blood: for as to running away, they know not what it is. Every one for a trophy brings home the head of an enemy he has killed, which he fixes over the door of his house. After having a long time treated their prisoners very well, and given them all the regales they can think of, he to whom the prisoner belongs, invites a great assembly of his friends. They being come, he ties a rope to one of the arms of the prisoner, of which, at a distance, out of his reach, he holds the one end himself, and gives to the friend he loves best the other arm to hold after the same manner; which being done, they two, in the presence of all the assembly, despatch him with their swords. After that they roast him, eat him amongst them, and send some chops to their absent friends. They do not do this, as some think, for nourishment, as the Scythians anciently did, but as a representation of an extreme revenge; as will appear by this: that having observed the Portuguese, who were in league with their enemies, to inflict another sort of death upon any of them they took prisoners, which was to set them up to the girdle in the earth, to shoot at the remaining part till it was stuck full of arrows, and then to hang them, they thought those people of the other world (as being men who had sown the knowledge of a great many vices amongst their neighbours, and who were much greater masters in all sorts of mischief than they) did not exercise this sort of revenge without a meaning, and that it must needs be more painful than theirs, they began to leave their old way, and to follow this. I am not sorry that we should here take notice of the barbarous horror of so cruel an action, but that, seeing so clearly into their faults, we should be so blind to our own. I conceive there is more barbarity in eating a man alive, than when he is dead; in tearing a body limb from limb by racks and torments, that is yet in perfect sense; in roasting it by degrees; in causing it to be bitten and worried by dogs and swine (as we have not only read, but lately seen, not amongst inveterate and mortal enemies, but among neighbours and fellow-citizens, and, which is worse, under colour of piety and religion), than to roast and eat him after he is dead.

Chrysippus and Zeno, the two heads of the Stoic sect, were of opinion that there was no hurt in making use of our dead carcasses, in what way soever for our necessity, and in feeding upon them too; as our own ancestors, who being besieged by Cæsar in the city Alexia, resolved to sustain the famine of the siege with the bodies of their old men, women, and other persons who were incapable of bearing arms.

Vascones, ut fama est, alimentis talibus usi
Produxere animas.[2]

And the physicians make no bones of employing it to all sorts of use, either to apply it outwardly; or to give it inwardly for the health of the patient. But there never was any opinion so irregular, as to excuse treachery, disloyalty, tyranny, and cruelty, which are our familiar vices. We may then call these people barbarous, in respect to the rules of reason: but not in respect to ourselves, who in all sorts of barbarity exceed them. Their wars are throughout noble and generous, and carry as much excuse and fair pretence, as that human malady is capable of; having with them no other foundation than the sole jealousy of valour. Their disputes are not for the conquest of new lands, for these they already possess are so fruitful by nature, as to supply them without labour or concern, with all things necessary, in such abundance that they have no

---

[1] Herodotus, iv. 69.

[2] 'Tis said the Gascons with such meats appeased their hunger.—Juvenal, *Sat.*, xv. 93.

need to enlarge their borders. And they are moreover, happy in this, that they only covet so much as their natural necessities require: all beyond that, is superfluous to them: men of the same age call one another generally brothers, those who are younger, children; and the old men are fathers to all. These leave to their heirs in common the full possession of goods, without any manner of division, or other title than what nature bestows upon her creatures, in bringing them into the world. If their neighbours pass over the mountains to assault them, and obtain a victory, all the victors gain by it is glory only, and the advantage of having proved themselves the better in valour and virtue: for they never meddle with the goods of the conquered, but presently return into their own country, where they have no want of anything necessary, nor of this greatest of all goods, to know happily how to enjoy their condition and to be content. And those in turn do the same; they demand of their prisoners no other ransom, than acknowledgment that they are overcome: but there is not one found in an age, who will not rather choose to die than make such a confession, or either by word or look, recede from the entire grandeur of an invincible courage. There is not a man amongst them who had not rather be killed and eaten, than so much as to open his mouth to entreat he may not. They use them with all liberality and freedom, to the end their lives may be so much the dearer to them; but frequently entertain them with menaces of their approaching death, of the torments they are to suffer, of the preparations making in order to it, of the mangling their limbs, and of the feast that is to be made, where their carcass is to be the only dish. All which they do, to no other end, but only to extort some gentle or submissive word from them, or to frighten them so as to make them run away, to obtain this advantage that they were terrified, and that their constancy was shaken; and indeed, if rightly taken, it is in this point only that a true victory consists.

*Victoria nulla est
Quam quæ confessos animo quoque subjugat hostes.*[1]

The Hungarians, a very warlike people, never pretend further than to reduce the enemy to their discretion; for having forced this confession from them, they let them go without injury or ransom, excepting, at the most, to make them engage their word never to bear arms against them again. We have sufficient advantages over our enemies that are borrowed and not truly our own; it is the quality of a porter, and no effect of virtue, to have stronger arms and legs; it is a dead and corporeal quality to set in array: 'tis a turn of fortune to make our enemy stumble, or to dazzle him with the light of the sun; 'tis a trick of science and art, and that may happen in a mean base fellow, to be a good fencer. The estimate and value of a man consist in the heart and in the will: there his true honour lies. Valour is stability, not of legs and arms, but of the courage and the soul; it does not lie in the goodness of our horse or our arms: but in our own. He that falls obstinate in his courage —*Si succiderit, de genu pugnat*[2]—he who, for any danger of imminent death, abates nothing of his assurance; who, dying, yet darts at his enemy a fierce and disdainful look, is overcome not by us, but by fortune; he is killed, not conquered; the most valiant are sometimes the most unfortunate. There are defeats more triumphant than victories. Never could those four sister victories, the fairest the sun ever beheld, of Salamis, Platæa, Mycale, and Sicily, venture to oppose all their united glories, to the single glory of the discomfiture of King Leonidas and his men, at the pass of Thermopylæ. Whoever ran with a more glorious desire and greater ambition, to the winning, than Captain Iscolas to the certain loss of a battle? Who could have found out a more subtle invention to secure his safety, than he did to assure his destruction? He was set to defend a certain pass of Peloponnesus against the Arcadians, which, considering the nature of the place and the inequality of forces, finding it utterly impossible for him to do, and seeing that all who were presented to the enemy, must certainly be left upon the place; and on the other side, reputing it unworthy of his own virtue and magnanimity and of the Lacedæmonian name to fail in any part of his duty, he chose a mean betwixt these two extremes after this manner; the youngest and most active of his men, he preserved for the service and defence of their country, and sent them back; and with the rest, whose loss would be of less consideration, he resolved to make good the pass, and with the death of them, to make the enemy buy their entry as dear as possibly he could; as it fell out, for being presently environed on all sides by the Arcadians, after having made a great slaughter of the

---

[1] No victory is complete, which the conquered do not admit to be so.—Claudian, *De Sexto Consul. Hon.*, v. 248.

[2] If his legs fail him he fights on his knees.—Seneca, *De Providentia*, ii.

enemy, he and his were all cut in pieces. Is there any trophy dedicated to the conquerors, which was not much more due to these who were overcome? The part that true conquering is to play, lies in the encounter, not in the coming off; and the honour of valour consists in fighting, not in subduing.

But to return to my story: these prisoners are so far from discovering the least weakness, for all the terrors that can be represented to them that, on the contrary, during the two or three months they are kept, they always appear with a cheerful countenance; importune their masters to make haste to bring them to the test, defy, rail at them, and reproach them with cowardice, and the number of battles they have lost against those of their country. I have a song made by one of these prisoners, wherein he bids them "come all, and dine upon him, and welcome, for they shall withal eat their own fathers and grandfathers, whose flesh has served to feed and nourish him. These muscles," says he, "this flesh and these veins, are your own: poor silly souls as you are, you little think that the substance of your ancestors' limbs is here yet; notice what you eat, and you will find in it the taste of your own flesh": in which song there is to be observed an invention that nothing relishes of the barbarian. Those that paint these people dying after this manner, represent the prisoner spitting in the faces of his executioners and making wry mouths at them. And 'tis most certain, that to the very last gasp, they never cease to brave and defy them both in word and gesture. In plain truth, these men are very savage in comparison of us; of necessity, they must either be absolutely so or else we are savages; for there is a vast difference betwixt their manners and ours.

The men there have several wives, and so much the greater number, by how much they have the greater reputation for valour. And it is one very remarkable feature in their marriages, that the same jealousy our wives have to hinder and divert us from the friendship and familiarity of other women, those employ to promote their husbands' desires, and to procure them many spouses; for being above all things solicitous of their husbands' honour, 'tis their chiefest care to seek out, and to bring in the most companions they can, forasmuch as it is a testimony of the husband's virtue. Most of our ladies will cry out, that 'tis monstrous; whereas in truth, it is not so; but a truly matrimonial virtue, and of the highest form. In the Bible, Sarah, with Leah and Rachel, the two wives of Jacob, gave the most beautiful of their handmaids to their husbands; Livia preferred the passions of Augustus to her own interest; and the wife of King Deiotarus, Stratonice, did not only give up a fair young maid that served her to her husband's embraces, but moreover carefully brought up the children he had by her, and assisted them in the succession to their father's crown.

And that it may not be supposed, that all this is done by a simple and servile obligation to their common practice, or by any authoritative impression of their ancient custom, without judgment or reasoning and from having a soul so stupid, that it cannot contrive what else to do, I must here give you some touches of their sufficiency in point of understanding. Besides what I repeated to you before, which was one of their songs of war, I have another, a love-song, that begins thus: "Stay, adder, stay, that by thy pattern my sister may draw the fashion and work of a rich ribbon, that I may present to my beloved, by which means thy beauty and the excellent order of thy scales shall for ever be preferred before all other serpents." Wherein the first couplet, "Stay, adder," &c., makes the burden of the song. Now I have conversed enough with poetry to judge thus much: that not only, there is nothing of barbarous in this invention, but, moreover, that it is perfectly Anacreontic. To which may be added, that their language is soft, of a pleasing accent, and something bordering upon the Greek terminations.

Three of these people, not foreseeing how dear their knowledge of the corruptions of this part of the world will one day cost their happiness and repose, and that the effect of this commerce will be their ruin, as I presuppose it is in a very fair way (miserable men to suffer themselves to be deluded with desire of novelty and to have left the serenity of their own heaven, to come so far to gaze at ours!) were at Rouen at the time that the late King Charles IX was there. The king himself talked to them a good while, and they were made to see our fashions, our pomp, and the form of a great city. After which, some one asked their opinion, and would know of them, what of all the things they had seen, they found most to be admired? To which they made answer, three things, of which I have forgotten the third, and am troubled at it, but two I yet remember. They said, that in the first place they thought it very strange, that so many tall men wearing beards, strong, and well armed, who were about the king ('tis like they meant the Swiss of his guard) should submit to obey a child, and that they did not rather choose out one amongst themselves to command. Secondly (they have a way of speaking in their language, to call men the half of one another), that they had observed, that there were amongst us men full and crammed with all manner of commodities, whilst, in the meantime, their halves were begging at their doors, lean, and half-starved with hunger and poverty; and they thought it strange that these necessitous halves were able to suffer so great an inequality and injustice, and that they did not take the others by the throats, or set fire to their houses.

I talked to one of them a great while together, but I had so ill an interpreter, and one who was so perplexed by his own ignorance to apprehend my meaning, that I could get nothing out of him of any moment. Asking him, what advantage he reaped from the superiority he had amongst his own people (for he was a captain, and our mariners called him king), he told me; to march at the head of them to war. Demanding of him further, how many men he had to follow him? he showed me a space of ground, to signify as many as could march in such a compass, which might be four or five thousand men; and putting the question to him, whether or no his authority expired with the war? he told me this remained: that when he went to visit the villages of his dependence, they planned him paths through the thick of their woods, by which he might pass at his ease. All this does not sound very ill, and the last was not at all amiss, for they wear no breeches.

XXXI. That a man is soberly to judge of the divine ordinances

The true field and subject of imposture are things unknown, forasmuch as, in the first place, their very strangeness lends them credit, and moreover, by not being subjected to our ordinary reasons, they deprive us of the means to question and dispute them. For which reason, says Plato,[1] it is much more easy to satisfy the hearers, when speaking of the nature of the gods than of the nature of men, because the ignorance of the auditory affords a fair and large career and all manner of liberty in the handling of abstruse things. Thence it comes to pass, that nothing is so firmly believed, as what we least know; nor any people so confident, as those who entertain us with fables, such as your alchemists, judicial astrologers, fortune-tellers, and physicians, *id genus omne;*[2] to which I would willingly, if I durst, join a pack of people that take upon them to interpret and control the designs of God Himself, pretending to find out the cause of every accident, and to pry into the secrets of the divine will, there to discover the incomprehensible motives of His works; and although the variety, and the continual discordance of events, throw them from corner to corner, and toss them from east to west, yet do they still persist in their vain inquisition, and with the same pencil to paint black and white.

In a nation of the Indies, there is this commendable custom, that when anything befalls them amiss in any encounter or battle, they publicly ask pardon of the sun, who is their god, as having committed an unjust action, always imputing their good or evil fortune to the divine justice, and to that submitting their own judgment and reason. 'Tis enough for a Christian to believe that all things come from God, to receive them with acknowledgment of His divine and inscrutable wisdom, and also thankfully to accept and receive them, with what face soever they may present themselves. But I do not approve of what I see in use, that is, to seek to affirm and support our religion by the prosperity of our enterprises. Our belief has other foundation enough, without going about to authorize it by events: for the people being accustomed to such plausible arguments as these and so proper to their taste, it is to be feared, lest when they fail of success they should also stagger in their faith; as in the war wherein we are now engaged upon the account of religion, those who had the better in the business of Rochelabeille; making great brags of that success, as an infallible approbation of their cause, when they came afterwards to excuse their misfortunes of Moncontour and Jarnac, by saying they were fatherly scourges and corrections that they had not a people wholly at their mercy, they make it manifestly enough appear, what it is to take two sorts of grist out of the same sack, and with the same mouth to blow hot and cold. It were better to possess the vulgar with the solid and real foundations of truth. 'Twas a fine naval battle that was gained under the command of Don John of Austria a few months since against the Turks; but it has also pleased God at other times to let us see as great victories at our own expense. In fine, 'tis a hard matter to reduce divine things to our balance, without waste and losing a great deal of the weight. And who would take upon him to give a reason, that Arius, and his Pope Leo, the principal heads of the Arian heresy, should die, at several times, of so like and strange deaths (for being withdrawn from the disputa-

---

[1] In *Critias.*
[2] And all that sort of people.—Horace, *Sat.,* i. 2, 2.

tion, by a griping in the bowels, they both of them suddenly gave up the ghost upon the stool), and would aggravate this divine vengeance by the circumstances of the place, might as well add the death of Heliogabalus, who was also slain in a house of office. And, indeed, Irenæus was involved in the same fortune. God, being pleased to show us, that the good have something else to hope for and the wicked something else to fear, than the fortunes or misfortunes of this world, manages and applies these according to His own occult will and pleasure, and deprives us of the means foolishly to make thereof our own profit. And those people abuse themselves who will pretend to dive into these mysteries by the strength of human reason. They never give one hit that they do not receive two for it; of which St. Augustine makes out a great proof upon his adversaries. 'Tis a conflict, that is more decided by strength of memory, than by the force of reason. We are to content ourselves with the light it pleases the sun to communicate to us, by virtue of his rays; and who will lift up his eyes to take in a greater, let him not think it strange, if for the reward of his presumption, he there lose his sight. *Quis hominum potest scire consilium Dei? aut quis poterit cogitare quid velit Dominus?* [1]

XXXII. That we are to avoid pleasures, even at the expense of life

I had long ago observed most of the opinions of the ancients to concur in this, that it is high time to die, when there is more ill than good in living, and that to preserve life to our own torment and inconvenience, is contrary to the very rules of nature, as these old laws instruct us.

Ἢ ζῆν ἀλύπως, ἢ θανεῖν εὐδαιμόνως.
Καλὸν τὸ θνησκεῖν οἷς ὕβριν τὸ ζῆν φέρει.
Κρεῖσσον τὸ μὴ ζῆν ἐστιν, ἢ ζῆν ἀθλίως.[2]

But to push this contempt of death so far as to employ it to the removing our thoughts from the honours, riches, dignities, and other favours, and goods, as we call them, of fortune, as if reason were not sufficient to persuade us to avoid them, without adding this new injunction, I had never seen it either commanded or practised, till this passage of Seneca fell into my hands; who advising Lucilius, a man of great power

[1] Who amongst men can know the counsel of God? or who can think what the will of the Lord is?—Book of Wisdom, 9. 13.
[2] Either tranquil life, or happy death. It is well to die when life is wearisome. It is better to die than to live miserable.—Stobæus, *Serm.*, xx.

and authority about the emperor, to alter his voluptuous and magnificent way of living, and to retire himself from this worldly vanity and ambition, to some solitary, quiet, and philosophical life, and the other alleging some difficulties: "I am of opinion," says he, "either that thou leave that life of thine, or life itself; I would, indeed, advise thee to the gentle way, and to untie, rather than to break, the knot thou hast indiscreetly knit, provided, that if it be not otherwise to be untied, thou resolutely break it. There is no man so great a coward, that had not rather once fall than to be always falling." I should have found this counsel conformable enough to the Stoical roughness: but it appears the more strange, for being borrowed from Epicurus, who writes the same thing upon the like occasion to Idomeneus. And I think I have observed something like it, but with Christian moderation, amongst our own people.

St. Hilary, Bishop of Poictiers, that famous enemy of the Arian heresy, being in Syria, had intelligence thither sent him, that Abra his only daughter, whom he left at home under the eye and tuition of her mother, was sought in marriage by the greatest nobleman of the country, as being a virgin virtuously brought up, fair, rich, and in the flower of her age; whereupon he wrote to her (as appears upon record), that she should remove her affection from all the pleasures and advantages proposed to her; for that he had in his travels found out a much greater and more worthy fortune for her, a husband of much greater power and magnificence, who would present her with robes and jewels of inestimable value; wherein his design was to dispossess her of the appetite and use of worldly delights, to join her wholly to God; but the nearest and most certain way to this, being, as he conceived, the death of his daughter; he never ceased, by vows, prayers, and orisons, to beg of the Almighty, that He would please to call her out of this world, and to take her to Himself; as accordingly it came to pass; for soon after his return, she died, at which he expressed a singular joy. This seems to outdo the other, forasmuch as he applies himself to this means at the outset, which they only take subsidiarily; and, besides, it was towards his only daughter. But I will not omit the latter end of this story, though it be from my purpose; St. Hilary's wife, having understood from him how the death of their daughter was brought about by his desire and design, and how much happier she was, to be removed out of this world than to have stayed in it, conceived so vivid an apprehension of the eternal and heavenly beatitude, that she begged of her husband, with the extremest importunity, to do as much for her; and God, at their joint request, shortly after calling her to Him, it was a death embraced with singular and mutual content.

XXXIII. THAT FORTUNE IS OFTENTIMES OBSERVED TO ACT BY THE RULES OF REASON

THE inconstancy and various motions of Fortune may reasonably make us expect she should present us with all sorts of faces. Can there be a more express act of justice than this? The Duke of Valentinois, having resolved to poison Adrian, Cardinal of Corneto, with whom Pope Alexander VI, his father and himself, were to sup in the Vatican, he sent before a bottle of poisoned wine, and withal, strict order to the butler to keep it very safe. The Pope being come before his son, and calling for drink, the butler supposing this wine had not been so strictly recommended to his care, but only upon the account of its excellency, presented it forthwith to the Pope, and the duke himself coming in presently after, and being confident they had not meddled with his bottle, took also his cup; so that the father died immediately upon the spot, and the son, after having been long tormented with sickness, was reserved to another and a worse fortune.

Sometimes she seems to play upon us, just in the nick of an affair: Monsieur d'Estrée, at that time ensign to Monsieur de Vendôme, and Monsieur de Licques, lieutenant in the company of the Duc d'Ascot, being both pretenders to the Sieur de Fouquerolles' sister, though of several parties (as it oft falls out amongst frontier neighbours), the Sieur de Licques carried her; but on the same day he was married, and which was worse, before he went to bed to his wife, the bridegroom having a mind to break a lance in honour of his new bride, went out to skirmish near St. Omer, where the Sieur d'Estrée proving the stronger, took him prisoner, and the more to illustrate his victory, the lady herself was fain—

Conjugis ante coacta novi dimittere collum,
 Quam veniens una atque altera rursus hyems
Noctibus in longis avidum saturasset amorem.[1]

—to request him of courtesy, to deliver up his prisoner to her, as he accordingly did, the gentlemen of France never denying anything to ladies.

Does she not seem to be an artist here? Constantine the son of Helen, founded the empire of Constantinople, and so many ages after, Constantine, the son of Helen, put an end to it. Sometimes she is pleased to emulate our miracles: we are told, that King Clovis besieging Angoulême, the walls fell down of themselves by divine favour: and Bouchet has it from some author, that King Robert having sat down before a city, and being stolen away from the siege to go keep the feast of St. Aignan at Orleans, as he was in devotion at a certain part of the Mass, the walls of the beleaguered city, without any manner of violence, fell down with a sudden ruin. But she did quite contrary in our Milan war; for Captain Rense laying siege for us to the city Arona, and having carried a mine under a great part of the wall, the mine being sprung, the wall was lifted from its base, but dropped down again nevertheless, whole and entire, and so exactly upon its foundation, that the besieged suffered no inconvenience by that attempt.

Sometimes she plays the physician. Jason of Pheres being given over by the physicians, by reason of an imposthume in his breast, having a mind to rid himself of his pain, by death at least, threw himself in a battle desperately into the thickest of the enemy, where he was so fortunately wounded quite through the body, that the imposthume broke, and he was perfectly cured. Did she not also excel painter Protogenes in his art? who having finished the picture of a dog quite tired and out of breath, in all the other parts excellently well to his own liking, but not being able to express, as he would, the slaver and foam that should come out of its mouth, vexed and angry at his work, he took his sponge, which by cleaning his pencils had imbibed several sorts of colours, and threw it in a rage against the picture, with an intent utterly to deface it; when fortune guiding the sponge to hit just upon the mouth of the dog, it there performed what all his art was not able to do, Does she not sometimes direct our counsels and correct them? Isabel, Queen of England, having to sail from Zealand into her own kingdom, with an army, in favour of her son, against her husband, had been lost, had she come into the port she intended, being there laid wait for by the enemy; but fortune, against her will, threw her into another haven, where she landed in safety. And that man of old who, throwing a stone at a dog, hit and killed his mother-in-law, had he not reason to pronounce this verse,

---

[1] Compelled to abstain from embracing her new spouse in her arms, before two winters pass in succession, during their long nights had satiated her eager love.—Catullus, lxviii. 81.

Τἀυτόματον ἡμῶν καλλίω βουλεύεται;[1]

Icetes had contracted with two soldiers to kill Timoleon at Adrana in Sicily.[2] These villains took their time to do it when he was assisting at a sacrifice, and thrusting into the crowd, as they were making signs to one another, that now was a fit time to do their business, in steps a third, who with a sword takes one of them full drive over the pate, lays him dead upon the place and runs away, which the other seeing, and concluding himself discovered and lost, runs to the altar and begs for mercy, promising to discover the whole truth, which as he was doing, and laying open the full conspiracy, behold the third man, who being apprehended, was, as a murderer, thrust and hauled by the people through the press, towards Timoleon, and the other most eminent persons of the assembly, before whom being brought, he cries out for pardon, pleading that he had justly slain his father's murderer; which he, also, proving upon the spot, by sufficient witnesses, whom his good fortune very opportunely supplied him withal, that his father was really killed in the city of the Leontines, by that very man on whom he had taken his revenge, he was presently awarded ten Attic minæ, for having had the good fortune, by designing to revenge the death of his father, to preserve the life of the common father of Sicily. Fortune, truly, in her conduct surpasses all the rules of human prudence.

But to conclude: is there not a direct application of her favour, bounty, and piety manifestly discovered in this action? Ignatius the father and Ignatius the son, being proscribed by the triumvirs of Rome, resolved upon this generous act of mutual kindness, to fall by the hands of one another, and by that means to frustrate and defeat the cruelty of the tyrants; and accordingly, with their swords drawn, ran full drive upon one another, where fortune so guided the points, that they made two equally mortal wounds, affording withal so much honour to so brave a friendship, as to leave them just strength enough to draw out their bloody swords, that they might have liberty to embrace one another in this dying condition, with so close and hearty an embrace, that the executioners cut off both their heads at once, leaving the bodies still fast linked together in this noble bond, and their wounds joined mouth to mouth, affectionately sucking in the last blood and remainder of the lives of each other.

XXXIV. OF ONE DEFECT IN OUR GOVERNMENT

MY father, who for a man that had no other advantages than experience and his own natural parts, was nevertheless of a very clear judgment, formerly told me that he once had thoughts of endeavouring to introduce this practice; that there might be in every city a certain place assigned to which such as stood in need of anything might repair, and have their business entered by an officer appointed for that purpose. As for example: I want a chapman to buy my pearls: I want one that has pearls to sell; such a one wants company to go to Paris; such a one seeks a servant of such a quality; such a one a master; such a one such an artificer; some inquiring for one thing, some for another, every one according to what he wants. And doubtless, these mutual advertisements would be of no contemptible advantage to the public correspondence and intelligence: for there are evermore conditions that hunt after one another, and for want of knowing one another's occasions leave men in very great necessity.

I have heard, to the great shame of the age we live in, that in our very sight, two most excellent men for learning, died so poor that they had scarce bread to put in their mouths: Lilius Gregorius Giraldus in Italy, and Sebastianus Castalio in Germany: and I believe there are a thousand men would have invited them into their families, with very advantageous conditions, or have relieved them where they were, had they known their wants. The world is not so generally corrupted, but that I know a man that would heartily wish the estate his ancestors have left him, might be employed, so long as it shall please fortune to give him leave to enjoy it, to secure rare and remarkable persons of any kind, whom misfortune sometimes persecutes to the last degree, from the dangers of necessity; and at least place them in such a condition, that they must be very hard to please, if they are not contented.

My father in his domestic economy had this rule (which I know how to commend, but by no means to imitate), namely, that besides the day-book or memorial of household affairs, where the small accounts, payments and disbursements, which do not require a secretary's hand, were entered, and which a steward always had in custody, he ordered him whom he employed to write for him, to keep a journal, and in it to set down all the remarkable occurrences, and daily memorials of the history of his house: very pleas-

---

[1] Fortune has more judgment than we.—Menander.

[2] Plutarch, Timoleon.

ant to look over, when time begins to wear things out of memory, and very useful sometimes to put us out of doubt when such a thing was begun, when ended; what visitors came, and when they went; our travels, absences, marriages, and deaths; the reception of good or ill news; the change of principal servants, and the like. An ancient custom, which I think it would not be amiss for every one to revive in his own house; and I find I did very foolishly in neglecting it.

XXXV. OF THE CUSTOM OF WEARING CLOTHES

WHATEVER I shall say upon this subject, I am of necessity to invade some of the bounds of custom, so careful has she been to shut up all the avenues. I was disputing with myself in this shivering season, whether the fashion of going naked in those nations lately discovered is imposed upon them by the hot temperature of the air, as we say of the Indians and Moors, or whether it be the original fashion of mankind. Men of understanding, forasmuch as all things under the sun, as the Holy Writ declares, are subject to the same laws, were wont in such considerations as these, where we are to distinguish the natural laws from those that have been imposed by man's invention, to have recourse to the general polity of the world, where there can be nothing counterfeit. Now all other creatures being sufficiently furnished with all things necessary for the support of their being, it is not to be imagined, that we only should be brought into the world in a defective and indigent condition, and in such a state as cannot subsist without external aid. Therefore it is, that I believe, that as plants, trees, and animals, and all things that have life, are seen to be by nature sufficiently clothed and covered, to defend them from the injuries of weather,

Proptereaque fere res omnes aut corio sunt,
Aut seta, aut conchis, aut callo,
aut cortice tectæ,[1]

so were we: but as those who by artificial light put out that of the day, so we by borrowed forms and fashions have destroyed our own. And 'tis plain enough to be seen, that 'tis custom only which renders that impossible that otherwise is nothing so; for of those nations who have no manner of knowledge of clothing, some are situated under the same temperature that we are, and some in much colder climates. And besides, our most tender parts are always exposed to the air, as the eyes, mouth, nose, and ears; and our country labourers, like our ancestors in former times, go with their breasts and bellies open. Had we been born with a necessity upon us of wearing petticoats and breeches, there is no doubt but nature would have fortified those parts she intended should be exposed to the fury of the seasons, with a thicker skin, as she has done the finger-ends, and the soles of the feet. And why should this seem hard to believe? I observe much greater distance betwixt my habit and that of one of our country boors, than betwixt his and that of a man who has no other covering but his skin. How many men, especially in Turkey, go naked upon the account of devotion? Some one asked a beggar, whom he saw in his shirt in the depth of winter, as brisk and frolic as he who goes muffled up to the ears in furs, how he was able to endure to go so? "Why, sir," he answered, "you go with your face bare: I am all face." The Italians have a story of the Duke of Florence's fool, whom his master asking, how, being so thinly clad, he was able to support the cold, when he himself, warmly wrapped up as he was, was hardly able to do it? "Why," replied the fool, "use my receipt to put on all your clothes you have at once, and you'll feel no more cold than I." King Massinissa, to an extreme old age, could never be prevailed upon to go with his head covered, how cold, stormy, or rainy soever the weather might be; which also is reported of the Emperor Severus. Herodotus tells us,[2] that in the battles fought betwixt the Egyptians and the Persians, it was observed both by himself and by others, that of those who were left dead upon the field, the heads of the Egyptians were without comparison harder than those of the Persians, by reason that the last had gone with their heads always covered from their infancy, first with biggins, and then with turbans, and the others always shaved and bare. King Agesilaus continued to a decrepit age, to wear always the same clothes in winter that he did in summer.[3] Cæsar, says Suetonius, marched always at the head of his army, for the most part on foot, with his head bare, whether it was rain or sunshine, and as much is said of Hannibal,

Tum vertice nudo,
Excipere insanos imbres, cœlique ruinam.[4]

---

[1] And that for this reason nearly all things are clothed with skin, or hair, or shells, or bark, or some such thing.—Lucretius, iv. 935.

[2] iii. 12.
[3] Plutarch, *Agesilaus*.
[4] Bareheaded he marched in snow, exposed to pouring rain and the utmost rigour of the weather.—Silius Italicus, i. 250.

A Venetian who has long lived in Pegu, and has lately returned thence, writes that the men and women of that kingdom, though they cover all their other parts, go always barefoot and ride so, too; and Plato very earnestly advises for the health of the whole body, to give the head and the feet no other clothing, than what nature has bestowed. He whom the Poles have elected for their king, since ours came thence, who is, indeed, one of the greatest princes of this age, never wears any gloves, and in winter or whatever weather can come, never wears other cap abroad than that he wears at home. Whereas I cannot endure to go unbuttoned or untied; my neighbouring labourers would think themselves in chains, if they were so braced. Varro is of opinion, that when it was ordained we should be bare in the presence of the gods and before the magistrate, it was so ordered rather upon the score of health, and to inure us to the injuries of the weather, than upon the account of reverence; and since we are now talking of cold, and Frenchmen use to wear variety of colours (not I myself, for I seldom wear other than black or white, in imitation of my father), let us add another story out of Captain Martin du Bellay, who affirms, that in the march to Luxembourg, he saw so great frost, that the munition wine was cut with hatchets and wedges, and delivered out to the soldiers by weight and that they carried it away in baskets: and Ovid,

Nudaque consistunt, formam servantia testæ,
Vina; nec hausta meri, sed data frusta, bibunt.[1]

At the mouth of the lake Mæotis, the frosts are so very sharp, that in the very same place where Mithridates' lieutenant had fought the enemy dry-foot and given them a notable defeat, the summer following he obtained over them a naval victory. The Romans fought at a very great disadvantage, in the engagement they had with the Carthaginians near Placentia, by reason, that they went to the charge with their blood fixed and their limbs numbed with cold; whereas Hannibal had caused great fires to be dispersed quite through his camp to warm his soldiers, and oil to be distributed amongst them, to the end that anointing themselves, they might render their nerves more supple and active, and fortify the pores against the violence of the air and freezing wind, which raged in that season.

The retreat the Greeks made from Babylon into their own country, is famous for the difficulties and calamities they had to overcome; of which this was one, that being encountered in the mountains of Armenia with a horrible storm of snow, they lost all knowledge of the country and of the ways, and being driven up, were a day and a night without eating or drinking; most of their cattle died, many of themselves starved to death, several struck blind with the driving hail and the glittering of the snow, many of them maimed in their fingers and toes, and many stiff and motionless with the extremity of the cold, who had yet their understanding entire.

Alexander saw a nation, where they bury their fruit-trees in winter, to protect them from being destroyed by the frost, and we also may see the same.

But, so far as clothes go, the King of Mexico changed four times a day his apparel, and never put it on again, employing that he left off in his continual liberalities and rewards; and neither pot, dish, nor other utensil of his kitchen or table was ever served twice.

XXXVI. Of Cato the Younger

I AM not guilty of the common error, of judging another by myself. I easily believe that in another's humour which is contrary to my own; and though I find myself engaged to one certain form, I do not oblige others to it, as many do; but believe and apprehend a thousand ways of living; and, contrary to most men, more easily admit of difference than uniformity amongst us. I as frankly as any one would have me, discharge a man from my humours and principles, and consider him according to his own particular model. Though I am not continent myself, I nevertheless sincerely approve the continence of the Feuillans and Capuchins, and highly commend their way of living. I insinuate myself by imagination into their place, and love and honour them the more for being other than I am. I very much desire that we may be judged every man by himself, and would not be drawn into the consequence of common examples. My own weakness nothing alters the esteem I ought to have for the force and vigour of those who deserve it. *Sunt qui nihil suadent, quam quod se imitari posse confidunt.*[2] Crawling upon the slime of the earth, I do not for all that cease to observe up in the clouds the inimitable height

---

[1] The wine when out of the cask, retains the form of the cask; and is given out not in cups, but in bits. —Ovid, *Trist.*, iii. 10, 23.

[2] There are who persuade nothing but what they believe they can imitate themselves.—Cicero, *De Orator.*, vii.

of some heroic souls. 'Tis a great deal for me to have my judgment regular and just, if the effects cannot be so, and to maintain this sovereign part, at least, free from corruption: 'tis something to have my will right and good where my legs fail me. This age wherein we live, in our part of the world at least, is grown so stupid, that not only the exercise, but the very imagination of virtue is defective, and seems to be no other but college jargon:

> *Virtutem verba putant, ut Lucum ligna:*[1]

Quam vereri deberent, etiam si percipere non possent.[2] 'Tis a gewgaw to hang in a cabinet, or at the end of the tongue, as on the tip of the ear, for ornament only. There are no longer virtuous actions extant; those actions that carry a show of virtue have yet nothing of its essence; by reason that profit, glory, fear, custom, and other such-like foreign causes, put us on the way to produce them. Our justice also, valour, courtesy, may be called so too, in respect to others and according to the face they appear with to the public; but in the doer it can by no means be virtue, because there is another end proposed, another moving cause. Now virtue owns nothing to be hers, but what is done by herself and for herself alone.

In that great battle of Platæa, that the Greeks under the command of Pausanias gained against Mardonius and the Persians, the conquerors, according to their custom, coming to divide amongst them the glory of the exploit, attributed to the Spartan nation the pre-eminence of valour in the engagement. The Spartans, great judges of virtue, when they came to determine to what particular man of their nation the honour was due of having the best behaved himself upon this occasion, found that Aristodemus had of all others hazarded his person with the greatest bravery; but did not, however, allow him any prize, by reason that his virtue had been incited by a desire to clear his reputation from the reproach of his miscarriage at the business of Thermopylæ, and to die bravely to wipe off that former blemish.

Our judgments are yet sick, and obey the humour of our depraved manners. I observe most of the wits of these times pretend to ingenuity, by endeavouring to blemish and darken the glory of the bravest and most generous actions of former ages, putting one vile interpretation or another upon them, and forging and supposing vain causes and motives for the noble things they did: a mighty subtlety indeed! Give me the greatest and most unblemished action that ever the day beheld, and I will contrive a hundred plausible drifts and ends to obscure it. God knows, whoever will stretch them out to the full, what diversity of images our internal wills suffer under. They do not so maliciously play the censurers, as they do it ignorantly and rudely in all their detractions.

The same pains and licence that others take to blemish and bespatter these illustrious names, I would willingly undergo to lend them a shoulder to raise them higher. These rare forms, that are culled out by the consent of the wisest men of all ages, for the world's example, I should not stick to augment in honour, as far as my invention would permit, in all the circumstances of favourable interpretation; and we may well believe that the force of our invention is infinitely short of their merit. 'Tis the duty of good men to portray virtue as beautiful as they can, and there would be nothing wrong should our passion a little transport us in favour of so sacred a form. What these people do, on the contrary, they either do out of malice, or by the vice of confining their belief to their own capacity; or, which I am more inclined to think, for not having their sight strong, clear, and elevated enough to conceive the splendour of virtue in' her native purity: as Plutarch complains, that in his time some attributed the cause of the younger Cato's death to his fear of Cæsar, at which he seems very angry, and with good reason: and by this a man may guess how much more he would have been offended with those who have attributed it to ambition. Senseless people! He would rather have performed a noble, just, and generous action, and to have had ignominy for his reward, than for glory. That man was in truth a pattern that nature chose out to show to what height human virtue and constancy could arrive.

But I am not capable of handling so rich an argument, and shall therefore only set five Latin poets together, contending in the praise of Cato; and, incidentally, for their own too. Now, a well-educated child will judge the two first, in comparison of the others, a little flat and languid; the third more vigorous, but overthrown by the extravagance of his own force; he will then think, that there will be room for one or two gradations of invention to come to the fourth,

---

[1] They think words virtue, as they think mere wood a sacred grove.—Horace, *Epist.*, i. 6, 31.

[2] Which they ought to reverence, though they cannot comprehend.—Cicero, *Tusc. Quæs.*, v. 2.

and, mounting to the pitch of that, he will lift up his hands in admiration; coming to the last, the first by some space (but a space that he will swear is not to be filled up by any human wit), he will be astounded, he will not know where he is.

And here is a wonder: we have far more poets than judges and interpreters of poetry; it is easier to write it than to understand it. There is, indeed, a certain low and moderate sort of poetry, that a man may well enough judge by certain rules of art; but the true, supreme, and divine poesy is above all rules and reason. And whoever discerns the beauty of it with the most assured and most steady sight, sees no more than the quick reflection of a flash of lightning: it does not exercise but ravishes and overwhelms our judgment. The fury that possesses him who is able to penetrate into it, wounds yet a third man by hearing him repeat it; like a loadstone that not only attracts the needle, but also infuses into it the virtue to attract others. And it is more evidently manifest in our theatres, that the sacred inspiration of the Muses, having first stirred up the poet to anger, sorrow, hatred, and out of himself, to whatever they will, does moreover by the poet possess the actor, and by the actor consecutively all the spectators. So much do our passions hang and depend upon one another.[1]

Poetry has ever had that power over me from a child, to transpierce and transport me: but this vivid sentiment that is natural to me, has been variously handled by variety of forms, not so much higher or lower (for they were ever the highest of every kind), as differing in colour. First, a gay and sprightly fluency; afterwards, a lofty and penetrating subtlety; and lastly, a mature and constant vigour. Their names will better express them; Ovid, Lucan, Virgil.

But our poets are beginning their career:

Sit Cato, dum vivit, sane vel Cæsare major,[2]

says one.

Et invictum, devicta morte, Catonem,[3]

says the second. And the third, speaking of the civil wars betwixt Cæsar and Pompey,

Victrix causa diis placuit, sed victa Catoni[4]

And the fourth, upon the praises of Cæsar,

Et cuncta terrarum subacta,
Præter atrocem animum Catonis.[5]

And the master of the choir, after having set forth all the great names of the greatest Romans, ends thus:

His dantem jura Catonem.[6]

XXXVII. THAT WE LAUGH AND CRY FOR THE SAME THING

WHEN we read in history, that Antigonus was very much displeased with his son for presenting him the head of King Pyrrhus his enemy, but newly slain fighting against him, and that seeing it, he wept:[7] and that René, Duke of Lorraine, also lamented the death of Charles, Duke of Burgundy, whom he had himself defeated, and appeared in mourning at his funeral: and that in the battle of d'Auray (which Count Montfort obtained over Charles de Blois, his competitor for the duchy of Brittany), the conqueror meeting the dead body of his enemy, was very much afflicted at his death, we must not presently cry out,

E cosi avven, che l' animo ciascuna
Sua passion sotto 'l contrario manto,
Ricopre, con la vista or'chiara, or'bruna.[8]

When Pompey's head was presented to Cæsar, the histories tell us,[9] that he turned away his face, as from a sad and unpleasing object. There had been so long an intelligence and society betwixt them in the management of the public affairs, so great a community of fortunes, so many mutual offices, and so near an alliance, that this countenance of his ought not to suffer under any misinterpretation; or to be suspected for either false or counterfeit, as this other seems to believe:

Tutumque putavit
Jam bonus esse socer; lacrymas non sponte
cadentes,

---

[1] All these images are taken from Plato's *Ion.*
[2] Let Cato, whilst he live, be greater than Cæsar.—Martial vi. 32.
[3] And Cato invincible, death being overcome.—Manilius, *Ast.*, iv. 87.

[4] Heaven approves the conquering cause, but Cato the conquered.—Lucan, i. 128.
[5] And conquered all but the indomitable mind of Cato.—Horace, *Od.*, ii. 1, 23.
[6] Cato giving laws to all the rest.—*Æneid*, viii. 670.
[7] Plutarch, Pyrrhus.
[8] And thus it happens that the mind of each veils its passion under a different appearance, sad beneath a smiling visage, gay beneath a sombre air.—Petrarch, *Sonnets,* 81.
[9] Plutarch, Cæsar.

Effudit, gemitusque expressit pectore læto; [1]

for though it be true that the greatest part of our actions are no other than visor and disguise, and that may sometimes be true that

Hæredis fletus sub persona risus est, [2]

yet, in judging of these accidents, we are to consider how much our souls are oftentimes agitated with divers passions. And as they say that in our bodies there is a congregation of divers humours, of which that is the sovereign which, according to the complexion we are of, is commonly most predominant in us: so, though the soul have in it divers motions to give it agitation, yet must there of necessity be one to overrule all the rest, though not with so necessary and absolute a dominion but that through the flexibility and inconstancy of the soul, those of less authority may upon occasion reassume their place and make a little sally in turn. Thence it is, that we see not only children, who innocently obey and follow nature, often laugh and cry at the same thing, but not one of us can boast, what journey soever he may have in hand that he has the most set his heart upon, but when he comes to part with his family and friends, he will find something that troubles him within; and though he refrain his tears yet he puts his foot in the stirrup with a sad and cloudy countenance. And what gentle flame soever may warm the heart of modest and well-born virgins, yet are they fain to be forced from about their mothers' necks to be put to bed to their husbands, whatever this boon companion is pleased to say:

Estne novis nuptis odio Venus? anne parentum,
  Frustrantur falsis gaudia lachrymulis,
Ubertim thalami quasi intra limina fundunt?
  Non, ita me divi, vera gemunt, juverint.[3]

Neither is it strange to lament a person dead, whom a man would by no means should be alive. When I rattle my man, I do it with all the mettle I have, and load him with no feigned, but downright real curses; but the heat being over, if he should stand in need of me, I should be very ready to do him good: for I instantly turn the leaf. When I call him calf and coxcomb, I do not pretend to entail those titles upon him for ever; neither do I think I give myself the lie in calling him an honest fellow presently after. No one quality engrosses us purely and universally. Were it not the sign of a fool to talk to one's self, there would hardly be a day or hour wherein I might not be heard to grumble and mutter to myself and against myself, "Confound the fool!" and yet I do not think that to be my definition. Who for seeing me one while cold and presently very fond towards my wife, believes the one or the other to be counterfeited, is an ass. Nero, taking leave of his mother whom he was sending to be drowned, was nevertheless sensible of some emotion at this farewell, and was struck with horror and pity. 'Tis said, that the light of the sun is not one continuous thing, but that he darts new rays so thick one upon another that we cannot perceive the intermission:

Largus enim liquidi fons luminis, ætherius sol,
Irrigat assidue cœlum candore recenti,
Suppeditatque novo confestim lumine lumen.[4]

Just so the soul variously and imperceptibly darts out her passions.

Artabanus coming by surprise once upon his nephew Xerxes, chid him for the sudden alteration of his countenance. He was considering the immeasurable greatness of his forces passing over the Hellespont for the Grecian expedition: he was first seized with a palpitation of joy, to see so many millions of men under his command, and this appeared in the gaiety of his looks: but his thoughts at the same instant suggesting to him that of so many lives, within a century at most, there would not be one left, he presently knit his brows and grew sad, even to tears.

We have resolutely pursued the revenge of an injury received, and been sensible of a singular contentment for the victory; but we shall weep notwithstanding. 'Tis not for the victory, though, that we shall weep: there is nothing altered in that: but the soul looks upon things with another eye and represents them to itself with another kind of face; for everything has many faces and several aspects.

Relations, old acquaintance, and friendships, possess our imaginations and make them tender

---

[1] And now he thought it safe to play the kind father-in-law, he shed forced tears, and from a joyful breast sent forth sighs and groans.—Lucan, ix. 1037.

[2] The heir's tears behind the mask are smiles.—Publilius Syrus, *in* Gellius, xvii. 14.

[3] Is Venus really so alarming to the new-made bride, or does she honestly oppose to her parents' rejoicing the tears she so abundantly sheds on entering the nuptial chamber? No, by the gods, these are no true tears.—Catullus, lxvi. 15.

[4] Exhaustless source of liquid light, the ethereal sun, inundates the heavens with splendour, ever renewing itself, still replacing its rays with new rays. —Lucretius, v. 282.

for the time, according to their condition; but the turn is so quick, that 'tis gone in a moment,

Nil adeo fieri celeri ratione videtur,
Quam si mens fieri proponit, et inchoat ipsa.
Ocius ergo animus, quam res se perciet ulla,
Ante oculos quorum in promptu natura videtur; [1]

and therefore, if we would make one continued thing of all this succession of passions, we deceive ourselves. When Timoleon laments the murder he had committed upon so mature and generous deliberation, he does not lament the liberty restored to his country, he does not lament the tyrant, but he laments his brother; one part of his duty is performed; let us give him leave to perform the other.

XXXVIII. OF SOLITUDE

LET us pretermit that long comparison betwixt the active and the solitary life; and as for the fine saying with which ambition and avarice palliate their vices, that we are not born for ourselves but for the public, let us boldly appeal to those who are in public affairs; let them lay their hands upon their hearts, and then say whether, on the contrary, they do not rather aspire to titles and offices and that tumult of the world to make their private advantage at the public expense. The corrupt ways by which in this our time they arrive at the height to which their ambitions aspire, manifestly enough declares that their ends cannot be very good. Let us tell ambition, that it is she herself who gives us a taste of solitude; for what does she so much avoid as society? What does she so much seek as elbow-room? A man may do well or ill everywhere: but if what Bias says be true, that the greatest part is the worse part, or what the Preacher says: there is not one good of a thousand;

Rari quippe boni: numero vix sunt totidem quot
Thebarum portæ, vel divitis ostia Nili, [2]

the contagion is very dangerous in the crowd. A man must either imitate the vicious or hate them: both are dangerous things, either to resemble them because they are many or to hate many because they are unresembling to ourselves. Merchants who go to sea are in the right, when they are cautious that those who embark with them in the same bottom, be neither dissolute blasphemers nor vicious other ways, looking upon such society as unfortunate. And therefore it was that Bias pleasantly said to some, who being with him in a dangerous storm implored the assistance of the gods: "Peace, speak softly," said he, "that they may not know you are here in my company." And of more pressing example, Albuquerque, viceroy in the Indies for Emmanuel, King of Portugal, in an extreme peril of shipwreck took a young boy upon his shoulders, for this only end that, in the society of their common danger, his innocence might serve to protect him, and to recommend him to the divine favour, that they might get safe to shore. 'Tis not that a wise man may not live everywhere content, and be alone in the very crowd of a palace: but if it be left to his own choice, the schoolman will tell you that he should fly the very sight of the crowd: he will endure it, if need be; but if it be referred to him, he will choose to be alone. He cannot think himself sufficiently rid of vice, if he must yet contend with it in other men. Charondas punished those as evil men who were convicted of keeping ill company. There is nothing so unsociable and sociable as man, the one by his vice, the other by his nature. And Antisthenes, in my opinion, did not give him a satisfactory answer, who reproached him with frequenting ill company, by saying that the physicians lived well enough amongst the sick: for if they contribute to the health of the sick, no doubt but by the contagion, continual sight of, and familiarity with diseases, they must of necessity impair their own.

Now the end, I take it, is all one, to live at more leisure and at one's ease: but men do not always take the right way. They often think they have totally taken leave of all business, when they have only exchanged one employment for another: there is little less trouble in governing a private family than a whole kingdom. Wherever the mind is perplexed, it is in an entire disorder, and domestic employments are not less troublesome for being less important. Moreover, for having shaken off the court and the exchange, we have not taken leave of the principal vexations of life:

Ratio et prudentia curas,
Non locus effusi late maris arbiter, aufert; [3]

ambition, avarice, irresolution, fear, and inordi-

---

[1] Nothing therefore so prompt as the soul when it propounds anything to be done and begins to do it. It is more active than anything which we see in nature.—*Ibid.*, iii. 183.

[2] Good men are scarce: we could hardly reckon up as many as there are gates to Thebes, or mouths to the Nile.—Juvenal, *Sat.*, xiii. 26.

[3] Reason and prudence, not a place with a commanding view of the great ocean, banish care.—Horace, *Epod.*, i. 2.

nate desires, do not leave us because we forsake our native country:

> Et
> Post equitem sedet atra cura;[1]

they often follow us even to cloisters and philosophical schools; nor deserts, nor caves, hairshirts, nor fasts, can disengage us from them:

> Hæret lateri lethalis arundo.[2]

One telling Socrates, that such a one was nothing improved by his travels: "I very well believe it," said he, "for he took himself along with him."

> Quid terras alio calentes
> Sole mutamus? patriæ quis exsul
> Se quoque fugit?[3]

If a man do not first discharge both himself and his mind of the burden with which he finds himself oppressed, motion will but make it press the harder and sit the heavier, as the lading of a ship is of less encumbrance when fast and bestowed in a settled posture. You do a sick man more harm than good in removing him from place to place; you fix and establish the disease by motion, as stakes sink deeper and more firmly into the earth by being moved up and down in the place where they are designed to stand. Therefore, it is not enough to get remote from the public; 'tis not enough to shift the soil only; a man must flee from the popular conditions that have taken possession of his soul, he must sequester and come again to himself.

> Rupi jam vincula, dicas:
> Nam luctata canis nodum arripit; attamen illi,
> Quum fugit, a collo trahitur pars longa catenæ.[4]

We still carry our fetters along with us. 'Tis not an absolute liberty; we yet cast back a look upon what we have left behind us; the fancy is still full of it:

> Nisi purgatum est pectus, quæ prælia nobis
> Atque pericula tunc ingratis insinuandum?

> Quantæ conscindunt hominem cupedinis acres
> Sollicitum curæ? quantique perinde timores?
> Quidve superbia, spurcitia, ac petulantia, quantas
> Efficiunt clades? quid luxus, desidiæque?[5]

Our disease lies in the mind, which cannot escape from itself;

> In culpa est animus, qui se non effugit unquam,[6]

and therefore is to be called home and confined within itself: that is the true solitude, and that may be enjoyed even in populous cities and the courts of kings, though more commodiously apart.

Now, since we will attempt to live alone, and to waive all manner of conversation amongst men, let us so order it that our content may depend wholly upon ourselves; let us dissolve all obligations that ally us to others; let us obtain this from ourselves, that we may live alone in good earnest, and live at our ease too.

Stilpo having escaped from the fire that consumed the city where he lived, and wherein he had lost his wife, children, goods, and all that ever he was master of, Demetrius Poliorcetes seeing him, in so great a ruin of his country, appear with a serene and undisturbed countenance, asked him if he had received no loss? To which he made answer, No; and that, thanks be to God, nothing was lost of his. This also was the meaning of the philosopher Antisthenes, when he pleasantly said, that "men should furnish themselves with such things as would float, and might with the owner escape the storm"; and certainly a wise man never loses anything if he have himself. When the city of Nola was ruined by the barbarians, Paulinus, who was bishop of that place, having there lost all he had, and himself a prisoner, prayed after this manner: "O Lord, defend me from being sensible of this loss; for Thou knowest they have yet touched nothing of that which is mine."[7] The riches that made him rich, and the goods that made him good, were still kept entire. This it is to make choice of treasures that can secure themselves from plunder and violence, and to hide them in such a place into which no one can enter, and

---

[1] Black care sits behind the horseman.—Horace, *Od.*, iii. 1. 40.

[2] The fatal shaft sticks in the wounded side.—*Æneid*, iv. 73.

[3] Why do we seek climates warmed by another sun? Who is the man that by fleeing from his country, can also flee from himself?—Horace, *Od.*, ii. 16, 18.

[4] You say, perhaps, you have broken your chain: the dog who after long efforts has broken his chain, still in his flight drags a heavy portion of it after him.—Persius, *Sat.*, v. 158.

[5] But unless the mind is purified, what internal combats and dangers must we incur in spite of all our efforts! How many bitter anxieties, how many terrors, follow upon unregulated passion! What destruction befals us from pride, lust, petulant anger! What evils arise from luxury and sloth!—Lucretius, v. 43–48.

[6] Horace, *Epod.*, i. 14, 13. The citation is translated in the preceding passage.

[7] St. Augustine, *City of God*, i. 10.

that is not to be betrayed by any but ourselves. Wives, children, and goods must be had, and especially health, by him that can get it; but we are not so to set our hearts upon them that our happiness must have its dependence upon them; we must reserve a backshop, wholly our own and entirely free, wherein to settle our true liberty, our principal solitude and retreat. And in this we must for the most part entertain ourselves with ourselves, and so privately that no exotic knowledge or communication be admitted there; there to laugh and to talk, as if without wife, children, goods, train, or attendance, to the end, that when it shall so fall out that we must lose any or all of these, it may be no new thing to be without them. We have a mind pliable in itself, that will be company; that has wherewithal to attack and to defend, to receive and to give: let us not then fear in this solitude to languish under an uncomfortable vacuity.

In solis sis tibi turba locis.[1]

Virtue is satisfied with herself, without discipline, without words, without effects. In our ordinary actions there is not one of a thousand that concerns ourselves. He that thou seest scrambling up the ruins of that wall, furious and transported, against whom so many harquebuss-shots are levelled; and that other all over scars, pale, and fainting with hunger, and yet resolved rather to die than to open the gates to him; dost thou think that these men are there upon their own account? No; peradventure in the behalf of one whom they never saw and who never concerns himself for their pains and danger, but lies wallowing the while in sloth and pleasure; this other slavering, blear-eyed, slovenly fellow, that thou seest come out of his study after midnight, dost thou think he has been tumbling over books, to learn how to become a better man, wiser, and more content? No such matter; he will there end his days, but he will teach posterity the measure of Plautus' verses and the true orthography of a Latin word. Who is it that does not voluntarily exchange his health, his repose, and his very life for reputation and glory, the most useless, frivolous, and false coin that passes current amongst us. Our own death does not sufficiently terrify and trouble us; let us, moreover, charge ourselves with those of our wives, children, and family: our own affairs do not afford us anxiety enough; let us undertake those of our neighbours and friends, still more to break our brains and torment us.

> *Vah! quemquamne hominem in animum*
> *instituere, aut*
> *Parare, quod sit carius, quam ipse est sibi?*[2]

Solitude seems to me to wear the best favour, in such as have already employed their most active and flourishing age in the world's service; after the example of Thales. We have lived enough for others, let us at least live out the small remnant of life for ourselves; let us now call in our thoughts and intentions to ourselves, and to our own ease and repose. 'Tis no light thing to make a sure retreat; it will be enough for us to do without mixing other enterprises. Since God gives us leisure to order our removal, let us make ready, truss our baggage, take leave betimes of the company, and disentangle ourselves from those violent importunities that engage us elsewhere and separate us from ourselves.

We must break the knot of our obligations, how strong soever, and hereafter love this or that, but espouse nothing, but ourselves: that is to say, let the remainder be our own, but not so joined and so close as not to be forced away without flaying us or tearing out part of our whole. The greatest thing in the world is for a man to know that he is his own. 'Tis time to wean ourselves from society, when we can no longer add anything to it; he who is not in a condition to lend must forbid himself to borrow. Our forces begin to fail us: let us call them in and concentrate them in and for ourselves. He that can cast off within himself and resolve the offices of friendship and company, let him do it. In this decay of nature which renders him useless, burdensome and importunate to others, let him take care not to be useless, burdensome and importunate to himself. Let him soothe and caress himself, and above all things be sure to govern himself with reverence to his reason and conscience to that degree as to be ashamed to make a false step in their presence. *Rarum est enim, ut satis se quisque vereatur.*[3] Socrates says, that boys are to cause themselves to be instructed, men to exercise themselves in well-doing, and old men to retire from all civil and military employments, living at their own discretion, without the obligation to any office. There are some complexions more proper for these precepts of

---

[1] In solitude, be company for thyself.—Tibullus, vi. 13, 12.

[2] Ah, can any man discover or devise anything dearer than he is to himself?—Terence, *Adel.*, I. i. 13.

[3] For 'tis rarely seen that men have respect and reverence enough for themselves.—Quintilian, x. 7.

retirement than others. Such as are of a soft and dull apprehension, and of a tender will and affection not readily to be subdued or employed, whereof I am one, both by natural condition and by reflection, will sooner incline to this advice, than active and busy souls, which embrace all, engage in all, are hot upon everything, which offer, present, and give themselves up to every occasion. We are to use these accidental and extraneous commodities, so far as they are pleasant to us, but by no means to lay our principal foundation there; 'tis no true one; neither nature nor reason allows it so to be. Why therefore should we, contrary to their laws, enslave our own contentment to the power of another? To anticipate also the accidents of fortune, to deprive ourselves of the conveniences we have in our own power, as several have done upon the account of devotion, and some philosophers by reasoning; to be one's own servant, to lie hard, to put out our own eyes, to throw our wealth into the river, to seek out grief; these, by the misery of this life, aiming at bliss in another; those, by laying themselves low to avoid the danger of falling: all such are acts of an excessive virtue. The stoutest and most resolute natures render even their hiding away glorious and exemplary:

> *Tuta et parvula laudo,*
> *Quum res deficiunt, satis inter vilia fortis:*
> *Verum, ubi quid melius contingit et unctius, idem*
> *Hos sapere, et solos aio bene vivere, quorum*
> *Conspicitur nitidis fundata pecunia villis.*[1]

A great deal less would serve my turn well enough. 'Tis enough for me, under fortune's favour, to prepare myself for her disgrace, and, being at my ease, to represent to myself, as far as my imagination can stretch, the ill to come; as we do at jousts and tiltings, where we counterfeit war in the greatest calm of peace. I do not think Arcesilaus the philosopher the less temperate and virtuous, for knowing that he made use of gold and silver vessels, when the condition of his fortune allowed him so to do; I have indeed a better opinion of him, than if he had denied himself what he used with liberality and moderation. I see the utmost limits of natural necessity: and considering a poor man begging at my door, ofttimes more jocund and more healthy than I myself am, I put myself into his place, and attempt to dress my mind after his mode; and running, in like manner, over other examples, though I fancy death, poverty, contempt, and sickness treading on my heels, I easily resolve not to be affrighted, forasmuch as a less than I takes them with so much patience; and am not willing to believe that a less understanding can do more than a greater, or that the effects of precept cannot arrive to as great a height as those of custom. And knowing of how uncertain duration these accidental conveniences are, I never forget, in the height of all my enjoyments, to make it my chiefest prayer to Almighty God, that he will please to render me content with myself and the condition wherein I am. I see young men very gay and frolic, who nevertheless keep a mass of pills in their trunk at home, to take when they've got a cold, which they fear so much the less, because they think they have remedy at hand. Every one should do in like manner, and, moreover, if they find themselves subject to some more violent disease, should furnish themselves with such medicines as may numb and stupefy the part.

The employment a man should choose for such a life, ought neither to be a laborious nor an unpleasing one; otherwise 'tis to no purpose at all to be retired. And this depends upon every one's liking and humour. Mine has no manner of complacency for husbandry, and such as love it ought to apply themselves to it with moderation.

> *Conentur sibi res, non se submittere rebus.*[2]

Husbandry is otherwise a very servile employment, as Sallust calls it; though some parts of it are more excusable than the rest, as the care of gardens, which Xenophon attributes to Cyrus; and a mean may be found out betwixt the sordid and low application, so full of perpetual solicitude, which is seen in men who make it their entire business and study, and the stupid and extreme negligence, letting all things go at random, which we see in others:

> *Democriti pecus edit agellos*
> *Cultaque, dum peregre est animus sine corpore*
> *velox.*[3]

But let us hear what advice the younger Pliny

---

[1] When I run short, I laud a humble and safe condition, content with little: when things turn round, then I change my note, and say that none are wise or know how to live, but those who have plenty of money to lay out in shining villas.—Horace, *Epist.*, i. 15, 42.

[2] Endeavour to make circumstances subject to me, and not me subject to circumstances.—*Ibid.*, i. 1, 19.

[3] Democritus' cattle eat his corn and spoil his fields, whilst his mind ranges abroad without the body.—*Ibid.*, i. 12, 12.

gives his friend Caninius Rufus upon the subject of solitude: "I advise thee, in the full and plentiful retirement wherein thou art, to leave to thy hinds the care of thy husbandry, and to addict thyself to the study of letters, to extract from thence something that may be entirely and absolutely thine own." By which, he means reputation; like Cicero, who says, that he would employ his solitude and retirement from public affairs, to acquire by his writings an immortal life.

Usque adeone
Scire tuum, nihil est, nisi te scire hoc, sciat alter? [1]

It appears to be reason, when a man talks of retiring from the world, that he should look quite out of himself. These do it but by halves: they design well enough for themselves when they shall be no more in it; but still they pretend to extract the fruits of that design from the world, when absent from it, by a ridiculous contradiction.

The imagination of those who seek solitude upon the account of devotion, filling their hopes and courage with certainty of divine promises in the other life, is much more rationally founded. They propose to themselves God, an infinite object in goodness and power; the soul has there wherewithal, at full liberty, to satiate her desires: afflictions and sufferings turn to their advantage, being undergone for the acquisition of eternal health and joy; death is to be wished and longed for, where it is the passage to so perfect a condition; the asperity of the rules they impose upon themselves is immediately softened by custom, and all their carnal appetites baffled and subdued, by refusing to humour and feed them, these being only supported by use and exercise. This sole end therefore of another happy and immortal life is that, which really merits that we should abandon the pleasures and conveniences of this; and he who can really and constantly inflame his soul with the ardour of this vivid faith and hope, erects for himself in solitude a more voluptuous and delicious life than any other sort of living whatever.

Neither the end then nor the means of this advice, pleases me, for we often fall out of the frying-pan into the fire. This book employment is as painful as any other, and as great an enemy to health, which ought to be the first thing considered; neither ought a man to be allured with the pleasure of it, which is the same that destroys the frugal, the avaricious, the voluptuous, and the ambitious man. The sages give us caution enough to beware the treachery of our desires, and to distinguish true and entire pleasures from such as are mixed and complicated with greater pain. For the most of our pleasures, say they, wheedle and caress only to strangle us, like those thieves the Egyptians called Philistæ; if the headache should come before drunkenness, we should have a care of drinking too much: but pleasure, to deceive us, marches before and conceals her train. Books are pleasant, but if, by being over-studious, we impair our health and spoil our good-humour, the best pieces we have, let us give it over; I, for my part, am one of those who think, that no fruit derived from them can recompense so great a loss. As men who have long felt themselves weakened by indisposition, give themselves up at last to the mercy of medicine and submit to certain rules of living, which they are for the future never to transgress; so he who retires, weary of and disgusted with the common way of living, ought to model this new one he enters into by the rules of reason, and to institute and establish it by premeditation and reflection. He ought to have taken leave of all sorts of labour, what advantage soever it may promise, and generally to have shaken off all those passions which disturb the tranquillity of body and soul, and then choose the way that best suits with his own humour:

Unusquisque sua noverit ire via.[2]

In husbandry, study, hunting, and all other exercises, men are to proceed to the utmost limits of pleasure, but must take heed of engaging further, where trouble begins to mix with it. We are to reserve so much employment only as is necessary to keep us in breath and defend us from the inconveniences that the other extreme of a dull and stupid laziness brings along with it. There are sterile knotty sciences, chiefly hammered out for the crowd; let such be left to them who are engaged in the world's service. I for my part care for no other books, but either such as are pleasant and easy, to amuse me, or those that comfort and instruct me how to regulate my life and death:

Tacitum sylvas inter reptare salubres,
Curantem, quidquid dignum sapienti bonoque est.[3]

Wiser men, having great force and vigour of

---

[1] Is all thy learning nothing, unless another knows that thou knowest?—Persius, *Sat.*, i. 23.

[2] Propertius, ii. 25, 38. Montaigne translates the passage in the preceding paragraph.
[3] Silently meditating in the healthy groves, what best becomes a wise and honest man.—Horace, *Epist.*, i. 4, 4.

soul, may propose to themselves a rest wholly spiritual: but for me, who have a very ordinary soul, it is very necessary to support myself with bodily conveniences; and age having of late deprived me of those pleasures that were more acceptable to me, I instruct and whet my appetite to those that remain, more suitable to this other season. We ought to hold with all our force, both of hands and teeth, the use of the pleasures of life that our years, one after another, snatch away from us.

Carpamus dulcia; nostrum est,
Quod vivis; cinis, et manes, et fabula fies.[1]

Now, as to the end that Pliny and Cicero propose to us, of glory; 'tis infinitely wide of my account. Ambition is of all others the most contrary humour to solitude; glory and repose are things that cannot possibly inhabit in one and the same place. For so much as I understand, these have only their arms and legs disengaged from the crowd; their soul and intention remain engaged behind more than ever——

Tun', vetule, auriculis alienis colligis escas?[2]

——they have only retired to take a better leap, and by a stronger motion to give a brisker charge into the crowd. Will you see how they shoot short? Let us put into the counterpoise the advice of two philosophers, of two very different sects, writing, the one to Idomeneus, the other to Lucilius, their friends, to retire into solitude from worldly honours and affairs. "You have," say they, "hitherto lived swimming and floating; come now, and die in the harbour; you have given the first part of your life to the light, give what remains to the shade. It is impossible to give over business, if you do not also quit the fruit; therefore disengage yourselves from all concern of name and glory; 'tis to be feared the lustre of your former actions will give you but too much light, and follow you into your most private retreat. Quit with other pleasures that which proceeds from the approbation of another man: and as to your knowledge and parts, never concern yourselves; they will not lose their effect if yourselves be the better for them. Remember him, who being asked why he took so much pains in an art that could come to the knowledge of but few persons? 'A few are enough for me,' replied he; 'I have enough with one, I have enough with never an one.' He said true; you and a companion are theatre enough to one another, or you to yourself. Let the people be to you one, and be you one to the whole people. 'Tis an unworthy ambition to think to derive glory from a man's sloth and privacy: you are to do like the beasts of chase, who efface the track at the entrance into their den. You are no more to concern yourself how the world talks of you, but how you are to talk to yourself. Retire yourself into yourself, but first prepare yourself there to receive yourself: it were a folly to trust yourself in your own hands, if you cannot govern yourself. A man may miscarry alone as well as in company. Till you have rendered yourself one before whom you dare not trip, and till you have a bashfulness and respect for yourself, *Obversentur species honestæ animo;*[3] present continually to your imagination Cato, Phocion, and Aristides, in whose presence the fools themselves will hide their faults, and make them controllers of all your intentions; should these deviate from virtue, your respect to those will set you right; they will keep you in the way to be contented with yourself; to borrow nothing of any other but yourself; to stay and fix your soul in certain and limited thoughts, wherein she may please herself, and having understood the true and real goods, which men the more enjoy the more they understand, to rest satisfied, without desire of prolongation of life or name." This is the precept of the true and natural philosophy, not of a boasting and prating philosophy, such as that of the two former.

XXXIX. A CONSIDERATION UPON CICERO

ONE word more by way of comparison betwixt these two. There are to be gathered out of the writings of Cicero and the younger Pliny (but little, in my opinion, resembling his uncle in his humours) infinite testimonies of a beyond measure ambitious nature; and amongst others, this for one, that they both, in the sight of all the world, solicit the historians of their time not to forget them in their memoirs; and fortune, as if in spite, has made the vanity of those requests live upon record down to this age of ours, while she has long since consigned the histories themselves to oblivion. But this exceeds all meanness of spirit in persons of such a quality as they were, to think to derive any great renown from babbling and prating; even to the publishing of

---

[1] Let us pluck life's sweets, 'tis for them we live: by-and-by we shall be ashes, a ghost, a mere subject of talk.—Persius, *Sat.*, v. 151.

[2] Dost thou, old man, collect food for others' ears? —Ibid., i. 22.

[3] Let just and honest things be ever present to the mind.—Cicero, *Tusc. Quæs.*, ii. 22.

their private letters to their friends, and so withal, that though some of them were never sent, the opportunity being lost, they nevertheless presented them to the light, with this worthy excuse that they were unwilling to lose their labours and lucubrations. Was it not very well becoming two consuls of Rome, sovereign magistrates of the republic that commanded the world, to spend their leisure in contriving quaint and elegant missives, thence to gain the reputation of being versed in their own mother tongues. What could a pitiful schoolmaster have done worse, whose trade it was thereby to get a living? If the acts of Xenophon and Cæsar had not far transcended their eloquence, I scarce believe they would ever have taken the pains to have written them; they made it their business to recommend not their speaking but their doing. And could the perfection of eloquence have added a lustre suitable to a great personage, certainly Scipio and Lælius had never resigned the honour of their comedies, with all the luxuriances and elegancies of the Latin tongue, to an African slave; for that the work was theirs, its beauty and excellence sufficiently declare; Terence himself confesses as much, and I should take it ill from any one that would dispossess me of that belief.

'Tis a kind of mockery and offence to extol a man for qualities misbecoming his condition, though otherwise commendable in themselves, but such as ought not, however, to be his chief talent; as if a man should commend a king for being a good painter, a good architect, a good marksman, or a good runner at the ring: commendations that add no honour, unless mentioned altogether and in the train of those that are properly applicable to him, namely, justice and the science of governing and conducting his people both in peace and war. At this rate, agriculture was an honour to Cyrus, and eloquence and the knowledge of letters to Charlemagne. I have in my time known some, who by writing have acquired both their titles and fortune, disown their apprenticeship, corrupt their style, and affect ignorance in so vulgar a quality (which also our nation holds to be rarely seen in very learned hands) and to seek a reputation by better qualities. Demosthenes' companions in the embassy to Philip, extolling that prince as handsome, eloquent, and a stout drinker, Demosthenes said, that those were commendations more proper for a woman, an advocate, or a sponge, than for a king.[1]

*Imperet bellante prior, jacentem
Lenis in hostem.*[2]

'Tis not his profession to know either how to hunt or to dance well;

*Orabunt causas alii, cœlique meatus
Describent radio, et fulgentia sidera dicent;
Hic regere imperio populos sciat.*[3]

Plutarch says, moreover, that to appear so excellent in these less necessary qualities is to produce witness against a man's self, that he has spent his time and applied his study ill, which ought to have been employed in the acquisition of more necessary and more useful things. So that Philip, King of Macedon, having heard that great Alexander his son sing once at a feast to the wonder of the best musicians there: "Art not thou ashamed," said he to him, "to sing so well?"[4] And to the same Philip a musician, with whom he was disputing about some things concerning his art: "Heaven forbid, sir," said he, "that so great a misfortune should ever befall you as to understand these things better than I." A king should be able to answer as Iphicrates did the orator, who pressed upon him in his invective after this manner: "And what art thou that thou bravest it at this rate? art thou a man at arms, art thou an archer, art thou a pikeman?" "I am none of all this; but I know how to command all these." And Antisthenes took it for an argument of little value in Ismenias that he was commended for playing excellently well upon a flute.

I know very well, that when I hear any one dwell upon the language of my essays, I had rather a great deal he would say nothing: 'tis not so much to elevate the style as to depress the sense, and so much the more offensively as they do it obliquely; and yet I am much deceived if many other writers deliver more worth noting as to the matter, and, how well or ill soever, if any other writer has sown things much more material, or at all events more downright, upon his paper than myself. To bring the more in, I only muster up the heads; should I annex the sequel I should trebly multiply the volume. And how many stories have I scattered up and down in this book, that I only touch upon, which

---

[1] Plutarch, Demosthenes.

[2] In the fight, overthrow your enemy, but be merciful to him when fallen.—Horace, *Carm. Sæc.*, v. 51.

[3] Let others plead at the bar, or describe the spheres, and point out the glittering stars; let this man learn to rule the nation.—*Æneid*, vi. 849.

[4] Plutarch, Pericles.

should any one more curiously search into, they would find matter enough to produce infinite essays. Neither those stories nor my quotations always serve simply for example, authority, or ornament; I do not only regard them for the use I make of them: they carry sometimes besides what I apply them to, the seed of a more rich and a bolder matter, and sometimes, collaterally, a more delicate sound both to myself who will say no more about it in this place, and to others who shall be of my humour.

But returning to the speaking virtue; I find no great choice betwixt not knowing to speak anything but ill, and not knowing to speak anything but well. *Non est ornamentum virile concinnitas.*[1] The sages tell us that as to what concerns knowledge, 'tis nothing but philosophy; and as to what concerns effects, 'tis nothing but virtue, which is generally proper to all degrees and to all orders.

There is something like this in these two other philosophers, for they also promise eternity to the letters they write to their friends; but 'tis after another manner, and by accommodating themselves, for a good end, to the vanity of another; for they write to them that if the concern of making themselves known to future ages, and the thirst of glory, do yet detain them in the management of public affairs, and make them fear the solitude and retirement to which they would persuade them, let them never trouble themselves more about it, forasmuch as they shall have credit enough with posterity to insure them that were there nothing else but the letters thus written to them, those letters will render their names as known and famous, as their own public actions could do. And besides this difference, these are not idle and empty letters, that contain nothing but a fine jingle of well-chosen words and delicate couched phrases, but, rather, replete and abounding with grand discourses of reason, by which a man may render himself not more eloquent, but more wise, and that instruct us not to speak, but to do well. Away with that eloquence that enchants us with itself, and not with actual things! unless you will allow that of Cicero to be of so supreme a perfection, as to form a complete body of itself.

And of him I shall further add one story we read of him to this purpose, wherein his nature will much more manifestly be laid open to us. He was to make an oration in public, and found himself a little straitened in time to make himself ready at his ease; when Eros, one of his slaves, brought him word that the audience was deferred till the next day, at which he was so ravished with joy that he enfranchised him for the good news.

Upon this subject of letters, I will add this more to what has been already said, that it is a kind of writing wherein my friends think I can do something; and I am willing to confess I should rather have chosen to publish my whimsies that way than any other, had I had to whom to write; but I wanted such a settled intercourse, as I once had, to attract me to it, to raise my fancy, and to support me. For to traffic with the wind, as some others have done, and to forge vain names to direct my letters to, in a serious subject, I could never do it but in a dream, being a sworn enemy to all manner of falsification. I should have been more diligent and more confident had I had a judicious and indulgent friend whom to address, than thus to expose myself to the various judgments of a whole people, and I am deceived if I had not succeeded better. I have naturally a humorous and familiar style, but it is a style of my own, not proper for public business, but like the language I speak, too compact, irregular, abrupt, and singular; and as to letters of ceremony that have no other substance than a fine contexture of courteous words, I am wholly to seek. I have neither faculty nor relish for those tedious offers of service and affection; I believe little in them from others, and I should not forgive myself should I say to others more than I myself believe. 'Tis, doubtless, very remote from the present practice; for there never was so abject and servile prostitution of tenders: life, soul, devotion, adoration, vassal, slave, and I cannot tell what, as now; all which expressions are so commonly and so indifferently posted to and fro by every one and to every one, that when they would profess a greater and more respectful inclination upon more just occasions, they have not wherewithal to express it. I mortally hate all air of flattery, which is the cause that I naturally fall into a shy, rough, and crude way of speaking, that, to such as do not know me, may seem a little to relish of disdain. I honour those most to whom I show the least honour, and where my soul moves with the greatest cheerfulness, I easily forgot the ceremonies of look and gesture, and offer myself faintly and bluntly to them to whom I am the most devoted: methinks they should read it in my heart, and that the expression of my words does but injure the love I have conceived within. To welcome, take leave, give thanks, accost, offer my

---

[1] Symmetrical neatness of style is no manly ornament.—Seneca, *Epist.*, 115.

service, and such verbal formalities, as the ceremonious laws of our modern civility enjoin, I know no man so stupidly unprovided of language as myself; and I have never been employed in writing letters of favour and recommendation, that he, in whose behalf it was written, did not think my mediation cold and imperfect. The Italians are great printers of letters, I do believe I have at least an hundred several volumes of them; of all which those of Annibal Caro seem to me to be the best. If all the paper I have scribbled to the ladies at the time when my hand was really prompted by my passion, were now in being, there might, peradventure, be found a page worthy to be communicated to our young inamoratos, that are besotted with that fury. I always write my letters post-haste—so precipitately, that though I write intolerably ill, I rather choose to do it myself, than to employ another; for I can find none able to follow me: and I never transcribe any. I have accustomed the great ones who know me to endure my blots and dashes, and upon paper without fold or margin. Those that cost me the most pains, are the worst; when I once begin to draw it in by head and shoulders, 'tis a sign that I am not there. I fall to without premeditation or design; the first word begets the second, and so to the end of the chapter. The letters of this age consist more in fine edges and prefaces than in matter. Just as I had rather write two letters than close and fold up one, and always assign that employment to some other, so, when the real business of my letter is despatched, I would with all my heart transfer it to another hand to add those long harangues, offers, and prayers, that we place at the bottom, and should be glad that some new custom would discharge us of that trouble; as also of superscribing them with a long ribble-row of qualities and titles, which for fear of mistakes, I have often not written at all, and especially to men of the long robe and finance; there are so many new offices, such an infinite dispensation and ordering of titles of honour, that 'tis hard to set them forth aright: yet being so dearly bought, they are neither to be mistaken nor omitted without offence. I find the same fault likewise with loading the fronts and title-pages of the books we commit to the press with such a cluster of titles.

XL. That the relish of good and evil depends in a great measure upon the opinion we have of them

Men (says an ancient Greek sentence) are tormented with the opinions they have of things and not by the things themselves. It were a great victory obtained for the relief of our miserable human condition, could this proposition be established for certain and true throughout. For if evils have no admission into us but by the judgment we ourselves make of them, it should seem that it is, then, in our own power to despise them or to turn them to good. If things surrender themselves to our mercy, why do we not convert and accommodate them to our advantage? If what we call evil and torment is neither evil nor torment of itself, but only that our fancy gives it that quality, it is in us to change it, and, it being in our own choice, if there be no constraint upon us we must certainly be very strange fools to take arms for that side which is most offensive to us, and to give sickness, want, and contempt a bitter and nauseous taste, if it be in our power to give them a pleasant relish, and if, fortune simply providing the matter, 'tis for us to give it the form. Now, that what we call evil is not so of itself, or at least to that degree that we make it, and that it depends upon us to give it another taste and complexion (for all comes to one), let us examine how that can be maintained.

If the original being of those things we fear had power to lodge itself in us by its own authority, it would then lodge itself alike, and in like manner, in all; for men are all of the same kind, and saving in greater and less proportions, are all provided with the same utensils and instruments to conceive and to judge: but the diversity of opinions we have of those things clearly evidences that they only enter us by composition; one person, peradventure, admits them in their true being, but a thousand others give them a new and contrary being in them. We hold death, poverty, and pain for our principal enemies; now, this death, which some repute the most dreadful of all dreadful things, who does not know that others call it the only secure harbour from the storms and tempests of life, the sovereign good of nature: the sole support of liberty, and the common and prompt remedy of all evils? And as the one expect it with fear and trembling, the others support it with greater ease than life. This blade complains of its facility:

Mors! utinam pavidos vitæ subducere nolles.
Sed virtus te sola daret![1]

But let us leave these boastful courages. The-

---

[1] O death! I would have thee spare the coward, and that valour alone should merit thee.—Lucan, iv. 580.

odorus answered Lysimachus, who threatened to kill him, "Thou wilt do a brave feat," said he, "to arrive at the force of a cantharides." The majority of philosophers are observed to have either purposely anticipated, or hastened and assisted, their own death. How many ordinary people do we see led to execution, and that not to a simple death, but mixed with shame and sometimes with grievous torments, appear with such assurance, whether through firm courage or natural simplicity, that a man can discover no change from their ordinary condition; settling their domestic affairs, commending themselves to their friends, singing, preaching, and addressing the people, nay, sometimes sallying into jests, and drinking to their companions, quite as well as Socrates?

One that they were leading to the gallows told them they must not take him through such a street, lest a merchant who lived there should arrest him by the way for an old debt. Another told the hangman he must not touch his neck for fear of making him laugh, he was so ticklish. Another answered his confessor, who promised him he should that day sup with our Lord, "Do you go then," said he, "in my room; for I for my part keep fast to-day." Another having called for drink, and the hangman having drunk first, said he would not drink after him, for fear of catching some evil disease. Everybody has heard the tale of the Picard, to whom being upon the ladder they presented a common wench, telling him (as our law does sometimes permit) that if he would marry her they would save his life; he, having a while considered her and perceiving that she halted: "Come tie up, tie up," said he, "she limps." And they tell another story of the same kind, of a fellow in Denmark, who being condemned to lose his head, and the like condition being proposed to him upon the scaffold, refused it, by reason the girl they offered him had hollow cheeks and too sharp a nose. A servant at Toulouse being accused of heresy, for the sum of his belief referred himself to that of his master, a young student, prisoner with him, chosing rather to die than suffer himself to be persuaded that his master could err. We read that of the inhabitants of Arras, when Louis XI took that city, a great many let themselves be hanged, rather than they would say, God save the King. And amongst that mean-souled race of men, the buffoons, there have been some, who would not leave their fooling at the very moment of death. One that the hangman was turning off the ladder cried: "Launch the galley," an ordinary saying of his. Another, whom at the point of death his friends had laid upon a bed of straw before the fire, the physician asking him where his pain lay: "Betwixt the bench and the fire," said he, and the priest, to give him extreme unction, groping for his feet which his pain had made him pull up to him; "You will find them," said he, "at the end of my legs." To one who being present exhorted him to recommend himself to God: "Why, who goes thither?" said he; and the other replying: "It will presently be yourself, if it be His good pleasure." "Shall I be sure to be there by tomorrow night?" said he. "Do but recommend yourself to Him," said the other, "and you will soon be there." "It were best then," said he, "to carry my recommendations myself."

In the kingdom of Narsinga to this day, the wives of their priests are buried alive with the bodies of their husbands; all other wives are burnt at their husband's funerals, which they not only firmly but cheerfully undergo. At the death of their king, his wives, and concubines, his favourites, all his officers, and domestic servants, who make up a whole people, present themselves so gaily to the fire, where his body is burnt, that they seem to take it for a singular honour to accompany their master in death. During our late war of Milan, where there happened so many takings and retakings of towns, the people, impatient of so many changes of fortune, took such a resolution to die, that I have heard my father say, he there saw a list taken of five-and-twenty masters of families who made themselves away in one week's time: an incident somewhat resembling that of the Xanthians who, being besieged by Brutus, precipitated themselves—men, women, and children—into such a furious appetite of dying, that nothing can be done to evade death which they did not to avoid life; insomuch that Brutus had much difficulty in saving very few.[1]

Every opinion is of force enough to cause itself to be espoused at the expense of life. The first article of that valiant oath that Greece took and observed in the Median war, was that every one should sooner exchange life for death, than their own laws for those of Persia. What a world of people do we see in the wars betwixt the Turks and the Greeks, rather embrace a cruel death than uncircumcise themselves to admit of baptism? An example of which no sort of religion is incapable.

The kings of Castile having banished the Jews out of their dominions, John, King of Portugal,

---

[1] Only fifty were saved.—Plutarch, Brutus.

in consideration of eight crowns a head, sold them a retreat into his for a certain limited time; upon condition that the time fixed coming to expire they should be gone, and he to furnish them with shipping to transport them into Africa. The limited day came, which once lapsed they were given to understand that such as were afterwards found in the kingdom should remain slaves; vessels were very slenderly provided; and those who embarked in them were rudely and villainously used by the seamen, who, besides other indignities, kept them cruising upon the sea, one while forwards and another backwards, till they had spent all their provisions and were constrained to buy of them at so dear a rate and so long withal, that they set them not on shore till they were all stripped to the very shirts. The news of this inhuman usage being brought to those who remained behind, the greater part of them resolved upon slavery, and some made a show of changing religion. Emanuel, the successor of John, being come to the crown, first set them at liberty, and afterwards altering his mind, ordered them to depart his country, assigning three ports for their passage. He hoped, says Bishop Osorius, no contemptible Latin historian of these later times, that the favour of the liberty he had given them having failed of converting them to Christianity, yet the difficulty of committing themselves to the mercy of the mariners and of abandoning a country they were now habituated to and were grown very rich in, to go and expose themselves in strange and unknown regions, would certainly do it. But finding himself deceived in his expectation, and that they were all resolved upon the voyage, he cut off two of the three ports he had promised them, to the end that the length and incommodity of the passage might reduce some; or that he might have opportunity, by crowding them all into one place, the more conveniently to execute what he had designed, which was to force all the children under fourteen years of age from the arms of their fathers and mothers, to transport them from their sight and conversation, into a place where they might be instructed and brought up in our religion. He says that this produced a most horrid spectacle: the natural affection betwixt the parents and their children, and moreover their zeal to their ancient belief, contending against this violent decree, fathers and mothers were commonly seen making themselves away, and by a yet much more rigorous example, precipitating out of love and compassion their young children into wells and pits, to avoid the severity of this law. As to the remainder of them, the time that had been prefixed being expired, for want of means to transport them they again returned into slavery. Some also turned Christians, upon whose faith, as also that of their posterity, even to this day, which is a hundred years since, few Portuguese can yet rely; though custom and length of time are much more powerful counsellors in such changes than all other constraints whatever. In the town of Castelnaudari, fifty heretic Albigeois at one time suffered themselves to be burned alive in one fire rather than they would renounce their opinions. *Quoties non modo ductores nostri,* says Cicero, *sed universi etiam exercitus, ad non dubiam mortem concurrerunt?* [1] I have seen an intimate friend of mine run headlong upon death with a real affection, and that was rooted in his heart by divers plausible arguments which he would never permit me to dispossess him of, and upon the first honourable occasion that offered itself to him, precipitate himself into it, without any manner of visible reason, with an obstinate and ardent desire of dying. We have several examples in our own times of persons, even young children, who for fear of some little inconvenience have despatched themselves. And what shall we not fear, says one of the ancients to this purpose, if we dread that which cowardice itself has chosen for its refuge?

Should I here produce a long catalogue of those of all sexes and conditions and sects, even in the most happy ages, who have either with great constancy looked death in the face, or voluntarily sought it, and sought it not only to avoid the evils of this life, but some purely to avoid the satiety of living, and others for the hope of a better condition elsewhere, I should never have done. Nay, the number is so infinite that in truth I should have a better bargain on't to reckon up those who have feared it. This one therefore shall serve for all: Pyrrho the philosopher being one day in a boat in a very great tempest, showed to those he saw the most affrighted about him, and encouraged them by the example of a hog, that was there, nothing at all concerned at the storm. Shall we then dare to say that this advantage of reason, of which we so much boast and upon the account of which we think ourselves masters and emperors over the rest of all creation, was given us for a torment? To what end serves the knowledge of things if it renders us more unmanly? if we there-

---

[1] How often have, not only our leaders, but whole armies, run to a certain and manifest death.—Cicero, *Tusc. Quæs.,* i. 37.

by lose the tranquillity and repose we should enjoy without it? and if it put us into a worse condition than Pyrrho's hog? Shall we employ the understanding that was conferred upon us for our greatest good to our own ruin; setting ourselves against the design of nature and the universal order of things, which intend that every one should make use of the faculties, members, and means he has to his own best advantage?

But it may, peradventure, be objected against me: your rule is true enough as to what concerns death; but what will you say of indigence? What will you, moreover, say of pain, which Aristippus, Hieronimus, and most of the sages have reputed the worst of evils; and those who have denied it by word of mouth have, however, confessed it in effect? Posidonius being extremely tormented with a sharp and painful disease, Pompeius came to visit him, excusing himself that he had taken so unseasonable a time to come to hear him discourse of philosophy; "The gods forbid," said Posidonius to him, "that pain should ever have the power to hinder me from talking," and thereupon fell immediately upon a discourse of the contempt of pain: but, in the meantime, his own infirmity was playing its part and plagued him to purpose; to which he cried out, "Thou mayest work thy will, pain, and torment me with all the power thou hast, but thou shalt never make me say that thou art an evil." This story that they make such a clutter withal, what has it to do, I fain would know, with the contempt of pain? He only fights it with words, and in the meantime, if the shootings and dolours he felt did not move him, why did he interrupt his discourse? Why did he fancy he did so great a thing in forbearing to confess it an evil? All does not here consist in the imagination; our fancies may work upon other things: but here is the certain science that is playing its part, of which our senses themselves are judges;

Qui nisi sunt veri, ratio quoque falsa sit omnis.[1]

Shall we persuade our skins that the jerks of a whip agreeably tickle us, or our taste that a potion of aloes is *vin de Graves?* Pyrrho's hog is here in the same predicament with us; he is not afraid of death, 'tis true, but if you beat him he will cry out to some purpose. Shall we force the general law of nature, which in every living creature under heaven is seen to tremble under pain? The very trees seem to groan under the blows they receive. Death is only felt by reason, forasmuch as it is the motion of an instant;

Aut fuit, aut veniet; nihil est præsentis in illa[2] ...
Morsque minus pœnæ, quam mora mortis, habet;[3]

a thousand beasts, a thousand men, are sooner dead than threatened. That also which we principally pretend to fear in death is pain, its ordinary forerunner: yet, if we may believe a holy father, *malam mortem non facit, nisi quod sequitur mortem.*[4] And I should yet say, more probably, that neither that which goes before nor that which follows after is at all of the appurtenances of death.

We excuse ourselves falsely: and I find by experience that it is rather the impatience of the imagination of death that makes us impatient of pain, and that we find it doubly grievous as it threatens us with death. But reason accusing our cowardice for fearing a thing so sudden, so inevitable, and so insensible, we take the other as the more excusable pretence. All ills that carry no other danger along with them but simply the evils themselves, we treat as things of no danger: the toothache or the gout, painful as they are, yet being not reputed mortal, who reckons them in the catalogue of diseases?

But let us presuppose that in death we principally regard the pain; as also there is nothing to be feared in poverty, but the miseries it brings along with it, of thirst, hunger, cold, heat, watching, and the other inconveniences it makes us suffer, still we have nothing to do with anything but pain. I will grant, and very willingly, that it is the worst incident of our being (for I am the man upon earth who the most hates and avoids it, considering that hitherto, I thank God, I have had so little traffic with it), but still it is in us, if not to annihilate, at least to lessen it by patience; and though the body and the reason should mutiny, to maintain the soul, nevertheless, in good condition. Were it not so, who had ever given reputation to virtue, valour, force, magnanimity, and resolution? where were their parts to be played, if there were no pain to be defied? *Avida est periculi virtus.*[5] Were there no lying upon the hard ground, no enduring, armed at all points, the meridional heats, no feeding upon

---

[1] Which, if they be not true, reason itself must be wholly false too.—Lucretius, iv. 486.

[2] Death has been, or will come: there is nothing of the present in it.—Estienne de la Boetie, *Satires.*

[3] The delay of death is more painful than death itself.—Ovid, *Heroides,* x. 82.

[4] 'Tis not death that is the evil, but that which follows it.—St. Augustine, *City of God,* i. 11.

[5] Courage is greedy of danger.—Seneca, *De Providentia,* iv.

the flesh of horses and asses, no seeing a man's self hacked and hewed to pieces, no suffering a bullet to be pulled out from amongst the shattered bones, no sewing up, cauterising and searching of wounds, by what means were the advantage we covet to have over the vulgar to be acquired? 'Tis far from flying evil and pain, what the sages say, that of actions equally good, a man should most covet to perform that wherein there is greater labour and pain. *Non est enim hilaritate, nec lascivia, nec risu, aut joco, comite levitatis, sed sæpe etiam tristes firmitate e constantia sunt beati.*[1] And for this reason it has ever been impossible to persuade our forefathers but that the victories obtained by dint of force, and the hazard of war, were not more honourable than those performed in great security by stratagem or practice.

Lætius est, quoties magno sibi constat honestum.[2]

Besides, this ought to be our comfort, that naturally, if the pain be violent, 'tis but short; and if long, nothing violent; *si gravis, brevis; si longus, levis.*[3] Thou wilt not feel it long, if thou feelest it too much; it will either put an end to itself or to thee; it comes to the same thing; if thou canst not support it it will export thee. *Memineris maximos morte finiri; parvos multa habere intervalla requietis; mediocrium nos esse dominos: ut si tolerabiles sint, feramus; sin minus, e vita, quum ea non placeat, tanquam e theatro exeamus.*[4] That which makes us suffer pain with so much impatience, is the not being accustomed to repose our chiefest contentment in the soul, that we do not enough rely upon her who is the sole and sovereign mistress of our condition. The body, saving in the greater or less proportion, has but one and the same bent and bias; whereas the soul is variable into all sorts of forms; and subjects to herself, and to her own empire, all things whatsoever, both the senses of the body and all other accidents: and therefore it is that we ought to study her, to inquire into her, and to rouse up all her powerful faculties. There is neither reason, force, nor prescription that can anything prevail against her inclination and choice. Of so many thousands of biasses that she has at her disposal, let us give her one proper to our repose and conservation, and then we shall not only be sheltered and secured from all manner of injury and offence, but moreover gratified and obliged, if she will, with evils and offences. She makes her profit indifferently of all things; error, dreams, serve her to good use, as loyal matter to lodge us in safety and contentment. 'Tis plain enough to be seen that 'tis the sharpness of our mind that gives the edge to our pains and pleasures: beasts that have no such thing, leave to their bodies their own free and natural sentiments, and consequently in every kind very near the same, as appears by the resembling application of their motions. If we would not disturb in our members the jurisdiction that appertains to them in this, 'tis to be believed it would be the better for us, and that nature has given them a just and moderate temper both to pleasure and pain; neither can it fail of being just, being equal and common. But seeing we have enfranchised ourselves from her rules to give ourselves up to the rambling liberty of our own fancies, let us at least help to incline them to the most agreeable side. Plato[5] fears our too vehemently engaging ourselves with pain and pleasure, forasmuch as these too much knit and ally the soul to the body: whereas I rather, quite contrary, by reason it too much separates and disunites them. As an enemy is made more fierce by our flight, so pain grows proud to see us truckle under her. She will surrender upon much better terms to them who make head against her: a man must oppose and stoutly set himself against her. In retiring and giving ground, we invite and pull upon ourselves the ruin that threatens us. As the body is more firm in an encounter, the more stiffly and obstinately it applies itself to it, so is it with the soul.

But let us come to examples, which are the proper commodity for fellows of such feeble force as myself; where we shall find that it is with pain as with stones that receive a brighter or a more languishing lustre, according to the foil they are set in, and that it has no more room in us than we are pleased to allow it: *tantum doluerunt, quantum doloribus se inseruerunt.*[6] We

---

[1] For men are not only happy by mirth and wantonness, by laughter and jesting, the companion of levity, but ofttimes the graver sort reap felicity from their firmness and constancy.—Cicero, *De Finib.*, ii. 10.

[2] A good deed is all the more a satisfaction by how much the more it has cost us.—Lucan, ix. 404.

[3] Cicero, *De Finib.*, ii. 29.

[4] Remember that the greatest pains are terminated by death; that slighter pains have long intermissions of repose, and that we are masters of the more moderate sort: so that, if they be tolerable, we bear them; if not, we can go out of life, as from a theatre where the entertainment does not please us.—*Ibid.*, 15.

[5] In the *Phædo*.

[6] They suffered so much the more, by how much

are more sensible of one little touch of a surgeon's lancet than of twenty wounds with a sword in the heat of fight. The pains of childbearing, said by the physician and by God himself to be very great, and which our women keep so great a clutter about—there are whole nations that make nothing of them. To say nothing of the Lacedæmonian women, what alteration can you see in our Switzers' wives of the guard, saving, as they trot after their husbands, you see them to-day with the child hanging at their backs, that they carried yesterday in their bellies? The counterfeit gipsies we have amongst us go themselves to wash theirs so soon as they come into the world, in the first river they meet. Besides so many loose wenches as daily steal their children out in generation, as before they stole them in conception, that fair and noble wife of Sabinus, a patrician of Rome, for another's interest, alone, without help, without crying out, or so much as a groan, endured the bearing of twins. A poor simple boy of Lacedæmon having stolen a fox (for they more fear the shame of stupidity in stealing than we do the punishment of the knavery), and having got it under his coat, rather endured the tearing out of his bowels than he would discover his theft.[1] And another offering incense at a sacrifice, suffered himself to be burned to the bone by a coal that fell into his sleeve, rather than disturb the ceremony. And there have been a great number, for a sole trial of virtue, following their institutions, who have at seven years old endured to be whipped to death without changing their countenance. And Cicero has seen them fight in parties, with fists, feet, and teeth, till they have fainted and sunk down, rather than confess themselves overcome. *Nunquam naturam mos vinceret; est enim ea semper invicta; sed nos, umbris, deliciis, otio, languore, desidia animum infecimus; opinionibus maloque more delinitum, mollivimus.*[2] Every one knows the story of Scævola, that having slipped into the enemy's camp to kill their general, and having missed his blow, to repair his fault, by a more strange invention and to deliver his country, he boldly confessed to Porsenna, who was the king he had a purpose to kill, not only his design, but moreover added that there were then in his camp a great number of Romans, his accomplices in the enterprise, as good men as he; and to show what a one he himself was, having caused a pan of burning coals to be brought, he saw and endured his arm to broil and roast, till the king himself, conceiving horror at the sight, commanded the pan to be taken away. What would you say of him that would not vouchsafe to respite his reading in a book whilst he was under incision? And of the other that persisted to mock and laugh in contempt of the pains inflicted on him; so that the provoked cruelty of the executioners that had him in handling, and all the inventions of tortures redoubled upon him, one after another, spent in vain, gave him the bucklers? But he was a philosopher. But what! a gladiator of Cæsar's endured, laughing all the while, his wounds to be searched, lanced, and laid open: *Quis mediocris gladiator ingemuit? Quis vultum mutavit unquam? Quis non modo stetit, verum etiam decubuit turpiter? Quis, quum decubuisset, ferrum recipere jussus, collum contraxit?*[3] Let us bring in the women too. Who has not heard at Paris of her that caused her face to be flayed only for the fresher complexion of a new skin? There are who have drawn good and sound teeth to make their voices more soft and sweet, or to place the other teeth in better order. How many examples of the contempt of pain have we in that sex? What can they not do, what do they fear to do, for never so little hopes of an addition to their beauty?

Vellere queis cura est albos a stirpe capillos,
Et faciem, dempta pelle, referre novam.[4]

I have seen some of them swallow sand, ashes, and do their utmost to destroy their stomachs, to get pale complexions. To make a fine Spanish body, what racks will they not endure of girding and bracing, till they have notches in their sides cut into the very quick, and sometimes to death?

It is an ordinary thing with several nations at this day to wound themselves in good earnest to

---

the more they gave way to suffering.—St. Augustine, *City of God*, i. 10.

[1] Plutarch, *Lycurgus*.

[2] Custom would never conquer nature, for she is ever invincible, but we have corrupted the mind with shadows, wantonness, negligence, and sloth; vain opinions and corrupt manners have rendered it effeminate and mean.—Cicero, *Tusc. Quæs.*, v. 27.

[3] What, even the least notable, gladiator ever so much as uttered a groan? Which of them ever so much as changed countenance? Which of them, standing or even falling, did so ignominiously? Which of them, when he was down, and commanded to receive the stroke of the sword, ever shrunk in his neck?—*Ibid.*, ii. 17.

[4] Who carefully pluck out their grey hairs by the roots, and renew their faces by peeling off the old skin.—Tibullus, i. 8, 45.

gain credit to what they profess; of which our king relates notable examples of what he has seen in Poland and done towards himself. But besides this, which I know to have been imitated by some in France, when I came from that famous assembly of the Estates at Blois, I had a little before seen a maid in Picardy, who to manifest the ardour of her promises, as also her constancy, give herself, with a bodkin she wore in her hair, four or five good lusty stabs in the arm, till the blood gushed out to some purpose. The Turks give themselves great scars in honour of their mistresses, and to the end they may the longer remain, they presently clap fire to the wound, where they hold it an incredible time to stop the blood and form the cicatrice; people that have been eyewitnesses of it have both written and sworn it to me. But for ten aspers there are there every day fellows to be found that will give themselves a good deep slash in the arms or thighs. I am willing, however, to have the testimonies nearest to us when we have most need of them; for Christendom furnishes us with enough. After the example of our blessed Guide, there have been many who have crucified themselves. We learn by testimony very worthy of belief that King St. Louis wore a hair-shirt till in his old age his confessor gave him a dispensation to leave it off; and that every Friday he caused his shoulders to be drubbed by his priest with five small chains of iron which were always carried about amongst his night accoutrements for that purpose.

William, our last Duke of Guienne, the father of this Eleanor who has transmitted that duchy into the houses of France and England, continually for ten or twelve years before he died wore a suit of armour under a religious habit by way of penance. Fulke, Count of Anjou, went as far as Jerusalem, there to cause himself to be whipped by two of his servants, with a rope about his neck, before the sepulchre of our Lord. But do we not, moreover, every Good Friday, in various places, see great numbers of men and women beat and whip themselves till they lacerate and cut the flesh to the very bones? I have often seen it, and 'tis without any enchantment; and it was said there were some amongst them (for they go disguised) who for money undertook by this means to save harmless the religion of others, by a contempt of pain, so much the greater, as the incentives of devotion are more effectual than those of avarice. Q. Maximus buried his son when he was a consul, and M. Cato his, when prætor elect, and L. Paulus both his, within a few days one after another, with such a countenance as expressed no manner of grief. I said once merrily of a certain person, that he had disappointed the divine justice; for the violent death of three grown-up children of his being one day sent him, for a severe scourge, as it is to be supposed, he was so far from being afflicted at the accident, that he rather took it for a particular grace and favour of heaven. I do not follow these monstrous humours, though I lost two or three at nurse, if not without grief, at least without repining, and yet there is hardly any accident that pierces nearer to the quick. I see a great many other occasions of sorrow, that should they happen to me, I should hardly feel; and have despised some, when they have befallen me, to which the world have given so terrible a figure that I should blush to boast of my constancy: *Ex quo intelligitur, non in natura, sed in opinione, esse ægritudinem.*[1] Opinion is a powerful party, bold, and without measure. Whoever so greedily hunted after security and repose as Alexander and Cæsar did after disturbance and difficulties? Teres, the father of Sitalces, was wont to say that when he had no wars, he fancied there was no difference betwixt him and his groom. Cato the consul, to secure some cities of Spain from revolt, only interdicting the inhabitants from wearing arms, a great many killed themselves: *ferox gens, nullam vitam rati sine armis esse.*[2] How many do we know who have forsaken the calm and sweetness of a quiet life at home, amongst their acquaintance, to seek out the horror of uninhabitable deserts; and having precipitated themselves into so abject a condition as to become the scorn and contempt of the world, have hugged themselves with the conceit, even to affectation. Cardinal Borromeo, who died lately at Milan, amidst all the jollity that the air of Italy, his youth, birth, and great riches, invited him to, kept himself in so austere a way of living that the same robe he wore in summer served him for winter too; he had only straw for his bed, and his hours of vacancy from the affairs of his employment he continually spent in study, upon his knees, having a little bread and a glass of water set by his book, which was all the provision of his repast, and all the time he spent in eating.

I know some who consentingly have acquired both profit and advancement from cuckoldom,

---

[1] By which one may understand that grief is not in nature, but in opinion.—Cicero, *Tusc. Quæs.*, iii. 28.

[2] A fierce people, who thought there was no life without war.—Livy, xxxiv. 17.

of which the bare name only affrights so many people.

If the sight be not the most necessary of all our senses, 'tis at least the most pleasant: but the most pleasant and most useful of all our members seem to be those of generation; and yet a great many have conceived a mortal hatred against them only for this, that they were too pleasant, and have deprived themselves of them only for their value: as much thought he of his eyes that put them out. The generality and more solid sort of men look upon abundance of children as a great blessing; I, and some others, think it as a great benefit to be without them. And when you ask Thales why he does not marry, he tells you, because he has no mind to leave any posterity behind him.

That our opinion gives the value to things is very manifest in the great number of those which we do, not so much prizing them, as ourselves, and never considering either their virtues or their use, but only how dear they cost us, as though that were a part of their substance; and we only repute for value in them, not what they bring to us, but what we add to them. By which I understand that we are great economisers of our expense: as it weighs, it serves for so much as it weighs. Our opinion will never suffer it to want of its value: the price gives value to the diamond; difficulty to virtue; suffering to devotion; and griping to physic. A certain person, to be poor, threw his crowns into the same sea to which so many come, in all parts of the world, to fish for riches. Epicurus says that to be rich is no relief, but only an alteration, of affairs. In truth, it is not want, but rather abundance, that creates avarice. I will deliver my own experience concerning this affair.

I have since my childhood lived in three sorts of conditions. The first, which continued for some twenty years, I passed over without any other means but what were casual and depending upon the allowance and assistance of others, without stint, but without certain revenue. I then spent my money so much the more cheerfully, and with so much the less care how it went, as it wholly depended upon my over-confidence of fortune. I never lived more at my ease; I never had the repulse of finding the purse of any of my friends shut against me, having enjoined myself this necessity above all other necessities whatever, by no means to fail of payment at the appointed time, which also they have a thousand times respited, seeing how careful I was to satisfy them; so that I practised at once a thrifty, and withal, a kind of alluring honesty. I naturally feel a kind of pleasure in paying, as if I eased my shoulders of a troublesome weight and freed myself from an image of slavery; as also that I find a ravishing kind of satisfaction in pleasing another, and doing a just action. I except payments where the trouble of bargaining and reckoning is required; and in such cases, where I can meet with nobody to ease me of that charge, I delay them, how scandalously and injuriously soever, all I possibly can, for fear of the wranglings for which both my humour and way of speaking are so totally improper and unfit. There is nothing I hate so much as driving a bargain; 'tis a mere traffic of cozenage and impudence: where, after an hour's cheapening and dodging, both parties abandon their word and oath for fivepence profit or abatement. Yet I always borrowed at great disadvantage, for wanting the confidence to speak to the person myself, I committed my request to the persuasion of a letter, which usually is no very successful advocate, and is of very great advantage to him who has a mind to deny. I, in those days, more jocundly and freely referred the conduct of my affairs to the stars, than I have since done to my own providence and judgment. Most good managers look upon it as a horrible thing to live always thus in uncertainty, and do not consider, in the first place, that the greatest part of the world live so: how many worthy men have wholly abandoned their own certainties, and yet daily do it, to the winds, to trust to the inconstant favour of princes and of fortune? Cæsar ran above a million of gold, more than he was worth, in debt, to become Cæsar; and how many merchants have begun their traffic by the sale of their farms, which they sent into the Indies,

Tot per impotentia freta? [1]

In so great a siccity of devotion as we see in these days, we have a thousand and a thousand colleges, that pass it over commodiously enough, expecting every day their dinner from the liberality of heaven. Secondly, they do not take notice that this certitude upon which they so much rely, is not much less uncertain and hazardous than hazard itself. I see misery as near beyond two thousand crowns a year as if it stood close by me; for besides that it is in the power of chance to make a hundred breaches to poverty through the greatest strength of our riches—there being very often no mean betwixt the highest and the lowest fortune—

---

[1] Over so many stormy seas.—Catullus, iv. 18.

Fortuna vitrea est: tum, quum splendet, frangitur,[1] and to turn all our barricadoes and bulwarks topsy-turvy, I find that, by divers causes, indigence is as frequently seen to inhabit with those who have estates as with those that have none; and that, peradventure, it is then far less grievous when alone than when accompanied with riches. These flow more from good management than from revenue; *Faber est suæ quisque fortunæ;*[2] and an uneasy, necessitous, busy, rich man seems to me more miserable than he that is simply poor. *In divitiis inopes, quod genus egestatis gravissimum est.*[3] The greatest and most wealthy princes are by poverty and want driven to the most extreme necessity; for can there be any more extreme than to become tyrants and unjust usurpers of their subjects' goods and estates?

My second condition of life was to have money of my own; wherein I so ordered the matter that I had soon laid up a very notable sum out of a mean fortune; considering with myself that that only was to be reputed having which a man reserves from his ordinary expense, and that a man cannot absolutely rely upon revenue he hopes to receive, how clear soever the hope may be. For what, said I, if I should be surprised by such or such an accident? And after such like vain and vicious imaginations, would very learnedly, by this hoarding of money, provide against all inconveniences; and could, moreover, answer such as objected to me that the number of these was too infinite, that if I could not lay up for all, I could, however, do it at least for some and for many. Yet was not this done without a great deal of solicitude and anxiety of mind; I kept it very close, and though I dare talk so boldly of myself, never spoke of my money, but falsely, as others do, who being rich, pretend to be poor, and being poor, pretend to be rich, dispensing their consciences from ever telling sincerely what they have: a ridiculous and shameful prudence. Was I going a journey? methought I was never enough provided: and the more I loaded myself with money, the more also was I loaded with fear, one while of the danger of the roads, another of the fidelity of him who had the charge of my baggage, of whom, as some others that I know, I was never sufficiently secure if I had him not always in my eye. If I chanced to leave my cash-box behind me, O, what strange suspicions and anxiety of mind did I enter into, and, which was worse, without daring to acquaint anybody with it. My mind was eternally taken up with such things as these, so that, all things considered, there is more trouble in keeping money than in getting it. And if I did not altogether so much as I say, or was not really so scandalously solicitous of my money as I have made myself out to be, yet it cost me something at least to restrain myself from being so. I reaped little or no advantage by what I had, and my expenses seemed nothing less to me for having the more to spend; for, as Bion said, the hairy men are as angry as the bald to be pulled; and after you are once accustomed to it and have once set your heart upon your heap, it is no more at your service; you cannot find in your heart to break it: 'tis a building that you will fancy must of necessity all tumble down to ruin if you stir but the least pebble; necessity must first take you by the throat before you can prevail upon yourself to touch it; and I would sooner have pawned anything I had, or sold a horse, and with much less constraint upon myself, than have made the least breach in that beloved purse I had so carefully laid by. But the danger was that a man cannot easily prescribe certain limits to this desire (they are hard to find in things that a man conceives to be good), and to stint this good husbandry so that it may not degenerate into avarice: men still are intent upon adding to the heap and increasing the stock, from sum to sum, till at last they vilely deprive themselves of the enjoyment of their own proper goods, and throw all into reserve, without making any use of them at all. According to this rule, they are the richest people in the world who are set to guard the walls and gates of a wealthy city. All moneyed men I conclude to be covetous. Plato[4] places corporal or human goods in this order: health, beauty, strength, riches; and riches, says he, are not blind, but very clear-sighted, when illuminated by prudence. Dionysius the son did a very handsome act upon this subject; he was informed that one of the Syracusans had hid a treasure in the earth, and thereupon sent to the man to bring it to him, which he accordingly did, privately reserving a small part of it only to himself, with which he went to another city, where being cured of his appetite of hoarding, he began to live at a more liberal rate; which Dionysius hearing, caused the rest of his treasure to be restored

---

[1] Fortune is glass: in its greatest brightness it breaks.—From Publilius Syrus, *Mim.*, 283.
[2] Every one is the maker of his own fortune.—Sallust, *De Repub. Ord.*, i. 1.
[3] Poor in the midst of riches, which is the worst of poverties.—Seneca, *Epist.*, 74.
[4] *Laws*, i.

to him, saying, that since he had learned to use it, he very willingly returned it back to him.

I continued some years in this hoarding humour, when I know not what good demon fortunately put me out of it, as he did the Syracusan, and made me throw abroad all my reserve at random, the pleasure of a certain journey I took at very great expense having made me spurn this fond love of money underfoot; by which means I am now fallen into a third way of living (I speak what I think of it), doubtless much more pleasant and regular, which is, that I live at the height of my revenue; sometimes the one, sometimes the other may perhaps exceed, but 'tis very little and but rarely that they differ. I live from hand to mouth, and content myself in having sufficient for my present and ordinary expense; for as to extraordinary occasions, all the laying up in the world would never suffice. And 'tis the greatest folly imaginable to expect that fortune should ever sufficiently arm us against herself; 'tis with our own arms that we are to fight her; accidental ones will betray us in the pinch of the business. If I lay up, 'tis for some near and contemplated purpose; not to purchase lands of which I have no need, but to purchase pleasure. *Non esse cupidum, pecunia est; non esse emacem, vectigal est.*[1] I neither am in any great apprehension of wanting, nor in desire of any more; *divinarum fructus est in copia; copiam declarat satietas.*[2] And I am very well pleased that this reformation in me has fallen out in an age naturally inclined to avarice, and that I see myself cleared of a folly so common to old men, and the most ridiculous of all human follies.

Feraulez, a man that had run through both fortunes, and found that the increase of substance was no increase of appetite either to eating or drinking, sleeping or the enjoyment of his wife, and who on the other side felt the care of his economics lie heavy upon his shoulders, as it does on mine, was resolved to please a poor young man, his faithful friend, who panted after riches, and made him a gift of all his, which were excessively great, and, moreover, of all he was in the daily way of getting by the liberality of Cyrus, his good master, and by the war; conditionally that he should take care handsomely to maintain and plentifully to entertain him as his guest and friend; which being accordingly done, they afterwards lived very happily together, both of them equally content with the change of their condition. 'Tis an example that I could imitate with all my heart; and I very much approve the fortune of the aged prelate whom I see to have so absolutely stripped himself of his purse, his revenue, and care of his expense, committing them one while to one trusty servant, and another while to another, that he has spun out a long succession of years, as ignorant, by this means, of his domestic affairs as a mere stranger. The confidence in another man's virtue is no light evidence of a man's own, and God willingly favours such a confidence. As to what concerns him of whom I am speaking, I see nowhere a better governed house, more nobly and constantly maintained, than his. Happy to have regulated his affairs to so just a proportion that his estate is sufficient to do it without his care or trouble, and without any hindrance, either in the spending or laying it up, to his other more quiet employments, and more suitable both to his place and liking.

Plenty, then, and indigence depend upon the opinion every one has of them; and riches no more than glory or health have other beauty or pleasure than he lends them by whom they are possessed. Every one is well or ill at ease, according as he so finds himself: not he whom the world believes, but he who believes himself to be so, is content; and in this alone belief gives itself being and reality. Fortune does us neither good nor hurt; she only presents us the matter and the seed, which our soul, more powerful than she, turns and applies as she best pleases; the sole cause and sovereign mistress of her own happy or unhappy condition. All external accessions receive taste and colour from the internal constitution, as clothes warm us, not with their heat, but our own, which they are fit to cover and nourish; he who would shield therewith a cold body, would do the same service for the cold, for so snow and ice are preserved. And, certes, after the same manner that study is a torment to an idle man, abstinence from wine to a drunkard, frugality to the spendthrift, and exercise to a lazy, tender-bred fellow, so it is of all the rest. The things are not so painful and difficult of themselves, but our weakness or cowardice makes them so. To judge of great and high matters requires a suitable soul; otherwise we attribute the vice to them which is really our own. A straight oar seems crooked in the water: it does not only import that we see the thing, but how and after what manner we see it.

After all this, why, amongst so many discourses that by so many arguments persuade men

---

[1] Not to be covetous, is money; not to be mad after buying, is revenue.—Cicero, *Paradox.*, vi. 3.

[2] The fruit of riches is in abundance, and content declares abundance.—*Ibid.*, vi. 2.

to despise death and to endure pain, can we not find out one that helps us? And of so many sorts of imaginations as have so prevailed upon others as to persuade them to do so, why does not everyone apply some one to himself, the most suitable to his own humour? If he cannot digest a strong-working decoction to eradicate the evil, let him at least take a lenitive to ease it. *Opinio est quædam effeminata ac levis, nec in dolore magis, quam eadem in voluptate: qua quum liquescimus, fluimusque mollitia, apis aculeum sine clamore ferre non possumus. Totum in eo est, ut tibi imperes.*[1] As to the rest, a man does not transgress philosophy by permitting the acrimony of pains and human frailty to prevail so much above measure; for they constrain her to go back to her unanswerable replies: "If it be ill to live in necessity, at least there is no necessity upon a man to live in necessity:" "No man continues ill long but by his own fault." He who has neither the courage to die nor the heart to live, who will neither resist nor fly, what can we do with him?

XLI. Not to communicate a man's honour

Of all the follies of the world, that which is most universally received is the solicitude of reputation and glory; which we are fond of to that degree as to abandon riches, peace, life, and health, which are effectual and substantial goods, to pursue this vain phantom and empty word, that has neither body nor hold to be taken of it.

> *La fama, ch' invaghisce a un dolce suono,*
> *Gli superbi mortali, et par si bella*
> *E un eco, un sogno, anzi d'un sogno un' ombra*
> *Ch' ad ogni vento si dilegua e sgombra.*[2]

And of all the irrational humours of men, it should seem that the philosophers themselves are among the last, and the most reluctant to disengage themselves from this: 'tis the most restive and obstinate of all; *quia etiam bene proficientes animos tentare non cessat.*[3] There is not any one of which reason so clearly accuses the vanity; but it is so deeply rooted in us that I dare not determine whether any one ever clearly discharged himself from it or no. After you have said all and believed all has been said to its prejudice, it produces so intestine an inclination in opposition to your best arguments that you have little power to resist it; for, as Cicero says, even those who most controvert it, would yet that the books they write about it should visit the light under their own names, and seek to derive glory from seeming to despise it. All other things are communicable and fall into commerce: we lend our goods and stake our lives for the necessity and service of our friends; but to communicate a man's honour, and to robe another with a man's own glory, is very rarely seen.

And yet we have some examples of that kind. Catulus Luctatius in the Cimbrian war, having done all that in him lay to make his flying soldiers face about upon the enemy, ran himself at last away with the rest, and counterfeited the coward, to the end his men might rather seem to follow their captain than to fly from the enemy;[4] which was to abandon his own reputation in order to cover the shame of others. When Charles V came into Provence in the year 1537, 'tis said that Antonio de Leva, seeing the emperor positively resolved upon this expedition, and believing it would redound very much to his honour, did, nevertheless, very stiffly oppose it in the council, to the end that the entire glory of that resolution should be attributed to his master, and that it might be said his own wisdom and foresight had been such as that, contrary to the opinion of all, he had brought about so great an enterprise; which was to do him honour at his own expense. The Thracian ambassadors coming to comfort Archileonida, the mother of Brasidas, upon the death of her son, and commending him to that height as to say he had not left his like behind him, she rejected this private and particular commendation to attribute it to the public: "Tell me not that," said she; "I know the city of Sparta has many citizens both greater and of greater worth than he." In the battle of Crecy, the Prince of Wales, being then very young, had the vanguard committed to him: the main stress of the battle happened to be in that place, which made the lords who were with him, finding themselves overmatched, send to King Edward to advance to their relief. He inquired of the condition his son was in, and being answered that he was alive and on horseback: "I

---

[1] There is in pain, not less than in pleasure, a sort of light and effeminate opinion, by which, whilst we rest and wallow in ease, we cannot endure so much as the stinging of a bee without roaring. The whole business is to command one's self.—Cicero, *Tusc. Quæs.*, ii. 22.

[2] Fame, which with alluring sound charms proud mortals, and appears so fair, is but an echo, a dream, nay, the shadow of a dream, which a breath disperses and dissolves.—Tasso, *Gerus.*, xiv. 63.

[3] Because it ceases not to assail even the best disciplined minds.—St. Augustine, *City of God*, v. 14.

[4] Plutarch, *Caius Marius.*

should, then, do him wrong," said the king, "now to go and deprive him of the honour of winning this battle he has so long and so bravely sustained; what hazard soever he runs, that shall be entirely his own"; and, accordingly, would neither go nor send, knowing that if he went, it would be said all had been lost without his succour, and that the honour of the victory would be wholly attributed to him. *Semper enim quod postremum adjectum est, id rem totam videtur traxisse*.[1] Many, at Rome, thought, and would usually say, that the greatest of Scipio's acts were in part due to Lælius, whose constant practice it was still to advance and support Scipio's grandeur and renown, without any care of his own. And Theopompus, King of Sparta, to him who told him the republic could not miscarry since he knew so well how to command, " 'Tis rather," answered he, "because the people know so well how to obey." As women succeeding to peerages had, notwithstanding their sex, the privilege to attend and give their votes in the trials that appertained to the jurisdiction of peers; so the ecclesiastical peers, notwithstanding their profession, were obliged to attend our kings in their wars, not only with their friends and servants, but in their own persons. As the Bishop of Beauvais did, who being with Philip Augustus at the battle of Bouvines, had a notable share in that action; but he did not think it fit for him to participate in the fruit and glory of that violent and bloody trade. He, with his own hand, reduced several of the enemy that day to his mercy, whom he delivered to the first gentleman he met either to kill or receive them to quarter, referring the whole execution to this other hand; and he did this with regard to William, Earl of Salisbury, whom he gave up to Messire Jehan de Nesle. With a like subtlety of conscience to that I have just named, he would kill but not wound, and for that reason ever fought with a mace. And a certain person of my time, being reproached by the king that he had laid hands on a priest, stiffly and positively denied he had done any such thing: the meaning of which was, he had cudgelled and kicked him.

XLII. OF THE INEQUALITY AMONGST US

PLUTARCH says somewhere that he does not find so great a difference betwixt beast and beast as he does betwixt man and man; which he says in reference to the internal qualities and perfections of the soul. And, in truth I find so vast a distance betwixt Epaminondas, according to my judgment of him, and some that I know, who are yet men of good sense, that I could willingly enhance upon Plutarch, and say that there is more difference betwixt such and such a man than there is betwixt such a man and such a beast:

Hem! vir viro quid præstat![2]

and that there are as many and innumerable degrees of minds as there are cubits betwixt this and heaven. But as touching the estimate of men, 'tis strange that, ourselves excepted, no other creature is esteemed beyond its proper qualities; we commend a horse for his strength and sureness of foot——

*Volucrem
Sic laudamus equum, facili cui plurima palma
Fervet, et exsultat rauco victoria circo*,[3]

——and not for his rich caparison; a greyhound for his speed of heels, not for his fine collar; a hawk for her wing, not for her gesses and bells. Why, in like manner, do we not value a man for what is properly his own? He has a great train, a beautiful palace, so much credit, so many thousand pounds a year: all these are about him, but not in him. You will not buy a pig in a poke: if you cheapen a horse, you will see him stripped of his housing-cloths, you will see him naked and open to your eye; or if he be clothed, as they anciently were wont to present them to princes to sell, 'tis only on the less important parts, that you may not so much consider the beauty of his colour or the breadth of his crupper, as principally to examine his legs, eyes, and feet, which are the members of greatest use:

*Regibus hic mos est: ubi equos mercantur, opertos
Inspiciunt; ne, si facies, ut sæpe, decora
Molli fulta pede est, emptorem inducat hiantem,
Quod pulchræ clunes, breve quod caput, ardua cervix:*[4]

why, in giving your estimate of a man, do you prize him wrapped and muffled up in clothes?

---

[2] Ah! how much may one man surpass another!—Terence, *Eunuchus*, ii. 3. 1.

[3] So we praise the swift horse, for whom many an applauding hand glows, and victory exults among the hoarse shouts of the circus.—Juvenal, viii. 57.

[4] When kings and great folks buy horses, as 'tis the custom, in their housings, they take care to inspect very closely, lest a short head, a high crest, a broad haunch, and ample chest stand upon an old beaten hoof, to gull the buyer.—Horace, *Sat.*, i. 2, 86.

---

[1] For the last stroke to a business seems to effect performance of the whole action.—Livy, xxvii. 45.

He then discovers nothing to you but such parts as are not in the least his own, and conceals those by which alone one may rightly judge of his value. 'Tis the price of the blade that you inquire into, not of the scabbard: you would not peradventure bid a farthing for him, if you saw him stripped. You are to judge him by himself, and not by what he wears; and, as one of the ancients very pleasantly said: "Do you know why you repute him tall? You reckon withal the height of his pattens." The pedestal is no part of the statue. Measure him without his stilts; let him lay aside his revenues and his titles, let him present himself in his shirt. Then examine if his body be sound and sprightly, active and disposed to perform its functions. What soul has he? Is she beautiful, capable, and happily provided of all her faculties? Is she rich of what is her own, or of what she has borrowed? Has fortune no hand in the affair? Can she, without winking, stand the lightning of swords? is she indifferent whether her life expire by the mouth or through the throat? Is she settled, even and content? This is what is to be examined, and by that you are to judge of the vast differences betwixt man and man. Is he

> *Sapiens, sibique imperiosus,*
> *Quem neque pauperies, neque mors, neque vincula terrent;*
> *Responsare cupidinibus, contemnere honores*
> *Fortis; et in seipso totus teres atque rotundus,*
> *Externi ne quid valeat per læve morari;*
> *In quem manca ruit semper fortuna?* [1]

Such a man is five hundred cubits above kingdoms and duchies; he is an absolute monarch in and to himself.

> *Sapiens, . . . Poll ipse fingit fortunam sibi;* [2]

what remains for him to covet or desire?

> *Nonne videmus,*
> *Nil aliud sibi naturam latrare, nisi ut, quoi*
> *Corpore sejunctus dolor absit, mente fruatur,*
> *Jucundo sensu, cura semotu' metuque?* [3]

---

[1] The wise man, who has command over himself: whom neither poverty, nor death, nor chains affright; who has the strength and courage to restrain his appetites and to contemn honours; who has his all within himself; a mind well turned and even balanced, like a smooth and perfect ball, which nothing external can stop in its course; whom fortune assails in vain.—*Ibid.*, ii. 7, 83.

[2] The wise man is the master of his own fortune. —Plautus, *Trin.*, II. ii. 84.

[3] Do we not see that man's nature asks no more than that, free from bodily pain, he may exercise his mind agreeably, exempt from fear and anxiety. —Lucretius, ii. 16.

Compare with such a one the common rabble of mankind, stupid and mean-spirited, servile, instable, and continually floating with the tempest of various passions, that tosses and tumbles them to and fro, and all depending upon others, and you will find a greater distance than betwixt heaven and earth; and yet the blindness of common usage is such that we make little or no account of it; whereas, if we consider a peasant and a king, a nobleman and a vassal, a magistrate and a private man, a rich man and a poor, there appears a vast disparity, though they differ no more, as a man may say, than in their breeches.

In Thrace the king was distinguished from his people after a very pleasant and especial manner; he had a religion by himself, a god all his own, and which his subjects were not to presume to adore, which was Mercury, whilst, on the other hand, he disdained to have anything to do with theirs, Mars, Bacchus, and Diana. And yet they are no other than pictures that make no essential dissimilitude; for as you see actors in a play representing the person of a duke or an emperor upon the stage, and immediately after return to their true and original condition of valets and porters, so the emperor, whose pomp and lustre so dazzle you in public,

> *Scilicet et grandes viridi cum luce smaragdi*
> *Auro includuntur, teriturque thalassina vestis*
> *Assidue, et Veneris sudorem exercita potat;* [4]

do but peep behind the curtain, and you will see nothing more than an ordinary man, and peradventure more contemptible than the meanest of his subjects: *ille beatus introrsum est, istius bracteata felicitas est;* [5] cowardice, irresolution, ambition, spite, and envy agitate him as much as another.

> *Non enim gazæ, neque consularis,*
> *Summovet lictor miseros tumultus*
> *Mentis, et curas laqueata circum*
> > *Tecta volantes.* [6]

Care and fear attack him even in the centre of his battalions.

> *Re veraque metus hominum, curæque sequaces*
> *Nec metuunt sonitus armorum, nec fera tela;*

---

[4] Because he wears great emeralds richly set in gold, darting green lustre; and the sea-blue silken robe, worn with pressure, and moist with illicit love.—*Ibid.*, iv. 1123.

[5] True happiness lies within, the other is but a counterfeit felicity.—Seneca, *Epist.*, 115.

[6] For not treasures, nor the consular lictor, can remove the miserable tumults of the mind, nor cares that fly about gilded ceilings.—Horace, *Od.*, ii. 16, 9.

*Audacterque inter reges, rerumque potentes
Versantur, neque fulgorem reverentur ab auro.*[1]

Do fevers, gout, and apoplexies spare him any more than one of us? When old age hangs heavy upon his shoulders, can the yeomen of his guard ease him of the burden? When he is astounded with the apprehension of death, can the gentlemen of his bedchamber comfort and assure him? When jealousy or any other caprice swims in his brain, can our compliments and ceremonies restore him to his good-humour? The canopy embroidered with pearl and gold he lies under has no virtue against a violent fit of the colic.

*Nec calidæ citius decedunt corpore febres
Textilibus si in picturis, ostroque rubenti
Jactaris, quam si plebeia in veste cubandum est.*[2]

The flatterers of Alexander the Great possessed him that he was the son of Jupiter; but being one day wounded, and observing the blood stream from his wound: "What say you now, my masters," said he, "is not this blood of a crimson colour and purely human? This is not of the complexion of that which Homer makes to issue from the wounded gods." The poet Hermodorus had written a poem in honour of Antigonus, wherein he called him the son of the sun: "He who has the emptying of my close-stool," said Antigonus, "knows to the contrary." He is but a man at best, and if he be deformed or ill qualified from his birth, the empire of the universe cannot set him to rights;

*Puellæ
Hunc rapiant; quidquid calcaverit hic, rosa fiat,*[3]

what of all that, if he be a fool? even pleasure and good fortune are not relished without vigour and understanding.

*Hæc perinde sunt, ut illius animus, qui ea
possidet:
Qui uti scit, ei bona; illi, qui non utitur
recte, mala.*[4]

Whatever the benefits of fortune are, they yet require a palate fit to relish them. 'Tis fruition, and not possession, that renders us happy.

*Non domus et fundus, non æris acervus, et auri,
Ægroto domini deduxit corpore febres,
Non animo curas. Valeat possessor oportet,
Qui comportatis rebus bene cogitat uti:
Qui cupit, aut metuit, juvat illum sic domus aut res,
Ut lippum pictæ tabulæ, fomenta podagram.*[5]

He is a sot, his taste is palled and flat; he no more enjoys what he has than one that has a cold relishes the flavour of canary, or than a horse is sensible of his rich caparison. Plato is in the right when he tells us that health, beauty, vigour, and riches, and all the other things called goods, are equally evil to the unjust as good to the just, and the evil on the contrary the same. And therefore where the body and the mind are in disorder, to what use serve these external conveniences: considering that the least prick with a pin, or the least passion of the soul, is sufficient to deprive one of the pleasure of being sole monarch of the world. At the first twitch of the gout it signifies much to be called Sir and Your Majesty,

Totus et argento conflatus, totus et auro;[6]

does he not forget his palaces and grandeurs? If he be angry, can his being a prince keep him from looking red and looking pale, and grinding his teeth like a madman? Now, if he be a man of parts and of right nature, royalty adds very little to his happiness;

*Si ventri bene, si lateri est, pudibusque tuis, nil
Divitiæ poterunt regales addere majus;*[7]

he discerns 'tis nothing but counterfeit and gullery. Nay, perhaps he would be of King Seleucus' opinion, that he who knew the weight of a sceptre would not stoop to pick it up, if he saw it lying before him, so great and painful are the duties incumbent upon a good king. Assuredly it can be no easy task to rule others, when we

---

[1] The fears and pursuing cares of men fear not the clash of arms nor points of darts, and mingle boldly with great kings and potentates, and respect not their purple and glittering gold.—Lucretius, ii. 47.

[2] Fevers quit a man no sooner because he is stretched on a couch of rich tapestry than if he be in a coarse blanket.—*Ibid.*, ii. 34.

[3] What though girls carry him off; though, wherever he steps, there spring up a rose?—Persius, *Sat.*, ii. 38.

[4] Things are, as are the souls of their possessors; good, if well used; ill, if abused.—Terence, *Heaut.*, I. iii. 21.

[5] 'Tis not lands, or heaps of gold and silver, that can banish fevers from the body of the sick owner, or cares from his mind. The possessor must be sound and healthy, if he would have the true realisation of his wealth. To him who is covetous, or timorous, his house and land are as a picture to a blind man, or a fomentation to a gouty man.—Horace, *Epist.*, i. 2, 47.

[6] A mass of gold and silver.—Tibullus, i. 2, 70.

[7] If your stomach is sound, your lungs and feet in good order, you need no regal riches to make you happy.—Horace, *Epist.*, i. 12, 5.

find it so hard a matter to govern ourselves; and as to dominion, that seems so charming, the frailty of human judgment and the difficulty of choice in things that are new and doubtful considered, I am very much of opinion that it is far more easy and pleasant to follow than to lead; and that it is a great settlement and satisfaction of mind to have only one path to walk in, and to have none to answer for but a man's self;

> Ut satius multo jam sit parere quietum.
> Quam regere imperio res velle.[1]

To which we may add that saying of Cyrus, that no man was fit to rule but he who in his own worth was of greater value than those he was to govern; but King Hiero in Xenophon says further, that in the fruition even of pleasure itself they are in a worse condition than private men; forasmuch as the opportunities and facility they have of commanding those things at will takes off from the delight that ordinary folks enjoy.

> Pinguis amor, nimiumque patens, in tædia nobis
> Vertitur, et, stomacho dulcis ut esca, nocet.[2]

Can we think that the singing boys of the choir take any great delight in music? the satiety rather renders it troublesome and tedious to them. Feasts, balls, masquerades and tiltings delight such as but rarely see, and desire to see, them; but having been frequently at such entertainments, the relish of them grows flat and insipid. Nor do women so much delight those who make a common practice of the sport. He who will not give himself leisure to be thirsty can never find the true pleasure of drinking. Farces and tumbling tricks are pleasant to the spectators, but a wearisome toil to those by whom they are performed. And that this is so, we see that princes divert themselves sometimes in disguising their quality, awhile to depose themselves, and to stoop to the poor and ordinary way of living of the meanest of their people.

> Plerumque gratæ principibus vices,
> Mundæque parvo sub lare pauperum
> Cœnæ, sine aulæis et ostro,
> Sollicitam explicuere frontem.[3]

Nothing is so distasteful and clogging as abundance. What appetite would not be baffled to see three hundred women at its mercy, as the grand signor has in his seraglio? And, of his ancestors, what fruition or taste of sport did he reserve to himself, who never went hawking without seven thousand falconers? And besides all this, I fancy that this lustre of grandeur brings with it no little disturbance and uneasiness upon the enjoyment of the most tempting pleasures; the great are too conspicuous and lie too open to every one's view. Neither do I know to what end a man should more require of them to conceal their errors, since what is only reputed indiscretion in us, the people in them brand with the names of tyranny and contempt of the laws, and, besides their proclivity to vice, are apt to hold that it is a heightening of pleasure to them, to insult over and to trample upon public observances. Plato, indeed, in his *Gorgias*, defines a tyrant to be one who in a city has licence to do whatever his own will leads him to do; and by reason of this impunity, the display and publication of their vices do ofttimes more mischief than the vice itself. Every one fears to be pried into and overlooked; but princes are so, even to their very gestures, looks and thoughts, the people conceiving they have right and title to be judges of them: besides that the blemishes of the great naturally appear greater by reason of the eminence and lustre of the place where they are seated, and that a mole or a wart appears greater in them than a wide gash in others. And this is the reason why the poets feign the amours of Jupiter to be performed in the disguises of so many borrowed shapes, and that amongst the many amorous practices they lay to his charge, there is only one, as I remember, where he appears in his own majesty and grandeur.

But let us return to Hiero, who further complains of the inconveniences he found in his royalty, in that he could not look abroad and travel the world at liberty, being as it were a prisoner in the bounds and limits of his own dominion, and that in all his actions he was evermore surrounded with an importunate crowd. And in truth, to see our kings sit all alone at table, environed with so many people prating about them, and so many strangers staring upon them, as they always are, I have often been moved rather to pity than to envy their condition. King Alfonso was wont to say, that in this, asses were in a better condition than kings, their masters permitting them to feed at their own ease and pleasure, a favour that kings cannot

---

[1] 'Tis much better calmly to obey than wish to rule.—Lucretius, v. 1126.

[2] Love that is listless and too facile becomes wearisome, as insipid meats are nauseous to the stomach. —Ovid, *Amor.*, ii. 19, 25.

[3] The rich and great are often pleased with variety; and a plain supper in a poor cottage, where there are neither tapestry nor beds of purple, has made their anxious brow smooth.—Horace, *Od.*, iii. 29, 13.

obtain of their servants. And it has never come into my fancy that it could be of any great benefit to the life of a man of sense to have twenty people prating about him when he is at stool; or that the services of a man of ten thousand livres a year, or that has taken Casale or defended Siena, should be either more commodious or more acceptable to him, than those of a good groom of the chamber who understands his place. The advantages of sovereignty are in a manner but imaginary: every degree of fortune has in it some image of principality. Cæsar calls all the lords of France, having free franchise within their own demesnes, roitelets or petty kings; and in truth, the name of sire excepted, they go pretty far towards kingship; for do but look into the provinces remote from court, as Brittany, for example, take notice of the train, the vassals, the officers, the employments, service, ceremony, and state of a lord who lives retired from court in his own house, amongst his own tenants and servants; and observe withal, the flight of his imagination, there is nothing more royal; he hears talk of his master once a year, as of a king of Persia, without taking any further recognition of him, than by some remote kindred his secretary keeps in some musty record. And, to speak the truth, our laws are easy enough, so easy that a gentleman of France scarce feels the weight of sovereignty pinch his shoulders above twice in his life. Real and effectual subjection only concerns such amongst us as voluntarily thrust their necks under the yoke, and who design to get wealth and honours by such services: for a man that loves his own fireside, and can govern his house without falling by the ears with his neighbours or engaging in suits of law, is as free as a duke of Venice. *Paucos servitus, plures servitutem tenent.*[1]

But that which Hiero is most concerned at is, that he finds himself stripped of all friendship, deprived of all mutual society, wherein the true and most perfect fruition of human life consists. For what testimony of affection and goodwill can I extract from him that owes me, whether he will or no, all that he is able to do? Can I form any assurance of his real respect to me, from his humble way of speaking and submissive behaviour, when these are ceremonies it is not in his choice to deny? The honour we receive from those that fear us, is not honour; those respects are paid to royalty and not to me.

Maximum hoc regni bonum est,
Quod facta domini cogitur populus sui
Quam ferre, tam laudare.[2]

Do I not see that the wicked and the good king, he that is hated and he that is beloved, have the one as much reverence paid him as the other? My predecessor was, and my successor shall be, served with the same ceremony and state. If my subjects do me no harm, 'tis no evidence of any good affection; why should I look upon it as such, seeing it is not in their power to do it if they would? No one follows me or obeys my commands, upon the account of any friendship betwixt him and me; there can be no contracting of friendship, where there is so little relation and correspondence: my own height has put me out of the familiarity of and intelligence with men: there is too great disparity and disproportion betwixt us. They follow me either upon the account of decency or custom; or rather my fortune, than me, to increase their own. All they say to me, or do for me, is but outward paint, appearance, their liberty being on all parts restrained by the great power and authority I have over them. I see nothing about me but what is dissembled and disguised.

The Emperor Julian being one day applauded by his courtiers for his exact justice: "I should be proud of these praises," said he, "did they come from persons that durst condemn or disapprove the contrary, in case I should do it." All the real advantages of princes are common to them with men of meaner condition ('tis for the gods to mount winged horses and feed upon ambrosia): they have no other sleep, nor other appetite than we; the steel they arm themselves withal, is of no better temper than that we also use; their crowns neither defend them from the rain nor the sun.

Diocletian, who wore a crown so fortunate and revered, resigned it to retire to the felicity of a private life; and some time after, the necessity of public affairs requiring that he should reassume his charge, he made answer to those who came to court him to it: "You would not offer," said he, "to persuade me to this had you seen the fine order of the trees I have planted in my orchard, and the fair melons I have sown in my garden."

In Anacharsis' opinion, the happiest state of government would be where, all other things

---

[1] Servitude enchains few, but many enchain themselves to servitude.—Seneca, *Epist.*, 22.

[2] 'Tis the greatest benefits of kings, that their subjects are bound, whatever they say or do, not only to submit, but also to praise it.—Idem, *Thyestes*, ii. 1. 30.

being equal, precedency should be measured out by the virtues, and repulses by the vices of men.

When King Pyrrhus prepared for his expedition into Italy, his wise counsellor Cyneas, to make him sensible of the vanity of his ambition: "Well, sir," said he, "to what end do you make all this mighty preparation?" "To make myself master of Italy," replied the king. "And what after that is done?" said Cyneas. "I will pass over into Gaul and Spain," said the other. "And what then?" "I will then go to subdue Africa; and lastly, when I have brought the whole world to my subjection, I will sit down and rest content at my own ease." "For God sake, sir," replied Cyneas, "tell me what hinders that you may not, if you please, be now in the condition you speak of? Why do you not now at this instant, settle yourself in the state you seem to aim at, and spare all the labour and hazard you interpose?"[1]

Nimirum, quia non bene norat, quæ esset habendi Finis, et omnino quoad crescat vera voluptas.[2]

I will conclude with an old versicle, that I think very apt to the purpose. *Mores cuique sui fingunt fortunam.*[3]

XLIII. OF SUMPTUARY LAWS

THE way by which our laws attempt to regulate idle and vain expenses in meat and clothes, seems to be quite contrary to the end designed. The true way would be to beget in men a contempt of silks and gold, as vain, frivolous, and useless; whereas we augment to them the honours, and enhance the value of such things, which, sure, is a very improper way to create a disgust. For to enact that none but princes shall eat turbot, shall wear velvet or gold lace, and interdict these things to the people, what is it but to bring them into a greater esteem, and to set everyone more agog to eat and wear them? Let kings leave off these ensigns of grandeur; they have others enough besides; those excesses are more excusable in any other than a prince. We may learn by the example of several nations better ways of exterior distinction of quality (which, truly, I conceive to be very requisite in a state) enough, without fostering to this purpose such corruption and manifest inconvenience. 'Tis strange how suddenly and with how much ease custom in these indifferent things establishes itself and becomes authority. We had scarce worn cloth a year, in compliance with the court, for the mourning of Henry II, but that silks were already grown into such contempt with every one, that a man so clad was presently concluded a citizen: silks were divided betwixt the physicians and surgeons, and though all other people almost went in the same habit, there was, notwithstanding, in one thing or other, sufficient distinction of the several conditions of men. How suddenly do greasy chamois and linen doublets become the fashion in our armies, whilst all neatness and richness of habit fall into contempt? Let kings but lead the dance and begin to leave off this expense, and in a month the business will be done throughout the kingdom, without edict or ordinance; we shall all follow. It should be rather proclaimed, on the contrary, that no one should wear scarlet or goldsmiths' work, but courtezans and tumblers.

Zeleucus with the like invention, reclaimed the corrupted manners of the Locrians. His laws were, that no free woman should be allowed any more than one maid to follow her, unless she was drunk: nor was to stir out of the city by night, wear jewels of gold about her, or go in an embroidered robe, unless she was a professed and public prostitute: that bravos excepted, no man was to wear a gold ring, nor be seen in one of those effeminate robes woven in the city of Miletum. By which infamous exceptions, he discreetly diverted his citizens from superfluities and pernicious pleasures, and it was a project of great utility to attract men by honour and ambition to their duty and obedience.

Our kings can do what they please in such external reformations; their own inclination stands in this case for a law: *quicquid principes faciunt, præcipere videntur.*[4] Whatever is done at court passes for a rule through the rest of France. Let the courtiers fall out with these abominable breeches, that discover so much of those parts should be concealed; these great bellied doublets, that make us look like I know not what, and are so unfit to admit of arms; these long effeminate locks of hair; this foolish custom of kissing what we present to our equals, and our hands in saluting them, a ceremony in former times only due to princes. Let them not permit that a gentleman shall appear in place of respect without his sword, unbuttoned and untrussed, as though he came from the house of

---

[1] Plutarch, *Pyrrhus*.

[2] Truly because they do not know what is the proper limit of acquisition, and how far real pleasure extends.—Lucretius, v. 1431.

[3] Every man frames his own fortune.—Cornelius Nepos, *Life of Atticus*, ii.

[4] What princes themselves do, they seem to enjoin to others.—Quintilian, *Declam.*, iii.

office; and that, contrary to the custom of our forefathers and the particular privilege of the nobles of this kingdom, we stand a long time bare to them in what place soever, and the same to a hundred others, so many tiercelets and quartelets of kings we have got nowadays and also other the like innovations and degenerate customs: they will see them all presently vanish and cried down. These are, 'tis true, but superficial errors; but they are of ill augury, and enough to inform us that the whole fabric is crazy and tottering, when we see the roughcast of our walls to cleave and split.

Plato in his *Laws*[1] esteems nothing of more pestiferous consequence to his city than to give young men the liberty of introducing any change in their habits, gestures, dances, songs and exercises, from one form to another; shifting from this to that, hunting after novelties, and applauding the inventors; by which means manners are corrupted and the old institutions come to be nauseated and despised. In all things, saving only in those that are evil, a change is to be feared; even the change of seasons, winds, viands, and humours. And no laws are in their true credit, but such to which God has given so long a continuance that no one knows their beginning, or that there ever was any other.

XLIV. OF SLEEP

REASON directs that we should always go the same way, but not always at the same pace. And, consequently, though a wise man ought not so much to give the reins to human passions as to let him deviate from the right path, he may, notwithstanding, without prejudice to his duty, leave it to them to hasten or to slacken his speed, and not fix himself like a motionless and insensible Colossus. Could virtue itself put on flesh and blood, I believe the pulse would beat faster going on to an assault than in going to dinner: that is to say, there is a necessity she should heat and be moved upon this account. I have taken notice, as of an extraordinary thing, of some great men, who in the highest enterprises and most important affairs have kept themselves in so settled and serene a calm, as not at all to break their sleep. Alexander the Great, on the day assigned for that furious battle betwixt him and Darius, slept so profoundly and so long in the morning, that Parmenio was forced to enter his chamber, and coming to his bedside, to call him several times by his name, the time to go to fight compelling him so to do. The Emperor Otho, having put on a resolution to kill himself that night, after having settled his domestic affairs, divided his money amongst his servants, and set a good edge upon a sword he had made choice of for the purpose, and now staying only to be satisfied whether all his friends had retired in safety, he fell into so sound a sleep that the gentlemen of his chamber heard him snore. The death of this emperor has in it circumstances paralleling that of the great Cato, and particularly this just related: for Cato being ready to despatch himself, whilst he only stayed his hand in expectation of the return of a messenger he had sent to bring him news whether the senators he had sent away were put out from the port of Utica, he fell into so sound a sleep, that they heard him snore in the next room; and the man, whom he had sent to the port, having awakened him to let him know that the tempestuous weather had hindered the senators from putting to sea, he despatched away another messenger, and composing again himself in the bed, settled to sleep, and slept till by the return of the last messenger he had certain intelligence they were gone.[2] We may here further compare him with Alexander in the great and dangerous storm that threatened him by the sedition of the tribune Metellus who, attempting to publish a decree for the calling in of Pompey with his army into the city, at the time of Catiline's conspiracy, was only and that stoutly opposed by Cato, so that very sharp language and bitter menaces passed betwixt them in the senate about that affair; but it was the next day, in the forenoon, that the controversy was to be decided; where Metellus, besides the favour of the people, and of Cæsar—at that time of Pompey's faction—was to appear accompanied with a rabble of slaves and gladiators; and Cato only fortified with his own courage and constancy; so that his relations, domestics, and many virtuous people of his friends were in great apprehensions for him; and to that degree, that some there were who passed over the whole night without sleep, eating, or drinking, for the danger they saw him running into; his wife and sisters did nothing but weep and torment themselves in his house; whereas he, on the contrary, comforted every one, and after having supped after his usual manner, went to bed, and slept profoundly till morning, when one of his fellow tribunes roused him to go to the encounter. The knowledge we have of the greatness of this man's courage by the rest of his life, may warrant us certainly to

---

[1] vii.

[2] Plutarch, Cato the Younger.

judge that his indifference proceeded from a soul so much elevated above such accidents, that he disdained to let it take any more hold of his fancy than any ordinary incident.

In the naval engagement that Augustus won of Sextus Pompeius in Sicily, just as they were to begin the fight, he was so fast asleep that his friends were compelled to wake him to give the signal of battle: and this was it that gave Mark Antony afterwards occasion to reproach him that he had not the courage so much as with open eyes to behold the order of his own squadrons, and not to have dared to present himself before the soldiers, till first Agrippa had brought him news of the victory obtained. But as to the young Marius, who did much worse (for the day of his last battle against Sylla, after he had marshalled his army and given the word and signal of battle, he laid him down under the shade of a tree to repose himself, and fell so fast asleep that the rout and flight of his men could hardly waken him, he having seen nothing of the fight), he is said to have been at that time so extremely spent and worn out with labour and want of sleep, that nature could hold out no longer. Now, upon what has been said, the physicians may determine whether sleep be so necessary that our lives depend upon it: for we read that King Perseus of Macedon, being prisoner at Rome, was killed by being kept from sleep; but Pliny instances such as have lived long without sleep. Herodotus speaks of nations where the men sleep and wake by half-years. And they who write the life of the sage Epimenides, affirm that he slept seven-and-fifty years together.

XLV. Of the battle of Dreux

Our battle of Dreux is remarkable for several extraordinary incidents; but such as have no great kindness for M. de Guise nor much favour his reputation, are willing to have him thought to blame, and that his making a halt and delaying time with the forces he commanded, whilst the Constable, who was general of the army, was racked through and through with the enemy's artillery, his battalion routed, and himself taken prisoner, is not to be excused; and that he had much better have run the hazard of charging the enemy in flank, than staying for the advantage of falling in upon the rear, to suffer so great and so important a loss. But, besides what the event demonstrated, he who will consider it without passion or prejudice, will easily be induced to confess that the aim and design not of a captain only, but of every private soldier, ought to regard the victory in general; and that no particular occurrences, how nearly soever they may concern his own interest, should divert him from that pursuit. Philopœmen,[1] in an encounter with Machanidas, having sent before a good strong party of his archers and slingers to begin the skirmish, and these being routed and hotly pursued by the enemy, who, pushing on the fortune of their arms and in that pursuit passing by the battalion where Philopœmen was, though his soldiers were impatient to fall on, he did not think fit to stir from his post nor to present himself to the enemy to relieve his men, but having suffered these to be chased and cut in pieces before his face, charged in upon the enemy's foot when he saw them left unprotected by the horse, and notwithstanding that they were Lacedæmonians, yet taking them in the nick, when thinking themselves secure of the victory they began to disorder their ranks; he did this business with great facility, and then put himself in pursuit of Machanidas. Which case is very like that of Monsieur de Guise.

In that bloody battle betwixt Agesilaus and the Bœotians, which Xenophon,[2] who was present at it, reports to be the sharpest that he had ever seen, Agesilaus waived the advantage that fortune presented him, to let the Bœotian battalions pass by and then to charge them in the rear, how certain soever he might make himself of the victory, judging it would rather be an effect of conduct than valour to proceed that way; and, therefore, to show his prowess, rather chose with a marvellous ardour of courage to charge them in the front; but he was well beaten and well wounded for his pains, and constrained at last to disengage himself, and to take the course he had at first neglected; opening his battalion to give way to this torrent of Bœotians, and they being passed by, taking notice that they marched in disorder, like men who thought themselves out of danger, he pursued and charged them in flank; yet could not so prevail as to bring it to so general a rout, but that they leisurely retreated, still facing about upon him till they had retired to safety.

XLVI. Of names

What variety of herbs soever are shuffled together in the dish, yet the whole mass is swallowed up under one name of a sallet. In like manner, under the consideration of names, I will make a hodge-podge of divers articles.

Every nation has certain names, that, I know

---

[1] Plutarch, Philopœmen.
[2] Quoted by Plutarch, Agesilaus.

not why, are taken in no good sense, as with us, John, William, Benedict. In the genealogy of princes, also, there seem to be certain names fatally affected, as the Ptolemies of Egypt, the Henries in England, the Charleses in France, the Baldwins in Flanders, and the Williams of our ancient Aquitaine, from whence, 'tis said, the name of Guyenne has its derivation; which would seem far fetched were there not as crude derivations in Plato himself.

Item, 'tis a frivolous thing in itself, but nevertheless worthy to be recorded for the strangeness of it, that is written by an eyewitness, that Henry Duke of Normandy, son of Henry II, King of England, making a great feast in France, the concourse of nobility and gentry were so great, that being, for sports' sake, divided into troops, according to their names, in the first troop, which consisted of Williams, there were found an hundred and ten knights sitting at the table of that name, without reckoning the ordinary gentlemen and servants.

It is as pleasant to distinguish the tables by the names of the guests, as it was in the Emperor Geta, to distinguish the several courses of his meat by the first letters of the meats themselves; so that those that began with B, were served up together, as brawn, beef, bream, bustards, beccaficos; and so of the others. Item, there is a saying, that it is a good thing to have a good name, that is to say, credit and a good repute: but, besides this, it is really convenient to have a well-sounding name, such as is easy of pronunciation and easy to be remembered, by reason that kings and other great persons do by that means the more easily know and the more hardly forget us; and indeed, of our own servants we more frequently call and employ those whose names are most ready upon the tongue. I myself have seen Henry II, when he could not for his heart hit of a gentleman's name of our country of Gascony, and moreover, was fain to call one of the queen's maids of honour, by the general name of her race, her own family name being so difficult to pronounce or remember. And Socrates thinks it worthy a father's care to give fine names to his children.

Item, 'tis said, that the foundation of Nôtre Dame la Grande, at Poitiers, took its original from hence, that a debauched young fellow formerly living in that place, having got to him a wench, and, at her first coming in, asking her name, and being answered that it was Mary, he felt himself so suddenly darted through with the awe of religion and the reverence to that sacred name of the Blessed Virgin, that he not only immediately sent the girl away, but became a reformed man and so continued the remainder of his life; and that, in consideration of this miracle, there was erected upon the place where this young man's house stood, first a chapel dedicated to our Lady and afterwards the church that we now see standing there. This vocal and auricular reproof wrought upon the conscience, and that right into the soul; this that follows, insinuated itself merely by the senses. Pythagoras being in company with some wild young fellows, and perceiving that, heated with the feast, they complotted to go violate an honest house, commanded the singing wench to alter her wanton airs; and by a solemn, grave, and spondaic music, gently enchanted and laid asleep their ardour.

Item, will not posterity say that our modern reformation has been wonderfully delicate and exact, in having not only combatted errors and vices, and filled the world with devotion, humility, obedience, peace, and all sorts of virtue; but in having proceeded so far as to quarrel with our ancient baptismal names of Charles, Louis, Francis, to fill the world with Methuselahs, Ezekiels, and Malachis, names of a more spiritual sound? A gentleman, a neighbour of mine, a great admirer of antiquity, and who was always extolling the excellences of former times in comparison with this present age of ours, did not, amongst the rest, forget to dwell upon the lofty and magnificent sound of the gentlemen's names of those days, Don Grumedan, Quedregan, Agesilan, which but to hear named he conceived to denote other kind of men than Pierre, Guillot, and Michel.

Item, I am mightily pleased with Jacques Amyot for leaving, throughout a whole French oration, the Latin names entire, without varying and garbling them to give them a French cadence. It seemed a little harsh and rough at first; but already custom, by the authority of his Plutarch, has overcome that novelty. I have often wished that such as write histories in Latin would leave our names as they find them and as they are; for in making Vaudemont into Vallemontanus, and metamorphosing names to make them suit better with the Greek or Latin, we know not where we are, and with the persons of the men lose the benefit of the story.

To conclude, 'tis a scurvy custom and of very ill consequence that we have in our kingdom of France to call every one by the name of his manor or seigneury; 'tis the thing in the world that the most prejudices and confounds families and descents. A younger brother of a good family, having a manor left him by his father, by the name of which he has been known and honoured, cannot handsomely leave it; ten years after his decease it falls into the hands of a stranger, who does the same: do but judge whereabouts we shall be concerning the knowledge of these men. We need look no further for examples than our own royal family, where every partition creates a new sirname, whilst, in the meantime, the original of the family is totally lost. There is so great liberty taken in these mutations, that I have not in my time seen any one advanced by fortune to any extraordinary condition who has not presently had genealogical titles added to him, new and unknown to his father, and who has not been inoculated into some illustrious stem by good-luck; and the obscurest families are the most apt for falsification. How many gentlemen have we in France who by their own account are of royal extraction? more, I think, than who will confess they are not. Was it not a pleasant passage of a friend of mine? There were several gentlemen assembled together about the dispute of one seigneur with another; which other had, in truth, some pre-eminence of titles and alliances above the ordinary gentry. Upon the debate of this prerogative, every one, to make himself equal to him, alleged, this one extraction, that another; this, the near resemblance of name, that, of arms; another, an old worm-eaten patent; the very least of them was great-grandchild to some foreign king. When they came to sit down to dinner, my friend, instead of taking his place amongst them, retiring with most profound congés, entreated the company to excuse him for having hitherto lived with them at the saucy rate of a companion; but being now better informed of their quality, he would begin to pay them the respect due to their birth and grandeur, and that it would ill become him to sit down among so many princes; ending this farce with a thousand reproaches: "Let us, in God's name, satisfy ourselves with what our fathers were contented with, with what we are. We are great enough, if we rightly understand how to maintain it. Let us not disown the fortune and condition of our ancestors, and let us lay aside these ridiculous pretences, that can never be wanting to any one that has the impudence to allege them."

Arms have no more security than sirnames. I bear azure powdered with trefoils or, with a lion's paw of the same armed gules in fesse. What privilege has this to continue particularly in my house? A son-in-law will transport it into another family, or some paltry purchaser will make them his first arms. There is nothing wherein there is more change and confusion.

But this consideration leads me, perforce, into another subject. Let us pry a little narrowly into, and, in God's name, examine upon what foundation we erect this glory and reputation for which the world is turned topsy-turvy: wherein do we place this renown that we hunt after with so much pains? It is, in the end, Peter or William that carries it, takes it into his possession, and whom it only concerns. O what a valiant faculty is hope, that in a mortal subject, and in a moment, makes nothing of usurping infinity, immensity, eternity, and of supplying its master's indigence, at its pleasure, with all things he can imagine or desire! Nature has given us this passion for a pretty toy to play withal. And this Peter or William, what is it but a sound when all is done? or three or four dashes with a pen, so easy to be varied that I would fain know to whom is to be attributed the glory of so many victories, to Guesquin, to Glesquin, or to Gueaquin? and yet there would be something of greater moment in the case than in Lucian, that Sigma should serve Tau with a process; for,

*Non levia aut ludicra petuntur
Præmia;* [1]

the chase is there in very good earnest: the question is, which of these letters is to be rewarded for so many sieges, battles, wounds, imprisonments, and services done to the crown of France by this famous constable?

Nicholas Denisot never concerned himself further than the letters of his name, of which he has altered the whole contexture to build up by anagram the Count d'Alsinois, whom he has handsomely endowed with the glory of his poetry and painting. The historian Suetonius was satisfied with only the meaning of his name, which made him cashier his father's sirname, Lenis, to leave Tranquillus successor to the reputation of his writings. Who would believe that Captain Bayard should have no honour but what he derives from the deeds of Peter Terrail; and that Antonio Iscalin should suffer himself to his face to be robbed of the honour of so many navigations and commands at sea and land by Captain Paulin and the Baron de la Garde? Secondly, these are dashes of the pen common to a thousand people. How many are there, in every family, of the same name and sirname? and how many more in several families, ages, and coun-

---

[1] They aim at no slight or trivial rewards.—
Æneid, xii. 764.

tries? History tells us of three of the name of Socrates, of five Platos, of eight Aristotles, of seven Xenophons, of twenty Demetriuses, and of twenty Theodores; and how many more she was not acquainted with we may imagine. Who hinders my groom from calling himself Pompey the Great? But after all, what virtue, what authority, or what secret springs are there that fix upon my deceased groom, or the other Pompey, who had his head cut off in Egypt, this glorious renown, and these so much honoured flourishes of the pen, so as to be of any advantage to them?

Id cinerem et manes credis curare sepultos? [1]

What sense have the two companions in greatest esteem amongst men, Epaminondas, of this fine verse that has been so many ages current in his praise,

Consiliis nostris laus est attrita Laconum; [2]

or Africanus, of this other,

A sole exoriente, supra Mæotis Paludes
Nemo est qui factis me æquiparare queat. [3]

Survivors indeed tickle themselves with these fine phrases, and by them incited to jealousy and desire, inconsiderately and according to their own fancy, attribute to the dead this their own feeling, vainly flattering themselves that they shall one day in turn be capable of the same character. However,

Ad hæc se
Romanus, Graiusque, et Barbarus induperator
Erexit; causas discriminis atque laboris
Inde habuit: tanto major famæ sitis est, quam
Virtutis. [4]

XLVII. OF THE UNCERTAINTY OF OUR JUDGMENT

WELL says this verse:

Ἐπέων δὲ πολὺς νόμος ἔνθα καὶ ἔνθα.[5]

For example:

Vince Annibal', e non seppe usar' poi
Ben la vittoriosa sua ventura. [6]

Such as would improve this argument, and condemn the oversight of our leaders in not pushing home the victory at Moncontour, or accuse the King of Spain of not knowing how to make his best use of the advantage he had against us at St. Quentin, may conclude these oversights to proceed from a soul already drunk with success, or from a spirit which, being full and overgorged with this beginning of good fortune, had lost the appetite of adding to it, already having enough to do to digest what it had taken in: he has his arms full, and can embrace no more: unworthy of the benefit fortune has conferred upon him and the advantage she had put into his hands: for what utility does he reap from it, if, notwithstanding, he give his enemy respite to rally and make head against him? What hope is there that he will dare at another time to attack an enemy reunited and recomposed, and armed anew with anger and revenge, who did not dare to pursue them when routed and unmanned by fear?

Dum fortuna calet, dum conficit omnia terror. [7]

But withal, what better opportunity can he expect than that he has lost? 'Tis not here, as in fencing, where the most hits gain the prize; for so long as the enemy is on foot, the game is new to begin, and that is not to be called a victory that puts not an end to the war. In the encounter where Cæsar had the worst, near the city of Oricum, he reproached Pompey's soldiers that he had been lost had their general known how to overcome;[8] and afterwards clawed him in a very different fashion when it came to his turn.

But why may not a man also argue, on the contrary, that it is the effect of a precipitous and insatiate spirit not to know how to bound and restrain its coveting; that it is to abuse the favours of God to exceed the measure He has prescribed them: and that again to throw a man's self into danger after a victory obtained is again to expose himself to the mercy of fortune: that it is one of the greatest discretions in the rule of war not to drive an enemy to despair? Sylla and Marius in the social war, having defeated the Marsians, seeing yet a body of reserve that, prompted by despair, was coming on like en-

---

[1] Do you believe the dead regard such things?—*Æneid*, iv. 34.
[2] The glory of the Spartans is extinguished by my counsels.—Cicero, *Tusc. Quæs.*, v. 17.
[3] From where the sun rises over the Palus Mæotis, to where it sets, there is no one whose acts can compare with mine.—*Ibid*.
[4] For these the Roman, the Greek, the Barbarian commander hath aroused himself; hath undergone danger and toil: so much greater is the thirst for fame than the thirst for virtue.—Juvenal, x. 137.
[5] There is everywhere enough liberty of arguing both for and against, on both sides.—*Iliad*, xx. 249.

[6] Hannibal conquered, but knew not how to make the best use of his victories.—Petrarch, *Son.*, 83.
[7] Whilst fortune's in the heat, and terror seizes upon all the enemy.—Lucan, vii. 734.
[8] Plutarch, *Cæsar*.

raged brutes to dash in upon them, thought it not convenient to stand their charge. Had not Monsieur de Foix's ardour transported him so furiously to pursue the remains of the victory of Ravenna, he had not obscured it by his own death. And yet the recent memory of his example served to preserve Monsieur d'Anguien from the same misfortune at the battle of Serisoles. 'Tis dangerous to attack a man you have deprived of all means to escape but by his arms, for necessity teaches violent resolutions: *gravissimi sunt morsus irritatæ necessitatis.*[1]

Vincitur haud gratis, jugulo qui provocat hostem.[2]

This was it that made Pharax withhold the King of Lacedæmon, who had won a battle against the Mantineans, from going to charge a thousand Argians, who had escaped in an entire body from the defeat, but rather let them steal off at liberty, that he might not encounter valour whetted and enraged by mischance. Clodomir, King of Aquitaine, after his victory pursuing Gondemar, King of Burgundy, beaten and making off as fast as he could for safety, compelled him to face about and make head, wherein his obstinacy deprived him of the fruit of his conquest, for he there lost his life.

In like manner, if a man were to choose whether he would have his soldiers richly and sumptuously accoutred or armed only for the necessity of the matter in hand, this argument would step in to favour the first, of which opinion was Sertorius, Philopœmen, Brutus, Cæsar, and others, that it is to a soldier an enflaming of courage and a spur to glory to see himself in brave attire; and withal a motive to be more obstinate in fight, having his arms, which are in a manner his estate and whole inheritance, to defend; which is the reason, says Xenophon, why those of Asia carried their wives and concubines, with their choicest jewels and greatest wealth, along with them to the wars. But then these arguments would be as ready to stand up for the other side; that a general ought rather to lessen in his men their solicitude of preserving themselves than to increase it; that by such means they will be in a double fear of hazarding their persons, as it will be a double temptation to the enemy to fight with greater resolution where so great booty and so rich spoils are to be obtained; and this very thing has been observed in former times, notably to encourage the Romans against the Samnites. Antiochus, showing Hannibal the army he had raised, wonderfully splendid and rich in all sorts of equipage, asked him if the Romans would be satisfied with that army? "Satisfied?" replied the other, "yes, doubtless, were their avarice never so great." Lycurgus not only forbad his soldiers all manner of bravery in their equipage, but, moreover, to strip their conquered enemies, because he would, as he said, that poverty and frugality should shine with the rest of the battle.

At sieges and elsewhere, where occasion draws us near to the enemy, we willingly suffer our men to brave, rate, and affront him with all sorts of injurious language; and not without some colour of reason: for it is of no little consequence to take from them all hopes of mercy and composition, by representing to them that there is no fair quarter to be expected from an enemy they have incensed to that degree, nor other remedy remaining but in victory. And yet Vitellius found himself deceived in this way of proceeding; for having to do with Otho, weaker in the valour of his soldiers, long unaccustomed to war and effeminated with the delights of the city, he so nettled them at last with injurious language, reproaching them with cowardice and regret for the mistresses and entertainments they had left behind at Rome, that by this means he inspired them with such resolution as no exhortation had had the power to have done, and himself made them fall upon him, with whom their own captains before could by no means prevail. And, indeed, when they are injuries that touch to the quick, it may very well fall out that he who went unwillingly to work in the behalf of his prince will fall to't with another sort of mettle when the quarrel is his own.

Considering of how great importance is the preservation of the general of an army, and that the universal aim of an enemy is levelled directly at the head, upon which all the others depend, the course seems to admit of no dispute, which we know has been taken by so many great captains of changing their habits and disguising their persons upon the point of going to engage. Nevertheless, the inconvenience a man by so doing runs into is not less than that he thinks to avoid; for the captain, by this means being concealed from the knowledge of his own men, the courage they should derive from his presence and example happens by degrees to cool and to decay; and not seeing the wonted marks and ensigns of their leader, they presently conclude him either dead, or that, despairing of the business, he is gone to shift for himself. And experi-

---

[1] Enraged necessity bites deepest.—Portius Latro, *Declam.*

[2] He who presents himself to the foe, sells his life dear.—Lucan, iv. 275.

ence shows us that both these ways have been successful and otherwise. What befel Pyrrhus in the battle he fought against the consul Levinus in Italy will serve us to both purposes; for though by shrouding his person under the armour of Megacles and making him wear his own, he undoubtedly preserved his own life, yet, by that very means, he was withal very near running into the other mischief of losing the battle. Alexander, Cæsar, and Lucullus loved to make themselves known in a battle by rich accoutrements and armour of a particular lustre and colour: Agis, Agesilaus, and that great Gilippus, on the contrary, used to fight obscurely armed, and without any imperial attendance or distinction.

Amongst other oversights Pompey is charged withal at the battle of Pharsalia, he is condemned for making his army stand still to receive the enemy's charge; "by reason that" (I shall here steal Plutarch's own words, which are better than mine)[1] "he by so doing deprived himself of the violent impression the motion of running adds to the first shock of arms, and hindered that clashing of the combatants against one another which is wont to give them greater impetuosity and fury; especially when they come to rush in with their utmost vigour, their courages increasing by the shouts and the career; 'tis to render the soldiers' ardour, as a man may say, more reserved and cold." This is what he says. But if Cæsar had come by the worse, why might it not as well have been urged by another, that, on the contrary, the strongest and most steady posture of fighting is that wherein a man stands planted firm without motion; and that they who are steady upon the march, closing up, and reserving their force within themselves for the push of the business, have a great advantage against those who are disordered, and who have already spent half their breath in running on precipitately to the charge? Besides that an army is a body made up of so many individual members, it is impossible for it to move in this fury with so exact a motion as not to break the order of battle, and that the best of them are not engaged before their fellows can come on to help them. In that unnatural battle betwixt the two Persian brothers, the Lacedæmonian Clearchus, who commanded the Greeks of Cyrus' party, led them on softly and without precipitation to the charge; but, coming within fifty paces, hurried them on full speed, hoping in so short a career both to keep their order and to husband their breath, and at the same time to give the advantage of impetuosity and impression both to their persons and their missile arms. Others have regulated this question as to their armies thus: if your enemy come full drive upon you, stand firm to receive him; if he stand to receive you, run full drive upon him.

In the expedition of the Emperor Charles V into Provence, King Francis was put to choose either to go meet him in Italy or to await him in his own dominions; wherein, though he very well considered of how great advantage it was to preserve his own territory entire and clear from the troubles of war, to the end that being unexhausted of its stores, it might continually supply men and money at need; that the necessity of war requires at every turn to spoil and lay waste the country before us, which cannot very well be done upon one's own; to which may be added, that the country-people do not so easily digest such a havoc by those of their own party as from an enemy, so that seditions and commotions might by such means be kindled amongst us; that the license of pillage and plunder (which are not to be tolerated at home) is a great ease and refreshment against the fatigues and sufferings of war; and that he who has no other prospect of gain than his bare pay, will hardly be kept from running home, being but two steps from his wife and his own house; that he who lays the cloth is ever at the charge of the feast; that there is more alacrity in assaulting than defending; and that the shock of a battle's loss in our own bowels is so violent as to endanger the disjointing of the whole body, there being no passion so contagious as that of fear, that is so easily believed, or that so suddenly diffuses itself; and that the cities that should hear the rattle of this tempest at their gates, that should take in their captains and soldiers yet trembling and out of breath, would be in danger in this heat and hurry to precipitate themselves upon some untoward resolution: notwithstanding all this, so it was that he chose to recall the forces he had beyond the mountains and to suffer the enemy to come to him. For he might, on the other hand, imagine that, being at home and amongst his friends, he could not fail of plenty of all manner of conveniences; the rivers and passes he had at his devotion would bring him in both provisions and money in all security, and without the trouble of convoy; that he should find his subjects by so much the more affectionate to him, by how much their danger was more near and pressing; that having so many cities and barriers to secure him, it would be in his power to give the law of battle at his own opportunity and ad-

---

[1] Pompey.

vantage; and that, if it pleased him to delay the time, under cover and at his ease he might see his enemy founder and defeat himself with the difficulties he was certain to encounter, being engaged in an hostile country, where before, behind, and on every side war would be made upon him; no means to refresh himself or to enlarge his quarters, should diseases infest them, or to lodge his wounded men in safety; no money, no victuals, but at the point of the lance; no leisure to repose and take breath; no knowledge of the ways or country to secure him from ambushes and surprises; and in case of losing a battle, no possible means of saving the remains. Neither is there want of example in both these cases.

Scipio thought it much better to go and attack his enemy's territories in Africa than to stay at home to defend his own and to fight him in Italy, and it succeeded well with him. But, on the contrary, Hannibal in the same war ruined himself by abandoning the conquest of a foreign country, to go and defend his own. The Athenians having left the enemy in their own dominions to go over into Sicily, were not favoured by fortune in their design; but Agathocles, King of Syracuse, found her favourable to him when he went over into Africa and left the war at home.

By which examples we are wont to conclude, and with some reason, that events, especially in war, for the most part depend upon fortune, who will not be governed by nor submit unto human reasons and prudence, according to the poet,

Et male consultis pretium est: prudentia fallit:
Nec fortuna probat causas, sequiturque merentes,
Sed vaga per cunctos nullo discrimine fertur.
Scilicet est aliud, quod nos cogatque regatque
Majus, et in proprias ducat mortalia leges.[1]

But, to take the thing right, it should seem that our counsels and deliberations depend as much upon fortune as anything else we do, and that she engages our very reason and arguments in her uncertainty and confusion. "We argue rashly and adventurously," says Timæus in Plato, by reason that, as well as ourselves, our discourses have great participation with the temerity of chance."

[1] There may be good in ill counsel: prudence is deceitful and uncertain: fortune does not inquire into causes as matter of course, nor aid the most deserving, but turns hither and thither without discrimination. For there is a greater power which directs and rules us, and conducts things according to its own laws.—Manilius, iv. 95.

XLVIII. OF WAR-HORSES, OR DESTRIERS

I HERE have become a grammarian, I who never learned any language but by rote, and who do not yet know adjective, conjunction, or ablative. I think I have read that the Romans had a sort of horses, by them called *funales* or *dextrarios*, which were either led horses, or horses laid on at several stages to be taken fresh upon occasion, and thence it is that we call our horses of service *destriers;* and our romances commonly use the phrase of *adestrer* for *accompagner*, to accompany. They also called those that were trained in such sort, that running full speed, side by side, without bridle or saddle, the Roman gentlemen armed at all pieces, would shift and throw ourselves from one to the other, *desultorios equos.* The Numidian men-at-arms had always a led horse in one hand, besides that they rode upon, to change in the heat of battle: *quibus, desultorum in modum, binos trahentibus equos, inter acerrimam sæpe pugnam, in recentem equum, ex fesso, armatis transultare mos erat: tanta velocitas ipsis, tamque docile equorum genus.*[2] There are many horses trained to help their riders so as to run upon any one that appears with a drawn sword, to fall both with mouth and heels upon any that front or oppose them: but it often happens that they do more harm to their friends than to their enemies; and, moreover, you cannot loose them from their hold, to reduce them again into order, when they are once engaged and grappled, by which means you remain at the mercy of their quarrel. It happened very ill to Artybius, general of the Persian army, fighting, man to man, with Onesilus, King of Salamis, to be mounted upon a horse trained after this manner, it being the occasion of his death, the squire of Onesilus cleaving the horse down with a scythe betwixt the shoulders as it was reared up upon his master.[3] And what the Italians report, that in the battle of Fornova King Charles' horse, with kicks and plunges, disengaged his master from the enemy that pressed upon him, without which he had been slain, sounds like a very great chance, if it be true. The Mamelukes make their boast that they have the most ready horses of any cavalry in the world; that by nature and custom they were taught to

[2] Whose use it was, leading along two horses, after the manner of the horse-vaulters in a circus, armed as they were, in the heat of fight, to leap from a tired horse to a fresh one; so active were the men, and the horses so docile.—Livy, xxiii. 29.

[3] Herodotus, v. 111, 112.

know and distinguish the enemy, and to fall foul upon them with mouth and heels, according to a word or sign given; as also to gather up with their teeth darts and lances scattered upon the field, and present them to their riders, on the word of command. 'Tis said, both of Cæsar and Pompey, that amongst their other excellent qualities they were both very good horsemen, and particularly of Cæsar, that in his youth, being mounted on the bare back, without saddle or bridle, he could make the horse run, stop, and turn, and perform all its airs, with his hands behind him.[1] As nature designed to make of this person and of Alexander, two miracles of military art, so one would say she had done her utmost to arm them after an extraordinary manner: for every one knows that Alexander's horse, Bucephalus, had a head inclining to the shape of a bull; that he would suffer himself to be mounted and governed by none but his master, and that he was so honoured after his death as to have a city erected to his name. Cæsar had also one which had forefeet like those of a man, his hoofs being divided in the form of fingers, which likewise was not to be ridden by any but Cæsar himself, who after his death, dedicated his statue to the goddess Venus.

I do not willingly alight when I am once on horseback, for it is the place where, whether well or sick, I find myself most at ease. Plato[2] recommends it for health, as also Pliny says it is good for the stomach and the joints. Let us go further into this matter since here we are.

We read in Xenophon a law forbidding any one who was master of a horse to travel on foot. Trogus and Justin say that the Parthians were wont to perform all offices and ceremonies, not only in war but also all affairs whether public or private, make bargains, confer, entertain, take the air, and all on horseback; and that the greatest distinction betwixt freemen and slaves amongst them was that the one rode on horseback and the other went on foot, an institution of which King Cyrus was the founder.

There are several examples in the Roman history (and Suetonius more particularly observes it of Cæsar) of captains who, on pressing occasions, commanded their cavalry to alight, both by that means to take from them all hopes of flight, as also for the advantage they hoped in this sort of fight. *Quo haud dubie, superat Romanus*,[3] says Livy. And so the first thing they did to prevent the mutinies and insurrections of nations of late conquest was to take from them their arms and horses, and therefore it is that we so often meet in Cæsar: *arma proferri, jumenta produci, obsides dari jubet.*[4] The Grand Signior to this day suffers not a Christian or a Jew to keep a horse of his own throughout his empire.

Our ancestors, and especially at the time they had war with the English, in all their greatest engagements and pitched battles fought for the most part on foot, that they might have nothing but their own force, courage, and constancy to trust to in a quarrel of so great concern as life and honour. You stake (whatever Chrysanthes in Xenophon says to the contrary) your valour and your fortune upon that of your horse; his wounds or death bring your person into the same danger; his fear or fury shall make you reputed rash or cowardly; if he have an ill mouth, or will not answer to the spur, your honour must answer for it. And, therefore, I do not think it strange that those battles are more firm and furious than those that are fought on horseback:

Cædebant pariter, pariterque ruebant
Victores victique; neque his fuga nota, neque illis.[5]

Their battles were much better disputed. Nowadays there are nothing but routs: *primus clamor atque impetus rem decernit.*[6] And the means we choose to make use of in so great a hazard should be as much as possible at our own command: wherefore I should advise to choose weapons of the shortest sort, and such of which we are able to give the best account. A man may repose more confidence in a sword he holds in his hand than in a bullet he discharges out of a pistol, wherein there must be a concurrence of several circumstances to make it perform its office, the powder, the stone, and the wheel: if any of which fail it endangers your fortune. A man himself strikes much surer than the air can direct his blow.

Et, quo ferre velint, permittere vulnera ventis:
Ensis habet vires; et gens quæcumque virorum est,
Bella gerit gladiis.[7]

---

[1] Plutarch, Pompey; Cæsar.

[2] *Laws*, vii.

[3] Wherein the Romans did questionless excel.—Livy, ix. 22.

[4] He commanded the arms to be produced, the horses brought out, and hostages to be given.—*De Bello Gall.*, vii. 11.

[5] They fight and fall pell-mell, victors and vanquished; flight unthought of by either.—*Æneid*, x. 756.

[6] The first shout, the first charge puts an end to the business.—Livy, xxv. 41.

[7] Where it lists, the wind bestows the arrow

But of that weapon I shall speak more fully when I come to compare the arms of the ancients with those of modern use; only, by the way, the astonishment of the ear abated, which everyone grows familiar with in a short time, I look upon it as a weapon of very little execution, and hope we shall one day lay it aside. That missile weapon which the Italians formerly made use of both with fire and by sling was much more terrible: they called a certain kind of javelin, armed at the point with an iron three feet long, that it might pierce through and through an armed man, Phalarica, which they sometimes in the field darted by hand, sometimes from several sorts of engines for the defence of beleaguered places; the shaft being rolled round with flax, wax, rosin, oil, and other combustible matter, took fire in its flight, and lighting upon the body of a man or his target, took away all the use of arms and limbs. And yet, coming to close fight, I should think they would also damage the assailant, and that the camp being as it were planted with these flaming truncheons, would produce a common inconvenience to the whole crowd.

Magnum stridens contorta Phalarica venit,
Fulminis acta modo.[1]

They had moreover, other devices which custom made them perfect in (which seem incredible to us who have not seen them), by which they supplied the effects of our powder and shot. They darted their spears with so great force as ofttimes to transfix two targets and two armed men at once, and pin them together. Neither was the effect of their slings less certain of execution or of shorter carriage: *Saxis globosis . . . funda, mare apertum incessentes . . . coronas modici circuli, magno ex intervallo loci, assueti trajicere, non capita modo hostium vulnerabant, sed quem locum destinassent.*[2] Their pieces of battery had not only the execution but the thunder of our cannon also: *ad ictus moenium cum terribili sonitu editos, pavor et trepidatio cepit.*[3]

The Gauls, our kinsmen in Asia, abominated these treacherous missile arms, it being their use to fight, with greater bravery, hand to hand. *Non tam patentibus plagis moventur . . . ubi latior quam altior plaga est, etiam gloriosius se pugnare putant: iidem, quum aculeus sagittæ aut glandis abditæ introrsus tenui vulnere in speciem urit . . . tum in rabiem et pudorem tam parvæ perimentis pestis versi, prosternunt corpora humi;*[4] a pretty description of something very like a harquebuse shot. The ten thousand Greeks in their long and famous retreat met with a nation who very much galled them with great and strong bows, carrying arrows so long, that, taking them up, one might return them back like a dart, and with them pierce a buckler and an armed man through and through. The engines that Dionysius invented at Syracuse to shoot vast massy darts and stones of a prodigious greatness, with so great impetuosity and at so great a distance, came very near to our modern inventions.

But in this discourse of horses and horsemanship, we are not to forget the pleasant posture of one Maistre Pierre Pol, a doctor of divinity, upon his mule, whom Monstrelet reports always to have ridden aside through the streets of Paris like a woman. He says also, elsewhere, that the Gascons had terrible horses, that would wheel in their full speed, which the French, Picards, Flemings, and Brabanters looked upon as a miracle, "having never seen the like before," which are his very words.

Cæsar speaking of the Suabians: "in the charges they make on horseback," says he, "they often throw themselves off to fight on foot, having taught their horses not to stir in the meantime from the place, to which they presently run again upon occasion; and according to their custom, nothing is so unmanly and so base as to use saddles or pads, and they despise such as make use of those conveniences: insomuch that, being but a very few in number, they fear not to attack a great many." That which I have formerly wondered at, to see a horse made to perform all his airs with a switch only and the reins up-

---

wound: the sword needs strength of arm: manly nations prefer to fight with the sword.—Lucan, viii. 384.

[1] The Phalarica, launched like lightning, flies through the air with a loud rushing sound.—Æneid, ix. 705.

[2] Culling round stones from the beach for their slings; and with these practising over the waves, so as from a great distance to throw within a very small circuit, they became able not only to wound an enemy in the head, but hit any other part at pleasure.—Livy, xxxviii. 29.

[3] At the battery of the walls, performed with a terrible noise, the defendants began to fear and tremble.—Ibid., xxxviii. 5.

[4] They are not so much concerned about large gashes—the bigger and deeper the wound, the more glorious do they esteem the combat: but when they find themselves tormented by some arrowhead or bullet lodged within, but presenting little outward show of wound, transported with shame and anger to perish by so imperceptible a destroyer, they fall to the ground.—Ibid., 21.

on his neck, was common with the Massilians, who rid their horses without saddle or bridle.

> *Et gens, quæ nudo residens Massylia dorso,*
> *Ora levi flectit, frænorum nescia, virga.*[1]

> *Et Numidæ infræni cingunt.*[2]

Equi sine frænis, deformis ipse cursus, rigida cervice, et extento capite currentium.[3]

King Alphonso, he who first instituted the Order of the Band or Scarf in Spain, amongst other rules of the order, gave them this, that they should never ride mule or mulet, upon penalty of a mark of silver; this I had lately out of Guevara's Letters, whoever gave these the title of Golden Epistles, had another kind of opinion of them than I have. The courtier says, that till his time it was a disgrace to a gentleman to ride on one of these creatures: but the Abyssinians, on the contrary, the nearer they are to the person of Prester John, love to be mounted upon large mules, for the greatest dignity and grandeur.

Xenophon tells us, that the Assyrians were fain to keep their horses fettered in the stable, they were so fierce and vicious; and that it required so much time to loose and harness them, that to avoid any disorder this tedious preparation might bring upon them in case of surprise, they never sat down in their camp till it was first well fortified with ditches and ramparts. His Cyrus, who was so great a master in all manner of horse service, kept his horses to their due work, and never suffered them to have anything to eat till first they had earned it by the sweat of some kind of exercise. The Scythians when in the field and in scarcity of provisions used to let their horses' blood which they drank, and sustained themselves by that diet:

> *Venit et epoto Sarmata pastus equo.*[4]

Those of Crete, being besieged by Metellus, were in so great necessity for drink that they were fain to quench their thirst with their horses' urine.

To show how much cheaper the Turkish armies support themselves than our European forces, 'tis said, that besides the soldiers drink nothing but water and eat nothing but rice and salt flesh pulverised (of which every one may easily carry about with him a month's provision) they know how to feed upon the blood of their horses as well as the Muscovite and Tartar, and salt it for their use.

These new-discovered people of the Indies, when the Spaniards first landed amongst them, had so great an opinion both of the men and horses, that they looked upon the first as gods and the other as animals ennobled above their nature; insomuch that after they were subdued, coming to the men to sue for peace and pardon, and to bring them gold and provisions, they failed not to offer of the same to the horses, with the same kind of harangue to them they had made to the others: interpreting their neighing for a language of truce and friendship.

In the other Indies, to ride upon an elephant was the first and royal place of honour; the second to ride in a coach with four horses; the third to ride upon a camel; and the last and least honour to be carried or drawn by one horse only. Some one of our late writers tells us that he has been in countries in those parts, where they ride upon oxen with pads, stirrups, and bridles, and very much at their ease.

Quintus Fabius Maximus Rutilianus, in a battle with the Samnites, seeing his horse, after three or four charges, had failed of breaking into the enemy's battalion, took this course, to make them unbridle all their horses and spur their hardest, so that having nothing to check their career, they might through weapons and men open the way to his foot, who by that means gave them a bloody defeat. The same command was given by Quintus Fulvius Flaccus against the Celtiberians: *Id quum majore vi equorum facietis, si effrænatos in hostes equos immittis; quod sæpe Romanos equites cum laude fecisse sua, memoriæ proditum est . . . detractisque frænis, bis ultro citroque cum magna strage hostium, infractis omnibus hastis, transcurrerunt.*[5]

The Duke of Muscovy was anciently obliged to pay this reverence to the Tartars, that when they sent an embassy to him he went out to meet

---

[1] The Massylians, mounted on the bare backs of their horses, bridleless, guide them by a mere switch.—Lucan, iv. 682.

[2] The Numidians guiding their horses without bridles.—*Æneid*, iv. 41.

[3] The career of a horse without a bridle is ungraceful; the neck extended stiff, and the nose thrust out.—Livy, xxxv. 11.

[4] The Scythian comes, who feeds on horse-flesh.—Martial, *Spectac. Lib.*, iii. 4.

[5] You will do your business with greater advantage of your horses' strength, if you send them unbridled upon the enemy, as it is recorded the Roman horse to their great glory have often done; their bits being taken off they charged through and again back through the enemy's ranks with great slaughter, breaking down all their spears.—Livy, xl. 40.

them on foot, and presented them with a goblet of mares' milk (a beverage of greatest esteem amongst them), and if, in drinking, a drop fell by chance upon their horse's mane, he was bound to lick it off with his tongue. The army that Bajazet had sent into Russia was overwhelmed with so dreadful a tempest of snow, that to shelter and preserve themselves from the cold, many killed and embowelled their horses, to creep into their bellies and enjoy the benefit of that vital heat. Bajazet, after that furious battle wherein he was overthrown by Tamerlane, was in a hopeful way of securing his own person by the fleetness of an Arabian mare he had under him, had he not been constrained to let her drink her fill at the ford of a river in his way, which rendered her so heavy and indisposed, that he was afterwards easily overtaken by those that pursued him. They say, indeed, that to let a horse stale takes him off his mettle, but, as to drinking, I should rather have thought it would refresh her.

Crœsus, marching his army through certain waste lands near Sardis, met with an infinite number of serpents, which the horses devoured with great appetite, and which Herodotus says [1] was a prodigy of ominous portent to his affairs.

We call a horse *cheval entier*, that has his mane and ears entire, and no other will pass muster. The Lacedæmonians, having defeated the Athenians in Sicily, returning triumphant from the victory into the city of Syracuse, amongst other insolences, caused all the horses they had taken to be shorn and led in triumph. Alexander fought with a nation called Dahæ, whose discipline it was to march two and two together armed on one horse, to the war; and being in fight one of them alighted, and so they fought on horseback and on foot, one after another by turns.

I do not think that for graceful riding any nation in the world excels the French. A good horseman, according to our way of speaking, seems rather to have respect to the courage of the man than address in riding. Of all that ever I saw, the most knowing in that art, who had the best seat and the best method in breaking horses, was Monsieur de Carnavalet, who served our King Henry II.

I have seen a man ride with both his feet upon the saddle, take off his saddle, and at his return take it up again and replace it, riding all the while full speed; having galloped over a cap, make at it very good shots backwards with his bow; take up anything from the ground, setting one foot on the ground and the other in the stirrup: with twenty other ape's tricks, which he got his living by.

There has been seen in my time at Constantinople two men upon one horse, who, in the height of its speed, would throw themselves off and into the saddle again by turn; and one who bridled and saddled his horse with nothing but his teeth; another who betwixt two horses, one foot upon one saddle and the other upon the other, carrying another man upon his shoulders, would ride full career, the other standing bolt upright upon him and making very good shots with his bow; several who would ride full speed with their heels upward, and their heads upon the saddle betwixt several scimitars, with the points upwards, fixed in the harness. When I was a boy, the prince of Sulmona, riding a rough horse at Naples to all his airs, held reals under his knees and toes, as if they had been nailed there, to show the firmness of his seat.

XLIX. OF ANCIENT CUSTOMS

I SHOULD willingly pardon our people for admitting no other pattern or rule of perfection than their own peculiar manners and customs; for 'tis a common vice, not of the vulgar only, but almost of all men, to walk in the beaten road their ancestors have trod before them. I am content, when they see Fabricius or Lælius, that they look upon their countenance and behaviour as barbarous, seeing they are neither clothed nor fashioned according to our mode. But I find fault with their singular indiscretion in suffering themselves to be so blinded and imposed up on by the authority of the present usage, as every month to alter their opinion, if custom so require, and that they should so vary their judgment in their own particular concern. When they wore the busk of their doublets up as high as their breasts, they stiffly maintained that they were in their proper place; some years after, it was slipped down betwixt their thighs, and then they could laugh at the former fashion as uneasy and intolerable. The fashion now in use makes them absolutely condemn the other two with so great resolution and so universal consent, that a man would think there was a certain kind of madness crept in amongst them, that infatuates their understandings to this strange degree. Now, seeing that our change of fashions is so prompt and sudden, that the inventions of all the tailors in the world cannot furnish out new whim-whams enow to feed our vanity withal, there will often be a necessity that the despised

---
[1] i. 78.

forms must again come in vogue, and these immediately after fall into the same contempt; and that the same judgment must, in the space of fifteen or twenty years, take up half-a-dozen not only divers but contrary opinions, with an incredible lightness and inconstancy; there is not any of us so discreet, who suffers not himself to be gulled with this contradiction, and both in external and internal sight to be insensibly blinded.

I will here muster up some old customs that I have in memory, some of them the same with ours, the others different, to the end, that bearing in mind this continual variation of human things, we may have our judgment more clearly and firmly settled.

The thing in use amongst us of fighting with rapier and cloak, was in practice amongst the Romans also: *Sinistras sagis involvunt, gladiosque distringunt*,[1] says Cæsar; and he observes a vicious custom of our nation, that continues yet amongst us, which is to stop passengers we meet upon the road, to compel them to give an account who they are, and to take it for an affront and just cause of quarrel if they refuse to do it.

At the Baths, which the ancients made use of every day before they went to dinner, and as frequently as we wash our hands, they at first only bathed their arms and legs; but afterwards, and by a custom that has continued for many ages in most nations of the world, they bathed stark naked in mixed and perfumed water, looking upon it as a great simplicity to bathe in mere water. The most delicate and affected perfumed themselves all over three or four times a day. They often caused their hair to be pinched off, as the women of France have some time since taken up a custom to do their foreheads,

Quod pectus, quod cruri tibi, quod brachia vellis,[2]

though they had ointments proper for that purpose,

Psilotro nitet, aut acida latet oblita creta.[3]

They delighted to lie soft, and alleged it as a great testimony of hardiness, to lie upon a mattress. They ate lying upon beds, much after the manner of the Turks in this age:

Inde toro pater Æneas sic orsus ab alto.[4]

And 'tis said of the younger Cato,[5] that after the battle of Pharsalia, being entered into a melancholy disposition at the ill posture of the public affairs, he took his repasts always sitting, assuming a strict and austere course of life. It was also their custom to kiss the hands of great persons; the more to honour and caress them. And meeting with friends, they always kissed in salutation, as do the Venetians:

Gratatusque darem cum dulcibus oscula verbis.[6]

In petitioning or saluting any great man, they used to lay their hands upon his knees. Pasicles the philosopher, brother of Crates, instead of laying his hand upon the knee laid it upon the private parts, and being roughly repulsed by him to whom he made that indecent compliment: "What," said he, "is not that part your own as well as the other?" They used to eat fruit, as we do, after dinner. They wiped their fundaments (let the ladies, if they please, mince it smaller) with a sponge, which is the reason that *spongia* is a smutty word in Latin; which sponge was fastened to the end of a stick, as appears by the story of him who, as he was led along to be thrown to the wild beasts in the sight of the people, asking leave to do his business and having no other way to despatch himself, forced the sponge and stick down his throat and choked himself. They used to wipe, after coition, with perfumed wool:

At tibi nil faciam; sed lota mentula lana.[7]

They had in the streets of Rome vessels and little tubs for passengers to urine in:

*Pusi sæpe lacum propter, se, ac dolia curta.
Somno devincti, credunt extollere vestem.*[8]

They had collation betwixt meals, and had, in summer, cellars of snow to cool their wine; and some there were who made use of snow in winter, not thinking their wine cool enough, even at that cold season of the year. The men of quality had their cupbearers and carvers, and their buffoons to make them sport. They had their meat served up in winter upon chafing dishes, which were set upon the table; and had portable kitchens (of which I myself have seen

---

[1] They wrapt their cloaks upon the left arm, and drew their swords.—*De Bello Civil.*, i. 75.

[2] You pluck the hairs out of your breast, your arms, and thighs.—Martial, ii. 62, 1.

[3] She shines with unguents, or with chalk dissolved in vinegar.—*Ibid.*, vi. 93, 9.

[4] Thus Father Æneas, from his high bed of state, spoke.—*Æneid*, ii. 2.

[5] Plutarch, Cato the Younger.

[6] And kindest words I would mingle with kisses.—Ovid, *De Pont.*, iv. 9, 13.

[7] Martial, xi. 58, 11.

[8] The little boys in their sleep often think they are near the public urinal, and raise their coats to make use of it.—Lucretius, iv. 1024.

some) wherein all their service was carried about with them.

> Has vobis epulas habete, lauti:
> Nos offendimur ambulante cæna.¹

In summer, they had a contrivance to bring fresh and clear rills through their lower rooms, wherein were great store of living fish which the guests took out with their own hands to be dressed every man according to his own liking. Fish has ever had this pre-eminence, and keeps it still, that the grandees, as to them, all pretend to be cooks; and indeed the taste is more delicate than that of flesh, at least to my fancy. But in all sorts of magnificence, debauchery, and voluptuous inventions of effeminacy and expense, we do, in truth, all we can to parallel them, for our wills are as corrupt as theirs: but we want ability to equal them; our force is no more able to reach them in their vicious, than in their virtuous qualities, for both the one and the other proceeded from a vigour of soul which was without comparison greater in them than in us. And souls, by how much the weaker they are, by so much have they less power to do either very well or very ill.

The highest place of honour amongst them was the middle. The name going before, or following after, either in writing or speaking, had no signification of grandeur, as is evident by their writings; they will as soon say Oppius and Cæsar, as Cæsar and Oppius; and me and thee, as thee and me. This is the reason that made me formerly take notice in the life of Flaminius, in our French Plutarch, of one passage, where it seems as if the author, speaking of the jealousy of honour betwixt the Ætolians and Romans, about the winning of a battle they had with their joined forces obtained, made it of some importance, that in the Greek songs they had put the Ætolians before the Romans: if there be no amphibology in the words of the French translation.

The ladies, in their baths, made no scruple of admitting men amongst them, and, moreover, made use of their serving-men to rub and anoint them:

> Inguina succinctus nigri tibi servus aluta
> Stat, quoties calidis nuda foveris aquis.²

They all powdered themselves with a certain powder, to moderate their sweats.

The ancient Gauls, says Sidonius Apollinaris, wore their hair long before, and the hinder part of the head shaved, a fashion that begins to revive in this vicious and effeminate age.

The Romans used to pay the watermen their fare at their first stepping into the boat, which we never do till after landing.

> Dum æs exigitur, dum mula ligatur,
> Tota abit hora.³

The women used to lie on the side of the bed next the wall: and for that reason they called Cæsar, *spondam regis Nicomedis.*⁴ They took breath in their drinking, and watered their wine:

> Quis puer ocius
> Restinguet ardentis falerni
> Pocula prætereunte lympha?⁵

And the roguish looks and gestures of our lackeys were also in use amongst them:

O Jane, a tergo quem nulla ciconia pinsit,
Nec manus auriculas imitata est mobilis albas,
Nec linguæ, quantum sitiat canis Appula, tantum.⁶

The Argian and Roman ladies mourned in white, as ours did formerly and should do still, were I to govern in this point. But there are whole books on this subject.

L. Of Democritus and Heraclitus

The judgment is an utensil proper for all subjects, and will have an oar in everything: which is the reason, that in these Essays I take hold of all occasions where, though it happen to be a subject I do not very well understand, I try however, sounding it at a distance, and finding it too deep for my stature, I keep me on the shore; and this knowledge that a man can proceed no further, is one effect of its virtue, yea, one of those of which it is most proud. One while in an idle and frivolous subject, I try to find out matter whereof to compose a body, and then to prop

---

¹ Do you, if you please, esteem these feasts: for my part, I do not like the ambulatory suppers.—Martial, vii. 48, 4.

² A slave—his middle girded with a black apron—stands before you, when, naked, you take a hot bath.—*Ibid.*, vii. 35, 1.

³ Whilst the fare's paying, and the mule is being harnessed, a whole hour's time is past.—Horace, Sat. i., 5, 13.

⁴ The bed of King Nicomedes.—Suetonius, Cæsar, xlix.

⁵ What boy will quickly come and cool the heat of the Falernian wine with clear water?—Horace, Od., ii. 2, 18.

⁶ O Janus, whom no crooked fingers, simulating a stork, peck at behind your back, whom no quick hands deride behind you, by imitating the motion of the white ears of the ass, against whom no mocking tongue is thrust out, as the tongue of the

and support it; another while, I employ it in a noble subject, one that has been tossed and tumbled by a thousand hands, wherein a man can scarce possibly introduce anything of his own, the way being so beaten on every side that he must of necessity walk in the steps of another: in such a case, 'tis the work of the judgment to take the way that seems best, and of a thousand paths, to determine that this or that is the best. I leave the choice of my arguments to fortune, and take that she first presents to me; they are all alike to me, I never design to go through any of them; for I never see all of anything: neither do they who so largely promise to show it others. Of a hundred members and faces that everything has, I take one, one while to look it over only, another while to ripple up the skin, and sometimes to pinch it to the bones: I give a stab, not so wide but as deep as I can, and am for the most part tempted to take it in hand by some new light I discover in it. Did I know myself less, I might perhaps venture to handle something or other to the bottom, and to be deceived in my own inability; but sprinkling here one word and there another, patterns cut from several pieces and scattered without design and without engaging myself too far, I am not responsible for them, or obliged to keep close to my subject, without varying at my own liberty and pleasure, and giving up myself to doubt and uncertainty, and to my own governing method, ignorance.

All motion discovers us: the very same soul of Cæsar, that made itself so conspicuous in marshalling and commanding the battle of Pharsalia, was also seen as solicitous and busy in the softer affairs of love and leisure. A man makes a judgment of a horse, not only by seeing him when he is showing off his paces, but by his very walk, nay, and by seeing him stand in the stable.

Amongst the functions of the soul, there are some of a lower and meaner form; he who does not see her in those inferior offices as well as in those of nobler note, never fully discovers her; and, peradventure, she is best shown where she moves her simpler pace. The winds of passions take most hold of her in her highest flights; and the rather by reason that she wholly applies herself to, and exercises her whole virtue upon, every particular subject, and never handles more than one thing at a time, and that not according to it, but according to herself. Things in respect to themselves have, peradventure, their weight, measures and conditions; but when we once take them into us, the soul forms them as she pleases. Death is terrible to Cicero, coveted by Cato, indifferent to Socrates. Health, conscience, authority, knowledge, riches, beauty, and their contraries, all strip themselves at their entering into us, and receive a new robe, and of another fashion, from the soul; and of what colour, brown, bright, green, dark, and of what quality, sharp, sweet, deep, or superficial, as best pleases each of them, for they are not agreed upon any common standard of forms, rules, or proceedings; every one is a queen in her own dominions. Let us, therefore, no more excuse ourselves upon the external qualities of things; it belongs to us to give ourselves an account of them. Our good or ill has no other dependence but on ourselves. 'Tis there that our offerings and our vows are due, and not to fortune: she has no power over our manners; on the contrary, they draw and make her follow in their train, and cast her in their own mould. Why should not I judge of Alexander at table, ranting and drinking at the prodigious rate he sometimes used to do? Or, if he played at chess? what string of his soul was not touched by this idle and childish game? I hate and avoid it, because it is not play enough, that it is too grave and serious a diversion, and I am ashamed to lay out as much thought and study upon it as would serve to much better uses. He did not more pump his brains about his glorious expedition into the Indies, nor than another in unravelling a passage upon which depends the safety of mankind. To what a degree does this ridiculous diversion molest the soul, when all her faculties are summoned together upon this trivial account! and how fair an opportunity she herein gives every one to know and to make a right judgment of himself? I do not more thoroughly sift myself in any other posture than this: what passion are we exempted from in it? Anger, spite, malice, impatience, and a vehement desire of getting the better in a concern wherein it were more excusable to be ambitious of being overcome; for to be eminent, to excel above the common rate in frivolous things, nowise befits a man of honour. What I say in this example may be said in all others. Every particle, every employment of man manifests him equally with any other.

Democritus and Heraclitus were two philosophers, of whom the first, finding human condition ridiculous and vain, never appeared abroad but with a jeering and laughing countenance; whereas Heraclitus commiserating that same condition of ours, appeared always with a sorrowful look, and tears in his eyes:

---

thirsty dog in the dog-days.—Persius, i. 58.

*Alter
Ridebat, quoties a limine moverat unum
Protuleratque pedem; flebat contrarius alter.*[1]

I am clearly for the first humour; not because it is more pleasant to laugh than to weep, but because it expresses more contempt and condemnation than the other, and I think we can never be despised according to our full desert. Compassion and bewailing seem to imply some esteem of and value for the thing bemoaned; whereas the things we laugh at are by that expressed to be of no moment. I do not think that we are so unhappy as we are vain, or have in us so much malice as folly; we are not so full of mischief as inanity; nor so miserable as we are vile and mean. And therefore Diogenes, who passed away his time in rolling himself in his tub, and made nothing of the great Alexander esteeming us no better than flies, or bladders puffed up with wind, was a sharper and more penetrating, and, consequently in my opinion, a juster judge than Timon, surnamed the Man-hater; for what a man hates he lays to heart. This last was an enemy to all mankind, who passionately desired our ruin, and avoided our conversation as dangerous, proceeding from wicked and depraved natures: the other valued us so little that we could neither trouble nor infect him by our example; and left us to herd one with another, not out of fear, but from contempt of our society: concluding us as incapable of doing good as ill.

Of the same strain was Statilius' answer, when Brutus courted him into the conspiracy against Cæsar; he was satisfied that the enterprise was just, but he did not think mankind worthy of a wise man's concern;[2] according to the doctrine of Hegesias, who said, that a wise man ought to do nothing but for himself, forasmuch as he only was worthy of it: and to the saying of Theodorus, that it was not reasonable a wise man should hazard himself for his country, and endanger wisdom for a company of fools. Our condition is as ridiculous as risible.

LI. OF THE VANITY OF WORDS

A RHETORICIAN of times past said, that to make little things appear great was his profession. This was a shoemaker, who can make a great shoe for a little foot. They would in Sparta have sent such a fellow to be whipped for making profession of a tricky and deceitful art; and I fancy that Archidamus, who was king of that country, was a little surprised at the answer of Thucydides, when inquiring of him, which was the better wrestler, Pericles or he, he replied, that it was hard to affirm; for when I have thrown him, said he, he always persuades the spectators that he had no fall and carries away the prize.[3] The women who paint, pounce, and plaster up their ruins, filling up their wrinkles and deformities, are less to blame, because it is no great matter whether we see them in their natural complexions; whereas these make it their business to deceive not our sight only but our judgments, and to adulterate and corrupt the very essence of things. The republics that have maintained themselves in a regular and well-modelled government, such as those of Lacedæmon and Crete, had orators in no very great esteem. Aristo wisely defined rhetoric to be "a science to persuade the people"; Socrates and Plato "an art to flatter and deceive."[4] And those who deny it in the general description, verify it throughout in their precepts. The Mohammedans will not suffer their children to be instructed in it, as being useless, and the Athenians, perceiving of how pernicious consequence the practice of it was, it being in their city of universal esteem, ordered the principal part, which is to move the affections, with their exordiums and perorations, to be taken away. 'Tis an engine invented to manage and govern a disorderly and tumultuous rabble, and that never is made use of, but like physic to the sick, in a discomposed state. In those where the vulgar or the ignorant, or both together, have been all-powerful and able to give the law, as in those of Athens, Rhodes, and Rome, and where the public affairs have been in a continual tempest of commotion, to such places have the orators always repaired. And in truth, we shall find few persons in those republics who have pushed their fortunes to any great degree of eminence without the assistance of eloquence. Pompey, Cæsar, Crassus, Lucullus, Lentulus, Metellus, thence took their chiefest spring, to mount to that degree of authority at which they at last arrived, making it of greater use to them than arms, contrary to the opinion of better times; for, L. Volumnius speaking publicly in favour of the election of Q. Fabius and Pub. Decius, to the consular dignity: "These are men," said he, "born for war and great in execution; in the combat of the tongue altogether wanting; spirits truly consular. The subtle, elo-

---

[1] The one always, when he stepped over his threshold, laughed at the world, the other always wept.—Juvenal, *Sat.*, x. 28.
[2] Plutarch, Brutus.

[3] *Idem*, Pericles.
[4] In the *Gorgias*.

quent and learned are only good for the city, to make prætors of, to administer justice." Eloquence most flourished at Rome when the public affairs were in the worst condition and most disquieted with intestine commotions; as a free and untilled soil bears the worst weeds. By which it should seem that a monarchical government has less need of it than any other: for the stupidity and facility natural to the common people, and that render them subject to be turned and twined and led by the ears by this charming harmony of words, without weighing or considering the truth and reality of things by the force of reason: this facility, I say, is not easily found in a single person, and it is also more easy by good education and advice to secure him from the impression of this poison. There was never any famous orator known to come out of Persia or Macedon.

I have entered into this discourse upon the occasion of an Italian I lately received into my service, and who was clerk of the kitchen to the late Cardinal Caraffa till his death. I put this fellow upon an account of his office: when he fell to discourse of this palate-science, with such a settled countenance and magisterial gravity, as if he had been handling some profound point of divinity. He made a learned distinction of the several sorts of appetites; of that a man has before he begins to eat, and of those after the second and third service; the means simply to satisfy the first, and then to raise and actuate the other two; the ordering of the sauces, first in general, and then proceeded to the qualities of the ingredients and their effects; the differences of salads according to their seasons, those which ought to be served up hot, and which cold; the manner of their garnishment and decoration to render them acceptable to the eye. After which he entered upon the order of the whole service, full of weighty and important considerations.

Nec minimo sane discrimine refert,
Quo gestu lepores, et quo gallina secetur;[1]

and all this set out with lofty and magnificent words, the very same we make use of when we discourse of the government of an empire. Which learned lecture of my man brought this of Terence into my memory:

Hoc salsum est, hoc adustum est, hoc lautum est parum:

Illud recte; iterum sic memento: sedulo
Moneo, quæ possum, pro mea sapientia.
Postremo, tanquam in speculum, in patinas, Demea,
Inspicere jubeo, et moneo, quid facto usus sit.[2]

And yet even the Greeks themselves very much admired and highly applauded the order and disposition that Paulus Æmilius observed in the feast he gave them at his return from Macedon.[3] But I do not here speak of effects, I speak of words only.

I do not know whether it may have the same operation upon other men that it has upon me, but when I hear our architects thunder out their bombast words of pilasters, architraves, and cornices, of the Corinthian and Doric orders, and suchlike jargon, my imagination is presently possessed with the palace of Apollidon; when, after all, I find them but the paltry pieces of my own kitchen door.

To hear men talk of metonomies, metaphors, and allegories, and other grammar words, would not one think they signified some rare and exotic form of speaking? And yet they are phrases that are no better than the chatter of my chambermaid.

And this other is a gullery of the same stamp, to call the offices of our kingdom by the lofty titles of the Romans, though they have no similitude of function, and still less of authority and power. And this also, which I doubt will one day turn to the reproach of this age of ours, unworthily and indifferently to confer upon any we think fit the most glorious surnames with which antiquity honoured but one or two persons in several ages. Plato carried away the surname of Divine, by so universal a consent that never any one repined at it, or attempted to take it from him; and yet the Italians, who pretend, and with good reason, to more sprightly wits and sounder sense than the other nations of their time, have lately bestowed the same title upon Aretin, in whose writings, save tumid phrases set out with smart periods, ingenious indeed but far-fetched and fantastic, and the eloquence, be it what it may, I see nothing in him above the ordinary writers of his time, so far is he from approaching the ancient divinity. And

---

[1] Nor with less discrimination observes how we should carve a hare, and how a hen.—Juvenal, *Sat.*, v. 123.

[2] This is too salt, that's burnt, that's not washed enough, that's well; remember to do so another time. Thus do I ever advise them to have things done properly, according to my capacity; and lastly, Demea, I command my cooks to look into every dish as if it were a mirror, and tell them what they should do.—Terence, *Adel.*, III. iii. 71.

[3] Plutarch, Æmilius Paulus.

LII. Of the Parsimony of the Ancients

Attilus Regulus, general of the Roman army in Africa, in the height of all his glory and victories over the Carthaginians, wrote to the Republic to acquaint them that a certain hind he had left in trust with his estate, which was in all but seven acres of land, had run away with all his instruments of husbandry, and entreating therefore, that they would please to call him home that he might take order in his own affairs, lest his wife and children should suffer by this disaster. Whereupon the Senate appointed another to manage his business, caused his losses to be made good, and ordered his family to be maintained at the public expense.

The elder Cato,[1] returning consul from Spain, sold his war-horse to save the money it would have cost in bringing it back by sea into Italy; and being Governor of Sardinia, he made all his visits on foot, without other train than one officer of the Republic who carried his robe and a censer for sacrifices, and for the most part carried his trunk himself. He bragged that he had never worn a gown that cost above ten crowns, nor had ever sent above tenpence to the market for one day's provision; and that as to his country houses, he had not one that was rough-cast on the outside.

Scipio Æmilianus, after two triumphs and two consulships, went an embassy with no more than seven servants in his train. 'Tis said that Homer had never more than one, Plato three, and Zeno, founder of the sect of Stoics, none at all. Tiberius Gracchus was allowed but fivepence halfpenny a day when employed as public minister about the public affairs, and being at that time the greatest man of Rome.[2]

LIII. Of a Saying of Cæsar

If we would sometimes bestow a little consideration upon ourselves, and employ the time we spend in prying into other men's actions, and discovering things without us, in examining our own abilities we should soon perceive of how infirm and decaying material this fabric of ours is composed. Is it not a singular testimony of imperfection that we cannot establish our satisfaction in any one thing, and that even our own fancy and desire should deprive us of the power to choose what is most proper and useful for us? A very good proof of this is the great dispute that has ever been amongst the philosophers, of finding out man's sovereign good, that continues yet, and will eternally continue, without solution or accord.

Dum abest quod avemus, id exsuperare videtur
Cætera; post aliud, quum contigit illud, avemus,
Et sitis æqua tenet.[3]

Whatever it is that falls into our knowledge and possession, we find that it satisfies not, and we still pant after things to come and unknown, inasmuch as those present do not suffice for us; not that, in my judgment, they have not in them wherewith to do it, but because we seize them with an unruly and immoderate haste:

Nam quum vidit hic, ad victum quæ flagitat usus,
Et per quæ possent vitam consistere tutam,
Omnia jam ferme mortalibus esse parata;
Divitiis homines, et honore, et laude potentes
Affluere, atque bona natorum excellere fama;
Nec minus esse domi cuiquam tamen anxia corda,
Atque animum infestis cogi servire querelis:
Intellexit ibi vitium vas efficere ipsum,
Omniaque, illius vitio, corrumpier intus,
Quæ collata foris et commoda quæque venirent.[4]

Our appetite is irresolute and fickle; it can neither keep nor enjoy anything with a good grace: and man concluding it to be the fault of the things he is possessed of, fills himself with and feeds upon the idea of things he neither knows nor understands, to which he devotes his hopes and his desires, paying them all reverence and honour, according to the saying of Cæsar: *Communi fit vitio naturæ, ut invisis, latitantibus atque incognitis rebus magis confidamus, vehementiusque exterreamur.*[5]

---

[1] Plutarch, Marcus Cato.
[2] *Idem,* Tiberius Gracchus.

[3] That which we desire seems the most desirable thing in the world; then, when we have got it, we want something else; 'tis ever the same thirst.—Lucretius, iii. 1095.

[4] For when he saw that almost all things necessarily required for subsistence, and which may render life comfortable, are already prepared to their hand, that men may abundantly attain wealth, honour, praise, may rejoice in the reputation of their children, yet that, notwithstanding, every one has none the less in his heart and home anxieties and a mind enslaved by wearing complaints, he saw that the vessel itself was in fault, and that all good things which were brought into it from without were spoilt by its own imperfections.—*Ibid.,* vi. 9.

[5] 'Tis the common vice of nature, that we at once repose most confidence, and receive the greatest apprehensions, from things unseen, concealed, and

LIV. Of vain subtleties

THERE are a sort of little knacks and frivolous subtleties from which men sometimes expect to derive reputation and applause: as poets, who compose whole poems with every line beginning with the same letter; we see the shapes of eggs, globes, wings, and hatchets cut out by the ancient Greeks by the measure of their verses, making them longer or shorter, to represent such or such a figure. Of this nature was his employment who made it his business to compute into how many several orders the letters of the alphabet might be transposed, and found out that incredible number mentioned in Plutarch. I am mightily pleased with the humour of him, who having a man brought before him that had learned to throw a grain of millet with such dexterity and assurance as never to miss the eye of a needle; and being afterwards entreated to give something for the reward of so rare a performance, he pleasantly, and in my opinion, justly, ordered a certain number of bushels of the same grain to be delivered to him, that he might not want wherewith to exercise so famous an art. 'Tis a strong evidence of a weak judgment when men approve of things for their being rare and new, or for their difficulty, where worth and usefulness are not conjoined to recommend them.

I come just now from playing with my own family at who could find out the most things that hold by their two extremities; as Sire, which is a title given to the greatest person in the nation, the king, and also to the vulgar, as merchants, but never to any degree of men between. The women of great quality are called Dames, inferior gentlewomen, Demoiselles, and the meanest sort of women, Dames, as the first. The cloth of state over our tables is not permitted but in the palaces of princes and in taverns. Democritus said, that gods and beasts had sharper sense than men, who are of a middle form. The Romans wore the same habit at funerals and feasts. It is most certain that an extreme fear and an extreme ardour of courage equally trouble and relax the belly. The nickname of Trembling, with which they surnamed Sancho XII, King of Navarre, tells us that valour will cause a trembling in the limbs as well as fear. Those who were arming that king, or some other person, who upon the like occasion was wont to be in the same disorder, tried to compose him by representing the danger less he was going to engage himself in: "You understand me ill," said he, "for could my flesh know the danger my courage will presently carry it into, it would sink down to the ground." The faintness that surprises us from frigidity or dislike in the exercises of Venus are also occasioned by a too violent desire and an immoderate heat. Extreme coldness and extreme heat boil and roast. Aristotle says, that sows of lead will melt and run with cold and the rigour of winter just as with a vehement heat. Desire and satiety fill all the gradations above and below pleasure with pain. Stupidity and wisdom meet in the same centre of sentiment and resolution, in the suffering of human accidents. The wise control and triumph over ill, the others know it not: these last are, as a man may say, on this side of accidents, the others are beyond them, who after having well weighed and considered their qualities, measured and judged them what they are, by virtue of a vigorous soul leap out of their reach; they disdain and trample them underfoot, having a solid and well-fortified soul, against which the darts of fortune, coming to strike, must of necessity rebound and blunt themselves, meeting with a body upon which they can fix no impression; the ordinary and middle condition of men are lodged betwixt these two extremities, consisting of such as perceive evils, feel them, and are not able to support them. Infancy and decrepitude meet in the imbecility of the brain; avarice and profusion in the same thirst and desire of getting.

A man may say with some colour of truth that there is an Abecedarian ignorance that precedes knowledge, and a doctoral ignorance that comes after it; an ignorance that knowledge creates and begets, at the same time that it despatches and destroys the first. Of mean understandings, little inquisitive, and little instructed, are made good Christians, who by reverence and obedience simply believe and are constant in their belief. In the average understandings and the middle sort of capacities, the error of opinion is begotten; they follow the appearance of the first impression, and have some colour of reason on their side to impute our walking on in the old beaten path to simplicity and stupidity, meaning us who have not informed ourselves by study. The higher and nobler souls, more solid and clear-sighted, make up another sort of true believers, who by a long and religious investigation of truth, have obtained a clearer and more penetrating light into the Scriptures, and have discovered the mysterious and divine secret of our ecclesiastical polity; and yet we see some, who by the middle step, have arrived at that su-

---

unknown.—*De Bello Civil.*, xi. 4.

preme degree with marvellous fruit and confirmation, as to the utmost limit of Christian intelligence, and enjoy their victory with great spiritual consolation, humble acknowledgment of the divine favour, reformation of manners, and singular modesty. I do not intend with these to rank those others, who to clear themselves from all suspicion of their former errors and to satisfy us that they are sound and firm, render themselves extremely indiscreet and unjust, in the carrying on our cause, and blemish it with infinite reproaches of violence and oppression. The simple peasants are good people, and so are the philosophers, or whatever the present age calls them, men of strong and clear reason, and whose souls are enriched with an ample instruction of profitable sciences. The mongrels who have disdained the first form of the ignorance of letters, and have not been able to attain to the other (sitting betwixt two stools, as I and a great many more of us do), are dangerous, foolish, and importunate; these are they that trouble the world. And therefore it is that I, for my own part, retreat as much as I can towards the first and natural station, whence I so vainly attempted to advance.

Popular and purely natural poesy has in it certain artless graces, by which she may come into comparison with the greatest beauty of poetry perfected by art: as we see in our Gascon villanels and the songs that are brought us from nations that have no knowledge of any manner of science, nor so much as the use of writing. The middle sort of poesy betwixt these two is despised, of no value, honour, or esteem.

But seeing that the path once laid open to the fancy, I have found, as it commonly falls out, that what we have taken for a difficult exercise and a rare subject, proves to be nothing so, and that after the invention is once warm, it finds out an infinite number of parallel examples. I shall only add this one—that, were these Essays of mine considerable enough to deserve a critical judgment, it might then, I think, fall out that they would not much take with common and vulgar capacities, nor be very acceptable to the singular and excellent sort of men; the first would not understand them enough, and the last too much; and so they may hover in the middle region.

LV. OF SMELLS

IT has been reported of some, as of Alexander the Great, that their sweat exhaled an odoriferous smell, occasioned by some rare and extraordinary constitution, of which Plutarch and others have been inquisitive into the cause. But the ordinary constitution of human bodies is quite otherwise, and their best and chiefest excellency is to be exempt from smell. Nay, the sweetness even of the purest breath has nothing in it of greater perfection than to be without any offensive smell, like those of healthful children, which made Plautus say,

Mulier tum bene olet, ubi nihil olet.[1]

And such as make use of fine exotic perfumes are with good reason to be suspected of some natural imperfection which they endeavour by these odours to conceal.

To smell, though well, is to stink.

Rides nos, Coracine, nil olentes:
Malo, quam bene olere, nil olere.[2]

And elsewhere,

Posthume, non bene olet, qui bene semper olet.[3]

I am nevertheless a great lover of good smells, and as much abominate the ill ones, which also I scent at a greater distance, I think, than other men:

Namque sagacius unus odoror,
Polypus, an gravis hirsutis cubet hircus in alis
Quam canis acer, ubi lateat sus.[4]

Of smells, the simple and natural seem to me the most pleasing. Let the ladies look to that, for 'tis chiefly their concern: amid the most profound barbarism, the Scythian women, after bathing, were wont to powder and crust their faces and all their bodies with a certain odoriferous drug growing in their country, which being cleansed off, when they came to have familiarity with men, they were found perfumed and sleek. 'Tis not to be believed how strangely all sorts of odours cleave to me, and how apt my skin is to imbibe them. He that complains of nature that she has not furnished mankind with a vehicle to convey smells to the nose, had no reason; for they will do it themselves, especially to me; my very mustachios, which are full, perform that office; for if I stroke them but with my gloves or

---

[1] She smells sweetest who smells not at all.—Plautus, *Mostel.,* I. iii. 116.
[2] You laugh at me, Coracinus, because I am not scented; I would, rather than smell sweet, not smell at all.—Martial, vi. 55, 4.
[3] Posthumus, he who ever smells of scents does not smell well.—*Ibid.,* ii. 12, 14.
[4] My nose is quicker to scent a fetid sore or a rank armpit, than a dog to smell out the hidden sow.—Horace. *Epod.,* xii. 4.

handkerchief, the smell will not out a whole day; they manifest where I have been, and the close, luscious, devouring, viscid, melting kisses of youthful ardour in my wanton age left a sweetness upon my lips for several hours after. And yet I have ever found myself little subject to epidemic diseases, that are caught, either by conversing with the sick or bred by the contagion of the air, and have escaped from those of my time, of which there have been several sorts in our cities and armies. We read of Socrates that, though he never departed from Athens, during the frequent plagues that infested that city, he only was never infected.

Physicians might, I believe, extract greater utility from odours than they do, for I have often observed that they cause an alteration in me and work upon my spirits according to their several virtues; which makes me approve of what is said, that the use of incense and perfumes in churches, so ancient and so universally received in all nations and religions, was intended to cheer us, and to rouse and purify the senses, the better to fit us for contemplation.

I could have been glad, the better to judge of it, to have tasted the culinary art of those cooks who had so rare a way of seasoning exotic odours with the relish of meats; as it was particularly observed in the service of the King of Tunis, who in our days landed at Naples to have an interview with Charles the Emperor. His dishes were larded with odoriferous drugs, to that degree of expense that the cookery of one peacock and two pheasants amounted to a hundred ducats to dress them after their fashion; and when the carver came to cut them up, not only the dining-room but all apartments of his palace and the adjoining streets were filled with an aromatic vapour which did not presently vanish.

My chiefest care in choosing my lodgings is always to avoid a thick and stinking air; and those beautiful cities, Venice and Paris, very much lessen the kindness I have for them, the one by the offensive smell of her marshes, and the other of her dirt.

LVI. OF PRAYERS

I PROPOSE formless and undetermined fancies, like those who publish doubtful questions, to be after disputed upon in the schools, not to establish truth but to seek it; and I submit them to the judgments of those whose office it is to regulate, not my writings and actions only, but moreover my very thoughts. Let what I here set down meet with correction or applause, it shall be of equal welcome and utility to me, myself beforehand condemning as absurd and impious, if anything shall be found, through ignorance or inadvertency, couched in this rhapsody, contrary to the holy resolutions and prescriptions of the Catholic Apostolic and Roman Church, into which I was born and in which I will die. And yet, always submitting to the authority of their censure, which has an absolute power over me, I thus rashly venture at everything, as in treating upon this present subject.

I know not if or no I am wrong; but since, by a particular favour of the divine bounty, a certain form of prayer has been prescribed and dictated to us, word by word, from the mouth of God Himself, I have ever been of opinion that we ought to have it in more frequent use than we yet have; and if I were worthy to advise, at the sitting down to and rising from our tables, at our rising from and going to bed, and in every particular action wherein prayer is used, I would that Christians always make use of the Lord's Prayer, if not alone, yet at least always. The Church may lengthen and diversify prayers, according to the necessity of our instruction, for I know very well that it is always the same in substance and the same thing: but yet such a privilege ought to be given to that prayer, that the people should have it continually in their mouths; for it is most certain that all necessary petitions are comprehended in it, and that it is infinitely proper for all occasions. 'Tis the only prayer I use in all places and conditions, and which I still repeat instead of changing; whence it also happens that I have no other so entirely by heart as that.

It just now came into my mind, whence it is we should derive that error of having recourse to God in all our designs and enterprises, to call Him to our assistance in all sorts of affairs, and in all places where our weakness stands in need of support, without considering whether the occasion be just or otherwise; and to invoke His name and power, in what state soever we are, or action we are engaged in, howsoever vicious. He is, indeed, our sole and unique protector, and can do all things for us: but though He is pleased to honour us with this sweet paternal alliance, He is, notwithstanding, as just as He is good and mighty; and more often exercises His justice than His power, and favours us according to that, and not according to our petitions.

Plato in his *Laws*,[1] makes three sorts of belief injurious to the Gods; "that there are none; that

---

[1] x, at the beginning.

they concern not themselves about our affairs; that they never refuse anything to our vows, offerings, and sacrifices." The first of these errors (according to his opinion), never continued rooted in any man from his infancy to his old age; the other two, he confesses, men might be obstinate in.

God's justice and His power are inseparable; 'tis in vain we invoke His power in an unjust cause. We are to have our souls pure and clean, at that moment at least wherein we pray to Him, and purified from all vicious passions; otherwise we ourselves present Him the rods wherewith to chastise us; instead of repairing anything we have done amiss, we double the wickedness and the offence when we offer to Him, to whom we are to sue for pardon, an affection full of irreverence and hatred. Which makes me not very apt to applaud those whom I observe to be so frequent on their knees, if the actions nearest to the prayer do not give me some evidence of amendment and reformation,

> *Si, nocturnus adulter,*
> *Tempora Santonico velas adoperta cucullo.*[1]

And the practice of a man who mixes devotion with an execrable life seems in some sort more to be condemned than that of a man conformable to his own propension, and dissolute throughout; and for that reason it is that our Church denies admittance to and communion with men obstinate and incorrigible in any notorious wickedness. We pray only by custom and for fashion's sake; or, rather, we read or pronounce our prayers aloud, which is no better than an hypocritical show of devotion; and I am scandalised to see a man cross himself thrice at the Benedicite, and as often at Grace (and the more, because it is a sign I have in great veneration and continual use, even when I yawn), and to dedicate all the other hours of the day to acts of malice, avarice, and injustice. One hour to God, the rest to the devil, as if by composition and compensation. 'Tis a wonder to see actions so various in themselves succeed one another with such an uniformity of method as not to interfere nor suffer any alteration, even upon the very confines and passes from the one to the other. What a prodigious conscience must that be that can be at quiet within itself whilst it harbours under the same roof, with so agreeing and so calm a society, both the crime and the judge?

A man whose whole meditation is continually working upon nothing but impurity which he knows to be so odious to Almighty God, what can he say when he comes to speak to Him? He draws back, but immediately falls into a relapse. If the object of divine justice and the presence of his Maker did, as he pretends, strike and chastise his soul, how short soever the repentance might be, the very fear of offending the infinite Majesty would so often present itself to his imagination that he would soon see himself master of those vices that are most natural and vehement in him. But what shall we say of those who settle their whole course of life upon the profit and emolument of sins, which they know to be mortal? How many trades and vocations have we admitted and countenanced amongst us, whose very essence is vicious? And he that confessing himself to me, voluntarily told me that he had all his lifetime professed and practised a religion, in his opinion damnable and contrary to that he had in his heart, only to preserve his credit and the honour of his employments, how could his courage suffer so infamous a confession? What can men say to the divine justice upon this subject? Their repentance consisting in a visible and manifest reparation, they lose the colour of alleging it both to God and man. Are they so impudent as to sue for remission without satisfaction and without penitence? I look upon these as in the same condition with the first: but the obstinacy is not there so easy to be overcome. This contrariety and volubility of opinion so sudden, so violent, that they feign, are a kind of miracle to me: they present us with the state of an indigestible agony of mind.

It seemed to me a fantastic imagination in those who, these late years past, were wont to reproach every man they knew to be of any extraordinary parts, and made profession of the Catholic religion, that it was but outwardly; maintaining, moreover, to do him honour forsooth, that whatever he might pretend to the contrary he could not but in his heart be of their reformed opinion. An untoward disease, that a man should be so riveted to his own belief as to fancy that others cannot believe otherwise than as he does; and yet worse, that they should entertain so vicious an opinion of such great parts as to think any man so qualified, should prefer any present advantage of fortune to the promises of eternal life and the menaces of eternal damnation. They may believe me: could anything have tempted my youth, the ambition of the danger

---

[1] If a night adulterer, thou covered thy head with a Santonic cowl.—Juvenal, *Sat.*, viii. 144. The Santones were the people who inhabited Saintonge in France, from whom the Romans derived the use of hoods or cowls covering the head and face.

and difficulties in the late commotions had not been the least motives.

It is not without very good reason, in my opinion, that the Church interdicts the promiscuous, indiscreet, and irreverent use of the holy and divine Psalms, with which the Holy Ghost inspired King David. We ought not to mix God in our actions, but with the highest reverence and caution; that poesy is too holy to be put to no other use than to exercise the lungs and to delight our ears; it ought to come from the conscience, and not from the tongue. It is not fit that a prentice in his shop, amongst his vain and frivolous thoughts, should be permitted to pass away his time and divert himself with such sacred things. Neither is it decent to see the Holy Book of the holy mysteries of our belief tumbled up and down a hall or a kitchen; they were formerly mysteries, but are now become sports and recreations. 'Tis a book too serious and too venerable to be cursorily or slightly turned over: the reading of the scripture ought to be a temperate and premeditated act, and to which men should always add this devout preface, *sursum corda,* preparing even the body to so humble and composed a gesture and countenance as shall evidence a particular veneration and attention. Neither is it a book for every one to fist, but the study of select men set apart for that purpose, and whom Almighty God has been pleased to call to that office and sacred function: the wicked and ignorant grow worse by it. 'Tis not a story to tell, but a history to revere, fear, and adore. Are not they then pleasant men, who think they have rendered this fit for the people's handling, by translating it into the vulgar tongue? Does the understanding of all therein contained only stick at words? Shall I venture to say further, that by coming so near to understand a little, they are much wider of the whole scope than before. A pure and simple ignorance and wholly depending upon the exposition of qualified persons, was far more learned and salutary than this vain and verbal knowledge, which has only proved the nurse of temerity and presumption.

And I do further believe that the liberty every one has taken to disperse the sacred writ into so many idioms carries with it a great deal more of danger than utility. The Jews, Mohammedans, and almost all other peoples, have reverentially espoused the language wherein their mysteries were first conceived, and have expressly, and not without colour of reason, forbidden the alteration of them into any other. Are we assured that in Biscay and in Brittany there are enough competent judges of this affair to establish this translation into their own language? The universal Church has not a more difficult and solemn judgment to make. In preaching and speaking the interpretation is vague, free, mutable, and of a piece by itself; so 'tis not the same thing.

One of our Greek historians justly censures the age he lived in, because the secrets of the Christian religion were dispersed into the hands of every mechanic, to expound and argue upon, according to his own fancy, and that we ought to be much ashamed, we who by God's especial favour enjoy the pure mysteries of piety, to suffer them to be profaned by the ignorant rabble; considering that the Gentiles expressly forbad Socrates, Plato, and the other sages to inquire into or so much as to mention the things committed to the priests of Delphi; and he says, moreover, that the factions of princes upon theological subjects are armed not with zeal but fury; that zeal springs from the divine wisdom and justice, and governs itself with prudence and moderation, but degenerates into hatred and envy, producing tares and nettles instead of corn and wine when conducted by human passions. And it was truly said by another, who, advising the Emperor Thedosius, told him, that disputes did not so much rock the schisms of the Church asleep, as it roused and animated heresies; that, therefore, all contentions and dialectic disputations were to be avoided, and men absolutely to acquiesce in the prescriptions and formulas of faith established by the ancients. And the Emperor Andronicus having overheard some great men at high words in his palace with Lapodius about a point of ours of great importance, gave them so severe a check as to threaten to cause them to be thrown into the river if they did not desist. The very women and children nowadays take upon them to lecture the oldest and most experienced men about the ecclesiastical laws; whereas the first of those of Plato [1] forbids them to inquire so much as into the civil laws, which were to stand instead of divine ordinances; and, allowing the old men to confer amongst themselves or with the magistrate about those things, he adds, provided it be not in the presence of young or profane persons.

A bishop has left in writing that at the other end of the world there is an isle, by the ancients called Dioscorides abundantly fertile in all sorts of trees and fruits, and of an exceedingly healthful air; the inhabitants of which are Christians, having churches and altars, only adorned with

---

[1] *Laws,* i.

crosses without any other images, great observers of fasts and feasts, exact payers of their tithes to the priests, and so chaste, that none of them is permitted to have to do with more than one woman in his life; as to the rest, so content with their condition, that environed with the sea they know nothing of navigation, and so simple that they understand not one syllable of the religion they profess and wherein they are so devout: a thing incredible to such as do not know that the Pagans, who are so zealous idolaters, know nothing more of their gods than their bare names and their statues. The ancient beginning of *Menalippus*, a tragedy of Euripides, ran thus,

> O Jupiter! for that name alone
> Of what thou art to me is known.

I have also known in my time some men's writings found fault with for being purely human and philosophical, without any mixture of theology; and yet, with some show of reason, it might, on the contrary, be said that the divine doctrine, as queen and regent of the rest, better keeps her state apart, that she ought to be sovereign throughout, not subsidiary and suffragan, and that, peradventure, grammatical, rhetorical, logical examples may elsewhere be more suitably chosen, as also the material for the stage, games, and public entertainments, than from so sacred a matter; that divine reasons are considered with greater veneration and attention by themselves, and in their own proper style, than when mixed with and adapted to human discourse; that it is a fault much more often observed that the divines write too humanly, than that the humanists write not theologically enough. Philosophy, says St. Chrysostom, has long been banished the holy schools, as an handmaid altogether useless and thought unworthy to look, so much as in passing by the door, into the sanctuary of the holy treasures of the celestial doctrine; that the human way of speaking is of a much lower form and ought not to adopt for herself the dignity and majesty of divine eloquence. Let who will *verbis indisciplinatis*[1] talk of fortune, destiny, accident, good and evil hap, and other suchlike phrases, according to his own humour; I for my part propose fancies merely human and merely my own, and that simply as human fancies, and separately considered, not as determined by any decree from heaven, incapable of doubt or dispute; matter of opinion, not matter of faith; things which I discourse of according to my own notions, not as I believe, according to God; after a laical, not clerical, and yet always after a very religious manner, as children prepare their exercises, not to instruct but to be instructed.

And might it not be said, that an edict enjoining all people but such as are public professors of divinity, to be very reserved in writing of religion, would carry with it a very good colour of utility and justice—and to me, amongst the rest peradventure, to hold my prating? I have been told that even those who are not of our Church nevertheless amongst themselves expressly forbid the name of God to be used in common discourse, not so much even by way of interjection, exclamation, assertion of a truth, or comparison; and I think them in the right: upon what occasion soever we call upon God to accompany and assist us, it ought always to be done with the greatest reverence and devotion.

There is, as I remember, a passage in Xenophon where he tells us that we ought so much the more seldom to call upon God, by how much it is hard to compose our souls to such a degree of calmness, patience, and devotion as it ought to be in at such a time; otherwise our prayers are not only vain and fruitless, but vicious: "forgive us," we say, "our trespasses, as we forgive them that trespass against us"; what do we mean by this petition but that we present to God a soul free from all rancour and revenge? And yet we make nothing of invoking God's assistance in our vices, and inviting Him into our unjust designs,

> *Quæ, nisi seductis, nequeas committere divis;*[2]

the covetous man prays for the conservation of his vain and superfluous riches; the ambitious for victory and the good conduct of his fortune; the thief calls Him to his assistance, to deliver him from the dangers and difficulties that obstruct his wicked designs, or returns Him thanks for the facility he has met with in cutting a man's throat; at the door of the house men are going to storm or break into by force of a petard, they fall to prayers for success, their intentions and hopes full of cruelty, avarice, and lust.

> *Hoc igitur, quo tu Jovis aurem impellere tentas,*
> *Dic agedum Staio: proh Juppiter! o bone, clamet,*
> *Juppiter! At sese non clamet Juppiter ipse.*[3]

---

[1] In undisciplined language.—St. Augustine, *City of God*, x. 29.

[2] Which you can only impart to the gods privately.—Persius, ii. 4.

[3] That to which you would seek to persuade Jupiter ask of Staius. What would he say? "O Jupiter! O good Jupiter!" would he cry. Think you Jupiter

Marguerite, Queen of Navarre, tells of a young prince, who, though she does not name him, is easily enough by his great qualities to be known, who going upon an amorous assignation to lie with an advocate's wife of Paris, his way thither being through a church, he never passed that holy place going to or returning from his pious exercise, but he always kneeled down to pray. Wherein he would employ the divine favour, his soul being full of such virtuous meditations, I leave others to judge, which, nevertheless, she instances for a testimony of singular devotion. But this is not the only proof we have that women are not very fit to treat of theological affairs.

A true prayer and religious reconciling of ourselves to Almighty God cannot enter into an impure soul, subject at the very time to the dominion of Satan. He who calls God to his assistance whilst in a course of vice, does as if a cut purse should call a magistrate to help him, or like those who introduce the name of God to the attestation of a lie.

Tacito mala vota susurro
Concipimus.[1]

There are few men who durst publish to the world the prayers they make to Almighty God:

Haud cuivis promptum est, murmurque, humilesque susurros
Tollere de templis, et aperto vivere voto.[2]

and this is the reason why the Pythagoreans would have them always public and heard by every one, to the end they might not prefer indecent or unjust petitions as this man:

Clare quum dixit, Apollo!
Labra movet, metuens audiri: Pulcra Laverna
Da mihi fallere, da justum sanctumque videri;
Noctem peccatis, et fraudibus objice nubem.[3]

The gods severely punished the wicked prayers of Œdipus in granting them: he had prayed that his children might amongst themselves determine the succession to his throne by arms, and was so miserable as to see himself taken at his word. We are not to pray that all things may go as we would have them, but as most concurrent with prudence.

We seem, in truth, to make use of our prayers as of a kind of gibberish, and as those do who employ holy words about sorceries and magical operations; and as if we reckoned the benefit we are to reap from them as depending upon the contexture, sound, and gingle of words, or upon the grave composing of the countenance. For having the soul contaminated with concupiscence, not touched with repentance, or comforted by any late reconciliation with God, we go to present Him such words as the memory suggests to the tongue, and hope from thence to obtain the remission of our sins. There is nothing so easy, so sweet, and so favourable, as the divine law: it calls and invites us to her, guilty and abominable as we are; extends her arms and receives us into her bosom, foul and polluted as we at present are, and are for the future to be. But then, in return, we are to look upon her with a respectful eye; we are to receive this pardon with all gratitude and submission, and for that instant at least, wherein we address ourselves to her, to have the soul sensible of the ills we have committed, and at enmity with those passions that seduced us to offend her; neither the gods nor good men (says Plato[4]) will accept the present of a wicked man.

Immunis aram si tetigit manus,
Non sumptuosa blandior hostia
Mollivit aversos Penates
Farre pio, et saliente mica.[5]

LVII. OF AGE

I CANNOT allow of the way in which we settle for ourselves the duration of our life. I see that the sages contract it very much in comparison of the common opinion: "what," said the younger Cato to those who would stay his hand from killing himself, "am I now of an age to be reproached that I go out of the world too soon?" And yet he was but eight-and-forty years old.[6] He thought that to be a mature and advanced age, considering how few arrive unto it. And such as, soothing their thoughts with I know not what course of nature, promise to themselves

---

himself would not cry out upon it?—*Ibid.*, ii. 21.

[1] We whisper our guilty prayers.—Lucan, v. 104.

[2] 'Tis not convenient for every one to bring the prayers he mutters, out of the temple, and to give his wishes to the public ear.—Persius, ii. 6.

[3] He first exclaims aloud, Apollo! Then gently moving his lips, fearful to be heard, he murmurs: O fair Laverna, grant me the talent to deceive and cheat; yet all the while to appear holy and just; shroud my sins with night, and my frauds with a sable cloud.—Horace, *Epist.*, i. 16, 59. Laverna was the goddess of thieves.

[4] *Laws*, Bk. iv.

[5] If a pure hand touch the altar, the pious offering of a small cake and a few grains of salt will appease the offended gods more effectually than costly sacrifices.—Horace, *Od.* iii. 23, 17.

[6] Plutarch, *Cato the Younger*.

some years beyond it, could they be privileged from the infinite number of accidents to which we are by a natural subjection exposed, they might have some reason so to do. What an idle conceit is it to expect to die of a decay of strength, which is the effect of extremest age, and to propose to ourselves no shorter lease of life than that, considering it is a kind of death of all others the most rare and very seldom seen? We call that only a natural death; as if it were contrary to nature to see a man break his neck with a fall, be drowned in shipwreck, be snatched away with a pleurisy or the plague, and as if our ordinary condition did not expose us to these inconveniences. Let us no longer flatter ourselves with these fine words; we ought rather, peradventure, to call that natural, which is general, common, and universal.

To die of old age is a death rare, extraordinary, and singular, and, therefore, so much less natural than the others; 'tis the last and extremest sort of dying: and the more remote, the less to be hoped for. It is, indeed, the bourn beyond which we are not to pass, and which the law of nature has set as a limit, not to be exceeded; but it is, withal, a privilege she is rarely seen to give us to last till then. 'Tis a lease she only signs by particular favour, and it may be to one only in the space of two or three ages, and then with a pass to boot, to carry him through all the traverses and difficulties she has strewed in the way of this long career. And therefore my opinion is, that when once forty years we should consider it as an age to which very few arrive. For seeing that men do not usually proceed so far, it is a sign that we are pretty well advanced; and since we have exceeded the ordinary bounds, which is the just measure of life, we ought not to expect to go much further; having escaped so many precipices of death, whereinto we have seen so many other men fall, we should acknowledge that so extraordinary a fortune as that which has hitherto rescued us from those eminent perils, and kept us alive beyond the ordinary term of living, is not likely to continue long.

'Tis a fault in our very laws to maintain this error: these say that a man is not capable of managing his own estate till he be five-and-twenty years old, whereas he will have much ado to manage his life so long. Augustus cut off five years from the ancient Roman standard, and declared, that thirty years old was sufficient for a judge. Servius Tullius superseded the knights of above seven-and-forty years of age from the fatigues of war; Augustus dismissed them at forty-five; though methinks it seems a little unreasonable that men should be sent to the fireside till five-and-fifty or sixty years of age. I should be of opinion that our vocation and employment should be as far as possible extended for the public good: I find the fault on the other side, that they do not employ us early enough. This emperor was arbiter of the whole world at nineteen, and yet would have a man to be thirty before he could be fit to determine a dispute about a gutter.

For my part, I believe our souls are adult at twenty as much as they are ever like to be, and as capable then as ever. A soul that has not by that time given evident earnest of its force and virtue will never after come to proof. The natural qualities and virtues produce what they have of vigorous and fine, within that term or never.

> *Si l'espine nou picque quand nai*
> *A pene que picque jamai,*[1]

as they say in Dauphiné.

Of all the great human actions I ever heard or read of, of what sort soever, I have observed, both in former ages and our own, more were performed before the age of thirty than after; and this ofttimes in the very lives of the same men. May I not confidently instance in those of Hannibal and his great concurrent Scipio? The better half of their lives they lived upon the glory they had acquired in their youth; great men after, 'tis true, in comparison of others; but by no means in comparison of themselves. As to my own particular, I do certainly believe that since that age, both my understanding and my constitution have rather decayed than improved, and retired rather than advanced. 'Tis possible, that with those who make the best use of their time, knowledge and experience may increase with their years; but vivacity, promptitude, steadiness, and other pieces of us, of much greater importance, and much more essentially our own, languish and decay.

> *Ubi jam validis quassatum est viribus ævi*
> *Corpus, et obtusis ceciderunt viribus artus,*
> *Claudicat ingenium, delirat linguaque, mensque.*[2]

Sometimes the body first submits to age, sometimes the mind; and I have seen enough who

---

[1] If the thorn does not prick at its birth, 'twill hardly ever prick at all.
[2] When once the body's shaken by the violence of time, blood and vigour ebbing away, the judgment then also halts, the tongue trips, and the mind dotes.—Lucretius, iii. 452.

have got a weakness in their brains before either in their legs or stomach; and by how much the more it is a disease of no great pain to the sufferer, and of obscure symptoms, so much greater is the danger. For this reason it is that I complain of our laws, not that they keep us too long to our work, but that they set us to work too late. For the frailty of life considered, and to how many ordinary and natural rocks it is exposed, one ought not to give up so large a portion of it to childhood, idleness, and apprenticeship.

Book the Second

1. Of the inconstancy of our actions

SUCH as make it their business to oversee human actions, do not find themselves in anything so much perplexed as to reconcile them and bring them into the world's eye with the same lustre and reputation; for they commonly so strangely contradict one another that it seems impossible they should proceed from one and the same person. We find the younger Marius one while a son of Mars, and another a son of Venus. Pope Boniface VIII entered, it is said, into his Papacy like a fox, behaved himself in it like a lion, and died like a dog; and who could believe it to be the same Nero, the perfect image of all cruelty, who, having the sentence of a condemned man brought to him to sign, as was the custom, cried out, "O, that I had never been taught to write!" so much it went to his heart to condemn a man to death. All story is full of such examples, and every man is able to produce so many to himself, or out of his own practice or observation, that I sometimes wonder to see men of understanding give themselves the trouble of sorting these pieces, considering that irresolution appears to me to be the most common and manifest vice of our nature: witness the famous verse of the player Publilius,

Malum consilium est, quod mutari non potest.[1]

There seems some reason in forming a judgment of a man from the most usual methods of his life; but, considering the natural instability of our manners and opinions, I have often thought even the best authors a little out in so obstinately endeavouring to make of us any constant and solid contexture; they choose a general air of a man, and according to that interpret all his actions, of which, if they cannot bend some to a uniformity with the rest, they are presently imputed to dissimulation. Augustus has escaped them, for there was in him so apparent, sudden, and continual variety of actions all the whole course of his life, that he has slipped away clear and undecided from the most daring critics. I can more hardly believe a man's constancy than any other virtue, and believe nothing sooner than the contrary. He that would judge of a man in detail and distinctly, bit by bit, would oftener be able to speak the truth. It is a hard matter, from all antiquity, to pick out a dozen men who have formed their lives to one certain and constant course, which is the principal design of wisdom; for to comprise it all in one word, says one of the ancients, and to contract all the rules of human life into one, "it is to will, and not to will, always one and the same thing: I will not vouchsafe," says he, "to add, provided the will be just, for if it be not just, it is impossible it should be always one." I have indeed formerly learned that vice is nothing but irregularity and want of measure, and therefore 'tis impossible to fix constancy to it. 'Tis a saying of Demosthenes, "that the beginning of all virtue is consultation and deliberation; the end and perfection, constancy." If we would resolve on any certain course by reason, we should pitch upon the best, but nobody has thought on't.

Quod petiit, spernit; repetit, quod nuper omisit;
Æstuat, et vitæ disconvenit ordine toto.[2]

Our ordinary practice is to follow the inclinations of our appetite, be it to the left or right, upwards or downwards, according as we are wafted by the breath of occasion. We never meditate what we would have till the instant we have a mind to have it; and change like that little creature which receives its colour from what it is laid upon. What we but just now pro-

---

[1] 'Tis evil counsel that will admit no change.—Publilius Syrus, *from* Gellius, xvii. 14.

[2] That which he sought he despises; what he has lost, he seeks. He fluctuates, and flies from that to this: his whole life a contradiction.—Horace, *Epist.*, i. 1, 98.

posed to ourselves we immediately alter, and presently return again to it; 'tis nothing but shifting and inconstancy:

Ducimur, ut nervis alienis mobile lignum.[1]

We do not go, we are driven; like things that float, now leisurely then with violence, according to the gentleness or rapidity of the current:

Nonne videmus,
Quid sibi quisque velit, nescire, et quærere semper;
Commutare locum, quasi onus deponere possit?[2]

Every day a new whimsy, and our humours keep motion with the time.

Tales sunt hominum mentes, quali pater ipse
Juppiter auctiferas lustravit lumine terras.[3]

We fluctuate betwixt various inclinations; we will nothing freely, nothing absolutely, nothing constantly. In any one who had prescribed and established determinate laws and rules in his head for his own conduct, we should perceive an equality of manners, an order and an infallible relation of one thing or action to another, shine through his whole life; Empedocles observed this discrepancy in the Agrigentines, that they gave themselves up to delights, as if every day was their last, and built as if they had been to live for ever. The judgment would not be hard to make, as is very evident in the younger Cato; he who therein has found one step, it will lead him to all the rest; 'tis a harmony of very according sounds, that cannot jar. But with us 'tis quite contrary; every particular action requires a particular judgment. The surest way to steer, in my opinion, would be to take our measures from the nearest allied circumstances, without engaging in a longer inquisition, or without concluding any other consequence. I was told, during the civil disorders of our poor kingdom, that a maid, hard by the place where I then was, had thrown herself out of a window to avoid being forced by a common soldier who was quartered in the house; she was not killed by the fall, and therefore, repeating her attempt would have cut her own throat, had she not been prevented; but having, nevertheless, wounded herself to some show of danger, she voluntarily confessed that the soldier had not as yet importuned her otherwise than by courtship, earnest solicitation, and presents; but that she was afraid that in the end he would have proceeded to violence, all which she delivered with such a countenance and accent, and withal embrued in her own blood, the highest testimony of her virtue, that she appeared another Lucretia; and yet I have since been very well assured that both before and after she was not so difficult a piece. And, according to my host's tale in Ariosto, be as handsome a man and as worthy a gentleman as you will, do not conclude too much upon your mistress' inviolable chastity for having been repulsed; you do not know but she may have a better stomach to your muleteer.

Antigonus, having taken one of his soldiers into a great degree of favour and esteem for his virtue and valour, gave his physicians strict charge to cure him of a long and inward disease under which he had a great while languished, and observing that, after his cure, he went much more coldly to work than before, he asked him what had so altered and cowed him: "Yourself, sir," replied the other, "by having eased me of the pains that made me weary of my life."[4] Lucullus' soldier having been rifled by the enemy, performed upon them in revenge a brave exploit, by which having made himself a gainer, Lucullus, who had conceived a good opinion of him from that action, went about to engage him in some enterprise of very great danger, with all the plausible persuasions and promises he could think of,

Verbis, quæ timido quoque possent addere mentem.[5]

"Pray employ," answered he, "some miserable plundered soldier in that affair";

Quantumvis rusticus, ibit,
Ibit eo, quo vis, qui zonam perdidit, inquit;[6]

and flatly refused to go. When we read that Mahomet having furiously rated Chasan, Bassa of the Janizaries, because he had seen the Hungarians break into his squadrons, and himself behave very ill in the business, and that Chasan, instead of any other answer, rushed furiously alone, scimitar in hand, into the first body of the enemy where he was presently cut to pieces, we are not to look upon that action, peradventure,

---

[1] We are turned about as tops turn with the thong.—Horace, *Sat.*, ii. 7, 82.

[2] Do we not see them, uncertain what they would have, and always asking for something new, and to get rid of a burthen.—Lucretius, iii. 1070.

[3] Such are the minds of men, that they change as the days that father Jupiter sends on the earth.—Cicero, *Frag. Poet.*, x.

[4] Plutarch, Pelopidas.

[5] Words which would have inspired the greatest coward.—Horace, *Epist.*, ii. 2, 36.

[6] "Let some poor fellow, who has lost his purse, go on your errand," said he.—*Ibid.*, ii. 2, 39.

so much as vindication as a turn of mind, not so much proceeding from natural valour as from a sudden despite. The man you saw yesterday so adventurous and brave, you must not think it strange to see him as great a poltroon the next: anger, necessity, company, wine, or the sound of the trumpet had roused his spirits; this is no valour formed and established by reason, but accidentally created by such circumstances, and therefore it is no wonder, if by contrary circumstances it appear quite another thing.

These supple variations and contradictions so manifest in us, have given occasion to some to believe that man has two souls; other two distinct powers that always accompany and incline us, the one towards good and the other towards ill, according to their own nature and propension; so abrupt a variety not being imaginable to flow from one and the same source.

For my part, the puff of every accident not only carries me along with it according to its own proclivity, but moreover I discompose and trouble myself by the instability of my own posture; and whoever will look narrowly into his own bosom, will hardly find himself twice in the same condition. I give to my soul sometimes one face and sometimes another, according to the side I turn her to. If I speak variously of myself, it is because I consider myself variously; all the contrarieties are there to be found in one corner or another; after one fashion or another; bashful, insolent; chaste, lustful; prating, silent; laborious, delicate; ingenious, heavy; melancholic, pleasant; lying, true; knowing, ignorant; liberal, covetous, and prodigal: I find all this in myself, more or less, according as I turn myself about; and whoever will sift himself to the bottom, will find in himself and even in his own judgment, this volubility and discordance. I have nothing to say of myself entirely, simply, and solidly without mixture and confusion. *Distinguo* is the most universal member of my logic. Though I always intend to speak well of good things, and rather to interpret such things as fall out in the best sense than otherwise, yet such is the strangeness of our condition, that we are often pushed on to do well even by vice itself, if well-doing were not judged by the intention only. One gallant action, therefore, ought not to conclude a man valiant; if a man were brave indeed, he would be always so, and upon all occasions. If it were a habit of valour and not a sally, it would render a man equally resolute in all accidents; the same alone as in company; the same in lists as in a battle: for, let them say what they will, there is not one valour for the pavement and another for the field; he would bear a sickness in his bed as bravely as a wound in the field; and no more fear death in his own house than at an assault. We should not then see the same man charge into a breach with a brave assurance, and afterwards torment himself like a woman for the loss of a trial at law or the death of a child; when, being an infamous coward, he is firm in the necessities of poverty; when he shrinks at the sight of a barber's razor, and rushes fearless upon the swords of the enemy, the action is commendable, not the man.

Many of the Greeks, says Cicero, cannot endure the sight of an enemy, and yet are courageous in sickness; the Cimbrians and Celtiberians quite contrary; *nihil enim potest esse æquabile, quod non a certâ ratione proficiscatur.*[1] No valour can be more extreme in its kind than that of Alexander: but it is of but one kind nor full enough throughout, nor universal. Incomparable as it is, it has yet some blemishes; of which his being so often at his wits' end upon every light suspicion of his captains, conspiring against his life, and the carrying himself in that inquisition with so much vehemence and indiscreet injustice, and with a fear that subverted his natural reason, is one pregnant instance. The superstition also, with which he was so much tainted, carries along with it some image of pusillanimity; and the excess of his penitence for the murder of Clytus is also a testimony of the unevenness of his courage. All we perform is no other than a cento, as a man may say, of several pieces, and we would acquire honour by a false title. Virtue cannot be followed but for herself, and if one sometimes borrows her mask to some other purpose, she presently pulls it away again. 'Tis a vivid and strong tincture which, when the soul has once thoroughly imbibed it, will not out but with the piece. And, therefore, to make a right judgment of a man, we are long and very observingly to follow his trace: if constancy does not there stand firm upon her own proper base, *cui vivendi via considerata atque provisa est,*[2] if the variety of occurrences makes him alter his pace (his path, I mean, for the pace may be faster or slower) let him go; such a one runs before the wind, *Avau le vent,* as the motto of our Talebot has it.

'Tis no wonder, says one of the ancients, that

---

[1] Nothing can be regular that does not proceed from a fixed ground of reason.—Cicero, *Tusc. Quæs.*, ii. 27.

[2] If the way of his life is thoroughly considered and traced out.—Cicero, *Paradox,* v. 1.

chance has so great a dominion over us, since it is by chance we live. It is not possible for any one who has not designed his life for some certain end, to dispose his particular actions; it is impossible for any one to arrange the pieces, who has not the whole form already contrived in his imagination. Of what use are colours to him that knows not what he is to paint? No one lays down a certain design for his life, and we only deliberate thereof by pieces. The archer ought first to know at what he is to aim, and then accommodate his arm, bow, string, shaft, and motion to it; our counsels deviate and wander, because not levelled to any determinate end. No wind serves him who addresses his voyage to no certain port. I cannot acquiesce in the judgment given by one in the behalf of Sophocles, who concluded him capable of the management of domestic affairs, against the accusation of his son, from having read one of his tragedies.

Neither do I allow of the conjecture of the Parians,[1] sent to regulate the Milesians, sufficient for such a consequence, as they from thence derived: coming to visit the island, they took notice of such grounds as were best husbanded, and such country-houses as were best governed; and having taken the names of the owners, when they had assembled the citizens, they appointed these farmers for new governors and magistrates; concluding that they, who had been so provident in their own private concerns, would be so of the public too. We are all lumps, and of so various and inform a contexture, that every piece plays, every moment, its own game, and there is as much difference betwixt us and ourselves as betwixt us and others: *magnam rem puta, unum hominem agere*.[2] Since ambition can teach men valour, temperance, and liberality, and even justice too; seeing that avarice can inspire the courage of a shop-boy, bred and nursed up in obscurity and ease, with the assurance to expose himself so far from the fireside to the mercy of the waves and angry Neptune in a frail boat; that she further teaches discretion and prudence; and that even Venus can inflate boys under the discipline of the rod with boldness and resolution, and infuse masculine courage into the heart of tender virgins in their mothers' arms:

Hac duce, custodes furtim transgressa jacentes,
Ad juvenem tenebris sola puella venit:[3]

---

[1] Herodotus, v.

[2] Esteem it a great thing always to act as one and the same man.—Seneca, *Epist.*, 120.

[3] She leading, the tender virgin, furtively evading her guardian, steals in the dark to her young lover's arms.—Tibullus, ii. 1, 75.

'tis not all the understanding has to do, simply to judge us by our outward actions; it must penetrate the very soul, and there discover by what springs the motion is guided. But that being a high and hazardous undertaking, I could wish that fewer would attempt it.

II. OF DRUNKENNESS

THE world is nothing but variety and dissemblance: vices are all alike, as they are vices, and peradventure the Stoics understand them so; but although they are equally vices, yet they are not all equal vices; and he who has transgressed the ordinary bounds a hundred paces,

Quos ultra, citraque nequit consistere rectum,[4]

should not be in a worse condition than he that has advanced but ten, is not to be believed; or that sacrilege is not worse than stealing a cabbage:

Nec vincet ratio hoc, tantumdem ut peccet, idemque,
Qui teneros caules alieni fregerit horti,
Et qui nocturnus divum sacra legerit.[5]

There is in this as great diversity as in anything whatever. The confounding of the order and measure of sins is dangerous: murderers, traitors, and tyrants get too much by it, and it is not reasonable they should flatter their consciences, because another man is idle, lascivious, or not assiduous at his devotion. Every one lays weight upon the sin of his companions, but lightens his own. Our very instructors themselves rank them sometimes, in my opinion, very ill. As Socrates said that the principal office of wisdom was to distinguish good from evil, we, the best of whom are vicious, ought also to say the same of the science of distinguishing betwixt vice and vice, without which, and that very exactly performed, the virtuous and the wicked will remain confounded and unrecognised.

Now, amongst the rest, drunkenness seems to me to be a gross and brutish vice. The soul has greater part in the rest, and there are some vices that have something, if a man may so say, of generous in them; there are vices wherein there is a mixture of knowledge, diligence, valour, prudence, dexterity, and address; this one is totally corporeal and earthly. And the rudest

---

[4] Beyond or within which, right is not.—Horace, *Sat.*, i. 1, 107.

[5] *Ibid.*, iii. 1, 115. The sense is given in the preceding passage of the text.

nation this day in Europe is that alone where it is in fashion. Other vices discompose the understanding: this totally overthrows it and renders the body stupid.

> *Cum vini vis penetravit ...*
> *Consequitur gravitas membrorum, præpediuntur*
> *Crura vacillanti, tardescit lingua, madet mens,*
> *Nant oculi; clamor, singultus, jurgia, gliscunt.*[1]

The worst state of man is that wherein he loses the knowledge and government of himself. And 'tis said, amongst other things upon this subject, that, as the must fermenting in a vessel, works up to the top whatever it has in the bottom, so wine, in those who have drunk beyond measure, vents the most inward secrets.

> *Tu sapientium*
> *Curas et arcanum jocoso*
> *Consilium retegis Lyæo.*[2]

Josephus tells us that by giving an ambassador the enemy had sent to him his full dose of liquor, he wormed out his secrets. And yet, Augustus, committing the most inward secrets of his affairs to Lucius Piso, who conquered Thrace, never found him faulty in the least, no more than Tiberius did Cossus, with whom he intrusted his whole counsels, though we know they were both so given to drink that they have often been fain to carry both the one and the other drunk out of the Senate.

> *Hesterno inflatum venas, de more, Lyæo.*[3]

And the design of killing Cæsar was as safely communicated to Cimber, though he would often be drunk, as to Cassius, who drank nothing but water. We see our Germans, when drunk as the devil, know their post, remember the word, and keep to their ranks:

> *Nec facilis victoria de madidis, et*
> *Blæsis, atque mero titubantibus.*[4]

I could not have believed there had been so profound, senseless, and dead a degree of drunkenness had I not read in history that Attalus, having, to put a notable affront upon him, invited to supper the same Pausanias, who upon the very same occasion afterwards killed Philip of Macedon, a king who by his excellent qualities gave sufficient testimony of his education in the house and company of Epaminondas, made him drink to such a pitch that he could after abandon his beauty, as of a hedge strumpet, to the muleteers and servants of the basest office in the house. And I have been further told by a lady whom I highly honour and esteem, that near Bordeaux and about Castres where she lives, a country woman, a widow of chaste repute, perceiving in herself the first symptoms of breeding, innocently told her neighbours that if she had a husband she should think herself with child; but the causes of suspicion every day more and more increasing, and at last growing up to a manifest proof, the poor woman was reduced to the necessity of causing it to be proclaimed in her parish church, that whoever had done that deed and would frankly confess it, she did not only promise to forgive, but moreover to marry him, if he liked the motion; whereupon a young fellow that served her in the quality of a labourer, encouraged by this proclamation, declared that he had one holiday found her, having taken too much of the bottle, so fast asleep by the chimney and in so indecent a posture, that he could conveniently do his business without waking her; and they yet live together man and wife.

It is true that antiquity has not much decried this vice; the writings even of several philosophers speak very tenderly of it, and even amongst the Stoics there are some who advise folks to give themselves sometimes the liberty to drink, nay, to drunkenness, to refresh the soul.

> *Hoc quoque virtutum quondam certamine,*
> *magnum*
> *Socratem palmam promeruisse ferunt.*[5]

That censor and reprover of others, Cato, was reproached that he was a hard drinker.

> *Narratur et prisci Catonis*
> *Sæpe mero caluisse virtus.*[6]

Cyrus, that so renowned king, amongst the other qualities by which he claimed to be preferred before his brother Artaxerxes, urged this excel-

---

[1] When the power of wine has penetrated us, a heaviness of the limbs follows, the legs of the tottering person are impeded; the tongue grows torpid, the mind is dimmed, the eyes swim, noise, hiccup, and quarrels arise.—Lucretius, i. 3, 475.
[2] Thou in thy cups blabbest out the secret counsels of the wise.—Horace, *Od.*, xxi. 1, 14.
[3] Their veins yet full, as usual, of yesterday's wine.—Virgil, *Eclog.*, vi. 15.
[4] Nor is a victory easily obtained over men so drunk, they can scarce speak or stand.—Juvenal, *Sat.*, xv. 47.

[5] And the great Socrates is said, in these drinking bouts, to have carried off the palm.—Pseudo-Gallus, i. 47.
[6] And of the elder Cato it is said, that his virtue was often warmed with wine.—Horace, *Od.*, xxi. 3, 11.

lence, that he could drink a great deal more than he. And in the best governed nations this trial of skill in drinking is very much in use. I have heard Silvius, an excellent physician of Paris, say that lest the digestive faculties of the stomach should grow idle, it were not amiss once a month to rouse them by this excess, and to spur them lest they should grow dull and rusty; and one author tells us that the Persians used to consult about their most important affairs after being well warmed with wine.

My taste and constitution are greater enemies to this vice than I am; for besides that I easily submit my belief to the authority of ancient opinions, I look upon it indeed as an unmanly and stupid vice, but less malicious and hurtful than the others, which, almost all, more directly jostle public society. And if we cannot please ourselves but it must cost us something, as they hold, I find this vice costs a man's conscience less than the others, besides that it is of no difficult preparation, nor hard to be found, a consideration not altogether to be despised. A man well advanced both in dignity and age, amongst three principal commodities that he said remained to him of life, reckoned to me this for one, and where would a man more justly find it than amongst the natural conveniences? But he did not take it right, for delicacy and the curious choice of wines is therein to be avoided. If you found your pleasure upon drinking of the best, you condemn yourself to the penance of drinking of the worst. Your taste must be more indifferent and free; so delicate a palate is not required to make a good toper. The Germans drink almost indifferently of all wines with delight; their business is to pour down and not to taste; and it's so much the better for them: their pleasure is so much the more plentiful and nearer at hand. Secondly, to drink, after the French fashion, but at two meals, and then very moderately, is to be too sparing of the favours of the god. There is more time and constancy required than so. The ancients spent whole nights in this exercise, and ofttimes added the day following to eke it out, and therefore we are to take greater liberty and stick closer to our work. I have seen a great lord of my time, a man of high enterprise and famous success, that without setting himself to't, and after his ordinary rate of drinking at meals, drank not much less than five quarts of wine, and at his going away appeared but too wise and discreet, to the detriment of our affairs. The pleasure we hold in esteem for the course of our lives ought to have a greater share of our time dedicated to it; we should, like shop-boys and labourers, refuse no occasion nor omit any opportunity of drinking, and always have it in our minds. Methinks we every day abridge and curtail the use of wine, and that the after breakfasts, dinner snatches, and collations I used to see in my father's house, when I was a boy, were more usual and frequent then than now.

Is it that we pretend to a reformation? Truly, no: but it may be we are more addicted to Venus than our fathers were. They are two exercises that thwart and hinder one another in their vigour. Lechery weakens our stomach on the one side, and on the other, sobriety renders us more spruce and amorous for the exercise of love.

'Tis not to be imagined what strange stories I have heard my father tell of the chastity of that age wherein he lived. It was for him to say it, being both by art and nature cut out and finished for the service of ladies. He spoke well and little; ever mixing his language with some illustration out of authors most in use, especially in Spanish. Marcus Aurelius was very frequent in his mouth. His behaviour was grave, humble, and very modest; he was very solicitous of neatness and propriety both in his person and clothes, whether on horseback or afoot: he was monstrously punctual of his word; and of a conscience and religion generally tending rather towards superstition than otherwise. For a man of little stature, very strong, well proportioned, and well knit; of a pleasing countenance, inclining to brown, and very adroit in all noble exercises. I have yet in the house to be seen canes poured full of lead, with which they say he exercised his arms for throwing the bar or the stone, or in fencing; and shoes with leaden soles to make him lighter for running or leaping. Of his vaulting he has left little miracles behind him: I have seen him when past threescore laugh at our exercises, and throw himself in his furred gown into the saddle, make the tour of a table upon his thumbs, and scarce ever mount the stairs into his chamber without taking three or four steps at a time. But as to what I was speaking of before, he said there was scarce one woman of quality of ill fame in a whole province: he would tell of strange privacies, and some of them his own, with virtuous women, free from any manner of suspicion of ill; and for his own part solemnly swore he was a virgin at his marriage; and yet it was after a long practice of arms beyond the mountains, of which wars he left us a journal under his own hand, wherein he has given a precise account from point to point of all passages, both relating to the public and to himself. And he was, moreover, married at a well advanced maturity, in the year 1528, the three-and-thirtieth year of his age, upon his way home from Italy. But let us return to our bottle.

The incommodities of old age, that stand in need of some refreshment and support, might with reason beget in me a desire of this faculty, it being as it were the last pleasure the course of years deprives us of. The natural heat, say the good-fellows, first seats itself in the feet: that concerns infancy; thence it mounts into the middle region, where it makes a long abode and produces, in my opinion, the sole true pleasures of human life; all other pleasures in comparison sleep; towards the end, like a vapour that still mounts upward, it arrives at the throat, where it makes its final residence, and concludes the progress. I do not, nevertheless, understand how a man can extend the pleasure of drinking beyond thirst, and forge in his imagination an appetite artificial and against nature; my stomach would not proceed so far; it has enough to do to deal with what it takes in for its necessity. My constitution is not to care for drink but as following eating and washing down my meat, and for that reason my last draught is always the greatest. And seeing that in old age we have our palate furred with phlegms or depraved by some other ill constitution, the wine tastes better to us as the pores are cleaner washed and laid more open. At least, I seldom taste the first glass well. Anacharsis wondered that the Greeks drank in greater glasses towards the end of a meal than at the beginning; which was, I suppose, for the same reason the Germans do the same, who then begin the battle of drink.

Plato[1] forbids children wine till eighteen years of age, and to get drunk till forty; but, after forty, gives them leave to please themselves, and to mix a little liberally in their feasts the influence of Dionysos, that good deity who restores to younger men their gaiety, and to old men their youth; who mollifies the passions of the soul, as iron is softened by fire; and in his *Laws* allows such merry meetings, provided they have a discreet chief to govern and keep them in order, as good and of great utility; drunkenness being, he says, a true and certain trial of every one's nature, and, withal, fit to inspire old men with mettle to divert themselves in dancing and music; things of great use, and that they dare not attempt when sober. He, moreover, says that wine is able to supply the soul with temperance and the body with health. Nevertheless, these restrictions, in part borrowed from the Carthaginians, please him: [2] that men forbear excesses in the expeditions of war; that every judge and magistrate abstain from it when about the administrations of his place or the consultations of the public affairs; that the day is not to be employed with it, that being a time due to other occupations, nor the night on which a man intends to get children.

'Tis said that the philosopher Stilpo, when oppressed with age, purposely hastened his end by drinking pure wine. The same thing, but not designed by him, despatched also the philosopher Arcesilaus.

But, 'tis an old and pleasant question, whether the soul of a wise man can be overcome by the strength of wine?

Si munitæ adhibet vim sapientiæ.[3]

To what vanity does the good opinion we have of ourselves push us? The most regular and most perfect soul in the world has but too much to do to keep itself upright, and from being overthrown by its own weakness. There is not one of a thousand that is right and settled so much as one minute in a whole life, and that may not very well doubt, whether according to her natural condition she ever can be; but to join constancy to it is her utmost perfection; I mean when nothing should jostle and discompose her, which a thousand accidents may do. 'Tis to much purpose that the great poet Lucretius keeps such a clatter with his philosophy, when, behold! he goes mad with a love philtre. Is it to be imagined that an apoplexy will not stun Socrates as well as a porter? Some men have forgotten their own names by the violence of a disease; and a slight wound has turned the judgment of others topsey-turvey. Let him be as wise as he will, after all he is but a man; and than that what is there more frail, more miserable, or more nothing? Wisdom does not force our natural dispositions.

Sudores itaque, et pallorem exsistere toto
Corpore, et infringi linguam, vocemque aboriri,
Caligare oculos, sonere aures, succidere artus,
Denique concidere, ex animi terrore, videmus:[4]

---

[1] *Laws*, ii.

[2] *Ibid.*, ii.

[3] Horace, *Od.*, iii. 28, 4. The sense is in the preceding passage of the text.

[4] Sweat and paleness come over the whole body, the tongue is rendered powerless, the voice dies away, the eyes are darkened, there is ringing in the ears, the limbs sink under us by the influence of fear.— Lucretius, iii. 155.

He must shut his eyes against the blow that threatens him; he must tremble upon the margin of a precipice, like a child; nature having reserved these light marks of her authority, not to be forced by our reason and the stoic virtue, to teach man his mortality and our weakness; he turns pale with fear, red with shame, and groans with the cholic, if not with desperate outcry, at least with hoarse and broken voice:

Humani a se nihil alienum putet.[1]

The poets, that feign all things at pleasure, dare not acquit their greatest heroes of tears:

Sic fatur lacrymans, classique immittit habenas.[2]

'Tis sufficient for a man to curb and moderate his inclinations, for totally to suppress them is not in him to do. Even our great Plutarch, that excellent and perfect judge of human actions, when he sees Brutus and Torquatus kill their children, begins to doubt whether virtue could proceed so far, and to question whether these persons had not rather been stimulated by some other passion.[3] All actions exceeding the ordinary bounds are liable to sinister interpretation, forasmuch as our liking no more holds with what is above than with what is below it.

Let us leave that other sect, that sets up an express profession of scornful superiority: but when even in that sect, reputed the most quiet and gentle, we hear these rhodomontades of Metrodorus: *Occupavi te, Fortuna, atque cepi: omnesque aditus tuos interclusi ut ad me aspirare non posses;*[4] when Anaxarchus, by command of Nicocreon the tyrant of Cyprus, was put into a stone mortar, and laid upon with mauls of iron, ceases not to say, "Strike, batter, break, 'tis not Anaxarchus, 'tis but his sheath that you pound and bray so"; when we hear our martyrs cry out to the tyrant in the middle of the flame; "this side is roasted enough, fall to and eat, it is enough done; fall to work with the other"; when we hear the child in Josephus torn piece-meal with pincers, defying Antiochus, and crying out with a constant and assured voice: "Tyrant, thou losest thy labour, I am still at ease; where is the pain, where are the torments with which thou didst so threaten me? Is this all thou canst do? My constancy torments thee more than thy cruelty does me. O pitiful coward, thou faintest, and I grow stronger; make me complain, make me bend, make me yield if thou canst; encourage thy guards, cheer up thy executioners; see, see they faint, and can do no more; arm them, flesh them anew, spur them up"; truly, a man must confess that there is some phrenzy, some fury, how holy soever, that at that time possesses those souls. When we come to these Stoical sallies: "I had rather be mad than voluptuous," a saying of Antisthenes; Μανείην μαλλον, ἢ ἡσθείην. When Sextius tells us, "he had rather be fettered with affliction than pleasure"; when Epicurus takes upon him to play with his gout, and, refusing health and ease, defies all torments, and despising the lesser pains, as disdaining to contend with them, he covets and calls out for others sharper, more violent, and more worthy of him;

*Spumantemque dari, pecora inter inertia, votis
Optat aprum, aut fulvum descendere monte
   leonem:*[5]

who but must conclude that these are wild sallies pushed on by a courage that has broken loose from its place? Our soul cannot from her own seat reach so high; 'tis necessary she must leave it, raise herself up, and, taking the bridle in her teeth, transport her man so far that he shall afterwards himself be astonished at what he has done; as, in war, the heat of battle impels generous soldiers to perform things of so infinite danger, as afterwards, recollecting them, they themselves are the first to wonder at; as it also fares with the poets, who are often rapt with admiration of their own writings, and know not where again to find the track through which they performed so fine a career; which also is in them called fury and rapture. And as Plato says, 'tis to no purpose for a sober-minded man to knock at the door of poesy: so Aristotle says that no excellent soul is exempt from a mixture of madness; and he has reason to call all transports, how commendable soever, that surpass our own judgment and understanding, madness; forasmuch as wisdom is a regular government of the soul, which is carried on with measure and proportion, and for which she is to herself responsible. Plato[6] argues thus, that the faculty of the prophesying is so far above us, that we must be

---

[1] Let him not think himself exempt from that which is incidental to other men.—Terence, *Heaut.*, i. 1. 25.

[2] Thus said he, weeping, and then set sail with his fleet.—*Æneid*, vi. 1.

[3] Plutarch, Poplicola.

[4] Fortune, I have got the better of thee, and have made all the avenues so sure thou canst not come at me.—Cicero, *Tusc. Quæs.*, v. 9.

[5] And instead of timid beasts, wishes some yellow lion or foaming boar would come from the mountain. —*Æneid*, iv. 158.

[6] *Timæus.*

out of ourselves when we meddle with it, and our prudence must either be obstructed by sleep or sickness, or lifted from her place by some celestial rapture.

III. A CUSTOM OF THE ISLE OF CEA

IF to philosophize be, as 'tis defined, to doubt, much more to write at random and play the fool, as I do, ought to be reputed doubting, for it is for novices and freshmen to inquire and to dispute, and for the chairman to moderate and determine. My moderator is the authority of the divine will, that governs us without contradiction, and that is seated above these vain and human contestations.

Philip having forcibly entered into Peloponnesus, and some one saying to Damidas that the Lacedæmonians were likely very much to suffer if they did not in time reconcile themselves to his favour: "Why, you pitiful fellow," replied he, "what can they suffer who do not fear to die?" It being also asked of Agis, which way a man might live free? "Why," said he, "by despising death." These, and a thousand other sayings to the same purpose, distinctly sound of something more than the patient attending the stroke of death when it shall come; for there are several accidents in life far worse to suffer than death itself. Witness the Lacedæmonian boy taken by Antigonus, and sold for a slave, who being by his master commanded to some base employment: "Thou shalt see," says the boy, "whom thou hast bought; it would be a shame for me to serve, being so near the reach of liberty," and having so said, threw himself from the top of the house. Antipater severely threatening the Lacedæmonians, that he might the better incline them to acquiesce in a certain demand of his: "If thou threatenest us with more than death," replied they, "we shall the more willingly die"; and to Philip, having written them word that he would frustrate all their enterprises; "What, wilt thou also hinder us from dying?" This is the meaning of the sentence, That the wise man lives as long as he ought, not so long as he can; and that the most obliging present Nature has made us, and which takes from us all colour of complaint of our condition, is to have delivered into our own custody the keys of life; she has only ordered one door into life, but a hundred thousand ways out. We may be straightened for earth to live upon, but earth sufficient to die upon can never be wanting, as Boiocalus answered the Romans.[1] Why dost thou complain of this world? it detains thee not; thy own cowardice is the cause, if thou livest in pain. There needs no more to die but to will to die:

> *Ubique mors est; optime hoc cavit deus.*
> *Eripere vitam nemo non homini potest;*
> *At nemo mortem: mille ad hanc aditus patent.*[2]

Neither is it a recipe for one disease only; death is the infallible cure of all; 'tis a most assured port that is never to be feared, and very often to be sought. It comes all to one, whether a man give himself his end, or stays to receive it by some other means; whether he pays before his day, or stay till his day of payment come; from whencesoever it comes, it is still his; in what part soever the thread breaks, there's the end of the clue. The most voluntary death is the finest. Life depends upon the pleasure of others; death upon our own. We ought not to accommodate ourselves to our own humour in anything so much as in this. Reputation is not concerned in such an enterprise; 'tis folly to be concerned by any such apprehension. Living is slavery if the liberty of dying be wanting. The ordinary method of cure is carried on at the expense of life; they torment us with caustics, incisions, and amputations of limbs; they interdict aliment and exhaust our blood; one step farther and we are cured indeed and effectually. Why is not the jugular vein as much at our disposal as the median vein? For a desperate disease a desperate cure. Servius the grammarian, being tormented with the gout, could think of no better remedy than to apply poison to his legs, to deprive them of their sense; let them be gouty at their will, so they were insensible of pain. God gives us leave enough to go when He is pleased to reduce us to such a condition that to live is far worse than to die. 'Tis weakness to truckle under infirmities, but it's madness to nourish them. The Stoics say, that it is living according to nature in a wise man to take his leave of life, even in the height of prosperity, if he do it opportunely; and in a fool to prolong it, though he be miserable, provided he be not indigent of those things which they repute to be according to nature. As I do not offend the law against thieves when I embezzle my own money and cut my own purse; nor that against incendiaries when I burn my own wood; so am I not under the lash of those made against murderers for hav-

---

[1] Tacitus, *Annal.*, xiii. 56.

[2] Death is everywhere: heaven has well provided for that. Any one may deprive us of life; no one can deprive us of death. To death there are a thousand avenues.—Seneca, *Phœn.*, i. 1. 151.

ing deprived myself of my own life. Hegesias said, that as the condition of life did, so the condition of death ought to depend upon our own choice. And Diogenes meeting the philosopher Speusippus, so blown up with an inveterate dropsy that he was fain to be carried in a litter, and by him saluted with the compliment, "I wish you good health." "No health to thee," replied the other, "who art content to live in such a condition." And in fact, not long after, Speusippus, weary of so languishing a state of life, found a means to die.

But this does not pass without admitting a dispute: for many are of opinion that we cannot quit this garrison of the world without the express command of Him who has placed us in it; and that it appertains to God who has placed us here, not for ourselves only but for His glory and the service of others, to dismiss us when it shall best please Him, and not for us to depart without His licence: that we are not born for ourselves only, but for our country also, the laws of which require an account from us upon the score of their own interest, and have an action of manslaughter good against us; and if these fail to take cognisance of the fact, we are punished in the other world as deserters of our duty:

Proxima deinde tenent mæsti loca, qui sibi letum
Insontes peperere manu, lucemque perosi
Proiecere animas.[1]

There is more constancy in suffering the chain we are tied to than in breaking it, and more pregnant evidence of fortitude in Regulus than in Cato; 'tis indiscretion and impatience that push us on to these precipices: no accidents can make true virtue turn her back; she seeks and requires evils, pains, and grief, as the things by which she is nourished and supported; the menaces of tyrants, racks, and tortures serve only to animate and rouse her:

Duris ut ilex tonsa bipennibus
Nigræ feraci frondis in Algido,
Per damna, per cædes, ab ipso
Ducit opes, animumque ferro.[2]

And as another says:

Non est, ut putas, virtus, pater,
Timere vitam; sed malis ingentibus
Obstare, nec se vertere, ac retro dare.[3]

Or as this:

Rebus in adversis facile est contemnere mortem:
Fortius ille facit, qui miser esse potest.[4]

'Tis cowardice, not virtue, to lie squat in a furrow, under a tomb, to evade the blows of fortune; virtue never stops nor goes out of her path, for the greatest storm that blows:

Si fractus illabatur orbis,
Impavidum ferient ruinæ.[5]

For the most part, the flying from other inconveniences brings us to this; nay, endeavouring to evade death, we often run into its very mouth——

Hic, rogo, non furor est, ne moriare, mori?[6]

——like those who, for fear of a precipice, throw themselves headlong into it;

Multos in summa pericula misit
Venturi timor ipse mali: fortissimus ille est,
Qui promptus metuenda pati, si cominus instent,
Et differre potest.[7]

Usque adeo, mortis formidine, vitæ
Percipit humanos odium, lucisque videndæ,
Ut sibi consciscant mœrenti pectore lethum,
Obliti fontem curarum hunc esse timorem.[8]

Plato, in his laws, assigns an ignominious sepulture to him who has deprived his nearest and best friend, namely himself, of life and his destined course, being neither compelled so to do by public judgment, by any sad and inevitable accident of fortune, nor by any insupportable disgrace, but merely pushed on by cowardice,

---

[1] In the next place, come those melancholic souls, who, though free from guilt, were by their own hands slain, and, hating light, sought death.—Æneid, vi. 434.

[2] As in Mount Algidus, the sturdy oak even from the axe's hard stroke derives new vigour, and spreads, by amputations, a fuller and richer head.—Horace, Od., iv. 4, 57.

[3] Father, 'tis no virtue to fear to live; virtue consists in withstanding great evils, and not in retiring and shrinking from them. Seneca, Phœn., i. 190.

[4] The wretched may well despise and laugh at death; but he is braver far who can live wretched.—Martial, xi. 56, 15.

[5] Should the world's axis crack, the ruins will but crush a fearless head.—Horace, Od., iii. 3, 7.

[6] Tell me, is it not madness, that one should die for fear of dying?—Martial, ii. 80, 2.

[7] The fear of future ills often makes men run into extreme danger; he is truly brave who boldly dares withstand the mischiefs he apprehends, when they confront him, and can be deferred.—Lucan, vii. 104.

[8] Death to that degree so frightens some men, that causing them to hate both life and light, they kill themselves, miserably forgetting that this same fear is the fountain of their cares.—Lucretius, iii. 79.

and the imbecility of a timorous soul. And the opinion that makes so little of life, is ridiculous; for it is our being, 'tis all we have. Things of a nobler and more elevated being may, indeed, reproach ours; but it is against nature for us to contemn and make little account of ourselves; 'tis a disease particular to man, and not discerned in any other creatures, to hate and despise itself. And it is a vanity of the same stamp to desire to be something else than what we are; the effect of such a desire does not at all touch us, forasmuch as it is contradicted and hindered in itself. He that desires of a man to be made an angel, does nothing for himself; he would be never the better for it; for, being no more, who shall rejoice or be sensible of this benefit for him?

*Debet enim, misere cui forte, ægreque futurum est,
Ipse quoque esse in eo tum tempore, cum male possit
Accidere.*[1]

Security, indolence, impassibility, the privation of the evils of this life, which we pretend to purchase at the price of dying, are of no manner of advantage to us: that man evades war to very little purpose, who can have no fruition of peace; and as little to the purpose does he avoid trouble who cannot enjoy repose.

Amongst those of the first of these two opinions, there has been great debate, what occasions are sufficient to justify the meditation of self-murder, which they call εὔλογον ἐξαγωγὴν. For though they say that men must often die for trivial causes, seeing those that detain us in life are of no very great weight, yet there is to be some limit. There are fantastic and senseless humours that have prompted not only individual men, but whole nations to destroy themselves, of which I have elsewhere given some examples; and we further read of the Milesian virgins, that, by a furious compact, they hanged themselves one after another till the magistrate took order in it, enacting that the bodies of such as should be found so hanged, should be drawn by the same halter stark naked through the city. When Threicion [2] tried to persuade Cleomenes to despatch himself, by reason of the ill posture of his affairs, and, having missed a death of more honour in the battle he had lost, to accept of this the second in honour to it, and not to give the conquerors leisure to make him undergo an ignominious death or an infamous life; Cleomenes, with a courage truly Stoic and Lacedæmonian, rejected his counsel as unmanly and mean; "that," said he, "is a remedy that can never be wanting, but which a man is never to make use of whilst there is an inch of hope remaining": telling him, "that it was sometimes constancy and valour to live; that he would that even his death should be of use to his country, and would make of it an act of honour and virtue." Threicion, notwithstanding, thought himself in the right, and did his own business; and Cleomenes afterwards did the same, but not till he had first tried the utmost malevolence of fortune. All the inconveniences in the world are not considerable enough that a man should die to evade them; and, besides, there being so many, so sudden and unexpected changes in human things, it is hard rightly to judge when we are at the end of our hope.

*Sperat et in sæva victus gladiator arena
Sit licet infesto pollice turba minax.*[3]

All things, says an old adage, are to be hoped for by a man whilst he lives; ay, but, replies Seneca, why should this rather be always running in a man's head that fortune can do all things for the living man, than this, that fortune has no power over him that knows how to die? Josephus, when engaged in so near and apparent danger, a whole people being violently bent against him, that there was no visible means of escape, nevertheless, being, as he himself says, in this extremity counselled by one of his friends to despatch himself, it was well for him that he yet maintained himself in hope, for fortune diverted the accident beyond all human expectation, so that he saw himself delivered without any manner of inconvenience. Whereas Brutus and Cassius, on the contrary, threw away the remains of the Roman liberty, of which they were the sole protectors, by the precipitation and temerity wherewith they killed themselves before the due time and a just occasion. Monsieur d'Anguien, at the battle of Cerisolles, twice attempted to run himself through, despairing of the fortune of the day, which went indeed very untowardly on that side of the field where he was engaged, and by that precipitation was very near depriving himself of the enjoyment of so brave a victory. I have seen a hundred hares escape out of the very teeth of the greyhounds.

---

[1] For he to whom misery and pain are to be in the future, must himself then exist, when these ills befal him.—Lucretius, iii. 874.

[2] Plutarch, Agis and Cleomenes, refers to him as Therycion.

[3] The gladiator conquered in the lists hopes on, though the menacing spectators, turning their thumb, order him to die.—Pentadius, *De Spe*, in Virgil, *Catalecta*.

Aliquis carnifici suo superstes fuit.[1]

> *Multa dies, variusque labor mutabilis ævi
> Rettulit in melius; multos alterna revisens
> Lusit, et in solido rursus fortuna locavit.*[2]

Pliny says there are but three sorts of diseases, to escape which a man has good title to destroy himself; the worst of which is the stone in the bladder, when the urine is suppressed. Seneca says those only which for a long time are discomposing the functions of the soul. And some there have been who, to avoid a worse death, have chosen one to their own liking. Democritus, general of the Ætolians, being brought prisoner to Rome, found means to make his escape by night: but close pursued by his keepers, rather than suffer himself to be retaken, he fell upon his own sword and died. Antinous and Theodotus, their city of Epirus being reduced by the Romans to the last extremity, gave the people counsel universally to kill themselves; but, these preferring to give themselves up to the enemy, the two chiefs went to seek the death they desired, rushing furiously upon the enemy, with intention to strike home but not to ward a blow. The Island of Goza being taken some years ago by the Turks, a Sicilian, who had two beautiful daughters marriageable, killed them both with his own hand, and their mother, running in to save them, to boot, which having done, sallying out of the house with a cross-bow and harquebus, with two shots he killed two of the Turks nearest to his door, and drawing his sword, charged furiously in amongst the rest, where he was suddenly enclosed and cut to pieces, by that means delivering his family and himself from slavery and dishonour. The Jewish women, after having circumcised their children, threw them and themselves down a precipice to avoid the cruelty of Antigonus. I have been told of a person of condition in one of our prisons, that his friends, being informed that he would certainly be condemned, to avoid the ignominy of such a death suborned a priest to tell him that the only means of his deliverance was to recommend himself to such a saint, under such and such vows, and to fast eight days together without taking any manner of nourishment, what weakness or faintness soever he might find in himself during the time; he followed their advice, and by that means destroyed himself before he was aware, not dreaming of death or any danger in the experiment. Scribonia advising her nephew Libo to kill himself rather than await the stroke of justice, told him that it was to do other people's business to preserve his life to put it after into the hands of those who within three or four days would fetch him to execution; and that it was to serve his enemies to keep his blood to gratify their malice.

We read in the Bible that Nicanor, the persecutor of the law of God, having sent his soldiers to seize upon the good old man Razis, surnamed in honour of his virtue the father of the Jews: the good man, seeing no other remedy, his gates burned down, and the enemy ready to seize him, choosing rather to die nobly than to fall into the hands of his wicked adversaries and suffer himself to be cruelly butchered by them, contrary to the honour of his rank and quality, stabbed himself with his own sword, but the blow, for haste, not having been given home, he ran and threw himself from the top of a wall headlong among them, who separating themselves and making room, he pitched directly upon his head; notwithstanding which, feeling yet in himself some remains of life, he renewed his courage, and starting up upon his feet all bloody and wounded as he was, and making his way through the crowd to a precipitous rock, there, through one of his wounds drew out his bowels which, tearing and pulling to pieces with both his hands, he threw amongst his pursuers, all the while attesting and invoking the Divine vengeance upon them for their cruelty and injustice.

Of violences offered to the conscience, that against the chastity of woman is, in my opinion, most to be avoided, forasmuch as there is a certain pleasure naturally mixed with it, and for that reason the dissent therein cannot be sufficiently perfect and entire, so that the violence seems to be mixed with a little consent of the forced party. The ecclesiastical history has several examples of devout persons who have embraced death to secure them from the outrages prepared by tyrants against their religion and honour. Pelagia and Sophronia, both canonised, the first of these precipitated herself with her mother and sisters into the river to avoid being forced by some soldiers, and the last also killed herself to avoid being ravished by the Emperor Maxentius.

It may, peradventure, be an honour to us in future ages, that a learned author of this present time, and a Parisian, takes a great deal of pains to persuade the ladies of our age rather to take any other course than to enter into the horrid

---

[1] Some have survived their executioners.—Seneca, *Epist.*, 13.

[2] Length of days, and the various labour of changeful time, have brought things to a better state; fortune turning, shows a reverse face, and again restores men to prosperity.—*Æneid,* xi. 425.

meditation of such a despair. I am sorry he had never heard, that he might have inserted it amongst his other stories, the saying of a woman, which was told me at Toulouse, who had passed through the handling of some soldiers: "God be praised," said she, "that once at least in my life, I have had my fill without sin." In truth, these cruelties are very unworthy the French good nature, and also, God be thanked, our air is very well purged of them since this good advice: 'tis enough that they say "no" in doing it, according to the rule of the good Marot.

History is everywhere full of those who by a thousand ways have exchanged a painful and irksome life for death. Lucius Aruntius killed himself, to fly, he said, both the future and the past.[1] Granius Silvanus and Statius Proximus, after having been pardoned by Nero, killed themselves;[2] either disdaining to live by the favour of so wicked a man, or that they might not be troubled, at some other time, to obtain a second pardon, considering the proclivity of his nature to suspect and credit accusations against worthy men. Spargapises, the son of Queen Tomyris, being a prisoner of war to Cyrus, made use of the first favour Cyrus showed him, in commanding him to be unbound, to kill himself, having pretended to no other benefit of liberty, but only to be revenged of himself for the disgrace of being taken.[3] Bogez, Governor in Eion for King Xerxes, being besieged by the Athenian army under the conduct of Cimon, refused the conditions offered, that he might safe return into Asia with all his wealth, impatient to survive the loss of a place his master had given him to keep; wherefore, having defended the city to the last extremity, nothing being left to eat, he first threw all the gold and whatever else the enemy could make booty of into the river Strymon, and then causing a great pile to be set on fire, and the throats of all the women, children, concubines, and servants to be cut, he threw their bodies into the fire, and at last leaped into it himself.

Ninachetuen, an Indian lord, so soon as he heard the first whisper of the Portuguese Viceroy's determination to dispossess him, without any apparent cause, of his command in Malacca, to transfer it to the King of Campar, he took this resolution with himself: he caused a scaffold, more long than broad, to be erected, supported by columns royally adorned with tapestry and strewed with flowers and abundance of perfumes; all which being prepared, in a robe of cloth of gold, set full of jewels of great value, he came out into the street, and mounted the steps to the scaffold, at one corner of which he had a pile lighted of aromatic wood. Everybody ran to see to what end these unusual preparations were made; when Ninachetuen, with a manly but displeased countenance, set forth how much he had obliged the Portuguese nation, and with how unspotted fidelity he had carried himself in his charge; that having so often, sword in hand, manifested in the behalf of others, that honour was much more dear to him than life, he was not to abandon the concern of it for himself: that fortune denying him all means of opposing the affront designed to be put upon him, his courage at least enjoined him to free himself from the sense of it, and not to serve for a fable to the people, nor for a triumph to men less deserving than himself; which having said, he leaped into the fire.

Sextilia, the wife of Scaurus, and Paxea, the wife of Labeo, to encourage their husbands to avoid the dangers that pressed upon them, wherein they had no other share than conjugal affection, voluntarily sacrificed their own lives to serve them in this extreme necessity for company and example.[4] What they did for their husbands, Cocceius Nerva did for his country, with less utility though with equal affection: this great lawyer, flourishing in health, riches, reputation, and favour with the Emperor, had no other cause to kill himself but the sole compassion of the miserable state of the Roman Republic.[5] Nothing can be added to the beauty of the death of the wife of Fulvius, a familiar favourite of Augustus: Augustus having discovered that he had vented an important secret he had intrusted him withal, one morning that he came to make his court received him very coldly and looked frowningly upon him. He returned home, full of despair, where he sorrowfully told his wife that, having fallen into this misfortune he was resolved to kill himself: to which she roundly replied, "'tis but reason you should, seeing that having so often experienced the incontinence of my tongue, you could not take warning: but let me kill myself first," and without any more saying ran herself through the body with a sword. Vibius Virius, despairing of the safety of his city besieged by the Romans, and of their mercy, in the last deliberation of his city's senate, after

---

[1] Tacitus, *Annal.*, vi. 48.
[2] *Ibid.*, xv. 71.
[3] Herodotus, i. 213.
[4] Tacitus, *Annal.*, vi. 29.
[5] *Ibid.*, 26.

many arguments conducing to that end, concluded that the most noble means to escape fortune was by their own hands: telling them that the enemy would have them in honour, and Hannibal would be sensible how many faithful friends he had abandoned; inviting those who approved of his advice to come to a good supper he had ready at home, where, after they had eaten well, they would drink together of what he had prepared; a beverage, said he, that will deliver our bodies from torments, our souls from insult, and our eyes and ears from the sense of so many hateful mischiefs, as the conquered suffer from cruel and implacable conquerors. I have, said he, taken order for fit persons to throw our bodies into a funeral pile before my door so soon as we are dead. Many enough approved this high resolution, but few imitated it; seven-and-twenty senators followed him, who, after having tried to drown the thought of this fatal determination in wine, ended the feast with the mortal mess; and embracing one another, after they had jointly deplored the misfortune of their country, some retired home to their own houses, others stayed to be burned with Vibius in his funeral pyre; and were all of them so long in dying, the vapour of the wine having prepossessed the veins, and by that means deferred the effect of the poison, that some of them were within an hour of seeing the enemy inside the walls of Capua, which was taken the next morning, and of undergoing the miseries they had at so dear a rate endeavoured to avoid. Taurea Jubellius, another citizen of the same country, the Consul Fulvius returning from the shameful butchery he had made of two hundred and twenty-five senators, called him back fiercely by name, and having made him stop: "Give the word," said he, "that somebody may despatch me after the massacre of so many others, that thou mayest boast to have killed a much more valiant man than thyself." Fulvius disdaining him as a man out of his wits, and also having received letters from Rome censuring the inhumanity of his execution which tied his hands, Jubellius proceeded: "Since my country has been taken, my friends dead, and having with my own hands slain my wife and children to rescue them from the desolation of this ruin, I am denied to die the death of my fellow-citizens, let me borrow from virtue vengeance on this hated life," and therewithal drawing a short sword he carried concealed about him, he ran it through his own bosom, falling down backward, and expiring at the consul's feet.

Alexander, laying siege to a city of the Indies, those within, finding themselves very hardly set, put on a vigorous resolution to deprive him of the pleasure of his victory, and accordingly burned themselves in general, together with their city, in despite of his humanity: a new kind of war, where the enemies sought to save them, and they to destroy themselves, doing, to make themselves sure of death, all that men do to secure life.

Astapa, a city of Spain, finding itself weak in walls and defence to withstand the Romans, the inhabitants made a heap of all their riches and furniture in the public place; and, having ranged upon this heap all the women and children, and piled them round with wood and other combustible matter to take sudden fire, and left fifty of their young men for the execution of that whereon they had resolved, they made a desperate sally, where, for want of power to overcome, they caused themselves to be every man slain. The fifty, after having massacred every living soul throughout the whole city, and put fire to this pile, threw themselves lastly into it, finishing their generous liberty, rather after an insensible, than after a sorrowful and disgraceful manner, giving the enemy to understand, that if fortune had been so pleased, they had as well the courage to snatch from them victory as they had to frustrate and render it dreadful, and even mortal to those who, allured by the splendour of the gold melting in this flame, having approached it, a great number were there suffocated and burned, being kept from retiring by the crowd that followed after.

The Abydeans, being pressed by King Philip, put on the same resolution; but, not having time, they could not put it in effect. The king, who was struck with horror at the rash precipitation of this execution (the treasure and movables that they had condemned to the flames being first seized), drawing off his soldiers, granted them three days' time to kill themselves in, that they might do it with more order and at greater ease: which time they filled with blood and slaughter beyond the utmost excess of all hostile cruelty, so that not so much as any one soul was left alive that had power to destroy itself. There are infinite examples of like popular resolutions which seem the more fierce and cruel in proportion as the effect is more universal, and yet are really less so than when singly executed; what arguments and persuasion cannot do with individual men, they can do with all, the ardour of society ravishing particular judgments.

The condemned who would live to be executed in the reign of Tiberius, forfeited their goods and were denied the rites of sepulture; those who, by killing themselves, anticipated it, were interred, and had liberty to dispose of their estates by will.[1]

But men sometimes covet death out of hope of a greater good. "I desire," says St. Paul, "to be with Christ," and "who shall rid me of these bands?" Cleombrotus of Ambracia, having read Plato's *Phædo,* entered into so great a desire of the life to come that, without any other occasion, he threw himself into the sea. By which it appears how improperly we call this voluntary dissolution, despair, to which the eagerness of hope often inclines us, and, often, a calm and temperate desire proceeding from a mature and deliberate judgment. Jacques du Chastel, bishop of Soissons, in St. Louis' foreign expedition, seeing the king and whole army upon the point of returning into France, leaving the affairs of religion imperfect, took a resolution rather to go into Paradise; wherefore, having taken solemn leave of his friends, he charged alone, in the sight of every one, into the enemy's army, where he was presently cut to pieces. In a certain kingdom of the new-discovered world, upon a day of solemn procession, when the idol they adore is drawn about in public upon a chariot of marvellous greatness; besides that many are then seen cutting off pieces of their flesh to offer to him, there are a number of others who prostrate themselves upon the place, causing themselves to be crushed and broken to pieces under the weighty wheels, to obtain the veneration of sanctity after death, which is accordingly paid them. The death of the bishop, sword in hand, has more of magnanimity in it, and less of sentiment, the ardour of combat taking away part of the latter.

There are some governments who have taken upon them to regulate the justice and opportunity of voluntary death. In former times there was kept in our city of Marseilles, a poison prepared out of hemlock, at the public charge, for those who had a mind to hasten their end, having first, before the six hundred, who were their senate, given account of the reasons and motives of their design, and it was not otherwise lawful, than by leave from the magistrate and upon just occasion to do violence to themselves. The same law was also in use in other places.

Sextus Pompeius, in his expedition into Asia, touched at the isle of Cea in Negropont: it happened whilst he was there, as we have it from one that was with him, that a woman of great quality, having given an account to her citizens why she was resolved to put an end to her life, invited Pompeius to her death, to render it the more honourable, an invitation that he accepted; and having long tried in vain by the power of his eloquence, which was very great, and persuasion, to divert her from that design, he acquiesced in the end in her own will. She had passed the age of four score and ten in a very happy state, both of body and mind; being then laid upon her bed, better dressed than ordinary and leaning upon her elbow, "The gods," said she, "O Sextus Pompeius, and rather those I leave than those I go to seek, reward thee, for that thou hast not disdained to be both the counsellor of my life and the witness of my death. For my part, having always experienced the smiles of fortune, for fear lest the desire of living too long may make me see a contrary face, I am going, by a happy end, to dismiss the remains of my soul, leaving behind two daughters of my body and a legion of nephews"; which having said, with some exhortations to her family to live in peace, she divided amongst them her goods, and recommending her domestic gods to her eldest daughter, she boldly took the bowl that contained the poison, and having made her vows and prayers to Mercury to conduct her to some happy abode in the other world, she roundly swallowed the mortal poison. This being done, she entertained the company with the progress of its operation, and how the cold by degrees seized the several parts of her body one after another, till having in the end told them it began to seize upon her heart and bowels, she called her daughters to do the last office and close her eyes.

Pliny tells us of a certain Hyperborean nation where, by reason of the sweet temperature of the air, lives rarely ended but by the voluntary surrender of the inhabitants, who, being weary of and satiated with living, had the custom, at a very old age, after having made good cheer, to precipitate themselves into the sea from the top of a certain rock, assigned for that service. Pain and the fear of a worse death seem to me the most excusable incitements.

IV. To-morrow's a new day

I GIVE, and I think with good reason, the palm to Jacques Amyot of all our French writers, not only for the simplicity and purity of his language, wherein he excels all others, nor for his constancy in going through so long a work, nor for the depth of his knowledge, having been able so successfully to smooth and unravel so knotty and intricate an author (for let people tell me what they will, I understand nothing of Greek,

---

[1] *Tacitus, Annal.,* vi. 29.

but I meet with sense so well united and maintained throughout his whole translation, that certainly he either knew the true fancy of the author, or having, by being long conversant with him, imprinted a vivid and general idea of that of Plutarch in his soul, he has delivered us nothing that either derogates from or contradicts him), but above all, I am the most taken with him for having made so discreet a choice of a book so worthy and of so great utility wherewith to present his country. We dunces had been lost, had not this book raised us out of the dirt; by this favour of his we dare now speak and write; the ladies are able to read to schoolmasters; 'tis our breviary. If this good man be yet living, I would recommend to him Xenophon, to do as much by that; 'tis a much more easy task than the other, and consequently more proper for his age. And, besides, though I know not how, methinks he does briskly and clearly enough trip over steps another would have stumbled at, yet nevertheless his style seems to be more his own where he does not encounter those difficulties, and rolls away at his own ease.

I was just now reading this passage where Plutarch says of himself, that Rusticus being present at a declamation of his at Rome, there received a packet from the emperor, and deferred to open it till all was done: for which, says he, all the company highly applauded the gravity of this person. 'Tis true, that being upon the subject of curiosity and of that eager passion for news, which makes us with so much indiscretion and impatience leave all to entertain a newcomer, and without any manner of respect or outcry, tear open on a sudden, in what company soever, the letters that are delivered to us, he had reason to applaud the gravity of Rusticus upon this occasion; and might moreover have added to it the commendation of his civility and courtesy, that would not interrupt the current of his declamation. But I doubt whether any one can commend his prudence; for receiving unexpected letters, and especially from an emperor, it might have fallen out that the deferring to read them might have been of great prejudice. The vice opposite to curiosity is negligence, to which I naturally incline, and wherein I have seen some men so extreme that one might have found letters sent them three or four days before, still sealed up in their pockets.

I never open any letters directed to another, not only those intrusted with me, but even such as fortune has guided to my hand; and am angry with myself if my eyes unawares steal any contents of letters of importance he is reading when I stand near a great man. Never was man less inquisitive or less prying into other men's affairs than I.

In our fathers' days, Monsieur de Boutières had like to have lost Turin from having, while engaged in good company at supper, delayed to read information that was sent him of the treason plotted against that city where he commanded. And this very Plutarch[1] has given me to understand, that Julius Cæsar had preserved himself, if, going to the Senate the day he was assassinated by the conspirators, he had read a note which was presented to him by the way. He tells also the story of Archias, the tyrant of Thebes, that the night before the execution of the design Pelopidas had plotted to kill him to restore his country to liberty, he had a full account sent him in writing by another Archias, an Athenian, of the whole conspiracy, and that, this packet having been delivered to him while he sat at supper, he deferred the opening of it, saying, which afterwards turned to a proverb in Greece, "To-morrow is a new day."

A wise man may, I think, out of respect to another, as not to disturb the company, as Rusticus did, or not to break off another affair of importance in hand, defer to read or hear any new thing that is brought him; but for his own interest or particular pleasure, especially if he be a public minister, that he will not interrupt his dinner or break his sleep is inexcusable. And there was anciently at Rome, the consular place, as they called it, which was the most honourable at the table, as being a place of most liberty, and of more convenient access to those who came in to speak to the person seated there; by which it appears, that being at meat, they did not totally abandon the concern of other affairs and incidents. But when all is said, it is very hard in human actions to give so exact a rule upon moral reasons, that fortune will not therein maintain her own right.

v. OF CONSCIENCE

THE Sieur de la Brousse, my brother and I, travelling one day together during the time of our civil wars, met a gentleman of good fashion. He was of the contrary party, though I did not know so much, for he pretended otherwise: and the mischief on't is, that in this sort of war the cards are so shuffled, your enemy not being distinguished from yourself by any apparent mark either of language or habit, and being nourished under the same law, air and manners, it is very

---

[1] Plutarch, Cæsar.

hard to avoid disorder and confusion. This made me afraid myself of meeting any of our troops in a place where I was not known, that I might not be in fear to tell my name, and peradventure of something worse; as it had befallen me before, where, by such a mistake, I lost both men and horses, and amongst others an Italian gentleman my page, whom I bred with the greatest care and affection, was miserably slain, in whom a youth of great promise and expectation was extinguished. But the gentleman my brother and I met had so desperate, half-dead a fear upon him at meeting with any horse, or passing by any of the towns that held for the King, that I at last discovered it to be alarms of conscience. It seemed to the poor man as if through his visor and the crosses upon his cassock, one would have penetrated into his bosom and read the most secret intentions of his heart; so wonderful is the power of conscience. It makes us betray, accuse, and fight against ourselves, and for want of other witnesses, to give evidence against ourselves.

Occultum quatiens animo tortore flagellum.[1]

This story is in every child's mouth: Bessus the Pæonian, being reproached for wantonly pulling down a nest of young sparrows and killing them, replied, that he had reason to do so, seeing that those little birds never ceased falsely to accuse him of the murder of his father. This parricide had till then been concealed and unknown, but the revenging fury of conscience caused it to be discovered by him himself, who was to suffer for it. Hesiod corrects the saying of Plato, that punishment closely follows sin, it being as he says, born at the same time with it. Whoever expects punishment already suffers it, and whoever has deserved it expects it. Wickedness contrives torments against itself——

Malum consilium, consultori pessimum[2]

——as the wasp stings and hurts another, but most of all itself, for it there loses its sting and its use for ever,

Vitásque in vulnere ponunt.[3]

Cantharides have somewhere about them, by a contrariety of nature, a counterpoison against their poison. In like manner, at the same time that men take delight in vice, there springs in the conscience a displeasure that afflicts us sleeping and waking with various tormenting imaginations:

Quippe ubi se multi, per somnia sæpe loquentes,
Aut morbo delirantes, protraxe ferantur,
Et celata diu in medium peccata dedisse.[4]

Apollodorus dreamed that he saw himself flayed by the Scythians and afterwards boiled in a cauldron, and that his heart muttered these words: "I am the cause of all these mischiefs that have befallen thee." Epicurus said that no hiding hole could conceal the wicked, since they could never assure themselves of being hid whilst their conscience discovered them to themselves.

Prima est hæc ultio, quod se
Judice nemo nocens absolvitur.[5]

As an ill conscience fills us with fear, so a good one gives us greater confidence and assurance; and I can truly say that I have gone through several hazards with a more steady pace in consideration of the secret knowledge I had of my own will and the innocence of my intentions:

Conscia mens ut cuique sua est, ita concipit intra
Pectora pro facto spemque metumque suo.[6]

Of this are a thousand examples; but it will be enough to instance three of one and the same person. Scipio, being one day accused before the people of Rome of some crimes of a very high nature, instead of excusing himself or flattering his judges: "It will become you well," said he, "to sit in judgment upon a head, by whose means you have the power to judge all the world." Another time, all the answer he gave to several impeachments brought against him by a tribune of the people, instead of making his defence: "Let us go, citizens," said he, "let us go render thanks to the gods for the victory they gave me over the Carthaginians as this day," and advancing himself before towards the Temple, he had presently all the assembly and his very accuser himself following at his heels. And Petilius, having been set on by Cato to demand an account of the money that had passed through his hands in the province of Antioch, Scipio being come into the senate to that purpose, produced a book from under his robe, wherein he

---

[1] The torturer of the soul brandishing a sharp scourge within.—Juvenal, iii. 195.
[2] Ill designs are worst to the contriver.—Gellius, iv. 5.
[3] And leave their own lives in the wound.—Virgil, *Georg.*, iv. 238.
[4] The guilty often, by talking in their sleep or raving in a fever, reveal sins long concealed.—Lucretius, v. 1157.
[5] 'Tis the first punishment of sin that no man absolves himself.—Juvenal, xiii. 2.
[6] As a man's conscience is, so within hope or fear prevails, suiting to his design.—Ovid, *Fast.*, i. 485.

told them was an exact account of his receipts and disbursements; but being required to deliver it to the prothonotary to be examined, he refused, saying, he would not do himself so great a disgrace; and in the presence of the whole senate tore the book with his own hands to pieces. I do not believe that the most seared conscience could have counterfeited so great an assurance. He had naturally too high a spirit and was accustomed to too high a fortune, says Titus Livius, to know how to be criminal, and to lower himself to the meanness of defending his innocence. The putting men to the rack is a dangerous invention, and seems to be rather a trial of patience than of truth. Both he who has the fortitude to endure it conceals the truth, and he who has not: for why should pain sooner make me confess what really is, than force me to say what is not? And, on the contrary, if he who is not guilty of that whereof he is accused, has the courage to undergo those torments, why should not he who is guilty have the same, so fair a reward as life being in his prospect? I believe the ground of this invention proceeds from the consideration of the force of conscience: for, to the guilty, it seems to assist the rack to make him confess his fault, and to shake his resolution; and, on the other side, that it fortifies the innocent against the torture. But when all is done, 'tis, in plain truth, a trial full of uncertainty and danger: what would not a man say, what would not a man do, to avoid so intolerable torments?

Etiam innocentes cogit mentiri dolor.[1]

Whence it comes to pass, that him whom the judge has racked that he may not die innocent, he makes him die both innocent and racked. A thousand and a thousand have charged their own heads by false confessions, amongst whom I place Philotas, considering the circumstances of the trial Alexander put upon him and the progress of his torture. But so it is that some say it is the least evil human weakness could invent; very inhumanly, notwithstanding, and to very little purpose, in my opinion.

Many nations less barbarous in this than the Greeks and Romans who call them so, repute it horrible and cruel to torment and pull a man to pieces for a fault of which they are yet in doubt. How can he help your ignorance? Are not you unjust, that, not to kill him without cause, do worse than kill him? And that this is so, do but observe how often men prefer to die without reason than undergo this examination, more painful than execution itself; and that ofttimes by its extremity anticipates execution, and performs it. I know not where I had this story: but it exactly matches the conscience of our justice in this particular. A country-woman, to a general of a very severe discipline, accused one of his soldiers that he had taken from her children the little soup meat she had left to nourish them withal, the army having consumed all the rest; but of this proof there was none. The general, after having cautioned the woman to take good heed to what she said, for that she would make herself guilty of a false accusation if she told a lie, and she persisting, he presently caused the soldier's belly to be ripped up to clear the truth of the fact, and the woman was found to be in the right. An instructive sentence.

VI. USE MAKES PERFECT

'TIS not to be expected that argument and instruction, though we never so voluntarily surrender our belief to what is read to us, should be of force to lead us on so far as to action, if we do not, over and above, exercise and form the soul by experience to the course for which we design it; it will, otherwise, doubtless find itself at a loss when it comes to the pinch of the business. This is the reason, why those amongst the philosophers who were ambitious to attain to a greater excellence, were not contented to await the severities of fortune in the retirement and repose of their own habitations, lest she should have surprised them raw and inexpert in the combat, but sallied out to meet her, and purposely threw themselves into the proof of difficulties. Some of them abandoned riches to exercise themselves in a voluntary poverty; others sought out labour and an austerity of life, to inure them to hardships and inconveniences; others have deprived themselves of their dearest members, as of sight, and of the instruments of generation, lest their too delightful and effeminate service should soften and debauch the stability of their souls.

But in dying, which is the greatest work we have to do, practice can give us no assistance at all. A man may by custom fortify himself against pain, shame, necessity, and such like accidents, but, as to death, we can experiment it but once, and are all apprentices when we come to it. There have, anciently, been men so excellent managers of their time that they have tried, even in death itself, to relish and taste it, and who have bent their utmost faculties of mind to discover what this passage is, but they are none

---

[1] Pain will make the most innocent lie.—Publilius Syrus, *De Dolore.*

of them come back to tell us the news:

> *Nemo expergitus exstat,*
> *Frigida quem semel est vitai pausa sequuta.*[1]

Canius Julius, a noble Roman, of singular constancy and virtue, having been condemned to die by that scoundrel Caligula, besides many marvellous testimonies that he gave of his resolution, as he was just going to receive the stroke of the executioner, was asked by a philosopher, a friend of his: "Well, Canius, whereabout is your soul now? what is she doing? What are you thinking of?" "I was thinking," replied the other, "to keep myself ready, and the faculties of my mind full settled and fixed, to try if in this short and quick instant of death, I could perceive the motion of the soul when she parts from the body, and whether she has any sentiment at the separation, that I may after come again, if I can, to acquaint my friends with it." This man philosophises not unto death only, but in death itself. What a strange assurance was this, and what bravery of courage, to desire his death should be a lesson to him, and to have leisure to think of other things in so great an affair?

> *Jus hoc animi morientis habebat.*[2]

And yet I fancy, there is a certain way of making it familiar to us, and in some sort of making trial what it is. We may gain experience, if not entire and perfect, yet such, at least, as shall not be totally useless to us, and that may render us more confident and more assured. If we cannot overtake it, we may approach it and view it, and if we do not advance so far as the fort, we may at least discover and make ourselves acquainted with the avenues. It is not without reason that we are taught to consider sleep as a resemblance of death: with how great facility do we pass from waking to sleeping, and with how little concern do we lose the knowledge of light and of ourselves. Peradventure, the faculty of sleeping would seem useless and contrary to nature, since it deprives us of all action and sentiment, were it not that by it nature instructs us that she has equally made us to die as to live; and in life presents to us the eternal state she reserves for us after it, to accustom us to it and to take from us the fear of it. But such as have by some violent accident fallen into a swoon, and in it have lost all sense, these, methinks, have been very near seeing the true and natural face of death; for as to the moment of the passage, it is not to be feared that it brings with it any pain or displeasure, forasmuch as we can have no feeling without leisure; our sufferings require time, which in death is so short and so precipitous, that it must necessarily be insensible. They are the approaches that we are to fear, and these may fall within the limits of experience.

Many things seem greater by imagination than they are in effect; I have passed a good part of my life in a perfect and entire health; I say, not only entire, but, moreover, sprightly and wanton. This state, so full of verdure, jollity, and vigour, made the consideration of sickness so formidable to me, that when I came to experience it, I found the attacks faint and easy in comparison with what I had apprehended. Of this I have daily experience: if I am under the shelter of a warm room, in a stormy and tempestuous night, I wonder how people can live abroad, and am afflicted for those who are out in the fields: if I am there myself, I do not wish to be anywhere else. This one thing of being always shut up in a chamber I fancied insupportable: but I was presently inured to be so imprisoned a week, nay a month together, in a very weak, disordered, and sad condition; and I have found that, in the time of my health, I much more pitied the sick, than I think myself to be pitied when I am so, and that the force of my imagination enhances near one half of the essence and reality of the thing. I hope that when I come to die I shall find it the same, and that, after all, it is not worth the pains I take, so much preparation and so much assistance as I call in, to undergo the stroke. But, at all events, we cannot give ourselves too much advantage.

In the time of our third, or second troubles (I do not well remember which), going one day abroad to take the air, about a league from my own house, which is seated in the very centre of all the bustle and mischief of the late civil wars in France; thinking myself in all security and so near to my retreat that I stood in need of no better equipage, I had taken a horse that went very easy upon his pace, but was not very strong. Being upon my return home, a sudden occasion falling out to make use of this horse in a kind of service that he was not accustomed to, one of my train, a lusty, tall fellow, mounted upon a strong German horse, that had a very ill mouth, fresh and vigorous, to play the brave and set on ahead of his fellows, comes thundering full

---

[1] No one was ever known to wake who has once fallen into the cold sleep of death.—Lucretius, iii. 942.

[2] This mighty power of mind he had dying.—Lucan, viii. 636.

speed in the very track where I was, rushing like a Colossus upon the little man and the little horse, with such a career of strength and weight, that he turned us both over and over, topsy-turvy with our heels in the air: so that there lay the horse overthrown and stunned with the fall, and I ten or twelve paces from him stretched out at length, with my face all battered and broken, my sword which I had had in my hand, above ten paces beyond that, and my belt broken all to pieces, without motion or sense any more than a stock. 'Twas the only swoon I was ever in till that hour in my life. Those who were with me, after having used all the means they could to bring me to myself, concluding me dead, took me up in their arms, and carried me with very much difficulty home to my house, which was about half a French league from thence. On the way, having been for more than two hours given over for a dead man, I began to move and to fetch my breath; for so great abundance of blood was fallen into my stomach, that nature had need to rouse her forces to discharge it. They then raised me upon my feet, where I threw off a whole bucket of clots of blood, as this I did also several times by the way. This gave me so much ease, that I began to recover a little life, but so leisurely and by so small advances, that my first sentiments were much nearer the approaches of death than life:

*Perche, dubbiosa ancor del suo ritorno,
Non s'assicura attonita la mente.*[1]

The remembrance of this accident, which is very well imprinted in my memory, so naturally representing to me the image and idea of death, has in some sort reconciled me to that untoward adventure. When I first began to open my eyes, it was with so perplexed, so weak and dead a sight, that I could yet distinguish nothing but only discern the light,

*Come quel ch'or apre, or'chiude
Gli occhi, mezzo tra'l sonno è l'esser desto.*[2]

As to the functions of the soul, they advanced with the same pace and measure with those of the body. I saw myself all bloody, my doublet being stained all over with the blood I had vomited. The first thought that came into my mind was, that I had a harquebuss shot in my head, and, indeed, at the time there were a great many fired round about us. Methought my life but just hung upon my lips: and I shut my eyes, to help, methought, to thrust it out, and took a pleasure in languishing and letting myself go. It was an imagination that only superficially floated upon my soul, as tender and weak as all the rest, but really, not only exempt from anything displeasing, but mixed with that sweetness that people feel when they glide into a slumber.

I believe it is the very same condition those people are in, whom we see swoon with weakness in the agony of death; and I am of opinion that we pity them without cause, supposing them agitated with grievous dolours, or that their souls suffer under painful thoughts. It has ever been my belief, contrary to the opinion of many, and particularly of La Boetie, that those whom we see so subdued and stupefied at the approaches of their end, or oppressed with the length of the disease, or by accident of an apoplexy or falling sickness,

*Vi morbi sæpe coactus
Ante oculos aliquis nostros, ut fulminis ictu,
Concidit, et spumas agit; ingemit, et fremit artus;
Desipit, extentat nervos, torquetur, anhelat,
Inconstanter et in jactando membra fatigat;*[3]

or hurt in the head, whom we hear to mutter, and by fits to utter grievous groans; though we gather from these signs by which it seems as if they had some remains of consciousness, and that there are movements of the body; I have always believed, I say, both the body and the soul benumbed and asleep,

Vivit, et est vitæ nescius ipse suæ,[4]

and could not believe that in so great a stupefaction of the members and so great a defection of the senses, the soul could maintain any force within to take cognisance of herself, and that, therefore, they had no tormenting reflections to make them consider and be sensible of the misery of their condition, and consequently were not much to be pitied.

I can, for my part, think of no state so insupportable and dreadful, as to have the soul vivid and afflicted, without means to declare itself; as one should say of such as are sent to execution with their tongues first cut out (were it not that in this kind of dying, the most silent seems to

---

[1] For the soul, doubtful as to its return, could not compose itself.—Tasso, *Gerus.*, xii. 74.

[2] A man now opening, now shutting his eyes, between sleep and waking.—*Ibid.*, viii. 26.

[3] Compelled by the force of disease, we often see men as thunder-struck, fall, groan, and foam, tremble, stretch, writhe, breathe short, and in strugglings tire out their strength.—Lucretius, iii. 485.

[4] He lives, but does not know that he is alive.—Ovid, *Trist.*, i. 3, 12.

me the most graceful, if accompanied with a grave and constant countenance); or of those miserable prisoners, who fall into the hands of the base hangman soldiers of this age, by whom they are tormented with all sorts of inhuman usage to compel them to some excessive and impossible ransom; kept, in the meantime, in such condition and place, where they have no means of expressing or signifying their thoughts and their misery. The poets have feigned some gods who favour the deliverance of such as suffer under a languishing death;

> *Hunc ego Diti*
> *Sacrum jussa fero, teque isto corpore solvo;* [1]

both the interrupted words, and the short and irregular answers one gets from them sometimes, by bawling and keeping a clutter about them; or the motions which seem to yield some consent to what we would have them do, are no testimony, nevertheless, that they live, an entire life at least. So it happens to us in the yawning of sleep, before it has fully possessed us, to perceive, as in a dream, what is done about us, and to follow the last things that are said with a perplexed and uncertain hearing which seems but to touch upon the borders of the soul; and make answers to the last words that have been spoken to us, which have more in them of chance than sense.

Now seeing I have in effect tried it, I have no doubt but I have hitherto made a right judgment; for first, being in a swoon, I laboured to rip open the buttons of my doublet with my nails for my sword was gone; and yet I felt nothing in my imagination that hurt me; for we have many motions in us that do not proceed from our direction;

> *Semianimesque micant digiti, ferrumque*
>   *retractant;* [2]

so falling people extend their arms before them by a natural impulse, which prompts our limbs to offices and motions without any commission from our reason.

> *Falciferos memorant currus abscindere*
>   *membra . . .*
> *Ut tremere in terra videatur ab artubus id quod*
> *Decidit abscissum; cum mens tamen atque*
>   *hominis vis,*
> *Mobilitate mali, non quit sentire dolorem.* [3]

My stomach was so oppressed with the coagulated blood, that my hands moved to that part, of their own voluntary motion, as they frequently do to the part that itches, without being directed by our will. There are several animals, and even men, in whom one may perceive the muscles to stir and tremble after they are dead. Every one experimentally knows, that there are some members, which grow stiff and flag without his leave. Now, those passions which only touch the outward bark of us, cannot be said to be ours: to make them so, there must be a concurrence of the whole man; and the pains which are felt by the hand or the foot while we are sleeping, are none of ours.

As I drew near my own house, where the alarm of my fall was already got before me, and that my family were come out to meet me, with the hubbub usual in such cases, not only did I make some little answer to some questions which were asked me, but they moreover tell me, that I was sufficiently collected to order them to bring a horse to my wife whom I saw struggling and tiring herself on the road, which is hilly and rugged. This consideration should seem to proceed from a soul that retained its functions; but it was nothing so with me. I knew not what I said or did, and they were nothing but idle thoughts in the clouds, that were stirred up by the senses of the eyes and ears, and proceeded not from me. I knew not for all that, whence I came or whither I went, neither was I capable to weigh and consider what was said to me: these were light effects, that the senses produced of themselves as of custom; what the soul contributed was in a dream, lightly touched, licked and bedewed by the soft impression of the senses. Notwithstanding, my condition was, in truth, very easy and quiet; I had no affliction upon me, either for others or myself; it was an extreme languor and weakness, without any manner of pain. I saw my own house, but knew it not. When they had put me to bed I found an inexpressible sweetness in that repose; for I had been desperately tugged and lugged by those poor people who had taken the pains to carry me upon their arms a very great and a very rough way, and had in so doing all quite tired out themselves, twice or thrice one after another. They offered me several remedies, but I would take none, certainly believing that I was mortally

---

[1] I by command offer to Pluto this, and from that body dismiss the soul.—*Æneid,* iv. 702.

[2] Half-dead fingers grope about, and seek to grasp again the sword.—*Ibid.,* x. 396.

[3] They tell how limbs by scythe-bearing chariots are lopped off, but yet move and tremble on the ground; and yet the mind of him from whom the limb is taken, by the swiftness of the blow feels no pain.—Lucretius, Bk. iii. 642.

wounded in the head. And, in earnest, it had been a very happy death, for the weakness of my understanding deprived me of the faculty of discerning, and that of my body of the sense of feeling; I was suffering myself to glide away so sweetly and after so soft and easy a manner, that I scarce find any other action less troublesome than that was. But when I came again to myself and to resume my faculties,

Ut tandem sensus convaluere mei,[1]

which was two or three hours after, I felt myself on a sudden involved in terrible pain, having my limbs battered and ground with my fall, and was so ill for two or three nights after, that I thought I was once more dying again, but a more painful death, having concluded myself as good as dead before, and to this hour am sensible of the bruises of that terrible shock. I will not here omit, that the last thing I could make them beat into my head, was the memory of this accident, and I had it over and over again repeated to me, whither I was going, from whence I came, and at what time of the day this mischance befel me, before I could comprehend it. As to the manner of my fall, that was concealed from me in favour to him who had been the occasion, and other flim-flams were invented. But a long time after, and the very next day that my memory began to return and to represent to me the state wherein I was, at the instant that I perceived this horse coming full drive upon me (for I had seen him at my heels, and gave myself for gone, but this thought had been so sudden, that fear had had no leisure to introduce itself) it seemed to me like a flash of lightning that had pierced my soul, and that I came from the other world.

This long story of so light an accident would appear vain enough, were it not for the knowledge I have gained by it for my own use; for I do really find, that to get acquainted with death, needs no more but nearly to approach it. Every one, as Pliny says, is a good doctrine to himself, provided he be capable of discovering himself near at hand. Here, this is not my doctrine, 'tis my study; and is not the lesson of another, but my own; and if I communicate it, it ought not to be ill taken, for that which is of use to me, may also, peradventure, be useful to another. As to the rest, I spoil nothing, I make use of nothing but my own; and if I play the fool, 'tis at my own expense and nobody else is concerned in't; for 'tis a folly that will die with me, and that no one is to inherit. We hear but of two or three of the ancients, who have beaten this road, and yet I cannot say if it was after this manner, knowing no more of them but their names. No one since has followed the track: 'tis a rugged road, more so than it seems, to follow a pace so rambling and uncertain, as that of the soul; to penetrate the dark profundities of its intricate internal windings; to choose and lay hold of so many little nimble motions; 'tis a new and extraordinary undertaking, and that withdraws us from the common and most recommended employments of the world. 'Tis now many years since that my thoughts have had no other aim and level than myself, and that I have only pried into and studied myself: or, if I study any other thing, 'tis to apply it to or rather in myself. And yet I do not think it a fault, if, as others do by other much less profitable sciences, I communicate what I have learned in this, though I am not very well pleased with my own progress. There is no description so difficult, nor doubtless of so great utility, as that of a man's self: and withal, a man must curl his hair and set out and adjust himself, to appear in public; now I am perpetually tricking myself out, for I am eternally upon my own description. Custom has made all speaking of a man's self vicious, and positively interdicts it, in hatred to the boasting that seems inseparable from the testimony men give of themselves:

In vitium ducit culpæ fusa.[2]

Instead of blowing the child's nose, this is to take his nose off altogether. I think the remedy worse than the disease. But, allowing it to be true that it must of necessity be presumption to entertain people with discourses of one's self, I ought not, pursuing my general design, to forbear an action that publishes this infirmity of mine, nor conceal the fault which I not only practise but profess. Notwithstanding, to speak my thought freely, I think that the custom of condemning wine, because some people will be drunk, is itself to be condemned; a man cannot abuse anything but what is good in itself; and I believe that this rule has only regard to the popular vice. They are bits for calves, with which neither the saints whom we hear speak so highly of themselves, nor the philosophers, nor the divines, will be curbed; neither will I, who am as little the one as the other. If they do not write

---

[1] When at length my lost senses again returned. —Ovid, *Trist.*, i. 3, 14.

[2] The avoiding a mere fault often leads us into a greater.—Horace, *De Art. Poet.*, 31.

of it expressly, at all events, when the occasions arise, they don't hesitate to put themselves on the public highway. Of what does Socrates treat more largely than of himself? To what does he more direct and address the discourses of his disciples, than to speak of themselves, not of the lesson in their book, but of the essence and motion of their souls? We confess ourselves religiously to God and our confessor; as our neighbours do to all the people. But some will answer that we there speak nothing but accusation against ourselves; why then, we say all; for our very virtue itself is faulty and penitable. My trade and art is to live; he that forbids me to speak according to my own sense, experience, and practice, may as well enjoin an architect not to speak of building according to his own knowledge, but according to that of his neighbour; according to the knowledge of another, and not according to his own. If it be vainglory for a man to publish his own virtues, why does not Cicero prefer the eloquence of Hortensius, and Hortensius that of Cicero? Peradventure they mean, that I should give testimony of myself by works and effects, not barely by words. I chiefly paint my thoughts, a subject void of form and incapable of operative production; 'tis all that I can do to couch it in this airy body of the voice; the wisest and devoutest men have lived in the greatest care to avoid all apparent effects. Effects would more speak of fortune than of me; they manifest their own office and not mine, but uncertainly and by conjecture; patterns of some one particular virtue. I expose myself entire; 'tis a body where, at one view, the veins, muscles, and tendons are apparent, every of them in its proper place; here the effect of a cold; there of the heart beating, very dubiously. I do not write my own acts, but myself and my essence.

I am of opinion that a man must be very cautious how he values himself, and equally conscientious to give a true report, be it better or worse, impartially. If I thought myself perfectly good and wise, I would rattle it out to some purpose. To speak less of one's self than what one really is, is folly, not modesty; and to take that for current pay, which is under a man's value, is pusillanimity and cowardice, according to Aristotle.[1] No virtue assists itself with falsehood; truth is never a matter of error. To speak more of one's self than is really true, is not always mere presumption; 'tis, moreover, very often folly; to be immeasurably pleased with what one is, and to fall into an indiscreet self-love, is in my opinion the substance of this vice. The most sovereign remedy to cure it, is to do quite contrary to what these people direct who, in forbidding men to speak of themselves, consequently, at the same time, interdict thinking of themselves too. Pride dwells in the thought; the tongue can have but a very little share in it.

They fancy that to think of one's self is to be delighted with one's self; to frequent and converse with one's self, to be over-indulgent; but this excess springs only in those who take but a superficial view of themselves, and dedicate their main inspection to their affairs; who call it mere reverie and idleness to occupy one's self with one's self, and the building one's self up a mere building of castles in the air; who look upon themselves as a third person only, a stranger. If any one be in rapture with his own knowledge, looking only on those below him, let him but turn his eye upward towards past ages, and his pride will be abated, when he shall there find so many thousand wits that trample him under foot. If he enter into a flattering presumption of his personal valour, let him but recollect the lives of Scipio, Epaminondas; so many armies, so many nations, that leave him so far behind them. No particular quality can make any one proud, that will at the same time put the many other weak and imperfect ones he has in the other scale, and the nothingness of human condition to make up the weight. Because Socrates had alone digested to purpose the precept of his god, "to know himself," and by that study arrived at the perfection of setting himself at nought, he only was reputed worthy the title of a sage. Whosoever shall so know himself, let him boldly speak it out.

VII. OF RECOMPENSES OF HONOUR

THEY who write the life of Augustus Cæsar, observe this in his military discipline, that he was wonderfully liberal of gifts to men of merit, but that as to the true recompenses of honour he was as sparing; yet he himself had been gratified by his uncle with all the military recompenses before he had ever been in the field. It was a pretty invention, and received into most governments of the world, to institute certain vain and in themselves valueless distinctions to honour and recompense virtue, such as the crowns of laurel, oak, and myrtle, the particular fashion of some garment, the privilege to ride in a coach in the city, or at night with a torch, some peculiar place assigned in public assemblies, the prerogative of certain additional names and titles, certain distinctions in the bearing of coats

---

[1] *Ethics*, iv. 7.

of arms, and the like, the use of which, according to the several humours of nations, has been variously received, and yet continues.

We in France, as also several of our neighbours, have orders of knighthood that are instituted only for this end. And 'tis, in earnest, a very good and profitable custom to find out an acknowledgment for the worth of rare and excellent men, and to satisfy them with rewards that are not at all chargeable either to prince or people. And that which has been always found by ancient experience, and which we have heretofore observed among ourselves, that men of quality have ever been more jealous of such recompenses than of those wherein there was gain and profit, is not without very good ground and reason. If with the reward, which ought to be simply a recompense of honour, they should mix other commodities and add riches, this mixture, instead of procuring an increase of estimation, would debase and abate it. The Order of St. Michael, which has been so long in repute amongst us, had no greater commodity than that it had no communication with any other commodity, which produced this effect, that formerly there was no office or title whatever to which the gentry pretended with so great desire and affection as they did to that; no quality that carried with it more respect and grandeur, valour and worth more willingly embracing and with greater ambition aspiring to a recompense purely its own, and rather glorious than profitable. For, in truth, other gifts have not so great a dignity of usage, by reason they are laid out upon all sorts of occasions; with money a man pays the wages of a servant, the diligence of a courier, dancing, vaulting, speaking, and the meanest offices we receive; nay, and reward vice with it too, as flattery, treachery, and pimping; and therefore 'tis no wonder if virtue less desires and less willingly receives this common sort of payment, than that which is proper and peculiar to her, throughout generous and noble. Augustus had reason to be more sparing of this than the other, by how much honour is a privilege that extracts its principal esteem from rarity; and so virtue itself.

Cui malus est nemo, quis bonus esse potest? [1]

We do not intend it for a commendation when we say that such a one is careful in the education of his children, by reason it is a common act, how just and well done soever; no more than we commend a great tree, where the whole forest is the same. I do not think that any citizen of Sparta glorified himself much upon his valour, it being the universal virtue of the whole nation; and as little upon his fidelity and contempt of riches. There is no recompense becomes virtue, how great soever, that is once passed into a custom; and I know not withal whether we can ever call it great, being common.

Seeing, then, that these remunerations of honour have no other value and estimation but only this, that few people enjoy them, 'tis but to be liberal of them to bring them down to nothing. And though there should be now more men found than in former times worthy of our order, the estimation of it nevertheless should not be abated, nor the honour made cheap; and it may easily happen that more may merit it; for there is no virtue that so easily spreads as that of military valour. There is another virtue, true, perfect, and philosophical, of which I do not speak, and only make use of the word in our common acceptation, much greater than this and more full, which is a force and assurance of the soul, equally despising all sorts of adverse accidents, equable, uniform, and constant, of which ours is no more than one little ray. Use, education, example, and custom can do all in all to the establishment of that whereof I am speaking, and with great facility render it common, as by the experience of our civil wars is manifest enough; and whoever could at this time unite us all, Catholic and Huguenot, into one body, and set us upon some brave common enterprise, we should again make our ancient military reputation flourish. It is most certain that in times past the recompense of this order had not only a regard to valour, but had a further prospect; it never was the reward of a valiant soldier but of a great captain; the science of obeying was not reputed worthy of so honourable a guerdon. There was therein a more universal military expertness required, and that comprehended the most and the greatest qualities of a military man, *Neque enim eædem, militares et imperatoriæ, artes sunt,*[2] as also, besides, a condition suitable to such a dignity. But, I say, though more men were worthy than formerly, yet ought it not to be more liberally distributed, and it were better to fall short in not giving it at all to whom it should be due, than for ever to lose, as we have

---

[1] To whom none seems ill, who can seem good?—Martial, xii. 82.

[2] For the military knowledge required in a common soldier and a general are not the same.—Livy, xxv. 19.

lately done, the fruit of so profitable an invention. No man of spirit will deign to advantage himself with what is in common with many; and such of the present time as have least merited this recompense themselves, make the greater show of disdaining it, in order thereby to be ranked with those to whom so much wrong has been done by the unworthy conferring and debasing the distinction which was their particular right.

Now, to expect that in obliterating and abolishing this, suddenly to create and bring into credit a like institution, is not a proper attempt for so licentious and so sick a time as this wherein we now are; and it will fall out that the last will from its birth incur the same inconveniences that have ruined the other. The rules for dispensing this new order had need to be extremely clipt and bound under great restrictions, to give it authority; and this tumultuous season is incapable of such a curb: besides that, before this can be brought into repute, 'tis necessary that the memory of the first, and of the contempt into which it is fallen, be buried in oblivion.

This place might naturally enough admit of some discourse upon the consideration of valour, and the difference of this virtue from others; but Plutarch having so often handled this subject, I should give myself an unnecessary trouble to repeat what he has said. But this is worth considering that our nation places valour, *vaillance*, in the highest degree of virtue, as its very word evidences, being derived from *valeur*, and that, according to our use, when we say a man of high worth, a good man, in our court style 'tis to say a valiant man, after the Roman way, for the general appellation of virtue with them, takes etymology from *vis*, force. The proper, sole, and essential profession of the French noblesse is that of arms: and 'tis likely that the first virtue which discovered itself amongst men and has given to some advantage over others, was that by which the strongest and most valiant have mastered the weaker, and acquired a particular authority and reputation, whence came to it that dignified appellation; or else, that these nations, being very warlike, gave the pre-eminence to that of the virtues which was most familiar to them; just as our passion and the feverish solicitude we have of the chastity of women occasions that to say, a good woman, a woman of worth, a woman of honour and virtue, signifies merely a chaste woman: as if, to oblige them to that one duty, we were indifferent as to all the rest, and gave them the reins in all other faults whatever to compound for that one of incontinence.

VIII. OF THE AFFECTION OF FATHERS TO THEIR CHILDREN

To Madame D'Estissac

MADAM, if the strangeness and novelty of my subject, which are wont to give value to things, do not save me, I shall never come off with honour from this foolish attempt: but 'tis so fantastic, and carries a face so unlike the common use, that this, peradventure, may make it pass. 'Tis a melancholic humour, and consequently a humour very much an enemy to my natural complexion, engendered by the pensiveness of the solitude into which for some years past I have retired myself, that first put into my head this idle fancy of writing. Wherein, finding myself totally unprovided and empty of other matter, I presented myself to myself for argument and subject. 'Tis the only book in the world of its kind, and of a wild and extravagant design. There is nothing worth remark in this affair but that extravagancy: for in a subject so vain and frivolous, the best workman in the world could not have given it a form fit to recommend it to any manner of esteem.

Now, madam, having to draw my own picture to the life, I had omitted one important feature, had I not therein represented the honour I have ever had for you and your merits; which I have purposely chosen to say in the beginning of this chapter, by reason that amongst the many other excellent qualities you are mistress of, that of the tender love you have manifested to your children, is seated in one of the highest places. Whoever knows at what age Monsieur D'Estissac, your husband, left you a widow, the great and honourable matches that have since been offered to you, as many as to any lady of your condition in France, the constancy and steadiness wherewith, for so many years, you have sustained so many sharp difficulties, the burden and conduct of affairs which have persecuted you in every corner of the kingdom, and are not yet weary of tormenting you, and the happy direction you have given to all these, by your sole prudence or good fortune, will easily conclude with me that we have not so vivid an example as yours of maternal affection in our times. I praise God, madam, that it has been so well employed; for the great hopes Monsieur D'Estissac, your son, gives of himself, render sufficient assurance that when he comes of age you will reap from him all the obedience and gratitude of a very good man. But, forasmuch as by reason of his tender years, he has not been capable of taking notice of those offices of extremest value he has in so great number received from you, I will, if these papers shall one day happen to fall into his hands, when I shall neither have mouth nor speech left to deliver it to him, that he shall receive from me a true account of those things, which shall be more effectually manifested to him by their own effects, by which he will understand that there is not a gentleman in France who stands more indebted to a mother's care; and that he cannot, in the future, give a better nor more certain testimony of his own worth and virtue than by acknowledging you for that excellent mother you are.

If there be any law truly natural, that is to say, any instinct that is seen universally and perpetually imprinted in both beasts and men (which is not without controversy), I can say, that in my opinion, next to the care every animal has of its own preservation, and to avoid that which may hurt him, the affection that the begetter bears to his offspring holds the second place in this rank. And seeing that nature appears to have recommended it to us, having regard to the extension and progression of the successive pieces of this machine of hers, 'tis no wonder if, on the contrary, that of children towards their parents is not so great. To which we may add this other Aristotelian consideration,[1] that he who confers a benefit on any one, loves him better than he is beloved by him again: that he to whom it is owing, loves better than he who owes; and that every artificer is fonder of his work, than, if that work had sense, it would be of him; by reason that it is dear to us *to be*, and *to be* consists in movement and action; therefore every one has in some sort a being in his work. He who confers a benefit exercises a fine and honest action; he who receives it exercises the useful only. Now the useful is much less loveable than the honest; the honest is stable and permanent, supplying him who has done it with a continual gratification. The useful loses itself, easily slides away, and the memory of it is neither so fresh nor so pleasing. Those things are dearest to us that have cost us most, and giving is more chargeable than receiving.

Since it has pleased God to endue us with some capacity of reason, to the end we may not, like brutes, be servilely subject and enslaved to the laws common to both, but that we should by judgment and a voluntary liberty apply ourselves to them, we ought, indeed, something to yield to the simple authority of nature, but not suffer ourselves to be tyrannically hurried away and transported by her; reason alone should have the conduct of our inclinations. I, for my part, have a strange disgust for those propensions that are started in us without the mediation and direction of the judgment, as, upon the subject I am speaking of, I cannot entertain that passion of dandling and caressing infants scarcely born, having as yet neither motion of soul nor shape of body distinguishable, by which they can render themselves amiable, and have not willingly suffered them to be nursed near me. A true and regular affection ought to spring and increase with the knowledge they give us of themselves, and then, if they are worthy of it, the natural propension walking hand in hand with reason, to cherish them with a truly paternal love; and so to judge, also, if they be otherwise, still rendering ourselves to reason, notwithstanding the inclination of nature. 'Tis ofttimes quite otherwise; and, most commonly, we find ourselves more taken with the running up and down, the games, and puerile simplicities of our children, than we do, afterwards, with their most complete actions; as if we had loved them for our sport, like monkeys, and not as men; and some there are, who are very liberal in buying them balls to play withal, who are very close-handed for the least necessary expense when they come to age. Nay, it looks as if the jealousy of seeing them appear in and enjoy the world when we are about to leave it, rendered us more niggardly and stingy towards them; it vexes us that they tread upon our heels, as if to solicit us to go out; if this were to be feared, since the order of things will have it so that they cannot, to speak the truth, be nor live, but at the expense of our being and life, we should never meddle with being fathers at all.

For my part, I think it cruelty and injustice not to receive them into the share and society of our goods, and not to make them partakers in the intelligence of our domestic affairs when they are capable, and not to lessen and contract our own expenses to make the more room for theirs, seeing we beget them to that effect. 'Tis unjust that an old fellow, broken and half dead, should alone, in a corner of the chimney, enjoy the money that would suffice for the maintenance and advancement of many children, and suffer them, in the meantime, to lose their best years for want of means to advance themselves in the public service and the knowledge of men. A man by this course drives them to despair, and

---

[1] *Ethics*, Bk. ix. 7.

to seek out by any means, how unjust or dishonourable soever, to provide for their own support; as I have, in my time, seen several young men of good extraction so addicted to stealing that no correction could cure them of it. I know one of a very good family, to whom, at the request of a brother of his, a very honest and brave gentleman, I once spoke on this account, who made answer, and confessed to me roundly, that he had been put upon this dirty practice by the severity and avarice of his father; but that he was now so accustomed to it he could not leave it off. And, at that very time, he was trapped stealing a lady's rings, having come into her chamber as she was dressing with several others. He put me in mind of a story I had heard of another gentleman, so perfect and accomplished in this fine trade in his youth, that, after he came to his estate and resolved to give it over, he could not hold his hands, nevertheless, if he passed by a shop where he saw anything he liked, from catching it up, though it put him to the shame of sending afterwards to pay for it. And I have myself seen several so habituated to this quality that even amongst their comrades they could not forbear filching, though with intent to restore what they had taken. I am a Gascon, and yet there is no vice I so little understand as that; I hate it something more by disposition than I condemn it by reason; I do not so much as desire any thing of another man's. This province of ours is, in plain truth, a little more decried than the other parts of the kingdom; and yet we have several times seen, in our times, men of good families of other provinces, in the hands of justice, convicted of abominable thefts. I fear this vice is, in some sort, to be attributed to the fore-mentioned vice of the fathers.

And if a man should tell me, as a lord of very good understanding once did, that "he hoarded up wealth, not to extract any other fruit and use from his parsimony, but to make himself honoured and sought after by his relations; and that age having deprived him of all other power, it was the only remaining remedy to maintain his authority in his family, and to keep him from being neglected and despised by all around," in truth, not only old age, but all other imbecility, according to Aristotle,[1] is the promoter of avarice; that is something, but it is physic for a disease that a man should prevent the birth of. A father is very miserable who has no other hold on his children's affection than the need they have of his assistance, if that can be called affection; he must render himself worthy to be respected by his virtue and wisdom, and beloved by his kindness and the sweetness of his manners; even the very ashes of a rich matter have their value; and we are wont to have the bones and relics of worthy men in regard and reverence. No old age can be so decrepid in a man who has passed his life in honour, but it must be venerable, especially to his children, whose soul he must have trained up to their duty by reason, not by necessity and the need they have of him, nor by harshness and compulsion.

Et errat longe, mea quidem sententia,
Qui imperium credat esse gravius, aut stabilius,
Vi quod fit, quam illud, quod amicitia adjungitur.[2]

I condemn all violence in the education of a tender soul that is designed for honour and liberty. There is I know not what of servile in rigour and constraint; and I am of opinion that what is not to be done by reason, prudence, and address, is never to be affected by force. I myself was brought up after that manner; and they tell me that in all my first age I never felt the rod but twice, and then very slightly. I practised the same method with my children, who all of them died at nurse, except Leonora, my only daughter, and who arrived to the age of five years and upward without other correction for her childish faults (her mother's indulgence easily concurring) than words only, and those very gentle; in which kind of proceeding, though my end and expectation should be both frustrated, there are other causes enough to lay the fault on without blaming my discipline, which I know to be natural and just, and I should, in this, have yet been more religious towards the males, as less born to subjection and more free; and I should have made it my business to fill their hearts with ingenuousness and freedom. I have never observed other effects of whipping than to render boys more cowardly, or more wilfully obstinate.

Do we desire to be beloved of our children? Will we remove from them all occasion of wishing our death (though no occasion of so horrid a wish can either be just or excusable, *Nullum scelus rationem habet* [3]), let us reasonably accommodate their lives with what is in our power. In order to do this, we should not marry so young that our age shall in a manner be con-

---

[1] *Ibid.*, iv. 1.

[2] He greatly errs, in my opinion, who thinks that empire more absolute and durable which is acquired by force than that which gentleness and friendship create.—Terence, *Adel.*, i. 1. 40.

[3] No wickedness is founded on reason.—Livy, xxviii. 28.

founded with theirs; for this inconvenience plunges us into many very great difficulties, and especially the gentry of the nation, who are of a condition wherein they have little to do, and who live upon their rents only: for elsewhere, with people who live by their labour, the plurality and company of children is an increase to the common stock; they are so many new tools and instruments wherewith to grow rich.

I married at three-and-thirty years of age, and concur in the opinion of thirty-five, which is said to be that of Aristotle.[1] Plato will have nobody marry before thirty; but he has reason to laugh at those who undertook the work of marriage after five-and-fifty, and condemns their offspring as unworthy of aliment and life. Thales gave the truest limits, who, young and being importuned by his mother to marry, answered, "That it was too soon," and, being grown into years and urged again, "That it was too late." A man must deny opportunity to every inopportune action. The ancient Gauls looked upon it as a very horrid thing for a man to have society with a woman before he was twenty years of age, and strictly recommended to the men who designed themselves for war the keeping their virginity till well grown in years, forasmuch as courage is abated and diverted by the use of women.

> *Mà or congiunto à giovinetta sposa,*
> *E lieto omai de' figli, era invilito*
> *Negli affetti di padre et di marito.*[2]

Muleasses, king of Tunis, he whom the Emperor Charles V restored to his kingdom, reproached the memory of his father Mahomet with the frequentation of women, styling him loose, effeminate, and a getter of children. The Greek history observes of Iccus the Tarentine, of Chryso, Astyllus, Diopompus, and others, that to keep their bodies in order for the Olympic games and such like exercises, they denied themselves during that preparation all commerce with Venus.[3] In a certain country of the Spanish Indies men were not permitted to marry till after forty years of age, and yet the girls were allowed to marry at ten. 'Tis not time for a gentleman of five-and-thirty years old to give place to his son who is twenty; he, being himself in a condition to serve both in the expeditions of war and in the court of his prince, has need of all his equipage; and yet, doubtless, ought to allow his son a share, but not so great a one as wholly to disfurnish himself; and for such a one the saying that fathers have ordinarily in their mouths, that they will not put off their clothes before they go to bed, is proper enough.

But a father worn out with age and infirmities, and deprived by his weakness and want of health of the common society of men, wrongs himself and his to rake together a great mass of treasure. He has lived long enough, if he be wise, to have a mind to strip himself to go to bed, not to his very shirt, I confess, but to that, and a good warm dressing-gown; the remaining pomps, of which he has no further use, he ought voluntarily to surrender to those to whom by the order of nature they belong. 'Tis reason he should refer the use of those things to them, seeing that nature has reduced him to such a state that he cannot enjoy them himself; otherwise there is doubtless malice and envy in the case. The greatest act of the Emperor Charles V was that when, in imitation of some of the ancients of his own quality, confessing it but reason to strip ourselves when our clothes encumber and grow too heavy for us, and to lie down when our legs begin to fail us, he resigned his possessions, grandeur, and power to his son, when he found himself failing in vigour and steadiness for the conduct of his affairs suitable with the glory he had therein acquired.

> *Solve senescentem mature sanus equum, ne*
> *Peccet ad extremum ridendus, et ilia ducat.*[4]

This fault of not perceiving betimes and of not being sensible of the feebleness and extreme alteration that age naturally brings both upon body and mind, which, in my opinion, is equal, if indeed the soul has not more than half, has lost the reputation of most of the great men in the world. I have known in my time, and been intimately acquainted with persons of great authority, whom one might easily discern marvellously lapsed from the sufficiency I knew they were once endued with, by the reputation they had acquired in their former years, whom I could heartily, for their own sakes, have wished at home at their ease, discharged of their public or military employments, which were now grown too heavy for their shoulders. I have formerly been very familiar in a gentleman's house, a

---

[1] Aristotle, *Politics*, vii. 16, says thirty-seven, not thirty-five.

[2] Now, married to a young wife and happy in children, his old courage is abated by his love as father and husband.—Tasso, *Gerus,* x. 39.

[3] Plato, *Laws,* viii.

[4] Dismiss the old horse in good time, lest, failing in the lists, the spectators laugh.—Horace, *Epist.,* i. 1, 8.

widower and very old, though healthy and cheerful enough: this gentleman had several daughters to marry and a son already of ripe age, which brought upon him many visitors, and a great expense, neither of which well pleased him, not only out of consideration of frugality, but yet more for having, by reason of his age, entered into a course of life far differing from ours. I told him one day, a little boldly as I used to do, that he would do better to give us younger folk room, and to leave his principal house (for he had but that well placed and furnished), to his son, and himself retire to an estate he had hard by, where nobody would trouble his repose, seeing he could not otherwise avoid being importuned by us, the condition of his children considered. He took my advice afterwards, and found an advantage in so doing.

I do not mean that a man should so install them as not to reserve to himself a liberty to retract; I, who am now arrived to the age wherein such things are fit to be done, would resign to them the enjoyment of my house and goods, but with a power of revocation if they should give me cause to alter my mind; I would leave to them the use, that being no longer convenient for me; and, of the general authority and power over all, would reserve as much as I thought good to myself; having always held that it must needs be a great satisfaction to an aged father himself to put his children into the way of governing his affairs, and to have power during his own life to control their behaviour, supplying them with instruction and advice from his own experience, and himself to transfer the ancient honour and order of his house into the hands of those who are to succeed him, and by that means to satisfy himself as to the hopes he may conceive of their future conduct. And in order to this I would not avoid their company; I would observe them near at hand, and partake, according to the condition of my age, of their feasts and jollities. If I did not live absolutely amongst them, which I could not do without annoying them and their friends, by reason of the morosity of my age and the restlessness of my infirmities, and without violating also the rules and order of living I should then have set down to myself, I would, at least, live near them in some retired part of my house, not the best in show, but the most commodious. Nor as I saw, some years ago, a dean of St. Hilary of Poitiers, by his melancholy given up to such a solitude, that at the time I came into his chamber it had been two and twenty years that he had not stepped one foot out of it, and yet had all his motions free and easy, and was in good health, saving a cold that fell upon his lungs; he would, hardly once in a week, suffer any one to come in to see him; he always kept himself shut up in his chamber alone, except that a servant brought him, once a day, something to eat, and did then but just come in and go out again. His employment was to walk up and down, and read some book, for he was a bit of a scholar; but, as to the rest, obstinately bent to die in this retirement, as he soon after did. I would endeavour by pleasant conversation to create in my children a warm and unfeigned friendship and good will towards me, which in well-descended natures is not hard to do; for if they be furious brutes, of which this age of ours produces thousands, we are then to hate and avoid them as such.

I am angry at the custom of forbidding children to call their father by the name of father, and to enjoin them another, as more full of respect and reverence, as if nature had not sufficiently provided for our authority. We call Almighty God Father, and disdain to have our children call us so; I have reformed this error in my family. And 'tis also folly and injustice to deprive children, when grown up, of familiarity with their father, and to carry a scornful and austere countenance toward them, thinking by that to keep them in awe and obedience; for it is a very idle farce that, instead of producing the effect designed, renders fathers distasteful, and, which is worse, ridiculous to their own children. They have youth and vigour in possession, and consequently the breath and favour of the world; and therefore receive these fierce and tyrannical looks—mere scarecrows—of a man without blood, either in his heart or veins, with mockery and contempt. Though I could make myself feared, I had yet much rather make myself beloved: there are so many sorts of defects in old age, so much imbecility, and it is so liable to contempt, that the best acquisition a man can make is the kindness and affection of his own family; command and fear are no longer his weapons. Such a one I have known who, having been very imperious in his youth, when he came to be old, though he might have lived at his full ease, would ever strike, rant, swear, and curse: the most tempestuous master in France: fretting himself with unnecessary suspicion and vigilance. And all this rumble and clutter but to make his family cheat him the more; of his barn, his kitchen, cellar, nay, and his very purse too, others had the greatest use and share, whilst he keeps his keys in his pocket much more carefully than his eyes. Whilst he hugs himself with the frugality of the pitiful pittance of a wretched and niggardly table, everything goes to rack and ruin in every corner of his house, in play, drink, all sorts of profusion, making sport in their junkets with his vain anger and fruitless parsimony. Every one is a sentinel against him, and if, by accident, any wretched fellow that serves him is of another humour, and will not join with the rest, he is presently rendered suspected to him, a bait that old age very easily bites at of itself. How often has this gentleman boasted to me in how great awe he kept his family, and how exact an obedience and reverence they paid him! How clearly he saw into his own affairs!

Ille solus nescit omnia.[1]

I do not know any one that can muster more parts, both natural and acquired, proper to maintain dominion, than he; yet he is fallen from it like a child. For this reason it is that I have picked out him, amongst several others that I know of the same humour, for the greatest example. It were matter for a question in the schools, whether he is better thus or otherwise. In his presence, all submit to and bow to him, and give so much way to his vanity that nobody ever resists him; he has his fill of assents, of seeming fear, submission, and respect. Does he turn away a servant? he packs up his bundle, and is gone; but 'tis no further than just out of his sight: the steps of old age are so slow, the senses so troubled, that he will live and do his old office in the same house a year together without being perceived. And after a fit interval of time, letters are pretended to come from a great way off, very humble, suppliant, and full of promises of amendment, by virtue of which he is again received into favour. Does Monsieur make any bargain, or prepare any despatch that does not please? 'tis suppressed, and causes afterwards forged to excuse the want of execution in the one or answer in the other. No letters being first brought to him, he never sees any but those that shall seem fit for his knowledge. If by accident they fall first into his own hand, being used to trust somebody to read them to him, he reads extempore what he thinks fit, and often makes such a one ask him pardon who abuses and rails at him in his letter. In short, he sees nothing, but by an image prepared and designed beforehand, and the most satisfactory they can invent, not to rouse and awaken his ill-humour and choler. I have seen, under various aspects, enough of these modes of domestic government, long-enduring, constant, to the like effect.

Women are evermore addicted to cross their husbands: they lay hold with both hands on all occasions to contradict and oppose them; the first excuse serves for a plenary justification. I have seen one who robbed her husband wholesale, that, as she told her confessor, she might distribute the more liberal alms. Let who will trust to that religious dispensation. No management of affairs seems to them of sufficient dignity, if proceeding from the husband's assent; they must usurp it either by insolence or cunning, and always injuriously, or else it has not the grace and authority they desire. When, as in the case I am speaking of, 'tis against a poor old man and for the children, then they make use of this title to serve their passion with glory; and, as for a common service easily cabal and combine against his government and dominion. If they be males grown up in full and flourishing health, they presently corrupt, either by force or favour, steward, receivers, and all the rout. Such as have neither wife nor son do not so easily fall into this misfortune; but withal more cruelly and unworthily. Cato the elder in his time said: "So many servants so many enemies"; consider, then, whether according to the vast difference between the purity of the age he lived in and the corruption of this of ours, he does not seem to show us, that wife, son, and servant, are so many enemies to us? 'Tis well for old age that it is always accompanied with want of perception, ignorance, and a facility of being deceived. For should we see how we are used and would not acquiesce, what would become of us? especially in such an age as this, where the very judges who are to determine our controversies are usually partisans to the young, and interested in the cause. In case the discovery of this cheating escape me, I cannot at least fail to discern that I am very fit to be cheated. And can a man ever enough exalt the value of a friend, in comparison with these civil ties? The very image of it which I see in beasts, so pure and uncorrupted, how religiously do I respect it! If others deceive me, yet do I not, at least, deceive myself in thinking I am able to defend myself from them, or in cudgelling my brains to make myself so. I protect myself from such treasons in my own bosom, not by an unquiet and tumultuous curiosity, but rather by diversion and resolution. When I hear talk of any one's condition, I never trouble myself to think of him; I presently turn my eyes upon myself to see in what condition I am; whatever concerns

---

[1] He alone is ignorant of all that is passing.—Terence, *Adel.*, v. 2. 9.

another relates to me; the accident that has befallen him gives me caution, and rouses me to turn my defence that way. We every day and every hour say things of another that we might more properly say of ourselves, could we but apply our observation to our own concerns, as well as extend it to others. And several authors have in this manner prejudiced their own cause by running headlong upon those they attack, and darting those shafts against their enemies, that are more properly, and with greater advantage, to be turned upon themselves.

The late Mareschal de Montluc having lost his son, who died in the island of Madeira, in truth a very worthy gentleman and of great expectation, did to me, amongst his other regrets, very much insist upon what a sorrow and heartbreaking it was that he had never made himself familiar with him; and by that humour of paternal gravity and grimace to have lost the opportunity of having an insight into and of well knowing his son, as also of letting him know the extreme affection he had for him, and the worthy opinion he had of his virtue. "That poor boy," said he, "never saw in me other than a stern and disdainful countenance, and is gone in a belief that I neither knew how to love him nor esteem him according to his desert. For whom did I reserve the discovery of that singular affection I had for him in my soul? Was it not he himself, who ought to have had all the pleasure of it, and all the obligation? I constrained and racked myself to put on and maintain this vain disguise, and have by that means deprived myself of the pleasure of his conversation, and, I doubt, in some measure, his affection, which could not but be very cold to me, having never other from me than austerity, nor felt other than a tyrannical manner of proceeding." I find this complaint to be rational and rightly apprehended: for, as I myself know by too certain experience, there is no so sweet consolation in the loss of friends as the conscience of having had no reserve or secret for them, and to have had with them a perfect and entire communication. Oh my friend, am I the better for being sensible of this; or am I the worse? I am, doubtless, much the better. I am consoled and honoured, in the sorrow for his death. Is it not a pious and a pleasing office of my life to be always upon my friend's obsequies? Can there be any joy equal to this privation?

I open myself to my family, as much as I can, and very willingly let them know the state of my opinion and good will towards them, as I do to everybody else: I make haste to bring out and present myself to them; for I will not have them mistaken in me, in anything. Amongst other particular customs of our ancient Gauls, this, as Cæsar reports, was one, that the sons never presented themselves before their fathers, nor durst ever appear in their company in public, till they began to bear arms; as if they would intimate by this, that it was also time for their fathers to receive them into their familiarity and acquaintance.

I have observed yet another sort of indiscretion in fathers of my time, that, not contented with having deprived their children, during their own long lives, of the share they naturally ought to have had in their fortunes, they afterwards leave to their wives the same authority over their estates, and liberty to dispose of them according to their own fancy. And I have known a certain lord, one of the principal officers of the crown, who, having in his prospect, by right of succession, about fifty thousand crowns yearly revenue, died necessitous and overwhelmed with debt, at above fifty years of age; his mother in her extremest decrepitude, being yet in possession of all his property, by the will of his father, who had, for his part, lived till near fourscore years old. This appears to me by no means reasonable. And therefore I think it of very little advantage to a man, whose affairs are well enough, to seek a wife who encumbers his estate with a very great fortune; there is no sort of foreign debt that brings more ruin to families than this: my predecessors have ever been aware of that danger and provided against it, and so have I. But those who dissuade us from rich wives, for fear they should be less tractable and kind, are out in their advice to make a man lose a real commodity for so frivolous a conjecture. It costs an unreasonable woman no more to pass over one reason than another; they cherish themselves most where they are most wrong. Injustice allures them, as the honour of their virtuous actions does the good; and the more riches they bring with them, they are so much the more good natured, as women, who are handsome, are all the more inclined and proud to be chaste.

'Tis reasonable to leave the administration of affairs to the mothers till the children are old enough, according to law, to manage them; but the father has brought them up very ill, if he cannot hope that, when they come to maturity, they will have more wisdom and ability in the management of affairs than his wife, considering the ordinary weakness of the sex. It were, notwithstanding, to say the truth, more against nature to make the mothers depend upon the discretion of their children; they ought to be plentifully provided for, to maintain themselves according to their quality and age, by reason that necessity and indigence are much more unbecoming and insupportable to them than to men; the son should rather be cut short than the mother.

In general, the most judicious distribution of our goods, when we come to die, is, in my opinion, to let them be distributed according to the custom of the country; the laws have considered the matter better than we know how to do, and 'tis wiser to let them fail in their appointment, than rashly to run the hazard of miscarrying in ours. Nor are the goods properly ours, since by civil prescription and without us, they are all destined to certain successors. And although we have some liberty beyond that, yet I think we ought not, without great and manifest cause, to take away that from one which his fortune has allotted him, and to which the public equity gives him title; and that it is against reason to abuse this liberty, in making it serve our own frivolous and private fancies. My destiny has been kind to me in not presenting me with occasions to tempt me and divert my affection from the common and legitimate institution. I see many with whom 'tis time lost to employ a long exercise of good offices: a word ill taken obliterates ten years' merit; he is happy who is in a position to oil their goodwill at this last passage. The last action carries it: not the best and most frequent offices, but the most recent and present do the work. These are people that play with their wills as with apples or rods, to gratify or chastise every action of those who pretend to an interest in their care. 'Tis a thing of too great weight and consequence, to be so tumbled and tossed and altered every moment, and wherein the wise determine once for all, having above all things regard to reason and the public observance. We lay these masculine substitutions too much to heart, proposing a ridiculous eternity to our names. We are, moreover, too superstitious in vain conjectures as to the future, that we derive from the words and actions of children. Peradventure they might have done me an injustice, in dispossessing me of my right, for, having been the most dull and heavy, the most slow and unwilling at my book, not of all my brothers only, but of all the boys in the whole province: whether about learning my lesson, or about any bodily exercise. 'Tis a folly to make an election out of the ordinary course upon the credit of these divinations wherein we are so often deceived. If the ordinary rule of descent were to be violated, and the destinies corrected in the choice they have made of our heirs, one might more plausibly do it upon the account of some remarkable and enormous personal deformity, a permanent and incorrigible defect, and in the opinion of us French, who are great admirers of beauty, an important prejudice.

The pleasant dialogue betwixt Plato's legislator and his citizens will be an ornament to this place.[1] "What," said they, feeling themselves about to die, "may we not dispose of our own to whom we please? Gods, what cruelty that it shall not be lawful for us, according as we have been served and attended in our sickness, in our old age, in our affairs, to give more or less to those whom we have found most diligent about us, at our own fancy and discretion!" To which the legislator answers thus: "My friends, who are now without question, very soon to die, it is hard for you in the condition you are, either to know yourselves, or what is yours, according to the delphic inscription. I, who make the laws, am of opinion, that you neither are yourselves your own, nor is that yours of which you are possessed. Both your goods and you belong to your families, as well those past as those to come; but, further, both your family and goods much more appertain to the public. Wherefore, lest any flatterer in your old age or in your sickness, or any passion of your own, should unseasonably prevail with you to make an unjust will, I shall take care to prevent that inconvenience; but, having respect both to the universal interest of the city and that of your particular family, I shall establish laws, and make it by good reasons appear, that private convenience ought to give place to the common benefit. Go then cheerfully where human necessity calls you. It is for me, who regard no more the one thing than the other, and who, as much as in me lies, am provident of the public interest, to have a care as to what you leave behind you."

To return to my subject: it appears to me that women are very rarely born to whom the prerogative over men, the maternal and natural excepted, is in any sort due, unless it be for the punishment of such, as in some amorous fever, have voluntarily submitted themselves to them: but that in no way concerns the old ones, of whom we are now speaking. This consideration it is which has made us so willingly to enact and give force to that law, which was never yet seen by any one, by which women are excluded the succession to our crown: and there is hardly a

---

[1] *Laws,* xi.

government in the world where it is not pleaded, as it is here, by the probability of reason that authorizes it, though fortune has given it more credit in some places than in others. 'Tis dangerous to leave the disposal of our succession to their judgment, according to the choice they shall make of children, which is often fantastic and unjust; for the irregular appetites and depraved tastes, they have during the time of their being with child, they have at all other times in the mind. We commonly see them fond of the most weak, ricketty, and deformed children; or of those, if they have such, as are still hanging at the breast. For not having sufficient force of reason to choose and embrace that which is most worthy, they the more willingly suffer themselves to be carried away, where the impressions of nature are most alone; like animals that know their young no longer than they give them suck. As to the rest, it is easy by experience to be discerned that this natural affection to which we give so great authority has but very weak roots. For a very little profit, we every day tear their own children out of the mother's arms, and make them take ours in their room: we make them abandon their own to some pitiful nurse, to whom we disdain to commit ours, or to some she goat, forbidding them, not only to give them suck, what danger soever they run thereby, but, moreover, to take any manner of care of them, that they may wholly be occupied with the care of and attendance upon ours; and we see in most of them an adulterate affection, more vehement than the natural, begotten by custom toward the foster children, and a greater solicitude for the preservation of those they have taken charge of, than of their own. And that which I was saying of goats was upon this account; that it is ordinary all about where I live, to see the countrywomen, when they want milk of their own for their children, to call goats to their assistance; and I have at this hour two menservants that never sucked woman's milk more than eight days after they were born. These goats are immediately taught to come to suckle the little children, know their voices when they cry, and come running to them. If any other than this fosterchild be presented to them, they refuse to let it suck; and the child in like manner will refuse to suck another goat. I saw one the other day from whom they had taken away the goat that used to nourish it, by reason the father had only borrowed it of a neighbour; the child would not touch any other they could bring, and died, doubtless of hunger. Beasts as easily alter and corrupt their natural affection as we: I believe that in what Herodotus relates of a certain district of Lybia, there are many mistakes; he says that the women are there in common; but that the child so soon as it can go, finds him out in the crowd for his father, to whom he is first led by his natural inclination.

Now, to consider this simple reason for loving our children, that we have begot them, therefore calling them our second selves, it appears, methinks, that there is another kind of production proceeding from us, that is of no less recommendation: for that which we engender by the soul, the issue of our understanding, courage, and abilities, springs from nobler parts than those of the body, and that are much more our own: we are both father and mother in this generation. These cost us a great deal more and bring us more honour, if they have anything of good in them. For the value of our other children is much more theirs than ours; the share we have in them is very little; but of these, all the beauty, all the grace and value, are ours; and also they more vividly represent us than the others. Plato adds, that these are immortal children that immortalize and deify their fathers, as Lycurgus, Solon, Minos. Now, histories being full of examples of the common affection of fathers to their children, it seems not altogether improper to introduce some few of this other kind. Heliodorus, that good bishop of Tricca, rather chose to lose the dignity, profit, and devotion of so venerable a prelacy, than to lose his daughter; a daughter that continues to this day very graceful and comely; but, peradventure, a little too curiously and wantonly tricked, and too amorous for an ecclesiastical and sacerdotal daughter. There was one Labienus at Rome, a man of great worth and authority, and, amongst other qualities, excellent in all sorts of literature; who was, as I take it, the son of that great Labienus, the chief of Cæsar's captains in the wars of Gaul; and who, afterwards, siding with Pompey the great, so valiantly maintained his cause, till he was by Cæsar defeated in Spain. This Labienus, of whom I am now speaking, had several enemies, envious of his virtue, and, 'tis likely, the courtiers and minions of the emperors of his time who were very angry at his freedom and the paternal humour which he yet retained against tyranny, with which it is to be supposed he had tinctured his books and writings. His adversaries prosecuted several pieces he had published before the magistrate at Rome, and prevailed so far against him, as to have them condemned to the fire. It was in him that this new example of punishment was begun, which was afterwards continued against others at Rome, to punish even writing and studies with death. There would not be means and matter enough of cruelty, did we not mix with them things that nature has exempted from all sense and suffering, as reputation and the products of the mind, and did we not communicate corporal punishments to the teachings and monuments of the Muses. Now Labienus could not suffer this loss, nor survive these his so dear issue; and therefore caused himself to be conveyed and shut up alive in the monument of his ancestors, where he made shift to kill and bury himself at once. 'Tis hard to show a more vehement paternal affection than this. Cassius Severus, a man of great eloquence and his very intimate friend, seeing his books burned, cried out that by the same sentence they should as well condemn him to the fire too, seeing that he carried in his memory all that they contained. The like accident befel Cremutius Cordus, who being accused of having in his books commended Brutus and Cassius, that dirty, servile, and corrupt senate, and worthy a worse master than Tiberius, condemned his writings to the flame. He was willing to bear them company and killed himself with fasting. The good Lucan, being condemned by that rascal Nero, at the last gasp of his life when the greater part of his blood was already spent through the veins of his arms which he had caused his physician to open to make him die, and when the cold had seized upon all his extremities, and began to approach his vital parts, the last thing he had in his memory was some of the verses of his Battle of Pharsalia, which he recited, dying with them in his mouth. What was this, but taking a tender and paternal leave of his children, in imitation of the valedictions and embraces wherewith we part from ours, when we come to die, and an effect of that natural inclination, that suggests to our remembrance in this extremity, those things which were dearest to us during the time of our life?

Can we believe that Epicurus, who, as he says himself, dying of the intolerable pain of the stone, had all his consolation in the beauty of the doctrine he left behind him, could have received the same satisfaction from many children, though never so well-conditioned and brought up, had he had them, as he did from the production of so many rich writings? Or that, had it been in his choice to have left behind him a deformed and untoward child, or a foolish and ridiculous book, he, or any other man of his understanding, would not rather have chosen to have run the first misfortune than the other? It had been, for example, peradventure, an impiety in St. Augustine, if on the one hand, it had been proposed to him to bury his writings, from which religion has received so great fruit, or on the other, to bury his children, had he had them, had he not rather chosen to bury his children. And I know not whether I had not much rather have begot a very beautiful one, through society with the Muses, than by lying with my wife. To this, such as it is, what I give it, I give absolutely and irrevocably, as men do to their bodily children. That little I have done for it, is no more at my own disposal; it may know many things that are gone from me, and from me hold that which I have not retained; and which, as well as a stranger, I should borrow thence, should I stand in need. If I am wiser than my book, it is richer than I. There are few men addicted to poetry, who would not be much prouder to be father to the Æneid than to the handsomest youth of Rome; and who would not much better bear the loss of the one than of the other. For according to Aristotle,[1] the poet, of all artificers, is the fondest of his work. 'Tis hard to believe that Epaminondas, who boasted that in lieu of all posterity he left two daughters behind him that would one day do their father honour (meaning the two victories he obtained over the Lacedæmonians), would willingly have consented to exchange these for the most beautiful creatures of all Greece; or that Alexander or Cæsar ever wished to be deprived of the grandeur of their glorious exploits in war, for the convenience of children and heirs, how perfect and accomplished soever. Nay, I make a great question, whether Phidias or any other excellent sculptor would be so solicitous of the preservation and continuance of his natural children, as he would be of a rare statue, which with long labour and study he had perfected according to art. And to those furious and irregular passions that have sometimes inflamed fathers towards their own daughters, and mothers towards their own sons, the like is also found in this other sort of parentage: witness what is related of Pygmalion who, having made the statue of a woman of singular beauty, fell so passionately in love with this work of his, that the gods in favour of his passion inspired it with life.

*Tentatum mollescit ebur, positóque rigore,
Subsidit digitis.*[2]

---

[1] *Ethics*, ix. 7.
[2] The ivory grows pliant under his touch.—Ovid, *Met.*, x. 283.

IX. Of the Arms of the Parthians

'Tis an ill custom and unmanly that the gentlemen of our time have got, not to put on arms but just upon the point of the most extreme necessity, and to lay them by again, so soon as ever there is any show of the danger being over; hence many disorders arise; for every one bustling and running to his arms just when he should go to charge, has his cuirass to buckle on when his companions are already put to rout. Our ancestors were wont to give their headpiece, lance and gauntlets to be carried, but never put off the other pieces so long as there was any work to be done. Our troops are now cumbered and rendered unsightly with the clutter of baggage and servants who cannot be from their masters, by reason they carry their arms. Titus Livius speaking of our nation, *Intolerantissima laboris corpora vix arma humeris gerebant*.[1] Many nations do yet, and did anciently, go to war without defensive arms, or with such, at least, as were of very little proof:

Tegmina queis capitum, raptus de subere cortex.[2]

Alexander, the most adventurous captain that ever was, very seldom wore armour, and such amongst us as slight it, do not by that much harm to the main concern; for if we see some killed for want of it, there are few less whom the lumber of arms helps to destroy, either by being overburthened, crushed, and cramped with their weight, by a rude shock, or otherwise. For, in plain truth, to observe the weight and thickness of the armour we have now in use, it seems as if we only sought to defend ourselves, and are rather loaded than secured by it. We have enough to do to support its weight, being so manacled and immured, as if we were only to contend with our own arms, and as if we had not the same obligation to defend them, that they have to defend us. Tacitus[3] gives a pleasant description of the men at arms among our ancient Gauls, who were so armed as only to be able to stand, without power to harm or to be harmed, or to rise again if once struck down. Lucullus,[4] seeing certain soldiers of the Medes, who formed the van of Tigranes' army, heavily armed and very uneasy, as if in prisons of iron, thence conceived hopes with great ease to defeat them, and by them began his charge and victory. And now that our musketeers are in credit, I believe some invention will be found out to immure us for our safety, and to draw us to the war in castles, such as those the ancients loaded their elephants withal.

This humour is far differing from that of the younger Scipio, who sharply reprehended his soldiers for having planted caltrops under water, in a ditch by which those of the town he held besieged might sally out upon him; saying, that those who assaulted should think of attacking, and not to fear; suspecting, with good reason, that this stop they had put to the enemies, would make themselves less vigilant upon their guard. He said also to a young man, who showed him a fine buckler he had, that he was very proud of, "It is a very fine buckler indeed, but a Roman soldier ought to repose greater confidence in his right hand than in his left."

Now 'tis nothing but the not being used to wear it that makes the weight of our armour so intolerable:

L'usbergo in dosso haveano, et l'elmo in testa,
Due di questi guerrier, de' quali io canto;
Ne notte o di, d' appoi ch' entraro in questa
Stanza, gl'haveano mai messi da canto;
Che facile a portar come la vesta
Era lor, perche in uso l'havean tanto:[5]

the Emperor Caracalla was wont to march on foot, completely armed, at the head of his army. The Roman infantry always carried not only a morion, a sword, and a shield (for as to arms, says Cicero, they were so accustomed to have them always on, that they were no more trouble to them than their own limbs, *arma enim, membra militis esse dicunt*[6]), but, moreover, fifteen days' provision, together with a certain number of stakes, wherewith to fortify their camp, sixty pounds in weight. And Marius' soldiers, laden at the same rate, were inured to march in order of battle five leagues in five hours, and sometimes, upon any urgent occasion, six. Their military discipline was much ruder than ours, and accordingly produced much greater effects. The younger Scipio, reforming his army in Spain, ordered his soldiers to eat standing, and nothing that was drest. The jeer that was given a Lacedæmonian soldier is marvellously pat to this

---

[1] Their bodies were so impatient of labour, that they could scarce endure to wear their arms.—Livy, x. 28.

[2] Covering their heads with a piece of cork.—Æneid, vii. 742.

[3] *Annal.*, iii. 43.

[4] Plutarch, Lucullus.

[5] Two of the warriors, of whom I sing, had on each his helmet and cuirass, and never had night or day once laid them by, whilst here they were; those arms, by long practice, were so easy grown and light to bear.—Ariosto, xii. 30.

[6] Cicero, *Tusc. Quæs.*, ii. 16.

purpose, who, in an expedition of war, was reproached for having been seen under the roof of a house: they were so inured to hardship that, let the weather be what it would, it was a shame to be seen under any other cover than the roof of heaven. We should not march our people very far at that rate.

As to what remains, Marcellinus, a man bred up in the Roman wars, curiously observes the manner of the Parthians arming themselves, and the rather, for being so different from that of the Romans. "They had," says he, "armour so woven as to have all the scales fall over one another like so many little feathers; which did nothing hinder the motion of the body, and yet were of such resistance, that our darts hitting upon them, would rebound" (these were the coats of mail our forefathers were so constantly wont to use). And in another place; "they had," says he, "strong and able horses, covered with thick tanned hides of leather, and were themselves armed *cap-à-pié* with great plates of iron, so artificially ordered, that in all parts of the limbs, which required bending, they lent themselves to the motion. One would have said, that they had been men of iron; having armour for the head so neatly fitted, and so naturally representing the form of a face, that they were nowhere vulnerable, save at two little round holes, that gave them a little light, corresponding with their eyes, and certain small chinks about their nostrils, through which they, with great difficulty, breathed,"

> *Flexilis inductis animatur lamina membris,*
> *Horribilis visu; credas simulacra moveri*
> *Ferrea, cognatoque viros spirare metallo.*
> *Par vestitus equis: ferrata fronte minantur,*
> *Ferratosque movent, securi vulneris, armos.*[1]

'Tis a description very near resembling the equipage of the men-at-arms in France, with their barded horses. Plutarch says,[2] that Demetrius caused two complete suits of armour to be made for himself and for Alcimus, a captain of the greatest note and authority about him, of sixscore pounds weight each, whereas the ordinary suits weighed but half so much.

---

[1] Plates of steel are placed over the body so flexible that, dreadful to be seen, you would think these not living men, but moving images. The horses, like-armed, wear spikes in front, and move secured from wounds by armour on their iron shoulders.—Claudian, *In Ruf.*, ii. 358.

[2] Demetrius.

X. Of books

I MAKE no doubt but that I often happen to speak of things that are much better and more truly handled by those who are masters of the trade. You have here purely an essay of my natural parts, and not of those acquired: and whoever shall catch me tripping in ignorance, will not in any sort get the better of me; for I should be very unwilling to become responsible to another for my writings, who am not so to myself, nor satisfied with them. Whoever goes in quest of knowledge, let him fish for it where it is to be found; there is nothing I so little profess. These are fancies of my own, by which I do not pretend to discover things but to lay open myself; they may, peradventure, one day be known to me, or have formerly been, according as fortune has been able to bring me in place where they have been explained; but I have utterly forgotten it; and if I am a man of some reading, I am a man of no retention; so that I can promise no certainty, more than to make known to what point the knowledge I now have has risen. Therefore, let none lay stress upon the matter I write, but upon my method in writing it. Let them observe, in what I borrow, if I have known how to choose what is proper to raise or help the invention, which is always my own. For I make others say for me, not before but after me, what, either for want of language or want of sense, I cannot myself so well express. I do not number my borrowings, I weigh them; and had I designed to raise their value by number, I had made them twice as many; they are all, or within a very few, so famed and ancient authors, that they seem, methinks, themselves sufficiently to tell who they are, without giving me the trouble. In reasons, comparisons, and arguments, if I transplant any into my own soil, and confound them amongst my own, I purposely conceal the author, to awe the temerity of those precipitate censors who fall upon all sorts of writings, particularly the late ones, of men yet living, and in the vulgar tongue which puts every one into a capacity of criticising and which seem to convict the conception and design as vulgar also. I will have them give Plutarch a fillip on my nose, and rail against Seneca when they think they rail at me. I must shelter my own weakness under these great reputations. I shall love any one that can unplume me, that is, by clearness of understanding and judgment, and by the sole distinction of the force and beauty of the discourse. For I who, for want of memory, am at every turn at a loss to pick them out of their national livery, am yet wise enough to know, by the measure of my own abilities, that my soil is incapable of producing any of those rich flowers that I there find growing; and that all the fruits of my own growth are not worth any one of them. For this, indeed, I hold myself responsible; if I get in my own way; if there be any vanity and defect in my writings which I do not of myself perceive nor can discern, when pointed out to me by another; for many faults escape our eye, but the infirmity of judgment consists in not being able to discern them when, by another laid open to us. Knowledge and truth may be in us without judgment, and judgment also without them; but the confession of ignorance is one of the finest and surest testimonies of judgment that I know. I have no other officer to put my writings in rank and file, but only fortune. As things come into my head, I heap them one upon another; sometimes they advance in whole bodies, sometimes in single file. I would that every one should see my natural and ordinary pace, irregular as it is; I suffer myself to jog on at my own rate. Neither are these subjects which a man is not permitted to be ignorant in, or casually and at a venture, to discourse of. I could wish to have a more perfect knowledge of things, but I will not buy it so dear as it costs. My design is to pass over easily, and not laboriously, the remainder of my life; there is nothing that I will cudgel my brains about; no, not even knowledge, of what value soever.

I seek, in the reading of books, only to please myself, by an honest diversion; or, if I study, 'tis for no other science than what treats of the knowledge of myself, and instructs me how to die and how to live well.

Has meus ad metas sudet oportet equus.[1]

I do not bite my nails about the difficulties I meet with in my reading; after a charge or two, I give them over. Should I insist upon them, I should both lose myself and time; for I have an impatient understanding, that must be satisfied at first: what I do not discern at once, is by persistence rendered more obscure. I do nothing without gaiety; continuation and a too obstinate endeavour, darkens, stupefies, and tires my judgment. My sight is confounded and dissipated with poring; I must withdraw it, and refer my discovery to new attempts; just as to judge rightly of the lustre of scarlet, we are taught to pass the eye lightly over it, and again to run it over at several sudden and reiterated glances. If one book do not please me, I take another; and never meddle with any, but at such times as I am weary of doing nothing. I care not much for new ones, because the old seem fuller and stronger; neither do I converse much with Greek authors, because my judgment cannot do its work with imperfect intelligence of the material.

Amongst books that are simply pleasant, of the moderns, Boccaccio's *Decameron,* Rabelais, and the *Basia* of Johannes Secundus (if those may be ranged under the title) are worth reading for amusement. As to Amadis, and such kind of stuff, they had not credit to take me, so much as in my childhood. And I will, moreover, say, whether boldly or rashly, that this old, heavy soul of mine is now no longer tickled with Ariosto, no, nor with Ovid; his facility and inventions, with which I was formerly so ravished, are now of no more relish, and I can hardly have the patience to read them. I speak my opinion freely of all things, even of those that, perhaps, exceed my capacity, and that I do not conceive to be, in any wise, under my jurisdiction. And, accordingly, the judgment I deliver, is to show the measure of my own sight, and not of the things I make so bold to criticise. When I find myself disgusted with Plato's *Axiochus,* as with a work, with due respect to such an author be it spoken, without force, my judgment does not believe itself: it is not so arrogant as to oppose the authority of so many other famous judgments of antiquity, which it considers as its tutors and masters, and with whom it is rather content to err; in such a case, it condemns itself either to stop at the outward bark, not being able to penetrate to the heart, or to consider it by some false light. It is content with only securing itself from trouble and disorder; as to its own weakness, it frankly acknowledges and confesses it. It thinks it gives a just interpretation to the appearances by its conceptions presented to it; but they are weak and imperfect. Most of the fables of Æsop have diverse senses and meanings, of which the mythologists chose some one that quadrates well to the fable; but, for the most part, 'tis but the first face that presents itself and is superficial only; there yet remain others more vivid, essential, and profound, into which they have not been able to penetrate; and just so 'tis with me.

But, to pursue the business of this essay, I have always thought that, in poesy, Virgil, Lucretius, Catullus, and Horace by many degrees excel the rest; and signally, Virgil in his *Georgics,* which I look upon as the most accomplished piece in poetry; and in comparison of which a

---

[1] My horse must be trained to this course.—Propertius, iv. 1, 70.

man may easily discern that there are some places in his *Æneids,* to which the author would have given a little more of the file, had he had leisure: and the fifth book of his *Æneids* seems to me the most perfect. I also love Lucan, and willingly read him, not so much for his style, as for his own worth, and the truth and solidity of his opinions and judgments. As for Terence, that model of the refined elegancies and grace of the Latin tongue, I find him admirable in his vivid representation of our manners and the movements of the soul; our actions throw me at every turn, upon him; and I cannot read him so often that I do not still discover some new grace and beauty. Such as lived near Virgil's time were scandalised that some should compare him with Lucretius. I am, I confess, of opinion that the comparison is, in truth, very unequal; a belief that, nevertheless, I have much ado to assure myself in, when I come upon some excellent passage in Lucretius. But if they were so angry at this comparison, what would they say to the brutish and barbarous stupidity of those who, nowadays, compare him with Ariosto? Would not Ariosto himself say

O seclum insipiens et inficetum![1]

I think the ancients had more reason to be angry with those who compared Plautus with Terence, though much nearer the mark, than Lucretius with Virgil. It makes much for the estimation and preference of Terence, that the father of Roman eloquence has him so often, and alone of his class, in his mouth; and the opinion that the best judge of Roman poets has passed upon his companion. I have often observed that those of our times, who take upon them to write comedies (in imitation of the Italians, who are happy enough in that way of writing), take three or four plots of those of Plautus or Terence to make one of their own, and crowd five or six of Boccaccio's novels into one single comedy. That which makes them so load themselves with matter is the diffidence they have of being able to support themselves with their own strength. They must find out something to lean to; and not having of their own stuff wherewith to entertain us, they bring in the story to supply the defect of language. It is quite otherwise with my author; the elegance and perfection of his way of speaking makes us lose the appetite of his plot; his refined grace and elegance of diction everywhere occupy us: he is so pleasant throughout,

Liquidus, puroque simillimus amni,[2]

and so possesses the soul with his graces that we forget those of his fable. This same consideration carries me further: I observe that the best of the ancient poets have avoided affectation and the hunting after, not only fantastic Spanish and Petrarchal elevations, but even the softer and more gentle touches, which are the ornament of all succeeding poesy. And yet there is no good judgment that will condemn this in the ancients, and that does not incomparably more admire the equal polish, and that perpetual sweetness and flourishing beauty of Catullus's epigrams, than all the stings with which Martial arms the tails of his. This is by the same reason that I gave before, and as Martial says of himself: *Minus illi ingenio laborandum fuit, in cujus locum materia successerat.*[3] The first, without being moved, or without getting angry, make themselves sufficiently felt; they have matter enough of laughter throughout, they need not tickle themselves; the others have need of foreign assistance; as they have the less wit they must have the more body; they mount on horseback, because they are not able to stand on their own legs. As in our balls, those mean fellows who teach to dance, not being able to represent the presence and dignity of our noblesse, are fain to put themselves forward with dangerous jumping, and other strange motions and tumblers' tricks; and the ladies are less put to it in dances, where there are various coupees, changes, and quick motions of body, than in some other of a more sedate kind, where they are only to move a natural pace, and to represent their ordinary grace and presence. And so I have seen good drolls, when in their own everyday clothes, and with the same face they always wear, give us all the pleasure of their art, when their apprentices, not yet arrived at such a pitch of perfection, are fain to meal their faces, put themselves into ridiculous disguises, and make a hundred grotesque faces to give us whereat to laugh. This conception of mine is nowhere more demonstrable than in comparing the *Æneid* with *Orlando Furioso;* of which we see the first, by dint of wing, flying in a brave and lofty place, and always following his point; the latter, fluttering and hopping from tale to tale, as from branch to

---

[1] O stupid and tasteless age.—Catullus, xliii. 8.

[2] Liquid, and like a crystal stream.—Horace, *Epist.,* ii. 2, 120.

[3] He had all the less for his wit to do that the subject itself supplied what was necessary.—Martial, viii. *præf.*

branch, not daring to trust his wings but in very short flights, and perching at every turn, lest his breath and strength should fail,

Excursusque breves tentat.[1]

These, then, as to this sort of subjects, are the authors that best please me.

As to what concerns my other reading, that mixes a little more profit with the pleasure, and whence I learn how to marshal my opinions and conditions, the books that serve me to this purpose are Plutarch, since he has been translated into French, and Seneca. Both of these have this notable convenience suited to my humour, that the knowledge I there seek is discoursed in loose pieces, that do not require from me any trouble of reading long, of which I am incapable. Such are the minor works of the first and the epistles of the latter, which are the best and most profiting of all their writings. 'Tis no great attempt to take one of them in hand, and I give over at pleasure; for they have no sequence or dependence upon one another. These authors, for the most part, concur in useful and true opinions; and there is this parallel betwixt them, that fortune brought them into the world about the same century: they were both tutors to two Roman emperors: both sought out from foreign countries: both rich and both great men. Their instruction is the cream of philosophy, and delivered after a plain and pertinent manner. Plutarch is more uniform and constant; Seneca more various and waving: the last toiled and bent his whole strength to fortify virtue against weakness, fear, and vicious appetites; the other seems more to slight their power, and to disdain to alter his pace and to stand upon his guard. Plutarch's opinions are Platonic, gentle, and accommodated to civil society; those of the other are Stoical and Epicurean, more remote from the common use, but, in my opinion, more individually commodious and more firm. Seneca seems to lean a little to the tyranny of the emperors of his time, and only seems; for I take it for certain that he speaks against his judgment when he condemns the action of the generous murderers of Cæsar. Plutarch is frank throughout: Seneca abounds with brisk touches and sallies; Plutarch with things that heat and move you more; this contents and pays you better: he guides us, the other pushes us on.

As to Cicero, those of his works that are most useful to my design are they that treat of philosophy, especially moral. But boldly to confess the truth (for since one has passed the barriers of impudence, off with the bridle), his way of writing, and that of all other long-winded authors, appears to me very tedious: for his prefaces, definitions, divisions, and etymologies take up the greatest part of his work: whatever there is of life and marrow is smothered and lost in the long preparation. When I have spent an hour in reading him, which is a great deal for me, and try to recollect what I have thence extracted of juice and substance, for the most part I find nothing but wind; for he is not yet come to the arguments that serve to his purpose, and to the reasons that properly help to form the knot I seek. For me, who only desire to become more wise, not more learned or eloquent, these logical and Aristotelian dispositions of parts are of no use. I would have a man begin with the main proposition. I know well enough what death and pleasure are; let no man give himself the trouble to anatomise them to me. I look for good and solid reasons, at the first dash, to instruct me how to stand their shock, for which purpose neither grammatical subtleties nor the quaint contexture of words and argumentations are of any use at all. I am for discourses that give the first charge into the heart of the redoubt; his languish about the subject; they are proper for the schools, for the bar, and for the pulpit, where we have leisure to nod, and may awake, a quarter of an hour after, time enough to find again the thread of the discourse. It is necessary to speak after this manner to judges, whom a man has a design to gain over, right or wrong, to children and common people, to whom a man must say all, and see what will come of it. I would not have an author make it his business to render me attentive: or that he should cry out fifty times *Oyez*, as the heralds do. The Romans, in their religious exercises, began with *Hoc age*: as we in ours do with *Sursum corda*; these are so many words lost to me: I come already fully prepared from my chamber. I need no allurement, no invitation, no sauce; I eat the meat raw, so that, instead of whetting my appetite by these preparatives, they tire and pall it. Will the license of the time excuse my sacrilegious boldness if I censure the dialogism of Plato himself as also dull and heavy, too much stifling the matter, and lament so much time lost by a man, who had so many better things to say, in so many long and needless preliminary interlocutions? My ignorance will better excuse me in that I understand not Greek so well as to discern the beauty of his language. I generally choose books that use sciences, not such as only lead to them.

---

[1] Making short runs.—Virgil, *Georg.*, iv. 194.

The two first, and Pliny, and their like, have nothing of this *Hoc age;* they will have to do with men already instructed; or if they have, 'tis a substantial *Hoc age,* and that has a body by itself. I also delight in reading the Epistles to Atticus, not only because they contain a great deal of the history and affairs of his time, but much more because I therein discover much of his own private humours; for I have a singular curiosity, as I have said elsewhere, to pry into the souls and the natural and true opinions of the authors with whom I converse. A man may indeed judge of their parts, but not of their manners nor of themselves, by the writings they exhibit upon the theatre of the world. I have a thousand times lamented the loss of the treatise Brutus wrote upon virtue, for it is well to learn the theory from those who best know the practice. But seeing the matter preached and the preacher are different things, I would as willingly see Brutus in Plutarch, as in a book of his own. I would rather choose to be certainly informed of the conference he had in his tent with some particular friends of his the night before a battle, than of the harangue he made the next day to his army; and of what he did in his closet and his chamber, than what he did in the public square and in the senate. As to Cicero, I am of the common opinion that, learning excepted, he had no great natural excellence. He was a good citizen, of an affable nature, as all fat, heavy men, such as he was, usually are; but given to ease, and had, in truth, a mighty share of vanity and ambition. Neither do I know how to excuse him for thinking his poetry fit to be published; 'tis no great imperfection to make ill verses, but it is an imperfection not to be able to judge how unworthy his verses were of the glory of his name. For what concerns his eloquence, that is totally out of all comparison, and I believe it will never be equalled. The younger Cicero, who resembled his father in nothing but in name, whilst commanding in Asia, had several strangers one day at his table, and, amongst the rest, Cestius seated at the lower end, as men often intrude to the open tables of the great. Cicero asked one of his people who that man was, who presently told him his name; but he, as one who had his thoughts taken up with something else, and who had forgotten the answer made him, asking three or four times, over and over again, the same question, the fellow, to deliver himself from so many answers and to make him know him by some particular circumstance; "'tis that Cestius," said he, "of whom it was told you, that he makes no great account of your father's eloquence in comparison of his own." At which Cicero, being suddenly nettled, commanded poor Cestius presently to be seized, and caused him to be very well whipped in his own presence; a very discourteous entertainer! Yet even amongst those, who, all things considered, have reputed his eloquence incomparable, there have been some, who have not stuck to observe some faults in it; as that great Brutus his friend, for example, who said 'twas a broken and feeble eloquence, *fractam et elumbem.* The orators also, nearest to the age wherein he lived, reprehended in him the care he had of a certain long cadence in his periods, and particularly took notice of these words, *esse videatur,* which he there so often makes use of. For my part, I more approve of a shorter style, and that comes more roundly off. He does, though, sometimes shuffle his parts more briskly together, but 'tis very seldom. I have myself taken notice of this one passage: *Ego vero me minus diu senem mallem, quam esse senem antequam essem.*[1]

The historians are my right ball, for they are pleasant and easy, and where man, in general, the knowledge of whom I hunt after, appears more vividly and entire than anywhere else: the variety and truth of his internal qualities, in gross and piecemeal, the diversity of means by which he is united and knit, and the accidents that threaten him. Now those that write lives, by reason they insist more upon counsels than events, more upon what sallies from within, than upon what happens without, are the most proper for my reading; and, therefore, above all others, Plutarch is the man for me. I am very sorry we have not a dozen Laertii,[2] or that he was not further extended; for I am equally curious to know the lives and fortunes of these great instructors of the world, as to know the diversities of their doctrines and opinions. In this kind of study of histories, a man must tumble over, without distinction, all sorts of authors, old and new, French or foreign, there to know the things of which they variously treat. But Cæsar, in my opinion, particularly deserves to be studied, not for the knowledge of the history only, but for himself, so great an excellence and perfection he has above all the rest, though Sallust be one of the number. In earnest, I read this author with more reverence and respect than is usually allowed to human writings; one while considering him

---

[1] I had rather be old a brief time, than be old before old age.—Cicero, *De Senec.,* x.
[2] Diogenes Laertius, who wrote the lives of the philosophers.

in his person, by his actions and miraculous greatness, and another in the purity and inimitable polish of his language, wherein he not only excels all other historians, as Cicero confesses, but, peradventure, even Cicero himself; speaking of his enemies with so much sincerity in his judgment, that, the false colours with which he strives to palliate his evil cause, and the ordure of his pestilent ambition excepted, I think there is no fault to be objected against him, saving this, that he speaks too sparingly of himself, seeing so many great things could not have been performed under his conduct, but that his own personal acts must necessarily have had a greater share in them than he attributes to them.

I love historians, whether of the simple sort, or of the higher order. The simple, who have nothing of their own to mix with it, and who only make it their business to collect all that comes to their knowledge, and faithfully to record all things, without choice or discrimination, leave to us the entire judgment of discerning the truth. Such, for example amongst others, is honest Froissart, who has proceeded in his undertaking with so frank a plainness that, having committed an error, he is not ashamed to confess, and correct it in the place where the finger has been laid, and who represents to us even the variety of rumours that were then spread abroad, and the different reports that were made to him; 'tis the naked and inform matter of history, and of which every one may make his profit, according to his understanding. The more excellent sort of historians have judgment to pick out what is most worthy to be known; and, of two reports, to examine which is the most likely to be true: from the condition of princes and their humours, they conclude their counsels, and attribute to them words proper for the occasion; such have title to assume the authority of regulating our belief to what they themselves believe; but certainly, this privilege belongs to very few. For the middle sort of historians, of which the most part are, they spoil all; they will chew our meat for us; they take upon them to judge of, and consequently, to incline the history to their own fancy; for if the judgment lean to one side, a man cannot avoid wresting and writhing his narrative to that bias; they undertake to select things worthy to be known, and yet often conceal from us such a word, such a private action, as would much better instruct us; omit, as incredible, such things as they do not understand, and peradventure some, because they cannot express them well in good French or Latin. Let them display their eloquence and intelligence, and judge according to their own fancy: but let them, withal, leave us something to judge of after them, and neither alter nor disguise, by their abridgments and at their own choice, anything of the substance of the matter, but deliver it to us pure and entire in all its dimensions.

For the most part, and especially in these latter ages, persons are culled out for this work from amongst the common people, upon the sole consideration of well-speaking, as if we were to learn grammar from them; and the men so chosen have fair reason, being hired for no other end and pretending to nothing but babble, not to be very solicitous of any part but that, and so, with a fine jingle of words, prepare us a pretty contexture of reports they pick up in the streets. The only good histories are those that have been written by the persons themselves who held command in the affairs whereof they write, or who participated in the conduct of them, or, at least, who have had the conduct of others of the same nature. Such are almost all the Greek and Roman histories: for, several eye-witnesses having written of the same subject, in the time when grandeur and learning commonly met in the same person, if there happen to be an error, it must of necessity be a very slight one, and upon a very doubtful incident. What can a man expect from a physician who writes of war, or from a mere scholar, treating of the designs of princes? If we could take notice how scrupulous the Romans were in this, there would need but this example: Asinius Pollio found in the histories of Cæsar himself, something misreported, a mistake occasioned, either by reason he could not have his eye in all parts of his army at once and had given credit to some individual persons who had not delivered him a very true account; or else, for not having had too perfect notice given him by his lieutenants of what they had done in his absence. By which we may see, whether the inquisition after truth be not very delicate, when a man cannot believe the report of a battle from the knowledge of him who there commanded, nor from the soldiers who were engaged in it, unless, after the method of a judicial inquiry, the witnesses be confronted and objections considered upon the proof of the least detail of every incident. In good earnest the knowledge we have of our own affairs, is much more obscure: but that has been sufficiently handled by Bodin, and according to my own sentiment. A little to aid the weakness of my memory (so extreme that it has happened to me more than once, to take books again into my hand as new and unseen, that I had carefully read over a few years before, and scribbled with my notes) I have adopted a custom of late, to note at the end of every book (that is, of those I never intend to read again) the time when I made an end on't, and the judgment I had made of it, to the end that this might, at least, represent to me the character and general idea I had conceived of the author in reading it; and I will here transcribe some of those annotations. I wrote this, some ten years ago, in my Guicciardini (of what language soever my books speak to me in, I always speak to them in my own): "He is a diligent historiographer, from whom, in my opinion, a man may learn the truth of the affairs of his time, as exactly as from any other; in the most of which he was himself also a personal actor, and in honourable command. There is no appearance that he disguised anything, either upon the account of hatred, favour, or vanity; of which the free censures he passes upon the great ones, and particularly, those by whom he was advanced and employed in commands of great trust and honour, as Pope Clement VII, give ample testimony. As to that part which he thinks himself the best at, namely, his digressions and discourses, he has indeed some very good, and enriched with fine features; but he is too fond of them: for, to leave nothing unsaid, having a subject so full, ample, almost infinite, he degenerates into pedantry and smacks a little of scholastic prattle. I have also observed this in him, that of so many souls and so many effects, so many motives and so many counsels as he judges, he never attributes any one to virtue, religion, or conscience, as if all these were utterly extinct in the world: and of all the actions, how brave soever in outward show they appear in themselves, he always refers the cause and motive to some vicious occasion or some prospect of profit. It is impossible to imagine but that, amongst such an infinite number of actions as he makes mention of, there must be some one produced by the way of honest reason. No corruption could so universally have infected men that some one would not escape the contagion: which makes me suspect, that his own taste was vicious, whence it might happen that he judged other men by himself."

In my Philip de Comines, there is this written: "You will here find the language sweet and delightful, of a natural simplicity, the narration pure, with the good faith of the author conspicuous therein; free from vanity, when speaking of himself, and from affection or envy, when speaking of others: his discourses and exhortations rather accompanied with zeal and truth, than with any exquisite sufficiency; and, throughout, authority and gravity, which bespeak him a man of good extraction, and brought up in great affairs."

Upon the *Memoirs* of Monsieur du Bellay I find this: " 'Tis always pleasant to read things written by those that have experienced how they ought to be carried on; but withal, it cannot be denied but there is a manifest decadence in these two lords from the freedom and liberty of writing that shine in the elder historians, such as the Sire de Joinville, the familiar companion of St. Louis; Eginhard, chancellor to Charlemagne; and of later date, Philip de Comines. What we have here is rather an apology for King Francis, against the Emperor Charles V, than history. I will not believe that they have falsified anything, as to matter of fact; but they make a common practice of twisting the judgment of events, very often contrary to reason, to our advantage, and of omitting whatsoever is ticklish to be handled in the life of their master; witness the proceedings of Messieurs de Montmorency and de Biron, which are here omitted: nay, so much as the very name of Madame d'Estampes is not here to be found. Secret actions an historian may conceal; but to pass over in silence what all the world knows and things that have drawn after them public and such high consequences, is an inexcusable defect. In fine, whoever has a mind to have a perfect knowledge of King Francis and the events of his reign, let him seek it elsewhere, if my advice may prevail. The only profit a man can reap from these Memoirs is in the special narrative of battles and other exploits of war wherein these gentlemen were personally engaged; in some words and private actions of the princes of their time, and in the treaties and negotiations carried on by the Seigneur de Langey, where there are everywhere things worthy to be known, and discourses above the vulgar strain."

XI. Of Cruelty

I fancy virtue to be something else, and something more noble, than good nature, and the mere propension to goodness, that we are born into the world withal. Well-disposed and well-descended souls pursue, indeed, the same methods, and represent in their actions the same face that virtue itself does: but the word virtue imports something more great and active than merely for a man to suffer himself, by a happy disposition, to be gently and quietly drawn to the rule of reason. He who, by a natural sweetness and facility, should despise injuries received, would, doubtless, do a very fine and laudable thing; but he who, provoked and nettled to the quick by an offence, should fortify himself with the arms of reason against the furious appetite of revenge, and, after a great conflict, master his own passion, would certainly do a great deal more. The first would do well; the latter virtuously: one action might be called goodness, and the other virtue; for, methinks, the very name of virtue presupposes difficulty and contention, and cannot be exercised without an opponent. 'Tis for this reason, perhaps, that we call God good, mighty, liberal, and just; but we do not call Him virtuous, being that all His operations are natural and without endeavour. It has been the opinion of many philosophers, not only Stoics, but Epicureans—(and this addition I borrow from the vulgar opinion, which is false, notwithstanding the witty conceit of Arcesilaus in answer to one, who, being reproached that many scholars went from his school to the Epicurean, but never any from thence to his school, said in answer, "I believe it indeed; numbers of capons being made out of cocks, but never any cocks out of capons." For, in truth, the Epicurean sect is not at all inferior to the Stoic in steadiness, and the rigour of opinions and precepts. And a certain Stoic, showing more honesty than those disputants, who, in order to quarrel with Epicurus, and to throw the game into their hands, make him say what he never thought, putting a wrong construction upon his words, clothing his sentences, by the strict rules of grammar, with another meaning, and a different opinion from that which they knew he entertained in his mind, and in his morals, the Stoic, I say, declared that he abandoned the Epicurean sect, upon this, among other considerations, that he thought their road too lofty and inaccessible; *Et ii qui* φιλήδονοι *vocantur sunt* φιλόκαλοι *et* φιλοδίκαιοι, *omnesque virtutes et colunt et retinent*[1])—these philosophers say that it is not enough to have the soul seated in a good place, of a good temper, and well disposed to virtue; it is not enough to have our resolutions and our reasoning fixed above all the power of fortune, but that we are, moreover, to seek occasions wherein to put them to the proof: they would seek pain, necessity, and contempt, to contend with them and to keep the soul in breath: *Multum sibi adjicit virtus lacessita.*[2] 'Tis one of the reasons why Epaminondas, who was yet of a third sect, refused the riches fortune presented to him by very lawful means; because, said he, "I am to contend with poverty," in which extreme he maintained himself to the last. Socrates put himself, methinks, upon a ruder trial, keeping for his exercise a confounded scolding wife, which was fighting at sharps. Metellus having, of all the Roman Senators, alone attempted, by the power of virtue, to withstand the violence of Saturninus, tribune of the people at Rome, who would, by all means, cause an unjust law to pass in favour of the commons, and, by so doing, having incurred the capital penalties that Saturninus had established against the dissentient, entertained those who, in this extremity, led him to execution with words to this effect: That it was a thing too easy and too base to do ill; and that to do well where there was no danger was a common thing; but that to do well where there was danger was the proper office of a man of virtue.[3] These words of Metellus very clearly represent to us what I would make out, viz., that virtue refuses facility for a companion; and that the easy, smooth, and descending way by which the regular steps of a sweet disposition of nature are conducted is not that of a true virtue; she requires a rough and stormy passage; she will have either exotic difficulties to wrestle with, like that of Metellus, by means whereof fortune delights to interrupt the speed of her career, or internal difficulties, that the inordinate appetites and imperfections of our condition introduce to disturb her.

I am come thus far at my ease; but here it comes into my head that the soul of Socrates, the most perfect that ever came to my knowledge, should, by this rule, be of very little recommendation; for I cannot conceive in that person any the least motion of a vicious inclination: I cannot imagine there could be any difficulty or constraint in the course of his virtue: I know his reason to be so powerful and sovereign over him that she would never have suffered a vicious appetite so much as to spring in him. To a virtue so elevated as his, I have nothing to oppose. Methinks I see him march, with a victorious and triumphant pace, in pomp and at his ease, without opposition or disturbance. If virtue cannot shine bright, but by the conflict of contrary appetites, shall we then say that she cannot sub-

---

[1] And those whom we call lovers of pleasure, being, in effect, lovers of honour and justice, cultivate and practise all the virtues.—Cicero, *Ep. Fam.*, xv. 1, 19.

[2] Virtue is much strengthened by combats.—Seneca, *Epist.*, 15.

[3] Plutarch, Caius Marius.

sist without the assistance of vice, and that it is from her that she derives her reputation and honour? What then, also, would become of that brave and generous Epicurean pleasure, which makes account that it nourishes virtue tenderly in her lap, and there makes it play and wanton, giving it for toys to play withal, shame, fevers, poverty, death, and torments? If I presuppose that a perfect virtue manifests itself in contending, in patient enduring of pain, and undergoing the uttermost extremity of the gout, without being moved in her seat; if I give her troubles and difficulty for her necessary objects: what will become of a virtue elevated to such a degree, as not only to despise pain, but, moreover, to rejoice in it, and to be tickled with the daggers of a sharp gout, such as the Epicureans have established, and of which many of them, by their actions, have given most manifest proofs? As have several others, who I find to have surpassed in effects even the very rules of their discipline; witness the younger Cato: when I see him die, and tearing out his own bowels, I am not satisfied simply to believe that he had then his soul totally exempt from all trouble and horror: I cannot think that he only maintained himself in the steadiness that the Stoical rules prescribed him; temperate, without emotion and imperturbed. There was, methinks, something in the virtue of this man too sprightly and fresh to stop there; I believe that, without doubt, he felt a pleasure and delight in so noble an action, and was more pleased in it than in any other of his life: *Sic abiit e vita, ut causam moriendi nactum se esse gauderet.*[1] I believe it so thoroughly that I question whether he would have been content to have been deprived of the occasion of so brave an execution; and if the goodness that made him embrace the public concern more than his own, withheld me not, I should easily fall into an opinion that he thought himself obliged to fortune for having put his virtue upon so brave a trial, and for having favoured that thief in treading underfoot the ancient liberty of his country. Methinks I read in this action I know not what exaltation in his soul, and an extraordinary and manly emotion of pleasure when he looked upon the generosity and height of his enterprise:

Deliberata morte ferocior,[2]

not stimulated with any hope of glory, as the popular and effeminate judgments of some have concluded (for that consideration was too mean and low to possess so generous, so haughty, and so determined a heart as his), but for the very beauty of the thing in itself, which he who had the handling of the springs discerned more clearly and in its perfection than we are able to do. Philosophy has obliged me in determining that so brave an action had been indecently placed in any other life than that of Cato; and that it only appertained to his to end so; notwithstanding, and according to reason, he commanded his son and the senators who accompanied him to take another course in their affairs: *Catoni, quum incredibilem natura tribuisset gravitatem, eámque ipse perpetua constantia roboravisset, semperque in proposito consilio permansisset, moriendum potius, quàm tyranni vultus aspiciendus, erat.*[3] Every death ought to hold proportion with the life before it; we do not become others for dying. I always interpret the death by the life preceding; and if any one tell me of a death strong and constant in appearance, annexed to a feeble life, I conclude it produced by some feeble cause, and suitable to the life before. The easiness then of this death and the facility of dying he had acquired by the vigour of his soul; shall we say that it ought to abate anything of the lustre of his virtue? And who, that has his brain never so little tinctured with the true philosophy, can be content to imagine Socrates only free from fear and passion in the accident of his prison, fetters and condemnation? and that will not discover in him not only firmness and constancy (which was his ordinary condition), but, moreover, I know not what new satisfaction, and a frolic cheerfulness in his last words and actions? In the start he gave with the pleasure of scratching his leg when his irons were taken off, does he not discover an equal serenity and joy in his soul for being freed from past inconveniences, and at the same time to enter into the knowledge of things to come? Cato shall pardon me, if he please; his death indeed is more tragical and more lingering; but yet this is, I know not how, methinks, finer. Aristippus, to one that was lamenting this death: "The gods grant me such a one," said he. A man discerns in the soul of these two great men and their

---

[1] He quitted life, rejoicing that a reason for dying had arisen.—Cicero, *Tusc. Quæs.*, i. 30.
[2] Bolder because he had determined to die.—Horace, *Od.*, i. 37, 29.

[3] Nature having endued Cato with an incredible gravity, which he had also fortified with a perpetual constancy, without ever flagging in his resolution, he must of necessity rather die than see the face of the tyrant.—Cicero, *De Offic.*, i. 31.

imitators (for I very much doubt whether there were ever their equals) so perfect a habitude to virtue, that it was turned to a complexion. It is no longer a laborious virtue, nor the precepts of reason, to maintain which the soul is so racked, but the very essence of their soul, its natural and ordinary habit; they have rendered it such by a long practise of philosophical precepts having lit upon a rich and fine nature; the vicious passions that spring in us can find no entrance into them; the force and vigour of their soul stifle and extinguish irregular desires, so soon as they begin to move.

Now, that it is not more noble, by a high and divine resolution, to hinder the birth of temptations, and to be so formed to virtue, that the very seeds of vice are rooted out, than to hinder by main force their progress; and, having suffered ourselves to be surprised with the first motions of the passions, to arm ourselves and to stand firm to oppose their progress, and overcome them; and that this second effect is not also much more generous than to be simply endowed with a facile and affable nature, of itself disaffected to debauchery and vice, I do not think can be doubted; for this third and last sort of virtue seems to render a man innocent, but not virtuous; free from doing ill, but not apt enough to do well: considering also, that this condition is so near neighbour to imperfection and cowardice, that I know not very well how to separate the confines and distinguish them: the very names of goodness and innocence are, for this reason, in some sort grown into contempt. I very well know that several virtues, as chastity, sobriety, and temperance, may come to a man through personal defects. Constancy in danger, if it must be so called, the contempt of death, and patience in misfortunes, may ofttimes be found in men for want of well judging of such accidents, and not apprehending them for such as they are. Want of apprehension and stupidity sometimes counterfeit virtuous effects: as I have often seen it happen, that men have been commended for what really merited blame. An Italian lord once said this, in my presence, to the disadvantage of his own nation: that the subtlety of the Italians, and the vivacity of their conceptions were so great, that they foresaw the dangers and accidents that might befall them so far off, that it was not to be thought strange, if they were often, in war, observed to provide for their safety, even before they had discovered the peril; that we French and the Spaniards, who were not so cunning, went on further, and that we must be made to see and feel the danger before we would take the alarm; but that even then we could not stick to it. But the Germans and Swiss, more heavy and thick-skulled, had not the sense to look about them, even when the blows were falling about their ears. Peradventure, he only talked so for mirth's sake; and yet it is most certain that in war raw soldiers rush into danger with more precipitancy than after they have been well cudgelled:

Haud ignarus .... quantum nova gloria in armis,
Et prædulce decus, primo certamine, possit.[1]

For this reason it is that, when we judge of a particular action, we are to consider the circumstances, and the whole man by whom it is performed, before we give it a name.

To instance in myself: I have sometimes known my friends call that prudence in me, which was merely fortune; and repute that courage and patience, which was judgment and opinion; and attribute to me one title for another, sometimes to my advantage and sometimes otherwise. As to the rest, I am so far from being arrived at the first and most perfect degree of excellence, where virtue is turned into habit, that even of the second I have made no great proofs. I have not been very solicitous to curb the desires by which I have been importuned. My virtue is a virtue, or rather an innocence, casual and accidental. If I had been born of a more irregular complexion, I am afraid I should have made scurvy work; for I never observed any great stability in my soul to resist passions, if they were never so little vehement: I have not the knack of nourishing quarrels and debates in my own bosom, and, consequently, owe myself no great thanks that I am free from several vices.

Si vitiis mediocribus et mea paucis
Mendosa est natura, alioqui recta; velut si
Egregio inspersos reprehendas corpore nævos:[2]

I owe it rather to my fortune than my reason. She has caused me to be descended of a race famous for integrity and of a very good father; I know not whether or no he has infused into me part of his humours, or whether domestic examples and the good education of my infancy have insensibly assisted in the work, or, if I was otherwise born so;

---

[1] Not ignorant, how hope of glory excites the young soldier in the first essay of arms.—*Æneid*, Bk. xi. 154.

[2] If my nature be chargeable only with slight and few vices, and I am otherwise of rectitude, the venial faults will be no more than moles on a fair body.—Horace, *Sat.*, i. 6, 65.

Seu Libra, seu me Scorpius adspicit
Formidolosus, pars violentior,
Natalis horæ, seu tyrannus
Hesperiæ Capricornus undæ: [1]

but so it is, that I have naturally a horror for most vices. The answer of Antisthenes to him who asked him, which was the best apprenticeship "to unlearn evil," seems to point at this. I have them in horror, I say, with a detestation so natural, and so much my own, that the same instinct and impression I brought of them with me from my nurse, I yet retain, and no temptation whatever has had the power to make me alter it. Not so much as my own discourses, which in some things lashing out of the common road might seem easily to license me to actions that my natural inclination makes me hate. I will say a prodigious thing, but I will say it however: I find myself in many things more under reputation by my manners than by my opinion, and my concupiscence less debauched than my reason. Aristippus instituted opinions so bold in favour of pleasure and riches as set all the philosophers against him: but as to his manners, Dionysius the tyrant, having presented three beautiful women before him, to take his choice; he made answer, that he would choose them all, and that Paris got himself into trouble for having preferred one before the other two: but, having taken them home to his house, he sent them back untouched. His servant finding himself overladen upon the way, with the money he carried after him, he ordered him to pour out and throw away that which troubled him. And Epicurus, whose doctrines were so irreligious and effeminate, was in his life very laborious and devout; he wrote to a friend of his that he lived only upon biscuit and water, entreating him to send him a little cheese, to lie by him against he had a mind to make a feast. Must it be true, that to be a perfect good man, we must be so by an occult, natural, and universal propriety, without law, reason, or example? The debauches wherein I have been engaged, have not been, I thank God, of the worst sort, and I have condemned them in myself, for my judgment was never infected by them; on the contrary, I accuse them more severely in myself than in any other; but that is all, for, as to the rest, I oppose too little resistance and suffer myself to incline too much to the other side of the balance, excepting that I moderate them, and prevent them from mixing with other vices, which, for the most part will cling together, if a man have not a care. I have contracted and curtailed mine, to make them as single and as simple as I can:

Nec ultra
Errorem foveo.[2]

For as to the opinion of the Stoics, who say, "That the wise man when he works, works by all the virtues together, though one be most apparent, according to the nature of the action"; and herein the similitude of a human body might serve them somewhat, for the action of anger cannot work unless all the humours assist it, though choler predominate;—if they will thence draw a like consequence, that when the wicked man does wickedly, he does it by all the vices together, I do not believe it to be so, or else I understand them not, for I by effect find the contrary. These are sharp, unsubstantial subtleties, with which philosophy sometimes amuses itself. I follow some vices, but I fly others as much as a saint would do. The Peripatetics also disown this indissoluble connection; and Aristotle is of opinion that a prudent and just man may be intemperate and inconsistent. Socrates confessed to some who had discovered a certain inclination to vice in his physiognomy, that it was, in truth, his natural propension, but that he had by discipline corrected it. And such as were familiar with the philosopher Stilpo said, that being born with addiction to wine and women, he had by study rendered himself very abstinent both from the one and the other.

What I have in me of good, I have, quite contrary, by the chance of my birth; and hold it not either by law, precept, or any other instruction: the innocence that is in me is a simple one; little vigour and no art. Amongst other vices, I mortally hate cruelty, both by nature and judgment, as the very extreme of all vices: nay, with so much tenderness that I cannot see a chicken's neck pulled off, without trouble, and cannot, without impatience, endure the cry of a hare in my dog's teeth, though the chase be a violent pleasure. Such as have sensuality to encounter, freely make use of this argument, to show that it is altogether "vicious and unreasonable; that when it is at the height, it masters us to that degree that a man's reason can have no access," and instance our own experience in the act of love,

---

[1] Whether I was born under the Balance, or under Scorpio, formidable at the natal hour, or under Capricorn, ruler of the occidental seas.—Horace, *Od.*, ii. 117.

[2] Not carry wrong further.—Juvenal, viii. 164.

Quum jam præsagit gaudia corpus,
Atque in eo est Venus, ut muliebria conserat arva.[1]

wherein they conceive that the pleasure so transports us, that our reason cannot perform its office, whilst we are in such ecstacy and rapture. I know very well it may be otherwise, and that a man may sometimes, if he will, gain this point over himself to sway his soul, even in the critical moment, to think of something else; but then he must ply it to that bent. I know that a man may triumph over the utmost effort of this pleasure: I have experienced it in myself, and have not found Venus so imperious a goddess, as many, and much more virtuous men than I, declare. I do not consider it a miracle, as the Queen of Navarre does in one of the tales of her *Heptameron* (which is a very pretty book of that kind) nor for a thing of extreme difficulty, to pass whole nights, where a man has all the convenience and liberty he can desire, with a long-coveted mistress, and yet be true to the pledge first given to satisfy himself with kisses and such-like endearments, without pressing any further. I conceive that the example of the pleasure of the chase would be more proper; wherein though the pleasure be less, there is the higher excitement of unexpected joy, giving no time for the reason, taken by surprise, to prepare itself for the encounter, when after a long quest the beast starts up on a sudden in a place where, peradventure, we least expected it; the shock and the ardour of the shouts and cries of the hunters so strike us, that it would be hard for those who love this lesser chase, to turn their thoughts, upon the instant, another way; and the poets make Diana triumph over the torch and shafts of Cupid:

Quis non malarum, quas amor curas habet,
Hæc inter obliviscitur? [2]

To return to what I was saying before, I am tenderly compassionate of others' afflictions, and should readily cry for company, if, upon any occasion whatever, I could cry at all. Nothing tempts my tears, but tears, and not only those that are real and true, but whatever they are, feigned or painted. I do not much lament the dead, and should envy them rather; but I very much lament the dying. The savages do not so much offend me, in roasting and eating the bodies of the dead, as they do who torment and persecute the living. Nay, I cannot look so much as upon the ordinary executions of justice, how reasonable soever, with a steady eye. Some one having to give testimony of Julius Cæsar's clemency; "he was," says he, "mild in his revenges. Having compelled the pirates to yield by whom he had before been taken prisoner and put to ransom; forasmuch as he had threatened them with the cross, he indeed condemned them to it, but it was after they had been first strangled. He punished his secretary Philemon, who had attempted to poison him, with no greater severity than mere death." Without naming that Latin author, who thus dares to allege as a testimony of mercy the killing only of those by whom we have been offended, it is easy to guess that he was struck with the horrid and inhuman examples of cruelty practised by the Roman tyrants.

For my part, even in justice itself, all that exceeds a simple death appears to me pure cruelty; especially in us who ought, having regard to their souls, to dismiss them in a good and calm condition; which cannot be, when we have agitated them by insufferable torments. Not long since, a soldier who was a prisoner, perceiving from a tower where he was shut up, that the people began to assemble to the place of execution, and that the carpenters were busy erecting a scaffold, he presently concluded that the preparation was for him; and therefore entered into a resolution to kill himself, but could find no instrument to assist him in his design except an old rusty cart-nail that fortune presented to him; with this he first gave himself two great wounds about his throat, but finding these would not do, he presently afterwards gave himself a third in the belly, where he left the nail sticking up to the head. The first of his keepers who came in found him in this condition: yet alive, but sunk down and exhausted by his wounds. To make use of time, therefore, before he should die, they made haste to read his sentence; which having done, and he hearing that he was only condemned to be beheaded, he seemed to take new courage, accepted wine which he had before refused, and thanked his judges for the unhoped-for mildness of their sentence; saying, that he had taken a resolution to despatch himself for fear of a more severe and insupportable death, having entertained an opinion, by the preparations he had seen in the place, that they were resolved to torment him with some horrible execution, and seemed to be delivered from death, in having it changed from what he apprehended.

I should advise that those examples of se-

---

[1] Lucretius, iv. 1099. The sense is in the preceding passage of the text.

[2] Who, amongst such delights, would not remove out of his thoughts the anxious cares of love?—Horace, *Epod.*, ii. 37.

verity, by which 'tis designed to retain the people in their duty, might be exercised upon the dead bodies of criminals; for to see them deprived of sepulture, to see them boiled and divided into quarters, would almost work as much upon the vulgar, as the pain they make the living endure; though that in effect be little or nothing, as God himself says, "Who kill the body, and, after that, have no more that they can do"; and the poets singularly dwell upon the horrors of this picture, as something worse than death:

*Heu! reliquias semiussi regis, denudatis ossibus,
Per terram sanie delibutas fœde divexarier.*[1]

I happened to come by one day, accidentally, at Rome, just as they were upon executing Catena, a notorious robber: he was strangled without any emotion of the spectators, but when they came to cut him in quarters, the hangman gave not a blow that the people did not follow with a doleful cry and exclamation, as if every one had lent his sense of feeling to the miserable carcase. Those inhuman excesses ought to be exercised upon the bark, and not upon the quick. Artaxerxes, in almost a like case, moderated the severity of the ancient laws of Persia, ordaining that the nobility who had committed a fault, instead of being whipped, as they were used to be, should be stripped only and their clothes whipped for them; and that whereas they were wont to tear off their hair, they should only take off their high-crowned tiara. The so devout Egyptians thought they sufficiently satisfied the divine justice by sacrificing hogs in effigy and representation; a bold invention to pay God, so essential a substance, in picture only and in show.

I live in a time wherein we abound in incredible examples of this vice, through the licence of our civil wars; and we see nothing in ancient histories more extreme than what we have proof of every day, but I cannot, any the more, get used to it. I could hardly persuade myself, before I saw it with my eyes, that there could be found souls so cruel and fell, who, for the sole pleasure of murder, would commit it; would hack and lop off the limbs of others; sharpen their wits to invent unusual torments and new kinds of death, without hatred, without profit, and for no other end but only to enjoy the pleasant spectacle of the gestures and motions, the lamentable groans and cries of a man dying in anguish. For this is the utmost point to which cruelty can arrive: *Ut homo hominem, non iratus, non timens, tantum spectaturus, occidat.*[2] For my own part, I cannot without grief see so much as an innocent beast pursued and killed that has no defence, and from which we have received no offence at all; and that which frequently happens, that the stag we hunt, finding himself weak and out of breath, and seeing no other remedy, surrenders himself to us who pursue him, imploring mercy by his tears,

*Questuque cruentus,
Atque imploranti similis,*[3]

has ever been to me a very unpleasing sight; and I hardly ever take a beast alive that I do not presently turn out again. Pythagoras bought them of fishermen and fowlers to do the same:

*Primoque a cæde ferarum,
Incaluisse puto maculatum sanguine ferrum.*[4]

Those natures that are sanguinary towards beasts discover a natural propension to cruelty. After they had accustomed themselves at Rome to spectacles of the slaughter of animals, they proceeded to those of the slaughter of men, to the gladiators. Nature has herself, I fear, imprinted in man a kind of instinct to inhumanity; nobody takes pleasure in seeing beasts play with and caress one another, but every one is delighted with seeing them dismember, and tear one another to pieces. And that I may not be laughed at for the sympathy I have with them, theology itself enjoins us some favour in their behalf; and considering that one and the same master has lodged us together in this palace for his service, and that they, as well as we, are of his family, it has reason to enjoin us some affection and regard to them. Pythagoras borrowed the metempsychosis from the Egyptians; but it has since been received by several nations, and particularly by our Druids:

*Morte carent animæ; semperque, priore relicta
Sede, novis domibus vivunt, habitantque receptæ.*[5]

The religion of our ancient Gauls maintained

---

[1] Alas! that the half-burnt remains of these kings, and their bared bones, should be shamefully dragged through the dirt.—Cicero, *Tusc. Quæs.*, i. 44.

[2] That a man should kill a man without being angry, or without fear, only for the pleasure of the spectacle.—Seneca, *Epist.*, 90.

[3] Who, bleeding, by his tears seems to crave mercy.—*Æneid*, vii. 501.

[4] I think 'twas slaughter of wild beasts that first stained the steel of man with blood.—Ovid, *Met.*, xv. 106.

[5] Souls never die, but, having left one seat, are received into new houses.—*Ibid.*, xv. 158.

that souls, being eternal, never ceased to remove and shift their places from one body to another; mixing moreover with this fancy some consideration of divine justice; for according to the deportments of the soul, whilst it had been in Alexander, they said that God assigned it another body to inhabit, more or less painful, and proper for its condition:

> *Muta ferarum*
> *Cogit vincla pati; truculentos ingerit ursis,*
> *Prædonesque lupis; fallaces vulpibus addit:*
> *Atque ubi per varios annos, per mille figuras*
> *Egit, Lethæo purgatos flumine, tandem*
> *Rursus ad humanæ revocat primordia formæ:*[1]

if it had been valiant, he lodged it in the body of a lion; if voluptuous, in that of a hog; if timorous, in that of a hart or hare; if malicious, in that of a fox, and so of the rest, till having purified it by this chastisement, it again entered into the body of some other man:

> *Ipse ego, nam memini, Trojani tempore belli*
> *Panthoïdes Euphorbus eram.*[2]

As to the relationship betwixt us and beasts, I do not much admit of it; nor of that which several nations, and those among the most ancient and most noble, have practised, who have not only received brutes into their society and companionship, but have given them a rank infinitely above themselves, esteeming them one while familiars and favourites of the gods, and having them in more than human reverence and respect; others acknowledged no other god or divinity than they. *Belluæ a barbaris propter beneficium consecratae:*[3]

> *Crocodilon adorat*
> *Pars hæc; illa pavet saturam serpentibus ibin:*
> *Effigies sacri hic nitet aurea cercopitheci;*
> *Hic piscem fluminis, illic*
> *Oppida tota canem venerantur.*[4]

And the very interpretation that Plutarch gives to this error, which is very well conceived, is advantageous to them: for he says that it was not the cat or the ox, for example, that the Egyptians adored: but that they, in those beasts, adored some image of the divine faculties; in this, patience and utility; in that vivacity, or, as with our neighbours the Burgundians and all the Germans, impatience to see themselves shut up; by which they represented liberty, which they loved and adored above all other godlike attributes, and so of the rest. But when, amongst the more moderate opinions, I meet with arguments that endeavour to demonstrate the near resemblance betwixt us and animals, how large a share they have in our greatest privileges, and with how much probability they compare us together, truly I abate a great deal of our presumption, and willingly resign that imaginary sovereignty that is attributed to us over other creatures.

But supposing all this were not true, there is, nevertheless, a certain respect, a general duty of humanity, not only to beasts that have life and sense, but even to trees and plants. We owe justice to men, and graciousness and benignity to other creatures that are capable of it; there is a certain commerce and mutual obligation betwixt them and us. Nor shall I be afraid to confess the tenderness of my nature so childish, that I cannot well refuse to play with my dog, when he the most unseasonably importunes me so to do. The Turks have alms and hospitals for beasts. The Romans had public care to the nourishment of geese, by whose vigilance their Capitol had been preserved. The Athenians made a decree that the mules and moyls which had served at the building of the temple called Hecatompedon should be free and suffered to pasture at their own choice, without hindrance.[5] The Agrigentines had a common use solemnly to inter the beasts they had a kindness for, as horses of some rare quality, dogs, and useful birds, and even those that had only been kept to divert their children; and the magnificence that was ordinary with them in all other things, also particularly appeared in the sumptuosity and numbers of monuments erected to this end, and which remained in their beauty several ages after. The Egyptians buried wolves, bears, crocodiles, dogs, and cats in sacred places, embalmed their bodies, and put on mourning at their death. Cimon gave an honourable sepulture to the mares with which

---

[1] He made them wear the silent chains of brutes, the bloodthirsty souls he enclosed in bears; the thieves in wolves; the sly in foxes; where after having, through successive years and a thousand forms, finished these careers, purging them well in Lethe's flood, at last he replaces them in human bodies.—Claudian, *In Ruf.*, ii. 482.

[2] For I myself remember that in the days of the Trojan war, I was Euphorbus, son of Pantheus.—Ovid, *Met.*, xv. 160.

[3] The barbarians consecrated beasts, out of opinion of some benefit received by them.—Cicero, *De Nat. Deor.*, i. 36.

[4] This place adores the crocodile; another dreads the ibis, feeder on serpents; here you may behold the statue of a monkey shining in gold: here men venerate a river fish; there whole towns worship a dog.—Juvenal, xv. 2.

[5] Plutarch, *Marcus Cato*.

he had three times gained the prize of the course at the Olympic Games.[1] The ancient Xantippus caused his dog to be interred on an eminence near the sea, which has ever since retained the name,[2] and Plutarch says, that he had a scruple about selling for a small profit to the slaughterer an ox that had been long in his service.[3]

XII. Apology for Raimond de Sebonde

Learning is, in truth, a very useful and a very considerable quality; such as despise it merely discover their own folly: but yet I do not prize it at the excessive rate some others do; as Herillus the philosopher for one, who therein places the sovereign good, and maintained that it was merely in her to render us wise and contented, which I do not believe; no more than I do what others have said, that learning is the mother of all virtue, and that all vice proceeds from ignorance. If this be true, it is subject to a very long interpretation. My house has long been open to men of knowledge and is very well known to them; for my father, who governed it fifty years and more, inflamed with the new ardour with which Francis I embraced letters and brought them into esteem, with great diligence and expense hunted after the acquaintance of learned men, receiving them at his house as persons sacred, and who had some particular inspiration of divine wisdom; collecting their sayings and sentences as so many oracles, and with so much the greater reverence and religion, as he was the less able to judge; for he had no knowledge of letters, no more than his predecessors. For my part I love them well, but I do not adore them. Amongst the rest, Peter Bunel, a man of great reputation for knowledge in his time, having, with others of his sort, stayed some days at Montaigne in my father's company, he presented him, at his departure, with a book intituled *Theologia naturalis; sive Liber creaturarum magistri Raimondi de Sebonde;* and knowing that the Italian and Spanish tongues were familiar to my father, and this book being written in Spanish worked up with Latin terminations, he hoped that with little help he might be able to make it turn to account, and therefore recommended it to him as a very useful piece and proper for the time wherein he gave it to him, which was when the novel doctrines of Martin Luther began to be in vogue, and in many places to stagger our ancient belief: wherein he was very well advised, justly, in his own reason, foreseeing that the beginning of this distemper would easily run into an execrable atheism; for the vulgar not having the faculty of judging of things themselves, suffering themselves to be carried away by fortune and appearance, after having once been inspired with the boldness to despise and question those opinions they had before had in extremest reverence, such as are those wherein their salvation is concerned, and that some of the articles of their religion have been brought into doubt and dispute, they very soon throw all other parts of their belief into the same uncertainty, they having in them no other authority or foundation than the others that had already been discomposed, and shake off all the impressions they had received from the authority of the laws or the reverence of ancient custom as a tyrannical yoke,

Nam cupide conculcatur nimis ante metutum:[4]

resolving to admit nothing for the future to which they had not first interposed their own decrees, and given their special consent.

Now, my father, a little before his death, having accidentally found this book under a heap of other neglected papers, commanded me to translate it for him into French. It is all very well to translate such authors as this, where is little but the matter itself to express; but those wherein ornament of language and elegance of style are a main endeavour, are dangerous to attempt, especially when a man is to turn them into a weaker idiom. It was a strange and a new occupation for me, but having by chance, at that time, little else to do, and not being able to resist the command of the best father that ever was, I did it as well as I could; and he was so well pleased with it as to order it to be printed, which after his death, was done. I found the imaginations of this author exceedingly fine, the contexture of his work well followed up, and his design full of piety. And because many people take a delight in reading it, and particularly the ladies, to whom we owe the most service, I have often been called upon to assist them to clear the book of two principal objections. His design is hardy and bold; for he undertakes, by human and natural reasons, to establish and make good against the atheists all the articles of the Christian religion: wherein, to speak the truth, he is so firm and so successful that I do not think it possible to do better upon that subject and be-

---

[1] Herodotus, ii.
[2] Plutarch, Marcus Cato.
[3] *Ibid.*

[4] For people eagerly spurn that of which they were before most in awe.—Lucretius, v. 1139.

lieve that he has been equalled by none. This work seeming to me to be too beautiful and too rich for an author whose name is so little known, and of whom all that we know is that he was a Spaniard, who professed physic at Toulouse about two hundred years ago, I inquired of Adrian Turnebus, who knew all things, what he thought of the book. He made answer, that he fancied it was some abstract drawn from St. Thomas Aquinas, for that, in truth, his mind, full of infinite learning and admirable subtlety, was alone capable of those thoughts. Be this as it may, and whoever was the author and inventor (and 'tis not reasonable, without greater occasion, to deprive Sebonde of that title), he was a man of great sufficiency and most admirable parts.

The first thing they reprehend in his work is, that Christians are to blame to repose upon human reasons their belief, which is only conceived by faith and the particular inspiration of divine grace. In which objection there appears to be something of over-zeal of piety, and therefore we are to endeavour to satisfy those who put it forth with the greater mildness and respect. This were a task more proper for a man well read in divinity than for me, who know nothing of it; nevertheless, I conceive that in a thing so divine, so high, and so far transcending all human intelligence as is this Truth with which it has pleased the goodness of Almighty God to enlighten us, it is very necessary that He should, moreover, lend us His assistance, by extraordinary privilege and favour, to conceive and imprint it in our understandings; and I do not believe that means purely human are, in any sort, capable of doing it: for, if they were, so many rare and excellent souls, so abundantly furnished with natural power, in former ages, had not failed, by their reason, to arrive at this knowledge. 'Tis faith alone that vividly and certainly comprehends the deep mysteries of our religion; but withal, I do not say that it is not a brave and a very laudable attempt to accommodate the natural and human capabilities that God has endowed us with to the service of our faith. It is not to be doubted but that it is the most noble use we can put them to, and that there is no design or occupation more worthy of a Christian man than to make it the aim and end of all his thoughts and studies to embellish, extend, and amplify the truth of his belief. We do not satisfy ourselves with serving God with our souls and understanding only; we, moreover, owe and render Him a corporal reverence, and apply our limbs, motions, and external things to do Him honour; we must here do the same, and accompany our faith with all the reason we have, but always with this reservation, not to fancy that it is upon us that it depends, nor that our arguments and endeavours can arrive at so supernatural and divine a knowledge. If it enter not into us by an extraordinary infusion; if it only enter, not only by arguments of reason, but, moreover, by human ways, it is not in us in its true dignity and splendour, and yet I am afraid we only have it by this way. If we held upon God by the mediation of a lively faith; if we held upon God by Him and not by us: if we had a divine basis and foundation, human accidents would not have the power to shake us as they do; our fortress would not surrender to so weak a battery; the love of novelty, the constraint of princes, the success of one party, the rash and fortuitous change of our opinions, would not have the power to stagger and alter our belief. We should not then leave it to the mercy of every novel argument, nor abandon it to the persuasions of all the rhetoric in the world; we should withstand the fury of these waves with an unmoved and unyielding constancy,

> *Illisos fluctus rupes ut vasta refundit,*
> *Et varias circum latrantes dissipat undas*
> *Mole sua.*[1]

If we were but touched with this ray of divinity, it would appear throughout; not only our words, but our works also, would carry its brightness and lustre; whatever proceeded from us would be seen illuminated with this noble light. We ought to be ashamed that in all the human sects there never was sectary, what difficulty and strange novelty soever his doctrine imposed upon him, who did not, in some measure, conform his life and deportment to it; whereas so divine and heavenly an institution as ours only distinguishes Christians by the name. Will you see the proof of this? compare our manners with those of a Mohammedan or Pagan; you will still find that we fall very short, whereas, having regard to the advantage of our religion, we ought to shine in excellence at an extreme, an incomparable distance, and it should be said of us, "Are they so just, so charitable, so good? Then they are Christians." All other signs are common to all religions; hope, trust, events, ceremonies, penance, martyrs; the peculiar mark of our Truth

---

[1] As a vast rock repels the rolling waves, and dissipates the waters raging about her by its mass.—— Verses by an anonymous author in the praise of Ronsard, imitating the *Æneid,* vii. 587.

ought to be our virtue, as it is also the most heavenly and difficult mark, and the most worthy product of Truth. And therefore our good St. Louis was in the right, who when the king of the Tartars, who had become a Christian, designed to visit Lyons to kiss the Pope's feet, and there to be an eye-witness of the sanctity he hoped to find in our manners, immediately diverted him from his purpose, for fear lest our disorderly way of living should, on the contrary, put him out of conceit with so holy a belief. Yet it happened quite otherwise, since, to him who going to Rome to the same end, and there seeing the dissoluteness of the prelates and people of that time, settled himself all the more firmly in our religion, considering how great the force and divinity of it must necessarily be that could maintain its dignity and splendour amongst so much corruption and in so vicious hands. If we had but one single grain of faith we should move mountains from their places, says the sacred Word; our actions would then be directed and accompanied by the divinity, would not be merely human; they would have in them something of miraculous as well as our belief: *Brevis est institutio vitæ honestæ beatæque, si credas.*[1] Some impose upon the world that they believe that which they do not believe; others, more in number, make themselves believe that they believe, not being able to penetrate into what it is to believe; and we think it strange if, in the civil wars which at this time disorder our state, we see events float and vary after a common and ordinary manner, which is because we bring nothing there but our own. The justice which is in one of the parties, is only there for ornament and cloak; it is indeed alleged, but 'tis not there received, settled, or espoused: it is there as in the mouth of an advocate, not as in the heart and affection of the party. God owes His extraordinary assistance to faith and religion, not to our passions: men are the conductors and herein make use for their own purposes of religion; it ought to be quite contrary. Observe if it be not by our own hands that we guide and train it, and draw it, like wax, into so many figures, at variance with a rule in itself so direct and firm. When has this been more manifest than in France in our days? They who have taken it on the left hand, they who have taken it on the right, they who call it black, they who call it white, alike employ it to their violent and ambitious designs, and conduct it with a progress so conform in riot and injustice that they render the diversity they pretend in their opinions, in a thing whereon the conduct and rule of our life depends, doubtful and hard to believe. Could one see manners more exactly the same, more uniform, issue from the same school and discipline? Do but observe with what horrid impudence we toss divine arguments to and fro, and how irreligiously we have rejected and retaken them, according as fortune has shifted our places in these intestine storms. This so solemn proposition, "Whether it be lawful for a subject to rebel and take up arms against his prince for the defence of his religion": do you remember in whose mouths last year, the affirmative of it was the prop of one party; of what other party the negative was the pillar? and hearken now from what quarter come the voice and instruction of both the one and the other; and if arms make less noise and rattle for this cause than for that. We condemn those to the fire who say that Truth must be made to bear the yoke of our necessity; and how much worse does France than say it? Let us confess the truth; whoever should draw out from the army, aye, from that raised by the king's authority, those who take up arms out of pure zeal and affection to religion, and also those who only do it to protect the laws of their country, or for the service of their prince, would hardly be able, out of all these put together, to muster one complete company. Whence does it proceed that there are so few to be found who have maintained the same will and the same progress in our public movements, and that we see them one while go but a foot pace, and another run full speed, and the same men, one while damaging our affairs by their violent heat and acrimony, and another while by their coldness, indifference and slowness, but that they are impelled by special and casual considerations, according to the diversity of circumstances?

I evidently perceive that we do not willingly afford to devotion any other offices but those that best suit with our own passions; there is no hostility so admirable as the Christian; our zeal performs wonders when it seconds our inclinations to hatred, cruelty, ambition, avarice, detraction, rebellion: but moved against the hair towards goodness, benignity, moderation, unless by miracle some rare and virtuous disposition prompt us to it, we stir neither hand nor foot. Our religion is intended to extirpate vices; whereas it screens, nourishes, incites them. We must not mock God. If we did believe in Him, I do not say by faith, but with a simple belief, that is to say (and I speak it to our great shame), if we

---

[1] Believe, and the way to virtuous and happy life is a short one.—Quintilian, xii. 11.

did believe Him, or knew Him as any other history, or as one of our companions, we should love Him above all other things, for the infinite goodness and beauty that shine in Him: at least, He would go equal in our affections with riches, pleasures, glory, and our friends. The best of us is not so much afraid to offend Him, as he is afraid to offend his neighbour, his kinsman, his master. Is there any so weak understanding that having, on one side, the object of one of our vicious pleasures, and on the other, in equal knowledge and persuasion, the state of an immortal glory, would exchange the one against the other? And yet we ofttimes renounce this out of pure contempt: for what tempts us to blaspheme, if not, peradventure, the very desire to offend? The philosopher Antisthenes, as the priest was initiating him in the mysteries of Orpheus, telling him that those who professed themselves of that religion were certain to receive perfect and eternal felicity after death; "If thou believest that," answered he, "why dost not thou die thyself?" Diogenes, more rudely, according to his manner, and more remote from our purpose, to the priest that in like manner preached to him to become of his religion that he might obtain the happiness of the other world: "What," said he, "thou wouldst have me believe that Agesilaus and Epaminondas, those so great men, shall be miserable, and that thou, who art but a calf, and canst do nothing to purpose, shalt be happy because thou art a priest?" Did we receive these great promises of eternal beatitude with the same reverence and respect that we do a philosophical lecture, we should not have death in so great horror:

Non jam se moriens dissolvi conquereretur;
Sed magis ire foras, vestemque relinquere, ut anguis
Gauderet, prælonga senex aut cornua cervus.[1]

"I am willing to be dissolved," we should say, "and to be with Jesus Christ." The force of Plato's arguments concerning the immortality of the soul sent some of his disciples to untimely graves, that they might the sooner enjoy the things he had made them hope for.

All this is a most evident sign that we only receive our religion after our own fashion, by our own hands, and no otherwise than other religions are received. Either we are in the country where it is in practice, or we bear a reverence to its antiquity, or to the authority of the men who have maintained it, or we fear the menaces it fulminates against unbelievers, or are allured by its promises. These considerations ought, 'tis true, to be applied to our belief, but as subsidiaries only, for they are human obligations; another religion, other testimonies, the like promises and threats, might in the same way imprint a quite contrary belief. We are Christians by the same title that we are Perigordins or Germans. And what Plato says,[2] that there are few men so obstinate in their atheism whom a pressing danger will not reduce to an acknowledgment of the divine power, does not concern a true Christian; 'tis for mortal and human religions to be received by human recommendation. What kind of faith can we expect that should be, that cowardice and feebleness of heart plant and establish in us? A pleasant faith, that does not believe what it believes, but for want of courage to disbelieve it. Can a vicious passion, such as inconstancy and astonishment, cause any regular product in our souls? They are confident in their own judgment, says he,[3] that what is said of hell and future torments is all feigned: but the occasion of making the experiment presenting itself when old age or diseases bring them to the brink of the grave, the terror of death by the horror of their future condition, inspires them with a new belief. And by reason that such impressions render them timorous, he forbids in his laws all such threatening doctrines, and all persuasion that anything of ill can befal a man from the gods, excepting for his greater good, when they happen to him, and for a medicinal effect. They say of Bion that, infected with the atheism of Theodorus, he had long had religious men in great scorn and contempt, but that, death surprising him, he gave himself up to the most extreme superstition; as if the gods withdrew and returned according to the necessities of Bion. Plato and these examples would conclude that we are brought to a belief of God either by reason or by force. Atheism being a proposition, unnatural and monstrous, difficult also and very hard to sink into human understanding, how arrogant and irregular soever that may be, there are enough seen, out of vanity and pride, to be the authors of extraordinary and reforming opinions, and to outwardly affect their profession, who, if they are such fools, have nevertheless not had the power to plant them in their conscience; they

---

[1] We should not, then, dying, repine to be dissolved, but rather step out of doors cheerfully, and, with the snake, be glad to cast our old slough; or, with the old stag, to get clear of the old horns. Lucretius, iii. 612.

[2] *Laws*, x.
[3] *Republic*.

will not fail to lift up their hands towards heaven if you give them a good thrust with a sword in the breast; and when fear or sickness has abated and deadened the licentious fervour of this giddy humour, they will readily return, and very discreetly suffer themselves to be reconciled to the public faith and examples. A doctrine seriously digested is one thing; quite another thing are those superficial impressions which, springing from the disorder of an unhinged understanding, float at random and uncertainly in the fancy. Miserable and senseless men, who strive to be worse than they can!

The error of paganism and the ignorance of our sacred truth made the great soul of Plato, but great only in human greatness, fall yet into this other vicious mistake, "that children and old men are most susceptible of religion," as if it sprang and derived its reputation from our weakness. The knot that ought to bind the judgment and the will, that ought to restrain the soul and join it to the creator, should be a knot that derives its foldings and strength, not from our considerations, from our reasons and passions, but from a divine and supernatural constraint, having but one form, one face, and one lustre, which is the authority of God and His divine grace. Now, our heart and soul being governed and commanded by faith, 'tis but reason that they should muster all our other faculties, for as much as they are able to perform, to the service and assistance of their design. Neither is it to be imagined that all this machine has not some marks imprinted upon it by the hand of the mighty architect, and that there is not in the things of this world, some image, that in some measure resembles the workman who has built and formed them. He has in His stupendous works left the character of His divinity, and 'tis our own weakness only that hinders us from discerning it. 'Tis what He Himself is pleased to tell us, that He manifests His invisible operations to us, by those that are visible; Sebonde applied himself to this laudable study, and demonstrates to us that there is not any part or member of the world that disclaims or derogates from its maker. It were to do a wrong to the divine goodness, did not the universe consent to our belief; the heavens, the earth, the elements, our bodies, and our souls, all these concur to this, if we can but find out the way to use them. They instruct us if we are capable of instruction; for this world is a most sacred temple, into which man is introduced, there to contemplate statues, not the works of a mortal hand, but such as the divine purpose has made the objects of sense, the sun, the stars, the waters, and the earth, to represent those that are intelligible to us. "The invisible things of God," says St. Paul, "from the creation of the world, His eternal power and Godhead," are clearly seen, being understood by the things that are made.

Atque adeo faciem cœli non invidet orbi
Ipse Deus, vultusque suos, corpusque recludit
Semper volvendo; seque ipsum inculcat, et offert;
Ut bene cognosci possit, doceatque videndo
Qualis eat, doceatque suas attendere leges.[1]

Now our human reasons and discourses are but sterile and undigested matter: the grace of God is its form; 'tis that which gives to it fashion and value. As the virtuous actions of Socrates and Cato remain vain and fruitless, for not having had the love and obedience of the true creator of all things for their end and object, and for not having known God, so is it with our imaginations and discourses; they have a kind of body, but it is an inform mass, without fashion and without light, if faith and God's grace be not added to it. Faith coming to tint and illustrate Sebonde's arguments, renders them firm and solid, so that they are capable of serving for direction and first guide to a learner to put him into the way of this knowledge: they, in some measure, form him to and render him capable of the grace of God, by means whereof he afterwards completes and perfects himself in the truth of belief. I know a man of authority, bred up to letters, who has confessed to me that he had been reclaimed from the errors of misbelief by Sebonde's arguments. And should they be stripped of this ornament and of the assistance and approbation of the faith, and be looked upon as mere human fancies only, to contend with those who are precipitated into the dreadful and horrible darkness of irreligion, they will even then be found as solid and firm, as any others of the same class that can be opposed against them; so that we shall be ready to say to our opponents,

Si melius quid habes, arcesse; vel imperium fer.[2]

Let them admit the force of our proofs, or let them show us others, and upon some other sub-

---

[1] And God Himself does not envy to men the seeing heaven's face; but ever revolving, He still renews its face and body to our view; and Himself so inculcates into our minds that we may well know Him, instructing us by seeing Him what He is, how He moves, and to obey His laws.—Manilius, iv. 907.

[2] If you have anything better to say, say it; otherwise, yield.—Horace, *Epist.*, i. 5, 6.

ject, better woven and of finer thread. I am, unawares, half engaged in the second objection, to which I proposed to make answer in the behalf of Sebonde.

Some say that his arguments are weak and unfit to make good what he proposes, and undertake with great ease to confute them. These are to be a little more roughly handled; for they are more dangerous and malicious than the first. Men willingly wrest the sayings of others to favour their own prejudicated opinions; to an atheist all writings tend to atheism; he corrupts the most innocent matter with his own venom. These have their judgments so prepossessed that they cannot relish Sebonde's reasons. As to the rest, they think we give them very fair play in putting them into the liberty of fighting our religion with weapons merely human, which, in its majesty full of authority and command, they durst not attack. The means that I use, and that I think most proper, to subdue this frenzy, is to crush and spurn under foot pride and human arrogance; to make them sensible of the inanity, vanity, and nothingness of man; to wrest the wretched arms of their reason out of their hands; to make them bow down and bite the ground, under the authority and reverence of the divine majesty. 'Tis to this alone that knowledge and wisdom appertain; 'tis this alone that can make a true estimate of itself, and from which we purloin whatever we value ourselves upon:

Οὐ γὰρ ἐᾷ φρονέειν ὁ Θεὸς μέγα ἄλλον ἢ ἑαυτόν.[1]

Let us subdue this presumption, the first foundation of the tyranny of the evil spirit. *Deus superbis resistit: humilibus autem dat gratiam.*[2] Understanding is in all the gods, says Plato,[3] and not at all, or very little, in men. Now it is, in the meantime, a great consolation to a Christian man, to see our frail and mortal parts so fitly suited to our holy and divine faith, that when we employ them on the subjects of their own mortal and frail nature, they are not, even there, more equally or more firmly applied. Let us see, then, if man has in his power other reasons more forcible than those of Sebonde; that is to say, if it be in him to arrive at any certainty by argument and reason. For St. Augustine,[4] disputing against these people, has good cause to reproach them with injustice, in that they maintain the parts of our belief to be false that our reason cannot establish; and, to show that a great many things may be and may have been, of which our nature could not found the reason and causes, he proposes to them certain known and indubitable experiences wherein men confess they have no insight; and this he does, as all other things, with a close and ingenious inquisition. We must do more than this, and make them know that, to convict the weakness of their reason, there is no necessity of culling out rare examples: and that it is so defective and so blind, that there is no so clear facility clear enough for it: that to it the easy and the hard is all one; that all subjects equally, and nature in general, disclaims its authority, and rejects its mediation.

What does Truth mean, when she preaches to us to fly worldly philosophy, when she so often inculcates to us, that our wisdom is but folly in the sight of God; that the vainest of all vanities is man; that the man who presumes upon his wisdom, does not yet know what wisdom is; and that man, who is nothing, if he thinks himself to be anything, but seduces and deceives himself? These sentences of the Holy Ghost so clearly and vividly express that which I would maintain, that I should need no other proof against men who would, with all humility and obedience, submit to its authority; but these will be whipped at their own expense, and will not suffer a man to oppose their reason, but by itself.

Let us then now consider a man alone, without foreign assistance, armed only with his own proper arms, and unfurnished of the divine grace and wisdom, which is all his honour, strength, and the foundation of his being; let us see what certainty he has in this fine equipment. Let him make me understand by the force of his reason, upon what foundations he has built those great advantages he thinks he has over other creatures: what has made him believe, that this admirable movement of the celestial arch, the eternal light of those planets and stars that roll so proudly over his head, the fearful motions of that infinite ocean, were established, and continue so many ages, for his service and convenience? Can anything be imagined to be so ridiculous that this miserable and wretched creature, who is not so much as master of himself, but subject to the injuries of all things, should call himself master and emperor of the world, of which he has not power to know the least part, much less to command it. And this privilege which he attributes to himself, of being the only creature in this grand fabric that has the understanding to dis-

---

[1] God will not permit that anyone shall be wiser than He.—Herodotus, vii. 10.

[2] God resists the proud; but gives grace to the humble.—I Peter, 5. 5.

[3] *Timæus.*

[4] *City of God*, xxi. 5.

tinguish its beauty and its parts, the only one who can return thanks to the architect, and keep account of the revenues and disbursements of the world; who, I wonder, sealed for him this privilege? Let us see his letters-patent for this great and noble charge; were they granted in favour of the wise only? few people would be concerned in that: are fools and wicked persons worthy so extraordinary a favour, and, being the worst part of the world, to be preferred before the rest? Shall we believe this man? *quorum igitur causa qui dixerit effectum esse mundum? Eorum scilicet animantium, quæ ratione utuntur; hi sunt dii et homines, quibus profecto nihil est melius:*[1] we can never sufficiently decry the impudence of this conjunction. But, wretched creature, what has he in himself worthy of such an advantage? To consider the incorruptible existence of the celestial bodies, their beauty, grandeur, their continual revolution, by so exact a rule;

*Quum suspicimus magni cœlestia mundi
Templa super, stellisque micantibus æthera fixum,
Et venit in mentem lunæ solisque viarum;*[2]

to consider the dominion and influence those bodies have, not only over our lives and fortunes——

Facta etenim et vitas hominum suspendit ab astris[3]

——but even over our inclinations, our thoughts and wills, which they govern, incite, and agitate at the mercy of their influences, as our reason finds and tells us;

*Speculataque longe,
Deprendit tacitis dominantia legibus astra,
Et totum alterna mundum ratione moveri,
Fatorumque vices certis discurrere signis;*[4]

to see that not merely a man, not merely a king, but that monarchies, empires, and all this lower world, follow the least dance of these celestial motions,

*Quantaque quam parvi faciant discrimina motus . . .
Tantum est hoc regnum, quod regibus imperat ipsis;*[5]

if our virtue, our vices, our knowledge and science, this very discourse we frame of the power of the stars, and this comparison betwixt them and us, proceed, as our reason supposes, by their means and favour;

*Furit alter amore,
Et pontum tranare potest, et vertere Trojam:
Alterius sors est scribendis legibus apta.
Ecce patrem nati perimunt, natosque parentes;
Mutuaque armati coeunt in vulnera fratres.
Non nostrum hoc bellum est; coguntur tanta movere,
Inque suas ferri pœnas, lacerandaque membra.*

. . . .

Hoc quoque fatale est, sic ipsam expendere fatum.[6]

If we derive this little portion of reason we have from the bounty of heaven, how is it possible that reason should ever make us equal to it? how subject its essence and conditions to our knowledge? Whatever we see in these bodies astonishes us: *Quæ molitio, quæ ferramenta, qui vectes, quæ machinæ, qui ministri tanti operis fuerunt?*[7] Why do we deprive it of soul, of life, and reason? Have we discovered in it any immovable and insensible stupidity, we who have no commerce with the heavens but by obedience? Shall we say that we have discovered in no other creature but man the use of a reasonable soul! What! have we seen anything like the sun? does he cease to be, because we have seen nothing like him? and do his motions cease, because there are no others like them? If what we have not seen is not, our knowledge is wonderfully contracted: *Quæ sunt tantæ animi angustiæ?*[8] Are they not dreams of human vanity, to make the moon a celestial earth? there to

---

[1] For whose sake shall we, therefore, conclude that the world was made? For theirs who have the use of reason: these are gods and men, than whom certainly nothing can be better.—Cicero, *De Nat. Deor.*, ii. 54.

[2] When we behold the heavenly arch above, and the vast ether studded with glittering stars, and observe the courses of the sun and moon.—Lucretius, Bk. v. 1203.

[3] Men's lives and actions depend on the stars.—Manilius, iii. 58.

[4] Contemplating the distant stars, he finds that they rule by silent laws; that the world is regulated by alternate causes, and that he can discern by certain signs the turns of destiny.—*Ibid.*, i. 60.

[5] How great changes each little motion brings: so great is this kingdom that it governs kings themselves.—*Ibid.*, i. 55; iv. 93.

[6] One mad with love may cross the sea, and overturn Troy; another's fate is to write laws. Sons kill their fathers, fathers kill their sons; one armed brother wounds another armed brother. These wars are not ours; 'tis fate that compels men to punish themselves thus, and thus to lacerate themselves . . . 'Tis fate that compels me to write of fate.—*Ibid.*, iv. 79, 118.

[7] What contrivance, what tools, what levers, what engines, what workmen, were employed about so stupendous a work?—Cicero, *De Nat. Deor.*, i. 8.

[8] How narrow are our understandings?—*Ibid.*, i. 31.

fancy mountains and vales, as Anaxagoras did? there to fix habitations and human abodes, and plant colonies for our convenience, as Plato and Plutarch have done, and of our earth to make a beautiful and luminous star? *Inter cætera mortalitatis incommoda et hoc est, caligo mentium; nec tantum necessitas errandi, sed errorum amor.*[1] *Corruptibile corpus aggravat animam, et deprimit terrena inhabitatio sensum multa cogitantem.*[2]

Presumption is our natural and original disease. The most wretched and frail of all creatures is man, and withal the proudest. He feels and sees himself lodged here in the dirt and filth of the world, nailed and rivetted to the worst and deadest part of the universe, in the lowest story of the house, and most remote from the heavenly arch, with animals of the worst condition of the three, and yet in his imagination will be placing himself above the circle of the moon, and bringing heaven under his feet. 'Tis by the vanity of the same imagination that he equals himself to God, attributes to himself divine qualities, withdraws and separates himself from the crowd of other creatures, cuts out the shares of animals his fellows and companions, and distributes to them portions of faculties and force as himself thinks fit. How does he know, by the strength of his understanding, the secret and internal motions of animals? and from what comparison betwixt them and us does he conclude the stupidity he attributes to them? When I play with my cat, who knows whether I do not make her more sport than she makes me? we mutually divert one another with our monkey tricks: if I have my hour to begin or to refuse, she also has hers. Plato, in his picture of the Golden Age under Saturn,[3] reckons, amongst the chief advantages that a man then had, his communication with beasts, of whom inquiring and informing himself, he knew the true qualities and differences of them all, by which he acquired a very perfect intelligence and prudence, and led his life far more happily than we could do: need we a better proof to condemn human impudence in the concern of beasts? This great author was of opinion that nature, for the most part, in the corporal form she gave them had only regard to the use of prognostics that were in his time thence derived. The defect that hinders communication betwixt them and us, why may it not be on our part as well as theirs? 'Tis yet to determine where the fault lies that we understand not one another; for we understand them no more than they do us; by the same reason they may think us to be beasts as we think them. 'Tis no great wonder if we understand not them when we do not understand a Basque or the Troglodytes; and yet some have boasted that they understood these, as Apollonius Tyaneus, Melampus, Tiresias, Thales, and others. And seeing that, as cosmographers report, there are nations that receive a dog for their king, they must of necessity be able to give some interpretation of his voice and motions. We must observe the parity betwixt us: we have some tolerable apprehension of their sense, and so have beasts of ours, and much in the same proportion. They caress us, they threaten us, and they beg of us, and we do the same to them. As to the rest, we manifestly discover that they have a full and absolute communication amongst themselves, and that they perfectly understand one another, not only those of the same, but of divers kinds.

Et mutæ pecudes, et denique secla ferarum
Dissimiles suerunt voces variasque ciere,
Cum metus aut dolor est, aut quum jam gaudia
   gliscunt.[4]

By one kind of barking the horse knows a dog is angry; of another sort of a bark he is not afraid. Even in the very beasts that have no voice at all, we easily conclude, from the social offices we observe amongst them, some other sort of communication; their very motions converse and consult:

Non alia longe ratione, atque ipsa videtur
Protrahere ad gestum pueros infantia linguæ.[5]

And why not, as well as our mutes, dispute, contest, and tell stories by signs? of whom I have seen some, by practice, so supple and active in that way that, in earnest, they wanted nothing of the perfection of making themselves understood. Lovers are angry, reconciled, intreat, thank, appoint, and, in short, speak all things by their eyes;

---

[1] Amongst the other inconveniences of mortality this is one, to have the understanding clouded, and not only a necessity of erring, but a love of error.—Seneca, *De Ira*, ii. 9.
[2] The corruptible body stupefies the soul, and the earthly habitation dulls the faculties of the imagination.—St. Augustine, *City of God*, xii. 15.
[3] *Statesman*.

[4] The tame herds, and the wilder sorts of brutes, utter dissonant and various sounds, as fear, or pain, or pleasure influences them.—Lucretius, v. 1058.
[5] By the like reason the want of language in children renders it necessary for them to have recourse to gestures.—*Ibid.*, v. 1029.

> *E'l silentio ancor suole*
> *Aver prieghi e parole.*[1]

What of the hands? We require, promise, call, dismiss, threaten, pray, supplicate, deny, refuse, interrogate, admire, number, confess, repent, confound, blush, doubt, instruct, command, incite, encourage, swear, testify, accuse, condemn, absolve, abuse, despise, defy, despise, flatter, applaud, bless, humiliate, mock, reconcile, recommend, exalt, entertain, congratulate, complain, grieve, despair, wonder, exclaim, and what not, with a variation and multiplication to the emulation of speech. With the head we invite, demur, confess, deny, give the lie, welcome, honour, reverence, disdain, demand, turn out, rejoice, lament, reject, caress, rebuke, submit, huff, encourage, threaten, assure, inquire. What of the eyebrows? What of the shoulders? There is not a motion that does not speak, and in an intelligible language without discipline, and a public language that every one understands: whence it should follow, the variety and use distinguished from those of others, that this should rather be judged the special property of human nature. I omit what particular necessity on the sudden suggests to those who are in need; the alphabets upon the fingers, grammars in gesture, and the sciences which are only by them exercised and expressed, and the nations that Pliny reports to have no other language. An ambassador of the city of Abdera, after a long harangue to Agis, king of Sparta, demanded of him, "Well, Sir, what answer must I return to my fellow citizens?" "That I have given thee leave," said he, "to say what thou wouldst, and as much as thou wouldst, without ever speaking a word." Is not this a silent speaking, and very easy to be understood?

As to the rest, what is there in our intelligence that we do not see in the operations of animals? Is there a polity better ordered, the offices better distributed, and more inviolably observed and maintained, than that of bees? Can we imagine that such and so regular a distribution of employments can be carried on without reason and prudence?

> *His quidam signis atque hæc exempla sequuti,*
> *Esse apibus partem divinæ mentis, et haustus*
> *Æthereos dixere.*[2]

The swallows that we see at the return of the spring, searching all the corners of our houses for the most commodious places wherein to build their nests, do they seek without judgment, and, amongst a thousand, choose out the most proper for their purpose, without discretion? In that elegant and admirable contexture of their buildings, can birds rather make choice of a square figure than a round, of an obtuse than of a right angle, without knowing their properties and effects? Do they bring water and then clay without knowing that the hardness of the latter grows softer by being wet? Do they mat their palaces with moss or down, without foreseeing that their tender young will lie more safe and easy? Do they secure themselves from the rainy winds, and place their lodgings towards the east, without knowing the different qualities of those winds, and considering that one is more wholesome than the other? Why does the spider make her web tighter in one place and slacker in another? Why now make one sort of knot and then another, if she has not deliberation, thought, and conclusion? We sufficiently discover in most of their works how much animals excel us, and how weak our art is to imitate them. We see, nevertheless, in our ruder performances that we there employ all our faculties, and apply the utmost power of our souls; why do we not conclude the same of them? Why should we attribute to I know not what natural and servile inclination the works that surpass all we can do by nature and art? Wherein, before we are aware, we give them a mighty advantage over us, in making nature, with a maternal sweetness, to accompany and lead them, as it were, by the hand, to all the actions and commodities of their life, whilst she leaves us to chance and fortune, and to seek out, by art, the things that are necessary to our conservation; at the same time denying us the means of being able, by any instruction or contention of understanding, to arrive at the natural sufficiency of beasts; so that their brutish stupidity surpasses in all conveniences all that our divine intelligence can do. Really, at this rate, we might with great reason call her an unjust stepmother: but it is nothing so: our polity is not so irregular and deformed.

Nature has been universally kind to all her creatures, and there is not one she has not amply furnished with all means necessary for the conservation of its being; for the common complaints that I hear men make (as the license of

---

[1] Even silence in a lover can express entreaty.—Tasso, *Aminta*, ii. 34.

[2] From which signs and examples some have held that there is in bees a portion of the divine intelligence and a heavenly emanation.—Virgil, *Georg.*, iv. 219.

their opinions one while lifts them up to the clouds, and then again depresses them to the Antipodes), that we are the only animal abandoned, naked upon the bare earth, tied and bound, not having wherewithal to arm and clothe us, but by the spoil of others; whereas nature has covered all other creatures with shells, husks, bark, hair, wool, prickles, leather, down, feathers, scales, silk, according to the necessities of their being; has armed them with talons, teeth, horns, wherewith to assault and defend, and has herself taught them that which is most proper for them, to swim, to run, to fly, and to sing, whereas man neither knows how to walk, speak, eat, or do anything but weep, without teaching.

Tum porro puer, ut sævis projectus ab undis
Navita, nudus humi jacet, infans, indigus omni
Vitali auxilio, quum primum in luminis oras
Nixibus ex alvo matris natura profudit,
Vagituque locum lugubri complet; ut æquum est
Cui tantum in vita restet transire malorum.
At variæ crescunt pecudes, armenta, feræque,
Nec crepitacula eis opus est, nec cuiquam adhibenda est
Almæ nutricis blanda atque infracta loquela:
Nec varias quærunt vestes pro tempore cæli:
Denique non armis opus est, non mœnibus altis,
Queis sua tutentur, quando omnibus omnia large
Tellus ipsa parit, naturaque dædala rerum.[1]

Those complaints are false; there is in the polity of the world a greater equality and more uniform relation. Our skins are as sufficient to defend us from the injuries of the weather, as theirs from them: witness several nations that still know not the use of clothes. Our ancient Gauls were but slenderly clad, no more than the Irish, our neighbours, in so cold a climate. But we may better judge of this by ourselves: for all those parts that we are pleased to expose to the wind and the air, the face, the hands, the lips, the shoulders, the head, according to various custom, are found very able to endure it: if there be a tender part about us, and that seems to be in danger of cold, it should be the stomach where the digestion is, and yet our fathers had this always open, and our ladies, tender and delicate as they are, go sometimes half bare as low as the navel. Nor is the binding and swathing of infants any more necessary; and the Lacedæmonian mothers brought up theirs in all liberty of motion of members, without any ligature at all.[2] Our crying is common to us, with most other animals, and there are but few creatures that are not observed to groan and bemoan themselves a long time after they come into the world, forasmuch as it is a behaviour suitable to the weakness wherein they find themselves. As to the usage of eating, it is in us, as in them, natural, and without instruction;

Sentit enim vim quisque suam quam possit abuti;[3]

who doubts but an infant, arrived to the strength of feeding himself, may shift to seek his food? and the earth produces and offers him wherewithal to supply his necessity without other culture and art, and if not at all times, no more does she do it to beasts; witness the provision we see ants and other creatures hoard up against the dead seasons of the year. The late discovered nations, so abundantly furnished with meat and natural drink, without trouble or preparation, give us to understand that bread is not our only food, and that without tillage our mother nature has provided us abundantly with all we stand in need of; nay, it would appear, still more fully and plentifully than she does at present, when we have mixed up these with our own industry:

Et tellus nitidas fruges, vinetaque læta
Sponte sua primum mortalibus ipsa creavit;
Ipsa dedit dulces fœtus et pabula læta;
Quæ nunc vix nostro grandescunt aucta labore,
Conterimusque boves, et vires agricolarum:[4]

the depravity and irregularity of our appetite outstrip all the inventions we can contrive to satisfy it.

As to arms, we have more that are natural than most other animals, more various motions of the limbs, and naturally and without lessons, extract more service from them: those that are trained up to fight naked, are seen to throw them-

---

[1] Then the infant, like a mariner tossed by raging seas upon the shore, lies naked on the earth, destitute at his very birth, of all supports of life, from the time when, nature first presenting him to the day, he fills the air with doleful cries, as foreseeing life's future miseries; but beasts, wild and tame, of themselves grow up: they need no rattle, no nurse with soothing words to teach them to talk; they do not look out for different robes according to the seasons; and need no arms nor walls to protect them and their goods: earth and nature in all abundance produce all things whereof they have need.—Lucretius, v. 223.

[2] Plutarch, Lycurgus.
[3] For every one soon finds out his natural force, to use or abuse.—Lucretius, v. 1032.
[4] The earth at first spontaneously afforded choice fruits and wines to mankind; gave them prolific herds, and glowing harvests, which now scarcely by art more abundantly yield, though men and oxen strive to improve the soil.—*Ibid.,* ii. 1157.

selves upon hazard like our own; if some beasts surpass us in this advantage, we surpass several others. And the industry of fortifying the body and protecting it by acquired means we have by instinct and natural precept; as, for examples: the elephant sharpens and whets the teeth he makes use of in war (for he has particular ones for that service which he spares and never employs at all to any other use); when bulls go to fight, they toss and throw the dust about them; boars whet their tusks; and the ichneumon, when he is about to engage with the crocodile, fortifies his body by covering and encrusting it all over with close-wrought, well-kneaded slime, as with a cuirass: why shall we not say, that it is also natural for us to arm ourselves with wood and iron?

As to speech, it is certain that, if it be not natural, it is not necessary. Nevertheless, I believe that a child who had been brought up in absolute solitude, remote from all society of men (which would be a trial very hard to make) would have some kind of speech to express his meaning: and 'tis not to be supposed that nature would have denied that to us which she has given to several other animals: for what other than speech is the faculty we observe in them of complaining, rejoicing, calling to one another for succour, and the softer murmurings of love, which they perform with the voice? And why should they not speak to one another? they speak very well to us, and we to them; in how many several ways do we speak to our dogs, and they answer us? We converse with them in another sort of language and other appellations than we do with birds, hogs, oxen, and horses; and alter the idiom according to the kind.

> *Cosi per entro loro schiera bruna*
> *S'amusa l'uno con l'altra formica,*
> *Forse a spiar lor via et lor fortuna.*[1]

Lactantius seems to attribute to beasts not only speech, but laughter also. And the difference of language which is manifest amongst us, according to the variety of countries, is also observed in animals of the same kind: Aristotle,[2] in proof of this, instances the various calls of partridges, according to the situation of places:

> *Variæque volucres . . .*
> *Longe alias alio faciunt in tempore voces . . .*

> *Et partim mutant cum tempestatibus una*
> *Raucisonos cantus.*[3]

But it is yet to be known what language this child would speak; and of this what is said by guess has no great weight. If any one should allege to me, in opposition to this opinion, that those who are naturally deaf, speak not: I answer that this follows not only because they could not receive the instruction of speaking by the ear, but because the sense of hearing, of which they are deprived, has relation to that of speaking, holding together by a natural tie; in such manner, that what we speak we must first speak to ourselves within, and make it first sound in our own ears, before we can utter it to others.

All this I have said to prove the resemblance there is in human things, and to bring us back and join us to the crowd: we are neither above or below the rest. All that is under heaven, says the wise man, runs one law and one fortune:

> *Indupedita suis fatalibus omnia vinclis.*[4]

There is indeed some difference; there are orders and degrees; but 'tis under the aspect of one same nature:

> *Res . . . quæque suo ritu procedit; et omnes*
> *Fœdere naturæ certo discrimina servant.*[5]

Man must be compelled and restrained within the bounds of this polity. Wretched being, he is really not in a condition to step over the rail; he is fettered and circumscribed, he is subjected to a co-ordinate obligation with the other creatures of his class, and of a very humble condition, without any prerogative or preëminence true and real; that which he attributes to himself, by vain fancy and opinion, has neither body nor taste. And if it be so, that he only of all the animals has this privilege of the imagination, and this irregularity of thoughts representing to him that which is, that which is not, and that he would have, the false and the true; 'tis an advantage dearly bought, and of which he has very little reason to be proud; for from that springs the principal fountain of all the evils that befall him, sin, sickness, irresolution, affliction, despair. I say then (to return to my subject) that there is no probability to induce a man to believe, that beasts by natural and compulsory

---

[1] So amongst their sable bands, one ant with another is seen to communicate: observe, perhaps, each other's ways and ask what prizes they have brought home.—Dante, *Purg.*, xxvi. 34.

[2] *Hist. Animal*, iv. 9.

[3] Various birds make quite different notes; some their hoarse songs change with the seasons.—Lucretius, v. 1077, 1080, 2, 3.

[4] All things are bound in the same fatal chains.—Ibid., v. 874.

[5] All things proceed by their own rules, and observe the limits of nature's law.—Ibid., 921.

tendency, do the same things that we do by our choice and industry; we ought from like effects, to conclude like faculties, and from greater effects greater faculties, and consequently confess, that the same reason, the same method by which we operate, are common with them, or that they have others that are better. Why should we imagine in them this natural constraint, who experience no such effect in ourselves? Add to which, that it is more honourable to be guided and obliged to act regularly by a natural and irresistible condition, and nearer allied to the Divinity, than to act regularly by a licentious and fortuitous liberty, and more safe to intrust the reins of our conduct in the hands of nature than in our own. The vanity of our presumption is the cause that we had rather owe our sufficiency to our own strength than to her bounty, and that we enrich the other animals with natural goods, and renounce them in their favour, to honour and ennoble ourselves with goods acquired; very foolishly in my opinion; for I should as much value parts naturally and purely my own, as those I had begged and obtained from education: it is not in our power to obtain a nobler reputation, than to be favoured of God and nature.

For this reason, consider the fox, of which the people of Thrace make use when they desire to pass over the ice of some frozen river, turning him out before them to that purpose; should we see him lay his ear upon the bank of the river, down to the ice, to listen if from a more remote or nearer distance he can hear the noise of the water's current, and according as he finds by that the ice to be of a less or greater thickness, retire or advance: should we not have reason thence to believe that he had the same thoughts in his head that we should have upon the like occasion, and that it is a ratiocination and consequence drawn from natural sense: "that which makes a noise, runs; that which runs, is not frozen: what is not frozen is liquid; and that which is liquid yields to impression?" For to attribute this to a vivacity of the sense of hearing without meditation and consequence, is a chimera that cannot enter into the imagination. We may suppose the same of the many subtleties and inventions with which beasts protect themselves from enterprises we plot against them.

And if we would make an advantage of this that it is in our power to seize them, to employ them in our service, and to use them at our pleasure, 'tis but still the same advantage we have over one another. We have our slaves upon these terms; and the Climacidæ: were they not women in Syria who, being on all fours, served for a stepladder, by which the ladies mounted the coach? And the majority of free persons surrender, for very trivial advantages, their life and being into the power of another; the wives and concubines of the Thracians contended who should be chosen to be slain upon their husband's tomb.[1] Have tyrants ever failed of finding men enough devoted to their service; some of them moreover, adding this necessity of accompanying them in death as in life? whole armies have so bound themselves to their captains. The form of the oath in that rude school of fencers, who were to fight it out to the last, was in these words: "We swear to suffer ourselves to be chained, burned, beaten, killed with the sword, and to endure all that true gladiators suffer from their master, religiously engaging both bodies and souls in his service";

Ure meum, si vis, flamma caput, et pete ferro
Corpus, et in torto verbere terga seca: [2]

this was an obligation indeed, and yet there were, in some years, ten thousand who entered into it and lost themselves in it. When the Scythians interred their king, they strangled upon his body the most beloved of his concubines, his cup-bearer, the master of his horse, his chamberlain, the usher of his chamber, and his cook; and upon his anniversary they killed fifty horses, mounted by fifty pages, whom they had impaled up the spine of the back to the throat, and there left them planted in parade about his tomb.[3] The men that serve us do it more cheaply, and for a less careful and favourable usage than that we entertain our hawks, horses, and dogs with. To what solicitude do we not submit for the convenience of these? I do not think that servants of the most abject condition would willingly do that for their masters, that princes think it an honour to do for these beasts. Diogenes seeing his relations solicitous to redeem him from servitude: "They are fools," said he, "'tis he that keeps and feeds me is my servant, not I his." And they, who make so much of beasts, ought rather to be said to serve them, than to be served by them. And withal they have this more generous quality, that one lion never submitted to another lion, nor one horse to another, for want of courage. As we go to the chase of beasts, so

---

[1] Herodotus, v. 5.
[2] Burn my head with fire if you will, wound me with steel, and scourge my shoulders with twisted wire.—Tibullus, i. 90, 21.
[3] Herodotus, iv. 71.

do tigers and lions to the chase of men, and they do the same execution one upon another, dogs upon hares, pikes upon tench, swallows upon flies, sparrowhawks upon blackbirds and larks:

> Serpente ciconia pullos
> Nutrit, et inventa per devia rura lacerta, ...
> Et leporem aut capream famulæ Jovis et generosæ
> In saltu venantur aves.[1]

We divide the quarry, as well as the pains and labour of the chase, with our hawks and hounds; and above Amphipolis in Thrace, the hawkers and wild falcons equally divide the prey; as also, along the lake Mæotis, if the fisherman does not honestly leave the wolves an equal share of what he has caught, they presently go and tear his nets in pieces. And as we have a way of hunting that is carried on more by subtlety than force, as angling with line and hook, there is also the like amongst animals. Aristotle says, that the cuttle-fish casts a gut out of her throat as long as a line, which she extends and draws back at pleasure; and as she perceives some little fish approach, she lets it nibble upon the end of this gut, lying herself concealed in the sand or mud, and by little and little draws it in, till the little fish is so near her, that at one spring she may surprise it.

As to what concerns strength, there is no creature in the world exposed to so many injuries as man: we need not a whale, an elephant or a crocodile, nor any such animals, of which one alone is sufficient to defeat a great number of men, to do our business: lice are sufficient to vacate Sulla's dictatorship; and the heart and life of a great and triumphant emperor is the breakfast of a little worm.

Why should we say that it is only for man by knowledge, improved by art and meditation, to distinguish the things commodious for his being and proper for the cure of his diseases from those which are not so; to know the virtues of rhubarb and fern: when we see the goats of Candia, when wounded with an arrow, amongst a million of plants choose out dittany for their cure, and the tortoise, when she has eaten of a viper, immediately go to look out for marjoram to purge her; the dragon rubs and clears his eyes with fennel; the storks give themselves clysters of sea-water; the elephants draw out, not only of their own bodies and those of their companions, but out of the bodies of their masters too (witness the elephant of King Porus, whom Alexander defeated) the dart and javelins thrown at them in battle, and that so dexterously that we ourselves could not do it with so little pain; why do not we say here also that this is knowledge and prudence? For to allege to their disparagement that 'tis by the sole instruction and dictate of nature that they know all this, is not to take from them the dignity of knowledge and prudence, but with greater reason to attribute it to them than to us, for the honour of so infallible a mistress. Chrysippus, though in all other things as scornful a judge of the condition of animals as any other philosopher whatever, considering the motions of a dog who, coming to a place where three ways meet, either to hunt after his master he has lost, or in pursuit of some game that flies before him, goes snuffing first in one of the ways and then in another, and after having made himself sure of two, without finding the trace of what he seeks, throws himself into the third without examination, is forced to confess that this reasoning is in the dog: "I have followed my master by foot to this place; he must, of necessity, be gone by one of these three ways; he is not gone this way nor that; he must then infallibly be gone this other": and that assuring himself by such reasoning and conclusion, he makes no use of his nose in the third way nor ever lays it to the ground, but suffers himself to be carried on by the force of reason. This mode, which is purely logical, and this method of propositions divided and conjoined, and the right enumeration of parts, is it not every whit as good that the dog knows all this of himself as if he had learnt it of Trapezuntius?

Nor are animals incapable of being instructed after our method. We teach blackbirds, ravens, pies, and parrots to speak; and the facility wherewith we see them render their voices and breath so supple and pliant to be formed and confined within a certain number of letters and syllables, evinces that they have a reasoning examination of things within that makes them so docile and willing to learn.

Everybody, I believe, is glutted with the several sorts of tricks that tumblers teach their dogs; the dances where they do not miss any one cadence of the sound they hear; the many various motions and leaps they make them perform by the command of a word. But I observe with more admiration this effect, which, nevertheless, is very common, in the dogs that lead the blind both in the country and in cities: I have taken notice how they stop at certain doors, where

---

[1] The stork feeds her young with snakes and lizards found in bye-places. Jove's eagle hunts in the woods for hares and kids, and so the nobler birds of prey.—Juvenal, xiv. 74, 81.

they are wont to receive alms; how they avoid the encounter of coaches and carts, even where they have sufficient room to pass; I have seen them, along the trench of a town, forsake a plain and even path, and take a worse, only to keep their masters further from the ditch. How could a man have made this dog understand that it was his office to look to his master's safety only, and to despise his own convenience to serve him? And how had he the knowledge that a way was large enough for him that was not so for a blind man? Can all this be apprehended without ratiocination?

I must not omit what Plutarch says he saw of a dog at Rome with the Emperor Vespasian, the father, at the theatre of Marcellus: this dog served a player who acted a farce of several gestures and several personages, and had therein his part. He had, amongst other things, to counterfeit himself for some time dead, by reason of a certain drug he was supposed to have eaten: after he had swallowed a piece of bread, which passed for the drug, he began after a while to tremble and stagger, as if he was astounded: at last, stretching himself out stiff, as if he had been dead, he suffered himself to be drawn and dragged from place to place, as it was his part to do; and afterward, when he knew it to be time, he began first gently to stir, as if newly awakened out of profound sleep, and lifting up his head, looked about him after such a manner as astonished all the spectators.

The oxen that served in the royal gardens of Susa to water them and turn certain great wheels to draw water for that purpose, to which buckets were fastened (such as there are many in Languedoc), being ordered every one to draw a hundred turns a day, they were so accustomed to this number that it was impossible by force to make them draw one turn more, but, their task being performed, they would suddenly stop and stand still. We are almost men before we can count a hundred, and have lately discovered nations that have no knowledge of numbers at all.

There is still more understanding required in the teaching of others than in being taught; now, setting aside what Democritus held, and proved, that most of the arts we have were taught us by other animals, as the spider has taught us to weave and sew, the swallow to build, the swan and nightingale music, and several animals, in imitating them, to take medicines: Aristotle is of opinion that the nightingales teach their young ones to sing and spend a great deal of time and care in it, whence it happens that those we bring up in cages and that have not had time to learn of their parents, lose much of the grace of their singing: we may judge by this that they improve by discipline and study: and even amongst the wild birds they are not all one and alike; every one has learnt to do better or worse, according to its capacity; and so jealous are they of one another whilst learning, that they contend with emulation, and with so vigorous a contention that sometimes the vanquished fall dead upon the spot, the breath rather failing than the voice. The younger ruminate pensive, and begin to imitate some broken notes; the disciple listens to the master's lesson, and gives the best account it is able; they are silent by turns; one may hear faults corrected and observe reprehensions of the teacher. "I have formerly seen," says Arrian, " an elephant having a cymbal hung at each leg, and another fastened to his trunk, at the sound of which all the others danced round about him, rising and falling at certain cadences, as they were guided by the instrument, and it was delightful to hear this harmony." In the spectacles of Rome, there were ordinarily seen elephants taught to move and dance to the sound of the voice, dances wherein were several changes and steps, and cadences very hard to learn. And some have been seen, in private, so intent upon their lesson as to practise it by themselves, that they might not be chidden nor beaten by their masters.

But this other story of the magpie, of which we have Plutarch himself for warrant, is very strange; she was in a barber's shop at Rome, and did wonders in imitating with her voice whatever she heard. It happened one day that certain trumpeters stood a good while sounding before the shop. After that, and all the next day, the magpie was pensive, dumb, and melancholy, which everybody wondered at and thought that the noise of the trumpets had thus stupefied and dazed her, and that her voice was gone with her hearing; but they found at last that it was a profound meditation and a retiring into herself, her thoughts exercising and preparing her voice to imitate the sound of those trumpets; so that the first voice she uttered was perfectly to imitate their strains, stops, and changes: having for this new lesson, quitted and disdained all she had learned before.

I will not omit this other example of a dog, which the same Plutarch (I can't tell them in order, as to which I get confused; nor do I observe it here any more than elsewhere in my work) says he saw on shipboard: this dog being puzzled how to get at the oil that was in the bottom of a jar and which he could not reach with his tongue, by reason of the narrow mouth of the vessel, went and fetched stones, and let them fall into the jar, till he made the oil rise so high, that he could reach it. What is this but an effect of a very subtle capacity? 'Tis said that the ravens of Barbary do the same, when the water they would drink is too low. This action is something akin to what Juba, a king of their nation, relates of the elephants: that, when by the craft of the hunter, one of them is trapped in certain deep pits prepared for them and covered over with brush to deceive them, all the rest diligently bring a great many stones and logs of wood to raise the bottom so that he may get out. But this animal in several other features comes so near to human capacity, that should I particularly relate all that experience has delivered to us, I should easily have granted me what I ordinarily maintain, namely, that there is more difference betwixt such and such a man, than betwixt such a man and such a beast. The keeper of an elephant, in a private house of Syria, robbed him every meal of the half of his allowance: one day his master would himself feed him and poured the full measure of barley he had ordered for his allowance into his manger; at which the elephant, casting an angry look at his keeper, with his trunk separated the one half from the other, and thrust it aside, thus declaring the wrong that was done him. And another, having a keeper that mixed stones with his corn to make up the measure, came to the pot where he was boiling flesh for his own dinner, and filled it with ashes. These are particular facts: but that which all the world has seen, and all the world knows, is that in all the armies of the East one of their greatest elements of strength was elephants, with whom they did without comparison far more execution, than we do now with our artillery, which is, as it were, in their stead in a day of battle (as may easily be judged by such as are read in ancient history);

Siquidem Tyrio servire solebant
Annibali, et nostris ducibus, regique Molosso
Horum majores, et dorso ferre cohortes,
Partem aliquam belli, et euntem in prælia turrim.[1]

They must of necessity very confidently have relied upon fidelity and understanding of these beasts, when they entrusted them with the vanguard of a battle, where the least stop they should have made, by reason of the bulk and heaviness of their bodies, and the least fright that should have made them face about upon their own people, had been enough to spoil all. And there are but few examples where it has happened that they have fallen foul upon their own troops, whereas we ourselves break into our own battalions and rout one another. They had the commission, not of one simple movement only, but of many several things they were to perform in the battle; as the Spaniards did to their dogs in their new conquest of the Indies, to whom they gave pay and allowed them a share in the spoil; and those animals showed as much dexterity and judgment in pursuing the victory and stopping the pursuit, in charging and retiring as occasion required, and in distinguishing their friends from their enemies, as they did ardour and fierceness.

We more admire and value things that are unusual and strange than those of ordinary observation; I had not else so long insisted upon these examples: for I believe, whoever shall strictly observe what we ordinarily see in those animals we have amongst us, may there find as wonderful effects as those we fetch from remote countries and ages. 'Tis one same nature that rolls her course, and whoever has sufficiently considered the present state of things, might certainly conclude as to both the future and the past. I have formerly seen men brought hither by sea, from very distant countries, whose language not being understood by us, and, moreover, their mien, countenance, and dress, being quite different from ours, which of us did not repute them savages and brutes? Who did not attribute it to stupidity and want of common sense, to see them mute, ignorant of the French tongue, ignorant of our salutations, cringes, our port and behaviour, from which, of course, all human nature must take its pattern and example. All that seems strange to us, and what we do not understand we condemn. The same thing happens also in the judgment we make of beasts. They have several conditions like to ours; from those we may by comparison draw some conjecture: but of those qualities that are particular to them, how know we what to make of them? The horses, dogs, oxen, sheep, birds, and most of the animals that live amongst us, know our voices, and suffer themselves to be governed by them: so did Crassus' lamprey, that came when he called it; as also do the eels that are in the lake Arethusa; and I have seen ponds where the fishes run to eat at a certain call

---

[1] The ancestors of these served in the armies of Carthaginian Hannibal, and of our own captains, and of the Molossian king (Pyrrhus); upon their backs they used to bear whole cohorts when they went to war.—Juvenal, xii. 107.

of those who used to feed them:

> *Nomen habent, et ad magistri*
> *Vocem quisque sui venit citatus;* [1]

we may judge from that. We may also say that elephants have some share of religion, forasmuch as, after several washings and purifications, they are observed to lift up their trunks like arms, and fixing their eyes towards the rising sun, continue long in meditation and contemplation, at certain hours of the day of their own motion without instruction or precept. But because we do not see any such signs in other animals, we cannot thence conclude that they are without religion, nor form any judgment of what is concealed from us; as we discern something in this action which the philosopher Cleanthes took notice of because it something resembles our own; he saw, he says, ants go from their ant-hill carrying the dead body of an ant towards another ant-hill, from which several other ants came out to meet them, as if to speak with them; whither, after having been some while together, the last returned, to consult, you may suppose, with their fellow-citizens, and so made two or three journeys, by reason of the difficulty of capitulation: in the conclusion, the last comers brought the first worm out of their burrow, as it were for the ransom of the defunct, which the first laid upon their backs and carried home, leaving the dead body to the others. This was the interpretation that Cleanthes gave of this transaction, as manifesting that those creatures that have no voice are not nevertheless without mutual communication and dealings, whereof 'tis through our own defect that we do not participate, and for that reason foolishly take upon us to pass our judgment upon it. But they yet produce other effects much beyond our capacity, to which we are so far from being able to arrive by imitation, that we cannot so much as by imagination conceive them. Many are of opinion that in the great and last naval engagement that Antony lost to Augustus, his admiral galley was stayed in the middle of her course by the little fish the Latins call Remora, by reason of the property she has of staying all sorts of vessels to which she fastens herself. And the Emperor Caligula, sailing with a great navy upon the coast of Romania, his galley alone was suddenly stayed by the same fish; which he caused to be taken, fastened as it was to the keel of his ship, very angry that such a little animal could resist at once the sea, the wind and the force of all his oars, by being merely fastened by the beak to his galley (for it is a shell-fish); and was moreover, not without great reason, astonished that being brought to him in the long-boat it had no longer the strength it had in the water. A citizen of Cyzicus formerly acquired the reputation of a good mathematician from having learned the ways of the hedgehog: he has his burrow open in divers places and to several winds, and foreseeing the wind that is to come stops the hole on that side, which the citizen observing, gave the city certain prediction of the wind which was presently to blow. The cameleon takes his colour from the place upon which he is laid; but the polypus gives himself what colour he pleases, according to occasion, either to conceal himself from what he fears, or from what he has a design to seize: in the cameleon 'tis a passive, but in the polypus 'tis an active change. We have some changes of colour, as in fear, anger, shame, and other passions, that alter our complexion; but it is by the effect of suffering, as with the cameleon. It is in the power of the jaundice, indeed, to make us turn yellow, but 'tis not in the power of our own will. Now these effects that we discern in other animals, much greater than our own, imply some more excellent faculty in them, unknown to us; as, 'tis to be presumed, are several other qualities and capacities of theirs of which no appearance reaches us.

Amongst all the predictions of elder times, the most ancient and the most certain were those taken from the flights of birds; we have nothing like it, not anything so much to be admired. That rule and order of moving the wing, from which were prognosticated the consequences of future things, must of necessity be guided by some excellent means to so noble an operation: for to attribute this great effect to any natural disposition, without the intelligence, consent and reason of the creature by which it is produced, is an opinion evidently false. And, in proof, the torpedo has this quality, not only to benumb all the members that touch her, but even through the nets to transmit a heavy dulness into the hands of those that move and handle them; nay, it is further said that, if one pour water upon her, he will feel this numbness mount up the water to the hand and stupefy the feeling through the water. This is a miraculous force; but 'tis not useless to the torpedo; she knows it and makes use of it; for to catch the prey she desires she will bury herself in the mud that other fishes, swimming over her, struck and

---

[1] Each has its own name, and comes at the master's call.—Martial, iv. 29, 6.

benumbed with this coldness of hers, may fall into her power. Cranes, swallows, and other birds of passage, by shifting their abodes according to the seasons, sufficiently manifest the knowledge they have of their divining faculty, and put it in use. Huntsmen assure us that to cull out from amongst a great many puppies, that which ought to be preserved for the best, the simple way is to refer the choice to the dam, as thus: take them and carry them out of the kennel, and the first she brings back, will certainly be the best; or if you make a show as if you would environ the kennel with fire, the one she first catches up to save: by which it appears they have a sort of prognostic that we have not; or that they have some capacity in judging of their whelps other and clearer than we have.

The manner of coming into the world, of engendering, nourishing, acting, moving, living and dying of beasts, is so near to ours, that whatever we retrench from their moving causes and add to our own condition above theirs, can by no means proceed from any meditation of our own reason. For the regimen of our health, physicians propose to us the example of the beasts' way of living; for this saying has in all times been in the mouth of the people:

> *Tenez chaulds les pieds et la teste;*
> *Au demourant vivez en beste.*[1]

Generation is the principle of natural action. We have a certain disposition of members most proper and convenient for us in that affair: nevertheless, some order us to conform to the posture of brutes, as the most effectual:

> *More ferarum,*
> *Quadrupedumque magis ritu, plerumque putantur*
> *Concipere uxores: quia sic loca sumere possunt,*
> *Pectoribus positis, sublatis semina lumbis;*[2]

and condemn as hurtful those indecent and indiscreet motions the women have superadded to the work; recalling them to the example and practice of the beasts of their own sex, more sober and modest:

Nam mulier prohibet se concipere atque repugnat,
Clunibus ipsa viri Venerem si læta retractet,
Atque exossato ciet omni pectore fluctus.
Ejicit enim sulci recta regione viaque
Vomerem, atque locis avertit seminis ictum.[3]

---

[1] Keep warm your feet and head; as to the rest, live like a beast.

[2] Lucretius, iv. 1261. The sense is given in the text.

[3] *Ibid.,* iv. 1266. The sense is given in the text.

If it be justice to render to every one his due, the beasts that serve, love, and defend their benefactors, and that pursue and fall upon strangers and those who offend them, do in this represent a certain air of our justice: as also in observing a very equitable equality in the distribution of what they have to their young. As to friendship, they have it, without comparison, more vivid and constant than men have. King Lysimachus' dog, Hyrcanus, his master being dead, lay upon his bed, obstinately refusing either to eat or drink, and the day that his body was burnt, he took a run and leaped into the fire, where he was consumed. As also did the dog of one Pyrrhus, for he would not stir from off his master's bed from the time that he died; and when they carried him away let himself be carried with him, and at last leaped into the pile where they burnt his master's body. There are certain inclinations of affection which sometimes spring in us without the consultation of reason and by a fortuitous temerity, which others call sympathy: of this beasts are as capable as we. We see horses form an acquaintance with one another, that we have much ado to make them eat or travel when separated; we observe them to fancy a particular colour in those of their own kind, and where they meet it, run to it with great joy and demonstrations of good-will, and to have a dislike and hatred for some other colour. Animals have choice, as well as we, in their amours, and cull out their mistresses; neither are they exempt from our extreme and implacable jealousies and envies.

Desires are either natural and necessary, as to eat and drink; or natural and not necessary, as the coupling with females; or neither natural nor necessary: of which last sort are almost all the desires of men; they are all superfluous and artificial; for 'tis not to be believed how little will satisfy nature, how little she has left us to desire; our ragouts and kickshaws are not of her reputation; the Stoics say that a man may live on an olive a day; our delicacy in our wines is no part of her instruction, nor the over-charging the appetites of love:

> *Numquid ego a te*
> *Magno prognatum deposco consule cunnum.*[4]

These irregular desires, that ignorance of good and a false opinion have infused into us, are so many that they almost exclude all the natural, just as if there were so great a number of stran-

---

[4] Horace, *Sat.,* i., 2, 69, as much as to say the maid's as good as the mistress.

gers in a city as to thrust out the natural inhabitants and, usurping their ancient rights and privileges, extinguish their authority and power. Animals are much more regular than we, and keep themselves with greater moderation within the limits nature has prescribed; but yet not so exactly, that they have not some analogy with our debauches: and as there have been known furious desires that have compelled men to the love of beasts, so there have been examples of beasts that have fallen in love with us, and admit monstrous affections betwixt different kinds: witness the elephant, who was rival to Aristophanes the grammarian in the love of a young flower-girl in the city of Alexandria, which was nothing behind him in all the offices of a very passionate suitor: for going through the market where they sold fruit, he would take some in his trunk and carry it to her: he would as much as possible keep her always in his sight, and would sometimes put his trunk under her neck kerchief into her bosom to feel her breasts. They tell also of a dragon in love with a maid; and of a goose enamoured of a child in the town of Asopus: of a ram that was a lover of the minstreless Glaucia; and there are every day baboons furiously in love with women. We see also certain male animals that are fond of the males of their own kind. Oppianus and others give us some examples of the reverence that beasts have to their kindred in their copulation, but experience often shows us the contrary:

Nec habetur turpe juvencæ
Ferre patrem tergo; fit equo sua filia conjux;
Quasque creavit, init pecudes caper, ipsaque cujus
Semine concepta est, ex illo concepit ales.[1]

For malicious subtlety, can there be a more pregnant example than in the philosopher Thales' mule? He, laden with salt and fording a river, and by accident stumbling there, so that the sacks he carried were all wet, perceiving that by the melting of the salt his burthen was somewhat lighter, never failed, so often as he came to any river to lie down with his load; till his master, discovering the knavery, ordered that he should be laden with wool, wherein finding himself mistaken he ceased to practice that device. There are several that are the very image of our avarice, for we see them infinitely solicitous to catch all they can and hide it with exceeding great care, though they never make any use of it at all. As to thrift, they surpass us not only in the foresight and laying up and saving for the time to come, but they have moreover a great deal of the science necessary thereto. The ants bring abroad into the sun their grain and seeds to air, refresh, and dry them, when they perceive them to mould and grow musty, lest they should decay and rot. But the caution and foresight they exhibit in gnawing their grains of wheat, surpass all imagination of human prudence: for by reason that the wheat does not always continue sound and dry, but grows soft, thaws and dissolves, as if it were steeped in milk, whilst hastening to germination, for fear lest it should shoot and lose the nature and property of a magazine for their subsistence, they nibble off the end by which it should shoot and sprout.

As to what concerns war, which is the greatest and most pompous of human actions, I would very fain know, whether we would use that for an argument of some prerogative, or, on the contrary, for a testimony of our weakness and imperfection; for, in truth, the science of undoing and killing one another, and of ruining and destroying our own kind, has nothing in it so tempting as to make it coveted by beasts who have it not:

Quando leoni
Fortior eripuit vitam leo? quo nemore unquam
Expiravit aper majoris dentibus apri? [2]

yet are they not universally exempt; witness the furious encounters of bees, and the enterprises of the princes of the two opposite armies:

Sæpe duobus
Regibus incessit magno discordia motu;
Continuoque animos vulgi et trepidantia bello
Corda licet longe præsciscere.[3]

I never read this divine description but that, methinks, I there see human folly and vanity represented in their true and lively colours: for these preparations for war that so frighten and astound us with their noise and tumult, this rattle of guns, drums, and confused voices,

Fulgur ibi ad cœlum se tollit, totaque circum
Ære renidescit tellus, subterque virum vi

---

[1] The heifer thinks it no shame to take her sire upon her back; the horse his daughter leaps; goats increase the herd by those they have begot; birds of all sorts live in common, and by the seed they were conceived conceive.—Ovid, *Met.*, x. 325.

[2] What stronger lion ever took the life from a weaker? or in what forest was it ever known that a small boar fell by the teeth of a larger boar.—Juvenal, xv. 160.

[3] Often, betwixt two kings, animosities arise with great commotion; then, straight, the common sort are heard from afar, preparing for the war.—Virgil, *Georg.*, iv. 67.

Excitur pedibus sonitus, clamoreque montes
Icti rejectant voces ad sidera mundi; [1]

in this dreadful embattling of so many thousands of armed men, and so great fury, ardour, and courage, 'tis pleasant to consider by what idle occasions they are excited, and by how light ones appeased;

> *Paridis propter narratur amorem*
> *Græcia Barbariæ diro collisa duello;* [2]

all Asia was ruined and destroyed for the ungoverned lust of one Paris: the envy of one single man, a despite, a pleasure or a domestic jealousy, causes that ought not to set two oyster wenches by the ears, is the soul and mover of all this mighty bustle. Shall we believe those who are themselves the principal authors of these mischiefs? Let us then hear the greatest and most victorious emperor that ever was making sport of, and with marvellous ingenuity turning into a jest, the many battles fought both by sea and land, the blood and lives of five hundred thousand men that followed his fortune, and the power and riches of two parts of the world, drained for the service of his expeditions;

> *Quod futuit Glaphyran Antonius, hanc mihi*
>   *pœnam*
> *Fulvia constituit, se quoque uti futuam.*
> *Fulviam ego ut futuam? Quid, si me Manius*
>   *oret*
> *Pædicem, faciam? Non puto, si sapiam.*
> *Aut futue, aut pugnemus, ait. Quid, si mihi vita*
> *Charior est ipsa mentula? Signa canant.* [3]

(I use my Latin with the liberty of conscience you are pleased to allow me.) Now this great body, with so many fronts and motions as seem to threaten heaven and earth;

> *Quam multi Lybico volvuntur marmore fluctus,*
> *Sævis ubi Orion hybernis conditur undis,*
> *Vel cum sole novo densæ torrentur aristæ,*
> *Aut Hermi campo, aut Lyciæ flaventibus arvis;*
> *Scuta sonant, pulsuque pedum tremit excita*
>   *tellus:* [4]

this furious monster, with so many heads and arms, is yet man, feeble, calamitous, and miserable; 'tis but an ant-hill of ants disturbed and provoked;

> *It nigrum campis agmen:* [5]

a contrary wind, the croaking of a flight of ravens, the stumble of a horse, the casual passage of an eagle, a dream, a voice, a sign, a morning mist, are any one of them sufficient to beat down and overturn him. Dart but a sunbeam in his face, he is melted and vanished: blow but a little dust in his eyes, as our poet says of the bees, and all our standards and legions, with the great Pompey himself at the head of them, are routed and crushed to pieces: for it was he, as I take it,[6] that Sertorius beat in Spain with those brave arms, which also served Eumenes against Antigonus, and Surena against Crassus:

> *Hi motus animorum, atque hæc certamina*
>   *tanta,*
> *Pulveris exigui jactu compressa quiescent.* [7]

Let us but slip our flies after them, and even these will have the force and the courage to disperse them. Within recent memory, the Portu-

---

[1] When the glancing ray of arms rises heavenward, and the earth glows with beams of shining brass, and is trampled by horses and by men, and the rocks struck by the various cries reverberate the sounds to the skies.—Lucretius, ii. 325.

[2] By reason of Paris' love, Greece and the Barbarians engaged in dire warfare.—Horace, *Epist.*, i. 2, 6.

[3] Martial, x. 21. This epigram was composed by Augustus, but the luscious Latin conveys such gross and licentious ideas that there would be no excuse for translating the lines without softening them. The following French version of Fontenelle, in his *Dialogues of the Dead*, lets us entirely into Augustus's meaning:
> *Parce qu' Antoine est charmé de Glaphire,*
> *Fulvie a ses beaux yeux me veut assujettir.*
> *Antoine est infidele: Eh bien donc? Est-ce a dire*
> *Que des fautes d'Antoine on me fera patir?*
>   *Qui? moy? que je serve Fulvie?*
> *A ce compte on verroit se retirer vers moy*
>   *Mille Epouses mal satisfaites.*
> *Aime moi, me dit elle, ou combattons. Mais*
>   *quoy?*
> *Elle est bien laide? Allons, sonnez trompettes.*
>   —Coste.

[4] As the innumerable waves that roll on the Lybian shore, when stormy Orion, winter returning, plunges into the waters; or as the golden ears, scorched by the summer's ray, on Hermus banks or fruitful Lycia, the bright shields dreadfully resound, and as the soldiers march, their footing shakes the ground.—*Æneid*, vii. 718.

[5] The black troop marches to the field.—*Ibid.*, iv. 404.

[6] Here Montaigne had reason to be a little distrustful of his memory; for it was not against Pompey that Sertorius made use of this stratagem, but against the Caracitanians, a people of Spain, who lived in deep caves dug in a rock, where it was impossible to force them.—See Plutarch, *Sertorius*.

[7] These commotions of their minds, and this so mighty fray, quashed by the throw of a little dust, will cease.—Virgil, *Georg.*, iv. 86.

guese besieging the city of Tamly, in the territory of Xiatine, the inhabitants of the place brought a number of hives, of which are great plenty in that place, upon the wall, and with fire drove the bees so furiously upon the enemy that they gave over the enterprise and trussed up their baggage, not being able to stand their attacks and stings; and so the city, by this new sort of relief, was freed from the danger with so wonderful a fortune, that at their return it was found that the bees had not lost so much as one combatant. The souls of emperors and cobblers are cast in the same mould; the weight and importance of the actions of princes considered, we persuade ourselves that they must be produced by some as weighty and important causes: but we are deceived; for they are pushed on and pulled back in their movements by the same springs that we are in our little matters: the same reason that makes us wrangle with a neighbour, causes a war betwixt princes; the same reason that makes us whip a lacquey, falling into the hands of a king makes him ruin a whole province. They are as prompt and as easily moved as we, but they are able to do more mischief; in a gnat and an elephant the passion is the same.

As to what concerns fidelity, there is no animal in the world so treacherous as man. Our histories have recorded the eager pursuit that dogs have made after the murderers of their masters. King Pyrrhus, observing a dog that watched a dead man's body, and understanding that he had for three days together performed that office, commanded that the body should be buried, and took the dog along with him. One day, as he was at a general muster of his army, this dog saw his master's murderers, and with great barking and extreme signs of anger flew upon them, by this first accusation awaking the revenge of this murder, which was soon after perfected by form of justice. As much was done by the dog of the sage Hesiod, which convicted the sons of Ganyctor of Naupactus of the murder committed on the person of his master. Another dog, put to guard a temple at Athens, having spied a sacrilegious thief who carried away the finest jewels, fell to barking at him with all the force he had; but, the warders not awaking at the noise, he followed him, and, day being broken, kept off at a short distance, without losing sight of him; if he offered him anything to eat, he would not take it, but would wag his tail at all the passengers he met, and took whatever they gave him at their hands; and if the thief laid down to sleep, he likewise stayed upon the spot. The news of this dog having come to the warders of the temple, they put themselves upon the pursuit, inquiring as to the colour of the dog, and at last found him in the city of Cromyon, and the thief also, whom they brought back to Athens, where he had his reward: and the judges taking cognizance of this good office, ordered a certain measure of corn for the dog's daily sustenance, at the public charge, and the priests to take care to it. Plutarch delivers this story for a most certain truth, and as one that happened in the age wherein he lived.

As to gratitude (for it seems to me, we had need bring this word into a little greater repute) this one example, which Apion reports himself to have been an eyewitness of, shall suffice. "One day," says he, "that at Rome they entertained the people with the fighting of several strange beasts, and principally of lions of an unusual size, there was one amongst the rest who, by his furious deportment, by the strength and largeness of his limbs, and by his loud and dreadful roaring, attracted the eyes of all the spectators. Amongst the other slaves, that were presented to the people in this combat of beasts, there was one Androclus, of Dacia, belonging to a Roman lord of consular dignity. This lion, having seen him at a distance, first made a sudden stop, as it were, in a wondering posture, and then softly approached nearer in a gentle and peaceable manner, as if it were to enter into acquaintance with him; this being done, and being now assured of what he sought, he began to wag his tail, as dogs do when they flatter their masters, and to kiss and lick the hands and thighs of the poor wretch, who was beside himself and almost dead with fear. Androclus having, by this kindness of the lion, a little come to himself, and having taken so much heart as to consider and recognize him, it was a singular pleasure to see the joy and caresses that passed betwixt them. At which the people breaking into loud acclamations of joy, the emperor caused the slave to be called, to know from him the cause of so strange an event. He thereupon told him a new and a very wonderful story: my master, said he, being proconsul in Africa, I was constrained by his severity and cruel usage, being daily beaten, to steal from him and to run away. And to hide myself securely from a person of so great authority in the province, I thought it my best way to fly to the solitudes, sands, and uninhabitable parts of that country, resolved, in case the means of supporting life should fail me, to make some shift or other to kill myself. The sun being excessively hot at noon, and the heat intolerable, I found a retired and almost inaccessible cave, and went into it. Soon after there came in to me this lion with one foot wounded and bloody, complaining and groaning with the pain he endured: at his coming I was exceedingly afraid, but he having espied me hid in a corner of his den, came gently to me, holding out and showing me his wounded foot, as if he demanded my assistance in his distress. I then drew out a great splinter he had got there, and growing a little more familiar with him, squeezing the wound, thrust out the dirt and gravel that he had got into it, wiped and cleansed it as well as I could. He, finding himself something better and much eased of his pain, lay down to repose, and presently fell asleep with his foot in my hand. From that time forward, he and I lived together in this cave three whole years, upon the same diet; for of the beasts that he killed in hunting he always brought me the best pieces, which I roasted in the sun for want of fire, and so ate them. At last growing weary of this wild and brutish life, the lion being one day gone abroad to hunt for our ordinary provision, I escaped from thence, and the third day after was taken by the soldiers, who brought me from Africa to this city to my master, who presently condemned me to die, and to be exposed to the wild beasts. Now, by what I see, this lion was also taken soon after, who would now recompense me for the benefit and cure that he had received at my hands." This is the story that Androclus told the emperor, which he also conveyed from hand to hand to the people: wherefore at the universal request, he was absolved from his sentence and set at liberty; and the lion was, by order of the people, presented to him. We afterwards saw, says Apion, Androclus leading this lion, in nothing but a small leash, from tavern to tavern at Rome, and receiving what money everybody would give him, the lion being so gentle, as to suffer himself to be covered with the flowers that the people threw upon him, everyone that met him: saying There goes the lion that entertained the man, there goes the man that cured the lion.

We often lament the loss of the beasts we love, and so do they the loss of us:

Post, bellator equus, positis insignibus, Æthon It lacrymans, guttisque humectat grandibus ora.[1]

As some nations have wives in common, and some others have every man his own: is not the same evident amongst beasts, and marriages better kept than ours? As to the society and confederation they make amongst themselves, to league themselves together, and to give one another mutual assistance, is it not manifest that oxen, hogs, and other animals, at the cry of any of their kind that we offend, all the herd run to his aid, and embody for his defence? When the fish scarus has swallowed the angler's hook, his fellows all crowd about him, and gnaw the line in pieces; and if by chance one be got into the net, the others present him their tails on the outside, which he holding fast with his teeth, they after that manner disengage and draw him out. Mullets, when one of their companions is engaged, cross the line over their back, and with a fin they have there, indented like a saw, cut and saw it asunder. As to the particular offices that we receive from one another for the service of life, there are several like examples amongst them. 'Tis said that the whale never moves that he has not always before him a little fish, like the sea gudgeon, for this reason called the guide-fish, whom the whale follows, suffering himself to be led and turned with as great facility as the helm guides the ship: in recompense of which service, whereas all other things, whether beast or vessel, that enter into the dreadful gulf of this monster's mouth, are immediately lost and swallowed up, this little fish retires into it in great security, and there sleeps, during which time the whale never stirs; but as soon as it goes out, he immediately follows: and if by accident he lose sight of his little guide, he goes wandering here and there, and strikes his sides against the rocks, like a ship that has lost her rudder; which Plutarch testifies to have seen off the Island of Anticyra. There is a like society betwixt the little bird called the wren and the crocodile; the wren serves for a sentinel over this great animal; and if the ichneumon, his mortal enemy, approach to fight him, this little bird, for fear lest he should surprise him asleep, both with his voice and bill rouses him and gives him notice of his danger: he feeds on this monster's leavings, who receives him familiarly into his mouth, suffering him to peck into his jaws and betwixt his teeth, and thence to take out the bits of flesh that remain; and when he has a mind to shut his mouth he gives the bird warning to go out, by closing it by little and little, without bruising or doing it any harm at all. The shellfish called naker lives also in the same intelligence with the shrimp, a little animal of the lobster kind, serving him in the nature of usher and porter, sitting at the opening of the shell which the naker keeps always

---

[1] Next, Æthon his warhorse came, without any of his trappings, and weeping with heavy tears.—*Æneid*, xi. 89.

gaping and open, till the shrimp sees some little fish proper for their prey within the hollow of the shell, and then it enters too, and pinches the naker to the quick, so that she is forced to close her shell, where they two together devour the prey they have trapped into their fort. In the manner of living of the Tunnies, we observe a singular knowledge of the three parts of mathematics: as to astrology, they teach it to men, for they stay in the place where they are surprised by the Brumal Solstice, and never stir thence till the next Equinox; for which reason Aristotle himself attributes to them this science; as to geometry and arithmetic, they always form their array in the figure of a cube, every way square, and make up the body of a battalion, solid, close, and environed with six equal sides; so that swimming in this square order, as large behind as before, whoever in seeing them can count one rank, may easily number the whole troop, by reason that the depth is equal to the breadth, and the breadth to the length.

As to magnanimity, it will be hard to give a better instance of this than in the example of the great dog, sent to Alexander the Great from India. They first brought him a stag to encounter, next a boar, and after that a bear; all these he slighted, and disdained to stir from his place; but when he saw a lion he immediately roused himself, evidently manifesting that he declared that alone worthy to enter the lists with him. As to what concerns repentance and the acknowledgment of faults, 'tis reported of an elephant, that having, in the impetuosity of his rage, killed his keeper, he fell into so extreme a sorrow that he would never after eat, but starved himself to death. And as to clemency, 'tis said of a tiger, the most inhuman of all beasts, that a kid having been put into him, he suffered two days' hunger rather than hurt it, and on the third broke the cage he was shut up in, to go seek elsewhere for prey, not choosing to fall upon the kid, his friend and guest. And as to the laws of familiarity and agreement, formed by converse, it commonly occurs that we bring up cats, dogs, and hares tame together.

But that which seamen experimentally know, and particularly in the Sicilian sea, of the quality of the halcyons, surpasses all human thought: of what kind of animal has nature so highly honoured the hatching, birth, and production? The poets, indeed, say that the Island of Delos, which before was a floating island, was fixed for the service of Latona's lying-in; but the gods ordered that the whole ocean should be stayed, made stable and smoothed, without waves, without wind or rain, whilst the halcyon lays her eggs, which is just about the Solstice, the shortest day of the year, so that, by this halcyon's privilege, we have seven days and seven nights in the very heart of winter, wherein we may sail without danger. Their females never have to do with any other male but their own, whom they always accompany (without ever forsaking him) all their lives; if he happen to be weak and broken with age, they take him upon their shoulders, carry him from place to place, and serve him till death. But the most inquisitive into the secrets of nature could never yet arrive at a knowledge of the marvellous fabric wherewith the halcyon builds the nest for her little ones, nor guess at the matter. Plutarch, who had seen and handled many of them, thinks it is the bones of some fish which she joins and binds together, interlacing them some lengthwise and others across, and adding ribs and hoops in such manner that she forms, at last, a round vessel fit to launch, which being done, and the building finished, she carries it to the wash of the beach, where the sea beating gently against it, shows her where she is to mend what is not well jointed and knit, and where better to fortify the seams that are leaky and that open at the waves; and, on the contrary, what is well built and has had the due finishing, the beating of the waves so closes and binds together that it is not to be broken or cracked by blows, either of stone or iron, without very much ado. And that which is still more to be admired is the proportion and figure of the cavity within, which is composed and proportioned after such a manner as not possibly to receive or admit any other thing than the bird that built it; for to anything else it is so impenetrable, close and shut, that nothing can enter, not so much as the water of the sea. This is a very clear description of this building, and borrowed from a very good hand; and yet methinks it does not give us sufficient light into the difficulty of this architecture. Now, from what vanity can it proceed to place lower than ourselves, and disdainfully to interpret effects that we can neither imitate nor comprehend?

To pursue a little further this equality and correspondence betwixt us and beasts: the privilege our soul so much glorifies herself upon of bringing all things she conceives to her own condition, of stripping all things that come to her of their mortal and corporal qualities, of ordering and placing the things she conceives worthy her taking notice of, divesting them of their corruptible qualities, and making them lay aside length, breadth, depth, weight, colour, smell, roughness, smoothness, hardness, softness, and all sensible incidents, as mean and superfluous vestments, to accommodate them to her own immortal and spiritual condition: the Paris, just as Rome and Paris, that I have in my soul, the Paris that I imagine, I imagine and conceive it without greatness and without place, without stone, without plaster, without wood: this very same privilege, I say, seems to be evidently in beasts: for a horse, accustomed to trumpets, the rattle of musket-shot and the bustle of battles, whom we see start and tremble in his sleep stretched upon his litter, as if he were in fight, it is certain that he conceives in his soul the beat of drum without noise, an army without arms, and without body:

Quippe videbis equos fortes, cum membra jacebunt
In somnis, sudare tamen, spirareque sæpe,
Et quasi de palma summas contendere vires.[1]

The hare that a greyhound imagines in his sleep, after which we see him so pant whilst he sleeps, so stretch out his tail, shake his legs, and perfectly represent all the motions of a course, is a hare without skin and without bones:

Venantumque canes in molli sæpe quiete
Jactant crura tamen subito, vocesque repente
Mittunt, et crebras reducunt naribus auras,
Ut vestigia si teneant inventa ferarum:
Expergefactique sequuntur inania sæpe
Cervorum simulacra, fugæ quasi dedita cernant;
Donec discussis redeant erroribus ad se.[2]

We often observe the bandogs snarl in their dreams and afterwards bark out, and start up on a sudden, as if they perceived some stranger at hand: this stranger, that their soul discerns, is a spiritual and imperceptible man, without dimension, without colour, and without being:

Consueta domi catulorum blanda propago
Degere, sæpe levem ex oculis volucremque soporem
Discutere, et corpus de terra corripere instant,
Proinde quasi ignotas facies atque ora tuantur.[3]

As to beauty of the body, before I proceed any further, I would know whether or not we are agreed about the description. 'Tis likely we do not well know what beauty is in nature and in general, since to human and our own beauty we give so many diverse forms, of which were there any natural rule and prescription we should know it in common, as we do the heat of the fire. But we fancy its forms according to our own appetite and liking:

Turpis Romano Belgicus ore color.[4]

Indians paint it black and tawny, with great swollen lips, big flat noses, and load the cartilage betwixt the nostrils with great rings of gold to make it hang down to the mouth; as also the nether lip with great hoops, enriched with jewels, that weigh them down to fall upon the chin, it being with them a special grace to show their teeth even below the roots. In Peru, the greatest ears are the most beautiful, and they stretch them out as far as they can by art; and a man, now living, says that he has seen in an eastern nation this care of enlarging them in so great repute, and the ear laden with such ponderous jewels, that he did with great ease put his arm, sleeve and all, through the bore of an ear. There are, elsewhere, nations that take great care to blacken their teeth, and hate to see them white; elsewhere, people that paint them red. Not only in Biscay, but in other places, the women are reputed more beautiful for having their heads shaved, and, this, moreover, in certain frozen countries, as Pliny reports. The Mexicans esteem a low forehead a great beauty, and though they shave all other parts they nourish hair on the forehead and increase it by art; and have great breasts in such reputation, that they make boast to give their children suck over their shoulders: we should paint deformity so. The Italians fashion beauty gross and massive; the Spaniards, gaunt and slender; and among us, one makes it white, another brown; one soft and delicate, another strong and vigorous; one will have his mistress soft and gentle, another haughty and majestic. Just as the preference in beauty is given by Plato to the spherical figure, the Epicureans give it to the pyramidal or the square, and cannot swallow a god in the form of a ball.[5] But, be it how it will, nature has no more privileged us above her common laws in this than in the rest; and if we will judge ourselves aright, we shall find that if there be some animals less favoured in this than we, there are others, and

---

[1] You shall see strong horses in their sleep, sweat and snort, and seem as if, with all their force, they were striving to win the race.—Lucretius, iv. 988.

[2] Hounds often in their quiet rest suddenly throw out their legs and bark, and breathe quick and short, as if they were in full chase upon a burning scent: nay, being waked, pursue imagined stags, as if they had them in real view, till at last, discovering the mistake, they return to themselves.—*Ibid.,* 992.

[3] Often our caressing house-dogs, shaking slumber from their eyes, will rise up suddenly, as if they saw strange faces.—*Ibid.,* 999.

[4] The Belgic complexion of a German lass ill becomes a Roman face.—Propertius, ii. 17, 26.

[5] Plato, *Timæus.*

in great number, that are more so, *a multis animalibus decore vincimur*;[1] even of our terrestrial compatriots; for, as to those of the sea, setting the figure aside, which cannot fall into any manner of comparison, being so wholly another thing, in colour, cleanness, smoothness, and disposition, we sufficiently give place to them; and no less in all qualities, to the aerial. And this prerogative that the poets make such a mighty matter of, our erect stature, looking towards heaven, our original,

Pronaque cum spectent animalia cætera terram,
Os homini sublime dedit, cœlumque tueri
Jussit, et erectos ad sidera tollere vultus,[2]

is merely poetical; for there are several little beasts that have their sight absolutely turned towards heaven; and I find the countenance of camels and ostriches much higher raised, and more erect than ours. What animals have not their faces forward and in front, and do not look just as we do, and do not in their natural posture discover as much of heaven and earth as man? And what qualities of our bodily constitution, in Plato and Cicero, may not indifferently serve a thousand sorts of beasts? Those that most resemble us, are the ugliest and most abject of all the herd; for, as to outward appearance and form of visage, such are the baboons and monkeys:

Simia quam similis, turpissima bestia, nobis?[3]

and, for the internal and vital parts, the hog. In earnest, when I imagine man stark naked, even that sex that seems to have the greatest share of beauty, his defects, natural subjections, and imperfections, I find that we have more reason than any other animal to cover ourselves. We are readily to be excused for borrowing of those creatures to which nature has in this been kinder than to us, to trick ourselves with their beauties and hide ourselves under their spoils—their wool, feathers, hair, silk. Let us observe, as to the rest, that man is the sole animal whose nudities offend his own companions, and the only one who, in his natural actions, withdraws and hides himself from his own kind. And really, 'tis also an effect worth consideration, that they, who are masters in the trade, prescribe as a remedy for amorous passions the full and free view of the body a man desires; so that, to cool his ardour, there needs no more but at full liberty to see and contemplate what he loves:

Ille quod obscœnas in aperto corpore partes
Viderat, in cursu qui fuit, hæsit amor:[4]

and although this recipe may, peradventure, proceed from a refined and cold humour, it is, notwithstanding, a very great sign of our weakness, that use and acquaintance should disgust us with one another.

It is not modesty so much as cunning and prudence, that makes our ladies so circumspect in refusing us admittance to their closets, before they are painted and tricked up for public view:

Nec Veneres nostras hoc fallit; quo magis ipsæ
Omnia summopere hos vitæ postscenia celant,
Quos retinere volunt, adstrictoque esse in amore:[5]

whereas in several animals there is nothing that we do not love, and that does not please our senses; so that from their very excrements we not only extract wherewith to heighten our sauces, but also our richest ornaments and perfumes. This discourse reflects upon none but the ordinary sort of women, and is not so sacrilegious as to seek to comprehend those divine, supernatural, and extraordinary beauties, whom we occasionally see shining amongst us like stars under a corporeal and terrestrial veil.

As to the rest, the very share that we allow to beasts of the bounty of nature, by our own confession, is very much to their advantage; we attribute to ourselves imaginary and fantastic goods, future and absent goods, for which human capacity cannot, of herself, be responsible: or goods that we falsely attribute to ourselves by the licence of opinion, as reason, knowledge and honour; and leave to them, for their share, essential, manageable and palpable goods, as peace, repose, security, innocence and health; health, I say, the fairest and richest present that nature can make us. Insomuch that philosophy, even the Stoic, is so bold as to say that Heraclitus and Pherecides could they have exchanged their wisdom for health, and have delivered themselves, the one of his dropsy and the other of the lice disease that tormented him, by the bargain, they had done well. By which they set

---

[1] Many animals surpass us in beauty.—Seneca, *Epist.*, 124.
[2] Whereas other animals bow their prone looks to the earth, he gave it to men to look erect, to behold the heavenly arch.—Ovid, *Met.*, i. 84.
[3] How like to man is that most beastly of all beasts, the ape?—Ennius, *in* Cicero, *De Nat. Deor.*, i.
[4] He that in full ardour has disclosed to him the secret parts of his mistress in open view, flags in his hot career.—Ovid, *De Rem. Amor.*, v. 429.
[5] Of this our ladies are well aware; and it makes them with such care behind the scenes remove all those defects that may check the flame of their lovers.—Lucretius, iv. 1182.

a still greater value upon wisdom, comparing and putting it in the balance with health, than they do in this other proposition, which is also theirs: they say that if Circe had presented to Ulysses two potions, the one to make a fool become a wise man, and the other to make a wise man become a fool, Ulysses ought rather to have chosen the last than to consent that Circe should change his human figure into that of a beast; and say that wisdom itself would have spoken to him after this manner: "Forsake me, let me alone, rather than lodge me under the body and figure of an ass." How, then, will the philosophers abandon this great and divine wisdom for this corporal and terrestrial covering? it is then not by reason, by discourse, by the soul, that we excel beasts: 'tis by our beauty, our fair complexion, our fine symmetry of parts, for which we must quit our intelligence, our prudence and all the rest. Well, I accept this frank and free confession: certainly, they knew that those parts upon which we so much value ourselves are no other than vain fancy. If beasts, then, had all the virtue, knowledge, wisdom, and Stoical perfection, they would still be beasts, and would not be comparable to man, miserable, wicked, insensate man. For, in fine, whatever is not as we are is nothing worth; and God Himself to procure esteem amongst us must put Himself into that shape, as we shall show anon: by which it appears that it is not upon any true ground of reason, but by a foolish pride and vain opinion that we prefer ourselves before other animals, and separate ourselves from their condition and society.

But, to return to what I was upon before, we have for our part inconstancy, irresolution, incertitude, sorrow, superstition, solicitude about things to come even after we shall be no more, ambition, avarice, jealousy, envy, irregular, frantic and untamable appetites, war, lying, disloyalty, detraction, and curiosity. Doubtless, we have strangely overpaid this fine reason upon which we so much glorify ourselves, and this capacity of judging and knowing, if we have brought it at the price of this infinite number of passions to which we are eternally subject: unless we shall yet think fit, as Socrates does, to add this notable prerogative above beasts, that whereas nature has prescribed to them certain seasons and limits for the delights of Venus, she has given us the reins at all hours, and all seasons. *Ut vinum ægrotis, quia prodest raro, nocet sæpissime, melius est non adhibere omnino, quam, spe dubiæ salutis, in apertam perniciem incurrere: sic haud scio, an melius fuerit humano generi motum is-*

tum celerum cogitationis, acumen, solertiam, quam rationem vocamus, quoniam pestifera sint multis, admodum paucis salutaria, non dari omnino, quam tam munifice et tam large dari.[1] Of what advantage can we conceive the knowledge of so many things was to Varro and Aristotle? Did it exempt them from human inconveniences? Were they by it freed from the accidents that lie heavy upon the shoulders of a porter? Did they extract from their logic any consolation for the gout? or, from knowing that this humour is lodged in the joints, did they feel it the less? Did they enter into composition with death by knowing that some nations rejoice at his approach? or with cuckoldry, by knowing that in some part of the world wives are in common? On the contrary, having been reputed the greatest men for knowledge, the one amongst the Romans and the other amongst the Greeks, and in a time when learning most flourished, we have not heard, nevertheless, that they had any particular excellence in their lives: nay, the Greek had enough to do to clear himself from some notable blemishes in his. Have we observed that pleasure and health have had a better relish with him who understands astrology and grammar than with others?

Illiterati num minus nervi rigent?[2]

and shame and poverty less troublesome?

*Scilicet et morbis, et debilitate carebis,
Et luctum et curam effugies, et tempora vitæ
Longa tibi post hæc fato meliore dabuntur.*[3]

I have known in my time a hundred artizans, a hundred labourers, wiser and more happy than the rectors of the university, and whom I had much rather have resembled. Learning, methinks, has its place amongst the necessary things of life, as glory, nobility, dignity, or, at the most,

---

[1] As it falls out that wine often hurts the sick, and very rarely does them good, it is better not to give them any at all than to run into a manifest danger, out of hope of an uncertain benefit: so I know not whether it had not been better for mankind that this quick motion, this penetration of imagination, this subtlety, that we call reason, had not been given to man at all; considering how pestiferous it is to many, and healthful but to few, than to have been conferred in so abundant manner, and with so liberal a hand.—Cicero, *De Nat. Deor.*, iii. 27.

[2] The ploughman is as fit for Venus' service as his master.—Horace, *Epod.*, viii. 17.

[3] Thou shall be free from disease and infirmity, and avoid care and sorrow; and thy life shall be prolonged, and with better days.—Juvenal, xiv. 156.

as beauty, riches, and such other qualities, which, indeed are useful to it; but remotely, and more by fantasy than by nature. We need scarcely more offices, rules, and laws of living in our society than cranes and emmets do in theirs; and yet we see that these carry themselves very regularly without erudition. If man were wise, he would take the true value of everything according as it was most useful and proper to his life. Whoever will number us by our actions and deportments, will find many more excellent men amongst the ignorant than among the learned: ay, in all sorts of virtue. The old Rome seems to me to have been of much greater value, both for peace and war, than that learned Rome that ruined itself; and though all the rest should be equal, yet integrity and innocence would remain to the ancients, for they inhabit singularly well with simplicity. But I will leave this discourse that would lead me farther than I am willing to follow; and shall only say this farther: 'tis only humility and submission that can make a complete good man. We are not to leave to each man's own judgment the knowledge of his duty; we are to prescribe it to him, and not suffer him to choose it at his own discretion: otherwise, according to the imbecility and infinite variety of our reasons and opinions, we should at last forge for ourselves duties that would (as Epicurus says) enjoin us to eat one another.

The first law that ever God gave to man was a law of pure obedience: it was a commandment naked and simple, wherein man had nothing to inquire after or to dispute, forasmuch as to obey is the proper office of a rational soul, acknowledging a heavenly superior and benefactor. From obedience and submission spring all other virtues, as all sin does from self-opinion. And, on the contrary, the first temptation that by the devil was offered to human nature, its first poison, insinuated itself by the promises that were made to us of knowledge and wisdom: *Eritis sicut dii, scientes bonum et malum.*[1] And the Syrens, in Homer,[2] to allure Ulysses and draw him within the danger of their snares offered to give him knowledge. The plague of man is the opinion of wisdom; and for this reason it is that ignorance is so recommended to us by our religion, as proper to faith and obedience: *Cavete, ne quis vos decipiat per philosophiam et inanes seductiones, secundum elementa mundi.*[3] There is in this a general consent amongst all sects of philosophers, that the sovereign good consists in the tranquility of the soul and body: but where shall we find it?

*Ad summam, sapiens uno minor est Jove, dives,
Liber, honoratus, pulcher, rex denique regum;
Præcipue sanus, nisi cum pituita molesta est.*[4]

It seems, in truth, that nature, for the consolation of our miserable and wretched state, has only given us presumption for our inheritance; 'tis, as Epictetus says, "that man has nothing properly his own, but the use of his opinions"; we have nothing but wind and smoke for our portion. The gods have health in essence, says philosophy, and sickness in intelligence; man, on the contrary, possesses his goods by fancy, his ills in essence. We have had reason to magnify the power of our imagination, for all our goods are only in dream. Hear this poor calamitous animal huff: "there is nothing," says Cicero, "so charming as the occupation of letters; of those letters, I say, by means whereof the infinity of things, the immense grandeur of nature, the heavens, even in this world, the earth, and the seas are discovered to us. 'Tis they that have taught us religion, moderation, the grandeur of courage, and that have rescued our souls from obscurity, to make her see all things, high, low, first, middle, last, and 'tis they that furnish us wherewith to live happily and well, and conduct us to pass over our lives without displeasure and without offence." Does not this man seem to speak of the condition of the ever-living and almighty God? Yet, as to the effect, a thousand little country-women have lived lives more equal, more sweet and constant than his.

*Deus ille fuit, deus, inclute Memmi,
Qui princeps vitæ rationem invenit eam, quæ
Nunc appellatur sapientia; quique per artem
Fluctibus e tantis vitam, tantisque tenebris,
In tam tranquilla et tam clara luce locavit:*[5]

Here are very fine, very brave words; but a very light accident put this same man's understanding in a worse condition than that of the meanest shepherd, notwithstanding this instructing

---

[1] Ye shall be as gods, knowing good and evil.—Genesis, 3. 5.
[2] *Odyssey*, xii. 188.
[3] Take heed lest any man deceive you by philosophy and vain deceit, after the tradition of men, and the rudiments of the world.—St. Paul, Colossians, 2. 8.
[4] He that is wise is inferior to none but Jove alone; honoured, rich, free, fair, in short, a king of kings; and in capital health, unless when he has a cold.—Horace, *Epist.*, i. 1, 106.
[5] That god, great Memmus, was a god indeed, who first found out that *rationale* of life which is now called wisdom; and who by such art removed life from its tempests and darkness into so calm and clear a light.—Lucretius, v. 8.

God, this divine wisdom. Of the same stamp of impudence is the promise of Democritus's book, "I am going to speak of all things"; and that foolish title that Aristotle prefixes to one of his, "of the mortal gods," and the judgment of Chrysippus, "that Dion was as virtuous as God"; and my friend Seneca does, indeed, acknowledge that God has given him life, but that to live well is his own; conformably with this other, *In virtute vere gloriamur; quod non contingeret, si id donum a Deo, non a nobis, haberemus;*[1] this is also Seneca's saying, "That the wise man has fortitude equal with God; but in human frailty, wherein he surpasses Him." There is nothing so ordinary as to meet with sallies of the like temerity; there is none of us who takes so much offence to see himself equalled to God, as he does to see himself undervalued by being ranked with other animals; so much more are we jealous of our own interest, than of that of our Creator. But we must trample under foot this foolish vanity, and briskly and boldly shake the ridiculous foundations upon which these false opinions are based. So long as man shall believe he has any means and power of himself, he will never acknowledge what he owes to his Master, his eggs shall always be chickens, as the saying is: we must therefore strip him to his shirt. Let us see some notable example of the effect of his philosophy: Posidonius, being tormented with a disease so painful as made him writhe his arms and gnash his teeth, thought he sufficiently baffled the pain by crying out against it: "Thou dost exercise thy malice to much purpose; I will not confess that thou art an evil." He is as sensible of the pain as my footman, but he mightily values himself upon bridling his tongue, at least, and restraining it within the laws of his sect: *re succumbere non oportebat, verbis gloriantem.*[2] Arcesilaus, being ill of the gout, and Carneades coming to see him, was returning, troubled at his condition; the other calling back and showing him his feet and then his breast: "There is nothing come from these hither," said he. This has somewhat a better grace, for he feels himself in pain and would be disengaged from it; but his heart, notwithstanding, is not conquered or enfeebled by it; the other stands more obstinately to his work, but, I fear, rather verbally than really. And Dionysius Heracleotes, afflicted with a vehement smarting in his eyes, was reduced to quit these stoical resolutions. But, though knowledge could in effect do, as they say, and could blunt the point and dull the edge of the misfortunes that attend us, what does she more than what ignorance does more simply and evidently? The philosopher Pyrrho, being at sea in very great danger by reason of a mighty storm, presented nothing to those who were with him to imitate in this extremity but the security of a hog they had on board, that was looking at the tempest quite unconcerned. Philosophy, when she has said all she can, refers us at last to the example of a wrestler or a muleteer, in which sort of people we commonly observe much less apprehension of death or sense of pain and other infirmities, and more endurance, than ever knowledge furnished any one with who was not born to those infirmities, and of himself prepared for them by a natural habit. What is the cause that we make incisions and cut the tender limbs of an infant, and those of a horse, more easily than our own, but ignorance only? How many has mere force of imagination made ill. We often see men cause themselves to be let blood, purged, and physicked, to be cured of diseases they only feel in opinion. When real infirmities fail us, knowledge lends us hers: that colour, this complexion, portends some catarrhous defluxion; this hot season threatens us with a fever: this breach in the lifeline of your left hand gives you notice of some near and notable indisposition: and at last it roundly attacks health itself, saying, this sprightliness and vigour of youth cannot continue in this posture, there must be blood taken, and the fever abated, lest it turn to your prejudice. Compare the life of a man subject to such imaginations with that of a labourer who suffers himself to be led by his natural appetite, measuring things only by the present sense, without knowledge and without prognostics—who is only ill when he is ill; whereas the other has the stone in his soul before he has it in his bladder; as if it were not time enough to suffer evil when it shall come, he must anticipate it by fancy and run to meet it. What I say of physic may generally serve as example in other sciences: and hence is derived that ancient opinion of the philosophers, who placed the sovereign good, in discerning the weakness of our judgment. My ignorance affords me as much occasion of hope as of fear; and having no other rule of my health than that of the examples of others, and of events I see elsewhere upon the like occasion, I find of all sorts, and rely upon the comparisons that are most favourable to me.

---

[1] We truly glory in our virtue, which would not be if it was given us of God and not by ourselves.—Cicero, *De Nat. Deor.*, iii. 36.

[2] It did not become him that spoke so big, to confess his frailty when he came to the test.—Cicero, *Tusc. Quæs.*, ii. 13.

I receive health with open arms, free, full, and entire, and by so much the more whet my appetite to enjoy it, by how much it is at present less ordinary and more rare: so far am I from troubling its repose and sweetness, with the bitterness of a new and constrained manner of living. Beasts sufficiently show us how much the agitation of the soul brings infirmities and diseases upon us. That which is told us of the people of Brazil that they never die but of old age, is attributed to the serenity and tranquillity of the air they live in; but I attribute it to the serenity and tranquillity of their soul, free from all passion, thought, or employments, continuous or unpleasing, as people that pass over their lives in an admirable simplicity and ignorance, without letters, without law, without king, or any manner of religion. Whence comes this which we find by experience, that the coarsest and most rough-hewn clowns are the most able and the most to be desired in amorous performances, and that the love of a muleteer often renders itself more acceptable than that of a gentleman, if it be not, that the agitation of the soul in the latter disturbs his corporal ability, dissolves and tires it, as it also troubles and tires itself? What more usually puts the soul beside herself, and throws her into madness, than her own promptness, vigour, and agility—in short, her own proper force? Of what is the most subtle folly made, but of the most subtle wisdom? As great friendships spring from great enmities, and vigorous healths from mortal diseases: so from the rare and quick agitations of our souls, proceed the most wonderful and wildest frenzies; 'tis but a half turn of the toe from the one to the other. In the actions of madmen, we see how nearly madness resembles the most vigorous operations of the soul. Who does not know how indiscernible the difference is betwixt madness and the gay flights of a sprightly soul, and the effects of a supreme and extraordinary virtue? Plato says, that melancholic persons are the most capable of discipline and the most excellent; nor, indeed, is there in any so great a propension to madness. Infinite wits are ruined by their own proper force and vivacity: what a condition, through his own agitation and promptness of fancy, is one of the most judicious, ingenious, and best formed to the ancient and true poesy, of any of the Italian poets lately fallen into! Has he not great obligation to this vivacity that has destroyed him, to this light that has blinded him? To this exact and subtle apprehension of reason, that has put him beside his reason? To his close and laborious search after science, that has reduced him to stupidity? to that rare aptitude to the exercises of the soul, that has rendered him without exercise and without soul? I was more angry, if possible, than compassionate, to see him at Ferrara in so pitiful a condition surviving himself, forgetting both himself and his works which, without his knowledge, though before his face, have been published, deformed and incorrect.

Would you have a man sound, would you have him regular, and in a steady and secure posture? muffle him up in the shades of stupidity and sloth. We must be made beasts to be made wise, and hoodwinked before we can govern ourselves. And if one shall tell me that the advantage of having a cold and blunted sense of pain and other evils, brings this disadvantage along with it, to render us, consequently, less eager and sensible also in the fruition of goods and pleasures; this is true: but the misery of our condition is such that we have not so much to enjoy as to avoid, and that the extremest pleasure does not affect us to the degree that a light grief does: *segnius homines bona quam mala sentiunt.*[1] We are not so sensible of the most perfect health, as we are of the least sickness;

> Pungit
> *In cute vix summa violatum plagula corpus;*
> *Quando valere nihil quemquam movet. Hoc juvat unum*
> *Quod me non torquet latus, aut pes: cætera quisquam*
> *Vix queat aut sanum sese, aut sentire valentem.*[2]

Our well-being is nothing but the privation of ill-being: and this is the reason why that sect of philosophers which sets the greatest value upon pleasure, has fixed it chiefly in insensibility of pain. To be free from ill, is the greatest good that man can hope for, as Ennius says,

> *Nimium boni est, cui nihil est mali;*[3]

for that very tickling and sting which are in certain pleasures, and that seem to raise us above simple health and insensibility: that active, moving, and, I know not how, itching and biting pleasure, even that very pleasure itself aims at nothing but insensibility as its mark. The lust, that carries us headlong to women's embraces,

---

[1] Men are less sensitive to pleasure than to pain. —Livy, xxx. 21.

[2] The body is vexed with a little sting that scarcely penetrates the skin, while the most perfect health is not perceived. This only pleases me, that neither side nor foot is plagued; except these, scarce any one can tell, whether he's in health or no.—La Boëtie, *Poemata*.

[3] Ennius, *in* Cicero, *De Finib.*, ii. 13.

is directed to no other end but only to cure the torment of our ardent and furious desires, and only requires to be glutted and laid at rest and delivered from that fever; and so of the rest. I say then that, if simplicity conducts us to a state free from evil, it leads us to a very happy one, according to our condition. And yet we are not to imagine it so leaden an insensibility as to be totally without sense: for Crantor had very good reason to controvert the insensibility of Epicurus, if founded so deep that the very first attack and birth of evils were not to be perceived. "I do not approve such an insensibility as is neither possible nor to be desired: I am well content not to be sick; but, if I am, I would know that I am so; and if a caustic be applied or incisions made in any part, I would feel them." In truth, whoever would take away the knowledge and sense of evil, would, at the same time, eradicate the sense of pleasure, and, in short, annihilate man himself: *Istud nihil dolere, non sine magna mercede contingit immanitatis in animo, stuporis in corde.*[1] Evil appertains to man in its turn; neither is pain always to be avoided, nor pleasure always pursued.

'Tis a great advantage to the honour of ignorance that knowledge itself throws us into its arms when she finds herself puzzled to fortify us against the weight of evils; she is constrained to come to this composition, to give us the reins, and permit us to fly into the lap of the other, and to shelter ourselves under her protection from the strokes and injuries of fortune. For what else is her meaning when she instructs us to divert our thoughts from the ills that press upon us, and entertain them with the meditation of pleasures past and gone; to comfort ourselves in present afflictions with the remembrance of fled delights, and to call to our succour a vanished satisfaction, to oppose it to what lies heavy upon us? *Levationes ægritudinum in avocatione a cogitanda molestia, et revocatione ad contemplandas voluptates ponit:*[2] if it be not that where power fails her she will supply it with policy, and make use of a supple trip, when force of limbs will not serve the turn? For not only to a philosopher, but to any man in his right wits, when he has upon him the thirst of a burning fever, what satisfaction can it be to remember the pleasure of drinking Greek wine? it would rather be to make matters worse:

Che ricordarsi il ben doppia la noja.[3]

Of the same stamp is the other counsel that philosophy gives; only to remember past happiness and to forget the troubles we have undergone; as if we had the science of oblivion in our power: 'tis a counsel for which we are never a straw the better:

Suavis laborum est præteritorum memoria.[4]

How? Is philosophy, that should arm me to contend with fortune, and steel my courage to trample all human adversities under foot, arrived at this degree of cowardice, to make me hide my head and save myself by these pitiful and ridiculous shifts? For the memory represents to us not what we choose but what it pleases; nay, there is nothing that so much imprints anything in our memory as a desire to forget it: and 'tis a sure way to retain and keep anything safe in the soul, to solicit her to lose it. This is false: *Est situm in nobis, ut et adversa quasi perpetua oblivione obruamus, et secunda jucunde et suaviter meminerimus;*[5] and this is true, *Memini etiam quæ nolo: oblivisci non possum quæ volo.*[6] And whose counsel is this? his, *qui se unus sapientem profiteri sit ausus;*[7]

Qui genus humanum ingenio superavit, et omnes Præstinxit, stellas exortus uti ætherius sol.[8]

To empty and disfurnish the memory, is not this the true and proper way to ignorance?

Iners malorum remedium ignorantia est.[9]

We find several other like precepts whereby we are permitted to borrow from the vulgar frivolous appearances where reason, in all her vivacity and vigour, cannot do the feat, provided they administer satisfaction and comfort; where they cannot cure the wound, they are content to pal-

---

[1] An insensibility, that is not to be purchased but at the price of the humanity of the soul and of stupidity in the body.—Cicero, *Tusc. Quæs.*, vi.

[2] The way to dissipate present grief is to recall to contemplation past pleasures.—*Ibid.*, iii. 15.

[3] The remembrance of pleasure doubles the sense of present pain. Cf. Dante, *Inferno*, v. 121.

[4] The memory of past evils is sweet.—Euripides, in Cicero, *De Finib.*, ii. 32.

[5] And it is in our power to bury, as it were, in a perpetual oblivion all adverse accidents, and to retain a pleasant and delightful memory of our successes.—Cicero, *Ibid.*, i. 17.

[6] I also remember what I would not; but I cannot forget what I would.—*Ibid.*, i. 32.

[7] Who alone durst profess himself a wise man (Epicurus).—*Ibid.*, ii. 3.

[8] Who all mankind surpassed in genius, effacing them as the rising sun puts out the stars.—Lucretius, iii. 1056.

[9] Ignorance is but a dull remedy for evils.—Seneca, *Œdip.*, iii. 7.

liate and benumb it. I believe they will not deny me this, that if they could establish order and constancy in a state of life that could maintain itself in ease and pleasure by some debility of judgment, they would accept it:

> *Potare, et spargere flores*
> *Incipiam, patiarque vel inconsultus haberi.*[1]

There would be a great many philosophers of Lycas' mind: this man being otherwise of very regular manners, living quietly and contentedly in his family, and not failing in any office of his duty, either towards his own people or strangers, and very carefully preserving himself from hurtful things, was nevertheless, by some distemper in his brain, possessed with a conceit that he was perpetually in the theatre, viewing the several entertainments, and enjoying the amusements and the shows and the best comedies in the world: and being cured by the physicians of his frenzy, had much ado to forbear endeavouring by process of law to compel them to restore him again to his pleasing imaginations:

> *Pol! me occidistis, amici,*
> *Non servastis, ait; cui sic extorta voluptas,*
> *Et demptus per vim mentis gratissimus error:*[2]

with a madness like that of Thrasylaus, the son of Pythodorus, who had grown to believe that all the ships that weighed anchor from the port of Pyræus and that came into the haven, only made their voyages for his profit, congratulating himself on their happy navigation, and receiving them with the greatest joy. His brother Crito having caused him to be restored to his better understanding, he infinitely regretted that sort of condition wherein he had lived with so much delight and free from all anxiety. 'Tis according to the old Greek verse, "that there is a great deal of convenience in not being over wise."

> Ἐν τῷ φρονεῖν γὰρ μηδὲν, ἥδιστος βίος.[3]

And Ecclesiastes, "In much wisdom is much grief; and he that increaseth knowledge increaseth sorrow."

Even that to which philosophy consents in general, that last remedy which she applies to all sorts of necessities, to put an end to the life we are not able to endure. *Placet? pare. Non placet? quacunque vis, exi. . . . Pungit dolor? vel fodiat sane: si nudus es, da jugulum: sin tectus armis Vulcaniis, id est fortitudine, resiste;*[4] and these words so used in the Greek festivals, *Aut bibat, aut abeat*[5] that sound better upon the tongue of a Gascon, who naturally changes the *b* into *v* than upon that of Cicero:

> *Vivere si recte nescis, decede peritis.*
> *Lusisti satis, edisti satis, atque bibisti;*
> *Tempus abire tibi est, ne potum largius æquo*
> *Rideat, et pulset lasciva decentius ætas:*[6]

What is it other than a confession of his impotency, and a retreating not only to ignorance, to be there in safety, but even to stupidity, insensibility, and nonentity?

> *Democritum postquam matura vetustas*
> *Admonuit memorem, motus languescere mentis:*
> *Sponte sua letho caput obvius obtulit ipse.*[7]

'Tis what Antisthenes said, "That a man must either make provision of sense to understand, or of a halter to hang himself: and what Chrysippus alleged upon this saying of the poet Tyrtæus, "Or to arrive at virtue or at death": and Crates said, "That love could be cured by hunger, if not by time; and if a man disliked these two remedies, by a rope." That Sextius of whom both Seneca and Plutarch speak with so high an encomium, having applied himself (all other things set aside) to the study of philosophy, resolved to throw himself into the sea, finding the progress of his studies too tedious and slow. He ran to find death, since he could not overtake knowledge. These are the words of the law upon this subject. "If, peradventure, some great inconvenience happen, for which there is no remedy, the haven is near, and a man may save himself by swimming out of his body, as out of a leaky skiff; for 'tis the fear of dying, and not the love of life, that ties the fool to his body."

As life renders itself by simplicity more pleas-

---

[1] I will drink and strew flowers, though the world should think me mad.—Horace, *Epist.*, i. 5, 14.

[2] By heaven! he said, you have killed me, my friends, and not saved me; my dear delights and pleasing error by my returning sense are taken from me.—*Ibid.*, ii. 2, 138.

[3] Sophocles, *Ajax*, 552.

[4] Does it please? bear it. Not please? go out, how thou wilt. Does grief prick thee? nay, if it stab thee too: if thou art weaponless, present thy throat: if covered with the arms of Vulcan, that is fortitude, resist it.—Adapted from Seneca, *Epist.*, 70, and Cicero, *Tusc. Quæs.*, ii. 14.

[5] Let him drink or go.—Cicero, *ubi supra*, v. 41.

[6] If thou canst not live right, give place to those that can; thou hast eaten, drunk, amused thyself to thy content; 'tis time to make departure, lest, being overdosed, the young ones first laugh at thee, and then turn thee out.—Horace, *Epist.*, ii. 2, 213.

[7] So soon as, through age, Democritus found a manifest decadence in his mind, he himself went to meet death.—Lucretius, iii. 1052.

ant, so, also, more innocent and better, as I was saying before. The simple and ignorant, says St. Paul, raise themselves up to heaven, and take possession of it; and we, with all our knowledge, plunge ourselves into the infernal abyss. I am neither swayed by Valentinian, a professed enemy to all knowledge and literature; nor by Licinus, both Roman emperors, who called them the poison and pest of all politic government: nor by Mahomet, who, as I have heard, interdicted all manner of learning to his followers; but the example of the great Lycurgus and his authority, with the reverence of the divine Lacedæmonian policy, so great, so admirable, and so long flourishing in virtue and happiness without any institution or practice of letters, ought, certainly to be of very great weight. Such as return from the new world discovered by the Spaniards in our fathers' days can testify to us how much more honestly and regularly those nations live, without magistrate and without laws, than ours do, where there are more officers and laws than there are other sorts of men, or than there are law suits:

> Di cittatore piene, e di libelli,
> D' esamine, e di carte di procure,
> Hanno le mani et il seno, e gran fastelli
> Di chiose, di consigli, e di letture;
> Per cui le facultà de' poverelli
> Non sino mai nelle città sicure;
> Hanno dietro e dinanzi, e d'ambi i lati,
> Notai, procuratori, e avvocati.[1]

It was what a Roman senator said of the later ages, that their predecessors' breath stank of garlic, but their stomachs were perfumed with a good conscience; and that on the contrary, those of his time were all sweet odour without, but stank within of all sorts of vices; that is to say, as I interpret it, that they abounded with learning and eloquence, but were very defective in moral honesty. Incivility, ignorance, simplicity, roughness, are the natural companions of innocence; curiosity, subtlety and knowledge bring malice in their train: humility, fear, obedience, and affability, which are the principal things that support and maintain human society, require an empty and docile soul, and little presuming upon itself. Christians have a special knowledge how natural and original an evil curiosity is in man: the thirst of knowledge, and the desire to become more wise, was the first ruin of human kind, and the way by which it precipitated itself into eternal damnation. Pride is his ruin and corruption: 'tis pride that diverts him from the common path, and makes him embrace novelties, and rather choose to be head of a troop, lost and wandering in the path of perdition, to be tutor and teacher of error and lies, than to be a disciple in the school of truth, suffering himself to be led and guided by the hand of another, in the right and beaten road. 'Tis, peradventure, the meaning of this old Greek saying: Ἡ δεισιδαιμονία καθάπερ πατρὶ τῷ τύφῳ πείθεται.[2] O presumption, how much dost thou hinder us!

After that Socrates was told that the god of wisdom had attributed to him the title of sage, he was astonished at it,[3] and searching and examining himself throughout, could find no foundation for this divine decree: he knew others as just, temperate, valiant, and learned as himself, and more eloquent, handsome, and more profitable to their country than he. At last, he concluded that he was not distinguished from others nor wise but only because he did not think himself so, and that his god considered the self-opinion of knowledge and wisdom as a singular stupidity of man; and that his best doctrine was the doctrine of ignorance, and simplicity his best wisdom. The sacred word declares those miserable who have an opinion of themselves: "Dust and ashes," says it to such, "what hast thou wherein to glorify thyself?" And in another place, "God has made man like unto a shadow," of which who can judge, when by the removing of the light it shall be vanished? It is nothing but of us.

Our strength is so far from being able to comprehend the divine height, that of the works of our Creator those best bear His mark and are best His, which we the least understand. To meet with an incredible thing, is an occasion with Christians to believe.[4] It is all the more reason that it is against human reason; if it were according to reason, it would no longer be a miracle; if it had an example, it would be no longer

---

[1] Her lap was full of writs and of citations,
Of process of actions and arrest,
Of bills, of answers, and of replications,
    In Courts of Delegates and of Requests,
To grieve the simple with great vexations:
She had resorting to her as her guests,
Attending on her circuits and her journeys,
Scriveners and clerks, and lawyers and attorneys.
——Ariosto, xiv. 84. Sir John Harrington's translation.

[2] That superstition follows pride and obeys it as if it were a father.
[3] Plato, *Apology*.
[4] *Credo quia impossibile.*—St. Augustine.

a singular thing. *Melius scitur Deus nesciendo,*[1] says St. Augustine; and Tacitus, *Sanctius est ac reverentius de actis Deorum credere quam scire;*[2] and Plato thinks there is something of impiety in inquiring too curiously into God, the world, and the first causes of things: *atque illum quidem parentem hujus universitatis invenire, difficile; et quam jam inveneris, indicare in vulgus, nefas,*[3] says Cicero. We pronounce, indeed, power, truth, justice, which are words that signify some great thing; but that thing we neither see nor conceive. We say that God fears, that God is angry, that God loves,

Immortalia mortali sermone notantes:[4]

which are all agitations and emotions that cannot be in God, according to our form, nor can we imagine it, according to His. It only belongs to God to know Himself, and to interpret His own works; and He does it in our language, to stoop and descend to us who grovel upon the earth. How can Prudence, which is the choice betwixt good and evil, be properly attributed to Him, whom no evil can touch? How the reason and intelligence, which we make use of, so as by obscure to arrive at apparent things, seeing that nothing is obscure to Him? and justice, which distributes to every one what appertains to Him, a thing created by the society and community of men: how is that in God? how temperance? how the moderation of corporal pleasures, that have no place in the divinity? Fortitude to support pain, labour, and dangers, as little appertains to Him as the rest, these three things having no access to Him: for which reason Aristotle holds Him[5] equally exempt from virtue and vice: *neque gratia neque ira teneri potest; quod quæ talia essent, imbecilla essent omnia.*[6]

The participation we have in the knowledge of truth, such as it is, is not acquired by our own force: God has sufficiently given us to understand that by the testimony He has chosen out of the common people, simple and ignorant men, whom He has been pleased to employ to instruct us in His admirable secrets. Our faith is not of our own acquiring, 'tis purely the gift of another's bounty; 'tis not by meditation or by virtue of our own understanding that we have acquired our religion, but by foreign authority and command; the weakness of our judgment more assists us than force, and our blindness more than our clearness of sight; 'tis rather by the mediation of our ignorance than of our knowledge that we know anything of the divine Wisdom. 'Tis no wonder if our natural and earthly means cannot conceive that supernatural and heavenly knowledge: let us bring nothing of our own, but obedience and subjection; for, as it is written, "I will destroy the wisdom of the wise, and will bring to nothing the understanding of the prudent. Where is the wise? Where is the scribe? Where is the disputer of this world? Hath not God made foolish the wisdom of this world? For after that in the wisdom of God, the world by wisdom knew not God, it pleased God by the foolishness of preaching to save them that believe."

Should I examine, finally, whether it be in the power of man to find out that which he seeks, and if that quest wherein he has busied himself so many ages has enriched him with any new force or any solid truth: I believe he will confess, if he speaks from his conscience, that all he has got by so long an inquisition is only to have learned to know his own weakness. We have only by long study confirmed and verified the natural ignorance we were in before. The same has fallen out to men truly wise which befall ears of corn; they shoot and raise their heads high and pert, whilst empty; but when full and swollen with grain in maturity, begin to flag and droop; so, men having tried and sounded all things, and having found in that accumulation of knowledge and provision of so many various things, nothing massive and firm, nothing but vanity, have quitted their presumption and acknowledged their natural condition. 'Tis what Velleius reproaches Cotta with and Cicero, that what they had learned of Philo, was that they had learned nothing. Pherecydes, one of the seven sages, writing to Thales upon his deathbed: "I have," said he, "given order to my people, after my interment to carry my writings to thee. If they please thee and the other sages, publish them; if not, suppress them. They contain no certainty with which I myself am satisfied. I pretend not to know the truth or to attain unto it; I rather open than discover things. The

---

[1] God is better known by not knowing.—St. Augustine, *De Ordine,* ii. 16.

[2] It is more holy and reverend to believe the works of God, than to know them.—Tacitus, *De Mor. Germ.,* xxxiv.

[3] To find out the parent of the world is very hard: and when found out, to reveal him to the vulgar, is sin.—Cicero, translation from the *Timæus.*

[4] Giving to things immortal mortal names.—Lucretius, v. 122.

[5] *Ethics,* vii. 1.

[6] He can be affected neither with favour nor indignation, because both those are the effects of frailty.—Cicero, *De Nat. Deor.,* i. 17.

wisest man that ever was, being asked what he knew, made answer; he knew this, that he knew nothing. By which he verified what has been said, that the greatest part of what we know is the least of what we do not know, that is to say, that even what we think we know, is but a piece, and a very little one, of our ignorance. We know things in dreams, says Plato, and are ignorant of them in reality. *Omnes pene veteres, nihil cognosci, nihil percipi, nihil sciri posse dixerunt: angustos sensus, imbecilles animos, brevia curricula vitæ.*[1] And of Cicero himself, who stood indebted to his learning for all he was, Valerius says, that in his old age he began to disrelish letters, and when most occupied with them, it was in independence of any party: following what he thought probable, now in one sect and then in another, evermore wavering under the doubts of the Academy: *Dicendum est, sed ita, ut nihil affirmem, quæram omnia, dubitans plerumque, et mihi diffidens.*[2]

I should have too fine a game, should I consider man in his common way of living and in gross: and yet I might do it by his own rule, who judges truth, not by the weight but by the number of votes. Let us leave the people alone,

*Qui vigilans stertit,
Mortua cui vita est prope jam, vivo atque videnti;*[3]

who neither feel nor judge themselves, and let most of their natural faculties lie idle. I will take man in his highest state. Let us consider him in that small number of men, excellent and culled out from the rest, who having been endowed with a grand and special natural force, have, moreover, hardened and whetted it by care, study, and art, and raised it to the highest pitch of wisdom to which it can possibly arrive. They have adjusted their souls in all senses and all biases; have propped and supported them with all foreign helps proper for them, and enriched and adorned them with all they could borrow for their advantage, both within and without the world: these are they in whom is placed the supremest height to which human nature can attain. They have regulated the world with polities and laws; they have instructed it with arts and sciences, and further instructed it by the example of their admirable conduct. I shall make account of none but such men as these, their testimony and experience; let us examine how far they have proceeded, and on what they reposed their surest hold; the maladies and defects that we shall find amongst these men, the rest of the world may very boldly also declare to be their own.

Whoever goes in search of anything, must come to this, either to say that he has found it, or that it is not to be found, or that he is yet upon the quest. All philosophy is divided into these three kinds: her design is to seek out truth, knowledge, and certainty. The Peripatetics, Epicureans, Stoics, and others, have thought they had found it: these have established the sciences that we have, and have treated of them as of certainties. Clitomachus, Carneades, and the Academics, have despaired in their quest, and concluded that truth could not be conceived by our capacity; the result with these is all weakness and human ignorance; this sect has had the most and most noble followers. Pyrrho and other sceptics or epichists, whose dogmas were held by many of the ancients to have been taken from Homer, the seven sages, Archilocus, Euripides, Zeno, Democritus, and Xenophanes, say, that they are yet upon the search of truth: these conclude that the others who think they have found it out are infinitely deceived; and that it is too daring a vanity in the second sort to determine that human reason is not able to attain unto it; for to establish the standard of our power, to know and judge the difficulty of things, is a great and extreme knowledge, of which they doubt whether man is capable:

*Nil sciri si quis putat, id quoque nescit
An sciri possit quo se nil scire fatetur.*[4]

The ignorance that knows itself, judges, and condemns itself, is not an absolute ignorance: to be this, it must be ignorant of itself; so that the profession of the Pyrrhonians is to waver, doubt, and inquire, not to make themselves sure of or responsible to themselves for anything. Of the three actions of the soul, the imaginative, the appetitive, and the consenting, they receive the two first; the last they hold ambiguous, with-

---

[1] Almost all the ancients have declared, that there is nothing can be known, nothing can be understood: the senses are too weak; men's minds too weak, and the course of life too short.—Cicero, *Acad.*, i. 12.

[2] I am to speak, but so as to affirm nothing: I shall inquire into all things, but for the most part in doubt, and distrustful of myself.—Cicero, *De Divin.*, ii. 3.

[3] Who waking snore; whose life is little better than death; though living and awake.—Lucretius, iii. 1048, 1046.

[4] He that says nothing can be known, does not know whether anything can be known, when he confesses that he knows nothing.—*Ibid.*, iv. 469.

out inclination or approbation, one way or the other, however slight. Zeno represented by motion his imagination of these divisions of the faculties of the soul; an open and expanded hand signified Appearance: a hand half shut and the fingers a little bent, Consent: a clutched fist, Comprehension; when with the left hand he yet pressed the fist closer, Knowledge. Now this situation of their judgment, upright and inflexible, receiving all objects without application or consent, led them to their Ataraxy, which is a condition of life, peaceable, temperate, and exempt from the agitations we receive by the impression of the opinion and knowledge that we think we have of things; from which spring fear, avarice, envy, immoderate desires, ambition, pride, superstition, love of novelty, rebellion, disobedience, obstinacy, and the greatest part of bodily ills; nay, by this they exempt themselves from the jealousy of their discipline: for they debate after a very gentle manner; they fear no rejoinder in their disputes: when they affirm that heavy things descend, they would be sorry to be believed, and love to be contradicted, to engender doubt and suspense of judgment, which is their end. They only put out their propositions to contend with those they think we have in our belief. If you take their arguments, they will as readily maintain the contrary; 'tis all one to them; they have no choice. If you maintain that snow is black, they will argue, on the contrary, that it is white; if you say it is neither the one nor the other, they will maintain that 'tis both. If you hold, as of certain judgment, that you know nothing of it, they will maintain that you do: yes, and if, by an affirmative axiom, you assure them that you doubt, they will argue against you that you doubt not, or that you cannot judge and determine that you doubt. And by this extremity of doubt, which jostles itself, they separate and divide themselves from many opinions, even of those that have several ways maintained doubt and ignorance. Why shall not they be allowed, say they, as well as the dogmatists, one to say green, another yellow; why may not they also doubt? Can anything be proposed to us to grant or deny which it shall not be permitted to consider as ambiguous? And where others are carried away, either by the custom of their country or by the instruction of parents, or by accident, as by a tempest, without judging and without choice, nay, and for the most part before the age of discretion, to such or such an opinion, to the sect of the Stoics or Epicureans, to which they are enslaved and fast bound, as to a thing they cannot shake off, *ad quamcumque disciplinam, velut tempestate, delati, ad eam, tanquam ad saxum, adhærescunt;*[1] why shall not these likewise be permitted to maintain their liberty and to consider things without obligation or slavery? *Hoc liberiores et solutiores, quod integra illis est judicandi potestas.*[2] Is it not of some advantage to be disengaged from the necessity that curbs others? is it not better to remain in suspense than to entangle one's self in the innumerable errors that human fancy has produced? is it not much better to suspend one's persuasion than to intermeddle with these wrangling and seditious divisions? What shall I choose? "What you please, provided you do choose." A very foolish answer, but one, nevertheless, to which all the dogmatists seem to point; by which we are not permitted to be ignorant of that of which we are ignorant. Take the most eminent side, that of the greatest reputation; it will never be so sure, that to defend it you will not be forced to attack and contend with a hundred and a hundred adversaries; is it not better to keep out of this hurly-burly? You are permitted to embrace, with as much zeal as honour and life, Aristotle's opinion of the immortality of the soul, and to give the lie to Plato thereupon, and shall they be interdicted from doubting it? If it be lawful for Panætius to maintain his opinion about augury, dreams, oracles, vaticinations, of which things the Stoics make no doubt at all, why may not a wise man dare to do the same in all things which this man dared to do in those he had learned of his masters, and established by the common consent of the school whereof he is a professor and a member? If it be a child that judges, he knows not what it is: if a sage, he is prepossessed. They have reserved for themselves a marvellous advantage in battle, having eased themselves of the care of defence; if you strike them, 'tis no matter, provided they strike too; and they make everything serve their purpose; if they overcome, your argument is lame; if you, theirs: if they fail, they verify ignorance; if you fail, you do it: if they prove that nothing is known, it is well; if they cannot prove it, 'tis equally well: *Ut quum in eadem re paria contrariis in partibus momenta inveniuntur, facilius ab utraque parte assertio sustineatur:*[3]

---

[1] To whatever discipline they are carried, as by a tempest, they cleave to it as to a rock.—Cicero, *Acad.*, ii. 3.

[2] In this more unconstrained and free, because they have the greater power of judging.—*Ibid.*

[3] So that, when equal reasons happen pro and con in the same matter, the judgment may, on both sides, be more easily suspended.—*Ibid.*, i. 12.

and they pretend to find out with much greater facility why a thing is false than why 'tis true; that which is not, than that which is; and what they do not believe, than what they do. Their way of speaking is, "I affirm nothing; it is no more so than so, or than either one nor t'other: I understand it not. Appearances are everywhere equal: the law of speaking, pro or con, is the same: nothing seems true that may not seem false." Their sacramental word is ἐπέχω, that is to say "I hold on, I do not budge." This is the burden of their song, and others of like stuff. The effect of it is a pure, entire, perfect, and absolute suspension of the judgment: they make use of their reason to inquire and debate, but not to fix and determine. Whoever shall imagine a perpetual confession of ignorance, a judgment without bias or inclination, upon any occasion whatever, conceives a true idea of Pyrrhonism. I express this fancy as well as I can, by reason that many find it hard to conceive; and the authors themselves represent it somewhat variously and obscurely.

As to what concerns the actions of life, they are in this of the common fashion; they yield and lend themselves to the natural inclinations, to the power and impulse of passions, to the constitutions of laws and customs, and to the tradition of arts: *Non enim nos Deus ista scire, sed tantummodo uti, voluit.*[1] They suffer their ordinary actions to be guided by these things without any dispute or judgment; for which reason, I cannot well reconcile with this argument what is said of Pyrrho; they represent him stupid and immovable, leading a kind of savage and unsociable life, getting in the way of the jostle of carts, going upon the edge of precipices, and refusing to accommodate himself to the laws. This is to exaggerate his discipline; he would never make himself a stock or a stone, he would show himself a living man, discoursing, reasoning, enjoying all natural conveniences and pleasures, employing and making use of all his corporal and spiritual faculties, in rule and reason; the fantastic, imaginary and false privileges that man has usurped of lording it, of ordaining and establishing, he utterly quitted and renounced. There is no sect but is constrained to permit its sage to follow many things not comprehended, perceived, or consented to in its rules, if he means to live: and if he goes to sea he follows that design, not knowing whether it will be successful to him or no, and relies upon the tightness of the vessel, the experience of the pilot, the fitness of the season; probable circumstances only, according to which he is bound to go, and suffer himself to be governed by appearances, provided there be no express and manifest contrariety in them. He has a body, he has a soul; the senses push him, the mind spurs him on; and although he do not find in himself this proper and singular mark of judging, nor perceive that he ought not to engage his consent, considering that there may be some false, equal to these true appearances, yet does he not for all that fail of carrying on the offices of his life fully, freely and conveniently. How many arts are there that profess to consist more in conjecture than in knowledge, that decide not upon true and false, and only follow that which seems true? There is, say they, true and false, and we have in us wherewith to seek it, but not to fix it when we touch it. We are much more prudent in letting ourselves be carried away by the swing of the world without inquisition; a soul clear from prejudice has a marvellous advance towards tranquillity and repose. Men who judge and control their judges never duly submit to them.

How much more docile and easy to be governed, both in the laws of religion and civil polity, are simple and incurious minds, than those over-vigilant and pedagoguish wits that will still be prating of divine and human causes? There is nothing in human invention that carries so great a show of likelihood and utility as this; this presents man, naked and empty, confessing his natural weakness, fit to receive some foreign force from above; unfurnished of human, and therefore more apt to receive divine knowledge; setting aside his own judgment to make more room for faith; not misbelieving, nor establishing any doctrine against the laws and common observances; humble, obedient, disciplinable, studious, a sworn enemy of heresy, and consequently freeing himself from vain and irreligious opinions introduced by false sects; 'tis a blank paper prepared to receive from the finger of God such forms as He shall please to write upon it. The more we resign and commit ourselves to God, and the more we renounce ourselves, of the greater value are we. Take in good part, says Ecclesiastes, the things that present themselves to thee, as they seem and taste from hand to mouth: the rest is out of thy knowledge. *Dominus novit cogitationes hominum, quoniam vanæ sunt.*[2]

---

[1] For God would not have us know, but only use those things.—*Idem., De Divin.*, i. 78.

[2] The Lord knoweth the thoughts of men, that they are but vanity.—Psalms, 94. 11.

Thus we see that, of the three general sects of philosophy, two make open profession of doubt and ignorance; and in that of the Dogmatists, which is the third, it is easy to discover that the greatest part of them only assume a face of assurance that they may have the better air; they have not so much thought to establish any certainty for us, as to show us how far they have proceeded in their search of truth, *Quam docti fingunt magis quam norunt.*[1] Timæus, having to instruct Socrates in what he knew of the gods, the world and men, proposes to speak to him as a man to a man, and that it is sufficient if his reasons are as probable as those of another; for that exact reasons were neither in his nor in any other mortal hand. Which one of his followers has thus imitated: *Ut potero, explicabo; nec tamen ut Pythius Apollo, certa ut sint et fixa, quæ dixero; sed ut homunculus, probabilia conjectura sequens;*[2] and this upon the natural and common subject of the contempt of death: he has elsewhere translated from the very words of Plato: *Si forte, de deorum natura ortuque mundi disserentes, minus id, quod habemus in animo, consequimur, haud erit mirum; æquum est enim meminisse, et me, qui disseram, hominem, esse, et vos, qui judicetis; ut, si probabilia dicentur, nihil ultra requiratis.*[3] Aristotle ordinarily heaps up a great number of other opinions and beliefs, to compare them with his own, and to let us see how much he has gone beyond them, and how much nearer he approaches to probability: for truth is not to be judged by the authority and testimony of others: which made Epicurus religiously avoid quoting them in his writings. This is the prince of all dogmatists, and yet we are told by him that much knowledge administers to many occasion of doubting the more; we see him sometimes purposely so shroud and muffle up himself in thick and inextricable obscurity, that we know not what use to make of his advice; it is, in fact, a Pyrrhonism under a resolutive form. Hear Cicero's protestation, who expounds to us another's fancy by his own: *Qui requirunt, quid de quaque re ipsi sentiamus, curiosius id faciunt, quam necesse est. Hæc in philosophia ratio contra omnia disserendi, nullamque rem aperte judicandi, profecta a Socrate, repetita ab Arcesilao, confirmata à Carneade, usque ad nostram viget ætatem. Hi sumus, qui omnibus veris falsa quædam adjuncta esse dicamus, tanta similitudine, ut in iis nulla insit certe judicandi et assentiendi nota.*[4] Why has not Aristotle only but most of the philosophers, affected difficulty, if not to emphasize the vanity of the subject, and amuse the curiosity of our mind, by giving it this bare, hollow bone to pick. Clitomachus affirmed that he could never discover, by Carneades' writings, what opinion he was of. This was what made Epicurus affect to be abstruse, and that procured Heraclitus to be surnamed σκοτεινος.[5] Difficulty is a coin the learned make use of, like jugglers, to conceal the inanity of their art, and which human sottishness easily takes for current pay:

*Clarus, ob obscuram linguam, magis inter inanes...
Omnia enim stolidi magis admirantur, amantque,
Inversis quæ sub verbis latitantia cernunt.*[6]

Cicero reprehends some of his friends for giving more of their time to the study of astrology, law, logic, and geometry, than they were worth, saying that they were by these diverted from the duties of life, more profitable and more worthy studies; the Cyrenaic philosophers equally despised natural philosophy and logic. Zeno, in the very beginning of the Books of the Commonwealth, declared all the liberal arts of no use. Chrysippus said that what Plato and Aristotle had written concerning logic, they had only done in sport and by way of exercise, and could not believe that they spoke in earnest of so vain a thing; Plutarch says the same of metaphysics; and Epicurus would have said as much of rheto-

---

[1] Which the learned rather feign than know.

[2] I will, as well as I am able, explain; yet not as Pythius Apollo, that what I say should be fixed and certain, but like an ordinary man that follows probabilities by conjecture.—Cicero, *Tusc. Quæs.*, i. 9.

[3] If perchance, when we discourse of the nature of gods, and the world's original, we cannot do it as we desire, it will be no great wonder. For it is just you should remember that both I who speak, and you who are to judge, are men; so that if probable things are delivered, you should require and expect no more.— Cicero, from *Timæus.*

[4] They who desire to know what we think of everything, are more inquisitive than is necessary. This practice in philosophy, of disputing against everything, and of absolutely concluding nothing, begun by Socrates, repeated by Arcesilaus, and confirmed by Carneades, has continued in use even to our own times. We are of those who declare that there is so great a mixture of things false amongst all that are true, and they so resemble one another, that there can be in them no certain mark to direct us, either to judge or assent.—Cicero, *De Nat. Deor.*, i. 5.

[5] Obscure.

[6] He got a great name, among the weak-witted, especially by reason of the obscurity of his language; for fools admire and love rather such things as are wrapt in dubious phrase.—Lucretius, i. 640.

ric, grammar, poesy, mathematics, and, natural philosophy excepted, of all the sciences, and Socrates of them all, excepting that of manners and of life; whatever any one required to be instructed in by him, he would ever, in the first place, demand an account of the conditions of his life present and past, which he examined and judged, esteeming all other learning subordinate and supernumerary to that, *Parum mihi placeant eæ literæ quæ ad virtutem doctoribus nihil profuerunt.*[1] Most of the arts have been, in like manner, decried by the same knowledge; but these men did not consider that it was from the purpose to exercise their wits in those very matters wherein there was no solid advantage.

As to the rest, some have looked upon Plato as a dogmatist, others as a doubter; others, in some things the one, and in other things the other. Socrates, the conductor of his dialogisms, is eternally upon questions and stirring up disputes, never determining, never satisfying; and professes to have no other science but that of opposing himself. Homer, their author, has equally laid the foundations of all the sects of philosophy, to show how indifferent it was which way we should choose. 'Tis said that ten several sects sprung from Plato; and, in my opinion, never did any instruction halt and waver, if his does not.

Socrates said that wise women, in taking upon them the trade of helping others to bring forth, left the trade of bringing forth themselves; and that he by the title of a sage man, which the gods had conferred upon him, was disabled, in his virile and mental love, of the faculty of bringing forth; contenting himself to help and assist those who could, to open their nature, anoint the passes, facilitate the birth, judge of the infant, baptize it, nourish it, fortify it, swathe it, circumcise it: exercising and employing his understanding in the perils and fortunes of others.

It is so with the most part of this third sort of authors, as the ancients have observed in the writings of Anaxagoras, Democritus, Parmenides, Xenophanes, and others: they have a way of writing doubtful in substance and design, rather inquiring than teaching, though they mix their style with some dogmatical periods. Is not the same thing seen in Seneca and Plutarch? how many contradictions are there to be found in these, if a man pry narrowly into them? The reconcilers of the jurisconsults ought first to reconcile them, each for himself. Plato seems to have affected this method of philosophizing in dialogues, to the end that he might with greater decency from several mouths deliver the diversity and variety of his own fancies. To treat variously of things is to treat of them as well as conformably, and better, that is to say, more copiously and with greater profit. Let us take example from ourselves: judicial judgments are the highest points of dogmatical and determinative speaking: and yet those which our parliaments present to the people, the most exemplary, and most proper to nourish in them the reverence due to that dignity, principally through the sufficiency of the persons exercising it, derive their beauty, not so much from the conclusion, which with them is of daily occurrence and common to every judge, as from the dispute and heat of diverse and contrary arguments, that questions of law permit. And the largest field for reprehension that some philosophers have against others is drawn from the diversities and contradictions wherewith every one of them finds himself perplexed; either on purpose, to show the vacillation of human wit concerning everything; or ignorantly compelled by the volubility and incomprehensibility of all matter; which is the meaning of this phrase: in a slippery and sliding place let us suspend our belief: for, as Euripides says,

The works of God in various ways perplex us:

like that which Empedocles, as if rapt with a divine fury and compelled by truth, often strewed here and there in his writings. "No, no; we feel nothing, we see nothing; all things are concealed from us; there is not one thing of which we can positively say it is"; according to the divine saying: *Cogitationes mortalium timidæ, et incertæ adinventiones nostræ, et providentiæ.*[2] It is not to be thought strange if men, despairing to overtake what they hunt after, have not yet lost the pleasure of the chase, study being of itself an employment pleasant, and so pleasant that amongst the pleasures the Stoics forbid that also which proceeds from the exercise of the intellect, will have it curbed, and find a kind of intemperance in thirsting too much after knowledge.

Democritus having eaten figs at his table that tasted of honey, fell presently to consider within himself whence they should derive this unusual sweetness; and to be satisfied in it, was

---

[1] That learning is in small repute with me, which nothing helped the teachers themselves to virtue.—Sallust, *De Bello Jug.*, lxxxv.

[2] For the thoughts of mortal men are timid; and our devices are but uncertain.—*Wisdom*, ix. 14.

about to rise from the table to see the place whence the figs had been gathered; which his maid observing, and having understood the cause, she smilingly told him that he need not trouble himself about that, for she had put them into a vessel in which there had been honey. He was vexed that she had thus deprived him of the occasion of this inquisition and robbed his curiosity of matter to work upon. "Go thy way," said he, "thou hast done me wrong; but for all that I will seek out the cause, as if it were natural"; and would willingly have found out some true reason for a false and imaginary effect. This story of a famous and great philosopher very clearly represents to us the studious passion, that puts us upon the pursuit of things of the acquisition of which we despair. Plutarch gives a like example of one who would not be satisfied in that whereof he was in doubt, that he might not lose the pleasure of inquiring into it; like the other, who would not that his physician should allay the thirst of his fever that he might not lose the pleasure of quenching it by drinking. *Satius est supervacua discere, quam nihil.*[1] As in all sorts of feeding, there is often only the mere pleasure of eating, and that what we take, which is acceptable to the palate, is not always nourishing or wholesome; so that which our understandings extract from learning does not cease to be pleasant, though there be nothing in it either nutritive or healthful. Thus say they: the consideration of nature is a diet proper for our minds; it raises and elevates us, makes us disdain low and terrestrial things, by comparing them with those that are celestial and high: even the inquisition of great and occult things is very pleasant, even to those who acquire no other benefit than the reverence and fear of judging it. This is what they profess. The vain image of this sickly curiosity is yet more manifest in this other example that they so often urge: Eudoxus wished and begged of the gods, that he might once see the sun near at hand, to comprehend its form, greatness, and beauty, though on the condition that he should thereby be immediately burned. He would, at the price of his life, purchase a knowledge of which the use and possession should at the same time be taken from him; and for this sudden and vanished knowledge, lose all the other knowledges he had in the present, or might afterwards acquire.

I cannot easily persuade myself that Epicurus, Plato, and Pythagoras have given us their Atoms, Ideas, and Numbers for current pay: they were too wise to establish their articles of faith upon things so disputable and so uncertain. But, in the then obscurity and ignorance of the world, each of these great personages endeavoured to present some kind or other of image of light; and worked their brains for inventions that might, at all events, have a pleasant and subtle appearance, provided that, false as they were, they might make good their ground against those that would oppose them: *Unicuique ista pro ingenio finguntur, non ex scientiæ vi.*[2]

One of the ancients, who was reproached that he professed philosophy, of which he nevertheless, in his own judgment, made no great account, answered that this was truly to philosophize. They would consider all, balance everything, and found this an employment well suited to our natural curiosity; some things they have written for the benefit of public society, as their religions, and, for that consideration, it was but reasonable that they should not examine public opinions too closely, that they might not disturb the common obedience to the laws and customs of their country.

Plato treats of this mystery with a raillery manifest enough; for where he writes as for himself, he gives no certain rule: when he plays the legislator, he borrows a magisterial and positive style, and boldly there foists in his most fantastic inventions as fit to persuade the vulgar as ridiculous to be believed by himself; knowing very well how fit we are to receive all sorts of impressions, especially the most immoderate and violent: and therefore in his laws he takes singular care that nothing be sung in public but poetry, of which the fabulous relations tend to some useful end; it being so easy to imprint all sorts of phantoms in the human mind, that it were injustice not to feed them rather with profitable untruths than with untruths that are unprofitable or hurtful. He says very plainly in his *Republic,*[3] "that it is very often necessary for the profit of men to deceive them." It is very easy to distinguish that some of the sects have more followed truth, and others utility, by which the last have gained their reputation. 'Tis the misery of our condition, that often that which presents itself to our imagination for the most true does not also appear the most useful to

---

[1] 'Tis better to learn more than is necessary than nothing at all.—Seneca, *Epist.,* 88.

[2] These things every one fancies according to his wit, and not by any power of knowledge.—Seneca, *Suasor.,* iv. 3.

[3] Bk. v.

life; the boldest sects, as the Epicurean, Pyrrhonian, the new Academic, are yet, after all is said and done, constrained to submit to the civil law.

Other subjects there are that they have tumbled and tossed, some to the right and others to the left, every one endeavouring, right or wrong, to give them some kind of colour; for having found nothing so abstruse that they would not venture to touch it, they are often forced to forge weak and ridiculous conjectures, not that they themselves look upon them as any foundation, nor as establishing any certain truth, but merely for exercise: *Non tam id sensisse quod dicerent, quam exercere ingenia materiæ difficultate videntur voluisse.*[1] And if we did not take it thus, how should we palliate so great inconstancy, variety, and vanity of opinions as we see have been produced by those excellent and admirable souls? as, for example, what can be more vain than to imagine to dominate God by our analogies and conjectures? to regulate Him and the world by our capacities and our laws? and to make use, at the expense of the Divinity, of that small portion of knowledge He has been pleased to impart to our natural condition? and, because we cannot extend our sight to His glorious throne, to have brought Him down to our corruption and our miseries?

Of all human and ancient opinions concerning religion, that seems to me the most likely and most excusable that recognized in God an incomprehensible power, the original and preserver of all things, all goodness, all perfection, receiving and taking in good part the honour and reverence that man paid unto Him, under what method, name, or ceremonies soever:

Jupiter omnipotens, rerum, regumque deumque Progenitor, genitrixque.[2]

This zeal has universally been looked upon from heaven with a gracious eye. All governments have reaped fruit from their devotion: impious men and actions have everywhere had suitable result. Pagan histories recognize dignity, order, justice, prodigies and oracles, employed for their profit and instruction, in their fabulous religions: God, peradventure, through His mercy, vouchsafing by these temporal benefits, to cherish the tender principles of a kind of brutish knowledge that natural reason gave them of Him amid the deceiving images of their dreams. Not only deceiving and false, but impious also, and injurious, are those that man has forged from his own invention; and of all the religions that St. Paul found in repute at Athens, that which they had dedicated to THE UNKNOWN GOD seemed to him the most to be excused.

Pythagoras shadowed the truth a little more closely, judging that the knowledge of this first Cause and Being of beings ought to be indefinite, without prescription, without declaration; that it was nothing else than the extreme effort of our imagination towards perfection, every one amplifying the idea according to his capacity. But if Numa attempted to conform the devotion of his people to this project, to attach them to a religion purely mental, without any prefixed object and material mixture, he undertook a thing of no use; the human mind could never support itself floating in such an infinity of inform thoughts; it requires some certain image thereof to be presented according to its own model. The Divine Majesty has thus, in some sort, suffered Himself to be circumscribed in corporal limits for our advantage: His supernatural and celestial sacraments have signs of our earthly condition: His adoration is by sensible offices and words, for 'tis man that believes and prays. I omit the other arguments upon this subject; but a man would have much ado to make me believe that the sight of our crucifixes, that the picture of our Saviour's piteous passion, that the ornaments and ceremonious motions of our churches, that the voices accommodated to the devotion of our thoughts, and that emotion of the senses, do not warm the souls of the people with a religious passion of very advantageous effect.

Of those, to whom they have given a body, as necessity required in that universal blindness, I should, I fancy, most incline to those who adored the sun,

La lumière commune,
L'œil du monde; et si Dieu au chef porte des yeulx,
Les rayons du soleil sont ses yeulx radieux,
Qui donnent vie a touts, nous maintiennent et gardent,
Et les faicts des humains en ce monde regardent:
Ce beau, ce grand soleil, qui nous faict les saisons,
Selon qu'il entre ou sort de ses douze maisons;
Qui remplit l'univers de ses vertus cogneuës;
Qui d'un traict de ses yeulx nous dissipe les nuës;
L'esprit, l'ame du monde, ardent et flamboyant,
En la course d'un jour tout le ciel tournoyant;

---

[1] Not so much that they themselves believed what they said, as that they seemed to have had a mind to exercise their wits in the difficulty of the matter.—Author uncertain.

[2] All powerful Jove, father and mother of the world, of kings and gods.—Valerius Soranus, in St. Augustine, *City of God,* vii. 9.

*Plein d'immense grandeur, rond, vagabond, et
   ferme;
Lequel tient dessoubs luy tout le monde pour terme:
En repos, sans repos; oysif, et sans sejour;
Fils aisné de nature, et le pere du jour:* [1]

forasmuch as besides this grandeur and beauty of his, 'tis the piece of this machine that we discover at the remotest distance from us, and, by that means, so little known that they were pardonable for entering into so great admiration and reverence of it.

Thales, who first inquired into this matter, believed God to be a spirit, that made all things of water: Anaximander, that the gods were always dying and re-entering into life at divers seasons, and that there were an infinite number of worlds: Anaximenes, that the air was God, that he was produced and immense, ever moving. Anaxagoras was the first who held that the description and system of all things were conducted by the power and reason of an infinite spirit. Alcmæon gave divinity to the sun, moon, and stars, and to the soul. Pythagoras made God a spirit diffused through the nature of all things, from which our souls are extracted: Parmenides, a circle surrounding the heaven and supporting the world by the heat of light. Empedocles pronounced the four elements, of which all things are composed, to be gods: Protagoras had nothing to say, whether they were or not, or what they were: Democritus was one while of opinion that the images of objects and their orbs were gods; another while, the nature that darts out those images, and again, our science and intelligence. Plato divides his belief into several opinions: he says in his *Timæus*, that the father of the world cannot be named; in his *Laws*, that men are not to inquire into his being; and elsewhere, in the same books, he makes the world, the heavens, the stars, the earth, and our souls, gods; admitting, moreover, those which have been received by ancient institution in every republic. Xenophon reports a like perplexity in Socrates' doctrine; one while, that men are not to inquire into the form of God, and presently makes him maintain that the sun is God, and the soul, God; first, that there is but one God, and afterwards that there are many. Speusippus, the nephew of Plato, makes God a certain power governing all things, and that it is animal. Aristotle, one while says it is the mind, and another while the world; now he gives this world another master, and again makes God the heat of heaven. Xenocrates makes eight; five named amongst the planets, the sixth composed of all the fixed stars, as of so many members; the seventh and the eighth, the sun and the moon. Heraclides Ponticus does nothing but float in his opinions, and finally deprives God of sense and makes him shift from one form to another: and at last says, that 'tis heaven and earth. Theophrastus wanders in the same irresolution amongst his various fancies, attributing the superintendence of the world one while to the understanding, another while to heaven, and then to the stars: Strato says 'tis nature having the power of generation, augmentation and diminution, without form and sentiment: Zeno says 'tis the law of nature commanding good and prohibiting evil, which law is animal; and abolishes the accustomed gods, Jupiter, Juno, and Vesta: Diogenes Apolloniates says 'tis air. Xenophanes makes God round, seeing and hearing, not breathing, and having nothing in common with human nature. Aristo thinks the form of God to be incomprehensible, deprives Him of sense, and knows not whether He be animal or something else: Cleanthes one while supposes Him to be reason, another while the world, then the soul of nature, and then the supreme heat surrounding and enveloping all things. Perseus, Zeno's disciple, was of opinion that men have given the title of gods to such as have added any notable advantage to human life, and even to profitable things themselves. Chrysippus made a confused heap of all the preceding lucubrations, and reckons, amongst a thousand forms of gods that he makes, the men also that have been deified. Diagoras and Theodorus flatly denied that there were any gods at all. Epicurus makes the gods shining, transparent, and perflable, lodged, as betwixt two forts, betwixt two worlds, secure from blows; clothed in a human figure and with such members as we have, which members are to them of no use:

---

[1] Thus translated from Ronsard by Cotton:
The common light that shines indifferently
On all alike, the worlds enlightening eyes,
And if the Almighty ruler of the skies
Has eyes, the sunbeams are His radiant eyes,
That life to all impart, maintain, and guard,
And all men's actions upon earth regard.
This great, this beautiful, and glorious sun,
That seasons gives by revolution;
That with his influence fills the universe,
And with one glance does sullen shades disperse.
Life, soul of the world, that flaming in his sphere,
Surrounds the heavens in one day's career,
Immensely great, moving, yet firm and round,
Who the whole world below has fixed his bound,
At rest without rest, idle without stay.
Nature's first son, and father of the day.

> *Ego deum genus esse semper dixi, et dicam*
> *cœlitum;*
> *Sed eos non curare opinor, quid agat*
> *humanum genus.*[1]

Trust to your philosophy, my masters, and brag that you have found the bean in the cake, with all this rattle from so many philosophical heads! The perplexity of so many worldly forms has gained this for me, that manners and opinions contrary to mine do not so much displease as instruct me; nor so much make me proud, as they humble me in comparing them; and all other choice than what comes from the express and immediate hand of God, seems to me a choice of very little prerogative. The polities of the world are no less opposed upon this subject than the schools: by which we may understand that fortune itself is not more variable and diverse, nor more blind and inconsiderate, than our reason. The things that are most unknown are the most proper to be deified; wherefore, to make gods of ourselves, as the ancients did, exceeds the extremest weakness of understanding. I should much rather have gone along with those who adored the serpent, the dog, or the ox; forasmuch as their nature and their being are less known to us, and that we are more at liberty to imagine what we please of those beasts, and to attribute to them extraordinary faculties; but to have made gods of our own condition, of which we should know the imperfection, and to have attributed to them desire, anger, revenge, marriages, generation, alliances, love and jealousy, our members and bones, our fevers and pleasures, our death and obsequies, this must needs proceed from a marvellous intoxication of human understanding:

> *Quæ procul usque adeo divino ab numine distant,*
> *Inque deum numero quæ sint indigna videri.*[2]

> *Formæ, ætates, vestitus, ornatus noti sunt: genera, conjugia, cognationes, omniaque traducta ad similitudinem imbecillitatis humanæ; nam et perturbatis animis inducuntur; accipimus enim deorum cupiditates, ægritudines, iracundias;*[3] as having attributed divinity not only to faith, virtue, honour, concord, liberty, victory, piety, but also to voluptuousness, fraud, death, envy, old age, misery; to fear, fever, ill fortune, and other injuries of our frail and transitory life:

> *Quid juvat hoc, templis nostros inducere mores?*
> *O curvæ in terris animæ, et cœlestium inanes!*[4]

The Egyptians, with an impudent prudence, interdicted, upon pain of hanging, that any one should say that their gods Serapis and Isis had formerly been men, and yet no one was ignorant that they had been such; and their effigies, represented with the finger upon the mouth, signified, says Varro,[5] this mysterious decree to their priests, to conceal their mortal original, as it must, by necessary consequence, annul all the veneration paid to them. Seeing that man so much desired to equal himself to God, he had done better, says Cicero, to have attracted the divine conditions to himself, and have drawn them down hither below, than to send his corruption and misery up on high: but, in truth, he has in several ways done both the one and the other, with like vanity of opinion.

When the philosophers search narrowly into the hierarchy of their gods, and make a great bustle about distinguishing their alliances, offices, and power, I cannot believe they speak with any seriousness. When Plato describes Pluto's verger to us, and the bodily pleasures or pains that await us after the ruin and annihilation of our bodies, and accommodates them to the notions we have of them in this life:

> *Secreti celant calles, et myrtea circum*
> *Sylva tegit; curæ non ipsa in morte relinquunt;*[6]

when Mohammed promises his followers a paradise hung with tapestry, adorned with gold and precious stones, furnished with wenches of excelling beauty, rare wines and delicate dishes, I easily discern that these are mockers who accommodate their promises to our stupidity, to attract and allure us by hopes and opinions suitable to our mortal appetite. And yet some amongst us are fallen into the like error, promising to themselves, after the resurrection, a terrestrial and temporal life, accompanied with all

---

[1] I have ever thought, and still think, there are gods above, but I do not conceive that they care what men do.—Ennius, *in* Cicero, *De Divin.* ii. 50.

[2] Which things are so remote from the divine nature, that they are unworthy to be ranked among the gods.—Lucretius, v. 123.

[3] Their forms, ages, clothes, and ornaments are known: their descents, marriages, and kindred, and all appropriated to the similitude of human weakness; for they are represented to us with anxious minds, and we read of the lusts, sickness, and anger of the gods.—Cicero, *De Nat. Deor.*, ii. 28.

[4] Into our temples to what end introduce our own corrupt manners? O souls, bending to the earth, devoid of all heavenly sentiments!—Persius, ii. 61, 62.

[5] Cited by St. Augustine, *City of God*, xviii. 5.

[6] Secret paths hide them, and myrtle groves environ them; their cares do not leave them when they die.—*Æneid*, vi. 443.

sorts of worldly conveniences and pleasures. Can we believe that Plato, he who had such heavenly conceptions, and was so conversant with Divinity as thence to derive the name of the divine Plato, ever thought that the poor creature, man, had anything in him applicable to that incomprehensible power? and that he believed that the weak holds we are able to take were capable, or the force of our understanding robust enough to participate of eternal beatitude or pain? We should then tell him, on behalf of human reason: if the pleasures thou dost promise us in the other life are of the same kind that I have enjoyed here below, that has nothing in common with infinity: though all my five natural senses should be loaded with pleasure and my soul full of all the contentment it could hope or desire, we know what all this amounts to; all this would be nothing: if there be anything of mine there, there is nothing divine; if it be no more than what may belong to our present condition, it cannot be reckoned; all contentment of mortals is mortal; the recognition of our parents, children, and friends, if that can touch and delight us in the other world, if there it still continue a satisfaction to us, we still remain in earthly and infinite conveniences: we cannot, as we ought, conceive the grandeur of those high and divine promises, if we can in any sort conceive them; to have a worthy imagination of them, we must imagine them unimaginable, inexplicable, and incomprehensible, and absolutely another thing than any in our miserable experience. "Eye hath not seen," says St. Paul, "nor ear heard, neither have entered into the heart of man, the things which God hath prepared for them that love Him." And if to render us capable of them, our being be reformed and changed (as thou, Plato, sayest by thy purifications), it must be so extreme and total a change that, by physical doctrine, it will be no more us;

Hector erat tunc cum bello certabat; at ille
Tractus ab Æmonio, non erat Hector, equo: [1]

it must be something else that must receive these recompenses:

Quod mutatur . . . dissolvitur; interit ergo;
Trajiciuntur enim partes, atque ordine migrant. [2]

For, in Pythagoras' metempsychosis, and the change of habitation that he imagined in souls, can we believe that the lion in whom the soul of Cæsar is enclosed espouses Cæsar's passions, or that the lion is he? If it were still Cæsar, they would be in the right who, controverting this opinion with Plato, reproach him that the son might be seen to ride his mother transformed into a mule, and the like absurdities. And can we believe that in the mutations that are made of the bodies of animals into others of the same kind, the new comers are not other than their predecessors? From the ashes of a phœnix a worm, they say, is engendered, and from that another phœnix; who can imagine that this second phœnix is not other than the first? We see our silk worms as it were die and wither; and from this withered body a butterfly is produced, and from that another worm; how ridiculous would it be to imagine that this were still the first? that which has once ceased to be is no more:

Nec, si materiam nostram collegerit ætas
Post obitum, rursumque redegerit, ut sita nunc
est,
Atque iterum nobis fuerint data lumina vitæ,
Pertineat quidquam tamen ad nos id quoque
factum;
Interrupta semel cum sit repetentia nostra. [3]

And, Plato, when thou sayest, in another place, that it shall be the spiritual part of man that will be concerned in the fruition of the recompenses of another life, thou tellest us a thing wherein there is as little appearance of truth:

Scilicet, avolsis radicibus, ut nequit ullam
Dispicere ipse oculus rem, seorsum corpore toto; [4]

for, by this account, it would no more be man, nor consequently us, who should be concerned in this enjoyment: for we are composed of two principally essential parts, the separation of which is the death and ruin of our being:

Inter enim jecta est vitai pausa, vageque
Deerrarunt passim motus ab sensibus omnes: [5]

we cannot say that the man suffers when the worms feed upon his members and that the earth consumes them:

---

[1] He was Hector whilst he was fighting; but when dragged by Achilles' steeds, he was no longer Hector.—Ovid, *Trist.*, iii. 11, 27.

[2] What is changed is dissolved, and therefore perishes; the parts are separated, and depart from their order.—Lucretius, iii. 756.

[3] Nor, though time should collect after death our atoms, and restore them to the form they had before, and give us again new light of life, would that new figure concern us at all; the sense of our being, once interrupted, is gone.—*Ibid.*, iii, 859.

[4] No more than eyes once torn from their sockets can ever after see anything.—*Ibid.*, 562.

[5] For, when life is extinct, all motions of sense are dispersed and banished.—*Ibid.*, 872.

*Et nihil hoc ad nos, qui coitu conjugioque
Corporis atque animæ consistimus uniter apti.*[1]

Moreover, upon what foundation of their justice can the gods take notice of or reward man after his death, for his good and virtuous actions, since it was they themselves who put them in the way and mind to do them? And why should they be offended at and punish him for evil actions, since they themselves have created him in so frail a condition, and that, with one glance of their will, they might prevent him from evil doing? Might not Epicurus, with great colour of human reason, object this to Plato, did he not often save himself with this sentence: "That it is impossible to establish anything certain of the immortal nature by the mortal?" She does nothing but err throughout, but especially when she meddles with divine things. Who more evidently perceives this than we? For although we have given her certain and infallible principles, and though we have enlightened her steps with the sacred lamp of the truth that it has pleased God to communicate to us, we daily see, nevertheless, that if she swerve never so little from the ordinary path, and that she stray from or wander out of the way set out and beaten by the Church, how immediately she loses, confounds, and fetters herself, tumbling and floating in this vast, turbulent, and waving sea of human opinions, without restraint and without any determinate end: so soon as she loses that great and common road she enters into a labyrinth of a thousand several paths.

Man cannot be anything but what he is, nor imagine beyond the reach of his capacity. " 'Tis a greater presumption," says Plutarch, "in them who are but men to attempt to speak and discourse of the gods and demi-gods, than it is in a man, utterly ignorant of music, to judge of singing; or in a man who never saw a camp to dispute about arms and martial affairs, presuming, by some light conjecture, to understand the effects of an art to which he is totally a stranger." Antiquity, I fancy, thought to put a complement upon and to add something to the divine grandeur in assimilating it to man, investing it with his faculties and adorning it with his fine humours and most shameful necessities: offering to it our aliments to eat, our dances, mummeries, and farces to divert it, our vestments to cover it, and our houses to inhabit; caressing it with the odours of incense and the sounds of music, with festoons and nosegays; and, to accommodate it to our vicious passions, flattering its justice with inhuman vengeance, delighting it with the ruin and dissipating of things by it created and preserved: as Tiberius Sempronius who burned the rich spoils and arms he had gained from the enemy in Sardinia as a sacrifice to Vulcan, and Paulus Æmilius those of Macedonia to Mars and Minerva: and as Alexander, arriving at the Indian Ocean, threw several great vessels of gold into the sea in favour of Thetis, and, moreover, loaded her altars with a slaughter, not of innocent beasts only, but of men also; as several nations, and ours amongst the rest, were ordinarily used to do; and I believe there is no nation under the sun that has not done the same:

*Sulmone creatos
Quatuor hic juvenes, totidem, quos educat Ufens,
Viventes rapit, inferias quos immolet umbris.*[2]

The Getæ hold themselves to be immortal, and that death is nothing but a journey to Zamolxis, their god. Once in every five years they despatch some one amongst them to him, to entreat of him such necessaries as they require. This envoy is chosen by lot, and the form of his despatch, after having been instructed by word of mouth what he is to say, is, that of those present three hold out so many javelins, against which the rest throw his body with all their force. If he happen to be wounded in a mortal part and that he immediately die, 'tis reputed a certain sign of divine favour; if he escape he is looked upon as a wicked and execrable wretch, and another is deputed after the same manner in his stead. Amestris, the wife of Xerxes,[3] having grown old, caused at once fourteen young men of the best families of Persia to be buried alive, according to the religion of the country, to gratify some infernal deity. And to this day the idols of Themixtitan are cemented with the blood of little children, and they delight in no sacrifice but of these pure and infantine souls: a justice thirsty of innocent blood!

Tantum religio potuit suadere malorum.[4]

The Carthaginians immolated their own children to Saturn; and such as had none of their own bought of others, the father and mother being further obliged to attend the ceremony with a gay and contented countenance.

---

[1] That is nothing to us whose being solely consists in the strict union of body and soul.—*Ibid*, 857.

[2] Four sons of Sulmo, and as many more whom Ufens bred, he seized alive, to offer them a sacrifice to the infernal gods.—*Æneid*, x. 517.

[3] Herodotus, vii.

[4] Religion can persuade men to so many ills and mischiefs.—Lucretius, i. 102.

It was a strange fancy to seek to gratify the divine goodness with our affliction: like the Lacedæmonians who regaled their Diana with the tormenting of young boys, whom they caused to be whipped for her sake, very often to death: it was a savage humour to think to gratify the Architect by the subversion of His building, and to think to take away the punishment due to the guilty by punishing the innocent; and that poor Iphigenia, at the port of Aulis, should by her death and sacrifice acquit towards God the whole army of the Greeks from all the crimes they had committed;

Et casta inceste, nubendi tempore in ipso
Hostia concideret mactatu mœsta parentis; [1]

and that those two noble and generous souls of the two Decii, father and son, to incline the favour of the gods to be propitious to the affairs of Rome, should throw themselves headlong into the thickest of the enemy. *Quæ fuit tanta deorum iniquitas, ut placari populo Romano non possent, nisi tales viri occidissent?* [2] To which may be added, that it is not for the criminal to cause himself to be scourged according to his own measure nor at his own time; but that it wholly belongs to the judge, who considers nothing as chastisement but the pain he appoints, and cannot deem that punishment which proceeds from the consent of him who suffers: the divine vengeance presupposes an absolute dissent in us, both for its justice and our own penalty. And therefore it was a ridiculous humour of Polycrates the tyrant of Samos,[3] who, to interrupt the continued course of his good fortune and to balance it, went and threw the dearest and most precious jewel he had into the sea, fancying by this voluntary mishap he bribed and satisfied the revolution and vicissitude of fortune; and she, to mock his folly, ordered it so that the same jewel came again into his hands, found in the belly of a fish. And then to what end are those tearings and demembrations of the Corybantes, the Menades, and in our times of the Mohammedans, who slash their faces, bosoms, and members to gratify their prophet: seeing that the offence lies in the will, not in the breast, eyes, genitories, in plumpness, in the shoulders, or the throat? *Tantus est perturbatæ mentis, et sedibus suis pulsæ furor, ut sic dii placentur, quemadmodum ne homines quidem sæviunt.* [4] The use of this natural contexture has not only respect to us, but also to the service of God and of other men; and 'tis as unjust wilfully to wound or hurt it, as to kill ourselves upon any pretence whatever; it seems to be great cowardice and treason to exercise cruelty upon and to destroy the functions of the body, stupid and servile, in order to spare the soul the trouble of governing them according to reason; *ubi iratos deos timent, qui sic propitios habere merentur. . . . In regiæ libidinis voluptatem castrati sunt quidam; sed nemo sibi, ne vir esset, jubente domino, manus intulit.* [5] So did they fill their religion with many ill effects:

Sæpius olim
Religio peperit scelerosa atque impia facta. [6]

Now nothing about us can, in any sort, be compared or likened unto the divine nature that will not blemish and tarnish it with so much imperfection. How can that infinite beauty, power, and goodness admit of any correspondence or similitude to so abject a thing as we are, without extreme wrong and dishonour to His divine greatness? *Infirmum Dei fortius est hominibus: et stultum Dei sapientius est hominibus.* [7] Stilpo the philosopher being asked whether the gods were delighted with our adorations and sacrifices: "You are indiscreet," answered he; "let us withdraw apart if you talk of such things." Nevertheless, we prescribe Him bounds, we keep His power beseiged by our reasons (I call reason our reveries and dreams with the dispensation of philosophy, which says, that the wicked man, and even the fool, go mad by reason, but 'tis by a particular form of reason); we will subject Him to the vain and feeble appearances of our understanding; Him who has made both us and our understanding. Because nothing is made of

---

[1] And that the chaste girl, on the very eve of her nuptials, should die, a sad victim, immolated by her father.—*Ibid.*, i. 99.
[2] How great an injustice in the gods was it that they could not be reconciled to the people of Rome unless such men perished?—Cicero, *De Nat. Deor.*, iii. 6.
[3] Herodotus, iii. 41.
[4] So great is the fury and madness of troubled minds when once displaced from the seat of reason: as if the gods should be appeased with what even men are not so mad as to approve.—St. Augustine, *City of God*, vi. 10.
[5] Where are they so afraid of the anger of the gods as to merit their favour at that rate? Some, indeed, have been made eunuchs for the lust of princes: but no man at his master's command has put his own hand to unman himself.—*Ibid.*, after Seneca.
[6] In older times religion inspired great and impious crimes.—Lucretius, i. 83.
[7] For the foolishness of God is wiser than men, and the weakness of God is stronger than men.—1 Corinthians, 1. 25.

nothing, God, therefore, could not have made the world without matter. What! has God put into our hands the keys and most secret springs of His power; is He obliged not to exceed the limits of our knowledge? Put the case, O man, that thou hast been able here to mark some footsteps of His effects: dost thou, therefore, think that He has therein employed all He can, and has crowded all His forms and all His ideas in this work? Thou seest nothing but the order and regulation of this little vault wherein thou art lodged—if thou dost see so much—whereas His divinity has an infinite jurisdiction beyond; this part is nothing in comparison of the whole:

Omnia cum cœlo, terraque, marique,
Nil sunt ad summam summai totius omnem: [1]

'Tis a municipal law that thou allegest; thou knowest not what is the universal. Tie thyself to that to which thou art subject, but not Him; He is not of thy brotherhood, thy fellow-citizen, or companion. If He has in some sort communicated Himself unto thee, 'tis not to debase Himself to thy littleness, nor to make thee controller of His power; the human body cannot fly to the clouds. 'Tis for thee the sun runs without resting every day his ordinary course: the bounds of the seas and the earth cannot be confounded; the water is unstable and without firmness; a wall, unless it be broken, is impenetrable to a solid body; a man cannot preserve his life in the flames; he cannot be both in heaven and upon earth, and corporally in a thousand places at once. 'Tis for thee, that He has made these rules; 'tis thee, that they concern; He manifested to the Christians, that He enfranchised them all, when it pleased Him. And, in truth, why, almighty as He is, should He have limited His power within any certain bounds? In favour of whom should He have renounced His privilege? Thy reason has in no other thing more of likelihood and foundation, than in that wherein it persuades thee that there is a plurality of worlds;

Terramque, et solem, lunam, mare, cætera quæ sunt,
Non esse unica, sed numero magis innumerali: [2]

the most eminent minds of elder times believed it, and some of this age of ours, compelled by the appearances of human reason, do the same; forasmuch as in this fabric that we behold there is nothing single and one,

Quum in summa res nulla sit una,
Unica quæ gignatur, et unica solaque crescat, [3]

and that all the kinds are multiplied in some number or other; by which it seems not to be likely that God should have made this work only without a companion, and that the matter of this form should have been totally exhausted in this sole individual;

Quare, etiam atque etiam tales fateare necesse est,
Esse alios alibi congressus materiai,
Qualis hic est, avido complexu quem tenet æther: [4]

especially if it be a living creature, which its motions render so credible that Plato affirms it,[5] and that many of our people either confirm it or do not venture to deny it: no more than that ancient opinion, that the heaven, the stars, and other members of the world, are creatures composed of body and soul, mortal in respect of their composition, but immortal by the determination of the Creator. Now, if there be many worlds, as Democritus, Epicurus, and almost all philosophy has believed, how do we know that the principles and rules of this of ours in like manner concern the rest? They may, peradventure, have another form and another polity. Epicurus supposes them, either like or unlike. We see in this world an infinite difference and variety, merely by distance of places; neither corn nor wine, nor any of our animals are to be seen in that new corner of the world discovered by our fathers; 'tis all there another thing; and, in times past, do but consider in how many parts of the world they had no knowledge either of Bacchus or Ceres. If Pliny and Herodotus are to be believed, there are, in certain places, kinds of men very little resembling us; and there are mongrel and ambiguous forms, betwixt the human and brutal natures: there are countries, where men are born without heads, having their mouth and eyes in their breast;[6] where they are all hermaphrodites; where they go on all fours; where they have but one eye in the forehead, and a head more like that of a dog than like one of ours. Where they are half fish the lower part, and live in the water; where the women bear at five years old, and live but eight; where the head and skin of the forehead are so hard, that a sword will

---

[1] All things, heaven, earth, and sea, fall short in the account with the totality of the great All.—Lucretius, v. 679.

[2] Earth, sun, moon, sea, and the rest that are, are not single, but rather innumerable.—*Ibid.*, ii. 1085.

[3] Since there is nothing single in this mighty mass, that can alone beget, or alone increase.—*Ibid.*, 1077.

[4] Wherefore it is quite necessary to confess that there must elsewhere be the like aggregation of matter, just as that which ether holds in strict embrace.—*Ibid.*, 1064.

[5] In the *Timæus*. Cf. *City of God*, x. 29.

[6] Herodotus, iv. 4.

not enter it, but rebounds; where men have no beards; nations that know not the use of fire; and others that eject their seed of a black colour.[1] What shall we say of those that naturally change themselves into wolves, colts, and then into men again? And if it be true, as Plutarch says, that in some place of the Indies, there are men without mouths, who nourish themselves with the smell of certain odours, how many of our descriptions are false? Man, at this rate, becomes more than ludicrous and, peradventure, quite incapable of reason and society; the disposition and cause of our internal structure would, for the most part, be to no purpose.

Moreover, how many things are there in our own knowledge that oppose those fine rules we have cut out for and prescribed to nature? And yet we must undertake to circumscribe God himself! How many things do we call miraculous and contrary to nature? this is done by every nation and by every man, according to the measure of their ignorance; how many occult properties and quintessences do we discover? For, with us, to go "according to nature," is no more but to go "according to our intelligence," as far as that is able to follow, and as far as we are able to see into it: all beyond that must be monstrous and irregular. Now, by this account, all things shall be monstrous to the wisest and most understanding men; for human reason has persuaded them that it has no manner of ground or foundation, not so much as to be assured that snow is white; and Anaxagoras affirmed it to be black: if there be anything, or if there be nothing: if there be knowledge or ignorance, which Metrodorus of Chios denied that man was able to determine; or whether we live, as Euripides doubts, "whether the life we live is life, or whether that we call death be not life:"

Τίς δ' οἶδεν εἰ ζῆν τοῦθ', ὃ κέκληται θανεῖν,
Τὸ ζῆν δὲ, θνήσκειν ἔστι

and not without some appearance: for why do we, from this instant which is but a flash in the infinite course of an eternal night, and so short an interruption of our perpetual and natural condition, death possessing all that passed before and all the future of this moment, and also a good part of the moment itself, derive the title of being? Others swear there is no motion at all, as the followers of Melissus, and that nothing stirs; for if there be nothing but One, neither can that spherical motion be of any use to him, nor the motion from one place to another, as Plato proves; others say there's neither genera-tion nor corruption in nature. Protagoras says that there is nothing in nature but doubt; that a man may equally dispute of all things. Nausiphanes, that of things which seem to be, nothing is more than it is not: that there is nothing certain but uncertainty; Parmenides, that of that which it seems there is no one thing in general; that there is but One;[2] Zeno, that there's no One, and that there is nothing: if there were One, it would either be in another or in itself; if it be in another, they are two; if it be in itself, they are yet two; the comprehending and the comprehended. According to these doctrines, the nature of things is no other than a shadow, either vain or absolutely false.

This way of speaking in a Christian man has ever seemed to me very indiscreet and irreverent: "God cannot die; God cannot contradict Himself; God cannot do this, or that." I do not like to have the divine power so limited by the laws of men's mouths; and the idea which presents itself to us in those propositions, ought to be more religiously and reverently expressed.

Our speaking has its failings and defects, as well as all the rest: grammar is that which creates most disturbance in the world: our suits only spring from disputation as to the interpretation of laws; and most wars proceed from the inability of ministers clearly to express the conventions and treaties of amity among princes. How many quarrels, and those of how great importance, has the doubt of the meaning of this syllable *Hoc* created in the world? Let us take the conclusion that logic itself presents us as manifestly clear: if you say it is fine weather, and that you say true, it is, then, fine weather. Is not this a very certain form of speaking? and yet it will deceive us; that it will do so, let us follow the example: if you say, I lie, and that you say true, then you do lie. The art, reason and force of the conclusion of this are the same with the other; and yet we are gravelled. The Pyrrhonian philosophers, I see, cannot express their general conception in any kind of speaking; for they would require a new language on purpose: ours is all formed of affirmative propositions, which are totally hostile to them; insomuch that when they say, "I doubt," they are presently taken by the throat, to make them confess that at least they know and are assured of this, that they do doubt. And so they have been compelled to shelter themselves under this medicinal comparison, without which their humour would be inexplicable: when they pronounce, "I know not"; or, "I doubt"; they say that this proposition car-

---

[1] *Ibid.*, iii. 101.

[2] Aristotle, *Metaphys.*, i. v.

ries of itself with the rest, no more nor less than rhubarb that drives out the ill humours and carries itself off with them. This fancy is more certainly understood by interrogation: What do I know? as I bear it in the emblem of a balance.

See what use we make of this irreverent way of speaking: in the present disputes about our religion, if you press the adversaries too hard, they will roundly tell you, "that it is not in the power of God to make it so that His body should be in paradise and upon earth, and in several places at once." And see what advantage the old scoffer makes of this! "At least," says he, "it is no little consolation to man to see that God cannot do all things; for he cannot kill himself though he would, which is the greatest privilege we have in our condition: he cannot make mortals immortal, nor revive the dead, nor make it so that he who has lived has not, nor that he who has had honours, has not had them, having no other power over the past than that of oblivion. And that the comparison of a man to God may yet be made out by pleasant examples, he cannot order it so that twice ten shall not be twenty." This is what he says, and what a Christian ought to take heed shall not escape his lips; whereas, on the contrary, it seems as if all men studied this impudent kind of blasphemous language, to reduce God to their own measure:

Cras vel atra
Nube polum Pater occupato,
Vel sole puro, non tamen irritum,
Quodcumque retro est, efficiet, neque
Diffinget, infectumque reddet,
Quod fugiens semel hora vexit.[1]

When we say that the infinity of ages, as well past as to come, are but one instant with God; that His goodness, wisdom, and power are the same with His essence, our mouths speak it, but our understandings apprehend it not. And yet such is our outrageous opinion of ourselves, that we must make the divinity pass through our sieve; and from this proceed all the dreams and errors with which the world abounds, when we reduce and weigh in our balance a thing so far above our poise. *Mirum, quo procedat improbitas cordis humani, parvulo aliquo invitata successu.*[2] How magisterially and insolently do the Stoics reprove Epicurus for maintaining that the truly good and happy Being appertained only to God, and that the Sage had nothing but a shadow and resemblance of it? How daringly have they bound God to destiny (a thing, that, by my consent, none that bears the name of a Christian shall ever do again); while Thales, Plato and Pythagoras have enslaved Him to necessity. This arrogance of attempting to discover God with our weak eyes, has been the cause that an eminent person of our nation, has attributed to the divinity a corporal form; and is the reason of what happens amongst us every day of attributing to God important events, by a special appointment; because they sway with us, they conclude that they also sway with Him, and that He has a more intent and vigilant regard to them than to others of less moment, or of ordinary course: *Magna Dii curant; parva negligunt:*[3] observe his example; he will clear this to you by his reason: *Nec in regnis quidem reges omnia minima curant;*[4] as if to that King of kings it were more and less to subvert a kingdom or to move the leaf of a tree: or as if His providence acted after another manner in inclining the event of a battle than in the leap of a flea. The hand of His government is laid upon everything after the same manner, with the same power and order: our interest does nothing towards it; our inclinations and measures sway nothing with Him: *Deus ita artifex magnus in magnis, ut minor non sit in parvis.*[5] Our arrogance sets this blasphemous comparison ever before us. Because our employments are a burthen to us, Strato has courteously been pleased to exempt the gods from all offices, as their priests are; he makes nature produce and support all things; and with her weights and motions make up the several parts of the world, discharging human nature from the awe of divine judgments: *Quod beatum æternumque sit, id nec habere negotii quidquam, nec exhibere alteri.*[6] Nature wills that in like things there should be a like relation: the infinite number of mortals, therefore, concludes a like number of immortals; the infinite things that kill and destroy presuppose as many that preserve and profit. As the souls of the gods

---

[1] Let it shine or rain to-morrow, this cannot alter the past, nor uncreate and render void that which was enjoyed yesterday.—Horace, *Od.*, iii. 29, 43.

[2] 'Tis wonderful to what the wickedness of man's heart will proceed, if elevated with the least success.—Pliny, *Nat. Hist.*, ii. 23.

[3] The gods concern themselves with great matters, but slight the small.—Cicero, *De Nat. Deor.*, ii. 66.

[4] Neither do kings in their administration take notice of minor matters.—*Ibid.*, iii. 35.

[5] God, so great an artificer in great things, is no less so in the least.—St. Augustine, *City of God*, xi. 22.

[6] What is blessed and eternal, has neither any business itself nor gives any to another.—Cicero, *De Nat. Deor.*, i. 17.

without tongue, eyes, or ear, each of them feels amongst themselves what the others feel, and judge our thoughts; so the souls of men, when at liberty and loosed from the body, either by sleep, or some ecstasy, divine, foretell, and see things, which, whilst joined to the body, they could not see. "Men," says St. Paul, "professing themselves to be wise, they became fools, and changed the glory of the uncorruptible God into an image made like to corruptible man." Do but take notice of the jugglery in the ancient deification: after the grand and stately pomp of the funeral, so soon as the fire began to mount to the top of the pyramid and to catch hold of the hearse where the body lay, they, at the same time, turned out an eagle, which, flying upward, signified that the soul went into Paradise; we have still a thousand medals, and particularly of that virtuous Faustina, where this eagle is represented carrying these deified souls with their heels upwards, towards heaven. 'Tis pity that we should fool ourselves with our own fopperies and inventions;

Quod finxere, timent: [1]

like children who are frightened with the face of their playfellow that they themselves have smeared and smutted, *Quasi quidquam infelicius sit homine, cui sua figmenta dominantur.*[2] 'Tis far from honouring Him who made us, to honour him whom we have made. Augustus had more temples than Jupiter, served with as much religion and belief of miracles. The Thasians, in return for the benefits they had received from Agesilaus, coming to bring him word that they had canonised him: "Has your nation," said he to them, "the power to make gods of whom they please? Pray first deify some one amongst yourselves, and when I see what advantage he has by it, I will thank you for your offer." Man is certainly stark mad; he cannot make a flea, and yet he will be making gods by dozens. Hear what Trismegistus says in praise of our sufficiency: "Of all the wonderful things, it surmounts all wonder, that man could find out the divine nature and make it." And take here the arguments of the school of philosophy itself,

Nosse cui divos et cœli numina soli,
Aut soli nescire, datum: [3]

"if there be a God, He is a corporeal creature; if He be a corporeal creature, He has sense; and if He has sense, He is subject to corruption. If He be without a body, He is without a soul, and consequently without action: and if He have a body it is perishable." Is not here a triumph? "We are incapable of having made the world; there must, then, be some more excellent nature that has put a hand to the work. It were a foolish and ridiculous arrogance to esteem ourselves the most perfect thing of this universe: there must, then, be something that is better and more perfect, and that is God. When you see a stately and stupendous edifice, though you do not know who is the owner of it, you would yet conclude it was not built for rats: and this divine structure that we behold of the celestial palace, have we not reason to believe that it is the residence of some possessor, who is much greater than we? Is not the highest always the most worthy; and we are placed lowest to Him. Nothing without a soul and without reason can produce a living creature capable of reason; the world produces us; the world, then, has soul and reason. Every part of us is less than we: we are part of the world; the world, therefore, is endued with wisdom and reason, and that more abundantly than we. 'Tis a fine thing to have a great government: the government of the world, then, appertains to some happy nature. The stars do us no harm: they are, then, full of goodness. We have need of nourishment; then so have the gods also; and they feed upon the vapours of the earth. Worldly goods are not goods to God; therefore they are not goods to us. Offending, and being offended, are equally testimonies of imbecility: 'tis, therefore, folly to fear God. God is good by His nature; man by his industry, which is more. The divine and human wisdom have no other distinction, but that the first is eternal: but duration is no accession to wisdom; therefore, we are companions. We have life, reason, and liberty; we esteem goodness, charity, and justice: these qualities, then, are in him." In fine, the building and destroying, the conditions of the divinity, are forged by man, according as they bear relation to himself. What a pattern! what a model! Let us stretch, let us raise and swell human qualities as much as we please: puff up thyself, poor creature, yet more and more, and more;

Non, si te ruperis, inquit.[4]

Profecto non Deum, quem cogitare non possunt,
sed semet ipsos pro illo cogitantes, non illum, sed

---

[1] They fear what they themselves have invented.—Lucan, i. 486.

[2] As if anything could be more unhappy than man, who is domineered over by his own imagination.

[3] To whom alone it is given to know the deities of heaven, or know that we can know them not.—Lucan, i. 452.

[4] Not if thou burst, said he.—Horace, Sat., ii. 3. 19.

seipsos, non illi, sed sibi comparant.[1] In natural things the effects but half relate to their causes: what about this? it is above the order of nature; its condition is too elevated, too remote, and too mighty to permit itself to be bound and fettered by our conclusions. 'Tis not through ourselves that we arrive at that place: our ways lie too low: we are no nearer heaven on the top of Mont Cenis, than at the bottom of the sea: take the distance with your astrolabe. They debase God even to the carnal knowledge of women, to so many times, to so many propagations: Paulina the wife of Saturninus, a matron of great reputation at Rome, thinking she lay with the god Serapis, found herself in the arms of a lover of hers, through the pandarism of the priests of the temple. Varro, the most subtle and most learned of all the Latin authors, in his book of theology, writes[2] that the sacristan of Hercules' temple, throwing dice with one hand for himself and with the other for Hercules, played after that manner with him for a supper and a wench: if he won, at the expense of the offerings; if he lost, at his own. He lost, and paid the supper and the wench. Her name was Laurentina; she saw by night this god in her arms, who, moreover, told her that the first she met the next day should give her a heavenly reward; which proved to be Taruncius,[3] a rich young man who took her home to his house and in time left her his heiress. She, in her turn, thinking to do a thing that would be pleasing to this god, left the people of Rome her heirs, and therefore had divine honours voted to her. As if it were not sufficient that Plato was originally descended from the gods by a double line, and that he had Neptune for the common father of his race, it was certainly believed at Athens that Aristo, having a mind to enjoy the fair Perictione, could not, and was warned by the god Apollo in a dream to leave her unpolluted and untouched till she should first be brought to bed. These were the father and mother of Plato. How many ridiculous stories are there of like cuckoldings committed by the gods against poor mortals? and how many husbands injuriously disgraced in favour of their children? In the Mohammedan religion, there are plenty of Merlins found by the belief of the people, that is to say, children without fathers, spiritual, divinely conceived in the wombs of virgins, and who bear a name that signifies as much in their language.

We are to observe that to every creature nothing is more dear and estimable than its own being; the lion, the eagle, dolphin prizing nothing beyond their own kind, and that everything refers the qualities of all other things to its own proper qualities, which we may indeed extend or contract, but that's all; for beyond that relation and principle, our imagination cannot go, can guess at nothing else, nor possibly go out thence or stretch beyond it. From which spring these ancient conclusions: "Of all forms, the most beautiful is that of man; therefore God must be of that form. No one can be happy without virtue, nor virtue be without reason, and reason cannot inhabit anywhere but in a human shape: God is therefore clothed in a human shape." *Ita est informatum anticipatumque mentibus nostris, ut homini, quum de Deo cogitet, forma occurrat humana.*[4] Therefore it was that Xenophanes pleasantly said, that if beasts frame any gods to themselves, as 'tis likely they do, they make them certainly such as themselves are, and glorify themselves therein as we do. For why may not a goose say thus: "All parts of the universe have I an interest in; the earth serves me to walk upon, the sun to light me, the stars to spread their influence upon me; I have such an advantage by the winds, such conveniences by the waters: there is nothing that yon heavenly roof looks upon so favourably as me; I am the darling of nature. Is it not man that feeds, lodges, and serves me? 'Tis for me that he sows and grinds; if he eats me, he does the same by his fellow man, and so do I the worms that kill and devour him." As much might be said by a crane, and more magnificently, upon the account of the liberty of his flight, and the possession of that high and beautiful region: *Tam blanda conciliatrix, et tam sui est lena ipsa natura.*[5]

By the same consequence, the destinies are, then, for us, for us the world; it shines, it thunders for us; creator and creatures all are for us: 'tis the mark and point to which the universality

---

[1] Certainly they do not imagine God, whom they cannot imagine; but they imagine themselves in His stead: they do not compare Him, but themselves, not to Him, but to themselves.—St. Augustine, *City of God*, xii. 15.

[2] *Ibid.*, vi.

[3] Or Tarutius. Plutarch, Romulus, who calls the lady Larentia, and says that Tarutius was a very old man.

[4] It is so imprinted in our minds, and the fancy is so prepossessed with it, that when a man thinks of God, a human figure ever presents itself to the imagination.—Cicero, *De Nat. Deor.*, i. 27.

[5] So flattering and wheedling is nature to herself.—*Ibid.*, i. 27.

of things is directed. Look into the records that philosophy has kept, for two thousand years and more, of the affairs of heaven; the gods all that while have neither acted nor spoken but for man: she does not allow them any other consultation or vocation. See them, here, against us in war:

> Domitosque Herculea manu
> Telluris juvenes, unde periculum
> Fulgens contremuit domus
> Saturni veteris.[1]

And here see them participate of our troubles, to make a return for having so often shared in theirs:

> Neptunus muros, magnoque emota tridenti
> Fundamenta quatit, totamque a sedibus urbem
> Eruit: hic Juno Scæas sævissima portas
> Prima tenet.[2]

The Caunians, jealous of the authority of their own special gods, arm themselves on the days of their devotion, and run all about their precincts cutting and slashing the air with their swords, by that means to drive away and banish all foreign gods out of their territory.[3] Their powers are limited according to our necessity; this divinity cures horses, that men, this the plague, that the scurf, that the cough; one, one sort of itch, another another: *Adeo minimis etiam rebus prava religio inserit deos.*[4] This makes the grapes grow; that has presidence over lechery; this the superintendence over merchandise; for every sort of artisan a god: this has his province and credit in the east; that in the west:

> Hic illius arma . . . Hic currus fuit.[5]

> O sancte Apollo, qui umbilicum certum terrarum
> obtines![6]

> Pallada Cecropidæ, Minoia Creta Dianam,
> Vulcanum tellus Hypsipylæa colit,
> Junonem Sparte, Pelopeiadesque Mycenæ;

> Pinigerum Fauni Mænalis ora caput;
> Mars Latio venerandus erat:[7]

this deity has only one town or one family in his possession; that lives alone; this in company either voluntary or upon necessity,

> Junctaque sunt magno templa nepotis avo.[8]

there are some so common and mean (for the number amounts to six-and-thirty thousand) that they must pack five or six together to produce one ear of corn, and thence take their several names; three to a door, that of the plank, that of the hinge, and that of the threshold; four to a child, protectors of his swathing clouts, his drink, meat, sucking; some certain, some uncertain and doubtful; some that are not yet entered paradise:

> Quos, quoniam cœli nondum dignamur honore,
> Quas dedimus, certe terras habitare sinamus.[9]

There are amongst them physicians, poets, lawyers: some, a mean betwixt the divine and human nature, mediators betwixt God and us; adored with a certain second and diminutive sort of adoration; infinite in titles and offices; some good, others evil; some old and decrepit, some that are mortal: for Chrysippus was of opinion that in the last conflagration of the world all the gods will have to die except Jupiter. Man forges a thousand pretty societies betwixt God and him: is He not his countryman?

> Jovis incunabula Creten.[10]

This is the excuse that, upon consideration of this subject, Scævola, a high priest, and Varro, a great divine, in their time make us: "That it is necessary the people should be ignorant of many things that are true, and believe many things that are false": *Quum veritatem, qua liberetur, inquirat: credatur ei expedire, quod fallitur.*[11] Human eyes cannot perceive things but by the forms they know: and do we not remember what a leap miserable Phaeton took for at-

---

[1] The sons of earth, subdued by the hand of Hercules, in the rude shock made old Saturn's sparkling palace shake.—Horace, *Od.*, ii. 12, 6.
[2] Neptune with his massive trident made the walls and foundations shake, and overturned the whole city; here cruel Juno first occupied the Scæan gates.—*Æneid*, ii. 610.
[3] Herodotus, i. 172.
[4] At such a rate does false religion create gods for the most contemptible uses.—Livy, xxvii. 23.
[5] Here were her arms, here her chariot.—*Æneid*, i. 16.
[6] O sacred Phœbus, who hast sway over the navel of the earth.—Cicero, *De Div.*, ii. 56.

[7] The Athenians worship Pallas, the Crete of Minos, Diana; Vulcan is worshipped on the Lemnian shore; Sparta and Mycene adore Juno; the Arcadians worship Faunus; Mars in Latium was adored.—Ovid, *Fast.*, iii. 81.
[8] Temples to the grandson are joined to that of the great-grandfather.—*Ibid.*, i. 294.
[9] Whom, since we think them not yet worthy of heaven, we permit to inhabit the earth we have given.—Ovid, *Met.*, i. 194.
[10] Crete, the birthplace of Jove.—*Ibid.*, viii. 99.
[11] Seeing he inquires into the truth so that he may be made free, 'tis thought fit he would be deceived.—St. Augustine, *City of God*, iv. 31.

tempting to govern the reins of his father's horses with a mortal hand? Our mind falls into as great a profundity, and is after the same manner bruised and shattered by its own temerity. If you ask philosophy of what matter is heaven, of what the sun, what answer will she return, but that it is of iron, or, with Anaxagoras, of stone, or some other material that she makes use of? If a man inquire of Zeno what nature is? "A fire," says he, "artisan, proper for generation, proceeding regularly." Archimedes, master of that science which attributes to itself the precedence before all others for truth and certainty: "the sun," says he, "is a god of red-hot iron." Was not this a fine imagination, extracted from the beauty and inevitable necessity of geometrical demonstrations? yet not so inevitable and useful, but that Socrates thought it was enough to know so much of geometry only as to measure the land a man bought or sold; and that Polyænus, who had been a great and famous master in it, despised it, as full of falsity and manifest vanity, after he had once tasted the delicate fruits of the effeminate garden of Epicurus. Socrates in Xenophon, concerning this proposition of Anaxagoras, reputed by antiquity learned above all others in celestial and divine matters, says that he had cracked his brain, as all men do who too immoderately search into knowledges which nothing appertain unto them: when he made the sun to be a burning stone, he did not consider that a stone does not shine in the fire; and which is worse, that it will there consume; and in making the sun and fire one, that fire does not turn complexions black in shining upon them; that we are able to look fixedly upon fire: and that fire kills herbs and plants. 'Tis Socrates' opinion, and mine too, that it is best judged of heaven not to judge of it at all. Plato having occasion in his *Timæus* to speak of dæmons: "This undertaking," says he, "exceeds our ability; we are to believe those ancients who said they were begotten by them: 'tis against reason to refuse faith to the children of the gods, though what they say should not be proved by any necessary or probable reasons, seeing they engage to speak of domestic and quite familiar things."

Let us see if we have a little more light in the knowledge of human and natural things. Is it not a ridiculous attempt for us to devise for those, to whom by our own confession our knowledge is not able to attain, another body, and to lend a false form of our own invention; as is manifest in the motion of the planets, to which, seeing our wits cannot possibly arrive nor conceive their natural conduct, we lend them material, heavy, and substantial springs of our own, by which to move:

Temo aureus, aurea summæ
Curvatura rotæ, radiorum argenteus ordo: [1]

you would say that we had had coach-makers, wheel-wrights, and painters that went up on high to make engines of various movements, and to range the wheels and interlacings of the heavenly bodies of differing colours about the axis of Necessity, according to Plato: [2]

Mundus domus est maxima rerum,
Quam quinque altitonæ fragmine zonæ
Cingunt, per quam limbus pictus bis sex signis
Stellimicantibus, altus in obliquo æthere, lunæ
Bigas acceptat: [3]

these are all dreams and fantastic follies. Why will not Nature please, once for all, to lay open her bosom to us, and plainly discover to us the means and conduct of her movements, and prepare our eyes to see them? Good God, what blunders, what mistakes should we discover in our poor science! I am mistaken if it apprehend any one thing as it really is: and I shall depart hence more ignorant of all other things than of my own ignorance.

Have I not read in Plato this divine saying, that "Nature is nothing but an enigmatic poesy?" as if a man might, peradventure, say, a veiled and shaded picture, breaking out here and there with an infinite variety of false lights to puzzle our conjectures. *Latent ista omnia crassis occultata et circumfusa tenebris; ut nulla acies humani ingenii tanta sit, quæ penetrare in cœlum, terram intrare possit.*[4] And certainly philosophy is no other than a sophisticated poesy. Whence do the ancient writers extract their authorities but from the poets? and the first of them were poets themselves, and wrote accordingly. Plato himself is but a disconnected poet: Timon injuriously calls him the great forger of miracles. All superhuman sciences make use of the poetic style. Just as women for themselves make use

---

[1] A golden beam, wheels of gold, and silver spokes. —Ovid, *Met.*, ii. 107.
[2] *Republic.*
[3] The world is the great home of all things, which five thundering zones enfold, through which a girdle, painted with twelve sparkling constellations, shines high in the oblique roof, marks the diurnal course, and receives the two-horsed chariot of the moon.—Varro, *Catal.*
[4] All those things lie concealed and involved in so caliginous an obscurity, that no point of human wit can be so sharp as to pierce heaven, or penetrate the earth.—Cicero, *Acad.*, ii. 39.

of teeth of ivory where the natural are wanting, and instead of their true complexion make one of some foreign matter; legs of cloth or felt, and plumpness of cotton, and in the sight and knowledge of every one paint, patch, and trick up themselves with false and borrowed beauty: so does science (and even our law itself has, they say, legal fictions whereon it builds the truth of its justice); she gives us, in presupposition and for current pay, things which she herself informs us were invented: for these epicycles, excentric and concentric, which astrology makes use of to carry on the motions of the stars, she gives us as the best she could contrive upon that subject; as also, in all the rest, philosophy presents us, not that which really is or what she really believes, but what she has contrived with the most plausible likelihood and the fairest aspect. Plato[1] upon the subject of the state of human bodies and those of beasts: "I should know that what I have said is truth," says he, "had I the confirmation of an oracle: but this I will affirm, that what I have said is the most likely to be true of anything I could say."

'Tis not to heaven only that she sends her ropes, engines, and wheels; let us consider a little what she says of ourselves and of our contexture: there is not more retrogradation, trepidation, accession, recession, aberration, in the stars and celestial bodies than they have found out in this poor little human body. Truly they have good reason upon that very account to call it the Little World, so many tools and parts have they employed to erect and build it. To accommodate the motions they see in man, the various functions and faculties that we find in ourselves, into how many parts have they divided the soul? in how many places lodged, into how many orders have they divided, to how many stories have they raised this poor creature man, besides those that are natural and to be perceived? and how many offices and vocations have they assigned him? They make of him an imaginary public thing; 'tis a subject that they hold and handle; and they have full power granted to them to rip, place, displace, piece, and stuff it, every one according to his own fancy, and yet to this day they possess it not. They cannot, not in reality only but even in dreams, so govern it that there will not be some cadence or sound that will escape their architecture, enormous as it is, and botched with a thousand false and fantastic patches. And it is not reason to excuse them; for though we are content with painters when they paint heaven, earth, seas, mountains, remote islands, if they gave us but some slight mark of them, and, as of things unknown, are satisfied with a feigned and obscure shadowing forth; yet when they come to draw us by the life, or any other subject which is known and familiar to us, we then require of them a perfect and exact representation of lineaments and colours, and despise them if they fail in it.

I am very well pleased with the Milesian girl who, observing the philosopher Thales to be always contemplating the celestial arch and with eyes ever gazing upward, laid something in his way that he might stumble at, to put him in mind that it would be time to take up his thoughts about things in the clouds when he had provided for those under his feet. Certes, she advised him very well, rather to look to himself than to gaze at heaven; for, as Democritus says, by the mouth of Cicero, *Quod est ante pedes nemo spectat: cœli scrutantur plagas.*[2] But our condition will have it so that the knowledge of what we have in hand is as remote from us, and as much above the clouds as that of the stars: as Socrates says in Plato, that whoever tampers with philosophy may be reproached as Thales was by the woman, that he sees nothing of that which is before him; for every philosopher is ignorant of what his neighbour does; yes, and of what he does himself, and is ignorant of what they both are, whether beasts or men.

And these people who find Sebonde's arguments too weak, who are ignorant of nothing, who govern the world, and who know all things,

Quæ mare compescant causæ; quid temperet annum,
Stellæ sponte sua, jussæve, vagentur et errent;
Quid premat obscurum lunæ, quid proferat orbem,
Quid velit et possit rerum concordia discors;[3]

have they not sometimes in their books sounded the difficulties they have met with of knowing their own being? We see very well that the finger moves, that the foot moves, that some parts have motion of themselves without our leave, and that others work by our direction; that one sort of apprehension occasions blushing, another paleness; such an imagination works upon the

---

[1] In the *Timæus*.

[2] No man regards what is under his feet; they are always prying towards heaven.—Cicero, *De Divin.*, ii. 13. It is not a saying of Democritus, but a line of poetry directed by Cicero against Democritus.

[3] What governs the sea, what rules the year, whether the planets move spontaneously or under compulsion, what obscures the moon, what the concording discord of all things will or can effect.—Horace, *Epist.*, i. 12, 16.

spleen only, another upon the brain; one occasions laughter, another tears; another stupefies and astounds all our senses and arrests the movements of our members; at one object the stomach will rise, at another a member that lies somewhat lower: but how a spiritual impression should make such a breach into a massive and solid subject, and the nature of the connection and contexture of these admirable springs and movements, never man yet knew: *Omnia incerta ratione, et in naturæ majestate, abdita*,[1] says Pliny; and St. Augustine: *modus, quo corporibus adhærent spiritus . . . omnino mirus est, nec comprehendi ab homine potest; et hoc ipse homo est*;[2] and yet it is not so much as doubted; for the opinions of men are received according to ancient beliefs, by authority and upon trust, as if it were religion and law: that which is commonly held about it is an accepted jargon; this assumed truth, with all its clutter of arguments and proofs, is admitted as a firm and solid body that is no more to be shaken, no further to be judged of; on the contrary, every one, as best he may, corroborates and fortifies this received belief with the utmost power of his reason, which is a supple utensil, pliable and to be accommodated to any figure: and thus the world comes to be filled with lies and fopperies. The reason that men do not doubt of so few things is that they never examine common impressions; they do not dig to the root where the faults and weakness lie; they only debate about the branches: they do not ask whether such and such a thing be true, but if it has been so and so understood; it is not inquired whether Galen said anything to purpose, but whether he said this or that. In truth there was very good reason that this curb and constraint on the liberty of our judgments and this tyranny over our beliefs, should be extended to the schools and arts; the god of scholastic knowledge is Aristotle; 'tis irreligion to question any of his decrees, as it was those of Lycurgus at Sparta; his doctrine is magisterial law, which, peradventure, is as false as another. I do not know why I should not as willingly accept either the ideas of Plato, or the atoms of Epicurus, or the *plenum* and *vacuum* of Leucippus and Democritus, or the water of Thales, or the infinity of nature of Anaximander, or the air of Diogenes, or the numbers and symmetry of Pythagoras, or the infinity of Parmenides, or the One of Musæus, or the water and fire of Apollodorus, or the similar parts of Anaxagoras, or the discord and friendship of Empedocles, or the fire of Heraclitus, or any other opinion of that infinite confusion of opinions and determinations which this fine human reason produces by its certitude and clear-sightedness in everything it meddles withal, as I should the opinion of Aristotle upon this subject of the principles of natural things; which principles he builds of three pieces, matter, form, and privation. And what can be more vain than to make inanity itself the cause of the production of things? privation is a negative: by what fancy could he make them the cause and original of things that are? And yet all this was not to be controverted, but as an exercise of logic; nothing was to be discussed to bring it into doubt, but only to defend the author of the school from foreign objections: his authority is the *non ultra*, beyond which it was not permitted to inquire.

It is very easy upon granted foundations to build whatever we please: for according to the law and ordering of this beginning, the other parts of the structure are easily carried on without any mishap. By this way, we find our reason well-grounded and discourse at a venture; for our masters prepossess and gain beforehand as much room in our belief as is necessary for them towards concluding afterwards what they please, as geometricians do by their postulates; the consent and approbation we allow them, giving them power to draw us to the right and left, and to whirl us about at their own pleasure. Whoever is believed upon his presuppositions is our master and our god: he will take the level of his foundations so ample and so easy that by them he may mount us up to the clouds, if he so please. In this practice and communication of science we have taken the saying of Pythagoras, "that every expert ought to be believed in his own art," for current pay; the dialectician refers the signification of words to the grammarian; the rhetorician borrows the state of arguments from the dialectician; the poet his measures from the musician; the geometrician his proportions from the arithmetician; the metaphysicians take physical conjectures as their foundations; for every science has its principles presupposed, by which human judgment is everywhere limited. If you drive against the barrier where the principal error lies, they have presently this sentence in their mouths; "that there is no disputing with persons who deny principles"; now men can have

---

[1] All things are uncertain to reason, and concealed in the majesty of nature.—Pliny, ii. 37.

[2] The manner whereby souls adhere to bodies is altogether marvellous, and cannot be conceived by man, and yet this union is man.—St. Augustine, *City of God*, xxi. 10.

no principles, if not revealed to them by the Divinity; of all the rest, the beginning, the middle, and the end are nothing but dream and vapour. To those who contend upon presupposition, we must, on the contrary, presuppose to them the same axiom upon which the dispute is: for every human presupposition, and every declaration has as much authority one as another, if reason do not make the difference. Wherefore they are all to be put into the balance, and first the general and those that tyrannise over us. The persuasion of certainty is a certain testimony of folly and extreme uncertainty; and there are not a more foolish sort of men, nor that are less philosophers, than the Philodoxes of Plato;[1] we must inquire whether fire be hot, whether snow be white, if we know of any such things as hard or soft.

And as to those answers of which they made old stories; as to him who doubted if there were any such thing as heat, whom they bid throw himself into the fire; and to him who denied the coldness of ice, whom they bad to put a cake of ice into his bosom; these are pitiful things, altogether unworthy of the profession of philosophy. If they had let us alone in our natural state, to receive the appearance of things without us according as they present themselves to us by our senses, and had permitted us to follow our own natural appetites, simple and regulated by the condition of our birth, they might have had reason to talk at that rate; but 'tis from that we have learned to make ourselves judges of the world; 'tis from them that we derive this fancy, "that human reason is controller-general of all that is without and within the roof of heaven, that comprehends everything, that can do everything, by the means of which everything is known and understood." This answer would be good amongst cannibals, who enjoy the happiness of a long, quiet, and peaceable life without Aristotle's precepts, and without the knowledge of the name of physics; this answer would, peradventure, be of more value and greater force than all those they borrow from their reason and invention; of this all animals would be capable with us, and all things where the power of the law of nature is yet pure and simple; but this they have renounced. They must not tell us, "it is true, for you see and feel it to be so": they must tell me whether I really feel what I think I feel; and if I do feel it, they must then tell me why I feel it, and how, and what; let them tell me the name, origin, parts and junctures of heat and cold; the qualities of agent and patient; or let them give up their profession, which is not to admit or approve of anything but by the way of reason; that is their test in all sorts of essays: but certainly, 'tis a test full of falsity, error, weakness, and defect.

How can we better prove this than by itself? if we are not to believe her, when speaking of herself, she can hardly be thought fit to judge of foreign things: if she know anything, it must at least be her own being and abode; she is in the soul, and either a part or an effect of it; for true and essential reason, from which we by a false colour borrow the name, is lodged in the bosom of the Almighty; there is her habitation and retreat, 'tis thence she imparts her rays, when God is pleased to impart any beam of it to mankind, as Pallas issued from her father's head to communicate herself to the world.

Now let us see what human reason tells us of herself, and of the soul: not of the soul in general, of which almost all philosophy makes the celestial and first bodies participants, nor of that which Thales attributed even to things reputed inanimate, drawn on so to do by the consideration of the loadstone; but of that which appertains to us, and that we ought the best to know:

Ignoratur enim, quæ sit natura animai;
Nata sit; an, contra, nascentibus insinuetur;
Et simul intereat nobiscum morte dirempta,
An tenebris Orci visat, vastasque lacunas,
An pecudes alias divinitus insinuet se.[2]

Crates and Dicæarchus were taught by it, that there was no soul at all; but that the body stirs by a natural motion: Plato,[3] that it was a substance moving of itself; Thales, a nature without repose; Asclepiades, an exercising of the senses; Hesiod and Anaximander, a thing composed of earth and water; Parmenides, of earth and fire; Empedocles, of blood:

Sanguineam vomit ille animam;[4]

Posidonius, Cleanthes, and Galien, that it was heat or a hot complexion:

Igneus est ollis vigor, et cœlestis origo;[5]

Hippocrates, a spirit diffused all over the body;

---

[1] Plato, *Republic*, v. sub fin.

[2] None know the nature of the soul, whether it be born with us, or be infused into us at our birth; whether it dies with us, or descends to the shades below, or whether the gods transmit it into other animals.—Lucretius, i. 113.

[3] *Laws*, x.

[4] He vomits up his bloody soul.—*Æneid*, ix. 349.

[5] Their vigour is of fire, and descended from the gods.—*Ibid.*, vi. 730.

Varro, that it was an air received at the mouth, heated in the lungs, moistened in the heart, and diffused throughout the whole body. Zeno, the quintessence of the four elements; Heraclides Ponticus, that it was the light; Xenocrates and the Egyptians, a moveable number; the Chaldæans, a virtue without any determinate form:

Habitum quemdam vitalem corporis esse,
Harmoniam Græci quam dicunt: [1]

let us not forget Aristotle, who held the soul to be that which naturally causes the body to move, which he calls Entelechia, with as cold an invention as any of the rest; for he neither speaks of the essence, nor of the original, nor of the nature of the soul, but only takes notice of the effect; Lactantius, Seneca, and most of the dogmatists, have confessed that it was a thing they did not understand: and after all this enumeration of opinions, *harum sententiarum quæ vera sit, Deus aliquis viderit:* says Cicero; [2] I know, by myself, says St. Bernard, how incomprehensible God is, seeing I cannot comprehend the parts of my own being. Heraclitus, who was of opinion that every place was full of souls and demons, nevertheless maintained that no one could advance so far towards the knowledge of the soul, as ever to arrive at it; so profound was its essence.

Neither is there less controversy and debate about seating it. Hippocrates and Hierophilus place it in the ventricle of the brain; Democritus and Aristotle throughout the whole body:

Ut bona sæpe valetudo quum dicitur esse
Corporis, et non est tamen hæc pars ulla valentis; [3]

Epicurus, in the stomach:

Hic exsultat enim pavor ac metus; hæc loca circum
Lætitiæ mulcent; [4]

the Stoics, about and within the heart; Erasistratus, adjoining the membrane of the epicranion; Empedocles, in the blood, as also Moses, which was the reason why he interdicted eating the blood of beasts because the soul is there seated: Galien thought, that every part of the body had its soul: Strato placed it betwixt the eyebrows: *Qua facie quidem sit animus, aut ubi habitet, ne quærendum quidem est:* [5] says Cicero. I very willingly deliver this author to you in his own words: for why spoil the language of eloquence? besides that it were no great prize to steal the matter of his inventions; they are neither very frequent, nor of any great weight, and sufficiently known. But the reason why Chrysippus argues it to be about the heart, as all the rest of that sect do, is not to be omitted. "It is," says he, "because when we would affirm anything, we lay our hand upon our breasts: and when we will pronounce ἐγώ, which signifies I, we let the lower mandible sink towards the stomach." This place ought not to be over-slipt without a remark upon the futility of so great a man; for besides that these considerations are infinitely light in themselves, the last is only a proof to the Greeks that they have their souls lodged in that part: no human judgment is so vigilant that it does not sometime sleep. Why should we be afraid to speak? We see the Stoics, fathers of human prudence, have found out that the soul of a man crushed under a ruin, long labours and strives to get out, like a mouse caught in a trap, before it can disengage itself from the burden. Some hold that the world was made to give bodies, by way of punishment, to the spirits, fallen by their own fault, from the purity wherein they had been created, the first creation having been no other than incorporeal; and that according as they are more or less remote from their spirituality, so are they more or less lightly or heavily incorporated, and that thence proceeds the variety of so much created matter. But the spirit that, for his punishment, was invested with the body of the sun, must certainly have a very rare and particular measure of thirst.

The extremities of our perquisition all fall into and terminate in a misty astonishment, as Plutarch says,[6] of the testimony of histories, that as in charts and maps the utmost bounds of known countries are filled up with marshes, impenetrable forests, deserts, and uninhabitable places; and this is the reason why the most gross and childish ravings are most found in those authors who treat of the most elevated subjects, and proceed the furthest in them, losing themselves in their own curiosity and presumption. The beginning and the end of knowledge are equally foolish: observe to what a pitch Plato

---

[1] A certain vital habit which the Greeks call a harmony.—Lucretius, iii. 100.

[2] "Of these opinions, which is the true, let some God determine."—Cicero, *Tusc. Quæs.*, i. 11.

[3] As when good health is often said to be a part of the body, whereas of a healthy man 'tis no part.—Lucretius, iii. 103.

[4] This is the seat of terror and fear; here is the place where joys exist.—*Ibid.*, 142.

[5] What figure the soul is of, or what part it inhabits, is not to be inquired into.—Cicero, *Tusc. Quæs.* i. 27.

[6] Theseus.

flies in his poetic clouds; do but take notice there of the gibberish of the gods; but what did he dream of when he defined man to be a two-legged animal, without feathers: giving those who had a mind to deride him, a pleasant occasion; for, having pulled off the feathers of a live capon, they went about calling it the Man of Plato.

And what of the Epicureans? out of what simplicity did they first imagine that their atoms, which they said were bodies having some weight and a natural motion downward, had made the world: till they were put in mind by their adversaries that, according to this description, it was impossible they should unite and join to one another, their fall being so direct and perpendicular, and producing parallel lines throughout? wherefore they were fain thereafter to add a fortuitous and lateral motion, and, moreover, to furnish their atoms with hooked tails, by which they might unite and cling to one another; and even then do not those who attack them upon this second invention, put them hardly to it? "If the atoms have by chance formed so many sorts of figures, why did it never fall out that they made a house or a shoe? why, at the same rate, should we not believe that an infinite number of Greek letters, strown all over a place, might fall into the contexture of the *Iliad?*"

"Whatever is capable of reason," says Zeno, "is better than that which is not capable: there is nothing better than the world: the world is therefore capable of reason." Cotta, by this same argumentation, makes the world a mathematician; and 'tis also made a musician and an organist by this other argumentation of Zeno: "the whole is more than a part; we are capable of wisdom, and are part of the world: therefore the world is wise." There are infinite like examples, not merely of arguments that are false in themselves, but silly: that do not hold together, and that accuse their authors not so much of ignorance as of imprudence, in the reproaches the philosophers throw in one another's teeth upon the dissensions in their opinions and sects.

Whoever should bundle up a lusty faggot of the fooleries of human wisdom, would produce wonders. I willingly muster up these few as patterns in their way not less profitable than more moderate instructions. Let us judge by these what opinion we are to have of man, of his sense and reason, when in these great persons, who have raised human knowledge so high, so many gross and manifest errors and defects are to be found!

For my part, I would rather believe that they have treated of knowledge casually, and as a toy with both hands, and have contended about reason as of a vain and frivolous instrument, setting on foot all sorts of inventions and fancies, sometimes more sinewy, and sometimes weaker. This same Plato, who defines man as if he were a fowl, says elsewhere, after Socrates, "that he does not, in truth, know what man is, and that he is a member of the world the hardest to understand." But this variety and instability of opinions, they tacitly lead us as it were by the hand to this resolution of their irresolution. They profess not always to deliver their opinions barefaced and apparent; they have one while disguised them in the fabulous shadows of poesy, and another while under some other mask: our imperfection carries this also along with it, that raw meat is not always proper for our stomachs; we must dry, alter, and mix it. These men do the same; they often conceal their real opinions and judgments, and falsify them to accommodate themselves to the public use. They will not make an open profession of ignorance and of the imbecility of human reason, that they may not frighten children; but they sufficiently discover it to us under the appearance of a troubled and inconstant science.

I advised a person in Italy, who had a great mind to speak Italian, that provided he only had a desire to make himself understood, without being ambitious otherwise to excel, that he should simply make use of the first words that came to the tongue's end, Latin, French, Spanish, or Gascon, and then by adding the Italian termination, he could not fail of hitting upon some idiom of the country, either Tuscan, Roman, Venetian, Piedmontese, or Neapolitan, and to apply himself to some one of those many forms: I say the same of philosophy; she has so many faces, so much variety, and has said so many things, that all our dreams and fantasies are there to be found; human imagination can conceive nothing, good or bad, that is not there; *Nihil tam absurdè dici potest, quod non dicatur ab aliquo philosophorum.*[1] And I am the more willing to expose my own whimsies to the public, forasmuch as though they are spun out of myself and without any pattern, I know they will be found related to some ancient humour, and there will be no want of some one to say, "That's whence he took it." My manners are natural; I have not called in the assistance of any

---

[1] Nothing can be so absurdly said, that has not been said before by some of the philosophers.—Cicero, *De Divin.*, ii. 58.

discipline to frame them: but weak as they are, when it came into my head to lay them open to the world's view, and that, to expose them to the light in a little more decent garb, I went about to help them with reasons and examples: it was a wonder to myself incidentally to find them comformable to so many philosophical discourses and examples. I never knew what regimen my life was of till after it was near worn out and spent: a new figure, an unpremeditate and accidental philosopher.

But to return to our soul: that Plato[1] has placed reason in the brain, anger in the heart, and concupiscence in the liver, 'tis likely that it was rather an interpretation of the movements of the soul than that he intended a division and separation of it, as of a body, into several members. And the most likely of their opinions is, that 'tis always a soul, that, by its faculty, reasons, remembers, comprehends, judges, desires and exercises all its other operations by divers instruments of the body; as the pilot guides his ship according to his experience of it: now tightening, now slacking, the cordage, one while hoisting the mainyard or moving the rudder, by one and the same power carrying on so many several effects: and that it is lodged in the brain, which appears from this that the wounds and accidents which touch that part immediately offend the faculties of the soul; and 'tis not incongruous that it should thence diffuse itself into the other parts of the body:

*Medium non deserit unquam
Cœli Phœbus iter; radiis tamen omnia lustrat;*[2]

as the sun sheds from heaven its light and influence, and fills the world with them:

*Cætera pars animæ, per totum dissita corpus,
Paret, et ad numen mentis nomenque movetur.*[3]

Some have said, that there was a general soul, as it were a great body, from which all the particular souls were extracted, and thither again returned, always restoring themselves to that universal matter:

*Deum namque ire per omnes
Terrasque, tractusque maris, cœlumque profundum:
Hinc pecudes, armenta, viros, genus omne ferarum,
Quemque sibi tenues nascentem arcessere vitas:
Scilicet huc reddi deinde, ac resoluta referri
Omnia: nec morti esse locum:*[4]

others, that they only rejoined and reunited themselves to it; others, that they were produced from the divine substance; others, by the angels, of fire and air; others, that they were from all antiquity; some, that they were created at the very point of time the bodies wanted them; others made them descend from the orb of the moon, and return thither; the generality of the ancients, that they were begotten from father to son, after a like manner and production with all other natural things; raising their argument from the likeness of children to their fathers:

*Instillata patris virtus tibi;
Fortes creantur fortibus, et bonis;*[5]

and that we see descend from fathers to their children, not only bodily marks, but moreover a resemblance of humours, complexions, and inclinations of the soul:

*Denique cur acris violentia triste leonum
Seminium sequitur? vulpes dolus, et fuga cervos
A patribus datur, et patrius pavor incitat artus?*

. . . .

*Si non, certa suo quia semine seminioque
Vis animi pariter crescit cum corpore toto?*[6]

that thereupon the divine justice is grounded, punishing in the children the faults of their fathers; forasmuch as the contagion of paternal vices is in some sort imprinted in the soul of children, and that the disorders of their will extend to them: moreover, that if souls had any other derivation than a natural consequence and that they had been some other thing out of the body, they would retain some memory of their first being, the natural faculties that are proper to them of discoursing, reasoning, and remembering, being considered:

---

[1] *Timæus.*

[2] Phœbus never deviates from his central way, yet enlightens all things with his rays.—Claudian, *De Sexto Consul. Hon.*, 411.

[3] The other part of the soul, diffused all over the body, obeys the divinity and great name of the mind.—Lucretius, iii. 144.

[4] They believe that God circulates through all the earth, sea, and high heavens; thence animals, men, all the kinds of wild animals, draw the breath of life, and thither return when the body is dissolved: there is no place for death.—Virgil, *Georg.*, iv. 221.

[5] The virtues of the father have been infused into thee. The brave spring from the brave, the good from the good.—Horace, *Od.*, iv. 4, 29.

[6] For why should ferocity ever spring from the fierce lion's seed? why craft from the fox? why fear from the stag? Why should his readiness to fly descend to him from his father? . . . but that the soul has germs like the body, and still increases as the body increases.—Lucretius, iii. 741, 746.

Si in corpus nascentibus insinuatur,
Cur super anteactam ætatem meminisse nequimus;
Nec vestigia gestarum rerum ulla tenemus? [1]

for to make the condition of our souls such as we would have it to be, we must presuppose them all-knowing, when in their natural simplicity and purity; and, this being so, they had been such, while free from the prison of the body, as well before they entered into it, as we hope they shall be after they are gone out of it: and this former knowledge, it should follow, they should remember being yet in the body, as Plato said,[2] "That what we learn is no other than a remembrance of what we knew before"; a thing which every one by experience may maintain to be false; forasmuch, in the first place, as we remember what we have been taught: and as, if the memory purely performed its office, it would at least suggest to us something more than what we have been taught; secondly, that which she knew, being in her purity, was a true knowledge, knowing things, as they are, by her divine intelligence: whereas here we make her receive falsehood and vice, when we tell her of these, and herein she cannot employ her reminiscence, that image and conception having never been planted in her. To say that the corporeal presence so suffocates her natural faculties that they are there utterly extinguished, is, first, contrary to this other belief of acknowledging her power to be so great, and those operations of it that men sensibly perceive in this life to be so admirable, as to have thereby concluded this divinity and past eternity, and the immortality to come:

Nam si tantopere est animi mutata potestas,
Omnis ut actarum exciderit retinentia rerum,
Non, ut opinor, ea ab letho jam longior errat.[3]

Furthermore, 'tis here with us, and not elsewhere, that the powers and effects of the soul ought to be considered: all the rest of her perfections are vain and useless to her; 'tis by her present condition that all her immortality is to be rewarded and paid, and of the life of man only that she is to render an account. It had been injustice to have stripped her of her means of power; to have disarmed her, in order in the time of her captivity and imprisonment, of her weakness and infirmity, in the time wherein she is under force and constraint, to pass my sentence and condemnation of infinite and perpetual duration; and insist, upon the consideration of so short a time, peradventure a life of but an hour or two, or at the most but of a century, which have no more proportion to infinity than an instant: from this momentary interval, to ordain and definitively determine her whole being: it were an unreasonable disproportion to acquire an eternal recompense in return for so short a life. Plato,[4] to save himself from this inconvenience, will have future rewards limited to the term of a hundred years, relatively to human duration; and among ourselves several have given them temporal limits: by this they judged that the generation of the soul followed the common condition of human things, as also her life, according to the opinion of Epicurus and Democritus, which has been the most received, pursuant to these fine notions: that we see it born as soon as the body is capable of it; that we see it increase in vigour as the corporeal vigour increases; that its feebleness in infancy is very manifest, then its better form and maturity, and finally, its declension in old age, and its decrepitude:

Gigni pariter cum corpore, et una
Crescere sentimus, pariterque senescere mentem:[5]

They perceived it to be capable of divers passions, and agitated with several painful motions, whence it fell into lassitude and uneasiness; capable of alteration and change, of cheerfulness, of dulness, of faintness; subject to diseases and injuries of its own, as the stomach or the foot:

Mentem sanari, corpus ut ægrum,
Cernimus, et flecti medicina posse videmus:[6]

dazzled and intoxicated with the fumes of wine; jostled from her seat by the vapours of a burning fever; laid asleep by the application of some medicaments, and roused by others:

Corpoream naturam animi esse necesse est,
Corporeis quoniam telis ictuque laborat:[7]

they saw it astounded and all its faculties overthrown by the mere bite of a mad dog, and, in

---

[1] If it be infused in our bodies at our birth, why do we retain no memory of our preceding life, and why not remember anything we did before.—*Ibid.*, iii. 671.

[2] In the *Phædo*.

[3] For if the mind be changed to that degree that it has lost all memory of past things, this, I confess, appears to me not much different from death.—Lucretius, iii. 674.

[4] *Republic*, x.

[5] We see that souls are born with the bodies, with them increase, with them decay.—Lucretius, iii. 446.

[6] We see sick minds cured as well as sick bodies by the help of medicines.—*Ibid.*, 509.

[7] The soul must, of necessity, be corporeal, for we see it suffer from wounds and blows.—*Ibid.*, iii. 509.

that condition, to have no such stability of reason, no such sufficiency, no such virtue, no philosophical resolution, no such resistance as could exempt it from the subjection of these accidents; the slaver of a contemptible cur, shed upon the hand of Socrates, to shake all his wisdom and all his so great and well regulated imaginations, and so to annihilate them as that there remained no trace or footstep of his former knowledge:

> *Vis . . . animai*
> *Conturbatur, et . . . divisa seorsum*
> *Disjectatur, eodem illo distracta veneno:* [1]

and this poison to find no more resistance in this great soul, than in that of an infant of four years old; a poison sufficient to make all philosophy, if it were incarnate, furious and mad; insomuch that Cato, so stiff-necked against death and fortune, could not endure the sight of a looking-glass or of water, confounded with horror and affright at the danger of falling, by the contagion of a mad dog, into the disease called by physicians hydrophobia:

> *Vis morbi distracta per artus*
> *Turbat agens animam, spumantes æquore salso*
> *Ventorum ut validis fervescunt viribus undæ.* [2]

Now, as to this particular, philosophy has sufficiently armed man to encounter all other accidents, either with patience, or if the search of that costs too dear, by an infallible defeat, in totally depriving himself of all sentiment: but these are expedients that are only of use to a soul being itself and in its full power, capable of reason and deliberation: but not at all proper for this inconvenience, where, even in a philosopher, the soul becomes the soul of a madman, troubled, overturned, and lost: which many occasions may produce, as a too vehement agitation that any violent passion of the soul may beget in itself, or a wound in a certain part of the person, or vapours from the stomach, any of which may stupefy the understanding and turn the brain.

> *Morbis in corporis avius errat*
> *Sæpe animus; dementit enim, deliraque fatur;*
> *Interdumque gravi lethargo fertur in altum*
> *Æternumque soporem, oculis nutuque cadenti.* [3]

The philosophers, methinks, have scarcely touched this string, no more than another of the same importance; they have this dilemma continually in their mouths to console our mortal condition: "The soul is either mortal or immortal; if mortal, it will suffer no pain; if immortal, it will change for the better." They never touch the other branch: "What if she change for the worse," and leave to the poets the menaces of future torments; but thereby they make for themselves a good game. These are two omissions that I often meet with in their discourses: I return to the first.

This soul loses the use of the sovereign stoical good, so constant and so firm: our fine human wisdom must here yield and give up its arms. As to the rest, they also considered, by the vanity of human reason, that the mixture and association of two so contrary things as the mortal and the immortal, was unimaginable:

> *Quippe etenim mortale æterno jungere, et una*
> *Consentire putare, et fungi mutua posse,*
> *Desipere est. Quid enim diversius esse putandum est,*
> *Aut magis inter se disjunctum discrepitansque,*
> *Quam, mortale quod est, immortali atque perenni,*
> *Junctum, in concilio sævas tolerare procellas?* [4]

Moreover, they perceived the soul declining in death, as well as the body:

> *Simul ævo fessa fatiscit:* [5]

which, according to Zeno, the image of sleep sufficiently demonstrates to us; for he looks upon it as a fainting and fall of the soul, as well as of the body; *Contrahi animum et quasi labi putat atque decidere.*[6] And what they perceived in some, that the soul maintained its force and vigour to the last gasp of life, they attributed to the variety of diseases; as it is observable in men at the last extremity, that some retain one sense and some another; one the hearing, and another the smell, without any alteration; and that there

---

[1] The power of the soul is disturbed, overthrown, and dispersed abroad by the same poison.—*Ibid.*, 491.

[2] The violence of the disease diffused throughout the limbs, disturbs the soul, as at sea the foaming waves swell and boil, stirred by the strong winds.—*Ibid.*

[3] For when the body is sick, the mind often shares in the disease; wanders, grows wild, and raves, and sometimes by a heavy lethargy is cast into a profound and everlasting sleep; the eyes close, the head sinks.—*Ibid.*, iii. 464.

[4] For to join the mortal and the eternal, and think they can agree and work together, is folly. For what things are more differing or more distinct betwixt themselves, and more opposed, than the mortal and the immortal and eternal, joined together in order to undergo cruel storms?—*Ibid.*, 801.

[5] It yields up the body to old age.—*Ibid.*, iii. 459.

[6] He thinks the mind is transported, and that it slips and falls.—Cicero, *De Divin.*, ii. 58.

is no so universal a deprivation, that some parts do not remain entire and vigorous:

Non alio pacto, quam si, pes cum dolet ægri,
In nullo caput interea sit forte dolore.[1]

The sight of our judgment has the same relation to truth that the owl's eyes have to the splendour of the sun, says Aristotle.[2] By what can we better convict it than by so gross blindness in so apparent a light? For as to the contrary opinion of the immortality of the soul, which Cicero says was first introduced, at all events by the testimony of books, by Pherecides Syrius in the time of King Tullus, though others attribute it to Thales, and others to others, 'tis the part of human science that is treated of with the most doubt and the greatest reservation. The most positive dogmatists are, on this point principally, constrained to fly to the refuge of the Academy. No one knows what Aristotle has established upon this subject, any more than all the ancients in general, who handle it with a wavering belief: *Rem gratissimam promittentium magis, quam probantium;*[3] he conceals himself in clouds of words and difficult and unintelligible fancies, and has left to his sect as great a dispute about his judgment, as about the matter itself.

Two things rendered this opinion plausible to them: one, that without the immortality of souls there would be nothing whereon to ground the vain hopes of glory, which is a consideration of wonderful repute in the world; the other, that it is a very profitable impression, as Plato says,[4] that vices, though they escape the discovery and cognisance of human justice, are still within the reach of the divine, which will pursue them even after the death of the guilty. Man is excessively solicitous to prolong his being, and has, to the utmost of his power, provided for it; monuments are erected for the conservation of the body, and from glory to transmit the name; impatient of his fortune he has employed all his wit and opinion in the rebuilding of himself, and in the sustenance of himself by his productions. The soul, by reason of its anxiety and impotence, being unable to stand by itself, wanders up and down to seek support in consolations, hopes, and other external circumstances, to which she adheres and fixes; and how light or fantastic soever invention pronounces them to it, relies more willingly and with greater assurance upon them, than upon itself. But 'tis wonderful to observe, how short the most constant and firm maintainers of this just and clear persuasion of the immortality of the soul fall, and how weak their arguments are, when they go about to prove it by human reason: *Somnia sunt non docentis, sed optantis,*[5] says one of the ancients. By which testimony man may know, that he owes the truth he himself finds out to fortune and accident; since, even when it is fallen into his hand, he has not wherewith to hold and maintain it, and that his reason has not force to make use of it. All things produced by our own reasoning and understanding, whether true or false, are subject to incertitude and controversy. 'Twas for the chastisement of our pride, and for the instruction of our misery and incapacity, that God wrought the perplexity and confusion of the old tower of Babel. Whatever we undertake without His assistance, whatever we see without the lamp of His grace, is but vanity and folly; we corrupt and debase by our weakness the very essence of truth, which is uniform and constant, when fortune puts it into our possession. What course soever man takes of himself, God still permits it to come to the same confusion, the image whereof He so vividly represents to us in the just chastisement wherewith He crushed Nimrod's presumption, and frustrated the vain attempt of his pyramid; *Perdam sapientiam sapientium, et prudentiam prudentium reprobabo.*[6] The diversity of idioms and languages with which He disturbed this work, what are they other than this infinite and perpetual altercation and discordance of opinions and reasons, which accompany and confound the vain building of human wisdom, and to very good effect? For what would hold us if we had but the least grain of knowledge? This saint has very much obliged me: *Ipsa veritatis occultatio aut humilitatis exercitatio est, aut elationis attritio.*[7] To what a pitch of presumption and insolence do we raise our blindness and folly!

But to return to my subject: it was truly very good reason that we should be beholden to God

---

[1] A sick man's foot may be in pain, yet his head be free from any malady.—Lucretius, iii. 111.

[2] *Metaphys.*, ii. 1.

[3] A thing more satisfactory in the promise, than in the proof.—Seneca, *Epist.* 102.

[4] *Laws.*

[5] They are dreams, not of the teacher but of the wisher.—Cicero, *Acad.*, ii. 38.

[6] I will destroy the wisdom of the wise, and will bring to nothing the understanding of the prudent. —St. Paul, 1 Corinthians, i. 19.

[7] The very obscurity of the truth is either an exercise of humility or a crushing of pride.—St. Augustine, *City of God*, xi. 22.

only, and to the favour of His grace, for the truth of so noble a belief, since from His sole bounty we receive the fruit of immortality, which consists in the enjoyment of eternal beatitude. Let us ingenuously confess that God alone has dictated it to us, and faith; for 'tis no lesson of nature and our own reason: and whoever will inquire into his own being and power, both within and without, otherwise than by this divine privilege: whoever shall consider man impartially and without flattery, will see nothing in him of efficacy or faculty that relishes of anything but death and earth. The more we give, and confess to owe and render to God, we do it with the greater Christianity. That which this Stoic philosopher says he holds from the fortuitous consent of the popular voice, had it not been better had he held it from God? *Cum de animorum æternitate disserimus, non leve momentum apud nos habet consensus hominum aut timentium inferos, aut colentium. Utor hac publica persuasione.*[1]

Now, the weakness of human arguments upon this subject is particularly manifested by the fabulous circumstances they have superadded as consequences of this opinion, to find out of what condition this immortality of ours was. Let us omit the Stoics (*Usuram nobis largiuntur tanquam cornicibus: diu mansuros aiunt animos; semper, negant:* [2]) who give to souls a life after this, but finite. The most universal and received fancy, and which continues down to our times in various places, is that of which they make Pythagoras the author: not that he was the original inventor, but because it received a great deal of weight and repute by the authority of his approbation; and this is, that souls at their departure out of us do nothing but shift from one body to another, from a lion to a horse, from a horse to a king, continually travelling at this rate from habitation to habitation. And he himself said that he remembered he had been Æthalides, since that Euphorbus, and afterwards Hermotimus, and finally from Pyrrhus was passed into Pythagoras, having a memory of himself of two hundred and six years. And some have added that these very souls at times remount to heaven and come down again:

*O pater, anne aliquas ad cœlum hinc ire putandum est
Sublimes animas, iterumque ad tarda reverti
Corpora? quæ lucis miseris tam dira cupido.*[3]

Origen makes them eternally to go and come, from a better to a worse estate. The opinion that Varro[4] makes mention of is, that after four hundred and forty years' revolution they are reunited to their first bodies; Chrysippus held that this would happen after a certain space of time unknown and unlimited. Plato,[5] who professes to have derived from Pindar and the ancient poets the belief that souls are to undergo infinite vicissitudes of mutation, for which the soul is prepared, having neither punishment nor reward in the other world, but what is temporal, as its life here is but temporal, concludes that it has a singular knowledge of the affairs of heaven, of hell, of the world, through all which it has passed, repassed, and made stay in several voyages; fit matters for her memory. Observe her progress elsewhere:[6] "he who has lived well is reunited to the star to which he is assigned: he who has lived ill removes into a woman, and, if he do not there reform, is again removed into a beast of condition suitable to his vicious manners, and will see no end of his punishments till he return to his natural constitution, and has by the force of reason purged himself from the gross, stupid, and elementary qualities he was polluted with." But I will not omit the objection the Epicureans make against this transmigration from one body to another; 'tis a pleasant one: they ask, "what expedient would be found out if the number of dying should chance to be greater than that of those who are coming into the world? for the souls turned out of their old habitation would scuffle and crowd which should first get possession of this new lodging." And they further demand, "how they should pass away their time whilst waiting till a new quarter were made ready for them: or, on the contrary, if more animals should be born than die, the bodies, they say, would be but in an ill condition whilst awaiting a soul to be infused into them; and it would fall out that some bodies would die before they had been alive."

*Denique connubia ad veneris, partusque ferarum
Esse animas præsto, deridiculum esse videtur;*

---

[1] When we discourse of the immortality of souls, the consent of men that either fear or adore the infernal powers, is of no small moment. I make use of this public persuasion.—Seneca, *Epist.*, 117.

[2] They give us long life, as also they do to crows; they say our soul shall continue long, but that it shall continue always they deny.—Cicero, *Tusc. Quæs.*, i. 31.

[3] O father, is it to be believed that some sublime souls should hence mount to heaven and thence return to dull flesh.—Virgil, *Æneid*, vi. 719.

[4] Cited by St. Augustine, *City of God*, xxii. 28.

[5] In the *Meno*.

[6] Plato in the *Timæus*.

Et spectare immortales mortalia membra
Innumero numero, certareque præproperanter
Inter se, quæ prima potissimaque insinuetur.[1]

Others have arrested the soul in the body of the deceased, with it to animate serpents, worms, and other beasts which are said to be bred out of the corruption of our limbs, and even out of our ashes; others divide it into two parts, the one mortal, the other immortal; others make it corporeal, and nevertheless immortal; some make it immortal without science or knowledge. And some have believed that devils were made of the souls of the damned, and this has been the fancy of some among ourselves, as Plutarch thinks that gods are made of those that are saved; for there are few things which that author is so positive in as he is in this; ever maintaining, elsewhere, a doubtful and ambiguous way of expression: "We are to hold," says he,[2] "and steadfastly to believe, that the souls of virtuous men, both according to nature and to the divine justice, become saints, and from saints demi-gods, and from demi-gods, after they are perfectly, as in sacrifices of purgation, cleansed and purified, being delivered from all passibility and all mortality, they become, not by any civil decree but in real truth, and according to all probability of reason, entire and perfect gods, receiving a most happy and glorious end." But who desires to see him, he who is the most sober and moderate of the whole tribe, lay about him with greater boldness, and relate his miracles upon this subject, I refer him to his Treatise of the Moon, and his Dæmon of Socrates, where he may, as evidently as in any other place whatever, satisfy himself that the mysteries of philosophy have many strange things in common with those of poesy; the human understanding losing itself in attempting to sound and search all things to the bottom, just as we, tired and worn out with a long course of life, relapse into infancy. Such are the fine and certain instructions which we extract from human knowledge concerning the soul.

Neither is there less temerity in what it teaches us touching our corporeal parts. Let us choose out one or two examples, for otherwise we should lose ourselves in this vast and troubled ocean of medicinal errors. Let us see whether, at least, they agree about the matter whereof men produce one another; for as to their first production it is no wonder, if in a thing so high and so long since past, human understanding finds itself perplexed and dissipated. Archelaus the naturalist, whose disciple and favourite Socrates was, according to Aristoxenus, said, that both men and beasts were made of a lacteous slime, expressed by the heat of the earth: Pythagoras says, that our seed is the foam of our better blood: Plato, that it is the distillation of the marrow of the backbone, which he argues from the circumstance that that part is first sensible of being weary of the work: Alcmeon, that it is a part of the substance of the brain, and this is shown, says he, inasmuch as it causes weakness of the eyes in those who immoderately labour in that exercise: Democritus, that it is a substance extracted from the whole mass of the body: Epicurus, that it is extracted from soul and body: Aristotle, an excrement drawn from the aliment of the blood, the last which is diffused through our members: others, that it is blood concocted and digested by the heat of the genitories, which they judge by reason that in excessive endeavours a man voids pure blood; wherein there seems to be the most likelihood, could a man extract any probability from so infinite a confusion. Now, to bring this seed to do its work, how many contrary opinions are set on foot! Aristotle and Democritus are of opinion that women have no sperm, and that 'tis nothing but a sweat that they distil in the heat of pleasure and motion, and that contributes nothing at all to generation: Galen, on the contrary, and his followers, believe that without the concurrence of seeds there can be no generation. Here, again, are the physicians, the philosophers, the lawyers, and the divines, by the ears with our wives, about the dispute, "for what time women carry their fruit"; and I, for my part, by the example of myself, side with those who maintain that a woman goes eleven months with child. The world is built upon this experience; there is not so simple a little woman that cannot give her judgment in all these controversies, and yet we cannot agree.

Here is enough to evidence that man is no better instructed in the knowledge of himself in his corporeal than in his spiritual part. We have proposed himself to himself, and his reason to his reason, to see what she could say. I think I have sufficiently demonstrated how little she understands herself in herself; and who understands not himself in himself, in what can he possibly understand? *Quasi vero mensuram ul-*

---

[1] It seems ridiculous that souls should be always awaiting the coupling and birth of animals, and that immortals should in vast numbers crowd about mortal germs, and strive and contend with eagerness which should first possess them.—Lucretius, iii. 777.

[2] Plutarch, Romulus.

lius rei possit agere, qui sui nesciat.[1] Truly, Protagoras told us a pretty flam, in making man the measure of all things who never knew so much as his own; if it be not he, his dignity will not permit that any other creature should have this advantage; now, he being so contrary in himself, and one judgment so incessantly subverting another, this favourable proposition was but a mockery, which led us necessarily to conclude the nullity of the compass and the compasser. When Thales reputes the knowledge of man very difficult for man, he, at the same time, gives him to understand, that all other knowledge is impossible to him.

You, for whom I have taken the pains, contrary to my custom, to write so long a discourse, will not refuse to maintain your Sebonde by the ordinary forms of arguing wherein you are every day instructed, and in this will exercise your study. For this last fencing trick is never to be made use of but as an extreme remedy; 'tis a desperate thrust, wherein you are to quit your own arms to make your adversary abandon his; and a secret sleight, which must be very rarely and very reservedly put in practice. 'Tis great temerity to lose yourself, that you may destroy another; you must not die to be revenged, as Gobrias did; for, hotly grappling in combat with a Persian lord, Darius coming in, sword in hand, and fearing to strike lest he should kill Gobrias, he called out to him boldly to fall on, though he should run them both through at once.[2] I have known weapons and conditions of single combat, without quarter, and wherein he who proposed them, put himself and his adversary upon terms of inevitable death to them both, censured as unjust. The Portuguese, in the Indian Sea, took certain Turks prisoners, who, impatient of their captivity, resolved (and it succeeded), by striking some ship nails against one another and making a spark fall into the barrels of powder that were in the place where they were confined, to blow up and reduce themselves, their masters, and the vessel to ashes. We touch here the outpale and utmost limits of the sciences, wherein the extremity is vicious, as in virtue. Keep yourselves in the common road; it is not good to be so subtle and cunning. Remember the Tuscan proverb—

Chi troppo s'assottiglia, si scavezza.[3]

[1] As if he could understand the measure of any other thing, that knows not his own.—Pliny, *Nat. Hist.*, ii. 1.

[2] Herodotus, iii. 78.

[3] If you draw your thread too fine it will break.—Petrarch, *Canz.*, xi. 48.

I advise you, in all your opinions and meditations, as well as in your manners and all other things, to keep yourself moderate and reserved, and to avoid all novelty and strangeness: I am an enemy to all out-of-the-way proceedings. You who by the authority of your greatness, and yet more by the advantages which those qualities give you that are more your own, may, with the twinkle of an eye, command whom you please, should give this charge to some professor of letters, who might, after a much better manner, have sustained and illustrated these things to you. But here is as much as you will stand in need of.

Epicurus said of the laws, that the worst were so necessary for us, that without them men would devour one another; and Plato affirms, that without laws we should live like beasts. Our mind is a wandering, dangerous, and temerarious tool; it is hard to couple any order or measure to it; and in my time, those who are endued with some rare excellence above others, or any extraordinary vivacity of understanding, we see almost all of them lash out into licence of opinions and manners; 'tis almost a miracle to find one temperate and socially tractable. There's all the reason in the world to limit the human mind within the strictest limits possible: in study, as in all the rest, we ought to have its steps and advances numbered and fixed, and that the limits of its inquisition be bounded by art. It is curbed and fettered by religions, laws, customs, sciences, precepts, mortal and immortal penalties and rewards; and yet we see that by its volubility and dissolvability it escapes from all these bounds; 'tis a vain body which has nothing to lay hold on or to seize; a various and difform body, incapable of being either bound or held. Truly, there are few souls so regular, firm, and well descended, that are to be trusted with their own conduct, and that can, with moderation, and without temerity, sail in the liberty of their own judgments, beyond the common and received opinions: 'tis more expedient to put them under pupilage. The mind is a dangerous weapon, even to the possessor, if he knows not discreetly how to use it; and there is not a beast to whom a headboard can more properly be given to keep his looks down and before his feet, and to hinder him from wandering here and there out of the tracks which custom and the laws have laid before him: therefore it will be much better for you to keep yourself in the beaten path, let it be what it will, than to fly out at a venture with this unbridled liberty. If any of these new doctors should seek to exercise his ingenuity in your presence, at the expense both of your soul and his own, to avoid this dangerous plague, which is every day laid in your way, this preservative, in extremest necessity, will prevent the contagion of this poison from offending either you or your company.

The liberty, then, and frolic forwardness of these ancient wits, produced in philosophy and human sciences, several sects of different opinions, each undertaking to judge and make choice of what he would stick to and maintain. But now that men go all one way, *Qui certis quibusdam destinatisque sententiis addicti et consecrati sunt, ut etiam, quæ non probant, cogantur defendere*,[1] and that we receive the arts by civil authority and decree, so that the schools have but one pattern and a like circumscribed institution and discipline, we no longer take notice what the coin weighs and is really worth, but every one receives it according to the estimate that the common approbation and the ordinary course put upon it: the alloy is not disputed, but how much it is current for. In like manner, all things pass; we take physic as we do geometry, and tricks of hocus-pocus, enchantments, codpiece-points, correspondence with souls of the dead, prognostications, domifications, and even this ridiculous pursuit of the philosopher's stone, all things pass for current pay, without scruple or contradiction. We need to know no more but that Mars' house is in the middle of the triangle of the hand, that of Venus in the thumb, and that of Mercury in the little finger; that when the table-line cuts the tubercle of the forefinger, 'tis a sign of cruelty; that when it falls short of the middle finger, and that the natural medium line makes an angle with the vital in the same side, 'tis a sign of a miserable death; that if, in a woman, the natural line be open, and does not close the angle with the vital, this denotes that she will not be very chaste; I leave you to judge whether a man, thus qualified, may not pass with reputation and esteem in all companies.

Theophrastus said that human knowledge, guided by the senses, might judge of the causes of things to a certain degree; but that being arrived at extreme and first causes, it must stop short, and retire, by reason either of its own infirmity, or the difficulty of things. 'Tis a moderate and gentle opinion, that our own understanding may conduct us to the knowledge of some things, and that it has certain measures of power, beyond which 'tis temerity to employ it; this opinion is plausible, and introduced by men of well-composed minds. But 'tis hard to limit our mind; 'tis inquisitive and greedy, and will no more stop at a thousand, than at fifty paces; having experimentally found that, wherein one man has failed, another has hit; that what was unknown to one age, the age following has explained; and that arts and sciences are not cast in a mould, but are formed and perfected by degrees, by often handling and polishing, as bears leisurely lick their cubs into shape; what my force cannot discover, I do not yet desist to sound and to try; and, handling and kneading this new matter over and over again, turning and heating it, I lay open to him, that shall succeed me, a kind of facility to enjoy it more at his ease, and make it more manageable and supple for him:

Ut Hymettia sole
Cera remollescit, tractataque pollice multas
Vertitur in facies, ipsoque fit utilis usu: [2]

as much will the second do to the third, which is the reason that difficulty ought not to make me despair; and my own incapacity as little; for 'tis only my own.

Man is as capable of all things, as of some: and if he confess, as Theophrastus says, the ignorance of first causes and principles, let him boldly surrender to me all the rest of his knowledge; if he is defective in foundation, his reason is on the ground: disputation and inquisition have no other aim but principles; if this do not stop his career, he runs into an infinite irresolution. *Non potest aliud alio magis minusve comprehendi, quoniam omnium rerum una est definitio comprehendendi.*[3] Now, 'tis very likely, that if the soul knew anything, it would in the first place know itself; and if it knew anything out of itself, it would be its own body and case, before anything else: if we see the gods of physic, to this very day, debating about our anatomy,

Mulciber in Trojam, pro Troja stabat Apollo: [4]

when are we to expect that they will be agreed? We are nearer neighbours to ourselves than the whiteness of snow or the weight of stones are to

---

[1] Who are so tied and obliged to certain beliefs, that they are bound to defend even those they do not approve.—Cicero, *Tusc. Quæs.*, ii. 2.

[2] As Hymettian wax grows softer in the sun, and tempered by the fingers assumes various forms, and is rendered fit for use.—Ovid, *Met.*, x. 284.

[3] One thing can be no more or less comprehended than another, because there is only one definition of comprehending all things.—Cicero, *Acad.*, ii. 41.

[4] Vulcan against, for Troy Apollo stood.—Ovid. *Trist.*, i. 2, 5.

us: if man does not know himself, how should he know his functions and powers? It is not, peradventure, that we have not some real knowledge in us, but 'tis by chance; and forasmuch as errors are received into our soul by the same way, after the same manner and by the same conduct, it has not wherewithal to distinguish them, nor wherewithal to choose the truth from falsehood.

The Academics admitted a certain inclination of judgment, and thought it too crude to say, "that it was not more likely that snow was white than black, and that we were no more assured of the motion of a stone thrown by the hand than of that of the eighth sphere"; and to avoid this difficulty and strangeness, which can, in truth, not easily lodge in our imagination, though they conclude that we are in no sort capable of knowledge, and that truth is engulfed in so profound an abyss as is not to be penetrated by human sight; yet do they acknowledge some things to be more likely than others, and received into their judgment this faculty that we have a power to incline to one appearance more than to another: they allowed this propension, interdicting all resolution. The opinion of the Pyrrhonians is more bold, and also more likely: for this Academic inclination, and this propension to one proposition rather than to another, what is it other than a recognition of some more apparent truth in this than in that? If our understanding be capable of the form, lineaments, comportment, and face of truth, it would as well see it entire as by halves, springing and imperfect: this appearance of likelihood, which makes them rather take the left hand than the right, augments it: multiply this ounce of verisimilitude that turns the scales, to a hundred, to a thousand ounces: it will happen in the end that the balance will itself end the controversy, and determine one choice and one entire truth. But how is it they suffer themselves to incline to and be swayed by probability, if they know not the truth itself? How should they know the similitude of that whereof they do not know the essence? Either we can absolutely judge, or absolutely we cannot. If our intellectual and sensible faculties are without foot or foundation, if they only float and waver about, 'tis to no purpose that we suffer our judgment to be carried away by any part of their operation, what appearance soever it may seem to present to us; and the surest and most happy seat of our understanding would be that where it kept itself temperate, upright, and inflexible, without tottering and without agitation: *Inter visa vera, aut falsa, ad animi assensum, nihil interest.*[1] That things do not lodge in us in their form and essence, and do not there make their entry by their own force and authority, we sufficiently see: because if it were so, we should receive them after the same manner: wine would have the same relish with the sick as with the healthful; he who has his finger chapped or benumbed would find the same hardness in wood or iron that he handles that another does; outside subjects, then, submit themselves to our disposal, and are seated in us as we please. Now, if on our part we received anything without alteration, if human grasp were capable and strong enough to seize on truth by our own means, these being common to all men, this truth would be conveyed from hand to hand from one to another; and, at least there would be some one thing to be found in the world, amongst so many as there are, that would be believed by men with an universal consent: but this, that there is no one proposition that is not debated and controverted amongst us, or that may not be, makes it very manifest that our natural judgment does not very clearly comprehend what it embraces; for my judgment cannot make itself accepted by the judgment of my companion, which is a sign that I seized it by some other means than by a natural power that is in me and in all other men.

Let us lay aside this infinite confusion of opinions which we see even amongst the philosophers themselves, and this perpetual and universal dispute about the knowledge of things; for this is very truly presupposed, that men—I mean those highest and best born in knowledge, and of the greatest parts—are not agreed about any one thing, not even that heaven is over our heads, for they that doubt of everything also doubt of that; and they who deny that we are able to comprehend anything, say that we have not comprehended that the heaven is above our heads; and these two opinions are without comparison the stronger in number.

Besides this infinite diversity and division, through the trouble that our judgment gives to ourselves, and the uncertainty that every one is sensible of in himself, 'tis easy to perceive that its seat is very unstable and unsecure. How variously do we judge of things? how often do we alter our opinions? What I hold and believe today, I hold and believe with my whole belief: all my instruments and engines seize and take hold of this opinion, and become responsible to

---

[1] As between things that seem, whether true or false, it signifies nothing to the assent of the mind. —Cicero, *Acad.*, ii. 28.

me for it as much as in them lies; I could not embrace nor preserve any truth with greater assurance than I do this; I am wholly and entirely possessed with it: but has it not befallen me, not only once, but a thousand times, and every day, to have embraced some other thing with the same instruments, and in the same condition, which I have since judged to be false? A man must, at least, become wise at his own expense; if I have often found myself betrayed under this colour, if my touch prove ordinarily false and my balance unequal and unjust, what assurance can I now have more than at other times? is it not folly to suffer myself to be so often deceived by my guide? Nevertheless, let fortune remove and shift us five hundred times from place to place, let her do nothing but incessantly empty and fill into our belief, as into a vessel other and other opinions, yet still the present and the last is the one certain and infallible: for this we must abandon goods, honour, life, health, and all.

<p style="text-align:center;"><i>Posterior ... res illa reperta
Perdit et immutat sensus ad pristina quæque.</i>[1]</p>

Whatever is preached to us, whatever we learn, we should still remember that it is man that gives and man that receives; 'tis a mortal hand that presents it to us, 'tis a mortal hand that accepts it. The things that come to us from heaven have the sole right and authority of persuasion, the sole mark of truth: which also we do not see with our own eyes nor receive by our own means: that great and sacred image could not abide in so wretched a habitation, if God, for this end, did not prepare it, if God did not, by His particular and supernatural grace and favour, fortify and reform it. At least our frail and defective condition ought to make us comport ourselves with more reservedness and moderation in our innovations and changes: we ought to remember that whatever we receive into the understanding we often receive things that are false, and that it is by the same instruments that so often give themselves the lie, and are so often deceived.

Now, it is no wonder they should so often contradict themselves, being so easy to be turned and swayed by very light occurrences. It is certain that our apprehension, our judgment, and the faculties of the soul in general, suffer according to the movements and alterations of the body, which alterations are continual: are not our wits more sprightly, our memory more prompt, our discourse more lively, in health than in sickness? Do not joy and gaiety make us receive subjects that present themselves to our souls, quite otherwise than care and melancholy? Do you believe that the verses of Catullus or of Sappho please an old doting miser as they do a vigorous and amorous young man? Cleomenes, the son of Anaxandridas, being sick, his friends reproached him that he had humours and whimsies that were new and unaccustomed: "I believe it," said he, "neither am I the same man now as when I am in health: being now another thing, my opinions and fancies are also other than they were before." In our courts of justice 'tis said of criminals, when they find the judges in a good humour, gentle and mild, *gaudeat de bona fortuna.*[2] For it is most certain that men's judgments are sometimes more prone to condemnation, more sharp and severe, and at others more facile, easy, and inclined to excuse. He that carries with him from his house, the pain of the gout, jealousy, or theft by his man, having his whole soul possessed with anger, it is not to be doubted but that his judgment will be warped in that direction. That venerable senate of the Areopagus was wont to hear and determine by night, for fear lest the sight of the parties might corrupt their justice. The very air itself and the serenity of heaven will cause some mutation in us, according to the Greek verses rendered in Cicero:

<p style="text-align:center;"><i>Tales sunt hominum mentes, quali pater ipse
Juppiter auctifera lustravit lampade terras.</i>[3]</p>

'Tis not only fevers, debauches, and great accidents that overthrow our judgment; the least things in the world will do it; and we are not to doubt, though we are not sensible of it, but that if a continued fever can overwhelm the soul, a tertian will in some proportionate measure alter it; if an apoplexy can stupify and totally extinguish the sight of our understanding, we are not to doubt but that a great cold will dazzle it; and consequently there is hardly a single hour in a man's life wherein our judgment is in its due place and right condition, our bodies being subject to so many continual changes, and replete with so many several sorts of springs, that I believe what the physicians say, how hard it is but that there will not be always some one or other out of order.

As to what remains, this malady does not very

---

[1] The last thing we find out is ever the best, and makes us disrelish all the former.—Lucretius, v. 1413.

[2] Let him rejoice in his good fortune.

[3] The minds of men are dark or serene, as the day is foul or fair.—*Odyssey*, xviii. 135.

easily discover itself, unless it be extreme and past remedy; forasmuch as reason goes always lame and halting, and that as well with falsehood as with truth; and therefore 'tis hard to discover her deviations and mistakes. I always call that appearance of meditation which every one forges in himself, reason: this reason, of the condition of which there may be a hundred contrary ones about the same subject, is an instrument of lead and wax, ductile, pliable, and accommodable to all sorts of biasses and to all measures, so that nothing remains but the knowledge how to turn and mould it. How uprightly soever a judge may resolve to act, if he do not well look to himself, which few care to do, his inclination to friendship, to relationship, to beauty, or revenge, and not only things of that weight, but even the fortuitous instinct that makes us favour one thing more than another, and that, without the reason's leave, puts the choice upon us in two equal subjects, or some other shadowy futility may insensibly insinuate into his judgment the recommendation or disfavour of a cause, and make the balance dip.

I, who watch myself as narrowly as I can, and who have my eyes continually bent upon myself, like one that has no great business elsewhere to do,

> *Quis sub Arcto*
> *Rex gelidæ metuatur oræ,*
> *Quid Tiridatem terreat, unice*
> *Securus,*[1]

dare hardly tell the vanity and weakness I find in myself; my foot is so unstable and stands so slippery, I find it so apt to totter and reel, and my sight so disordered, that fasting I am quite another man than when full; if health and a fair day smile upon me, I am a very good fellow; if a corn trouble my toe, I am sullen, out of humour, and inaccessible. The same pace of a horse seems to me one while hard and another easy; the same way, one while shorter and another while longer; the same form, one while more, and another while less, taking. Now I am for doing everything, and then for doing nothing at all; what pleases me now would be a trouble to me at another time. I have a thousand senseless and casual humours within myself; either I am possessed by melancholy, or swayed by choler; now, by its own private authority, sadness predominates in me, and, by and by, I am as merry as a cricket. When I take a book in hand, I have discovered admirable graces in such and such passages, and such as have struck my soul: let me light upon them at another time, I may turn and toss, tumble and rattle the leaves to much purpose; 'tis then to me a shapeless and unrecognizable mass. Even in my own writings, I do not always find the air of my first fancy: I know not what I meant to say; and am often put to it to correct and pump for a new sense, because I have lost the first that was better. I do nothing but go and come: my judgment does not always advance; it floats and wanders,

> *Velut minuta magno*
> *Deprensa navis in mari, vesaniente vento.*[2]

Very often, as I am apt to do, having for sport and exercise undertaken to maintain an opinion contrary to my own, my mind bending and applying itself that way, so strongly engages me there, that I no longer discern the reason of my former belief, and forsake it. I am, as it were, drawn on to the side to which I lean, be it what it will, and carried away by my own weight.

Every one would almost say the same of himself, if he considered himself as I do; preachers very well know that the emotions which steal upon them in speaking animate them towards belief; and in a passion we are more stiff in the defence of our proposition, receive a deeper impression of it and embrace it with greater vehemence and approbation, than we do in our colder and more temperate senses. You give your counsel a simple brief of your cause; he returns you a dubious and uncertain answer: you feel that he is indifferent which side he takes: have you fee'd him well that he may consider it the better? does he begin to be really concerned? and do you find him truly interested and zealous in your quarrel? His reason and learning will by degrees grow hot in your cause; a manifest and undoubted truth presents itself to his understanding; he discovers an altogether new light in your business, and does in good earnest believe and persuade himself that it is so. Nay, I do not know whether the ardour that springs from spite and obstinacy, against the power and violence of the magistrate and danger, or the interest of reputation, may not have made some men, even to the stake, maintain the opinion for which, at liberty and amongst friends, he would not have burned the tip of his finger. The shocks and jostles that the soul receives from the passions of the body can do much in

---

[1] Secure, whatever king rules the stubborn north, or what affrights Tiridates.—Horace, *Od.*, i. 26, 3.

[2] Like a small bark upon the great sea, when the winds ruffle it.—Catullus, *Epig.*, xxv. 12.

it, but its own can do a great deal more; to the which it is so subjected that, peradventure, it may be established that it has no other pace and motion but from the breath of those winds, without the agitation of which it would be becalmed and without action, like a ship in the open sea, to which the winds have denied their assistance: and whoever should maintain this, siding with the Peripatetics, would do us no great wrong, seeing it is very well known that most of the finest actions of the soul proceed from and stand in need of this impulse of the passions; valour, they say, cannot be perfect without the assistance of anger; *Semper Ajax fortis, fortissimus tamen in furore,*[1] neither do we encounter the wicked and the enemy vigorously enough, if we be not angry; nay, the advocate has to inspire the judges with anger, to obtain justice.

Strong desires moved Themistocles, moved Demosthenes, and have pushed on the philosophers to work, watching, and pilgrimages; they lead us to honour, learning, health, all very useful ends: and this weakness of the soul in suffering anxiety and trouble serves to breed in the conscience penitence and repentance, and to make us see in the scourge of God and political troubles, the chastisement of our offences. Compassion is a spur to clemency; and prudence to preserve and govern ourselves is aroused by our fear; and how many brave actions have been born of ambition? How many by presumption? In a word, there is no eminent and sprightly virtue without some irregular agitation. Should not this be one of the reasons that moved the Epicureans to discharge God from all care and solicitude of our affairs, because even the effects of His goodness could not be exercised in our behalf, without disturbing His repose, by the means of passions, which are so many spurs and instruments pricking on the soul to virtuous actions? Or have they thought otherwise, and taken them for tempests that shamefully hurry the soul from her tranquillity? *Ut maris tranquillitas intelligitur, nulla, ne minima quidem, aura fluctus commovente: sic animi quietus et placatus status cernitur, quum perturbatio nulla est, qua moveri queat.*[2]

What varieties of sense and reason, what contrarieties of imaginations, do the diversity of our passions present to us? What assurance, then, can we take of a thing so mobile and unstable, subject, by its condition, to the dominion of trouble, and never going other than a forced and borrowed pace? If our judgment be in the power even of sickness and perturbation; if it be from craze and temerity that it has to receive the impression of things, what security can we expect from it?

Is it not a great boldness in philosophy to believe that men perform the greatest actions, those nearest approaching the divinity, when they are furious, mad, and beside themselves?[3] we are to better ourselves by the deadening and privation of our reason; the two natural ways to enter into the cabinet of the Gods, and there to foresee the course of destiny, are fury and sleep: this is pleasant to consider; by the dislocation that passions cause in our reason, we become virtuous; by its extirpation, occasioned by fury, or the image of death, we become diviners and prophets. I was never so willing to believe philosophy in anything as in this. 'Tis a pure enthusiasm wherewith sacred truth has inspired the spirit of philosophy, which makes it confess, contrary to its own proposition, that the most calm, composed, and healthful estate of the soul that philosophy can seat it in, is not its best condition: our wisdom is less wise than folly: our dreams are worth more than our meditation: the worst place we can take is in ourselves. But does not philosophy think that we are wise enough to remark that the voice that the spirit utters, when dismissed from man, so clear-sighted, so grand, so perfect, and whilst it is in man, so terrestrial, ignorant, and obscure, is a voice proceeding from the spirit which is in obscure, terrestrial, and ignorant man, and, for this reason, a voice not to be trusted and believed?

I have no great experience of these vehement agitations, being of a soft and heavy complexion, the most of which surprise the soul on a sudden, without giving it leisure to recollect itself: but the passion that is said to be produced by idleness in the hearts of young men, though it proceed leisurely and with a measured progress, evidently manifests to those who have tried to oppose its power, the violence our judgment suffers in the alteration and conversion. I have formerly attempted to withstand and repel it; for I am so far from being one of those who invite vices, that I do not so much as follow them, if they do not haul me along: I perceived it to spring, grow, and increase in despite of my resistance, and at last, living and seeing as I was,

---

[1] Ajax was always brave, but most so when in a fury.—Cicero, *Tusc. Quæs.*, iv. 23.

[2] As it is understood to be a calm at sea when there is not the least breath of air stirring, so the state of the soul is discerned to be quiet and appeased, when there is no perturbation to move it.—*Ibid.*, v. 6.

[3] Plato, *Phædrus.*

wholly to seize and possess me, so that, as if newly roused from drunkenness, the images of things began to appear to me quite other than they were wont to be; I evidently saw the person I desired, grow and increase in advantages of beauty, and to expand and develop fairer by the influence of my imagination; the difficulties of my pursuit to grow more easy and smooth; and both my reason and conscience to be laid aside: but, this fire being evaporated, in an instant, as from a flash of lightning, I was aware that my soul resumed another kind of sight, another state, and another judgment; the difficulties of retreat appeared great and invincible, and the same things had quite another taste and aspect than the heat of desire had presented them to me. Which of these most probably? Pyrrho himself knows nothing about it. We are never without sickness: fevers have their hot and cold fits; from the effects of an ardent passion, we fall into a shivering passion; as far as I had advanced, so much I retired,

Qualis ubi alterno procurrens gurgite pontus,
Nunc ruit ad terras, scopulosque superjacit undam
Spumeus, extremamque sinu perfundit arenam;
Nunc rapidus retro, atque æstu revoluta resorbens
Saxa, fugit, littusque vado labente relinquit.[1]

Now, from the knowledge of this volubility of mine, I have accidentally begot in myself a certain constancy of opinion, and have not much altered those that were first and natural in me: for what appearance soever there may be in novelty, I do not easily change, for fear of losing by the bargain: and since I am not capable of choosing, I take other men's choice, and keep myself in the state wherein God has placed me; I could not otherwise prevent myself from perpetual rolling. Thus have I, by the grace of God, preserved myself entire, without anxiety or trouble of conscience, in the ancient belief of our religion, amidst so many sects and divisions as our age has produced. The writings of the ancients, the best authors I mean, being full and solid, tempt and carry me which way almost they will: he, that I am reading, seems always to have the most force, and I find that every one of them in turn has reason, though they contradict one another. The facility that good wits have of rendering everything they would recommend likely, and that there is nothing so strange to which they will not undertake to give colour enough to deceive such a simplicity as mine, this evidently shows the weakness of their testimony. The heavens and the stars have been three thousand years in motion; all the world were of that belief, till Cleanthes the Samian, or, according to Theophrastus, Nicetas of Syracuse, bethought him to maintain that it was the earth that moved, turning about its axis by the oblique circle of the zodiac; and in our time Copernicus has so grounded this doctrine, that it very regularly serves to all astrological consequences: what use can we make of this, except that we need not much care which is the true opinion? And who knows but that a third, a thousand years hence, may overthrow the two former?

Sic volvenda ætas commutat tempora rerum;
Quod fuit in pretio, fit nullo denique honore;
Porro aliud succedit, et e contemptibus exit,
Inque dies magis appetitur, floretque repertum
Laudibus, et miro est mortales inter honore.[2]

So that when any new doctrine presents itself to us, we have great reason to mistrust it, and to consider that before it was set on foot, the contrary had been in vogue; and that as that has been overthrown by this, a third invention in time to come, may start up which may knock the second on the head. Before the principles that Aristotle introduced were in reputation, other principles contented human reason, as these satisfy us now. What letters patent have these, what particular privilege, that the career of our invention must be stopped by them, and that to them should appertain for all time to come the possession of our belief? They are no more exempt from being thrust out of doors than their predecessors were. When any one presses me with a new argument, I ought to consider that what I cannot answer, another may: for to believe all likelihoods that a man cannot himself confute, is great simplicity; it would by that means come to pass, that all the vulgar, and we are all of the vulgar, would have their belief as turnable as a weathercock: for the soul, being so easily imposed upon and without resisting power, would be forced incessantly to receive

---

[1] As when the sea, rolling with alternate tides, now rushes on the land and foaming throws over the rocks its waves, and with its skirts overflows the extremity of the strand: now, with rapid motion, and sucking in the stones, rolled back with the tide in its retreat, and with the ebbing current leaves the shore.—Æneid, xi. 624.

[2] For thus revolving time changes the seasons of things; that which was once in estimation becomes of no reputation at all, while another thing succeeds and bursts forth from contempt, is daily more sought, and, when found, flourishes among mankind with praise and wonderful honour.—Lucretius, v. 1275.

other and other impressions, the last still effacing all footsteps of that which went before. He that finds himself weak, ought to answer as in law questions, that he will speak with his counsel; or will refer himself to the wise from whom he received his teaching. How long is it that physic has been practised in the world? 'Tis said that a new comer, called Paracelsus, changes and overthrows the whole order of ancient rules, and maintains that till now it has been of no other use but to kill men. I believe that he will easily make this good; but I do not think it were wisdom to venture my life in making trial of his new experiments. We are not to believe every one, says the precept, because every one can say all things. A man of this profession of novelties and physical reformations, not long since told me that all the ancients were notoriously mistaken in the nature and motions of the winds, which he would evidently demonstrate to me, if I would give him the hearing. After I had with some patience heard his arguments, which were all full of likelihood of truth: "What then," said I, "did those that sailed according to Theophrastus, make way westward when they had the prow towards the east! did they go sideward or backward?" "That was according to fortune," answered he; "but, be that as it may, they were mistaken." I then replied that I had rather follow effects than reason. Now these things often clash, and I have been told that in geometry, which pretends to have gained the highest point of certainty among all the sciences, there are found inevitable demonstrations that subvert the truth of all experience: as Jacques Peletier told me at my own house, that he had found out two lines stretching themselves one towards the other to meet, which, nevertheless, he affirmed, though extended to all infinity, could never reach to touch one another. And the Pyrrhonians make no other use of their arguments and their reason than to ruin the appearance of experience; and 'tis a wonder how far the suppleness of our reason has followed them in this design of controverting the evidence of effects: for they affirm that we do not move, that we do not speak, and that there is neither weight nor heat, with the same force of argument, that we affirm the most likely things. Ptolemy, who was a great man, had established the bounds of this world of ours: all the ancient philosophers thought they had the measure of it, excepting some remote isles that might escape their knowledge; it had been Pyrrhonism, a thousand years ago, to doubt the science of cosmography, and the opinions that every one had thence received: it was heresy to believe in Antipodes; and behold! in this age of ours there is an infinite extent of *terra firma* discovered, not an island or a particular country, but a part very nearly equal in greatness to that we knew before. The geographers of our times stick not to assure us, that now all is found, all is seen;

Nam quod adest præsto, placet, et pollere videtur.[1]

But the question is whether, if Ptolemy was therein formerly deceived, upon the foundations of his reason, it were not very foolish to trust now in what these later people say: and whether it is not more likely that this great body, which we call the world, is not quite another thing than what we imagine.

Plato says that it changes its aspect in all respects; that the heavens, the stars, and the sun have all of them sometimes motions retrograde to what we see, changing east into west. The Egyptian priests told Herodotus, that from the time of their first king, which was eleven thousand and odd years before (and they showed him the effigies of all their kings in statues taken from the life), the sun had four times altered his course: that the sea and the earth alternately change into one another; that the beginning of the world is undetermined: Aristotle and Cicero both say the same; and one amongst us is of opinion that it has been from all eternity, is mortal, and renewed again by successive vicissitudes, calling Solomon and Isaiah to witness: and this to evade these objections that God has once been a creator without a creature; that He had had nothing to do; that He abandoned this idleness by putting His hand to this work; and that, consequently, He is subject to changes. In the most famous of the Greek schools, the world is taken for a god, made by another god greater than he, and is composed of a body, and of a soul fixed in his centre, and dilating himself, by musical numbers, to his circumference: divine, infinitely happy, infinitely great, infinitely wise, and eternal: in him are other gods, the sea, the earth, the stars, who entertain one another with a harmonious and perpetual agitation and divine dance: sometimes meeting, sometimes retiring; concealing, discovering themselves; changing their order, one while before, and another behind. Heraclitus was positive that the world was composed of fire, and, by the order of destiny, was one day to be enflamed and consumed in fire, and then to be again renewed. And Apuleius says of men:

---

[1] What is pleasant pleases, and seems the best.— *Ibid.,* v. 1411.

Sigillatim mortales, cunctim perpetui.[1] Alexander wrote to his mother the narration of an Egyptian priest, drawn from their monuments, testifying the antiquity of that nation to be infinite, and comprising the birth and progress of other countries. Cicero and Diodorus say, that in their time, the Chaldeans kept a register of four hundred thousand and odd years; Aristotle, Pliny, and others, that Zoroaster flourished six thousand years before Plato's time. Plato says that they of the city of Sais have records in writing of eight thousand years, and that the city of Athens was built a thousand years before the said city of Sais. Epicurus, that at the same time things are here as we see them, they are alike and in the same manner in several other worlds; which he would have delivered with greater assurance, had he seen the similitudes and concordances of the new discovered world of the West Indies, with ours present and past, in so many strange examples.

In earnest, considering what has arrived at our knowledge from the course of this terrestrial polity, I have often wondered to see in so vast a distance of places and times, such a concurrence of so great a number of popular and wild opinions, and of savage manners and beliefs, which by no tendency seem to proceed from our natural meditation. Human wit is a great worker of miracles. But this relation has in it circumstances especially extraordinary; 'tis found to be in names also and a thousand other things: for they discovered nations there that, for aught we know, never heard of us, where circumcision was in use: where there were states and great civil governments maintained by women only without men; where our fasts and Lent were represented, to which was added the abstinence from women: where our crosses were several ways in repute: here they were made use of to honour and adorn their sepultures; there they were erected, and notably that of St. Andrew, to protect people from nocturnal visions, and to lay upon the cradles of infants against enchantments; elsewhere, there was found one of wood, of very great stature, which was adored as the god of rain, and this a long way into the main land, and there was also seen an express image of our shriving-priests, with the use of mitres, the celibacy of the priesthood, the art of divination by the entrails of sacrificed beasts, abstinence from all sorts of flesh and fish in their diet, the custom of priests officiating in a particular and not the vulgar language: and this fancy, that the first god was expelled by a second, his younger brother: that men were created with all sorts of conveniences, which have since been taken from them for their sins, their territory changed, and their natural condition made worse: that they were of old overwhelmed by the inundation of waters from heaven; that but few families escaped, who retired into the caves of high mountains, the mouths of which they stopped so that the waters could not get in, having shut up, together with themselves, several sorts of animals; that when they perceived the rain to cease, they sent out dogs, which returning clean and wet, they judged that the water was not much abated; afterward, sending out others, and seeing them return dirty, they issued out to repeople the world, which they found only full of serpents. In one place some found the persuasion of a day of judgment, insomuch that the people were marvellously displeased with the Spaniards for disturbing the bones of the dead in rifling the sepultures for riches, saying that those bones, so disordered, could not easily rejoin; traffic by exchange, and no other way; fairs and markets for that end: dwarfs and deformed people for the ornament of the tables of princes; the use of falconry, according to the nature of their hawks; tyrannical subsidies: great refinements in gardens; dances, tumbling tricks, music of instruments, coats of arms, tennis-courts, dice and games of hazard, wherein they are sometimes so eager and hot, as to stake and play themselves and their liberty; physic, no otherwise than by charms; the way of writing in cypher; the belief of only one first man, the father of all nations: the adoration of a god, who formerly lived a man in perfect virginity, fasting and penitence, preaching the law of nature and the ceremonies of religion, and who vanished from the world without a natural death; the belief in giants; the custom of making themselves drunk with their beverages and drinking to the utmost; religious ornaments painted with bones and dead men's skulls: surplices, holy water sprinkling; wives and servants who present themselves with emulation, to be burned and interred with the dead husband or master; a law by which the eldest succeeds to all the estate, no other portion being left for the younger but obedience: the custom that upon promotion to a certain office of great authority, the promoted is to take upon him a new name and to leave that he had before: another, to strew lime upon the knee of the new-born child, with these words; "From dust thou camest, and to dust thou must

---

[1] That they are mortal in particular, and immortal in general.—*De Deo Socratis.*

return": the art of augury. These vain shadows of our religion, which are observable in some of these examples, are testimonies of its dignity and divinity; not only has it in some sort insinuated itself into all the infidel nations on this side of the world, by a certain imitation, but into these barbarians also, as by a common and supernatural inspiration; for we found there the belief of purgatory, but of a new form; that which we give to the fire, they give to the cold, and imagine that souls are both purged and punished by the rigour of an excessive coldness. And this example puts me in mind of another pleasant diversity: for as there were, on the one hand, found people who took a pride to unmuffle the glands of their members, and clipped off the prepuce after the Mahommedan and Jewish manner, there were others who made so great a scruple about laying it bare, that they carefully pursed it up with little strings to keep that end from peeping into the air; and of this other diversity, that whereas we, to honour kings and festivals, put on the best clothes we have, in some of these regions, to express their disparity and submission to their king, his subjects present themselves before him in their vilest habits, and, entering his palace, throw some old tattered garment over their better apparel, to the end that all the lustre and ornament may solely remain in him. But to proceed.

If nature enclose within the bounds of her ordinary progress, as well as all other things, the beliefs, judgments, and opinions of men: if they have their revolution, their season, their birth and death, like cabbages; if the heavens agitate and rule them at their pleasure, what magisterial and permanent authority are we to attribute to them? If we experimentally see that the form of our being depends upon the air, upon the climate, and upon the soil where we are born, and not only the colour, the stature, the complexion, and the countenances, but moreover the very faculties of the soul itself; *et plaga cœli non solum ad robur corporum, sed etiam animorum facit,*[1] says Vegetius; and that the goddess who founded the city of Athens chose to situate it in a temperature of air fit to make men sharp, as the Egyptian priests told Solon, *Athenis tenue cœlum; ex quo etiam acutiores putantur Attici: crassum Thebis; itaque pingues Thebani, et valentes;*[2] so that as fruits and animals are born differing, men should also be born more or less warlike, just, temperate, and docile; here given to wine, elsewhere to theft or lechery; here inclined to superstition, elsewhere to misbelief; in one place to liberty, in another to servitude; capable of one science or of one art; dull or ingenious, obedient or mutinous, good or ill, according as the place where they are seated inclines them; and assume a new complexion, if removed like trees: which was the reason why Cyrus would not grant the Persians leave to quit their rough and craggy country to remove to another more pleasant and level, saying,[3] that soft and fertile soils made men effeminate and unfertile. If we see one while one art, one belief flourish, and another while another, through some celestial influence: such an age produce such natures and incline mankind in such and such a direction: the spirits of men one while gay and another grum, like our fields: what becomes of all those fine prerogatives we so sooth ourselves with? Seeing that a wise man may be mistaken, a hundred men, a hundred nations, nay, that even human nature itself, as we believe, is many ages wide in one thing or another, what assurance have we that she sometimes is not mistaken, or not in this very age of ours?

Methinks, amongst other testimonies of our imbecility, this ought not to be forgotten, that man cannot, by his own wish and desire, find out what is necessary for him; that, not in fruition only, but in imagination and wish, we cannot agree about what we would have to content us. Let us leave it to our thought to cut out and make up at its pleasure: it cannot so much as covet what is proper for it, and satisfy itself:

Quid enim ratione timemus,
Aut cupimus? Quid tam dextro pede concipis, ut te
Conatus non pœniteat, votique peracti?[4]

And therefore it was that Socrates begged nothing of the gods but what they knew to be best for him; and the, both private and public, prayers of the Lacedæmonians were only simply to obtain good and useful things, referring the choice and selection of these to the discretion of the Supreme Power:

---

[1] The climate is of great efficacy, not only to the strength of bodies, but to that of souls also.—Vegetius, i. 2.

[2] The air of Athens is subtle and thin: whence also the Athenians are reputed to be more acute: and at Thebes more gross and thick, wherefore the Thebans are looked upon as more heavy-witted and stronger of body.—Cicero, *De Fato,* iv.

[3] Herodotus, ix. 122.

[4] For with what reason does man wish or fear? What is there, however dexterously conceived, that afterwards he may not repent, both the attempt and even the success?—Juvenal, x. 4.

*Conjugium petimus, partumque uxoris; at illis
Notum, qui pueri, qualisque futura sit uxor;* [1]

and Christians pray to God "that His will may be done": that they may not fall into the inconvenience the poets feign of King Midas. He prayed to the gods that all he touched might be turned into gold: his prayer was heard; his wine was gold, his bread was gold, the feathers of his bed, his shirt and clothes were all turned into gold, so that he found himself overwhelmed under the fruition of his desire, and enriched with an intolerable commodity, and was fain to unpray his prayers:

*Attonitus novitate mali, divesque, miserque,
Effugere optat opes, et, quæ modo voverat, odit.*[2]

To instance in myself: when young, I desired of fortune above all things the order of St. Michael, which was then the utmost distinction of honour amongst the French noblesse, and very rare. She pleasantly gratified my longing; instead of raising me and lifting me up from my own place to attain it, she was much kinder to me, for she brought it so low and made it so cheap that it stooped down to my shoulders, and lower. Cleobis and Biton,[3] Trophonius and Agamedes, having requested, the first of their goddess, the last of their god, a recompense worthy of their piety, had death for a reward; so differing are the heavenly opinions concerning what is fit for us from our own. God might grant us riches, honours, life, and health itself, sometimes to our hurt; for everything that is pleasing to us is not always good for us. If He send us death or an increase of sickness, instead of a cure, *Virga tua et baculus tuus ipsa me consolata sunt,*[4] He does it by the reasons of His providence, which better and more certainly discerns what is proper for us than we can do; and we ought to take it in good part, as coming from a wise and most friendly hand;

*Si consilium vis:
Permittes ipsis expendere numinibus, quid
Conveniat nobis, rebusque sit utile nostris . . .
Carior est illis homo quam sibi:*[5]

for to require from them honours, or commands, is to ask them to throw you into a battle, set you upon a cast at dice, or something of the like nature, whereof the issue is to you unknown and the fruit doubtful.

There is no so sharp and violent dispute amongst the philosophers, as about the question of the sovereign good of man; out of which, by the calculation of Varro,[6] there arose two hundred and fourscore and eight sects. *Qui autem de summo bono dissentit, de tota philosophiæ ratione disputat.*[7]

*Tres mihi convivæ prope dissentire videntur,
Poscentes vario multum diversa palato:
Quid dem? Quid non dem? Renuis tu, quod jubet
    alter;
Quod petis, id sane est invisum acidumque duobus:*[8]

nature should say the same to their contests and debates. Some say that our wellbeing lies in virtue, others in pleasure, others in our submitting to nature; one in knowledge, another in being exempt from pain; another, in not suffering ourselves to be carried away by appearances: and this fancy seems to have relation to that of the ancient Pythagoras,

*Nil admirari, prope res est una, Numici,
Solaque, quæ possit facere et servare beatum;*[9]

which is the point of the Pyrrhonian sect: Aristotle[10] attributes the being amazed at nothing to magnanimity, and Archelaus said, that constancy and a right and inflexible state of judgment were the true goods, consent and application vices and evils; it is true that in being thus positive and establishing it by certain axiom, he quitted Pyrrhonism; for the Pyrrhonians, when they say that Ataraxy, which is the immobility of the judgment, is the sovereign good, do not

---

[1] We pray for a wife and children; they above only know when we have them what they will prove.—*Ibid.*, 352.

[2] Astonished at the strangeness of the evil, at once rich and poor, he wishes now to escape wealth, and hates the thing for which before he prayed.—Ovid, *Met.*, xi. 128.

[3] Herodotus, i. 31.

[4] Thy rod and thy staff they comfort me.—Psalms, 23. 4.

[5] If you will be ruled by me, leave it to the gods to consider what is useful for us and our affairs, for man is dearer to them than he is to himself.—Juvenal, x. 346.

[6] St. Augustine, *City of God*, Bk. xix. 2.

[7] For whoever enters into controversy concerning the supreme good, disputes upon the whole reason of philosophy.—Cicero, *De Finib.*, v. 5.

[8] Three guests of mine wholly differ, each man's palate requiring something that the others do not like. What am I to do? What give? What not give? You refuse what the others desire: what you seek the two others say is detestable.—Horace, *Epist.*, ii. 2, 61.

[9] *Not to admire is all the art I know,
    To make men happy, and to keep them so.*
        —Horace, *Epist.*, i. 6, 1.
"Admire," in the sense of not being surprised at anything.

[10] *Ethics*, iv. 3.

design to say it affirmatively; but the same motion of the soul which makes them avoid precipices and take shelter from the evening damp, presents to them this fancy, and makes them refuse another.

How much do I wish, that whilst I live, either some other, or Justus Lipsius, the most learned man now living, of a most polished and judicious understanding, truly resembling my Turnebus, had the will and health and leisure sufficient candidly and carefully as possible to collect into a register, according to their divisions and classes, the opinions of ancient philosophy on the subject of our being and our manners; their controversies, the succession and reputation of the parts, the application of the lives of the authors and their disciples to their own precepts on memorable and exemplary occasions: what a beautiful and useful work that would be!

To continue: if it be from ourselves that we are to extract the rules of our manners, upon what a confusion are we thrown? for that which our reason advises us to as the most probable, is generally for every one to obey the laws of his country, as was the advice of Socrates, inspired, he tells us, by a divine counsel; and thence what results but that our duty has no other rule than what is accidental? Truth ought to have a like and universal visage: if man could know equity and justice that had a body and a true being, he would not fetter it to the conditions of this country or that; it would not be from the whimsies of the Persians or Indians that virtue would receive its form. There is nothing more subject to perpetual agitation than the laws: since the time that I was born, I have known those of the English, our neighbours, three or four times changed, not only in matters of civil regimen, which is that wherein constancy may be dispensed with, but in the most important subject that can be, namely, religion: at which I am the more troubled and ashamed, because it is a nation with which those of my province have formerly had so great familiarity and acquaintance, that there yet remain in my house some traces of our ancient kindred. And here with us at home, I have known a thing that was a capital offence become lawful; and we who hold others to it, are likewise, according to the chances of war, in a possibility of being found one day guilty of high treason, both divine and human, should our justice fall into the power of injustice, and, after a few years' possession, taking a quite contrary being. How could that ancient god more clearly accuse the ignorance of human knowledge concerning the Divine being, and give men to understand that their religion was but a thing of their own contrivance, useful to bind their society, than in declaring as he did to those who came to his tripod for instruction, "that every one's true worship was that which he found in use in the place where he chanced to be?" O God, what infinite obligation have we to the benignity of our sovereign Creator, for having disabused our belief from these wandering and arbitrary devotions, and for having seated it upon the eternal foundation of His Holy Word? What will, then, philosophy say to us in this necessity? Why, "that we follow the laws of our country," that is to say, that floating sea of the opinions of a republic or a prince that will paint justice for me in as many colours and reform it as many ways as there are changes of passion in themselves: I cannot suffer my judgment to be so flexible. What kind of goodness is that which I see to-day in repute, and that to-morrow shall be in none, and which the crossing of a river makes a crime? What truth is it that these mountains enclose, and which is a lie in the world beyond them?

But they are pleasant, when to give some certainty to the laws, they say that there are some firm, perpetual and immutable, which they call natural, that are imprinted in mankind by the condition of their own proper being; and of these, some reckon up three, some four, some more, and some less, a sign that it is a mark as doubtful as the rest. Now they are so unfortunate (for what can I call it else but misfortune, that of so infinite a number of laws there should not be found one at least that fortune and the temerity of chance has suffered to be universally received by the consent of all nations?)—they are, I say, so miserably unfortunate, that of these three or four select laws there is not so much as one that is not contradicted and disowned, not only by one nation but by many. Now the only likely sign by which they can argue or infer some laws to be natural, is the universality of approbation; for we should, without doubt, follow by common consent that which nature had really ordained for us; and not only every nation, but every particular man would resent the force and violence that any one should do him, who would impel him to anything contrary to this law. Let them produce me but one of this condition. Protagoras and Aristo gave no other essence to the justice of laws, than the authority and opinion of the legislator; and that, these put aside, the honest and the good would lose their qualities, and remain empty names of indifferent things:

Thrasymachus in Plato[1] is of opinion that there is no other law but the convenience of the superior. There is not anything wherein the world is so various as in laws and customs; such a thing is abominable here, which is elsewhere in esteem, as in Lacedæmon dexterity in stealing; marriages within degrees of consanguinity are capitally interdicted amongst us; they are elsewhere in honour:

> *Gentes esse feruntur,*
> *In quibus et nato genitrix, et nata parenti,*
> *Jungitur, et pietas geminato crescit amore;* [2]

the murder of infants, the murder of fathers, community of wives, traffic in robberies, licence in all sorts of voluptuousness; in short, there is nothing so extreme that is not allowed by the custom of some nation or other.

It is credible that there are natural laws, as we see in other creatures, but they are lost in us; this fine human reason everywhere so insinuating itself to govern and command, as to shuffle and confound the face of things, according to its own vanity and inconstancy; *Nihil itaque amplius nostrum est; quod nostrum dico, artis est.*[3] Subjects have divers aspects and divers considerations; and from this the diversity of opinions principally proceeds; one nation considers a subject in one aspect and stops there; another takes it in another aspect.

There is nothing of greater horror to be imagined than for a man to eat his father; and yet the nations whose custom anciently it was so to do, looked upon it as a testimony of piety and natural affection, seeking thereby to give their progenitors the most worthy and honourable sepulture; storing up in themselves and as it were in their own marrow, the bodies and relics of their fathers; and in some sort vivifying and regenerating them by transmutation into their living flesh, by means of nourishment and digestion: it is easy to consider what a cruelty and abomination it must have appeared to men possessed and imbued with this superstition, to throw their father's remains to the corruption of the earth and the nourishment of beasts and worms.

Lycurgus considered in theft, the vivacity, diligence, boldness, and dexterity, of purloining anything from our neighbours, and the utility that redounded to the public that every one should look more narrowly to the conservation of what was his own; and believed that from this double institution of assailing and defending advantage was to be made for military discipline (which was the principal science and virtue to which he would inure that nation) of greater consideration than the disorder and injustice of taking another man's goods.

Dionysius the tyrant offered Plato a robe of the Persian fashion, long, damasked, and perfumed; Plato refused it, saying that, being born a man he would not willingly dress himself in woman's clothes; but Aristippus accepted it, with this answer, that no accoutrement could corrupt a chaste courage. His friends reproaching him with meanness of spirit, for laying it no more to heart that Dionysius had spit in his face; "Fishermen," said he, "suffer themselves to be dashed with the waves of the sea from head to foot to catch a gudgeon." Diogenes was washing cabbages, and seeing him pass by: "If thou couldst live on cabbage," said he, "thou wouldst not fawn upon a tyrant," to whom Aristippus replied; "And if thou knewest how to live amongst men, thou wouldst not be washing cabbages." Thus reason finds appearance for divers effects: 'tis a pot with two ears that a man may take by the right or left:

> *Bellum, o terra hospita, portas:*
> *Bello armantur equi; bellum hæc armenta minantur.*
> *Sed tamen idem olim curru succedere sueti*
> *Quadrupedes, et frena jugo concordia ferre,*
> *Spes est pacis.*[4]

Solon, being importuned by his friends not to shed powerless and unprofitable tears for the death of his son: "It is for that reason that I the more justly shed them," said he, "because they are powerless and unprofitable." Socrates' wife exasperated her grief by this circumstance; "Oh, how unjustly do these wicked judges put him to death!" "Why," replied he, "hadst thou rather they should justly execute me?" We have our ears bored; the Greeks looked upon that as a mark of slavery.[5] We retire in private to enjoy our wives; the Indians do it in public. The Scythians immolated strangers in their temples;

---

[1] *Republic*, i.

[2] 'Tis said there are some nations where mothers marry their sons, fathers their daughters, and love is enhanced by the double tie.—Ovid, *Met.*, x. 331.

[3] Thus nothing is any longer truly ours: what we call ours belongs to art. Cicero, *De Fin.*, v. 21.

[4] War, O foreign land, thou bringest us; horses are armed for war, these herds threaten war: and yet these animals having long with patience borne the yoke and yielded to the reins before, there is hope of peace.—*Æneid*, iii. 539.

[5] Plutarch, Cicero.

elsewhere temples were a refuge.

Inde furor vulgi, quod numina vicinorum
Odit quisque locus, cum solos credat habendos
Esse deos, quos ipse colit.[1]

I have heard of a judge who, where he met with a sharp conflict betwixt Bartolus and Baldus, and some point discussed with many contrarieties, wrote in the margin of his note-book: "A question for a friend," that is to say that truth was there so controverted and confused that in a like cause he might favour which of the parties he thought fit. 'Twas only for want of wit that he did not write, "A question for a friend," throughout; the advocates and judges of our time find bias enough in all causes to accommodate them to what they themselves think fit. In so infinite a science, depending upon the authority of so many opinions, and so arbitrary a subject, it cannot but be that an extreme confusion of judgments must arise. There is hardly any suit so clear wherein opinions do not very much differ; what one court has determined, another determines quite contrary, and itself also contrary at another time. By this licence, which is a marvellous blemish on the ceremonious authority and lustre of our justice, we see frequent examples of persons not abiding by decrees, but running from judge to judge, and court to court, to decide one and the same cause.

As to the liberty of philosophical opinions concerning vice and virtue, 'tis not necessary to be expatiated upon, as therein are found many opinions that are better concealed than published to weak minds. Arcesilaus said, that in fornication it was no matter how, or with whom it was committed; *Et obscænas voluptates, si natura requirit, non genere, aut loco, aut ordine, sed forma, ætate, figura, metiendas Epicurus putat . . . ne amores quidem sanctos a sapiente alienos esse arbitrantur*[2] . . . *quæramus, ad quam usque ætatem juvenes amandi sint.* These two last stoical quotations, and the reproach that Dicæarchus threw in the teeth of Plato himself upon this account, show how much the soundest philosophy indulges licence and excess, very remote from common usage.

Laws derive their authority from possession and use: 'tis dangerous to trace them back to their beginning; they grow great and ennoble themselves, like our rivers, by running; follow them upward to their source, 'tis but a little spring, scarce discernible, that swells thus and thus fortifies itself by growing old. Do but consult the ancient considerations that gave the first motion to this famous torrent, so full of dignity, awe, and reverence; you will find them so light and weak that it is no wonder if these people, who weigh and reduce everything to reason, and who admit nothing by authority or upon trust, have their judgments very remote and differing from those of the public. It is no wonder if people, who take their pattern from the first image of nature, should, in most of their opinions, swerve from the common path: as, for example, few amongst them would have approved of the strict conditions of our marriages, and most of them have been for having women in common and without obligation: they would refuse our ceremonies. Chrysippus said that a philosopher would make a dozen somersaults and turned up his tail without his breeches for a dozen of olives: this philosopher would hardly have advised Calisthenes to have refused to Hippoclides[3] the fair Agarista, his daughter, for having seen him stand on his head upon a table. Metrocles let wind a little indiscreetly in disputation in the presence of his school, and kept himself hid in his own house for shame, till Crates coming to visit him, and adding to his consolations and reasons the example of his own liberty, falling to let wind with him who should let most, cured him of that scruple, and, withal, drew him to his own Stoical sect, more free than that more reserved one of the Peripatetics, of which he had been till then. That which we call decency, not to dare to do that in public which it is decent enough to do in private, the Stoics call foppery; and to mince it and be so modest as to conceal and disown what nature, custom, and our desires publish and proclaim of our actions, they reputed a vice; but the others thought it was to undervalue the mysteries of Venus, to draw them out of her private temples to expose them to the view of the people: and that to bring them out from behind the curtain was to lose them. Modesty is a thing of weight; secrecy, reserve, circumspection, are parts of esteem: that pleasure does very rightly when, under the visor of virtue, she desires not to be prostituted in the open streets,

---

[1] Hence the popular fury, that every locality hates its neighbours' gods, and fancies that there are no real gods but their own.—Juvenal, xv. 371.

[2] And obscene pleasures, if nature requires, Epicurus thinks are not to be measured, either by kind, place, or order, but by age and beauty. Neither are holy loves thought to be interdicted to the sages—we are to inquire till what age young men are to be loved.—Cicero, *Tusc. Quæs.*, v. 33; *Idem, De Finib.*, iii. 20; Seneca, *Epist.*, 123.

[3] Herodotus, vi. 129.

trodden under foot, and exposed to the public view, wanting the dignity and convenience of her private cabinets. Hence some say that to put down public stews is not only to disperse fornication into all places that was assigned to one, but, moreover, by the very difficulty, to incite idlers to this vice:

Mœchus es Aufidiæ, qui vir, Scævine, fuisti;
Rivalis fuerat qui tuus, ille vir est.
Cur aliena placet tibi, quæ tua non placet uxor?
Numquid securus non potes arrigere? [1]

This experience diversifies itself in a thousand examples:

Nullus in urbe fuit tota, qui tangere vellet
Uxorem gratis, Cæciliane, tuam,
Dum licuit: sed nunc, positis custodibus, ingens
Turba fututorum est. Ingeniosus homo es. [2]

A philosopher being taken in the very act, and asked what he was doing, coolly replied, "I am planting a man"; no more blushing to be so caught than if they had found him planting garlic.

It is, I suppose, out of tenderness and respect to the natural modesty of mankind that a great and religious author [3] is of opinion that this act is so necessarily bound to privacy and shame that he cannot persuade himself there could be any absolute performance in those impudent embraces of the Cynics, but that they only made it their business to represent lascivious gestures to maintain the impudence of their schools' profession; and that to eject what shame had withheld it was afterwards necessary for them to withdraw into the shade. But he had not thoroughly examined their debauches: for Diogenes, playing the beast with himself in public, wished in the presence of all who saw him that he could fill his belly by that exercise. To those who asked him why he did not find out a more commodious place to eat in than the open street, he made answer, "because I am hungry in the open street." The women philosophers who mixed with their sect, mixed also with their persons in all places without reservation; and Hipparchia was not received into Crates' society but upon conditions that she should in all things follow the uses and customs of his rule. These philosophers set a great price upon virtue, and renounced all other discipline but the moral: and yet in all their actions they attributed the sovereign authority to the election of their sage as above the laws, and gave no other curb to voluptuousness but moderation only, and the conservation of the liberty of others.

Heraclitus and Protagoras, forasmuch as wine seemed bitter to the sick and pleasant to the sound; the rudder crooked in the water and straight when out, and such like contrary appearances as are found in subjects, thence argued that all subjects had in themselves the causes of these appearances; and that there was some bitterness in the wine which had sympathy with the sick man's taste, and the rudder some bending quality, sympathizing with him who looks upon it in the water, and so of all the rest; which is as much as to say that all is in all things, and, consequently, nothing in any one, for where all is, there is nothing.

This opinion put me in mind of the experience we have, that there is no sense nor aspect of anything, whether bitter or sweet, straight or crooked, that human wit does not find out in the writings it undertakes to rummage over. Into the simplest, purest, and most perfect speaking that can possibly be, how many lies and falsities have we suggested? What heresy has not there found ground and testimony sufficient to set forth and defend itself? 'Tis on this account that the authors of such errors will never surrender this proof of the testimony of the interpretation of words. A person of dignity who would prove to me by authority the search of the philosopher's stone wherein he was over head and ears engaged, alleged to me the other day, five or six passages in the Bible upon which he said he first founded his attempt, for the discharge of his conscience (for he is a divine); and in truth the invention was not only amusing, but, moreover, very well accommodated to the defence of this fine science.

By this way the reputation of divining fables is acquired; there is no fortune-teller, if he have but this authority that people will condescend to turn over and curiously peep into all the folds and glosses of his words, but we may make him, like the Sybils, say what we will. There are so many ways of interpretation that it will be hard but that, either obliquely or in a direct line, an

---

[1] Thou, Scævinus, once Aufidia's husband, art now her gallant. He who was once your rival is now her husband. How is it that she who now pleases thee, being another's, did not please thee when thou wert her husband? Must your vigour be needs roused by difficulties?—Martial, iii. 70.

[2] Not a man in the whole city, Cæcilianus, would touch your wife gratis, while it was easy to do so: now that you have set guards upon her, there's a whole crowd mad after her. O, you're a clever fellow.—*Ibid.*, i. 74.

[3] St. Augustine, *City of God*, xiv. 20.

ingenious wit will find out in every subject some air that will serve for his purpose: therefore 'tis we find a cloudy and ambitious style in so frequent and ancient use. Let the author but contrive to attract and busy posterity about his predictions; which not only his own parts, but as much or more the accidental favour of the matter itself, may effect; that, as to the rest, he express himself foolishly or subtlely, somewhat obscurely and contradictorily, 'tis no matter: a number of wits, shaking and sifting him, will bring out a great many several forms, either according to his own, or collateral, or contrary to it, which will all redound to his honour: he will see himself enriched, by the means of his disciples, like the regents of colleges by their pupils at Landy. This is it which has given reputation to many things of no worth at all; that has brought several writings into vogue, and given them the fame of containing all sorts of matter that can be desired; one and the same thing receiving a thousand and a thousand images and various considerations, even as many as we please.

Is it possible that Homer could design to say all that they make him say, and that he devised so many and so various figures as that divines, lawgivers, captains, philosophers, all sorts of men who treat of sciences, how variously and oppositely soever, should cite him, and support their arguments by his authority, as the sovereign master of all offices, works, and artisans; counsellor-general of all enterprises? whoever has had occasion for oracles and predictions has there found sufficient to serve his turn. 'Tis wonderful how many and how admirable concurrences an intelligent person and a particular friend of mine has there found out in favour of our religion, and he cannot easily be put out of the conceit that this was Homer's design: and yet he is as well acquainted with that author as any man whatever of our time; and so what he has found out there in favour of our religion, many anciently found there in favour of theirs. Do but observe how Plato is tumbled and tossed about: every one ennobling his own opinions by applying him to himself, makes him take what side he pleases; they draw him in and engage him in all the new opinions the world receives, and make him, according to the different course of things, differ from himself; they make him, according to their sense, disavow the manners and customs lawful in his age, because they are unlawful in ours: and all this with vivacity and power, according to the force and sprightliness of the wit of the interpreter. From the same foundation that Heraclitus and this sentence of his had, "that all things have in them those forms that we discern in them," Democritus drew a quite contrary conclusion—namely, "that subjects had nothing at all in them of what we there find"; and, forasmuch as honey is sweet to one and bitter to another, he thence argued that it was neither sweet nor bitter. The Pyrrhonians would say that they know not whether it is sweet or bitter, or neither the one nor the other, or both; for these always gain the highest point of dubitation. The Cyrenaics held that nothing was perceptible from without, and that that only was perceptible which internally touched us, as grief and pleasure; acknowledging neither tone nor colour, but certain affections only that we receive from them, and that man's judgment had no other seat. Protagoras believed that "what seemed to every one was true to every one." The Epicureans lodged all judgment in the senses, both in the knowledge of things and in pleasure. Plato would have the judgment of truth, and truth itself, derived from opinions and the senses, appertain to the mind and cogitation.

This discourse has put me upon the consideration of the senses, in which lie the greatest foundation and proof of our ignorance. Whatsoever is known is doubtless known by the faculty of the knower; for seeing the judgment proceeds from the operation of him who judges, 'tis reason that he perform this operation by his means and will, not by the constraint of another, as would happen if we knew things by the power and according to the law of their essence. Now all knowledge is conveyed to us by the senses; they are our masters:

Via qua munita fidei
Proxima fert humanum in pectus, templaque mentis: [1]

science begins by them, and is resolved into them. After all, we should know no more than a stone, if we did not know that there is sound, odour, light, taste, measure, weight, softness, hardness, sharpness, colour, smoothness, breadth, and depth; these are the platform and principles of all the structure of our knowledge, and, according to some, science is nothing else but sensation. He that could make me contradict the senses would have me by the throat, he could not make me go further back; the senses are the beginning and the end of human knowledge:

---

[1] It is the path by which faith finds its way to enter the human heart and the temple of the mind.—Lucretius, v. 103.

*Invenies primis ab sensibus esse creatam
Notitiam veri; neque sensus posse refelli . . .
Quid majore fide porro, quam sensus, haberi
Debet?* [1]

Attribute to them the least we can, we must still of necessity grant them this, that it is by their means and mediation that all our instruction is directed. Cicero says, that Chrysippus, having attempted to depreciate the force and virtue of the senses, presented to himself arguments and so vehement oppositions to the contrary, that he could not satisfy them; whereupon Carneades, who maintained the contrary side, boasted that he would make use of the same words and arguments that Chrysippus had done wherewith to controvert him, and, therefore, thus cried out against him: "O miserable! thy force has destroyed thee." There can, in our estimate, be nothing absurd to a greater degree than to maintain that fire does not warm, that light does not shine, and that there is no weight nor solidity in iron, which are knowledges conveyed to us by the senses; there is no belief or knowledge in man that can be compared to that for certainty.

The first consideration I have upon the subject of the senses is, that I make a doubt whether man is furnished with all natural senses. I see several animals that live an entire and perfect life, some without sight, others without hearing: who knows whether to us also one, two, or three, or many other senses, may not be wanting? For if any one be wanting, our examination cannot discover the defect. 'Tis the privilege of the senses to be the utmost limit of our discovery; there is nothing beyond them that can assist us in exploration, not so much as one sense in the discovery of another:

*An poterunt oculos aures reprehendere? an aures
Tactus? an hunc porro tactum sapor arguet oris?
An confutabunt nares, oculive revincent?* [2]

they all constitute the extremest limits of our ability:

*Seorsum quique potestas
Divisa est, sua vis cuique est.*[3]

It is impossible to make a man, naturally blind, conceive that he does not see; impossible to make him desire sight, or to regret his defect: for which reason we ought not to derive any assurance from the soul's being contented and satisfied with those we have, considering that it cannot be sensible herein of its infirmity and imperfection, if there be any such thing. It is impossible to say anything to this blind man, either by argument or similitude, that can possess his imagination with any apprehension of light, colour, or sight; nothing remains behind that can push on the senses to evidence. Those that are born blind, whom we hear to wish they could see, it is not that they understand what they desire: they have learned from us that they want something, that there is something to be desired that we have which they can name indeed, and speak of its effects and consequence; but yet they know not what it is, nor at all apprehend it.

I have seen a gentleman of a good family who was born blind, or at least blind from such an age that he knows not what sight is, who is so little sensible of his defect that he makes use, as we do, of words proper for seeing, and applies them after a manner wholly special and his own. They brought him a child to whom he was godfather; having taken him into his arms: "Good God," said he, "what a fine child is this: how beautiful to look upon, what a pleasant face he has!" He will say, like one of us, "this room has a very fine prospect; it is clear weather; the sun shines bright": and, moreover, hunting, tennis and butts being our exercises, as he has heard, he has taken a liking to them, makes them his exercises, and believes he has as good a share of the sport as we have; and will express himself as angry or pleased as the best of us all, and yet knows nothing of it but by the ear. One cries out to him, "Here's a hare," when he is upon some even plain where he may safely ride; and afterwards, when they tell him the hare is killed, he will be as proud of it as he hears others say they are. He will take a tennis ball in his left hand and strike it away with the racket: he will shoot with a musket at random, and is contented with what his people tell him, that he is over or beside the mark.

Who knows whether all human kind commit not the like absurdity, for want of some sense, and that through this default, the greatest part of the face of things is concealed from us? What do we know but that the difficulties which we find in several works of nature do not thence proceed? and that several effects of animals, which exceed our capacity, are not produced by

---

[1] You will find that all knowledge of truth is first conveyed to the soul by the senses. The senses cannot be disputed. Upon what can we more safely rely than on them?—*Ibid.*, iv. 279, 483.

[2] Can ears correct the eyes, or eyes the touch, or can touch be checked by tasting; or can nose or eyes confute other faculties?—*Ibid.*, iv. 487.

[3] Each has its own special power assigned to it, and its strength is its own.—*Ibid.*, 490.

the faculty of some sense that we are defective in? and whether some of them have not by this means a life more full and entire than ours? We seize an apple as it were with all our senses: we there find redness, smoothness, odour, and sweetness: but it may have other virtues besides these, as drying up or binding, to which no sense of ours can have any reference. Is it not likely that there are sentient faculties in nature that are fit to judge and discern what we call the occult properties in several things, as for the loadstone to attract iron; and that the want of such faculties is the cause that we are ignorant of the true essence of such things? 'Tis, peradventure, some particular sense that gives cocks to understand what hour it is at midnight and when it grows to be towards day, and that makes them crow accordingly; that teaches chickens, before they have any experience of what they are, to fear a sparrow hawk, and not a goose or a peacock, though birds of a much larger size; that cautions them of the hostile quality the cat has against them, and makes them not fear a dog; to arm themselves against the mewing, a kind of flattering voice, of the one, and not against the barking, a shrill and threatening voice, of the other; that teaches wasps, ants and rats to select the best pear and the best cheese, before they have tasted them, and which inspires the stag, the elephant, the serpent, with the knowledge of a certain herb proper for their cure. There is no sense that has not a mighty dominion, and that does not by its power introduce an infinite number of knowledges. If we were defective in the intelligence of sounds, of harmony, and of the voice, it would cause an unimaginable confusion in all the rest of our science; for, besides what appertains to the proper effect of every sense, how many arguments, consequences, and conclusions do we draw as to other things, by comparing one sense with another? Let an understanding man imagine human nature originally produced without the sense of seeing, and consider what ignorance and trouble such a defect would bring upon him, what a darkness and blindness in the soul; he will see by that of how great importance to the knowledge of truth the privation of such another sense, or of two, or three, should we be so deprived, would be. We have formed a truth by the consultation and concurrence of our five senses; but, peradventure, we should have the consent and contribution of eight or ten, to make certain discovery of it in its essence.

The sects that controvert the knowledge of man, do it principally by the uncertainty and weakness of our senses; for since all knowledge is by their means and mediation conveyed unto us, if they fail in their report, if they corrupt or alter what they bring us from without, if the light which by them creeps into the soul be obscured in the passage, we have nothing else to hold by. From this extreme difficulty all these fancies proceed; "that every subject has in itself all we there find: that it has nothing in it, of what we think we there find"; and that of the Epicureans, "that the sun is no bigger than 'tis judged by our sight to be":

Quidquid id est, nihilo fertur majore figura,
Quam, nostris oculis quam cernimus, esse videtur; [1]

"that the appearances, which represent a body great to him that is near, and less to him that is more remote, are both true":

Nec tamen hic oculos falli concedimus hilum—
Proinde animi vitium hoc oculis adfingere noli; [2]

and resolutely, "that there is no deceit in the senses; that we are to lie at their mercy, and seek elsewhere reasons to excuse the difference and contradictions we there find, even to the inventing of lies and other flams (they go that length) rather than accuse the senses." Timagoras vowed that, by pressing or turning his eye, he could never perceive the light of the candle to double, and that the seeming so proceeded from the vice of opinion, and not from the organ. The most absurd of all absurdities, according to the Epicureans, is in denying the force and effect of the senses:

Proinde, quod in quoque est his visum tempore,
  verum est.
Et, si non poterit ratio dissolvere causam,
Cur ea, quæ fuerint juxtim quadrata, procul sint
Visa rotunda; tamen præstat rationis egentem
Reddere mendose causas utriusque figuræ,
Quam manibus manifesta suis emittere quoquam,
Et violare fidem primam, et convellere tota
Fundamenta, quibus nixatur vita, salusque:
Non modo enim ratio ruat omnis, vita quoque ipsa
Concidat extemplo, nisi credere sensibus ausis,
Præcipitesque locos vitare, et cætera, quæ sint
In genere hoc fugienda. [3]

---

[1] But be it what it will, in our esteem, it is no bigger than it seems to our eyes.—*Ibid.*, Bk. iv. 380, 387.

[2] Yet we deny that the eye is deluded; do not then charge it with the soul's fault.—*Ibid.*

[3] Therefore, whatever has to them at any time seemed true, is true, and if our reason cannot explain why things seem to be square when near, and at a greater distance appear round, 'tis better for him that's at fault in reasoning to give of each figure a false cause, than to permit manifest things to

This so desperate and unphilosophical advice, expresses only this, that human knowledge cannot support itself but by reason that it is unreasonable, foolish, and mad; but that it is better that man, to set a greater value upon himself, should make use of this or any other remedy how fantastic soever, than confess his necessary ignorance; a truth so disadvantageous to him. He cannot avoid owning that the senses are the sovereign lords of his knowledge; but they are uncertain and falsifiable in all circumstances; 'tis there that he is to fight it out to the last; and if his just forces fail him, as they do, supply that defect with obstinacy, temerity, and impudence. If what the Epicureans say be true, viz., "that we have no knowledge, if the appearances of the senses be false"; and if that also be true, which the Stoics say, "that the appearances of the senses are so false that they can furnish us with no manner of knowledge," we shall conclude, to the disadvantage of these two great dogmatical sects, that there is no science at all.

As to what concerns the error and uncertainty of the operation of the senses, every one may furnish himself with as many examples as he pleases; so ordinary are the faults and tricks they put upon us. In the echo of a valley, the sound of the trumpet seems to meet us, which comes from some place behind:

Exstantesque procul medio de gurgite montes,
Classibus inter quos liber patet exitus, iidem
Apparent, et longe divolsi licet, ingens
Insula conjunctis tamen ex his una videtur . . .
Et fugere ad puppim colles campique videntur,
Quos agimus præter navim, velisque volamus . . .
Denique ubi in medio nobis equus acer obhæsit
Flumine, et in rapides amnis conspeximus undas;
Stantis equi corpus transversum ferre videtur
Vis, et in adversum flumen contrudere raptim: [1]

just as a musket bullet under the forefinger, the

---

go out of his hands, to give the lie to his first belief, and overthrow all the foundations on which life and safety depend; for not alone reason, but life itself will fall together with sudden ruin, unless we dare trust our senses to avoid precipices, and other such like dangers that are to be avoided.—*Ibid.*, iv. 499.

[1] And mountains rising up at a distance from the middle of the sea, between which a free passage for ships is open, yet appear, though far separated, one vast island united of the two, . . . and the hills and plains, past which we row or sail, seem to flee away astern. When a spirited horse sticks fast with us in the middle of a river, and we look down into the stream, the horse seems to be carried by its force in a contrary direction, though he stands still.—*Ibid.*, iv. 398, 390, 421.

---

middle finger being lapped over it, feels so like two that a man will have much ado to persuade himself there is but one, the senses so vividly representing them as two. For that the senses are very often masters of our reason and constrain it to receive impressions which it judges and knows to be false, is frequently seen. I set aside the sense of feeling, that has its functions nearer, more vivid and substantial, that so often by the effect of the pains it inflicts on the body subverts and overthrows all those fine stoical resolutions, and compels him to cry out from his belly, who has resolutely established this doctrine in his soul, "that the gout and all other pains and diseases are indifferent things, not having the power to abate anything of the sovereign felicity wherein the sage is seated by his virtue"; there is no heart so effeminate that the rattle and sound of our drums and trumpets will not enflame with courage; nor so sullen that the sweetness of music will not rouse and cheer; nor a soul so stubborn that will not feel itself struck with some reverence in considering the sombre vastness of our churches, the variety of ornaments and order of our ceremonies, and in hearing the solemn music of our organs, and the grace and devout harmony of our voices; even those, who come in with contempt, feel a certain shivering in their hearts, and something of dread that makes them begin to doubt their opinion. For my part, I do not find myself strong enough to hear an ode of Horace or Catullus sung by a beautiful young mouth, without emotion; and Zeno had reason to say that the voice is the flower of beauty. Some one once wanted to make me believe that a certain person, whom all we Frenchmen know, had imposed upon me in repeating some verses that he had made; that they were not the same upon the paper that they were in the air, and that my eyes would make a contrary judgment of them to my ears: so great a power has pronunciation to give fashion and value to works that are left to the efficacy and modulation of the voice. Therefore Philoxenus was not so much to blame who, hearing one give an ill accent to some composition of his, stamped on and broke certain earthen vessels of his, saying: "I break what is thine, because thou spoilest what is mine." To what end did those men, who have with a positive resolution destroyed themselves, turn away their faces that they might not see the blow that was by themselves appointed? And that those, who for their health, desire and command incisions and cauteries, cannot endure the sight of the preparations, instruments, and operations of the surgeons; seeing that the sight is not in any way to participate in the pain, are not these proper examples to verify the authority the senses have over the reason? 'Tis to much purpose that we know these tresses were borrowed from a page or a lacquey; that this red came from Spain, and that white and polish from the ocean; our sight will nevertheless compel us to confess the object more agreeable and more lovely against all reason; for in this there is nothing of its own.

> *Auferimur cultu; gemmis auroque teguntur*
> *Crimina; pars minima est ipsa puella sui.*
> *Sæpe, ubi sit quod ames, inter tam multa requiras;*
> *Decipit hac oculos ægide dives amor.*[1]

What a strange power do the poets attribute to the senses, who make Narcissus so desperately in love with his own shadow?

> *Cunctaque miratur, quibus est mirabilis ipse;*
> *Se cupit imprudens, et, qui probat, ipse probatur;*
> *Dumque petit, petitur: pariterque accendit, et ardet:*[2]

and Pygmalion's judgment so troubled by the impression of the sight of his ivory statue, that he loves and adores it as if it were a living woman!

> *Oscula dat, reddique putat; sequiturque, tenetque,*
> *Et credit tactis digitos insidere membris;*
> *Et metuit, pressos veniat ne livor in artus.*[3]

Let a philosopher be put into a cage of small thin set bars of iron, and hang him on the top of the high tower of Nôtre Dame of Paris; he will see, by manifest reason, that he cannot possibly fall, and yet he will find, unless he have been used to the tiler's trade, that he cannot help but that the excessive height will frighten and astound him; for we have enough to do to assure ourselves in the galleries of our steeples, if they are railed with an open baluster, although they are of stone; and some there are that cannot endure so much as to think of it. Let there be a beam thrown over betwixt these two towers, of breadth sufficient to walk upon, there is no philosophical wisdom so firm that can give us the courage to walk over it, as we should do upon the ground. I have often tried this upon our mountains in these parts, and though I am not one who am much subject to be afraid of such things, yet I was not able to endure to look into that infinite depth without horror and trembling in legs and arms, though I stood above my length from the edge of the precipice, and could not have fallen down unless I had chosen. I also observed that what height soever the precipice were, provided there were some tree or some jutting out of a rock a little to support and divide the sight, it a little eases our fears and gives some assurance, as if they were things by which in falling we might have some help; but that direct precipices we are not able to look upon without being giddy; *ut despici sine vertigine simul oculorum animique non possit;*[4] which is a manifest imposture of the sight. And therefore it was, that the fine philosopher put out his own eyes to free the soul from being diverted by them, and that he might philosophise at greater liberty: but by the same rule, he should have stopped up his ears, which Theophrastus says are the most dangerous instruments about us for receiving violent impressions to alter and disturb us; and, in short, should have deprived himself of all his other senses, that is to say, of his life and being; for they have all the power to command our soul and reason. *Fit etiam sæpe specie quadam, sæpe vocum gravitate et cantibus, ut pellantur animi vehementius: sæpe etiam cura et timore.*[5] Physicians hold that there are certain complexions that are agitated by some sounds and instruments even to fury. I have seen some who could not hear a bone gnawed under the table without impatience; and there is scarce any man who is not disturbed at the sharp and shrill noise that the file makes in grating upon the iron; and so, to hear chewing near them or to hear any one speak who has any impediment in the throat or nose, will move some people even to anger and hatred. Of what use was that piping prompter of Gracchus, who softened, raised, and moved his master's voice whilst he

---

[1] We are gulled by adornments; defects are hidden by jewels and gold; the girl is of herself the smallest part. Often, when amongst so many decorations we seek for her we love, wealthy love deceives our eyes with this mask.—Ovid, *De Rem. Amor.*, i. 343.

[2] He admires all things by which he is admired: silly fellow, he desires himself; the praises which he gives, he claims; he seeks, and is sought; he is inflamed and inflames.—Ovid, *Met.*, iii. 424.

[3] He kisses, and believes that he is kissed again, seizes her, embraces her; he thinks her limbs yield to the pressure of his fingers, and fears lest they should become black and blue with his ardour.—*Ibid.*, x. 256.

[4] Not to be seen without dizziness of the eyes and mind.—Livy, xliv. 6.

[5] For it often falls out that minds are more vehemently struck by some sight, by the loud sound of the voice, or by singing; and ofttimes by grief and fear.—Cicero, *De Divin.*, i. 37.

declaimed at Rome, if the movements and quality of the sound had not the power to move and alter the judgments of the auditory? Truly, there is wonderful reason to keep such a clutter about the firmness of this fine piece that suffers itself to be turned and twined by the motions and accidents of so light a wind!

The same cheat that the senses put upon our understanding, they have in turn put upon them; the soul also sometimes has its revenge; they lie and contend which should most deceive one another. What we see and hear when we are transported with passion, we neither see nor hear as it is:

> *Et solem geminum, et duplices*
> *se ostendere Thebas:* [1]

the object that we love appears to us more beautiful than it really is:

> *Multimodis igitur pravas turpesque videmus*
> *Esse in deliciis, summoque in honore vigere:* [2]

and that we hate, more ugly. To a discontented and afflicted man, the light of the day seems dark and overcast. Our senses are not only corrupted, but very often utterly stupified by the passions of the soul; how many things do we see, that we do not take notice of, if the mind be occupied with other thoughts?

> *In rebus quoque apertis noscere possis,*
> *Si non advertas animum, proinde esse, quasi omni*
> *Tempore semotæ fuerint, longeque remotæ;* [3]

it seems as though the soul retires within and amuses the powers of the senses. And so both the inside and the outside of man is full of infirmities and falsehood.

They who have compared our life to a dream were, peradventure, more in the right than they were aware of. When we dream, the soul lives, works, exercises all its faculties, neither more nor less than when awake; but if more gently and obscurely, yet not so much certainly, that the difference should be as great as betwixt night and the meridional brightness of the sun; nay, as betwixt night and shade; there she sleeps, here she slumbers, but whether more or less, 'tis still dark and Cimmerian darkness. We wake sleeping, and sleep waking. I do not see so clearly in my sleep; but as to my being awake, I never find it clear enough and free from clouds: moreover, sleep, when it is profound, sometimes rocks even dreams themselves asleep; but our awaking is never so sprightly that it rightly and thoroughly purges and dissipates those reveries which are waking dreams, and worse than dreams. Our reason and soul receiving those fancies and opinions that come in dreams, and authorising the actions of our dreams, in like manner as they do those of the day, why do we not doubt whether our thought and action is not another sort of dreaming, and our waking a certain kind of sleep?

If the senses be our first judges, it is not our own that we are alone to consult; for in this faculty beasts have as great, or greater, right than we: it is certain that some of them have the sense of hearing more quick than man, others that of seeing, others that of feeling, others that of touch and taste. Democritus said, that the gods and brutes had the sensitive faculties much more perfect than man. Now, betwixt the effects of their senses and ours, the difference is extreme; our spittle cleanses and dries up our wounds; it kills the serpent.

> *Tantaque in his rebus distantia, differitasque est,*
> *Ut quod aliis cibus est, aliis fuat acre venenum.*
> *Sæpe etenim serpens, hominis contacta saliva,*
> *Disperit, ac sese mandendo conficit ipsa.* [4]

What quality do we attribute to our spittle, either in respect to ourselves or to the serpent? By which of the two senses shall we prove the true essence that we seek? Pliny says, that there are certain sea-hares in the Indies that are poison to us, and we to them, insomuch that with the least touch we kill them: which shall be truly poison, the man or the fish? Which shall we believe, the fish of the man, or the man of the fish? One quality of the air infects a man that does the ox no harm; some other infects the ox, but hurts not the man: which of the two shall in truth and nature be the pestilent quality? To them who have the jaundice all things seem yellow and paler than to us:

> *Lurida præterea fiunt, quæcunque tuentur*
> *Arquati.* [5]

---

[1] The sun seemed two suns, and Thebes a double city.— *Æneid,* iv. 470.

[2] We often see the ugly and the vile held in highest honour and warmest love.—Lucretius, iv. 1152.

[3] Nay, as to the most distinct objects, you may observe that unless the mind take notice of them, they are no more seen than if they were at the end of the world.—*Ibid.,* iv. 812.

[4] And in those things the difference is so great that what is one man's poison is another man's meat; for serpents often, when touched with human spittle, go mad, and bite themselves to death.—*Ibid.,* iv. 638.

[5] Whatever jaundiced eyes view looks yellow.— *Ibid.,* iv. 333.

They who are troubled with the disease that the physicians call Hyposphagma, which is a suffusion of blood under the skin, see all things red and bloody. What do we know but that these humours, which thus alter the operations of sight, predominate in beasts and are usual with them? For we see some whose eyes are yellow like our people who have the jaundice, and others of a bloody colour; to these 'tis likely that the colour of objects seems other than to us; which judgment of the two shall be right? For it is not said that the essence of things has a relation to man only; hardness, whiteness, depth, and sharpness have reference to the service and knowledge of animals as well as to us, and nature has equally designed them for their use. When we press down the eye, the body that we look upon we perceive to be longer and more extended; many beasts have their eyes so pressed down: this length therefore is, peradventure, the true form of that body, and not that which our eyes give it in their usual state. If we close the lower part of the eye, things appear double to us:

*Bina lucernarum florentia lumina flammis
Et duplices hominum facies et corpora bina.*[1]

If our ears be obstructed or the passage stopped with anything, we receive the sound quite otherwise than we usually do; the animals likewise, who have either the ears hairy or but a very little hole instead of an ear, do not, consequently, hear as we do, but another kind of sound. We see at festivals and theatres that painted glass of a certain colour reflecting the light of the flambeaux, and all things in the room appear to us green, yellow, or violet:

*Et vulgo faciunt id lutea russaque vela,
Et ferrugina, cum, magnis intenta theatris,
Per malos vulgata trabesque, trementia fluctant:
Namque ibi consessum caveai subter, et omnem
Scaenai speciem, patrum, matrumque, deorumque
Inficiunt, coguntque suo fluitare colore:*[2]

'tis likely that the eyes of animals, which we see to be of divers colours, produce the appearance of bodies to them the same with their eyes.

We should, therefore, to make a right judgment of the operations of the senses, be first agreed with beasts; and secondly, amongst ourselves, which we by no means are, but enter at every turn into dispute, seeing that one man hears, sees, or tastes something otherwise than another does; and contest as much as upon any other thing about the diversity of the images that the senses represent to us. A child, by the ordinary rule of nature, hears, sees, and tastes otherwise than a man of thirty years old, and he than one of threescore; the senses are in some more obscure and dusky, and in others more open and quick. We receive things variously, according as we are and according as they appear to us; now, our perception being so uncertain and controverted, it is no wonder if we are told that we may declare that snow appears white to us, but that to affirm that it is in its own essence really so, is more than we are able to justify: and this foundation being shaken, all the knowledge in the world must of necessity fall to pieces. Then our senses themselves hinder one another: a picture seems raised and embossed to the sight, in the handling it seems flat to the touch: shall we say that musk, which delights the smell and is offensive to the taste, is agreeable or no? there are herbs and unguents proper for one part of the body, that are hurtful to another: honey is pleasant to the taste, but not pleasant to the sight. Those rings which are cut in the form of feathers, and which they call *pennes sans fin*, the eye cannot determine their size, or help being deceived by the imagination that on one side they are not larger, and on the other side become gradually narrower, and this even when you have them round the finger; yet when the touch comes to test them, it finds them of equal size and alike throughout. They who, to assist their lust, were wont in ancient times to make use of magnifying glasses to represent the members they were to employ, larger than they were, and by ocular tumidity to please themselves the more: to which of the two senses did they give the prize, whether to the sight, that represented the members as large and great as they would desire, or to the touch, which presented them little and contemptible? Are they our senses that supply the subject with these different conditions, and have the subjects themselves nevertheless but one? as we see in the bread we eat, it is nothing but bread, but by being eaten it becomes bones, blood, flesh, hair, and nails:

*Ut cibus in membra atque artus cum diditur omnes,
Disperit, atque aliam naturam sufficit ex se;*[3]

---

[1] Two lights in the lamps seem blossoming with flames; and each man appears to have a double body and two heads.—*Ibid.*, iv. 451.

[2] And thus yellow, red, and purple curtains, stretched over the spacious theatre, sustained by poles and pillars, wave about in the air, and whole streams of colours flow from the top, and tinge the scenes, and men, and women, and gods.—*Ibid.*, iv. 75.

[3] As meats diffused through all the members lose

The humidity sucked up by the root of a tree, becomes trunk, leaf, and fruit; and the air, being but one, is modulated in a trumpet to a thousand sorts of sounds: are they our senses, I would fain know, that in like manner form these subjects into so many divers qualities, or have they them really such in themselves? and, in the face of this doubt, what can we determine of their true essence? Moreover, since the accidents of disease, delirium, or sleep, make things appear otherwise to us than they do to the healthful, the sane, and those that are awake, is it not likely that our right posture of health and understanding, and our natural humours, have also wherewith to give a being to things that have relation to their own condition, and to accommodate them to themselves, as well as when these humours are disordered; and our health as capable of giving them its aspect, as sickness? Why has not the temperate a certain form of objects relative to it, as well as the intemperate; and why may it not as well stamp it with its own character as the other? He whose mouth is out of taste, says the wine is flat; the healthful man commends its flavour, and the thirsty its briskness. Now, our condition always accommodating things to itself, and transforming them according to itself, we cannot know what things truly are in themselves, seeing that nothing comes to us but what is falsified and altered by the senses. Where the compass, the square, and the rule are crooked, all proportions drawn from them, all the buildings erected by those guides, must of necessity be also defective; the uncertainty of our senses renders every thing uncertain that they produce:

Denique ut in fabrica, si prava est regula prima,
Normaque si fallax rectis regionibus exit,
Et libella aliqua si ex parti claudicat hilum;
Omnia mendose fieri, atque obstipa necessum est,
Prava, cubantia, prona, supina, atque absona tecta:
Jam ruere ut quædam, videantur velle, ruantque
Prodita judiciis fallacibus omnia primis:
Sic igitur ratio tibi rerum prava necesse est,
Falsaque sit, falsis quæcumque à sensibus orta est.[1]

and, after all, who can be fit to judge of, and to determine these differences? As we say, in controversies of religion, that we must have a judge neither inclining to the one side nor to the other, free from all choice and affection, which cannot be among Christians; just so it falls out in this; for if he be old, he cannot judge of the sense of old age, being himself a party in the case: if young, there is the same exception; healthful, sick, asleep, or awake, he is still the same incompetent judge: we must have some one exempt from all these qualities, so that without preoccupation of judgment, he may judge of these propositions as of things indifferent to him; and, by this rule, we must have a judge that never was.

To judge of the appearances that we receive of subjects, we ought to have a judicatory instrument; to prove this instrument, we must have demonstration; to verify this demonstration, an instrument: and here we are upon the wheel. Seeing the senses cannot determine our dispute, being themselves full of uncertainty, it must be reason that must do it; but no reason can be established but upon the foundation of another reason; and so we run back to all infinity. Our fancy does not apply itself to things that are foreign, but is conceived by the mediation of the senses, and the senses do not comprehend a foreign subject, but only their own passions; so that fancy and appearance are no part of the subject, but only of the passion and sufferance of the sense; which passion and subject are several things; wherefore, whoever judges by appearances, judges by another thing than the subject. And to say that the passions of the senses convey to the soul the quality of external subjects by resemblance: how can the soul and understanding be assured of this resemblance, having of itself no communication with the external subjects? as they who never knew Socrates, cannot, when they see his portrait, say it is like him. Now, whoever would, notwithstanding, judge by appearances; if it be by all, it is impossible, because they hinder one another by their contrarieties and discrepancies, as we by experience see: shall some select appearances govern the rest? you must verify these select by another select, the second by the third, and, consequently, there will never be any end on't. Finally, there is no constant existence, either of the objects' being nor of our own; both we and our judgment, and all mortal things, are evermore incessantly running and rolling, and, consequently, nothing certain can be established from the one to the other, both the judging and the judge being in a continual motion and mutation.

We have no communication with Being, by reason that all human nature is ever in the midst, betwixt being born and dying, giving but an obscure appearance and shadow, a weak and uncertain opinion, of itself, and if, peradventure, you fix your thought to apprehend your being,

---

their former nature, and become a new substance.—*Ibid.*, iii. 703.

[1] *Ibid.*, iv. 513. The sense is given in the preceding passage of the text.

it would be but like grasping water; for the more you clutch your hand to squeeze and hold what is in its own nature flowing, so much the more you lose what you would grasp and hold. So, seeing that all things are subject to pass from one change to another, reason, that there looks for a real substance, finds itself deceived, not being able to apprehend anything that is subsistent and permanent, because that everything is either entering into being, and is not yet wholly arrived at it, or begins to die before it is born. Plato said,[1] that bodies had never any existence, not even birth; conceiving that Homer had made the ocean and Thetis, father and mother of the gods, to show us that all things are in a perpetual fluctuation, motion, and variation: the opinion of all the philosophers, as he says, before his time, Parmenides only excepted, who would not allow things to have motion, on the power whereof he sets a mighty value. Pythagoras was of opinion, that all matter was flowing and unstable: the Stoics, that there is no time present, and that what we call Present is nothing but the juncture and meeting of the future and the past: Heraclitus, that never any man entered twice into the same river: Epicharmus, that he who borrowed money but an hour ago, does not owe it now; and that he who was invited overnight to come the next day to dinner, comes nevertheless uninvited, considering that they are no more the same men, but are become others; and, "that there could not be found a mortal substance twice in the same condition: for, by the suddenness and quickness of change, it one while dispenses and another reassembles; it comes and goes, after such a manner, that what begins to be born never arrives to the perfection of being, forasmuch as that birth is never finished and never stays as being at an end, but, from the seed, is evermore changing and shifting from one to another: as from human seed is first made in the mother's womb a formless embryo, then a formed child, then, in due course, delivered thence a sucking infant: afterwards it becomes a boy, then a lad, then a man, then a middle-aged man, and at last a decrepid old man; so that age and subsequent generation are always destroying and spoiling that which went before."

Mutat enim mundi naturam totius ætas,
Ex alioque alius status excipere omnia debet;
Nec manet illa sui similis res; omnia migrant,
Omnia commutat natura, et vertere cogit.[2]

[1] In the *Theaetetus.*
[2] Time changes the nature of the whole world, and one state gives all things a new state: nothing

"And yet we foolishly fear one kind of death, whereas we have already passed and daily pass so many others: for not only, as Heraclitus said, the death of fire is the generation of air, and the death of air the generation of water: but we may still more manifestly discern it in ourselves; the flower of youth dies and passes away when age comes on, and youth is terminated in the flower of age of a full-grown man, infancy in youth, and the first age dies in infancy; yesterday died in to-day, and to-day will die in to-morrow, and there is nothing that remains in the same state, or that is always the same thing; and that it is so let this be the proof; if we are always one and the same, how comes it then to pass, that we are now pleased with one thing, and by and by with another? how comes it to pass that we love or hate contrary things, that we praise or condemn them? how comes it to pass that we have different affections, and no more retain the same sentiment in the same thought? For it is not likely that without mutation we should assume other passions; and that which suffers mutation does not remain the same, and if it be not the same, it is not at all: but the same that the being is, does, like it, unknowingly change and alter, becoming evermore another from another thing: and, consequently, the natural senses abuse and deceive themselves, taking that which seems, for that which is, for want of well knowing what that which is, is. But what is it then that truly is eternal; that is to say that never had beginning nor never shall have ending, and to which time can bring no mutation: for time is a mobile thing, and that appears as in a shadow, with a matter evermore flowing and running, without ever remaining stable and permanent: and to which those words appertain, Before, and After, Has been, or Shall be: which, at first sight, evidently show that it is not a thing that is; and it were a great folly, and an apparent falsity, to say that that is, which is not yet in being, or that has already ceased to be; and as to these words, Present, Instant, and Now, by which it seems that we principally support and found the intelligence of time, reason discovering, presently destroys it; for it immediately divides and splits it into the future and past, as, of necessity, considering it divided in two. The same happens to nature which is measured, as to time that measures it: for she has nothing more subsisting and permanent than the other, but all things are therein either born, or being

remains like itself, but all things range; nature changes everything.—Lucretius, v. 826.

born, or dying. So that it were a sinful saying to say of God, who is He who only IS, that HE WAS or that HE SHALL BE: for those are terms of declension, passages and vicissitude of what cannot continue nor remain in being: wherefore we are to conclude that God only IS, not according to any measure of time, but according to an immutable and motionless eternity, not measured by time, nor subject to any declension; before whom nothing was, and after whom nothing shall be, either more new or more recent, but a real BEING, that with one sole Now fills the FOR EVER, and there is nothing that truly is, but HE alone, without one being able to say, HE HAS BEEN, or SHALL BE, without beginning, and without end."

To this so religious conclusion of a pagan, I shall only add this testimony of one of the same condition, for the close of this long and tedious discourse, which would furnish me with endless matter. "Oh, what a vile and abject thing," says he, "is man, if he do not raise himself above humanity?" 'Tis a good word, and a profitable desire, but withal absurd; for to make the handful bigger than the hand, and the armful larger than the arm, and to hope to stride further than our legs can reach, is impossible and monstrous; or that man should rise above himself and humanity: for he cannot see but with his eyes, nor seize but with his power. He shall rise if God will extraordinarily lend him His hand; he shall rise, by abandoning and renouncing his own proper means, and by suffering himself to be raised and elevated by means purely celestial. It belongs to our Christian faith, and not to his stoical virtue, to pretend to that divine and miraculous metamorphosis.

XIII. OF JUDGING OF THE DEATH OF ANOTHER

WHEN we judge of another's assurance in death, which, without doubt, is the most remarkable action of human life, we are to take heed of one thing, which is that men very hardly believe themselves to have arrived to that period. Few men come to die in the opinion that it is their latest hour; and there is nothing wherein the flattery of hope more deludes us; it never ceases to whisper in our ears, "others have been much sicker without dying; your condition is not so desperate as 'tis thought; and, at the worst, God has done other miracles." Which happens by reason that we set too much value upon ourselves; it seems as if the universality of things were in some measure to suffer by our dissolution, and that it commiserates our condition, forasmuch as our disturbed sight represents things to itself erroneously, and that we are of opinion they stand in as much need of us as we do of them, like people at sea, to whom mountains, fields, cities, heaven and earth are tossed at the same rate as they are:

Provehimur portu, terræque urbesque recedunt: [1]

Whoever saw old age that did not applaud the past and condemn the present time, laying the fault of his misery and discontent upon the world and the manners of men?

Jamque caput quassans, grandis suspirat arator . . .
Et cum tempora temporibus præsentia confert
Præteritis, laudat fortunas sæpe parentis,
Et crepat antiquum genus ut pietate repletum.[2]

We will make all things go along with us; whence it follows that we consider our death as a very great thing, and that does not so easily pass, nor without the solemn consultation of the stars: *tot circa unum caput tumultuantes deos,*[3] and so much the more think it, as we more value ourselves. "What, shall so much knowledge be lost, with so much damage to the world, without a particular concern of the destinies? Does so rare and exemplary a soul cost no more the killing than one that is common and of no use to the public? This life, that protects so many others, upon which so many other lives depend, that employs so vast a number of men in his service, that fills so many places, shall it drop off like one that hangs but by its own simple thread?" None of us lays it enough to heart, that he is but one: thence proceeded those words of Cæsar to his pilot, more tumid than the sea that threatened him:

Italiam si cœlo auctore recusas,
Me pete: sola tibi causa hæc est justa timoris,
Vectorem non nosce tuum; perrumpe procellas,
Tutela secure mei.[4]

And these,

Credit jam digna pericula Cæsar
Fatis esse suis; tantusque evertere, dixit

---

[1] We sail out of port, and cities and lands recede. —*Æneid,* iii. 72.

[2] Now the old ploughman sighs and shakes his head, and compares present times with those that are past; he lauds his predecessors' happiness, and talks of the great piety of the old race.—Lucretius, ii. 1165.

[3] All the gods in agitation about one man.—Seneca, *Suasor.,* i. 4.

[4] If you decline to sail to Italy under the gods' protection, trust to mine; the only just cause that you have to fear is, that you do not know your passenger; sail on, secure in my guardianship.—Lucan, v. 579.

*Me superis labor est, parva quem puppe sedentem,
Tam magno petiere mari;* [1]

and that idle fancy of the public, that the sun bore on his face mourning for his death a whole year:

*Ille etiam extincto miseratus Cæsare Romam,
Cum caput obscura nitidum ferrugine texit:* [2]

and a thousand of the like, wherewith the world suffers itself to be so easily imposed upon, believing that our interests affect the heavens, and that their infinity is concerned at our ordinary actions. *Non tanta cælo societas nobiscum est, ut nostro fato mortalis sit ille quoque siderum fulgor.*[3]

Now, to judge of constancy and resolution in a man who does not yet believe himself to be certainly in danger, though he really is, is not reason; and 'tis not enough that he die in this posture, unless he purposely put himself into it for this effect. It commonly falls out in most men that they set a good face upon the matter and speak with great indifference, to acquire reputation, which they hope afterwards, living, to enjoy. Of all whom I have seen die, fortune has disposed their countenances and no design of theirs; and even of those who in ancient times have made away with themselves, there is much to be considered whether it were a sudden or a lingering death. That cruel Roman emperor would say of his prisoners, that he would make them feel death, and if any one killed himself in prison, "that fellow has made an escape from me"; he would spin out death and make it felt by torments.

*Vidimus et toto quamvis in corpore cæso
Nil animæ lethale datum, moremque nefandæ,
Durum sævitiæ, pereuntis parcere morti.*[4]

In plain truth, it is no such great matter for a man in health and in a temperate state of mind, to resolve to kill himself; it is very easy to brag before one comes to the push, insomuch that Heliogabalus, the most effeminate man in the world, amongst his lowest sensualities, could forecast to make himself die delicately, when he should be forced thereto; and that his death might not give the lie to the rest of his life, had purposely built a sumptuous tower, the front and base of which were covered with planks enriched with gold and precious stones, thence to precipitate himself; and also caused cords twisted with gold and crimson silk to be made, wherewith to strangle himself; and a sword with the blade of gold to be hammered out to fall upon: and kept poison in vessels of emerald and topaz wherewith to poison himself, according as he should like to choose one of these ways of dying:

Impiger . . . et fortis virtute coacta.[5]

Yet in respect of this person, the effeminacy of his preparations makes it more likely that he would have thought better on't, had he been put to the test. But in those who with greater resolution have determined to despatch themselves, we must examine whether it were with one blow which took away the leisure of feeling the effect: for it is to be questioned, whether perceiving life, by little and little, to steal away, the sentiment of the body mixing itself with that of the soul, and the means of repenting being offered, whether, I say, constancy and obstinacy in so dangerous an intention would have been found.

In the civil wars of Cæsar, Lucius Domitius, being taken in the Abruzzi, and thereupon poisoning himself, afterwards repented. It has happened in our time, that a certain person being resolved to die and not having gone deep enough at the first thrust, the sensibility of the flesh opposing his arm, gave himself two or three wounds more, but could never prevail upon himself to thrust home. Whilst Plautius Silvanus was upon his trial, Urgulania, his grandmother, sent him a poniard with which, not being able to kill himself, he made his servants cut his veins.[6] Albucilla in Tiberius' time having, to kill himself, struck with too much tenderness, gave his adversaries opportunity to imprison and put him to death their own way.[7] And that great leader,

---

[1] Cæsar now deemed these dangers worthy of his destiny; "What!" said he, "is it for the gods so great a task to overthrow me, that they must be fain to assail me with great seas in a poor little bark."—*Ibid.,* v. 653.
[2] Cæsar being dead, the sun, in mourning clouds, pitying Rome, clothed himself.—Virgil, *Georg.,* i. 466.
[3] There is no such alliance betwixt us and heaven, than the brightness of the stars should be made mortal by our death.—Pliny, *Nat. Hist.,* ii. 8.
[4] We have seen in tortured bodies, amongst the wounds, none that have been mortal, inhuman mode of dire cruelty, that means to kill, but will not let men die.—Lucan, iv. i. 78.

[5] Resolute and brave by a forced valour.—*Ibid.,* iv. 798.
[6] Tacitus, *Annal.,* iv. 22.
[7] *Ibid.,* vi. 48.

Demosthenes, after his rout in Sicily, did the same;[1] and C. Fimbria, having struck himself too weakly, entreated his servant to despatch him. On the contrary, Ostorius, who could not make use of his own arm, disdained to employ that of his servant to any other use but only to hold the poniard straight and firm; and running his breast full drive against it, thrust himself through.[2] 'Tis, in truth, a morsel that is to be swallowed without chewing, unless a man be thoroughly resolved; and yet Adrian the Emperor caused his physician to mark and encircle on his pap the mortal place where the man who had received orders to that effect was to stab him. For this reason it was that Cæsar being asked what death he thought to be the most desired, made answer, "The least premeditated, and the shortest." If Cæsar dared to say it, it is no cowardice in me to believe it. "A short death," says Pliny, "is the sovereign good hap of human life." People do not much care to recognize it. No one can say that he is resolute for death who fears to deal with it and cannot undergo it with his eyes open: they whom we see in criminal punishments run to their death and hasten and press their execution, do it not out of resolution, but because they will not give themselves leisure to consider it; it does not trouble them to be dead, but to die:

Emori nolo, sed me esse mortuum, nihili æstimo:[3]

'tis a degree of constancy to which I have experimented, that I can arrive, like those who plunge into dangers, as into the sea, with their eyes shut.

There is nothing, in my opinion, more illustrious in the life of Socrates, than that he had thirty whole days wherein to ruminate upon the sentence of his death, to have digested it all that time with a most assured hope, without care, and without alteration, and with a series of words and actions rather careless and indifferent, than any way stirred or discomposed by the weight of such a thought.

That Pomponius Atticus, to whom Cicero writes so often, being sick, caused Agrippa his son-in-law and two or three more of his friends, to be called to him, and told them, that having found all means practised upon him for his recovery to be in vain, and that all he did to prolong his life, also prolonged and augmented his pain, he was resolved to put an end both to the one and the other, desiring them to approve of his determination, or, at least, not to lose their labour in endeavouring to dissuade him. Now, having chosen to destroy himself by abstinence, his disease was thereby cured: the remedy, that he had made use of to kill himself, restored him to health. His physicians and friends, rejoicing at so happy an event, and coming to congratulate him, found themselves very much deceived, it being impossible for them to make him alter his purpose, he telling them, that as he must one day die, and was now so far on his way, he would save himself the labour of beginning another time. This man, having surveyed death at leisure, was not only not discouraged at its approach, but eagerly sought it; for being content that he had engaged in the combat, he made it a point of bravery to see the end; 'tis far beyond not fearing death to taste and relish it.

The story of the philosopher Cleanthes is very like this: he had his gums swollen and rotten; his physicians advised him to great abstinence: having fasted two days, he was so much better that they pronounced him cured, and permitted him to return to his ordinary course of diet: he, on the contrary, already tasting some sweetness in this faintness of his, would not be persuaded to go back, but resolved to proceed, and to finish what he had so far advanced.

Tullius Marcellinus, a young man of Rome, having a mind to anticipate the hour of his destiny, to be rid of a disease that was more trouble to him than he was willing to endure, though his physicians assured him of a certain, though not sudden, cure, called a council of his friends to deliberate about it; of whom, some, says Seneca, gave him the counsel that out of unmanliness they would have taken themselves; others, out of flattery, such as they thought he would best like: but a Stoic said this to him: "Do not concern thyself, Marcellinus, as if thou didst deliberate of a thing of importance; 'tis no great matter to live; thy servants and beasts live; but it is a great thing to die handsomely, wisely, and firmly. Do but think how long thou hast done the same things, eat, drink, and sleep, drink, sleep, and eat: we incessantly wheel in the same circle. Not only ill and insupportable accidents, but even the satiety of living, inclines a man to desire to die." Marcellinus did not stand in need of a man to advise, but of a man to assist him; his servants were afraid to meddle in the business; but this philosopher gave them to under-

---

[1] Plutarch, *Nicias.*
[2] Tacitus, *Annal.*, xvi. 15.
[3] I have no mind to die, but I have no objection to be dead.—Epicharmus, *in* Cicero, *Tusc. Quæs.*, i. 8.

stand that domestics are suspected, even when it is in doubt whether the death of the master were voluntary or no; otherwise, that it would be of as ill example to hinder him, as to kill him, forasmuch as

Invitum qui servat, idem facit occidenti.[1]

He then told Marcellinus, that it would not be unbecoming, as what is left on the tables when we have eaten, is given to the attendants, so, life being ended, to distribute something to those who have been our servants: Now Marcellinus was of a free and liberal spirit; he, therefore, divided a certain sum of money amongst his servants, and consoled them. As to the rest, he had no need of steel nor of blood: he resolved to go out of this life and not to run out of it; not to escape from death, but to essay it. And to give himself leisure to deal with it, having forsaken all manner of nourishment, the third day following, after having caused himself to be sprinkled with warm water, he fainted by degrees, and not without some kind of pleasure, as he himself declared.

In fact, such as have been acquainted with these faintings, proceeding from weakness, say that they are therein sensible of no manner of pain, but, rather, feel a kind of delight, as in the passage to sleep and rest. These are studied and digested deaths.

But to the end that Cato only may furnish out the whole example of virtue, it seems as if his good destiny had put his ill one into the hand with which he gave himself the blow, seeing he had the leisure to confront and struggle with death, reinforcing his courage in the danger, instead of letting it go less. And if I had had to represent him in his supreme station, I should have done it in the posture of tearing out his bloody bowels, rather than with his sword in his hand, as did the statuaries of his time, for this second murder was much more furious than the first.

XIV. That the mind hinders itself

'Tis a pleasant imagination to fancy a mind exactly balanced betwixt two equal desires: for, doubtless, it can never pitch upon either, forasmuch as the choice and application would manifest an inequality of esteem; and were we set betwixt the bottle and the ham, with an equal appetite to drink and eat, there would doubtless be no remedy but we must die of thirst and hunger. To provide against this inconvenience, the Stoics, when they are asked whence the election in the soul of two indifferent things proceeds, and that makes us, out of a great number of crowns, rather take one than another, they being all alike, and there being no reason to incline us to such a preference, make answer, that this movement of the soul is extraordinary and irregular, entering into us by a foreign, accidental, and fortuitous impulse. It might rather, methinks, be said, that nothing presents itself to us wherein there is not some difference, how little soever; and that, either by the sight or touch, there is always some choice, that, though it be imperceptibly, tempts and attracts us; so, whoever shall presuppose a packthread equally strong throughout, it is utterly impossible it should break; for, where will you have the breaking to begin? and that it should break altogether is not in nature. Whoever, also, should hereunto join the geometrical propositions that, by the certainty of their demonstrations, conclude the contained to be greater than the containing, the centre to be as great as its circumference, and that find out two lines incessantly approaching each other, which yet can never meet, and the philosopher's stone, and the quadrature of the circle, where the reason and the effect are so opposite, might, peradventure, find some argument to second this bold saying of Pliny, *Solum certum nihil esse certi, et homine nihil miserius aut superbius.*[2]

XV. That our desires are augmented by difficulty

There is no reason that has not its contrary, say the wisest of the philosophers. I was just now ruminating on the excellent saying one of the ancients alleges for the contempt of life: "No good can bring pleasure, unless it be that for the loss of which we are beforehand prepared"; *In æquo est dolor amissæ rei, et timor amittendæ*[3] meaning by this that the fruition of life cannot be truly pleasant to us, if we are in fear of losing it. It might, however, be said, on the contrary, that we hug and embrace this good so much the more earnestly, and with so much greater affection, by how much we see it the less assured and fear to have it taken from us: for it is evident, as fire burns with greater fury when cold comes to

---

[1] He who makes a man live against his will, 'tis as cruel as to kill him.—Horace, *De Art. Poet.*, 467.

[2] It is only certain that there is nothing certain, and that nothing is more miserable or more proud than man.—*Nat. Hist.*, ii. 7.

[3] The grief of losing a thing, and the fear of losing it, are equal.—Seneca, *Epist.*, 98.

mix with it, that our will is more obstinate by being opposed:

> *Si nunquam Danaen habuisset ahenea turris,*
> *Non esset Danae de Jove facta parens;* [1]

and that there is nothing naturally so contrary to our taste as satiety which proceeds from facility; nor anything that so much whets it, as rarity and difficulty: *Omnium rerum voluptas ipso, quo debet fugare, periculo crescit.* [2]

Galla, nega; satiatur amor, nisi gaudia torquent. [3]

To keep love in breath, Lycurgus [4] made a decree that the married people of Lacedæmon should never enjoy one another but by stealth; and that it should be as great a shame to take them in bed together as committing with others. The difficulty of assignations, the danger of surprise, the shame of the morning,

> *Et languor, et silentium, ...*
> *Et latere petitus imo spiritus:* [5]

these are what give the hautgout to the sauce? How many very wantonly pleasant sports spring from the most decent and modest language of the works on love? Pleasure itself seeks to be heightened with pain; it is much sweeter when it smarts and has the skin rippled. The courtesan Flora said she never lay with Pompey, but that she made him wear the prints of her teeth.[6]

Quod petiere, premunt arcte, faciuntque dolorem
Corporis, et dentes inlidunt sæpe labellis ...
Et stimuli subsunt, qui instigant lædere ad ipsum,
Quodcunque est, rabies unde illæ germina surgunt. [7]

And so it is in everything: difficulty gives all things their estimation; the people of Ancona, in the Marches more readily make their vows to St. James, and those of Galicia to Our Lady of Loretto; they make wonderful to-do at Liége about the baths of Lucca, and in Tuscany about those of Aspa: there are few Romans seen in the fencing school of Rome, which is full of French. The great Cato also, as much as any of us, nauseated his wife whilst she was his, and longed for her when in the possession of another. I was fain to turn out into the paddock an old stallion, as he was not to be governed when he smelt a mare: the facility presently sated him as towards his own, but towards strange mares, and the first that passed by the pale of his pasture, he would again fall to his importunate neighings and his furious heats as before. Our appetite contemns and passes by what it has in possession, to run after that it has not:

Transvolat in medio posita, et fugientia captat. [8]

To forbid us anything is to make us have a mind to't:

> *Nisi tu servare puellam*
> *Incipis, incipiet desinere esse mea:* [9]

to give it wholly up to us is to beget in us contempt. Want and abundance fall into the same inconvenience:

Tibi quod superest, mihi quod desit, dolet. [10]

Desire and fruition equally afflict us. The rigors of mistresses are troublesome, but facility, to say truth, still more so; forasmuch as discontent and anger spring from the esteem we have of the thing desired, heat and actuate love, but satiety begets disgust; 'tis a blunt, dull, stupid, tired, and slothful passion.

Si qua volet regnare diu, contemnat amantem. [11]

> *Contemnite, amantes:*
> *Sic hodie veniet, si qua negavit heri.* [12]

Why did Poppea invent the use of a mask to hide the beauties of her face, but to enhance it to her lovers? [13] Why have they veiled, even below the heels, those beauties that every one de-

---

[1] If Danaë had not had a brazen tower, Danaë had never been made a mother by Jove.—Ovid, *Amor.,* ii. 19, 27.

[2] The pleasure of all things increases by the same danger that should deter it.—Seneca, *De Benef.,* vii. 9.

[3] Galla, refuse me; love is glutted with joys that are not attended with trouble.—Martial, iv. 37.

[4] Plutarch, Lycurgus.

[5] And languor, and silence, and sighs, coming from the innermost heart.—Horace, *Epod.,* xi. 9.

[6] Plutarch, Pompey.

[7] What they have sought they press with such close ardour as to give pain; on the lips fix the teeth, and every kiss indents: urged by latent stimulus the part to wound.—Lucretius, iv. 1079.

[8] He slights her who is close at hand, and runs after her who flees from him.—Horace, *Sat.,* i. 2, 108.

[9] If you do not guard your mistress, she will soon begin to be no longer mine.—Ovid, *Amor.,* ii. 19, 47.

[10] Your superfluities trouble you, and what I want troubles me.—Terence, *Phorm.,* I. iii. 9.

[11] She who would long retain her power must use her lover ill.—Ovid, *Amor.,* ii. 19, 33.

[12] If lovers should affect to slight their mistresses, she that yesterday said nay will to-day come and offer herself.—Propertius, ii. 14, 19.

[13] Tacitus, *Annal.,* xiii. 45.

sires to show, and that every one desires to see? Why do they cover with so many hindrances, one over another, the parts where our desires and their own have their principal seat? And to what serve those great bastion farthingales, with which our ladies fortify their haunches, but to allure our appetite, and to draw us on by removing them farther from us?

> *Et fugit ad salices, et se cupit ante videri.*[1]
> *Interdum tunica duxit operta moram.*[2]

To what use serves the artifice of this virgin modesty, this grave coldness, this severe countenance, this professing to be ignorant of things that they know better than we who instruct them in them, but to increase in us the desire to overcome, control, and trample under foot at pleasure, all this ceremony and all these obstacles? For there is not only pleasure, but, moreover, glory, in conquering and debauching that soft sweetness and that childish modesty, and to reduce a cold and matron-like gravity to the mercy of our ardent desires: 'tis a glory, say they, to triumph over modesty, chastity, and temperance; and whoever dissuades ladies from those qualities, betrays both them and himself. We are to believe that their hearts tremble with affright, that the very sound of our words offends the purity of their ears, that they hate us for talking so, and only yield to our importunity by a compulsive force. Beauty, all powerful as it is, has not wherewithal to make itself relished without the mediation of these little arts. Look into Italy, where there is the most and the finest beauty to be sold, how it is, nevertheless, necessitated to have recourse to extrinsic means and other artifices to render itself charming, and yet, in truth, whatever it may do, being venal and public, it remains feeble and languishing: even as in virtue itself, of two like effects, we notwithstanding, look upon that as the fairest and most worthy, wherein the most trouble and hazard are set before us.

'Tis an effect of the divine Providence to suffer the holy Church to be afflicted, as we see it, with so many storms and troubles, by this opposition to rouse pious souls, and to awaken them from that drowsy lethargy wherein, by so long tranquillity, they had been immerged. If we should lay the loss we have sustained in the number of those who have gone astray, in the balance against the benefit we have had by being again put in breath, and by having our zeal and strength revived by reason of this opposition, I know not whether the utility would not surmount the damage.

We have thought to tie the nuptial knot of our marriages more fast and firm by having taken away all means of dissolving it; but the knot of the will and affection is so much the more slackened and made loose, by how much that of constraint is drawn closer; and, on the contrary, that which kept the marriages at Rome so long in honour and inviolate, was the liberty every one who so desired had to break them; they kept their wives the better, because they might part with them if they would; and, in the full liberty of divorce, five hundred years and more passed away before any one made use on't.

> *Quod licet, ingratum est; quod non licet, acrius urit.*[3]

We might here introduce the opinion of an ancient upon this occasion, "that executions rather whet than dull the edge of vices: that they do not beget the care of doing well, that being the work of reason and discipline, but only a care not to be taken in doing ill":

> *Latius excisæ pestis contagia serpunt.*[4]

I do not know that this is true; but I experimentally know, that never civil government was by that means reformed; the order and regimen of manners depend upon some other expedient.

The Greek histories[5] make mention of the Argippians, neighbours to Scythia, who live without either rod or stick for offence; where not only no one attempts to attack them, but whoever can fly thither is safe, by reason of their virtue and sanctity of life, and no one is so bold as to lay hands upon them; and they have applications made to them to determine the controversies that arise betwixt men of other countries. There is a certain nation, where the enclosures of gardens and fields they would preserve, are made only of a string of cotton; and, so fenced, is more firm and secure than by our hedges and ditches. *Furem signata sollicitant . . . aperta effractarius præterit.*[6]

Peradventure, the facility of entering my

---

[1] She flies to the osiers, but first takes care to be seen going there.—Virgil, *Eclog.*, iii. 65.
[2] The hidden robe sometimes checks love.—Propertius, ii. 15, 6.
[3] What you may, is displeasing; what is forbidden, whets the appetite.—Ovid, *Amor.*, ii. 19, 3.
[4] The plague-sore being lanced, the infection spreads all the more.—Rutilius, *Itinerar.*, i. 397.
[5] Herodotus, iv. 23.
[6] Things sealed up invite a thief: housebreakers pass by open doors.—Seneca, *Epist.*, 68.

house, amongst other things, has been a means to preserve it from the violence of our civil wars: defence allures attempt, and defiance provokes an enemy. I enervated the soldiers' design by depriving the exploit of danger and all manner of military glory, which is wont to serve them for pretence and excuse: whatever is bravely, is ever honourably, done, at a time when justice is dead. I render them the conquest of my house cowardly and base; it is never shut to any one that knocks; my gate has no other guard than a porter, and he of ancient custom and ceremony, who does not so much serve to defend it as to offer it with more decorum and grace; I have no other guard nor sentinel than the stars. A gentleman would play the fool to make a show of defence, if he be not really in a condition to defend himself. He, who lies open on one side, is everywhere so; our ancestors did not think of building frontier garrisons. The means of assaulting, I mean without battery or army, and of surprising our houses, increases every day more and more beyond the means to guard them; men's wits are generally bent that way; in invasion every one is concerned: none but the rich in defence. Mine was strong for the time when it was built; I have added nothing to it of that kind, and should fear that its strength might turn against myself; to which we are to consider that a peaceable time would require it should be dismantled. There is danger never to be able to regain it, and it would be very hard to keep; for in intestine dissensions, your man may be of the party you fear; and where religion is the pretext, even a man's nearest relations become unreliable, with some colour of justice. The public exchequer will not maintain our domestic garrisons; they would exhaust it: we ourselves have not the means to do it without ruin, or, which is more inconvenient and injurious, without ruining the people. The condition of my loss would be scarcely worse. As to the rest, you there lose all; and even your friends will be more ready to accuse your want of vigilance and your improvidence, and your ignorance of and indifference to your own business, than to pity you. That so many garrisoned houses have been undone whereas this of mine remains, makes me apt to believe that they were only lost by being guarded; this gives an enemy both an invitation and colour of reason; all defence shows a face of war. Let who will come to me in God's name; but I shall not invite them; 'tis the retirement I have chosen for my repose from war. I endeavour to withdraw this corner from the public tempest, as I also do another corner in my soul. Our war may put on what forms it will, multiply and diversify itself into new parties; for my part, I shall not budge. Amongst so many garrisoned houses, I am the only person in France, of my condition that I know of, who have purely intrusted mine to the protection of heaven, without removing either plate, deeds, or hangings. I will neither fear nor save myself by halves. If a full acknowledgment can acquire the Divine favour, it will stay with me to the end: if not, I have still continued long enough to render my continuance remarkable and fit to be recorded. How? Why, I have lived thirty years.

XVI. Of glory

THERE is the name and the thing: the name is a voice which denotes and signifies the thing; the name is no part of the thing, nor of the substance; 'tis a foreign piece joined to the thing, and outside it.

God, who is all fulness in Himself and the height of all perfection, cannot augment or add anything to Himself within; but His name may be augmented and increased by the blessing and praise we attribute to His exterior works: which praise, seeing we cannot incorporate it in Him, forasmuch as He can have no accession of good, we attribute to His name, which is the part out of Him that is nearest to us. Thus is it that to God alone glory and honour appertain; and there is nothing so remote from reason as that we should go in quest of it for ourselves; for, being indigent and necessitous within, our essence being imperfect, and having continual need of amelioration, 'tis to that we ought to employ all our endeavour. We are all hollow and empty; 'tis not with wind and voice that we are to fill ourselves; we want a more solid substance to repair us: a man starving with hunger would be very simple to seek rather to provide himself with a gay garment than with a good meal: we are to look after that whereof we have most need. As we have it in our ordinary prayers, *Gloria in excelsis Deo, et in terra pax hominibus*.[1] We are in want of beauty, health, wisdom, virtue, and such like essential qualities: exterior ornaments should be looked after when we have made provision for necessary things. Divinity treats amply and more pertinently of this subject, but I am not much versed in it.

Chrysippus and Diogenes were the earliest and firmest advocates of the contempt of glory; and maintained that, amongst all pleasures, there

---

[1] Glory be to God on high, and on earth peace to men.—Luke, 2. 14.

was none more dangerous nor more to be avoided, than that which proceeds from the approbation of others. And, in truth, experience makes us sensible of many very hurtful treasons in it. There is nothing that so poisons princes as flattery, nor anything whereby wicked men more easily obtain credit and favour with them; nor panderism so apt and so usually made use of to corrupt the chastity of women as to wheedle and entertain them with their own praises. The first charm the Syrens made use of to allure Ulysses is of this nature:

Deça vers nous, deça, o tres-louable Ulysse,
Et le plus grand honneur dont la Grece fleurisse.[1]

These philosophers said, that all the glory of the world was not worth an understanding man's holding out his finger to obtain it:

Gloria quantalibet quid erit, si gloria tantum est? [2]

I say for it alone; for it often brings several commodities along with it, for which it may justly be desired: it acquires us good will, and renders us less subject and exposed to insult and offence from others, and the like. It was also one of the principal doctrines of Epicurus; for this precept of his sect, Conceal thy life, that forbids men to encumber themselves with public negotiations and offices, also necessarily presupposes a contempt of glory, which is the world's approbation of those actions we produce in public. He that bids us conceal ourselves, and to have no other concern but for ourselves, and who will not have us known to others, would much less have us honoured and glorified; and so advises Idomeneus not in any sort to regulate his actions by the common reputation or opinion, except so as to avoid the other accidental inconveniences that the contempt of men might bring upon him.

Those discourses are, in my opinion, very true and rational; but we are, I know not how, double in ourselves, which is the cause that what we believe we do not believe, and cannot disengage ourselves from what we condemn. Let us see the last and dying words of Epicurus; they are grand, and worthy of such a philosopher, and yet they carry some touches of the recommendation of his name and of that humour he had decried by his precepts. Here is a letter that he dictated a little before his last gasp:

EPICURUS TO HERMACHUS, greeting.

"Whilst I was passing over the happy and last day of my life, I write this, but, at the same time, afflicted with such pain in my bladder and bowels that nothing can be greater, but it was recompensed with the pleasure the remembrance of my inventions and doctrines brought to my soul. Now, as the affection thou hast ever from thy infancy borne towards me and philosophy requires, take upon thee the protection of Metrodorus' children.

This is the letter. And that which makes me interpret that the pleasure he says he had in his soul concerning his inventions, has some reference to the reputation he hoped for thence after his death, is the manner of his will, in which he gives order that Amynomachus and Timocrates, his heirs, should, every January, defray the expense of the celebration of his birthday as Hermachus should appoint; and also the expense that should be made the twentieth of every moon in entertaining the philosophers, his friends, who should assemble in honour of the memory of him and of Metrodorus.

Carneades was head of the contrary opinion, and maintained that glory was to be desired for itself, even as we embrace our posthumous issue for themselves, having no knowledge nor enjoyment of them. This opinion has not failed to be the more universally followed, as those commonly are that are most suitable to our inclinations. Aristotle gives it the first place amongst external goods; and avoids, as too extreme vices, the immoderate either seeking or evading it.[3] I believe that, if we had the books Cicero wrote upon this subject, we should there find pretty stories; for he was so possessed with this passion, that, if he had dared, I think he could willingly have fallen into the excess that others did, that virtue itself was not to be coveted, but upon the account of the honour that always attends it:

Paulum sepultæ distat inertiæ
Celata virtus: [4]

which is an opinion so false, that I am vexed it could ever enter into the understanding of a man that was honoured with the name of philosopher.

If this were true, men need not be virtuous but in public; and we should be no further con-

---

[1] Come hither to us, O admirable Ulysses, come hither, thou greatest ornament and pride of Greece. —*Odyssey*, xii. 184.

[2] What is glory, be it as glorious as it may be, if it be no more than glory?—Juvenal, *Sat.*, vii. 81.

[3] *Ethics*, ii. 7.

[4] Virtue concealed little differs from dead sloth. —Horace, *Od.*, iv. 9, 29.

cerned to keep the operations of the soul, which is the true seat of virtue, regular and in order, than as they are to arrive at the knowledge of others. Is there no more in it, then, but only slily and with circumspection to do ill? "If thou knowest," says Carneades, "of a serpent lurking in a place where, without suspicion, a person is going to sit down, by whose death thou expectest an advantage, thou dost ill if thou dost not give him caution of his danger; and so much the more because the action is to be known by none but thyself." If we do not take up of ourselves the rule of well-doing, if impunity pass with us for justice, to how many sorts of wickedness shall we every day abandon ourselves? I do not find what Sextus Peduceus did, in faithfully restoring the treasure that C. Plotius had committed to his sole secrecy and trust, a thing that I had often done myself, so commendable, as I should think it an execrable baseness had we done otherwise; and I think it of good use in our days to recall the example of P. Sextilius Rufus, whom Cicero accuses to have entered upon an inheritance contrary to his conscience, not only not against law, but even by the determination of the laws themselves; and M. Crassus and Q. Hortensius, who, by reason of their authority and power, having been called in by a stranger to share in the succession of a forged will, that so he might secure his own part, satisfied themselves with having no hand in the forgery, and refused not to make their advantage and to come in for a share: secure enough, if they could shroud themselves from accusations, witnesses, and the cognizance of the laws: *Meminerint Deum se habere testem, id est (ut ego arbitror) mentem suam.*[1]

Virtue is a very vain and frivolous thing, if it derive its recommendation from glory; and 'tis to no purpose that we endeavour to give it a station by itself, and separate it from fortune; for what is more accidental than reputation? *Profecto fortuna in omni re dominatur: ea res cunctas ex libidine magis, quam ex vero, celebrat, obscuratque.*[2] So to order it that actions may be known and seen is purely the work of fortune; 'tis chance that helps us to glory, according to its own temerity. I have often seen her go before merit, and often very much outstrip it. He who first likened glory to a shadow did better than he was aware of; they are both of them things pre-eminently vain: glory also, like a shadow, goes sometimes before the body, and sometimes in length infinitely exceeds it. They who instruct gentlemen only to employ their valour for the obtaining of honour, *quasi non sit honestum, quod nobilitatum non sit;*[3] what do they intend by that but to instruct them never to hazard themselves if they are not seen, and to observe well if there be witnesses present who may carry news of their valour, whereas a thousand occasions of well-doing present themselves which cannot be taken notice of? How many brave individual actions are buried in the crowd of a battle? Whoever shall take upon him to watch another's behaviour in such a confusion is not very busy himself, and the testimony he shall give of his companions' deportment will be evidence against himself. *Vera et sapiens animi magnitudo, honestum illud, quod maxime naturam sequitur, in factis positum, non in gloria, judicat.*[4]

All the glory that I pretend to derive from my life is that I have lived in it quiet; in quiet, not according to Metrodorus, or Arcesilaus, or Aristippus, but according to myself. For seeing philosophy has not been able to find out any way to tranquillity that is good in common, let every one seek it in particular.

To what do Cæsar and Alexander owe the infinite grandeur of their renown but to fortune? How many men has she extinguished in the beginning of their progress, of whom we have no knowledge, who brought as much courage to the work as they, if their adverse hap had not cut them off in the first sally of their arms? Amongst so many and so great dangers I do not remember I have anywhere read that Cæsar was ever wounded; a thousand have fallen in less dangers than the least of those he went through. An infinite number of brave actions must be performed without witness and lost, before one turns to account. A man is not always on the top of a breach, or at the head of an army, in the sight of his general, as upon a scaffold; a man is often surprised betwixt the hedge and the ditch; he must run the hazard of his life against a henroost; he must dislodge four rascally musketeers out of a barn; he must prick out single from his party, and alone make some attempts, according as necessity will have it. And whoever will observe will, I believe, find it experimentally true, that occa-

---

[1] Let them consider they have God to witness, that is (as I interpret it), their own consciences.—Cicero, *De Offic.*, iii. 10.

[2] Fortune rules in all things, and advances and depresses things more out of her own will than of right and justice.—Sallust, *Catilina,* viii.

[3] As though it were not a virtue, unless celebrated.—Cicero, *De Offic.*, i. 4.

[4] The true and wise magnanimity judges that the bravery which most follows nature more consists in act than glory.—*Ibid.*, i. 19.

sions of the least lustre are ever the most dangerous; and that in the wars of our own times there have more brave men been lost in occasions of little moment, and in the dispute about some little paltry fort, than in places of greatest importance, and where their valour might have been more honourably employed.

Who thinks his death unworthy of him if he do not fall in some signal occasion, instead of illustrating his death wilfully obscures his life, suffering in the meantime many very just occasions of hazarding himself to slip out of his hands; and every just one is illustrious enough, every man's conscience being a sufficient trumpet to him. *Gloria nostra est testimonium conscientiæ nostræ.*[1] He who is only a good man that men may know it, and that he may be the better esteemed when 'tis known: who will not do well but upon condition that his virtue may be known to men: is one from whom much service is not to be expected.

> *Credo ch 'el resto di quel verno cose*
> *Facesse degne di tenerne conto;*
> *Ma fur fin a quel tempo si nascose,*
> *Che non é colpa mia s' or non le conto:*
> *Perché Orlando a far l 'opre virtuose,*
> *Più ch' a narrarle poi, sempre era pronto;*
> *Nè mai fu alcuno de' suoi fatti espresso,*
> *Se non quando ebbe i testimoni appresso.*[2]

A man must go to the war upon the account of duty, and expect the recompense that never fails brave and worthy actions, how private soever, or even virtuous thoughts—the satisfaction that a well-disposed conscience receives in itself in doing well. A man must be valiant for himself, and upon account of the advantage it is to him to have his courage seated in a firm and secure place against the assaults of fortune:

> *Virtus, repulsæ nescia sordidæ*
> *Intaminatis fulget honoribus:*
> *Nec sumit, aut ponit secures*
> *Arbitrio popularis auræ.*[3]

It is not for outward show that the soul is to play its part, but for ourselves within, where no eyes can pierce but our own; there she defends us from the fear of death, of pain, of shame itself: there she arms us against the loss of our children, friends, and fortunes: and when opportunity presents itself, she leads us on to the hazards of war, *non emolumento aliquo, sed ipsius honestatis decore.*[4] This profit is of much greater advantage, and more worthy to be coveted and hoped for, than honour and glory, which are no other than a favourable judgment given of us.

A dozen men must be called out of a whole nation to judge about an acre of land; and the judgment of our inclinations and actions, the most difficult and most important matter that is, we refer to the voice and determination of the rabble, the mother of ignorance, injustice, and inconstancy. Is it reasonable that the life of a wise man should depend upon the judgment of fools? *An quidquam stultius, quam, quos singulos contemnas, eos aliquid putare, esse universos?*[5] He that makes it his business to please them, will have enough to do and never have done; 'tis a mark that can never be aimed at or hit: *Nil tam inæstimabile est, quam animi multitudinis.*[6] Demetrius pleasantly said of the voice of the people, that he made no more account of that which came from above than of that which came from below. Cicero says more: *Ego hoc judico, si quando turpe non sit, tamen non esse non turpe, quum id ā multitudine laudatur.*[7] No art, no activity of wit, could conduct our steps so as to follow so wandering and so irregular a guide; in this windy confusion of the noise of vulgar reports and opinions that drive us on, no way worth anything can be chosen. Let us not propose to ourselves so floating and wavering an end; let us follow constantly after reason; let the public approbation follow us there, if it will; and as it wholly depends upon fortune, we have no reason sooner to expect it by any other way than that. Even though I would not follow the right way because it is right, I should, however, follow it as having experimentally found that, at the end of the reckoning, 'tis commonly

---

[1] For our rejoicing is this, the testimony of our conscience.—2 Corinthians, i. 1.

[2] The rest of the winter, I presume, was spent in actions worthy of narration, but they were done so secretly that if I do not tell them I am not to blame, for Orlando was more bent to do great acts than to boast of them, so that no deeds of his were ever known but those that had witnesses.—Ariosto, *Orlando Furioso,* xi. 81.

[3] Virtue, repudiating all base repulse, shines in taintless honours, nor takes nor leaves dignities at the mere will of the vulgar.—Horace, *Od.,* iii. 2, 17.

[4] Not for any profit or advantage, but for the beauty of virtue.—Cicero, *De Finib.,* i. 10.

[5] Can anything be more foolish than to think that those you despise single can be any other when joined together?—Cicero, *Tusc. Quæs.,* v. 36.

[6] Nothing is to be so little understood as the minds of the multitude.—Livy, xxxi. 34.

[7] I am of opinion, that though a thing be not foul in itself, yet it cannot but become so when commended by the multitude.—Cicero, *De Finib.,* ii. 15.

the most happy and of greatest utility: *Dedit hoc providentia hominibus munus, ut honesta magis juvarent*.[1] The mariner of old said thus to Neptune, in a great tempest: "O God, thou mayest save me if thou wilt, and if thou wilt, thou mayest destroy me; but, however, I will steer my rudder true. I have seen in my time a thousand men supple, mongrel, ambiguous, whom no one doubted to be more worldly wise than I, destroy themselves, where I have saved myself:

Risi successu posse carere dolos.[2]

Paulus Æmilius, going on the glorious expedition of Macedonia, above all things charged the people of Rome not to speak of his actions during his absence. Oh, the license of judgments is a great disturbance to great affairs! forasmuch as every one has not the firmness of Fabius against common, adverse, and injurious tongues, who rather suffered his authority to be dissected by the vain fancies of men, than to do less well in his charge with a favourable reputation and the popular applause.

There is I know not what natural sweetness in hearing one's self commended; but we are a great deal too fond of it:

Laudari haud metuam, neque enim mihi cornea fibra est:
Sed recti finemque, extremumque esse recuso,
Euge tuum, et belle.[3]

I care not so much what I am in the opinion of others, as what I am in my own; I would be rich of myself, and not by borrowing. Strangers see nothing but events and outward appearances; everybody can set a good face on the matter, when they have trembling and terror within: they do not see my heart, they see but my countenance. 'Tis with good reason that men decry the hypocrisy that is in war; for what is more easy to an old soldier than to shift in a time of danger, and to counterfeit the brave when he has no more heart than a chicken? There are so many ways to avoid hazarding a man's own person, that we have deceived the world a thousand times before we come to be engaged in a real danger: and even then, finding ourselves in an inevitable necessity of doing something, we can make shift for that time to conceal our apprehensions by setting a good face on the business, though the heart beats within; and whoever had the use of the Platonic ring,[4] which renders those invisible that wear it, if turned inward towards the palm of the hand, a great many would very often hide themselves when they ought most to appear, and would repent being placed in so honourable a post, where necessity must make them bold.

Falsus honor juvat, et mendax infamia terret
Quem, nisi mendosum et mendacem?[5]

Thus we see how all the judgments that are founded upon external appearances, are marvellously uncertain and doubtful; and that there is no so certain testimony as every one is to himself. In these, how many soldier's boys are companions of our glory? he who stands firm in an open trench, what does he in that more than fifty poor pioneers who open to him the way and cover it with their own bodies for fivepence a day pay, do before him?

Non si quid turbida Roma
Elevet, accedas; examenque improbum in illa
Castiges trutina: nec te quæsiveris extra.[6]

The dispersing and scattering our names into many mouths, we call making them more great; we will have them there well received, and that this increase turn to their advantage, which is all that can be excusable in this design. But the excess of this disease proceeds so far that many covet to have a name be it what it will. Trogus Pompeius says of Herostratus, and Titus Livius of Manlius Capitolinus, that they were more ambitious of a great reputation than of a good one. This is very common; we are more solicitous that men speak of us, than how they speak: and it is enough for us that our names are often mentioned, be it after what manner it will. It should seem that to be known, is in some sort to have a man's life and its duration in others' keeping. I, for my part, hold that I am not, but in myself; and of that other life of mine which lies in the knowledge of my friends, to consider it naked and simply in itself, I know very well that I am

---

[1] This gift Providence has given to men, that honest things should be the most useful.—Quintilian, *Inst. Orat.*, i. 12.

[2] I have laughed to see cunning fail of success.—Ovid, *Heroid.*, i. 18.

[3] I don't dislike being praised, for my heart is not made of horn; but I deny that "excellent—admirably done," are the terms and final aim of virtue.—Persius, i. 47.

[4] The ring of Gyges, Plato, *Republic.*

[5] False honour pleases, and calumny affrights, the guilty and the liar.—Horace, *Epist.*, i. 16, 39.

[6] Do not, if turbid Rome should disparage anything, agree with it, nor correct a false balance by that scale; seek not thyself out of thyself.—Persius, *Sat.*, i. 5.

sensible of no fruit nor enjoyment from it but by the vanity of a fantastic opinion; and when I shall be dead, I shall be still and much less sensible of it; and shall, withal, absolutely lose the use of those real advantages that sometimes accidentally follow it. I shall have no more handle whereby to take hold of reputation, neither shall it have any whereby to take hold of or to cleave to me; for to expect that my name should be advanced by it, in the first place, I have no name that is enough my own; of two that I have, one is common to all my race, and, indeed, to others also; there are two families at Paris and Montpellier, whose surname is Montaigne, another in Brittany, and one in Xaintonge, De La Montaigne. The transposition of one syllable only would suffice so to ravel our affairs that I shall share in their glory, and they, peradventure, shall partake of my shame; and, moreover, my ancestors have formerly been surnamed Eyquem, a name wherein a family well known in England is at this day concerned. As to my other name, every one may take it that will, and so, perhaps, I may honour a porter in my own stead. And, besides, though I had a particular distinction by myself, what can it distinguish when I am no more? Can it point out and favour inanity?

> *Nunc levior cippus non imprimit ossa.*
> *Laudat posteritas; nunc non e manibus illis,*
> *Nunc non e tumulo, fortunataque favilla,*
> *Nascentur violæ:* [1]

But of this I have spoken elsewhere. As to what remains, in a great battle where ten thousand men are maimed or killed, there are not fifteen who are taken notice of; it must be some very eminent greatness, or some consequence of great importance that fortune has added to it, that signalizes a private action, not of a harquebuser only, but of a great captain; for to kill a man, or two, or ten: to expose a man's self bravely to the utmost peril of death, is, indeed, something in every one of us, because we there hazard all; but for the world's concern, they are things so ordinary, and so many of them are every day seen, and there must of necessity be so many of the same kind to produce any notable effect, that we cannot expect any particular renown from it:

> *Casus multis hic cognitus, ac jam*
> *Tritus, et e medio fortunæ ductus acervo.* [2]

Of so many thousands of valiant men who have died within these fifteen hundred years in France with their swords in their hands, not a hundred have come to our knowledge. The memory, not of the commanders only, but of battles and victories, is buried and gone; the fortunes of above half of the world, for want of a record, stir not from their place, and vanish without duration. If I had unknown events in my possession, I should think with great ease to out-do those that are recorded, in all sorts of examples. Is it not strange that even of the Greeks and Romans, with so many writers and witnesses, and so many rare and noble exploits, so few are arrived at our knowledge?

> *Ad nos vix tenuis famæ perlabitur aura.* [3]

It will be much if, a hundred years hence, it be remembered in gross that in our times there were civil wars in France. The Lacedæmonians, entering into battle, sacrificed to the Muses, to the end that their actions might be well and worthily written, looking upon it as a divine and no common favour, that brave acts should find witnesses that could give them life and memory. Do we expect that at every musket shot we receive, and at every hazard we run, there must be a register ready to record it? and, besides, a hundred registers may enrol them whose commentaries will not last above three days, and will never come to the sight of any one. We have not the thousandth part of ancient writings; 'tis fortune that gives them a shorter or longer life, according to her favour; and 'tis permissible to doubt whether those we have be not the worst, not having seen the rest. Men do not write histories of things of so little moment: a man must have been general in the conquest of an empire or a kingdom; he must have won two and fifty set battles, and always the weaker in number, as Cæsar did: ten thousand brave fellows and many great captains lost their lives valiantly in his service, whose names lasted no longer than their wives and children lived:

> *Quos fama obscura recondit.* [4]

Even those we see behave themselves the best, three months or three years after they have been knocked on the head, are no more spoken of than if they had never been. Whoever will just-

---

[1] The tomb will not press with less weight upon my bones. Posterity may praise: what then? not from my manes, not from the tomb, not from the ashes, will violets grow.—*Ibid.*, i. 37.

[2] The accident is known to many, and now trite;

and drawn from the midst of Fortune's heap.—Juvenal, *Sat.*, xiii. 9.

[3] An obscure rumour scarce is hither come.—*Æneid*, vii. 646.

[4] Buried in oblivion.—*Ibid.*, v. 302.

ly consider, and with due proportion, of what kind of men and of what sort of actions the glory sustains itself in the records of history, will find that there are very few actions and very few persons of our times who can there pretend any right. How many worthy men have we known to survive their own reputation, who have seen and suffered the honour and glory most justly acquired in their youth, extinguished in their own presence? And for three years of this fantastic and imaginary life we must go and throw away our true and essential life, and engage ourselves in a perpetual death! The sages propose to themselves a nobler and more just end in so important an enterprise: *Recte facti, fecisse merces est: officii fructus, ipsum officium est.*[1] It were, peradventure, excusable in a painter or other artisan, or in a rhetorician or a grammarian, to endeavour to raise himself a name by his works; but the actions of virtue are too noble in themselves to seek any other reward than from their own value, and especially to seek it in the vanity of human judgments.

If this false opinion, nevertheless, be of such use to the public as to keep men in their duty; if the people are thereby stirred up to virtue; if princes are touched to see the world bless the memory of Trajan, and abominate that of Nero; if it moves them to see the name of that great beast, once so terrible and feared, so freely cursed and reviled by every schoolboy, let it by all means increase, and be as much as possible nursed up and cherished amongst us; and Plato, bending his whole endeavour to make his citizens virtuous, also advises them not to despise the good repute and esteem of the people; and says it falls out, by a certain Divine inspiration, that even the wicked themselves ofttimes, as well by word as opinion, can rightly distinguish the virtuous from the wicked. This person and his tutor are both marvellous and bold artificers everywhere to add divine operations and revelations where human force is wanting. *Ut tragici poetæ confugiunt ad deum, cum explicare argumenti exitum non possunt:*[2] and, peradventure, for this reason it was that Timon, railing at him, called him the great forger of miracles. Seeing that men, by their insufficiency, cannot pay themselves well enough with current money, let the counterfeit be superadded. 'Tis a way that has been practised by all the legislators; and there is no government that has not some mixture either of ceremonial vanity or of false opinion, that serves for a curb to keep the people in their duty. 'Tis for this that most of them have their originals and beginnings fabulous, and enriched with supernatural mysteries; 'tis this that has given credit to bastard religions, and caused them to be countenanced by men of understanding; and for this, that Numa and Sertorius, to possess their men with a better opinion of them, fed them with this foppery; one, that the nymph Egeria, the other that his white hind, brought them all their counsels from the gods. And the authority that Numa gave to his laws, under the title of the patronage of this goddess, Zoroaster, legislator of the Bactrians and Persians, gave to his under the name of the god Oromazis; Trismegistus, legislator of the Egyptians, under that of Mercury; Xamolxis, legislator of the Scythians, under that of Vesta; Charondas, legislator of the Chalcidians, under that of Saturn; Minos, legislator of the Candiots, under that of Jupiter; Lycurgus, legislator of the Lacedæmonians, under that of Apollo; and Draco and Solon, legislators of the Athenians, under that of Minerva. And every government has a god at the head of it; the others falsely, that truly, which Moses set over the Jews at their departure out of Egypt. The religion of the Bedouins, as the Sire de Joinville reports, amongst other things, enjoined a belief that the soul of him amongst them who died for his prince, went into another body more happy, more beautiful, and more robust than the former; by which means they much more willingly ventured their lives:

*In ferrum mens prona viris, animæque capaces
Mortis, et ignavum est rediturae parcere vitæ.*[3]

This is a very comfortable belief, however erroneous. Every nation has many such examples of its own; but this subject would require a treatise by itself.

To add one word more to my former discourse, I would advise the ladies no longer to call that honour which is but their duty; *Ut enim consuetudo loquitur, id solum dicitur honestum, quod est populari fama gloriosum;*[4] their duty is the mark, their honour but the outward rind. Neither would I advise them to give this

---

[1] The reward of a thing well done is to have done it.—Seneca, *Epist.*, 8.

[2] As tragic poets fly to some god when they cannot explain the issue of their argument.—Cicero, *De Nat. Deor.*, i. 20.

[3] Men invite the steel and seek death; 'tis base to save a life that is to return.—Lucan, i. 461.

[4] According to the vulgar notion, which only approves that as honourable that is glorious by the public voice.—Cicero, *De Finib.*, ii. 15.

excuse for payment of their denial: for I presuppose that their intentions, their desire, and will, which are things wherein their honour is not at all concerned, forasmuch as nothing thereof appears without, are much better regulated than the effects:

Quæ, quia non liceat, non facit, illa facit: [1]

The offence, both towards God and in the conscience, would be as great to desire as to do it: and, besides, they are actions so private and secret of themselves, as would be easily enough kept from the knowledge of others, wherein the honour consists, if they had not another respect to their duty, and the affection they bear to chastity, for itself. Every woman of honour will much rather chose to lose her honour, than to hurt her conscience.

XVII. OF PRESUMPTION

THERE is another sort of glory, which is the having too good an opinion of our own worth. 'Tis an inconsiderate affection with which we flatter ourselves, and that represents us to ourselves other than we truly are: like the passion of love, that lends beauties and graces to the object, and makes those who are caught by it, with a depraved and corrupt judgment, consider the thing which they love other and more perfect than it is.

I would not, nevertheless, for fear of failing on this side, that a man should not know himself aright, or think himself less than he is; the judgment ought in all things to maintain its rights; 'tis all the reason in the world he should discern in himself, as well as in others, what truth sets before him; if it be Cæsar, let him boldly think himself the greatest captain in the world. We are nothing but ceremony; ceremony carries us away, and we leave the substance of things: we hold by the branches, and quit the trunk and the body; we have taught the ladies to blush when they hear that but named which they are not at all afraid to do: we dare not call our members by their right names, yet are not afraid to employ them in all sorts of debauchery: ceremony forbids us to express by words things that are lawful and natural, and we obey it: reason forbids us to do things unlawful and ill, and nobody obeys it. I find myself here fettered by the laws of ceremony; for it neither permits a man to speak well of himself, nor ill: we will leave it there for this time.

They whom fortune (call it good or ill) has made to pass their lives in some eminent degree, may by their public actions manifest what they are: but they whom she has only employed in the crowd, and of whom nobody will say a word unless they speak themselves, are to be excused if they take the boldness to speak of themselves to such as are interested to know them; by the example of Lucilius,

Ille velut fidis arcana sodalibus olim
Credebat libris, neque si male cesserat, usquam
Decurrens alio, neque si bene: quo fit, ut omnis,
Votiva pateat veluti descripta tabella
Vita senis; [2]

he always committed to paper his actions and thoughts, and there portrayed himself such as he found himself to be; *Nec id Rutilio et Scauro citra fidem, aut obtrectationi fuit.* [3]

I remember, then, that from my infancy there was observed in me I know not what kind of carriage and behaviour, that seemed to relish of pride and arrogance. I will say this, by the way, that it is not unreasonable to suppose that we have qualities and inclinations so much our own, and so incorporate in us, that we have not the means to feel and recognize them: and of such natural inclinations the body will retain a certain bent, without our knowledge or consent. It was an affectation conformable with his beauty, that made Alexander carry his head on one side, and caused Alcibiades to lisp; Julius Cæsar scratched his head with one finger,[4] which is the fashion of a man full of troublesome thoughts; and Cicero, as I remember, was wont to pucker up his nose, a sign of a man given to scoffing; such motions as these may imperceptibly happen in us. There are other artificial ones which I meddle not with, as salutations and congees, by which men acquire, for the most part unjustly, the reputation of being humble and courteous; one may be humble out of pride. I am prodigal enough of my hat, especially in summer, and never am so saluted but that I pay it again from persons of what quality soever, unless they be in my own service. I should make it my request to some princes whom I know, that

---

[1] She who only refuses, because 'tis forbidden to consent, consents.—Ovid, *Amor.*, ii. 4, 4.

[2] He confided his secret thoughts to his writings, as to a tried friend, and for good and evil, sought no other confidant: hence it came to pass, that the old man's life is there all seen as on a votive tablet. —Horace, *Sat.*, ii. 1, 30.

[3] Nor were Rutilius or Scaurus misbelieved or condemned for writing their memoirs.—Tacitus, *Agricola*, i.

[4] Plutarch, Alcibiades; Cæsar.

they would be more sparing of that ceremony, and bestow that courtesy where it is more due; for being so indiscreetly and indifferently conferred on all, it is thrown away to no purpose; if it be without respect of persons, it loses its effect. Amongst irregular deportment, let us not forget that haughty one of the Emperor Constantius, who always in public held his head upright and stiff, without bending or turning on either side, not so much as to look upon those who saluted him on one side, planting his body in a rigid immovable posture, without suffering it to yield to the motion of his coach, not daring so much as to spit, blow his nose, or wipe his face before people. I know not whether the gestures that were observed in me were of this first quality, and whether I had really any occult propension to this vice, as it might well be; and I cannot be responsible for the motions of the body; but as to the motions of the soul, I must here confess what I think of the matter.

This glory consists of two parts; the one in setting too great a value upon ourselves, and the other in setting too little a value upon others. As to the one, methinks these considerations ought, in the first place, to be of some force: I feel myself importuned by an error of the soul that displeases me, both as it is unjust, and still more as it is troublesome; I attempt to correct it, but I cannot root it out; and this is, that I lessen the just value of things that I possess, and overvalue things, because they are foreign, absent, and none of mine; this humour spreads very far. As the prerogative of the authority makes husbands look upon their own wives with a vicious disdain, and many fathers their children; so I, betwixt two equal merits, should always be swayed against my own; not so much that the jealousy of my advancement and bettering troubles my judgment, and hinders me from satisfying myself, as that of itself possession begets a contempt of what it holds and rules. Foreign governments, manners, and languages, insinuate themselves into my esteem; and I am sensible that Latin allures me by the favour of its dignity to value it above its due, as it does with children, and the common sort of people: the domestic government, house, horse, of my neighbour, though no better than my own, I prize above my own, because they are not mine. Besides that I am very ignorant in my own affairs, I am struck by the assurance that every one has of himself: whereas, there is scarcely anything that I am sure I know, or that I dare be responsible to myself that I can do: I have not my means of doing anything in condition and ready, and am only instructed therein after the effect; as doubtful of my own force as I am of another's. Whence it comes to pass that if I happen to do anything commendable, I attribute it more to my fortune than industry, forasmuch as I design everything by chance and in fear. I have this, also, in general, that of all the opinions antiquity has held of men in gross, I most willingly embrace and adhere to those that most contemn and undervalue us, and most push us to naught; methinks, philosophy has never so fair a game to play as when it falls upon our vanity and presumption; when it most lays open our irresolution, weakness, and ignorance. I look upon the too good opinion that man has of himself to be the nursing mother of all the most false opinions, both public and private. Those people who ride astride upon the epicycle of Mercury, who see so far into the heavens, are worse to me than a tooth-drawer that comes to draw my teeth; for in my study, the subject of which is man, finding so great a variety of judgments, so profound a labyrinth of difficulties, one upon another, so great diversity and uncertainty, even in the school of wisdom itself, you may judge, seeing these people could not resolve upon the knowledge of themselves and their own condition, which is continually before their eyes, and within them, seeing they do not know how that moves which they themselves move, nor how to give us a description of the springs they themselves govern and make use of, how can I believe them about the ebbing and flowing of the Nile. The curiosity of knowing things has been given to man for a scourge, says the holy Scripture.

But to return to what concerns myself; I think it would be very difficult for any other man to have a meaner opinion of himself; nay, for any other to have a meaner opinion of me than I have of myself: I look upon myself as one of the common sort, saving in this, that I have no better an opinion of myself; guilty of the meanest and most popular defects, but not disowning or excusing them; and I do not value myself upon any other account than because I know my own value. If there be any vanity in the case, 'tis superficially infused into me by the treachery of my complexion, and has no body that my judgment can discern: I am sprinkled, but not dyed. For in truth, as to the effects of the mind, there is no part of me, be it what it will, with which I am satisfied; and the approbation of others makes me not think the better of myself. My judgment is tender and nice, especially in things that concern myself; I ever repudiate myself, and feel myself float and waver by reason of my weakness. I have nothing of my own that satisfies my judgment. My sight is clear and regular enough, but, at working, it is apt to dazzle; as I most manifestly find in poetry: I love it infinitely, and am able to give a tolerable judgment of other men's works; but, in good earnest, when I apply myself to it, I play the child, and am not able to endure myself. A man may play the fool in everything else, but not in poetry;

Mediocribus esse poetis
Non dii, non homines, non concessere columnæ.[1]

I would to God this sentence was written over the doors of all our printers, to forbid the entrance of so many rhymesters!

Verum
Nihil securius est malo poeta.[2]

Why have not we such people? Dionysius the father valued himself upon nothing so much as his poetry; at the Olympic games, with chariots surpassing all the others in magnificence, he sent also poets and musicians to present his verses, with tent and pavilions royally gilt and hung with tapestry. When his verses came to be recited, the excellence of the delivery at first attracted the attention of the people; but when they afterwards came to poise the meanness of the composition, they first entered into disdain, and continuing to nettle their judgments, presently proceeded to fury, and ran to pull down and tear to pieces all his pavilions: and, that his chariots neither performed anything to purpose in the race, and that the ship which brought back his people failed of making Sicily, and was by the tempest driven and wrecked upon the coast of Tarentum, they certainly believed was through the anger of the gods, incensed, as they themselves were, against that paltry poem; and even the mariners who escaped from the wreck seconded this opinion of the people: to which also the oracle that foretold his death seemed to subscribe; which was, "that Dionysius should be near his end, when he should have overcome those who were better than himself," which he interpreted of the Carthaginians, who surpassed him in power; and having war with them, often declined the victory, not to incur the sense of this prediction; but he understood it ill; for the god indicated the time of the advantage, that by favour and injustice he obtained at Athens over the tragic poets, better than himself, having caused his own play called the Leneians to be acted in emulation; presently after which victory he died, and partly of the excessive joy he conceived at the success.

What I find tolerable of mine, is not so really and in itself, but in comparison of other worse things, that I see well enough received. I envy the happiness of those who can please and hug themselves in what they do; for 'tis an easy thing to be so pleased, because a man extracts that pleasure from himself, especially if he be constant in his self-conceit. I know a poet, against whom the intelligent and the ignorant, abroad and at home, both heaven and earth exclaim that he has but very little notion of it; and yet, for all that, he has never a whit the worse opinion of himself; but is always falling upon some new piece, always contriving some new invention, and still persists in his opinion, by so much the more obstinately, as it only concerns him to maintain it.

My works are so far from pleasing me, that as often as I review them, they disgust me:

Cum relego, scripsisse pudet; quia plurima cerno,
Me quoque, qui feci, judice, digna lini.[3]

I have always an idea in my soul, and a sort of disturbed image which presents me as in a dream with a better form than that I have made use of; but I cannot catch it nor fit it to my purpose; and even that idea is but of the meaner sort. Hence I conclude that the productions of those great and rich souls of former times are very much beyond the utmost stretch of my imagination or my wish: their writings do not only satisfy and fill me, but they astound me, and ravish me with admiration; I judge of their beauty; I see it, if not to the utmost, yet so far at least as 'tis possible for me to aspire. Whatever I undertake, I owe a sacrifice to the Graces, as Plutarch says of some one, to conciliate their favour;

Si quid enim placet,
Si quid dulce hominum sensibus influit,
Debentur lepidis omnia Gratiis.[4]

They abandon me throughout; all I write is rude; polish and beauty are wanting: I cannot

---

[1] Neither men, nor gods, nor the pillars [on which the poets offered their writings], permit mediocrity in poets.—Horace, *De Art. Poet.*, 372.
[2] The truth is, that nothing is more confident than a bad poet.—Martial, xii. 63, 13.
[3] When I reperuse, I blush at what I have written; I ever see one passage after another that, I the author, being the judge, consider should be erased. —Ovid, *De Pont.*, i. 5, 15.
[4] If anything please that I write, if it infuse delight into men's minds, all is due to the charming Graces. (The verses are probably by some modern poet.)

set things off to any advantage; my handling adds nothing to the matter; for which reason I must have it forcible, very full, and that has lustre of its own. If I pitch upon subjects that are popular and gay, 'tis to follow my own inclination, who do not affect a grave and ceremonious wisdom, as the world does; and to make myself more sprightly, but not my style more wanton, which would rather have them grave and severe; at least, if I may call that a style, which is an inform and irregular way of speaking, a popular jargon, a proceeding without definition, division, conclusion, perplexed like that Amafanius and Rabirius. I can neither please nor delight, nor even tickle my readers: the best story in the world is spoiled by my handling, and becomes flat; I cannot speak but in rough earnest, and am totally unprovided of that facility which I observe in many of my acquaintance, of entertaining the first comers and keeping a whole company in breath, or taking up the ear of a prince with all sorts of discourse without wearying themselves: they never want matter by reason of the faculty and grace they have in taking hold of the first thing that starts up, and accommodating it to the humour and capacity of those with whom they have to do. Princes do not much affect solid discourses, nor I to tell stories. The first and easiest reasons, which are commonly the best taken, I know not how to employ: I am an ill orator to the common sort. I am apt of everything to say the extremest that I know. Cicero is of opinion that in treatises of philosophy the exordium is the hardest part; if this be true, I am wise in sticking to the conclusion. And yet we are to know how to wind the string to all notes, and the sharpest is that which is the most seldom touched. There is at least as much perfection in elevating an empty as in supporting a weighty thing. A man must sometimes superficially handle things, and sometimes push them home. I know very well that most men keep themselves in this lower form from not conceiving things otherwise than by this outward bark; but I likewise know that the greatest masters, and Xenophon and Plato are often seen to stoop to this low and popular manner of speaking and treating of things, but supporting it with graces which never fail them.

Further, my language has nothing in it that is facile and polished; 'tis rough, free, and irregular, and as such pleases, if not my judgment, at all events my inclination, but I very well perceive that I sometimes give myself too much rein, and that by endeavouring to avoid art and affectation I fall into the other inconvenience:

Brevis esse laboro,
Obscurus fio.[1]

Plato says,[2] that the long or the short are not properties that either take away or give value to language. Should I attempt to follow the other more moderate, united, and regular style, I should never attain to it; and though the short round periods of Sallust best suit with my humour, yet I find Cæsar much grander and harder to imitate; and though my inclination would rather prompt me to imitate Seneca's way of writing, yet I do, nevertheless, more esteem that of Plutarch. Both in doing and speaking I simply follow my own natural way; whence, peradventure, it falls out that I am better at speaking than writing. Motion and action animate words, especially in those who lay about them briskly, as I do, and grow hot. The comportment, the countenance, the voice, the robe, the place, will set off some things that of themselves would appear no better than prating. Massalla complains in Tacitus [3] of the straightness of some garments in his time, and of the fashion of the benches where the orators were to declaim, that were a disadvantage to their eloquence.

My French tongue is corrupted, both in the pronunciation and otherwise, by the barbarism of my country. I never saw a man who was a native of any of the provinces on this side of the kingdom who had not a twang of his place of birth, and that was not offensive to ears that were purely French. And yet it is not that I am so perfect in my Perigordin: for I can no more speak it than High Dutch, nor do I much care. 'Tis a language (as the rest about me on every side, of Poitou, Xaintonge, Angoumousin, Limosin, Auvergne), a poor, drawling, scurvy language. There is, indeed, above us towards the mountains a sort of Gascon spoken, that I am mightily taken with: blunt, brief, significant, and in truth a more manly and military language than any other I am acquainted with, as sinewy, powerful, and pertinent as the French is graceful, neat, and luxuriant.

As to the Latin, which was given me for my mother tongue, I have, by discontinuance, lost the use of speaking it, and, indeed, of writing it too, wherein I formerly had a particular reputation, by which you may see how inconsiderable I am on that side.

Beauty is a thing of great recommendation in

---

[1] Endeavouring to be brief, I become obscure.—Horace, *De Art. Poet.*, 25.

[2] *Republic*, x.

[3] *De Oratoribus*, 39.

the correspondence amongst men; 'tis the first means of acquiring the favour and good liking of one another, and no man is so barbarous and morose as not to perceive himself in some sort struck with its attraction. The body has a great share in our being, has an eminent place there, and therefore its structure and composition are of very just consideration. They who go about to disunite and separate our two principal parts from one another are to blame; we must, on the contrary, reunite and rejoin them. We must command the soul not to withdraw and entertain itself apart, not to despise and abandon the body (neither can she do it but by some apish counterfeit), but to unite herself close to it, to embrace, cherish, assist, govern, and advise it, and to bring it back and set it into the true way when it wanders; in sum, to espouse and be a husband to it, so that their effects may not appear to be diverse and contrary, but uniform and concurring. Christians have a particular instruction concerning this connection, for they know that the Divine justice embraces this society and juncture of body and soul, even to the making the body capable of eternal rewards; and that God has an eye to the whole man's ways, and will that he receive entire chastisement or reward according to his demerits or merits. The sect of the Peripatetics, of all sects the most sociable, attribute to wisdom this sole care equally to provide for the good of these two associate parts: and the other sects, in not sufficiently applying themselves to the consideration of this mixture, show themselves to be divided, one for the body and the other for the soul, with equal error, and to have lost sight of their subject, which is Man, and their guide, which they generally confess to be Nature. The first distinction that ever was amongst men, and the first consideration that gave some pre-eminence over others, 'tis likely was the advantage of beauty:

Agros divisere atque dedere
Pro facie cujusque, et viribus, ingenioque;
Nam facies multum valuit, viresque vigebant.[1]

Now I am of something lower than the middle stature, a defect that not only borders upon deformity, but carries withal a great deal of inconvenience along with it, especially for those who are in office and command; for the authority which a graceful presence and a majestic mien beget, is wanting. C. Marius did not willingly enlist any soldiers who were not six feet high. The Courtier has, indeed, reason to desire a moderate stature in the gentlemen he is setting forth, rather than any other, and to reject all strangeness that should make him be pointed at. But if I were to choose whether this medium must be rather below than above the common standard, I would not have it so in a soldier. Little men, says Aristotle,[2] are pretty, but not handsome; and greatness of soul is discovered in a great body, as beauty is in a conspicuous stature: the Ethiopians and Indians, says he,[3] in choosing their kings and magistrates, had regard to the beauty and stature of their persons. They had reason; for it creates respect in those who follow them, and is a terror to the enemy, to see a leader of a brave and goodly stature march at the head of a battalion.

Ipse inter primos præstanti corpore Turnus
Vertitur, arma tenens, et toto vertice supra est.[4]

Our holy and heavenly king, of whom every circumstance is most carefully and with the greatest religion and reverence to be observed, has not himself rejected bodily recommendation, *Speciosus forma præ filiis hominum.*[5] And Plato,[6] together with temperance and fortitude, requires beauty in the conservators of his republic. It would vex you that a man should apply himself to you amongst your servants to inquire where Monsieur is, and that you should only have the remainder of the compliment of the hat that is made to your barber or your secretary; as it happened to poor Philopœmen,[7] who arriving the first of all his company at an inn where he was expected, the hostess who knew him not, and saw him an unsightly fellow, employed him to go help her maids a little to draw water, and make a fire against Philopœmen's coming: the gentlemen of his train arriving presently after, and surprised to see him busy in this fine employment, for he failed not to obey his landlady's command, asked him what he was doing there: "I am," said he, "paying the penalty of my ugliness." The other beauties belong to women; the beauty of stature is the only beauty of men.

---

[1] They distributed and conferred the lands to every man according to his beauty, strength, or understanding, for beauty and strength had first influence.—Lucretius, v. 1109.

[2] *Ethics.*, iv., 3.

[3] *Politics*, iv. 4.

[4] In the first rank marched Turnus, brandishing his weapon, taller by a head than all the rest.—*Æneid,* vii. 783.

[5] He is fairer than the children of men.—*Psalms,* 45. 2.

[6] *Republic*, vii.

[7] Plutarch, Philopœmen.

Where there is a contemptible stature, neither the largeness and roundness of the forehead, nor the whiteness and sweetness of the eyes, nor the moderate proportion of the nose, nor the littleness of the ears and mouth, nor the evenness and whiteness of the teeth, nor the thickness of a well-set brown beard, shining like the husk of a chestnut, nor curled hair, nor the just proportion of the head, nor a fresh complexion, nor a pleasing air of a face, nor a body without any offensive scent, nor the just proportion of limbs, can make a handsome man. I am, as to the rest, strong and well knit; my face is not puffed, but full, and my complexion betwixt jovial and melancholic, moderately sanguine and hot,

Unde rigent setis mihi crura, et pectora villis; [1]

my health vigorous and sprightly, even to a well advanced age, and rarely troubled with sickness. Such I was, for I do not now make any account of myself, now that I am engaged in the avenues of old age, being already past forty:

*Minutatim vires et robur adultum
Frangit, et in partem pejorem liquitur ætas:* [2]

what shall be from this time forward, will be but a half-being, and no more me: I every day escape and steal away from myself:

Singula de nobis anni prædantur euntes: [3]

Agility and address I never had, and yet am the son of a very active and sprightly father, who continued to be so to an extreme old age. I have scarce known any man of his condition, his equal in all bodily exercises: as I have seldom met with any who have not excelled me, except in running, at which I was pretty good. In music or singing, for which I have a very unfit voice, or to play on any sort of instrument, they could never teach me anything. In dancing, tennis, or wrestling, I could never arrive to more than an ordinary pitch; in swimming, fencing, vaulting, and leaping, to none at all. My hands are so clumsy that I cannot even write so as to read it myself, so that I had rather do what I have scribbled over again, than take upon me the trouble to make it out. I do not read much better than I write, and feel that I weary my auditors: otherwise, not a bad clerk. I cannot decently fold up a letter, nor could ever make a pen, or carve at table worth a pin, nor saddle a horse, nor carry a hawk and fly her, nor hunt the dogs, nor lure a hawk, nor speak to a horse. In fine, my bodily qualities are very well suited to those of my soul; there is nothing sprightly, only a full and firm vigour: I am patient enough of labour and pains, but it is only when I go voluntary to work, and only so long as my own desire prompts me to it,

Molliter austerum studio fallente laborem: [4]

otherwise, if I am not allured with some pleasure, or have other guide than my own pure and free inclination, I am good for nothing: for I am of a humour that, life and health excepted, there is nothing for which I will bite my nails, and that I will purchase at the price of torment of mind and constraint:

*Tanti mihi non sit opaci
Omnis arena Tagi, quodque in mare volvitur aurum.* [5]

Extremely idle, extremely given up to my own inclination both by nature and art, I would as willingly lend a man my blood as my pains. I have a soul free and entirely its own, and accustomed to guide itself after its own fashion; having hitherto never had either master or governor imposed upon me; I have walked as far as I would, and at the pace that best pleased myself; this is it that has rendered me unfit for the service of others, and has made me of no use to any one but myself.

Now was there any need of forcing my heavy and lazy disposition; for being born to such a fortune as I had reason to be contented with (a reason, nevertheless, that a thousand others of my acquaintance would have rather made use of for a plank upon which to pass over in search of higher fortune, to tumult and disquiet), and with as much intelligence as I required, I sought for no more, and also got no more:

*Non agimur tumidis velis Aquilone secundo,
Non tamen adversis ætatem ducimus Austris;
Viribus, ingenio, specie, virtute, loco, re,
Extremi primorum, extremis usque priores.* [6]

---

[1] Whence 'tis my thighs and breast bristle with hair.—Martial, ii. 36, 5.

[2] Time by degrees breaks our strength, and makes us grow feeble.—Lucretius, ii. 1131.

[3] Of the fleeting years each steals something from me.—Horace, *Epist.*, ii. 2, 55.

[4] The labour we delight in physics pain.—*Idem*, *Sat.* ii. 2, 12. Cf. Shakespeare's *Macbeth*, ii. 3.

[5] I would not buy rich Tagus sands so dear, nor all the gold that lies in the sea.—Juvenal, *Sat.*, iii. 54.

[6] The northern wind does not agitate my sails; nor Auster trouble my course with storms. In strength, talent, figure, virtue, honour, wealth, I am short of the foremost, but before the last.—Horace, *Epist.*, ii. 2, 201.

I had only need of what was sufficient to content me: which nevertheless is a government of soul, to take it right, equally difficult in all sorts of conditions, and that, of custom, we see more easily found in want than in abundance: forasmuch, peradventure, as according to the course of our other passions, the desire of riches is more sharpened by their use than by the need of them: and the virtue of moderation more rare than that of patience; and I never had anything to desire, but happily to enjoy the estate that God by His bounty had put into my hands. I have never known anything of trouble, and have had little to do in anything but the management of my own affairs: or, if I have, it has been upon condition to do it at my own leisure and after my own method; committed to my trust by such as had a confidence in me, who did not importune me, and who knew my humour; for good horsemen will make shift to get service out of a rusty and broken-winded jade.

Even my infancy was trained up after a gentle and free manner, and exempt from any rigorous subjection. All this has helped me to a complexion delicate and incapable of solicitude, even to that degree that I love to have my losses and the disorders wherein I am concerned, concealed from me. In the account of my expenses, I put down what my negligence costs me in feeding and maintaining it;

Hæc nempe supersunt,
Quæ dominum fallunt, quæ prosunt furibus.[1]

I love not to know what I have, that I may be less sensible of my loss; I entreat those who serve me, where affection and integrity are absent, to deceive me with something like a decent appearance. For want of constancy enough to support the shock of adverse accidents to which we are subject, and of patience seriously to apply myself to the management of my affairs, I nourish as much as I can this in myself, wholly leaving all to fortune "to take all things at the worst, and to resolve to bear that worst with temper and patience"; that is the only thing I aim at, and to which I apply my whole meditation. In a danger, I do not so much consider how I shall escape it, as of how little importance it is, whether I escape it or no: should I be left dead upon the place, what matter? Not being able to govern events, I govern myself, and apply myself to them, if they will not apply themselves to me.

I have no great art to evade, escape from or force fortune, and by prudence to guide and incline things to my own bias. I have still less patience to undergo the troublesome and painful care therein required; and the most uneasy condition for me is to be suspended on urgent occasions, and to be agitated betwixt hope and fear.

Deliberation, even in things of lightest moment, is very troublesome to me; and I find my mind more put to it to undergo the various tumblings and tossings of doubt and consultation, than to set up its rest and to acquiesce in whatever shall happen after the die is thrown. Few passions break my sleep, but of deliberations, the least will do it. As in roads, I preferably avoid those that are sloping and slippery, and put myself into the beaten track how dirty or deep soever, where I can fall no lower, and there seek my safety: so I love misfortunes that are purely so, that do not torment and teaze me with the uncertainty of their growing better; but that at the first push plunge me directly into the worst that can be expected:

Dubia plus torquent mala.[2]

In events, I carry myself like a man; in the conduct, like a child. The fear of the fall more fevers me than the fall itself. The game is not worth the candle. The covetous man fares worse with his passion than the poor, and the jealous man than the cuckold; and a man ofttimes loses more by defending his vineyard than if he gave it up. The lowest walk is the safest; 'tis the seat of constancy; you have there need of no one but yourself; 'tis there founded and wholly stands upon its own basis. Has not this example of a gentleman very well known, some air of philosophy in it? He married, being well advanced in years, having spent his youth in good fellowship, a great talker and a great jeerer, calling to mind how much the subject of cuckoldry had given him occasion to talk and scoff at others. To prevent them from paying him in his own coin, he married a wife from a place where any one may have flesh for his money: "Good morrow, strumpet"; "good morrow, cuckold"; and there was not anything wherewith he more commonly and openly entertained those who came to see him, than with this design of his, by which he stopped the private chattering of mockers, and blunted all the point from this reproach.

As to ambition, which is neighbour, or rather daughter, to presumption, fortune, to advance

---

[1] That overplus, which the owner knows not of, but which benefits the thieves.—Idem, *Epist.*, i. 6, 45 i. 645.

[2] Doubtful ills plague us worst.—Seneca, *Agamemnon*, ii. 1. 47.

me, must have come and taken me by the hand; for to trouble myself for an uncertain hope, and to have submitted myself to all the difficulties that accompany those who endeavour to bring themselves into credit in the beginning of their progress, I could never have done it:

Spem pretio non emo: [1]

I apply myself to what I see and to what I have in my hand, and go not very far from the shore;

Alter remus aquas, alter tibi radat arenas: [2]

and besides, a man rarely arrives to these advancements but in first hazarding what he has of his own; and I am of opinion, that if a man have sufficient to maintain him in the condition wherein he was born and brought up, 'tis a great folly to hazard that upon the uncertainty of augmenting it. He to whom fortune has denied whereon to set his foot, and to settle a quiet and composed way of living, is to be excused if he venture what he has, because, happen what will, necessity puts him upon shifting for himself:

Capienda rebus in malis præceps via est: [3]

and I rather excuse a younger brother for exposing what his friends have left him to the courtesy of fortune, than him with whom the honour of his family is entrusted, who cannot be necessitous but by his own fault. I have found a much shorter and more easy way, by the advice of the good friends I had in my younger days, to free myself from any such ambition, and to sit still;

Cui sit conditio dulcis sine pulvere palmæ: [4]

judging rightly enough of my own strength, that it was not capable of any great matters; and calling to mind the saying of the late Chancellor Olivier, that the French were like monkeys that swarm up a tree from branch to branch, and never stop till they come to the highest, and there show their breech.

Turpe est, quod nequeas, capiti committere pondus, Et pressum inflexo mox dare terga genu. [5]

I should find the best qualities I have useless in this age; the facility of my manners would have been called weakness and negligence; my faith and conscience, scrupulosity and superstition; my liberty and freedom would have been reputed troublesome, inconsiderate, and rash. Ill luck is good for something. It is good to be born in a very depraved age; for so, in comparison of others, you shall be reputed virtuous cheaply; he who in our days is but a parricide and a sacrilegious person, is an honest man and a man of honour:

Nunc, si depositum non inficiatur amicus, Si reddat veterem cum tota ærugine follem, Prodigiosa fides, et Tuscis digna libellis, Quæque coronata lustrari debeat agna: [6]

and never was time or place wherein princes might propose to themselves more assured or greater rewards for virtue and justice. The first who shall make it his business to get himself into favour and esteem by those ways, I am much deceived if he do not and by the best title outstrip his competitors: force and violence can do something, but not always all. We see merchants, country justices, and artizans, go cheek by jowl with the best gentry in valour and military knowledge: they perform honourable actions, both in public engagements and private quarrels; they fight duels, they defend towns in our present wars; a prince stifles his special recommendation, renown, in this crowd; let him shine bright in humanity, truth, loyalty, temperance, and especially in justice; marks rare, unknown, and exiled; 'tis by no other means but by the sole good-will of the people that he can do his business; and no other qualities can attract their good-will like those, as being of the greatest utility to them: *Nil est tam populare, quam bonitas.* [7]

By this standard, I had been great and rare, just as I find myself now pigmy and vulgar by the standard of some past ages, wherein, if no other better qualities concurred, it was ordinary and common to see a man moderate in his revenges, gentle in resenting injuries, reli-

---

[1] I will not purchase hope with ready money.—Terence, *Adel.*, ii. 3. 11.

[2] One oar plunging into the sea, the other raking the sands.—Propertius, iii. 3, 23.

[3] A desperate case must have a desperate course.—Seneca, *Agamemnon*, ii. 1. 47.

[4] What more agreeable condition, than to have gained the palm without the dust of the course.—Horace, *Epist.*, i. 1, 51.

[5] It is a shame to load the head so that it cannot bear the burthen, and the knees give way.—Propertius, iii. 9, 5.

[6] Nowadays, if a friend does not deny his trust, but restores the old purse with all its rusty coin untouched; 'tis a prodigious faith, that ought to be enrolled in gold, amongst the Tuscan annals, and a crowned lamb should be sacrificed to such exemplary integrity.—Juvenal, *Sat.*, xiii. 60.

[7] Nothing is so popular as goodness.—Cicero, *Pro Ligan*, xii.

gious of his word, neither double nor supple, nor accommodating his faith to the will of others, or the turns of the times: I would rather see all affairs go to wreck and ruin than falsify my faith to secure them. For as to this new virtue of feigning and dissimulation, which is now in so great credit, I mortally hate it; and of all vices find none that evidences so much baseness and meanness of spirit. 'Tis a cowardly and servile humour to hide and disguise a man's self under a visor, and not to dare to show himself what he is; 'tis by this our servants are trained up to treachery; being brought up to speak what is not true, they make no conscience of a lie. A generous heart ought not to belie its own thoughts; it will make itself seen within; all there is good, or at least, human. Aristotle[1] reputes it the office of magnanimity openly and professedly to love and hate; to judge and speak with all freedom; and not to value the approbation or dislike of others in comparison of truth. Apollonius said, it was for slaves to lie, and for freemen to speak truth: 'tis the chief and fundamental part of virtue; we must love it for itself. He who speaks truth because he is obliged so to do, and because it serves him, and who is not afraid to lie when it signifies nothing to anybody, is not sufficiently true. My soul naturally abominates lying, and hates the very thought of it. I have an inward shame and a sharp remorse, if sometimes a lie escape me; as sometimes it does, being surprised by occasions that allow me no premeditation. A man must not always tell all, for that were folly: but what a man says should be what he thinks, otherwise 'tis knavery. I do not know what advantage men pretend to by eternally counterfeiting and dissembling, if not, never to be believed when they speak the truth; it may once or twice pass with men; but to profess the concealing their thought, and to brag, as some of our princes have done, that they would burn their shirts if they knew their true intentions, which was a saying of the ancient Metellus of Macedon; and that they who know not how to dissemble know not how to rule, is to give warning to all who have anything to do with them, that all they say is nothing but lying and deceit: *Quo quis versutior et callidior est, hoc invisior et suspector, detracta opinione probitatis:*[2] it were a great simplicity in any one to lay any stress either on the countenance or word of a man, who has put on a resolution to be always another thing without than he is within, as Tiberius did; and I cannot conceive what part such persons can have in conversation with men, seeing they produce nothing that is received as true: whoever is disloyal to truth, is the same to falsehood also.

Those of our time, who have considered in the establishment of the duty of a prince, the good of his affairs only, and have preferred that to the care of his faith and conscience, might have something to say to a prince whose affairs fortune had put into such a posture that he might for ever establish them by only once breaking his word: but it will not go so; they often buy in the same market; they make more than once peace and enter into more than one treaty in their lives. Gain tempts to the first breach of faith, and almost always presents itself, as in all other ill acts, sacrileges, murders, rebellions, treasons, as being undertaken for some kind of advantage; but this first gain has infinite mischievous consequences, throwing this prince out of all correspondence and negotiation, by this example of infidelity. Soliman, of the Ottoman race, a race not very solicitous of keeping their words or compacts, when, in my infancy he made his army land at Otranto, being informed that Mercurino de' Gratinare, and the inhabitants of Castro were detained prisoners, after having surrendered the place, contrary to the articles of their capitulation, sent orders to have them set at liberty, saying, that having other great enterprises in hand in those parts, the disloyalty, though it carried a show of present utility, would for the future bring on him a disrepute and distrust of infinite prejudice.

Now, for my part, I had rather be troublesome and indiscreet, than a flatterer and a dissembler. I confess that there may be some mixture of pride and obstinacy in keeping myself so upright and open as I do, without any consideration of others; and methinks I am a little too free, where I ought least to be so, and that I grow hot by the opposition of respect; and it may be also, that I suffer myself to follow the propension of my own nature for want of art; using the same liberty, speech and countenance towards great persons, that I bring with me from my own house: I am sensible how much it declines towards incivility and indiscretion: but, besides that I am so bred, I have not a wit supple enough to evade a sudden question, and to escape by some evasion, nor to feign a truth, nor memory enough to retain it so feigned; nor, truly, assurance enough to maintain it, and so play the brave out

---

[1] *Ethics*, iv. 3.
[2] By how much any one is more subtle and cunning, by so much is he hated and suspected, the opinion of his integrity being lost and gone.—Cicero, *De Offic.*, ii. 9.

of weakness. And therefore it is that I abandon myself to candour, always to speak as I think, both by complexion and design, leaving the event to fortune. Aristippus was wont to say, that the principal benefit he had extracted from philosophy was that he spoke freely and openly to all.

Memory is a faculty of wonderful use, and without which the judgment can very hardly perform its office: for my part I have none at all. What any one will propound to me, he must do it piecemeal, for to answer a speech consisting of several heads I am not able. I could not receive a commission by word of mouth, without a notebook. And when I have a speech of consequence to make, if it be long, I am reduced to the miserable necessity of getting by heart word for word, what I am to say; I should otherwise have neither method nor assurance, being in fear that my memory would play me a slippery trick. But this way is no less difficult to me than the other; I must have three hours to learn three verses. And besides, in a work of a man's own, the liberty and authority of altering the order, of changing a word, incessantly varying the matter, makes it harder to stick in the memory of the author. The more I mistrust it the worse it is; it serves me best by chance; I must solicit it negligently; for if I press it, 'tis confused, and after it once begins to stagger, the more I sound it, the more it is perplexed; it serves me at its own hour, not at mine.

And the same defect I find in my memory, I find also in several other parts. I fly command, obligation, and constraint; that which I can otherwise naturally and easily do, if I impose it upon myself by an express and strict injunction, I cannot do it. Even the members of my body, which have a more particular jurisdiction of their own, sometimes refuse to obey me, if I enjoin them a necessary service at a certain hour. This tyrannical and compulsive appointment baffles them; they shrink up either through fear or spite, and fall into a trance. Being once in a place where it is looked upon as the greatest discourtesy imaginable not to pledge those who drink to you, though I had there all liberty allowed me, I tried to play the good fellow, out of respect to the ladies who were there, according to the custom of the country; but there was sport enough; for this threatening and preparation, that I was to force myself contrary to my custom and inclination, so stopped my throat that I could not swallow one drop, and was deprived of drinking so much as with my meat; I found myself gorged, and my thirst quenched by the quantity of drink that my imagination had swallowed. This effect is most manifest in such as have the most vehement and powerful imagination: but it is natural, notwithstanding, and there is no one who does not in some measure feel it. They offered an excellent archer, condemned to die, to save his life, if he would show some notable proof of his art, but he refused to try, fearing lest the too great contention of his will should make him shoot wide, and that instead of saving his life, he should also lose the reputation he had got of being a good marksman. A man who thinks of something else, will not fail to take over and over again the same number and measure of steps, even to an inch, in the place where he walks: but if he make it his business to measure and count them, he will find that what he did by nature and accident, he cannot so exactly do by design.

My library, which is of the best sort of country libraries, is situated in a corner of my house; if anything comes into my head that I have a mind to look at or to write there, lest I should forget it in but going across the court, I am fain to commit it to the memory of some other. If I venture in speaking to digress never so little from my subject, I am infallibly lost, which is the reason that I keep myself, in discourse, strictly close. I am forced to call the men who serve me either by the names of their offices or their country; for names are very hard for me to remember. I can tell, indeed, that there are three syllables, that it has a harsh sound, and that it begins or ends with such a letter, but that's all: and if I should live long, I do not doubt but I should forget my own name, as some others have done. Messala Corvinus was two years without any trace of memory, which is also said of Georgius Trapezuntius. For my own interest, I often meditate what a kind of life theirs was, and if, without this faculty, I should have enough left to support me with any manner of ease; and prying narrowly into it, I fear that this privation, if absolute, destroys all the other functions of the soul:

Plenus rimarum sum, hac atque illac perfluo.[1]

It has befallen me more than once to forget the watchword I had three hours before given or received, and to forget where I had hidden my purse; whatever Cicero is pleased to say, I help myself to lose what I have a particular care to lock safe up. *Memoria certe non modo Philoso-*

---

[1] I'm full of chinks, and leak out every way.—Terence, *Eunuchus*, ii. 2. 23.

phiam, sed omnis vitæ usum, omnesque artes, una maxime continet.[1] Memory is the receptacle and case of science: and therefore mine being so treacherous, if I know little, I cannot much complain. I know, in general, the names of the arts, and of what they treat, but nothing more. I turn over books; I do not study them. What I retain I no longer recognise as another's; 'tis only what my judgment has made its advantage of, the discourses and imaginations in which it has been instructed: the author, place, words, and other circumstances, I immediately forget; and I am so excellent at forgetting, that I no less forget my own writings and compositions than the rest. I am very often quoted to myself, and am not aware of it. Whoever should inquire of me where I had the verses and examples that I have here huddled together, would puzzle me to tell him, and yet I have not borrowed them but from famous and known authors, not contenting myself that they were rich, if I, moreover, had them not from rich and honourable hands, where there is a concurrence of authority with reason. It is no great wonder if my book run the same fortune that other books do, and if my memory lose what I have written as well as what I have read, and what I give, as well as what I receive.

Beside the defect of memory, I have others which very much contribute to my ignorance; I have a slow and heavy wit, the least cloud stops its progress, so that, for example, I never proposed to it any never so easy a riddle that it could find out; there is not the least idle subtlety that will not gravel me; in games, where wit is required, as chess, draughts, and the like, I understand no more than the common movements. I have a slow and perplexed apprehension, but what it once apprehends, it apprehends well, for the time it retains it. My sight is perfect, entire, and discovers at a very great distance, but is soon weary and heavy at work, which occasions that I cannot read long, but am forced to have one to read to me. The younger Pliny can inform such as have not experimented it themselves, what, and how important, an impediment this is to those who addict themselves to study.

There is no so wretched and coarse a soul, wherein some particular faculty is not seen to shine; no soul so buried in sloth and ignorance, but it will sally at one end or another; and how it comes to pass that a man blind and asleep to everything else, shall be found sprightly, clear, and excellent in some one particular effect, we are to inquire of our masters: but the beautiful souls are they that are universal, open, and ready for all things; if not instructed, at least capable of being so; which I say to accuse my own; for whether it be through infirmity or negligence (and to neglect that which lies at our feet, which we have in our hands, and what nearest concerns the use of life, is far from my doctrine) there is not a soul in the world so awkward as mine, and so ignorant of many common things, and such as a man cannot without shame fail to know. I must give some examples.

I was born and bred up in the country, and amongst husbandmen; I have had business and husbandry in my own hands ever since my predecessors, who were lords of the estate I now enjoy, left me to succeed them: and yet I can neither cast accounts, nor reckon my counters: most of our current money I do not know, nor the difference betwixt one grain and another, either growing or in the barn, if it be not too apparent; and scarcely can distinguish between the cabbage and lettuce in my garden. I do not so much as understand the names of the chief instruments of husbandry, nor the most ordinary elements of agriculture, which the very children know; much less the mechanic arts, traffic, merchandise, the variety and nature of fruits, wines and viands, nor how to make a hawk fly, nor to physic a horse or a dog. And, since I must publish my whole shame, 'tis not above a month ago, that I was trapped in my ignorance of the use of leaven to make bread, or to what end it was to keep wine in the vat. They conjectured of old at Athens, an aptitude for the mathematics in him they saw ingeniously bavin up a burthen of brushwood. In earnest, they would draw a quite contrary conclusion from me, for give me the whole provision and necessaries of a kitchen, I should starve. By these features of my confession men may imagine others to my prejudice: but whatever I deliver myself to be, provided it be such as I really am, I have my end; neither will I make any excuse for committing to paper such mean and frivolous things as these: the meanness of the subject compels me to it. They may, if they please, accuse my project, but not my progress: so it is, that without anybody's needing to tell me, I sufficiently see of how little weight and value all this is, and the folly of my design: 'tis enough that my judgment does not contradict itself, of which these are the essays.

Nasutus sis usque licet, sis denique nasus,
  Quantum noluerit ferre rogatus Atlas;
Et possis ipsum tu deridere Latinum,

---

[1] It is certain that memory contains not only philosophy, but all the arts and all that appertain to the use of life.—Cicero, *Acad.*, ii. 7.

> *Non potes in nugas dicere plura meas,*
> *Ipse ego quam dixi: quid dentem dente juvabit*
>   *Rodere? carne opus est, si satur esse velis.*
> *Ne perdas operam; qui se mirantur, in illos*
>   *Virus habe; nos hæc novimus esse nihil.*[1]

I am not obliged to refrain from uttering absurdities, provided I am not deceived in them and know them to be such: and to trip knowingly, is so ordinary with me, that I seldom do it otherwise, and rarely trip by chance. 'Tis no great matter to add ridiculous actions to the temerity of my humour, since I cannot ordinarily help supplying it with those that are vicious.

I was present one day at Barleduc, when King Francis II, for a memorial of René king of Sicily, was presented with a portrait he had drawn of himself: why is it not, in like manner, lawful for every one to draw himself with a pen, as he did with a crayon? I will not, therefore, omit this blemish, though very unfit to be published, which is irresolution; a very great defect, and very incommodious in the negotiations of the affairs of the world; in doubtful enterprises, I know not which to choose:

> *Ne si, ne no, nel cor mi suona intero.*[2]

I can maintain an opinion, but I cannot choose one. By reason that in human things, to what sect soever we incline, many appearances present themselves that confirm us in it (and the philosopher Chrysippus said, that he would of Zeno and Cleanthes, his masters, learn their doctrines only; for, as to proofs and reasons, he should find enough of his own), which way soever I turn, I still furnish myself with causes, and likelihood enough to fix me there; which makes me detain doubt and the liberty of choosing, till occasion presses; and then, to confess the truth, I, for the most part, throw the feather into the wind, as the saying is, and commit myself to the mercy of fortune; a very light inclination and circumstance carries me along with it:

> *Dum in dubio est animus, paulo momento*
>   *huc atque*
>   *Illuc impellitur.*[3]

The uncertainty of my judgment is so equally balanced in most occurrences, that I could willingly refer it to be decided by the chance of a die: and I observe, with great consideration of our human infirmity, the examples that the divine history itself has left us of this custom of referring to fortune and chance the determination of election in doubtful things: *Sors cecidit super Matthiam.*[4] Human reason is a two-edged and dangerous sword: observe in the hands of Socrates, her most intimate and familiar friend, how many several points it has. I am thus good for nothing but to follow and suffer myself to be easily carried away with the crowd; I have not confidence enough in my own strength to take upon me to command and lead; I am very glad to find the way beaten before me by others. If I must run the hazard of an uncertain choice, I am rather willing to have it under such a one as is more confident in his opinions than I am in mine, whose ground and foundation I find to be very slippery and unsure.

Yet, I do not easily change, by reason that I discern the same weakness in contrary opinions: *Ipsa consuetudo assentiendi periculosa esse videtur, et lubrica;*[5] especially in political affairs, there is a large field open for changes and contestation:

> *Justa pari premitur veluti cum pondere libra,*
> *Prona, nec hac plus parte sedet, nec surgit ab illa.*[6]

Macchiavelli's writings, for example, were solid enough for the subject, yet were they easy enough to be controverted; and they who have taken up the cudgels against him, have left as great a facility of controverting theirs; there was never wanting in that kind of argument, replies and replies upon replies, and as infinite a contexture of debates, as our wrangling lawyers have extended in favour of long suits:

> *Cædimur, et totidem plagis consumimus hostem;*[7]

the reasons having little other foundation than experience, and the variety of human events presenting us with infinite examples of all sorts of

---

[1] Let your nose be as keen as it will, be all nose, and even a nose so great that Atlas will refuse to bear it: if asked, could you even excel Latinus in scoffing; against my trifles you could say no more than I myself have said: then to what end contend tooth against tooth? You must have flesh, if you want to be full; lose not your labour then; cast your venom upon those that admire themselves; I know already that these things are worthless.—Martial, xiii. 2.

[2] My heart does not tell me either yes or no.—Petrarch, *Sonnets*, 135.

[3] The mind being in doubt, in short time is driven this way and that.—Terence, *And.*, I. vi. 32.

[4] The lot fell upon Matthias.—Acts, 1. 26.

[5] The very custom of assenting seems to be dangerous and slippery.—Cicero, *Acad.*, ii. 21.

[6] As a just balance pressed with equal weight, neither dips nor rises on either side.—Tibullus, iv. 41.

[7] It is a fight wherein we exhaust each other by mutual wounds.—Horace, *Epist.*, ii. 2, 97.

forms. An understanding person of our times says: That whoever would, in contradiction to our almanacs, write cold where they say hot, and wet where they say dry, and always put the contrary to what they foretell; if he were to lay a wager, he would not care which side he took, excepting where no uncertainty could fall out, as to promise excessive heats at Christmas, or extremity of cold at Midsummer. I have the same opinion of these political controversies; be on which side you will, you have as fair a game to play as your adversary, provided you do not proceed so far as to jostle principles that are too manifest to be disputed. And yet, in my conceit, in public affairs, there is no government so ill, provided it be ancient and has been constant, that is not better than change and alteration. Our manners are infinitely corrupt, and wonderfully incline to the worse; of our laws and customs there are many that are barbarous and monstrous: nevertheless, by reason of the difficulty of reformation, and the danger of stirring things, if I could put something under to stop the wheel, and keep it where it is, I would do it with all my heart:

Numquam adeo fœdis, adeoque pudendis
Utimur exemplis, ut non pejora supersint.[1]

The worst thing I find in our state is instability, and that our laws, no more than our clothes, cannot settle in any certain form. It is very easy to accuse a government of imperfection, for all mortal things are full of it: it is very easy to beget in a people a contempt of ancient observances; never any man undertook it but he did it; but to establish a better regimen in the stead of that which a man has overthrown, many who have attempted it have foundered. I very little consult my prudence in my conduct; I am willing to let it be guided by the public rule. Happy the people who do what they are commanded, better than they who command, without tormenting themselves as to the causes; who suffer themselves gently to roll after the celestial revolution! Obedience is never pure nor calm in him who reasons and disputes.

In fine, to return to myself: the only thing by which I esteem myself to be something, is that wherein never any man thought himself to be defective; my recommendation is vulgar and common, for whoever thought he wanted sense? It would be a proposition that would imply a contradiction in itself; 'tis a disease that never is where it is discerned; 'tis tenacious and strong, but what the first ray of the patient's sight nevertheless pierces through and disperses, as the beams of the sun do thick and obscure mists: to accuse one's self would be to excuse in this case, and to condemn, to absolve. There never was porter or the silliest girl, that did not think they had sense enough to do their business. We easily enough confess in others an advantage of courage, strength, experience, activity, and beauty; but an advantage in judgment we yield to none; and the reasons that proceed simply from the natural conclusions of others, we think, if we had but turned our thoughts that way, we should ourselves have found out as well as they. Knowledge, style, and such parts as we see in others' works, we are soon aware of, if they excel our own: but for the simple products of the understanding, every one thinks he could have found out the like in himself, and is hardly sensible of the weight and difficulty, if not (and then with much ado), in an extreme and incomparable distance. And whoever should be able clearly to discern the height of another's judgment, would be also able to raise his own to the same pitch. So that it is a sort of exercise, from which a man is to expect very little praise; a kind of composition of small repute. And, besides, for whom do you write? The learned, to whom the authority appertains of judging books, know no other value but that of learning, and allow of no other proceeding of wit but that of erudition and art: if you have mistaken one of the Scipios for another, what is all the rest you have to say worth? Whoever is ignorant of Aristotle, according to their rule, is in some sort ignorant of himself; vulgar souls cannot discern the grace and force of a lofty and delicate style. Now these two sorts of men take up the world. The third sort into whose hands you fall, of souls that are regular and strong of themselves, is so rare, that it justly has neither name nor place amongst us; and 'tis so much time lost to aspire unto it, or to endeavour to please it.

'Tis commonly said that the justest portion nature has given us of her favours, is that of sense; for there is no one who is not contented with his share: is it not reason? whoever should see beyond that, would see beyond his sight. I think my opinions are good and sound, but who does not think the same of his own? One of the best proofs I have that mine are so, is the small esteem I have of myself; for had they not been very well assured, they would easily have suffered themselves to have been deceived by the

---

[1] The examples we produce, are not so shameful and foul but that far worse remain behind.—Juvenal, viii. 183.

peculiar affection I have to myself, as one that place it almost wholly in myself, and do not let much run out. All that others distribute amongst an infinite number of friends and acquaintance, to their glory and grandeur, I dedicate to the repose of my own mind and to myself; that which escapes thence is not properly by my direction:

Mihi nempe valere et vivere doctus.[1]

Now I find my opinions very bold and constant in condemning my own imperfection. And, to say the truth, 'tis a subject upon which I exercise my judgment, as much as upon any other. The world looks always opposite; I turn my sight inwards, and there fix and employ it. I have no other business but myself, I am eternally meditating upon myself, considering and tasting myself. Other men's thoughts are ever wandering abroad, if they will but see it; they are still going forward;

Nemo in sese tentat descendere;[2]

for my part, I circulate in myself. This capacity of trying the truth, whatever it be, in myself, and this free humour of not over easily subjecting my belief, I owe principally to myself; for the strongest and most general imaginations I have are those that, as a man may say, were born with me; they are natural and entirely my own. I produced them crude and simple, with a strong and bold production, but a little troubled and imperfect; I have since established and fortified them with the authority of others and the sound examples of the ancients, whom I have found of the same judgment: they have given me faster hold, and a more manifest fruition and possession of that I had before embraced. The reputation that every one pretends to of vivacity and promptness of wit, I seek in regularity; the glory they pretend to from a striking and signal action, or some particular excellence, I claim from order, correspondence, and tranquillity of opinions and manners: *Omnino si quidquam est decorum, nihil est profecto magis, quam æquabilitas universæ vitæ, tum singularum actionum, quam conservare non possis, si, aliorum naturam imitans, omittas tuam.*[3]

Here, then, you see to what degree I find myself guilty of this first part, that I said was the vice of presumption. As to the second, which consists in not having a sufficient esteem for others, I know not whether or no I can so well excuse myself; but whatever comes on't I am resolved to speak the truth. And whether, peradventure, it be that the continual frequentation I have had with the humours of the ancients, and the idea of those great souls of past ages, put me out of taste both with others and myself, or that, in truth, the age we live in produces but very indifferent things, yet so it is that I see nothing worthy of any great admiration. Neither, indeed, have I so great an intimacy with many men as is requisite to make a right judgment of them; and those with whom my condition makes me the most frequent, are, for the most part, men who have little care of the culture of the soul, but that look upon honour as the sum of all blessings, and valour as the height of all perfection.

What I see that is fine in others I very readily commend and esteem: nay, I often say more in their commendation than I think they really deserve, and give myself so far leave to lie, for I cannot invent a false subject: my testimony is never wanting to my friends in what I conceive deserves praise, and where a foot is due I am willing to give them a foot and a half; but to attribute to them qualities that they have not, I cannot do it, nor openly defend their imperfections. Nay, I frankly give my very enemies their due testimony of honour; my affection alters, my judgment does not, and I never confound my animosity with other circumstances that are foreign to it; and I am so jealous of the liberty of my judgment that I can very hardly part with it for any passion whatever. I do myself a greater injury in lying than I do him of whom I tell a lie. This commendable and generous custom is observed of the Persian nation, that they spoke of their mortal enemies and with whom they were at deadly war, as honourably and justly as their virtues deserved.

I know men enough that have several fine parts; one wit, another courage, another address, another conscience, another language, one, one science, another, another; but a generally great man, and who has all these brave parts together, or any one of them to such a degree of excellence that we should admire him or compare him with those we honour of times past, my fortune never brought me acquainted with; and the great-

---

[1] To live and to do well for myself.—Lucretius, Bk. v. 959.
[2] No one thinks of descending into himself.—Persius, iv. 23.
[3] If anything be entirely decorous, nothing certainly can be more so than an equability in the whole life, and in every particular action of it; which thou canst not possibly observe and keep, if imitating other men's natures thou layest aside thy own.—Cicero, *De Offic.*, i. 31.

est I ever knew, I mean for the natural parts of the soul, was Etienne De la Boetie; his was a full soul indeed, and that had every way a beautiful aspect: a soul of the old stamp, and that had produced great effects had his fortune been so pleased, having added much to those great natural parts by learning and study.

But how it comes to pass I know not, and yet it is certainly so, there is as much vanity and weakness of judgment in those who profess the greatest abilities, who take upon them learned callings and bookish employments as in any other sort of men whatever; either because more is required and expected from them, and that common defects are excusable in them, or because the opinion they have of their own learning makes them more bold to expose and lay themselves too open, by which they lose and betray themselves. As an artificer more manifests his want of skill in a rich matter he has in hand, if he disgrace the work by ill handling and contrary to the rules required, than in a matter of less value; and men are more displeased at a disproportion in a statue of gold than in one of plaster; so do these when they advance things that in themselves and in their place would be good; for they make use of them without discretion, honouring their memories at the expense of their understandings, and making themselves ridiculous by honouring Cicero, Galen, Ulpian, and St. Jerome alike.

I willingly fall again into the discourse of the vanity of our education, the end of which is not to render us good and wise, but learned, and she has obtained it. She has not taught us to follow and embrace virtue and prudence, but she has imprinted in us their derivation and etymology; we know how to decline Virtue, if we know not how to love it; if we do not know what prudence is really and in effect, and by experience, we have it however by jargon and heart: we are not content to know the extraction, kindred, and alliances of our neighbours; we desire, moreover, to have them our friends and to establish a correspondence and intelligence with them; but this education of ours has taught us definitions, divisions, and partitions of virtue, as so many surnames and branches of a genealogy, without any further care of establishing any familiarity or intimacy betwixt her and us. It has culled out for our initiatory instruction not such books as contain the soundest and truest opinions, but those that speak the best Greek and Latin, and by their fine words has instilled into our fancy the vainest humours of antiquity.

A good education alters the judgment and manners; as it happened to Polemon, a lewd and debauched young Greek, who going by chance to hear one of Xenocrates' lectures, did not only observe the eloquence and learning of the reader, and not only brought away the knowledge of some fine matter, but a more manifest and a more solid profit, which was the sudden change and reformation of his former life. Whoever found such an effect of our discipline?

Faciasne, quod olim
Mutatus Polemon? ponas insignia morbi
Fasciolas, cubital, focalia; potus ut ille
Dicitur ex collo furtim carpsisse coronas,
Postquam est impransi correptus voce magistri.[1]

That seems to me to be the least contemptible condition of men, which by its plainness and simplicity is seated in the lowest degree, and invites us to a more regular course. I find the rude manners and language of country people commonly better suited to the rule and prescription of true philosophy, than those of our philosophers themselves: *Plus sapit vulgus, quia tantum, quantum opus est, sapit.*[2]

The most remarkable men, as I have judged by outward appearance (for to judge of them according to my own method, I must penetrate a great deal deeper) for soldiers and military conduct, were the Duke of Guise, who died at Orleans, and the late Marshal Strozzi; and for men of great ability and no common virtue, Olivier, and De l'Hospital, chancellors of France. Poetry, too, in my opinion, has flourished in this age of ours; we have abundance of very good artificers in the trade; D'Aurat, Beza, Buchanan, L'Hospital, Montdoré, Turnebus: as to the French poets, I believe they raised their art to the highest pitch to which it can ever arrive; and in those parts of it wherein Ronsard and du Bellay excel, I find them little inferior to the ancient perfection. Adrian Turnebus knew more, and what he did know, better than any man of his time, or long before him. The lives of the last Duke of Alva, and of our Constable de Montmorency, were both of them great and noble, and that had many rare resemblances of fortune; but the beauty and glory of the death of the last,

---

[1] Will you do what reformed Polemon did of old? will you lay aside the joys of your disease, your garters, capuchin, muffler, as he in his cups is said to have secretly torn off his garlands from his neck, when he heard what that temperate teacher said.—Horace *Sat.*, ii. 3, 253.

[2] The vulgar are so much the wiser, because they only know what is needful for them to know.—Lactantius, *Instit. Div.*, iii. 5.

in the sight of Paris and of his king, in their service, against his nearest relations, at the head of an army through his conduct victorious, and by a sudden stroke, in so extreme old age, merits methinks to be recorded amongst the most remarkable events of our times. As also the constant goodness, sweetness of manners, and conscientious facility of Monsieur de la Noue, in so great an injustice of armed parties (the true school of treason, inhumanity, and robbery), wherein he always kept up the reputation of a great and experienced captain.

I have taken a delight to publish in several places the hopes I have of Marie de Gournay le Jars, my adopted daughter; and certainly beloved by me with more than a paternal love, and enveloped in my solitude and retirement as one of the best parts of my own being: I have no longer regard to anything in this world but her. And if a man may presage from her youth, her soul will one day be capable of very great things; and amongst others, of the perfection of that sacred friendship, to which we do not read that any of her sex could ever yet arrive; the sincerity and solidity of her manners are already sufficient for it, and her affection towards me more than superabundant, and such, in short, as that there is nothing more to be wished, if not that the apprehension she has of my end, being now five and fifty years old, might not so much afflict her. The judgment she made of my first Essays, being a woman, so young, and in this age, and alone in her own country; and the famous vehemence wherewith she loved me, and desired my acquaintance solely from the esteem she had thence of me, before she ever saw my face, is an incident very worthy of consideration.

Other virtues have had little or no credit in this age; but valour is become popular by our civil wars; and in this, we have souls brave even to perfection, and in so great number that the choice is impossible to be made.

This is all of extraordinary and not common grandeur that has hitherto arrived at my knowledge.

XVIII. Of giving the lie

Well, but some one will say to me, this design of making a man's self the subject of his writing, were indeed excusable in rare and famous men, who by their reputation had given others a curiosity to be fully informed of them. It is most true, I confess and know very well, that a mechanic will scarce lift his eye from his work to look at an ordinary man, whereas a man will forsake his business and his shop to stare at an eminent person when he comes into a town. It misbecomes any other to give his own character, but him who has qualities worthy of imitation, and whose life and opinions may serve for example: Cæsar and Xenophon had a just and solid foundation whereon to found their narrations, in the greatness of their own performances; and it were to be wished that we had the journals of Alexander the Great, the commentaries that Augustus, Cato, Sylla, Brutus, and others left of their actions: of such persons men love and contemplate the very statues even in copper and marble.

This remonstrance is very true; but it very little concerns me:

Non recito cuiquam, nisi amicis, idque rogatus;
Non ubivis, coramve quibuslibet, in medio qui
Scripta foro recitant, sunt multi, quique lavantes.[1]

I do not here form a statue to erect in the great square of a city, in a church, or any public place:

Non equidem hoc studeo, bullatis ut mihi nugis,
Pagina turgescat . . .
Secreti loquimur:[2]

'tis for some corner of a library, or to entertain a neighbour, a kinsman, a friend, who has a mind to renew his acquaintance and familiarity with me in this image of myself. Others have been encouraged to speak of themselves, because they found the subject worthy and rich; I, on the contrary, am the bolder, by reason the subject is so poor and sterile that I cannot be suspected of ostentation. I judge freely of the actions of others; I give little of my own to judge of, because they are nothing: I do not find so much good in myself, that I cannot tell it without blushing.

What contentment would it not be to me to hear any one thus relate to me the manners, faces, countenances, the ordinary words and fortunes of my ancestors? how attentively should I listen to it! In earnest, it would be evil nature to despise so much as the pictures of our friend and predecessors, the fashion of their clothes and arms. I preserve their writing, seal, and a particular sword they wore, and have not thrown the long staves my father used to carry in his hand, out of my closet: *Paterna vestis, et annulus, tanto charior est posteris, quanto erga paren-*

---

[1] I repeat my poems only to my friends, and when asked to do so; not before every one, and everywhere; there are plenty of reciters in the open market-place and at the baths.—Horace, *Sat.*, i. 4, 73.

[2] I study not to make my pages swell with empty trifles; you and I are talking in private.—Persius, *Sat.*, v. 19.

tes major affectus.[1] If my posterity, nevertheless, shall be of another mind, I shall be revenged on them; for they cannot care less for me, than I shall then do for them. All the traffic that I have in this with the public, is that I borrow their utensils of writing, which are more easy and most at hand; and in recompense shall, peradventure, keep a pound of butter in the market from melting in the sun:

Ne toga cordyllis, ne penula desit olivis; [2]

Et laxas scombris sæpe dabo tunicas.[3]

And though nobody should read me, have I lost my time in entertaining myself so many idle hours, in so pleasing and useful thoughts? In moulding this figure upon myself, I have been so often constrained to temper and compose myself in a right posture, that the copy is truly taken, and has in some sort formed itself; painting myself for others, I represent myself in a better colouring than my own natural complexion. I have no more made my book, than my book has made me: 'tis a book consubstantial with the author, of a peculiar design, a member of my life, and whose business is not designed for others, as that of all other books is. In giving myself so continual and so exact an account of myself, have I lost my time? For they who sometimes cursorily survey themselves only, do not so strictly examine themselves, nor penetrate so deep, as he who makes it his business, his study, and his employment, who intends a lasting record, with all his fidelity, and with all his force. The most delicious pleasures digested within, avoid leaving any trace of themselves, and avoid the sight not only of the people, but of any other person. How often has this work diverted me from troublesome thoughts? and all that are frivolous should be reputed so. Nature has presented us with a large faculty of entertaining ourselves alone; and often calls us to it, to teach us that we owe ourselves in part to society, but chiefly and mostly to ourselves. That I may habituate my fancy even to meditate in some method and to some end, and to keep it from losing itself and roving at random, 'tis but to give to body and to record all the little thoughts that present themselves to it. I give ear to my whimsies, because I am to record them. It often falls out, that being displeased at some action that civility and reason will not permit me openly to reprove, I here disgorge myself, not without design of public instruction: and also these poetical lashes—

Zon sur l'œil, zon sur le groin,
Zon sur le dos du sagoin,[4]

——imprint themselves better upon paper than upon the flesh. What if I listen to books a little more attentively than ordinary, since I watch if I can purloin anything that may adorn or support my own? I have not at all studied to make a book, but I have in some sort studied because I had made it; if it be studying to scratch and pinch now one author, and then another, either by the head or foot, not with any design to form opinions from them, but to assist, second, and fortify those I already have embraced.

But whom shall we believe in the report he makes of himself in so corrupt an age? considering there are so few, if any at all, whom we can believe when speaking of others, where there is less interest to lie. The first thing done in the corruption of manners is banishing truth; for, as Pindar says, to be true is the beginning of a great virtue, and the first article that Plato requires in the governor of his Republic. The truth of these days is not that which really is, but what every man persuades another man to believe; as we generally give the name of money not only to pieces of the just alloy, but even to the false also, if they will pass. Our nation has long been reproached with this vice; for Salvianus Massiliensis, who lived in the time of the Emperor Valentinian, says that lying and forswearing themselves is with the French not a vice, but a way of speaking. He who would enhance this testimony, might say that it is now a virtue in them; men form and fashion themselves to it as to an exercise of honour; for dissimulation is one of the most notable qualities of this age.

I have often considered whence this custom that we so religiously observe should spring, of being more highly offended with the reproach of a vice so familiar to us than with any other, and that it should be the highest insult that can in words be done us to reproach us with a lie. Upon examination, I find that it is natural most to defend the defects with which we are most tainted. It seems as if by resenting and being moved at the accusation, we in some sort acquit ourselves

---

[1] A father's garment and ring is by so much dearer to his posterity, as they had the greater affection towards him.—St. Augustine, *City of God,* Bk. i.

[2] I shall furnish olives and plaice with a coat, and cover mackerel with a garment.—Martial, xiii. 1, 1.

[3] Catullus, xcv. 8.

[4] A slap on his eye, a slap on his snout, a slap on Sagoin's back.—Marot, *Fripelippes, valet de Marot à Sagoin.*

of the fault; though we have it in effect, we condemn it in outward appearance. May it not also be that this reproach seems to imply cowardice and feebleness of heart? of which can there be a more manifest sign than to eat a man's own words—nay, to lie against a man's own knowledge? Lying is a base vice; a vice that one of the ancients portrays in the most odious colours when he says, "that it is to manifest a contempt of God, and withal a fear of men."[1] It is not possible more fully to represent the horror, baseness, and irregularity of it; for what can a man imagine more hateful and contemptible than to be a coward towards men, and valiant against his Maker? Our intelligence being by no other way communicable to one another but by a particular word, he who falsifies that betrays public society. 'Tis the only way by which we communicate our thoughts and wills; 'tis the interpreter of the soul, and if it deceive us, we no longer know nor have further tie upon one another; if that deceive us, it breaks all our correspondence, and dissolves all the ties of government. Certain nations of the newly discovered Indies (I need not give them names, seeing they are no more; for, by wonderful and unheard-of example, the desolation of that conquest has extended to the utter abolition of names and the ancient knowledge of places) offered to their gods human blood, but only such as was drawn from the tongue and ears, to expiate for the sin of lying, as well heard as pronounced. The good fellow of Greece was wont to say that children were amused with toys and men with words.

As to the diverse usage of giving the lie, and the laws of honour in that case, and the alterations they have received, I shall defer saying what I know of them to another time, and shall learn, if I can, in the meanwhile, at what time the custom took beginning of so exactly weighing and measuring words, and of making our honour so interested in them; for it is easy to judge that it was not anciently amongst the Greeks and Romans; and I have often thought it strange to see them rail at and give one another the lie without any further quarrel. Their laws of duty steered some other course than ours. Cæsar is sometimes called thief, and sometimes drunkard, to his teeth.[2] We see the liberty of invectives they practised upon one another, I mean the greatest chiefs of war of both nations, where words are only revenged with words, and never proceed any farther.

---

[1] Plutarch, Lysander.
[2] *Idem*, Pompey.

XIX. OF LIBERTY OF CONSCIENCE

'TIS usual to see good intentions, if carried on without moderation, push men on to very vicious effects. In this dispute which has at this time engaged France in a civil war, the better and the soundest cause, no doubt, is that which maintains the ancient religion and government of the kingdom. Nevertheless, amongst the good men of that party (for I do not speak of those who only make a pretence of it, either to execute their own particular revenges or to gratify their avarice, or to conciliate the favour of princes, but of those who engage in the quarrel out of true zeal to religion and a holy desire to maintain the peace and government of their country), of these, I say, we see many whom passion transports beyond the bounds of reason, and sometimes inspires with counsels that are unjust and violent, and, moreover, rash.

It is certain that in those first times, when our religion began to gain authority with the laws, zeal armed many against all sorts of Pagan books, by which the learned suffered an exceeding great loss, a disorder that I conceive to have done more prejudice to letters than all the flames of the barbarians. Of this Cornelius Tacitus is a very good testimony; for though the Emperor Tacitus, his kinsman, had, by express order, furnished all the libraries in the world with it, nevertheless one entire copy could not escape the curious examination of those who desired to abolish it for only five or six idle clauses that were contrary to our belief.

They had also the trick easily to lend undue praises to all the emperors who did anything for us, and universally to condemn all the actions of those who were our adversaries as is evidently manifest in the Emperor Julian, surnamed the Apostate, who was, in truth a very great and rare man, a man in whose soul philosophy was imprinted in the best characters, by which he professed to govern all his actions; and, in truth, there is no sort of virtue of which he has not left behind him very notable examples: in chastity (of which the whole of his life gave manifest proof) we read the same of him, that was said of Alexander and Scipio, that being in the flower of his age, for he was slain by the Parthians at one and thirty, of a great many very beautiful captives, he would not so much as look upon one. As to his justice, he took himself the pains to hear the parties, and although he would out of curiosity inquire what religion they were of, nevertheless, the hatred he had to ours never gave any counterpoise to the balance. He made himself several good laws, and cut off a great part of the subsidies and taxes imposed and levied by his predecessors.

We have two good historians who were eye-witnesses of his actions: one of whom, Marcellinus, in several places of his history, sharply reproves an edict of his whereby he interdicted all Christian rhetoricians and grammarians to keep school, or to teach, and says he could wish that act of his had been buried in silence: it is probable that, had he done any more severe thing against us, he, so affectionate as he was to our party, would not have passed it over in silence. He was, indeed, sharp against us; but yet no cruel enemy; for our own people tell this story of him, that one day, walking about the city of Chalcedon, Maris, bishop of the place, was so bold as to tell him that he was impious, and an enemy to Christ, at which, say they, therein affecting a philosophical patience, he was no further moved than to reply, "Go, poor wretch, and lament the loss of thy eyes," to which the bishop replied again, "I thank Jesus Christ for taking away my sight, that I may not see thy impudent face." But this action of his savours nothing of the cruelty that he is said to have exercised towards us. "He was," says Eutropius, my other witness, "an enemy to Christianity, but without putting his hand to blood." And, to return to his justice, there is nothing in that whereof he can be accused, the severity excepted he practised in the beginning of his reign against those who had followed the party of Constantius, his predecessor. As to his sobriety, he lived always a soldier's kind of life; and kept a table in the most profound peace, like one that prepared and inured himself to the austerities of war. His vigilance was such, that he divided the night into three or four parts, of which the least was dedicated to sleep; the rest was spent either in visiting the state of his army and guards in person, or in study; for, amongst other rare qualities, he was very excellent in all sorts of learning. 'Tis said of Alexander the Great, that being in bed, for fear lest sleep should divert him from his thoughts and studies, he had always a basin set by his bedside, and held one of his hands out with a ball of copper in it, to the end, that, beginning to fall asleep, and his fingers leaving their hold, the ball, by falling into the basin, might awake him. But the other had his soul so bent upon what he had a mind to do, and so little disturbed with fumes by reason of his singular abstinence, that he had no need of any such invention. As to his military experience, he was excellent in all the qualities of a great captain, as it was likely he should, being almost all his life in a continual exercise of war, and most of that time with us in France, against the Germans and Franks: we hardly read of any man who ever saw more dangers, or who made more frequent proofs of his personal valour.

His death has something in it parallel with that of Epaminondas, for he was wounded with an arrow, and tried to pull it out, and had done so, but that, being edged, it cut and disabled his hand. He incessantly called out, that they should carry him again into the heat of the battle to encourage his soldiers, who very bravely disputed the fight without him, till night parted the armies. He stood obliged to his philosophy for the singular contempt he had for his life, and all human things. He had a firm belief of the immortality of the soul.

In matter of religion, he was wrong throughout; and was surnamed the Apostate for having relinquished ours: though, methinks, 'tis more likely that he had never thoroughly embraced it, but had dissembled out of obedience to the laws, till he came to the empire. He was, in his own so superstitious, that he was laughed at for it by those of his own time, of the same opinion, who jeeringly said, that had he got the victory over the Parthians, he had destroyed the breed of oxen in the world to supply his sacrifices. He was, moreover, besotted with the art of divination, and gave authority to all sorts of predictions. He said, amongst other things, at his death, that he was obliged to the gods, and thanked them, in that they would not cut him off by surprise, having long before advertised him of the place and hour of his death, nor by a mean and unmanly death, more becoming lazy and delicate people; nor by a death that was languishing, long, and painful; and that they had thought him worthy to die after that noble manner, in the progress of his victories, in the flower of his glory. He had a vision like that of Marcus Brutus, that first threatened him in Gaul, and afterward appeared to him in Persia just before his death. These words that some make him say when he felt himself wounded: "Thou hast overcome, Nazarene"; or as others, "Content thyself, Nazarene"; would hardly have been omitted, had they been believed, by my witnesses who, being present in the army, have set down to the least motions and words of his end; no more than certain other miracles that are reported about it.

And to return to my subject, he long nourished, says Marcellinus, paganism in his heart; but all his army being Christians, he durst not own it. But in the end, seeing himself strong enough to dare to discover himself, he caused the temples of the gods to be thrown open, and did his utmost to set on foot and to encourage idolatry. Which the better to effect, having at Constantinople found the people disunited, and also the prelates of the church divided amongst themselves, having convened them all before him, he earnestly admonished them to calm those civil dissensions, and that every one might freely, and without fear, follow his own religion. Which he the more sedulously solicited, in hope that this licence would augment the schisms and factions of their division, and hinder the people from reuniting, and consequently fortifying themselves against him by their unanimous intelligence and concord; having experienced by the cruelty of some Christians, that there is no beast in the world so much to be feared by man as man; these are very nearly his words.

Wherein this is very worthy of consideration, that the Emperor Julian made use of the same receipt of liberty of conscience to inflame the civil dissensions, that our kings do to extinguish them. So that a man may say on one side, that to give the people the reins to entertain every man his own opinion, is to scatter and sow division, and, as it were, to lend a hand to augment it, there being no legal impediment or restraint to stop or hinder their career; but, on the other side, a man may also say, that to give the people the reins to entertain every man his own opinion, is to mollify and appease them by facility and toleration, and to dull the point which is whetted and made sharper by singularity, novelty, and difficulty: and I think it is better for the honour of the devotion of our kings, that not having been able to do what they would, they have made a show of being willing to do what they could.

XX. That we taste nothing pure

The imbecility of our condition is such that things cannot, in their natural simplicity and purity, fall into our use; the elements that we enjoy are changed, and so 'tis with metals; and gold must be debased with some other matter to fit it for our service. Neither has virtue, so simple as that which Aristo, Pyrrho, and also the Stoics, made the End of life; nor the Cyrenaic and Aristippic pleasure, been without mixture useful to it. Of the pleasure and goods that we enjoy, there is not one exempt from some mixture of ill and inconvenience:

Medio de fonte leporum,
Surgit amari aliquid, quod in ipsis floribus angat.[1]

Our extremest pleasure has some air of groaning and complaining in it; would you not say that it is dying of pain? Nay, when we frame the image of it in its full excellence, we stuff it with sickly and painful epithets and qualities, languor, softness, feebleness, faintness, *morbidezza*: a great testimony of their consanguinity and consubstantiality. The most profound joy has more of severity than gaiety in it. The highest and fullest contentment offers more of the grave than of the merry; *Ipsa felicitas, se nisi temperat, premit.*[2] Pleasure chews and grinds us; according to the old Greek verse, which says that the gods sell us all the goods they give us; that is to say, that they give us nothing pure and perfect, and that we do not purchase but at the price of some evil.

Labour and pleasure, very unlike in nature, associate, nevertheless, by I know not what natural conjunction. Socrates says,[3] that some god tried to mix in one mass and to confound pain and pleasure, but not being able to do it, he bethought him at least, to couple them by the tail. Metrodorus said, that in sorrow there is some mixture of pleasure. I know not whether or no he intended anything else by that saying; but for my part, I am of opinion that there is design, consent, and complacency in giving a man's self up to melancholy. I say, that besides ambition, which may also have a stroke in the business, there is some shadow of delight and delicacy which smiles upon and flatters us even in the very lap of melancholy. Are there not some constitutions that feed upon it?

Est quædam flere voluptas:[4]

And one Attalus in Seneca says, that the memory of our lost friends is as grateful to us, as bitterness in wine, when too old, is to the palate—

Minister vetuli, puer, Falerni
Inger' mi calices amariores[5]

——and as apples that have a sweet tartness.

Nature discovers this confusion to us; painters hold that the same motions and screwings of the face that serve for weeping, serve for laughter

---

[1] In the very source of our pleasure, there is something that is bitter, and that vexes even the flowers.—Lucretius, iv. 1130.

[2] Even felicity, unless it moderate itself, oppresses.—Seneca, *Epist.*, 74.

[3] In the *Phædo*.

[4] 'Tis a certain kind of pleasure to weep.—Ovid, *Trist.*, iv. 3, 27.

[5] Boy, when you pour out old Falernian wine, the bitterest put into my bowl.—Catullus, xxvii. 1.

too; and indeed, before the one or the other be finished, do but observe the painter's manner of handling, and you will be in doubt to which of the two the design tends; and the extreme of laughter does, at last bring tears. *Nullum sine auctoramento malum est.*[1]

When I imagine man abounding with all the conveniences that are to be desired (let us put the case that all his members were always seized with a pleasure like that of generation, in its most excessive height) I feel him melting under the weight of his delight, and see him utterly unable to support so pure, so continual, and so universal a pleasure. Indeed, he is running away whilst he is there, and naturally makes haste to escape, as from a place where he cannot stand firm, and where he is afraid of sinking.

When I religiously confess myself to myself, I find that the best virtue I have has in it some tincture of vice; and I am afraid that Plato, in his purest virtue (I, who am as sincere and loyal a lover of virtue of that stamp, as any other whatever) if he had listened and laid his ear close to himself, and he did so no doubt, would have heard some jarring sound of human mixture, but faint and only perceptible to himself. Man is wholly and throughout but patch and motley. Even the laws of justice themselves cannot subsist without mixture of injustice; insomuch that Plato says,[2] they undertake to cut off the hydra's head, who pretend to clear the law of all inconveniences. *Omne magnum exemplum habet aliquid ex iniquo, quod contra singulos utilitate publica rependitur,*[3] says Tacitus.

It is likewise true, that for the use of life and the service of public commerce, there may be some excesses in the purity and perspicacity of our minds; that penetrating light has in it too much of subtlety and curiosity: we must a little stupefy and blunt them to render them more obedient to example and practice, and a little veil and obscure them, the better to proportion them to this dark and earthy life. And therefore common and less speculative souls are found to be more proper for and more successful in the management of affairs; and the elevated and exquisite opinions of philosophy unfit for business. This sharp vivacity of soul, and the supple and restless volubility attending it, disturb our negotiations. We are to manage human enterprises more superficially and roughly, and leave a great part to fortune; it is not necessary to examine affairs with so much subtlety and so deep: a man loses himself in the consideration of so many contrary lustres, and so many various forms; *Volutantibus res inter se pugnantes, obtorpuerant . . . animi.*[4]

'Tis what the ancients say of Simonides, that by reason his imagination suggested to him, upon the question King Hiero had put to him (to answer which he had had many days to meditate in), several sharp and subtle considerations, whilst he doubted which was the most likely, he totally despaired of the truth.

He who dives into and in his inquisition comprehends all circumstances and consequences, hinders his election: a little engine well-handled is sufficient for executions, whether of less or greater weight. The best managers are those who can worst give account how they are so; while the greatest talkers, for the most part, do nothing to purpose: I know one of this sort of men, and a most excellent discourser upon all sorts of good husbandry, who has miserably let a hundred thousand livres yearly revenue slip through his hands; I know another who talks, who better advises than any man of his counsel, and there is not in the world a fairer show of soul and understanding than he has; nevertheless, when he comes to the test, his servants find him quite another thing; not to make any mention of his misfortunes.

XXI. AGAINST IDLENESS

THE Emperor Vespasian, being sick of the disease whereof he died, did not for all that neglect to inquire after the state of the empire; and even in bed continually despatched very many affairs of great consequence; for which, being reproved by his physician, as a thing prejudicial to his health, "An emperor," said he, "must die standing." A fine saying, in my opinion, and worthy a great prince. The Emperor Adrian since made use of the same words, and kings should be often put in mind of them, to make them know that the great office conferred upon them of the command of so many men, is not an employment of ease; and that there is nothing can so justly disgust a subject, and make him unwilling to expose himself to labour and danger for the service of his prince, than to see him, in the

---

[1] No evil is without its compensation.—Seneca, *Epist.,* 69.
[2] *Republic.*
[3] Every great example has in it some mixture of injustice, which recompenses the wrong done to particular men by the public utility.—Tacitus, *Annal.,* xiv. 44.

[4] Whilst they considered of things so indifferent in themselves, they were astonished, and knew not what to do.—Livy, xxxii. 20.

meantime, devoted to his ease and frivolous amusement: and to be solicitous of his preservation who so much neglects that of his people.

Whoever will take upon him to maintain that 'tis better for a prince to carry on his wars by others, than in his own person, fortune will furnish him with examples enough of those whose lieutenants have brought great enterprises to a happy issue, and of those also whose presence has done more hurt than good: but no virtuous and valiant prince, can with patience endure so dishonourable councils. Under colour of saving his head, like the statue of a saint, for the happiness of his kingdom, they degrade him from and declare him incapable of his office, which is military throughout. I know one who had much rather be beaten, than to sleep whilst another fights for him; and who never without jealousy heard of any brave thing done even by his own officers in his absence. And Soliman I said, with very good reason, in my opinion, that victories obtained without the master were never complete. Much more would he have said that that master ought to blush for shame, to pretend to any share in the honour, having contributed nothing to the work, but his voice and thought; nor even so much as these, considering that in such work as that, the direction and command that deserve honour are only such as are given upon the spot, and in the heat of the business. No pilot performs his office by standing still. The princes of the Ottoman family, the chiefest in the world in military fortune, have warmly embraced this opinion, and Bajazet II, with his son, who swerved from it, spending their time in science and other retired employments, gave great blows to their empire: and Amurath III, now reigning, following their example, begins to find the same. Was it not Edward III, king of England, who said this of our Charles V: "There never was king who so seldom put on his armour, and yet never king who cut me out so much work." He had reason to think it strange, as an effect of chance more than of reason. And let those seek out some other to join with them than me, who will reckon the kings of Castile and Portugal amongst the warlike and magnanimous conquerors, because at the distance of twelve hundred leagues from their lazy abode, by the conduct of their captains, they made themselves masters of both Indies; of which it has to be known if they would have had even the courage to go and in person enjoy them.

The Emperor Julian said yet further, that a philosopher and a brave man ought not so much as to breathe; that is to say, not to allow any more to bodily necessities than what we cannot refuse; keeping the soul and body still intent and busy about honourable, great, and virtuous things. He was ashamed if any one in public saw him spit, or sweat (which is said by some, also, of the Lacedæmonian young men, and which Xenophon says of the Persian) forasmuch as he conceived that exercise, continual labour, and sobriety, ought to have dried up all those superfluities. What Seneca says will not be unfit for this place; which is, that the ancient Romans kept their youth always standing, and taught them nothing that they were to learn sitting.

'Tis a generous desire to wish to die usefully and like a man, but the effect lies not so much in our resolution as in our good fortune; a thousand have proposed to themselves in battle, either to overcome or to die, who have failed both in the one and the other, wounds and imprisonment crossing their design and compelling them to live against their will. There are diseases that overthrow even our desires, and our knowledge. Fortune ought not to second the vanity of the Roman legions, who bound themselves by oath, either to overcome or die: *Victor, Marce Fabi, revertar ex acie: si fallo, Jovem patrem, Gradivumque Martem, aliosque iratos invoco deos.*[1] The Portuguese say that in a certain place of their conquest of the Indies, they met with soldiers who had condemned themselves, with horrible execrations, to enter into no other composition but either to cause themselves to be slain, or to remain victorious; and had their heads and beards shaved in token of this vow. 'Tis to much purpose for us to hazard ourselves and to be obstinate: it seems as if blows avoided those who present themselves too briskly to them, and do not willingly fall upon those who too willingly seek them, and so defeat them of their design. Such there have been, who, after having tried all ways, not having been able with all their endeavour to obtain the favour of dying by the hand of the enemy, have been constrained, to make good their resolution of bringing home the honour of victory or of losing their lives, to kill themselves even in the heat of battle. Of which there are other examples, but this is one: Philistus, general of the naval army of Dionysius the younger against the Syracusans, presented them battle, which was sharply disputed, their forces being equal: in this engagement, he had the better at the first, through his own valour: but

---

[1] I will return, Marcus Fabius, a conqueror, from the fight: and if I fail, I wish the indignation of Jove, Mars, and the other offended gods may alight upon me.—*Ibid.*, ii. 45.

the Syracusans drawing about his galley to environ him, after having done great things in his own person to disengage himself and hoping for no relief, with his own hand he took away the life he had so liberally, and in vain, exposed to the enemy.[1]

Muley Moloch, king of Fez, who lately won against Sebastian, king of Portugal, the battle so famous for the death of three kings, and for the transmission of that great kingdom to the crown of Castile, was extremely sick when the Portuguese entered in an hostile manner into his dominions; and from that day forward grew worse and worse, still drawing nearer to and foreseeing his end: yet never did man better employ his own sufficiency more vigorously and bravely than he did upon this occasion. He found himself too weak to undergo the pomp and ceremony of entering into his camp, which after their manner is very magnificent, and therefore resigned that honour to his brother; but this was all of the office of a general that he resigned; all the rest of greatest utility and necessity he most exactly and gloriously performed in his own person; his body lying upon a couch, but his judgment and courage upright and firm to his last gasp, and in some sort beyond it. He might have wasted his enemy, indiscreetly advanced into his dominions, without striking a blow; and it was a very unhappy occurrence, that for want of a little life or somebody to substitute in the conduct of this war and the affairs of a troubled state, he was compelled to seek a doubtful and bloody victory, having another by a better and surer way already in his hands. Notwithstanding, he wonderfully managed the continuance of his sickness in consuming the enemy, and in drawing them far from the assistance of their navy and the ports they had on the coast of Africa, even till the last day of his life, which he designedly reserved for this great battle. He arranged his battallia in a circular form, environing the Portuguese army on every side, which round circle coming to close in and to draw up close together, not only hindered them in the conflict (which was very sharp through the valour of the young invading king) considering that they had every way to present a front, but prevented their flight after the defeat, so that finding all passages possessed and shut up by the enemy, they were constrained to close up together again, *coacervanturque non solum cæde,*

---
[1] Plutarch, Dion.
[2] Piled up not only in slaughter but in flight.— Livy, ii. 4. 7.

sed etiam fuga,[2] and there they were slain in heaps upon one another, leaving to the conqueror a very bloody and entire victory. Dying, he caused himself to be carried and hurried from place to place where most need was, and passing along the files, encouraged the captains and soldiers one after another; but a corner of his main battallia being broken, he was not to be held from mounting on horseback with his sword in his hand; he did his utmost to break from those about him, and to rush into the thickest of the battle, they all the while withholding him, some by the bridle, some by his robe, and others by his stirrups. This last effort totally overwhelmed the little life he had left; they again laid him upon his bed; but coming to himself, and starting as it were out of his swoon, all other faculties failing, to give his people notice that they were to conceal his death (the most necessary command he had then to give, that his soldiers might not be discouraged with the news) he expired with his finger upon his mouth, the ordinary sign of keeping silence. Who ever lived so long and so far into death? whoever died so erect, or more like a man?

The most extreme degree of courageously treating death, and the most natural, is to look upon it not only without astonishment but without care, continuing the wonted course of life even into it, as Cato did, who entertained himself in study, and went to sleep, having a violent and bloody death in his heart, and the weapon in his hand with which he was resolved to despatch himself.

XXII. OF POSTING

I HAVE been none of the least able in this exercise, which is proper for men of my pitch, short and well knit; but I give it over; it shakes us too much to continue it long. I was just now reading, that King Cyrus, the better to have news brought him from all parts of the empire, which was of a vast extent, caused it to be tried how far a horse could go in a day without baiting, and at that distance appointed men, whose business it was to have horses always in readiness, to mount those who were despatched to him: and some say, that this swift way of posting is equal to that of the flight of cranes.

Cæsar says, that Lucius Vibullius Rufus, being in great haste to carry intelligence to Pompey, rode night and day, still taking fresh horses for the greater diligence and speed; and he himself, as Suetonius reports, travelled a hundred miles a day in a hired coach; but he was a furious courier, for where the rivers stopped his way he passed them by swimming, without turning out of his way to look for either bridge or ford. Tiberius Nero, going to see his brother Drusus, who was sick in Germany, travelled two hundred miles in four and twenty hours, having three coaches. In the war the Romans had against King Antiochus, T. Sempronius Gracchus, says Livy, *Per dispositos equos prope incredibili celeritate ab Amphissa tertio die Pellam pervenit.*[1] And it appears that they were established posts, and not horses purposely laid in upon this occasion.

Cecina's invention to send back news to his family was much more quick, for he took swallows along with him from home, and turned them out towards their nests when he would send back any news; setting a mark of some colour upon them to signify his meaning, according to what he and his people had before agreed upon.

At the theatre at Rome masters of families carried pigeons in their bosoms to which they tied letters when they had a mind to send any orders to their people at home; and the pigeons were trained up to bring back an answer. D. Brutus made use of the same device when besieged in Mutina, and others, elsewhere, have done the same.

In Peru they rode post upon men, who took them upon their shoulders in a certain kind of litters made for that purpose, and ran with such agility that, in their full speed, the first couriers transferred their load to the second without making any stop.

I understand that the Wallachians, who are the grand Signior's couriers, perform wonderful diligence, by reason they have liberty to dismount the first person they meet upon the road, giving him their own tired horses; and that to preserve themselves from being weary, they gird themselves straight about the middle with a broad girdle; but I could never find any benefit from this.

XXIII. OF ILL MEANS EMPLOYED TO A GOOD END

THERE is wonderful relation and correspondence in this universal government of the works of nature, which very well makes it appear that it is neither accidental nor carried on by divers masters. The diseases and conditions of our bodies are, in like manner, manifest in states and governments; kingdoms and republics are founded, flourish, and decay with age as we do. We are subject to a repletion of humours, useless and dangerous: whether of those that are good (for even those the physicians are afraid of; and seeing we have nothing in us that is stable, they say that a too brisk and vigorous perfection of health must be abated by art, lest our nature, unable to rest in any certain condition, and not having whither to rise to mend itself, make too sudden and too disorderly a retreat; and therefore prescribe wrestlers to purge and bleed, to qualify that superabundant health), or else a repletion of evil humours, which is the ordinary cause of sickness. States are very often sick of the like repletion, and various sorts of purgations have commonly been applied. Sometimes a great multitude of families are turned out to clear the country, who seek out new abodes elsewhere and encroach upon others. After this manner our ancient Franks came from the remotest part of Germany to seize upon Gaul, and to drive thence the first inhabitants; so was that infinite deluge of men made up who came into Italy under the conduct of Brennus and others; so the Goths and Vandals, and also the people who now possess Greece, left their native country to go settle elsewhere, where they might have more room; and there are scarce two or three little corners in the world that have not felt the effect of such removals. The Romans by this means erected their colonies; for, perceiving their city to grow immeasurably populous, they eased it of the most unnecessary people, and sent them to inhabit and cultivate the lands conquered by them; sometimes also they purposely maintained wars with some of their enemies, not only to keep their own men in action, for fear lest idleness, the mother of corruption, should bring upon them some worse inconvenience,

Et patimur longæ pacis mala; sævior armis Luxuria incumbit:[2]

but also to serve for a blood-letting to their Republic, and a little to evaporate the too vehement heat of their youth, to prune and clear the branches from the stock too luxuriant in wood; and to this end it was that they maintained so long a war with Carthage.

In the treaty of Bretigny, Edward III, king of England, would not, in the general peace he then made with our king, comprehend the controversy about the Duchy of Brittany, that he

---

[1] Upon horses purposely laid in, he, by an almost incredible speed, rode in three days from Amphissa to Pella.—Livy, xxxviii. 7.

[2] We suffer the ills of a long peace; for luxury is more pernicious than war.—Juvenal, vi. 291.

might have a place wherein to discharge himself of his soldiers, and that the vast number of English he had brought over to serve him in his expedition here might not return back into England. And this also was one reason why our King Philip consented to send his son John upon a foreign expedition, that he might take along with him a great number of hot young men who were then in his pay.

There are many in our times who talk at this rate, wishing that this hot emotion that is now amongst us might discharge itself in some neighbouring war, for fear lest all the peccant humours that now reign in this politic body of ours may diffuse themselves farther, keep the fever still in the height, and at last cause our total ruin; and, in truth, a foreign is much more supportable than a civil war; but I do not believe that God will favour so unjust a design as to offend and quarrel with others for our own advantage.

Nil mihi tam valde placeat, Rhamnusia virgo,
Quod temere invitis suscipiatur heris.[1]

And yet the weakness of our condition often pushes us upon the necessity of making use of ill means to a good end. Lycurgus, the most virtuous and perfect legislator that ever was, invented this very unjust practice of making the Helots, who were their slaves, drunk by force, to the end that the Spartans, seeing them so lost and buried in wine, might abhor the excess of this vice.[2] And yet those were still more to blame, who of old gave leave that criminals, to what sort of death soever condemned, should be cut up alive by the physicians, that they might make a true discovery of our inward parts, and build their art upon greater certainty; for, if we must run into excesses, it is more excusable to do it for the health of the soul, than that of the body; as the Romans trained up the people to valour, and the contempt of dangers and death, by those furious spectacles of gladiators and fencers, who, having to fight it out to the last, cut, mangled, and killed one another in their presence:

Quid vesani aliud sibi vult ars impia ludi,
Quid mortes juvenum quid sanguine pasta
    voluptas?[3]

and this custom continued till the Emperor Theodosius' time.

Arripe dilatam tua, dux, in tempora famam,
Quodque patris superest, successor laudis habeto
Nullus in urbe cadat, cujus sit pœna voluptas ...
Jam solis contenta feris, infamis arena
Nulla cruentatis homicidia ludat in armis.[4]

It was, in truth, a wonderful example, and of great advantage for the training up the people, to see every day before their eyes a hundred, two hundred, nay, a thousand couples of men armed against one another, cut one another to pieces with so great a constancy of courage, that they were never heard to utter so much as one syllable of weakness or commiseration; never seen to turn their backs, nor so much as to make one cowardly step to evade a blow, but rather exposed their necks to the adversary's sword and presented themselves to receive the stroke; and many of them, when wounded to death, have sent to ask the spectators if they were satisfied with their behaviour, before they lay down to die upon the place. It was not enough for them to fight and to die bravely, but cheerfully too; insomuch that they were hissed and cursed if they made any hesitation about receiving their death. The very girls themselves set them on:

Consurgit ad ictus,
Et, quoties victor ferrum jugulo inserit, illa
Delicias ait esse suas, pectusque jacentis
Virgo modesta jubet converso pollice rumpi.[5]

The first Romans only condemned criminals to this example: but they afterwards employed innocent slaves in the work, and even freemen too, who sold themselves to this purpose, nay, moreover, senators and knights of Rome, and also women:

Nunc caput in mortem vendunt,
    et funus arenæ,
Atque hostem sibi quisque parat,
    cum bella quiescunt.[6]

---

[1] O Nemesis, let me never so strongly desire to receive anything to the wrong of the lawful owner. —Catullus, lxviii. 77.
[2] Plutarch, Lycurgus, xxi.
[3] What other end the impious art of the gladiators, the slaughter of young men, the delight in the effusion of blood.—Prudentius, *Contra Symmachum*, ii. 643.

[4] Prince, take the honours delayed for thy reign, and be successor to thy fathers; henceforth let none at Rome be slain for sport. Let beast's blood stain the infamous arena, and no more homicides be there acted.—*Ibid.*
[5] The modest virgin is so delighted with the sport, that she applauds the blow, and when the victor bathes his sword in his fellow's throat, she is delighted, and, with turned thumb, orders him to rip up the bosom of the prostrate victim.—*Ibid.*, 617.
[6] They sell themselves to death, and, since the wars are ceased, each for himself a foe prepares.—Manilius, *Ast.*, iv. 225.

*Hos inter fremitus novosque lusus . . .
Stat sexus rudis insciusque ferri,
Et pugnas capit improbus viriles;* [1]

which I should think strange and incredible, if we were not accustomed, every day, to see in our own wars many thousands of men of other nations, for money to stake their blood and their lives in quarrels wherein they have no manner of concern.

XXIV. OF THE ROMAN GRANDEUR

I WILL only say a word or two of this infinite argument, to show the simplicity of those who compare the pitiful grandeur of these times with that of Rome. In the seventh book of Cicero's Familiar Epistles (and let the grammarians put out that surname of familiar if they please, for in truth it is not very proper; and they who instead of familiar have substituted "ad familiares," may gather something to justify them for so doing, out of what Suetonius says in the Life of Cæsar, that there was a volume of letters of his, "ad familiares") there is one directed to Cæsar, then in Gaul, wherein Cicero repeats these words, which were in the end of another letter that Cæsar had written to him: "As to what concerns Marcus Furius, whom you have recommended to me, I will make him king of Gaul, and if you would have me advance any other friend of yours send him to me." It was no new thing for a simple citizen of Rome, as Cæsar then was, to dispose of kingdoms, for he took away that of King Deiotarus from him, to give it to a gentleman of the city of Pergamus, called Mithridates; and they who wrote his Life, record several cities sold by him; and Suetonius says, that he had once from King Ptolemy three millions and six hundred thousand crowns, which was very like selling him his own kingdom.

Tot Galatæ, tot Pontus, tot Lydia, nummis. [2]

Marcus Antonius said,[3] that the grandeur of the people of Rome was not so much seen in what they took, as in what they gave; and, indeed, some ages before Antonius, they had dethroned one amongst the rest with so wonderful authority, that in all the Roman history I have not observed anything that more denotes the height of their power. Antiochus possessed all Egypt, and was, moreover, ready to conquer Cyprus, and other appendages of that empire: when being upon the progress of his victories, C. Popilius came to him from the Senate, and at their first meeting refused to take him by the hand, till he had first read his letters, which after the king had read, and told him he would consider of them, Popilius made a circle about him with the stick he had in his hand, saying, "Return me an answer, that I may carry it back to the Senate before thou stirrest out of this circle." Antiochus, astonished at the roughness of so positive a command, after a little pause, replied, "I will obey the Senate's command"; and then it was that Popilius saluted him as a friend to the people of Rome. After having quitted claim to so great a monarchy, and in such a torrent of successful fortune, upon three words in writing, in earnest he had reason, as he afterwards did, to send the Senate word by his ambassadors, that he had received their order with the same respect as if it had been sent by the immortal gods.

All the kingdoms that Augustus gained by the right of war, he either restored to those who had lost them, or presented them to strangers. And Tacitus, in reference to this, speaking of Cogidunus, king of England, gives us, by a marvellous touch, an instance of that infinite power: the Romans, says he, were from all antiquity accustomed to leave the kings they had subdued in possession of their kingdoms under their authority, "that they might have even kings to be their slaves": *Ut haberent instrumenta servitutis et reges.*[4] 'Tis probable that Solyman, whom we have seen make a gift of Hungary and other principalities, had therein more respect to this consideration, than to that he was wont to allege, viz., that he was glutted and overcharged with so many monarchies and so much dominion, as his valour and that of his ancestors had acquired.

XXV. NOT TO COUNTERFEIT BEING SICK

THERE is an epigram in Martial, and one of the very good ones—for he has of all sorts—where he pleasantly tells the story of Cælius, who, to avoid making his court to some great men of Rome, to wait their rising, and to attend them abroad, pretended to have the gout; and the better to colour this anointed his legs, and had them lapped up in a great many swathings, and perfectly counterfeited both the gesture and countenance of a gouty person; till in the end, For-

---

[1] Amidst these tumults and new sports, the tender sex, unskilled in arms, immodestly engaged in manly fights.—Statius, *Sylv.*, i. 6, 51.

[2] So much for Galatia, so much for Pontus, so much for Lydia.—Claudian, *In Eutrop.*, i. 203.

[3] Plutarch, Antony.

[4] Livy, xlv. 13.

tune did him the kindness to make him one indeed.

> *Tantum cura potest, et ars dolore!*
> *Desit fingere Cælius podagram,*[1]

I think I have read somewhere in Appian, a story like this, of one who to escape the proscriptions of the triumvirs of Rome, and the better to be concealed from the discovery of those who pursued him, having hidden himself in a disguise, would yet add this invention, to counterfeit having but one eye; but when he came to have a little more liberty, and went to take off the plaster he had a great while worn over his eye, he found he had totally lost the sight of it indeed, and that it was absolutely gone. 'Tis possible that the action of sight was dulled from having been so long without exercise, and that the optic power was wholly retired into the other eye: for we evidently perceive that the eye we keep shut sends some part of its virtue to its fellow, so that it will swell and grow bigger; and so inaction, with the heat of ligatures and plasters, might very well have brought some gouty humour upon this dissembler of Martial.

Reading in Froissart the vow of a troop of young English gallants, to keep their left eyes bound up till they had arrived in France and performed some notable exploit upon us, I have often been tickled with the conceit: suppose it had befallen them as it did the Roman, and they had returned with but an eye apiece to their mistresses, for whose sakes they had made this ridiculous vow.

Mothers have reason to rebuke their children when they counterfeit having but one eye, squinting, lameness, or any other personal defect; for, besides that their bodies being then so tender may be subject to take an ill bent, fortune, I know not how, sometimes seems to delight in taking us at our word; and I have heard several examples related of people who have become really sick, by only feigning to be so. I have always used, whether on horseback or on foot, to carry a stick in my hand, and even to affect doing it with an elegant air; many have threatened that this fancy would one day be turned into necessity: if so, I should be the first of my family to have the gout.

But let us a little lengthen this chapter, and add another anecdote concerning blindness. Pliny reports of one who, dreaming he was blind, found himself so indeed in the morning without any preceding infirmity in his eyes. The force of imagination might assist in this case, as I have said elsewhere,[2] and Pliny seems to be of the same opinion; but it is more likely that the motions which the body felt within, of which physicians, if they please, may find out the cause, taking away his sight, were the occasion of his dream.

Let us add another story, not very improper for this subject, which Seneca relates in one of his epistles: "You know," says he, writing to Lucilius, "that Harpaste, my wife's fool, is thrown upon me as an hereditary charge, for I have naturally an aversion to those monsters; and if I have a mind to laugh at a fool, I need not seek him far, I can laugh at myself. This fool has suddenly lost her sight: I tell you a strange, but a very true thing: she is not sensible that she is blind, but eternally importunes her keeper to take her abroad, because she says the house is dark. That what we laugh at in her, I pray you to believe, happens to every one of us: no one knows himself to be avaricious or grasping: and, again, the blind call for a guide, while we stray of our own accord. I am not ambitious, we say; but a man cannot live otherwise at Rome; I am not wasteful, but the city requires a great outlay; 'tis not my fault if I am choleric—if I have not yet established any certain course of life: 'tis the fault of youth. Let us not seek our disease out of ourselves; 'tis in us, and planted in our bowels; and the mere fact that we do not perceive ourselves to be sick, renders us more hard to be cured. If we do not betimes begin to see to ourselves, when shall we have provided for so many wounds and evils wherewith we abound? And yet we have a most sweet and charming medicine in philosophy; for of all the rest we are sensible of no pleasure till after the cure: this pleases and heals at once." This is what Seneca says, that has carried me from my subject, but there is advantage in the change.

XXVI. Of Thumbs

Tacitus reports,[3] that amongst certain barbarian kings, their manner was, when they would make a firm obligation, to join their right hands close to one another, and intertwist their thumbs; and when, by force of straining, the blood it appeared in the ends, they lightly pricked them with some sharp instrument, and mutually sucked them.

Physicians say, that the thumbs are the mas-

---

[1] The power of counterfeiting maladies is so great, that Cælius no longer needs to feign the gout; he has got it.—Martial, *Ep.*, vii. 39, 8.

[2] i. 20.
[3] *Annals*, xii. 47.

ter fingers of the hand, and that their Latin etymology is derived from *pollere*. The Greeks called them Αντιχειρ, as who should say, another hand. And it seems that the Latins also sometimes take it in this sense for the whole hand;

> Sed nec vocibus excitata blandis,
> Molli pollice nec rogata, surgit.[1]

It was at Rome a signification of favour to depress and turn in the thumbs:

> Fautor utroque tuum laudabit pollice ludum:[2]

and of disfavour to elevate and thrust them outward:

> Converso pollice vulgi,
> Quemlibet occidunt populariter.[3]

The Romans exempted from war all such as were maimed in the thumbs, as having no more sufficient strength to hold their weapons. Augustus confiscated the estate of a Roman knight, who had maliciously cut off the thumbs of two young children he had, to excuse them from going into the armies: and, before him, the Senate, in the time of the Italic war, had condemned Caius Vatienus to perpetual imprisonment, and confiscated all his goods, for having purposely cut off the thumb of his left hand, to exempt himself from that expedition. Some one, I have forgotten who, having won a naval battle, cut off the thumbs of all his vanquished enemies, to render them incapable of fighting and of handling the oar. The Athenians also caused the thumbs of the Æginatans to be cut off, to deprive them of the superiority in the art of navigation.

In Lacedæmon, pedagogues chastised their scholars by biting their thumbs.[4]

XXVII. Cowardice the mother of cruelty

I have often heard it said, that cowardice is the mother of cruelty: and I have found by experience, that malicious and inhuman animosity and fierceness are usually accompanied with feminine weakness. I have seen the most cruel people, and upon frivolous occasions, apt to cry. Alexander, the tyrant of Pheres, durst not be a spectator of tragedies in the theatre, for fear lest his citizens should see him weep at the misfortunes of Hecuba and Andromache, who himself without pity caused so many people every day to be murdered.[5] Is it not meanness of spirit that renders them so pliable to all extremities? Valour, whose effect is only to be exercised against resistance—

> Nec nisi bellantis gaudet cervice juvenci[6]

——stops when it sees the enemy at its mercy; but pusillanimity, to say that it was also in the game, not having dared to meddle in the first act of danger, takes as its part, the second, of blood and massacre. The murders in victories are commonly performed by the rascality and hangers-on of an army, and that which causes so many unheard of cruelties in domestic wars is, that the dregs of the people are fleshed in being up to the elbows in blood, and ripping up bodies that lie prostrate at their feet, having no sense of any other valour:

> Et lupus, et turpes instant morientibus ursi,
> Et quæcunque minor nobilitate fera est:[7]

like cowardly curs, that in the house worry and tear the skins of wild beasts, they durst not come near in the field. What is it in these times of ours that makes our quarrels mortal; and that, whereas our fathers had some degrees of revenge, we now begin with the last in ours, and at the first meeting nothing is to be said but, kill? What is this but cowardice?

Every one is sensible that there is more bravery and disdain in subduing an enemy, than in cutting his throat; and in making him yield, than in putting him to the sword: besides that the appetite of revenge is better satisfied and pleased because its only aim is to make itself felt. And this is the reason why we do not fall upon a beast or a stone when they hurt us, because they are not capable of being sensible of our revenge; and to kill a man is to save him from the injury and offence we intend him. And as Bias cried out to a wicked fellow, "I know that sooner or later thou wilt have thy reward, but I am afraid I shall not see it"; and pitied the Orchomenians that the penitence of Lyciscus for the treason committed against them, came at a season when there was no one remaining alive of those who had been interested in the offence, and whom the pleasure of this penitence should

---

[1] Neither to be excited by soft words, or by the thumb.—Martial, xii. 98, 8.

[2] Thy patron will applaud thy sport with both thumbs.—Horace, *Epist.*, i. 18, 66.

[3] The populace, with reverted thumbs, kill all that come before them.—Juvenal, iii. 36.

[4] Plutarch, Lycurgus.

[5] *Idem*, Pelopidas.

[6] Nor delights in killing a bull unless he resists.—Claudian, *Ep. ad Hadrianum*, 30.

[7] Wolves and the filthy bears, and all the baser beasts, fall upon the dying.—Ovid, *Trist.*, iii. 5, 35.

affect: so revenge is to be pitied, when the person on whom it is executed is deprived of means of suffering under it: for as the avenger will look on to enjoy the pleasure of his revenge, so the person on whom he takes revenge, should be a spectator too, to be afflicted and to repent. "He will repent it," we say, and because we have given him a pistol-shot through the head, do we imagine he will repent? On the contrary, if we but observe, we shall find, that he makes mouths at us in falling, and is so far from penitency, that he does not so much as repine at us; and we do him the kindest office of life, which is to make him die insensibly, and soon: we are afterwards to hide ourselves, and to shift and fly from the officers of justice, who pursue us, whilst he is at rest. Killing is good to frustrate an offence to come, not to revenge one that is already past; and more an act of fear than of bravery; of precaution than of courage; of defence than of enterprise. It is manifest that by it we lose both the true end of revenge and the care of our reputation; we are afraid, if he lives he will do us another injury as great as the first; 'tis not out of animosity to him, but care of thyself, that thou gettest rid of him.

In the kingdom of Narsingua this expedient would be useless to us, where not only soldiers, but tradesmen also, end their differences by the sword. The king never denies the field to any who wish to fight; and when they are persons of quality, he looks on, rewarding the victor with a chain of gold, for which any one who pleases may fight with him again, so that, by having come off from one combat, he has engaged himself in many.

If we thought by virtue to be always masters of our enemies, and to triumph over them at pleasure, we should be sorry they should escape from us as they do, by dying: but we have a mind to conquer, more with safety than honour, and, in our quarrel, more pursue the end than the glory.

Asinius Pollio who, as being a worthy man, was the less to be excused, committed a like error, when, having written a libel against Plancus, he forbore to publish it till he was dead; which is to bite one's thumb at a blind man, to rail at one who is deaf, to wound a man who has no feeling, rather than to run the hazard of his resentment. And it was also said of him, that it was only for hobgoblins to wrestle with the dead.

He who stays to see the author die, whose writings he intends to question, what does he say but that he is weak in his aggressiveness? It was told to Aristotle that some one had spoken ill of him: "Let him do more," said he, "let him whip me too, provided I am not there."

Our fathers contented themselves with revenging an insult with the lie, the lie with a box of the ear, and so forward; they were valiant enough not to fear their adversaries, living and provoked: we tremble for fear, so long as we see them on foot. And that this is so, does not our noble practice of these days, equally to prosecute to death both him that has offended us and him we have offended, make it out? 'Tis also a kind of cowardice that has introduced the custom of having seconds, thirds, and fourths in our duels; they were formerly duels; they are now skirmishes, rencontres, and battles. Solitude was, doubtless, terrible to those who were the first inventors of this practice, *Quum in se cuique minimum fiduciæ esset*,[1] for naturally, any company whatever is consolatory in danger. Third persons were formerly called in to prevent disorder and foul play only, and to be witness of the fortune of the combat; but now they have brought it to this pass that the witnesses themselves engage; whoever is invited cannot handsomely stand by as an idle spectator, for fear of being suspected either of want of affection or of courage. Besides the injustice and unworthiness of such an action, of engaging other strength and valour in the protection of your honour than your own, I conceive it a disadvantage to a brave man, and who wholly relies upon himself, to shuffle his fortune with that of a second; every one runs hazard enough himself without hazarding for another, and has enough to do to assure himself in his own valour for the defence of his life, without intrusting a thing so dear in a third man's hand. For, if it be not expressly agreed upon before, to the contrary, 'tis a combined party of all four, and if your second be killed, you have two to deal withal, with good reason; and to say that it is foul play, it is so indeed, as it is, well armed, to attack a man who has but the hilt of a broken sword in his hand, or, clear and untouched, a man who is desperately wounded: but if these be advantages you have got by fighting, you may make use of them without reproach. The disparity and inequality are only weighed and considered from the condition of the combatants when they began; as to the rest, you must take your chance: and though you had, alone, three enemies upon you at once, your two companions being killed, you have no more wrong done you, than I should do in a

---

[1] They had little confidence in themselves

battle, by running a man through whom I should see engaged with one of our own men, with the like advantage. The nature of society will have it so that where there is troop against troop, as where our Duke of Orleans challenged Henry king of England, a hundred against a hundred; three hundred against as many, as the Argians against the Lacedæmonians; three to three, as the Horatii against the Curiatii, the multitude on either side is considered but as one single man: the hazard, wherever there is company, being confused and mixed.

I have a domestic interest in this discourse; for my brother, the Sieur de Matecoulom, was at Rome asked by a gentleman with whom he had no great acquaintance and who was a defendant challenged by another, to be his second; in this duel, he found himself matched with a gentleman much better known to him. (I would fain have an explanation of these rules of honour, which so often shock and confound those of reason.) After having despatched his man, seeing the two principals still on foot and sound, he ran in to disengage his friend. What could he do less? should he have stood still, and if chance would have ordered it so, have seen him he was come thither to defend killed before his face? what he had hitherto done helped not the business; the quarrel was yet undecided. The courtesy that you can, and certainly ought to show to your enemy, when you have reduced him to an ill condition and have a great advantage over him, I do not see how you can do it, where the interest of another is concerned, where you are only called in as an assistant, and the quarrel is none of yours: he could neither be just nor courteous, at the hazard of him he was there to serve. And he was therefore enlarged from the prisons of Italy at the speedy and solemn request of our king. Indiscreet nation! we are not content to make our vices and follies known to the world by report only, but we must go into foreign countries, there to show them what fools we are. Put three Frenchmen into the deserts of Libya, they will not live a month together without fighting; so that you would say this peregrination were a thing purposely designed to give foreigners the pleasure of our tragedies, and, for the most part, to such as rejoice and laugh at our miseries. We go into Italy to learn to fence, and fall to practise at the expense of our lives before we have learned it; and yet, by the rule of discipline, we should put the theory before the practice. We discover ourselves to be but learners:

Primitiæ juvenum miseræ, bellique futuri
Dura rudimenta.[1]

I know that fencing is an art very useful to its end (in a duel betwixt two princes, cousin-germans, in Spain, the elder, says Livy, by his skill and dexterity in arms, easily overcoming the greater and more awkward strength of the younger), and of which the knowledge, as I experimentally know, has inspired some with courage above their natural measure; but this is not properly valour, because it supports itself upon address, and is founded upon something besides itself. The honour of combat consists in the jealousy of courage, and not of skill; and therefore I have known a friend of mine, famed as a great master in this exercise, in his quarrels make choice of such arms as might deprive him of this advantage and that wholly depended upon fortune and assurance, that they might not attribute his victory rather to his skill in fencing than his valour. When I was young, gentlemen avoided the reputation of good fencers as injurious to them, and learned to fence with all imaginable privacy as a trade of subtlety, derogating from true and natural valour.

Non schivar, non parar, non ritirarsi,
Voglion costor, nè qui destrezza ha parte;
Non danno i colpi or finti, or pieni, or scarsi!
Toglie l'ira e il furor l'uso dell' arte.
Odi le spade orribilmente utarsi
A mezzo il ferro; il pie d'orma non parte,
Sempre è il piè fermo, e la man sempre in moto;
Nè scende taglio in van, nè punta à voto.[2]

Butts, tilting, and barriers, the images of warlike fights, were the exercises of our forefathers: this other exercise is so much the less noble, as it only respects a private end; that teaches us to destroy one another against law and justice, and that every way always produces very ill effects. It is much more worthy and more becoming to exercise ourselves in things that strengthen than that weaken our government and that tend to

---

[1] Fatal to the youth their first essays; hard the rudiments of future war.—Virgil, *Æneid*, xi. 156.

[2] *They neither shrank, nor vantage sought of ground,*
They travers'd not, nor skipt from part to part,
Their blows were neither false, nor feigned found:
In fight, their rage would let them use no art.
Their swords together clash with dreadful sound,
Their feet stand fast, and neither stir nor start,
They move their hands, stedfast their feet remain.
Nor blow, nor foin they strook, or thrust in vain.
—Tasso, *Gerus.* xii. 55. Fairfax's translation.

the public safety and common glory. Publius Rutilius, Consul, was the first who taught the soldiers to handle their arms with skill, and joined art with valour, not for the use of private quarrel, but for war and the quarrels of the people of Rome; a popular and civil defence. And besides the example of Cæsar,[1] who commanded his men to shoot chiefly at the face of Pompey's soldiers in the battle of Pharsalia, a thousand other commanders have also bethought them to invent new forms of weapons and new ways of striking and defending, according as occasion should require.

But as Philopœmen[2] condemned wrestling, wherein he excelled, because the preparatives that were therein employed were differing from those that appertain to military discipline, to which alone he conceived men of honour ought wholly to apply themselves; so it seems to me that this address to which we form our limbs, those writhings and motions young men are taught in this new school, are not only of no use, but rather contrary and hurtful to the practice of fight in battle; and also our people commonly make use of particular weapons, and peculiarly designed for duel; and I have known when it has been disapproved, that a gentleman challenged to fight with rapier and poignard appeared in the array of a man-at-arms; and that another should take his cloak instead of his poignard. It is worthy of consideration that Laches in Plato,[3] speaking of a learning to fence after our manner, says that he never knew any great soldier come out of that school, especially the masters of it: and, indeed, as to them, our experience tells as much. As to the rest, we may at least conclude that they are qualities of no relation or correspondence; and in the education of the children of his government, Plato[4] interdicts the art of boxing, introduced by Amycus and Epeius, and that of wrestling, by Antæus and Cercyo, because they have another end than to render youth fit for the service of war and contribute nothing to it. But I see that I have somewhat strayed from my theme.

The Emperor Maurice, being advertised by dreams and several prognostics, that one Phocas, an obscure soldier, should kill him, questioned his son-in-law Philip who this Phocas was, and what were his nature, qualities, and manners; and so soon as Philip, amongst other things, had told him that he was cowardly and timorous, the emperor immediately concluded then that he was a murderer and cruel. What is it that makes tyrants so sanguinary? 'Tis only the solicitude for their own safety, and that their faint hearts can furnish them with no other means of securing themselves than in exterminating those who may hurt them, even so much as women, for fear of a scratch:

Cuncta ferit, dum cuncta timet.[5]

The first cruelties are exercised for themselves: thence springs the fear of a just revenge, which afterwards produces a series of new cruelties, to obliterate one another. Philip, king of Macedon, who had so much to do with the people of Rome, agitated with the horror of so many murders committed by his order, and doubting of being able to keep himself secure from so many families, at divers times mortally injured and offended by him, resolved to seize all the children of those he had caused to be slain, to despatch them daily one after another, and so to establish his own repose.

Fine matter is never impertinent, however placed; and therefore I, who more consider the weight and utility of what I deliver than its order and connection, need not fear in this place to bring in an excellent story, though it be a little by-the-by; for when they are rich in their own native beauty, and are able to justify themselves, the least end of a hair will serve to draw them into my discourse.

Amongst others condemned by Philip, Herodicus, prince of Thessaly, had been one; he had moreover after him caused his two sons-in-law to be put to death, each leaving a son very young behind him. Theoxena and Archo were their two widows. Theoxena, though highly courted to it, could not be persuaded to marry again: Archo married Poris, the greatest man among the Ænians, and by him had a great many children, whom she dying, left at a very tender age. Theoxena, moved with a maternal charity towards her nephews, that she might have them under her own eyes and in her own protection, married Poris: when presently comes a proclamation of the king's edict. This brave spirited mother, suspecting the cruelty of Philip, and afraid of the insolence of the soldiers towards these charming and tender children, was so bold as to declare that she would rather kill them with her own hands than deliver them. Poris,

---

[1] Plutarch, Cæsar.
[2] *Idem*, Philopœmen.
[3] In the *Laches*.
[4] *Laws*, vii.

[5] He strikes at all, who fears all.—Claudian, *In Eutrop.*, i. 182.

startled at this protestation, promised her to steal them away, and to transport them to Athens, and there commit them to the custody of some faithful friends of his. They took, therefore, the opportunity of an annual feast which was celebrated at Ænia in honour of Æneas, and thither they went. Having appeared by day at the public ceremonies and banquet, they stole the night following into a vessel laid ready for the purpose, to escape away by sea. The wind proved contrary, and finding themselves in the morning within sight of the land whence they had launched overnight, and being pursued by the guards of the port, Poris perceiving this, laboured all he could to make the mariners do their utmost to escape from the pursuers. But Theoxena, frantic with affection and revenge, in pursuance of her former resolution, prepared both weapons and poison, and exposing them before them; "Go to, my children," said she, "death is now the only means of your defence and liberty, and shall administer occasion to the gods to exercise their sacred justice: these sharp swords, and these full cups, will open you the way into it: courage, fear nothing! And thou, my son, who art the eldest, take this steel into thy hand, that thou mayest the more bravely die." The children having on one side so powerful a counsellor, and the enemy at their throats on the other, ran all of them eagerly upon what was next to hand; and, half dead, were thrown into the sea. Theoxena, proud of having so gloriously provided for the safety of her children, clasping her arms with great affection about her husband's neck, "Let us, my friend, follow these boys, and enjoy the same sepulchre they do"; and so, having embraced, they threw themselves headlong into the sea; so that the ship was carried back without the owners into the harbour.

Tyrants, at once both to kill and to make their anger felt, have pumped their wit to invent the most lingering deaths. They will have their enemies despatched, but not so fast that they may not have leisure to taste their vengeance. And, therein, they are mightily perplexed; for if the torments they inflict are violent, they are short; if long, they are not then so painful as they desire; and thus plague themselves in choice of the greatest cruelty. Of this we have a thousand examples in antiquity, and I know not whether we, unawares, do not retain some traces of this barbarity.

All that exceeds a simple death appears to me absolute cruelty. Our justice cannot expect that he, whom the fear of dying by being beheaded or hanged will not restrain, should be any more awed by the imagination of a languishing fire, pincers, or the wheel. And I know not, in the meantime, whether we do not throw them into despair; for in what condition can be the soul of a man, expecting four and twenty hours together to be broken upon a wheel, or after the old way, nailed to a cross. Josephus relates, that in the time of the war the Romans made in Judæa, happening to pass by where they had three days before crucified certain Jews, he amongst them knew three of his own friends, and obtained the favour of having them taken down, of whom two, he says, died, the third lived a great while after.

Chalcondylas, a writer of good credit, in the records he has left behind him of things that happened in his time, and near him, tells us, as of the most excessive torment, of that the Emperor Mohammed very often practised, of cutting off men in the middle by the diaphragm with one blow of a scimitar, whence it followed that they died as it were two deaths at once; and both the one part, says he, and the other, were seen to stir and strive a great while after in very great torment. I do not think there was any great suffering in this motion: the torments that are the most dreadful to look on are not always the greatest to endure; and I find those that other historians relate to have been practised by him upon the Epiriot lords, are more horrid and cruel, where they were condemned to be flayed alive piecemeal, after so malicious a manner that they continued fifteen days in that misery.

As also these other two following: Crœsus,[1] having caused a gentleman, the favourite of his brother Pantaleon, to be seized, carried him into a fuller's shop, where he caused him to be scratched and carded with the cards and combs belonging to that trade till he died. George Sechel, chief commander of the peasants of Poland, who committed so many mischiefs under the title of the Crusade, being defeated in battle and taken by the Vayvod of Transylvania, was three days bound naked upon the rack, exposed to all sorts of torments that any one could contrive against him; during which time many other prisoners were kept fasting; in the end, he living and looking on, they made his beloved brother Lucat, for whom alone he entreated, taking upon himself the blame of all their evil actions, drink his blood, and caused twenty of his most favoured captains to feed upon him, tearing his flesh in pieces with their teeth, and

---

[1] Herodotus, Bk. i. 92.

swallowing the morsels. The remainder of his body and his bowels, so soon as he was dead, were boiled, and others of his followers compelled to eat them.

XXVIII. ALL THINGS HAVE THEIR SEASON

SUCH as compare Cato the Censor with the younger Cato, who killed himself, compare two beautiful natures, much resembling one another. The first acquired his reputation several ways, and excels in military exploits and the utility of his public employments; but the virtue of the younger, besides, that it were blasphemy to compare any to it in vigour, was much more pure and unblemished. For who can acquit the Censor of envy and ambition, having dared to jostle the honour of Scipio, a man in goodness and all other excellent qualities infinitely beyond him, or any other of his time?

That which they[1] report of him, amongst other things, that in his extreme old age he put himself upon learning the Greek tongue with so greedy an appetite, as if to quench a long thirst, does not seem to me to make much for his honour; it being properly what we call falling into second childhood. All things have their seasons, even the best, and a man may say his Paternoster out of time; as they accused T. Quintus Flaminius, that being general of an army, he was seen praying apart in the time of a battle that he won.

Imponit finem sapiens et rebus honestis.[2]

Eudemonidas, seeing Xenocrates when very old, still very intent upon his school lectures: "When will this man be wise," said he, "if he is yet learning?" And Philopœmen, to those who extolled King Ptolemy for every day inuring his person to the exercise of arms: "It is not," said he, "commendable in a king of his age to exercise himself in these things; he ought now really to employ them." The young are to make their preparations, the old to enjoy them, say the sages: and the greatest vice they observe in us is that our desires incessantly grow young again; we are always re-beginning to live.

Our studies and desires should sometime be sensible of age; yet we have one foot in the grave and still our appetites and pursuits spring every day anew within us:

Tu secanda marmora
Locas sub ipsum funus, et, sepulcri
Immemor, struis domos.[3]

The longest of my designs is not of above a year's extent; I think of nothing now but ending; rid myself of all new hopes and enterprises; take my last leave of every place I depart from, and every day dispossess myself of what I have. *Olim jam nec perit quicquam mihi, nec acquiritur . . . plus superest viatici quam viæ.*[4]

Vixi, et, quem dederat cursum fortuna, peregi.[5]

'Tis, indeed, the only comfort I find in my old age, that it mortifies in me several cares and desires wherewith my life has been disturbed; the care how the world goes, the care of riches, of grandeur, of knowledge, of health, of myself. There are men who are learning to speak at a time when they should learn to be silent for ever. A man may always study, but he must not always go to school: what a contemptible thing is an old Abecedarian!

Diversos diversa juvant; non omnibus annis
Omnia conveniunt.[6]

If we must study, let us study what is suitable to our present condition, that we may answer as he did, who being asked to what end he studied in his decrepit age, "that I may go out better," said he, "and at greater ease." Such a study was that of the younger Cato, feeling his end approach, and which he met with in Plato's Discourse of the Eternity of the Soul: not, as we are to believe, that he was not long before furnished with all sorts of ammunition for such a departure; for of assurance, an established will and instruction, he had more than Plato had in all his writings: his knowledge and courage were in this respect above philosophy; he applied himself to this study, not for the service of his death; but, as a man whose sleeps were never disturbed in the importance of such a deliberation, he also, without choice or change, continued his studies with the other accustomary actions of his life. The night that he was denied the prætorship he spent in play; that wherein he was to die he spent in reading. The loss either of life or of office was all one to him.

---
[1] Plutarch, Marcus Cato.
[2] The wise man limits even honest things.—Juvenal, vi. 444.
[3] When death is close at hand, you have marble cut for use, and, forgetful of the tomb, build houses. Horace, *Od.*, ii. 17, 18.
[4] Henceforward I will neither lose nor expect to get: I have more wherewith to defray my journey, than I have way to go.—Seneca, *Epist.*, 77.
[5] I have lived and finished the career Fortune placed before me.—*Æneid*, iv. 653.
[6] Various things delight various men; all things are not for all ages.—Pseudo-Gallus, i. 103.

XXIX. Of Virtue

I FIND by experience, that there is a vast difference betwixt the starts and sallies of the soul, and a resolute and constant habit; and very well perceive that there is nothing we may not do, nay, even to the surpassing the Divinity itself, says a certain person, forasmuch as it is more to render a man's self impassible by his own study and industry, than to be so by his natural condition; and even to be able to conjoin to man's imbecility and frailty a God-like resolution and assurance; but it is by fits and starts; and in the lives of those heroes of times past there are sometimes miraculous sallies, and that seem infinitely to exceed our natural force; but they are indeed only sallies: and 'tis hard to believe, that these so elevated qualities in a man can so thoroughly tinct and imbue the soul that they should become ordinary, and, as it were, natural in him. It accidentally happens even to us, who are but abortive births of men, sometimes to dart out our souls, when roused by the discourses or examples of others, much beyond their ordinary stretch; but 'tis a kind of passion which pushes and pricks them on, and in some sort ravishes them from themselves: but, this whirlwind once blown over, we see that they insensibly flag and slacken of themselves, if not to the lowest degree, at least so as to be no more the same; insomuch as that upon every trivial occasion, the losing of a hawk, or the breaking of a glass, we suffer ourselves to be moved little less than one of the common people. I am of opinion, that order, moderation, and constancy excepted, all things are to be done by a man that is very imperfect and defective in general. Therefore it is, say the Sages, that to make a right judgment of a man, you are chiefly to pry into his common actions, and surprise him in his everyday habit.

Pyrrho, he who erected so pleasant a knowledge upon ignorance, endeavoured, as all the rest who were really philosophers did, to make his life correspond with his doctrine. And because he maintained the imbecility of human judgment to be so extreme as to be incapable of any choice or inclination, and would have it perpetually wavering and suspended, considering and receiving all things as indifferent, 'tis said, that he always comported himself after the same manner and countenance: if he had begun a discourse, he would always end what he had to say, though the person he was speaking to had gone away: if he walked, he never stopped for any impediment that stood in his way, being preserved from precipices, the jostle of carts, and other like accidents, by the care of his friends: for, to fear or to avoid anything, had been to shock his own propositions, which deprived the senses themselves of all election and certainty. Sometimes he suffered incision and cauteries with so great constancy, as never to be seen so much as to wince. 'Tis something to bring the soul to these imaginations; 'tis more to join the effects, and yet not impossible; but to conjoin them with such perseverance and constancy as to make them habitual, is certainly, in attempts so remote from the common usage, almost incredible to be done. Therefore it was, that being one day taken in his house terribly scolding with his sister, and being reproached that he therein transgressed his own rules of indifference: "What!" said he, "must this foolish woman also serve for a testimony to my rules?" Another time, being seen to defend himself against a dog: "It is," said he, "very hard totally to put off man; and we must endeavour and force ourselves to resist and encounter things, first by effects, but at least by reason and argument."

About seven or eight years since, a husbandman yet living, but two leagues from my house, having long been tormented with his wife's jealousy, coming one day home from his work, and she welcoming him with her accustomed railing, entered into so great fury that with a sickle he had yet in his hand, he totally cut off all those parts that she was jealous of and threw them in her face. And, 'tis said that a young gentleman of our nation, brisk and amorous, having by his perseverance at last mollified the heart of a fair mistress, enraged, that upon the point of fruition he found himself unable to perform, and that

Non viriliter
Iners senile penis extulerat caput,[1]

so soon as ever he came home he deprived himself of the rebellious member, and sent it to his mistress, a cruel and bloody victim for the expiation of his offence. If this had been done upon mature consideration, and upon the account of religion, as the priests of Cybele did, what should we say of so high an action?

A few days since, at Bergerac, within five leagues of my house, up the river Dordogne, a woman having overnight been beaten and abused by her husband, a choleric ill-conditioned fellow, resolved to escape from his ill-usage at the price of her life; and going so soon as she

---

[1] Languidly the member raised his head.——Tibullus, *Priap. Carm.*, 84.

was up the next morning to visit her neighbours, as she was wont to do, and having let some words fall in recommendation of her affairs, she took a sister of hers by the hand, and led her to the bridge; whither being come, and having taken leave of her, in jest as it were, without any manner of alteration in her countenance, she threw herself headlong from the top into the river, and was there drowned. That which is the most remarkable in this is, that this resolution was a whole night forming in her head.

But it is quite another thing with the Indian women: for it being the custom there for the men to have many wives, and the best beloved of them to kill herself at her husband's decease, every one of them makes it the business of her whole life to obtain this privilege and gain this advantage over her companions; and the good offices they do their husbands aim at no other recompense but to be preferred in accompanying him in death.

> *Ubi mortifero jacta est fax ultima lecto,*
> *Uxorum fusis stat pia turba comis:*
> *Et certamen habent lethi, quæ viva sequatur*
> *Conjugium: pudor est non licuisse mori.*
> *Ardent victrices, et flammæ pectora præbent,*
> *Imponuntque suis ora perusta viris.*[1]

A certain author of our times reports that he has seen in those Oriental nations this custom in practice, that not only the wives bury themselves with their husbands, but even the slaves he has enjoyed also; which is done after this manner: the husband being dead, the widow may if she will (but few will), demand two or three months' respite wherein to order her affairs. The day being come, she mounts on horseback, dressed as fine as at her wedding, and with a cheerful countenance says she is going to sleep with her spouse, holding a looking-glass in her left hand and an arrow in the other. Being thus conducted in pomp, accompanied with her kindred and friends and a great concourse of people in great joy, she is at last brought to the public place appointed for such spectacles: this is a great space, in the midst of which is a pit full of wood, and adjoining to it a mount raised four or five steps, upon which she is brought and served with a magnificent repast; which being done, she falls to dancing and singing, and gives order, when she thinks fit, to kindle the fire. This being done, she descends, and taking the nearest of her husband's relations by the hand, they walk to the river close by, where she strips herself stark naked, and having distributed her clothes and jewels to her friends plunges herself into the water, as if there to cleanse herself from her sins; coming out thence, she wraps herself in a yellow linen of five-and-twenty ells long, and again giving her hand to this kinsman of her husband's, they return back to the mount, where she makes a speech to the people, and recommends her children to them, if she have any. Betwixt the pit and the mount, there is commonly a curtain drawn to screen the burning furnace from their sight, which some of them, to manifest the greater courage, forbid. Having ended what she has to say, a woman presents her with a vessel of oil, wherewith to anoint her head and her whole body, which when done with she throws into the fire, and in an instant precipitates herself after. Immediately, the people throw a great many billets and logs upon her that she may not be long in dying, and convert all their joy into sorrow and mourning. If they are persons of meaner condition, the body of the defunct is carried to the place of sepulture, and there placed sitting, the widow kneeling before him, embracing the dead body; and they continue in this posture whilst the people build a wall about them, which so soon as it is raised to the height of the woman's shoulders, one of her relations comes behind her, and taking hold of her head, twists her neck; so soon as she is dead, the wall is presently raised up, and closed, and there they remain entombed.

There was, in this same country, something like this in their gymnosophists; for not by constraint of others nor by the impetuosity of a sudden humour, but by the express profession of their order, their custom was, so soon as they arrived at a certain age, or that they saw themselves threatened by any disease, to cause a funeral pile to be erected for them, and on the top a stately bed, where, after having joyfully feasted their friends and acquaintance, they laid them down with so great resolution, that fire being applied to it, they were never seen to stir either hand or foot; and after this manner, one of them, Calanus by name, expired in the presence of the whole army of Alexander the Great.[2] And he

---

[1] When they threw the torch on the funeral bed, the pious wives, with hair dishevelled, stand around striving which, living, shall accompany her spouse; and are ashamed that they may not die; they who are preferred, expose their breasts to the flame, and their scorched lips embrace those of the dead husband.—Propertius, iii. 13, 17.

[2] Plutarch, Alexander.

was neither reputed holy nor happy amongst them, who did not thus destroy himself, dismissing his soul purged and purified by the fire, after having consumed all that was earthly and mortal. This constant premeditation of the whole life is that which makes the wonder.

Amongst our other controversies, that of *Fatum* has also crept in; and to tie things to come, and even our own wills, to a certain and inevitable necessity, we are yet upon this argument of time past; "Since God foresees that all things shall so fall out, as doubtless He does, it must then necessarily follow, that they must so fall out:" to which our masters reply: "that the seeing anything come to pass, as we do, and as God Himself also does (for all things being present with Him, He rather sees, than foresees) is not to compel an event: that is, we see because things do fall out, but things do not fall out because we see: events cause knowledge, but knowledge does not cause events. That which we see happen, does happen; but it might have happened otherwise: and God, in the catalogue of the causes of events which He has in His prescience, has also those which we call accidental and voluntary, depending upon the liberty. He has given our free will, and knows that we do amiss because we would do so."

I have seen a great many commanders encourage their soldiers with this fatal necessity; for if our time be limited to a certain hour, neither the enemies' shot, nor our own boldness, nor our flight and cowardice, can either shorten or prolong our lives. This is easily said, but see who will be so persuaded; and if it be so that a strong and lively faith draws along with it actions of the same kind, certainly this faith we so much brag of, is very light in this age of ours, unless the contempt it has of works makes it disdain their company. So it is, that to this very purpose the Sire de Joinville, as credible a witness as any other whatever, tells us of the Bedouins, a nation amongst the Saracens, with whom the king St. Louis had to do in the Holy Land, that they, in their religion, so firmly believed the number of every man's days to be from all eternity prefixed and set down by an inevitable decree, that they went naked to the wars, excepting a Turkish sword, and their bodies only covered with a white linen cloth: and for the greatest curse they could invent when they were angry, this was always in their mouths: "Accursed be thou, as he that arms himself for fear of death." This is a testimony of faith very much beyond ours. And of this sort is that also that two friars of Florence gave in our fathers' days. Being engaged in some controversy of learning, they agreed to go both of them into the fire in the sight of all the people, each for the verification of his argument, and all things were already prepared, and the thing just upon the point of execution, when it was interrupted by an unexpected accident.

A young Turkish lord, having performed a notable exploit in his own person in the sight of both armies, that of Amurath and that of Huniades, ready to join battle, being asked by Amurath, what in such tender and inexperienced years (for it was his first sally into arms) had inspired him with so brave a courage, replied, that his chief tutor for valour was a hare. "For being," said he, "one day a hunting, I found a hare sitting, and though I had a brace of excellent greyhounds with me, yet methought it would be best for sureness to make use of my bow; for she sat very fair. I then fell to letting fly my arrows, and shot forty that I had in my quiver, not only without hurting, but without starting her from her form. At last I slipped my dogs after her, but to no more purpose than I had shot: by which I understood that she had been secured by her destiny; and that neither darts nor swords can wound without the permission of fate, which we can neither hasten nor defer." This story may serve, by the way, to let us see how flexible our reason is to all sorts of images.

A person of great years, name, dignity, and learning, boasted to me that he had been induced to a certain very important change in his faith by a strange and whimsical incitation, and one otherwise so inadequate, that I thought it much stronger, taken the contrary way: he called it a miracle, and so I look upon it, but in a different sense. The Turkish historians say, that the persuasion those of their nation have imprinted in them of the fatal and unalterable prescription of their days, manifestly conduces to the giving them great assurance in dangers. And I know a great prince who makes very fortunate use of it, whether it be that he really believes it, or that he makes it his excuse for so wonderfully hazarding himself: let us hope Fortune may not be too soon weary of her favour to him.

There has not happened in our memory a more admirable effect of resolution, than in those two who conspired the death of the Prince of Orange. 'Tis marvellous how the second who executed it, could ever be persuaded into an attempt, wherein his companion, who had done his utmost, had had so ill success; and after the same method, and with the same arms, to go attack a lord, armed with so recent a late lesson of distrust, powerful in followers and bodily strength, in his own hall, amidst his guards, and in a city wholly at his devotion. Assuredly, he employed a very resolute arm and a courage inflamed with furious passion. A poignard is surer for striking home, but by reason that more motion and force of hand is required than with a pistol, the blow is more subject to be put by or hindered. That this man did not run to a certain death, I make no great doubt; for the hopes any one could flatter him withal, could not find place in any sober understanding, and the conduct of his exploit sufficiently manifests that he had no want of that, no more than of courage. The motives of so powerful a persuasion may be diverse, for our fancy does what it will, both with itself and us. The execution that was done near Orleans was nothing like this; there was in this more of chance than vigour; the wound was not mortal, if fortune had not made it so, and to attempt to shoot on horseback, and at a great distance, by one whose body was in motion from the motion of his horse, was the attempt of a man who had rather miss his blow than fail of saving himself. This was apparent from what followed; for he was so astonished and stupefied with the thought of so high an execution, that he totally lost his judgment both to find his way to flight and to govern his tongue. What needed he to have done more than to fly back to his friends across a river? 'Tis what I have done in less dangers, and that I think of very little hazard, how broad soever the river may be, provided your horse have easy going in, and that you see on the other side easy landing according to the stream. The other, when they pronounced his dreadful sentence, "I was prepared for this," said he, "beforehand, and I will make you wonder at my patience."

The Assassins, a nation bordering upon Phœnicia, are reputed amongst the Mohammedans a people of very great devotion, and purity of manners. They hold that the nearest way to gain Paradise is to kill some one of a contrary religion; which is the reason they have often been seen, being but one or two, and without armour, to attempt against powerful enemies, at the price of a certain death and without any consideration of their own danger. So was our Count Raymond of Tripoli assassinated (which word is derived from their name) in the heart of his city, during our enterprises of the Holy War: and likewise Conrad, Marquis of Montserrat, the murderers at their execution bearing themselves with great pride and glory that they had performed so brave an exploit.

XXX. Of a Monstrous Child

This story shall go by itself; for I will leave it to physicians to discourse of. Two days ago I saw a child that two men and a nurse, who said they were the father, the uncle, and the aunt of it, carried about to get money by showing it, by reason it was so strange a creature. It was, as to all the rest, of a common form, and could stand upon its feet; could go and gabble much like other children of the same age; it had never as yet taken any other nourishment but from the nurse's breasts, and what, in my presence, they tried to put into the mouth of it it only chewed a little and spat it out again without swallowing; the cry of it seemed indeed a little odd and particular, and it was just fourteen months old. Under the breast it was joined to another child, but without a head and which had the spine of the back without motion, the rest entire; for though it had one arm shorter than the other, it had been broken by accident at their birth; they were joined breast to breast, and as if a lesser child sought to throw its arms about the neck of one something bigger. The juncture and thickness of the place where they were conjoined was not above four fingers, or thereabouts, so that if you thrust up the imperfect child you might see the navel of the other below it, and the joining was betwixt the paps and the navel. The navel of the imperfect child could not be seen, but all the rest of the belly, so that all that was not joined of the imperfect one, as arms, buttocks, thighs, and legs, hung dangling upon the other, and might reach to the midleg. The nurse, moreover, told us that it urined at both bodies, and that the members of the other were nourished, sensible, and in the same plight with that she gave suck to, excepting that they were shorter and less. This double body and several limbs relating to one head might be interpreted a favourable prognostic to the king, of maintaining these various parts of our state under the union of his laws; but lest the event should prove otherwise, 'tis better to let it alone, for in things already past there needs no divination, *Ut quum facta sunt, tum ad conjecturam aliqua interpretatione revocentur;*[1] as 'tis said of Epimenides, that he always prophesied things past.

I have lately seen a herdsman in Medoc, of about thirty years of age, who has no sign of any genital parts; he has three holes by which he in-

---

[1] So as when they are come to pass, they should then by some interpretation be recalled to conjecture.—Cicero, *De Divin.*, ii. 31.

cessantly voids his water; he is bearded, has desire, and covets the society of women.

Those that we call monsters are not so to God, who sees in the immensity of His work the infinite forms that He has comprehended therein; and it is to be believed that this figure which astonishes us has relation to some other figure of the same kind unknown to man. From His all wisdom nothing but good, common, and regular proceeds; but we do not discern the disposition and relation. *Quod crebro videt, non miratur, etiamsi, cur fiat, nescit. Quod ante non vidit, id, si evenerit, ostentum esse censet.*[1] Whatever falls out contrary to custom we say is contrary to nature, but nothing, whatever it be, is contrary to her. Let, therefore, this universal and natural reason expel the error and astonishment that novelty brings along with it.

XXXI. OF ANGER

PLUTARCH is admirable throughout, but especially where he judges of human actions. What fine things does he say in the comparison of Lycurgus and Numa upon the subject of our great folly in abandoning children to the care and government of their fathers? The most of our civil governments, as Aristotle says,[2] leave, after the manner of the Cyclops, to every one the ordering of their wives and children, according to their own foolish and indiscreet fancy; and the Lacedæmonian and Cretan are almost the only governments that have committed the education of children to the laws. Who does not see that in a state all depends upon their nurture and bringing up? and yet they are left to the mercy of parents, let them be as foolish and ill-conditioned as they may, without any manner of discretion.

Amongst other things, how often have I, as I have passed along our streets, had a good mind to get up a farce, to revenge the poor boys whom I have seen flayed, knocked down, and miserably beaten by some father or mother, when in their fury, and mad with rage? You shall see them come out with fire and fury sparkling in their eyes.

Rabie jecur incendente, feruntur,
Præcipites; ut saxa jugis abrupta, quibus mons
Subtrahitur, clivoque latus pendente recedit,[3]

(and according to Hippocrates, the most dangerous maladies are they that disfigure the countenance), with a roaring and terrible voice, very often against those that are but newly come from nurse, and there they are lamed and spoiled with blows, whilst our justice takes no cognisance of it, as if these maims and dislocations were not executed upon members of our commonwealth:

Gratum est, quod patriæ civem populoque dedisti,
Si facis, ut patriæ sit idoneus, utilis agris,
Utilis et bellorum et pacis rebus agendis.[4]

There is no passion that so much transports men from their right judgment as anger. No one would demur upon punishing a judge with death who should condemn a criminal on the account of his own choler; why, then, should fathers and pedagogues be any more allowed to whip and chastise children in their anger? 'Tis then no longer correction, but revenge. Chastisement is instead of physic to children; and should we endure a physician who should be animated against and enraged at his patient?

We ourselves, to do well, should never lay a hand upon our servants whilst our anger lasts. When the pulse beats, and we feel emotion in ourselves, let us defer the business; things will indeed appear otherwise to us when we are calm and cool. 'Tis passion that then commands, 'tis passion that speaks, and not we. Faults seen through passion appear much greater to us than they really are, as bodies do when seen through a mist. He who is hungry uses meat; but he who will make use of chastisement should have neither hunger nor thirst to it. And moreover, chastisements that are inflicted with weight and discretion, are much better received and with greater benefit by him who suffers; otherwise, he will not think himself justly condemned by a man transported with anger and fury, and will allege his master's excessive passion, his inflamed countenance, his unwonted oaths, his emotion and precipitous rashness, for his own justification:

Ora tument ira, nigrescunt sanguine venæ,
Lumina Gorgoneo sævius igne micant.[5]

---

[1] What he often sees he does not admire, though he be ignorant how it comes to pass. But when a thing happens he never saw before, that he looks upon as a portent.—*Ibid.*, ii. 22.

[2] *Ethics*, x. 9.

[3] They are headlong borne with burning fury as great stones torn from the mountains, by which the steep sides are left naked and bare.—Juvenal, *Sat.*, vi. 647.

[4] It is well when to thy country and the people thou hast given a citizen, provided thou make him fit for his country's service; useful to till the earth, useful in affairs of war and peace.—*Ibid.*, xiv. 70.

[5] Their faces swell, their veins grow black with rage, and their eyes sparkle with Gorgonian fire.—Ovid, *De Arte. Amandi*, iii. 503.

Suetonius reports that Caius Rabirius having been condemned by Cæsar, the thing that most prevailed upon the people (to whom he had appealed) to determine the cause in his favour, was the animosity and vehemence that Cæsar had manifested in that sentence.

Saying is one thing and doing is another; we are to consider the sermon and the preacher distinctly and apart. These men, though they had a pretty business in hand, who in our times have attempted to shake the truth of our Church by the vices of her ministers; she extracts her testimony elsewhere; 'tis a foolish way of arguing and that would throw all things into confusion. A man, whose morals are good, may have false opinions, and a wicked man may preach truth, even though he believe it not himself. 'Tis doubtless a fine harmony when doing and saying go together; and I will not deny but that saying, when the actions follow, is not of greater authority and efficacy, as Eudamidas said, hearing a philosopher talk of military affairs: "These things are finely said, but he who speaks them is not to be believed, for his ears have never been used to the sound of the trumpet." And Cleomenes, hearing an orator declaiming upon valour, burst out into laughter, at which the other being angry; "I should," said he to him, "do the same if it were a swallow that spoke of this subject; but if it were an eagle I should willingly hear him." I perceive, methinks, in the writings of the ancients, that he who speaks what he thinks, strikes much more home than he who only feigns. Hear Cicero speak of the love of liberty: hear Brutus speak of it, the mere written words of this man sound as if he would purchase it at the price of his life. Let Cicero, the father of eloquence, treat of the contempt of death; let Seneca do the same: the first languishingly drawls it out, so that you perceive he would make you resolve upon a thing on which he is not resolved himself; he inspires you not with courage, for he himself has none; the other animates and inflames you. I never read an author, even of those who treat of virtue and of actions, that I do not curiously inquire what kind of a man he was himself; for the Ephori at Sparta, seeing a dissolute fellow propose a wholesome advice to the people, commanded him to hold his peace, and entreated a virtuous man to attribute to himself the invention, and to propose it. Plutarch's writings, if well understood, sufficiently bespeak their author, and so that I think I know him even into his soul; and yet I could wish that we had some fuller account of his life. And I am thus far wandered from my subject, upon the account of the obligation I have to Aulus Gellius, for having left us in writing this story of his manners, that brings me back to my subject of anger. A slave of his, a vicious, ill-conditioned fellow, but who had the precepts of philosophy often ringing in his ears, having for some offence of his been stript by Plutarch's command, whilst he was being whipped, muttered at first, that it was without cause and that he had done nothing to deserve it; but at last falling in good earnest to exclaim against and rail at his master, he reproached him that he was no philosopher, as he had boasted himself to be: that he had often heard him say it was indecent to be angry, nay, had written a book to that purpose; and that the causing him to be so cruelly beaten, in the height of his rage, totally gave the lie to all his writings, to which Plutarch calmly and coldly answered, "How, ruffian," said he, "by what dost thou judge that I am now angry? Does either my face, my colour, or my voice give any manifestation of my being moved? I do not think my eyes look fierce, that my countenance appears troubled, or that my voice is dreadful; am I red, do I foam, does any word escape my lips I ought to repent? Do I start? Do I tremble with fury? For those, I tell thee, are the true signs of anger." And so, turning to the fellow that was whipping him, "Ply on thy work," said he, "whilst this gentleman and I dispute." This is the story.

Archytas Tarentinus, returning from a war wherein he had been captain-general, found all things in his house in very great disorder, and his lands quite out of tillage, through the ill husbandry of his receiver, and having caused him to be called to him; "Go," said he, "if I were not in anger I would soundly drub your sides." Plato likewise, being highly offended with one of his slaves, gave Speusippus order to chastise him, excusing himself from doing it because he was in anger. And Carillus, a Lacedæmonian, to a Helot, who carried himself insolently towards him: "By the Gods," said he, "if I was not angry, I would immediately cause thee to be put to death."

'Tis a passion that is pleased with and flatters itself. How often, being moved under a false cause, if the person offending makes a good defence and presents us with a just excuse, are we angry against truth and innocence itself? In proof of which, I remember a marvellous example of antiquity.

Piso, otherwise a man of very eminent virtue, being moved against a soldier of his, for that returning alone from forage he could give him no account where he had left a companion of his, took it for granted that he had killed him, and presently condemned him to death. He was no sooner mounted upon the gibbet, but behold his wandering companion arrives, at which all the army were exceedingly glad, and after many embraces of the two comrades, the hangman carried both the one and the other into Piso's presence, all those present believing it would be a great pleasure even to himself; but it proved quite contrary; for through shame and spite, his fury, which was not yet cool, redoubled; and by a subtlety which his passion suddenly suggested to him, he made three criminal for having found one innocent, and caused them all to be despatched: the first soldier, because sentence had passed upon him; the second, who had lost his way, because he was the cause of his companion's death; and the hangman, for not having obeyed the order which had been given him.

Such as have had to do with testy and obstinate women, may have experimented into what a rage it puts them, to oppose silence and coldness to their fury, and that a man disdains to nourish their anger. The orator Celius was wonderfully choleric by nature; and to one who supped in his company, a man of a gentle and sweet conversation, and who, that he might not move him, approved and consented to all he said; he, impatient that his ill humour should thus spend itself without aliment: "For the love of the gods deny me something," said he, "that we may be two." Women, in like manner, are only angry, that others may be angry again, in imitation of the laws of love. Phocion, to one who interrupted his speaking by injurious and very opprobrious words, made no other return than silence, and to give him full liberty and leisure to vent his spleen; which he having accordingly done, and the storm blown over, without any mention of this disturbance, he proceeded in his discourse where he had left off before. No answer can nettle a man like such a contempt.

Of the most choleric man in France (anger is always an imperfection, but more excusable in a soldier, for in that trade it cannot sometimes be avoided) I often say, that he is the most patient man that I know, and the most discreet in bridling his passions; which rise in him with so great violence and fury,

Magno veluti cum flamma sonore
Virgea suggeritur costis undantis aheni
Exsultantque æstu latices, furit intus aquai.
Fumidus atque altè spumis exuberat amnis,
Nec jam se capit unda; volat vapor ater ad auras; [1]

that he must of necessity cruelly constrain himself to moderate it. And for my part, I know no passion which I could with so much violence to myself attempt to cover and conceal: I would not set wisdom at so high a price; and do not so much consider what a man does, as how much it costs him to do no worse.

Another boasted himself to me of the regularity and sweetness of his manners, which are in truth, very singular; to whom I replied, that it was indeed something, especially in persons of so eminent a quality as himself, upon whom every one had their eyes, to present himself always well-tempered to the world; but that the principal thing was to make provision for within and for himself; and that it was not, in my opinion, very well to order his business inwardly to grate himself, which I was afraid he did, in putting on and outwardly maintaining this visor and regular appearance.

A man incorporates anger by concealing it, as Diogenes told Demosthenes, who, for fear of being seen in a tavern, withdrew himself the more retiredly into it: "The more you retire, the farther you enter in." I would rather advise that a man should give his servant a box of the ear a little unseasonably, than rack his fancy to present this grave and composed countenance; and had rather discover my passions than brood over them at my own expense; they grow less in venting and manifesting themselves; and 'tis much better their point should wound others without, than be turned towards ourselves within. *Omnia vitia in aperto leviora sunt: et tunc perniciosissima, quum, simulata sanitate, subsidunt.*[2] I admonish all those who have authority to be angry in my family, in the first place to manage their anger and not to lavish it upon every occasion, for that both lessens the value and hinders the effect: rash and incessant scolding runs into custom, and renders itself despised; and what you lay out upon a servant for a theft, is not felt, because it is the same he has seen you a hundred times employ against him for having ill washed a glass, or set a stool out of place. Secondly, that they be not angry to no purpose, but

---

[1] When with loud crackling noise, a fire of sticks is applied to the boiling caldron's side, by the heat in frisky bells the liquor dances; but within the water rages, and high the smoky fluid in foam overflows. Nor can the wave now contain itself: in pitchy steam it flies all abroad.—*Æneid*, vii. 462.

[2] All vices are less dangerous when open to be seen, and then most pernicious when they lurk under a dissembled good nature.—Seneca, *Epist.*, 56.

make sure that their reprehension reach him with whom they are offended; for, ordinarily, they rail and bawl before he comes into their presence, and continue scolding an age after he is gone;

> *Et secum petulans amentia certat:* [1]

they attack his shadow, and drive the storm in a place where no one is either chastised or concerned, but in the clamour of their voice. I likewise in quarrels condemn those who huff and vapour without an enemy: those rodomontades should be reserved to discharge upon the offending party:

> *Mugitus veluti cum prima in prælia taurus*
> *Terrificos ciet, atque irasci in cornua tentat,*
> *Arboris obnixus trunco, ventosque lacessit*
> *Ictibus, et sparsa ad pugnam proludit arena.* [2]

When I am angry, my anger is very sharp but withal very short, and as private as I can; I lose myself indeed in promptness and violence, but not in trouble; so that I throw out all sorts of injurious words at random, and without choice, and never consider pertinently to dart my language where I think it will deepest wound, for I commonly make use of no other weapon in my anger than my tongue. My servants have a better bargain of me in great occasions than in little; the light ones surprise me; and the mischief on't is, that when you are once upon the precipice, 'tis no matter who gave you the push, for you always go to the bottom; the fall urges, moves, and makes haste of itself. In great occasions this satisfies me, that they are so just every one expects a reasonable indignation, and then I glorify myself in deceiving their expectation; against these, I fortify and prepare myself; they disturb my head, and threaten to transport me very far, should I follow them. I can easily contain myself from entering into one of these passions, and am strong enough, when I expect them, to repel their violence, be the cause never so great; but if a passion once prepossess and seize me, it carries me away, be the cause never so small. I bargain thus with those who may contend with me; when you see me moved first, let me alone, right or wrong; I'll do the same for you. The storm is only begot by a concurrence of angers, which easily spring from one another, and are not born together. Let every one have his own way, and we shall be always at peace. A profitable advice, but hard to execute. Sometimes also it falls out that I put on a seeming anger, for the better governing of my house, without any real emotion. As age renders my humours more sharp, I study to oppose them, and will, if I can, order it so, that for the future I may be so much the less peevish and hard to please, as I have more excuse and inclination to be so, although I have heretofore been reckoned amongst those who have the greatest patience.

A word more to conclude this chapter. Aristotle says,[3] that anger sometimes serves for arms to virtue and valour. 'Tis likely it may be so, nevertheless, they who contradict him pleasantly answer, that 'tis a weapon of novel use, for we move all other arms, this moves us; our hands guide it not, 'tis it that guides our hands; it holds us, we hold not it.

XXXII. Defence of Seneca and Plutarch

The familiarity I have with these two authors, and the assistance they have lent to my age and to my book, wholly compiled of what I have borrowed from them, oblige me to stand up for their honour.

As to Seneca, amongst a million of little pamphlets that those of the so-called reformed religion disperse abroad for the defence of their cause (and which sometimes proceed from so good a hand, that 'tis pity his pen is not employed in a better subject), I have formerly seen one, that to make up the parallel he would fain find out betwixt the government of our late poor King Charles IX, and that of Nero, compares the late Cardinal of Lorraine with Seneca; their fortunes, in having both of them been the prime ministers in the government of their princes, and in their manners, conditions, and deportments to have been very near alike. Wherein, in my opinion, he does the said cardinal a very great honour; for though I am one of those who have a very high esteem for his wit, eloquence, and zeal to religion and the service of his king, and his good fortune to have lived in an age wherein it was so novel, so rare, and also so necessary for the public good to have an ecclesiastical person of such high birth and dignity, and so sufficient and capable of his place; yet, to confess the truth, I do not think his capacity by many degrees near to the other, nor his virtue

---

[1] And petulant madness contends with itself.— Claudian, *In Eutrop.*, i. 237.

[2] As when a bull to usher in the fight makes dreadful bellowings, and whets his horns against the trunk of a tree; with blows he beats the air, and preludes to the fight by spurning the sand.—*Æneid,* xii. 103.

[3] *Ethics,* iii. 8.

either so clean, entire, or steady, as that of Seneca.

Now the book whereof I speak, to bring about its design, gives a very injurious description of Seneca, having borrowed its reproaches from Dion the historian, whose testimony I do not at all believe: for besides that he is inconsistent, that after having called Seneca one while very wise, and again a mortal enemy to Nero's vices, makes him elsewhere avaricious, an usurer, ambitious, effeminate, voluptuous, and a false pretender to philosophy, his virtue appears so vivid and vigorous in his writings, and his vindication is so clear from any of these imputations, as of his riches and extraordinarily expensive way of living, that I cannot believe any testimony to the contrary. And besides, it is much more reasonable to believe the Roman historians in such things than Greeks and foreigners. Now Tacitus[1] and the rest speak very honourably both of his life and death; and represent him to us a very excellent and virtuous person in all things; and I will allege no other reproach against Dion's report but this, which I cannot avoid, namely, that he has so weak a judgment in the Roman affairs, that he dares to maintain Julius Cæsar's cause against Pompey, and that of Antony against Cicero.

Let us now come to Plutarch: Jean Bodin is a good author of our times, and a writer of much greater judgment than the rout of scribblers of his age, and who deserves to be carefully read and considered. I find him, though, a little bold in this passage of his Method of history, where he accuses Plutarch not only of ignorance (wherein I would have let him alone: for that is beyond my criticism) but that he "often writes things incredible, and absolutely fabulous": these are his own words. If he had simply said, that he had delivered things otherwise than they really are, it had been no great reproach; for what we have not seen, we are forced to receive from other hands, and take upon trust, and I see that he purposely sometimes variously relates the same story; as the judgment of the three best captains that ever were, given by Hannibal; 'tis one way in the Life of Flaminius, and another in that of Pyrrhus. But to charge him with having taken incredible and impossible things for current pay, is to accuse the most judicious author in the world of want of judgment. And this is his example; "as," says he, "when he relates that a Lacedæmonian boy suffered his bowels to be torn out by a fox-cub he had stolen, and kept it still concealed under his coat till he fell down dead, rather than he would discover his theft."[2] I find, in the first place, this example ill chosen, forasmuch as it is very hard to limit the power of the faculties of the soul, whereas we have better authority to limit and know the force of the bodily limbs; and therefore, if I had been he, I should rather have chosen an example of this second sort; and there are some of these less credible: and amongst others, that which he relates of Pyrrhus, that "all wounded as he was, he struck one of his enemies, who was armed from head to foot, so great a blow with his sword, that he clave him down from his crown to his seat, so that the body was divided into two parts."[3] In this example I find no great miracle, nor do I admit the salvo with which he excuses Plutarch, where he added these words, "as 'tis said," to suspend our belief; for unless it be in things received by authority, and the reverence to antiquity or religion, he would never have himself admitted, or enjoined us to believe things incredible in themselves; and that these words, "as 'tis said," are not put in this place to that effect, is easy to be seen, because he elsewhere relates to us, upon this subject, of the patience of the Lacedæmonian children, examples happening in his time, more unlikely to prevail upon our faith; as what Cicero has also testified before him, as having, as he says, been upon the spot: that even to their times there were children found who, in the trial of patience they were put to before the altar of Diana, suffered themselves to be there whipped till the blood ran down all over their bodies, not only without crying out, but without so much as a groan, and some till they there voluntarily lost their lives: and that which Plutarch also, amongst a hundred other witnesses, relates, that at a sacrifice, a burning coal having fallen into the sleeve of a Lacedæmonian boy, as he was censing, he suffered his whole arm to be burned, till the smell of the broiling flesh was perceived by those present. There was nothing, according to their custom, wherein their reputation was more concerned, nor for which they were to undergo more blame and disgrace, than in being taken in theft. I am so fully satisfied of the greatness of those people, that his story does not only not appear to me, as to Bodin, incredible; but I do not find it so much as rare and strange. The Spartan history is full of a thousand more

---

[1] Tacitus, *Annal.*, xiii. 11; xiv. 53-55; xv. 60-64. Tacitus, however, relates several circumstances as to Seneca which are very censurable.

[2] Lycurgus.
[3] Pyrrhus.

cruel and rare examples; and is, indeed, all miracle in this respect.

Marcellinus, concerning theft, reports that in his time there was no sort of torments which could compel the Egyptians, when taken in this act, though a people very much addicted to it, so much as to tell their name.

A Spanish peasant, being put to the rack as to the accomplices of the murder of the Prætor Lucius Piso, cried out in the height of the torment, "that his friends should not leave him, but look on in all assurance; and that no pain had the power to force from him one word of confession," which was all they could get the first day. The next day, as they were leading him a second time to another trial, strongly disengaging himself from the hands of his guards, he furiously ran his head against a wall, and beat out his brains.[1]

Epicharis, having tired and glutted the cruelty of Nero's satellites and undergone their fire, their beating, their racks a whole day together, without one syllable of confession of her conspiracy; being the next day brought again to the rack, with her limbs almost torn to pieces, conveyed the lace of her robe with a running noose over one of the arms of her chair, and suddenly slipping her head into it, with the weight of her own body hanged herself.[2] Having the courage to die in that manner, is it not to be presumed that she purposely lent her life to the trial of her fortitude the day before, to mock the tyrant, and encourage others to the like attempt?

And whoever will inquire of our troopers the experiences they have had in our civil wars, will find effects of patience and obstinate resolution in this miserable age of ours, and amongst this rabble even more effeminate than the Egyptians, worthy to be compared with those we have just related of the Spartan virtue.

I know there have been simple peasants amongst us who have endured the soles of their feet to be broiled upon a gridiron, their finger-ends to be crushed with the cock of a pistol, and their bloody eyes squeezed out of their heads by force of a cord twisted about their brows, before they would so much as consent to a ransom. I have seen one left stark naked for dead in a ditch, his neck black and swollen, with a halter yet about it with which they had dragged him all night at a horse's tail, his body wounded in a hundred places, with stabs of daggers that had been given him, not to kill him, but to put him to pain and to affright him, who had endured all this, and even to being speechless and insensible, resolved, as he himself told me, rather to die a thousand deaths (as indeed, as to matter of suffering, he already had) before he would pay a penny; and yet he was one of the richest husbandmen of all the country. How many have been seen patiently to suffer themselves to be burnt and roasted for opinions taken upon trust from others, and by them not at all understood? I have known a hundred and a hundred women (for Gascony has a certain prerogative for obstinacy) whom you might sooner have made eat fire than forsake an opinion they had conceived in anger. They are all the more exasperated by blows and constraint. And he that made the story of the woman who, in defiance of all correction, threats, and bastinadoes, ceased not to call her husband lousy knave; and who being plunged over head and ears in water, yet lifted her hands above her head and made a sign of cracking lice, feigned a tale of which, in truth, we every day see a manifest image in the obstinacy of women. And obstinacy is the sister of constancy, at least in vigour and stability.

We are not to judge what is possible and what is not, according to what is credible and incredible to our apprehension, as I have said elsewhere;[3] and it is a great fault, and yet one that most men are guilty of, which, nevertheless, I do not mention with any reflection upon Bodin, to make a difficulty of believing that in another which they could not or would not do themselves. Every one thinks that the sovereign stamp of human nature is imprinted in him, and that from it all others must take their rule; and that all proceedings which are not like his are feigned and false. What brutal stupidity! Is anything of another's actions or faculties proposed to him? the first thing he calls to the consultation of his judgment is his own example; and as matters go with him, so they must of necessity do with all the world besides. O dangerous and intolerable folly! For my part, I consider some men as infinitely beyond me, especially amongst the ancients, and yet, though I clearly discern my inability to come near them by a thousand paces, I do not forbear to keep them in sight, and to judge of what so elevates them, of which I perceive some seeds in myself, as I also do of the extreme meanness of some other minds, which I neither am astonished at nor yet misbelieve. I very well perceive the turns those great souls take to raise themselves to such a pitch, and admire their grandeur; and those flights that I think

---

[1] Tacitus, *Annal.*, iv. 45.
[2] *Ibid.*, xv. 57.

[3] I. xxvi.

the bravest I could be glad to imitate; where, though I want wing, yet my judgment readily goes along with them.

The other example he introduces of "things incredible and wholly fabulous," delivered by Plutarch,[1] is, that "Agesilaus was fined by the Ephori for having wholly engrossed the hearts and affections of his citizens to himself alone." And herein I do not see what sign of falsity is to be found: clearly Plutarch speaks of things that must needs be better known to him than to us; and it was no new thing in Greece to see men punished and exiled for this very thing of being too acceptable to the people; witness the Ostracism and Petalism.

There is yet in this place another accusation laid against Plutarch which I cannot well digest, where Bodin says that he has sincerely paralleled Romans with Romans, and Greeks amongst themselves, but not Romans with Greeks; witness, says he, Demosthenes and Cicero, Cato and Aristides, Sulla and Lysander, Marcellus and Pelopidas, Pompey and Agesilaus, holding that he has favoured the Greeks in giving them so unequal companions. This is really to attack what in Plutarch is most excellent and most to be commended: for in his parallels (which is the most admirable part of all his works, and with which, in my opinion, he is himself the most pleased) the fidelity and sincerity of his judgments equal their depth and weight: he is a philosopher who teaches us virtue. Let us see whether we cannot defend him from this reproach of falsity and prevarication. All that I can imagine could give occasion to this censure is the great and shining lustre of the Roman names which we have in our minds; it does not seem likely to us that Demosthenes could rival the glory of a consul, proconsul, and prætor of that great Republic; but if a man consider the truth of the thing, and the men in themselves, which is Plutarch's chief aim, and will rather balance their manners, their natures, and parts, than their fortunes, I think, contrary to Bodin, that Cicero and the elder Cato come far short of the men with whom they are compared. I should sooner, for his purpose, have chosen the example of the younger Cato compared with Phocion, for in this couple there would have been a more likely disparity, to the Roman's advantage. As to Marcellus, Sulla, and Pompey, I very well discern that their exploits of war are greater and more full of pomp and glory than those of the Greeks, whom Plutarch compares with them: but the bravest and most virtuous actions, any more in war than elsewhere, are not always the most renowned. I often see the names of captains obscured by the splendour of other names of less desert; witness Labienus, Ventidius, Telesinus, and several others. And to take it by that, were I to complain on the behalf of the Greeks, could I not say, that Camillus was much less comparable to Themistocles, the Gracchi to Agis and Cleomenes and Numa to Lycurgus? But 'tis folly to judge, at one view, of things that have so many aspects. When Plutarch compares them, he does not, for all that, make them equal; who could more learnedly and sincerely have marked their distinctions? Does he parallel the victories, feats of arms, the force of the armies conducted by Pompey, and his triumphs, with those of Agesilaus? "I do not believe," says he,[2] "that Xenophon himself, if he were now living, though he were allowed to write whatever pleased him to the advantage of Agesilaus, would dare to bring them into comparison." Does he speak of paralleling Lysander to Sulla. "There is," says he, "no comparison, either in the number of victories, or in the hazard of battles, for Lysander only gained two naval battles," &c.[3] This is not to derogate from the Romans; for having only simply named them with the Greeks, he can have done them no injury, what disparity soever there may be betwixt them: and Plutarch does not entirely oppose them to one another; there is no preference in general; he only compares the pieces and circumstances, one after another, and gives of every one a particular and separate judgment. Wherefore if any one could convict him of partiality, he ought to pick out some one of those particular judgments, or say, in general, that he was mistaken in comparing such a Greek to such a Roman, when there were others more fit and better resembling to parallel him to.

XXXIII. THE STORY OF SPURINA

PHILOSOPHY thinks she has not ill employed her talent, when she has given the sovereignty of the soul and the authority of restraining our appetites, to reason. Amongst which, they who judge that there is none more violent than those which spring from love, have this opinion also, that they seize both body and soul, and possess the whole man, so that even health itself depends upon them, and medicine is sometimes constrained to pimp for them; but one might, on

---

[1] Agesilaus.
[2] Agesilaus-Pompey.
[3] Lysander-Sulla.

the contrary also say, that the mixture of the body brings an abatement and weakening; for such desires are subject to satiety, and capable of material remedies.

Many, being determined to rid their soul from the continual alarms of this appetite, have made use of incision and amputation of the rebelling members; others have subdued their force and ardour by the frequent application of cold things, as snow and vinegar. The sackcloths of our ancestors were for this purpose, which is cloth woven of horse-hair, of which some of them made shirts, and others girdles, to torture and correct their reins. A prince, not long ago, told me, that in his youth, upon a solemn festival in the court of King Francis I, where everybody was very finely dressed, he would needs put on his father's hair shirt, which was still kept in the house; but how great soever his devotion was, he had not patience to wear it till night, and was sick a long time after; adding withal, that he did not think there could be any youthful heat so fierce that the use of this recipe would not mortify, and yet perhaps he never essayed the most violent; for experience shows us, that such emotions are often seen under rude and slovenly clothes, and that a hair shirt does not always render those chaste who wear it.

Xenocrates proceeded with greater rigour in this affair; for his disciples, to make trial of his continency, having slipt Lais, that beautiful and famous courtesan, into his bed, quite naked, excepting the arms of her beauty and her wanton allurements, her philters, finding, that in despite of his reason and philosophical rules, his unruly flesh began to mutiny, he caused those members of his to be burned that he found consenting to this rebellion. Whereas the passions which wholly reside in the soul, as ambition, avarice, and the rest, find the reason much more to do, because it cannot there be helped but by its own means; neither are those appetites capable of satiety, but grow sharper and increase by fruition.

The sole example of Julius Cæsar may suffice to demonstrate to us the disparity of these appetites; for never was man more addicted to amorous delights than he: of which one testimony is the peculiar care he had of his person, to such a degree, as to make use of the most lascivious means to that end then in use, as to have all the hairs of his body twitched off, and to wipe all over with perfumes with the extremest nicety. And he was a beautiful person in himself, of a fair complexion, tall, and sprightly, full faced, with quick hazel eyes, if we may believe Suetonius; for the statues of him that we see at Rome do not in all points answer this description. Besides his wives, whom he four times changed, without reckoning the amours of his boyhood with Nicomedes, king of Bithynia, he had the maidenhead of the renowned Cleopatra, queen of Egypt, witness the little Cæsario whom he had by her.[1] He also made love to Eunoe, queen of Mauritania; and at Rome, to Posthumia, the wife of Servius Sulpitius; to Lollia, the wife of Gabinius; to Tertulla, the wife of Crassus, and even to Mutia, wife to the great Pompey: which was the reason, the Roman historians say, that she was repudiated by her husband, which Plutarch confesses to be more than he knew; and the Curios, both father and son, afterwards reproached Pompey, when he married Cæsar's daughter, that he had made himself son-in-law to a man who had made him cuckold, and one whom he himself was wont to call Ægisthus. Besides all these, he entertained Servilia, Cato's sister and mother to Marcus Brutus, whence, every one believes, proceeded the great affection he had to Brutus, by reason that he was born at a time when it was likely he might be his son. So that I have reason, methinks, to take him for a man extremely given to this debauch, and of a very amorous constitution. But the other passion of ambition, with which he was exceedingly infected, arising in him to contend with the former, it was soon compelled to give way.

And here calling to mind Mohammed, who won Constantinople, and finally exterminated the Grecian name, I do not know where these two passions were so evenly balanced; equally an indefatigable lecher and soldier: but where they both meet in his life and jostle one another, the quarrelling passion always gets the better of the amorous one; and this, though it was out of its natural season, never regained an absolute sovereignty over the other till he had arrived at an extreme old age, and unable to undergo the fatigues of war.

What is related for a contrary example, of Ladislaus, king of Naples, is very remarkable; that being a great captain, valiant and ambitious, he proposed to himself for the principal end of his ambition, the execution of his pleasure and the enjoyment of some rare and excellent beauty. His death sealed up all the rest: for having by a close and tedious siege reduced the city of Florence to so great distress that the inhabitants were compelled to capitulate about surrender, he was content to let them alone, provided they

---

[1] Plutarch, Cæsar.

would deliver up to him a beautiful maid he had heard of in their city; they were forced to yield to it, and by a private injury to avert the public ruin. She was the daughter of a famous physician of his time, who, finding himself involved in so foul a necessity, resolved upon a high attempt. As everyone was lending a hand to trick up his daughter and to adorn her with ornaments and jewels to render her more agreeable to this new lover, he also gave her a handkerchief most richly wrought, and of an exquisite perfume, an implement they never go without in those parts, which she was to make use of at their first approaches. This handkerchief, poisoned with his greatest art, coming to be rubbed between the chafed flesh and open pores, both of the one and the other, so suddenly infused the poison, that immediately converting their warm into a cold sweat they presently died in one another's arms.

But I return to Cæsar. His pleasures never made him steal one minute of an hour, nor go one step aside from occasions that might any way conduce to his advancement. This passion was so sovereign in him over all the rest, and with so absolute authority possessed his soul, that it guided him at pleasure. In truth, this troubles me, when, as to everything else, I consider the greatness of this man, and the wonderful parts wherewith he was endued; learned to that degree in all sorts of knowledge that there is hardly any one science of which he has not written; so great an orator that many have preferred his eloquence to that of Cicero, and he, I conceive, did not think himself inferior to him in that particular, for his two anti-Catos were written to counterbalance the elocution that Cicero had expended in his Cato. As to the rest, was ever soul so vigilant, so active, and so patient of labour as his? and, doubtless, it was embellished with many rare seeds of virtue, lively, natural, and not put on; he was singularly sober; so far from being delicate in his diet, that Oppius relates, how that having one day at table set before him medicated instead of common oil in some sauce, he ate heartily of it, that he might not put his entertainer out of countenance. Another time he caused his baker to be whipped for serving him with a finer than ordinary sort of bread. Cato himself was wont to say of him, that he was the first sober man who ever made it his business to ruin his country. And as to the same Cato's calling him one day drunkard, it fell out thus: being both of them in the Senate, at a time when Catiline's conspiracy was in question, of which Cæsar was suspected, one came and brought him a letter sealed up. Cato believing that it was something the conspirators gave him notice of, required him to deliver it into his hand, which Cæsar was constrained to do, to avoid farther suspicion. It was by chance a love-letter that Servilia, Cato's sister, had written to him which, Cato having read, he threw it back to him, saying, "There, drunkard."[1] This, I say, was rather a word of disdain and anger than an express reproach of this vice, as we often rate those who anger us with the first injurious words that come into our mouths, though nothing due to those we are offended at; to which may be added that the vice which Cato cast in his dish is wonderfully near akin to that wherein he had trapped Cæsar; for Bacchus and Venus, according to the proverb, very willingly agree; but with me Venus is most sprightly when I am the most sober.

The examples of his sweetness and clemency to those by whom he had been offended are infinite; I mean, besides those he gave during the time of the civil wars, which, as plainly enough appears by his writings, he practised to cajole his enemies, and to make them less afraid of his future dominion and victory. But I must also say, that if these examples are not sufficient proofs of his natural sweetness, they, at least, manifest a marvellous confidence and grandeur of courage in this person. He has often been known to dismiss whole armies, after having overcome them, to his enemies, without ransom, or deigning so much as to bind them by oath, if not to favour him, at least no more to bear arms against him; he has three or four times taken some of Pompey's captains prisoners, and as often set them at liberty. Pompey declared all those to be enemies who did not follow him to the war; he proclaimed all those to be his friends who sat still and did not actually take arms against him. To such captains of his as ran away from him to go over to the other side, he sent, moreover, their arms, horses, and equipage: the cities he had taken by force he left at full liberty to follow which side they pleased, imposing no other garrison upon them but the memory of his gentleness and clemency. He gave strict and express charge, the day of his great battle of Pharsalia, that, without the utmost necessity, no one should lay a hand upon the citizens of Rome. These, in my opinion, were very hazardous proceedings, and 'tis no wonder if those in our civil war, who, like him, fight against the ancient estate of their country, do not follow his example; they are extraordinary means, and that only

---

[1] *Idem*, Cato the Younger.

appertain to Cæsar's fortune, and to his admirable foresight in the conduct of affairs. When I consider the incomparable grandeur of his soul, I excuse victory that it could not disengage itself from him, even in so unjust and so wicked a cause.

To return to his clemency: we have many striking examples in the time of his government, when, all things being reduced to his power, he had no more need to dissemble. Caius Memmius had written very severe orations against him, which he had as sharply answered: yet he did not soon after forbear to use his interest to make him consul. Caius Calvus, who had composed several injurious epigrams against him, having employed many of his friends to mediate a reconciliation with him, Cæsar voluntarily persuaded himself to write first to him. And our good Catullus, who had so rudely ruffled him under the name of Mamurra, coming to offer his excuses to him, he made the same day sit at his table. Having intelligence of some who spoke ill of him, he did no more, but only by a public oration declare that he had notice of it. He still less feared his enemies than he hated them; some conspiracies and cabals that were made against his life being discovered to him, he satisfied himself in publishing by proclamation that they were known to him, without further prosecuting the conspirators.

As to the respect he had for his friends: Caius Oppius, being with him upon a journey, and finding himself ill, he left him the only lodging he had for himself, and lay all night upon the hard ground in the open air. As to what concerns his justice, he put a beloved servant of his to death for lying with a noble Roman's wife, though there was no complaint made. Never had man more moderation in his victory, nor more resolution in his adverse fortune.

But all these good inclinations were stifled and spoiled by his furious ambition, by which he suffered himself to be so transported and misled that one may easily maintain, that this passion was the rudder of all his actions: of a liberal man, it made him a public thief to supply this bounty and profusion, and made him utter this vile and unjust saying, "That if the most wicked and profligate persons in the world had been faithful in serving him towards his advancement, he would cherish and prefer them to the utmost of his power, as much as the best of men." It intoxicated him with so excessive a vanity, as to dare to boast in the presence of his fellow-citizens, that he had made the great commonwealth of Rome a name without form and without body; and to say that his answers for the future should stand for laws; and also to receive the body of the Senate coming to him, sitting; to suffer himself to be adored, and to have divine honours paid to him in his own presence. To conclude, this sole vice, in my opinion, spoiled in him the most rich and beautiful nature that ever was, and has rendered his name abominable to all good men, in that he would erect his glory upon the ruins of his country and the subversion of the greatest and most flourishing republic the world shall ever see.

There might, on the contrary, many examples be produced of great men whom pleasures have made to neglect the conduct of their affairs, as Mark Antony and others; but where love and ambition should be in equal balance, and come to jostle, with equal forces, I make no doubt but the last would win the prize.

To return to my subject; 'tis much to bridle our appetites by the argument of reason, or, by violence, to contain our members within their duty: but to lash ourselves for our neighbour's interest, and not only to divest ourselves of the charming passion that tickles us, of the pleasure we feel in being agreeable to others, and courted and beloved of every one, but also to conceive a hatred against the graces that produce that effect, and to condemn our beauty because it inflames others; of this, I confess, I have met with few examples. But this is one. Spurina, a young man of Tuscany,

Qualis gemma micat, fulvum quæ dividit aurum,
Aut collo decus, aut capiti: vel quale per artem
Inclusum buxo, aut Oricia terebintho
Lucet ebur,[1]

being endowed with a singular beauty, and so excessive, that the chastest eyes could not chastely behold its rays; not contenting himself with leaving so much flame and fever as he everywhere kindled without relief, entered into a furious spite against himself and those great endowments nature had so liberally conferred upon him, as if a man were responsible to himself for the faults of others, and purposely slashed and disfigured, with many wounds and scars, the perfect symmetry and proportion that nature had so curiously imprinted in his face. To give my free opinion, I more admire than honour such actions: such excesses are enemies to my

---

[1] As a gem shines enchased in yellow gold, an ornament on the neck or head, or as ivory has lustre, set by art in boxwood or Orician ebony.—*Æneid*, x. 134.

rules. The design was conscientious and good, but certainly a little defective in prudence. What! if his deformity served afterwards to make others guilty of the sin of hatred or contempt; or of envy at the glory of so rare a recommendation; or of calumny, interpreting this humour a mad ambition! Is there any form from which vice cannot, if it will, extract occasion to exercise itself, one way or another? It had been more just, and also more noble, to have made of these gifts of God a subject of exemplary regularity and virtue.

They who retire themselves from the common offices, from that infinite number of troublesome rules that fetter a man of exact honesty in civil life, are in my opinion very discreet, what peculiar sharpness of constraint soever they impose upon themselves in so doing. 'Tis in some sort a kind of dying to avoid the pain of living well. They may have another reward; but the reward of difficulty I fancy they can never have; nor, in uneasiness, that there can be anything more or better done than the keeping oneself upright amid the waves of the world, truly and exactly performing all parts of our duty. 'Tis, peradventure, more easy to keep clear of the sex, than to maintain one's self aright in all points in the society of a wife; and a man may with less trouble adapt himself to entire abstinence, than to the due dispensation of abundance. Use, carried on according to reason, has in it more of difficulty than abstinence; moderation is a virtue that gives more work than suffering; the well living of Scipio has a thousand fashions, that of Diogenes but one; this as much excels the ordinary lives in innocence, as the most accomplished excel them in utility and force.

XXXIV. Observation on the means to carry on a war according to Julius Cæsar

'Tis related of many great leaders that they have had certain books in particular esteem, as Alexander the Great, Homer; Scipio Africanus, Xenophon; Marcus Brutus, Polybius; Charles V, Philip de Comines; and 'tis said that, in our times, Machiavelli is elsewhere still in repute: but the late Marshal Strozzi, who took Cæsar for his man, doubtless made the best choice, seeing that his book indeed ought to be the breviary of every soldier, as being the true and most excellent pattern of all military art. And, moreover, God knows with what grace and beauty he has embellished that rich matter, with so pure, delicate, and perfect expression, that, in my opinion, there are no writings in the world comparable to his, as to that business.

I will set down some rare and particular passages of his wars, that remain in my memory.

His army, being in some consternation upon the rumour that was spread of the great forces that King Juba was leading against him, instead of abating the apprehension which his soldiers had conceived at the news and of lessening to them the forces of the enemy, having called them all together to encourage and reassure them, he took a quite contrary way to what we are used to do, for he told them that they need no more trouble themselves with inquiring after the enemy's forces, for that he was certainly informed thereof, and then told them of a number much surpassing both the truth and the report that was current in his army; following the advice of Cyrus in Xenophon, forasmuch as the deception is not of so great importance to find an enemy weaker than we expected, than to find him really very strong, after having been made to believe that he was weak.

It was always his use to accustom his soldiers simply to obey, without taking upon them to control, or so much as to speak of their captain's designs, which he never communicated to them but upon the point of execution; and he took a delight, if they discovered anything of what he intended, immediately to change his orders to deceive them; and to that purpose, would often, when he had assigned his quarters in a place, pass forward and lengthen his day's march, especially if it was foul and rainy weather.

The Swiss, in the beginning of his wars in Gaul, having sent to him to demand a free passage over the Roman territories, though resolved to hinder them by force, he nevertheless spoke kindly to the messengers, and took some respite to return an answer, to make use of that time for the calling his army together. These silly people did not know how good a husband he was of his time: for he often repeats that it is the best part of a captain to know how to make use of occasions, and his diligence in his exploits is, in truth, unheard of and incredible.

If he was not very conscientious in taking advantage of an enemy under colour of a treaty of agreement, he was as little so in this, that he required no other virtue in a soldier but valour only, and seldom punished any other faults but mutiny and disobedience. He would often after his victories turn them loose to all sorts of licence, dispensing them for some time from the rules of military discipline, saying withal that he had soldiers so well trained up that, powdered and perfumed, they would run furiously to the fight. In truth, he loved to have them richly armed, and made them wear engraved, gilded, and damasked armour, to the end that the care of saving it might engage them to a more obstinate defence. Speaking to them, he called them by the name of fellow-soldiers, which we yet use; which his successor, Augustus, reformed, supposing he had only done it upon necessity, and to cajole those who merely followed him as volunteers:

*Rheni mihi Cæsar in undis
Dux erat; hic socius; facinus quos inquinat, æquat:* [1]

but that this carriage was too mean and low for the dignity of an emperor and general of an army, and therefore brought up the custom of calling them soldiers only.

With this courtesy Cæsar mixed great severity to keep them in awe; the ninth legion having mutinied near Placentia, he ignominiously cashiered them, though Pompey was then yet on foot, and received them not again to grace till after many supplications; he quieted them more by authority and boldness than by gentle ways.

In that place where he speaks of his passage over the Rhine to Germany, he says that, thinking it unworthy of the honour of the Roman people to waft over his army in vessels, he built a bridge that they might pass over dry-foot. There it was that he built that wonderful bridge of which he gives so particular a description: for he nowhere so willingly dwells upon his actions as in representing to us the subtlety of his inventions in such kind of things.

I have also observed this, that he set a great value upon his exhortations to the soldiers before the fight; for where he would show that he was either surprised or reduced to a necessity of fighting, he always brings in this, that he had not so much as leisure to harangue his army. Before that great battle with those of Tournay, "Cæsar," says he, "having given order for everything else, presently ran where fortune carried him to encourage his people, and meeting with the tenth legion had no more time to say anything to them but this, that they should remember their wonted valour; not be astonished, but bravely sustain the enemy's encounter, and seeing the enemy had already approached within a dart's cast, he gave the signal for battle; and going suddenly thence elsewhere, to encourage others, he found that they were already engaged." Here is what he tells us in that place.

His tongue, indeed, did him notable service upon several occasions, and his military eloquence was, in his own time, so highly reputed, that many of his army wrote down his harangues as he spoke them, by which means there were volumes of them collected that existed a long time after him. He had so particular a grace in speaking, that they who were particularly acquainted with him, and Augustus amongst others, hearing those orations read, could distinguish even to the phrases and words that were not his.

The first time that he went out of Rome with any public command, he arrived in eight days at the river Rhone, having with him in his coach a secretary or two before him who were continually writing, and him who carried his sword behind him.[2] And certainly, though a man did nothing but go on, he could hardly attain that promptitude with which, having been everywhere victorious in Gaul, he left it, and following Pompey to Brundusium in eighteen days' time he subdued all Italy; returned from Brundusium to Rome; from Rome went into the very heart of Spain, where he surmounted extreme difficulties in the war against Afranius and Petreius, and in the long siege of Marseilles; thence he returned into Macedonia, beat the Roman army at Pharsalia, passed thence in pursuit of Pompey into Egypt, which he also subdued; from Egypt he went into Syria and the territories of Pontus, where he fought Pharnaces; thence into Africa, where he defeated Scipio and Juba; again returned through Italy, where he defeated Pompey's sons:

Ocyor et cœli flammis, et tigride fœta.[3]

*Ac veluti montis saxum de vertice præceps
Cum ruit avulsum vento, seu turbidus imber
Proluit, aut annis solvit sublapsa vetustas,
Fertur in abruptum magno mons improbus actu,
Exultatque solo, silvas, armenta, virosque,
Involvens secum.*[4]

Speaking of the siege of Avaricum, he says, that it was his custom to be night and day with the pioneers. In all enterprises of consequence he always reconnoitred in person, and never brought his army into quarters till he had first viewed the place, and, if we may believe Sue-

---

[1] At the passage of the Rhine Cæsar was my general; here he is, at Rome, my fellow. Crime renders all its accomplices equal.—Lucan, v. 289.

[2] Plutarch, Cæsar.

[3] Swifter than lightning, or the cub-bearing tigress.—Lucan, v. 405.

[4] As a stone torn from the mountain's top by the wind or rain torrents, or loosened by age, falls massive with mighty force, bounds here and there, in its course sweeps all before it, woods, herds, and men.—Æneid xii. 684.

tonius, when he resolved to pass over into England, he was the first man that sounded the passage.

He was wont to say that he more valued a victory obtained by counsel than by force, and in the war against Petreius and Afranius, fortune presenting him with an occasion of manifest advantage, he declined it, saying, that he hoped, with a little more time, but less hazard, to overthrow his enemies. He there also played a notable part in commanding his whole army to pass the river by swimming, without any manner of necessity:

> *Rapuitque ruens in prælia miles,*
> *Quod fugiens timuisset, iter; mox uda receptis*
> *Membra fovent armis, gelidosque à gurgite, cursu*
> *Restituunt artus.*[1]

I find him a little more temperate and considerate in his enterprises than Alexander, for this man seems to seek and run headlong upon dangers like an impetuous torrent which attacks and rushes against everything it meets, without choice or discretion;

> *Sic tauriformis volvitur Aufidus,*
> *Qui regna Dauni perfluit Appuli,*
> *Dum sævit, horrendamque cultis*
> *Diluviem meditatur agris;*[2]

and, indeed, he was a general in the flower and first heat of his youth, whereas Cæsar took up the trade at a ripe and well advanced age; to which may be added that Alexander was of a more sanguine, hot, and choleric constitution, which he also inflamed with wine, from which Cæsar was very abstinent.

But where necessary occasion required, never did any man venture his person more than he: so much so, that for my part, methinks I read in many of his exploits a determinate resolution to throw himself away to avoid the shame of being overcome. In his great battle with those of Tournay, he charged up to the head of the enemies without his shield, just as he was seeing the van of his own army beginning to give ground; which also several other times befell him. Hearing that his people were besieged, he passed through the enemy's army in disguise to go and encourage them with his presence. Having crossed over to Dyrrachium with very slender forces, and seeing the remainder of his army which he had left to Antony's conduct slow in following him, he undertook alone to repass the sea in a very great storm, and privately stole away to fetch the rest of his forces, the ports on the other side being seized by Pompey, and the whole sea being in his possession. And as to what he performed by force of hand, there are many exploits that in hazard exceed all the rules of war: for with how small means did he undertake to subdue the kingdom of Egypt, and afterwards to attack the forces of Scipio and Juba, ten times greater than his own? These people had, I know not what, more than human confidence in their fortune; and he was wont to say that men must embark, and not deliberate, upon high enterprises. After the battle of Pharsalia, when he had sent his army away before him into Asia, and was passing in one single vessel the strait of the Hellespont, he met Lucius Cassius at sea with ten tall men-of-war, when he had the courage not only to stay his coming, but to sail up to him and summon him to yield, which he did.

Having undertaken that furious siege of Alexia, where there were fourscore thousand men in garrison, all Gaul being in arms to raise the siege and having set an army on foot of a hundred and nine thousand horse, and of two hundred and forty thousand foot, what a boldness and vehement confidence was it in him that he would not give over his attempt, but resolved upon two so great difficulties?—which nevertheless he overcame; and, after having won that great battle against those without, soon reduced those within to his mercy. The same happened to Lucullus at the siege of Tigranocerta against King Tigranes, but the condition of the enemy was not the same, considering the effeminacy of those with whom Lucullus had to deal. I will here set down two rare and extraordinary events concerning this siege of Alexia; one, that the Gauls having drawn their powers together to encounter Cæsar, after they had made a general muster of all their forces, resolved in their council of war to dismiss a good part of this great multitude, that they might not fall into confusion. This example of fearing to be too many is new; but, to take it right, it stands to reason that the body of any army should be of a moderate greatness, and regulated to certain bounds, both out of respect to the difficulty of providing for them, and the difficulty of governing and keeping them in order. At least it is very easy to make

---

[1] The soldiers rush through a way to fight which they would have been afraid to have taken in flight. Then with their armour they cover wet limbs, and by running restore warmth to their numbed joints. —Lucan, iv. 151.

[2] So the biforked Aufidus, which waters the realm of the Apulian Daunus, when raging, threatens a fearful deluge to the tilled ground.—Horace, *Od.*, iv. 14, 25.

it appear by example, that armies monstrous in number have seldom done anything to purpose. According to the saying of Cyrus in Xenophon, "'Tis not the number of men, but the number of good men, that gives the advantage": the remainder serving rather to trouble than assist. And Bajazet principally grounded his resolution of giving Tamerlane battle, contrary to the opinion of all his captains, upon this, that his enemies' numberless number of men gave him assured hopes of confusion. Scanderbeg, a very good and expert judge in such matters, was wont to say that ten or twelve thousand reliable fighting men were sufficient to a good leader to secure his reputation in all sorts of military occasions. The other thing I will here record, which seems to be contrary both to the custom and rules of war, is, that Vercingetorix, who was made general of all the parts of the revolted Gaul, should go shut up himself in Alexia: for he who has the command of a whole country ought never to shut himself up but in case of such last extremity that the only place he has left is in concern, and that the only hope he has left is in the defence of that city; otherwise he ought to keep himself always at liberty, that he may have the means to provide, in general, for all parts of his government.

To return to Cæsar. He grew, in time, more slow and more considerate, as his friend Oppius witnesses: conceiving that he ought not lightly to hazard the glory of so many victories, which one blow of fortune might deprive him of. 'Tis what the Italians say, when they would reproach the rashness and foolhardiness of young people, calling them *Bisognosi d'onora*, "necessitous of honour," and that being in so great a want and dearth of reputation, they have reason to seek it at what price soever, which they ought not to do, who have acquired enough already. There may reasonably be some moderation, some satiety, in this thirst and appetite of glory, as well as in other things: and there are enough people who practise it.

He was far remote from the religious scruples of the ancient Romans, who would never prevail in their wars, but by dint of pure and simple valour; and yet he was more conscientious than we should be in these days, and did not approve all sorts of means to obtain a victory. In the war against Ariovistus, whilst he was parleying with him, there happened some commotion between the horsemen, which was occasioned by the fault of Ariovistus' light horse, wherein, though Cæsar saw he had a very great advantage of the enemy, he would make no use on't, lest he should have been reproached with a treacherous proceeding.

He was always wont to wear rich garments and of a shining colour in battle, that he might be the more remarkable and better observed.

He always carried a stricter and tighter hand over his soldiers when near an enemy. When the ancient Greeks would accuse any one of extreme insufficiency, they would say, in common proverb, that he could neither read nor swim; he was of the same opinion, that swimming was of great use in war, and himself found it so; for when he had to use diligence, he commonly swam over the rivers in his way; for he loved to march on foot, as also did Alexander the Great. Being in Egypt forced, to save himself, to go into a little boat, and so many people leaping in with him that it was in danger of sinking, he chose rather to commit himself to the sea, and swam to his fleet, which lay two hundred paces off, holding in his left hand his tablets, and drawing his coat-armour in his teeth, that it might not fall into the enemy's hand, and at this time he was of a pretty advanced age.

Never had any general so much credit with his soldiers: in the beginning of the civil wars, his centurions offered him to find every one a man-at-arms at his own charge, and the foot soldiers to serve him at their own expense; those who were most at their ease, moreover, undertaking to defray the more necessitous. The late Admiral Chastillon showed us the like example in our civil wars; for the French of his army provided money out of their own purses to pay the foreigners that were with him. There are but rarely found examples of so ardent and so ready an affection amongst the soldiers of elder times, who kept themselves strictly to their rules of war: passion has a more absolute command over us than reason; and yet it happened in the war against Hannibal, that by the example of the people of Rome, in the city, the soldiers and captains refused their pay in the army, and in Marcellus' camp those were branded with the name of Mercenaries who would receive any. Having got the worst of it near Dyrrachium, his soldiers came and offered themselves to be chastised and punished, so that there was more need to comfort than reprove them. One single cohort of his withstood four of Pompey's legions above four hours together, till they were almost all killed with arrows, so that there were a hundred and thirty thousand shafts found in the trenches. A soldier called Scæva, who commanded at one of the avenues, invincibly maintained his ground, having lost an eye, with one shoulder and one thigh shot through, and his shield hit in two hundred and thirty places. It happened that many of his soldiers being taken prisoners, rather chose to die than promise to join the contrary side. Granius Petronius was taken by Scipio in Africa: Scipio having put the rest to death, sent him word that he gave him his life, for he was a man of quality and quæstor, to whom Petronius sent answer back, that Cæsar's soldiers were wont to give others their lives, and not to receive it; and immediately with his own hand killed himself.[1]

Of their fidelity there are infinite examples: amongst them, that which was done by those who were besieged in Salona, a city that stood for Cæsar against Pompey, is not, for the rarity of an accident that there happened, to be forgotten. Marcus Octavius kept them close besieged; they within being reduced to the extremest necessity of all things, so that to supply the want of men, most of them being either slain or wounded, they had manumitted all their slaves, and had been constrained to cut off all the women's hair to make ropes for their war engines, besides a wonderful dearth of victuals, and yet continuing resolute never to yield. After having drawn the siege to a great length, by which Octavius was grown more negligent and less attentive to his enterprise, they made choice of one day about noon, and having first placed the women and children upon the walls to make a show, sallied upon the besiegers with such fury, that having routed the first, second, and third body, and afterwards the fourth, and the rest, and beaten them all out of their trenches, they pursued them even to their ships, and Octavius himself was fain to fly to Dyrrachium where Pompey lay. I do not at present remember that I have met with any other example where the besieged ever gave the besieger a total defeat, and won the field; nor that a sortie ever achieved the result of a pure and entire victory.

XXXV. Of three good women

They are not by the dozen, as every one knows, and especially in the duties of marriage, for that is a bargain full of so many nice circumstances that 'tis hard a woman's will should long endure such a restraint; men, though their condition be something better under that tie, have yet enough to do. The true touch and test of a happy marriage have respect to the time of the companionship, if it has been constantly gentle, loyal, and agreeable. In our age, women commonly reserve the publication of their good offices, and their vehement affection towards their husbands until they have lost them, or at least, till then defer the testimonies of their good will: a too slow testimony, and unseasonable. By it they rather manifest that they never loved them till dead: their life is nothing but trouble; their death, full of love and courtesy. As fathers conceal their affection from their children, women, likewise, conceal theirs from their husbands, to maintain a modest respect. This mystery is not for my palate; 'tis to much purpose that they scratch themselves and tear their hair. I whisper in a waiting-woman's or secretary's ear: "How were they, how did they live, together?" I always have that good saying in my head: *Jactantius mœrent, quæ minus dolent.*[2] Their whimpering is offensive to the living, and vain to the dead. We should willingly give them leave to laugh after we are dead, provided they will smile upon us whilst we are alive. Is it not enough to make a man revive in pure spite, that she, who spat in my face whilst I was in being, shall come to kiss my feet when I am no more? If there be any honour in lamenting a husband, it only appertains to those who smiled upon them whilst they had them; let those who wept during their lives laugh at their deaths, as well outwardly as within. Therefore, never regard those blubbered eyes and that pitiful voice; consider her deportment, her complexion, the plumpness of her cheeks under all those formal veils; 'tis there she talks plain French. There are few who do not mend upon't, and health is a quality that cannot lie. That starched and ceremonious countenance looks not so much back as forward, and is rather intended to get a new husband than to lament the old. When I was a boy, a very beautiful and virtuous lady, who is yet living, the widow of a prince, wore somewhat more ornament in her dress than our laws of widowhood allow, and being reproached with it, she made answer, that it was because she was resolved to have no more love affairs, and would never marry again.

I have here, not at all dissenting from our customs, made choice of three women, who have also expressed the utmost of their goodness and affection about their husbands' deaths; yet are they examples of another kind than are now in use, and so austere that they will hardly be drawn into imitation.

The younger Pliny had near a house of his in Italy a neighbour who was exceedingly tormented with certain ulcers in his private parts. His

---

[1] Plutarch, Cæsar.

[2] They make the most ado who are least concerned.—Tacitus, *Annal.*, ii. 77.

wife seeing him so long to languish, entreated that he would give her leave to see and at leisure to consider of the condition of his disease, and that she would freely tell him what she thought. This permission being obtained, and she having curiously examined the business, found it impossible he could ever be cured, and that all he had to hope for or expect, was a great while to linger out a painful and miserable life, and, therefore, as the most sure and sovereign remedy, resolutely advised him to kill himself. But finding him a little tender and backward in so rude an attempt: "Do not think, my friend," said she, "that the torments I see thee endure are not as sensible to me as to thyself, and that to deliver myself from them, I will not myself make use of the same remedy I have prescribed to thee. I will accompany thee in the cure as I have done in the disease; fear nothing, but believe that we shall have pleasure in this passage that is to free us from so many miseries, and we will go happily together." Which having said, and roused up her husband's courage, she resolved that they should throw themselves headlong into the sea out of a window that overlooked it, and that she might maintain to the last the loyal and vehement affection wherewith she had embraced him during his life, she would also have him die in her arms; but lest they should fail, and should quit their hold in the fall through fear, she tied herself fast to him by the waist, and so gave up her own life to procure her husband's repose. This was a woman of mean condition; and, amongst that class of people, 'tis no very new thing to see some examples of rare virtue:

Extrema per illos
Justitia excedens terris vestigia fecit.[1]

The other two were noble and rich, where examples of virtue are rarely lodged.

Arria, the wife of Cecina Pætus; a consular person, was the mother of another Arria, the wife of Thrasea Pætus, he whose virtue was so renowned in the time of Nero, and by this son-in-law, the grandmother of Fannia: for the resemblance of the names of these men and women, and their fortunes, have led to several mistakes. This first Arria, her husband Cecina Pætus, having been taken prisoner by some of the Emperor Claudius' people, after Scribonianus' defeat, whose party he had embraced in the war, begged of those who were to carry him prisoner to Rome, that they would take her into their ship, where she should be of much less charge and trouble to them than a great many persons they must otherwise have to attend her husband, and that she alone would undertake to serve him in his chamber, his kitchen, and all other offices. They refused; whereupon she put herself into a fisher boat she hired on the spot, and in that manner followed him from Sclavonia. When she had come to Rome, Junia, the widow of Scribonianus, having one day, from the resemblance of their fortune, accosted her in the Emperor's presence; she rudely repulsed her with these words, "I," said she, "speak to thee, or give ear to any thing thou sayest! to thee in whose lap Scribonianus was slain, and thou art yet alive!" These words, with several other signs, gave her friends to understand that she would undoubtedly despatch herself, impatient of supporting her husband's misfortune. And Thrasea, her son-in-law, beseeching her not to throw away herself, and saying to her, "What! if I should run the same fortune that Cecina has done, would you that your daughter, my wife, should do the same?" "Would I?" replied she, "yes, yes, I would: if she had lived as long, and in as good understanding with thee, as I have done with my husband." These answers made them more careful of her, and to have a more watchful eye to her proceedings. One day, having said to those who looked to her; "'Tis to much purpose that you take all this pains to prevent me; you may indeed make me die an ill death, but to keep me from dying is not in your power"; she in a sudden phrensy started from a chair whereon she sat, and with all her force dashed her head against the wall, by which blow being laid flat in a swoon, and very much wounded, after they had again with great ado brought her to herself: "I told you," said she, "that if you refused me some easy way of dying, I should find out another, how painful soever." The conclusion of so admirable a virtue was this: her husband Pætus, not having resolution enough of his own to despatch himself, as he was by the emperor's cruelty enjoined, one day, amongst others, after having first employed all the reasons and exhortations which she thought most prevalent to persuade him to it, she snatched the poignard he wore from his side, and holding it ready in her hand, for the conclusion of her admonitions: "Do thus, Pætus," said she, and in the same instant giving herself a mortal stab in the breast, and then drawing it out of the wound, presented it to him, ending her life with this noble, generous, and immortal saying, *Pæte, non dolet—*

---

[1] Justice when she left the earth, took her last steps among them.—Virgil, *Georg.*, ii. 473.

having time to pronounce no more but those three never-to-be-forgotten words: "Pætus, it is not painful":

Casta suo gladium cum traderet Arria Pæto,
  Quem de visceribus traxerat ipsa suis:
Si qua fides, vulnus quod feci non dolet, inquit,
  Sed quod tu facies, id mihi, Pæte, dolet.[1]

The action was much more noble in itself, and of a braver sense than the poet expressed it; for she was so far from being deterred by the thought of her husband's wound and death and her own, that she had been their promotress and adviser: but having performed this high and courageous enterprise for her husband's only convenience, she had even in the last gasp of her life no other concern but for him, and of dispossessing him of the fear of dying with her. Pætus presently struck himself to the heart with the same weapon, ashamed, I suppose, to have stood in need of so dear and precious an example.[2]

Pompeia Paulina, a young and very noble Roman lady, had married Seneca in his extreme old age. Nero, his fine pupil, sent his guards to him to denounce the sentence of death, which was performed after this manner: When the Roman emperors of those times had condemned any man of quality, they sent to him by their officers to choose what death he would, and to execute it within such or such a time, which was limited according to the degree of their indignation, to a shorter or a longer respite, that they might therein have better leisure to dispose their affairs, and sometimes depriving them of the means of doing it by the shortness of the time; and if the condemned seemed unwilling to submit to the order, they had people ready at hand to execute it either by cutting the veins of the arms and legs, or by compelling them by force to swallow a draught of poison. But persons of honour would not abide this necessity, but made use of their own physicians and surgeons for this purpose. Seneca, with a calm and steady countenance, heard their charge, and presently called for paper to write his will, which being by the captain refused, he turned himself towards his friends, saying to them, "Since I cannot leave you any other acknowledgment of the obligation I have to you, I leave you at least the best thing I have, namely, the image of my life and manners, which I entreat you to keep in memory of me, that by so doing you may acquire the glory of sincere and real friends." And therewithal, one while appeasing the sorrow he saw in them with gentle words, and presently raising his voice to reprove them; "What," said he, "are become of all our brave philosophical precepts? What are become of all the provisions we have so many years laid up against the accidents of fortune? Is Nero's cruelty unknown to us? What could we expect from him who had murdered his mother and his brother, but that he should put his tutor to death who had brought him up?" After having spoken these words in general, he turned himself towards his wife, and embracing her fast in his arms, as, her heart and strength failing her, she was ready to sink down with grief, he begged of her, for his sake, to bear this accident with a little more patience, telling her, that now the hour was come wherein he was to show, not by argument and discourse, but effect, the fruit he had acquired by his studies, and that he really embraced his death, not only without grief, but moreover with joy. "Wherefore, my dearest," said he, "do not dishonour it with thy tears, that it may not seem as if thou lovest thyself more than my reputation. Moderate thy grief, and comfort thyself in the knowledge thou hast had of me and my actions, leading the remainder of thy life in the same virtuous manner thou hast hitherto done." To which Paulina, having a little recovered her spirits, and warmed the magnanimity of her courage with a most generous affection, replied, "No, Seneca," said she, "I am not a woman to suffer you to go alone in such a necessity: I will not have you think that the virtuous examples of your life have not taught me how to die; and when can I ever better or more fittingly do it, or more to my own desire, than with you? and therefore assure yourself I will go along with you." Then Seneca, taking this noble and generous resolution of his wife in good part, and also willing to free himself from the fear of leaving her exposed to the cruelty of his enemies after his death: "I have, Paulina," said he, "instructed thee in what would serve thee happily to live; but thou more covetest, I see, the honour of dying: in truth, I will not grudge it thee; the constancy and resolution in our common end are the same, but the beauty and glory of thy part are much greater." Which being said, the surgeons, at the same time, opened the veins of both their arms, but as those of Seneca were more shrunk up, as well with age as abstinence, made his blood flow too slowly, he moreover

---

[1] When the chaste Arria gave to Pætus the reeking sword she had drawn from her breast, "Believe me," she said, "Pætus, the wound I have made hurts not, but 'tis the wound thou wilt make that hurts me."—Martial, i. 14.

[2] Tacitus, *Annal.*, xv. 61-64.

commanded them to open the veins of his thighs; and lest the torments he endured might pierce his wife's heart, and also to free himself from the affliction of seeing her in so sad a condition, after having taken a very affectionate leave of her, he entreated she would suffer them to carry her into her chamber, which they accordingly did. But all these incisions being not yet enough to make him die, he commanded Statius Anneus, his physician, to give him a draught of poison, which had not much better effect; for by reason of the weakness and coldness of his limbs, it could not arrive at his heart. Wherefore they were forced to superadd a very hot bath, and then, feeling his end approach, whilst he had breath he continued excellent discourses upon the subject of his present condition, which the secretaries wrote down so long as they could hear his voice, and his last words were long after in high honour and esteem amongst men, and it is a great loss to us that they have not come down to our times. Then, feeling the last pangs of death, with the bloody water of the bath he bathed his head, saying, "This water I dedicate to Jupiter the deliverer." Nero, being presently informed of all this, fearing lest the death of Paulina, who was one of the best-born ladies of Rome, and against whom he had no particular unkindness, should turn to his reproach, sent orders in all haste to bind up her wounds, which her attendants did without her knowledge, she being already half dead, and without all manner of sense. Thus, though she lived contrary to her own design, it was very honourably, and befitting her own virtue, her pale complexion ever after manifesting how much life had run from her veins.

These are my three very true stories, which I find as entertaining and as tragic as any of those we make out of our own heads wherewith to amuse the common people; and I wonder that they who are addicted to such relations, do not rather cull out ten thousand very fine stories, which are to be found in books that would save them the trouble of invention, and be more useful and diverting; and he who would make a whole and connected body of them, would need to add nothing of his own, but the connection only, as it were the solder of another metal; and might by this means embody a great many true events of all sorts, disposing and diversifying them according as the beauty of the work should require, after the same manner almost, as Ovid has made up his *Metamorphoses* of the infinite number of various fables.

In the last couple, this is, moreover, worthy of consideration, that Paulina voluntarily offered to lose her life for the love of her husband, and that her husband had formerly also forborne to die for the love of her. We may think there is no just counterpoise in this exchange; but, according to his stoical humour, I fancy he thought he had done as much for her, in prolonging his life upon her account, as if he had died for her. In one of his letters to Lucilius, after he has given him to understand that, being seized with an ague in Rome, he presently took coach to go to a house he had in the country, contrary to his wife's opinion, who would have him stay, and that he had told her that the ague he was seized with was not a fever of the body but of the place, it follows thus: "She let me go," says he, "giving me a strict charge of my health. Now I, who know that her life is involved in mine, begin to make much of myself, that I may preserve her. And I lose the privilege my age has given me, of being more constant and resolute in many things, when I call to mind that in this old fellow there is a young girl who is interested in his health. And since I cannot persuade her to love me more courageously, she makes me more solicitously love myself: for we must allow something to honest affections, and, sometimes, though occasions importune us to the contrary, we must call back life, even though it be with torment: we must hold the soul fast in our teeth, since the rule of living, amongst good men, is not so long as they please, but as long as they ought. He that loves not his wife or his friend so well as to prolong his life for them, but will obstinately die, is too delicate and too effeminate: the soul must impose this upon itself, when the utility of our friends so requires; we must sometimes lend ourselves to our friends, and when we would die for ourselves must break that resolution for them. 'Tis a testimony of grandeur of courage to return to life for the consideration of another, as many excellent persons have done: and 'tis a mark of singular good nature to preserve old age (of which the greatest convenience is the indifference as to its duration, and a more stout and disdainful use of life), when a man perceives that this office is pleasing, agreeable, and useful to some person by whom he is very much beloved. And a man reaps by it a very pleasing reward; for what can be more delightful than to be so dear to his wife, as upon her account he shall become dearer to himself? Thus has my Paulina loaded me not only with her fears, but my own; it has not been sufficient to consider how resolutely I could die, but I have also considered how irresolutely she would bear my death. I am enforced to live, and sometimes to live is magnanimity." These are his own words, as excellent as they everywhere are.

XXXVI. Of the most excellent men

If I should be asked my choice among all the men who have come to my knowledge, I should make answer, that methinks I find three more excellent than all the rest.

One of them Homer: not that Aristotle and Varro, for example, were not, peradventure, as learned as he; nor that possibly Virgil was not equal to him in his own art, which I leave to be determined by such as know them both. I who, for my part, understand but one of them, can only say this, according to my poor talent, that I do not believe the Muses themselves could ever go beyond the Roman:

> Tale facit carmen docta testudine, quale
> Cynthius impositis temperat articulis:[1]

and yet in this judgment we are not to forget that it is chiefly from Homer that Virgil derives his excellence; that he is his guide and teacher; and that one touch of the Iliad has supplied him with body and matter out of which to compose his great and divine Æneid. I do not reckon upon that, but mix several other circumstances that render to me this poet admirable, even as it were above human condition. And, in truth, I often wonder that he who has produced, and, by his authority, given reputation in the world to so many deities, was not deified himself. Being blind and poor, living before the sciences were reduced into rule and certain observation, he was so well acquainted with them, that all those who have since taken upon them to establish governments, to carry on wars, and to write either of religion or philosophy, of what sect soever, or of the arts, have made use of him as of a most perfect instructor in the knowledge of all things, and of his books as of a treasury of all sorts of learning:

> Qui, quid sit pulcrum, quid turpe, quid utile,
>   quid non,
> Plenius ac melius Chrysippo et Crantore dixit:[2]

and as this other says,

> A quo, ceu fonte perenni,
> Vatum Pieriis ora rigantur aquis;[3]

and the other,

> Adde Heliconiadum comites,
>   quorum unus Homerus.
> Sceptra potitus;[4]

and the other,

> Cujusque ex ore profuso
> Omnis posteritas latices in carmina duxit,
> Amnemque in tenues ausa est deducere rivos.
> Unius fœcunda bonis.[5]

'Tis contrary to the order of nature that he has made the most excellent production that can possibly be; for the ordinary birth of things is imperfect; they thrive and gather strength by growing, whereas he rendered the infancy of poesy and several other sciences mature, perfect, and accomplished at first. And for this reason he may be called the first and the last of the poets, according to the fine testimony antiquity has left us of him, "that as there was none before him whom he could imitate, so there has been none since that could imitate him." His words, according to Aristotle,[6] are the only words that have motion and action, the only substantial words. Alexander the Great, having found a rich cabinet amongst Darius' spoils, gave order it should be reserved for him to keep his Homer in, saying: that he was the best and most faithful counsellor he had in his military affairs.[7] For the same reason it was that Cleomenes, the son of Anaxandridas, said that he was the poet of the Lacedæmonians, for that he was an excellent master for the discipline of war. This singular and particular commendation is also left of him in the judgment of Plutarch, that he is the only author in the world that never glutted nor disgusted his readers, presenting himself always another thing, and always flourishing in some new grace. That wanton Alcibiades, having asked one, who pretended to learning, for a book of Homer, gave him a box of the ear because he had none,[8] which he thought as scandalous, as

---

[1] He sings to his learned lute verses such as Apollo would sing.—Propertius, ii. 34, 79.
[2] Who tells us what is good, what evil: what useful, what not useful, fuller and better than Chrysippus or Crantor?—Horace, Epist., i. 2, 3.
[3] From whose never-failing spring the poet drinks in Pierian waters.—Ovid, Amor., iii. 9, 25.
[4] Add the companions of the Muses, among whom Homer alone holds the sceptre.—Lucretius, iii. 1050.
[5] From whose full-flowing stream all later poets have drawn out verses, and have made bold to turn the mighty stream into their little rivulets, all rich in the inheritance of one man.——Manilius, Ast., ii. 8.
[6] Poetics, xxiv.
[7] Plutarch, Alexander.
[8] Idem, Alcibiades.

we should, if we found one of our priests without a Breviary. Xenophanes complained one day to Hiero, the tyrant of Syracuse, that he was so poor he had not wherewithal to maintain two servants. "What!" replied he, "Homer who was much poorer than thou art, keeps above ten thousand, though he is dead." What did Panætius leave unsaid when he called Plato the Homer of the philosophers? Besides, what glory can be compared to his? Nothing is so frequent in men's mouths as his name and works, nothing so known and received as Troy, Helen, and the war about her, when perhaps there was never any such thing. Our children are still called by names that he invented above three thousand years ago; who does not know Hector and Achilles? Not only some particular families, but most nations also seek their origin in his inventions. Mohammed, the second of that name, emperor of the Turks, writing to our Pope Pius II, "I am astonished," says he, "that the Italians should appear against me, considering that we have our common descent from the Trojans, and that it concerns me as well as it does them to revenge the blood of Hector upon the Greeks, whom they countenance against me." Is it not a noble farce wherein kings, republics, and emperors have so many ages played their parts, and to which the vast universe serves for a theatre? Seven Grecian cities contended for his birth, so much honour even his obscurity helped him to!

Smyrna, Rhodos, Colophon, Salamis,
Chios, Argos, Athenæ.

The other is Alexander the Great. For whoever will consider the age at which he began his enterprises, the small means by which he effected so glorious a design, the authority he obtained in such mere youth with the greatest and most experienced captains of the world, by whom he was followed, the extraordinary favour wherewith fortune embraced and favoured so many hazardous, not to say rash, exploits,

Impellens quicquid sibi summa petenti
Obstaret, gaudensque viam fecisse ruina;[1]

that grandeur, to have at the age of three and thirty years passed victorious through the whole habitable earth, and in half a life to have attained to the utmost of what human nature can do; so that you cannot imagine its just duration and the continuation of his increase in valour and fortune, up to a due maturity of age, but that you must withal imagine something more than man: to have made so many royal branches to spring from his soldiers, leaving the world, at his death, divided amongst four successors, simple captains of his army, whose posterity so long continued and maintained that vast possession; so many excellent virtues as he was master of,—justice, temperance, liberality, truth in his word, love towards his own people, and humanity towards those he overcame; for his manners, in general, seem, in truth, incapable of any manner of reproach, although some particular and extraordinary actions of his may fall under censure. But it is impossible to carry on such great things as he did within the strict rules of justice; such as he are to be judged in gross, by the main end of their actions. The ruin of Thebes and Persepolis, the murder of Menander, and of Ephestion's physician, the massacre of so many Persian prisoners at one time, of a troop of Indian soldiers, not without prejudice to his word, and of the Cosseians, so much as to the very children, are indeed sallies that are not well to be excused.[2] For, as to Clitus, the fault was more than mended in his repentance, and that very action, as much as any other whatever, manifests the sweetness of his nature, a nature most excellently formed to goodness; and it was ingeniously said of him, that he had his virtues by nature, and his vices by fortune. As to his being a little given to bragging, a little too impatient of hearing himself ill spoken of, and as to those mangers, arms, and bits he caused to be strewed in the Indies,[3] all those little vanities, methinks, may very well be allowed to his youth, and the prodigious prosperity of his fortune. And who will consider withal his so many military virtues, his diligence, foresight, patience, discipline, subtlety, magnanimity, resolution, and good fortune, wherein (though we had not had the authority of Hannibal to assure us) he was the first of men, the admirable beauty and symmetry of his person, even to a miracle, his majestic port and awful mien, in a face so young, ruddy, and radiant;

Qualis, ubi Oceani perfusus Lucifer unda,
Quem Venus ante alios astrorum diligit ignes,
Extulit os sacrum cœlo, tenebrasque resolvit;[4]

---

[1] Bearing down all who sought to withstand him, and pleased to force his way though by ruin.—Lucan, i. 149.

[2] Plutarch, Alexander.
[3] Idem, Alexander.
[4] As when, bathed in the waves of ocean, Lucifer, whom Venus loves beyond the other stars, has displayed his venerable aspect in the heavens, and dispersed the darkness.—Æneid, iii. 589.

the excellence of his knowledge and capacity; the duration and grandeur of his glory, pure, clean, without spot or envy, and that long after his death it was a religious belief that his very medals brought good fortune to all who carried them about them; and that more kings and princes have written his actions than other historians have written the actions of any other king or prince whatever; and that to this very day the Mohammedans, who despise all other histories, admit of and honour his alone, by a special privilege: whoever, I say, will seriously consider these particulars, will confess that all these things put together, I had reason to prefer him before Cæsar himself, who alone could make me doubtful in my choice: and it cannot be denied that there was more of his own in his exploits, and more of fortune in those of Alexander. They were in many things equal, and peradventure, Cæsar had some greater qualities: they were two fires, or two torrents, overrunning the world by several ways;

Et velut immissi diversis partibus ignes
Arentem in silvam, et virgulta sonantia lauro:
Aut ubi decursu rapido de montibus altis
Dant sonitum spumosi amnes, et in æquora currunt,
Quisque suum populatus iter: [1]

but though Cæsar's ambition had been more moderate, it would still be so unhappy, having the ruin of his country and universal mischief to the world for its abominable object, that, all things raked together and put into the balance, I must needs incline to Alexander's side.

The third, and, in my opinion, the most excellent, is Epaminondas. Of glory he has not near so much as the other two (which, for that matter, is but a part of the substance of the thing): of valour and resolution, not of that sort which is pushed on by ambition, but of that which wisdom and reason can plant in a regular soul, he had all that could be imagined. Of this virtue of his, he has, in my idea, given as ample proof as Alexander himself or Cæsar: for although his warlike exploits were neither so frequent nor so full, they were yet, if duly considered in all their circumstances, as important, as bravely fought, and carried with them as manifest testimony of valour and military conduct, as those of any whatever. The Greeks have done him the honour, without contradiction, to pronounce him the greatest man of their nation; and to be the first of Greece, is easily to be the first in the world. As to his knowledge, we have this ancient judgment of him, "That never any man knew so much, and spake so little as he"; for he was of the Pythagorean sect; but when he did speak, never any man spake better; an excellent orator, and of powerful persuasion. But as to his manners and conscience, he infinitely surpassed all men who ever undertook the management of affairs; for in this one thing, which ought chiefly to be considered, which alone truly denotes us for what we are, and which alone I make counterbalance all the rest put together, he comes not short of any philosopher whatever, not even of Socrates himself. Innocence, in this man, is a quality peculiar, sovereign, constant, uniform, incorruptible, compared with which, it appears in Alexander subject to something else subaltern, uncertain, variable, effeminate, and fortuitous.

Antiquity has judged that in thoroughly sifting all the other great captains, there is found in every one some peculiar quality that illustrates his name: in this man only, there is a full and equal virtue throughout, that leaves nothing to be wished for in him, whether in private or public employment, whether in peace or war; whether to live gloriously and grandly, and to die: I do not know any form or fortune of man that I so much honour and love.

'Tis true that I look upon his obstinate poverty, as it is set out by his best friends, as a little too scrupulous and nice; and this is the only feature, though high in itself and well worthy of admiration, that I find so rugged as not to desire to imitate, to the degree it was in him.

Scipio Æmilianus alone, could one attribute to him as brave and magnificent an end, and as profound and universal a knowledge, might be put into the other scale of the balance. O, what an injury has time done me, to deprive me of the sight of two of the most noble lives which, by the common consent of all the world, one of the greatest of the Greeks, and the other of the Romans, were in all Plutarch. What a matter! What a workman!

For a man that was no saint, but, as we say a gentleman, of civilian and ordinary manners, and of a moderate ambition, the richest life that I know, and full of the richest and most to be desired parts, all things considered, is, in my opinion, that of Alcibiades.

But as to what concerns Epaminondas, I will here, for the example of an excessive goodness, add some of his opinions: he declared, that the

---

[1] And as fires applied in several parts to a dry grove of crackling laurels; or as with impetuous fall from the steep mountains, torrents pour down to the ocean, each bearing all down before them.—*Ibid.*, xii. 521.

greatest satisfaction he ever had in his whole life, was the contentment he gave his father and mother by his victory at Leuctra;[1] wherein his deference is great, preferring their pleasure before his own, so just and so full of so glorious an action. He did not think it lawful, even to restore the liberty of his country, to kill a man without knowing a cause: which made him so cold in the enterprise of his companion Pelopidas for the relief of Thebes. He was also of opinion, that men in battle ought to avoid the encounter of a friend who was on the contrary side, and to spare him. And his humanity, even towards his enemies themselves, having rendered him suspected to the Bœotians, for that, after he had miraculously forced the Lacedæmonians to open to him the pass which they had undertaken to defend at the entry into the Morea, near Corinth, he contented himself with having charged through them, without pursuing them to the utmost, he had his commission of general taken from him, very honourably upon such an account, and for the shame it was to them upon necessity afterwards to restore him to his command, and so to manifest how much upon him depended their safety and honour; victory like a shadow attending him wherever he went; and indeed the prosperity of his country, as being from him derived, died with him.

XXXVII. Of the resemblance of children to their fathers

This faggoting up of so many divers pieces is so done that I never set pen to paper, but when I have too much idle time, and never anywhere but at home; so that it is compiled after divers interruptions and intervals, occasions keeping me sometimes many months elsewhere. As to the rest, I never correct my first by any second conceptions; I, peradventure, may alter a word or so: but 'tis only to vary the phrase, and not to destroy my former meaning. I have a mind to represent the progress of my humours, and that every one may see each piece as it came from the forge. I could wish I had begun sooner, and had taken more notice of the course of my mutations. A servant of mine whom I employed to transcribe for me, thought he had got a prize by stealing several pieces from me, wherewith he was best pleased; but it is my comfort that he will be no greater a gainer than I shall be a loser by the theft. I am grown older by seven or eight years since I began; nor has it been without some new acquisition: I have, in that time, by the liberality of years, been acquainted with the stone: their commerce and long converse do not well pass away without some such inconvenience. I could have been glad that of other infirmities age has to present long-lived men withal, it had chosen some one that would have been more welcome to me, for it could not possibly have laid upon me a disease, for which, even from my infancy, I have had so great a horror; and it is, in truth, of all the accidents of old age, that of which I have ever been most afraid. I have often thought with myself, that I went on too far, and that in so long a voyage I should at last run myself into some disadvantage; I perceived and have often enough declared, that it was time to depart, and that life should be cut off in the sound and living part, according to the surgeon's rule in amputations; and that nature made him pay very strict usury, who did not in due time pay the principal. And yet I was so far from being ready, that in the eighteen months time or thereabout, that I have been in this uneasy condition, I have so inured myself to it as to be content to live on in it; and have found wherein to comfort myself, and to hope: so much are men enslaved to their miserable being, that there is no condition so wretched they will not accept, provided they may live! Hear Mæcenas:

> *Debilem facito manu,*
> *Debilem pede, coxa,*
> *Lubricos quate dentes;*
> *Vita dum superest, bene est.*[2]

And Tamerlane, with a foolish humanity, palliated the fantastic cruelty he exercised upon lepers, when he put all he could hear of to death, to deliver them, as he pretended, from the painful life they lived. For there was not one of them who would not rather have undergone a triple leprosy than be deprived of his being. And Antisthenes the Stoic, being very sick, and crying out, "Who will deliver me from these evils?" Diogenes, who had come to visit him, "This," said he, presenting him a knife, "presently, if thou wilt." "I do not mean from my life," he replied, "but from my disease." The sufferings that only attack the mind, I am not so sensible of as most other men; and this partly out of judgment, for the world looks upon several things as dreadful or to be avoided at the expense of life, that are almost indifferent to me:

---

[1] Plutarch, *Coriolanus.*

[2] Maim both hands and feet, legs and thighs; knock out my teeth: while there's life, 'tis well.—Seneca, *Epist.*, 101.

partly, through a dull and insensible complexion I have in accidents which do not point blank hit me; and that insensibility I look upon as one of the best parts of my natural condition: but essential and corporeal pains I am very sensible of. And yet, having long since foreseen them, though with a sight weak and delicate and softened with the long and happy health and quiet that God has been pleased to give me the greatest part of my time, I had in my imagination fancied them so insupportable, that, in truth, I was more afraid than I have since found I had cause: by which I am still more fortified in this belief, that most of the faculties of the soul, as we employ them, more trouble the repose of life than they are any way useful to it.

I am in conflict with the worst, the most sudden, the most painful, the most mortal, and the most irremediable of all diseases; I have already had the trial of five or six very long and very painful fits; and yet I either flatter myself, or there is even in this state what is very well to be endured by a man who has his soul free from the fear of death, and of the menaces, conclusions, and consequences which physic is ever thundering in our ears; but the effect even of pain itself is not so sharp and intolerable as to put a man of understanding into rage and despair. I have at least this advantage by my stone, that what I could not hitherto prevail upon myself to resolve upon, as to reconciling and acquainting myself with death, it will perfect; for the more it presses upon and importunes me, I shall be so much the less afraid to die. I had already gone so far as only to love life for life's sake, but my pain will dissolve this intelligence; and, God grant that in the end, should the sharpness of it be once greater than I shall be able to bear, it does not throw me into the other no less vicious extreme, to desire and wish to die!

Summum nec metuas diem, nec optes: [1]

they are two passions to be feared, but the one has its remedy much nearer at hand than the other.

As to the rest, I have always found the precept, that so rigorously enjoins a resolute countenance and disdainful and indifferent comportment in the toleration of infirmities, to be merely ceremonial. Why should philosophy, which only has respect to life and effects, trouble itself about these external appearances? Let us leave that care to actors and masters of rhetoric, who set so great a value upon our gestures. Let her allow this vocal frailty to disease, if it be neither cordial nor stomachic, and permit the ordinary ways of expressing grief by sighs, sobs, palpitations, and turning pale, that nature has put out of our power; provided the courage be undaunted, and the tones not expressive of despair, let her be satisfied. What matter the wringing of our hands, if we do not wring our thoughts? She forms us for ourselves, not for others; to be, not to seem: let her be satisfied with governing our understanding which she has taken upon her the care of instructing; that, in the fury of the colic, she maintain the soul in a condition to know itself, and to follow its accustomed way, contending with, and enduring not meanly truckling, under pain; moved and heated, not subdued and conquered, in the contention; capable of discourse and other things, to a certain degree. In such extreme accidents, 'tis cruelty to require so exact a composedness. 'Tis no great matter that we make a wry face, if the mind plays its part well: if the body find itself relieved by complaining, let it complain: if agitation ease it, let it tumble and toss at pleasure; if it seem to find the disease evaporate (as some physicians hold that it helps women in delivery) in making loud outcries, or if this do but divert its torments, let it roar as it will. Let us not command this voice to sally, but stop it not. Epicurus not only forgives his sage for crying out in torments, but advises him to it: *Pugiles etiam, quum feriunt, in jactandis cæstibus ingemiscunt, quia profundenda voce omne corpus intenditur, venitque plaga vehementior.*[2] We have enough to do to deal with the disease, without troubling ourselves with these superfluous rules.

Which I say in excuse of those whom we ordinarily see impatient in the assaults of this malady; for as to what concerns myself, I have passed it over hitherto with a little better countenance, and contented myself with groaning without roaring out; not, nevertheless, that I put any great constraint upon myself to maintain this exterior decorum, for I make little account of such an advantage: I allow herein as much as the pain requires; but either my pains are not so excessive, or I have more than ordinary patience. I complain, I confess, and am a little impatient in a very sharp fit, but I do not arrive to such a

---

[1] Neither to wish, nor fear, to die.—Martial, x. 47.

[2] When men fight with the cœstus, they groan in striking, because the whole strength of body goes along with the voice, and the blow is laid on with greater force.—Cicero, *Tusc. Quæs.*, ii. 23.

degree of despair as he who with

> *Ejulatu, questu, gemitu, fremitibus*
> *Resonando, multum flebiles voces refert:* [1]

I try myself in the depth of my dolor, and have always found that I was in a capacity to speak, think, and give a rational answer as well as at any other time, but not so firmly, being troubled and interrupted by the pain. When I am looked upon by my visitors to be in the greatest torment, and that they therefore forbear to trouble me, I often essay my own strength, and myself set some discourse on foot, the most remote I can contrive from my present condition. I can do any thing upon a sudden endeavour, but it must not continue long. Oh, what pity 'tis I have not the faculty of that dreamer in Cicero, who dreaming he was lying with a wench, found he had discharged his stone in the sheets! My pains strangely disappetite me that way. In the intervals from this excessive torment, when my ureters only languish without any great dolor, I presently feel myself in my wonted state, forasmuch as my soul takes no other alarm but what is sensible and corporal, which I certainly owe to the care I have had of preparing myself by meditation against such accidents:

> *Laborum*
> *Nulla mihi nova nunc facies inopinaque surgit;*
> *Omnia præcepi, atque animo mecum ante peregi.* [2]

I am, however, a little roughly handled for a learner, and with a sudden and sharp alteration, being fallen in an instant from a very easy and happy condition of life into the most uneasy and painful that can be imagined. For besides that it is a disease very much to be feared in itself, it begins with me after a more sharp and severe manner than it is used to do with other men. My fits come so thick upon me that I am scarcely ever at ease; yet I have hitherto kept my mind so upright that, provided I can still continue it, I find myself in a much better condition of life than a thousand others, who have no fever nor other disease but what they create to themselves for want of meditation.

There is a certain sort of crafty humility that springs from presumption, as this, for example, that we confess our ignorance in many things, and are so courteous as to acknowledge that there are in the works of nature some qualities and conditions that are imperceptible to us, and of which our understanding cannot discover the means and causes; by this so honest and conscientious declaration we hope to obtain that people shall also believe us as to those that we say we do understand. We need not trouble ourselves to seek out foreign miracles and difficulties; methinks, amongst the things that we ordinarily see, there are such incomprehensible wonders as surpass all difficulties of miracles. What a wonderful thing it is that the drop of seed from which we are produced should carry in itself the impression not only of the bodily form, but even of the thoughts and inclinations of our fathers! Where can that drop of fluid matter contain that infinite number of forms? and how can they carry on these resemblances with so temerarious and irregular a progress that the son shall be like his great-grandfather, the nephew like his uncle? In the family of Lepidus at Rome there were three, not successively but by intervals, who were born with the same eye covered with a cartilage. At Thebes there was a race that carried from their mother's womb the form of the head of a lance, and he who was not born so was looked upon as illegitimate. And Aristotle says that in a certain nation, where the women were in common, they assigned the children to their fathers by their resemblance.[3]

'Tis to be believed that I derive this infirmity from my father, for he died wonderfully tormented with a great stone in his bladder; he was never sensible of his disease till the sixty-seventh year of his age; and before that had never felt any menace or symptoms of it, either in his reins, sides, or any other part, and had lived, till then, in a happy, vigorous state of health, little subject to infirmities, and he continued seven years after, in this disease, dragging on a very painful end of life. I was born above five and twenty years before his disease seized him, and in the time of his most flourishing and healthful state of body, his third child in order of birth: where could his propension to this malady lie lurking all that while? And he being then so far from the infirmity, how could that small part of his substance wherewith he made me, carry away so great an impression for its share? and how so concealed, that till five and forty years after, I did

---

[1] Howling, roaring, groaning with a thousand noises, expressing his torment in a dismal voice.—Verses of Attius, in his *Philoctetes*, quoted by Cicero, *De Finib.*, ii. 29; *Tusc. Quæs.*, ii. 14.

[2] No aspect of pain or trouble can now rise, which by its novelty can surprise me. To me no new shape of suffering can seem new or unexpected; I have anticipated them all, and weighed them over beforehand.—*Æneid*, vi. 103.

[3] Herodotus, iv. 180.

not begin to be sensible of it? being the only one to this hour, amongst so many brothers and sisters, and all by one mother, that was ever troubled with it. He that can satisfy me in this point, I will believe him in as many other miracles as he pleases; always provided that, as their manner is, he do not give me a doctrine much more intricate and fantastic than the thing itself for current pay.

Let the physicians a little excuse the liberty I take, for by this same infusion and fatal insinuation it is that I have received a hatred and contempt of their doctrine; the antipathy I have against their art is hereditary. My father lived threescore and fourteen years, my grandfather sixty-nine, my great-grandfather almost fourscore years, without ever tasting any sort of physic: and, with them, whatever was not ordinary diet, was instead of a drug. Physic is grounded upon experience and examples: so is my opinion. And is not this an express and very advantageous experience? I do not know that they can find me in all their records three that were born, bred, and died under the same roof, who have lived so long by their conduct. They must here of necessity confess, that if reason be not, fortune at least is on my side, and with physicians, fortune goes a great deal further than reason. Let them not take me now at a disadvantage; let them not threaten me in the subdued condition wherein I now am; that were treachery. In truth, I have enough the better of them by these domestic examples, that they should rest satisfied. Human things are not usually so constant; it has been two hundred years, save eighteen, that this trial has lasted, for the first of them was born in the year 1402; 'tis now, indeed, very good reason that this experience should begin to fail us. Let them not, therefore, reproach me with the infirmities under which I now suffer; is it not enough that I for my part have lived seven and forty years in good health? though it should be the end of my career, 'tis of the longer sort.

My ancestors had an aversion to physic by some occult and natural instinct; for the very sight of a potion was loathsome to my father. The Seigneur de Gaviac, my uncle by the father's side, a churchman, and a valetudinary from his birth, and yet who made that crazy life hold out to sixty-seven years, being once fallen into a furious fever, it was ordered by the physicians he should be plainly told that if he would not make use of help (for so they call that which is very often quite contrary), he would infallibly be a dead man. The good man, though terrified with this dreadful sentence, yet replied, "I am then a dead man." But God soon after made the prognostic false. The youngest of the brothers,—there were four of them,—and by many years the youngest, the Sieur de Bussaguet, was the only one of the family who made use of medicine, by reason, I suppose, of the commerce he had with the other arts, for he was a councillor in the court of Parliament, and it succeeded so ill with him, that being, in outward appearance, of the strongest constitution, he yet died before any of the rest, the Sieur de Saint Michel only excepted.

'Tis possible I may have derived this natural antipathy to physic from them; but had there been no other consideration in the case, I would have endeavoured to have overcome it; for all these conditions that spring in us without reason, are vicious; 'tis a kind of disease that we should wrestle with. It may be I had naturally this propension; but I have supported and fortified it by arguments and reasons which have established in me the opinion I am of. For I also hate the consideration of refusing physic for the nauseous taste: I should hardly be of that humour, who hold health to be worth purchasing by all the most painful cauteries and incisions that can be applied. And, with Epicurus, I conceive that pleasures are to be avoided, if greater pains be the consequence, and pains to be coveted, that will terminate in greater pleasures. Health is a precious thing, and the only one, in truth, meriting that a man should lay out, not only his time, sweat, labour, and goods, but also his life itself to obtain it; forasmuch as, without it, life is wearisome and injurious to us: pleasure, wisdom, learning, and virtue, without it, wither away and vanish; and to the most laboured and solid discourses that philosophy would imprint in us to the contrary, we need no more but oppose the image of Plato being struck with an epilepsy or apoplexy; and, in this presupposition, to defy him to call the rich faculties of his soul to his assistance. All means that conduce to health can neither be too painful nor too dear to me. But I have some other appearances that make me strangely suspect all this merchandise. I do not deny but that there may be some art in it, that there are not amongst so many works of Nature, things proper for the conservation of health: that is most certain: I very well know there are some simples that moisten, and others that dry; I experimentally know that radishes are windy, and senna-leaves purging; and several other such experiences I have, as that mutton nourishes me, and wine warms me: and Solon said "that eating was physic against the malady hunger." I do not disapprove the use we make of things the earth produces, nor doubt, in the least, of the power and fertility of nature, and of its application to our necessities: I very well see that pikes and swallows live by her laws; but I mistrust the inventions of our mind, our knowledge and art, to countenance which, we have abandoned Nature and her rules, and wherein we keep no bounds nor moderation. As we call the piling up of the first laws that fall into our hands, justice, and their practice and dispensation very often foolish and very unjust; and as those who scoff at and accuse it, do not, nevertheless, blame that noble virtue itself, but only condemn the abuse and profanation of that sacred title; so in physic I very much honour that glorious name, its propositions, its promises, so useful for the service of mankind; but the ordinances it foists upon us, betwixt ourselves, I neither honour nor esteem.

In the first place, experience makes me dread it; for amongst all my acquaintance, I see no people so soon sick, and so long before they are well, as those who take much physic; their very health is altered and corrupted by their frequent prescriptions. Physicians are not content to deal only with the sick, but they will moreover corrupt health itself, for fear men should at any time escape their authority. Do they not, from a continual and perfect health, extract suspicion of some great sickness to ensue? I have been sick often enough, and have always found my sicknesses easy enough to be supported (though I have made trial of almost all sorts) and as short as those of any other, without their help, or without swallowing their ill tasting doses. The health I have is full and free, without other rule or discipline than my own custom and pleasure. Every place serves me well enough to stay in, for I need no other conveniences, when I am sick, than what I must have when I am well. I never disturb myself that I have no physician, no apothecary, nor any other assistance, which I see most other sick men more afflicted at than they are with their disease. What! Do the doctors themselves show us more felicity and duration in their own lives, that may manifest to us some apparent effect of their skill?

There is not a nation in the world that has not been many ages without physic; and these the first ages, that is to say, the best and most happy; and the tenth part of the world knows nothing of it yet; many nations are ignorant of it to this day, where men live more healthful and longer than we do here, and even amongst us the common people live well enough without it.

The Romans were six hundred years before they received it; and after having made trial of it, banished it from their city at the instance of Cato the Censor, who made it appear how easy it was to live without it, having himself lived fourscore and five years, and kept his wife alive to an extreme old age, not without physic, but without a physician: for everything that we find to be healthful to life may be called physic. He kept his family in health, as Plutarch says,[1] if I mistake not, with hare's milk; as Pliny reports, that the Arcadians cured all manner of diseases with that of a cow; and Herodotus says,[2] the Lybians generally enjoy rare health, by a custom they have, after their children are arrived to four years of age, to burn and cauterise the veins of their head and temples, by which means they cut off all defluxions of rheum for their whole lives. And the country people of our province make use of nothing, in all sorts of distempers, but the strongest wine they can get, mixed with a great deal of saffron and spice, and always with the same success.

And to say the truth, of all this diversity and confusion of prescriptions, what other end and effect is there after all, but to purge the belly? which a thousand ordinary simples will do as well; and I do not know whether such evacuations be so much to our advantage as they pretend, and whether nature does not require a residence of her excrements to a certain proportion, as wine does of its lees to keep it alive: you often see healthful men fall into vomitings and fluxes of the belly by some extrinsic accident, and make a great evacuation of excrements, without any preceding need, or any following benefit, but rather with hurt to their constitution. 'Tis from the great Plato,[3] that I lately learned, that of three sorts of motions which are natural to us, purging is the worst, and that no man, unless he be a fool, ought to take anything to that purpose but in the extremest necessity. Men disturb and irritate the disease by contrary oppositions; it must be the way of living that must gently dissolve, and bring it to its end. The violent gripings and contest betwixt the drug and the disease, are ever to our loss, since the combat is fought within ourselves, and that the drug is an assistant not to be trusted, being in its own nature an enemy to our health, and by trouble having only access into our condition. Let it

---

[1] Marcus Cato.
[2] Bk. iv. 187. Herodotus, however, only says that by this means they profess to attain the end.
[3] In the *Timæus*.

alone a little: the general order of things that takes care of fleas and moles, also takes care of men, if they will have the same patience that fleas and moles have, to leave it to itself. 'Tis to much purpose we cry out *"Bihore,"* 'tis a way to make us hoarse, but not to hasten the matter. 'Tis a proud and uncompassionate order: our fears, our despair displease and stop it from, instead of inviting it to, our relief; it owes its course to the disease, as well as to health; and will not suffer itself to be corrupted in favour of the one to the prejudice of the other's right, for it would then fall into disorder. Let us, in God's name, follow it; it leads those that follow, and those who will not follow, it drags along, both their fury and physic together. Order a purge for your brain, it will there be much better employed than upon your stomach.

One asking a Lacedæmonian what had made him live so long, he made answer, "the ignorance of physic"; and the Emperor Adrian continually exclaimed as he was dying, that the crowd of physicians had killed him. A bad wrestler turned physician: "Courage," says Diogenes to him, "thou hast done well, for now thou wilt throw those who have formerly thrown thee." But they have this advantage, according to Nicocles, that the sun gives light to their success and the earth covers their failures. And, besides, they have a very advantageous way of making use of all sorts of events: for what fortune, nature, or any other cause (of which the number is infinite), produces of good and healthful in us, it is the privilege of physic to attribute to itself; all the happy successes that happen to the patient, must be thence derived; the accidents that have cured me, and a thousand others, who do not employ physicians, physicians usurp to themselves: and as to ill accidents, they either absolutely disown them, in laying the fault upon the patient, by such frivolous reasons as they are never at a loss for; as "he lay with his arms out of bed," or "he was disturbed with the rattling of a coach":

Rhedarum transitus arcto
Vicorum inflexu:[1]

or "somebody had set open the casement," or "he had lain upon his left side": or "he had some disagreeable fancies in his head": in sum, a word, a dream, or a look, seems to them excuse sufficient wherewith to palliate their own errors: or, if they so please, they even make use of our growing worse, and do their business in this way which can never fail them: which is by buzzing us in the ear, when the disease is more inflamed by their medicaments, that it had been much worse but for those remedies; he, whom from an ordinary cold they have thrown into a double tertian-ague, had but for them been in a continued fever. They do not much care what mischief they do, since it turns to their own profit. In earnest, they have reason to require a very favourable belief from their patients; and, indeed, it ought to be a very easy one, to swallow things so hard to be believed. Plato said[2] very well, that physicians were the only men who might lie at pleasure, since our health depends upon the vanity and falsity of their promises.

Æsop, a most excellent author, and of whom few men discover all the graces, pleasantly represents to us the tyrannical authority physicians usurp over poor creatures, weakened and subdued by sickness and fear, when he tells us, that a sick person, being asked by his physician what operation he found of the potion he had given him: "I have sweated very much," says the sick man. "That's good," says the physician. Another time, having asked how he felt himself after his physic: "I have been very cold, and have had a great shivering upon me," said he. "That is good," replied the physician. After the third potion he asked him again how he did: "Why, I find myself swollen, and puffed up," said he, "as if I had a dropsy." "That is very well," said the physician. One of his servants coming presently after to inquire how he felt himself, "Truly, friend," said he, "with being too well I am about to die."

There was a more just law in Egypt, by which the physician, for the first three days, was to take charge of his patient, at the patient's own risk and cost: but those three days being past, it was to be at his own. For what reason is it, that their patron, Æsculapius, should be struck with thunder for restoring Hippolitus from death to life——

Nam Pater omnipotens, aliquem indignatus ab
   umbris
Mortalem infernis ad lumina surgere vitæ,
Ipse repertorem medicinæ talis, et artis,
Fulmine Phoebigenam Stygias detrusit ad undas;[3]

——and his followers be pardoned, who send so many souls from life to death? A physician,

---

[1] He heard the wheels running in the narrow turning of the street.—Juvenal, iii. 236.

[2] In the *Republic*, iii.

[3] Then the Almighty Father, offended that any mortal should rise to the light of life from the infernal shades, struck the son of Phœbus with his forked lightning, to the Stygian lake.—*Æneid*, vii. 770.

boasting to Nicocles that his art was of great authority: "It is so, indeed," said Nicocles, "that can with impunity kill so many people."

As to what remains, had I been of their counsel, I would have rendered my discipline more sacred and mysterious; they begun well, but they have not ended so. It was a good beginning to make gods and demons the authors of their science, and to have used a peculiar way of speaking and writing, notwithstanding that philosophy concludes it folly to persuade a man to his own good by an unintelligible way: *Ut si quis medicus imperet, ut sumat:*

> *Terrigenam, herbigradam, domiportam,*
> *sanguine cassam.*[1]

It was a good rule in their art, and that accompanies all other vain, fantastic, and supernatural arts, that the patient's belief should prepossess them with good hope and assurance of their effects and operation: a rule they hold to that degree, as to maintain that the most inexpert and ignorant physician is more proper for a patient who has confidence in him, than the most learned and experienced, whom he is not so acquainted with. Nay, even the very choice of most of their drugs is in some sort mysterious and divine; the left foot of a tortoise, the urine of a lizard, the dung of an elephant, the liver of a mole, blood drawn from under the right wing of a white pigeon; and for us who have the stone (so scornfully they use us in our miseries) the excrement of rats beaten to powder, and such like trash and fooleries which rather carry a face of magical enchantment than of any solid science. I omit the odd number of their pills, the destination of certain days and feasts of the year, the superstition of gathering their simples at certain hours, and that so austere and very wise countenance and carriage which Pliny himself so much derides. But they have, as I said, failed in that they have not added to this fine beginning, the making their meetings and consultations more religious and secret, where no profane person should have admission, no more than in the secret ceremonies of Æsculapius; for by the reason of this it falls out that their irresolution, the weakness of their arguments, divinations and foundations, the sharpness of their disputes, full of hatred, jealousy, and self-consideration, coming to be discovered by every one, a man must be marvellously blind not to see that he runs a very great hazard in their hands. Who ever saw one physician approve of another's prescription, without taking something away, or adding something to it? by which they sufficiently betray their tricks, and make it manifest to us that they therein more consider their own reputation, and consequently their profit, than their patient's interest. He was a much wiser man of their tribe, who of old gave it as a rule, that only one physician should undertake a sick person; for if he do nothing to purpose, one single man's default can bring no great scandal upon the art of medicine; and, on the contrary, the glory will be great, if he happen to have success; whereas, when there are many, they at every turn bring a disrepute upon their calling, forasmuch as they oftener do hurt than good. They ought to be satisfied with the perpetual disagreement which is found in the opinions of the principal masters and ancient authors of this science, which is only known to men well read, without discovering to the vulgar the controversies and various judgments which they still nourish and continue amongst themselves.

Will you have one example of the ancient controversy in physic? Herophilus lodges the original cause of all diseases in the humours; Erasistratus, in the blood of the arteries; Asclepiades, in the invisible atoms of the pores; Alcmæon, in the exuberance or defect of our bodily strength; Diocles, in the inequality of the elements of which the body is composed, and in the quality of the air we breathe; Strato, in the abundance, crudity, and corruption of the nourishment we take; and Hippocrates lodges it in the spirits. There is a certain friend of theirs, whom they know better than I, who declares upon this subject, "that the most important science in practice amongst us, as that which is intrusted with our health and conservation, is, by ill luck, the most uncertain, the most perplexed, and agitated with the greatest mutations." There is no great danger in our mistaking the height of the sun, or the fraction of some astronomical computation: but here, where our whole being is concerned, 'tis not wisdom to abandon ourselves to the mercy of the agitation of so many contrary winds.

Before the Peloponnesian war, there was no great talk of this science. Hippocrates brought it into repute; whatever he established, Chrysippus overthrew; after that, Erasistratus, Aristotle's grandson, overthrew what Chrysippus had written; after these, the Empirics started up, who

---

[1] As if a physician were to order his patient to devour an offspring of the earth that creeps on the grass, carries his house, and is bloodless.—Cicero, *De Divin.*, I. 2.

took a quite contrary way to the ancients in the management of this art; when the credit of these began a little to decay, Herophilus set another sort of practice on foot, which Asclepiades in turn stood up against, and overthrew; then, in their turn, the opinions first of Themiso, and then of Musa, and after that those of Vectius Valens, a physician famous through the intelligence he had with Messalina, came in vogue; the empire of physic in Nero's time was established in Thessalus, who abolished and condemned all that had been held till his time; this man's doctrine was refuted by Crinas of Marseilles, who first brought all medicinal operations under the Ephemerides and motions of the stars, and reduced eating, sleeping, and drinking to hours that were most pleasing to Mercury, and the moon; his authority was soon after supplanted by Charinus, a physician of the same city of Marseilles; a man who not only controverted all the ancient methods of physic, but moreover the usage of hot baths, that had been generally, and for so many ages in common use; he made men bathe in cold water, even in winter, and plunged his sick patients in the natural waters of streams. No Roman till Pliny's time had ever vouchsafed to practise physic; that office was only performed by Greeks and foreigners, as 'tis now amongst us French, by those who sputter Latin; for, as a very great physician says, we do not easily accept the medicine we understand, no more than we do the drugs we ourselves gather. If the nations whence we fetch our guaiacum, sarsaparilla, and China wood, have physicians, how great a value must we imagine, by the same recommendation of strangeness, rarity, and dear purchase, do they set upon our cabbage and parsley? for who would dare to condemn things so far fetched, and sought out at the hazard of so long and dangerous a voyage?

Since these ancient mutations in physic, there have been infinite others down to our own times, and, for the most part, mutations entire and universal, as those, for example, produced by Paracelsus, Fioravanti, and Argentier; for they, as I am told, not only alter one recipe, but the whole contexture and rules of the body of physic, accusing all others of ignorance and imposition who have practised before them. At this rate, in what a condition the poor patient must be, I leave you to judge.

If we were even assured that, when they make a mistake that mistake of theirs would do us no harm, though it did us no good, it were a reasonable bargain to venture the making ourselves better without any danger of being made worse.

Æsop tells a story, that one who had bought a Morisco slave, believing that his black complexion was accidental in him, and occasioned by the ill usage of his former master, caused him to enter into a course of physic, and with great care to be often bathed and purged: it happened that the Moor was nothing amended in his tawny complexion, but he wholly lost his former health. How often do we see physicians impute the death of their patients to one another? I remember that some years ago, there was an epidemical disease, very dangerous, and for the most part mortal, that raged in the towns about us: the storm being over which had swept away an infinite number of men, one of the most famous physicians of all the country, presently after published a book upon that subject, wherein, upon better thoughts, he confesses, that the letting blood in that disease was the principal cause of so many mishaps. Moreover, their authors hold that there is no physic that has not something hurtful in it. And if even those of the best operation in some measure offend us, what must those do that are totally misapplied? For my own part, though there were nothing else in the case, I am of opinion, that to those who loathe the taste of physic, it must needs be a dangerous and prejudicial endeavour to force it down at so incommodious a time, and with so much aversion, and believe that it marvellously distempers a sick person at a time when he has so much need of repose. And moreover, if we but consider the occasions upon which they usually ground the cause of our diseases, they are so light and nice, that I thence conclude a very little error in the dispensation of their drugs may do a great deal of mischief. Now, if the mistake of a physician be so dangerous, we are in but a scurvy condition; for it is almost impossible but he must often fall into those mistakes: he had need of too many parts, considerations, and circumstances, rightly to level his design: he must know the sick person's complexion, his temperament, his humours, inclinations, actions, nay, his very thoughts and imaginations; he must be assured of the external circumstances, of the nature of the place, the quality of the air and season, the situation of the planets, and their influences: he must know in the disease, the causes, prognostics, affections, and critical days; in the drugs, the weight, the power of working, the country, figure, age, and dispensation, and he must know how rightly to proportion and mix them together, to beget a just and perfect symmetry; wherein if there be the least error, if amongst so many springs there be but any one out of order, 'tis enough to destroy us. God knows with how great difficulty most of these things are to be understood: for (for example) how shall a physician find out the true sign of the disease, every disease being capable of an infinite number of indications? How many doubts and controversies have they amongst themselves upon the interpretation of urines? Otherwise, whence should the continual debates we see amongst them about the knowledge of the disease proceed? How could we excuse the error they so oft fall into, of taking fox for martin? In the diseases I have had, though there were ever so little difficulty in the case, I never found three of one opinion: which I instance, because I love to introduce examples wherein I am myself concerned.

A gentleman at Paris was lately cut for the stone by order of the physicians, in whose bladder, being accordingly so cut, there was found no more stone than in the palm of his hand; and, in the same place, a bishop, who was my particular good friend, having been earnestly pressed by the majority of the physicians in town, whom he consulted, to suffer himself to be cut, to which also, upon their word, I used my interest to persuade him, when he was dead, and opened, it appeared that he had no malady but in the kidneys. They are least excusable for any error in this disease, by reason that it is in some sort palpable; and 'tis thence, that I conclude surgery to be much more certain, by reason that it sees and feels what it does, and so goes less upon conjecture; whereas the physicians have no *speculum matricis,* by which to examine our brains, lungs, and liver.

Even the very promises of physic are incredible in themselves; for, having to provide against divers and contrary accidents that often afflict us at one and the same time, and that have almost a necessary relation, as the heat of the liver, and the coldness of the stomach, they will needs persuade us, that of their ingredients one will heat the stomach, and the other will cool the liver: one has its commission to go directly to the kidneys, nay, even to the bladder, without scattering its operations by the way, and is to retain its power and virtue through all those turns and meanders, even to the place to the service of which it is designed, by its own occult property: this will dry the brain; that will moisten the lungs. Of all this bundle of things having mixed up a potion, is it not a kind of madness to imagine or to hope that these differing virtues should separate themselves from one another in this mixture and confusion, to perform so many various errands? I should very much fear that they would either lose or change their tickets, and disturb one another's quarters. And who can imagine but that, in this liquid confusion, these faculties must corrupt, confound, and spoil one another? And is not the danger still more, when the making up of this medicine is intrusted to the skill and fidelity of still another, to whose mercy we again abandon our lives?

As we have doublet and breeches-makers, distinct trades, to clothe us, and are so much the better fitted, seeing that each of them meddles only with his own business, and has less to trouble his head with than the tailor who undertakes all; and as in matter of diet, great persons, for their better convenience and to the end that they may be better served, have cooks for the different offices, this for soups and potages, that for roasting, instead of which if one cook should undertake the whole service, he could not so well perform it; so also as to the cure of our maladies. The Egyptians had reason to reject this general trade of physician, and to divide the profession: to each disease, to each part of the body, its particular workman;[1] for that part was more properly and with less confusion cared for, seeing the person looked to nothing else. Ours are not aware that he who provides for all, provides for nothing; and that the entire government of this microcosm is more than they are able to undertake. Whilst they were afraid of stopping a dysentery, lest they should put the patient into a fever, they killed me a friend, who was worth more than the whole pack of them put together. They counterpoise their own divinations with the present evils; and because they will not cure the brain to the prejudice of the stomach, they injure both with their dissentient and tumultuary drugs.

As to the variety and weakness of the rationale of this profession, they are more manifest in it than in any other art; aperitive medicines are proper for a man subject to the stone, by reason that opening and dilating the passages they help forward the slimy matter whereof gravel and stone are engendered, and convey that downward which begins to harden and gather in the reins; aperitive things are dangerous for a man subject to the stone, by reason that, opening and dilating the passages, they help forward the matter proper to create the gravel toward the reins, which by their own propension being apt to seize it, 'tis not to be imagined but that a great deal of what has been conveyed thither must re-

---
[1] Herodotus, ii. 84.

main behind; moreover, if the medicine happen to meet with anything too large to be carried through all the narrow passages it must pass to be expelled, that obstruction, whatever it is, being stirred by these aperitive things and thrown into those narrow passages, coming to stop them, will occasion a certain and most painful death. They have the like uniformity in the counsels they give us for the regimen of life: it is good to make water often, for we experimentally see that in letting it lie long in the bladder we give it time to settle the sediment which will concrete into a stone; it is good not to make water often, for the heavy excrements it carries along with it will not be voided without violence, as we see by experience that a torrent that runs with force washes the ground it rolls over much cleaner than the course of a slow and tardy stream; so, it is good to have often to do with women, for that opens the passages and helps to evacuate gravel; it is also very ill to have often to do with women, because it heats, tires, and weakens the reins. It is good to bathe frequently in hot water, forasmuch as that relaxes and mollifies the places where the gravel and stone lie; it is also ill by reason that this application of external heat helps the reins to bake, harden, and petrify the matter so disposed. For those who are taking baths it is most healthful to eat little at night, to the end that the waters they are to drink the next morning may have a better operation upon an empty stomach; on the other hand it is better to eat little at dinner, that it hinder not the operation of the waters, while it is not yet perfect, and not to oppress the stomach so soon after the other labour, but leave the office of digestion to the night, which will much better perform it than the day, when the body and soul are in perpetual moving and action. Thus do they juggle and cant in all their discourses at our expense; and they cannot give me one proposition against which I cannot erect a contrary of equal force. Let them, then, no longer exclaim against those who in this trouble of sickness suffer themselves to be gently guided by their own appetite and the advice of nature, and commit themselves to the common fortune.

I have seen in my travels almost all the famous baths of Christendom, and for some years past have begun to make use of them myself: for I look upon bathing as generally wholesome, and believe that we suffer no little inconveniences in our health by having left off the custom that was generally observed, in former times, almost by all nations, and is yet in many, of bathing every day; and I cannot imagine but that we are much the worse by having our limbs crusted and our pores stopped with dirt. And as to the drinking of them, fortune has in the first place rendered them not at all unacceptable to my taste; and secondly, they are natural and simple, which at least carry no danger with them, though they may do us no good, of which the infinite crowd of people of all sorts and complexions who repair thither I take to be a sufficient warranty; and although I have not there observed any extraordinary and miraculous effects, but that on the contrary, having more narrowly than ordinary inquired into it, I have found all the reports of such operations that have been spread abroad in those places ill-grounded and false, and those that believe them (as people are willing to be gulled in what they desire) deceived in them, yet I have seldom known any who have been made worse by those waters, and a man cannot honestly deny but that they beget a better appetite, help digestion, and do in some sort revive us, if we do not go too late and in too weak a condition, which I would dissuade every one from doing. They have not the virtue to raise men from desperate and inveterate diseases, but they may help some light indisposition, or prevent some threatening alteration. He who does not bring along with him so much cheerfulness as to enjoy the pleasure of the company he will there meet, and of the walks and exercises to which the amenity of those places invite us, will doubtless lose the best and surest part of their effect. For this reason I have hitherto chosen to go to those of the most pleasant situation, where there was the best conveniency of lodging, provision, and company, as the baths of Bagnères in France, those of Plombieres, on the frontiers of Germany and Lorraine, those of Baden in Switzerland, those of Lucca in Tuscany, and especially those of Della Villa, which I have the most and at various seasons frequented.

Every nation has particular opinions touching their use, and particular rules and methods in using them; and all of them, according to what I have seen, almost with like effect. Drinking them is not at all received in Germany; the Germans bathe for all diseases, and will lie dabbling in the water almost from sun to sun; in Italy, where they drink nine days, they bathe at least thirty, and commonly drink the water mixed with some other drugs to make it work the better. Here we are ordered to walk to digest it; there we are kept in bed after taking it till it be wrought off, our stomachs and feet having continually hot cloths applied to them all the while;

and as the Germans have a particular practice generally to use cupping and scarification in the bath, so the Italians have their *doccie*, which are certain little streams of this hot water brought through pipes, and with these bathe an hour in the morning, and as much in the afternoon, for a month together, either the head, stomach, or any other part where the evil lies. There are infinite other varieties of customs in every country, or rather there is no manner of resemblance to one another. By this, you may see that this little part of physic to which I have only submitted, though the least depending upon art of all others, has yet a great share of the confusion and uncertainty everywhere else manifest in the profession.

The poets put what they would say with greater emphasis and grace; witness these two epigrams:

Alcon hesterno signum Jovis attigit: ille,
Quamvis marmoreus, vim patitur medici.
Ecce hodie, jussus transferri ex æde vetusta,
Effertur, quamvis sit Deus atque lapis: [1]

and the other:

Lotus nobiscum est, hilaris cœnavit; et idem
Inventus mane est mortuus Andragoras.
Tam subitæ mortis causam, Faustine, requiris?
In somnis medicum viderat Hermocratem; [2]

upon which I will relate two stories.

The Baron de Caupene, in Chalosse, and I, have betwixt us the advowson of a benefice of great extent, at the foot of our mountains, called Lahontan. It is with the inhabitants of this angle, as 'tis said of those of the Val d'Angrougne; they lived a peculiar sort of life, their fashions, clothes, and manners distinct from other people; ruled and governed by certain particular laws and usages, received from father to son, to which they submitted, without other constraint than the reverence to custom. This little state had continued from all antiquity in so happy a condition, that no neighbouring judge was ever put to the trouble of inquiring into their doings; no advocate was ever retained to give them counsel, no stranger ever called in to compose their differences; nor was ever any of them seen to go a-begging. They avoided all alliances and traffic with the outer world, that they might not corrupt the purity of their own government; till, as they say, one of them, in the memory of man, having a mind spurred on with a noble ambition, took it into his head, to bring his name into credit and reputation, to make one of his sons something more than ordinary, and having put him to learn to write in a neighbouring town, made him at last a brave village notary. This fellow, having acquired such dignity, began to disdain their ancient customs, and to buzz into the people's ears the pomp of the other parts of the nation; the first prank he played was to advise a friend of his, whom somebody had offended by sawing off the horns of one of his goats, to make his complaint to the royal judges thereabout, and so he went on from one to another, till he had spoiled and confounded all. In the tail of this corruption, they say, there happened another, and of worse consequence, by means of a physician who, falling in love with one of their daughters, had a mind to marry her and to live amongst them. This man first of all began to teach them the names of fevers, colds, and imposthumes; the seat of the heart, liver, and intestines, a science till then utterly unknown to them; and instead of garlic, with which they were wont to cure all manner of diseases, how painful or extreme soever, he taught them, though it were but for a cough, or any little cold, to take strange mixtures, and began to make a trade not only of their health, but of their lives. They swear till then they never perceived the evening air to be offensive to the head; that to drink, when they were hot, was hurtful, and that the winds of autumn were more unwholesome than those of spring; that, since this use of physic, they find themselves oppressed with a legion of unaccustomed diseases, and that they perceive a general decay in their ancient vigour, and their lives are cut shorter by the half. This is the first of my stories.

The other is, that before I was afflicted with the stone, hearing that the blood of a he-goat was with many in very great esteem, and looked upon as a celestial manna rained down upon these latter ages for the good and preservation of the lives of men, and having heard it spoken of by men of understanding for an admirable drug, and of infallible operation; I, who have ever thought myself subject to all the accidents that can befall other men, had a mind, in my perfect health, to furnish myself with this mira-

---

[1] Alcon yesterday touched Jove's statue, which, although marble, suffered the force of medicine: to-day order being given it should be taken from the old temple, where it stood, it was carried out. Although a god, and made of stone, it is about to be buried.—Ausonius, *Ep.*, 74.

[2] Andragoras bathed, supped gaily, went well to bed last night; in the morning he was found dead. Wouldst thou know, Faustinus, what caused this sudden death? He dreamed that he saw Doctor Hermocrates.—Martial, vi. 53.

cle, and therefore gave order to have a goat fed at home according to the recipe: for he must be taken in the hottest month of all summer, and must only have aperitive herbs given him to eat, and white wine to drink. I came home by chance the very day he was to be killed; and some one came and told me, that the cook had found two or three great balls in his paunch, that rattled against one another amongst what he had eaten. I was curious to have all his entrails brought before me, where, having caused the skin that enclosed them to be cut, there tumbled out three great lumps, as light as sponges, so that they appeared to be hollow; but, as to the rest, hard and firm without, and spotted and mixed all over with various dead colours; one was perfectly round, and of the bigness of an ordinary ball; the other two something less, of an imperfect roundness, as seeming not to be arrived at their full growth. I find, by inquiry of people accustomed to open these animals, that it is a rare and unusual accident. 'Tis likely these are stones of the same nature with ours: and if so, it must needs be a very vain hope in those who have the stone, to extract their cure from the blood of a beast that was himself about to die of the same disease. For to say that the blood does not participate of this contagion, and does not thence alter its wonted virtue, it is rather to be believed that nothing is engendered in a body but by the conspiracy and communication of all the parts: the whole mass works together, though one part contributes more to the work than another, according to the diversity of operations; wherefore it is very likely that there was some petrifying quality in all the parts of this goat. It was not so much for fear of the future, and for myself, that I was curious in this experiment, but because it falls out in mine, as it does in many other families, that the women store up such little trumperies for the service of the people, using the same recipe in fifty several diseases, and such a recipe as they will not take themselves, and yet triumph when they happen to be successful.

As to what remains I honour physicians, not according to the precept for their necessity (for to this passage may be opposed another of the prophet reproving King Asa for having recourse to a physician), but for themselves, having known many very good men of that profession, and most worthy to be beloved. I do not attack them; 'tis their art I inveigh against, and do not much blame them for making their advantage of our folly, for most men do the same. Many callings, both of greater and of less dignity than theirs, have no other foundation or support than public abuse. When I am sick I send for them if they be near, only to have their company, and pay them as others do. I give them leave to command me to keep myself warm, because I naturally love to do it, and to appoint leeks or lettuce for my broth; to order me white wine or claret; and so as to all other things, which are indifferent to my palate and custom. I know very well that I do nothing for them in so doing, because sharpness and strangeness are incidents of the very essence of physic. Lycurgus ordered wine for the sick Spartans: Why? Because they abominated the drinking it when they were well; as a gentleman, a neigbour of mine, takes it as an excellent medicine in his fever, because naturally he mortally hates the taste of it. How many do we see amongst them of my humour, who despise taking physic themselves, are men of a liberal diet, and live a quite contrary sort of life to what they prescribe others? What is this but flatly to abuse our simplicity? For their own lives and health are no less dear to them than ours are to us, and consequently they would accommodate their practice to their rules, if they did not themselves know how false these are.

'Tis the fear of death and of pain, impatience of disease, and a violent and indiscreet desire of a present cure, that so blind us: 'tis pure cowardice that makes our belief so pliable and easy to be imposed upon: and yet most men do not so much believe as they acquiesce and permit; for I hear them find fault and complain as well as we; but they resolve at last, "What should I do then?" As if impatience were of itself a better remedy than patience. Is there any one of those who have suffered themselves to be persuaded into this miserable subjection, who does not equally surrender himself to all sorts of impostures? Who does not give up himself to the mercy of whoever has the impudence to promise him a cure? The Babylonians carried their sick into the public square; the physician was the people: every one who passed by, being in humanity and civility obliged to inquire of their condition, gave some advice according to his own experience.[1] We do little better; there is not so simple a woman whose chatterings and drenches we do not make use of: and according to my humour, if I were to take physic, I would sooner choose to take theirs than any other, because at least, if they do no good, they will do no harm. What Homer[2] and Plato said of the Egyptians, that they were all physicians, may be said of all

---

[1] Herodotus, i. 197.
[2] *Odyssey*, Bk. iv. 231.

nations; there is not a man amongst any of them who does not boast of some rare recipe, and who will not venture it upon his neighbour, if he will let him. I was the other day in company where some of my fraternity told us of a new sort of pills made up of a hundred and odd ingredients: it made us very merry, and was a singular consolation, for what rock could withstand so great a battery? And yet I hear from those who have made trial of it, that the least atom of gravel will not stir for't.

I cannot take my hand from the paper, before I have added a word or two more concerning the assurance they give us of the infallibility of their drugs, from the experiments they have made.

The greatest part, I should say above two-thirds, of the medicinal virtues, consist in the quintessence, or occult property of simples, of which we can have no other instruction than use and custom; for quintessence is no other than a quality of which we cannot by our reason find out the cause. In such proofs, those they pretend to have acquired by the inspiration of some dæmon, I am content to receive (for I meddle not with miracles); and also the proofs which are drawn from things that, upon some other account, often fall into use amongst us; as if in the wool, wherewith we are wont to clothe ourselves, there has accidentally some occult desiccative property been found out of curing kibed heels, or as if in the radish we eat for food, there has been found out some aperitive operation. Galen reports, that a man happened to be cured of a leprosy by drinking wine out of a vessel into which a viper had crept by chance. In this example we find the means and a very likely guide and conduct to this experience, as we also do in those that physicians pretend to have been directed to by the example of some beasts. But in most of their other experiments wherein they affirm they have been conducted by fortune, and to have had no other guide than chance, I find the progress of this information incredible. Suppose man looking round about him upon the infinite number of things, plants, animals, metals; I do not know where he would begin his trial; and though his first fancy should fix him upon an elk's horn, wherein there must be a very pliant and easy belief, he will yet find himself as perplexed in his second operation. There are so many maladies and so many circumstances presented to him, that before he can attain the certainty of the point to which the perfection of his experience should arrive, human sense will be at the end of its lesson: and before he can, amongst this infinity of things, find out what this horn is; amongst so many diseases, what is epilepsy; the many complexions in a melancholy person; the many seasons in winter; the many nations in the French; the many ages in age; the many celestial mutations in the conjunction of Venus and Saturn; the many parts in man's body, nay, in a finger; and being, in all this, directed neither by argument, conjecture, example, nor divine inspirations, but merely by the sole motion of fortune, it must be by a perfectly artificial, regular, and methodical fortune. And after the cure is performed, how can he assure himself that it was not because the disease had arrived at its period or an effect of chance, or the operation of something else that he had eaten, drunk, or touched that day? Or by virtue of his grandmother's prayers? And, moreover, had this experiment been perfect, how many times was it repeated, and this long bead-roll of haps and concurrences strung anew by chance to conclude a certain rule? And when the rule is concluded, by whom, I pray you? Of so many millions, there are but three men who take upon them to record their experiments: must fortune needs just hit one of these? What if another, and a hundred others, have made contrary experiments? We might, peradventure, have some light in this, were all the judgments and arguments of men known to us: but that three witnesses, three doctors, should lord it over all mankind, is against reason: it were necessary that human nature should have deputed and culled them out, and that they were declared our comptrollers by express letters of attorney.

TO MADAME DE DURAS.

MADAME,—The last time you honoured me with a visit, you found me at work upon this chapter, and as these trifles may one day fall into your hands, I would also that they testify in how great honour the author will take any favour you shall please to show them. You will there find the same air and mien you have observed in his conversation; and though I could have borrowed some better or more favourable garb than my own, I would not have done it: for I require nothing more of these writings, but to present me to your memory such as I naturally am. The same conditions and faculties you have been pleased to frequent and receive with much more honour and courtesy than they deserve, I would put together (but without alteration or change) in one solid body, that may peradventure continue some years, or some days, after I am gone; where you may find them again when you shall please to refresh your memory, without putting you to any greater trouble; neither are they worth it. I desire you should continue the favour of your friendship to me, by the same qualities by which it was acquired.

I am not at all ambitious that any one should love and esteem me more dead than living. The humour of Tiberius[1] is ridiculous, but yet common, who was more solicitous to extend his renown to posterity than to render himself acceptable to men of his own time. If I were one of those to whom the world could owe commendation, I would give out of it one-half to have the other in hand; let their praises come quick and crowding about me, more thick than long, more full than durable; and let them cease, in God's name, with my own knowledge of them, and when the sweet sound can no longer pierce my ears. It were an idle humour to essay, now that I am about to forsake the commerce of men, to offer myself to them by a new recommendation. I make no account of the goods I could not employ in the service of my life. Such as I am, I will be elsewhere than in paper: my art and industry have been ever directed to render myself good for something; my studies, to teach me to do, and not to write. I have made it my whole business to frame my life: this has been my trade and my work; I am less a writer of books than anything else. I have coveted understanding for the service of my present and real conveniences, and not to lay up a stock for my posterity. He who has anything of value in him, let him make it appear in his conduct, in his ordinary discourses, in his courtships, and his quarrels: in play, in bed, at table, in the management of his affairs, in his economics. Those whom I see make good books in ill breeches, should first have mended their breeches, if they would have been ruled by me. Ask a Spartan, whether he had rather be a good orator or a good soldier; and if I was asked the same question, I would rather choose to be a good cook, had I not one already to serve me. Good God! Madame, how should I hate the reputation of being a pretty fellow at writing, and an ass and an inanity in everything else! Yet I had rather be a fool in anything than to have made so ill a choice wherein to employ my talent. And I am so far from expecting to gain any new reputation by these follies, that I shall think I come off pretty well if I lose nothing by them of that little I had before. For besides that this dead and mute painting will take from my natural being, it has no resemblance to my better condition, but is much lapsed from my former vigour and cheerfulness, growing faded and withered: I am towards the bottom of the barrel, which begins to taste of the lees.

As to the rest, Madame, I should not have dared to make so bold with the mysteries of physic, considering the esteem that you and so many others have of it, had I not had encouragement from their own authors. I think there are of these among the old Latin writers but two, Pliny and Celsus: if these ever fall into your hands, you will find that they speak much more rudely of their art than I do; I but pinch it, they cut its throat. Pliny, amongst other things, twits them with this, that when they are at the end of their rope, they have a pretty device to save themselves, by recommending their patients, whom they have teased and tormented with their drugs and diets to no purpose, some to vows and miracles, others to the hot baths. (Be not angry, Madame; he speaks not of those in our parts, which are under the protection of your house, and all Gramontins.) They have a third way of saving their own credit, of ridding their hands of us and securing themselves from the reproaches we might cast in their teeth of our little amendment, when they have had us so long in their hands that they have not one more invention left wherewith to amuse us, which is, to send us to the better air of some other country. This, Madame, is enough; I hope you will give me leave to return to my discourse, from which I have so far digressed, the better to divert you.

It was, I think, Pericles,[2] who being asked how he did: "you may judge," says he, "by these," showing some little scrolls of parchment he had tied about his neck and arms. By which he would infer, that he must needs be very sick when he was reduced to a necessity of having recourse to such idle and vain fopperies, and of suffering himself to be so equipped. I dare not promise but that I may one day be so much a fool as to commit my life and death to the mercy and government of physicians; I may fall into such a frenzy; I dare not be responsible for my future constancy: but then, if any one ask me how I do, I may also answer, as Pericles did, "You may judge by this," showing my hand clutching six drachms of opium. It will be a very evident sign of a violent sickness: my judg-

---

[1] Tacitus, *Annal.*, vi. 46.

[2] Plutarch, Pericles.

ment will be very much out of order; if once fear and impatience get such an advantage over me, it may very well be concluded that there is a dreadful fever in my mind.

I have taken the pains to plead this cause, which I understand indifferently, a little to back and support the natural aversion to drugs and the practice of physic, I have derived from my ancestors: to the end it may not be a mere stupid and inconsiderate aversion, but have a little more form; and also, that they who shall see me so obstinate in my resolution against all exhortations and menaces that shall be given me, when my infirmity shall press hardest upon me, may not think 'tis mere obstinacy in me; or any one so ill-natured, as to judge it to be any motive of glory: for it would be a strange ambition to seek to gain honour by an action my gardener or my groom can perform as well as I. Certainly, I have not a heart too tumorous and windy, that I should exchange so solid a pleasure as health, for an airy and imaginary pleasure: glory, even that of the four sons of Aymon, is too dear bought by a man of my humour, if it cost him three swinging fits of the stone. Give me health, in God's name! Such as love physic, may also have good, great, and convincing considerations; I do not hate opinions contrary to my own: I am so far from being angry to see a discrepancy betwixt mine and other men's judgments, and from rendering myself unfit for the society of men, from being of another sense and party than mine, that on the contrary (the most general way that nature has followed being variety, and more in souls than bodies, forasmuch as they are of a more supple substance, and more susceptible of forms) I find it much more rare to see our humours and designs jump and agree. And there never were, in the world, two opinions alike, no more than two hairs, or two grains: the most universal quality is diversity.

Book the Third

✣ ✣ ✣

I. OF PROFIT AND HONESTY

NO man is free from speaking foolish things; but the worst on't is, when a man studies to play the fool.

Næ iste magno conatu magnas nugas dixerit.[1]

This does not concern me; mine slip from me with as little care as they are of little value, and 'tis the better for them. I would presently part with them for what they are worth, and neither buy nor sell them, but as they weigh. I speak on paper as I do to the first person I meet; and that this is true, observe what follows.

To whom ought not treachery to be hateful when Tiberius refused it in a thing of so great importance to him? He had word sent him from Germany that if he thought fit, they would rid him of Arminius by poison:[2] this was the most potent enemy the Romans had, who had defeated them so ignominiously under Varus, and who alone prevented their aggrandisement in those parts. He returned answer, "that the people of Rome were wont to revenge themselves of their enemies by open ways, and with their swords in their hands, and not clandestinely and by fraud": wherein he quitted the profitable for the honest. You will tell me that he was a braggadocio; I believe so too: and 'tis no great miracle in men of his profession. But the acknowledgment of virtue is not less valid in the mouth of him who hates it, forasmuch as truth forces it from him, and if he will not inwardly receive it, he at least puts it on for a decoration.

Our outward and inward structure is full of imperfection; but there is nothing useless in nature, not even inutility itself; nothing has insinuated itself into this universe that has not therein some fit and proper place. Our being is cemented with sickly qualities: ambition, jealousy, envy, revenge, superstition, and despair have so natural a possession in us, that its image is discerned in beasts; nay, and cruelty, so unnatural a vice; for even in the midst of compassion we feel within, I know not what tart-sweet titillation of ill-natured pleasure in seeing others suffer; and the children feel it:

Suave mari magno, turbantibus æquora ventis,
E terra magnum alterius spectare laborem:[3]

of the seeds of which qualities, whoever should divest man, would destroy the fundamental conditions of human life. Likewise, in all governments there are necessary offices, not only abject, but vicious also. Vices there help to make up the seam in our piecing, as poisons are useful for the conservation of health. If they become excusable because they are of use to us, and that the common necessity covers their true qualities, we are to resign this part to the strongest and boldest citizens, who sacrifice their honour and conscience, as others of old sacrificed their lives, for the good of their country: we, who are weaker, take upon us parts both that are more easy and less hazardous. The public weal requires that men should betray, and lie, and massacre; let us leave this commission to men who are more obedient and more supple.

In earnest, I have often been troubled to see judges, by fraud and false hopes of favour or pardon, allure a criminal to confess his fact, and therein to make use of cozenage and impudence. It would become justice, and Plato himself, who countenances this manner of proceeding, to furnish me with other means more suitable to my own liking: this is a malicious kind of justice; and I look upon it as no less wounded by itself than by others. I said not long since to some company in discourse, that I should hardly be drawn to betray my prince for a particular man, who

---

[1] Truly he, with a great effort, will say some mighty trifle.—Terence, *Heaut.*, III. iv.
[2] Tacitus, *Annal.*, ii. 88.
[3] It is sweet, when the winds disturb the waters of the vast sea, to witness from land the peril of other persons.—Lucretius, ii. 1.

should be much ashamed to betray any particular man for my prince; and I do not only hate deceiving myself, but that any one should deceive through me; I will neither afford matter nor occasion to any such thing.

In the little I have had to mediate betwixt our princes in the divisions and subdivisions by which we are at this time torn to pieces, I have been very careful that they should neither be deceived in me, nor deceive others by me. People of that kind of trading are very reserved, and pretend to be the most moderate imaginable and nearest to the opinions of those with whom they have to do; I expose myself in my stiff opinion, and after a method the most my own; a tender negotiator, a novice, who had rather fail in the affair than be wanting to myself. And yet it has been hitherto with so good luck (for fortune has doubtless the best share in it), that few things have passed from hand to hand with less suspicion or more favour and privacy. I have a free and open way that easily insinuates itself and obtains belief with those with whom I am to deal, at the first meeting. Sincerity and pure truth, in what age soever, pass for current; and besides, the liberty and freedom of a man who treats without any interest of his own, is never hateful or suspected, and he may very well make use of the answer of Hyperides to the Athenians, who complained of his blunt way of speaking: "My masters, do not consider whether or no I am free, but whether I am so without a bribe, or without any advantage to my own affairs." My liberty of speaking has also easily cleared me from all suspicion of dissembling by its vehemency, leaving nothing unsaid, how home and bitter soever (so that I could have said no worse behind their backs), and in that it carried along with it a manifest show of simplicity and indifference. I pretend to no other fruit by acting than to act, and add to it no long arguments or propositions; every action plays its own game, win if it can.

As to the rest, I am not swayed by any passion, either of love or hatred, towards the great, nor have my will captivated either by particular injury or obligation. I look upon our kings with an affection simply loyal and respectful, neither prompted nor restrained by any private interest, and I love myself for it. Nor does the general and just cause attract me otherwise than with moderation, and without heat. I am not subject to those penetrating and close compacts and engagements. Anger and hatred are beyond the duty of justice; and are passions only useful to those who do not keep themselves strictly to their duty by simple reason: *Utatur motu animi, qui uti ratione non potest.*[1] All legitimate and equitable intentions are temperate and equable of themselves; if otherwise, they degenerate into seditious and unlawful. This is it which makes me walk everywhere with my head erect, my face and my heart open. To confess the truth, and I am not afraid to confess it, I should easily, in case of need, hold up one candle to St. Michael and another to his dragon, like the old woman; I will follow the right side even to the fire, but excluding the fire if I can. Let Montaigne be overwhelmed in the public ruin, if need be; but if there be no need, I should think myself obliged to fortune to save me, and I will make use of all the length of line my duty allows for his preservation. Was it not Atticus, who being of the just but losing side, preserved himself by his moderation in that universal shipwreck of the world, amongst so many mutations and diversities? For private man, as he was, it is more easy; and in such kind of work, I think a man may justly not be ambitious to offer and insinuate himself. For a man, indeed, to be wavering and irresolute, to keep his affection unmoved and without inclination in the troubles of his country and public divisions, I neither think it handsome nor honest: *Ea non media, sed nulla via est, velut eventum exspectantium, quo fortunæ consilia sua applicent.*[2] This may be allowed in our neighbours' affairs, and thus Gelo the tyrant of Syracuse[3] suspended his inclination in the war betwixt the Greeks and barbarians, keeping a resident ambassador with presents at Delphos, to watch and see which way fortune would incline, and then take fit occasion to fall in with the victors. It would be a kind of treason to proceed after this manner in our own domestic affairs, wherein a man must of necessity be of the one side or the other; though for a man who has no office or express command to call him out, to sit still, I hold it more excusable (and yet I do not excuse myself upon these terms) than in foreign expeditions, to which, however, according to our laws, no man is pressed against his will. And yet even those who wholly engage themselves in such a war, may behave themselves with such temper and moderation, that the storm may fly over their heads without doing them any harm. Had we not reason to

---

[1] He only employs his passion who can make no use of his reason.—Cicero, *Tusc. Quæs.*, iv. 25.

[2] That is not a middle way, but no way, to await events, by which they refer their resolutions to fortune.—Livy, xxxii. 21.

[3] Herodotus vii. 163.

hope such an issue in the person of the late Sieur de Morvilliers, Bishop of Orleans? And I know amongst those who behave themselves most bravely in the present war, some whose manners are so gentle, obliging, and just, that they will certainly stand firm, whatever event Heaven is preparing for us. I am of opinion that it properly belongs to kings only to quarrel with kings; and I laugh at those bully-rooks who, out of wantonness of courage, present themselves to so disproportioned disputes: for a man has never the more particular quarrel with a prince, by marching openly and boldly against him for his own honour and according to his duty; if he does not love such a person, he does better, he esteems him. And notably the cause of the laws and of the ancient government of a kingdom, has this always annexed to it, that even those, who for their own private interest invade them, excuse, if they do not honour, the defenders.

But we are not, as we nowadays do, to call peevishness and inward discontent, that spring from private interest and passion, duty: nor a treacherous and malicious conduct, courage; they call their propension to mischief and violence, zeal: 'tis not the cause, but their interest, that inflames them; they kindle and begin a war, not because it is just, but because it is war.

A man may very well behave himself commodiously, and loyally too, amongst those of the adverse party; carry yourself, if not with the same equal affection (for that is capable of different measure), at least with an affection moderate, well tempered, and such as shall not so engage you to one party, that it may demand all you are able to do for that side, content yourself with a moderate proportion of their favour and goodwill; and to swim in troubled waters without fishing in them.

The other way, of offering a man's self and the utmost service he is able to do, both to one party and the other, has still less of prudence in it than conscience. Does not he to whom you betray another, to whom you were as welcome as to himself, know that you will at another time do as much for him? He holds you for a villain; and in the meantime hears what you will say, gathers intelligence from you, and works his own ends out of your disloyalty; double-dealing men are useful for bringing in, but we must have a care they carry out as little as is possible.

I say nothing to one party, that I may not, upon occasion, say to the other, with a little alteration of accent; and report nothing but things either indifferent or known, or what is of common consequence. I cannot permit myself, for any consideration, to tell them a lie. What is intrusted to my secrecy, I religiously conceal; but I take as few trusts of that nature upon me as I can. The secrets of princes are a troublesome burthen to such as are not interested in them. I very willingly bargain that they trust me with little, but confidently rely upon what I tell them. I have ever known more than I desired. One open way of speaking introduces another open way of speaking, and draws out discoveries, like wine and love. Phillipides, in my opinion, answered King Lysimachus very discreetly, who, asking him what of his estate he should bestow upon him? "What you will," said he, "provided it be none of your secrets." I see every one is displeased if the bottom of the affair be concealed from him wherein he is employed, or that there be any reservation in the thing; for my part, I am content to know no more of the business than what they would have me employ myself in, nor desire that my knowledge should exceed or restrict what I have to say. If I must serve for an instrument of deceit, let it be at least, with a safe conscience; I will not be reputed a servant either so affectionate, or so loyal, as to be fit to betray anyone: he, who is unfaithful to himself, is excusably so to his master. But they are princes who do not accept men by halves, and despise limited and conditional services: I cannot help it: I frankly tell them how far I can go; for a slave I should not be, but to reason, and I can hardly submit even to that. And they also are to blame to exact from a freeman the same subjection and obligation to their service that they do from him they have made and bought, or whose fortune particularly and expressly depends upon theirs. The laws have delivered me from a great anxiety; they have chosen a side for me, and given me a master; all other superiority and obligation ought to be relative to that, and cut off from all other. Yet this is not to say, that if my affection should otherwise incline me, my hand should presently obey it; the will and desire are a law to themselves; but actions must receive commission from the public appointment.

All this proceeding of mine is a little dissonant from the ordinary forms; it would produce no great effects, nor be of any long duration; innocence itself could not, in this age of ours, either negotiate without dissimulation, or traffic without lying; and, indeed, public employments are by no means for my palate: what my profession requires, I perform after the most private manner that I can. Being young, I was engaged up to the ears in business, and it succeeded well;

but I disengaged myself in good time. I have often since avoided meddling in it, rarely accepted, and never asked it; keeping my back still turned to ambition; but, if not like rowers who so advance backward, yet so, at the same time, that I am less obliged to my resolution than to my good fortune, that I was not wholly embarked in it. For there are ways less displeasing to my taste, and more suitable to my ability, by which, if she had formerly called me to the public service, and my own advancement towards the world's opinion, I know I should, in spite of all my own arguments to the contrary, have pursued them. Such as commonly say, in opposition to what I profess, that what I call freedom, simplicity, and plainness in my manners, is art and subtlety, and rather prudence than goodness, industry than nature, good sense than good luck, do me more honour than disgrace: but, certainly, they make my subtlety too subtle; and whoever has followed me close, and pryed narrowly into me, I will give him the victory, if he does not confess that there is no rule in their school that could match this natural motion, and maintain an appearance of liberty and licence, so equal and inflexible, through so many various and crooked paths, and that all their wit and endeavour could never have led them through. The way of truth is one and simple; that of particular profit, and the commodity of affairs a man is intrusted with, is double, unequal, and casual. I have often seen these counterfeit and artificial liberties practised, but, for the most part, without success; they relish of Æsop's ass who, in emulation of the dog, obligingly clapped his two fore feet upon his master's shoulders; but as many caresses as the dog had for such an expression of kindness, twice so many blows with a cudgel had the poor ass for his compliment: *Id maxime quemque decet, quod est cujusque suum maxime.*[1] I will not deprive deceit of its due; that were but ill to understand the world: I know it has often been of great use, and that it maintains and supplies most men's employment. There are vices that are lawful, as there are many actions, either good or excusable, that are not lawful in themselves.

The justice which in itself is natural and universal, is otherwise and more nobly ordered, than that other justice, which is special, national, and constrained to the ends of government: *Veri juris germanæque justitiæ solidam et expressam effigiem nullam tenemus; umbra et imaginibus utimur;*[2] insomuch that the sage Dandamis,[3] hearing the lives of Socrates, Pythagoras and Diogenes read, judged them to be great men every way, excepting that they were too much subjected to the reverence of the laws which, to second and authorise, true virtue must abate very much of its original vigour; many vicious actions are introduced, not only by their permission, but by their advice: *Ex senatus consultis plebisquescitis scelera exercentur.*[4] I follow the common phrase that distinguishes betwixt profitable and honest things, so as to call some natural actions, that are not only profitable but necessary, dishonest, and foul.

But let us proceed in our examples of treachery: two pretenders to the kingdom of Thrace[5] were fallen into dispute about their title; the emperor hindered them from proceeding to blows: but one of them, under colour of bringing things to a friendly issue by an interview, having invited his competitor to an entertainment in his own house, imprisoned and killed him. Justice required that the Romans should have satisfaction for this offence; but there was a difficulty in obtaining it by ordinary ways; what, therefore, they could not do legitimately, without war and without danger, they resolved to do by treachery; and what they could not honestly do, they did profitably. For which end, one Pomponius Flaccus was found to be a fit instrument. This man, by dissembled words and assurances, having drawn the other into his toils, instead of the honour and favour he had promised him, sent him bound hand and foot to Rome. Here one traitor betrayed another, contrary to common custom: for they are full of mistrust, and 'tis hard to overreach them in their own art: witness the sad experience we have lately had.

Let who will be Pomponius Flaccus, and there are enough who would: for my part, both my word and my faith are, like all the rest, parts of this common body: their best effect is the public service; this I take for presupposed. But should one command me to take charge of the courts of law and lawsuits, I should make an-

---

[1] That best becomes every man, that he is best at.—Cicero, *De Offic.*, i. 31.

[2] We retain no solid and express effigies of true right and justice; we have only the shadow and images of it.—*Ibid.*, iii. 17.

[3] An Indian sage who lived in the time of Alexander the Great.—Plutarch, *Alexander*.

[4] Crimes are committed by the consent of the magistrates and the common laws.—Seneca, *Epist.*, 95.

[5] Rhescuporis and Cotys.—Tacitus, *Annals.*, ii. 65.

swer, that I understood it not; or the place of a leader of pioneers, I would say, that I was called to a more honourable employment; so likewise, he that would employ me to lie, betray, and forswear myself, though not to assassinate or to poison, for some notable service, I should say, "If I have robbed or stolen anything from any man, send me rather to the galleys." For it is permissible in a man of honour to say, as the Lacedæmonians did, having been defeated by Antipater, when just upon concluding an agreement: "You may impose as heavy and ruinous taxes upon us as you please, but to command us to do shameful and dishonest things, you will lose your time, for it is to no purpose." Every one ought to make the same vow to himself, that the kings of Egypt made their judges solemnly swear, that they would not do anything contrary to their consciences, though never so much commanded to it by themselves. In such commissions, there is evident mark of ignominy and condemnation; and he who gives it, at the same time accuses you, and gives it, if you understand it right, for a burden and a punishment. As much as the public affairs are bettered by your exploit, so much are your own the worse, and the better you behave yourself in it, 'tis so much the worse for yourself; and it will be no new thing, nor, peradventure, without some colour of justice, if the same person ruin you, who set you on work.

If treachery can be in any case excusable, it must be only so when it is practised to chastise and betray treachery. There are examples enough of treacheries, not only rejected, but chastised and punished by those in favour of whom they were undertaken. Who is ignorant of Fabricius' sentence against the physician of Pyrrhus?

But this we also find recorded, that some persons have commanded a thing, who afterward have severely avenged the execution of it upon him they had employed, rejecting the reputation of so unbridled an authority, and disowning so abandoned and base a servitude and obedience. Jaropelc, Duke of Russia, tampered with a gentleman of Hungary to betray Boleslaus, king of Poland, either by killing him, or by giving the Russians opportunity to do him some notable mischief. This worthy went ably to work: he was more assiduous than before in the service of that king, so that he obtained the honour to be of his council, and one of the chiefest in his trust. With these advantages, and taking an opportune occasion of his master's absence, he betrayed Vislicza, a great and rich city, to the Russians, which was entirely sacked and burned, and not only all the inhabitants of both sexes, young and old, put to the sword, but moreover a great number of neighbouring gentry, whom he had drawn thither to that end. Jaropelc, his revenge being thus satisfied and his anger appeased, which was not, indeed, without pretence (for Boleslaus had highly offended him, and after the same manner) and sated with the fruit of this treachery, coming to consider the foulness of it, with a sound judgment and clear from passion, looked upon what had been done with so much horror and remorse, that he caused the eyes to be bored out and the tongue and shameful parts to be cut off of him who had performed it.

Antigonus[1] persuaded the Argyraspidian soldiers to betray Eumenes, their general, his adversary, into his hands; but after he had caused him, so delivered, to be slain, he would himself be the commissioner of the divine justice for the punishment of so detestable a crime, and committed them into the hands of the governor of the province, with express command, by whatever means, to destroy and bring them all to an evil end, so that of that great number of men, not so much as one ever returned again into Macedonia: the better he had been served, the more wickedly he judged it to be, and meriting greater punishment.

The slave who betrayed the place where his master P. Sulpicius lay concealed, was, according to the promise of Sulla's proscription, manumitted for his pains: but according to the promise of the public justice, which was free from any such engagement, he was thrown headlong from the Tarpeian rock.

Our King Clovis, instead of the arms of gold he had promised them, caused three of Canacre's servants to be hanged after they had betrayed their master to him, though he had debauched them to it: he hanged them with the purse of their reward about their necks: after having satisfied his second and special faith, he satisfied the general and first.

Mohammed II having resolved to rid himself of his brother, out of jealousy of state, according to the practice of the Ottoman family, he employed one of his officers in the execution: who, pouring a quantity of water too fast into him, choked him. This being done, to expiate the murder, he delivered the murderer into the hands of the mother of him he had so caused to be put to death, for they were only brothers by the fa-

---

[1] Plutarch, Eumenes.

ther's side; she, in his presence, ripped up the murderer's bosom, and with her own hands rifled his breast for his heart, tore it out, and threw it to the dogs. And even to the worst people it is the sweetest thing imaginable, having once gained their end by a vicious action, to foist, in all security, into it some show of virtue and justice, as by way of compensation and conscientious correction; to which may be added, that they look upon the ministers of such horrid crimes as upon men who reproach them with them, and think by their deaths to erase the memory and testimony of such proceedings.

Or if, perhaps, you are rewarded, not to frustrate the public necessity for that extreme and desperate remedy, he who does it cannot for all that, if he be not such himself, but look upon you as an accursed and execrable fellow, and conclude you a greater traitor than he does, against whom you are so: for he tries the malignity of your disposition by your own hands, where he cannot possibly be deceived, you having no object of preceding hatred to move you to such an act; but he employs you as they do condemned malefactors in executions of justice, an office as necessary as dishonourable. Besides the baseness of such commissions, there is, moreover, a prostitution of conscience. Seeing that the daughter of Sejanus could not be put to death by the law of Rome because she was a virgin,[1] she was, to make it lawful, first ravished by the hangman and then strangled: not only his hand but his soul is slave to the public convenience.

When Amurath I, more grievously to punish his subjects who had taken part in the parricide rebellion of his son, ordained that their nearest kindred should assist in the execution, I find it very handsome in some of them to have rather chosen to be unjustly thought guilty of the parricide of another than to serve justice by a parricide of their own. And where I have seen, at the taking of some little fort by assault in my time, some rascals who to save their own lives, would consent to hang their friends and companions, I have looked upon them to be of worse condition than those who were hanged. 'Tis said that Witold, Prince of Lithuania, introduced into that nation the practice that the criminal condemned to death should with his own hand execute the sentence, thinking it strange that a third person, innocent of the fault, should be made guilty of homicide.

A prince, when by some urgent circumstance or some impetuous and unforeseen accident that very much concerns his state, compelled to forfeit his word and break his faith, or otherwise forced from his ordinary duty, ought to attribute this necessity to a lash of the divine rod: vice it is not, for he has given up his own reason to a more universal and more powerful reason; but, certainly, 'tis a misfortune: so that if any one should ask me what remedy? "None," say I, "if he were really racked between these two extremes; *sed videat, ne quæratur latebra perjurio,*[2] he must do it: but if he did it without regret, if it did not grieve him to do it, 'tis a sign his conscience is in a scurvy condition." If there be a person to be found of so tender a conscience as to think no cure whatever worth so important a remedy, I shall like him never the worse; he could not more excusably or more decently perish. We cannot do all we would, so that we must often, as the last anchorage, commit the protection of our vessels to the simple conduct of heaven. To what more just necessity does he reserve himself? What is less possible for him to do than what he cannot do but at the expense of his faith and honour, things that, perhaps, ought to be dearer to him than his own safety, or even the safety of his people. Though he should, with folded arms, only call God to his assistance, has he not reason to hope that the divine goodness will not refuse the favour of an extraordinary arm to just and pure hands? These are dangerous examples, rare and sickly exceptions to our natural rules: we must yield to them, but with great moderation and circumspection: no private utility is of such importance that we should upon that account strain our consciences to such a degree: the public may be, when very manifest and of very great concern.

Timoleon made a timely expiation for his strange exploit by the tears he shed, calling to mind that it was with a fraternal hand that he had slain the tyrant; and it justly pricked his conscience that he had been necessitated to purchase the public utility at so great a price as the violation of his private morality. Even the senate itself, by his means delivered from slavery, durst not positively determine of so high a fact, and divided into two so important and contrary aspects; but the Syracusans,[3] sending at the same time to the Corinthians to solicit their protection, and to require of them a captain fit to reestablish their city in its former dignity and to clear Sicily of several little tyrants by whom it

---

[1] Tacitus, *Annal.*, v. 9.

[2] But let him beware of seeking a pretext for his faithlessness.—Cicero, *De Offic.*, iii. 29.

[3] Plutarch, Timoleon, says twenty years after.

was oppressed, they deputed Timoleon for that service, with this cunning declaration; "that according as he should behave himself well or ill in his employment, their sentence should incline either to favour the deliverer of his country, or to disfavour the murderer of his brother." This fantastic conclusion carries along with it some excuse, by reason of the danger of the example, and the importance of so strange an action: and they did well to discharge their own judgment of it, and to refer it to others who were not so much concerned. But Timoleon's comportment in this expedition soon made his cause more clear, so worthily and virtuously he demeaned himself upon all occasions; and the good fortune that accompanied him in the difficulties he had to overcome in this noble employment, seemed to be strewed in his way by the gods, favourably conspiring for his justification.

The end of this matter is excusable, if any can be so; but the profit of the augmentation of the public revenue, that served the Roman senate for a pretence to the foul conclusion I am going to relate, is not sufficient to warrant any such injustice.

Certain cities had redeemed themselves and their liberty by money, by the order and consent of the senate, out of the hands of L. Sulla: the business coming again in question, the senate condemned them to be taxable as they were before, and that the money they had disbursed for their redemption should be lost to them. Civil war often produces such villainous examples; that we punish private men for confiding in us when we were public ministers: and the selfsame magistrate makes another man pay the penalty of his change, that has nothing to do with it; the pedagogue whips his scholar for his docility; and the guide beats the blind man whom he leads by the hand; a horrid image of justice.

There are rules in philosophy that are both false and weak. The example that is proposed to us for preferring private utility before faith given, has not weight enough by the circumstance they put to it; robbers have seized you, and after having made you swear to pay them a certain sum of money, dismiss you. 'Tis not well done to say, that an honest man can be quit of his oath without payment, being out of their hands. 'Tis no such thing: what fear has once made me willing to do, I am obliged to do it, when I am no longer in fear; and though that fear only prevailed with my tongue without forcing my will, yet am I bound to keep my word. For my part, when my tongue has sometimes inconsiderately said something that I did not think, I have made a conscience of disowning it: otherwise, by degrees, we shall abolish all the right another derives from our promises and oaths. *Quasi vero forti viro vis possit adhiberi.*[1] And 'tis only lawful, upon the account of private interest, to excuse breach of promise, when we have promised something that is unlawful and wicked in itself; for the right of virtue ought to take place of the right of any obligation of ours.

I have formerly[2] placed Epaminondas in the first rank of excellent men, and do not repent it. How high did he stretch the consideration of his own particular duty? he who never killed a man whom he had overcome; who, for the inestimable benefit of restoring the liberty of his country, made conscience of killing a tyrant or his accomplices, without due form of justice: and who concluded him to be a wicked man, how good a citizen soever otherwise, who amongst his enemies in battle spared not his friend and his guest. This was a soul of a rich composition: he married goodness and humanity, nay, even the tenderest and most delicate in the whole school of philosophy, to the roughest and most violent human actions. Was it nature or art that had intenerated that great courage of his, so full, so obstinate against pain and death and poverty, to such an extreme degree of sweetness and compassion? Dreadful in arms and blood, he overran and subdued a nation invincible by all others but by him alone; and yet, in the heat of an encounter, could turn aside from his friend and guest. Certainly he was fit to command in war, who could so rein himself with the curb of good nature, in the height and heat of his fury, a fury inflamed and foaming with blood and slaughter. 'Tis a miracle to be able to mix any image of justice with such violent actions: and it was only possible for such a steadfastness of mind as that of Epaminondas, therein to mix sweetness, and the facility of the gentlest manners and purest innocence. And whereas one[3] told the Mamertines, that statutes were of no resistance against armed men; and another[4] told the tribune of the people, that the time of justice and of war were distinct things; and a third said,[5] that the noise of arms deafened the voice of laws, this man in all such rattle was not deaf to that of civility and pure courtesy. Had he

---

[1] As though a man of true courage could be compelled.—Cicero, *De Offic.*, iii. 30.
[2] ii. 36.
[3] Plutarch, Pompey.
[4] *Idem*, Cæsar.
[5] *Idem*, Marius.

not borrowed from his enemies the custom of sacrificing to the Muses when he went to war, that they might, by their sweetness and gaiety, soften his martial and rigorous fury? Let us not fear, by the example of so great a master, to believe that there is something unlawful, even against an enemy: and that the common concern ought not to require all things of all men, against private interest: *Manente memoria, etiam in dissidio publicorum fœderum, privati juris:*[1]

*Et nulla potentia vires
Præstandi, ne quid peccet amicus, habet;*[2]

and that all things are not lawful to an honest man, for the service of his prince, the laws, or the general quarrel: *Non enim patria præstat omnibus officiis . . . et ipsi conducit pios habere cives in parentes.*[3] 'Tis an instruction proper for the time wherein we live: we need not harden our courage with these arms of steel; 'tis enough that our shoulders are inured to them: 'tis enough to dip our pens in ink, without dipping them in blood. If it be grandeur of courage, and the effect of a rare and singular virtue, to condemn friendship, private obligations, a man's word and relationship, for the common good and obedience to the magistrate, 'tis certainly sufficient to excuse us, that 'tis a grandeur that could have no place in the grandeur of Epaminondas' courage.

I abominate those mad exhortations of this other discomposed soul:

*Dum tela micant, non vos pietatis imago
Ulla, nec adversa conspecti fronte parentes
Commoveant; vultus gladio turbate verendos.*[4]

Let us deprive wicked, bloody, and treacherous natures of such a pretence of reason: let us set aside this guilty and extravagant justice, and stick to more human imitations. How great things can time and example do! In an encounter of the civil war against Cinna, one of Pompey's soldiers having unawares killed his brother, who was of the contrary party, he immediately for shame and sorrow killed himself:[5] and some years after, in another civil war of the same people, a soldier demanded a reward of his officer for having killed his brother.[6]

A man but ill proves the honour and beauty of an action by its utility: and very erroneously concludes that every one is obliged to it, and that it becomes every one to do it, if it be of utility:

Omnia non pariter rerum sunt omnibus apta.[7]

Let us take that which is most necessary and profitable for human society; it will be marriage; and yet the council of the saints find the contrary much better, excluding from it the most venerable vocation of man: as we design those horses for stallions, of which we have the least esteem.

11. Of repentance

Others form man; I only report him: and represent a particular one, ill fashioned enough, and whom, if I had to model him anew, I should certainly make something else than what he is: but that's past recalling. Now, though the features of my picture alter and change, 'tis not, however, unlike: the world eternally turns round; all things therein are incessantly moving, the earth, the rocks of Caucasus, and the Pyramids of Egypt, both by the public motion and their own. Even constancy itself is no other but a slower and more languishing motion. I cannot fix my object; 'tis always tottering and reeling by a natural giddiness: I take it as it is at the instant I consider it; I do not paint its being, I paint its passage; not a passing from one age to another, or, as the people say, from seven to seven years, but from day to day, from minute to minute. I must accommodate my history to the hour: I may presently change, not only by fortune, but also by intention. 'Tis a counterpart of various and changeable accidents, and of irresolute imaginations, and, as it falls out, sometimes contrary: whether it be that I am then another self, or that I take subjects by other circumstances and considerations: so it is, that I may peradventure contradict myself, but, as Demades said, I never contradict the truth. Could my soul once take footing, I would not essay but resolve: but it is always learning and making trial.

I propose a life ordinary and without lustre:

---

[1] The memory of private right still remains amid public dissensions.—Livy, xxv. 18.

[2] No power on earth can sanction treachery against a friend.—Ovid, *De Pont.*, i. 7, 37.

[3] The duty to one's country does not supersede all other duties—the country itself requires that its citizens should act piously towards their parents.—Cicero, *De Offic.*, iii. 23.

[4] When swords are drawn, let no idea of love, nor the face even of a father presented to you, move you: mutilate with your sword those venerable features.—Lucan, viii. 320.

[5] Tacitus, *Histories,* Bk. iii. 51.

[6] *Ibid.*

[7] All things are not equally fit for all men.—Propertius, iii. 9, 7.

'tis all one; all moral philosophy may as well be applied to a common and private life, as to one of richer composition: every man carries the entire form of human condition. Authors communicate themselves to the people by some especial and extrinsic mark; I, the first of any, by my universal being; as Michael de Montaigne, not as a grammarian, a poet, or a lawyer. If the world find fault that I speak too much of myself, I find fault that they do not so much as think of themselves. But is it reason, that being so particular in my way of living, I should pretend to recommend myself to the public knowledge? And is it also reason that I should produce to the world, where art and handling have so much credit and authority, crude and simple effects of nature, and of a weak nature to boot? Is it not to build a wall without stone or brick, or some such thing, to write books without learning and without art? The fancies of music are carried on by art; mine by chance. I have this, at least, according to discipline, that never any man treated of a subject he better understood and knew, than I what I have undertaken, and that in this I am the most understanding man alive: secondly, that never any man penetrated farther into his matter, nor better and more distinctly sifted the parts and sequences of it, nor ever more exactly and fully arrived at the end he proposed to himself. To perfect it, I need bring nothing but fidelity to the work; and that is there, and the most pure and sincere that is anywhere to be found. I speak truth, not so much as I would, but as much as I dare; and I dare a little the more, as I grow older; for, methinks, custom allows to age more liberty of prating, and more indiscretion of talking of a man's self. That cannot fall out here, which I often see elsewhere, that the work and the artificer contradict one another: "can a man of such sober conversation have written so foolish a book?" Or "do so learned writings proceed from a man of so weak conversation?" He who talks at a very ordinary rate, and writes rare matter, 'tis to say that his capacity is borrowed and not his own. A learned man is not learned in all things: but a sufficient man is sufficient throughout, even to ignorance itself; here my book and I go hand in hand together. Elsewhere men may commend or censure the work, without reference to the workman; here they cannot: who touches the one, touches the other. He who shall judge of it without knowing him, will more wrong himself than me; he who does know him, gives me all the satisfaction I desire. I shall be happy beyond my desert, if I can obtain only thus much from the public approbation, as to make men of understanding perceive that I was capable of profiting by knowledge, had I had it; and that I deserved to have been assisted by a better memory.

Be pleased here to excuse what I often repeat, that I very rarely repent, and that my conscience is satisfied with itself, not as the conscience of an angel, or that of a horse, but as the conscience of a man; always adding this clause, not one of ceremony, but a true and real submission, that I speak inquiring and doubting, purely and simply referring myself to the common and accepted beliefs for the resolution. I do not teach, I only relate.

There is no vice that is absolutely a vice which does not offend, and that a sound judgment does not accuse; for there is in it so manifest a deformity and inconvenience, that, peradventure, they are in the right who say that it is chiefly begotten by stupidity and ignorance: so hard is it to imagine that a man can know without abhorring it. Malice sucks up the greatest part of its own venom, and poisons itself. Vice leaves repentance in the soul, like an ulcer in the flesh, which is always scratching and lacerating itself: for reason effaces all other grief and sorrows, but it begets that of repentance, which is so much the more grievous, by reason it springs within, as the cold and heat of fevers are more sharp than those that only strike upon the outward skin. I hold for vices (but every one according to its proportion), not only those which reason and nature condemn, but those also which the opinion of men, though false and erroneous, have made such, if authorised by law and custom.

There is likewise no virtue which does not rejoice a well-descended nature; there is a kind of, I know not what, congratulation in well doing that gives us an inward satisfaction, and a generous boldness that accompanies a good conscience: a soul daringly vicious may, peradventure, arm itself with security, but it cannot supply itself with this complacency and satisfaction. 'Tis no little satisfaction to feel a man's self preserved from the contagion of so depraved an age, and to say to himself: "Whoever could penetrate into my soul would not there find me guilty either of the affliction or ruin of any one, or of revenge or envy, or any offence against the public laws, or of innovation or disturbance, or failure of my word; and though the licence of the time permits and teaches every one so to do, yet have I not plundered any Frenchman's goods, or taken his money, and have lived upon what is my own, in war as well as in peace; neither have I set any man to work without paying him his hire." These testimonies of a good conscience please, and this natural rejoicing is very beneficial to us, and the only reward that we can never fail of.

To ground the recompense of virtuous actions upon the approbation of others is too uncertain and unsafe a foundation, especially in so corrupt and ignorant an age as this, wherein the good opinion of the vulgar is injurious: upon whom do you rely to show you what is recommendable? God defend me from being an honest man, according to the descriptions of honour I daily see every one make of himself. *Quæ fuerant vitia, mores sunt.*[1] Some of my friends have at times schooled and scolded me with great sincerity and plainness, either of their own voluntary motion, or by me entreated to it as to an office, which to a well-composed soul surpasses not only in utility, but in kindness, all other offices of friendship: I have always received them with the most open arms, both of courtesy and acknowledgment; but, to say the truth, I have often found so much false measure, both in their reproaches and praises, that I had not done much amiss, rather to have done ill, than to have done well according to their notions. We, who live private lives, not exposed to any other view than our own, ought chiefly to have settled a pattern within ourselves by which to try our actions; and according to that, sometimes to encourage and sometimes to correct ourselves. I have my laws and my judicature to judge of myself, and apply myself more to these than to any other rules: I do, indeed, restrain my actions according to others; but extend them not by any other rule than my own. You yourself only know if you are cowardly and cruel, loyal and devout: others see you not, and only guess at you by uncertain conjectures, and do not so much see your nature as your art; rely not therefore upon their opinions, but stick to your own: *Tuo tibi judicio est utendum . . . Virtutis et vitiorum grave ipsius conscientiæ pondus est: qua sublata, jacent omnia.*[2]

But the saying that repentance immediately follows the sin seems not to have respect to sin in its high estate, which is lodged in us as in its own proper habitation. One may disown and retract the vices that surprise us, and to which we are hurried by passions; but those which by a long habit are rooted in a strong and vigorous will are not subject to contradiction. Repentance is no other but a recanting of the will and an opposition to our fancies, which lead us which way they please. It makes this person disown his former virtue and continency:

Quæ mens est hodie, cur eadem non puero fuit?
Vel cur his animis incolumes non redeunt genæ?[3]

'Tis an exact life that maintains itself in due order in private. Every one may juggle his part, and represent an honest man upon the stage: but within, and in his own bosom, where all may do as they list, where all is concealed, to be regular—there's the point. The next degree is to be so in his house, and in his ordinary actions, for which we are accountable to none, and where there is no study nor artifice. And therefore Bias, setting forth the excellent state of a private family, says: "of which the master is the same within, by his own virtue and temper that, he is abroad, for fear of the laws and report of men." And it was a worthy saying of Julius Drusus, to the masons who offered him, for three thousand crowns, to put his house in such a posture that his neighbours should no longer have the same inspection into it as before; "I will give you," said he, "six thousand to make it so that everybody may see into every room." 'Tis honourably recorded of Agesilaus,[4] that he used in his journeys always to take up his lodgings in temples, to the end that the people and the gods themselves might pry into his most private actions. Such a one has been a miracle to the world, in whom neither his wife nor servant has ever seen anything so much as remarkable; few men have been admired by their own domestics; no one was ever a prophet, not merely in his own house, but in his own country, says the experience of histories: 'tis the same in things of nought, and in this low example the image of a greater is to be seen. In my country of Gascony, they look upon it as a drollery to see me in print; the further off I am read from my own home, the better I am esteemed. I am fain to purchase printers in Guienne; elsewhere they purchase me. Upon this it is that they lay their foundation who conceal themselves present and living, to

---

[1] What before were vices are now right manners.—Seneca, *Epist.*, 39.

[2] Thou must employ thy own judgment upon thyself; great is the weight of thy own conscience in the discovery of thy own virtues and vices: that being taken away, all things are lost.—Cicero, *De Nat. Deor.*, iii. 35; *Tusc. Quæs.*, i. 25.

[3] Why was I not of the same mind when I was a boy that I am now? or why do not the ruddy cheeks of my youth return to help me now.—Horace, *Od.*, iv. 10, 7.

[4] Plutarch, Agesilaus.

obtain a name when they are absent and dead. I had rather have a great deal less in hand, and do not expose myself to the world upon any other account than my present share; when I leave it I quit the rest. See this functionary whom the people escort in state, with wonder and applause, to his very door; he puts off the pageant with his robe, and falls so much the lower by how much he was higher exalted: in himself within, all is tumult and degraded. And though all should be regular there, it will require a vivid and well-chosen judgment to perceive it in these low and private actions; to which may be added, that order is a dull, sombre virtue. To enter a breach, conduct an embassy, govern a people, are actions of renown: to reprehend, laugh, sell, pay, love, hate, and gently and justly converse with a man's own family, and with himself; not to relax, not to give a man's self the lie, is more rare and hard, and less remarkable. By which means, retired lives, whatever is said to the contrary, undergo duties of as great or greater difficulty than the others do; and private men, says Aristotle,[1] serve virtue more painfully and highly, than those in authority do: we prepare ourselves for eminent occasions, more out of glory than conscience. The shortest way to arrive at glory, would be to do that for conscience which we do for glory: and the virtue of Alexander appears to me of much less vigour in his great theatre, than that of Socrates in his mean and obscure employment. I can easily conceive Socrates in the place of Alexander, but Alexander in that of Socrates, I cannot. Who shall ask the one what he can do, he will answer, "Subdue the world": and who shall put the same question to the other, he will say, "Carry on human life conformably with its natural condition"; a much more general, weighty, and legitimate science than the other.

The virtue of the soul does not consist in flying high, but in walking orderly; its grandeur does not exercise itself in grandeur, but in mediocrity. As they who judge and try us within, make no great account of the lustre of our public actions, and see they are only streaks and rays of clear water springing from a slimy and muddy bottom: so, likewise, they who judge of us by this gallant outward appearance, in like manner conclude of our internal constitution; and cannot couple common faculties, and like their own, with the other faculties that astonish them, and are so far out of their sight. Therefore it is, that we give such savage forms to demons: and who does not give Tamerlane great eye-brows, wide nostrils, a dreadful visage, and a prodigious stature, according to the imagination he has conceived by the report of his name? Had any one formerly brought me to Erasmus, I should hardly have believed but that all was adage and apothegm he spoke to his man or his hostess. We much more aptly imagine an artisan upon his close-stool, or upon his wife, than a great president venerable by his port and sufficiency: we fancy that they, from their high tribunals, will not abase themselves so much as to live. As vicious souls are often incited by some foreign impulse to do well, so are virtuous souls to do ill; they are therefore to be judged by their settled state, when they are at home, whenever that may be; and, at all events, when they are nearer repose, and in their native station.

Natural inclinations are much assisted and fortified by education; but they seldom alter and overcome their institution: a thousand natures of my time have escaped towards virtue or vice, through a quite contrary discipline;

Sic ubi desuetæ silvis in carcere clausæ
Mansuevere feræ, et vultus posuere minaces,
Atque hominem didicere pati, si torrida parvus
Venit in ora cruor, redeunt rabiesque furorque,
Admonitæque tument gustato sanguine fauces;
Fervet, et a trepido vix abstinet ira magistro;[2]

these original qualities are not to be rooted out; they may be covered and concealed. The Latin tongue is as it were natural to me; I understand it better than French; but I have not been used to speak it, nor hardly to write it these forty years. Yet, upon extreme and sudden emotions which I have fallen into twice or thrice in my life, and once, seeing my father in perfect health fall upon me in a swoon, I have always uttered my first outcries and ejaculations in Latin; nature starting up, and forcibly expressing itself, in spite of so long a discontinuation; and this example is said of many others.

They who in my time have attempted to correct the manners of the world by new opinions, reform seeming vices, but the essential vices they leave as they were, if, indeed, they do not augment them; and augmentation is, therein, to be feared; we defer all other well doing upon the account of these external reformations, of less

---

[1] *Ethics*, x. 7.

[2] So savage beasts, when shut up in cages, and grown unaccustomed to the woods, become tame, and lay aside their fierce looks, and submit to the rule of man; if again they taste blood, their rage and fury return, their jaws are erected by thirst of blood, and they scarcely forbear to assail their trembling masters.—Lucan, iv. 237.

cost and greater show, and thereby expiate cheaply, for the other natural, consubstantial and intestine vices. Look a little into our experience: there is no man, if he listen to himself, who does not in himself discover a particular and governing form of his own, that jostles his education, and wrestles with the tempest of passions that are contrary to it. For my part, I seldom find myself agitated with surprises; I always find myself in my place, as heavy and unwieldy bodies do; if I am not at home, I am always near at hand; my dissipations do not transport me very far, there is nothing strange or extreme in the case; and yet I have sound and vigorous turns.

The true condemnation, and which touches the common practice of men, is, that their very retirement itself is full of filth and corruption; the idea of their reformation composed; their repentance sick and faulty, very nearly as much as their sin. Some, either from having been linked to vice by a natural propension, or long practice, cannot see its deformity. Others (of which constitution I am) do indeed feel the weight of vice, but they counter-balance it with pleasure, or some other occasion; and suffer, and lend themselves to it, for a certain price, but viciously and basely. Yet there might, haply, be imagined so vast a disproportion of measure, where with justice the pleasure might excuse the sin, as we say of utility; not only if accidental, and out of sin, as in thefts, but in the very exercise of sin, as in the enjoyment of women, where the temptation is violent, and 'tis said, sometimes not to be overcome.

Being the other day at Armaignac, on the estate of a kinsman of mine, I there saw a country fellow who was by every one nicknamed the thief. He thus related the story of his life: that being born a beggar, and finding that he should not be able, so as to be clear of indigence, to get his living by the sweat of his brow, he resolved to turn thief, and by means of his strength of body, had exercised this trade all the time of his youth in great security; for he ever made his harvest and vintage in other men's grounds, but a great way off, and in so great quantities, that it was not to be imagined one man could have carried away so much in one night upon his shoulders; and, moreover, was careful equally to divide and distribute the mischief he did, that the loss was of less importance to every particular man. He is now grown old, and rich for a man of his condition, thanks to his trade, which he openly confesses to every one. And to make his peace with God, he says, that he is daily ready by good offices to make satisfaction to the successors of those he has robbed, and if he do not finish (for to do it all at once he is not able) he will then leave it in charge to his heirs to perform the rest, proportionably to the wrong he himself only knows he has done to each. By this description, true or false, this man looks upon theft as a dishonest action, and hates it, but less than poverty, and simply repents; but to the extent he has thus recompensed, he repents not. This is not that habit which incorporates us into vice, and conforms even our understanding itself to it; nor is it that impetuous whirlwind that by gusts troubles and blinds our souls, and for the time precipitates us, judgment and all, into the power of vice.

I customarily do what I do thoroughly and make but one step on't; I have rarely any movement that hides itself and steals away from my reason, and that does not proceed in the matter by the consent of all my faculties, without division or intestine sedition; my judgment is to have all the blame or all the praise; and the blame it once has, it has always; for almost from my infancy it has ever been one: the same inclination, the same turn, the same force: and as to universal opinions, I fixed myself from my childhood in the place where I resolved to stick. There are some sins that are impetuous, prompt, and sudden; let us set them aside; but in these other sins so often repeated, deliberated, and contrived, whether sins of complexion or sins of profession and vocation, I cannot conceive that they should have so long been settled in the same resolution, unless the reason and conscience of him who has them, be constant to have them; and the repentance he boasts to be inspired with on a sudden, is very hard for me to imagine or form. I follow not the opinion of the Pythagorean sect, "that men take up a new soul when they repair to the images of the gods to receive their oracles," unless he mean that it must needs be extrinsic, new, and lent for the time; our own showing so little sign of purification and cleanness, fit for such an office.

They act quite contrary to the stoical precepts, who do indeed, command us to correct the imperfections and vices we know ourselves guilty of, but forbid us therefore to disturb the repose of our souls: these make us believe that they have great grief and remorse within: but of amendment, correction, or interruption, they make nothing appear. It cannot be a cure if the malady be not wholly discharged; if repentance were laid upon the scale of the balance, it would weigh down sin. I find no quality so easy to counterfeit as devotion, if men do not conform their manners and life to the profession; its essence is abstruse and occult; the appearances easy and ostentatious.

For my own part, I may desire in general to be other than I am; I may condemn and dislike my whole form, and beg of Almighty God for an entire reformation, and that He will please to pardon my natural infirmity: but I ought not to call this repentance, methinks, no more than the being dissatisfied that I am not an angel or Cato. My actions are regular, and conformable with what I am, and to my condition; I can do no better; and repentance does not properly touch things that are not in our power; sorrow does. I imagine an infinite number of natures more elevated and regular than mine; and yet I do not for all that improve my faculties, no more than my arm or will grow more strong and vigorous for conceiving those of another to be so. If to conceive and wish a nobler way of acting than that we have, should produce a repentance of our own, we must then repent us of our most innocent actions, forasmuch as we may well suppose that in a more excellent nature they would have been carried on with greater dignity and perfection; and we would that ours were so. When I reflect upon the deportments of my youth, with that of my old age, I find that I have commonly behaved myself with equal order in both, according to what I understand: this is all that my resistance can do. I do not flatter myself; in the same circumstances I should do the same things. It is not a patch, but rather an universal tincture, with which I am stained. I know no repentance, superficial, half-way, and ceremonious; it must sting me all over before I can call it so, and must prick my bowels as deeply and universally as God sees into me.

As to business, many excellent opportunities have escaped me for want of good management; and yet my deliberations were sound enough, according to the occurrences presented to me: 'tis their way to choose always the easiest and safest course. I find that, in my former resolves, I have proceeded with discretion, according to my own rule, and according to the state of the subject proposed, and should do the same a thousand years hence in like occasions; I do not consider what it is now, but what it was then, when I deliberated on it: the force of all counsel consists in the time; occasions and things eternally shift and change. I have in my life committed some important errors, not for want of good understanding, but for want of good luck. There are secret, and not to be foreseen, parts in matters we have in hand, especially in the nature of men; mute conditions, that make no show, unknown sometimes even to the possessors themselves, that spring and start up by incidental occasions; if my prudence could not penetrate into nor foresee them, I blame it not: 'tis commissioned no further than its own limits; if the event be too hard for me, and take the side I have refused, there is no remedy; I do not blame myself, I accuse my fortune, and not my work; this cannot be called repentance.

Phocion, having given the Athenians an advice that was not followed, and the affair nevertheless succeeding contrary to his opinion, some one said to him; "Well, Phocion, art thou content that matters go so well?" "I am very well content," replied he, "that this has happened so well, but I do not repent that I counselled the other." When any of my friends address themselves to me for advice, I give it candidly and clearly, without sticking, as almost all other men do, at the hazard of the thing's falling out contrary to my opinion, and that I may be reproached for my counsel; I am very indifferent as to that, for the fault will be theirs for having consulted me, and I could not refuse them that office.

I, for my own part, can rarely blame anyone but myself for my oversights and misfortunes, for indeed I seldom solicit the advice of another, if not by honour of ceremony, or excepting where I stand in need of information, special science, or as to matter of fact. But in things wherein I stand in need of nothing but judgment, other men's reasons may serve to fortify my own, but have little power to dissuade me; I hear them all with civility and patience: but, to my recollection, I never made use of any but my own. With me, they are but flies and atoms, that confound and distract my will; I lay no great stress upon my opinions; but I lay as little upon those of others, and fortune rewards me accordingly: if I receive but little advice, I also give but little. I am seldom consulted, and still more seldom believed, and know no concern, either public or private, that has been mended or bettered by my advice. Even they whom fortune had in some sort tied to my direction, have more willingly suffered themselves to be governed by any other counsels than mine. And as a man who am as jealous of my repose as of my authority, I am better pleased that it should be so; in leaving me there, they humour what I profess, which is to settle and wholly contain myself within myself. I take a pleasure in being uninterested in other men's affairs, and disengaged from being their warranty, and responsible for what they do.

In all affairs that are past, be it how it will, I have very little regret; for this imagination puts me out of my pain, that they were so to fall out: they are in the great revolution of the world, and in the chain of stoical causes: your fancy cannot, by wish and imagination, move one tittle, but that the great current of things will not reverse both the past and the future.

As to the rest, I abominate that incidental repentance which old age brings along with it. He, who said of old, that he was obliged to his age for having weaned him from pleasure, was of another opinion than I am; I can never think myself beholden to impotency, for any good it can do to me; *Nec tam aversa unquam videbitur ab opere suo providentia, ut debilitas inter optima inventa sit.*[1] Our appetites are rare in old age; a profound satiety seizes us after the act; in this I see nothing of conscience; chagrin and weakness imprint in us a drowsy and rheumatic virtue. We must not suffer ourselves to be so wholly carried away by natural alterations, as to suffer our judgments to be imposed upon by them. Youth and pleasure have not formerly so far prevailed with me, that I did not well enough discern the face of vice in pleasure; neither does the distaste that years have brought me, so far prevail with me now, that I cannot discern pleasure in vice. Now that I am no more in my flourishing age, I judge as well of these things as if I were. I, who narrowly and strictly examine it, find my reason the very same it was in my most licentious age, except, perhaps, that 'tis weaker and more decayed by being grown older; and I find that the pleasure it refuses me upon the account of my bodily health, it would no more refuse now, in consideration of the health of my soul, than at any time heretofore. I do not repute it the more valiant for not being able to combat; my temptations are so broken and mortified, that they are not worth its opposition; holding but out my hands, I repel them. Should one present the old concupiscence before it, I fear it would have less power to resist it than heretofore; I do not discern that in itself it judges anything otherwise now, than it formerly did, nor that it has acquired any new light: wherefore, if there be convalescence, 'tis an enchanted one. Miserable kind of remedy, to owe one's health to one's disease! 'Tis not that our misfortune should perform this office, but the good fortune of our judgment. I am not to be made to do anything by persecutions and afflictions, but to curse them: that is for people who cannot be roused but by a whip. My reason is much more free in prosperity, and much more distracted, and put to't to digest pains than pleasures: I see best in a clear sky; health admonishes me more cheerfully, and to better purpose, than sickness. I did all that in me lay to reform and regulate myself from pleasures, at a time when I had health and vigour to enjoy them; I should be ashamed and envious, that the misery and misfortune of my old age should have credit over my good, healthful, sprightly, and vigorous years; and that men should estimate me, not by what I have been, but by what I have ceased to be.

In my opinion, 'tis the happy living, and not (as Antisthenes said) the happy dying, in which human felicity consists. I have not made it my business to make a monstrous addition of a philosopher's tail to the head and body of a libertine; nor would I have this wretched remainder give the lie to the pleasant, sound, and long part of my life: I would present myself uniformly throughout. Were I to live my life over again, I should live it just as I have lived it; I neither complain of the past, nor do I fear the future; and if I am not much deceived, I am the same within that I am without. 'Tis one main obligation I have to my fortune, that the succession of my bodily estate has been carried on according to the natural seasons; I have seen the grass, the blossom, and the fruit; and now see the withering; happily, however, because naturally. I bear the infirmities I have the better, because they came not till I had reason to expect them, and because also they make me with greater pleasure remember that long felicity of my past life. My wisdom may have been just the same in both ages; but it was more active, and of better grace whilst young and sprightly, than now it is when broken, peevish, and uneasy. I repudiate, then, these casual and painful reformations. God must touch our hearts; our consciences must amend of themselves, by the aid of our reason, and not by the decay of our appetites; pleasure is, in itself, neither pale nor discoloured, to be discerned by dim and decayed eyes.

We ought to love temperance for itself, and because God has commanded that and chastity; but that which we are reduced to by catarrhs, and for which I am indebted to the stone, is neither chastity nor temperance; a man cannot boast that he despises and resists pleasure, if he cannot see it, if he knows not what it is, and cannot discern its graces, its force, and most allur-

---

[1] Nor can Providence ever be seen so averse to her own work, that debility should be ranked amongst the best things.—Quintilian, *Inst. Orat.*, v. 12.

ing beauties; I know both the one and the other, and may therefore the better say it. But, methinks, our souls, in old age, are subject to more troublesome maladies and imperfections than in youth; I said the same when young and when I was reproached with the want of a beard; and I say so now that my grey hairs give me some authority. We call the difficulty of our humours and the disrelish of present things wisdom; but, in truth, we do not so much forsake vices as we change them, and, in my opinion, for worse. Besides a foolish and feeble pride, an impertinent prating, froward and insociable humours, superstition, and a ridiculous desire of riches when we have lost the use of them, I find there more envy, injustice, and malice. Age imprints more wrinkles in the mind than it does on the face; and souls are never, or very rarely seen, that in growing old do not smell sour and musty. Man moves all together, both towards his perfection and decay. In observing the wisdom of Socrates, and many circumstances of his condemnation, I should dare to believe, that he in some sort himself purposely, by collusion, contributed to it, seeing that, at the age of seventy years, he might fear to suffer the lofty motions of his mind to be cramped, and his wonted lustre obscured. What strange metamorphoses do I see age every day make in many of my acquaintance! 'Tis a potent malady, and that naturally and imperceptibly steals into us; a vast provision of study and great precaution are required to evade the imperfections it loads us with, or at least, to weaken their progress. I find that, notwithstanding all my entrenchments, it gets foot by foot upon me; I make the best resistance I can, but I do not know to what at last it will reduce me. But fall out what will, I am content the world may know, when I am fallen, from what I fell.

III. OF THREE COMMERCES

WE must not rivet ourselves so fast to our humours and complexions: our chief sufficiency is to know how to apply ourselves to divers employments. 'Tis to be, but not to live, to keep a man's self tied and bound by necessity to one only course; those are the bravest souls that have in them the most variety and pliancy. Of this here is an honourable testimony of the elder Cato: *Huic versatile ingenium sic pariter ad omnia fuit, ut natum ad id unum diceres, quodcumque ageret.*[1] Had I liberty to set myself forth after my own mode, there is no so graceful fashion to which I would be so fixed, as not to be able to disengage myself from it; life is an unequal, irregular, and multiform motion. 'Tis not to be a friend to one's self, much less a master—'tis to be a slave, incessantly to be led by the nose by one's self, and to be so fixed in one's previous inclinations, that one cannot turn aside, nor writhe one's neck out of the collar. I say this now in this part of my life, wherein I find I cannot easily disengage myself from the importunity of my soul, which cannot ordinarily amuse itself but in things of limited range, nor employ itself otherwise than entirely and with all its force; upon the lightest subject offered it swells and stretches it to that degree as therein to employ its utmost power; wherefore, its idleness is to me a very painful labour, and very prejudicial to my health. Most men's minds require foreign matter to exercise and enliven them; mine has rather need of it to sit still and repose itself, *Vitia otii negotio discutienda sunt*,[2] for its chief and hardest study is to study itself. Books are to it a sort of employment that debauch it from its study. Upon the first thoughts that possess it, it begins to bustle and make trial of its vigour in all directions, exercises its power of handling, now making trial of force, now fortifying, moderating, and ranging itself by the way of grace and order. It has of its own wherewith to rouse its faculties: nature has given to it, as to all others, matter enough of its own to make advantage of, and subjects proper enough where it may either invent or judge.

Meditation is a powerful and full study to such as can effectually taste and employ themselves; I had rather fashion my soul than furnish it. There is no employment, either more weak or more strong, than that of entertaining a man's own thoughts, according as the soul is; the greatest men make it their whole business, *quibus vivere est cogitare*,[3] nature has therefore favoured it with this privilege, that there is nothing we can do so long, nor any action to which we more frequently and with greater facility addict ourselves. 'Tis the business of the gods, says Aristotle,[4] and from which both their beatitude and ours proceed.

The principal use of reading to me is, that by various objects it rouses my reason, and employs my judgment, not my memory. Few conversa-

---

[1] His parts were so pliable to all uses, that a man would think he had been born only for precisely that which he was at any time doing.—Livy, xxxix. 49.

[2] The vices of sloth are to be shaken off by business.—Seneca, *Epist.*, 56.

[3] To whom to live is to think.—Cicero, *Tusc. Quæs.*, v. 38.

[4] *Ethics*, x. 8.

tions detain me without force and effort; it is true that beauty and elegance of speech take as much or more with me than the weight and depth of the subject; and forasmuch as I am apt to be sleepy in all other communication, and give but the rind of my attention, it often falls out that in such poor and pitiful discourses, mere chatter, I either make drowsy, unmeaning answers, unbecoming a child, and ridiculous, or more foolishly and rudely still, maintain an obstinate silence. I have a pensive way that withdraws me into myself, and, with that, a heavy and childish ignorance of many very ordinary things, by which two qualities I have earned this, that men may truly relate five or six as ridiculous tales of me as of any other man whatever.

But, to proceed in my subject, this difficult complexion of mine renders me very nice in my conversation with men, whom I must cull and pick out for my purpose; and unfits me for common society. We live and negotiate with the people; if their conversation be troublesome to us, if we disdain to apply ourselves to mean and vulgar souls (and the mean and vulgar are often as regular as those of the finest thread, and all wisdom is folly that does not accommodate itself to the common ignorance), we must no more intermeddle either with other men's affairs or our own; for business, both public and private, has to do with these people. The least forced and most natural motions of the soul are the most beautiful; the best employments, those that are least strained. Good God! How good an office does wisdom to those whose desires it limits to their power! That is the most useful knowledge: "what a man can," was ever the sentence Socrates was so much in love with. A motto of great substance.

We must moderate and adapt our desires to the nearest and easiest to be acquired things. Is it not a foolish humour of mine to separate myself from a thousand to whom my fortune has conjoined me, and without whom I cannot live, and cleave to one or two who are out of my intercourse; or, rather a fantastic desire of a thing I cannot obtain? My gentle and easy manners, enemies of all sourness and harshness, may easily enough have secured me from envy and animosities; to be beloved, I do not say, but never any man gave less occasion of being hated; but the coldness of my conversation has, reasonably enough, deprived me of the good will of many, who are to be excused if they interpret it in another and worse sense.

I am very capable of contracting and maintaining rare and exquisite friendships; for, by reason that I so greedily seize upon such acquaintance as fit my liking, I throw myself with such violence upon them that I hardly fail to stick, and to make an impression where I hit; as I have often made happy proof. In ordinary friendships I am somewhat cold and shy, for my motion is not natural, if not with full sail; besides which, my fortune having in my youth given me a relish for one sole and perfect friendship has, in truth, created in me a kind of distaste to others, and too much imprinted in my fancy that it is a beast of company, as the ancient said, but not of the herd. And also I have a natural difficulty of communicating myself by halves, with the modifications and the servile and jealous prudence required in the conversation of numerous and imperfect friendships: and we are principally enjoined to these in this age of ours, when we cannot talk of the world but either with danger or falsehood.

Yet do I very well discern, that he who has the conveniences (I mean the essential conveniences) of life for his end, as I have, ought to fly these difficulties and delicacy of humour, as much as the plague. I should commend a soul of several stages, that knows both how to stretch and to slacken itself; that finds itself at ease in all conditions whither fortune leads it; that can discourse with a neighbour, of his building, his hunting, his quarrels; that can chat with a carpenter or a gardener with pleasure. I envy those who can render themselves familiar with the meanest of their followers, and talk with them in their own way; and dislike the advice of Plato,[1] that men should always speak in a magisterial tone to their servants, whether men or women, without being sometimes facetious and familiar; for besides the reasons I have given, 'tis inhuman and unjust, to set so great a value upon this pitiful prerogative of fortune; and the polities, wherein less disparity is permitted betwixt masters and servants, seem to me the most equitable. Others study how to raise and elevate their minds; I, how to humble mine, and to bring it low; 'tis only vicious in extension.

> *Narras et genus Æaci,*
> *Et pugnata sacro bella sub Ilio;*
> *Quo Chium pretio cadum*
> *Mercemur, quis aquam temperet ignibus,*
> *Quo præbente domum, et quota,*
> *Pelignis careuam frigoribus, taces.*[2]

[1] *Laws,* vi.
[2] You tell us long stories about the race of Æacus, and the battles fought at sacred Ilium; but what to give for a cask of Chian wine, who shall prepare

Thus, as the Lacedæmonian valour stood in need of moderation, and of the sweet and harmonious sound of flutes to soften it in battle, lest they should precipitate themselves into temerity and fury, whereas all other nations commonly make use of harsh and shrill sounds, and of loud and imperious cries, to incite and heat the soldier's courage to the last degree: so, methinks, contrary to the usual method, in the practice of our minds, we have for the most part more need of lead than of wings; of temperance and composedness than of ardour and agitation. But, above all things, 'tis in my opinion egregiously to play the fool, to put on the grave airs of a man of lofty mind amongst those who are nothing of the sort: ever to speak in print, *favellar in punta di forchetta*.[1] You must let yourself down to those with whom you converse; and sometimes affect ignorance: lay aside power and subtilty in common conversation; to preserve decorum and order 'tis enough—nay, crawl on the earth, if they so desire it.

The learned often stumble at this stone; they will always be parading their pedantic science, and strew their books everywhere; they have, in these days, so filled the cabinets and ears of the ladies with them, that if they have lost the substance, they at least retain the words; so as in all discourse upon all sorts of subjects, how mean and common soever, they speak and write after a new and learned way;

Hoc sermone pavent, hoc iram, gaudia, curas,
Hoc cuncta effundunt animi secreta; quid ultra?
Concumbunt docte;[2]

and quote Plato and Aquinas, in things the first man they meet could determine as well; the learning that cannot penetrate their souls, hangs still upon the tongue. If people of quality will be persuaded by me, they shall content themselves with setting out their proper and natural treasures; they conceal and cover their beauties under others that are none of theirs: 'tis a great folly to put out their own light and shine by a borrowed lustre: they are interred and buried under art, *de capsula totæ*.[3] It is because they do not sufficiently know themselves, or do themselves justice: the world has nothing fairer than they; 'tis for them to honour the arts, and to paint painting. What need have they of anything, but to live beloved and honoured? They have, and know, but too much for this: they need do no more but rouse and heat a little the faculties they have of their own. When I see them tampering with rhetoric, law, logic, and other drugs, so improper and unnecessary for their business, I begin to suspect that the men who inspire them with such fancies, do it that they may govern them upon that account; for what other excuse can I contrive? It is enough that they can, without our instruction, compose the graces of their eyes to gaiety, severity, sweetness, and season a denial with asperity, suspense, or favour: they need not another to interpret what we speak for their service; with this knowledge, they command with a switch, and rule both the tutors and the schools. But if, nevertheless, it angers them to give place to us in anything whatever, and will, out of curiosity, have their share in books, poetry is a diversion proper for them; 'tis a wanton, subtle, dissembling and prating art, all pleasure and all show, like themselves. They may also extract several commodities from history. In philosophy, out of the moral part of it, they may select such instructions as will teach them to judge of our humours and conditions, to defend themselves from our treacheries, to regulate the ardour of their own desires, to manage their liberty, to lengthen the pleasures of life, and gently to bear the inconstancy of a lover, the rudeness of a husband, and the importunity of years, wrinkles, and the like. This is the utmost of what I would allow them in the sciences.

There are some particular natures that are private and retired: my natural way is proper for communication, and apt to lay me open; I am all without and in sight, born for society and friendship. The solitude that I love myself and recommend to others, is chiefly no other than to withdraw my thoughts and affections into myself; to restrain and check, not my steps, but my own cares and desires, resigning all foreign solicitude, and mortally avoiding servitude and obligation, and not so much the crowd of men, as the crowd of business. Local solitude, to say the truth, rather gives me more room, and sets me more at large; I more readily throw myself upon affairs of state and the world, when I am alone; at the Louvre, and in the bustle of the court, I fold myself within my own skin; the crowd thrusts me upon myself; and I never entertain

---

the warm bath, and in whose house, and when we shall brave the Pelignian cold, you do not tell us.—Horace, *Od.*, iii. 19, 3.

[1] To talk with the point of a fork.

[2] In this same learned language do they express their fears, their anger, their joys, their cares; in this pour out all their secrets; what more? they lie with their lovers learnedly.—Juvenal, vi. 189.

[3] Painted and perfumed from head to foot.—Seneca, *Epist.*, 115.

myself so wantonly, with so much licence, or so especially, as in places of respect and ceremonious prudence: our follies do not make me laugh, but our wisdom does. I am naturally no enemy to a court life; I have therein passed a good part of my own, and am of a humour cheerfully to frequent great company, provided it be by intervals and at my own time: but this softness of judgment whereof I speak, ties me perforce to solitude. Even at home, amidst a numerous family, and in a house sufficiently frequented, I see people enough, but rarely such with whom I delight to converse; and I there reserve both for myself and others an unusual liberty: there is in my house no such thing as ceremony, ushering, or waiting upon people down to the coach, and such other troublesome ceremonies as our courtesy enjoins (O servile and importunate custom!). Every one there governs himself according to his own method; let who will speak his thoughts, I sit mute, meditating and shut up in my closet, without any offence to my guests.

The men, whose society and familiarity I covet, are those they call sincere and able men; and the image of these makes me disrelish the rest. It is, if rightly taken, the rarest of our forms, and a form that we chiefly owe to nature. The end of this commerce is simply privacy, frequentation and conference, the exercise of souls, without other fruit. In our discourse, all subjects are alike to me; let there be neither weight, nor depth, 'tis all one: there is yet grace and pertinency; all there is tinted with a mature and constant judgment, and mixed with goodness, freedom, gaiety, and friendship. 'Tis not only in talking of the affairs of kings and state, that our wits discover their force and beauty, but every whit as much in private conferences. I understand my men even by their silence and smiles; and better discover them, perhaps, at table, than in the council. Hippomachus said[1] very well, "that he could know the good wrestlers by only seeing them walk in the street." If learning please to step into our talk, it shall not be rejected, not magisterial, imperious, and importunate, as it commonly is, but suffragan and docile itself; we there only seek to pass away our time; when we have a mind to be instructed and preached to, we will go seek this in its throne; please let it humble itself to us for the nonce; for, useful and profitable as it is, I imagine that, at need, we may manage well enough without it, and do our business without its assistance. A well-descended soul, and practised in the conversation of men, will of herself render herself sufficiently agreeable; art is nothing but the counterpart and register of what such souls produce.

The conversation also of beautiful and well-bred women is for me a sweet commerce: *nam nos quoque oculos eruditos habemus.*[2] If the soul has not therein so much to enjoy, as in the first, the bodily senses, which participate more of this, bring it to a proportion near to, though, in my opinion, not equal to the other. But 'tis a commerce wherein a man must stand a little upon his guard, especially those of a warm temperament, such as mine. I there scalded myself in my youth, and suffered all the torments that poets say are to befall those who precipitate themselves into love without order and judgment: it is true, that the whipping has made me wiser since:

Quicumque Argolica de classe Capharea fugit,
  Semper ab Euboicis vela retorquet aquis.[3]

'Tis folly to fix all a man's thoughts upon it, and to engage in it with a furious and indiscreet affection; but, on the other hand, to engage there without love and without inclination, like comedians, to play a common part, without putting anything to it of his own but words, is indeed to provide for his safety, but, withal, after as cowardly a manner as he who should abandon his honour, profit, or pleasure, for fear of ordinary danger; for it is certain that from such a practice, they who set it on foot can expect no fruit that can please or satisfy a noble soul. A man must have, in good earnest, desired that which he, in good earnest, expects to have a pleasure in enjoying; I say, though fortune should unjustly favour their dissimulation; which often falls out, because there is none of the sex, let her be as ugly as the devil, who does not think herself well worthy to be beloved, and who does not prefer herself before other women, either for her youth, the colour of her hair, or her graceful motion (for there are no more women universally and throughout ugly, than there are women universally and throughout beautiful, and such of the Brahmin virgins as have no other beauty to recommend them, the people being assembled by the common crier to that effect, come out into the market-place to expose their matrimonial parts to public view, to try if these at least are

---

[1] Plutarch, Dion.

[2] For we also have eyes that are versed in the matter.—Cicero, *Paradox.*, v. 2.

[3] Whoever of the Grecian fleet has escaped the Capharean rocks, ever takes care to steer from those of the Euboean sea.—Ovid, *Trist.*, i. 1, 83.

not of temptation sufficient to get them husbands); consequently, there is not one who does not easily suffer herself to be overcome by the first vow that is made to serve her. Now from this common and ordinary treachery of the men of the present day, that must fall out which we already experimentally see, either that they rally together, and separate themselves by themselves to evade us, or else form their discipline by the example we give them, play their parts of the farce as we do ours, and give themselves up to the sport, without passion, care, or love: *Necque affectui suo, aut alieno, obnoxiæ:*[1] believing, according to the persuasion of Lysias in Plato,[2] that they may with more utility and convenience surrender themselves up to us the less we love them; where it will fall out, as in comedies, that the people will have as much pleasure or more than the comedians. For my part, I no more acknowledge a Venus without a Cupid, than a mother without issue: they are things that mutually lend and owe their essence to one another. Thus this cheat recoils upon him who is guilty of it; it does not cost him much, indeed, but he also gets little or nothing by it. They who have made Venus a goddess have taken notice that her principal beauty was incorporeal and spiritual: but the Venus whom these people hunt after is not so much as human, nor indeed brutal; the very beasts will not accept it so gross and so earthly; we see that imagination and desire often heat and incite them before the body does; we see in both the one sex and the other, they have in the herd choice and particular election in their affections, and that they have amongst themselves a long commerce of good will. Even those to whom old age denies the practice of their desire, still tremble, neigh, and twitter for love; we see them, before the act, full of hope and ardour, and when the body has played its game, yet please themselves with the sweet remembrance of the past delight; some that swell with pride after they have performed, and others who, tired and sated, still by vociferation express a triumphing joy. He who has nothing to do but only to discharge his body of a natural necessity, need not trouble others with so curious preparations: it is not meat for a gross, coarse appetite.

As one who does not desire that men should think me better than I am, I will here say this as to the errors of my youth. Not only from the danger of impairing my health (and yet I could not be so careful but that I had two light mischances), but moreover upon the account of contempt, I have seldom given myself up to common and mercenary embraces: I would heighten the pleasure by the difficulty, by desire, and a certain kind of glory: and was of Tiberius's mind, who[3] in his amours was as much taken with modesty and birth as any other quality; and of the courtesan Flora's humour, who never prostituted herself to less than a dictator, a consul, or a censor, and took pleasure in the dignity of her lovers. Doubtless pearls and gold tissue, titles and train, add something to it.

As to the rest, I had a great esteem for wit, provided the person was not exceptionable; for, to confess the truth, if the one or the other of these two attractions must of necessity be wanting, I should rather have quitted that of the understanding, that has its use in better things; but in the subject of love, a subject principally relating to the senses of seeing and touching, something may be done without the graces of the mind: without the graces of the body, nothing. Beauty is the true prerogative of women, and so peculiarly their own, that ours, though naturally requiring another sort of feature, is never in its lustre but when youthful and beardless, a sort of confused image of theirs. 'Tis said, that such as serve the Grand Signior upon the account of beauty, who are an infinite number, are, at the latest, dismissed at two and twenty years of age. Reason, prudence, and the offices of friendship are better found amongst men, and therefore it is, that they govern the affairs of the world.

These two commerces are fortuitous, and depending upon others: the one is troublesome by its rarity, the other withers with age, so that they could never have been sufficient for the business of my life. That of books, which is the third, is much more certain, and much more our own. It yields all other advantages to the two first; but has the constancy and facility of its service for its own share. It goes side by side with me in my whole course, and everywhere is assisting me: it comforts me in my old age and solitude; it eases me of a troublesome weight of idleness, and delivers me at all hours from company that I dislike: it blunts the point of griefs, if they are not extreme, and have not got an entire possession of my soul. To divert myself from a troublesome fancy, 'tis but to run to my books; they presently fix me to them and drive the other out of my

---

[1] Incapable of attachment, insensible to that of others.—Tacitus, *Annal.*, xiii. 45.
[2] In *Phaedrus*.

[3] Tacitus, *Annal.*, vi. 1.

thoughts; and do not mutiny at seeing that I have only recourse to them for want of other more real, natural, and lively commodities; they always receive me with the same kindness. He may well go a foot, they say, who leads his horse in his hand; and our James, king of Naples and Sicily, who, handsome, young and healthful, caused himself to be carried about on a barrow, extended upon a pitiful mattress in a poor robe of grey cloth, and a cap of the same, but attended withal by a royal train of litters, led horses of all sorts, gentlemen and officers, did yet herein represent a tender and unsteady authority: "The sick man is not to be pitied, who has his cure in his sleeve." In the experience and practice of this maxim, which is a very true one, consists all the benefit I reap from books; and yet I make as little use of them, almost, as those who know them not: I enjoy them as a miser doth his money, in knowing that I may enjoy them when I please: my mind is satisfied with this right of possession. I never travel without books, either in peace or war; and yet sometimes I pass over several days, and sometimes months, without looking on them: I will read by-and-by, say I to myself, or to-morrow, or when I please; and in the interim, time steals away without any inconvenience. For it is not to be imagined to what degree I please myself and rest content in this consideration, that I have them by me to divert myself with them when I am so disposed, and to call to mind what a refreshment they are to my life. 'Tis the best viaticum I have yet found out for this human journey, and I very much pity those men of understanding who are unprovided of it. I the rather accept of any other sort of diversion, how light soever, because this can never fail me.

When at home, I a little more frequent my library, whence I overlook at once all the concerns of my family. 'Tis situated at the entrance into my house, and I thence see under me my garden, court, and base-court, and almost all parts of the building. There I turn over now one book, and then another, on various subjects without method or design. One while I meditate, another I record and dictate, as I walk to and fro, such whimsies as these I present to you here. 'Tis in the third story of a tower, of which the ground room is my chapel, the second story a chamber with a withdrawing-room and closet, where I often lie, to be more retired; and above is a great wardrobe. This formerly was the most useless part of the house. I there pass away both most of the days of my life and most of the hours of those days. In the night I am never there. There is by the side of it a cabinet handsome enough, with a fireplace very commodiously contrived, and plenty of light: and were I not more afraid of the trouble than the expense—the trouble that frights me from all business, I could very easily adjoin on either side, and on the same floor, a gallery of an hundred paces long, and twelve broad, having found walls already raised for some other design, to the requisite height. Every place of retirement requires a walk: my thoughts sleep if I sit still; my fancy does not go by itself, as when my legs move it: and all those who study without a book are in the same condition. The figure of my study is round, and there is no more open wall than what is taken up by my table and my chair, so that the remaining parts of the circle present me a view of all my books at once, ranged upon five rows of shelves round about me. It has three noble and free prospects, and is sixteen paces in diameter. I am not so continually there in winter; for my house is built upon an eminence, as its name imports, and no part of it is so much exposed to the wind and weather as this, which pleases me the better, as being of more difficult access and a little remote, as well upon the account of exercise, as also being there more retired from the crowd. 'Tis there that I am in my kingdom, and there I endeavour to make myself an absolute monarch, and to sequester this one corner from all society, conjugal, filial, and civil; elsewhere I have but verbal authority only, and of a confused essence. That man, in my opinion, is very miserable, who has not at home where to be by himself, where to entertain himself alone, or to conceal himself from others. Ambition sufficiently plagues her proselytes, by keeping them always in show, like the statue of a public square: *Magna servitus est magna fortuna.*[1] They cannot so much as be private in the water-closet. I have thought nothing so severe in the austerity of life that our monks affect, as what I have observed in some of their communities; namely, by rule to have a perpetual society of place, and numerous persons present in every action whatever; and think it much more supportable to be always alone, than never to be so.

If any one shall tell me that it is to undervalue the muses, to make use of them only for sport and to pass away the time, I shall tell him, that he does not know, so well as I, the value of the sport, the pleasure, and the pastime; I can hardly forbear to add that all other end is ridiculous.

---

[1] A great fortune is a great slavery.—Seneca, *De Consol. ad Polyb.*, xxvi.

I live from hand to mouth, and, with reverence be it spoken, I only live for myself; there all my designs terminate. I studied, when young, for ostentation; since, to make myself a little wiser; and now for my diversion, but never for any profit. A vain and prodigal humour I had after this sort of furniture, not only for the supplying my own need, but, moreover, for ornament and outward show, I have since quite cured myself of.

Books have many charming qualities to such as know how to choose them; but every good has its ill; 'tis a pleasure that is not pure and clean, no more than others: it has its inconveniences, and great ones too. The soul indeed is exercised therein; but the body, the care of which I must withal never neglect, remains in the meantime without action, and grows heavy and sombre. I know no excess more prejudicial to me, nor more to be avoided in this my declining age.

These have been my three favourite and particular occupations; I speak not of those I owe to the world by civil obligation.

IV. OF DIVERSION

I WAS once employed to console a lady truly afflicted; most of their mournings are put on and for outward ceremony,

Uberibus semper lacrymis, semperque paratis,
In statione sua, atque expectantibus illam,
Quo jubeat manare modo.[1]

A man goes the wrong way to work when he opposes this passion; for opposition does but irritate and make them more obstinate in sorrow; the evil is exasperated by being contended with. We see, in common discourse, that what I have indifferently let fall from me, if any one takes it up to controvert it, I justify it with the best arguments I have; and much more a thing wherein I had a real interest. And, besides, in so doing, you enter roughly upon your operation; whereas the first addresses of a physician to his patient should be gracious, gay, and pleasing; never did any ill-looking, morose physician do anything to purpose. On the contrary, then, a man should, at the first approaches, favour their grief, and express some approbation of their sorrow. By this intelligence you obtain credit to proceed further, and by a facile and insensible gradation fall into discourses more solid and proper for their cure. I, whose aim it was principally to gull the company who had their eyes fixed upon me, took it into my head only to palliate the disease. And, indeed, I have found by experience that I have an unlucky hand in persuading. My arguments are either too sharp and dry, or pressed too roughly, or not home enough. After I had some time applied myself to her grief, I did not attempt to cure her by strong and lively reasons, either because I had them not at hand, or because I thought to do my business better another way; neither did I make choice of any of those methods of consolation which philosophy prescribes: that what we complain of is no evil, according to Cleanthes; that it is a light evil, according to the Peripatetics; that to bemoan one's self is an action neither commendable nor just, according to Chrysippus; nor this of Epicurus, more suitable to my way, of shifting the thoughts from afflicting things to those that are pleasing; nor making a bundle of all these together, to make use of upon occasion, according to Cicero; but, gently bending my discourse, and by little and little digressing, sometimes to subjects nearer, and sometimes more remote from the purpose, according as she was more intent on what I said, I imperceptibly led her from that sorrowful thought, and kept her calm and in good humour whilst I continued there. I herein made use of diversion. They who succeeded me in the same service, did not for all that find any amendment in her, for I had not gone to the root.

I, peradventure, may elsewhere have glanced upon some sort of public diversions; and the practice of military ones, which Pericles [2] made use of in the Peloponnesian war, and a thousand others in other places, to withdraw the adverse forces from their own countries, is too frequent in history. It was an ingenious evasion whereby the Sieur d'Himbercourt saved both himself and others in the city of Liege, into which the Duke of Burgundy, who kept it besieged, had made him enter to execute the articles of their promised surrender: the people being assembled by night to consider of it, began to mutiny against the agreement, and several of them resolved to fall upon the commissioners, whom they had in their power; he, feeling the gusts of this first storm of the people who were coming to rush into his lodgings, suddenly sent out to them two of the inhabitants of the city (of whom he had some with him) with new and milder terms to be proposed in their council, which he had then and there contrived for his need. These two di-

---

[1] A woman has ever a fountain of tears ready to gush up whenever she requires to make use of them.—Juvenal, vi. 272.

[2] Plutarch, Pericles.

verted the first tempest, carrying back the enraged rabble to the town-hall to hear and consider of what they had to say. The deliberation was short; a second storm arose as violent as the other, whereupon he despatched four new mediators of the same quality to meet them, protesting that he had now better conditions to present them with, and such as would give them absolute satisfaction, by which means the tumult was once more appeased, and the people again turned back to the conclave. In fine, by this dispensation of amusements, one after another, diverting their fury and dissipating it in frivolous consultations, he laid it at last asleep till the day appeared, which was his principal end.

This other story that follows is also of the same category: Atalanta, a virgin of excelling beauty and of wonderful disposition of body, to disengage herself from the crowd of a thousand suitors who sought her in marriage, made this proposition, that she would accept of him for her husband who should equal her in running, upon condition that they who failed should lose their lives. There were enough who thought the prize very well worth the hazard, and who suffered the cruel penalty of the contract. Hippomenes, about to make trial after the rest, made his address to the goddess of love, imploring her assistance; and she, granting his request, gave him three golden apples, and instructed him how to use them. The race beginning, as Hippomenes perceived his mistress to press hard up to him, he, as it were by chance, let fall one of these apples; the maid, taken with the beauty of it, failed not to step out of her way to pick it up:

*Obstupuit virgo, nitidique cupidine pomi
Declinat cursus, aurumque volubile tollit.*[1]

He did the same, when he saw his time, by the second and the third, till by so diverting her, and making her lose so much ground, he won the race. When physicians cannot stop a catarrh, they divert and turn it into some other less dangerous part. And I find also that this is the most ordinary practice for the diseases of the mind: *Abducendus etiam nonnunquam animus est ad alia studia, sollicitudines, curas, negotia; loci denique mutatione, tanquam ægroti non convalescentes, sæpe curandus est.*[2] 'Tis to little effect directly to jostle a man's infirmities; we neither make him sustain nor repel the attack; we only make him decline and evade it.

This other lesson is too high and too difficult: 'tis for men of the first form of knowledge purely to insist upon the thing, to consider and judge it; it belongs to a Socrates only, to meet death with an ordinary countenance, to grow acquainted with it, and to sport with it; he seeks no consolation out of the thing itself; dying appears to him a natural and indifferent accident; 'tis there that he fixes his sight and resolution, without looking elsewhere. The disciples of Hegesias, who starved themselves to death, animated thereunto by his fine lectures, and in such numbers that King Ptolemy ordered he should be forbidden to entertain his followers with such homicidal doctrines, did not consider death in itself, neither did they judge of it; it was not there they fixed their thoughts; they ran towards and aimed at a new being.

The poor wretches whom we see brought upon the scaffold, full of ardent devotion, and therein, as much as in them lies, employing all their senses, their ears in hearing the instructions given them, their eyes and hands lifted up towards heaven, their voices in loud prayers, with a vehement and continual emotion, do doubtless things very commendable and proper for such a necessity: we ought to commend them for their devotion, but not properly for their constancy; they shun the encounter, they divert their thoughts from the consideration of death, as children are amused with some toy or other, when the surgeon is going to give them a prick with his lancet. I have seen some, who, casting their eyes upon the dreadful instruments of death round about, have fainted, and furiously turned their thoughts another way; such as are to pass a formidable precipice, are advised either to shut or to avert their eyes.

Subrius Flavius, being by Nero's command to be put to death, and by the hand of Niger, both of them great captains, when they led him to the place appointed for his execution, seeing the grave that Niger had caused to be hollowed to put him into, ill-made: "Neither is this," said he, turning to the soldiers who guarded him, "according to military discipline." And to Niger, who exhorted him to keep his head firm; "do but thou strike as firmly," said he.[3] And he very well foresaw what would follow, when he said so; for Niger's arm so trembled, that he had sev-

---

[1] The virgin, dazzled at beholding the glittering apple, and eager to possess it, stopped her career, and seized the rolling gold.—Ovid, *Met.*, x. 666.

[2] The mind is sometimes to be diverted to other studies, thoughts, cares, and business: and lastly, by change of place, as sick persons who do not recover are ordered change of air.—Cicero, *Tusc. Quæs.*, iv. 35.

[3] Tacitus, *Annal.*, xv. 67.

eral blows at his head before he could cut it off. This man seems to have had his thoughts rightly fixed upon the subject.

He who dies in a battle, with his sword in his hand, does not then think of death, he feels or considers it not; the ardour of the fight diverts his thought another way. A worthy man of my acquaintance, falling, as he was fighting a duel, and feeling himself nailed to the earth by nine or ten thrusts of his enemy, every one present called to him to think of his conscience; but he has since told me, that though he very well heard what they said, it nothing moved him, and that he never thought of anything but how to disengage and revenge himself. He afterwards killed his man in that very duel. He who brought to L. Silanus the sentence of death, did him a very great kindness, in that having received his answer, that he was well prepared to die, but not by base hands, he ran upon him with his soldiers to force him, and as he, unarmed as he was, obstinately defended himself with his fists and feet, he made him lose his life in the contest, by that means dissipating and diverting in a sudden and furious rage the painful apprehension of the lingering death to which he was designed.

We always think of something else; either the hope of a better life comforts and supports us, or the hope of our children's worth, or the future glory of our name, or the leaving behind the evils of this life, or the vengeance that threatens those who are the causes of our death, administers consolation to us:

Spero equidem medus, si quid pia numina possunt,
Supplicia hausurum scopulis, et nomine Dido
Sæpe vocaturum. . . .
Audiam; et hæc manes veniet mihi fama sub imos.[1]

Xenophon was sacrificing with a crown upon his head, when one came to bring him news of the death of his son Gryllus, slain in the battle of Mantinea: at the first surprise of the news, he threw his crown to the ground; but understanding by the sequel of the narrative, the manner of a most brave and valiant death, he took it up and replaced it upon his head. Epicurus himself, at his death, consoles himself upon the utility and eternity of his writings: *Omnes clari et nobilitati labores fiunt tolerabiles;*[2] and the same wound, the same fatigue, is not, says Xenophon, so intolerable to a general of an army as to a common soldier. Epaminondas died much more cheerful, having been informed that the victory remained to him: *Hæc sunt solatia, hæc fomenta summorum dolorum;*[3] and such like circumstances amuse, divert, and turn our thoughts from the consideration of the thing in itself. Even the arguments of philosophy are always edging and glancing on the matter, so as scarce to rub its crust; the greatest man of the first philosophical school, and superintendent over all the rest, the great Zeno forms this syllogism against death: "No evil is honourable; but death is honourable: therefore death is no evil"; against drunkenness this: "No one commits his secrets to a drunkard; but every one commits his secrets to a wise man: therefore a wise man is no drunkard." Is this to hit the white? I love to see that these great and leading souls cannot rid themselves of our company: perfect men as they are, they are yet simply men.

Revenge is a sweet passion, of great and natural impression; I discern it well enough, though I have no manner of experience of it. From this not long ago to divert a young prince, I did not tell him that he must, to him who had struck him upon the one cheek, turn the other, upon account of charity; nor go about to represent to him the tragical events that poetry attributes to this passion; I did not touch upon that string; but I busied myself to make him relish the beauty of a contrary image: and, by representing to him what honour, esteem, and good will he would acquire by clemency and good nature, diverted him to ambition. Thus a man is to deal in such cases.

If your passion of love be too violent, disperse it, say they, and they say true; for I have often tried it with advantage: break it into several desires, of which let one be regent, if you will, over the rest; but, lest it should tyrannise and domineer over you, weaken and protract, by dividing and diverting it;

Cum morosa vago singultiet inguine vena.
Conjicito humorem collectum in corpora quæque.[4]

and look to't in time, lest it prove too troublesome to deal with, when it has once seized you.

---

[1] If the gods have any power, I hope that, split on a rock, thou shalt on Dido call; I shall know thy fate, by report, conveyed me to the shades below.—Æneid, iv. 382, 387.

[2] All labours that are illustrious and renowned, are supportable.—Cicero, *Tusc. Quæs.*, ii. 26.

[3] These are lenitives, and fomentations to the greatest pains.—*Ibid.*, ii. 23.

[4] When you are tormented with fierce desire, satisfy it with the first person that presents herself.—Persius, *Sat.*, vi. 73; Lucretius, iv. 1065.

Si non prima novis conturbes vulnera plagis,
Volgivagaque vagus venere ante recentia cures.[1]

I was once wounded with a vehement displeasure, and withal, more just than vehement; I might peradventure have lost myself in it, if I had merely trusted to my own strength. Having need of a powerful diversion to disengage me, by art and study I became amorous, wherein I was assisted by my youth: love relieved and rescued me from the evil wherein friendship had engaged me. 'Tis in everything else the same; a violent imagination hath seized me: I find it a nearer way to change, than to subdue it: I depute, if not one contrary, yet another at least, in its place. Variation ever relieves, dissolves, and dissipates.

If I am not able to contend with it, I escape from it; and in avoiding it, slip out of the way, and make my doubles: shifting place, business, and company, I secure myself in the crowd of other thoughts and fancies, where it loses my trace, and I escape.

After the same manner does nature proceed, by the benefit of inconstancy; for time, which she has given us for the sovereign physician of our passions, chiefly works by this, that supplying our imaginations with other and new affairs, it loosens and dissolves the first apprehension, how strong soever. A wise man little less sees his friend dying at the end of five and twenty years, than on the first year; and according to Epicurus, no less at all; for he did not attribute any alleviation of afflictions, either to their foresight, or their antiquity; but so many other thoughts traverse this, that it languishes and tires at last.

Alcibiades,[2] to divert the inclination of common rumours, cut off the ears and tail of his beautiful dog, and turned him out into the public place, to the end that, giving the people this occasion to prate, they might let his other actions alone. I have also seen, for this same end of diverting the opinions and conjectures of the people and to stop their mouths, some women conceal their real affections by those that were only counterfeit; but I have also seen some of them, who in counterfeiting have suffered themselves to be caught indeed, and who have quitted the true and original affection for the feigned: and so have learned that they who find their affections well placed are fools to consent to this disguise: the public and favourable reception being only reserved for this pretended lover, one may conclude him a fellow of very little address and less wit, if he does not in the end put himself into your place, and you into his; this is to cut out and make up neatly a shoe for another to draw on.

A little thing will turn and divert us, because a little thing holds us. We do not much consider subjects in gross and singly; they are little and superficial circumstances or images that touch us, and the outward useless rinds that peel off from the subjects themselves.

Foliculos ut nunc teretes æstate cicadæ
Linquunt.[3]

Even Plutarch himself laments his daughter for the little apish tricks of her infancy. The remembrance of a farewell, of the particular grace of an action, of a last recommendation, afflicts us. The sight of Cæsar's robe troubled all Rome, which was more than his death had done. Even the sound of names ringing in our ears, as "my poor master," "my faithful friend," "alas, my dear father," or, "my sweet daughter," afflict us. When these repetitions annoy me, and that I examine it a little nearer, I find 'tis no other but a grammatical and word complaint; I am only wounded with the word and tone, as the exclamations of preachers very often work more upon their auditory than their reasons, and as the pitiful eyes of a beast killed for our service; without my weighing or penetrating meanwhile into the true and solid essence of my subject:

His se stimulis dolor ipse lacessit;[4]

These are the foundations of our mourning.

The obstinacy of my stone to all remedies, especially those in my bladder, has sometimes thrown me into so long suppressions of urine for three or four days together, and so near death, that it had been folly to have hoped to evade it, and it was much rather to have been desired, considering the miseries I endure in those cruel fits. Oh, that good emperor, who caused criminals to be tied that they might die for want of urination, was a great master in the hangman's science! Finding myself in this condition, I considered by how many light causes and objects imagination nourished in me the regret of life; of what atoms the weight and difficulty of this dislodging was composed in my soul; to how many idle and frivolous thoughts we give way

---

[1] Unless you cure old wounds by new.—*Ibid.*, iv. 1067.

[2] Plutarch, Alcibiades.

[3] Such as the husks we find grasshoppers leave behind them in summer.—Lucretius, v. 801.

[4] With these incitements grief provokes itself.—*Ibid.*, ii. 42.

in so great an affair; a dog, a horse, a book, a glass, and what not, were considered in my loss; to others their ambitious hopes, their money, their knowledge, not less foolish considerations in my opinion than mine. I look upon death carelessly when I look upon it universally, as the end of life. I insult over it in gross, but in detail it domineers over me: the tears of a footman, the disposing of my clothes, the touch of a friendly hand, a common consolation, discourages and softens me. So do the complaints in tragedies agitate our souls with grief; and the regrets of Dido and Ariadne, impassionate even those who believe them not in Virgil and Catullus. 'Tis a symptom of an obstinate and obdurate nature, to be sensible of no emotion, as 'tis reported for a miracle, of Polemon; but then he did not so much as alter his countenance at the biting of a mad dog that tore away the calf of his leg; and no wisdom proceeds so far as to conceive so vivid and entire a cause of sorrow, by judgment that it does not suffer increase by its presence, when the eyes and ears have their share; parts that are not to be moved but by vain accidents.

Is it reason that even the arts themselves should make an advantage of our natural stupidity and weakness? An orator, says rhetoric in the farce of his pleading, shall be moved with the sound of his own voice and feigned emotions, and suffer himself to be imposed upon by the passion he represents; he will imprint in himself a true and real grief, by means of the part he plays, to transmit it to the judges, who are yet less concerned than he: as they do who are hired at funerals to assist in the ceremony of sorrow, who sell their tears and mourning by weight and measure; for although they act in a borrowed form, nevertheless, by habituating and settling their countenances to the occasion, 'tis most certain they often are really affected with an actual sorrow. I was one, amongst several others of his friends, who conveyed the body of Monsieur de Gramont to Soissons from the siege of La Fere, where he was slain; I observed that in all places we passed through we filled the people we met with lamentations and tears by the mere solemn pomp of our convoy, for the name of the defunct was not there so much as known. Quintilian reports to have seen comedians so deeply engaged in a mourning part, that they could not give over weeping when they came home, and who, having taken upon them to stir up passion in another, have themselves espoused it to that degree as to find themselves infected with it, not only to tears, but, moreover, with paleness, and the comportment of men really overwhelmed with grief.

In a country near our mountains the women play Priest Martin, that is to say, both priest and clerk, for as they augment the regret of the deceased husband by the remembrance of the good and agreeable qualities he was master of, they also at the same time make a register of and publish his imperfections; as if of themselves to enter into some composition, and divert themselves from compassion to disdain; and yet with much better grace than we, who, when we lose an acquaintance, strive to give him new and false praises, and to make him quite another thing when we have lost sight of him than he appeared to us when we did see him; as if regret were an instructive thing, or as if tears, by washing our understandings, cleared them. For my part, I henceforth renounce all favourable testimonies men would give of me, not because I shall be worthy of them, but because I shall be dead.

Whoever shall ask a man, "What interest have you in this siege?" "The interest of example," he will say, "and of the common obedience to my prince: I pretend to no profit by it; and for glory, I know how small a part can reflect upon such a private man as I: I have here neither passion nor quarrel." And yet you shall see him the next day quite another man, chafing and red with fury, ranged in battle for the assault; 'tis the glittering of so much steel, the fire and noise of our cannon and drums, that have infused this new rancour and fury into his veins. A frivolous cause, you will say. How a cause? There needs none to agitate the mind; a mere whimsy without body and without subject will rule and agitate it; let me think of building castles in Spain, my imagination suggests to me conveniences and pleasures with which my soul is really tickled and pleased. How often do we torment our mind with anger or sorrow by such shadows, and engage ourselves in fantastic passions that impair both soul and body? What astonished, fleering, confused grimaces does this raving put our faces into! what sallies and agitations both of members and voices does it inspire us with? Does it not seem that this individual man has false visions amid the crowd of others with whom he has to do, or that he is possessed with some internal demon that persecutes him? Inquire of yourself, where is the object of this mutation? is there anything but us, in nature, which inanity sustains, over which it has power? Cambyses, from having dreamt that his brother should be one day king of Persia, put him to death: a beloved brother, and one in whom he had always confided.¹ Aristodemus, king of the Messenians, killed himself out of a fancy of ill omen, from I know not what howling of his dogs; and King Midas did as much upon the account of some foolish dream he had dreamed. 'Tis to prize life at its just value, to abandon it for a dream. And yet hear the soul triumph over the miseries and weakness of the body, and that it is exposed to all attacks and alterations; truly, it has reason so to speak!

O prima infelix fingenti terra Prometheo!
Ille parum cauti pectoris egit opus.
   Corpora disponens, mentem non vidit in arte;
*Recta animi primum debuit esse via.*²

v. Upon some verses of Virgil

By how much profitable thoughts are more full and solid, by so much are they also more cumbersome and heavy: vice, death, poverty, diseases, are grave and grievous subjects. A man should have his soul instructed in the means to sustain and to contend with evils, and in the rules of living and believing well: and often rouse it up, and exercise it in this noble study; but in an ordinary soul it must be by intervals and with moderation; it will otherwise grow besotted if continually intent upon it. I found it necessary, when I was young, to put myself in mind and solicit myself to keep me to my duty; gaiety and health do not, they say, so well agree with those grave and serious meditations: I am at present in another state: the conditions of age but too much put me in mind, urge me to wisdom, and preach to me. From the excess of sprightliness I am fallen into that of severity, which is much more troublesome; and for that reason I now and then suffer myself purposely a little to run into disorder, and occupy my mind in wanton and youthful thoughts, wherewith it diverts itself. I am of late but too reserved, too heavy, and too ripe; years every day read to me lectures of coldness and temperance. This body of mine avoids disorder, and dreads it; 'tis now my body's turn to guide my mind towards reformation; it governs, in turn, and more rudely and imperiously than the other; it lets me not an hour alone, sleeping or waking, but is always preaching to me death, patience, and repentance. I now defend myself from temperance, as I have formerly done from pleasure; it draws me too much back, and even to stupidity. Now I will be master of myself, to all intents and purposes; wisdom has its excesses, and has no less need of moderation than folly. Therefore, lest I should wither, dry up, and overcharge myself with prudence, in the intervals and truces my infirmities allow me,

*Mens intenta suis ne siet usque malis.*³

I gently turn aside, and avert my eyes from the stormy and cloudy sky I have before me, which, thanks be to God, I regard without fear, but not without meditation and study, and amuse myself in the remembrance of my better years:

Animus quo perdidit, optat,
*Atque in præterita se totus imagine versat.*⁴

Let childhood look forward, and age, backward; is not this the signification of Janus' double face? Let years haul me along if they will, but it shall be backward; as long as my eyes can discern the pleasant season expired, I shall now and then turn them that way; though it escape from my blood and veins, I shall not, however, root the image of it out of my memory:

Hoc est
*Vivere bis, vita posse priore frui.*⁵

Plato ordains⁶ that old men should be present at the exercises, dances, and sports of young people, that they may rejoice in others for the activity and beauty of body which is no more in themselves, and call to mind the grace and comeliness of that flourishing age: and wills that in these recreations the honour of the prize should be given to that young man who has most diverted the company. I was formerly wont to mark cloudy and gloomy days as extraordinary; these are now my ordinary days; the extraordinary are the clear and bright; I am ready to leap out of my skin for joy, as for an unwonted favour, when nothing happens me. Let me tickle myself, I cannot force a poor smile from this wretched body of mine; I am only merry in conceit and in dreaming, by artifice to divert the melancholy of age; but, in faith, it requires another remedy than a dream. A weak contest of art against nature. 'Tis great folly to lengthen

---

¹ Herodotus, iii. 30.
² O wretched clay, first formed by Prometheus. In his attempt, what little wisdom did he show. In framing bodies, he did not apply his art to form the mind, which should have been his first care.—Propertius, iii. 5, 7.
³ That my mind may not eternally be intent upon my ills.—Ovid, *Trist.*, iv. 1, 4.
⁴ The mind wishes to have what it has lost, and throws itself wholly into memories of the past.—Petronius, cxxviii.
⁵ 'Tis to live twice to enjoy one's former life again.—Martial, x. 23, 7.
⁶ *Laws*, ii.

and anticipate human incommodities, as every one does; I had rather be a less while old than be old before I am really so. I seize on even the least occasions of pleasure I can meet. I know very well, by hearsay, several sorts of prudent pleasures, effectually so, and glorious to boot: but opinion has not power enough over me to give me an appetite to them. I covet not so much to have them magnanimous, magnificent, and pompous, as I do to have them sweet, facile, and ready: *A natura discedimus; populo nos damus, nullius rei bono auctori*.[1] My philosophy is in action, in natural and present practice, very little in fancy: what if I have a mind to play at cob-nut or to whip a top!

Non ponebat enim rumores ante salutem.[2]

Pleasure is a quality of very little ambition; it thinks itself rich enough of itself without any addition of repute; and is best pleased where most retired. A young man should be whipped who pretends to a taste in wine and sauces; there was nothing which, at that age, I less valued or knew: now I begin to learn; I am very much ashamed on't; but what should I do? I am more ashamed and vexed at the occasions that put me upon't. 'Tis for us to dote and trifle away the time, and for young men to stand upon their reputation and nice punctilios; they are going towards the world and the world's opinion; we are retiring from it: *Sibi arma, sibi equos, sibi hastas, sibi clavam, sibi pilam, sibi natationes, et cursus habeant: nobis senibus, ex lusionibus multis, talos relinquant et tesseras;*[3] the laws themselves send us home. I can do no less in favour of this wretched condition into which my age has thrown me, than furnish it with toys to play withal, as they do children; and, in truth, we become such. Both wisdom and folly will have enough to do to support and relieve me by alternate services in this calamity of age;

Misce stultitiam consiliis brevem.[4]

I accordingly avoid the lightest punctures; and those that formerly would not have rippled the skin, now pierce me through and through: my habit of body is now so naturally declining to ill: *In fragili corpore, odiosa omnis offensio est;*[5]

Mensque pati durum sustinet ægra nihil.[6]

I have ever been very susceptibly tender as to offences; I am much more tender now, and open throughout:

Et minime vires frangere quassa valent.[7]

My judgment restrains me from kicking against and murmuring at the inconveniences that nature orders me to endure, but it does not take away my feeling them: I, who have no other thing in my aim but to live and be merry, would run from one end of the world to the other to seek out one good year of pleasant and jocund tranquillity. A melancholic and dull tranquillity may be enough for me, but it benumbs and stupifies me; I am not contented with it. If there be any person, any knot of good company in country or city, in France, or elsewhere, resident, or in motion, who can like my humour, and whose humours I can like, let them but whistle and I will run and furnish them with essays in flesh and bone.

Seeing it is the privilege of the mind to rescue itself from old age, I advise mine to it with all the power I have; let it meanwhile continue green, and flourish if it can, like mistletoe upon a dead tree. But I fear 'tis a traitor; it has contracted so strict a fraternity with the body that it leaves me at every turn, to follow that in its need. I wheedle and deal with it apart in vain; I try to much purpose to wean it from this correspondence, to much effect quote to it Seneca and Catullus, and represent to it beautiful ladies and royal masques: if its companion have the stone, it seems to have it too; even the faculties that are most peculiarly and properly its own cannot then perform their functions, but manifestly appear stupified and asleep; there is no sprightliness in its productions, if there be not at the same time an equal proportion in the body too.

Our masters are to blame, that in searching out the causes of the extraordinary emotions of the soul, besides attributing it to a divine ecstasy, love, martial fierceness, poesy, wine, they

---

[1] We depart from nature and give ourselves to the people, who understand nothing.—Seneca, *Epist.*, 99.

[2] He did not sacrifice his health to idle rumours. —Ennius, *in* Cicero, *De Offic.*, i. 24.

[3] Let them reserve to themselves arms, horses, spears, clubs, tennis, swimming, and races; and of all the sports leave to us old men cards and dice.— Cicero, *De Senec.*, xvi.

[4] Short follies mingle with wisdom.—Horace, *Od.*, iv. 12, 27.

[5] To a decrepit body every shock is insupportable. —Cicero, *De Senec.*, xviii.

[6] And a sick mind can endure nothing that is hard.—Ovid, *De Pont.*, i. 5, 18.

[7] And little force suffices to break what was cracked before.—*Idem, Trist.*, iii. 11, 22.

have not also attributed a part to health: a boiling, vigorous, full, and lazy health, such as formerly the verdure of youth and security, by fits, supplied me withal; that fire of sprightliness and gaiety darts into the mind flashes that are lively and bright beyond our natural light, and of all enthusiasms the most jovial, if not the most extravagant.

It is, then, no wonder if a contrary state stupify and clog my spirit, and produce a contrary effect:

Ad nullum consurgit opus, cum corpore languet;[1]

and yet would have me obliged to it for giving, as it wants to make out, much less consent to this stupidity, than is the ordinary case with men of my age. Let us, at least, whilst we have truce, drive away incommodities and difficulties from our commerce;

Dum licet, obducta solvatur fronte senectus:[2]

Tetrica sunt amœnanda jocularibus.[3] I love a gay and civil wisdom, and fly from all sourness and austerity of manners, all grumness of visage being suspected by me,

> *Tristemque vultus tetrici arrogantiam:*[4]
> *Et habet tristis quoque turba cinædos.*[5]

I am very much of Plato's opinion, who says that facile or harsh humours are great indications of the good or ill disposition of the mind. Socrates had a constant countenance, but serene and smiling; not sourly constant, like the elder Crassus, whom no one ever saw laugh. Virtue is a pleasant and gay quality.

I know very well that few will quarrel with the licence of my writings, who have not more to quarrel with in the licence of their own thoughts: I conform myself well enough to their inclinations, but I offend their eyes. 'Tis a fine humour to strain the writings of Plato, to wrest his pretended intercourses with Phædo, Dion, Stella, and Archeanassa. *Non pudeat dicere, quod non pudet sentire.*[6] I hate a froward and dismal spirit, that slips over all the pleasures of life and seizes and feeds upon misfortunes; like flies, that cannot stick to a smooth and polished body, but fix and repose themselves upon craggy and rough places; and like cupping-glasses, that only suck and attract bad blood.

As to the rest, I have enjoined myself to dare to say all that I dare to do; even thoughts that are not to be published, displease me; the worst of my actions and qualities do not appear to me so evil, as I find it evil and base not to dare to own them. Every one is wary and discreet in confession, but men ought to be so in action; the boldness of doing ill is in some sort compensated and restrained by the boldness of confessing it. Whoever will oblige himself to tell all, should oblige himself to do nothing that he must be forced to conceal. I wish that this excessive licence of mine may draw men to freedom, above these timorous and mincing virtues, sprung from our imperfections; and that at the expense of my immoderation, I may reduce them to reason. A man must see and study his vice to correct it; they who conceal it from others, commonly conceal it from themselves; and do not think it close enough, if they themselves see it: they withdraw and disguise it from their own consciences: *Quare vitia sua nemo confitetur? Quia etiam nunc in illis est; somnium narrare, vigilantis est.*[7] The diseases of the body explain themselves by their increase; we find that to be the gout, which we called a rheum or a strain; the diseases of the soul, the greater they are, keep themselves the most obscure; the most sick are the least sensible; therefore it is, that with an unrelenting hand, they must often, in full day, be taken to task, opened, and torn from the hollow of the heart. As in doing well, so in doing ill, the mere confession is sometimes satisfaction. Is there any deformity in doing amiss, that can excuse us from confessing ourselves? It is so great a pain to me to dissemble, that I evade the trust of another's secrets, wanting the courage to disavow my knowledge. I can keep silent; but deny I cannot without the greatest trouble and violence to myself imaginable: to be very secret, a man must be so by nature not by obligation. 'Tis little worth, in the service of a prince, to be secret, if a man be not a liar to boot. If he who asked Thales the Milesian, whether he ought solemnly to deny that he had committed adultery, had applied himself to me, I should have

---

[1] When the mind is languishing the body is good for nothing.—Pseudo-Gallus, i. 125.

[2] Whilst we can, let us banish old age from the brow.—Horace, *Epod.*, xiii. 7.

[3] Sour things are to be sweetened with those that are pleasant.—Sidonius Apollin., *Ep.*, i. 9.

[4] The arrogant sadness of a crabbed face.—George Buchanan, *John the Baptist*, Prologue, 31.

[5] An austere countenance sometimes covers a debauched mind.—Martial, vii. 58. 9.

[6] Let us not be ashamed to speak, what we are not ashamed to think.

[7] Why does no man confess his vices? because he is yet in them; 'tis for a waking man to tell his dream.—Seneca, *Epist.*, 53.

told him, that he ought not to do it; for I look upon lying as a worse fault than the other. Thales advised him quite contrary, bidding him swear, to shield the greater fault by the less: nevertheless, this counsel was not so much an election, as a multiplication, of vice. Upon which, let us say this by-the-bye, that we deal well with a man of conscience, when we propose to him some difficulty in counterpoise of the vice; but when we shut him up betwixt two vices, he is put to a hard choice: as Origen was, either to idolatrise, or to suffer himself to be carnally abused by a great Ethiopian slave they brought to him. He submitted to the first condition, and wrongly people say. And yet those women of our times are not much out, according to their error, who protest they had rather burden their consciences with ten men than one mass.

If it be indiscretion so to publish one's errors, yet there is no great danger that it pass into example and custom; for Aristo said, that the winds men most fear, are those that lay them open. We must tuck up this ridiculous rag that hides our manners: they send their consciences to the stews, and keep a starched countenance: even traitors and assassins espouse the laws of ceremony, and there fix their duty. So that neither can injustice complain of incivility, nor malice of indiscretion. 'Tis pity but a bad man should be a fool to boot, and that outward decency should palliate his vice: this rough-cast only appertains to a good and sound wall, that deserves to be preserved and whited.

In favour of the Huguenots, who condemn our auricular and private confession, I confess myself in public, religiously and purely: St. Augustine, Origen, and Hippocrates, have published the errors of their opinions; I, moreover, of my manners. I am greedy of making myself known, and I care not to how many, provided it be truly; or to say better, I hunger for nothing, but I mortally hate to be mistaken by those who come to learn my name. He who does all things for honour and glory, what can he think to gain by showing himself to the world in a vizor, and by concealing his true being from the people? Praise a humpback for his stature, he has reason to take it for an affront: if you are a coward, and men commend you for your valour, is it of you they speak? They take you for another. I should like him as well, who glorifies himself in the compliments and congees that are made him as if he were master of the company, when he is one of the least of the train. Archelaus, king of Macedon, walking along the street, somebody threw water on his head, which they who were with him said he ought to punish: "Aye but," said he, "whoever it was, he did not throw the water upon me, but upon him whom he took me to be." Socrates being told that people spoke ill of him, "Not at all," said he, "there is nothing in me of what they say." For my part, if any one should recommend me as a good pilot, as being very modest, or very chaste I should owe him no thanks; and so, whoever should call me traitor, robber, or drunkard, I should be as little concerned. They who do not rightly know themselves, may feed themselves with false approbations; not I, who see myself, and who examine myself even to my very bowels, and who very well know what is my due. I am content to be less commended, provided I am better known. I may be reputed a wise man in such a sort of wisdom as I take to be folly. I am vexed that my Essays only serve the ladies for a common movable, a book to lay in the parlour window; this chapter shall prefer me to the closet. I love to traffic with them a little in private; public conversation is without favour and without savour. In farewells, we oftener than not heat our affections towards the things we take leave of; I take my last leave of the pleasures of this world; these are our last embraces.

But to come to my subject: what has rendered the act of generation, an act so natural, so necessary, and so just, a thing not to be spoken of without blushing, and to be excluded from all serious and regular discourse? We boldly pronounce kill, rob, betray, but the other we dare only to mutter betwixt the teeth. Is it to say, the less we expend in words, we may pay so much the more in thinking? For it is certain that the words least in use, most seldom written, and best kept in, are the best and most generally known: no age, no manners, are ignorant of them, no more than the word bread: they imprint themselves in every one, without being expressed, without voice, and without figure; and the sex that most practises it, is bound to say least of it. 'Tis an act that we have placed in the franchise of silence, from which to take it is a crime, even to accuse and judge it; neither dare we reprehend it but by periphrasis and picture. A great favour to a criminal to be so execrable that justice thinks it unjust to touch and see him; free, and safe by the benefit of the severity of his condemnation. Is it not here as in matter of books, that sell better and become more public for being suppressed? For my part, I will take Aristotle at his word, who says,[1] that "Bashfulness

---

[1] *Ethics*, iv. 9.

is an ornament to youth, but a reproach to old age." These verses are preached in the ancient school, a school that I much more adhere to than the modern: its virtues appear to me to be greater, and the vices less:

Ceux qui par trop fuyant Venus estrivent,
Faillent autant que ceulx qui trop la suyvent.[1]

Tu, dea, tu rerum naturam sola gubernas,
Nec sine te quicquam dias in luminis oras
Exoritur, neque fit lætum, nec amabile quicquam.[2]

I know not who could set Pallas and the Muses at variance with Venus, and make them cold towards Love; but I see no deities so well met, or that are more indebted to one another. Who will deprive the Muses of amorous imaginations, will rob them of the best entertainment they have, and of the noblest matter of their work: and who will make Love lose the communication and service of poesy, will disarm him of his best weapons: by this means, they charge the god of familiarity and good will, and the protecting goddesses of humanity and justice, with the vice of ingratitude and unthankfulness. I have not been so long cashiered from the state and service of this god, that my memory is not still perfect in his force and value;

Agnosco veteris vestigia flammæ;[3]

There are yet some remains of heat and emotion after the fever:

Nec miki deficiat calor hic, hiemantibus annis![4]

Withered and drooping as I am, I feel yet some remains of that past ardour:

Qual l'alto Egeo, per che Aquilone o Noto
Cessi, che tutto prima il volse e scosse,
Non 's accheta egli pero; ma'l suono e'l moto
Ritien del l' onde anco agitate e grosse:[5]

but from what I understand of it, the force and power of this god are more lively and animated in the picture of poesy than in their own essence,

Et versus digitos habet:[6]

it has, I know not what kind of air, more amorous than love itself. Venus is not so beautiful, naked, alive, and panting, as she is here in Virgil:

Dixerat; et niveis hinc atque hinc diva lacertis
Cunctantem amplexu molli fovet. Ille repente
Accepit solitam flammam; notusque medullas
Intravit calor, et labefacta per ossa cucurrit:
Non secus atque olim tonitru cum rupta corusco
Ignea rima micans percurrit lumine nimbos.
. . . Ea verba loquutus,
Optatos dedit amplexus; placidumque petivit
Conjugis infusus gremio per membra soporem.[7]

All that I find fault with in considering it is, that he has represented her a little too passionate for a married Venus; in this discreet kind of coupling, the appetite is not usually so wanton, but more grave and dull. Love hates that people should hold of any but itself, and goes but faintly to work in familiarities derived from any other title, as marriage is: alliance, dowry, therein sway by reason, as much or more than grace and beauty. Men do not marry for themselves, let them say what they will; they marry as much or more for their posterity and family; the custom and interest of marriage concern our race much more than us; and therefore it is, that I like to have a match carried on by a third hand rather than a man's own, and by another man's liking than that of the party himself; and how much is all this opposite to the conventions of love? And also it is a kind of incest to employ in this venerable and sacred alliance, the heat and extravagance of amorous licence, as I think I have said elsewhere.[8] A man, says Aristotle, must approach his wife with prudence and temperance, lest in dealing too lasciviously with her, the extreme pleasure make her exceed the bounds of reason. What he says upon the account of

---

[1] They err as much who too much forebear Venus, as they who are too frequent in her rites.—A translation by Amyot from Plutarch, *A Philosopher Should Converse with Princes.*

[2] Thou, goddess, alone governest nature: without thee nothing comes into light; nothing is pleasant, nothing joyful.—Lucretius, i. 22.

[3] Some footsteps there are still of my old flame.—Æneid, iv. 23.

[4] I would not be deserted by the heat of youth in my winter age.—Jean Second, *Elegies,* i. 3. 29.

[5] As Ægean seas, when storms be calmed again,
That rolled their tumbling waves with troublous blasts,
Do yet of tempests passed, some show retain,
And here and there their swelling billows cast.
Tasso, *Gerusal.,* xii. 63. Fairfax's translation.

[6] Verse has fingers.—Adapted from Juvenal, vi. 196.

[7] The goddess spoke, and throwing round him her snowy arms in soft embraces caresses him hesitating. Suddenly, he caught the wonted flame, and the well-known warmth pierced his marrow, and ran thrilling through his shaken bones: just as when at times, with thunder, a stream of fire in lightning flashes shoots across the skies. Having spoken these words, he gave her the wished embrace, and in the bosom of his spouse dissolved away.—Æneid, viii. 387, 392.

[8] i. 29.

conscience, the physicians say upon the account of health: "that a pleasure excessively lascivious, voluptuous, and frequent, makes the seed too hot, and hinders conception:" 'tis said, elsewhere, that to a languishing congression, as this naturally is, to supply it with a due and fruitful heat, a man must do it but seldom, and by notable intermissions,

Quo rapiat sitiens Venerem, interiusque recondat.[1]

I see no marriages where the conjugal intelligence sooner fails, than those that we contract upon the account of beauty and amorous desires; there should be more solid and constant foundation, and they should proceed with greater circumspection; this furious ardour is worth nothing.

They who think they honour marriage by joining love to it, do, methinks, like those who, to favour virtue, hold that nobility is nothing else but virtue. They are indeed things that have some relation to one another, but there is a great deal of difference; we should not so mix their names and titles; 'tis a wrong to them both, so to confound them. Nobility is a brave quality, and with good reason introduced; but forasmuch as 'tis a quality depending upon others, and may happen in a vicious person, in himself nothing, 'tis in estimate infinitely below virtue: 'tis a virtue, if it be one, that is artificial and apparent, depending upon time and fortune; various in form, according to the country; living and mortal; without birth, as the river Nile; genealogical and common; of succession and similitude; drawn by consequence, and a very weak one. Knowledge, strength, goodness, beauty, riches, and all other qualities, fall into communication and commerce, but this is consummated in itself, and of no use to the service of others. There was proposed to one of our kings the choice of two concurrents for the same command, of whom one was a gentleman, the other not; he ordered, that without respect to quality, they should choose him who had the most merit; but where the worth of the competitors should appear to be entirely equal, they should have respect to birth: this was justly to give it its rank. A young man unknown, coming to Antigonus to make suit for his father's command, a valiant man, lately dead: "Friend," said he, "in such preferments as these, I have not so much regard to the nobility of my soldiers as to their prowess." And, indeed, it ought not to go as it did with the officers of the kings of Sparta, trumpeters, fiddlers, cooks, the children of whom always succeeded to their places, how ignorant soever, and were preferred before the most experienced in the trade. They of Calicut make of nobles a sort of persons above human: they are interdicted marriage and all but warlike employments: they may have of concubines their fill, and the women as many lovers, without being jealous of one another; but 'tis a capital and irremissible crime to couple with a person of meaner condition than themselves; and they think themselves polluted, if they have but touched one in walking along; and supposing their nobility to be marvellously interested and injured in it, kill such as only approach a little too near them: insomuch that the ignoble are obliged to cry out as they walk, like the gondoliers of Venice, at the turnings of streets for fear of jostling; and the nobles command them to step aside to what part they please: by which means these avoid what they repute a perpetual ignominy, and those certain death. No time, no favour of the prince, no office, or virtue, or riches, can ever prevail to make a plebeian become noble: to which this custom contributes, that marriages are interdicted betwixt different trades; the daughter of a shoemaker is not permitted to marry a carpenter; and the parents are obliged to train up their children precisely in their own callings, and not put them to any other trade; by which means the distinction and continuance of their position is maintained.

A good marriage, if there be any such, rejects the company and conditions of love, and tries to represent those of friendship. 'Tis a sweet society of life, full of constancy, trust, and an infinite number of useful and solid services and mutual obligations; which any woman who has a right taste—

Optato quam junxit lumine tæda[2]

—would be loath to serve her husband in quality of a mistress. If she be lodged in his affection as a wife, she is more honourably and securely placed. When he purports to be in love with another, and works all he can to obtain his desire, let any one but ask him, on which he had rather a disgrace should fall, his wife or his mistress, which of their misfortunes would most afflict him, and to which of them he wishes the most grandeur, the answer to these questions is out of dispute in a sound marriage.

And that so few are observed to be happy, is

---

[1] That they may seize the gifts of Venus, and enclose them in their bosom.—Virgil, *Georg.*, iii. 137.

[2] United to a desired object.—Catullus, lxiv. 79.

a token of its price and value. If well formed and rightly taken, 'tis the best of all human societies; we cannot live without it, and yet we do nothing but decry it. It happens, as with cages, the birds without despair to get in, and those within despair of getting out. Socrates, being asked, whether it was more commodious to take a wife, or not; "Let a man take which course he will," said he, "he will be sure to repent." 'Tis a contract to which the common saying, *Homo homini, aut deus, aut lupus*,[1] may very fitly be applied; there must be a concurrence of many qualities in the construction. It is found nowadays more convenient for simple and plebeian souls, where delights, curiosity, and idleness do not so much disturb it; but extravagant humours, such as mine, that hate all sorts of obligation and restraint, are not so proper for it;

> *Et mihi dulce magis resoluto vivere collo.*[2]

Might I have had my own will, I would not have married Wisdom herself, if she would have had me. But 'tis to much purpose to evade it; the common custom and usance of life will have it so. The most of my actions are guided by example, not by choice, and yet I did not go to it of my own voluntary motion; I was led and drawn to it by extrinsic occasions; for not only things that are incommodious in themselves, but also things however ugly, vicious, and to be avoided, may be rendered acceptable by some condition or accident; so unsteady and vain is all human resolution! and I was persuaded to it, when worse prepared, and less tractable than I am at present, that I have tried what it is: and as great a libertine as I am taken to be, I have in truth more strictly observed the laws of marriage, than I either promised or expected. 'Tis in vain to kick, when a man has once put on his fetters: a man must prudently manage his liberty; but having once submitted to obligation, he must confine himself within the laws of common duty, at least, do what he can towards it. They who engage in this contract, with a design to carry themselves in it with hatred and contempt, do an unjust and inconvenient thing; and the fine rule that I hear pass from hand to hand amongst the women, as a sacred oracle,

> *Sers ton mary comme ton maistre,*
> *Et t'en garde comme d'un traistre,*[3]

which is to say, comport thyself towards him with a dissembled, inimical, and distrustful reverence (a cry of war and defiance), is equally injurious and hard. I am too mild for such rugged designs: to say the truth, I am not arrived to that perfection of ability and refinement of wit, to confound reason with injustice, and to laugh at all rule and order that does not please my palate; because I hate superstition, I do not presently run into the contrary extreme of irreligion. If a man does not always perform his duty, he ought at least to love and acknowledge it; 'tis treachery to marry without espousing.

Let us proceed.

Our poet represents a marriage happy in good intelligence, wherein nevertheless there is not much loyalty. Does he mean, that it is not impossible but a woman may give the reins to her own passion, and yield to the importunities of love, and yet reserve some duty toward marriage, and that it may be hurt, without being totally broken? A serving man may cheat his master, whom nevertheless he does not hate. Beauty, opportunity, and destiny (for destiny has also a hand in't),

> *Fatum est in partibus illis*
> *Quas sinus abscondit; nam, si tibi sidera cessent,*
> *Nil faciet longi mensura incognita nervi;*[4]

have attached her to a stranger; though not so wholly peradventure, but that she may have some remains of kindness for her husband. They are two designs, that have several paths leading to them, without being confounded with one another; a woman may yield to a man she would by no means have married, not only for the condition of his fortune, but for those also of his person. Few men have made a wife of a mistress, who have not repented it. And even in the other world, what an unhappy life does Jupiter lead with his, whom he had first enjoyed as a mistress?[5] 'Tis, as the proverb runs, to befoul a basket and then put it upon one's head. I have in my time, in a good family, seen love shamefully and dishonestly cured by marriage: the considerations are widely different. We love at once, without any tie, two things contrary in themselves.

Socrates was wont to say, that the city of Athens pleased as ladies do whom men court for

---

[1] Man to man is either a god or a wolf.—Erasmus, *Adag.*

[2] I like better to live unfettered.—Pseudo-Gallus, i. 61.

[3] Serve thy husband as thy master, but guard thyself against him as from a traitor.

[4] There is a fatality about the hidden parts: let nature have endowed you however liberally, 'tis of no use, if your good star fails you in the nick of time.—Juvenal, ix. 32.

[5] *Iliad*, Bk. xiv. 295.

love; every one loved to come thither to take a turn, and pass away his time; but no one liked it so well as to espouse it, that is, to inhabit there, and to make it his constant residence. I have been vexed to see husbands hate their wives only because they themselves do them wrong; we should not, at all events, methinks, love them the less for our own faults; they should at least upon the account of repentance and compassion, be dearer to us.

They are different ends, he says, and yet in some sort compatible; marriage has utility, justice, honour, and constancy for its share; a flat, but more universal pleasure: love founds itself wholly upon pleasure, and, indeed, has it more full, lively and sharp; a pleasure inflamed by difficulty; there must be in it sting and smart; 'tis no longer love, if without darts and fire. The bounty of ladies is too profuse in marriage, and dulls the point of affection and desire: to evade which inconvenience, do but observe what pains Lycurgus and Plato take in their laws.

Women are not to blame at all, when they refuse the rules of life that are introduced into the world, forasmuch as the men made them without their consent. There is naturally contention and brawling betwixt them and us; and the strictest friendship we have with them, is yet mixed with tumult and tempest. In the opinion of our author, we deal inconsiderately with them in this: after we have discovered, that they are, without comparison, more able and ardent in the practice of love than we, and that the old priest testified as much, who had been one while a man, and then a woman,

Venus huic erat utraque nota: [1]

and moreover, that we have learned from their own mouths the proof that, in several ages, was made by an Emperor and Empress of Rome, both famous for ability in that affair! for he in one night deflowered ten Sarmatian virgins who were his captives: but she had five-and-twenty bouts in one night, changing her man according to her need and liking,

*Adhuc ardens rigidæ tentigine vulvæ:
Et lassata viris, nondum satiata, recessit:* [2]

and that upon the dispute which happened in Catalonia, wherein a wife complaining of her husband's too frequent addresses to her, not so much, as I conceive, that she was incommodated by it (for I believe no miracles out of religion) as under this pretence, to curtail and curb in this, which is the fundamental act of marriage, the authority of husbands over their wives, and to show that their frowardness and malignity go beyond the nuptial bed, and spurn under foot even the graces and sweets of Venus; the husband, a man truly brutish and unnatural, replied, that even on fasting days he could not subsist with less than ten courses: whereupon came out that notable sentence of the Queen of Arragon, by which, after mature deliberation of her council, this good queen, to give a rule and example to all succeeding ages of the moderation required in a just marriage, set down six times a day as a legitimate and necessary stint; surrendering and quitting a great deal of the needs and desires of her sex, that she might, she said, establish an easy, and consequently, a permanent and immutable rule. Hereupon the doctors cry out; what must the female appetite and concupiscence be, when their reason, their reformation and virtue, are taxed at such a rate? considering the divers judgments of our appetites; for Solon, master of the law school, taxes us at but three a month, that men may not fail in point of conjugal frequentation: after having, I say, believed and preached all this, we go and enjoin them continency for their particular share, and upon the extremest penalties.

There is no passion so hard to contend with as this, which we would have them only resist, not simply as an ordinary vice, but as an execrable abomination, worse than irreligion and parricide; whilst we, at the same time, go to't without offence or reproach. Even those amongst us, who have tried the experiment, have sufficiently confessed what difficulty, or rather impossibility, they have found by material remedies to subdue, weaken, and cool the body. We, on the contrary, would have them at once sound, vigorous, plump, high-fed, and chaste; that is to say, both hot and cold; for the marriage, which we tell them is to keep them from burning, is but small refreshment to them, as we order the matter. If they take one whose vigorous age is yet boiling, he will be proud to make it known elsewhere;

*Sit tandem pudor; aut eamus in jus;
Multis mentula millibus redempta,
Non est hæc tua, Basse; vendidisti;* [3]

---

[1] To whom either Venus was known. (Tiresias). —Ovid, *Met.*, iii., 323.

[2] Ardent still, she retired, fatigued, but not satisfied.—Juvenal, vi. 128.

[3] If you don't mend your ways, Battus, we shall go to law: your vigour, bought by your wife with many thousands, is no longer yours: 'tis sold to her. —Martial, xii. 90.

Polemon the philosopher was justly by his wife brought before the judge for sowing in a barren field the seed that was due to one that was fruitful: if, on the other hand, they take a decayed fellow, they are in a worse condition in marriage than either maids or widows. We think them well provided for, because they have a man to lie with, as the Romans concluded Clodia Læta, a vestal nun, violated, because Caligula had approached her, though it was declared he did no more but approach her: but, on the contrary, we by that increase their necessity, forasmuch as the touch and company of any man whatever rouses their desires, that in solitude would be more quiet. And to the end, 'tis likely, that they might render their chastity more meritorious by this circumstance and consideration, Boleslaus and Kinge, his wife, king and queen of Poland, vowed it by mutual consent, being in bed together, on their very wedding day, and kept their vow in spite of all matrimonial conveniences.

We train them up from their infancy to the traffic of love; their grace, dressing, knowledge, language, and whole instruction tend that way: their governesses imprint nothing in them but the idea of love, if for nothing else but by continually representing it to them, to give them a distaste for it. My daughter, the only child I have, is now of an age that forward young women are allowed to be married at; she is of a slow, thin, and tender complexion, and has accordingly been brought up by her mother after a retired and particular manner, so that she but now begins to be weaned from her childish simplicity. She was one day reading before me in a French book, where she happened to meet the word *fouteau*, the name of a tree very well known;[1] the woman to whose conduct she is committed stopped her short a little roughly, and made her skip over that dangerous step. I let her alone, not to trouble their rules, for I never concern myself in that sort of government; feminine polity has a mysterious procedure; we must leave it to them; but if I am not mistaken, the commerce of twenty lacquies could not, in six months' time, have so imprinted in her fancy the meaning, usage, and all the consequence of the sound of these wicked syllables, as this good old woman did by reprimand and interdiction.

*Motus doceri gaudet Ionicos
Matura virgo, et frangitur artubus*

---

[1] The beech-tree; the name resembles in sound an obscene French word.

*Jam nunc, et incestos amores
De tenero meditatur ungui.*[2]

Let them but give themselves the reign a little, let them but enter into liberty of discourse, we are but children to them in this science. Hear them but describe our pursuits and conversation, they will very well make you understand that we bring them nothing they have not known before, and digested without our help. Is it, perhaps, as Plato says, that they have formerly been debauched young fellows? I happened one day to be in a place where I could hear some of their talk without suspicion; I am sorry I cannot repeat it. By'r lady, said I, we had need go study the phrases of Amadis, and the tales of Boccaccio and Aretin, to be able to discourse with them: we employ our time to much purpose indeed. There is neither word, example, nor step they are not more perfect in than our books; 'tis a discipline that springs with their blood,

Et mentem ipsa Venus dedit,[3]

which these good instructors, nature, youth, and health are continually inspiring them with; they need not learn, they breed it:

*Nec tantum niveo gavisa est ulla columbo,
Compar, vel si quid dicitur improbius,
Oscula mordenti semper decerpere rostro,
Quantum præcipue multivola est mulier.*[4]

So that if the natural violence of their desire were not a little restrained by fear and honour, which were wisely contrived for them, we should be all shamed. All the motions in the world resolve into and tend to this conjunction; 'tis a matter infused throughout: 'tis a centre to which all things are directed. We yet see the edicts of the old and wise Rome, made for the service of love; and the precepts of Socrates for the instruction of courtesans:

*Necnon libelli Stoici, inter sericos
Jacere pulvillos amant:*[5]

---

[2] The maid ripe for marriage delights to learn Ionic dances, and to imitate those lascivious movements. Nay, already from her infancy she meditates criminal amours.—Horace, *Od.*, iii. 6, 21.

[3] Venus herself made them what they are.—Virgil, *Georg.*, iii. 267.

[4] No milk-white dove, or if there be a thing more lascivious, takes so much delight in kissing as woman, wishful for every man she sees.—Catullus, lxvi. 125.

[5] There are writings of the Stoics which we find lying upon silken cushions.—Horace, *Epod.*, viii. 15.

Zeno, amongst his laws, also regulated the motions to be observed in getting a maidenhead. What was the philosopher Strato's book Of Carnal Conjunction? And what did Theophrastus treat of in those he intituled, the one The Lover, and the other Of Love? Of what Aristippus in his Of Former Delights? What do the so long and lively descriptions in Plato of the loves of his time pretend to? and the book called The Lover, of Demetrius Phalereus? and Clinias, or the Ravished Lover, of Heraclides; and that of Antisthenes, Of Getting Children, or, Of Weddings, and the other, Of the Master or the Lover? And that of Aristo: Of Amorous Exercises? What those of Cleanthes: one, Of Love, the other, Of the Art of Loving? The amorous dialogues of Sphaereus? and the fable of Jupiter and Juno, of Chrysippus, impudent beyond all toleration? And his fifty so lascivious epistles? I will let alone the writings of the philosophers of the Epicurean sect, protectress of voluptuousness. Fifty deities were, in time past, assigned to this office; and there have been nations where, to assuage the lust of those who came to their devotion, they kept men and women in their temples for the worshippers to lie with; and it was an act of ceremony to do this before they went to prayers: *Nimirum propter continentiam incontinentia necessaria est; incendium ignibus extinguitur.*[1]

In the greatest part of the world, that member of our body was deified; in the same province, some flayed off the skin to offer and consecrate a piece; others offered and consecrated their seed. In another, the young men publicly cut through betwixt the skin and the flesh of that part in several places, and thrust pieces of wood into the openings as long and thick as they would receive, and of these pieces of wood afterwards made a fire as an offering to their gods; and were reputed neither vigorous nor chaste, if by the force of that cruel pain, they seemed to be at all dismayed. Elsewhere the most sacred magistrate was reverenced and acknowledged by that member: and in several ceremonies the effigy of it was carried in pomp to the honour of various divinities. The Egyptian ladies, in their Bacchanalia, each carried one finely carved of wood about their necks, as large and heavy as she could so carry it; besides which, the statue of their god presented one, which in greatness surpassed all the rest of his body.[2] The married women, near the place where I live, make of their kerchiefs the figure of one upon their foreheads, to glorify themselves in the enjoyment they have of it; and coming to be widows, they throw it behind, and cover it with their headcloths. The most modest matrons of Rome thought it an honour to offer flowers and garlands to the god Priapus; and they made the virgins, at the time of their espousals, sit upon his shameful parts. And I know not whether I have not in my time seen some air of like devotion. What was the meaning of that ridiculous thing our forefathers wore on the forepart of their breeches, and that is still worn by the Swiss? To what end do we make a show of our implements in figure under our gaskins, and often, which is worse, above their natural size, by falsehood and imposture? I have half a mind to believe that this sort of vestment was invented in the better and more conscientious ages, that the world might not be deceived, and that every one should give a public account of his proportions: the simple nations wear them yet, and near about the real size. In those days, the tailor took measure of it, as the shoemaker does now of a man's foot. That good man, who, when I was young, gelded so many noble and ancient statues in his great city, that they might not corrupt the sight of the ladies, according to the advice of this other ancient worthy, *Flagitii principium est, nudare inter cives corpora,*[3] should have called to mind, that, as in the mysteries of the Bona Dea all masculine appearance was excluded, he did nothing, if he did not geld horses and asses, in short, all nature:

Omne adeo genus in terris, hominumque,
    ferarumque,
Et genus aequoreum, pecudes, pictaeque
    volucres,
In furias ignemque ruunt.[4]

The gods, says Plato,[5] have given us one disobedient and unruly member that, like a furious animal, attempts, by the violence of its appetite, to subject all things to it; and so they have given to women one like a greedy and ravenous animal, which, if it be refused food in season, grows wild, impatient of delay, and infusing its rage into their bodies, stops the passages, and hinders respiration, causing a thousand ills, till, having im-

---

[1] Doubtless incontinency is necessary for continency's sake: a conflagration is extinguished by fire.
[2] Herodotus, ii. 48, says "nearly as large as the body itself."
[3] 'Tis the beginning of wickedness to show their nudities in public.—Ennius, *in* Cicero, *Tusc. Quaes.,* iv. 33.
[4] So that all living things, men and animals, wild or tame, and fish and gaudy fowl, rush to this flame of love.—Virgil, *Georg.,* iii. 244.
[5] In the *Timaeus,* towards the end.

bibed the fruit of the common thirst, it has plentifully bedewed the bottom of their matrix. Now my legislator should also have considered, that, peradventure, it were a chaster and more fruitful usage to let them know the fact as it is betimes, than permit them to guess according to the liberty and heat of their own fancy; instead of the real parts they substitute, through hope and desire, others that are three times more extravagant; and a certain friend of mine lost himself by producing his in place and time when the opportunity was not present to put them to their more serious use. What mischief do not those pictures of prodigious dimension do that the boys make upon the staircases and galleries of the royal houses? they give the ladies a cruel conte npt of our natural furniture. And what do we know but that Plato, after other well-instituted republics, ordered that the men and women, old and young, should expose themselves naked to the view of one another, in his gymnastic exercises, upon that very account? The Indian women who see the men stark naked, have at least cooled the sense of seeing. And let the women of the kingdom of Pegu say what they will, who below the waist have nothing to cover them but a cloth slit before, and so straight, that what decency and modesty soever they pretend by it, at every step all is to be seen, that it is an invention to allure the men to them, and to divert them from boys, to whom that nation is generally inclined; yet, peradventure, they lose more by it than they get, and one may venture to say, that an entire appetite is more sharp than one already half-glutted by the eyes. Livia was wont to say, that to a virtuous woman a naked man was but a statue. The Lacedæmonian women, more virgins when wives than our daughters are, saw every day the young men of their city stripped naked in their exercises, themselves little heeding to cover their thighs in walking, believing themselves, says Plato, sufficiently covered by their virtue without any other robe. But those of whom St. Augustine[1] speaks, have given nudity a wonderful power of temptation, who have made it a doubt, whether women at the day of judgment shall rise again in their own sex, and not rather in ours, for fear of tempting us again in that holy state. In brief, we allure and flesh them by all sorts of ways: we incessantly heat and stir up their imagination, and then we find fault. Let us confess the truth; there is scarce one of us who does not more apprehend the shame that accrues to him by the vices of his wife than by his own, and that is not more solicitous (a wonderful charity) of the conscience of his virtuous wife than of his own; who had not rather commit theft and sacrilege, and that his wife was a murderess and a heretic, than that she should not be more chaste than her husband: an unjust estimate of vices. Both we and they are capable of a thousand corruptions more prejudicial and unnatural than lust: but we weigh vices, not according to nature, but according to our interest; by which means they take so many unequal forms.

The austerity of our decrees renders the application of women to this vice more violent and vicious than its own condition needs, and engages it in consequences worse than their cause: they will readily offer to go to the law courts to seek for gain, and to the wars to get reputation, rather than, in the midst of ease and delights, to have to keep so difficult a guard. Do not they very well see that there is neither merchant nor soldier who will not leave his business to run after this sport, or the porter or cobbler, toiled and tired out as they are with labour and hunger?

> *Num tu, quæ tenuit dives Achæmenes,*
> *Aut pinguis Phrygiæ Mygdonias opes,*
> *Permutare velis crine Licymniæ,*
>   *Plenas aut Arabum domos,*
> *Dum fragrantia detorquet ad oscula*
> *Cervicem, aut facili sævitia negat,*
> *Quæ poscente magis gaudeat eripi,*
>   *Interdum rapere occupet?* [2]

I do not know whether the exploits of Alexander and Cæsar really surpass the resolution of a beautiful young woman, bred up after our fashion, in the light and commerce of the world, assailed by so many contrary examples, and yet keeping herself entire in the midst of a thousand continual and powerful solicitations. There is no doing more difficult than that not doing, nor more active: I hold it more easy to carry a suit of armour all the days of one's life than a maidenhead; and the vow of virginity of all others is the most noble, as being the hardest to keep: *Diaboli virtus in lumbis est,* says St. Jerome.[3] We have doubtless, resigned to the ladies

---

[1] *City of God,* xxii. 17.

[2] Would you not exchange all the wealth Achæmenes once had, all the riches of the king of fertile Phrygia, all the treasures of the Arabians, for one ringlet of Licymnias's hair, when she turns her head to you for fragrant kisses, or with easily assuaged anger denies them, which she would rather by far you took by force, and sometimes herself snatches one?—Horace, *Od.,* ii. 12, 21.

[3] St. Jerome, *contra Jovinian.* ii. 72.

the most difficult and most vigorous of all human endeavours, and let us resign to them the glory too. This ought to encourage them to be obstinate in it; 'tis a brave thing for them to defy us, and to spurn under foot that vain pre-eminence of valour and virtue that we pretend to have over them: they will find, if they do but observe it, that they will not only be much more esteemed for it, but also much more beloved. A gallant man does not give over his pursuit for being refused, provided it be a refusal of chastity, and not of choice; we may swear, threaten, and complain to much purpose; we therein do but lie, for we love them all the better: there is no allurement like modesty, if it be not rude and crabbed. 'Tis stupidity and meanness to be obstinate against hatred and disdain; but against a virtuous and constant resolution, mixed with good-will, 'tis the exercise of a noble and generous soul. They may acknowledge our service to a certain degree, and give us civilly to understand that they disdain us not; for the law that enjoins them to abominate us because we adore them, and to hate us because we love them, is certainly very cruel, if but for the difficulty of it. Why should they not give ear to our offers and requests, so long as they are kept within the bounds of modesty? wherefore should we fancy them to have other thoughts within, and to be worse than they seem? A queen of our time ingeniously said, "that to refuse these courtesies is a testimony of weakness in women and a self-accusation of facility, and that a lady could not boast of her chastity who was never tempted." The limits of honour are not cut so short; they may give themselves a little rein, and relax a little without being faulty: there lies on the frontier some space free, indifferent and neuter. He that has beaten and pursued her into her fort is a strange fellow if he be not satisfied with his fortune: the price of the conquest is considered by the difficulty. Would you know what impression your service and merit have made in her heart? Judge of it by her behaviour. Some may grant more, who do not grant so much. The obligation of a benefit wholly relates to the good will of those who confer it: the other coincident circumstances are dumb, dead, and casual; it costs her dearer to grant you that little, than it would do her companion to grant all. If in anything rarity give estimation, it ought especially in this: do not consider how little it is that is given, but how few have it to give; the value of money alters according to the coinage and stamp of the place. Whatever the spite and indiscretion of some may make them say in the excess of their discontent, virtue and truth will in time recover all the advantage. I have known some whose reputation has for a great while suffered under slander, who have afterwards been restored to the world's universal approbation by their mere constancy without care or artifice; every one repents, and gives himself the lie for what he has believed and said; and from girls a little suspected they have been afterward advanced to the first rank amongst the ladies of honour. Somebody told Plato that all the world spoke ill of him. "Let them talk," said he, "I will live so as to make them change their note." Besides the fear of God, and the value of so rare a glory, which ought to make them look to themselves, the corruption of the age we live in compels them to it; and if I were they, there is nothing I would not rather do than intrust my reputation in so dangerous hands. In my time the pleasure of telling (a pleasure little inferior to that of doing) was not permitted but to those who had some faithful and only friend; but now the ordinary discourse and common table-talk is nothing but boasts of favours received and the secret liberality of ladies. In earnest, 'tis too abject, too much meanness of spirit, in men to suffer such ungrateful, indiscreet, and giddy-headed people so to persecute, forage, and rifle those tender and charming favours.

This our immoderate and illegitimate exasperation against this vice springs from the most vain and turbulent disease that afflicts human minds, which is jealousy;

Quis vetat apposito lumen de lumine sumi?
Dent licet assidue, nil tamen inde perit;[1]

she, and envy, her sister, seem to me to be the most foolish of the whole troop. As to the last, I can say little about it; 'tis a passion that, though said to be so mighty and powerful, had never to do with me. As to the other, I know it by sight, and that's all. Beasts feel it; the shepherd Cratis, having fallen in love with a she-goat, the he-goat, out of jealousy, came to butt him as he lay asleep, and beat out his brains. We have raised this fever to a greater excess by the examples of some barbarous nations; the best disciplined have

---

Montaigne thus translates the passage on the margin of a copy of his essays: *Car la vertu du diable est aux roignons.*

[1] Who says that one light should not be lighted from another light? Let them give ever so much, as much ever remains to lose.—Ovid, *De Art. Amandi,* iii. 93.

been touched with it, and 'tis reason, but not transported:

> *Ense maritali nemo confossus adulter*
> *Purpureo Stygias sanguine tinxit aquas:* [1]

Lucullus, Cæsar, Pompey, Antony, Cato, and other brave men were cuckolds, and knew it, without making any bustle about it; there was in those days but one coxcomb, Lepidus,[2] that died for grief that his wife had used him so.

> *Ah! tum te miserum malique fati,*
> *Quem attractis pedibus, patente porta,*
> *Percurrent raphanique mugilesque:* [3]

and the god of our poet, when he surprised one of his companions with his wife, satisfied himself by putting them to shame only,

> *Atque aliquis de dis non tristibus optat*
> *Sic fieri turpis:* [4]

and nevertheless took anger at the lukewarm embraces she gave him, complaining that upon that account she was grown jealous of his affection:

> *Quid causas petis ex alto? fiducia cessit*
> *Quo tibi, diva, mei?* [5]

nay, she entreats arms for a bastard of hers,

> *Arma rogo genitrix nato.*[6]

which are freely granted; and Vulcan speaks honourably of Æneas,

> *Arma acri facienda viro,*[7]

with, in truth, a more than human humanity. And I am willing to leave this excess of kindness to the gods:

> *Nec divis homines componier æquum est.*[8]

As to the confusion of children, besides that the gravest legislators ordain and affect it in their republics, it touches not the women, where this passion is, I know not how, much better seated:

> *Sæpe etiam Juno, maxima cœlicoluam,*
> *Conjugis in culpa flagravit quotidiana.*[9]

When jealousy seizes these poor souls, weak and incapable of resistance, 'tis pity to see how miserably it torments and tyrannises over them; it insinuates itself into them under the title of friendship, but after it has once possessed them, the same causes that served for a foundation of good will serve them for a foundation of mortal hatred. 'Tis, of all the diseases of the mind, that which the most things serve for aliment, and the fewest for remedy: the virtue, health, merit, reputation of the husband are incendiaries of their fury and ill-will:

> *Nullæ sunt inimicitiæ, nisi amoris, acerbæ.*[10]

This fever defaces and corrupts all they have of beautiful and good besides; and there is no action of a jealous woman, let her be how chaste and how good a housewife soever, that does not relish of anger and wrangling: 'tis a furious agitation, that rebounds them to an extremity quite contrary to its cause. This was very manifest in one Octavius at Rome, who, having lain with Pontia Posthumia, found his love so much augmented by fruition, that he solicited with all importunity to marry her, which seeing he could not persuade her to, this excessive affection precipitated him to the effects of the most cruel and mortal hatred, for he killed her.[11] In like manner, the ordinary symptoms of this other amorous disease are intestine hatreds, private conspiracies, and cabals,

> *Notumque furens quid femina possit,*[12]

and a rage which so much the more frets itself, as it is compelled to excuse itself by a pretence of good will.

Now, the duty of chastity is of a vast extent; is it their will that we would have them restrain? That is a very supple and active thing; a thing very nimble, to be stayed. How? if dreams sometimes engage them so far that they cannot deny them: it is not in them, nor, peradventure, in

---

[1] Never did adulterer slain by a husband stain with purple blood the Stygian waters.—Jean Second, *Elegies*, i. 7. 71.

[2] Father of the Triumvir.—Plutarch, Pompey.

[3] Wretched man! when, taken in the fact, thou wilt be dragged out of doors by the heels, and suffer the punishment of thy adultery.—Catullus, xv. 17.

[4] One of the merry gods said he should himself like to be so disgraced.—Ovid, *Met.*, iv. 187.

[5] Why make question thus? Where, goddess, is your confidence in me?—*Æneid*, viii. 395.

[6] A mother for her son asks armour.—*Ibid.*, 383.

[7] Armour must be made for a valiant hero.—*Ibid.*, 441.

[8] Nor is it fit to compare men with gods.—Catullus, lxviii. 141.

[9] Often was Juno, the greatest of the goddesses, enraged by her husband's daily infidelities.—*Ibid.*, lxviii. 138.

[10] No hate is implacable except the hatred of love. —Propertius, ii. 8, 3.

[11] Tacitus, *Annal.*, xiii. 44.

[12] Every one knows what an angry woman is capable of doing.—*Æneid*, v. 21.

chastity itself, seeing that is a female, to defend itself from lust and desire. If we are only to trust to their will, what a case are we in, then? Do but imagine what crowding there would be amongst men in pursuance of the privilege to run full speed, without tongue or eyes, into every woman's arms who would accept them. The Scythian women put out the eyes of all their slaves and prisoners of war, that they might have their pleasure of them, and they never the wiser.[1] Oh, the furious advantage of opportunity! Should any one ask me, what was the first thing to be considered in love matters, I should answer, that it was how to take a fitting time; and so the second; and so the third—'tis a point that can do everything. I have sometimes wanted fortune, but I have also sometimes been wanting to myself in matters of attempt. There is greater temerity required in this age of ours, which our young men excuse, under the name of heat; but should women examine it more strictly, they would find that it rather proceeds from contempt. I was always superstitiously afraid of giving offence, and have ever had a great respect for her I loved: besides, he who in this traffic takes away the reverence, defaces at the same time the lustre. I would in this affair have a man a little play the child, the timorous, and the servant. If not altogether in this, I have in other things some air of the foolish bashfulness whereof Plutarch makes mention; and the course of my life has been divers ways hurt and blemished with it; a quality very ill suiting my universal form: and, indeed, what are we but sedition and discrepancy? I am as much out of countenance to be denied as I am to deny; and it so much troubles me to be troublesome to others, that on occasions where duty compels me to try the good will of any one in a thing that is doubtful and that will be chargeable to him, I do it very faintly, and very much against my will: but if it be for my own particular (whatever Homer truly says,[2] that modesty is a foolish virtue in an indigent person), I commonly commit it to a third person to blush for me, and deny those who employ me with the same difficulty: so that it has sometimes befallen me to have had a mind to deny when I had not the power to do it.

'Tis folly, then, to attempt to bridle in women a desire that is so powerful in them, and so natural to them. And when I hear them brag of having so maidenly and so temperate a will, I laugh at them: they retire too far back. If it be an old toothless trot, or a young dry consumptive thing, though it be not altogether to be believed, at least they may say it with more similitude of truth. But they who still move and breathe, talk at that ridiculous rate to their own prejudice, by reason that inconsiderate excuses are a kind of self-accusation; like a gentleman, a neighbour of mine, suspected to be insufficient,

Languidior tenera cui pendens sicula beta,
Nunquam se mediam sustulit ad tunicam,[3]

who three or four days after he was married, to justify himself, went about boldly swearing that he had ridden twenty stages the night before: an oath that was afterwards made use of to convict him of his ignorance in that affair, and to divorce him from his wife. Besides, it signifies nothing, for there is neither continency nor virtue where there are no opposing desires. It is true, they may say, but we will not yield; saints themselves speak after that manner. I mean those who boast in good gravity of their coldness and insensibility, and who expect to be believed with a serious countenance; for when 'tis spoken with an affected look, when their eyes give the lie to their tongue, and when they talk in the cant of their profession, which always goes against the hair, 'tis good sport. I am a great servant of liberty and plainness; but there is no remedy; if it be not wholly simple or childish, 'tis silly and unbecoming ladies in this commerce, and presently runs into impudence. Their disguises and figures only serve to cozen fools; lying is there in its seat of honour; 'tis a by-way, that by a backdoor leads us to truth. If we cannot curb their imagination, what would we have from them. Effects? There are enough of them that evade all foreign communication, by which chastity may be corrupted;

Illud sæpe facit, quod sine teste facit;[4]

and those which we fear the least, are, peradventure, most to be feared; their sins that make the least noise are the worst:

Offendor mæcha simpliciore minus.[5]

There are ways by which they may lose their virginity without prostitution, and, which is more,

---

[1] Herodotus, iv. 2.
[2] *Odyssey*, xvii. 347.
[3] Whose dagger, hanging limp as well-cooked beet, could never rise to middle height.——Catullus, lxvii. 21.
[4] He often does that which he does without a witness.—Martial, vii. 62, 6.
[5] I am much more offended than with a professed strumpet.—*Ibid.*, vi. 7, 6.

without their knowledge: *Obsterix, virginis cujusdam integritatem manu velut explorans, sive malevolentia, sive inscitia, sive casu, dum inspicit, perdidit.*[1] Such a one, by seeking her maidenhead, has lost it; another by playing with it, has destroyed it. We cannot precisely circumscribe the actions, we interdict them; they must guess at our meaning under general and doubtful terms; the very idea we invent for their chastity is ridiculous: for, amongst the greatest examples arrived at my knowledge, Fatua, the wife of Faunus, is one: who never, after her marriage, suffered herself to be seen by any man whatever; and the wife of Hiero, who never perceived her husband's stinking breath, imagining that it was common to all men. They must become insensible and invisible to satisfy us.

Now let us confess that the knot of this judgment of duty principally lies in the will; there have been husbands who have suffered cuckoldom, not only without reproach or taking offence at their wives, but with singular obligation to them and great commendation of their virtue. Such a woman has been, who prized her honour above her life, and yet has prostituted it to the furious lust of a mortal enemy, to save her husband's life, and who, in so doing, did that for him she would not have done for herself! This is not the place wherein we are to multiply these examples; they are too high and rich to be set off with so poor a foil as I can give them here; let us reserve them for a nobler place; but for examples of ordinary lustre, do we not every day see women amongst us who surrender themselves for their husbands' sole benefit, and by their express order and mediation? and, of old, Phaulius the Argian who offered his to King Philip out of ambition; as Galba did it out of civility, who having entertained Mæcenas at supper, and observing that his wife and he began to cast sheep's eyes at one another and to complot love by signs, let himself sink down upon his cushion, like one in a profound sleep, to give opportunity to their desires: which he handsomely confessed, for, at the same time, a servant making bold to lay hands on the plate that stood upon the table, he frankly cried, "What, you rogue? do you not see that I only sleep for Mæcenas?" Such a woman there may be, whose manners may be lewd enough, and yet whose will may be more reformed than another, who outwardly carries herself after a more regular manner. As we see some, who complain of having vowed chastity before they knew what they did; and I have also known others really complain of having been given up to debauchery before they were of the years of discretion. The vice of the parents, or the impulse of nature, which is a rough counsellor, may be the cause.

In the East Indies, though chastity is of singular reputation, yet custom permitted a married woman to prostitute herself to any one who presented her with an elephant, and that with glory to have been valued at so high a rate. Phædo the philosopher, a man of birth, after the taking of his country Elis, made it his trade to prostitute the beauty of his youth, so long as it lasted, to any one that would, for money, thereby to gain his living; and Solon was the first in Greece, 'tis said, who by his laws gave liberty to women, at the expense of their chastity, to provide for the necessities of life; a custom that Herodotus says had been received in many governments before his time. And besides, what fruit is there of this painful solicitude? For what justice soever there is in this passion, we are yet to consider whether it turns to account or no: does any one think to curb them, with all his industry?

*Pone seram; cohibe: sed quis custodiet ipsos
Custodes? cauta est, et ab illis incipit uxor.*[2]

What commodity will not serve their turn, in so knowing an age?

Curiosity is vicious throughout; but 'tis pernicious here. 'Tis folly to examine into a disease for which there is no physic that does not inflame and make it worse; of which the shame grows still greater, and more public by jealousy, and of which the revenge more wounds our children than it heals us. You wither and die in the search of so obscure a proof. How miserably have they of my time arrived at that knowledge, who have been so unhappy as to have found it out? If the informer does not at the same time apply a remedy and bring relief, 'tis an injurious information, and that better deserves a stab than the lie. We no less laugh at him who takes pains to prevent it, than at him who is a cuckold, and knows it not. The character of cuckold is indelible: who once has it carries it to his grave; the punishment proclaims it more than the fault. It

---

[1] By malevolence, or unskilfulness, or accident, midwives, seeking with the hand to test a girl's virginity, have sometimes destroyed it.—St. Augustine, *City of God*, i. 18.

[2] Put on a lock; shut them up under a guard; but who shall guard the guard? she knows what she is about, and will begin with them.—Juvenal, vi. 346.

is to much purpose to drag out of obscurity and doubt our private misfortunes, thence to expose them on tragic scaffolds; and misfortunes that only hurt us by being known; for we say a good wife, or a happy marriage, not that they are really so, but because no one says to the contrary. Men should be so discreet as to evade this tormenting and unprofitable knowledge: and the Romans had a custom, when returning from any expedition, to send home before to acquaint their wives with their coming, that they might not surprise them; and to this purpose it is, that a certain nation has introduced a custom, that the priest shall on the wedding-day unlock the bride's cabinet, to free the husband from the doubt and curiosity of examining in the first assault, whether she comes a virgin to his bed, or that she has been at the trade before.

But the world will be talking. I know a hundred honest men cuckolds, that are handsomely, and not discreditably met; a worthy man is pitied, but not disesteemed for it. Order it so that your virtue may conquer your misfortune; that good men may curse the occasion, and that he who wrongs you may tremble but to think on't. And, moreover, who escapes being talked of at the same rate, from the least even to the greatest?

> *Tot qui legionibus imperitavit,*
> *Et melior quam tu multis fuit, improbe, rebus.*[1]

You hear how many honest men are reproached with this in your presence; you may believe that you are no more spared behind your back. Nay, the very ladies will be laughing too; and what are they so apt to laugh at in this virtuous age of ours, as at a peaceable and well-composed marriage? There is not one amongst you but has made somebody cuckold: and nature runs much in parallel, in compensation, and turn for turn. The frequency of this accident ought long since to have made it more easy; 'tis now past into custom.

Miserable passion! which has this also, that it is incommunicable,

> *Fors etiam nostris invidit questibus aures;*[2]

for to what friend dare you intrust your griefs, who, if he does not laugh at them, will not make use of the occasion to get a share of the quarry?

The sharps, as well as the sweets of marriage, are kept secret by the wise; and amongst its other troublesome conditions this to a prating fellow, as I am, is one of the chief, that custom has rendered it indecent and prejudicial to communicate to any one all that a man knows and all that a man feels.

To give women the same counsel against jealousy, would be so much time lost; their very being is so made up of suspicion, vanity, and curiosity, that to cure them by any legitimate way is not to be hoped. They often recover of this infirmity by a form of health much more to be feared than the disease itself; for as there are enchantments that cannot take away the evil, but by throwing it upon another, they also willingly transfer this fever to their husbands, when they shake it off themselves. And yet I know not, to speak truth, whether a man can suffer worse from them than their jealousy; 'tis the most dangerous of all their conditions, as the head is of all their members. Pittacus used to say, that every one had his trouble, and that his was the jealous head of his wife; but for which he should think himself perfectly happy. A mighty inconvenience, sure, which could poison the whole life of so just, so wise, and so valiant a man; what must we other little fellows do? The senate of Marseilles had reason to grant him his request who begged leave to kill himself that he might be delivered from the clamour of his wife; for 'tis a mischief that is never removed but by removing the whole piece; and that has no remedy but flight or patience, though both of them very hard. He was, methinks, an understanding fellow who said, 'twas a happy marriage betwixt a blind wife and a deaf husband.

Let us also consider whether the great and violent severity of obligation we enjoin them, does not produce two effects contrary to our design: namely, whether it does not render the pursuants more eager to attack, and the women more easy to yield. For as to the first, by raising the value of the place, we raise the value and the desire of the conquest. Might it not be Venus herself, who so cunningly enhanced the price of her merchandise, by making the laws her bawds; knowing how insipid a delight it would be that was not heightened by fancy and hardness to achieve? In short, 'tis all swine's flesh, varied by sauces, as Flaminius' host said. Cupid is a roguish god, who makes it his sport to contend with devotion and justice: 'tis his glory that his power mates all powers, and that all other rules give place to his;

---

[1] He who has commanded so many legions, many a man much better far than you, you rascal.—Lucretius, iii. 1039, 1041.

[2] Spiteful fortune also refuses ear to our complaints.—Catullus, lxvii. 170.

Materiam culpæ prosequiturque suæ.[1]

As to the second point; should we not be less cuckolds, if we less feared to be so? according to the humour of women whom interdiction incites, and who are more eager, being forbidden.

Ubi velis, nolunt; ubi nolis, volunt ultro;
Concessa pudet ire via.[2]

What better interpretation can we make of Messalina's behaviour? She, at first, made her husband a cuckold in private, as is the common use: but, bringing her business about with too much ease, by reason of her husband's stupidity, she soon scorned that way, and presently fell to making open love, to own her lovers, and to favour and entertain them in the sight of all: she would make him know and see how she used him. This animal, not to be roused with all this, and rendering her pleasures dull and flat by his too stupid facility, by which he seemed to authorise and make them lawful; what does she? Being the wife of a living and healthful emperor, and at Rome, the theatre of the world, in the face of the sun, and with solemn ceremony, and to Silius, who had long before enjoyed her, she publicly marries herself one day that her husband was gone out of the city.[3] Does it not seem as if she was going to become chaste by her husband's negligence? or that she sought another husband who might sharpen her appetite by his jealousy, and who by watching should incite her? But the first difficulty she met with was also the last: this beast suddenly roused: these sleepy, sluggish sort of men are often the most dangerous; I have found by experience, that this extreme toleration, when it comes to dissolve, produces the most severe revenge; for taking fire on a sudden, anger and fury being combined in one, discharge their utmost force at the first onset,

Irarumque omnes effundit habenas:[4]

he put her to death, and with her a great number of those with whom she had intelligence, and even one of them who could not help it, and whom she had caused to be forced to her bed with scourges.[5]

What Virgil says of Venus and Vulcan, Lucretius had better expressed of a stolen enjoyment betwixt her and Mars:

Belli fera mœnera Mavors
Armipotens regit, in gremium qui sæpe tuum se
Rejicit, æterno devinctus vulnere amoris:
. . . . .
Pascit amore avidos inhians in te, Dea, visus,
Eque tuo pendet resupini spiritus ore:
Hunc tu, Diva, tuo recubantem corpore sancto
Circumfusa super, suaveis ex ore loquelas
Funde.[6]

When I consider this *rejicit, pascit, inhians, molli, fovet, medullas, labefacta, pendet, percurrit,* and that noble *circumfusa,* mother of the gentle *infusus;* I condemn those little quibbles and verbal allusions that have been since in use. Those worthy people stood in need of no subtilty to disguise their meaning; their language is downright, and full of natural and continued vigour; they are all epigram; not only the tail, but the head, body, and feet. There is nothing forced, nothing languishing, but everything keeps the same pace: *Contextus totus virilis est; non sunt circa flosculos occupati.*[7] 'Tis not a soft eloquence, and without offence only; 'tis nervous and solid, that does not so much please, as it fills and ravishes the greatest minds. When I see these brave forms of expression, so lively, so profound, I do not say that 'tis Well said, but Well thought. 'Tis the sprightliness of the imagination that swells and elevates the words: *Pectus est quod disertum facit.*[8] Our people call language, judgment, and fine words, full conceptions. This painting is not so much carried on by dexterity of hand, as by having the object more vividly imprinted in the soul. Gallus speaks simply, because he conceives simply: Horace does not content himself with a superficial expression; that would betray him; he sees farther and more clearly into things; his mind breaks into and rummages all the magazine of words and figures wherewith to express himself, and he must have them more than ordinary, because his

---

[1] And seeks out matter for his crimes.—Ovid, *Trist.,* iv. 1, 34.

[2] You will, they won't; you will not, they insist; they will not go in permitted paths.—Terence, *Eunuchus,* IV. viii. 43; Lucan, ii. 446.

[3] Tacitus, *Annal.,* xi. 26.

[4] He let loose his whole fury.—*Æneid,* xii. 499.

[5] Tacitus, *Annal.,* xi. 36.

[6] Mars, the god of wars, who controls the cruel tasks of war, often reclines on thy bosom, and greedily drinks love at both his eyes, vanquished by the eternal wound of love: and his breath, as he reclines, hangs on thy lips; bending thy head over him as he lies upon thy sacred person, pour forth sweet and persuasive words.—Lucretius, i. 23.

[7] The whole contexture is manly; they don't occupy themselves with little flowers of rhetoric.—Seneca, *Epist.,* 33.

[8] The heart makes the eloquence.—Quintilian, x. 7.

conception is so. Plutarch says,[1] that he sees the Latin tongue by the things: 'tis here the same: the sense illuminates and produces the words, no more words of air, but of flesh and bone; they signify more than they say. Moreover, those who are not well skilled in a language, present some image of this; for in Italy, I said whatever I had a mind to in common discourse, but in more serious talk, I durst not have trusted myself with an idiom that I could not wind and turn out of its ordinary pace; I would have a power of introducing something of my own.

The handling and utterance of fine wits is that which sets off language; not so much by innovating it, as by putting it to more vigorous and various services, and by straining, bending, and adapting it to them. They do not create words, but they enrich their own, and give them weight and signification by the uses they put them to, and teach them unwonted motions, but withal, ingeniously and discreetly. And how little this talent is given to all, is manifest by the many French scribblers of this age: they are bold and proud enough not to follow the common road, but want of invention and discretion ruins them; there is nothing seen in their writings but a wretched affectation of a strange new style, with cold and absurd disguises, which, instead of elevating, depress the matter: provided they can but trick themselves out with new words, they care not what they signify; and to bring in a new word by the head and shoulders, they leave the old one, very often more sinewy and significant than the other.

There is stuff enough in our language, but there is a defect in cutting out: for there is nothing that might not be made out of our terms of hunting and war, which is a fruitful soil to borrow from; and forms of speaking, like herbs, improve and grow stronger by being transplanted. I find it sufficiently abundant, but not sufficiently pliable and vigorous: it commonly quails under a powerful conception; if you would maintain the dignity of your style, you will often perceive it to flag and languish under you, and there Latin steps in to its relief, as Greek does to others. Of some of these words I have just picked out we do not so easily discern the energy, by reason that the frequent use of them has in some sort abased their beauty, and rendered it common; as in our ordinary language there are many excellent phrases and metaphors to be met with, of which the beauty is withered by age, and the colour is sullied by too common handling; but that nothing lessens the relish to an understanding man, nor does it derogate from the glory of those ancient authors who, 'tis likely, first brought those words into that lustre.

The sciences treat of things too refinedly, after an artificial, very different from the common and natural, way. My page makes love, and understands it; but read to him Leo Hebræus and Ficinus, where they speak of love, its thoughts and actions, he understands it not. I do not find in Aristotle most of my ordinary motions; they are there covered and disguised in another robe for the use of the schools. Well may they speed! but were I of the trade, I would as much naturalise art as they artify nature. Let us let Bembo and Equicola alone.

When I write, I can very well spare both the company and the remembrance of books, lest they should interrupt my progress; and also, in truth, the best authors too much humble and discourage me: I am very much of the painter's mind, who, having represented cocks most wretchedly ill, charged all his boys not to suffer any natural cock to come into his shop; and had rather need, to give myself a little lustre, of the invention of Antigenides the musician, who, when he was to sing or play, took care beforehand that the auditory should, either before or after, be glutted with some other ill musicians. But I can hardly be without Plutarch; he is so universal, and so full, that upon all occasions, and what extravagant subject soever you take in hand, he will still be at your elbow, and hold out to you a liberal and not to be exhausted hand of riches and embellishments. It vexes me that he is so exposed to be the spoil of those who are conversant with him: I can scarce cast an eye upon him but I purloin either a leg or a wing.

And also for this design of mine 'tis convenient for me to write at home, in a wild country, where I have nobody to assist or relieve me; where I hardly see a man who understands the Latin of his Paternoster, and of French as little, if not less. I might have it better elsewhere, but then the work would have been less my own; and its principal end and perfection is to be exactly mine. I readily correct an accidental error, of which I am full, as I run carelessly on; but for my ordinary and constant imperfections, it were a kind of treason to put them out. When another tells me, or that I say to myself, "Thou art too thick of figures: this is a word of Gascon growth: that is a dangerous phrase (I do not reject any of those that are used in the common streets of France; they who would fight custom with grammar are fools); this is an ignorant dis-

---

[1] Demosthenes.

course: this is a paradoxical discourse; that is going too far: thou makest thyself too merry at times: men will think thou sayest a thing in good earnest which thou only speakest in jest." "Yes," say I, "but I correct the faults of inadvertence, not those of custom. Do I not talk at the same rate throughout? Do I not represent myself to the life? 'Tis enough that I have done what I designed; all the world knows me in my book, and my book in me."

Now I have an apish, imitating quality; when I used to write verses (and I never made any but Latin) they evidently discovered the poet I had last read, and some of my first essays have a little exotic taste: I speak something another kind of language at Paris than I do at Montaigne. Whoever I stedfastly look upon easily leaves some impression of his upon me; whatever I consider I usurp, whether a foolish countenance, a disagreeable look, or a ridiculous way of speaking; and vices most of all, because they seize and stick to me, and will not leave hold without shaking. I swear more by imitation than by complexion: a murderous imitation, like that of the apes so terrible both in stature and strength, that Alexander met with in a certain country of the Indies, and which he would have had much ado any other way to have subdued; but they afforded him the means by that inclination of theirs to imitate whatever they saw done; for by that, the hunters were taught to put on shoes in their sight, and to tie them fast with many knots, and to muffle up their heads in caps all composed of running nooses, and to seem to anoint their eyes with glue; so did those poor beasts employ their imitation to their own ruin: they glued up their own eyes, haltered and bound themselves. The other faculty of playing the mimic, and ingeniously acting the words and gestures of another, purposely to make people merry and to raise their admiration, is no more in me than in a stock. When I swear my own oath 'tis only, by God! of all oaths the most direct. They say that Socrates swore by the dog; Zeno had for his oath the same interjection at this time in use amongst the Italians, Cappari; Pythagoras swore by water and air. I am so apt, without thinking of it, to receive these superficial impressions, that if I have Majesty or Highness in my mouth three days together, they come out instead of Excellency and Lordship eight days after; and what I say to-day in sport and fooling I shall say the same to-morrow seriously. Wherefore, in writing, I more unwillingly undertake beaten arguments, lest I should handle them at another's expense. Every subject is equally fertile to me: a fly will serve the purpose, and 'tis well if this I have in hand has not been undertaken at the recommendation of as flighty a will. I may begin with that which pleases me best, for the subjects are all linked to one another.

But my soul displeases me, in that it ordinarily produces its deepest and most airy conceits and which please me best, when I least expect or study for them, and which suddenly vanish, having, at the instant, nothing to apply them to; on horseback, at table, and in bed: but most on horseback, where I am most given to think. My speaking is a little nicely jealous of silence and attention: if I am talking my best, whoever interrupts me, stops me. In travelling, the necessity of the way will often put a stop to discourse; besides which I, for the most part, travel without company fit for regular discourses, by which means I have all the leisure I would to entertain myself. It falls out as it does in my dreams; whilst dreaming I recommend them to my memory (for I am apt to dream that I dream), but, the next morning, I may represent to myself of what complexion they were, whether gay, or sad, or strange, but what they were, as to the rest, the more I endeavour to retrieve them, the deeper I plunge them in oblivion. So of thoughts that come accidentally into my head, I have no more but a vain image remaining in my memory; only enough to make me torment myself in their quest to no purpose.

Well, then, laying books aside, and more simply and materially speaking, I find, after all, that Love is nothing else but the thirst of enjoying the object desired; or Venus any other thing than the pleasure of discharging one's vessels, just as the pleasure nature gives in discharging other parts, that either by immoderation or indiscretion become vicious. According to Socrates,[1] love is the appetite of generation, by the mediation of beauty. And when I consider the ridiculous titillation of this pleasure, the absurd, crack-brained, wild motions with which it inspires Zeno and Cratippus, the indiscreet rage, the countenance inflamed with fury and cruelty in the sweetest effects of love, and then that austere air, so grave, severe, extatic, in so wanton an action; that our delights and our excrements are promiscuously shuffled together; and that the supreme pleasure brings along with it, as in pain, fainting and complaining; I then believe it to be true as Plato says,[2] that the gods made man for their sport,

---

[1] In Plato's *Symposium*.
[2] *Laws*.

*Quænam ista jocandi
Sævitia!* [1]

and that it was in mockery that nature has ordered the most agitative of actions and the most common, to make us equal and to put fools and wise men, beasts and us, on a level. Even the most contemplative and prudent man, when I imagine him in this posture, I hold him an impudent fellow to pretend to be prudent and contemplative; they are the peacocks' feet, that abate his pride.

*Ridentem dicere verum
Quid vetat?* [2]

They who banish serious imaginations from their sports, do, says one, like him who dares not adore the statue of a saint, if not covered with a veil. We eat and drink, indeed, as beasts do; but these are not actions that obstruct the functions of the soul, in these we maintain our advantage over them; this other action subjects all other thought, and by its imperious authority makes an ass of all Plato's divinity and philosophy; and yet there is no complaint of it. In everything else a man may keep some decorum, all other operations submit to the rules of decency; this cannot so much as in imagination appear other than vicious or ridiculous: find out, if you can, therein any serious and discreet procedure. Alexander said, that he chiefly knew himself to be mortal by this act, and sleeping; sleep suffocates and suppresses the faculties of the soul; the familiarity with women likewise dissipates and exhausts them: doubtless 'tis a mark, not only of our original corruption, but also of our vanity and deformity.

On the one side, nature pushes us on to it, having fixed the most noble, useful, and pleasant of all her functions to this desire: and, on the other side, leaves us to accuse and avoid it, as insolent and indecent, to blush at it, and to recommend abstinence. Are we not brutes, to call that work brutish which begets us? People of so many differing religions have concurred in several proprieties, as sacrifices, lamps, burning incense, fasts, and offerings; and amongst others, in the condemning this act: all opinions tend that way, besides the widespread custom of circumcision, which may be regarded as a punishment. We have, peradventure, reason to blame ourselves for being guilty of so foolish a production as man, and to call the act, and the parts that are employed in the act, shameful (mine, truly, are now shameful and pitiful). The Essenians, of whom Pliny speaks, kept up their country for several ages without either nurse or baby-clouts, by the arrival of strangers who, following this pretty humour, came continually to them: a whole nation being resolute, rather to hazard a total extermination, than to engage themselves in female embraces, and rather to lose the succession of men, than to beget one. 'Tis said, that Zeno never had to do with a woman but once in his life, and then out of civility, that he might not seem too obstinately to disdain the sex. Every one avoids seeing a man born, every one runs to see him die; to destroy him, a spacious field is sought out, in the face of the sun; but, to make him, we creep into as dark and private a corner as we can: 'tis a man's duty to withdraw himself bashfully from the light to create; but 'tis glory and the fountain of many virtues to know how to destroy what we have made: the one is injury, the other favour: for Aristotle says that to do any one a kindness, in a certain phrase of his country, is to kill him. The Athenians, to couple the disgrace of these two actions, having to purge the Isle of Delos, and to justify themselves to Apollo, interdicted at once all birth and burials in the precincts thereof.[3] *Nostri nosmet pœnitet.*[4]

There are some nations that will not be seen to eat. I know a lady, and of the best quality, who has the same opinion, that chewing disfigures the face, and takes away much from the ladies' grace and beauty; and therefore unwillingly appears at a public table with an appetite; and I know a man also, who cannot endure to see another eat, nor himself to be seen eating; and who is more shy of company when putting in than when putting out. In the Turkish empire, there are a great number of men who, to excel others, never suffer themselves to be seen when thy make their repast: who never have any more than one a week; who cut and mangle their faces and limbs; who never speak to any one: fanatic people who think to honour their nature by disnaturing themselves; who value themselves upon their contempt of themselves, and purport to grow better by being worse. What monstrous animal is this, that is a horror to himself, to whom his delights are grievous, and who weds himself to misfortune? There are people

---

[1] With a sportive cruelty.—Claudian, *In Eutrop.,* i. 24.
[2] What prevents us from speaking truth in jest.—Horace, *Sat.,* i. 1. 24.

[3] Thucydides, iii. 104.
[4] We are ashamed of ourselves.—Terence, *Phorm.,* I. iii. 20.

who conceal their life,

Exsilioque domos et dulcia limina mutant,[1]

and withdraw them from the sight of other men; who avoid health and cheerfulness, as dangerous and prejudicial qualities. Not only many sects, but many peoples, curse their birth, and bless their death; and there is a place where the sun is abominated, and darkness adored. We are only ingenious in using ourselves ill: 'tis the real quarry our intellects fly at; and intellect, when misapplied, is a dangerous tool!

O miseri! quorum gaudia crimen habent![2]

Alas, poor man! thou hast enough inconveniences that are inevitable, without increasing them by thine own invention; and art miserable enough by nature, without being so by art; thou hast real and essential deformities enough, without forging those that are imaginary. Dost thou think thou art too much at ease, unless half thy ease is uneasy? dost thou find that thou hast not performed all the necessary offices that nature has enjoined thee, and that she is idle in thee, if thou dost not oblige thyself to other and new offices? Thou dost not stick to infringe her universal and undoubted laws; but stickest to thy own special and fantastic rules, and by how much more particular, uncertain, and contradictory they are, by so much thou employest thy whole endeavour in them: the laws of thy parish occupy and bind thee: those of God and the world concern thee not. Run but a little over the examples of this kind; thy life is full of them.

Whilst the verses of these two poets[3] treat so reservedly and discreetly of wantonness as they do, methinks they discover it much more openly. Ladies cover their necks with network, priests cover several sacred things, and painters shadow their pictures to give them greater lustre; and 'tis said that the sun and wind strike more violently by reflection than in a direct line. The Egyptian wisely answered him who asked him what he had under his cloak; "it is hid under my cloak," said he, "that thou mayest not know what it is": but there are certain other things that people hide only to show them. Hear this fellow who speaks plainer,

Et nudum pressi corpus ad usque meum:[4]

methinks, I am eunuched with the expression. Let Martial turn up Venus' coats as high as he may, he cannot show her so naked: he, who says all that is to be said, gluts and disgusts us. He who is afraid to express himself, draws us on to guess at more than is meant; there is treachery in this sort of modesty, and specially when they half open, as these do,[5] so fair a path to imagination. Both the action and description should relish of theft.

The more respectful, more timorous, more coy, and secret love of the Spaniards and Italians pleases me. I know not who of old wished his throat as long as that of a crane, that he might the longer taste what he swallowed: it had been better wished as to this quick and precipitous pleasure, especially in such natures as mine that have the fault of being too prompt. To stay its flight and delay it with preambles: all things—a glance, a bow, a word, a sign, stand for favour and recompense betwixt them. Were it not an excellent piece of thrift in him who could dine on the steam of the roast? 'Tis a passion that mixes with very little solid essence, far more vanity and feverish raving; and we should serve and pay it accordingly. Let us teach the ladies to set a better value and esteem upon themselves, to amuse and fool us: we give the last charge at the first onset; the French impetuosity will still show itself; by spinning out their favours, and exposing them in small parcels, even miserable old age itself will find some little share of reward, according to its worth and merit. He who has no fruition but in fruition, who wins nothing unless he sweeps the stakes, who takes no pleasure in the chase but in the quarry, ought not to introduce himself in our school: the more steps and degrees there are, so much higher and more honourable is the uppermost seat: we should take a pleasure in being conducted to it, as in magnificent palaces, by various porticoes and passages, long and pleasant galleries, and many windings. This disposition of things would turn to our advantage; we should there longer stay and longer love; without hope and without desire we proceed not worth a pin. Our conquest and entire possession is what they ought infinitely to dread: when they wholly surrender themselves up to the mercy of our fidelity and constancy they run a mighty hazard; they are virtues very rare and hard to be found; the ladies are no sooner ours, than we are no more

---

[1] And quit for exile their homes and pleasant abodes.—Virgil, *Georg.*, ii. 511.

[2] O wretched men, whose pleasures are a crime!—Pseudo-Gallus, i. 180.

[3] Virgil and Lucretius.

[4] And pressed her naked body to mine.—Ovid, *Amor.*, i. 5, 24.

[5] Virgil and Lucretius.

theirs;

> *Posquam cupidæ mentis satiata libido est,*
> *Verba nihil metuere, nihil perjuria curant;* [1]

And Thrasonides, a young man of Greece, was so in love with his passion that, having gained a mistress's consent, he refused to enjoy her, that he might not by fruition quench and stupefy the unquiet ardour of which he was so proud, and with which he so fed himself. Dearness is a good sauce to meat: do but observe how much the manner of salutation, particular to our nation, has, by its facilities, made kisses, which Socrates says are so powerful and dangerous for the stealing of hearts, of no esteem. It is a nauseous custom and injurious for the ladies, that they must be obliged to lend their lips to every fellow who has three footmen at his heels, however disgusting he may be in himself,

> *Cujus livida naribus caninis*
> *Dependet glacies, rigetque barba . . .*
> *Centum occurrere malo culilingis:* [2]

and we ourselves do not get much by it; for as the world is divided, for three beautiful women we must kiss threescore ugly ones; and to a tender stomach, like those of my age, an ill kiss overpays a good one.

In Italy they passionately court even their common women who sell themselves for money, and justify the doing so by saying, "that there are degrees of fruition, and that by such service they would procure for themselves that which is most entire; the women sell nothing but their bodies; the will is too free and too much its own to be exposed to sale." So that these say, 'tis the will they undertake; and they have reason. 'Tis indeed the will that we are to serve and gain by wooing. I abhor to imagine mine, a body without affection: and this madness is, methinks, cousin-german to that of the boy, who would needs pollute the beautiful statue of Venus, made by Praxiteles; or that of the furious Egyptian, who violated the dead carcase of a woman he was embalming: [3] which was the occasion of the law then made in Egypt, that the corpses of beautiful young women, of those of good quality, should be kept three days before they should be delivered to those whose office it was to take care for the interment.[4] Periander did more wonderfully, who extended his conjugal affection (more regular and legitimate) to the enjoyment of his wife Melissa after she was dead. Does it not seem a lunatic humour in the Moon, seeing she could no otherwise enjoy her darling Endymion, to lay him for several months asleep, and to please herself with the fruition of a boy, who stirred not but in his sleep? I likewise say that we love a body without a soul or sentiment when we love a body without its consent and concurring desire. All enjoyments are not alike: there are some that are etic and languishing: a thousand other causes besides good will may procure us this favour from the ladies; this is not a sufficient testimony of affection: treachery may lurk there, as well as elsewhere: they sometimes go to't by halves,

> *Tanquam thura merumque parent . . .*
> *Absentem, marmoreamve putes:* [5]

I know some who had rather lend that than their coach, and who only impart themselves that way. You are to examine whether your company pleases them upon any other account, or, as some strong-chined groom, for that only; in what degree of favour and esteem you are with them,

> *Tibi si dature uni;*
> *Quo lapide illa diem candidiore notet.* [6]

What if they eat your bread with the sauce of a more pleasing imagination?

> *Te tenet, absentes alios suspirat amores.* [7]

What? have we not seen one in these days of ours who made use of this act for the purpose of a most horrid revenge, by that means to kill and poison, as he did, a worthy lady?

Such as know Italy will not think it strange if, for this subject, I seek not elsewhere for examples; for that nation may be called the regent of the world in this. They have more generally handsome and fewer ugly women than we: but for rare and excellent beauties we have as many

---

[1] When our desires are once satisfied, we care little for oaths and promises.—Catullus, lxiv. 147.

[2] *As from his snout, so like a dog's,*
Hangs the rime of frozen fogs,
And the beard it fairly clogs
  Around his throat. . . .
A hundred times I'd rather kiss his ———, ———
  Martial, vii. 95. 10.

[3] Herodotus, ii. 89.

[4] Ibid.

[5] As if they were performing some sacrifice; you would think them absent, or marble.—Martial, xi. 103, 12; 59, 8.

[6] Whether she gives herself to thee only, and marks thy day out with the whiter stone.—Catullus, lxviii. 147.

[7] She has you in her arms, but her thoughts are with another lover.—Tibullus, i. 6, 35.

as they. I think the same of their intellects: of those of the common sort, they have evidently far more: brutishness is immeasurably rarer there; but in individual characters, of the highest form, we are nothing indebted to them. If I should carry on the comparison, I might say, as touching valour, that, on the contrary, it is, to what it is with them, common and natural with us; but sometimes we see them possessed of it to such a degree as surpasses the greatest examples we can produce. The marriages of that country are defective in this; their custom commonly imposes so rude and so slavish a law upon the women, that the most distant acquaintance with a stranger is as capital an offence as the most intimate; so that all approaches being rendered necessarily substantial, and seeing that all comes to one account, they have no hard choice to make; and when they have broken down the fence, we may safely presume they get on fire. *Luxuria ipsis vinculis, sicut fera bestia, irritata, deinde emissa.*[1] They must give them a little more rein;

Vidi ego nuper equum, contra sua frena tenacem,
Ore reluctanti fulminis ire modo:[2]

the desire of company is allayed by giving it a little liberty. We are pretty much in the same case: they are extreme in constraint, we in licence. 'Tis a good custom we have in France, that our sons are received into the best families, there to be entertained and bred up pages, as in a school of nobility; and 'tis looked upon as a discourtesy and an affront to refuse this to a gentleman. I have taken notice (for so many families, so many differing forms) that the ladies, who have been strictest with their maids, have had no better luck than those who allowed them a greater liberty. There should be moderation in these things; one must leave a great deal of their conduct to their own discretion; for, when all comes to all, no discipline can curb them throughout. But it is true withal that she who comes off with flying colours from a school of liberty, brings with her whereon to repose more confidence than she who comes away sound from a severe and strict school.

Our fathers dressed up their daughters' looks in bashfulness and fear (their courage and desires being the same); we ours in confidence and assurance; we understand nothing of the matter;

we must leave it to the Sarmatian women, who may not lie with a man till with their own hands they have first killed another in battle.[3] For me, who have no other title left me to these things but by the ears, 'tis sufficient if, according to the privilege of my age, they retain me for one of their counsel. I advise them then, and us men too, to abstinence; but if the age we live in will not endure it, at least modesty and discretion. For, as in the story of Aristippus who, speaking to some young men who blushed to see him go into a scandalous house, said: "the vice is in not coming out, not in going in," let her who has no care of her conscience, have yet some regard to her reputation; and though she be rotten within, let her carry a fair outside at least.

I commend a gradation and delay in bestowing their favours: Plato declares that, in all sorts of love, facility and promptness are forbidden to the defendant. 'Tis a sign of eagerness, which they ought to disguise with all the art they have, so rashly, wholly, and hand-over-head to surrender themselves. In carrying themselves orderly and measuredly in the granting their last favours, they much more allure our desires and hide their own. Let them still fly before us, even those who have most mind to be overtaken: they better conquer us by flying, as the Scythians did. To say the truth, according to the law that nature has imposed upon them, it is not properly for them either to will or desire; their part is to suffer, obey, and consent: and for this it is that nature has given them a perpetual capacity, which in us is but at times and uncertain; they are always fit for the encounter, that they may be always ready when we are so, *Pati natæ.*[4] And whereas she has ordered that our appetites shall be manifest by a prominent demonstration, she would have theirs to be hidden and concealed within, and has furnished them with parts improper for ostentation, and simply defensive. Such proceedings as this that follows must be left to the Amazonian licence: Alexander marching his army through Hyrcania, Thalestris, Queen of the Amazons, came with three hundred light horse of her own sex, well mounted and armed, having left the remainder of a very great army that followed her, behind the neighbouring mountains, to give him a visit; where she publicly and in plain terms told him that the fame of his valour and victories had brought her thither to see him, and to make him an offer of her forces to assist him in the pursuit of his

---

[1] Lust, like a wild beast, being more excited by being bound, breaks from his chains with greater wildness.—Livy, xxxiv. 4.

[2] I saw, the other day, a horse struggling against his bit, rush like a thunderbolt.—Ovid, *Amor.*, iii. 4, 13.

[3] Herodotus, Bk. iv. 177.

[4] Born to suffer.—Seneca, *Epist.*, 95.

enterprises: and that, finding him so handsome, young, and vigorous, she, who was also perfect in all those qualities, advised that they might lie together, to the end that from the most valiant woman of the world, and the bravest man then living, there might spring some great and wonderful issue for the time to come. Alexander returned her thanks for all the rest, but to give leisure for the accomplishment of her last demand, he detained her thirteen days in that place, which were spent in royal feasting and jollity, for the welcome of so courageous a princess.

We are, almost throughout, unjust judges of their actions, as they are of ours; I confess the truth when it makes against me, as well as when 'tis on my side. 'Tis an abominable intemperance that pushes them on so often to change, and that will not let them limit their affection to any one person whatever; as is evident in that goddess, to whom are attributed so many changes and so many lovers. But 'tis true withal, that 'tis contrary to the nature of love, if it be not violent; and contrary to the nature of violence, if it be constant. And they who wonder, exclaim, and keep such a clutter to find out the causes of this frailty of theirs, as unnatural and not to be believed, how comes it to pass they do not discern how often they are themselves guilty of the same, without any astonishment or miracle at all? It would, peradventure, be more strange to see the passion fixed; 'tis not a simply corporeal passion; if there be no end to avarice and ambition, there is doubtless no more in desire; it still lives after satiety; and 'tis impossible to prescribe either constant satisfaction, or end; it ever goes beyond its possession. And by that means inconstancy, peradventure, is in some sort more pardonable in them than in us: they may plead, as well as we, the inclination to variety and novelty common to us both; and secondly, without us, that they buy a pig in a poke: Joan, queen of Naples, caused her first husband Andreasso to be hanged at the bars of her window in a halter of gold and silk, woven with her own hand, because in matrimonial performances she neither found his parts nor abilities answer the expectation she had conceived from his stature, beauty, youth, and activity, by which she had been caught and deceived. They may say, there is more pains required in doing than in suffering; and so they are on their part always at least provided for necessity, whereas on our part it may fall out otherwise. For this reason it was that Plato[1] wisely made a law, that before marriage,

to determine of the fitness of persons, the judges should see the young men who pretended to it stripped stark naked, and the women but to the girdle only. When they come to try us, they do not, perhaps, find us worthy of their choice:

Experta latus, madidoque simillima loro
Inguina, nec lassa stare coacta manu,
Deserit imbelles thalamos.[2]

'Tis not enough that a man's will be good; weakness and insufficiency lawfully break a marriage,

Et quærendum aliunde foret nervosius illud,
Quod posset zonam solvere virgineam:[3]

why not? and according to her own standard, an amorous intelligence, more licentious and active,

Si blando nequeat superesse labori.[4]

But is it not great impudence to offer our imperfections and imbecilities, where we desire to please and leave a good opinion and esteem of ourselves? For the little that I am able to do now,

Ad unum
Mollis opus.[5]

I would not trouble a woman, that I am to reverence and fear.

Fuge suspicari,
Cujas undenum trepidavit ætas
Claudare lustrum.[6]

Nature should satisfy herself in having rendered this age miserable, without rendering it ridiculous too. I hate to see it, for one poor inch of pitiful vigour which comes upon it but thrice a week, to strut and set out itself with as much eagerness as if it could do mighty feats; a true flame of flax; and laugh to see it so boil and bubble and then in a moment so congealed and extinguished. This appetite ought to appertain only to the flower of beautiful youth: trust not to its seconding that indefatigable, full, constant, magnanimous ardour you think in you, for it will certainly leave you in the lurch at your greatest need; but rather transfer it to some tender, bashful, and ignorant boy, who yet trembles at the rod, and blushes;

---

[1] *Laws*, xi.

[2] After using every endeavour to arouse him to action, she quits the barren couch.—Martial, vii. 58.

[3] And seeks a more vigorous lover to undo her virgin zone.—Catullus, lxvii. 27.

[4] If his strength be unequal to the pleasant task.—Virgil, *Georg.*, iii. 127.

[5] Fit but for once.—Horace, *Epod.*, xii. 15.

[6] Fear not him whose eleventh lustrum is closed. Horace, *Od.* ii. 4, 12, limits it to the eighth.

Indum sanguineo veluti violaverit ostro
Si quis ebur, vel mista rubent ubi lilia multa
Alba rosa.[1]

Who can stay till the morning without dying for shame to behold the disdain of the fair eyes of her who knows so well his fumbling impertinence,

Et taciti fecere tamen convicia vultus,[2]

has never had the satisfaction and the glory of having cudgelled them till they were weary, with the vigorous performance of one heroic night. When I have observed any one to be vexed with me, I have not presently accused her levity, but have been in doubt, if I had not reason rather to complain of nature; she has doubtless used me very uncivilly and unkindly,

Si non longa satis, si non bene mentula crassa:
Nimirum sapiunt, videntque parvam
Matronæ quoque mentulam illibenter:[3]

and done me a most enormous injury. Every member I have, as much one as another, is equally my own, and no other more properly makes me a man than this.

I universally owe my entire picture to the public. The wisdom of my instruction consists in liberty, in truth, in essence: disdaining to introduce those little, feigned, common, and provincial rules into the catalogue of its real duties; all natural, general, and constant, of which civility and ceremony are daughters indeed, but illegitimate. We are sure to have the vices of appearance, when we shall have had those of essence: when we have done with these, we run full drive upon the others, if we find it must be so; for there is danger that we shall fancy new offices, to excuse our negligence towards the natural ones, and to confound them: and to manifest this, is it not seen that in places where faults are crimes, crimes are but faults; that in nations where the laws of decency are most rare and most remiss, the primitive laws of common reason are better observed: the innumerable multitude of so many duties stifling and dissipating our care. The application of ourselves to light and trivial things diverts us from those that are necessary and just. Oh, how these superficial men take an easy and plausible way in comparison of ours! These are shadows wherewith we palliate and pay one another; but we do not pay, but inflame the reckoning towards that great Judge, who tucks up our rags and tatters above our shameful parts, and stickles not to view us all over, even to our inmost and most secret ordures: it were a useful decency of our maidenly modesty, could it keep him from this discovery. In fine, whoever could reclaim man from so scrupulous a verbal superstition, would do the world no great disservice. Our life is divided betwixt folly and prudence: whoever will write of it but what is reverend and canonical, will leave above the one-half behind. I do not excuse myself to myself; and if I did, it should rather be for my excuses that I would excuse myself, than for any other fault: I excuse myself of certain humours, which I think more strong in number than those that are on my side. In consideration of which, I will further say this (for I desire to please every one, though it will be hard to do, *esse unum hominem accommodatum ad tantam morum ac sermonum et voluntatum varietatem,*[4]) that they ought not to condemn me for what I make authorities, received and approved by so many ages, to utter: and that there is no reason that for want of rhyme, they should refuse me the liberty they allow even to churchmen of our nation and time, and these amongst the most notable, of which here are two of their brisk verses,

Rimula, dispeream, ni monogramma tua est.[5]

Un vit d'amy la contente et bien traicte:[6]

besides how many others. I love modesty, and 'tis not out of judgment that I have chosen this scandalous way of speaking; 'tis nature that has chosen it for me. I commend it not, no more than other forms that are contrary to common use: but I excuse it, and by circumstances both general and particular, alleviate its accusation.

But to proceed. Whence, too, can proceed that usurpation of sovereign authority you take upon you over the women, who favour you at their own expense,

Si furtiva dedit nigra munuscula nocte,[7]

---

[1] As Indian ivory streaked with crimson, or white lilies mixed with the damask rose.—*Æneid,* xii. 67.

[2] Though she nothing say, her looks betray her anger.—Ovid, *Amor.,* i. 7, 21.

[3] He is not very tall, and not very stout. The very matrons look with much disfavour upon a man of little parts——The first of these verses is the commencement of an epigram of the *Veterum Poetarum Catalecta,* and the two others are from an epigram in the same collection (*Ad Matrones*).

[4] For a man to conform to such a variety of manners, discourses, and wills.—Q. Cicero, *De Pet. Consul,* xiv.

[5] Beza, *Juvenilia.*

[6] St. Gelais, *Œuvres Poetiques,* 99.

[7] If, in the silence of night she has permitted stolen pleasures.—Catullus, lxviii. 145.

so that you presently assume the interest, coldness, and authority of a husband? 'Tis a free contract: why do you not then keep to it, as you would have them do? there is no prescription upon voluntary things. 'Tis against the form, but it is true withal, that I in my time have conducted this bargain as much as the nature of it would permit, as conscientiously and with as much colour of justice, as any other contract; and that I never pretended other affection than what I really had, and have truly acquainted them with its birth, vigour, and declination, its fits and intermissions: a man does not always hold on at the same rate. I have been so sparing of my promises, that I think I have been better than my word. They have found me faithful even to service of their inconstancy, a confessed and sometimes multiplied inconstancy. I never broke with them whilst I had any hold at all, and what occasion soever they have given me, never broke with them to hatred or contempt; for such privacies, though obtained upon never so scandalous terms, do yet oblige to some good will. I have sometimes, upon their tricks and evasions, discovered a little indiscreet anger and impatience; for I am naturally subject to rash emotions, which, though light and short, often spoil my market. At any time they have consulted my judgment, I never stuck to give them sharp and paternal counsels, and to pinch them to the quick. If I have left them any cause to complain of me, 'tis rather to have found in me, in comparison of the modern use, a love foolishly conscientious, than anything else. I have kept my word in things wherein I might easily have been dispensed; they sometimes surrendered themselves with reputation, and upon articles that they were willing enough should be broken by the conqueror. I have, more than once, made pleasure in its greatest effort strike to the interest of their honour; and where reason importuned me, have armed them against myself; so that they ordered themselves more decorously and securely by my rules, when they frankly referred themselves to them, than they would have done by their own. I have ever, as much as I could, wholly taken upon myself alone the hazard of our assignations, to acquit them; and have always contrived our meetings after the hardest and most unusual manner, as less suspected, and, moreover, in my opinion, more accessible. They are chiefly more open, where they think they are most securely shut; things least feared are least interdicted and observed; one may more boldly dare what nobody thinks you dare, which by its difficulty becomes easy. Never had any man his approaches more impertinently generative; this way of loving is more according to discipline: but how ridiculous it is to our people, and how ineffectual, who better knows than I? Yet I shall not repent me of it; I have nothing there more to lose;

> Me tabula sacer
> Votiva paries, indicat uvida
> Suspendisse potenti
> Vestimenta maris deo:[1]

'tis now time to speak out. But as I might, peradventure, say to another, "Thou talkest idly, my friend; the love of thy time has little commerce with faith and integrity";

> Hæc si tu postules
> Ratione certa facere, nihilo plus agas,
> Quam si des operam, ut cum ratione insanias:[2]

on the contrary, also, if it were for me to begin again, certainly it should be by the same method and the same progress, how fruitless soever it might be to me; folly and insufficiency are commendable in an incommendable action: the farther I go from their humour in this, I approach so much nearer to my own. As to the rest, in this traffic, I did not suffer myself to be totally carried away: I pleased myself in it, but did not forget myself: I retained the little sense and discretion that nature has given me, entire for their service and my own: a little emotion, but no dotage. My conscience, also, was engaged in it, even to debauch and licentiousness; but, as to ingratitude, treachery, malice, and cruelty, never. I would not purchase the pleasure of this vice at any price, but content myself with its proper and simple cost: *Nullum intra se vitium est.*[3] I almost equally hate a stupid and slothful laziness, as I do a toilsome and painful employment; this pinches, the other lays me asleep. I like wounds as well as bruises, and cuts as well as dry blows. I found in this commerce, when I was the most able for it, a just moderation betwixt these extremes. Love is a sprightly, lively, and gay agitation; I was neither troubled nor afflicted with it, but heated, and, moreover, disordered; a man must stop there; it hurts nobody but fools. A young man asked the philosopher Panetius, if it was becoming a wise man to be in love? "Let

---

[1] The holy wall, by my votive table, shows that I have hanged up my wet clothes in honour of the powerful god of the sea.—Horace, *Od.*, i. 5, 13.

[2] If you seek to make these things certain by reason, you would act as wisely as he who should seek to be mad in his full senses.—Terence, *Eunuchus*, i. 1. 16.

[3] Nothing is a vice in itself.—Seneca, *Epist.*, 95.

the wise man look to that," answered he, "but let not thou and I, who are not so, engage ourselves in so stirring and violent an affair, that enslaves us to others, and renders us contemptible to ourselves." He said true, that we are not to intrust a thing so precipitous in itself, to a soul that has not wherewithal to withstand its assaults and disprove practically the saying of Agesilaus,[1] that prudence and love cannot live together. 'Tis a vain employment, 'tis true, unbecoming, shameful, and illegitimate; but carried on after this manner, I look upon it as wholesome, and proper to enliven a drowsy soul, and to rouse up a heavy body; and, as an experienced physician, I would prescribe it to a man of my form and condition, as soon as any other recipe whatever, to rouse and keep him in vigour till well advanced in years, and to defer the approaches of age. Whilst we are but in the suburbs, and that the pulse yet beats,

Dum nova canities, dum prima et recta senectus,
Dum superest Lachesi quod torqueat, et pedibus me
Porto meis, nullo dextram subeunte bacillo,[2]

we have need to be solicited and tickled by some such nipping incitation as this. Do but observe what youth, vigour, and gaiety it inspired Anacreon withal: and Socrates, who was then older than I, speaking of an amorous object: "Leaning," said he, "my shoulder to her shoulder, and my head to hers, as we were reading together in a book, I felt, without dissembling, a sudden sting in my shoulder like the biting of a flea, which I still felt above five days after, and a continual itching crept into my heart." So that merely the accidental touch, and of a shoulder, heated and altered a soul cooled and enervated by age, and the strictest liver of all mankind. And, pray, why not? Socrates was a man, and would neither be, nor seem, any other thing. Philosophy does not contend against natural pleasures, provided they be moderate: and only preaches moderation, not a total abstinence; the power of its resistance is employed against those that are adulterate and strange. Philosophy says that the appetites of the body ought not to be augmented by the mind, and ingeniously warns us not to stir up hunger by saturity; not to stuff, instead of merely filling, the belly; to avoid all enjoyments that may bring us to want; and all meats and drinks that bring thirst and hunger: as, in the service of love, she prescribes us to take such an object as may simply satisfy the body's need, and does not stir the soul, which ought only barely to follow and assist the body, without mixing in the affair. But have I not reason to hold, that these precepts, which, indeed, in my opinion, are somewhat over strict, only concern a body in its best plight; and that in a body broken with age, as in a weak stomach, 'tis excusable to warm and support it by art, and by the mediation of the fancy, to restore the appetite and cheerfulness it has lost of itself.

May we not say that there is nothing in us, during this earthly prison, that is purely either corporeal or spiritual; and that we injuriously break up a man alive; and that it seems but reasonable that we should carry ourselves as favourably, at least, towards the use of pleasure as we do towards that of pain? Pain was (for example) vehement even to perfection in the souls of the saints by penitence: the body had there naturally a share by the right of union, and yet might have but little part in the cause; and yet are they not contented that it should barely follow and assist the afflicted soul; they have afflicted itself with grievous and special torments, to the end that by emulation of one another the soul and body might plunge man into misery by so much more salutiferous as it is more severe. In like manner, is it not injustice, in bodily pleasures, to subdue and keep under the soul, and say that it must therein be dragged along as to some enforced and servile obligation and necessity? 'Tis rather her part to hatch and cherish them, there to present herself, and to invite them, the authority of ruling belonging to her; as it is also her part, in my opinion, in pleasures that are proper to her, to inspire and infuse into the body all the sentiment it is capable of, and to study how to make them sweet and useful to it. For it is good reason, as they say, that the body should not pursue its appetites to the prejudice of the mind; but why is it not also reason that the mind should not pursue hers to the prejudice of the body?

I have no other passion to keep me in breath. What avarice, ambition, quarrels, law suits do for others who, like me, have no particular vocation, love would much more commodiously do; it would restore to me vigilance, sobriety, grace, and the care of my person; it would reassure my countenance, so that the grimaces of old age, those deformed and dismal looks, might not come to disgrace it; would again put me upon sound and wise studies, by which I might rend-

---

[1] Plutarch, Agesilaus.

[2] Whilst the hair is as yet but grey, whilst age is still straight-shouldered, whilst there still remains something for Lachesis to spin, whilst I walk on my own legs, and need no staff to lean upon.—Juvenal, iii. 26.

er myself more loved and esteemed, clearing my mind of the despair of itself and of its use, and redintegrating it to itself; would divert me from a thousand troublesome thoughts, a thousand melancholic humours that idleness and the ill posture of our health loads us withal at such an age; would warm again, in dreams at least, the blood that nature is abandoning; would hold up the chin, and a little stretch out the nerves, the vigour and gaiety of life of that poor man who is going full drive towards his ruin. But I very well understand that it is a commodity hard to recover: by weakness and long experience our taste is become more delicate and nice; we ask most when we bring least, and are harder to choose when we least deserve to be accepted; and knowing ourselves for what we are, we are less confident and more distrustful; nothing can assure us of being beloved, considering our condition and theirs. I am out of countenance to see myself in company with those young wanton creatures,

> *Cujus in indomito constantior inguine nervus,*
> *Quam nova collibus arbor inhæret.*[1]

To what end should we go insinuate our misery amid their gay and sprightly humour?

> *Possint ut juvenes visere fervidi,*
> *Multo non sine risu,*
> *Dilapsam in cinere facem.*[2]

They have strength and reason on their side; let us give way; we have nothing to do there: and these blossoms of springing beauty suffer not themselves to be handled by such benumbed hands nor dealt with by mere material means, for, as the old philosopher answered one who jeered him because he could not gain the favour of a young girl he made love to, "Friend, the hook will not stick in such soft cheese." It is a commerce that requires relation and correspondence: the other pleasures we receive may be acknowledged by recompenses of another nature, but this is not to be paid but with the same kind of coin. In earnest, in this sport, the pleasure I give more tickles my imagination than that they give me; now, he has nothing of generosity in him who can receive pleasure where he confers none—it must needs be a mean soul that will owe all, and can be content to maintain relations with persons to whom he is a continual charge; there is no beauty, grace, nor privacy so exquisite that a gentleman ought to desire at this rate. If they can only be kind to us out of pity, I had much rather die than live upon charity. I would have right to ask, in the style wherein I heard them beg in Italy: *Fate ben per voi,*[3] or after the manner that Cyrus exhorted his soldiers, "Who loves himself let him follow me." "Consort yourself," some one will say to me, "with women of your own condition, whom like fortune will render more easy to your desire." O ridiculous and insipid composition!

> *Nolo*
> *Barbam vellere mortuo leoni.*[4]

Xenophon lays it for an objection and an accusation against Menon, that he never made love to any but old women. For my part, I take more pleasure in but seeing the just and sweet mixture of two young beauties, or only in meditating on it in my fancy, than myself in acting second in a piteous and imperfect conjunction; I leave that fantastic appetite to the Emperor Galba, who was only for old curried flesh: and to this poor wretch,

> *O, ego Di faciant talem te cernere possim,*
> *Caraque mutatis oscula ferre comis,*
> *Amplectique meis corpus non pingue lacertis!*[5]

Amongst chief deformities I reckon forced and artificial beauties: Hemon, a young fellow of Chios, thinking by fine dressing to acquire the beauty that nature had denied him, came to the philosopher Arcesilaus and asked him if it was possible for a wise man to be in love—"Yes," replied he, "provided it be not with a farded and adulterated beauty like thine." Ugliness of a confessed antiquity is to me less old and less ugly than another that is polished and plastered up. Shall I speak it, without the danger of having my throat cut? love, in my opinion, is not properly and naturally in its season, but in the age next to childhood;

> *Quem si puellarum insereres choro,*
> *Mille sagaces falleret hospites,*
> *Discrimen obscurum, solutis*
> *Crinibus ambiguoque vultu:*[6]

---

[1] Ever ready for love.—Horace, *Epod.*, xii. 19.

[2] That fervid youth may behold, not without laughter, a burning torch worn to ashes.—Horace, *Od.* iv. 13, 26.

[3] Do good for yourself.

[4] I would not pluck the beard from a dead lion.—Martial, x. 90, 9.

[5] Oh, would to heaven that such I might see thee, and kiss thy dear locks changed into grey, and embrace thy withered body.—Ovid, *Ex. Pont.*, i. 4, 49 to his wife.

[6] Who, in a company of girls, with his dishevelled hair and ambiguous face would deceive the subtlest there, so difficult is it to say whether he is girl or boy.—Horace, *Od.*, ii. 5, 21.

nor beauty neither; for whereas Homer extends it so far as to the budding of the beard, Plato himself has remarked this as rare; and the reason why the Sophist Bion so pleasantly called the first appearing hairs of adolescence *Aristogitons* and *Harmodiuses* is sufficiently known. I find it in virility already in some sort a little out of date, though not so much as in old age;

> *Importunus enim transvolat aridas*
> *Quercus:* [1]

and Marguerite, Queen of Navarre, like a woman, very far extends the advantage of women, ordaining that it is time, at thirty years old, to convert the title of fair into that of good. The shorter authority we give to love over our lives, 'tis so much the better for us. Do but observe his port; 'tis a beardless boy. Who knows not how, in his school, they proceed contrary to all order; study, exercise, and usage are there ways for insufficiency: there novices rule; *Amor ordinem nescit.*[2] Doubtless his conduct is much more graceful when mixed with inadvertency and trouble; miscarriages and ill successes give him point and grace; provided it be sharp and eager, 'tis no great matter whether it be prudent or no: do but observe how he goes reeling, tripping, and playing: you put him in the stocks when you guide him by art and wisdom; and he is restrained of his divine liberty when put into those hairy and callous clutches.

As to the rest, I often hear the women set out this intelligence as entirely spiritual, and disdain to put the interest the senses there have into consideration; everything there serves; but I can say that I have often seen that we have excused the weakness of their understandings in favour of their outward beauty, but have never yet seen that in favour of mind, how mature and full soever, any of them would hold out a hand to a body that was never so little in decadence. Why does not some one of them take it into her head to make that noble Socratical bargain between body and soul, purchasing a philosophical and spiritual intelligence and generation at the price of her thighs, which is the highest price she can get for them? Plato ordains in his Laws that he who has performed any signal and advantageous exploit in war may not be refused during the whole expedition, his age or ugliness notwithstanding, a kiss or any other amorous favour from any woman whatever. What he thinks to be so just in recommendation of military valour, why may it not be the same in recommendation of any other good quality? and why does not some woman take a fancy to possess over her companions the glory of this chaste love? I may well say chaste,

> *Nam si quando ad prælia ventum est*
> *Ut quondam in stipulis magnus sine viribus ignis*
> *Incassum furit:* [3]

the vices that are stifled in the thought are not the worst.

To conclude this notable commentary, which has escaped from me in a torrent of babble, a torrent sometimes impetuous and hurtful,

> *Ut missum sponsi furtivo munere malum*
> *Procurrit casto virginis e gremio,*
> *Quod miseræ oblitæ molli sub veste locatum,*
> *Dum aventu matris prosilit, excutitur,*
> *Atque illud prono præceps agitur decursu:*
> *Huic manat tristi conscius ore rubor.*[4]

I say that males and females are cast in the same mould, and that, education and usage excepted, the difference is not great. Plato indifferently invites both the one and the other to the society of all studies, exercises, and vocations, both military and civil, in his Commonwealth; and the philosopher Antisthenes rejected all distinction betwixt their virtue and ours. It is much more easy to accuse one sex than to excuse the other; 'tis according to the saying, "The Pot and the Kettle."

VI. OF COACHES

IT is very easy to verify, that great authors, when they write of causes, not only make use of those they think to be the true causes, but also of those they believe not to be so, provided they have in them some beauty and invention: they speak true and usefully enough, if it be ingeniously. We cannot make ourselves sure of the supreme cause, and therefore clutter a great many together, to see if it may not accidentally be amongst them,

> *Namque unam dicere causam*
> *Non satis est, verum plures, unde una tamen sit.*[5]

---

[1] It flies from withered oaks.—*Ibid.*, iv. 13, 9.
[2] Love knows no rule.—St. Jerome, *Letter to Chromatius.*
[3] For when they engage in love's battle, his sterile ardour lights up but as the flame of a straw.—Virgil, *Georg.*, iii. 98.
[4] As when an apple, sent by a lover secretly to his mistress, falls from the chaste virgin's bosom, where she had quite forgotten it; when, starting at her mother's coming in, it is shaken out and rolls over the floor, before her eyes, a conscious blush covers her face.—Catullus, lxv. 19.
[5] Lucretius, vi. 704. The sense is in the preceding passage.

Will you ask me, whence comes the custom of blessing those who sneeze? we break wind three several ways; that which sallies from below is too filthy; that which breaks out from the mouth carries with it some reproach of having eaten too much; the third eruption is sneezing, which because it proceeds from the head, and is without offence, we give it this civil reception: do not laugh at this distinction; for they say 'tis Aristotle's.

I think I have read in Plutarch (who of all the authors I ever conversed with, is he who has best mixed art with nature, and judgment with knowledge), his giving as a reason for the rising of the stomach in those who are at sea, that it is occasioned by fear; having first found out some reason by which he proves that fear may produce such an effect. I, who am very subject to it, know well that this cause concerns not me; and know it, not by argument, but by necessary experience. Without instancing what has been told me, that the same thing often happens in beasts, especially hogs, who are out of all apprehension of danger; and what an acquaintance of mine told me of himself that, though very subject to it, the disposition to vomit has three or four times gone off him, being very afraid in a violent storm, as it happened to that ancient, *Pejus vexabar, quam ut periculum mihi succurreret;*[1] I was never afraid upon the water, nor, indeed, in any other peril (and I have had enough before my eyes that would have sufficed, if death be one), so as to be astounded and to lose my judgment. Fear springs sometimes as much from want of judgment as from want of courage. All the dangers I have been in I have looked upon without winking, with an open, sound, and entire sight; and, indeed, a man must have courage to fear. It formerly served me better than other help, so to order and regulate my retreat, that it was, if not without fear, nevertheless without affright and astonishment; it was agitated, indeed, but not amazed or stupefied. Great souls go yet much farther, and present to us flights, not only steady and temperate, but moreover lofty. Let us make a relation of that which Alcibiades reports of Socrates, his fellow in arms: "I found him," says he,[2] "after the rout of our army, him and Lachez, last among those who fled, and considered him at my leisure and in security, for I was mounted upon a good horse, and he on foot, as he had fought. I took notice, in the first place, how much judgment and resolution he showed, in comparison of Lachez, and then the bravery of his march, nothing different from his ordinary gait; his sight firm and regular, considering and judging what passed about him, looking one while upon those, and then upon others, friends and enemies, after such a manner as encouraged those, and signified to the others that he would sell his life dear to any one who should attempt to take it from him, and so they came off; for people are not willing to attack such kind of men, but pursue those they see are in a fright." This is the testimony of this great captain, which teaches us, what we every day see, that nothing so much throws us into dangers as an inconsiderate eagerness of getting ourselves clear of them: *Quo timoris minus est, eo minus ferme periculi est.*[3] Our people are to blame who say that such a one is afraid of death, when they would express that he thinks of it and foresees it: foresight is equally convenient in what concerns us, whether good or ill. To consider and judge of danger, is, in some sort, the reverse to being astounded. I do not find myself strong enough to sustain the force and impetuosity of this passion of fear, nor of any other vehement passion whatever: if I was once conquered and beaten down by it, I should never rise again very sound. Whoever should once make my soul lose her footing, would never set her upright again: she retastes and researches herself too profoundly, and too much to the quick, and therefore would never let the wound she had received heal and cicatrise. It has been well for me that no sickness has yet discomposed her: at every charge made upon me, I preserve my utmost opposition and defence; by which means the first that should rout me would keep me from ever rallying again. I have no after-game to play: on which side soever the inundation breaks my banks, I lie open, and am drowned without remedy. Epicurus says, that a wise man can never become a fool; I have an opinion reverse to this sentence, which is, that he who has once been a very fool, will never after be very wise. God grants me cold according to my cloth, and passions proportionable to the means I have to withstand them: nature having laid me open on the one side, has covered me on the other; having disarmed me of strength, she has armed me with insensibility and an apprehension that is regular, or, if you will, dull.

I cannot now long endure (and when I was

---

[1] I was too frightened to be ill.—Seneca, *Epist.*, 53.
[2] Plato, *Symposium*.

[3] When there is least fear there is for the most part least danger.—Livy, xxii. 5.

young could much less) either coach, litter, or boat, and hate all other riding but on horseback, both in town and country. But I can bear a litter worse than a coach; and, by the same reason, a rough agitation upon the water, whence fear is produced, better than the motions of a calm. At the little jerks of oars, stealing the vessel from under us, I find, I know not how, both my head and my stomach disordered: neither can I endure to sit upon a tottering chair. When the sail or the current carries us equally, or that we are towed, the equal agitation does not disturb me at all: 'tis an interrupted motion that offends me, and, most of all when most slow: I cannot otherwise express it. The physicians have ordered me to squeeze and gird myself about the bottom of the belly with a napkin to remedy this evil; which however I have not tried, being accustomed to wrestle with my own defects, and overcome them by myself.

Would my memory serve me, I should not think my time ill spent in setting down here the infinite variety that history presents us of the use of coaches in the service of war: various, according to the nations, and according to the age; in my opinion, of great necessity and effect; so that it is a wonder that we have lost all knowledge of them. I will only say this, that very lately, in our fathers' time, the Hungarians made very advantageous use of them against the Turks; having in every one of them a targetter and a musketeer, and a number of harquebuses piled ready and loaded, and all covered with a pavesade like a galliot. They formed the front of their battle with three thousand such coaches, and after the cannon had played, made them all pour in their shot upon the enemy, who had to swallow that volley before they tasted of the rest, which was no little advance; and that done, these chariots charged into their squadrons to break them and open a way for the rest: besides the use they might make of them to flank the soldiers in a place of danger when marching to the field, or to cover a post, and fortify it in haste. In my time, a gentleman on one of our frontiers, unwieldy of body, and finding no horse able to carry his weight, having a quarrel, rode through the country in a chariot of this fashion, and found great convenience in it. But let us leave these chariots of war.

As if their effeminacy had not been sufficiently known by better proofs, the last kings of our first race travelled in a chariot drawn by four oxen. Marc Antony was the first at Rome who caused himself to be drawn in a coach by lions, and a singing wench with him.[1]

Heliogabalus did since as much, calling himself Cybele, the mother of the gods; and also drawn by tigers, taking upon him the person of the god Bacchus; he also sometimes harnessed two stags to his coach, another time four dogs, and another, four naked wenches, causing himself to be drawn by them in pomp, stark naked too. The Emperor Firmus caused his chariot to be drawn by ostriches of a prodigious size, so that it seemed rather to fly than roll.

The strangeness of these inventions puts this other fancy in my head: that it is a kind of pusillanimity in monarchs, and a testimony that they do not sufficiently understand themselves what they are, when they study to make themselves honoured and to appear great by excessive expense: it were indeed excusable in a foreign country, but amongst their own subjects, where they are in sovereign command, and may do what they please, it derogates from their dignity the most supreme degree of honour to which they can arrive: just as, methinks, it is superfluous in a private gentleman to go finely dressed at home; his house, his attendants, and his kitchen, sufficiently answer for him. The advice that Isocrates gives his king, seems to be grounded upon reason; that he should be splendid in plate and furniture; forasmuch as it is an expense of duration that devolves on his successors; and that he should avoid all magnificences that will in a short time be forgotten. I loved to go fine when I was a younger brother, for want of other ornament; and it became me well: there are some upon whom their rich clothes weep. We have strange stories of the frugality of our kings about their own persons and in their gifts: kings who were great in reputation, valour, and fortune. Demosthenes vehemently opposes the law of his city that assigned the public money for the pomp of their public plays and festivals: he would that their greatness should be seen in numbers of ships well equipped, and good armies well provided for; and there is good reason to condemn Theophrastus who, in his Book on Riches, establishes a contrary opinion, and maintains that sort of expense to be the true fruit of abundance. They are delights, says Aristotle, that only please the baser sort of the people, and that vanish from the memory so soon as the people are sated with them, and for which no serious and judicious man can have any esteem. This money would, in my opinion, be much more royally, as more profitably, justly, and durably, laid out in ports, havens, walls, and forti-

---

[1] Cytheris, the actress.—Plutarch, Antony.

fications; in sumptuous buildings, churches, hospitals, colleges, the reforming of streets and highways: wherein Pope Gregory XIII will leave a laudable memory to future times: and wherein our Queen Catherine would to long posterity manifest her natural liberality and munificence, did her means supply her affection. Fortune has done me a great despite, in interrupting the noble structure of the Pont-Neuf of our great city, and depriving me of the hope of seeing it finished before I die.

Moreover, it seems to the subjects, who are spectators of these triumphs, that their own riches are exposed before them, and that they are entertained at their own expense: for the people are apt to presume of kings, as we do of our servants, that they are to take care to provide us all things necessary in abundance, but not touch it themselves: and therefore the Emperor Galba, being pleased with a musician who played to him at supper, called for his money box, and gave him a handful of crowns that he took out of it, with these words: This is not the public money, but my own. Yet it so falls out that the people, for the most part, have reason on their side, and that the princes feed their eyes with what they have need of to fill their bellies.

Liberality itself is not in its true lustre in a sovereign hand: private men have therein the most right; for, to take it exactly, a king has nothing properly his own; he owes himself to others: authority is not given in favour of the magistrate, but of the people; a superior is never made so for his own profit, but for the profit of the inferior, and a physician for the sick person, and not for himself: all magistracy, as well as all art, has its end out of itself: *Nulla ars in se versatur:*[1] wherefore the tutors of young princes, who make it their business to imprint in them this virtue of liberality, and preach to them to deny nothing and to think nothing so well spent as what they give (a doctrine that I have known in great credit in my time), either have more particular regard to their own profit than to that of their master, or ill understand to whom they speak. It is too easy a thing to inculcate liberality on him who has as much as he will to practise it with at the expense of others; and, the estimate not being proportioned to the measure of the gift but to the measure of the means of him who gives it, it comes to nothing in so mighty hands; they find themselves prodigal, before they can be reputed liberal. And it is but a little recommendation, in comparison with other royal virtues: and the only one, as the tyrant Dionysius said, that suits well with tyranny itself. I should rather teach him this verse of the ancient labourer,

Τῆ χειρὶ δεῖ σπείρειν, ἀλλὰ μὴ ὅλῳ τῷ ξυλακῷ:[2]

he must scatter it abroad, and not lay it on a heap in one place: and that, seeing he is to give, or, to say better, to pay and restore to so many people according as they have deserved, he ought to be a loyal and discreet disposer. If the liberality of a prince be without measure or discretion, I had rather he were covetous.

Royal virtue seems most to consist in justice; and of all the parts of justice that best denotes a king which accompanies liberality, for this they have particularly reserved to be performed by themselves, whereas all other sorts of justice they remit to the administration of others. An immoderate bounty is a very weak means to acquire for them good will; it checks more people than it allures: *Quo in plures usus sis, minus in multos uti possis. . . . Quid autem est stultius, quam, quod libenter facias, curare ut id diutius facere non possis;*[3] and if it be conferred without due respect of merit, it puts him out of countenance who receives it, and is received ungraciously. Tyrants have been sacrificed to the hatred of the people by the hands of those very men they have unjustly advanced; such kind of men thinking to assure to themselves the possession of benefits unduly received, if they manifest to have him in hatred and disdain of whom they hold them, and in this associate themselves to the common judgment and opinion.

The subjects of a prince excessive in gifts grow excessive in asking, and regulate their demands, not by reason, but by example. We have, seriously, very often reason to blush at our own impudence: we are overpaid, according to justice, when the recompense equals our service, for do we owe nothing of natural obligation to our princes? If he bear our charges, he does too much; 'tis enough that he contribute to them: the overplus is called benefit, which cannot be

---

[1] *No art is ever closed within itself.*—Cicero, *De Finib.*, v. 6.

[2] That whoever will have a good crop must sow with his hand, and not pour out of the sack.—Plutarch, *Whether the Ancients Were More Excellent in Arms Than in Learning.*

[3] By how much more you use it to many, by so much less will you be in a capacity to use it to many more. And what greater folly can there be than to order it so that what you would willingly do, you cannot do long.—Cicero, *De Offic.*, ii. 15.

exacted: for the very name Liberality sounds of Liberty.

There is no end on't, as we use it; we never reckon what we have received; we are only for the future liberality; wherefore, the more a prince exhausts himself in giving, the poorer he grows in friends. How shall he satisfy immoderate desires, that still increase as they are fulfilled? He who has his thoughts upon taking, never thinks of what he has taken; covetousness has nothing so properly and so much its own as ingratitude.

The example of Cyrus will not do amiss in this place, to serve the kings of these times for a touchstone to know whether their gifts are well or ill bestowed, and to see how much better that emperor conferred them than they do, by which means they are reduced to borrow of unknown subjects, and rather of them whom they have wronged, than of them on whom they have conferred their benefits, and so receive aids, wherein there is nothing of gratuitous but the name. Crœsus reproached him with his bounty, and cast up to how much his treasure would amount if he had been a little closer-handed. He had a mind to justify his liberality, and therefore sent dispatches into all parts to the grandees of his dominions whom he had particularly advanced, entreating every one of them to supply him with as much money as they could, for a pressing occasion, and to send him particulars of what each could advance. When all these answers were brought to him, every one of his friends, not thinking it enough barely to offer him so much as he had received from his bounty, and adding to it a great deal of his own, it appeared that the sum amounted to a great deal more than Crœsus' reckoning. Whereupon Cyrus: "I am not," said he, "less in love with riches than other princes, but rather a better husband; you see with how small a venture I have acquired the inestimable treasure of so many friends, and how much more faithful treasurers they are to me than mercenary men without obligation or affection would be; and my money better laid up than in chests, bringing upon me the hatred, envy, and contempt of other princes."

The emperors excused the superfluity of their plays and public spectacles by reason that their authority in some sort (at least in outward appearance) depended upon the will of the people of Rome, who, time out of mind, had been accustomed to be entertained and caressed with such shows and excesses. But they were private citizens, who had nourished this custom to gratify their fellow-citizens and companions (and chiefly out of their own purses) by such profusion and magnificence: it had quite another taste when the masters came to imitate it: *Pecuniarum translatio a justis dominis ad alienos non debet liberalis videri.*[1] Philip, seeing that his son went about by presents to gain the affection of the Macedonians, reprimanded him in a letter after this manner: "What! hast thou a mind that thy subjects shall look upon thee as their cash-keeper and not as their king? Wilt thou tamper with them to win their affections? Do it, then, by the benefits of thy virtue, and not by those of thy chest."

And yet it was, doubtless, a fine thing to bring and plant within the amphitheatre a great number of vast trees, with all their branches in their full verdure, representing a great shady forest, disposed in excellent order; and, the first day, to throw into it a thousand ostriches and a thousand stags, a thousand boars, and a thousand fallow-deer, to be killed and disposed of by the people: the next day to cause a hundred great lions, a hundred leopards, and three hundred bears to be killed in his presence; and for the third day, to make three hundred pair of gladiators fight it out to the last, as the Emperor Probus did. It was also very fine to see those vast amphitheatres, all faced with marble without, curiously wrought with figures and statues, and the inside sparkling with rare decorations and enrichments,

Baltheus en gemmis, en illita porticus auro:[2]

all the sides of this vast space filled and environed, from the bottom to the top, with three or fourscore rows of seats, all of marble also, and covered with cushions,

Exeat, inquit,
Si pudor est, et de pulvino surgat equestri,
Cujus res legi non sufficit.[3]

where a hundred thousand men might sit at their ease: and the place below, where the games were played, to make it, by art, first open and cleave in chasms, representing caves that vom-

---

[1] The transferring of money from the right owners to strangers ought not to have the title of liberality.—*Ibid.*, i. 14.

[2] A belt glittering with jewels, and a portico overlaid with gold.—Calpurnius, *Eclog.*, vii. 47.

[3] "Go out, for shame," he cries, "and quit the equestrian cushions, all ye whose fortunes do not, by law, entitle you to be there."—Juvenal, iii. 153. The Equites were required to possess a fortune of 400 sestertia (£3229), and they sat on the first fourteen rows behind the orchestra.

ited out the beasts designed for the spectacle; and then, secondly, to be overflowed by a deep sea, full of sea monsters, and laden with ships of war, to represent a naval battle: and, thirdly, to make it dry and even again for the combat of the gladiators; and, for the fourth scene, to have it strown with vermilion grain and storax, instead of sand, there to make a solemn feast for all that infinite number of people: the last act of one only day.

> Quoties nos descendentis arenæ
> Vidimus in partes, ruptaque voragine terræ
> Emersisse feras, et eisdem sæpe latebris
> Aurea cum croceo creverunt arbuta libro! . . .
> Nec solum nobis silvestria cernere monstra
> Contigit; æquoreos ego cum certantibus ursis
> Spectavi vitulos, et equorum nomine dignum,
> Sed deforme pecus.[1]

Sometimes they made a high mountain advance itself, covered with fruit-trees and other leafy trees, sending down rivulets of water from the top, as from the mouth of a fountain: otherwhiles, a great ship was seen to come rolling in, which opened and divided of itself, and after having disgorged from the hold four or five hundred beasts for fight, closed again, and vanished without help. At other times, from the floor of this place, they made spouts of perfumed water dart their streams upward, and so high as to sprinkle all that infinite multitude. To defend themselves from the injuries of the weather, they had that vast place one while covered over with purple curtains of needlework, and by-and-by with silk of one or another colour, which they drew off or on in a moment, as they had a mind:

> Quamvis non modico caleant spectacula sole,
> Vela reducuntur, cum venit Hermogenes.[2]

The network also that was set before the people to defend them from the violence of these turned-out beasts, was woven of gold:

> Auro quoque torta refulgent
> Retia.[3]

If there be anything excusable in such excesses as these, it is where the novelty and invention create more wonder than the expense; even in these vanities, we discover how fertile those ages were in other kind of wits than these of ours. It is with this sort of fertility, as with all other products of nature: not that she there and then employed her utmost force: we do not go; we rather run up and down, and whirl this way and that; we turn back the way we came. I am afraid our knowledge is weak in all senses; we neither see far forward nor far backward: our understanding comprehends little, and lives but a little while; 'tis short both in extent of time and extent of matter:

> Vixere fortes ante Agamemnona
> Multi, sed omnes illacrymabiles
> Urgentur, ignotique longa
> Nocte.[4]
> Et supera bellum Thebanum, et funera Trojæ,
> Multi alias alii quoque res cecinere poetæ:[5]

And the narrative of Solon,[6] of what he had got out of the Egyptian priests, touching the long life of their state, and their manner of learning and preserving foreign histories, is not, methinks, a testimony to be slighted upon this consideration. *Si interminatam in omnes partes magnitudinem regionum videremus, et temporum, in quam se injiciens animus et intendens, ita late longeque peregrinatur, ut nullam oram ultimi videat, in qua possit insistere: in hæc immensitate . . . infinita vis innumerabilium appareret formarum.*[7] Though all that has arrived, by report, of our knowledge of times past should be true, and known by some one person, it would be less than nothing in comparison of what is unknown. And of this same image of the world, which glides away whilst we live upon it, how wretched and limited is the knowledge of the most curious; not only of particular events, which fortune often renders exemplary and of great concern, but of the state of great governments

---

[1] How often have we seen one part of the theatre sink in, and from a chasm in the earth wild beasts vomited, and then presently give birth to a grove of gilded trees, that put forth blossoms of enamelled flowers. Nor yet of sylvan marvels alone had we sight: I saw sea-calves fight with bears, and a deformed sort of monsters, which, by their shape, we might call sea-horses.—Calpurnius, *Eclog.*, vii. 64.
[2] The curtains, though the sun should scorch the spectators, are drawn in when Hermogenes appears. —Martial, xii. 29, 15. This Hermogenes was a noted thief.
[3] The woven nets were refulgent with gold.— Calpurnius, *Eclog.*, vii. 55.
[4] Many brave men lived before Agamemnon, but all are buried in oblivion unmourned.—Horace, *Od.*, iv. 9, 25.
[5] And before the Theban war, and the destruction of Troy, other poets have sung other events.— Lucretius, v. 327.
[6] Plato, *Timæus*.
[7] Could we see on all parts the unlimited magnitude of regions and extent of times, upon which the mind being intent, could wander so far and wide, that no limit is to be seen, in which it can bound its eye, we should, in that infinite immensity, discover an innumerable variety of forms.—Cicero, *De Nat. Deor.*, i. 20.

and nations, a hundred more escape us than ever come to our knowledge. We make a mighty business of the invention of artillery and printing, which other men at the other end of the world, in China, had a thousand years ago. Did we but see as much of the world as we do not see, we should perceive, we may well believe, a perpetual multiplication and vicissitude of forms. There is nothing single and rare in respect of nature, but in respect of our knowledge, which is a wretched foundation whereon to ground our rules, and that represents to us a very false image of things. As we nowadays vainly conclude the declension and decrepitude of the world, by the arguments we extract from our own weakness and decay;

Jamque adeo est affecta ætas effoet aque tellus; [1]

so did he vainly conclude as to its birth and youth, by the vigour he observed in the wits of his time, abounding in novelties and the invention of divers arts:

Verum, ut opinor, habet novitatem summa,
  recensque
Natura est mundi, neque pridem exordia cœpit:
Quare etiam quædam nunc artes expoliuntur,
Nunc etiam augescunt; nunc addita navigiis sunt
  Multa. [2]

Our world has lately discovered another (and who will assure us that it is the last of its brothers, since the Dæmons, the Sybils, and we ourselves have been ignorant of this till now?) as large, well peopled, and fruitful, as this whereon we live; and yet so raw and childish, that we are still teaching it its A B C: 'tis not above fifty years since it knew neither letters, weights, measures, vestments, corn, nor vines; it was then quite naked in the mother's lap, and only lived upon what she gave it. If we rightly conclude of our end, and this poet of the youthfulness of that age of his, that other world will only enter into the light when this of ours shall make its exit; the universe will fall into paralysis; one member will be useless, the other in vigour. I am very much afraid that we have greatly precipitated its declension and ruin by our contagion; and that we have sold it our opinions and our arts at a very dear rate. It was an infant world, and yet we have not whipped and subjected it to our discipline, by the advantage of our natural worth and force, neither have we won it by our justice and goodness, nor subdued it by our magnanimity. Most of their answers, and the negotiations we have had with them, witness that they were nothing behind us in pertinency and clearness of natural understanding. The astonishing magnificence of the cities of Cusco and Mexico, and, amongst many other things, the garden of the king, where all the trees, fruits, and plants, according to the order and stature they have in a garden, were excellently formed in gold; as, in his cabinet, were all the animals bred upon his territory and in its seas; and the beauty of their manufactures, in jewels, feathers, cotton, and painting, gave ample proof that they were as little inferior to us in industry. But as to what concerns devotion, observance of the laws, goodness, liberality, loyalty, and plain dealing, it was of use to us that we had not so much as they; for they have lost, sold, and betrayed themselves by this advantage over us.

As to boldness and courage, stability, constancy against pain, hunger, and death, I should not fear to oppose the examples I find amongst them, to the most famous examples of elder times, that we find in our records on this side of the world. For, as to those who subdued them, take but away the tricks and artifices they practised to gull them, and the just astonishment it was to those nations, to see so sudden and unexpected an arrival of men with beards, differing in language, religion, shape, and countenance, from so remote a part of the world, and where they had never heard there was any habitation, mounted upon great unknown monsters, against those who had not only never seen a horse, but had never seen any other beast trained up to carry a man or any other loading; shelled in a hard and shining skin, with a cutting and glittering weapon in his hand, against them, who, out of wonder at the brightness of a looking-glass or a knife, would truck great treasures of gold and pearl; and who had neither knowledge, nor matter with which, at leisure, they could penetrate our steel: to which may be added the lightning and thunder of our cannon and harquebuses, enough to frighten Cæsar himself, if surprised, with so little experience, against people naked, except where the invention of a little quilted cotton was in use, without other arms, at the most, than bows, stones, staves, and bucklers of wood; people surprised under colour of friendship and good faith, by the curiosity of seeing strange and unknown things; take but away, I say, this disparity from the conquerors, and you

---

[1] Our age is feeble, and the earth less fertile.—Lucretius, ii. 1151.

[2] But as I am of opinion, the whole of the world is of recent origin; whence it is that some are still being refined, and some just on the increase; many improvements are being made in shipping matters. —*Ibid.,* v. 331.

take away all the occasion of so many victories. When I look upon that invincible ardour wherewith so many thousands of men, women, and children, so often presented and threw themselves into inevitable dangers for the defence of their gods and liberties; that generous obstinacy to suffer all extremities and difficulties, and death itself, rather than submit to the dominion of those by whom they had been so shamefully abused; and some of them choosing to die of hunger and fasting, being prisoners, rather than to accept of nourishment from the hands of their so basely victorious enemies: I see, that whoever would have attacked them upon equal terms of arms, experience, and number, would have had a hard, and, peradventure, a harder game to play, than in any other war we have seen.

Why did not so noble a conquest fall under Alexander, or the ancient Greeks and Romans; and so great a revolution and mutation of so many empires and nations, fall into hands that would have gently levelled, rooted up, and made plain and smooth whatever was rough and savage amongst them, and that would have cherished and propagated the good seeds that nature had there produced; mixing not only with the culture of land and the ornament of cities, the arts of this part of the world, in what was necessary, but also the Greek and Roman virtues, with those that were original of the country? What a reparation had it been to them, and what a general good to the whole world, had our first examples and deportments in those parts allured those people to the admiration and imitation of virtue, and had begotten betwixt them and us a fraternal society and intelligence? How easy had it been to have made advantage of souls so innocent, and so eager to learn, having, for the most part, naturally so good inclinations before? Whereas, on the contrary, we have taken advantage of their ignorance and inexperience, with greater ease to incline them to treachery, luxury, avarice, and towards all sorts of inhumanity and cruelty, by the pattern and example of our manners. Who ever enhanced the price of merchandise at such a rate? So many cities levelled with the ground, so many nations exterminated, so many millions of people fallen by the edge of the sword, and the richest and most beautiful part of the world turned upside down, for the traffic of pearl and pepper? Mechanic victories! Never did ambition, never did public animosities engage men against one another in such miserable hostilities, in such miserable calamities.

Certain Spaniards, coasting the sea in quest of their mines, landed in a fruitful and pleasant and very well peopled country, and there made to the inhabitants their accustomed professions: "that they were peaceable men, who were come from a very remote country, and sent on the behalf of the King of Castile, the greatest prince of the habitable world, to whom the Pope, God's vicegerent upon earth, had given the principality of all the Indies; that if they would become tributaries to him, they should be very gently and courteously used"; at the same time requiring of them victuals for their nourishment, and gold whereof to make some pretended medicine; setting forth, moreover, the belief in one only God, and the truth of our religion, which they advised them to embrace, whereunto they also added some threats. To which they received this answer: "That as to their being peaceable, they did not seem to be such, if they were so. As to their king, since he was fain to beg, he must be necessitous and poor; and he who had made him this gift, must be a man who loved dissension, to give that to another which was none of his own, to bring it into dispute against the ancient possessors. As to victuals, they would supply them; that of gold they had little; it being a thing they had in very small esteem, as of no use to the service of life, whereas their only care was to pass it over happily and pleasantly: but that what they could find excepting what was employed in the service of their gods, they might freely take. As to one only God, the proposition had pleased them well; but that they would not change their religion, both because they had so long and happily lived in it, and that they were not wont to take advice of any but their friends, and those they knew: as to their menaces, it was a sign of want of judgment, to threaten those whose nature and power were to them unknown; that, therefore, they were to make haste to quit their coast, for they were not used to take the civilities and professions of armed men and strangers in good part; otherwise they should do by them as they had done by those others," showing them the heads of several executed men round the walls of their city. A fair example of the babble of these children. But so it is, that the Spaniards did not, either in this or in several other places, where they did not find the merchandise they sought, make any stay or attempt, whatever other conveniences were there to be had; witness my Cannibals.[1]

Of the two most puissant monarchs of that world, and peradventure, of this, kings of so

---
[1] i. 30.

many kings, and the last they turned out, he of Peru, having been taken in a battle, and put to so excessive a ransom as exceeds all belief, and it being faithfully paid, and he having, by his conversation, given manifest signs of a frank, liberal, and constant spirit, and of a clear and settled understanding, the conquerors had a mind, after having exacted one million three hundred and twenty-five thousand and five hundred weight of gold, besides silver, and other things which amounted to no less (so that their horses were shod with massy gold), still to see, at the price of what disloyalty and injustice whatever, what the remainder of the treasures of this king might be, and to possess themselves of that also. To this end a false accusation was preferred against him, and false witnesses brought to prove that he went about to raise an insurrection in his provinces, to procure his own liberty; whereupon, by the virtuous sentence of those very men who had by this treachery conspired his ruin, he was condemned to be publicly hanged, after having made him buy off the torment of being burnt alive, by the baptism they gave immediately before execution; a horrid and unheard-of barbarity which, nevertheless, he underwent without giving way either in word or look, with a truly grave and royal behaviour. After which, to calm and appease the people, aroused and astounded at so strange a thing, they counterfeited great sorrow for his death, and appointed most sumptuous funerals.

The other king of Mexico, having for a long time defended his beleaguered city, and having in this siege manifested the utmost of what suffering and perseverance can do, if ever prince and people did, and his misfortune having delivered him alive into his enemies' hands, upon articles of being treated like a king, neither did he in his captivity discover anything unworthy of that title. His enemies, after their victory, not finding so much gold as they expected, when they had searched and rifled with their utmost diligence, they went about to procure discoveries by the most cruel torments they could invent upon the prisoners they had taken: but having profited nothing by these, their courage being greater than their torments, they arrived at last to such a degree of fury, as, contrary to their faith and the law of nations, to condemn the king himself, and one of the principal noblemen of his court to the rack, in the presence of one another. This lord, finding himself overcome with pain, being environed with burning coals, pitifully turned his dying eyes towards his master, as it were to ask him pardon that he was able to endure no more; whereupon the king darting at him a fierce and severe look, as reproaching his cowardice and pusillanimity, with a harsh and constant voice said to him thus only: "And what dost thou think I suffer? am I in a bath? am I more at ease than thou?" Whereupon the other immediately quailed under the torment and died upon the spot. The king, half roasted, was carried thence; not so much out of pity (for what compassion ever touched so barbarous souls, who, upon the doubtful information of some vessel of gold to be made a prey of, caused not only a man, but a king, so great in fortune and desert, to be broiled before their eyes), but because his constancy rendered their cruelty still more shameful. They afterwards hanged him, for having nobly attempted to deliver himself by arms from so long a captivity and subjection, and he died with a courage becoming so magnanimous a prince.

Another time, they burnt in the same fire, four hundred and sixty men alive at once, the four hundred of the common people, the sixty, the principal lords of a province, mere prisoners of war. We have these narratives from themselves: for they not only own it, but boast of it and publish it. Could it be for a testimony of their justice, or their zeal to religion? Doubtless these are ways too differing and contrary to so holy an end. Had they proposed to themselves to extend our faith, they would have considered that it does not amplify in the possession of territories, but in the gaining of men; and would have more than satisfied themselves with the slaughters occasioned by the necessity of war, without indifferently mixing a massacre, as upon wild beasts, as universal as fire and sword could make it; having only, by intention, saved so many as they meant to make miserable slaves of, for the work and service of their mines; so that many of the captains were put to death upon the place of conquest, by order of the kings of Castile, justly offended with the horror of their deportment, and almost all of them hated and disesteemed. God meritoriously permitted that all this great plunder should be swallowed up by the sea in transportation, or in the civil wars wherewith they devoured one another; and most of the men themselves were buried in a foreign land, without any fruit of their victory.

That the revenue from these countries, though in the hands of so parsimonious and so prudent a prince, so little answers the expectation given of it to his predecessors, and to that original abundance of riches which was found at the first landing in those new discovered countries (for though a great deal be fetched thence, yet we see 'tis nothing in comparison of that which might be expected) is, that the use of coin was there utterly unknown, and that consequently their gold was found all hoarded together, being of no other use but for ornament and show, as a furniture reserved from father to son by many puissant kings, who were ever draining their mines to make this vast heap of vessels and statues for the decoration of their palaces and temples; whereas our gold is always in motion and traffic; we cut it into a thousand small pieces, and cast it into a thousand forms, and scatter and disperse it in a thousand ways. But suppose our kings should thus hoard up all the gold they could get in several ages, and let it lie idle by them.

Those of the kingdom of Mexico were in some sort more civilized, and more advanced in arts, than the other nations about them. Therefore did they judge, as we do, that the world was near its period, and looked upon the desolation we brought amongst them as a certain sign of it. They believed that the existence of the world was divided into five ages, and in the life of five successive suns, of which four had already ended their time, and that this which gave them light was the fifth. The first perished, with all other creatures, by an universal inundation of water; the second by the heavens falling upon us and suffocating every living thing: to which age they assigned the giants, and showed bones to the Spaniards, according to the proportion of which the stature of men amounted to twenty feet; the third by fire, which burned and consumed all; the fourth by an emotion of the air and wind, which came with such violence as to beat down even many mountains, wherein the men died not, but were turned into baboons (what impressions will not the weakness of human belief admit?). After the death of this fourth sun, the world was twenty-five years in perpetual darkness: in the fifteenth of which a man and a woman were created, who restored the human race: ten years after, upon a certain day, the sun appeared newly created, and since the account of their years takes beginning from that day: the third day after its creation the ancient gods died, and the new ones were since born daily. After what manner they think this last sun shall perish my author knows not; but their number of this fourth change agrees with the great conjunction of stars which eight hundred and odd years ago, as astrologers suppose, produced great alterations and novelties in the world.

As to pomp and magnificence, upon the account of which I engaged in this discourse, neither Greece, Rome, nor Egypt, whether for utility, difficulty, or state, can compare any of their works with the highway to be seen in Peru, made by the kings of the country, from the city of Quito to that of Cusco (three hundred leagues), straight, even, five-and-twenty paces wide, paved, and provided on both sides with high and beautiful walls; and close by them, and all along on the inside, two perennial streams, bordered with a beautiful sort of a tree which they call Molly. In this work, where they met with rocks and mountains, they cut them through, and made them even, and filled up pits and valleys with lime and stone to make them level. At the end of every day's journey are beautiful palaces, furnished with provisions, vestments, and arms, as well for travellers as for the armies that are to pass that way. In the estimate of this work I have reckoned the difficulty which is especially considerable in that place; they did not build with any stones less than ten feet square, and had no other conveniency of carriage but by drawing their load themselves by force of arm, and knew not so much as the art of scaffolding, nor any other way of standing to their work, but by throwing up earth against the building as it rose higher, taking it away again when they had done.

Let us here return to our coaches. Instead of these, and of all other sorts of carriages, they caused themselves to be carried upon men's shoulders. This last king of Peru, the day that he was taken, was thus carried betwixt two upon staves of gold, and set in a chair of gold in the middle of his army. As many of these sedan-men as were killed to make him fall (for they would take him alive), so many others (and they contended for it) took the place of those who were slain, so that they could never beat him down, what slaughter soever they made of these people, till a light-horseman, seizing upon him, brought him down.

VII. Of the inconvenience of greatness

Since we cannot attain unto it, let us revenge ourselves by railing at it; and yet it is not absolutely railing against anything, to proclaim its defects, because they are in all things to be found, how beautiful or how much to be coveted soever. Greatness has, in general, this manifest advantage, that it can lower itself when it pleases, and has, very near, the choice of both the one and the other condition; for a man does not fall from all heights; there are several from which one may descend without falling down. It does, indeed, appear to me that we value it at too high a rate, and also overvalue the resolution of those whom we have either seen, or heard, have condemned it, or displaced themselves of their own accord: its essence is not so evidently commodious that a man may not, without a miracle, refuse it. I find it a very hard thing to undergo misfortunes, but to be content with a moderate measure of fortune, and to avoid greatness I think a very easy matter. 'Tis, methinks, a virtue to which I, who am no conjurer, could without any great endeavour arrive. What, then, is to be expected from them that would yet put into consideration the glory attending this refusal, wherein there may lurk worse ambition than even in the desire itself, and fruition of greatness? Forasmuch as ambition never comports itself better, according to itself, than when it proceeds by obscure and unfrequented ways.

I incite my courage to patience, but I rein it as much as I can towards desire. I have as much to wish for as another, and allow my wishes as much liberty and indiscretion; but, yet it never befell me to wish for either empire or royalty, or the eminency of those high and commanding fortunes: I do not aim that way; I love myself too well. When I think to grow greater 'tis but very moderately, and by a compelled and timorous advancement, such as is proper for me in resolution, in prudence, in health, in beauty, and even in riches too; but this supreme reputation, this mighty authority, oppress my imagination; and, quite contrary to that other, I should, peradventure, rather choose to be the second or third in Perigord, than the first at Paris: at least, without lying, rather the third at Paris than the first. I would neither dispute, a miserable unknown, with a nobleman's porter, nor make crowds open in adoration as I pass. I am trained up to a moderate condition, as well by my choice as fortune; and have made it appear, in the whole conduct of my life and enterprises, that I have rather avoided than otherwise the climbing above the degree of fortune wherein God has placed me by my birth: all natural constitution is equally just and easy. My soul is so sneaking that I measure not good fortune by the height, but by the facility.

But if my heart be not great enough, 'tis open enough to make amends, at any one's request, freely to lay open its weakness. Should any one put me upon comparing the life of L. Thorius Balbus, a brave man, handsome, learned, healthful, understanding, and abounding in all sorts of conveniences and pleasures, leading a quiet life, and all his own, his mind well prepared against death, superstition, pain, and other incumbrances of human necessity, dying, at last, in battle, with his sword in his hand, for the defence of his country, on the one part; and on the other part, the life of M. Regulus, so great and high as is known to every one, and his end admirable; the one without name and without dignity, the other exemplary, and glorious to wonder. I should doubtless say as Cicero did, could I speak as well as he. But if I was to compare them with my own, I should then also say that the first is as much according to my capacity, and from desire, which I conform to my capacity, as the second is far beyond it; that I could not approach the last but with veneration, the other I could readily attain by use.

But let us return to our temporal greatness, from which we are digressed. I disrelish all dominion, whether active or passive. Otanes,[1] one of the seven who had right to pretend to the kingdom of Persia, did, as I should willingly have done, which was, that he gave up to his concurrents his right of being promoted to it, either by election or by lot, provided that he and his might live in the empire out of all authority and subjection, those of the ancient laws excepted, and might enjoy all liberty that was not prejudicial to these, being as impatient of commanding as of being commanded.

The most painful and difficult employment in the world, in my opinion, is worthily to discharge the office of a king. I excuse more of their mistakes than men commonly do, in consideration of the intolerable weight of their function, which astounds me. 'Tis hard to keep measure in so immeasurable a power; yet so it is, that it is, even to those who are not of the best nature, a singular incitement to virtue, to be seated in a place where you cannot do the least good that shall not be put upon record; and where the least benefit redounds to so many men, and where your talent of administration, like that of preachers, principally addresses itself to the people, no very exact judge, easy to deceive, and easily content. There are few things wherein we can give a sincere judgment, by reason that there are few wherein we have not, in some sort, a private interest. Superiority and inferiority, dominion and subjection, are bound to a natural envy and contest, and must of necessity perpetually intrench upon one another. I believe neither the one nor the other touching the rights of the other party; let reason therefore, which is inflexible and without passion, determine when we can avail our-

---

[1] Herodotus, iii. 83.

selves of it. 'Tis not above a month ago that I read over two Scotch authors contending upon this subject, of whom he who stands for the people makes kings to be in a worse condition than a carter; and he who writes for monarchy places them some degrees above God Almighty in power and sovereignty.

Now, the inconveniency of greatness that I have made choice of to consider in this place, upon some occasion that has lately put it into my head, is this: there is not, peradventure, anything more pleasant in the commerce of men than the trials that we make against one another, out of emulation of honour and worth, whether in the exercises of the body or in those of the mind, wherein sovereign greatness can have no true part. And, in earnest, I have often thought that by force of respect itself men use princes disdainfully and injuriously in that particular; for the thing I was infinitely offended at in my childhood, that they who exercised with me forbore to do their best because they found me unworthy of their utmost endeavour, is what we see happen to them daily, every one finding himself unworthy to contend with them. If we discover that they have the least desire to get the better of us, there is no one who will not make it his business to give it them, and who will not rather betray his own glory than offend theirs; and will, therein, employ so much force only as is necessary to save their honour. What share have they, then, in the engagement, where every one is on their side? Methinks I see those Paladins of ancient times presenting themselves to jousts and battle with enchanted arms and bodies. Brisson, running against Alexander, purposely missed his blow, and made a fault in his career; Alexander chid him for it, but he ought to have had him whipped. Upon this consideration Carneades said, that "the sons of princes learned nothing right but to ride; by reason that, in all their other exercises, every one bends and yields to them; but a horse, that is neither a flatterer nor a courtier, throws the son of a king with no more ceremony than he would throw that of a porter."

Homer was fain to consent that Venus, so sweet and delicate a goddess as she was, should be wounded at the battle of Troy, thereby to ascribe courage and boldness to her; qualities that cannot possibly be in those who are exempt from danger. The gods are made to be angry, to fear, to run away, to be jealous, to grieve, to be transported with passions, to honour them with the virtues that, amongst us, are built upon these imperfections. Who does not participate in the hazard and difficulty can claim no interest in the honour and pleasure that are the consequents of hazardous actions. 'Tis pity a man should be so potent that all things must give way to him; fortune therein sets you too remote from society, and places you in too great a solitude. This easiness and mean facility of making all things bow under you is an enemy to all sorts of pleasure: 'tis to slide, not to go; 'tis to sleep, and not to live. Conceive man accompanied with omnipotence: you overwhelm him; he must beg disturbance and opposition as an alms: his being and his good are in indigence.

Their good qualities are dead and lost; for they can only be perceived by comparison, and we put them out of this: they have little knowledge of true praise, having their ears deafened with so continual and uniform an approbation. Have they to do with the stupidest of all their subjects? they have no means to take any advantage of him; if he but say: " 'Tis because he is my king," he thinks he has said enough to express, that he, therefore, suffered himself to be overcome. This quality stifles and consumes the other true and essential qualities: they are sunk in the royalty; and leave them nothing to recommend themselves with but actions that directly concern and serve the function of their place; 'tis so much to be a king, that this alone remains to them. The outer glare that environs him conceals and shrouds him from us; our sight is there repelled and dissipated, being filled and stopped by this prevailing light. The senate awarded the prize of eloquence to Tiberius; he refused it, esteeming that though it had been just, he could derive no advantage from a judgment so partial, and that was so little free to judge.

As we give them all advantages of honour, so do we soothe and authorize all their vices and defects, not only by approbation, but by imitation also. Every one of Alexander's followers carried his head on one side, as he did; and the flatterers of Dionysius ran against one another in his presence, and stumbled at and overturned whatever was under foot, to show they were as purblind as he. Hernia itself has also served to recommend a man to favour; I have seen deafness affected; and because the master hated his wife, Plutarch has seen his courtiers repudiate theirs, whom they loved: and, which is yet more, uncleanliness and all manner of dissolution have so been in fashion; as also disloyalty, blasphemy, cruelty, heresy, superstition, irreligion, effeminacy, and worse, if worse there be; and by an example yet more dangerous than that of Mithridates' flatterers who, as their master pretended to the honour of a good physician, came to him to have incisions and cauteries made in their limbs; for these others suffered the soul, a more delicate and noble part, to be cauterised.

But to end where I began: the Emperor Adrian, disputing with the philosopher Favorinus about the interpretation of some word, Favorinus soon yielded him the victory; for which his friends rebuking him; "You talk simply," said he, "would you not have him wiser than I, who commands thirty legions?" Augustus wrote verses against Asinius Pollio, and "I," said Pollio, "say nothing, for it is not prudence to write in contest with him who has power to prescribe"; and he had reason; for Dionysius, because he could not equal Philoxenus in poesy and Plato in discourse, condemned the one to the quarries, and sent the other to be sold for a slave into the island of Ægina.

VIII. Of the art of conference

'Tis a custom of our justice to condemn some for a warning to others. To condemn them for having done amiss, were folly, as Plato says,[1] for what is done can never be undone; but 'tis to the end they may offend no more, and that others may avoid the example of their offence: we do not correct the man we hang; we correct others by him. I do the same; my errors are sometimes natural, incorrigible, and irremediable: but the good which virtuous men do to the public, in making themselves imitated, I, peradventure, may do in making my manners avoided;

Nonne vides, Albi ut male vivat filius? utque
Barrus inops? magnum documentum, ne patriam
  rem
Perdere quis velit;[2]

publishing and accusing my own imperfections, some one will learn to be afraid of them. The parts that I most esteem in myself, derive more honour from decrying than from commending myself: which is the reason why I so often fall into, and so much insist upon that strain. But, when all is summed up, a man never speaks of himself without loss; a man's accusations of himself are always believed; his praises never. There may, peradventure, be some of my own complexion who better instruct myself by contrariety than by similitude, and by avoiding than by imitation. The elder Cato had an eye to this sort of discipline, when he said, "that the wise may learn more of fools than fools can of the wise"; and Pausanias tells us of an ancient player upon the harp, who was wont to make his scholars go to hear one who played very ill, who lived over against him, that they might learn to hate his discords and false measures. The horror of cruelty more inclines me to clemency, than any example of clemency could possibly do. A good rider does not so much mend my seat, as an awkward attorney or a Venetian on horseback; and a clownish way of speaking more reforms mine than the most correct. The ridiculous and simple look of another always warns and advises me; that, which pricks, rouses and incites much better than that which tickles. The time is now proper for us to reform backward; more by dissenting than by agreeing; by differing more than by consent. Profiting little by good examples, I make use of those that are ill, which are everywhere to be found: I endeavour to render myself as agreeable as I see others offensive; as constant as I see others fickle; as affable as I see others rough; as good as I see others evil: but I propose to myself impracticable measures.

The most fruitful and natural exercise of the mind, in my opinion, is conversation; I find the use of it more sweet than of any other action of life; and for that reason it is that, if I were now compelled to choose, I should sooner, I think, consent to lose my sight, than my hearing and speech. The Athenians, and also the Romans, kept this exercise in great honour in their academies; the Italians retain some traces of it to this day, to their great advantage, as is manifest by the comparison of our understandings with theirs. The study of books is a languishing and feeble motion that heats not, whereas conversation teaches and exercises at once. If I converse with an understanding man, and a rough disputant, he presses hard upon me, and pricks me on both sides; his imaginations raise up mine to more than ordinary pitch; jealousy, glory, and contention, stimulate and raise me up to something above myself; and concurrence is a quality totally offensive in discourse. But, as our minds fortify themselves by the communication of vigorous and regular understandings, 'tis not to be expressed how much they lose and degenerate by the continual commerce and frequentation we have with such as are mean and weak; there is no contagion that spreads like that; I know sufficiently by experience what 'tis worth a yard. I love to discourse and dispute, but it is

---

[1] *Laws.*
[2] Observe the wretched condition of wealthy Albius's son, and the poverty of Barrus: a good lesson for young heirs not to fool away their patrimony.— Horace, *Sat.*, i. 4, 109.

with but few men, and for myself; for to do it as a spectacle and entertainment to great persons, and to make of a man's wit and words competitive parade, is, in my opinion, very unbecoming a man of honour.

Folly is a scurvy quality; but not to be able to endure it, to fret and vex at it, as I do, is another sort of disease little less troublesome than folly itself; and is the thing that I will now accuse in myself. I enter into conference, and dispute with great liberty and facility, forasmuch as opinion meets in me with a soil very unfit for penetration, and wherein to take any deep root; no propositions astonish me, no belief offends me, though never so contrary to my own; there is no so frivolous and extravagant fancy that does not seem to me suitable to the production of human wit. We, who deprive our judgment of the right of determining, look indifferently upon the diverse opinions, and if we incline not our judgment to them, yet we easily give them the hearing. Where one scale is totally empty, I let the other waver under old wives' dreams; and I think myself excusable, if I prefer the odd number; Thursday rather than Friday; if I had rather be the twelfth or fourteenth, than the thirteenth at table; if I had rather, on a journey, see a hare run by me than cross my way, and rather give my man my left foot than my right, when he comes to put on my stockings. All such whimsies as are in use amongst us, deserve at least a hearing: for my part, they only with me import inanity, but they import that. Moreover, vulgar and casual opinions are something more than nothing in nature; and he who will not suffer himself to proceed so far, falls, peradventure, into the vice of obstinacy, to avoid that of superstition.

The contradictions of judgments, then, neither offend nor alter, they only rouse and exercise, me. We evade correction, whereas we ought to offer and present ourselves to it, especially when it appears in the form of conference, and not of authority. At every opposition, we do not consider whether or no it be just, but, right or wrong, how to disengage ourselves: instead of extending the arms, we thrust out our claws. I could suffer myself to be rudely handled by my friend, so much as to tell me that I am a fool, and talk I know not of what. I love stout expressions amongst gentlemen, and to have them speak as they think; we must fortify and harden our hearing against this tenderness of the ceremonious sound of words. I love a strong and manly familiarity and conversation: a friendship that pleases itself in the sharpness and vigour of its communication, like love in biting and scratching: it is not vigorous and generous enough, if it be not quarrelsome, if it be civilized and artificial, if it treads nicely and fears the shock: *Neque enim disputari, sine reprehensione, potest.*[1] When any one contradicts me, he raises my attention, not my anger: I advance towards him who controverts, who instructs me; the cause of truth ought to be the common cause both of the one and the other. What will the angry man answer? Passion has already confounded his judgment; agitation has usurped the place of reason. It were not amiss that the decision of our disputes should pass by wager: that there might be a material mark of our losses, to the end we might the better remember them; and that my man might tell me: "Your ignorance and obstinacy cost you last year, at several times, a hundred crowns." I hail and caress truth in what quarter soever I find it, and cheerfully surrender myself, and open my conquered arms as far off as I can discover it; and, provided it be not too imperiously, take a pleasure in being reproved, and accommodate myself to my accusers, very often more by reason of civility than amendment, loving to gratify and nourish the liberty of admonition by my facility of submitting to it, and this even at my own expense.

Nevertheless, it is hard to bring the men of my time to it: they have not the courage to correct, because they have not the courage to suffer themselves to be corrected; and speak always with dissimulation in the presence of one another. I take so great a pleasure in being judged and known, that it is almost indifferent to me in which of the two forms I am so: my imagination so often contradicts and condemns itself, that 'tis all one to me if another do it, especially considering that I give his reprehension no greater authority than I choose; but I break with him, who carries himself so high, as I know of one who repents his advice, if not believed, and takes it for an affront if it be not immediately followed. That Socrates always received smilingly the contradictions offered to his arguments, a man may say arose from his strength of reason; and that, the advantage being certain to fall on his side, he accepted them as matter of new victory. But we see, on the contrary, that nothing in argument renders our sentiment so delicate, as the opinion of pre-eminence, and disdain of the adversary; and that, in reason, 'tis rather for the weaker to take in good part the oppositions that correct

---

[1] Neither can a man dispute, but he must contradict.—Cicero, *De Finib.*, i. 8.

him and set him right. In earnest, I rather choose the company of those who ruffle me than of those who fear me: 'tis a dull and hurtful pleasure to have to do with people who admire us and approve of all we say. Antisthenes commanded his children never to take it kindly or for a favour, when any man commended them. I find I am much prouder of the victory I obtain over myself, when, in the very ardour of dispute, I make myself submit to my adversary's force of reason, than I am pleased with the victory I obtain over him through his weakness. In fine, I receive and admit of all manner of attacks that are direct, how weak soever; but I am too impatient of those that are made out of form. I care not what the subject is, the opinions are to me all one, and I am almost indifferent whether I get the better or the worse. I can peaceably argue a whole day together, if the argument be carried on with method; I do not so much require force and subtlety as order; I mean the order which we every day observe in the wranglings of shepherds and shop-boys, but never amongst us: if they start from their subject, 'tis out of incivility, and so 'tis with us; but their tumult and impatience never put them out of their theme; their argument still continues its course; if they interrupt, and do not stay for one another, they at least understand one another. Any one answers too well for me, if he answers what I say: when the dispute is irregular and disordered, I leave the thing itself, and insist upon the form with anger and indiscretion; falling into a wilful, malicious, and imperious way of disputation, of which I am afterwards ashamed. 'Tis impossible to deal fairly with a fool: my judgment is not only corrupted under the hand of so impetuous a master, but my conscience also.

Our disputes ought to be interdicted and punished as well as other verbal crimes: what vice do they not raise and heap up, being always governed and commanded by passion? We first quarrel with their reasons, and then with the men. We only learn to dispute that we may contradict; and so, every one contradicting and being contradicted, it falls out that the fruit of disputation is to lose and annihilate truth. Therefore it is that Plato in his *Republic*[1] prohibits this exercise to fools and ill-bred people. To what end do you go about to inquire of him, who knows nothing to the purpose? A man does no injury to the subject, when he leaves it to seek how he may treat it; I do not mean by an artificial and scholastic way, but by a natural one, with a sound understanding. What will it be in the end? One flies to the east, the other to the west; they lose the principal, dispersing it in the crowd of incidents: after an hour of tempest, they know not what they seek: one is low, the other high, and a third wide. One catches at a word and a simile; another is no longer sensible of what is said in opposition to him, and thinks only of going on at his own rate, not of answering you: another, finding himself too weak to make good his rest, fears all, refuses all, at the very beginning, confounds the subject; or, in the very height of the dispute, stops short and is silent, by a peevish ignorance affecting a proud contempt or a foolishly modest avoidance of further debate: provided this man strikes, he cares not how much he lays himself open; the other counts his words, and weighs them for reasons; another only brawls, and uses the advantage of his lungs. Here's one who learnedly concludes against himself, and another who deafens you with prefaces and senseless digressions: another falls into downright railing, and seeks a quarrel after the German fashion, to disengage himself from a wit that presses too hard upon him: and a last man sees nothing into the reason of the thing, but draws a line of circumvallation about you of dialectic clauses, and the formulas of his art.

Now, who would not enter into distrust of sciences, and doubt whether he can reap from them any solid fruit for the service of life, considering the use we put them to? *Nihil sanantibus litteris.*[2] Who has got understanding by his logic? Where are all her fair promises? *Nec ad melius vivendum, nec ad commodius disserendum.*[3] Is there more noise or confusion in the scolding of fishwives than in the public disputes of men of this profession? I had rather my son should learn in a tap-house to speak, than in the schools to prate. Take a master of arts, and confer with him: why does he not make us sensible of this artificial excellence? and why does he not captivate women and ignoramuses, as we are, with admiration at the steadiness of his reasons and the beauty of his order? why does he not sway and persuade us to what he will? why does a man, who has so much advantage in matter and treatment, mix railing, indiscretion, and fury in his disputations? Strip him of his gown, his hood, and his Latin, let him not batter our ears with Aristotle, pure and simple, you will

---

[1] vii., near the end.

[2] Letters which cure nothing.—Seneca, *Epist.*, 59.
[3] It neither makes a man live better nor talk better.—Cicero, *De Finib.*, i. 19.

take him for one of us, or worse. Whilst they torment us with this complication and confusion of words, it fares with them, methinks, as with jugglers; their dexterity imposes upon our senses, but does not at all work upon our belief: this legerdemain excepted, they perform nothing that is not very ordinary and mean: for being the more learned, they are none the less fools. I love and honour knowledge as much as they that have it, and in its true use 'tis the most noble and the greatest acquisition of men; but in such as I speak of (and the number of them is infinite), who build their fundamental sufficiency and value upon it, who appeal from their understanding to their memory, *sub aliena umbra latentes*,[1] and who can do nothing but by book, I hate it, if I dare to say so, worse than stupidity itself. In my country, and in my time, learning improves fortunes enough, but not minds; if it meet with those that are dull and heavy, it overcharges and suffocates them, leaving them a crude and undigested mass; if airy and fine, it purifies, clarifies, and subtilises them, even to exinanition. 'Tis a thing of almost indifferent quality; a very useful accession to a well-born soul, but hurtful and pernicious to others; or rather a thing of very precious use, that will not suffer itself to be purchased at an under rate; in the hand of some 'tis a sceptre, in that of others a fool's bauble.

But let us proceed. What greater victory can you expect than to make your enemy see and know that he is not able to encounter you? When you get the better of your argument, 'tis truth that wins; when you get the advantage of form and method, 'tis then you who win. I am of opinion that in Plato and Xenophon Socrates disputes more in favour of the disputants than in favour of the dispute, and more to instruct Euthydemus and Protagoras in the knowledge of their impertinence, than in the impertinence of their art. He takes hold of the first subject like one who has a more profitable end than to explain it—namely, to clear the understandings that he takes upon him to instruct and exercise. To hunt after truth is properly our business, and we are inexcusable if we carry on the chase impertinently and ill; to fail of seizing it is another thing, for we are born to inquire after truth: it belongs to a greater power to possess it. It is not, as Democritus said, hid in the bottom of the deeps, but rather elevated to an infinite height in the divine knowledge. The world is but a school of inquisition: it is not who shall enter the ring, but who shall run the best courses. He may as well play the fool who speaks true, as he who speaks false, for we are upon the manner, not the matter, of speaking. 'Tis my humour as much to regard the form as the substance, and the advocate as much as the cause, as Alcibiades ordered we should: and every day pass away my time in reading authors without any consideration of their learning; their manner is what I look after, not their subject. And just so do I hunt after the conversation of any eminent wit, not that he may teach me, but that I may know him, and that knowing him, if I think him worthy of imitation, I may imitate him. Every man may speak truly, but to speak methodically, prudently, and fully, is a talent that few men have. The falsity that proceeds from ignorance does not offend me, but the foppery of it. I have broken off several treaties that would have been of advantage to me, by reason of the impertinent contestations of those with whom I treated. I am not moved once in a year at the faults of those over whom I have authority, but upon the account of the ridiculous obstinancy of their allegations, denials, excuses, we are every day going together by the ears; they neither understand what is said, nor why, and answer accordingly; 'tis enough to drive a man mad. I never feel any hurt upon my head but when 'tis knocked against another, and more easily forgive the vices of my servants than their boldness, importunity, and folly; let them do less, provided they understand what they do: you live in hope to warm their affection to your service, but there is nothing to be had or to be expected from a log.

But what, if I take things otherwise than they are? Perhaps I do; and therefore it is that I accuse my own impatience, and hold, in the first place, that it is equally vicious both in him that is in the right, and in him that is in the wrong; for 'tis always a tyrannic sourness not to endure a form contrary to one's own: and, besides, there cannot, in truth, be a greater, more constant, nor more irregular folly than to be moved and angry at the follies of the world, for it principally makes us quarrel with ourselves; and the old philosopher never wanted occasion for his tears whilst he considered himself. Miso, one of the seven sages, of a Timonian and Democritic humour, being asked, "what he laughed at, being alone?" "That I do laugh alone," answered he. How many ridiculous things, in my own opinion, do I say and answer every day that comes over my head? And then how many more, according to the opinion of others? If I bite my own lips, what ought others to do? In fine, we must

---

[1] Cowering under foreign shelter.—Seneca, *Epist.*, 33.

live amongst the living, and let the river run under the bridge, without our care, or, at least, without our disturbance. In truth, why do we meet a man with a hunch-back, or any other deformity, without being moved, and cannot endure the encounter of a deformed mind without being angry? this vicious sourness sticks more to the judge than to the crime. Let us always have this saying of Plato in our mouths: "Do not I think things unsound, because I am not sound in myself? Am I not myself in fault? may not my observations reflect upon myself?"—a wise and divine saying, that lashes the most universal and common error of mankind. Not only the reproaches that we throw in the face of one another, but our reasons also, our arguments and controversies, are reboundable upon us, and we wound ourselves with our own weapons: of which antiquity has left me enough grave examples. It was ingeniously and home-said by him, who was the inventor of this sentence:

Stercus cuique suum bene olet.[1]

We see nothing behind us; we mock ourselves an hundred times a day, when we deride our neighbours; and we detest in others the defects which are more manifest in us, and which we admire with marvellous inadvertency and impudence. It was but yesterday that I heard a man of understanding and of good rank, as pleasantly as justly scoffing at the folly of another, who did nothing but torment everybody with the catalogue of his genealogy and alliances, above half of them false (for they are most apt to fall into such ridiculous discourses, whose qualities are most dubious and least sure), and yet, would he have looked into himself, he would have discerned himself to be no less intemperate and wearisome in extolling his wife's pedigree. O importunate presumption, with which the wife sees herself armed by the hands of her own husband! Did he understand Latin we should say to him:

Agesis, hæc non insanit satis sua sponte: instiga.[2]

I do not say that no man should accuse another, who is not clean himself,—for then no one would ever accuse,—clean from the same sort of spot; but I mean that our judgment, falling upon another who is then in question, should not, at the same time, spare ourselves, but sentence us with an inward and severe authority. 'Tis an office of charity, that he who cannot reclaim himself from a vice, should, nevertheless, endeavour to remove it from another, in whom, peradventure, it may not have so deep and so malignant a root; neither do I think it an answer to the purpose to tell him who reproves me for my fault that he himself is guilty of the same. What of that? The reproof is, notwithstanding, true and of very good use. Had we a good nose, our own ordure would stink worse to us, forasmuch as it is our own: and Socrates is of opinion that whoever should find himself, his son, and a stranger guilty of any violence and wrong, ought to begin with himself, present himself first to the sentence of justice, and implore, to purge himself, the assistance of the hand of the executioner; in the next place, he should proceed to his son, and lastly, to the stranger. If this precept seem too severe, he ought at least to present himself the first, to the punishment of his own conscience.

The senses are our first and proper judges, which perceive not things but by external accidents; and 'tis no wonder, if in all the parts of the service of our society, there is so perpetual and universal a mixture of ceremonies and superficial appearances; insomuch that the best and most effectual part of our politics therein consist. 'Tis still man with whom we have to do, of whom the condition is wonderfully corporal. Let those who, of these late years, would erect for us such a contemplative and immaterial an exercise of religion, not wonder if there be some who think it had vanished and melted through their fingers, had it not more upheld itself amongst us as a mark, title, and instrument of division and faction, than by itself. As in conference, the gravity, robe, and fortune of him who speaks, ofttimes gives reputation to vain arguments and idle words, it is not to be presumed but that a man, so attended and feared, has not in him more than ordinary sufficiency; and that he to whom the king has given so many offices and commissions and charges, he so supercilious and proud, has not a great deal more in him, than another who salutes him at so great a distance, and who has no employment at all. Not only the words, but the grimaces also of these people, are considered and put into the account; every one making it his business to give them some fine and solid interpretation. If they stoop to the common conference, and that you offer anything but approbation and reverence, they then knock you down with the authority of their experience: they have heard, they have seen, they have done so and so: you are crushed with examples. I

---

[1] Every man thinks his own excrements smell well. —Erasmus, *Adag.*

[2] Come! of herself she is not mad enough: urge her on.—Terence, *And.,* IV. ii. 9.

should tell them, that the fruit of a surgeon's experience, is not the history of his practice, and his remembering that he has cured four people of the plague and three of the gout, unless he knows how thence to extract something whereon to form his judgment, and to make us sensible that he is thence become more skilful in his art. As in a concert of instruments, we do not hear a lute, a harpsichord, or a flute alone, but one entire harmony, the result of all together. If travel and offices have improved them, 'tis a product of their understanding to make it appear. 'Tis not enough to reckon experiences, they must weigh and sort them, digest and distil them, to extract the reasons and conclusions they carry along with them. There were never so many historians: it is, indeed, good and of use to read them, for they furnish us everywhere with excellent and laudable instructions from the magazine of their memory, which, doubtless, is of great concern to the help of life; but 'tis not that we seek for now: we examine whether these realtors and collectors of things are commendable themselves.

I hate all sorts of tyranny, whether verbal or effectual: I am very ready to oppose myself against those vain circumstances that delude our judgments by the senses; and keeping my eye close upon those extraordinary grandees, I find that at best they are but men, as others are:

Rarus enim ferme sensus communis in illa Fortuna.[1]

Peradventure, we esteem and look upon them for less than they are, by reason they undertake more, and more expose themselves, they do not answer to the charge they have undertaken. There must be more vigour and strength in the bearer than in the burden; he who has not lifted as much as he can, leaves you to guess that he has still a strength beyond that, and that he has not been tried to the utmost of what he is able to do; he who sinks under his load, makes a discovery of his best, and the weakness of his shoulders. This is the reason that we see so many silly souls amongst the learned, and more than those of the better sort: they would have made good husbandmen, good merchants, and good artisans: their natural vigour was cut out to that proportion. Knowledge is a thing of great weight, they faint under it: their understanding has neither vigour nor dexterity enough to set forth and distribute, to employ or make use of this rich and powerful matter; it has no prevailing virtue but in a strong nature; and such natures are very rare—and the weak ones, says Socrates,[2] corrupt the dignity of philosophy in the handling; it appears useless and vicious, when lodged in an ill-contrived mind. They spoil and make fools of themselves.

Humani qualis simulator simius oris,
Quem puer arridens pretioso stamine serum
Velavit, nudasque nates ac terga reliquit,
Ludibrium mensis.[3]

Neither is it enough for those who govern and command us, and have all the world in their hands, to have a common understanding, and to be able to do the same that we can; they are very much below us, if they be not infinitely above us: as they promise more, so they are to perform more.

And yet silence is to them, not only a countenance of respect and gravity, but very often of good advantage too: for Megabysus, going to see Apelles in his painting room, stood a great while without speaking a word, and at last began to talk of his paintings, for which he received this rude reproof: "Whilst thou wast silent, thou seemedst to be some extraordinary person, by reason of thy chains and rich habit; but now that we have heard thee speak, there is not the meanest boy in my shop that does not despise thee." Those princely ornaments, that mighty state, did not permit him to be ignorant with a common ignorance, and to speak impertinently of painting; he ought to have kept this external and presumptive knowledge by silence. To how many puppies of my time has a sullen and silent fashion procured the opinion of prudence and capacity!

Dignities and offices are of necessity conferred more by fortune than upon the account of merit; and we are often to blame, to condemn kings when these are misplaced: on the contrary, 'tis a wonder they should have so good luck, where there is so little skill;

Principis est virtus maxima, nosse suos;[4]

for nature has not given them a sight that can extend to so many people, to discern which excels the rest, nor to penetrate into our bosoms,

---

[1] In those high fortunes common sense is rare.—Juvenal, viii. 73.

[2] Plato, *Republic*, vi.

[3] Just like an ape, simulator of the human face, whom a wanton boy has dizened up in rich silks above, but left the lower parts bare, for the amusement of the guests.—Claudian, *In Eutrop.*, i. 303.

[4] 'Tis the chief virtue of a prince to know the people about him.—Martial, viii. 15.

where the knowledge of our wills and best value lies: they must choose us by conjecture and by groping; by the family, wealth, learning, and the voice of the people, which are all very feeble arguments. Whoever could find out a way by which they might judge by justice, and choose men by reason, would, in this one thing, establish a perfect form of government.

"Ay, but he brought that great affair to a very good pass." That is, indeed, to say something, but not to say enough: for this sentence is justly received, "That we are not to judge of counsels by events." The Carthaginians punished the ill counsels of their captains, though the issue was successful; and the people of Rome often denied a triumph for great and very advantageous victories because the conduct of their general was not answerable to his good fortune. We ordinarily see, in the actions of the world, that Fortune, to show us her power in all things, and who takes a pride in abating our presumption, seeing she could not make fools wise, has made them fortunate in emulation of virtue; and most favours those operations the web of which is most purely her own; whence it is that we daily see the simplest amongst us bring to pass great business, both public and private; and, as Seiramnes, the Persian, answered those who wondered that his affairs succeeded so ill, considering that his deliberations were so wise, "that he was sole master of his designs, but that success was wholly in the power of fortune;" these may answer the same, but with a contrary turn. Most worldly affairs are performed by themselves.

Fata viam inveniunt;¹

the event often justifies a very foolish conduct; our interposition is little more than as it were a running on by rote, and more commonly a consideration of custom and example, than of reason. Being formerly astonished at the greatness of some affair, I have been made acquainted with their motives and address by those who had performed it, and have found nothing in it but very ordinary counsels; and the most common and usual are indeed, perhaps, the most sure and convenient for practice, if not for show. What if the plainest reasons are the best seated? the meanest, lowest, and most beaten more adapted to affairs? To maintain the authority of the counsels of kings, it needs not that profane persons should participate of them, or see further into them than the outmost barrier; he who will husband its reputation must be reverenced upon credit and taken altogether. My consulation somewhat rough-hews the matter, and considers it lightly by the first face it presents: the stress and main of the business I have referred to heaven;

Permitte divis cætera.²

Good and ill fortune are, in my opinion, two sovereign powers; 'tis folly to think that human prudence can play the part of Fortune; and vain is his attempt who presumes to comprehend both causes and consequences, and by the hand to conduct the progress of his design; and most especially vain in the deliberations of war. There was never greater circumspection and military prudence than sometimes is seen amongst us: can it be that men are afraid to lose themselves by the way, that they reserve themselves to the end of the game? I moreover affirm that our wisdom itself and consultation, for the most part commit themselves to the conduct of chance; my will and my reason are sometimes moved by one breath, and sometimes by another; and many of these movements there are that govern themselves without me: my reason has uncertain and casual agitations and impulsions:

Vertuntur species animorum, et pectora motus
Nunc alios, alios, dum nubila ventus agebat
Concipiunt.³

Let a man but observe who are of greatest authority in cities, and who best do their own business; we shall find that they are commonly men of the least parts: women, children and madmen have had the fortune to govern great kingdoms equally well with the wisest princes, and Thucydides says,⁴ that the stupid more ordinarily do it than those of better understandings; we attribute the effects of their good fortune to their prudence:

Ut quisque Fortuna utitur,
Ita præcellet; atque exinde sapere illum omnes
dicimus;⁵

wherefore I say unreservedly, events are a very poor testimony of our worth and parts.

Now, I was upon this point, that there needs no more but to see a man promoted to dignity; though we knew him but three days before a

---

¹ The destinies find the way.—*Æneid*, iii. 395.

² Leave the rest to the gods.—Horace, *Od.*, i. 9, 9.
³ Their thoughts vary, and the motions of their minds are as inconstant as the clouds before the wind.—Virgil, *Georg.*, i. 420.
⁴ iii. 37.
⁵ He makes his way who knows how to use Fortune, and so succeeding all men call him wise.—Plautus, *Pseudol.*, II. iii. 13.

man of little regard, yet an image of grandeur of sufficiency insensibly steals into our opinion, and we persuade ourselves that, being augmented in reputation and train, he is also increased in merit; we judge of him, not according to his worth, but as we do by counters, according to the prerogative of his place. If it happen so that he fall again, and be mixed with the common crowd, every one inquires with amazement into the cause of his having been raised so high. "Is this he," say they; "was he no wiser when he was in place? Do princes satisfy themselves with so little? Truly, we were in good hands." This is a thing that I have often seen in my time. Nay, even the very disguise of grandeur represented in our comedies in some sort moves and gulls us. That which I myself adore in kings is the crowd of their adorers; all reverence and submission are due to them, except that of the understanding: my reason is not obliged to bow and bend; my knees are. Melanthius being asked what he thought of the tragedy of Dionysius? "I could not see it," said he, "it was so clouded with language"; so most of those who judge of the discourses of great men ought to say, "I did not understand his words, they were so clouded with gravity, grandeur, and majesty." Antisthenes one day entreated the Athenians to give order that asses might be employed in tilling the ground as well as the horses were; to which it was answered that those animals were not destined for such a service: "That's all one," replied he, "you have only to order it: for the most ignorant and incapable men you employ in your commands of war incontinently become worthy enough, because you employ them"; to which the custom of so many people who canonise the king they have chosen out of their own body, and are not content only to honour, but must adore them, comes very near. The people of Mexico, after the ceremonies of their king's coronation are over, dare no more look him in the face; but, as if they had deified him by his royalty, amongst the oaths they make him take to maintain their religion, their laws and liberties, to be valiant, just, and mild, he moreover swears to make the sun run his course in his wonted light, to drain the clouds at fit seasons, to make rivers run their course, and to cause the earth to bear all things necessary for his people.

I differ from this common fashion, and am more apt to suspect the capacity when I see it accompanied with that grandeur of fortune and public applause; we are to consider of what advantage it is to speak when a man pleases, to choose his subject, to interrupt or change it, with a magisterial authority; to protect himself from the oppositions of others by a nod, a smile, or silence, in the presence of an assembly that trembles with reverence and respect. A man of a prodigious fortune coming to give his judgment upon some slight dispute that was foolishly set on foot at his table, began in these words: "It can be no other but a liar or a fool that will say otherwise than so and so." Pursue this philosophical point with a dagger in your hand.

There is another observation I have made, from which I draw great advantage; which is, that in conferences and disputes, every word that seems to be good, is not immediately to be accepted. Most men are rich in borrowed sufficiency: a man may very well say a good thing, give a good answer, cite a good sentence, without at all seeing the force of either the one or the other. That a man may not understand all he borrows, may perhaps be verified in myself. A man must not always presently yield, what truth or beauty soever may seem to be in the opposite argument; either he must stoutly meet it, or retire, under colour of not understanding it, to try, on all parts, how it is lodged in the author. It may happen that we entangle ourselves, and help to strengthen the point itself. I have sometimes, in the necessity and heat of the combat, made answers that have gone through and through, beyond my expectation or hope: I only gave them in number, they were received in weight. As, when I contend with a vigorous man, I please myself with anticipating his conclusions, I ease him of the trouble of explaining himself, I strive to forestall his imagination whilst it is yet springing and imperfect; the order and pertinency of his understanding warn and threaten me afar off: I deal quite contrary with the others; I must understand, and presuppose nothing but by them. If they determine in general words, "this is good, that is naught," and that they happen to be in the right, see if it be not fortune that hits it off for them: let them a little circumscribe and limit their judgment; why, or how, it is so. These universal judgments that I see so common, signify nothing; these are men who salute a whole people in a crowd together; they, who have a real acquaintance, take notice of and salute them individually and by name. But 'tis a hazardous attempt; and from which I have, more than every day, seen it fall out, that weak understandings, having a mind to appear ingenious, in taking notice, as they read a book, of what is best and most to be admired, fix their admiration upon something so very ill chosen, that instead of making us discern the excellence of the author, they make us see their own ignorance. This exclamation is safe enough; "This is fine," after having heard a whole page of Virgil; and by that the cunning sort of fools save themselves; but to undertake to follow him line by line, and, with an expert and tried judgment, to observe where a good author excels himself, weighing the words, phrases, inventions, and various excellencies, one after another; take heed of that; *Videndum est, non modo quid quisque loquatur, sed etiam quid quisque sentiat, atque etiam quâ de causâ quisque sentiat.*[1] I every day hear fools say things that are not foolish: they say a good thing; let us examine how far they understand it, whence they have it, and what they mean by it. We help them to make use of this fine expression, of this fine sentence, which is none of theirs; they only have it in keeping; they have bolted it out at a venture; we place it for them in credit and esteem. You take them by the hand: to what purpose? they do not think themselves obliged to you for it, and become more fools still; don't help them; let them alone; they will handle the matter like people who are afraid of burning their fingers; they dare change neither its seat nor light, nor break into it; shake it never so little, it slips through their fingers; they give it up, be it never so strong or fair: they are fine weapons, but ill hafted. How many times have I seen the experience of this? Now, if you come to explain anything to them, and to confirm them, they catch at it, and presently rob you of the advantage of your interpretation; "It was what I was about to say; it was just my idea; if I did not express it so, it was for want of language." Mere buzz! Malice itself must be employed to correct this arrogant ignorance. Hegesias' dogma, "that we are neither to hate nor accuse, but instruct," has reason elsewhere; but here 'tis injustice and inhumanity to relieve and set him right who stands in no need on't, and is the worse for't. I love to let them step deeper into the mire; and so deep, that, if it be possible, they may at last discern their error.

Folly and absurdity are not to be cured by bare admonition; and what Cyrus answered to him, who importuned him to harangue his army, upon the point of battle, "that men do not become valiant and warlike upon a sudden, by a fine oration, no more than a man becomes a good musician by hearing a fine song," may properly be said of such an admonition as this. These are apprenticeships that are to be served beforehand, by a long and continued education. We owe this care and this assiduity of correction and instruction to our own people; but to go preach to the first passer by, and to become tutor to the ignorance and folly of the first we meet, is a thing that I abhor. I rarely do it, even in private conversation, and rather give up the whole thing than proceed to these initiatory and school instructions; my humour is unfit either to speak or write for beginners; but for things that are said in common discourse, or amongst other things, I never oppose them either by word or sign, how false or absurd soever.

As to the rest, nothing vexes me so much in folly, as that it is more satisfied with itself than any reason can reasonably be. 'Tis unfortunate that prudence forbids us to satisfy and trust ourselves, and always dismisses us timorous and discontented; whereas obstinacy and temerity fill those who are possessed with them with joy and assurance. 'Tis for the most ignorant to look at other men over the shoulder, always returning from the combat full of joy and triumph. And moreover, for the most part, this arrogance of speech and gaiety of countenance gives them the better of it in the opinion of the audience, which is commonly weak and incapable of well judging and discerning the real advantage. Obstinacy of opinion and heat in argument are the surest proofs of folly; is there anything so assured, resolute, disdainful, contemplative, serious, and grave as the ass?

May we not include under the title of conference and communication the quick and sharp repartees which mirth and familiarity introduce amongst friends, pleasantly and wittily jesting and rallying with one another? 'Tis an exercise for which my natural gaiety renders me fit enough, and which, if it be not so tense and serious as the other I spoke of but now, is, as Lycurgus thought, no less smart and ingenious, nor of less utility.[2] For my part, I contribute to it more liberty than wit, and have therein more of luck than invention; but I am perfect in suffering, for I endure a retaliation that is not only tart, but indiscreet to boot, without being moved at all; and whoever attacks me, if I have not a brisk answer immediately ready, I do not study to pursue the point with a tedious and impertinent contest, bordering upon obstinacy, but let it pass, and hanging down cheerfully my ears, defer my revenge to another and better time: there is no

---

[1] A man is not only to examine what every one says, but also what every one thinks, and for what reason every one thinks.—Cicero, *De Offic.*, i. 41.

[2] Plutarch, Lycurgus.

merchant that always gains. Most men change their countenance and their voice where their wits fail, and by an unseasonable anger, instead of revenging themselves, accuse at once their own folly and impatience. In this jollity, we sometimes pinch the secret strings of our imperfections which, at another and graver time, we cannot touch without offence, and so profitably give one another a hint of our defects.

There are other sports of hand, rude and indiscreet, after the French manner, that I mortally hate; my skin is very tender and sensible: I have in my time seen two princes of the blood buried upon that very account. 'Tis unhandsome to fight in play.

As to the rest, when I have a mind to judge of any one, I ask him how far he is contented with himself; to what degree his speaking or his work pleases him. I will none of these fine excuses, "I did it only in sport:

Ablatum mediis opus est incudibus istud.[1]

I was not an hour about it: I have never looked at it since." Well, then, say I, lay these aside, and give me a perfect one, such as you would be measured by. And then, what do you think is the best thing in your work? is it this part or that? is it grace or the matter, the invention, the judgment, or the learning? For I find that men are, commonly, as wide of the mark in judging of their own works, as of those of others; not only by reason of the kindness they have for them, but for want of capacity to know and distinguish them: the work, by its own force and fortune, may second the workman, and sometimes outstrip him, beyond his invention and knowledge. For my part, I judge of the value of other men's works more obscurely than of my own; and place the Essays, now high, now low, with great doubt and inconstancy. There are several books that are useful upon the account of their subjects, from which the author derives no praise; and good books, as well as good works, that shame the workman. I may write the manner of our feasts, and the fashion of our clothes, and may write them ill; I may publish the edicts of my time, and the letters of princes that pass from hand to hand; I may make an abridgment of a good book (and every abridgment of a good book is a foolish abridgment) which book shall come to be lost; and so on: posterity will derive a singular utility from such compositions: but what honour shall I have unless by great good fortune? Most part of the famous books are of this condition.

When I read Philip de Comines, doubtless a very good author, several years ago, I there took notice of this for no vulgar saying, "That a man must have a care not to do his master so great service, that at last he will not know how to give him his just reward"; but I ought to commend the invention, not him, because I met with it in Tacitus, not long since: *Beneficia eo usque læta sunt, dum videntur exsolvi posse; ubi multum antevenere, pro gratia odium redditur;*[2] and Seneca vigorously says, *Nam qui putat esse turpe non reddere, non vult esse cui reddat:*[3] Q. Cicero says more faintly, *Qui se non putat satisfacere, amicus esse nullo modo potest.*[4] The subject, according to what it is, may make a man looked upon as learned and of good memory; but to judge in him the parts that are most his own and the most worthy, the vigour and beauty of his soul, one must first know what is his own and what is not; and in that which is not his own, how much we are obliged to him for the choice, disposition, ornament, and language he has there presented us with. What if he has borrowed the matter and spoiled the form, as it often falls out? We, who are little read in books, are in this strait, that when we meet with a high fancy in some new poet, or some strong argument in a preacher, we dare not, nevertheless, commend it till we have first informed ourselves, through some learned man, if it be the writer's own, or borrowed from some other; until that I always stand upon my guard.

I have lately been reading the history of Tacitus quite through, without interrupting it with anything else (which but seldom happens with me, it being twenty years since I have stuck to any one book an hour together), and I did it at the instance of a gentleman for whom France has a great esteem, as well for his own particular worth, as upon the account of a constant form of capacity and virtue which runs through a great many brothers of them. I do not know any author in a public narrative who mixes so much consideration of manners and particular incli-

---

[1] This work came from the anvil unfinished.—Ovid, *Trist.*, i. 6, 29.

[2] Benefits are so far acceptable as they are in a capacity of being recompensed; but once exceeding that, hatred is returned instead of thanks.—Tacitus, *Annal.*, iv. 18.

[3] For he who thinks it a shame not to requite would not have the man live to whom he owes return.—Seneca, *Epist.*, 81.

[4] Who thinks himself behindhand in obligation can by no means be a friend.—Q. Cicero, *De Pet. Consul*, ix.

nations: and I am of a quite contrary opinion to him, holding that, having especially to follow the lives of the emperors of his time, so various and extreme in all sorts of forms, so many notable actions as their cruelty especially produced in their subjects, he had a stronger and more attractive matter to treat of than if he had had to describe battles and universal commotions; so that I often find him sterile, running over those brave deaths as if he feared to trouble us with their multitude and length. This form of history is by much the most useful; public movements depend most upon the conduct of fortune, private ones upon our own. 'Tis rather a judgment than a deduction of history; there are in it more precepts than stories: it is not a book to read, 'tis a book to study and learn; 'tis full of sententious opinions, right or wrong; 'tis a nursery of ethic and politic discourses, for the use and ornament of those who have any place in the government of the world. He always argues by strong and solid reasons, after a pointed and subtle manner, according to the affected style of that age, which was so in love with an inflated manner, that where point and subtlety were wanting in things it supplied these with lofty and swelling words. 'Tis not much unlike the style of Seneca: I look upon Tacitus as more sinewy, and Seneca as more sharp. His pen seems most proper for a troubled and sick state, as ours at present is; you would often say that he paints and pinches us.

They who doubt his good faith sufficiently accuse themselves of being his enemy upon some other account. His opinions are sound, and lean to the right side in the Roman affairs. And yet I am angry at him for judging more severely of Pompey than consists with the opinion of those worthy men who lived in the same time, and had dealings with him; and to have reputed him on a par with Marius and Sulla, excepting that he was more close.[1] Other writers have not acquitted his intention in the government of affairs from ambition and revenge; and even his friends were afraid that victory would have transported him beyond the bounds of reason, but not to so immeasurable a degree as theirs; nothing in his life threatened such express cruelty and tyranny. Neither ought we to set suspicion against evidence; and therefore I do not believe Plutarch in this matter. That his narrations were genuine and straightforward may, perhaps, be argued from this very thing, that they do not always apply to the conclusions of his judgments, which he follows according to the bias he has taken, very often beyond the matter he presents us withal, which he has not deigned to alter in the least degree. He needs no excuse for having approved the religion of his time, according as the laws enjoined, and to have been ignorant of the true; this was his misfortune, not his fault.

I have principally considered his judgment, and am not very well satisfied therewith throughout; as these words in the letter that Tiberius, old and sick, sent to the senate.[2] "What shall I write to you, sirs, or how should I write to you, or what should I not write to you at this time? May the gods and the goddesses lay a worse punishment upon me than I am every day tormented with, if I know!" I do not see why he should so positively apply them to a sharp remorse that tormented the conscience of Tiberius; at least, when I was in the same condition, I perceived no such thing.

And this also seemed to me a little mean in him that, having to say that he had borne an honourable office in Rome, he excuses himself that he does not say it out of ostentation;[3] this seems, I say, mean for such a soul as his; for not to speak roundly of a man's self implies some want of courage; a man of solid and lofty judgment, who judges soundly and surely, makes use of his own example upon all occasions, as well as those of others; and gives evidence as freely of himself as of a third person. We are to pass by these common rules of civility, in favour of truth and liberty. I dare not only speak of myself, but to speak only of myself: when I write of anything, else I miss my way and wander from my subject. I am not so indiscreetly enamoured of myself, so wholly mixed up with, and bound to myself, that I cannot distinguish and consider myself apart, as I do a neighbour or a tree: 'tis equally a fault not to discern how far a man's worth extends, and to say more than a man discovers in himself. We owe more love to God than to ourselves, and know Him less; and yet speak of Him as much as we will.

If the writings of Tacitus indicate anything true of his qualities, he was a great personage, upright and bold, not of a superstitious but of a philosophical and generous virtue. One may think him a little too bold in his relations; as where he tells us, that a soldier carrying a burden of wood, his hands were so frozen and so stuck to the load that they there remained closed and dead, being severed from his arms.[4] I always

---

[1] Tacitus, *Histories,* ii. 38.
[2] *Idem, Annal.,* vi. 6.
[3] *Ibid.,* xi. 11.
[4] *Ibid.,* xiii. 35.

in such things bow to the authority of so great witnesses.

What also he says, that Vespasian, by the favour of the god Serapis, cured a blind woman at Alexandria by anointing her eyes with his spittle, and I know not what other miracle,[1] he says by the example and duty of all good historians. They record all events of importance; and amongst public incidents are the popular rumours and opinions. 'Tis their part to relate common beliefs, not to regulate them: that part concerns divines and philosophers, directors of consciences; and therefore it was that this companion of his, and a great man like himself, very wisely said: *Equidem plura transcribo, quam credo: nam nec affirmare sustineo, de quibus dubito, nec subducere quæ accepi;*[2] and this other: *Hæc neque affirmare, neque refellere operæ pretium est; famæ rerum standum est.*[3] And writing in an age wherein the belief of prodigies began to decline, he says he would not, nevertheless, forbear to insert in his Annals, and to give a relation of things received by so many worthy men, and with so great reverence of antiquity; 'tis very well said. Let them deliver to us history, more as they receive it than as they believe it. I, who am monarch of the matter whereof I treat, and who am accountable to none, do not, nevertheless, always believe myself; I often hazard sallies of my own wit, wherein I very much suspect myself, and certain verbal quibbles, at which I shake my ears; but I let them go at a venture. I see that others get reputation by such things: 'tis not for me alone to judge. I present myself standing and lying, before and behind, my right side and my left, and in all my natural postures. Wits, though equal in force, are not always equal in taste and application.

This is what my memory presents to me in gross, and with uncertainty enough; all judgments in gross are weak and imperfect.

IX. OF VANITY

THERE is, peradventure, no more manifest vanity than to write of it so vainly. That which divinity has so divinely expressed to us ought to be carefully and continually meditated by understanding men. Who does not see that I have taken a road, in which, incessantly and without labour, I shall proceed so long as there shall be ink and paper in the world? I can give no account of my life by my actions; fortune has placed them too low: I must do it by my fancies. And yet I have seen a gentleman who only communicated his life by the workings of his belly: you might see in his house a show of a row of basins of seven or eight days' excrements; that was all his study, all his discourse; all other talk stunk in his nostrils. Here, but not so nauseous, are the excrements of an old mind, sometimes thick, sometimes thin, and always indigested. And when shall I have done representing the continual agitation and mutation of my thoughts, as they come into my head, seeing that Diomedes wrote six thousand books upon the sole subject of grammar? What, then, ought prating to produce, since prattling and the first beginning to speak, stuffed the world with such a horrible number of volumes? So many words about words only. O Pythagoras, why didst not thou allay this tempest? They accused one Galba of old for living idly; he made answer, "That every one ought to give account of his actions, but not of his leisure." He was mistaken, for justice has also cognizance and correction over holiday-makers.

But there should be some restraint of law against foolish and impertinent scribblers, as well as against vagabonds and idle persons; which if there were, both I and a hundred others would be banished the kingdom. I do not speak this in jest: scribbling seems to be a sign of a disordered and licentious age: When did we write so much as since our civil wars? when the Romans so much, as when their commonwealth was upon the point of ruin? Besides that, the refining of wits does not make people wiser in a government: this idle employment springs from this, that every one applies himself negligently to the duty of his vocation, and is easily debauched from it. The corruption of the age is made up by the particular contribution of every individual man; some contribute treachery, others injustice, irreligion, tyranny, avarice, cruelty, according to their power; the weaker sort contribute folly, vanity, and idleness; of these I am one. It seems as if it were the season for vain things, when the hurtful oppress us; in a time when doing ill is common, to do but what signifies nothing is a kind of commendation. 'Tis my comfort, that I shall be one of the last who shall be called in question; and whilst the greater offenders are being brought to account, I shall have leisure to amend: for it would, methinks,

---

[1] Tacitus, *Histories,* iv. 81.

[2] Truly, I set down more things than I believe, for I can neither affirm things whereof I doubt, nor suppress what I have heard.—Quintus Curtius, ix. 1.

[3] 'Tis neither worth the while to affirm or to refute these things; we must stand to report.—Livy, i. Præf., and viii. 6.

be against reason to punish little inconveniences, whilst we are infested with the greater. As the physician Philotimus said to one who presented him his finger to dress, and who he perceived, both by his complexion and his breath, had an ulcer in his lungs: "Friend, it is not now time to concern yourself about your fingers' ends."

And yet I saw, some years ago, a person, whose name and memory I have in very great esteem, in the very height of our great disorders, when there was neither law nor justice, nor magistrate who performed his office, no more than there is now, publish I know not what pitiful reformations about cloths, cookery, and law chicanery. Those are amusements wherewith to feed a people that are ill-used, to show that they are not totally forgotten. Those others do the same, who insist upon prohibiting particular ways of speaking, dances, and games, to a people totally abandoned to all sorts of execrable vices. 'Tis no time to bathe and cleanse one's self when one is seized by a violent fever; 'tis for the Spartans alone to fall to combing and curling themselves, when they are just upon the point of running headlong into some extreme danger of their life.

For my part, I have yet a worse custom, that if my shoe go awry, I let my shirt and my cloak do so too; I scorn to mend myself by halves. When I am in a bad plight, I fasten upon the mischief; I abandon myself through despair; I let myself go towards the precipice, and, as the saying is, "throw the helve after the hatchet"; I am obstinate in growing worse, and think myself no longer worth my own care; I am either well or ill throughout. 'Tis a favour to me, that the desolation of this kingdom falls out in the desolation of my age: I better suffer that my ill be multiplied, than if my well had been disturbed. The words I utter in mishap are words of anger: my courage sets up its bristles, instead of letting them down; and, contrary to others, I am more devout in good than in evil fortune, according to the precept of Xenophon, if not according to his reason; and am more ready to turn up my eyes to heaven to return thanks, than to crave. I am more solicitous to improve my health, when I am well, than to restore it when I am sick; prosperities are the same discipline and instruction to me that adversities and rods are to others. As if good fortune were a thing inconsistent with good conscience, men never grow good but in evil-fortune. Good-fortune is to me a singular spur to modesty and moderation: an entreaty wins, a threat checks me; favour makes me bend, fear stiffens me.

Amongst human conditions this is common enough: to be better pleased with foreign things than with our own, and to love innovation and change:

Ipsa dies ideo nos grato perluit haustu,
Quod permutatis hora recurrit equis: [1]

I have my share. Those who follow the other extreme, of being quite satisfied and pleased with and in themselves, of valuing what they have above all the rest, and of concluding no beauty can be greater than what they see, if they are not wiser than we, are really more happy; I do not envy their wisdom, but their good fortune.

This greedy humour of new and unknown things helps to nourish in me the desire of travel; but a great many more circumstances contribute to it; I am very willing to quit the government of my house. There is, I confess, a kind of convenience in commanding, though it were but in a barn, and in being obeyed by one's people; but 'tis too uniform and languid a pleasure, and is, moreover, of necessity mixed with a thousand vexatious thoughts: one while the poverty and the oppression of your tenants: another, quarrels amongst neighbours: another, the trespasses they make upon you, afflict you;

Aut verberatæ grandine vineæ,
Fundusque mendax, arbore nunc aquas
Culpante, nunc torrentia agros
Sidera, nunc hyemes iniquas: [2]

and that God scarce in six months sends a season wherein your bailiff can do his business as he should; but that if it serves the vines, it spoils the meadows;

Aut nimiis torret fervoribus ætherius sol,
Aut subiti perimunt imbres, gelidæque pruinæ,
Flabraque ventorum violento turbine vexant; [3]

to which may be added, the new and neat-made shoe of the man of old, that hurts your foot; and that a stranger does not understand how much it costs you, and what you contribute, to maintain that show of order that is seen in your family, and that, peradventure, you buy too dear.

I came late to the government of a house:

---

[1] The light of day itself shines more pleasantly upon us because it changes its horses every hour.

[2] Or hail-smit vines, or trees damaged by the rains, or years of dearth, or summer's heat burning up the petals, or the destructive force of winter.—Horace, *Od.*, iii. 1, 29.

[3] Either the scorching sun burns up your fields or sudden rains or frosts destroy your harvests, or a violent wind carries away all before it.—Lucretius, v. 216.

they whom nature sent into the world before me long eased me of that trouble; so that I had already taken another bent more suitable to my humour. Yet, for so much as I have seen, 'tis an employment more troublesome than hard; whoever is capable of anything else, will easily do this. Had I a mind to be rich, that way would seem too long; I had served my kings, a more profitable traffic than any other. Since I pretend to nothing but the reputation of having got nothing or dissipated nothing, conformably to the rest of my life, improper either to do good or ill of any moment, and that I only desire to pass on, I can do it, thanks be to God, without any great endeavour. At the worst, evermore prevent poverty by lessening your expense; 'tis that which I make my great concern, and doubt not but to do it before I shall be compelled. As to the rest, I have sufficiently settled my thoughts to live upon less than I have, and live contentedly: *Non æstimatione census, verum victu atque cultu, terminantur pecuniæ modus.*[1] My real need does not so wholly take up all I have, that Fortune has not whereon to fasten her teeth without biting to the quick. My presence, headless and ignorant as it is, does me great service in my domestic affairs; I employ myself in them, but it goes against the hair, finding that I have this in my house, that though I burn my candle at one end by myself, the other is not spared.

Journeys do me no harm but only by their expense, which is great, and more than I am well able to bear, being always wont to travel with not only a necessary, but a handsome equipage; I must make them so much shorter and fewer; I spend therein but the froth, and what I have reserved for such uses, delaying and deferring my motion till that be ready. I will not that the pleasure of going abroad spoil the pleasure of being retired at home; on the contrary, I intend they shall nourish and favour one another. Fortune has assisted me in this, that since my principal profession in this life was to live at ease, and rather idly than busily, she has deprived me of the necessity of growing rich to provide for the multitude of my heirs. If there be not enough for one, of that whereof I had so plentifully enough, at his peril be it; his imprudence will not deserve that I should wish him any more. And every one, according to the example of Phocion, provides sufficiently for his children who so provides for them as to leave them as much as was left him. I should by no means like Crates' way. He left his money in the hands of a banker with this condition—"That if his children were fools, he should then give it to them; if wise, he should then distribute it to the most foolish of the people"; as if fools, for being less capable of living without riches, were more capable of using them.

At all events, the damage occasioned by my absence seems not to deserve, so long as I am able to support it, that I should waive the occasions of diverting myself by that troublesome assistance.

There is always something that goes amiss. The affairs, one while of one house, and then of another, tear you to pieces; you pry into everything too near; your perspicacity hurts you here, as well as in other things. I steal away from occasions of vexing myself, and turn from the knowledge of things that go amiss; and yet I cannot so order it, but that every hour I jostle against something or other that displeases me; and the tricks that they most conceal from me, are those that I the soonest come to know; some there are that, not to make matters worse, a man must himself help to conceal. Vain vexations; vain sometimes, but always vexations. The smallest and slightest impediments are the most piercing: and as little letters most tire the eyes, so do little affairs most disturb us. The rout of little ills more offend than one, how great soever. By how much domestic thorns are numerous and slight, by so much they prick deeper and without warning, easily surprising us when least we suspect them. I am no philosopher; evils oppress me according to their weight, and they weigh as much according to the form as the matter, and very often more. If I have therein more perspicacity than the vulgar, I have also more patience; in short, they weigh with me, if they do not hurt me. Life is a tender thing, and easily molested. Since my age has made me grow more pensive and morose,

Nemo enim resistit sibi, cum cœperit impelli,[2]

for the most trivial cause imaginable, I irritate that humour, which afterwards nourishes and exasperates itself of its own motion; attracting and heaping up matter upon matter whereon to feed:

Stillicidi casus lapidem cavat:[3]

these continual tricklings consume and ulcerate

---

[1] 'Tis not by the value of possessions, but by our daily needs that our riches are truly estimated.—Cicero, *Paradox.*, vi. 3.

[2] No man resists himself, after he once begins to yield.—Seneca, *Epist.*, 13.

[3] An ever-falling drop hollows out a stone.—Lucretius, I. 314.

me. Ordinary inconveniences are never light; they are continual and inseparable, especially when they spring from the members of a family, continual and inseparable. When I consider my affairs at distance and in gross, I find, because perhaps my memory is none of the best, that they have gone on hitherto improving beyond my reason or expectation; my revenue seems greater than it is; its prosperity betrays me: but when I pry more narrowly into the business, and see how all things go,

Tum vero in curas animum diducimus omnes; [1]

I have a thousand things to desire and to fear. To give them quite over, is very easy for me to do: but to look after them without trouble, is very hard. 'Tis a miserable thing to be in a place where everything you see employs and concerns you; and I fancy that I more cheerfully enjoy the pleasures of another man's house, and with greater and a purer relish, than those of my own. Diogenes answered according to my humour him who asked him what sort of wine he liked the best: "That of another," said he.

My father took a delight in building at Montaigne, where he was born; and in all the government of domestic affairs I love to follow his example and rules, and I shall engage those who are to succeed me, as much as in me lies, to do the same. Could I do better for him, I would; and am proud that his will is still performing and acting by me. God forbid, that in my hands I should ever suffer any image of life, that I am able to render to so good a father, to fail. And wherever I have taken in hand to strengthen some old foundations of walls, and to repair some ruinous buildings, in earnest I have done it more out of respect to his design, than my own satisfaction; and am angry at myself, that I have not proceeded further to finish the beginnings he left in his house, and so much the more, because I am very likely to be the last possessor of my race, and to give the last hand to it. For, as to my own particular application, neither the pleasure of building, which they say is so bewitching, nor hunting, nor gardens, nor the other pleasures of a retired life, can much amuse me. And 'tis what I am angry at myself for, as I am for all other opinions that are incommodious to me; which I would not so much care to have vigorous and learned, as I would have them easy and convenient for life; they are true and sound enough, if they are useful and pleasing. Such as

hear me declare my ignorance in husbandry, whisper in my ear that it is disdain, and that I neglect to know its instruments, its seasons, its order, how they dress my vines, how they graft, and to know the names and forms of herbs and fruits, and the preparing the meat on which I live, the names and prices of the stuffs I wear, because, say they, I have set my heart upon some higher knowledge; they kill me in saying so. This were folly, and rather stupidity than glory; I had rather be a good horseman than a good logician:

Quin tu aliquid saltem potius, quorum indiget usus, Viminibus mollique paras detexere junco. [2]

We occupy our thoughts about the general, and about universal causes and conducts, which will very well carry on themselves without our care; and leave our own business at random, and Michael much more our concern than man. Now I am, indeed, for the most part at home; but I would be there better pleased than anywhere else:

*Sit meæ sedes utinam senectæ,
Sit modus lasso maris, et viarum,
Militiæque.* [3]

I know not whether or no I shall bring it about. I could wish that, instead of some other member of his succession, my father had resigned to me the passionate affection he had in his old age to his household affairs; he was happy in that he could accommodate his desires to his fortune, and satisfy himself with what he had; political philosophy may to much purpose condemn the meanness and sterility of my employment, if I can once come to relish it, as he did. I am of opinion that the most honourable calling is to serve the public, and to be useful to many: *Fructus enim ingenii et virtutis, omnisque præstantiæ, tum maximus capitur, quum in proximum quemque confertur:* [4] for myself, I disclaim it; partly out of conscience (for where I see the weight that lies upon such employments, I perceive also the little means I have to supply it; and Plato, a master in all political government himself, nevertheless, took care to abstain from it), and partly out of cowardice. I content myself with enjoying the world without bustle;

---

[1] Then my breast is oppressed with all sorts of cares.—*Æneid*, v. 720.

[2] Why rather not find useful employments, and make osier and reed basket.—Virgil, *Eclog.*, ii. 71.

[3] Let my old age have a fixed seat, my repose from seas, journeys, warfare.—Horace, *Od.*, ii. 6, 6.

[4] We then most enjoy wit, virtue, and all sorts of merit, when they are shared with those nearest to us. —Cicero, *De Amicit.*, xix.

only to live an excusable life, and such as may neither be a burden to myself nor to any other.

Never did any man more fully and feebly suffer himself to be governed by a third person than I should do, had I any one to whom to intrust myself. One of my wishes at this time should be, to have a son-in-law that knew handsomely how to cherish my old age, and to rock it asleep; into whose hands I might deposit, in full sovereignty, the management and use of all my goods, that he might dispose of them as I do, and get by them what I get, provided that he on his part were truly acknowledging, and a friend. But we live in a world where loyalty of one's own children is unknown.

He who has the charge of my purse in my travels, has it purely and without control; he could cheat me thoroughly if he came to reckoning; and, if he is not a devil, I oblige him to deal faithfully with me by so entire a trust. *Multi fallere docuerunt, dum timent falli; et aliis jus peccandi, suspicando, fecerunt.*[1] The most common security I take of my people is ignorance; I never presume any to be vicious till I have first found them so; and repose the most confidence in the younger sort, that I think are least spoiled by ill example. I had rather be told at two months' end that I have spent four hundred crowns, than to have my ears battered every night with three, five, seven: and I have been, in this way, as little robbed as another. It is true, I am willing enough not to see it; I, in some sort, purposely, harbour a kind of perplexed, uncertain knowledge of my money: up to a certain point, I am content to doubt. One must leave a little room for the infidelity or indiscretion of a servant; if you have left enough, in gross, to do your business, let the overplus of Fortune's liberality run a little more freely at her mercy; 'tis the gleaner's portion. After all, I do not so much value the fidelity of my people, as I contemn their injury. What a mean and ridiculous thing it is for a man to study his money, to delight in handling and telling it over and over again! 'Tis by this avarice makes its approaches.

In eighteen years that I have had my estate in my own hands, I could never prevail with myself either to read over my deeds, or examine my principal affairs, which ought, of necessity, to pass under my knowledge and inspection. 'Tis not a philosophical disdain of worldly and transitory things; my taste is not purified to that degree, and I value them at as great a rate, at least, as they are worth; but 'tis, in truth, an inexcusable and childish laziness and negligence. What would I not rather do than read a contract? or than, as a slave to my own business, tumble over a company of old musty writings? or, which is worse, those of another man, as so many do nowadays, to get money? I grudge nothing but care and trouble, and endeavour nothing so much as to be careless and at ease. I had been much fitter, I believe, could it have been without obligation and servitude, to have lived upon another man's fortune than my own: and, indeed, I do not know, when I examine it nearer, whether, according to my humour, what I have to suffer from my affairs and servants, has not in it something more abject, troublesome, and tormenting than there would be in serving a man better born than myself, who would govern me with a gentle rein, and a little at my own ease: *Servitus obedientia est fracti animi et abjecti, arbitrio carentis suo.*[2] Crates did worse, who threw himself into the liberty of poverty, only to rid himself of the inconveniences and cares of his house. This is what I would not do; I hate poverty equally with pain; but I could be content to change the kind of life I live for another that was humbler and had fewer affairs.

When absent from home, I strip myself of all these thoughts, and should be less concerned for the ruin of a tower, than I am, when present, at the fall of a tile. My mind is easily composed at distance, but suffers as much as that of the meanest peasant when I am at home; the reins of my bridle being wrongly put on, or a strap flapping against my leg, will keep me out of humour a day together. I raise my courage well enough against inconveniences; lift up my eyes I cannot.

Sensus, o superi, sensus.[3]

I am at home responsible for whatever goes amiss. Few masters (I speak of those of medium condition, such as mine), and if there be any such, they are more happy, can rely so much upon another, but that the greatest part of the burden will lie upon their own shoulders. This takes much from my grace in entertaining visitors, so that I have, peradventure, detained some rather out of expectation of a good dinner, than by my own behaviour; and lose much of the pleasure I

---

[1] Many have taught others to deceive by fearing to be deceived, and, by suspecting them, have given them a title to do ill.—Seneca, *Epist.*, 3.

[2] Servitude is the obedience of a subdued and abject mind, wanting its own free will.—Cicero, *Paradox.*, v. 1.

[3] The senses, O ye gods, the senses.

ought to reap at my own house from the visitation and assembling of my friends. The most ridiculous carriage of a gentleman in his own house, is to see him bustling about the business of the place, whispering one servant, and looking an angry look at another: it ought insensibly to slide along, and to represent an ordinary current; and I think it unhandsome to talk much to our guests of their entertainment, whether by way of bragging or excuse. I love order and cleanliness—

> *Et cantharus et lanx*
> *Ostendunt mihi me* [1]

——more than abundance; and at home have an exact regard to necessity, little to outward show. If a footman falls to cuffs at another man's house, or stumble and throw a dish before him as he is carrying it up, you only laugh and make a jest on't; you sleep whilst the master of the house is arranging a bill of fare with his steward for your morrow's entertainment. I speak according as I do myself; quite appreciating, nevertheless, good husbandry in general, and how pleasant quiet and prosperous household management, carried regularly on, is to some natures; and not wishing to fasten my own errors and inconveniences to the thing, nor to give Plato the lie, who looks upon it as the most pleasant employment to every one to do his particular affairs without wrong to another.

When I travel I have nothing to care for but myself, and the laying out my money; which is disposed of by one single precept; too many things are required to the raking it together; in that I understand nothing: in spending, I understand a little, and how to give some show to my expense, which is indeed its principal use: but I rely too ambitiously upon it, which renders it unequal and difform, and, moreover, immoderate, in both the one and the other aspect: if it make a show, if it serve the turn, I indiscreetly let it run; and as indiscreetly tie up my purse-strings, if it does not shine and does not please me. Whatever it be, whether art or nature, that imprints in us the condition of living by reference to others, it does us much more harm than good; we deprive ourselves of our own utilities, to accommodate appearances to the common opinion: we care not so much what our being is, as to us and in reality, as what it is to the public observation, Even the goods of the mind, and wisdom itself, seems fruitless to us, if only enjoyed by ourselves, and if it produce not itself to the view and approbation of others. There is a sort of men whose gold runs in streams underground imperceptibly; others expose it all in plates and branches; so that to the one a liard is worth a crown, and to the others the inverse: the world esteeming its use and value, according to the show. All over-nice solicitude about riches smells of avarice: even the very disposing of it, with a too systematic and artificial liberality, is not worth a painful superintendence and solicitude: he, that will order his expense to just so much, makes it too pinched and narrow. The keeping or spending are, of themselves, indifferent things, and receive no colour of good or ill, but according to the application of the will.

The other cause that tempts me out to these journeys is, inaptitude for the present manners in our state. I could easily console myself for this corruption in regard to the public interest;

> *Pejoraque sæcula ferri*
> *Temporibus, quorum sceleri non invenit ipsa*
> *Nomen, et a nullo posuit natura metallo;* [2]

but not to my own. I am, in particular, too much oppressed by them: for, in my neighbourhood, we are, of late, by the long licence of our civil wars, grown old in so riotous a form of state,

> *Quippe ubi fas versum atque nefas,* [3]

that in earnest, 'tis a wonder how it can subsist.

> *Armati terram exercent, semperque recentes*
> *Convectare juvat prædas, et vivere rapto.* [4]

In fine, I see by our example, that the society of men is maintained and held together, at what price soever; in what condition soever they are placed, they still close and stick together, both moving and in heaps; as ill united bodies, that, shuffled together without order, find of themselves a means to unite and settle, often better than they could have been disposed by art. King Philip mustered up a rabble of the most wicked and incorrigible rascals he could pick out, and put them all together into a city he had caused to be built for that purpose, which bore their name: I believe that they, even from vices themselves, erected a government amongst them, and

---

[1] The dishes and the glasses showing me my own reflection.—Horace, *Epist.*, i. 5, 23.

[2] An age, worse than the iron times, for whose crimes there is no name, and which have no similitude in any of Nature's metals.—Juvenal, xiii. 28.

[3] Where wrong is right, and right wrong.—Virgil, *Georg.*, i. 504.

[4] Men plough, girt with arms; ever delighting in fresh robberies, and living upon spoil.—*Æneid.* vii. 748.

a commodious and just society. I see, not one action, or three, or a hundred, but manners, in common and received use, so ferocious, especially in inhumanity and treachery, which are to me the worst of all vices, that I have not the heart to think of them without horror; and almost as much admire as I detest them: the exercise of these signal villainies carries with it as great signs of vigour and force of soul, as of error and disorder. Necessity reconciles and brings men together; and this accidental connection afterwards forms itself into laws: for there have been such, as savage as any human opinion could conceive, who, nevertheless, have maintained their body with as much health and length of life as any Plato or Aristotle could invent. And certainly, all these descriptions of polities, feigned by art, are found to be ridiculous and unfit to be put in practice.

These great and tedious debates about the best form of society, and the most commodious rules to bind us, are debates only proper for the exercise of our wits; as in the arts there are several subjects, which have their being in agitation and controversy, and have no life but there. Such an idea of government might be of some value in a new world; but we take a world already made, and formed to certain customs; we do not beget it, as Pyrrha or Cadmus did. By what means soever we may have the privilege to redress and reform it anew, we can hardly writhe it from its wonted bent, but we shall break all. Solon being asked, whether he had established the best laws he could for the Athenians; "Yes," said he, "of those they would have received." Varro excuses himself after the same manner: "that if he were to begin to write of religion, he would say what he believed; but seeing it was already received, he would write rather to use than nature."

Not according to opinion, but in truth and reality, the best and most excellent government for every nation is that under which it is maintained: its form and essential convenience depend upon custom. We are apt to be displeased at the present condition; but I, nevertheless, maintain that to desire command in a few in a republic, or another sort of government in monarchy than that already established, is both vice and folly.

> *Ayme l'estat, tel que tu le veois estre:*
> *S'il est royal ayme la rayauté;*
> *S'il est de peu, ou bien communauté,*
> *Ayme l'aussi; car Dieu t'y a faict naistre.*[1]

So wrote the good Monsieur de Pibrac, whom we have lately lost, a man of so excellent a wit, such sound opinions, and such gentle manners. This loss, and that at the same time we have had of Monsieur de Foix, are of so great importance to the crown, that I do not know whether there is another couple in France worthy to supply the places of these two Gascons, in sincerity and wisdom in the king's council. They were both variously great men, and certainly, according to the age, rare and great, each of them in his kind: but what destiny was it that placed them in these times, men so remote from and so disproportioned to our corruption and intestine tumults?

Nothing presses so hard upon a state as innovation: change only gives form to injustice and tyranny. When any piece is loosened, it may be proper to stay it; one may take care that the alteration and corruption natural to all things do not carry us too far from our beginnings and principles: but to undertake to found so great a mass anew, and to change the foundations of so vast a building, is for them to do, who to make clean, efface; who reform particular defects by an universal confusion, and cure diseases by death: *Non tam commutandarum quam evertendarum rerum cupidi.*[2] The world is unapt to be cured; and so impatient of anything that presses it, that it thinks of nothing but disengaging itself at what price soever. We see by a thousand examples, that it ordinarily cures itself to its cost. The discharge of a present evil is no cure, if there be not a general amendment of condition. The surgeon's end is not only to cut away the dead flesh; that is but the progress of his cure; he has a care, over and above, to fill up the wound with better and more natural flesh, and to restore the member to its due state. Whoever only proposes to himself to remove that which offends him, falls short: for good does not necessarily succeed evil; another evil may succeed, and a worse, as it happened to Cæsar's murderers, who brought the republic to such a pass, that they had reason to repent the meddling with the matter. The same has since happened to several others, even down to our own times: the French, my contemporaries, know it well enough. All great mutations shake and disorder a state.

Whoever would look direct at a cure, and well

---

[1] Love the government, such as you find it. If it be royal, love royalty; if a republic, love it; for God himself created thee therein.

[2] Not so desirous of changing, as of overthrowing things.—Cicero, *De Offic.*, ii. 1.

consider of it before he began, would be very willing to withdraw his hands from meddling in it. Pacuvius Calavius corrected the vice of this proceeding by a notable example. His fellow-citizens were in mutiny against their magistrates; he being a man of great authority in the city of Capua, found means one day to shut up the Senators in the palace; and calling the people together in the marketplace, there told them that the day was now come wherein at full liberty they might revenge themselves on the tyrants by whom they had been so long oppressed, and whom he had now, all alone and unarmed, at his mercy. He then advised that they should call these out, one by one, by lot, and should individually determine as to each, causing whatever should be decreed to be immediately executed; with this proviso, that they should, at the same time, depute some honest man in the place of him who was condemned, to the end there might be no vacancy in the Senate. They had no sooner heard the name of one senator but a great cry of universal dislike was raised up against him. "I see," says Pacuvius, "that he must out; he is a wicked fellow; let us look out a good one in his room." Immediately there was a profound silence, every one being at a stand whom to choose. But one, more impudent than the rest, having named his man, there arose yet a greater consent of voices against him, an hundred imperfections being laid to his charge, and as many just reasons why he should not stand. These contradictory humours growing hot, it fared worse with the second senator and the third, there being as much disagreement in the election of the new, as consent in the putting out of the old. In the end, growing weary of this bustle to no purpose, they began, some one way and some another, to steal out of the assembly: every one carrying back this resolution in his mind, that the oldest and best known evil was ever more supportable than one that was new and untried.

Seeing how miserably we are agitated (for what have we not done)!

> *Eheu! cicatricum et sceleris pudet,*
> *Fratrumque: quid nos dura refugimus*
> *Ætas? quid intactum nefasti*
> *Liquimus? Unde manus inventus*
> *Metu Deorum continuit? quibus*
> *Pepercit aris.*[1]

I do not presently conclude,

> *Ipsa si velit Salus,*
> *Servare prorsus non potest hanc familiam;*[2]

we are not, peradventure, at the last gasp. The conservation of states is a thing that, in all likelihood, surpasses our understanding; a civil government is, as Plato says,[3] a mighty and puissant thing, and hard to be dissolved; it often continues against mortal and intestine diseases, against the injury of unjust laws, against tyranny, the corruption and ignorance of magistrates, the licence and sedition of the people. In all our fortunes, we compare ourselves to what is above us, and still look towards those who are better: but let us measure ourselves with what is below us: there is no condition so miserable wherein a man may not find a thousand examples that will administer consolation. 'Tis our vice that we more unwillingly look upon what is above, than willingly upon what is below; and Solon was used to say, that "whoever would make a heap of all the ills together, there is no one who would not rather choose to bear away the ills he has than to come to an equal division with all other men from that heap, and take his share." Our government is, indeed, very sick, but there have been others more sick, without dying. The gods play at tennis with us and bandy us every way:

> *Enimvero Dii nos homines quasi pilas habent.*[4]

The stars have fatally destined the state of Rome for an example of what they could do in this kind: in it are comprised all the forms and adventures that concern a state: all that order or disorder, good or evil fortune, can do. Who, then, can despair of his condition, seeing the shocks and commotions wherewith Rome was tumbled and tossed, and yet withstood them all? If the extent of dominion be the health of a state (which I by no means think it is, and Isocrates pleases me when he instructs Nicocles not to envy princes who have large dominions, but those who know how to preserve those which have fallen into their hands), that of Rome was never so sound, as when it was most sick. The worst of her forms was the most fortunate; one can hardly discern any image of government under the first emperors; it was the most horrible and tumultuous confusion that can be imag-

---

[1] Fie on our crimes and our fratricides: What crime does this bad age shrink from? What wickedness is left undone? What youth is restrained from evil by the fear of the gods? What altar is spared?—Horace, *Od.*, i. 33, 35.

[2] If the goddess Salus herself wished to save this family, she could not do it.—Terence, *Adel.*, IV. vii. 43.

[3] *Republic.*

[4] Plautus. Prologue to the *Captive,* translated by Montaigne in the preceding passage.

ined; it endured it, notwithstanding, and therein continued, preserving not a monarchy limited within its own bounds, but so many nations so differing, so remote, so ill-affected, so confusedly commanded, and so unjustly conquered:

> *Nec gentibus ullis*
> *Commodat in populum, terræ pelagique potentem,*
> *Invidiam fortuna suam.*[1]

Everything that totters does not fall. The contexture of so great a body holds by more nails than one; it holds even by its antiquity, like old buildings, from which the foundations are worn away by time, without rough-cast or mortar, which yet live and support themselves by their own weight,

> *Nec jam validis radicibus hærens,*
> *Pondere tuta suo est.*[2]

Moreover, it is not rightly to go to work, to examine only the flank and the foss, to judge of the security of a place; we must observe which way approaches can be made to it, and in what condition the assailant is: few vessels sink with their own weight, and without some exterior violence. Now, let us everyway cast our eyes; everything about us totters; in all the great states, both of Christendom and elsewhere, that are known to us, if you will but look, you will there see evident menace of alteration and ruin:

> *Et sua sunt illis incommoda; parque per omnes*
> *Tempestas.*[3]

Astrologers may very well, as they do, warn us of great revolutions and imminent mutations: their prophecies are present and palpable, they need not go to heaven to foretell this. There is not only consolation to be extracted from this universal combination of ills and menaces, but, moreover some hopes of the continuation of our state, forasmuch as, naturally, nothing falls where all falls: universal sickness is particular health: conformity is antagonistic to dissolution. For my part, I despair not, and fancy that I discover ways to save us:

> *Deus hæc fortasse benigna*
> *Reducet in sedem vice.*[4]

Who knows but that God will have it happen, as in human bodies that purge and restore themselves to a better state by long and grievous maladies, which render them more entire and perfect health than that they took from them? That which weighs the most with me is, that in reckoning the symptoms of our ill, I see as many natural ones, and that heaven sends us, and properly its own, as of those that our disorder and human imprudence contribute to it. The very stars seem to declare that we have already continued long enough, and beyond the ordinary term. This also afflicts me, that the mischief which nearest threatens us, is not an alteration in the entire and solid mass, but its dissipation and divulsion, which is the most extreme of our fears.

I, moreover, fear, in these fantasies of mine, the treachery of my memory, lest, by inadvertence, it should make me write the same thing twice. I hate to examine myself, and never review, but very unwillingly, what has once escaped my pen. I here set down nothing new. These are common thoughts, and having, peradventure, conceived them an hundred times, I am afraid I have set them down somewhere else already. Repetition is everywhere troublesome, though it were in Homer; but 'tis ruinous in things that have only a superficial and transitory show. I do not love over insisting, even in the most profitable things, as in Seneca; and the usage of his stoical school displeases me, to repeat, upon every subject, at full length and width the principles and presuppositions that serve in general, and always to reallege anew common and universal reasons.

My memory grows cruelly worse every day;

> *Pocula Lethæos ut si ducentia somnos,*
> *Arente fauce traxerim;*[5]

I must be fain for the time to come (for hitherto, thanks be to God, nothing has happened much amiss), whereas others seek time and opportunity to think of what they have to say, to avoid all preparation, for fear of tying myself to some obligation upon which I must insist. To be tied and bound to a thing puts me quite out, and to depend upon so weak an instrument as my memory. I never read this following story that I am not offended at it with a personal and natural resentment: Lyncestes, accused of conspir-

---

[1] Fortune never gave it to any nation to satisfy its hatred against the people, masters of the seas and of the earth.—Lucan, i. 82.

[2] *Ibid.*, i. 138. The translation is expressed in the preceding sentence.

[3] They all share in the mischief; the tempest rages everywhere.—*Æneid*, ii.

[4] God will, perchance, by a favourable turn, restore us to our former position.—Horace, *Epod.*, xiii. 7.

[5] As if in great thirst I had drunk Lethe's oblivious flood.—*Ibid.*, xiv. 3.

acy against Alexander, the day that he was brought out before the army, according to the custom, to be heard as to what he could say for himself, had learned a studied speech, of which, haggling and stammering, he pronounced some words. Whilst growing more and more perplexed, whilst struggling with his memory, and trying to recollect what he had to say, the soldiers nearest to him charged their pikes against him and killed him, looking upon him as convict; his confusion and silence served them for a confession; for having had so much leisure to prepare himself in prison, they concluded that it was not his memory that failed him, but that his conscience tied up his tongue and stopped his mouth. And, truly, well said; the place, the assembly, the expectation, astound a man, even when he has but the ambition to speak well; what can a man do when it is an harangue upon which his life depends?

For my part, the very being tied to what I am to say is enough to loose me from it. When I wholly commit and refer myself to my memory, I lay so much stress upon it that it sinks under me: it grows dismayed with the burden. So much as I trust to it, so much do I put myself out of my own power, even to the finding it difficult to keep my own countenance; and have been sometimes very much put to it to conceal the slavery wherein I was engaged; whereas my design is to manifest, in speaking, a perfect calmness both of face and accent, and casual and unpremeditated motions, as rising from present occasions, choosing rather to say nothing to purpose than to show that I came prepared to speak well, a thing especially unbecoming a man of my profession, and of too great obligation on him who cannot retain much. The preparation begets a great deal more expectation than it will satisfy. A man often strips himself to his doublet, to leap no further than he would have done in his gown: *Nihil est his, qui placere volunt, tam adversarium, quam expectatio.*[1] It is recorded of the orator Curio, that when he proposed the division of his oration into three or four parts, or three or four arguments or reasons, it often happened either that he forgot some one, or added one or two more. I have always avoided falling into this inconvenience, having ever hated these promises and prescriptions, not only out of distrust of my memory, but also because this method relishes too much of the artist: *Simpliciora militares decent.*[2] 'Tis enough that I have promised to myself never again to take upon me to speak in a place of respect, for as to speaking, when a man reads his speech, besides that it is very absurd, it is a mighty disadvantage to those who naturally could give it a grace by action; and to rely upon the mercy of my present invention, I would much less do it; 'tis heavy and perplexed, and such as would never furnish me in sudden and important necessities.

Permit, reader, this essay its course also, and this further sitting to finish the rest of my picture: I add, but I correct not. First, because I conceive that a man having once parted with his labours to the world, he has no further right to them; let him do better if he can, in some new undertaking, but not adulterate what he has already sold. Of such dealers nothing should be bought till after they are dead. Let them well consider what they do before they produce it to the light: who hastens them? My book is always the same, saving that upon every new edition (that the buyer may not go away quite empty) I take the liberty to add (as 'tis but an ill-jointed mosaic) some few bits over and above; they are but over-weight, that do not disfigure the primitive form of the essays, but, by a little ambitious subtlety, give a kind of particular value to every one of those that follow. Thence, however, will easily happen some transposition of chronology, my stories taking place according to their patness, and not always according to their age.

Secondly, because as to what concerns myself, I fear to lose by change: my understanding does not always go forward, it goes backward too. I do not much less suspect my fancies for being the second or the third, than for being the first, or present, or past; we often correct ourselves as foolishly as we do others. I am grown older by a great many years since my first publications, which were in the year 1580: but I very much doubt whether I am grown an inch the wiser. I now, and I anon, are two several persons; but whether better, I cannot determine. It were a fine thing to be old, if we only travelled towards improvement; but 'tis a drunken, stumbling, reeling, infirm motion: like that of reeds, which the air casually waves to and fro at pleasure. Antiochus had in his youth strongly written in favour of the Academy; in his old age, he wrote as much against it; would not, which of these two soever I should follow, be still Antio-

---

[1] Nothing is so great an adversary to those who make it their business to please, as expectation.—Cicero, *Acad.*, ii. 4.

[2] Simplicity becomes warriors.—Quintilian, *Inst. Orat.*, xi. 1.

chus? After having established the uncertainty, to go about to establish the certainty of human opinions, was it not to establish doubt, and not certainty, and to promise, that had he had yet another age to live, he would be always upon terms of altering his judgment, not so much for the better, as for something else?

The public favour has given me a little more confidence than I expected; but what I most fear is, lest I should glut the world with my writings; I had rather, of the two, nettle my reader, than tire him, as a learned man of my time has done. Praise is always pleasing, let it come from whom, or upon what account it will; yet ought a man to understand why he is commended, that he may know how to keep up the same reputation still: imperfections themselves may get commendation. The vulgar and common estimation is seldom happy in hitting; and I am much mistaken, if, amongst the writings of my time, the worst are not those which have most gained the popular applause. For my part, I return my thanks to those good-natured men, who are pleased to take my weak endeavours in good part; the faults of the workmanship are nowhere so apparent, as in a matter which of itself has no recommndation. Blame not me, reader, for those that slip in here, by the fancy or inadvertency of others; every hand, every artisan, contribute their own materials; I neither concern myself with orthography (and only care to have it after the old way) nor pointing, being very inexpert both in the one and the other. Where they wholly break the sense, I am very little concerned, for they at least discharge me; but where they substitute a false one, as they so often do, and wrest me to their conception, they ruin me. When the sentence, nevertheless, is not strong enough for my proportion, a civil person ought to reject it as spurious, and none of mine. Whoever shall know how lazy I am, and how indulgent to my own humour, will easily believe that I had rather write as many more essays, than be tied to revise these over again for so childish a correction.

I said elsewhere, that being planted in the very centre of this new religion, I am not only deprived of any great familiarity with men of other kind of manners than my own, and of other opinions, by which they hold together, as by a tie that supersedes all other obligations; but, moreover, I do not live without danger, amongst men to whom all things are equally lawful, and of whom the most part cannot offend the laws more than they have already done; from which the extremest degree of licence proceeds. All the particular circumstances respecting me being summed up together, I do not find one man of my country, who pays so dear for the defence of our laws both in loss and damages (as the lawyers say) as myself; and some there are who vapour and brag of their zeal and constancy, that if things were justly weighed, do much less than I. My house, as one that has ever been open and free to all comers, and civil to all (for I could never persuade myself to make it a garrison of war, war being a thing that I prefer to see as remote as may be), has sufficiently merited popular kindness, and so that it would be a hard matter justly to insult over me upon my own dunghill; and I look upon it as a wonderful and exemplary thing, that it yet continues a virgin from blood and plunder during so long a storm, and so many neighbouring revolutions and tumults. For to confess the truth, it had been possible enough for a man of my complexion to have shaken hands with any one constant and continued form whatever; but the contrary invasions and incursions, alternations and vicissitudes of fortune round about me, have hitherto more exasperated than calmed and mollified the temper of the country, and involved me, over and over again, with invincible difficulties and dangers.

I escape, 'tis true, but am troubled that it is more by chance, and something of my own prudence, than by justice; and am not satisfied to be out of protection of the laws, and under any other safeguard than theirs. As matters stand, I live, above one half, by the favours of others; which is an untoward obligation. I do not like to owe my safety either to the generosity or affection of great persons, who allow me my legality and my liberty, nor to the obliging manners of my predecessors, or my own: for what if I were another kind of man? If my deportment, and the frankness of my conversation, or relationship, oblige my neighbours, 'tis cruel that they should acquit themselves of that obligation in only permitting me to live, and that they may say: "We allow him the free liberty of having divine service read in his own private chapel, when it is interdicted in all churches round about, and allow him the use of his goods and his life, as one who protects our wives and cattle in time of need." For my house has for many descents shared in the reputation of Lycurgus the Athenian, who was the general depositary and guardian of the purses of his fellow-citizens. Now I am clearly of opinion that a man should live by right and by authority, and not either by recompense or favour. How many gallant men have rather chosen to lose their lives than to be debtors for them? I hate to subject myself to any sore of obligation, but above all, to that which binds me by the duty of honour. I think nothing so dear as what has been given me, and this because my will lies at pawn under the title of gratitude, and more willingly accept of services that are to be sold; I feel that for the last I give nothing but money, but for the other I give myself.

The knot that binds me by the laws of courtesy binds me more than that of civil constraint; I am much more at ease when bound by a scrivener, than by myself. Is it not reason that my conscience should be much more engaged when men simply rely upon it? In a bond, my faith owes nothing, because it has nothing lent it; let them trust to the security they have taken without me. I had much rather break the wall of a prison, and the laws themselves, than my own word. I am nice, even to superstition, in keeping my promises, and, therefore, upon all occasions, have a care to make them uncertain and conditional. To those of no great moment, I add the jealousy of my own rule, to make them weight; it wracks and oppresses me with its own interest. Even in actions wholly my own and free, if I once say a thing, I conceive that I have bound myself, and that delivering it to the knowledge of another, I have positively enjoined it my own performance. Methinks I promise it, if I but say it: and therefore am not apt to say much of that kind. The sentence that I pass upon myself is more severe than that of a judge, who only considers the common obligation; but my conscience looks upon it with a more severe and penetrating eye. I lag in those duties to which I should be compelled if I did not go: *Hoc ipsum ita justum est, quod recte fit, si est voluntarium.*[1] If the action has not some splendour of liberty, it has neither grace nor honour:

Quod me jus cogit, vix voluntate impetrent:[2]

where necessity draws me, I love to let my will take its own course: *Quia quicquid imperio cogitur, exigenti magis, quam præstanti, acceptum refertur.*[3] I know some who follow this rule, even to injustice; who will sooner give than restore, sooner lend than pay, and will do them the least good to whom they are most obliged. I don't go so far as that, but I'm not far off.

I so much love to disengage and disobligate myself, that I have sometimes looked upon ingratitudes, affronts, and indignities which I have received from those to whom either by nature or accident I was bound in some duty of friendship, as an advantage to me; taking this occasion of their ill usage, for an acquittance and discharge of so much of my debt. And though I still continue to pay them all the external offices of public reason, I, notwithstanding, find a great saving in doing that upon the account of justice which I did upon the score of affection, and am a little eased of the attention and solicitude of my inward will: *Est prudentis sustinere, ut currum, sic impetum benevolentia;*[4] 'tis, in me, too urging and pressing where I take; at least, for a man who loves not to be strained at all. And this husbanding my friendship serves me for a sort of consolation in the imperfections of those in whom I am concerned. I am very sorry they are not such as I could wish they were, but then I also am spared somewhat of my application and engagement towards them. I approve of a man who is the less fond of his child for having a scald head, or for being crooked; and not only when he is ill-conditioned, but, also, when he is of unhappy disposition, and imperfect in his limbs (God himself has abated so much from his value and natural estimation), provided he carry himself in this coldness of affection with moderation and exact justice: proximity, with me, lessens not defects, but rather aggravates them.

After all, according to what I understand in the science of benefit and acknowledgment, which is a subtle science, and of great use, I know no person whatever more free and less indebted than I am at this hour. What I do owe, is simply to common and natural obligations; as to anything else, no man is more absolutely clear:

Nec sunt mihi nota potentum Munera.[5]

Princes give me a great deal, if they take nothing from me; and do me good enough, if they do me no harm; that's all I ask from them. O, how am I obliged to Almighty God, that he was pleased I should immediately receive from his bounty all I have, and specially reserved all my obligation to himself! How earnestly do I beg of his holy compassion, that I may never owe essential thanks to any one! O happy liberty where-

---

[1] Even that which is well done, is only just when 'tis voluntary.—Cicero, *De Offic.*, i. 9.

[2] That which the laws compel, I do with little will.—Terence, *Adel.*, III. iii. 44.

[3] For whatever is compelled by power, is more imputed to him that exacts than to him that performs.—Valerius Maximus, ii. 2, 6.

[4] 'Tis the part of a wise man to keep a curbing hand upon the impetus of friendship, as upon that of his horse.—Cicero, *De Amicit.*, xvii.

[5] The gifts of great men are unknown to me.—*Æneid*, xii. 529.

in I have thus far lived! May it continue with me to the last. I endeavour to have no express need of any one: *In me omnis spes est mihi.*[1] 'Tis what every one may do in himself, but more easily they whom God has placed in a condition exempt from natural and urgent necessities. It is a wretched and dangerous thing to depend upon others; we ourselves, in whom is ever the most just and safest dependence, are not sufficiently sure. I have nothing mine but myself, and yet the possession is, in part, defective and borrowed. I fortify myself both in courage, which is the strongest assistant, and also in fortune, therein wherewith to satisfy myself, though everything else should forsake me. Eleus Hippias not only furnished himself with knowledge, that he might, at need, cheerfully retire from all other company to enjoy the Muses; nor only with the knowledge of philosophy, to teach his soul to be contented with itself, and bravely to subsist without outward conveniences, when fate would have it so; he was, moreover, so careful as to learn to cook, to shave himself, to make his own clothes, his own shoes and drawers, to provide for all his necessities in himself, and to wean himself from the assistance of others. A man more freely and cheerfully enjoys borrowed conveniences, when it is not an enjoyment forced and constrained by need; and when he has, in his own will and fortune, the means to live without them. I know myself very well; but 'tis hard for me to imagine any so pure liberality of any one towards me, any so frank and free hospitality, that would not appear to me discreditable, tyrannical, and tainted with reproach, if necessity had reduced me to it. As giving is an ambitious and authoritative quality, so is accepting a quality of submission; witness the insulting and quarrelsome refusal that Bajazet made of the presents that Tamerlane sent him; and those that were offered on the part of the Emperor Solyman to the emperor of Calicut, so angered him, that he not only rudely rejected them, saying, that neither he nor any of his predecessors had ever been wont to take, and that it was their office to give; but, moreover, caused the ambassadors sent with the gifts to be put into a dungeon. When Thetis, says Aristotle,[2] flatters Jupiter; when the Lacedæmonians flatter the Athenians, they do not put them in mind of the good they have done them, which is always odious, but of the benefits they have received from them. Such as I see so frequently employ every one in their affairs, and thrust themselves into so much obligation, would never do it, did they but relish as I do the sweetness of a pure liberty, and did they but weigh, as wise men should, the burden of obligation: 'tis, sometimes, peradventure, fully paid, but 'tis never dissolved. 'Tis a miserable slavery to a man who loves to be at full liberty in all respects. Such as know me, both above and below me in station, are able to say whether they have ever known a man less importuning, soliciting, entreating, and pressing upon others than I. If I am so, and a degree beyond all modern example, 'tis no great wonder, so many parts of my manners contributing to it: a little natural pride, an impatience of being refused, the moderation of my desires and designs, my incapacity for business, and my most beloved qualities, idleness and freedom; by all these together I have conceived a mortal hatred to being obliged to any other, or by any other than myself. I leave no stone unturned to do without it, rather than employ the bounty of another in any light or important occasion or necessity whatever. My friends strangely trouble me, when they ask me to ask a third person; and I think it costs me little less to disengage him who is indebted to me, by making use of him, than to engage myself to him who owes me nothing. These conditions being removed, and provided they require of me nothing of any great trouble or care (for I have declared mortal war against all care), I am very ready to do every one the best service I can. But I have yet more avoided receiving than sought occasions of giving, and moreover, according to Aristotle, it is more easy.[3] My fortune has allowed me but little to do others good withal, and the little it can afford, is put into a pretty close hand. Had I been born a great person, I should have been ambitious to have made myself beloved, not to make myself feared or admired: shall I more plainly express it? I should more have endeavoured to please than to profit others. Cyrus very wisely, and by the mouth of a great captain, and still greater philosopher, prefers his bounty and benefits much before his valour and warlike conquests; and the elder Scipio, wherever he would raise himself in esteem, sets a higher value upon his affability and humanity, than on his prowess and victories, and has always this glorious saying in his mouth: "That he has given his enemies as much occasion to love him as his friends." I will then say, that if a man must, of

---

[1] All my hope is in myself.—Terence, *Adel.*, III. v. 9.
[2] *Ethics*, iv. 3.

[3] *Ibid.*, ix. 7.

necessity, owe something, it ought to be by a more legitimate title than that whereof I am speaking, to which the necessity of this miserable war compels me; and not in so great a debt as that of my total preservation both of life and fortune: it overwhelms me.

I have a thousand times gone to bed in my own house with an apprehension that I should be betrayed and murdered that very night; compounding with fortune, that it might be without terror and with quick despatch; and, after my Paternoster, have cried out,

Impius hæc tam culta novalia miles habebit![1]

What remedy? 'tis the place of my birth, and that of most of my ancestors; they have here fixed their affection and name. We inure ourselves to whatever we are accustomed to; and in so miserable a condition as ours is, custom is a great bounty of nature, which benumbs our senses to the sufferance of many evils. A civil war has this with it worse than other wars have, to make us stand sentinels in our own houses:

Quam miserum, porta vitam muroque tueri,
Vixque suæ tutum viribus esse domus![2]

'Tis a grievous extremity for a man to be jostled even in his own house and domestic repose. The country where I live is always the first in arms, and the last that lays them down, and where there is never an absolute peace:

Tum quoque, cum pax est, trepidant formidine belli.
      Quoties pacem fortuna lacessit;
Hac iter est bellis[3] *. . . Melius, Fortuna, dedisses*
Orbe sub Eoo sedem, gelidaque sub Arcto,
Errantesque domos.[4]

I sometimes extract the means to fortify myself against these considerations, from indifference and indolence, which, in some sort, bring us on to resolution. It often befals me to imagine and expect mortal dangers with a kind of delight: I stupidly plunge myself, headlong, into death, without considering or taking a view of it, as into a deep and obscure abyss which swallows me up at one leap, and involves me in an instant in a profound sleep, without any sense of pain. And in these short and violent deaths, the consequence that I foresee administers more consolation to me than the effect does fear. They say, that as life is not better for being long, so death is better for being not long. I do not so much evade being dead, as I enter into confidence with dying. I wrap and shroud myself in the storm that is to blind and carry me away with the fury of a sudden and insensible attack. Moreover, if it should fall out, that, as some gardeners say, roses and violets spring more odoriferous near garlic and onions, by reason that the last suck and imbibe all the ill odour of the earth; so, if these depraved natures should also attract all the malignity of my air and climate, and render it so much better and purer by their vicinity, I should not lose all. That cannot be: but there may be something in this, that goodness is more beautiful and attractive when it is rare; and that contrariety and diversity fortify and consolidate well-doing within itself, and inflame it by the jealousy of opposition and by glory. Thieves and robbers, of their special favour, have no particular spite at me; no more have I to them: I should have my hands too full. Like consciences are lodged under several sorts of robes; like cruelty, disloyalty, rapine; and so much the worse, and more falsely when the more secure and concealed under colour of the laws. I less hate an open professed injury than one that is treacherous; an enemy in arms, than an enemy in a gown. Our fever has seized upon a body that is not much the worse for it; there was fire before and now 'tis broken out into a flame; the noise is greater, not the evil. I ordinarily answer such as ask me the reason of my travels, "That I know very well what I fly from, but not what I seek." If they tell me that there may be as little health amongst foreigners, and that their manners are no better than ours: I first reply, that it is hard to be believed,

Tam multæ scelerum facies![5]

secondly, that it is always gain to change an ill condition for one that is uncertain; and that the ills of others ought not to afflict us so much as our own.

I will not here omit that I never mutiny so much against France, that I am not perfectly friends with Paris; that city has ever had my heart from my infancy, and it has fallen out, as

---

[1] Shall impious soldiers have these new ploughed grounds.—Virgil, *Eclog.*, i. 71.

[2] 'Tis miserable to protect one's life by doors and walls, and to be scarcely safe in one's own house.—Ovid, *Trist.*, iv. 1, 69.

[3] Even when there's peace, there is here still the fear of war: when Fortune troubles peace, this is ever the way by which war passes.—*Ibid.*, i·i. 10, 67.

[4] We might have lived happier in the remote East, or in the icy North, or among the wandering tribes.—Lucan, i. 255.

[5] So many forms of crime have we.—Virgil, *Georg.*, i. 506.

of excellent things, that the more beautiful cities I have seen since, the more the beauty of this still wins upon my affection. I love her for herself, and more in her own native being, than in all the pomp of foreign and acquired embellishments. I love her tenderly, even to her warts and blemishes. I am French only by this great city, great in people, great in the felicity of her situation; but, above all, great and incomparable in variety and diversity of commodities: the glory of France, and one of the most noble ornaments of the world. May God keep our divisions far remote from her. Entire and united, I think her sufficiently defended from all other violences. I give her caution that, of all sorts of people, those will be the worst that shall set her in discord; I have no fear for her, but of herself: and, certainly, I have as much fear for her as for any other part of the kingdom. Whilst she shall continue, I shall never want a retreat, where I may stand at bay, sufficient to make me amends for parting with any other retreat.

Not because Socrates has said so, but because it is, in truth, my own humour, and, peradventure, not without some excess, I look upon all men as my compatriots, and embrace a Polander as a Frenchman, preferring the universal and common tie to all national ties whatever. I am not much taken with the sweetness of a native air: acquaintance wholly new and wholly my own, appear to me full as good as the other common and fortuitous ones with our neighbours: friendships that are purely of our own acquiring ordinarily carry it above those to which the communication of climate or of blood oblige us. Nature has placed us in the world free and unbound; we imprison ourselves in certain straits, like the kings of Persia, who obliged themselves to drink no other water but that of the river Choaspes, foolishly quitted claim to their right in all other streams, and, so far as concerned themselves, dried up all the other rivers of the world. What Socrates did towards his end, to look upon a sentence of banishment as worse than a sentence of death against him, I shall, I think, never be either so decrepid or so strictly habituated to my own country to be of that opinion. These celestial lives have images enough that I embrace more by esteem than affection; and they have some also so elevated and extraordinary that I cannot embrace them so much as by esteem, forasmuch as I cannot conceive them. That fancy was singular in a man who thought the whole world his city; it is true that he disdained travel, and had hardly ever set his foot out of the Attic territories. What say you to his complaint of the money his friends offered to save his life, and that he refused to come out of prison by the mediation of others, in order not to disobey the laws in a time when they were otherwise so corrupt? These examples are of the first kind for me; of the second, there are others that I could find out in the same person: many of these rare examples surpass the force of my action, but some of them, moreover, surpass the force of my judgment.

Besides these reasons, travel is in my opinion a very profitable exercise; the soul is there continually employed in observing new and unknown things, and I do not know, as I have often said, a better school wherein to model life than by incessantly exposing to it the diversity of so many other lives, fancies, and usances, and by making it relish so perpetual a variety of forms of human nature. The body is, therein, neither idle nor overwrought; and that moderate agitation puts it in breath. I can keep on horseback, tormented with the stone as I am, without alighting or being weary, eight or ten hours together,

Vires ultra sortemque senectæ.[1]

No season is enemy to me but the parching heat of a scorching sun; for the umbrellas made use of in Italy, ever since the time of the ancient Romans, more burden a man's arm than they relieve his head. I would fain know how it was that the Persians, so long ago, and in the infancy of luxury, made ventilators where they wanted them, and planted shades, as Xenophon reports they did. I love rain, and to dabble in the dirt, as well as ducks do. The change of air and climate never touches me; every sky is alike; I am only troubled with inward alterations which I breed within myself, and those are not so frequent in travel. I am hard to be got out, but being once upon the road, I hold out as well as the best. I take as much pains in little as in great attempts, and am as solicitous to equip myself for a short journey, if but to visit a neighbour, as for the longest voyage. I have learned to travel after the Spanish fashion, and to make but one stage of a great many miles; and in excessive heats I always travel by night, from sunset to sunrise. The other method of baiting by the way, in haste and hurry to gobble up a dinner, is, especially in short days, very inconvenient. My horses perform the better; never any horse tired under me that was able to hold out the first day's journey. I water them at every brook I meet,

---

[1] Beyond the strength and ordinary lot of age.—*Æneid,* vi. 114.

and have only a care they have so much way to go before I come to my inn, as will digest the water in their bellies. My unwillingness to rise in a morning gives my servants leisure to dine at their ease before they set out; for my own part, I never eat too late; my appetite comes to me in eating, and not else; I am never hungry but at table.

Some of my friends blame me for continuing this travelling humour, being married and old. But they are out in't; 'tis the best time to leave a man's house, when he has put it into a way of continuing without him, and settled such order as corresponds with its former government. 'Tis much greater imprudence to abandon it to a less faithful housekeeper, and who will be less solicitous to look after your affairs.

The most useful and honourable knowledge and employment for the mother of a family is the science of good housewifery. I see some that are covetous indeed, but very few that are good managers. 'Tis the supreme quality of a woman, which a man ought to seek before any other, as the only dowry that must ruin or preserve our houses. Let men say what they will, according to the experience I have learned, I require in married women the economical virtue above all other virtues; I put my wife to't, as a concern of her own, leaving her, by my absence, the whole government of my affairs. I see, and am vexed to see, in several families I know, Monsieur about dinner time come home all jaded and ruffled about his affairs, when Madame is still pouncing and tricking up herself, forsooth, in her closet: this is for queens to do, and that's a question, too: 'tis ridiculous and unjust that the laziness of our wives should be maintained with our sweat and labour. No man, so far as in me lies, shall have a clearer, a more quiet and free fruition of his estate than I. If the husband bring matter, nature herself will that the wife find the form.

As to the duties of conjugal friendship, that some think to be impaired by these absences, I am quite of another opinion. It is, on the contrary, an intelligence that easily cools by a too frequent and assiduous companionship. Every strange woman appears charming, and we all find by experience that being continually together is not so pleasing, as to part for a time and meet again. These interruptions fill me with fresh affection towards my family, and render my house more pleasant to me. Change warms my appetite to the one and then to the other. I know that the arms of friendship are long enough to reach from the one end of the world to the other, and especially this, where there is a continual communication of offices that rouse the obligation and remembrance. The Stoics say, that there is so great connection and relation amongst the sages, that he who dines in France nourishes his companion in Egypt; and that whoever does but hold out his finger, in what part of the world soever, all the sages upon the habitable earth feel themselves assisted by it. Fruition and possession principally appertain to the imagination; it more fervently and constantly embraces what it is in quest of, than what we hold in our arms. Let a man but consider and cast up his daily thoughts, and he will find, that he is most absent from his friend, when in his company; his presence relaxes your attention, and gives your thoughts liberty to absent themselves at every turn, and upon every occasion. When I am away at Rome, I keep and govern my house, and the conveniences I there left; see my walls rise, my trees shoot, and my revenue increase or decrease, very near as well as when I am there:

Ante oculos errat domus, errat forma locorum.[1]

If we enjoy nothing but what we touch, we may say farewell to the money in our chests, and to our sons when they are gone a hunting. We will have them nearer to us: is the garden, or half a day's journey from home, far? What is ten leagues: far or near? If near, what is eleven, twelve, or thirteen, and so by degrees. In earnest, if there be a woman who can tell her husband what step ends the *near* and what step begins the *remote,* I would advise her to stop between;

Excludat jurgia finis. . . .
Utor permisso; caudæque pilos ut equinæ
Paulatim vello, et demo unum, demo etiam unum,
Dum cadat elusus ratione ruentis acervi:[2]

and let them boldly call philosophy to their assistance; in whose teeth it may be cast, that seeing it neither discerns the one nor the other end of the joint, betwixt the too much and the little, the long and the short, the light and the heavy, the near and the remote; that seeing discovers neither the beginning nor the end, it must needs judge very uncertainly of the middle: *Rerum natura nullam nobis dedit cognitio-*

---

[1] My house and the forms of places are ever present to my eye.—Ovid, *Trist.,* iii. 4, 57.

[2] Let the boundary end all disputes. . . . I use the permission, and, as the man in the fable, pluck out the hairs of the horse's tail gradually: now one, then another, so I take away this, and then that, and thus outwit my opponent.—Horace, *Epist.* ii. 1, 38, 45.

nem finium.[1] Are they not still wives and friends to the dead, who are not at the end of this, but in the other world? We embrace not only the absent, but those who have been, and those who are not yet. We do not promise in marriage to be continually twisted and linked together, like some little animals that we see, or, like the bewitched folks of Karenty, tied together like dogs; and a wife ought not to be so greedily enamoured of her husband's foreparts, that she cannot endure to see him turn his back, if occasion be. But may not this saying of that excellent painter of women's humours be here introduced, to show the reason of their complaints?

> *Uxor, si cesses, aut te amare cogitat,*
> *Aut tete amari, aut potare, aut animo obsequi;*
> *Et tibi bene esse soli, cum sibi sit male;* [2]

or may it not be, that of itself opposition and contradiction entertain and nourish them; and that they sufficiently accommodate themselves, provided they incommodate you?

In true friendship, wherein I am perfect, I more give myself to my friend, than I endeavour to attract him to me. I am not only better pleased in doing him service, than if he conferred a benefit upon me, but, moreover, had rather he should do himself good than me, and he most obliges me when he does so; and if absence be either more pleasant or convenient for him, 'tis also more acceptable to me than his presence; neither is it properly absence, when we can write to one another. I have sometimes made good use of our separation from one another: we better filled, and further extended the possession of life in being parted. He lived, enjoyed, and saw for me, and I for him, as fully as if he had himself been there; one part of us remained idle, and we were too much blended in one another when we were together; the distance of place rendered the conjunction of our wills more rich. This insatiable desire of personal presence, a little implies weakness in the fruition of souls.

As to what concerns age, which is alleged against me, 'tis quite contrary; 'tis for youth to subject itself to common opinions, and to curb itself to please others; it has wherewithal to please both the people and itself; we have but too much ado to please ourselves alone. As natural conveniences fail, let us supply them with those that are artificial. 'Tis injustice to excuse youth for pursuing its pleasures, and to forbid old men to seek them. When young, I concealed my wanton passions with prudence; now I am old, I chase away melancholy by debauch. And thus do the Platonic laws forbid men to travel till forty or fifty years old,[3] so that travel might be more useful and instructive in so mature an age. I should sooner subscribe to the second article of the same Laws, which forbids it after threescore.

"But, at your age, you will never return from so long a journey." What care I for that? I neither undertake it to return, nor to finish it: my business is only to keep myself in motion, whilst motion pleases me; I only walk for the walk's sake. They, who run after a benefice or a hare, run not; they only run who run at base, and to exercise their running. My design is divisible throughout: it is not grounded upon any great hopes: every day concludes my expectation: and the journey of my life is carried on after the same manner. And yet I have seen places enough a great way off, where I could have wished to have stayed. And why not, if Chrysippus, Cleanthes, Diogenes, Zeno, Antipater, so many sages of the sourest sect, readily abandoned their country, without occasion of complaint, and only for the enjoyment of another air. In earnest, that which most displeases me in all my travels is, that I cannot resolve to settle my abode where I should best like, but that I must always propose to myself to return, to accommodate myself to the common humour.

If I feared to die in any other place than that of my birth; if I thought I should die more uneasily, remote from my own family, I should hardly go out of France; I should not, without fear, step out of my parish; I feel death always twitching me by the throat, or by the back. But I am of another temper; 'tis in all places alike to me. Yet, might I have my choice, I think I should rather choose to die on horseback than in a bed; out of my own house, and far from my own people. There is more heartbreaking than consolation in taking leave of one's friends; I am willing to omit that civility, for that, of all the offices of friendship, is the only one that is unpleasant; and I could, with all my heart, dispense with that great and eternal farewell. If there be any convenience in so many standers by, it brings an hundred inconveniences along

---

[1] Nature has given to us no knowledge of the end of things.—Cicero, *Acad.*, ii. 29.

[2] Your wife, if you stay abroad, thinks that you love, or are beloved; or that you are drinking or amusing yourself somehow or other; that all the pleasure is yours, and hers all the care.—Terence, *Adel.*, I. i. 7.

[3] Plato, *Laws*, xii.

with it. I have seen many dying miserably, surrounded with all this train: 'tis a crowd that chokes them. 'Tis against duty, and is a testimony of little kindness and little care, to permit you to die in repose; one torments your eyes, another your ears, another your tongue; you have neither sense nor member that is not worried by them. Your heart is wounded with compassion to hear the mourning of friends; and, perhaps, with anger, to hear the counterfeit condolings of pretenders. Whoever has been delicate and sensitive, when well, is much more so when ill. In such a necessity, a gentle hand is required, accommodated to his sentiment, to scratch him just in the place where he itches, otherwise scratch him not at all. If we stand in need of a wise woman to bring us into the world, we have much more need of a still wiser man to help us out of it. Such a one, and a friend to boot, a man ought to purchase at any cost for such an occasion. I am not yet arrived to that pitch of disdainful vigour, that is fortified in itself, that nothing can assist, or disturb; I am of a lower form; I endeavour to hide myself, and to escape from this passage, not by fear, but by art. I do not intend in this act of dying to make proof and show of my constancy. For whom should I do it? all the right and interest I have in reputation will then cease. I content myself with a death involved within itself, quiet, solitary, and all my own, suitable to my retired and private life; quite contrary to the Roman superstition, where a man was looked upon as unhappy who died without speaking, and who had not his nearest relations to close his eyes. I have enough to do to comfort myself, without having to console others; thoughts enough in my head, not to need that circumstances should possess me with new; and matter enough to occupy me without borrowing. This affair is out of the part of society; 'tis the act of one single person. Let us live and be merry amongst our friends; let us go repine and die amongst strangers; a man may find those, for his money, who will shift his pillow and rub his feet, and will trouble him no more than he would have them; who will present to him an indifferent countenance, and suffer him to govern himself, and to complain according to his own method.

I wean myself daily by my reason from this childish and inhuman humour, of desiring by our sufferings to move the compassion and mourning of our friends: we stretch our own incommodities beyond their just extent when we extract tears from others; and the constancy which we commend in every one in supporting his adverse fortune, we accuse and reproach in our friends when the evil is our own; we are not satisfied that they should be sensible of our condition only, unless they be, moreover, afflicted. A man should diffuse joy, but, as much as he can, smother grief. He who makes himself lamented without reason, is a man not to be lamented when there shall be a real cause: to be always complaining, is the way never to be lamented; by making himself always in so pitiful a taking, he is never commiserated by any. He who makes himself out dead when he is alive, is subject to be thought living, when he is dying. I have seen some who have taken it ill when they have been told that they looked well, and that their pulse was good; restrain their smiles, because they betrayed a recovery, and be angry at their health because it was not to be lamented: and, which is a great deal more, these were not women. I describe my infirmities, such as they really are, at most, and avoid all expressions of evil prognostic and composed exclamations. If not mirth, at least a temperate countenance in the standers by, is proper in the presence of a wise sick man: he does not quarrel with health, for seeing himself in a contrary condition; he is pleased to contemplate it sound and entire in others, and at least to enjoy it for company: he does not, for feeling himself melt away, abandon all living thoughts, nor avoid ordinary discourse. I would study sickness whilst I am well; when it has seized me, it will make its impression real enough, without the help of my imagination. We prepare ourselves beforehand for the journeys we undertake, and resolve upon them; we leave the appointment of the hour when to take horse to the company, and in their favour defer it.

I find this unexpected advantage in the publication of my manners, that it in some sort serves me for a rule. I have, at times, some consideration of not betraying the history of my life: this public declaration obliges me to keep my way, and not to give the lie to the image I have drawn of my qualities, commonly less deformed and contradictory than consists with the malignity and infirmity of the judgments of this age. The uniformity and simplicity of my manners produce a face of easy interpretation; but because the fashion is a little new and not in use, it gives too great opportunity to slander. Yet so it is, that whoever would fairly assail me, I think I so sufficiently assist his purpose in my known and avowed imperfections, that he may that way satisfy his ill-nature, without fighting with the wind. If I myself, to anticipate accusation and discovery, confess enough to frustrate his malice, as he conceives, 'tis but reason that he make use of his right of amplification, and to wiredraw my vices as far as he can; attack has its rights beyond justice; and let him make the roots of those errors I have laid open to him, shoot up into trees: let him make his use, not only of those I am really affected with, but also of those that only threaten me; injurious vices, both in quality and number; let him cudgel me that way. I should willingly follow the example of the philosopher Bion: Antigonus being about to reproach him with the meanness of his birth, he presently cut him short with this declaration: "I am," said he, "the son of a slave, a butcher, and branded, and of a strumpet my father married in the lowest of his fortune; both of them were whipped for offences they had committed. An orator bought me, when a child, and finding me a pretty and hopeful boy, bred me up, and when he died left me all his estate, which I have transported into this city of Athens, and here settled myself to the study of philosophy. Let the historians never trouble themselves with inquiring about me: I will tell them about it." A free and generous confession enervates reproach, and disarms slander. So it is, that, one thing with another, I fancy men as often commend as undervalue me beyond reason; as, methinks also, from my childhood, in rank and degree of honour, they have given me a place rather above than below my right. I should find myself more at ease in a country where these degrees were either regulated or not regarded. Amongst men, when an altercation about the precedence either of walking or sitting exceeds three replies, 'tis reputed uncivil. I never stick at giving or taking place out of rule, to avoid the trouble of such ceremony; and never any man had a mind to go before me, but I permitted him to do it.

Besides this profit I make of writing of myself, I have also hoped for this other advantage, that if it should fall out that my humour should please or jump with those of some honest man before I die, he would then desire and seek to be acquainted with me. I have given him a great deal of made-way; for all that he could have, in many years, acquired by close familiarity, he has seen in three days in this memorial, and more surely and exactly. A pleasant fancy: many things that I would not confess to any one in particular, I deliver to the public, and send my best friends to a bookseller's shop, there to inform themselves concerning my most secret thoughts;

Excutienda damus præcordia.[1]

Did I, by good direction, know where to seek any one proper for my conversation, I should certainly go a great way to find him out: for the sweetness of suitable and agreeable company cannot, in my opinion, be bought too dear. Oh! what a thing is a true friend! how true is that old saying, that the use of a friend is more pleasing and necessary than the elements of water and fire!

To return to my subject: there is, then, no great harm in dying privately, and far from home; we conceive ourselves obliged to retire from natural actions less unseemly, and less terrible than this. But, moreover, such as are reduced to spin out a long languishing life, ought not, perhaps, to wish to trouble a great family with their continual miseries; therefore the Indians, in a certain province, thought it just to knock a man on the head when reduced to such a necessity; and in another of their provinces, they all forsook him to shift for himself as well as he could. To whom do they not, at last, become tedious and insupportable? The ordinary offices of life do not go that length. You teach your best friends to be cruel perforce; hardening wife and children by long use neither to regard nor to lament your sufferings. The groans of the stone are grown so familiar to my people, that nobody takes any notice of them. And though we should extract some pleasure from their conversation (which does not always happen, by reason of the disparity of conditions, which easily begets contempt or envy toward any one whatever), is it not too much to make abuse of this half a lifetime? The more I should see them constrain themselves out of affection to be serviceable to me, the more I should be sorry for their pains. We have liberty to lean, but not to lay our whole weight upon others, so as to prop ourselves by their ruin; like him who caused little children's throats to be cut to make use of their blood for the cure of a disease he had, or that other, who was continually supplied with tender young girls to keep his old limbs warm in the night, and to mix the sweetness of their breath with his, sour and stinking. Decreptitude is a solitary quality. I am sociable even to excess, yet I think it reasonable that I should now withdraw my troubles from the sight of the world, and keep them to myself. Let me shrink and draw up myself in my own shell, like a tortoise, and learn to see men without hanging upon them. I should endanger them in so slippery a

---

[1] We give our hearts to be examined.—Persius, v. 22.

passage: 'tis time to turn my back to company.

"But, in these travels, you will be taken ill in some wretched place, where nothing can be had to relieve you." I always carry most things necessary about me; and besides, we cannot evade Fortune if she once resolves to attack us. I need nothing extraordinary when I am sick. I will not be beholden to my bolus to do that for me which nature cannot. At the very beginning of my fevers and sicknesses that cast me down, whilst still entire, and but little disordered in health, I reconcile myself to Almighty God by the last Christian offices, and find myself by so doing less oppressed and more easy, and have got, methinks, so much the better of my disease. And I have yet less need of a notary or counsellor than of a physician. What I have not settled of my affairs when I was in health, let no one expect I should do it when I am sick. What I will do for the service of death is always done; I durst not so much as one day defer it; and if nothing be done, 'tis as much as to say either that doubt hindered my choice (and sometimes 'tis well chosen not to choose), or that I was positively resolved not to do anything at all.

I write my book for few men and for few years. Had it been matter of duration, I should have put it into firmer language. According to the continual variation that ours has been subject to, up to this day, who can expect that its present form should be in use fifty years hence? It slips every day through our fingers, and since I was born, it is altered above one-half. We say that it is now perfect; and every age says the same of its own. I shall hardly trust to that, so long as it varies and changes as it does. 'Tis for good and useful writings to rivet it to them, and its reputation will go according to the fortune of our state. For which reason I am not afraid to insert in it several private articles, which will spend their use amongst the men that are now living, and that concern the particular knowledge of some who will see further into them than every common reader. I will not, after all, as I often hear dead men spoken of, that men should say of me: "He judged, he lived so and so; he would have done this or that; could he have spoken when he was dying, he would have said so or so, and have given this thing or t'other; I knew him better than any." Now, as much as decency permits, I here discover my inclinations and affections; but I do it more willingly and freely by word of mouth to any one who desires to be informed. So it is that in these memoirs, if any one observe, he will find that I have either told or designed to tell all; what I cannot express, I point out with my finger;

*Verum animo satis hæc vestigia parva sagaci
Sunt, per quæ possis cognoscere cœtera tute.*[1]

I leave nothing to be desired, or to be guessed at, concerning me. If people must be talking of me, I would have it to be justly and truly; I would come again, with all my heart, from the other world to give any one the lie who should report me other than I was, though he did it to honour me. I perceive that people represent, even living men, quite another thing than what they really are; and had I not stoutly defended a friend, whom I have lost, they would have torn him into a thousand contrary pieces.

To conclude the account of my poor humours, I confess that in my travels I seldom reach my inn but that it comes into my mind to consider whether I could there be sick, and dying, at my ease. I desire to be lodged in some private part of the house, remote from all noise, ill scents, and smoke. I endeavour to flatter death by these frivolous circumstances; or, to say better, to discharge myself from all other incumbrances, that I may have nothing to do, nor be troubled with anything but that, which will lie heavy enough upon me without any other load. I would have my death share in the ease and conveniences of my life; 'tis a great part of it, and of great importance, and I hope it will not in the future contradict the past. Death has some forms that are more easy than others, and receives divers qualities, according to every one's fancy. Amongst the natural deaths, that which proceeds from weakness and stupor I think the most favourable; amongst those that are violent, I can worse endure to think of a precipice than of the fall of a house that will crush me in a moment, and of a wound with a sword than of a harquebus shot; I should rather have chosen to poison myself with Socrates, than stab myself with Cato. And, though it be all one, yet my imagination makes as great a difference as betwixt death and life, betwixt throwing myself into a burning furnace and plunging into the channel of a river: so idly does our fear more concern itself in the means than the effect. It is but an instant, 'tis true, but withal an instant of such weight, that I would willingly give a great many days of my life to pass it over after my own fashion. Since every one's imagination renders it more or less terrible, and since every one has some choice amongst the several forms of dying,

---

[1] By these footsteps a sagacious mind may easily find all other matters.—Lucretius, i. 403.

let us try a little further to find some one that is wholly clear from all offence. Might not one render it even voluptuous, as they did who died with Antony and Cleopatra?[1] I set aside the brave and exemplary efforts produced by philosophy and religion; but, amongst men of little mark, there have been found some, such as Petronius and Tigellinus at Rome,[2] condemned to despatch themselves, who have, as it were, rocked death asleep with the delicacy of their preparations; they have made it slip and steal away in the height of their accustomed diversions, amongst girls and good fellows; not a word of consolation, no mention of making a will, no ambitious affectation of constancy, no talk of their future condition; amongst sports, feastings, wit, and mirth, common and indifferent discourses, music, and amorous verses. Were it not possible for us to imitate this resolution, after a more decent manner? Since there are deaths that are good for fools, deaths good for the wise, let us find out such as are fit for those who are betwixt both. My imagination suggests to me one that is easy, and, since we must die, to be desired. The Roman tyrants thought they did, in a manner, give a criminal life, when they gave him the choice of his death. But was not Theophrastus, that so delicate, so modest, and so wise a philosopher, compelled by reason when he durst say this verse, translated by Cicero,

Vitam regit fortuna, non sapientia?[3]

Fortune assists the facility of the bargain of my life, having placed it in such a condition that for the future it can be neither advantage nor hindrance to those who are concerned in me; 'tis a condition that I would have accepted at any time of my life; but in this occasion of trussing up my baggage, I am particularly pleased that in dying I shall neither do them good nor harm. She has so ordered it, by a cunning compensation, that they who may pretend to any considerable advantage by my death will, at the same time, sustain a material inconvenience. Death sometimes is more grievous to us, in that it is grievous to others, and interests us in their interest as much as in our own, and sometimes more.

In this conveniency of lodging that I desire, I mix nothing of pomp and amplitude—I hate it rather; but a certain plain neatness, which is oftenest found in places where there is less of art, and that Nature has adorned with some grace that is all her own. *Non ampliter, sed munditer convivium.*[4] *Plus salis quam sumptus.*[5] And besides, 'tis for those whose affairs compel them to travel in the depth of winter through the Grisons country, to be surprised upon the way with great inconveniences. I, who for the most part travel for my pleasure, do not order my affairs so ill. If the way be foul on my right hand, I turn on my left; if I find myself unfit to ride, I stay where I am; and, so doing, in earnest I see nothing that is not as pleasant and commodious as my own house. 'Tis true, that I always find superfluity superfluous, and observe a kind of trouble even in abundance itself. Have I left anything behind me unseen, I go back to see it; 'tis still on my way; I trace no certain line, either straight or crooked. Do I not find in the place to which I go what was reported to me—as it often falls out that the judgments of others do not jump with mine, and that I have found their reports for the most part false—I never complain of losing my labour: I have, at least, informed myself that what was told me was not true.

I have a constitution of body as free, and a palate as indifferent, as any man living: the diversity of manners of several nations only effects me in the pleasure of variety: every usage has its reason. Let the plate and dishes be pewter, wood, or earth; my meat be boiled or roasted; let them give me butter or oil, of nuts or olives, hot or cold, 'tis all one to me; and so indifferent, that growing old, I accuse this generous faculty, and would wish that delicacy and choice should correct the indiscretion of my appetite, and sometimes help my stomach. When I have been abroad out of France, and that people, out of courtesy, have asked me if I would be served after the French manner, I laughed at the question, and always frequented tables the most filled with foreigners. I am ashamed to see my countrymen besotted with this foolish humour of quarrelling with forms contrary to their own; they seem to be out of their element when out of their own village: wherever they go, they keep to their own fashion, and abominate those of strangers. Do they meet with a compatriot in Hungary? O the happy chance! They are thence-

---

[1] Montaigne refers to the society of Synapothanoumenes, "bands of those who would die together," formed by Antony and Cleopatra after the battle of Actium, and who engaged to die with them.—Plutarch, Antony.

[2] Tacitus, *Annal.*, xvi; 19 *Histories*, i. 72.

[3] Fortune, not wisdom, sways human life.—Cicero, *Tusc. Quæs.*, v. 31.

[4] Rather enough than costly.—Nonius, xi. 19.

[5] To eat not largely, but cleanly.—Nepos, *Life of Atticus*, xiii.

forward inseparable; they cling together, and their whole discourse is to condemn the barbarous manners they see about them. And why barbarous, but because they are not French? And those have made the best use of their travels, who have observed most to speak against. Most of them go, for no other end but to come back again; they proceed in their travel with vast gravity and circumspection, with a silent and incommunicable prudence, preserving themselves from the contagion of an unknown air. What I am saying of them puts me in mind of something like it I have at times observed in some of our young courtiers; they will not mix with any but men of their own sort, and look upon us as men of another world, with disdain or pity. Put them upon any discourse but the intrigues of the court, and they are utterly at a loss; as very owls and novices to us as we are to them. 'Tis truly said, that a well-bred man is a compound man. I, on the contrary, travel very much sated with our own fashions; I do not look for Gascons in Sicily; I have left enough of them at home; I rather seek for Greeks and Persians; they are the men I endeavour to be acquainted with, and the men I study; 'tis there that I bestow and employ myself. And which is more, I fancy that I have met with but few customs that are not as good as our own; I have not, I confess, travelled very far; scarce out of the sight of the vanes of my own house.

As to the rest, most of the accidental company a man falls into upon the road, beget him more trouble than pleasure; I waive them as much as I civilly can, especially now that age seems in some sort to privilege and sequester me from the common forms. You suffer for others, or others suffer for you; both of them inconveniences of importance enough, but the latter appears to me the greater. 'Tis a rare fortune, but of inestimable solace, to have a worthy man, one of a sound judgment, and of manners conformable to your own, who takes a delight to bear you company. I have been at an infinite loss for such upon my travels. But such a companion should be chosen and acquired from your first setting out. There can be no pleasure to me without communication: there is not so much as a sprightly thought comes into my mind, that it does not grieve me to have produced alone, and that I have no one to communicate it to. *Si cum hac exceptione detur sapientia, ut illam inclusam teneam, nec enuntiem, rejiciam*,[1] This other has strained it one note higher: *Si contigerit ea vita sapienti ut omnium rerum affluentibus copiis, quamvis omnia, quæ cognitione digna sunt, summo otio secum ipse consideret et contempletur, tamen, si solitudo tanta sit, ut hominem videre non possit, excedat e vita.*[2] Architas pleases me when he says, "that it would be unpleasant even in heaven itself, to wander in those great and divine celestial bodies without a companion." But yet 'tis much better to be alone, than in foolish and troublesome company. Aristippus loved to live as a stranger in all places:

Me si fata meis paterentur ducere vitam Auspiciis,[3]

I should choose to pass away the greatest part of my life on horseback,

*Visere gestiens,
Qua parte debacchentur ignes,
Qua nebulæ, pluviique rores.*[4]

"Have you not more easy diversions at home? What do you there want? Is not your house situated in a sweet and healthful air, sufficiently furnished, and more than sufficiently large? Has not the royal majesty been more than once there entertained with all its train? Are there not more below your family in good ease than there are above it in eminence? Is there any local, extraordinary, indegestible thought that afflicts you?"

Quæ te nunc coquat, et vexet sub pectore fixa.[5]

"Where do you think to live without disturbance?" *Nunquam simpliciter Fortuna indulget.*[6] You see, then, it is only you that trouble yourself; you will everywhere follow yourself, and everywhere complain; for there is no satisfaction here below, but either for brutish or for divine souls. He who, on so just an occasion, has no contentment, where will he think to find it? How many thousands of men terminate their wishes

---

[1] If wisdom were conferred with this condition, that I must keep it to myself, and not communicate it to others, I would none of it.—Seneca, *Epist.*, 6.

[2] If such a condition of life should happen to a wise man, that in the greatest plenty of all conveniences he might, at the most undisturbed leisure, consider and contemplate all things worth the knowing, yet if his solitude be such that he must not see a man, he had much better die.—Cicero, *De Offic.*, i. 43.

[3] If the fates would let me live in my own way.—*Æneid*, iv. 340.

[4] Visit the regions where the sun burns, where are the thick rain-clouds and the frosts.—Horace, *Od.*, iii. 3, 54.

[5] That in your breast troubles and wears you.—Ennius, in Cicero, *De Senec.*, i.

[6] Fortune's favours are never unmixed.—Quintus Curtius, iv. 14.

in such a condition as yours? Do but reform yourself; for that is wholly in your own power! whereas you have no other right but patience towards fortune; *Nulla placida quies est, nisi quam ratio composuit.*[1]

I see the reason of this advice, and see it perfectly well; but he might sooner have done, and more pertinently, in bidding me in one word, be wise; that resolution is beyond wisdom; 'tis her precise work and product. Thus the physician keeps preaching to a poor languishing patient to "be cheerful"; but he would advise him a little more discreetly in bidding him "be well." For my part, I am but a man of the common sort. 'Tis a wholesome precept, certain, and easy to be understood, "Be content with what you have," that is to say, with reason: and yet to follow this advice is no more in the power of the wise men of the world than in me. 'Tis a common saying, but of a terrible extent: what does it not comprehend? All things fall under discretion and qualification. I know very well that, to take it by the letter, this pleasure of travelling is a testimony of uneasiness and irresolution, and, in sooth, these two are our governing and predominating qualities. Yes, I confess, I see nothing, not so much as in a dream, in a wish, whereon I could set up my rest: variety only, and the possession of diversity, can satisfy me; that is, if anything can. In travelling, it pleases me that I may stay where I like, without inconvenience, and that I have a place wherein commodiously to divert myself. I love a private life, because 'tis my own choice that I love it, not by any dissenting from or dislike of public life, which, peradventure, is as much according to my complexion. I serve my prince more cheerfully, because it is by the free election of my own judgment and reason, without any particular obligation; and that I am not reduced and constrained so to do for being rejected or disliked by the other party; and so of all the rest; I hate the morsels that necessity carves me; any commodity upon which I had only to depend would have me by the throat:

Alter remus aquas, alter mihi radat arenas;[2]

one cord will never hold me fast enough. You will say, there is vanity in this way of living. But where is there not? All these fine precepts are vanity, and all wisdom is vanity: *Dominus novit cognationes sapientum, quoniam vanæ sunt.*[3] These exquisite subtleties are only fit for sermons; they are discourses that will send us all saddled into the other world. Life is a material and corporal motion, an action imperfect and irregular of its own proper essence; I make it my business to serve it according to itself.

Quisque suos patimur manes.[4]

Sic est faciendum, ut contra naturam universam nihil contendamus; ea tamen conservata, propriam sequamur.[5] To what end are these elevated points of philosophy, upon which no human being can rely? and those rules that exceed both our use and force?

I see often that we have theories of life set before us which neither the proposer, nor those who hear him, have any hope nor, which is more, any inclination to follow. Of the same sheet of paper whereon the judge has but just written a sentence against an adulterer, he steals a piece whereon to write a love-letter to his companion's wife. She whom you have but just now illicitly embraced will presently, even in your own hearing, more loudly inveigh against the same fault in her companion than a Portia would do; and men there are who will condemn others to death for crimes that they themselves do not repute so much as faults. I have, in my youth, seen a man of good rank with one hand present to the people verses that excelled both in wit and debauchery, and with the other, at the same time, the most ripe and pugnacious theological reformation that the world has been treated withal these many years. And so men proceed; we let the laws and precepts follow their way; ourselves keep another course, not only from debauchery of manners, but ofttimes by judgment and contrary opinion. Do but hear a philosophical lecture; the invention, eloquence, pertinency immediately strike upon your mind, and move you; there is nothing that touches or stings your conscience; 'tis not to this they address themselves. Is not this true? It made Aristo say, that neither a bath nor a lecture did aught, unless it scoured and made men clean? One may stop at the outward skin; but it is after the marrow is picked out: as, after we have quaffed off the wine out of a fine cup, we examine the design and work-

---

[1] There is no tranquillity but that which reason confers.—Seneca, *Epist.*, 56.

[2] Let me have one oar in the water, and with the other rake the shore.—Propertius, iii. 3, 23.

[3] The Lord knoweth the thoughts of the wise, that they are vain.—Psalms, 93. 11; 1 Cor., 3. 20.

[4] We each of us suffer our own particular demon.—*Æneid*, vi. 743.

[5] We must so order it as by no means to contend against universal nature; but yet, that rule being observed, to follow our own.—Cicero, *De Offic.*, i. 31.

manship. In all the courts of ancient philosophy, this is to be found, that the same teacher publishes rules of temperance, and at the same time lessons in love and wantonness: Xenophon, in the very bosom of Clinias, wrote against the Aristippic virtue. 'Tis not there is any miraculous conversion in it that makes them thus wavering; 'tis that Solon represents himself, sometimes in his own person, and sometimes in that of a legislator; one while he speaks for the crowd, and another for himself; taking the free and natural rules for his own share, feeling assured of a firm and entire health:

Curentur dubii medicis majoribus ægri.[1]

Antisthenes allows a sage to love, and to do whatever he thinks convenient, without regard to the laws: forasmuch as he is better advised than they, and has a greater knowledge of virtue. His disciple Diogenes said, that "men to perturbations were to oppose reason; to fortune, courage; to the laws, nature." For tender stomachs, constrained and artificial recipes must be prescribed: good and strong stomachs serve themselves simply with the prescriptions of their own natural appetite; after this manner do our physicians proceed, who eat melons and drink iced wines, whilst they confine their patients to syrups and sops. "I know not," said the courtesan Lais, "what they may talk of books, wisdom, and philosophy; but these men knock as often at my door as any others." At the same rate that our licence carries us beyond what is lawful and allowed, men have, often beyond universal reason, stretched the precepts and rules of our life:

Nemo satis credit tantum delinquere, quantum Permittas.[2]

It were to be wished that there was more proportion betwixt the command and the obedience; and the mark seems to be unjust to which one cannot attain. There is no so good man, who so squares all his thoughts and actions to the laws, that he is not faulty enough to deserve hanging ten times in his life; and he may well be such a one, as it were great injustice and great harm to punish and ruin:

*Ole, quid ad te
De cute quid faciat ille, vel illa sua?*[3]

and such a one there may be, who has no way offended the laws, who, nevertheless, would not deserve the character of a virtuous man, and whom philosophy would justly condemn to be whipped; so unequal and perplexed is this relation. We are so far from being good men, according to the laws of God, that we cannot be so according to our own: human wisdom never yet arrived at the duties it had itself prescribed; and could it arrive there, it would still prescribe to itself others beyond, to which it would ever aspire and pretend; so great an enemy to consistency is our human condition. Man enjoins himself to be necessarily in fault: he is not very discreet to cut out his own duty, by the measure of another being than his own. To whom does he prescribe that which he does not expect any one should perform? Is he unjust in not doing what it is impossible for him to do? The laws which condemn us not to be able, condemn us for not being able.

At the worst, this difform liberty of presenting ourselves two several ways, the actions after one manner, and the reasoning after another, may be allowed to those who only speak of things; but it cannot be allowed to those who speak of themselves, as I do: I must march my pen as I do my feet. The common life ought to have relation to the other lives: the virtue of Cato was vigorous beyond the reason of the age he lived in; and for a man who made it his business to govern others, a man dedicated to the public service, it might be called a justice, if not unjust, at least vain, and out of season. Even my own manners, which differ not above an inch from those current amongst us, render me, nevertheless, a little rough and unsociable at my age. I know not whether it be without reason that I am disgusted with the world I frequent; but I know very well that it would be without reason, should I complain of its being disgusted with me, seeing I am so with it. The virtue that is assigned to the affairs of the world, is a virtue of many wavings, corners, and elbows, to join and adapt itself to human frailty, mixed and artificial, not straight, clear, constant, nor purely innocent. Our annals to this very day reproach one of our kings for suffering himself too simply to be carried away by the conscientious persuasions of his confessor: affairs of state have bolder precepts:

*Exeat aula
Qui vult esse pius.*[4]

---

[1] Desperate maladies require the best doctors.—Juvenal, xiii. 124.

[2] No one thinks he has done ill to the full extent of what he may.—*Ibid.*, xiv. 233.

[3] Olus, what is it to thee what he or she does with their skin?—Martial, vii. 9, 1.

[4] Let him who will be pious retire from the court.—Lucan, viii. 493.

I formerly tried to employ in the service of public affairs, opinions and rules of living, as rough, new, unpolished or unpolluted, as they were either born with me, or brought away from my education, and wherewith I serve my own turn, if not so commodiously, at least securely, in my own particular concerns: a scholastic and novice virtue; but I have found them unapt and dangerous. He who goes into a crowd, must now go one way, and then another, keep his elbows close, retire, or advance, and quit the straight way, according to what he encounters; and must live not so much according to his own method, as to that of others; not according to what he proposes to himself, but according to what is proposed to him, according to the time, according to the men, according to the occasions. Plato says,[1] that whoever escapes from the world's handling with clean breeches, escapes by miracle: and says withal, that when he appoints his philosopher the head of a government, he does not mean a corrupt one like that of Athens, and much less such a one as this of ours, wherein wisdom itself would be to seek. A good herb, transplanted into a soil contrary to its own nature, much sooner conforms itself to the soil, than it reforms the soil to it. I find, that if I had wholly to apply myself to such employments, it would require a great deal of change and new modelling in me, before I could be any way fit for it. And though I could so far prevail upon myself (and why might I not with time and diligence work such a feat), I would not do it. The little trial I have had of public employment has been so much disgust to me; I feel at times temptations towards ambition rising in my soul: but I obstinately oppose them:

At tu, Catulle, obstinatus obdura.[2]

I am seldom called to it, and as seldom offer myself uncalled; liberty and laziness, the qualities most predominant in me, are qualities diametrically contrary to that trade. We cannot well distinguish the faculties of men: they have divisions and limits hard and delicate to choose: to conclude from the discreet conduct of a private life, a capacity for the management of public affairs, is to conclude ill; a man may govern himself well, who cannot govern others so; and compose Essays, who could not work effects: men there may be who can order a siege well, who would ill marshal a battle; who can speak well in private, who would ill harangue a people or a prince; nay, 'tis peradventure rather a testimony in him, who can do the one, that he cannot do the other, than otherwise. I find that elevated souls are not much more proper for mean things, than mean souls are for high ones. Could it be imagined that Socrates should have administered occasion of laughter, at the expense of his own reputation, to the Athenians, for having never been able to sum up the votes of his tribe, to deliver it to the council? Truly, the veneration I have for the perfections of this great man deserves that his fortune should furnish, for the excuse of my principal imperfections, so magnificent an example. Our sufficiency is cut out into small parcels; mine has no latitude, and is also very contemptible in number. Saturninus, to those who had conferred upon him the command in chief, "Companions," said he, "you have lost a good captain, to make of him a bad general."

Whoever boasts, in so sick a time as this, to employ a true and sincere virtue in the world's service, either knows not what it is, opinions growing corrupt with manners (and, in truth, to hear them describe it, to hear the most of them glorify themselves in their deportments, and lay down their rules; instead of painting virtue, they paint pure vice and injustice, and so represent it false in the education of princes); or if he does know it, boasts unjustly and let him say what he will, does a thousand things of which his own conscience must necessarily accuse him. I should willingly take Seneca's word of the experience he made upon the like occasion, provided he would deal sincerely with me. The most honourable mark of goodness in such a necessity, is freely to confess both one's own faults and those of others; with the power of its virtue to stay one's inclination towards evil; unwillingly to follow this propension; to hope better, to desire better. I perceive that in these divisions wherein we are involved in France, every one labours to defend his cause; but, even the very best of them with dissimulation and disguise: he, who would write roundly of the true state of the quarrel, would write rashly and wrongly. The most just party is at best but a member of a decayed and worm-eaten body; but of such a body, the member that is least affected, calls itself sound, and with good reason, forasmuch as our qualities have no title but in comparison; civil innocence is measured according to times and places. Imagine this in Xenophon, related as a fine commendation of Agesilaus: that, being entreated by a neighbouring prince with whom he

---

[1] *Republic,* vi.

[2] But thou, Catullus, be thou firm to the last.—Catullus, viii. 19.

had formerly had war, to permit him to pass through his country, he granted his request, giving him free passage through Peloponnesus; and not only did not imprison or poison him, being at his mercy, but courteously received him according to the obligation of his promise, without doing him the least injury or offence. To such ideas as theirs this were an act of no especial note; elsewhere, and in another age, the frankness and magnanimity of such an action would be thought wonderful; our crack-rope capets would have laughed at it, so little does the Spartan innocence resemble that of France. We are not without virtuous men, but 'tis according to our notions of virtue. Whoever has his manners established in regularity above the standard of the age he lives in, let him either wrest or blunt his rules, or, which I would rather advise him to, let him retire, and not meddle with us at all, what will he get by it?

Egregium sanctumque virum si cerno, bimembr'
Hoc monstrum puero, et miranti jam sub aratro
Piscibus inventis, et fœtæ comparo mulæ.[1]

One may regret better times, but cannot fly from the present; we may wish for other magistrates, but we must, notwithstanding, obey those we have; and, peradventure, 'tis more laudable to obey the bad than the good. So long as the image of the ancient and received laws of this monarchy shall shine in any corner of the kingdom, there will I be. If they unfortunately happen to thwart and contradict one another, so as to produce two parts, of doubtful and difficult choice, I will willingly choose to withdraw and escape the tempest; in the meantime nature or the hazards of war may lend me a helping hand. Betwixt Cæsar and Pompey, I should frankly have declared myself; but, as amongst the three robbers who came after, a man must have been necessitated either to hide himself, or have gone along with the current of the time; which I think one may fairly do when reason no longer guides.

Quo diversus abis? [2]

This medley is a little from my subject; I go out of my way; but 'tis rather by licence than oversight; my fancies follow one another, but sometimes at a great distance, and look towards one another, but 'tis with an oblique glance. I have read a dialogue of Plato,[3] of the like motley and fantastic composition, the beginning about love, and all the rest to the end about rhetoric; they stick not at these variations, and have a marvelous grace in letting themselves be carried away at the pleasure of the wind, or at least to seem as if they were. The titles of my chapters do not always comprehend the whole matter; they often denote it by some mark only, as these others, Andria, the Eunuchus; or these, Sulla, Cicero, Torquatus. I love a poetic progress, by leaps and skips; 'tis an art, as Plato says, light, nimble, demoniac. There are pieces in Plutarch where he forgets his theme; where the proposition of his argument is only found by incidence, stuffed and half stifled in foreign matter. Do but observe his footings in the *Dæmon of Socrates*. Lord! how beautiful are these frolicsome sallies, those variations and digressions, and then, most of all, when they seem most fortuitous, and introduced for want of heed. 'Tis the indiligent reader who loses my subject, and not I; there will always be found some words or other in a corner, that is to the purpose, though it lie very close. I ramble indiscreetly and tumultuously; my style and my wit wander at the same rate. He must fool around a little who would not be deemed wholly a fool, say both the precepts, and, still more, the examples of our masters. A thousand poets flag and languish after a prosaic manner; but the best old prose (and I strew it here up and down indifferently for verse) shines throughout with the lustre, vigour and boldness of poetry, and not without some air of its fury. And certainly prose ought to have the pre-eminence in speaking. The poet, says Plato,[4] seated upon the muses' tripod, pours out with fury whatever comes into his mouth, like the pipe of a fountain, without considering and weighing it; and things escape him of various colours, of contrary substance, and with an irregular torrent. Plato himself is throughout poetical; and the old theology, as the learned tell us, is all poetry; and the first philosophy is the original language of the gods. I would have my matter distinguish itself; it sufficiently shows where it changes, where it concludes, where it begins, and where it rejoins, without interlacing it with words of connection introduced for the relief of weak or negligent ears, and without explaining myself. Who is he that had not rather not be read at all, than after a drowsy or cursory man-

---

[1] If I should happen to see an exemplary and good man, I should be astonished at the prodigy, and liken it to a two-headed boy, or a fish turned up by the plough, or a teeming mule.—Juvenal, xiii. 64.

[2] Whither dost thou run wandering?—Æneid, v. 166.

[3] The *Phædrus*.

[4] *Laws*, v. 719.

ner? *Nihil est tam utile, quod in transitu prosit.*[1] If to take a book in hand were to take it in head; to look upon it were to consider it; and to run it slightly over were to make it a man's own, I were then to blame to make myself out so ignorant as I say I am. Seeing I cannot fix the attention of my reader by the weight of what I write, *manco male*, I am much mistaken if I should chance to do it by my intricacies. "Nay, but he will afterwards repent that he ever perplexed himself about it." 'Tis very true, but he will yet be there perplexed. And, besides, there are some humours in which intelligence produces disdain; who will think better of me for not understanding what I say, and will conclude the depth of my sense by its obscurity; which, to speak in good sooth, I mortally hate, and would avoid it if I could. Aristotle boasts somewhere in his writings that he affected it: a vicious affectation. The frequent breaks into chapters that I made my method in the beginning of my book, having since seemed to me to dissolve the attention before it was raised, as making it disdain to settle itself to so little, I, upon that account, have made them longer, such as require proposition and assigned leisure. In such an employment, to whom you will not give an hour you give nothing; and you do nothing for him for whom you only do it whilst you are doing something else. To which may be added that I have, peradventure, some particular obligation to speak only by halves, to speak confusedly and discordantly. I am therefore angry at this trouble-feast reason, and its extravagant projects that worry one's life, and its opinions, so fine and subtle, though they be all true; I think too dear bought and too inconvenient. On the contrary, I make it my business to bring vanity itself in repute, and folly too, if it produce me any pleasure; and let myself follow my own natural inclinations, without carrying too strict a hand upon them.

I have seen elsewhere palaces in ruins, and statues both of gods and men: these are men still. 'Tis all true; and yet, for all that, I cannot so often revisit the tomb of that so great and so puissant city, that I do not admire and reverence it. The care of the dead is recommended to us; now, I have been bred up from my infancy with these dead; I had knowledge of the affairs of Rome, long before I had any of those of my own house; I knew the Capitol and its plan, before I knew the Louvre; and the Tiber, before I knew the Seine. The qualities and fortunes of Lucullus, Metellus, and Scipio, have ever run more in my head than those of any of my own country; they are all dead; so is my father as absolutely dead as they, and is removed as far from me and life in eighteen years, as they are in sixteen hundred; whose memory, nevertheless, friendship and society, I do not cease to hug and embrace with a perfect and lively union. Nay, of my own inclination, I pay more service to the dead; they can no longer help themselves, and therefore, methinks, the more require my assistance: 'tis there that gratitude appears in its full lustre. Benefits are not so generously placed, where there is retrogradation and reflection. Arcesilaus, going to visit Ctesibius who was sick, and finding him in a very poor condition, privately conveyed some money under his pillow; and, by concealing it from him, acquitted him, moreover, from the acknowledgment due to such a benefit. Such as have merited from me friendship and gratitude, have never lost these by being no more; I have better and more carefully paid them, when gone and ignorant of what I did; I speak most affectionately of my friends, when they can no longer know it. I have had a hundred quarrels in defending Pompey, and for the cause of Brutus: this acquaintance yet continues betwixt us; we have no other hold even on present things but by fancy. Finding myself of no use to this age, I throw myself back upon that other; and am so enamoured of it, that the free, just, and flourishing state of that ancient Rome (for I neither love it in its birth nor its old age) interests me to a degree of passion; and therefore I cannot so often revisit the places of their streets and houses, and those ruins profound as the Antipodes, that it does not always put me into the dumps. Is it by nature, or through error of fancy, that the sight of places which we know have been frequented and inhabited by persons whose memories are recommended in story, in some sort works more upon us than to hear a recital of their acts or to read their writings? *Tanta vis admonitionis inest in locis . . . . . Et id quidem in hac urbe infinitum; quacumque, enim ingredimur, in aliquam historiam vestigium ponimus.*[2] It pleases me to consider their face, port, and vestments: I ruminate those great names betwixt my teeth, and make them ring in my ears: *Ego illos veneror, et tantis*

---

[1] Nothing can be so profitable, as to be so when negligently read. Seneca, *Epist.*, 2.

[2] So great a power of admonition is in places; and truly in this city so infinite, that which way soever we go we tread upon some history.—Cicero, *De Finib.*, v. 1, 2.

nominibus semper assurgo.[1] Of things that are in some part great and admirable, I admire even the common parts: I could wish to see them talk, walk, and sup. It was ingratitude to condemn the relics and images of so many worthy and valiant men as I have seen live and die, and who, by their example, give us so many good instructions, knew we how to follow them.

And, moreover, this very Rome that we now see, deserves to be beloved; so long, and by so many titles, confederate to our crown; the only common and universal city: the sovereign magistrate that commands there, is equally acknowledged elsewhere: 'tis the metropolitan city of all the Christian nations: the Spaniard and Frenchman is there at home; to be a prince of that state, there needs no more but to be of Christendom wheresoever. There is no place upon earth, that heaven has embraced with such an influence and constancy of favour; her very ruins are grand and glorious:

Laudandis pretiosior ruinis;[2]

she yet in her very tomb retains the marks and images of empire: *Ut palam sit, uno in loco guadentis opus esse naturæ.*[3] Some would blame and be angry at themselves to perceive themselves tickled with so vain a pleasure: our humours are never too vain that are pleasant: let them be what they may, if they constantly content a man of common understanding, I could not have the heart to blame him.

I am very much obliged to Fortune, in that, to this very hour, she has offered me no outrage beyond what I was well able to bear. Is it not her custom to let those live in quiet by whom she is not importuned?

> *Quanto quisque sibi plura negaverit,*
> *A diis plura feret: nil cupientium*
> *Nudus castra peto. . . .*
>   *Multa petentibus*
> *Desunt multa.*[4]

If she continue her favour, she will dismiss me very well satisfied:

> *Nihil supra*
> *Deos lacesso.*[5]

But beware a shock: there are a thousand who perish in the port. I easily comfort myself for what shall here happen when I shall be gone; present things trouble me enough:

> *Fortunæ cætera mando.*[6]

Besides, I have not that strong obligation that they say ties men to the future, by the issue that succeeds to their name and honour; and, peradventure, ought less to covet them, if they are to be so much desired. I am but too much tied to the world, and to this life, of myself: I am content to be in Fortune's power by circumstances properly necessary to my being, without otherwise enlarging her jurisdiction over me; and have never thought, that to be without children was a defect that ought to render life less complete or less contented: a sterile vocation has its conveniences too. Children are of the number of things that are not so much to be desired, especially now, that it would be so hard to make them good: *Bona jam nec nasci licet, ita corrupta sunt semina;*[7] and yet they are justly to be lamented by such as lose them when they have them.

He who left me my house in charge, foretold that I was like to ruin it, considering my humour so little inclined to look after household affairs. But he was mistaken; for I am in the same condition now as when I first entered into it, or rather somewhat better; and yet without office, or any place of profit.

As to the rest, if Fortune has never done me any violent or extraordinary injury, neither has she done me any particular favour; whatever we derive from her bounty, was there above a hundred years before my time: I have, as to my own particular, no essential and solid good that I stand indebted for to her liberality. She has, indeed, done me some airy favours, honorary and titular favours, without substance, and those, in truth, she has not granted, but offered me, who, God knows, am all material, and who take nothing but what is real and indeed massive too, for current pay: and who, if I durst confess so much, should not think avarice much less excusable than ambition; nor pain less to be avoided than shame; nor health less to be coveted than learning, or riches than nobility.

Amongst those empty favours of hers, there

---

[1] I reverence them, and rise up in honour of so great names.—Seneca, *Epist.*, 64.

[2] More precious from her glorious ruins.—Sidonius Apollinaris, *Carm., xxiii.*; 62.

[3] That it may be manifest that nature is in this one place enamoured of her own work.—Pliny, *Nat. Hist.*, iii. 5.

[4] The more a man denies himself, the more the gods give him. Poor as I am, I seek the company of those who ask nothing; they who desire much, will be deficient in much.—Horace, *Od.*, iii. 16, 21, 42.

[5] I ask the gods for no more.—*Ibid.*, ii. 18, 11.

[6] I leave the rest to fortune.—Ovid, *Met.*, ii. 140.

[7] Nothing good can be borne now, the seed is so corrupt.—Tertullian, *De Pudicita*.

is none that so much pleases vain humour natural to my country, as an authentic bull of a Roman burgess-ship, that was granted me when I was last there, glorious in seals and gilded letters; and granted with all gracious liberality. And because 'tis couched in a mixt style, more or less favourable, and that I could have been glad to have seen a copy of it before it had passed the seal, I will, to satisfy such as are sick of the same curiosity I am, transcribe it here in its exact form.

Quod Horatius Maximus, Martius Cecius, Alexander Mutus, almæ urbis Conservatores, de Illustrissimo viro Michaele Montano, equite Sancti Michaelis, et a cubiculo regis Christianissimi, Romana civitate donando, ad Senatum retulerunt; S. P. Q. R. de ea re ita fieri censuit.

Quum, veteri more et instituto, cupide illi semper studioseque suscepti sint, qui virtute ac nobilitate præstantes, magno Reipublicæ nostræ usui atque ornamento fuissent, vel esse aliquando possent: Nos, majorum nostrorum exemplo atque auctoritate permoti, præclaram hanc consuetudinem nobis imitandam ac servandam fore censemus. Quamobrem quum Illustrissimus Michael Montanus, eques Sancti Michaelis, et a cubiculo regis Christianissimi, Romani nominis studiosissimus, et familiæ laude atque splendore, et propriis virtutum meritis dignissimus sit, qui summo, Senatus Populique Romani judicio ac studio in Romanam civitatem adsciscatur; placere Senatui P. Q. R. Illustrissimum Michaelem Montanum, rebus omnibus ornatissimum, atque huic inclyto Populo carissimum, ipsum posterosque in Romanam civitatem adscribi, ornarique omnibus et praemiis et honoribus, quibus illi fruuntur, qui cives patriciique Romani nati, aut jure optimo facti sunt. In quo censere Senatum P. Q. R. se non tam illi jus civitatis largiri, quam debitum tribuere, neque magis beneficium dare, quam ab ipso accipere, qui, hoc civitatis munere accipiendo, singulari civitatem ipsam ornamento atque honore affecerit. Quam quidem S. C. auctoritatem iidem Conservatores per senatus P. Q. R. scribas in acta referri, atque in Capitolii curia servari, pivilegiumque hujusmodi fieri, solitoque urbis sigillo communiri curarunt. Anno ab urbe condita CXO.CCC.XXXI.; post Christum natum M.D.LXXXI. 3 idus Martii.

Horatius Fuscus,
Sacri S. P. Q. R. scriba.
Vincent. Martholus,
Sacri S. P. Q. R. scriba.[1]

---

[1] On the report made to the Senate by Orazio Massimi, Marzo Cecio, Alessandro Muti, conservators of the city of Rome, concerning the right of Roman citizenship to be granted to the most illustrious Michael de Montaigne, knight of the Order of St. Michael, and gentleman of the chamber in ordinary to the most Christian King, the Senate and people of Rome have decreed:

Considering that by ancient usage, those have ever been adopted amongst us with ardour and eagerness, who, distinguished in virtue and nobility, have served and honoured our republic, or might do so in the future; we, full of respect for the example and authority of our ancestors, consider that we should imitate and follow this laudable custom. Wherefore, the most illustrious Michael de Montaigne, knight of the Order of St. Michael, and gentleman of the chamber in ordinary to the most Christian King, most zealous for the Roman name, being by the rank and distinction of his family, and by his personal qualities, highly worthy to be admitted to the rights of Roman citizenship by the supreme judgment and suffrage of the senate and people of Rome: it has pleased the senate and people of Rome, that the most illustrious Michael de Montaigne, adorned with every species of merit, and very dear to this noble people, should be inscribed as a Roman citizen, both in regard to himself and to his posterity, and admitted to enjoy all the honours and advantages reserved for those who were born citizens and patricians of Rome, or who have become such by right of their good title thereunto. And herein the senate and people of Rome consider that they are less conferring a gift, than paying a debt, and that it is less a service they render than a service they receive from him, who, in accepting this citizenship, honours and gives lustre to the city itself. The Conservators have caused this Senatus-Consultus to be transcribed by the Secretaries of the Roman senate and people, to be deposited among the archives of the Capitol, and have drawn up this Act, sealed with the common seal of the city. A. U. C. 2331, A. C. 1581, 3d March.

ORAZIO FOSCO,
Secretary of the Sacred Senate and of the Roman People.
VINCENTE MARTOLI,
Secretary of the Sacred Senate and of the Roman People.

Being, before, burgess of no city at all, I am glad to be created one of the most noble that ever was or ever shall be. If other men would consider themselves at the rate I do, they would, as I do, discover themselves to be full of inanity and foppery; to rid myself of it, I cannot, without making myself away. We are all steeped in it, as well one as another; but they who are not aware on't, have somewhat the better bargain; and yet, I know not, whether they have or no.

This opinion and common usage to observe others more than ourselves, has very much relieved us that way: 'tis a very displeasing object: we can there see nothing but misery and vanity: nature, that we may not be dejected with the sight of our own deformities, has wisely thrust the action of seeing outward. We go forward with the current; but to turn back towards ourselves is a painful motion; so is the sea moved and troubled when the waves rush against one another. Observe, says every one, the motions of the heavens, of public affairs; observe the quarrel of such a person, take notice of such a one's pulse, of such another's last will and testament; in sum, be always looking high or low, on one side, before, or behind you. It was a paradoxical command anciently given us by the god of Delphos: "Look into yourself; discover yourself; keep close to yourself; call back your mind and will, that elsewhere consume themselves into yourself; you run out, you spill yourself; carry a more steady hand: men betray you, men spill you, men steal you from yourself. Dost thou not see that this world we live in keeps all its sight confined within, and its eyes open to contemplate itself? 'Tis always vanity for thee, both within and without; but 'tis less vanity when less extended. Excepting thee, O man, said that god, everything studies itself first, and has bounds to its labours and desires, according to its need. There is nothing so empty and necessitous as thou, who embracest the universe; thou art the explorer without knowledge; the magistrate without jurisdiction: and, after all, the fool of the farce."

X. Of managing the will

Few things, in comparison of what commonly affect other men, move, or to say better, possess me: for 'tis but reason they should concern a man, provided they do not possess him. I am very solicitous, both by study and argument, to enlarge this privilege of insensibility, which is in me naturally raised to a pretty degree, so that consequently I espouse and am very much moved with very few things. I have a clear sight enough, but I fix it upon very few objects; I have a sense delicate and tender enough; but an apprehension and application hard and negligent. I am very unwilling to engage myself; as much as in me lies, I employ myself wholly on myself, and even in that subject should rather choose to curb and restrain my affection from plunging itself over head and ears into it, it being a subject that I possess at the mercy of others, and over which fortune has more right than I; so that even as to health, which I so much value, 'tis all the more necessary for me not so passionately to covet and heed it, than to find diseases so insupportable. A man ought to moderate himself betwixt the hatred of pain and the love of pleasure; and Plato[1] sets down a middle path of life between the two. But against such affections as wholly carry me away from myself, and fix me elsewhere, against those, I say, I oppose myself with my utmost power. 'Tis my opinion that a man should lend himself to others, and only give himself to himself. Were my will easy to lend itself out, and to be swayed, I should not stick there; I am too tender, both by nature and use:

Fugax rerum, securaque in otia natus.[2]

Hot and obstinate disputes wherein my adversary would at last have the better, the issue that would render my heat and obstinacy disgraceful, would peradventure vex me to the last degree. Should I set myself to it at the rate that others do, my soul would never have the force to bear the emotion and alarms of those who grasp at so much; it would immediately be disordered by this inward agitation. If, sometimes, I have been put upon the management of other men's affairs, I have promised to take them in hand, but not into my lungs and liver; to take them upon me, not to incorporate them; to take pains, yes: to be impassioned about it, by no means; I have a care of them, but I will not sit upon them. I have enough to do to order and govern the domestic throng of those that I have in my own veins and bowels, without introducing a crowd of other men's affairs; and am sufficiently concerned about my own proper and natural business, without meddling with the concerns of others. Such as know how much they owe to themselves, and how many offices they are bound to of their own, find that nature has cut them out work enough of their own to keep them from being idle. "Thou hast business enough at home, look to that."

Men let themselves out to hire; their faculties are not for themselves, but for those to whom they have enslaved themselves; 'tis their tenants occupy them, not themselves. This common humour pleases not me. We must be thrifty of the liberty of our souls, and never let it out but upon just occasions, which are very few, if we judge aright. Do but observe such as have accustomed themselves to be at every one's call: they do it indifferently upon all, as well little as great, occasions; in that which nothing concerns them, as much as in what imports them most. They thrust themselves in indifferently wherever there is work to do and obligation; and are

---

[1] *Laws,* vii.
[2] Born and bred up in negligence and ease.— Ovid, *De Trist.,* iii. 2, 9.

without life when not in tumultuous bustle: *In negotiis sunt, negotii causa.*[1] It is not so much that they will go, as it is that they cannot stand still: like a rolling stone that cannot stop till it can go no further. Occupation, with a certain sort of men, is a mark of understanding and dignity: their souls seek repose in agitation, as children do by being rocked in a cradle; they may pronounce themselves as serviceable to their friends, as they are troublesome to themselves. No one distributes his money to others, but everyone distributes his time and his life: there is nothing of which we are so prodigal as of these two things, of which to be thrifty would be both commendable and useful. I am of a quite contrary humour; I look to myself, and commonly covet with no great ardour what I do desire; and desire little; and I employ and busy myself at the same rate, rarely and temperately. Whatever they take in hand, they do it with their utmost will and vehemence. There are so many dangerous steps, that, for the more safety, we must a little lightly and superficially glide over the world, and not rush through it. Pleasure itself is painful in profundity:

> *Incedis per ignes,*
> *Suppositos cineri doloso.*[2]

The Parliament of Bordeaux chose me mayor of their city, at a time when I was at a distance from France, and still more remote from any such thought. I entreated to be excused, but I was told by my friends that I had committed an error in so doing, and the greater, because the king had, moreover, interposed his command in that affair. 'Tis an office that ought to be looked upon so much more honourable, as it has no other salary nor advantage than the bare honour of its execution. It continues two years, but may be extended by a second election, which very rarely happens; it was to me, and had never been so but twice before: some years ago to Monsieur de Lanssac, and lately to Monsieur de Biron, Marshal of France, in whose place I succeeded; and I left mine to Monsieur de Matignon, Marshal of France also: proud of so noble a fraternity—

> *Uterque bonus pacis bellique minister.*[3]

Fortune would have a hand in my promotion, by this particular circumstance which she put in of her own, not altogether vain; for Alexander disdained the ambassadors of Corinth, who came to offer him a burgess-ship of their city; but when they proceeded to lay before him that Bacchus and Hercules were also in the register, he graciously accepted the offer.

At my arrival, I faithfully and conscientiously represented myself to them for such as I find myself to be—a man without memory, without vigilance, without experience, and without vigour; but withal, without hatred, without ambition, without avarice, and without violence; that they might be informed of my qualities, and know what they were to expect from my service. And the knowledge they had had of my father, and the honour they had for his memory, having been the only motive to confer this favour upon me, I plainly told them that I should be very sorry anything should make so great an impression upon me, as their affairs and the concerns of their city had made upon him, whilst he held the government to which they had preferred me. I remembered, when a boy, to have seen him in his old age cruelly tormented with these public affairs, neglecting the soft repose of his own house, to which the declension of his age had reduced him for several years before, the management of his own affairs, and his health; and certainly despising his own life, which was in great danger of being lost, by being engaged in long and painful journeys on their behalf. Such was he; and this humour of his proceeded from a marvellous good nature; never was there a more charitable and popular soul. Yet this proceeding which I commend in others, I do not love to follow myself, and am not without excuse.

He had learned that a man must forget himself for his neighbour, and that the particular was of no manner of consideration in comparison with the general. Most of the rules and precepts of the world run this way; to drive us out of ourselves into the street for the benefit of public society; they thought to do a great feat to divert and remove us from ourselves, assuming we were but too much fixed there, and by a too natural inclination; and have said all they could to that purpose: for 'tis no new thing for the sages to preach things as they serve, not as they are. Truth has its obstructions, inconveniences, and incompatibilities with us; we must often deceive, that we may not deceive ourselves; and shut our eyes and our understandings, to redress and amend them: *Imperiti enim judicant, et qui frequenter in hoc ipsum fallendi sunt, ne er-*

---

[1] They only seek business for business' sake.—Seneca, *Epist.*, 22.

[2] *You tread on fire, hidden under deceitful ashes.*—Horace, *Od.*, ii. 1, 7.

[3] Both able ministers in peace, and good in war.—*Æneid*, xi. 658.

rent.¹ When they order us to love three, four, or fifty degrees of things above ourselves, they do like archers, who, to hit the white, take their aim a great deal higher than the butt; to make a crooked stick straight, we bend it the contrary way.

I believe that in the Temple of Pallas, as we see in all other religions, there were apparent mysteries to be exposed to the people; and others, more secret and high, that were only to be shown to such as were professed; 'tis likely that in these the true point of friendship that every one owes to himself is to be found; not a false friendship, that makes us embrace glory, knowledge, riches, and the like, with a principal and immoderate affection, as members of our being; nor an indiscreet and effeminate friendship, wherein it happens, as with ivy, that it decays and ruins the walls it embraces; but a sound and regular friendship, equally useful and pleasant. He who knows the duties of this friendship and practices them, is truly of the cabinet council of the Muses, and has attained to the height of human wisdom and of our happiness; such an one, exactly knowing what he owes to himself, will on his part find that he ought to apply to himself the use of the world and of other men; and to do this, to contribute to public society the duties and offices appertaining to him. He who does not in some sort live for others, does not live much for himself: *Qui sibi amicus est, scito hunc amicum omnibus esse.*² The principal charge we have, is, to every one his own conduct; and 'tis for this only that we here are. As he who should forget to live a virtuous and holy life, and should think he acquitted himself of his duty in instructing and training others up to it, would be a fool; even so he who abandons his own particular healthful and pleasant living, to serve others therewith, takes, in my opinion, a wrong and unnatural course.

I would not that men should refuse, in the employments they take upon them, their attention, pains, eloquence, sweat, and blood if need be:

*Non ipse pro caris amicis
Aut patria, timidus perire:*³

but 'tis only borrowed, and accidentally; his mind being always in repose and in health; not without action, but without vexation, without passion. To be simply acting costs him so little, that he acts even sleeping; but it must be set on going with discretion; for the body receives the offices imposed upon it, just according to what they are; the mind often extends and makes them heavier at its own expense, giving them what measure it pleases. Men perform like things with several sorts of endeavour, and different contention of will; the one does well enough without the other: for how many people hazard themselves every day in war without any concern which way it goes; and thrust themselves into the dangers of battles, the loss of which will not break their next nights' sleep? and such a man may be at home, out of the danger which he durst not have looked upon, who is more passionately concerned for the issue of this war, and whose soul is more anxious about events, than the soldier who therein stakes his blood and his life. I could have engaged myself in public employments without quitting my own matters a nail's breadth, and have given myself to others, without abandoning myself. This sharpness and violence of desires more hinder than they advance the execution of what we undertake; fill us with impatience against slow or contrary events, and with heat and suspicion against those with whom we have to do. We never carry on that thing well by which we are prepossessed and led:

*Male cuncta ministrat
Impetus.*⁴

He who therein employs only his judgment and address proceeds more cheerfully: he counterfeits, he gives way, he defers quite at his ease, according to the necessities of occasions; he fails in his attempt without trouble and affliction, ready and entire for a new enterprise; he always marches with the bridle in his hand. In him who is drunk with this violent and tyrannic intention, we discover, of necessity, much imprudence and injustice; the impetuosity of his desire carries him away; these are rash motions, and, if fortune do not very much assist, of very little fruit. Philosophy directs that, in the revenge of injuries received, we should strip ourselves of choler; not that the chastisement should be less, but, on the contrary, that the revenge may be the better and more heavily laid on, which, it conceives, will be by this impetuosity hindered.

---

¹ For the ignorant judge, and therefore are oft to be deceived lest they should err.—Quintilian, *Inst. Orat.*, xi. 17.

² He who is his own friend is a friend to everybody else.—Seneca, *Epist.*, 6.

³ Not afraid to die for beloved friends, and for his country.—Horace, *Od.*, iv. 9, 51.

⁴ Passionate heat carries on things ill.—Statius, *Thebaid*, x. 704.

For anger not only disturbs, but, of itself, also wearies the arms of those who chastise; this fire benumbs and wastes their force; as in precipitation, *festinatio tarda est,*—"haste trips up its own heels," fetters, and stops itself; *Ipsa se velocitas implicat.* For example, according to what I commonly see, avarice has no greater impediment than itself; the more bent and vigorous it is, the less it rakes together, and commonly sooner grows rich when disguised in a visor of liberality.

A very honest gentleman, and a particular friend of mine, had liked to have cracked his brains by a too passionate attention and affection to the affairs of a certain prince, his master; which master has thus set himself out to me; "that he foresees the weight of accidents as well as another, but that in those for which there is no remedy, he presently resolves upon suffering; in others, having taken all the necessary precautions which by the vivacity of his understanding he can presently do, he quietly awaits what may follow." And, in truth, I have accordingly seen him maintain a great indifferency and liberty of actions, and serenity of countenance, in very great and difficult affairs: I find him much greater, and of greater capacity in adverse than in prosperous fortune: his defeats are to him more glorious than his victories, and his mourning than his triumph.

Do but consider, that even in vain and frivolous actions, as at chess, tennis, and the like, this eager and ardent engaging with an impetuous desire, immediately throws the mind and members into indiscretion and disorder: a man astounds and hinders himself; he who carries himself more moderately both towards gain and loss, has always his wits about him; the less peevish and passionate he is at play, he plays much more advantageously and surely.

As to the rest, we hinder the mind's seizure and hold, in giving it so many things to seize upon: some things we should only offer to it; tie it to others, and with others incorporate it. It can feel and discern all things, but ought to feed upon nothing but itself; and should be instructed in what properly concerns itself, and that is properly of its own having and substance. The laws of nature teach us what justly we need. After the sages have told us that no one is indigent according to nature, and that every one is so according to opinion, they very subtly distinguish betwixt the desires that proceed from her, and those that proceed from the disorder of our own fancy: those of which we can see the end are hers; those that fly before us, and of which we can see no end, are our own: the poverty of goods is easily cured; the poverty of the soul is irreparable:

> *Nam si, quod satis est homini,*
> *id satis esse potesset*
> *Hoc sat erat: nunc, quum hos non est,*
> *qui credimus porro*
> *Divitias ullas animum mi explere potesse?* [1]

Socrates, seeing a great quantity of riches, jewels, and furniture carried in pomp through the city: "How many things are there," said he, "that I do not want." Metrodorus lived on twelve ounces a-day; Epicurus upon less: Metrocles slept in winter abroad amongst sheep; in summer in the cloisters of churches; *Sufficit ad id natura, quod poscit.*[2] Cleanthes lived by the labour of his own hands, and boasted that Cleanthes, if he would, could yet maintain another Cleanthes.

If that which nature exactly and originally requires of us for the conservation of our being, be too little (as in truth what it is, and how good cheap life may be maintained, cannot be better expressed than by this consideration, that it is so little that by its littleness it escapes the gripe and shock of fortune), let us allow ourselves a little more; let us call every one of our habits and conditions, nature; let us rate and treat ourselves by this measure; let us stretch our appurtenances and accounts so far; for so far, I fancy, we have some excuse. Custom is a second nature, and no less powerful. What is wanting to my custom, I reckon is wanting to me; and I should be almost as well content that they took away my life, as cut me short in the way wherein I have so long lived. I am no longer in condition for any great change, nor to put myself into a new and unwonted course, not even to augmentation. 'Tis past the time for me to become other than what I am; and as I should complain of any great good hap that should now befall me, that it came not in time to be enjoyed:

> *Quo mihi fortunas, si non conceditur uti?* [3]

so should I complain of any inward acquisition. It were almost better never, than so late, to become an honest man, and well fit to live, when one has no longer to live. I, who am about to

---

[1] For if what is for man enough, could be enough, it were enough; but since it is not so, how can I believe that any wealth can give my mind content.—Lucilius, in Nonius Marcellinus, v. 98.

[2] Nature suffices for what it requires.—Seneca, *Epist.,* 90.

[3] What is the good of fortune to me if I can't use it.—Horace, *Epist.,* i. 5, 12.

make my exit out of the world, would easily resign to any new comer, who should desire it, all the prudence I am now acquiring in the world's commerce; after meat, mustard. I have no need of goods, of which I can make no use; of what use is knowledge to him who has lost his head? 'Tis an injury and unkindness in fortune to tender us presents that will only inspire us with a just despite that we had them not in their due season. Guide me no more; I can no longer go. Of so many parts as make up a sufficiency, patience is the most sufficient. Give the capacity of an excellent treble to a chorister who has rotten lungs, and eloquence to a hermit exiled into the deserts of Arabia. There needs no art to help a fall; the end finds itself of itself at the conclusion of every affair. My world is at an end, my form expired; I am totally of the past, and am bound to authorise it, and to conform my outgoing to it. I will here declare, by way of example, that the Pope's late ten days' diminution has taken me so aback that I cannot well reconcile myself to it; I belong to the years wherein we kept another kind of account. So ancient and so long a custom challenges my adherence to it, so that I am constrained to be somewhat heretical on that point: incapable of any, though corrective, innovation. My imagination, in spite of my teeth, always pushes me ten days forward or backward, and is ever murmuring in my ears: "This rule concerns those who are to begin to be." If health itself, sweet as it is, returns to me my fits, 'tis rather to give me cause of regret than possession of it; I have no place left to keep it in. Time leaves me; without which nothing can be possessed. Oh, what little account should I make of those great elective dignities that I see in such esteem in the world, that are never conferred but upon men who are taking leave of it; wherein they do not so much regard how well the man will discharge his trust, as how short his administration will be: from the very entry they look at the exit. In short, I am about finishing this man, and not rebuilding another. By long use, this form is in me turned into substance, and fortune into nature.

I say, therefore, that every one of us feeble creatures is excusable in thinking that to be his own which is comprised under this measure; but withal, beyond these limits, 'tis nothing but confusion; 'tis the largest extent we can grant to our own claims. The more we amplify our need and our possession, so much the more do we expose ourselves to the blows and adversities of Fortune. The career of our desires ought to be circumscribed and restrained to a short limit of near and contiguous commodities; and their course ought, moreover, to be performed not in a right line, that ends elsewhere, but in a circle, of which the two points, by a short wheel, meet and terminate in ourselves. Actions that are carried on without this reflection—a near and essential reflection, I mean—such as those of ambitious and avaricious men, and so many more as run point blank, and whose career always carries them before themselves, such actions, I say, are erroneous and sickly.

Most of our business is farce: *Mundus universus exercet histrionam.* We must play our part properly, but withal as the part of a borrowed personage; we must not make real essence of a mask and outward appearance; nor of a strange person, our own; we cannot distinguish the skin from the shirt; 'tis enough to meal the face, without mealing the breast. I see some who transform and transubstantiate themselves into as many new shapes and new beings as they undertake new employments; and who strut and fume even to the heart and liver, and carry their state along with them even to the close-stool: I cannot make them distinguish the salutations made to themselves from those made to their commission, their train, or their mule: *Tantum se fortunæ permittunt, etiam ut naturam dedicant.*[1] They swell and puff up their souls, and their natural way of speaking, according to the height of their magisterial place. The mayor of Bordeaux and Montaigne have ever been two by very manifest separation. Because one is an advocate or a financier, he must not ignore the knavery there is in such callings; an honest man is not accountable for the vice or absurdity of his employment, and ought not on that account refuse to take the calling upon him: 'tis the usage of his country, and there is money to be got by it; a man must live by the world, and make his best of it, such as it is. But the judgment of an emperor ought to be above his empire, and see and consider it as a foreign accident; and he ought to know how to enjoy himself apart from it, and to communicate himself as James and Peter, to himself, at all events.

I cannot engage myself so deep and so entire; when my will gives me to anything, 'tis not with so violent an obligation that my judgment is infected with it. In the present broils of this kingdom, my own interest has not made me blind to the laudable qualities of our adversaries, nor to

---

[1] They so much give themselves up to Fortune, as even to forget their nature.—Quintus Curtius, ii. 2.

those that are reproachable in those of men of our party. Others adore all of their own side; for my part, I do not so much as excuse most things in those of mine: a good work has never the worse grace with me for being made against me. The knot of the controversy excepted, I have always kept myself in equanimity and pure indifference: *Neque extra necessitates belli, præcipuum odium gero;*[1] for which I am pleased with myself; and the more, because I see others commonly fail in the contrary direction. Such as extend their anger and hatred beyond the dispute in question, as most men do, show that they spring from some other occasion and private cause; like one who, being cured of an ulcer, has yet a fever remaining, by which it appears that the ulcer had another more concealed beginning. The reason is that they are not concerned in the common cause, because it is wounding to the state and general interest; but are only nettled by reason of their particular concern. This is why they are so especially animated, and to a degree so far beyond justice and public reason: *Non tam omnia universi, quam ea, quæ ad quemque pertinent, singuli carpebant.*[2] I would have the advantage on our side, but if it be not, I shall not run mad. I am heartily for the right party; but I do not want to be taken notice of as an especial enemy to others, and beyond the general quarrel. I am a mortal enemy to this vicious form of censure: "He is of the League, because he admires the Duke of Guise; he is astonished at the King of Navarre's energy, and therefore he is a Huguenot; he finds such and such faults in the king's conduct, he is therefore seditious in his heart"; and I would not grant to the magistrate himself that he did well in condemning a book, because it had placed a heretic amongst the best poets of the time. Shall we not dare to say of a thief, that he has a handsome leg? If a woman be a strumpet, must it needs follow that she has a stinking breath? Did they in the wisest ages revoke the proud title of Capitolinus they had before conferred on Marcus Manlius, as conservator of religion and the public liberty, and stifle the memory of his liberality, his feats of arms, and military recompenses granted to his valour, because he afterwards aspired to the sovereignty, to the prejudice of the laws of his country? If we take a hatred against an advocate, he will not be allowed, the next day, to be eloquent. I have elsewhere spoken of the zeal that pushed on worthy men to the like faults. For my part, I can say, "Such a one does this thing ill, and another thing virtuously and well." So in the prognostics, or sinister events of affairs, they would have every one in his party blind or a blockhead, and that our persuasion and judgment should subserve not truth, but to the project of our desires. I should rather incline towards the other extreme; so much I fear being suborned by my desire; to which may be added that I am a little tenderly distrustful of things that I wish.

I have, in my time, seen wonders in the indiscreet and prodigious facility of people in suffering their hopes and belief to be led and governed, which way has best pleased and served their leaders, despite a hundred mistakes one upon another, despite mere dreams and phantasms. I no more wonder at those who have been blinded and seduced by the fooleries of Apollonius and Mahomet. Their sense and understanding are absolutely taken away by their passion; their discretion has no more any other choice than that which smiles upon them, and encourages their cause. I had principally observed this in the beginning of our intestine distempers; that other, which has sprung up since, in imitating, has surpassed it; by which I am satisfied that it is a quality inseparable from popular errors; after the first that rolls, opinions drive on one another like waves with the wind: a man is not a member of the body, if it be in his power to forsake it, and if he does not roll the common way. But, doubtless, they wrong the just side, when they go about to assist it with fraud; I have ever been against that practice: 'tis only fit to work upon weak heads; for the sound, there are surer and more honest ways to keep up their courage and to excuse adverse accidents.

Heaven never saw a greater animosity than that betwixt Cæsar and Pompey, nor ever shall; and yet I observe, methinks, in those brave souls, a great moderation towards one another: it was a jealousy of honour and command, which did not transport them to a furious and indiscreet hatred, and was without malignity and detraction: in their hottest exploits upon one another, I discover some remains of respect and good-will; and am therefore of opinion that, had it been possible, each of them would rather have done his business without the ruin of the other than with it. Take notice how much otherwise matters went with Marius and Sulla.

We must not precipitate ourselves so headlong after our affections and interests. As, when I was

---

[1] And have no express hatred beyond the necessity of war.

[2] Every one was not so much angry against things in general, as against those that particularly concerned himself.—Livy, xxxiv. 36.

young, I opposed myself to the progress of love which I perceived to advance too fast upon me, and had a care lest it should at last become so pleasing as to force, captivate, and wholly reduce me to its mercy: so I do the same upon all other occasions where my will is running on with too warm an appetite. I lean opposite to the side it inclines to, as I find it going to plunge and make itself drunk with its own wine; I evade nourishing its pleasure so far, that I cannot recover it without infinite loss. Souls that, through their own stupidity, only discern things by halves, have this happiness that they smart less with hurtful things: 'tis a spiritual leprosy that has some show of health, and such a health as philosophy does not altogether contemn; but yet we have no reason to call it wisdom, as we often do. And after this manner some one anciently mocked Diogenes, who, in the depth of winter and stark naked, went hugging an image of snow for a trial of his endurance: the other seeing him in this position, "Art thou now very cold?" said he. "Not at all," replied Diogenes. "Why, then," said the other, "what difficult and exemplary thing dost thou think thou doest in embracing that snow?" To take a true measure of constancy, one must necessarily know what the suffering is.

But souls that are to meet with adverse events and the injuries of fortune, in their depth and sharpness, that are to weigh and taste them according to their natural weight and bitterness, let such show their skill in avoiding the causes and diverting the blow. What did King Cotys do? He paid liberally for the rich and beautiful vessel that had been presented to him, but, seeing it was exceedingly brittle, he immediately broke it, betimes to prevent so easy a matter of displeasure against his servants. In like manner, I have willingly avoided all confusion in my affairs, and never coveted to have my estate contiguous to those of my relations, and such with whom I coveted a strict friendship; for thence matter of unkindness and falling out often proceeds. I formerly loved the hazardous games of cards and dice; but have long since left them off, only for this reason that, with whatever good air I carried my losses, I could not help feeling vexed within. A man of honour, who ought to be touchingly sensible of the lie or of an insult, and who is not to take a scurvy excuse for satisfaction, should avoid occasions of dispute. I shun melancholy, crabbed men, as I would the plague; and in matters I cannot talk of without emotion and concern, I never meddle, if not compelled by my duty: *Melius non incipient, quam desi-*

nent.[1] The surest way, therefore, is to prepare one's self beforehand for occasions.

I know very well that some wise men have taken another way, and have not feared to grapple and engage to the utmost upon several subjects: these are confident of their own strength, under which they protect themselves in all ill successes, making their patience wrestle and contend with disaster:

Velut rupes, vastum quæ prodit in æquor,
Obvia ventorum furiis, expostaque ponto,
Vim cunctam atque minas perfert cœlique marisque;
Ipsa immota manens.[2]

Let us not attempt these examples: we shall never come up to them. They set themselves resolutely, and without agitation, to behold the ruin of their country, which possessed and commanded all their will: this is too much, and too hard a task for our commoner souls. Cato gave up the noblest life that ever was, upon this account; we meaner spirits must fly from the storm as far as we can; we must provide for sentiment, and not for patience, and evade the blows we cannot meet. Zeno, seeing Chremonides, a young man whom he loved, draw near to sit down by him, suddenly started up; and Cleanthes demanding of him the reason why he did so, "I hear," said he, "that physicians especially order repose, and forbid emotion in all tumours." Socrates does not say: "Do not surrender to the charms of beauty; stand your ground, and do your utmost to oppose it." "Fly it," says he; "shun the fight and encounter of it, as of a powerful poison that darts and wounds at a distance." And his good disciple, feigning or reciting, but, in my opinion, rather reciting than feigning the rare perfections of the great Cyrus, makes him distrustful of his own strength to resist the charms of the divine beauty of that illustrious Panthea, his captive, and committing the visiting and keeping her to another, who could not have so much liberty as himself. And the Holy Ghost in like manner: *Ne nos inducas in tentationem.*[3] We do not pray that our reason may not be combated and overcome by concupiscence, but that it should not be so much as tried by it; that we should not be brought into a state wherein we are so much as to suffer the approaches, solicita-

---

[1] A man had better never to have begun, than to have to desist.—Seneca, *Epist.*, 72.

[2] As a rock standing amongst the vast billows, exposed to the furious winds and the raging flood, remains unmoved, and defies all the force of seas and skies.—*Æneid*, x. 693.

[3] Lead us not into temptation.—Matthew, 6. 13.

tions, and temptations of sin: and we beg of Almighty God to keep our consciences quiet, fully and perfectly delivered from all commerce of evil.

Such as say that they have reason for their revenging passion, or any other sort of troublesome agitation of mind, often say true, as things now are, but not as they were: they speak to us when the causes of their error are by themselves nourished and advanced; but look backward—recall these causes to their beginning—and there you will put them to a nonplus. Will they have their faults less, for being of longer continuance; and that of an unjust beginning, the sequel can be just? Whoever shall desire the good of his country, as I do, without fretting or pining himself, will be troubled, but will not swoon to see it threatening either its own ruin, or a no less ruinous continuance; poor vessel, that the waves, the winds, and the pilot toss and steer to so contrary designs!

In tam diversa, magister,
Ventus, et unda, trahunt.[1]

He who does not gape after the favour of princes, as after a thing he cannot live without, does not much concern himself at the coldness of their reception and countenance, nor at the inconstancy of their wills. He who does not brood over his children or his honours, with a slavish propension, ceases not to live commodiously enough after their loss. He who does good principally for his own satisfaction, will not be much troubled to see men judge of his actions contrary to his merit. A quarter of an ounce of patience will provide sufficiently against such inconveniences. I find ease in this receipt, redeeming myself in the beginning as cheap as I can; and find that by this means I have escaped much trouble and many difficulties. With very little ado I stop the first sally of my emotions, and leave the subject that begins to be troublesome, before it transports me. He who stops not the start, will never be able to stop the career; he, who cannot keep them out, will never get them out when they are once got in; and he who cannot crush them at the beginning, will never do it after; nor ever keep himself from falling, if he cannot recover himself when he first begins to totter: *Etenim ipsæ se impellunt, ubi semel a ratione discessum est; ipsaque sibi imbecillitas indulget, in altumque provehitur imprudens, nec reperit locum consistendi.*[2] I am betimes sensible of the little breezes that begin to sing and whistle in the shrouds, the fore-runners of the storm:

Ceu flamina prima
Cum deprensa fremunt sylvis, et cæca voluntant
Murmura, venturos nautis prodentia ventos.[3]

How often have I done myself a manifest injustice, to avoid the hazard of having yet a worse done me by the judges, after an age of vexations, dirty and vile practices, more enemies to my nature than fire or the rack? *Convenit a litibus, quantum licet, et nescio an paulo plus etiam quam licet, abhorrentem esse: est enim non modo liberale, paululum nonnunquam de suo jure decedere, sed interdum etiam fructuosum.*[4] Were we wise, we ought to rejoice and boast, as I one day heard a young gentleman of a good family very innocently do, that his mother had lost her cause, as if it had been a cough, a fever, or something very troublesome to keep. Even the favours that fortune might have given me through relationship or acquaintance with those who have sovereign authority in those affairs, I have very conscientiously and very carefully avoided employing them to the prejudice of others, and of advancing my pretensions above their true right. In fine, I have so much prevailed by my endeavours (and happily I may say it), that I am to this day a virgin from all suits in law; though I have had very fair offers made me, and with very just title, would I have hearkened to them; and a virgin from quarrels too. I have almost passed over a long life without any offence of moment, either active or passive, or without ever hearing a worse word than my own name: a rare favour of heaven.

Our greatest agitations have ridiculous springs and causes: what ruin did our last Duke of Burgundy run into about a cartload of sheepskins! And was not the graving of a seal the first and principal cause of the greatest commotion that this machine of the world ever underwent? for Pompey and Cæsar were but the offsets and continuation of the two others: and I have in my

---

[1] George Buchanan. The translation is in the previous passage.

[2] For they throw themselves headlong when once they loose their reason; and frailty so far indulges itself, that it is unawares carried out into the deep, and can find no port wherein to come to an anchor.—Cicero, *Tusc. Quæs.*, iv. 18.

[3] As when the rising winds, checked by woods, send out dull murmurs, portending a storm to the mariner.—*Æneid*, x. 97.

[4] A man should be an enemy to all lawsuits as much as he may, and I know not whether not something more; for 'tis not only liberal, but sometimes also advantageous, too, a little to recede from one's right.—Cicero, *De Offic.*, ii. 18.

time seen the wisest heads in this kingdom assembled with great ceremony, and at the public expense, about treaties and agreements, of which the true decision, in the meantime, absolutely depended upon the ladies' cabinet council, and the inclination of some foolish woman.

The poets very well understood this, when they put all Greece and Asia to fire and sword about an apple. Inquire why that man hazards his life and honour upon the fortune of his rapier and dagger; let him acquaint you with the occasion of the quarrel; he cannot do it without blushing; 'tis so idle and frivolous.

A little thing will engage you in it; but being once embarked, all the cords draw; great provisions are then required, more hard and more important. How much easier is it not to enter in, than it is to get out? Now we should proceed contrary to the reed, which, at its first springing, produces a long and straight shoot, but afterwards, as if tired and out of breath, it runs into thick and frequent joints and knots, as so many pauses which demonstrate that it has no more its first vigour and firmness; 'twere better to begin gently and coldly, and to keep one's breath and vigorous efforts for the height and stress of the business. We guide affairs in their beginnings, and have them in our own power; but afterwards, when they are once at work, 'tis they that guide and govern us, and we are to follow them.

Yet do I not mean to say that this counsel has discharged me of all difficulty, and that I have not often had enough to do to curb and restrain my passions; they are not always to be governed according to the measure of occasions, and often have their entries very sharp and violent. But still good fruit and profit may thence be reaped; except for those who in well-doing are not satisfied with any benefit, if reputation be wanting; for, in truth, such an effect is not valued but by everyone to himself; you are better contented, but not more esteemed, seeing you reformed yourself before you got into the whirl of the dance, or that the provocative matter was in sight. Yet not in this only, but in all other duties of life also, the way of those who aim at honour is very different from that they proceed by, who propose to themselves order and reason. I find some, who rashly and furiously rush into the lists, and cool in the course. As Plutarch says, that those who, through false shame, are soft and facile to grant whatever is desired of them, are afterwards as facile to break their word and to recant; so he who enters lightly into a quarrel is apt to go as lightly out of it. The same difficulty that keeps me from entering into it, would, when once hot and engaged in quarrel, incite me to maintain it with great obstinacy and resolution. 'Tis the tyranny of custom; when a man is once engaged, he must go through with it, or die. "Undertake coldly," said Bias, "but pursue with ardour." For want of prudence, men fall into want of courage, which is still more intolerable.

Most accommodations of the quarrels of these days of ours are shameful and false; we only seek to save appearances, and in the meantime betray and disavow our true intentions; we salve over the fact. We know very well how we said the thing, and in what sense we spoke it, and the company know it, and our friends whom we have wished to make sensible of our advantage, understand it well enough too: 'tis at the expense of our frankness and of the honour of our courage, that we disown our thoughts, and seek refuge in falsities, to make matters up. We give ourselves the lie, to excuse the lie we have given to another. You are not to consider if your word or action may admit of another interpretation; 'tis your own true and sincere interpretation, your real meaning in what you said or did, that you are thenceforward to maintain, whatever it cost you. Men speak to your virtue and conscience, which are not things to be put under a mask; let us leave these pitiful ways and expedients to the jugglers of the law. The excuses and reparations that I see every day made and given to repair indiscretion, seem to me more scandalous than the indiscretion itself. It were better to affront your adversary a second time, than to offend yourself by giving him so unmanly a satisfaction. You have braved him in your heat and anger, and you would flatter and appease him in your cooler and better sense; and by that means lay yourself lower and at his feet, whom before you pretended to overtop. I do not find anything a gentleman can say so vicious in him, as unsaying what he has said is infamous, when to unsay it is authoritatively extracted from him; forasmuch as obstinacy is more excusable in a man of honour than pusillanimity. Passions are as easy for me to evade, as they are hard for me to moderate: *Exscinduntur facilius animo, quam temperantur.*[1] He, who cannot attain the noble Stoical impassibility, let him secure himself in the bosom of this popular stolidity of mine; what they performed by virtue, I inure myself to do by temperament. The middle region harbours

---

[1] They are more easily to be eradicated than governed.

storms and tempests; the two extremes, of philosophers and peasants, concur in tranquillity and happiness:

> *Felix, qui potuit rerum cognoscere causas,*
> *Atque metus omnes et inexorabile fatum*
> *Subjecit pedibus, strepitumque Acherontis avari!*
> *Fortunatus et ille, Deos qui novit agrestes,*
> *Panaque, Sylvanumque senem, Nymphasque sorores!* [1]

The births of all things are weak and tender; and therefore we should have our eyes intent on beginnings; for as when, in its infancy, the danger is not perceived, so when it is grown up, the remedy is as little to be found. I had every day encountered a million of crosses, harder to digest in the progress of ambition, than it has been hard for me to curb the natural propension that inclined me to it:

> *Jure perhorrui*
> *Late conspicuum tollere verticem.* [2]

All public actions are subject to various and uncertain interpretations; for too many heads judge of them. Some say of this civic employment of mine (and I am willing to say a word or two about it, not that it is worth so much, but to give an account of my manners in such things), that I have behaved myself in it as a man not sufficiently easy to be moved, and with a languishing affection; and they have some colour for what they say. I endeavoured to keep my mind and my thoughts in repose, *Cum semper natura, tum etiam ætate jam quietus;* [3] and if they sometimes lash out upon some rude and sensible impression, 'tis in truth without my advice. Yet from this natural heaviness of mine, men ought not to conclude a total inability in me (for want of care and want of sense are two very different things), and much less any unkindness or ingratitude towards that corporation, who employed the utmost means they had in their power to oblige me, both before they knew me and after; and they did much more for me in choosing me anew, than in conferring that honour upon me at first. I wish them all imaginable good; and assuredly had occasion been, there is nothing I would have spared for their service; I did for them, as I would have done for myself. 'Tis a good, warlike, and generous people, but capable of obedience and discipline, and of whom the best use may be made, if well guided. They say also that my administration passed over without leaving any mark or trace. Good! They moreover accuse my cessation in a time when everybody almost was convicted of doing too much. I am impatient to be doing where my will spurs me on; but this itself is an enemy to perseverance. Let him who will make use of me according to my own way, employ me in affairs where vigour and liberty are required, where a direct, short, and, moreover, a hazardous conduct are necessary; I may do something; but if it must be long, subtle, laborious, artificial and intricate, he had better call in somebody else. All important offices are not necessarily difficult: I came prepared to do somewhat rougher work, had there been great occasion; for it is in my power to do something more than I do, or than I love to do. I did not, to my knowledge, omit anything that my duty really required. I easily forgot those offices that ambition mixes with duty and palliates with its title; these are they that, for the most part, fill the eyes and ears, and give men the most satisfaction; not the thing but the appearance contents them; if they hear no noise, they think men sleep. My humour is no friend to tumult; I could appease a commotion without commotion and chastise a disorder without being myself disorderly; if I stand in need of anger and inflammation, I borrow it, and put it on. My manners are languid, rather faint than sharp. I do not condemn a magistrate who sleeps, provided the people under his charge sleep as well as he: the laws in that case sleep too. For my part, I commend a gliding, staid, and silent life: *Neque submissam et abjectam, neque se efferentem;* [4] my fortune will have it so. I am descended from a family that has lived without lustre or tumult, and, time out of mind, particularly ambitious of a character for probity.

Our people nowadays are so bred up to bustle and ostentation, that good nature, moderation, equability, constancy, and such like quiet and obscure qualities, are no more thought on or regarded. Rough bodies make themselves felt; the smooth are imperceptibly handled: sickness is felt, health little or not at all; no more than the oils that foment us, in comparison of the pains

---

[1] Happy is he who has discovered the causes of things, and tramples under foot all fear, all concern, as to inexorable fate, or as to the roaring of greedy Acheron: he is blest who knows the country gods, Pan, old Sylvanus, and the sister nymphs.—Virgil, *Georg.*, ii. 490.

[2] I ever justly feared to raise my head too high.—Horace, *Od.*, iii. 16, 18.

[3] As being always quiet by nature, so also now by age.—Cicero, *De Petit. Consul.*, ii.

[4] Not subject, nor abject, but not obtrusive.—Cicero, *De Offic.*, i. 34.

for which we are fomented. 'Tis acting for one's particular reputation and profit, not for the public good, to refer that to be done in the public squares which one may do in the council chamber; and to noonday what might have been done the night before; and to be jealous to do that himself which his colleague can do as well as he; so were some surgeons of Greece wont to perform their operations upon scaffolds in the sight of the people, to draw more practice and profit. They think that good rules cannot be understood, but by the sound of trumpet. Ambition is not a vice of little people, nor of such modest means as ours. One said to Alexander: "Your father will leave you a great dominion, easy and pacific"; this youth was emulous of his father's victories, and of the justice of his government; he would not have enjoyed the empire of the world in ease and peace. Alcibiades, in Plato, had rather die young, beautiful, rich, noble, and learned, and all this in full excellence, than to stop short of such condition; this disease is, peradventure, excusable in so strong and so full a soul. When wretched and dwarfish souls gull and deceive themselves, and think to spread their fame for having given right judgment in an affair, or maintained the discipline of the guard of a gate of their city, the more they think to exalt their heads the more they show their tails. This little well-doing has neither body nor life; it vanishes in the first mouth, and goes no farther than from one street to another. Talk of it by all means to your son or your servant, like that old fellow who, having no other auditor of his praises, nor approver of his valour, boasted to his chambermaid, crying, "O Perrette, what a brave, clever man hast thou for thy master!" At the worst, talk of it to yourself, like a councillor of my acquaintance, who, having disgorged a whole cartful of law jargon with great heat and as great folly, coming out of the council chamber to make water, was heard very complacently to mutter betwixt his teeth: *Non nobis, domine, non nobis, sed nomini tuo da gloriam:*[1] He who gets it of nobody else, let him pay himself out of his own purse.

Fame is not prostituted at so cheap a rate: rare and exemplary actions, to which it is due, would not endure the company of this prodigious crowd of petty daily performances. Marble may exalt your titles, as much as you please, for having repaired a rod of wall or cleansed a public sewer; but not men of sense. Renown does not follow all good deeds, if novelty and difficulty be not conjoined; nay, so much as mere esteem, according to the Stoics, is not due to every action that proceeds from virtue; nor will they allow him bare thanks, who, out of temperance, abstains from an old blear-eyed hag. Those who have known the admirable qualities of Scipio Africanus, deny him the glory that Panætius attributes to him, of being abstinent from gifts, as a glory not so much his as that of the age he lived in. We have pleasures suitable to our lot; let us not usurp those of grandeur: our own are more natural, and by so much more solid and sure, as they are lower. If not for that of conscience, yet at least for ambition's sake, let us reject ambition; let us disdain that thirst of honour and renown, so low and mendicant, that it makes us beg it of all sorts of people (*Quæ est ista laus quæ pessit e macello peti?*[2]) by abject means, and at what cheap rate soever: 'tis dishonour to be so honoured. Let us learn to be no more greedy, than we are capable, of glory. To be puffed up with every action that is innocent or of use, is only for those with whom such things are extraordinary and rare: they will value it as it costs them. The more a good effect makes a noise the more do I abate of its goodness as I suspect that it was more performed for the noise, than upon account of the goodness: exposed upon the stall, 'tis half sold. Those actions have much more grace and lustre, that slip from the hand of him that does them, negligently and without noise, and that some honest man thereafter finds out and raises from the shade, to produce it to the light upon its own account. *Mihi quidem laudabiliora videntur omnia, quæ sine venditatione, et sine populo teste fiunt,*[3] says the most ostentatious man that ever lived.

I had but to conserve and to continue, which are silent and insensible effects: innovation is of great lustre; but 'tis interdicted in this age, when we are pressed upon and have nothing to defend ourselves from but novelties. To forbear doing is often as generous as to do; but 'tis less in the light, and the little good that I have in me is of this kind. In fine, occasions in this employment of mine have been confederate with my humour, and I heartily thank them for it. Is there any who desires to be sick, that he may see his physician at work? and would not that physician

---

[1] Not unto us, O Lord, not to us: but unto Thy name be the glory.—Psalms, 93. 1.

[2] What praise is that which is to be got in the market-place?—Cicero, *De Finib.,* ii. 15.

[3] All things truly seem more laudable to me that are performed without ostentation, and without the testimony of the people.—*Idem, Tusc. Quæs.,* ii. 26.

deserve to be whipped, who should wish the plague amongst us, that he might put his art in practice? I have never been of that wicked humour, and common enough, to desire that troubles and disorders in this city should elevate and honour my government; I have ever heartily contributed all I could to their tranquillity and ease. He who will not thank me for the order, the sweet and silent calm that has accompanied my administration, cannot, however, deprive me of the share that belongs to me, by title of my good fortune. And I am of such a composition, that I would as willingly be lucky as wise, and had rather owe my successes purely to the favour of Almighty God, than to any operation of my own. I had sufficiently published to the world my unfitness for such public offices; but I have something in me yet worse than incapacity itself; which is, that I am not much displeased at it, and that I do not much go about to cure it, considering the course of life that I have proposed to myself. Neither have I satisfied myself in this employment; but I have very near arrived at what I expected from my own performance, and have much surpassed what I promised them with whom I had to do: for I am apt to promise something less than what I am able to do and than what I hope to make good. I assure myself that I have left no offence or hatred behind me; to leave regret or desire for me amongst them, I at least know very well that I never much aimed at it:

Mene huic confidere monstro!
Mene salis placidi vultum, fluctusque quietos
Ignorare? [1]

XI. Of Cripples

'Tis now two or three years ago that they made the year ten days shorter in France. How many changes may we expect should follow this reformation! it was really moving heaven and earth at once. Yet nothing for all that stirs from its place: my neighbours still find their seasons of sowing and reaping, the opportunities of doing their business, the hurtful and propitious days, just at the same time where they had, time out of mind, assigned them; there was no more error perceived in our old use, than there is amendment found in the alteration; so great an uncertainty there is throughout; so gross, obscure, and obtuse is our perception. 'Tis said that this regulation might have been carried on with less inconvenience, by subtracting for some years, according to the example of Augustus, the Bissextile, which is in some sort a day of impediment and trouble, till we had exactly satisfied this debt, the which itself is not done by this correction, and we yet remain some days in arrear: and yet, by this means, such order might be taken for the future, arranging that after the revolution of such or such a number of years, the supernumerary day might be always thrown out, so that we could not, henceforward, err above four-and-twenty hours in our computation. We have no other account of time but years; the world has for many ages made use of that only; and yet it is a measure that to this day we are not agreed upon, and one that we still doubt what form other nations have variously given to it, and what was the true use of it. What does this saying of some mean, that the heavens in growing old bow themselves down nearer towards us, and put us into an uncertainty even of hours and days? and that which Plutarch says of the months, that astrology had not in his time determined as to the motion of the moon; what a fine condition are we in to keep records of things past!

I was just now ruminating, as I often do, what a free and roving thing human reason is. I ordinarily see that men, in things propounded to them, more willingly study to find out reasons, than to ascertain truth: they slip over presuppositions, but are curious in examination of consequences; they leave the things, and fly to the causes. Pleasant praters! The knowledge of causes only concerns him who has the conduct of things; not us, who are merely to undergo them, and who have perfectly full and accomplished use of them, according to our need, without penetrating into the original and essence; wine is none the more pleasant to him who knows its first faculties. On the contrary, both the body and the soul interrupt and weaken the right they have of the use of the world and of themselves, by mixing with it the opinion of learning; effects concern us, but the means not at all. To determine and to distribute appertain to superiority and command; as it does to subjection to accept. Let me reprehend our custom. They commonly begin thus: "How is such a thing done?" Whereas they should say, "Is such a thing done?" Our reason is able to create a hundred other worlds, and to find out the beginnings and contexture; it needs neither matter nor foundation: let it but run on, it builds as well in the air as on the earth, and with inanity as well as with matter:

---
[1] Should I place confidence in this monster? Should I be ignorant of the dangers of that seeming placid sea, those now quiet waves?—*Æneid,* v. 849.

Dare pondus idonea fumo.[1]

I find that almost throughout we should say, "there is no such thing," and should myself often make use of this answer, but I dare not: for they cry that it is an evasion produced from ignorance and weakness of understanding; and I am fain, for the most part, to juggle for company and prate of frivolous subjects and tales that I believe never a word of; besides that in truth, 'tis a little rude and quarrelsome flatly to deny a stated fact; and few people but will affirm, especially in things hard to be believed, that they have seen them, or at least will name witnesses whose authority will stop our mouths from contradiction. In this way, we know the foundations and means of things that never were; and the world scuffles about a thousand questions, of which both the pro and the con are false. *Ita finitima sunt falsa veris, ... ut in præcipitem locum non debeat se sapiens committere.*[2] Truth and lies are faced alike; their port, taste, and proceedings are the same, and we look upon them with the same eye. I find that we are not only remiss in defending ourselves from deceit, but that we seek and offer ourselves to be gulled; we love to entangle ourselves in vanity, as a thing conformable to our being.

I have seen the birth of many miracles of my time; which, although they were abortive, yet have we not failed to foresee what they would have come to, had they lived their full age. 'Tis but finding the end of the clew, and a man may wind off as much as he will; and there is a greater distance betwixt nothing and the least thing in the world, than there is betwixt this and the greatest. Now the first that are imbued with this beginning of novelty, when they set out with their tale, find, by the oppositions they meet with, where the difficulty of persuasion lies, and so caulk up that place with some false piece; besides that, *Insita hominibus libidine alendi de industria rumores,*[3] we naturally make a conscience of restoring what has been lent us, without some usury and accession of our own. The particular error first makes the public error, and afterwards, in turn, the public error makes the particular one; and thus all this vast fabric goes forming and piling itself up from hand to hand, so that the remotest witness knows more about it than those who were nearest, and the last informed is better persuaded than the first.

'Tis a natural progress: for whoever believes anything, thinks it a work of charity to persuade another into the same opinion; which the better to do, he will make no difficulty of adding as much of his own invention, as he conceives necessary to his tale to encounter the resistance or want of conception he meets with in others. I myself, who make a great conscience of lying, and am not very solicitous of giving credit and authority to what I say, yet find that in the arguments I have in hand, being heated with the opposition of another, or by the proper warmth of my own narration, I swell and puff up my subject by voice, motion, vigour and force of words, and moreover, by extension and amplification, not without some prejudice to the naked truth; but I do it conditionally withal, that to the first who brings me to myself, and who asks me the plain and bare truth, I presently surrender my passion, and deliver the matter to him without exaggeration, without emphasis, or any painting of my own. A quick and earnest way of speaking, as mine is, is apt to run into hyperbole. There is nothing to which men commonly are more inclined, than to make way for their own opinions; where the ordinary means fail us, we add command, force, fire, and sword. 'Tis a misfortune to be at such a pass, that the best test of truth is the multitude of believers, in a crowd, where the number of fools so much exceeds the wise. *Quasi vero quidquam sit tam valde, quam nil sapere, vulgare.*[4] *Sanitatis patrocinium est, insanientium turba.*[5] 'Tis hard to resolve a man's judgment against the common opinions: the first persuasion, taken from the very subject itself, possesses the simple, and from them diffuses itself to the wise, under the authority of the number and antiquity of the witnesses. For my part, what I should not believe from one, I should not believe from a hundred and one: and I do not judge opinions by years.

'Tis not long since one of our princes, in whom the gout had spoiled an excellent nature and sprightly disposition, suffered himself to be so far persuaded with the report made to him of the marvellous operations of a certain priest, who by words and gestures cured all sorts of diseases, as to go a long journey to seek him out, and by the force of his mere imagination, for some hours

---

[1] Able to give weight to smoke.—Persius, v. 20.

[2] False things are so like the true, that a wise man should not trust himself upon the precipice.—Cicero, *Acad.*, ii. 21.

[3] Men having a natural desire to nourish reports.—Livy, xxviii. 24.

[4] As if anything were so common as ignorance.—Cicero, *De Divin.*, ii.

[5] The multitude of fools is a protection to the wise.—St. Augustine, *City of God*, vi. 10.

so persuaded and laid his legs asleep, as to obtain that service from them they had a long time forgotten. Had fortune heaped up five or six suchlike incidents, it had been enough to have brought this miracle into nature. There was afterwards discovered so much simplicity and so little art in the architect of these operations, that he was thought too contemptible to be punished; as would be thought of most such things, were they well examined. *Miramur ex intervallo fallentia.*[1] So does our sight often represent to us strange images at a distance, that vanish on approaching near: *Nunquam ad liquidum fama perducitur.*[2]

'Tis wonderful from how many idle beginnings and frivolous causes such famous impressions commonly proceed. This it is that obstructs information; for whilst we seek out causes and solid and weighty ends, worthy of so great a name, we lose the true ones; they escape our sight by their littleness. And, in truth, a very prudent, diligent, and subtle inquisition is required in such searches, indifferent, and not prepossessed. To this very hour, all these miracles and strange events have concealed themselves from me: I have never seen greater monster or miracle in the world than myself: one grows familiar with all strange things by time and custom, but the more I frequent and the better I know myself, the more does my own deformity astonish me, the less I understand myself.

The principal right of advancing and producing such accidents, is reserved to fortune. Riding the other day through a village, about two leagues from my house, I found the place yet hot with the rumour of a miracle that had lately failed of success there; wherewith first the neighbourhood had been several months amused; then the neighbouring provinces began to take it up, and to run thither in great companies of all sorts of people. A young fellow of the place had one night in sport counterfeited the voice of a spirit in his own house, without any other design at present, but only for sport; but this having succeeded with him better than he expected, to illustrate his farce with more actors he associated with him a stupid silly country girl, and at last there were three of them, of the same age and understanding, who from domestic lectures proceeded to public preaching, hiding themselves under the altar of the church, never speaking but by night, and forbidding any light to be brought. From words which tended to the conversion of the world, and threats of the day of judgment (for these are subjects under the authority and reverence of which imposture most securely lurks), they proceeded to visions and gestures so simple and ridiculous, that nothing could hardly be so gross in the sports of little children. Yet had fortune never so little favoured the design, who knows to what height this juggling might have at last arrived? These poor devils are at present in prison, and are like shortly to pay for the common folly; and I know not whether some judge will not also make them smart for his. We see clearly into this, which is discovered; but in many things of the like nature, that exceed our knowledge, I am of opinion that we ought to suspend our judgment, whether as to rejection or as to reception.

Great abuses in the world are begotten, or, to speak more boldly, all the abuses of the world are begotten, by our being taught to be afraid of professing our ignorance, and that we are bound to accept all things we are not able to refute: we speak of all things by precepts and decisions. The style at Rome was, that even that which a witness deposed to having seen with his own eyes, and what a judge determined with his most certain knowledge, was couched in this form of speaking: "it seems to me." They make me hate things that are likely, when they would impose them upon me as infallible. I love these words which mollify and moderate the temerity of our propositions: "peradventure; in some sort; some; 'tis said; I think," and the like: and had I been set to train up children I had put this way of answering into their mouths, inquiring and not resolving; "What does this mean? I understand it not; it may be: is it true?" so that they should rather have retained the form of pupils, at threescore years old, than to go out doctors, as they do, at ten. Whoever will be cured of ignorance, must confess it.

Iris is the daughter of Thaumas; admiration is the foundation of all philosophy; inquisition, the progress; ignorance, the end. But there is a sort of ignorance, strong and generous, that yields nothing in honour and courage to knowledge; an ignorance, which to conceive requires no less knowledge than to receive knowledge itself. I read in my younger years a trial that Coras, a counsellor of Toulouse, printed, of a strange incident, of two men who presented themselves the one for the other. I remember (and I hardly remember anything else) that he seemed to have rendered the imposture of him whom he judged

---

[1] We admire at distance things that deceive.—Seneca, *Epist.*, 118, 2.

[2] Report is never fully substantiated.—Quintus Curtius, ix. 2.

to be guilty, so wonderful and so far exceeding both our knowledge and his own, who was the judge, that I thought it a very bold sentence that condemned him to be hanged. Let us have some form of decree that says, "The court understands nothing of the matter"; more freely and ingenuously than the Areopagites did, who, finding themselves perplexed with a cause they could not unravel, ordered the parties to appear again after a hundred years.

The witches of my neighbourhood run the hazard of their lives, upon the report of every new author who seeks to give body to their dreams. To accommodate the examples that Holy writ gives us of such things, most certain and irrefragable examples, and to tie them to our modern events, seeing that we neither see the causes nor the means, will require another sort of wit than ours. It, peradventure, only appertains to that sole all-potent testimony to tell us. "This is, and that is, and not that other." God ought to be believed, and certainly with very good reason; but not one amongst us, for all that, who is astonished at his own narration (and he must of necessity be astonished, if he be not out of his wits), whether he employ it about other men's affairs, or against himself.

I am plain and heavy, and stick to the solid and the probable, avoiding those ancient reproaches, *Majorem fidem homines adhibent iis, quæ non intelligunt.—Cupidine humani ingenii, libentius obscura creduntur.*[1] I see very well that men get angry, and that I am forbidden to doubt, upon pain of execrable injuries; a new way of persuading! Thank God, I am not to be cuffed into belief. Let them be angry with those who accuse their opinion of falsity; I only accuse it of difficulty and boldness, and condemn the opposite affirmation equally, if not so imperiously, with them. He who will establish his proposition by authority and huffing, discovers his reason to be very weak. For a verbal and scholastic altercation, let them have as much appearance as their contradictors; *Videantur sane, non affirmentur modo;*[2] but in the real consequence they draw from it, these have much the advantage. To kill men, a clear and shining light is required; and our life is too real and essential, to warrant these supernatural and fantastic accidents.

As to drugs and poisons, I throw them out of my count, as being the worst sorts of homicides: yet even in this, 'tis said, that men are not always to rely upon the personal confessions of these people; for they have sometimes been known to accuse themselves of the murder of persons who have afterwards been found living and well. In these other extravagant accusations, I should be apt to say, that it is sufficient a man, what recommendation soever he may have, be believed as to human things; but of what is beyond his conception, and of supernatural effect, he ought then only to be believed, when authorised by a supernatural approbation. The privilege it has pleased Almighty God to give to some of our witnesses, ought not ot be lightly communicated and made cheap. I have my ears battered with a thousand such flim-flams as these: "Three persons saw him such a day in the east; three, the next day in the west; at such an hour, in such a place, and in such habit"; in earnest, I should not believe myself. How much more natural and likely do I find it that two men should lie, than that one man in twelve hours' time should fly with the wind from east to west? How much more natural that our understanding should be carried from its place by the volubility of our disordered minds, than that one of us should be carried by a strange spirit upon a broomstaff, flesh and bones as we are, up the shaft of a chimney? Let not us seek illusions from without and unknown, we who are perpetually agitated with illusions domestic and our own. Methinks one is pardonable in disbelieving a miracle, at least, at all events where one can elude its verification as such, by means not miraculous; and I am of St. Augustine's opinion, that " 'tis better to lean towards doubt than assurance, in things hard to prove and dangerous to believe."

'Tis now some years ago, that I travelled through the territories of a sovereign prince, who, in my favour, and to abate my incredulity, did me the honour to let me see, in his own presence, and in a private place, ten or twelve prisoners of this kind, and amongst others, an old hag, a real witch in foulness and deformity, who long had been famous in that profession. I saw both proofs and free confessions, and I know not what insensible mark upon the miserable creature: I examined and talked with her and the rest as much and as long as I would, and gave the best and soundest attention I could, and I am not a man to suffer my judgment to be made captive by prepossession. In the end, and in all conscience, I should rather have prescribed them hellebore than hemlock: *Captisque res magis*

---

[1] Men are most apt to believe what they least understand: and through the lust of human wit, obscure things are most easily credited. [The second sentence is from Tacitus, *Histories*, i. 22.]

[2] Let them state the probabilities, but not affirm. —Cicero, *Acad.*, ii. 27.

mentibus, quam consceleratis, similis visa;[1] justice has its corrections proper for such maladies. As to the oppositions and arguments that worthy men have made to me, both there, and often in other places, I have met with none that have convinced me, and that have not admitted a more likely solution than their conclusions. It is true, indeed, that the proofs and reasons that are founded upon experience and fact, I do not go about to untie, neither have they any end; I often cut them, as Alexander did the Gordian knot. After all, 'tis setting a man's conjectures at a very high price, upon them to cause a man to be roasted alive.

We are told by several examples, as Præstantius of his father, that being more profoundly asleep than men usually are, he fancied himself to be a mare, and that he served the soldiers for a sumpter; and what he fancied himself to be, he really proved.[2] If sorcerers dream so materially; if dreams can sometimes so incorporate themselves with effects, still I cannot believe that therefore our will should be accountable to justice; which I say as one who am neither judge nor privy councillor, and who think myself by many degrees unworthy so to be, but a man of the common sort, born and vowed to the obedience of the public reason, both in its words and acts. He who should record my idle talk as being to the prejudice of the pettiest law, opinion, or custom of his parish, would do himself a great deal of wrong, and me much more; for, in what I say, I warrant no other certainty, but that 'tis what I had then in my thought, a tumultuous and wavering thought. All I say is by way of discourse, and nothing by way of advice: *Nec me pudet, ut istos, fateri nescire, quod nesciam;*[3] I should not speak so boldly, if it were my due to be believed; and so I told a great man, who complained of the tartness and contentiousness of my exhortations. Perceiving you to be ready and prepared on one part, I propose to you the other, with all the diligence and care I can, to clear your judgment, not to compel it. God has your hearts in his hands, and will furnish you with the means of choice. I am not so presumptuous even as to desire that my opinions should bias you in a thing of so great importance: my fortune has not trained them up to so potent and elevated conclusions. Truly, I have not only a great many humours, but also a great many opinions, that I would endeavour to make my son dislike, if I had one. What, if the truest are not always the most commodious to man, being of so wild a composition.

Whether it be to the purpose or not, 'tis no great matter: 'tis a common proverb in Italy, that he knows not Venus in her perfect sweetness, who has never lain with a lame mistress. Fortune, or some particular incident, long ago put this saying into the mouths of the people; and the same is said of men as well as of women; for the queen of the Amazons answered the Scythian who courted her to love, "Lame men perform best." In this feminine republic, to evade the dominion of the males, they lamed them in their infancy—arms, legs, and other members that gave them advantage over them, and only made use of them in that wherein we, in these parts of the world, make use of them. I should have been apt to think, that the shuffling pace of the lame mistress added some new pleasure to the work, and some extraordinary titillation to those who were at the sport; but I have lately learnt that ancient philosophy has itself determined it, which says that the legs and thighs of lame women, not receiving, by reason of their imperfection, their due aliment, it falls out that the genital parts above are fuller and better supplied and much more vigorous; or else, that this defect, hindering exercise, they who are troubled with it less dissipate their strength, and come more entire to the sports of Venus; which, also, is the reason why the Greeks decried the women weavers as being more hot than other women by reason of their sedentary trade, which they carry on without any great exercise of the body. What is it we may not reason of, at this rate? I might also say of these, that the joggling about whilst so sitting at work, rouses and provokes their desire, as the swinging and jolting of coaches does that of our ladies.

Do not these examples serve to make good what I said at first: that our reasons often anticipate the effect, and have so infinite an extent of jurisdiction, that they judge and exercise themselves even on an inanity itself and nonexistency? Besides the flexibility of our invention to forge reasons of all sorts of dreams, our imagination is equally facile to receive impressions of falsity by very frivolous appearances; for, by the sole authority of the ancient and common use of this proverb, I have formerly made myself believe that I have had more pleasure in a woman, by reason she was not straight, and accordingly reckoned that deformity amongst her graces.

---

[1] The thing was rather to be attributed to madness, than malice.—Livy, viii. 18.

[2] St. Augustine, *City of God*, xviii. 18.

[3] Neither am I ashamed, as they are, to confess my ignorance of what I do not know.—Cicero, *Tusc. Quæs.*, i. 25.

Torquato Tasso, in the comparison he makes betwixt France and Italy, says he has observed that our legs are generally smaller than those of the Italian gentlemen, and attributes the cause of it to our being continually on horseback; which is the very same cause from which Suetonius draws a quite opposite conclusion, for he says, on the contrary, that Germanicus had made his legs bigger by the continuation of the same exercise. Nothing is so supple and erratic as our understanding; it is like the shoe of Theramenes, fit for all feet. It is double and diverse, and the matters are double and diverse too. "Give me a drachm of silver," said a Cynic philosopher to Antigonus. "That is not a present befitting a king," replied he. "Give me then a talent," said the other. "That is not a present befitting a Cynic."

> Seu plures calor ille vias et cæca relaxat
> Spiramenta, novas veniat qua succus in herbas:
> Seu durat magis, et venas astringit hiantes;
> Ne tenues pluviæ, rapidive potentia solis
> Acrior, aut Boreæ penetrabile frigus adurat.[1]

Ogni medaglia ha il suo riverso.[2] This is the reason why Clitomachus said of old that Carneades had outdone the labours of Hercules, in having eradicated consent from men, that is to say, opinion and the temerity of judging. This so vigorous fancy of Carneades sprung, in my opinion, anciently from the impudence of those who made profession of knowledge, and their immeasurable self-conceit. Æsop was set to sale with two other slaves; the buyer asked the first of these what he could do; he, to enhance his own value, promised mountains and marvels, saying he could do this and that, and I know not what; the second said as much of himself, or more: when it came to Æsop's turn, and that he was also asked what he could do; "Nothing," said he, "for these two have taken up all before me; they can do everything." So has it happened in the school of philosophy: the pride of those who attributed the capacity of all things to the human mind, created in others, out of despite and emulation, this opinion, that it is capable of nothing: the one maintain the same extreme in ignorance that the others do in knowledge; to make it undeniably manifest that man is immoderate throughout, and can never stop but of necessity and the want of ability to proceed further.

XII. OF PHYSIOGNOMY

ALMOST all the opinions we have are taken on authority and trust; and 'tis not amiss; we could not choose worse than by ourselves, in so weak an age. That image of Socrates' discourses, which his friends have transmitted to us, we approve upon no other account than a reverence to public sanction: 'tis not according to our own knowledge; they are not after our way; if anything of the kind should spring up now, few men would value them. We discern no graces that are not pointed and puffed out and inflated by art; such as glide on in their own purity and simplicity easily escape so gross a sight as ours; they have a delicate and concealed beauty, such as requires a clear and purified sight to discover its secret light. Is not simplicity, as we take it, cousin-german to folly, and a quality of reproach? Socrates makes his soul move a natural and common motion: a peasant said this; a woman said that; he has never anybody in his mouth but carters, joiners, cobblers, and masons; his are inductions and similitudes drawn from the most common and known actions of men; every one understands him. We should never have recognized the nobility and splendour of his admirable conceptions under so mean a form; we, who think all things low and flat, that are not elevated by learned doctrine, and who discern no riches but in pomp and show. This world of ours is only formed for ostentation: men are only puffed up with wind, and are banded to and fro like tennis-balls. He proposed to himself no vain and idle fancies; his design was to furnish us with precepts and things that more really and fitly serve the use of life;

> *Servare modum, finemque tenere,*
> *Naturamque sequi.*[3]

He was also always one and the same, and raised himself, not by starts but by complexion, to the highest pitch of vigour; or, to say better, mounted not at all, but rather brought down, reduced and subjected all asperities and difficulties to his original and natural condition; for, in Cato 'tis most manifest, that 'tis a procedure extended far beyond the common ways of men: in the brave exploits of his life, and in his death, we find him always mounted upon the great horse; whereas

---

[1] Whether the heat opens more passages and secret pores through which the sap may be derived into the new born herbs; or whether it rather hardens and binds the gaping veins that the small showers and keen influence of the violent sun, or penetrating cold of Boreas, may not hurt them.—Virgil, *Georg.*, i. 89.

[2] Every medal has its reverse.—Italian proverb.

[3] To keep a just mean, to observe just limits, and to follow Nature.—Lucan, ii. 381.

the other ever creeps upon the ground, and with a gentle and ordinary pace, treats of the most useful matters, and bears himself, both at his death and in the rudest difficulties that could present themselves, in the ordinary way of human life.

It has fallen out well, that the man most worthy to be known and to be presented to the world for example, should be he of whom we have the most certain knowledge; he has been pried into by the most clear-sighted men that ever were; the testimonies we have of him are admirable both in fidelity and fulness. 'Tis a great thing that he was able so to order the pure imaginations of a child, that, without altering or wresting them, he thereby produced the most beautiful effects of our soul: he presents it neither elevated nor rich; he only represents it sound, but assuredly with a brisk and full health. By these common and natural springs, by these ordinary and popular fancies, without being moved or put out, he set up not only the most regular, but the most high and vigorous beliefs, actions, and manners that ever were. 'Tis he who brought again from heaven, where she lost her time, human wisdom, to restore her to man, with whom her most just and greatest business lies. See him plead before his judges; observe by what reasons he rouses his courage to the hazards of war; with what arguments he fortifies his patience against calumny, tyranny, death, and the perverseness of his wife: you will find nothing in all this borrowed from arts and sciences: the simplest may there discover their own means and strength; 'tis not possible more to retire or to creep more low. He has done human nature a great kindness, in showing it how much it can do of itself.

We are all of us richer than we think we are; but we are taught to borrow and to beg, and brought up more to make use of what is another's than of our own. Man can in nothing fix himself to his actual necessity: of pleasure, wealth, and power, he grasps at more than he can hold; his greediness is incapable of moderation. And I find that in curiosity of knowing he is the same; he cuts himself out more work than he can do, and more than he needs to do: extending the utility of knowledge, to the full of its matter: *Ut omnium rerum, sic litterarum quoque, intemperantia laboramus.*[1] And Tacitus[2] had reason to commend the mother of Agricola, for having restrained her son in his too violent appetite of learning.

'Tis a good, if duly considered, which has in it, as the other goods of men have, a great deal of vanity and weakness, proper and natural to itself, and that costs very dear. Its acquisition is far more hazardous than that of all other meat or drink; for, as to other things, what we have bought we carry home in some vessel, and there have full leisure to examine our purchase, how much we shall eat or drink of it, and when: but sciences we can, at the very first, stow into no other vessel than the soul; we swallow them in buying, and return from the market, either already infected or amended: there are some that only burden and overcharge the stomach, instead of nourishing; and, moreover, some, that under colour of curing, poison us. I have been pleased, in places where I have been, to see men in devotion vow ignorance as well as chastity, poverty, and penitence: 'tis also a gelding of our unruly appetites, to blunt this cupidity that spurs us on to the study of books, and to deprive the soul of this voluptuous complacency that tickles us with the opinion of knowledge: and 'tis plenarily to accomplish the vow of poverty, to add unto it that of the mind. We need little doctrine to live at our ease; and Socrates teaches us, that this is in us, and the way how to find it, and the manner how to use it. All our sufficiency which exceeds the natural is well-nigh superfluous and vain: 'tis much if it does not rather burden and cumber us than do us good: *Paucis opus est literis ad mentem bonam:*[3] 'tis a feverish excess of the mind; a tempestuous and unquiet instrument. Do but recollect yourself, and you will find in yourself natural arguments against death, true, and the fittest to serve you in time of necessity: 'tis they that make a peasant, and whole nations, die with as much firmness as a philosopher. Should I have died less cheerfully before I had read Cicero's Tusculans? I believe not; and when I find myself at the best, I perceive that my tongue is enriched indeed, but my courage little or nothing elevated by them; that is just as nature framed it at first, and defends itself against the conflict, only after a natural and ordinary way. Books have not so much served me for instruction as exercise. What if knowledge, trying to arm us with new defences against natural inconveniences, has more imprinted in our fancies their weight and greatness, than her reasons and subtleties to secure us from them? They

---

[1] We carry intemperance into the study of literature, as well as into everything else.—Seneca, *Epist*, 106.

[2] Tacitus, *Agricola*, iv.

[3] Very little learning is needed to form a sound mind.—Seneca, *Epist.*, 106.

are subtleties, indeed, with which she often alarms us to little purpose. Do but observe, how many slight and frivolous, and, if nearly examined, incorporeal arguments, the closest and wisest authors scatter about one good one: they are but verbal quirks and fallacies to amuse and gull us: but forasmuch as it may be with some profit, I will sift them no further; many of that sort are here and there dispersed up and down this book, either borrowed or by imitation. Therefore one ought to take a little heed not to call that force which is only a pretty knack of writing, and that solid which is only sharp, or that good which is only fine: *Quæ magis gustata, quam potata delectant:*[1] everything that pleases, does not nourish: *Ubi non ingenii, sed animi negotium agitur.*[2]

To see the trouble that Seneca gives himself to fortify himself against death; to see him so sweat and pant to harden an encourage himself, and bustle so long upon this perch, would have lessened his reputation with me, had he not very bravely held himself at the last. His so ardent and frequent agitations discover that he was in himself impetuous and passionate (*Magnus animus remissius loquitur, et securius . . . non est alius ingenio, alius animo color*[3]); he must be convinced at his own expense; and he in some sort discovers that he was hard pressed by his enemy. Plutarch's way, by how much it is more disdainful and farther stretched, is, in my opinion, so much more manly and persuasive: and I am apt to believe that his soul had more assured and more regular motions. The one more sharp, pricks and makes us start, and more touches the soul; the other more constantly solid, forms, establishes, and supports us, and more touches the understanding. That ravishes the judgment, this wins it. I have likewise seen other writings, yet more reverenced than these, that in the representation of the conflict they maintain against the temptations of the flesh, paint them so sharp, so powerful and invincible, that we ourselves, who are of the common herd, are as much to wonder at the strangeness and unknown force of their temptation, as at the resisting it.

To what end do we so arm ourselves with this harness of science? Let us look down upon the poor people that we see scattered upon the face of the earth, prone and intent upon their business, that neither know Aristotle nor Cato, example nor precept; from these nature every day extracts effects of constancy and patience, more pure and manly than those we so inquisitively study in the schools: how many do I ordinarily see who slight poverty? How many who desire to die, or who die without alarm or regret? He who is now digging in my garden, has this morning buried his father or his son. The very names by which they call diseases, sweeten and mollify the sharpness of them: the phthisic is with them no more than a cough, dysentery but a looseness, the pleurisy but a stitch; and, as they gently name them, so they patiently endure them; they are very great and grievous indeed, when they hinder their ordinary labour; they never keep their beds but to die. *Simplex illa et aperta virtus in obscuram et solertem scientiam versa est.*[4]

I was writing this about a time when a great load of our intestine troubles for several months lay with all its weight upon me; I had the enemy at my door on one side, and the free-booters, worse enemies than they, on the other, *Non armis, sed vitiis, certatur;*[5] and underwent all sorts of military injuries at once:

Hostis adest dextra lævaque a parte timendus.
Vicinoque malo terret utrumque latus.[6]

A monstrous war! Other wars are bent against strangers, this against itself, destroying itself with its own poison. It is of so malignant and ruinous a nature, that it ruins itself with the rest: and with its own rage mangles and tears itself to pieces. We more often see it dissolve of itself, than through scarcity of any necessary thing, or by force of the enemy. All discipline evades it: it comes to compose sedition, and is itself full of it; would chastise disobedience, and itself is the example; and, employed for the defence of the laws, rebels against its own. What a condition are we in! Our physic makes us sick!

Nostre mal s'empoisonne
Du secours qu'on luy donne.

Exuperat magis, ægrescitque medendo.[7]

---

[1] Which more delight in the tasting, than in being drunk off.—Cicero, *Tusc. Quæs.*, v. 5.

[2] Where the question is not about the wit, but about the soul.—Seneca, *Epist.*, 75.

[3] A great courage speaks more calmly and more securely. The mind and the soul wear the same livery.—*Ibid.*, 114, 115.

[4] That plain and simple virtue is converted into an obscure and subtle knowledge.—*Ibid.*, 95.

[5] The fight is not with arms, but with vices.—*Ibid.*

[6] Right and left a formidable enemy presses on me, and threatens me on both sides with present danger.—Ovid, *De Pont.*, i. 3, 57.

[7] Our disease is poisoned with its very remedies.—*Æneid*, Bk. xii. 46. The French verses are a translation by Mademoiselle de Gourney.

Omnia fanda, nefanda, malo permista furore,
Justificam nobis mentem avertere deorum.[1]

In the beginning of these popular maladies, one may distinguish the sound from the sick; but when they come to continue, as ours have done, the whole body is then infected from head to foot; no part is free from corruption, for there is no air that men so greedily draw in, that diffuses itself so soon and that penetrates so deep, as that of licence. Our armies only subsist and are kept together by the cement of foreigners; for of Frenchmen there is now no constant and regular army to be made. What a shame it is! there is no longer any discipline but what we see in the borrowed soldiers. As to ourselves, our conduct is at discretion, and that not of the chief, but every one at his own. The General has a harder game to play within, than he has without; he it is who has to follow, to court the soldiers, to give way to them; he alone has to obey: all the rest is dissolution and free licence. It pleases me to observe how much pusillanimity and cowardice there is in ambition; by how abject and servile ways it must arrive at its end; but it displeases me to see good and generous natures, and that are capable of justice, every day corrupted in the management and command of this confusion. Long toleration begets habit; habit, consent and imitation. We had ill-formed souls enough, without spoiling those that were generous and good; so that if we hold on, there will scarcely remain any with whom to intrust the health of this State of ours, in case fortune chance to restore it:

Hunc saltem everso juvenem succurrere seclo,
Ne prohibete.[2]

What is become of the old precept, "That soldiers ought more to fear their chief than the enemy?" and of that wonderful example, that an orchard being enclosed within the precincts of a camp of the Roman army, was seen at their dislodgment the next day in the same condition, not an apple, though ripe and delicious, being pulled off, but all left to the possessor? I could wish that our youth, instead of the time they spend in less fruitful travels, and less honourable employments, would bestow one half of that time in being an eye-witness of naval exploits, under some good captain of Rhodes, and the other half in observing the discipline of the Turkish armies; for they have many differences and advantages over ours; one of these is, that our soldiers become more licentious in expeditions, theirs more temperate and circumspect; for the thefts and insolencies committed upon the common people, which are only punished with a cudgel in peace, are capital in war; for an egg taken by a Turkish soldier without paying for it, fifty blows with a stick is the fixed rate; for anything else, of what sort or how trivial soever, not necessary to nourishment, they are presently impaled or beheaded without mercy. I am astonished, in the history of Selim, the most cruel conqueror that ever was, to see that when he subdued Egypt, the beautiful gardens about Damascus being all open, and in a conquered land, and his army encamped upon the very place, should be left untouched by the hands of the soldiers, by reason they had not received the signal of pillage.

But is there any disease in a government, that it is worth while to physic with such a mortal drug? No, said Favonius, not even the tyrannical usurpation of a Commonwealth. Plato, likewise, will not consent that a man should violate the peace of his country in order to cure it, and by no means approves of a reformation that disturbs and hazards all, and that is to be purchased at the price of the citizens' blood and ruin; determining it to be the duty of a good patriot in such a case to let it alone, and only to pray to God for his extraordinary assistance: and he seems to be angry with his great friend Dion, for having proceeded somewhat after another manner. I was a Platonist in this point, before I knew there had ever been such a man as Plato in the world. And if this person ought absolutely to be rejected from our society (he who by the sincerity of his conscience, merited from the divine favour to penetrate so far into the Christian light, through the universal darkness wherein the world was involved in his time), I do not think it becomes us to suffer ourselves to be instructed by a heathen, how great an impiety it is not to expect from God any relief simply his own and without our co-operation. I often doubt, whether amongst so many men as meddle in such affairs, there is not to be found some one of so weak understanding as to have been really persuaded that he went towards reformation by the worst of deformations; and advanced towards salvation by the most express causes that we have of most assured damnation; that by overthrowing government, the magistracy, and the laws, in whose protection God has placed him, by dismembering his good mother, and giving her

---

[1] Right and wrong, all shuffled together in this wicked fury, have deprived us of the gods' protection.—Catullus, lxiv. 405.

[2] Forbid not, at least, that this young man repair this ruined age.—Virgil, *Georg.*, i. 500.

limbs to be mangled by her old enemies, filling fraternal hearts with parricidal hatreds, calling devils and furies to his aid, he can assist the most holy sweetness and justice of the divine law. Ambition, avarice, cruelty, and revenge, have not sufficient natural impetuosity of their own; let us bait them with the glorious titles of justice and devotion. There cannot a worse state of things be imagined, than where wickedness comes to be legitimate, and assumes with the magistrates' permission, the cloak of virtue: *Nihil in speciem fallacius, quam prava religio, ubi deorum numen prætenditur sceleribus.*[1] The extremest sort of injustice, according to Plato,[2] is where that which is unjust, should be reputed for just.

The common people then suffered very much, and not present damage only,

> Undique totis
> Usque adeo turbatur agris,[3]

but future too; the living were to suffer, and so were they who were yet unborn; they stript them, and consequently myself, even of hope, taking from them all they had laid up in store to live on for many years:

> Quæ nequeunt secum ferre aut abducere, perdunt;
> Et cremat insontes turba scelesta casas . . .
> Muris nulla fides, squalent populatibus agri.[4]

Besides this shock, I suffered others: I underwent the inconveniences that moderation brings along with it in such a disease: I was robbed on all hands; to the Ghibelin I was a Guelph, and to the Guelph a Ghibelin; one of my poets expresses this very well, but I know not where it is. The situation of my house, and my friendliness with my neighbours, presented me with one face; my life and my actions with another. They did not lay formal accusations to my charge, for they had no foundation for so doing; I never hide my head from the laws, and whoever would have questioned me, would have done himself a greater prejudice than me; they were only mute suspicions that were whispered about, which never want appearance in so confused a mixture, no more than envious or idle heads. I commonly myself lend a hand to injurious presumptions that fortune scatters abroad against me, by a way I have ever had of evading to justify, excuse, or explain myself; conceiving, that it were to compromise my conscience to plead in its behalf: *Perspicuitas enim argumentatione elevatur;*[5] and, as if every one saw as clearly into me as I do myself, instead of retiring from an accusation, I step up to meet it, and rather give it some kind of colour by an ironical and scoffing confession, if I do not sit totally mute, as of a thing not worth my answer. But such as look upon this kind of behaviour of mine as too haughty a confidence, have as little kindness for me as they who interpret it the weakness of an indefensible cause; namely, the great folks, towards whom want of submission is the great fault, harsh towards all justice that knows and feels itself, and is not submissive, humble, and suppliant; I have often knocked my head against this pillar. So it is, that at what then befel me, an ambitious man would have hanged himself, and a covetous man would have done the same. I have no manner of care of getting:

> Si mihi, quod nunc est, etiam minus; et mihi vivam
> Quod superest ævi, si quid superesse volent dii.[6]

but the losses that befal me by the injury of others, whether by theft or violence, go almost as near my heart, as they would do to that of the most avaricious man. The offence troubles me, without comparison, more than the loss. A thousand several sorts of mischiefs fell upon me in the neck of one another; I could more cheerfully have borne them all at once.

I was already considering to whom, amongst my friends, I might commit a helpless and decrepit age; and having turned my eyes quite round, I found myself bare. To let one's self fall plum down, and from so great a height, it ought to be in the arms of a solid, vigorous, and fortunate friendship: these are very rare, if there be any. At last, I saw that it was safest for me to trust to myself in my necessity; and if it should so fall out, that I should be but upon cold terms in Fortune's favour, I should so much the more pressingly recommend me to my own, and attach myself and look to myself all the more close-

---

[1] Nothing has a more deceiving face than false religion, where devotion is pretended by wicked men.—Livy, xxxix. 16.

[2] *Republic.*

[3] Such great disorders overtake our fields on every side.—Virgil, *Eclog.*, i. 11.

[4] What they cannot bear away, they spoil; and the wretches burn harmless houses; walls cannot secure their masters, and the fields are wasted and spoiled.—Ovid, *Trist.*, iii. 10, 35; Claudian, *In Eutrop.*, i. 244.

[5] The clearness of a cause is clouded by argumentation.—Cicero, *De Nat. Deor.*, iii. 4.

[6] May I keep what I have, or even less; and live for myself what of life remains, if the gods grant me remaining years.—Horace, *Epist.*, i. 18, 107.

ly. Men on all occasions throw themselves upon foreign assistance to spare their own, which is alone certain and sufficient, to him who knows how therewith to arm himself. Every one runs elsewhere, and to the future, forasmuch as no one is arrived at himself. And I was satisfied that they were profitable inconveniences; forasmuch as, first, ill scholars are to be admonished with the rod, when reason will not do, as a crooked piece of wood is by fire and straining reduced to straightness. I have a great while preached to myself to stick close to my own concerns, and separate myself from the affairs of others; yet I am still turning my eyes aside. A bow, a kind word or look from a great person tempts me; of which God knows how little scarcity there is in these days, and how little they signify. I, moreover, without wrinkling my forehead, hearken to the persuasions offered me, to draw me into the open market-place, and so gently refuse, as if I were half willing to be overcome. Now for so indocile a spirit blows are required; this vessel which thus chops and cleaves, and is ready to fall one piece from another, must have the hoops forced down with good sound strokes of a mallet. Secondly, that this accident served me for exercise to prepare me for worse, if I, who both by the benefit of fortune, and by the condition of my manners, hoped to be among the last, should happen to be one of the first assailed by this storm; instructing myself betimes to constrain my life, and fit it for a new state. The true liberty is to be able to do what a man will with himself: *Potentissimus est, qui se habet in potestate.*[1] In an ordinary and quiet time, a man prepares himself for moderate and common accidents; but in the confusion wherein we have been for these thirty years, every Frenchman, whether in particular or in general, sees himself every hour upon the point of the total ruin and overthrow of his fortune: by so much the more ought he to have his courage supplied with the strongest and most vigorous provisions. Let us thank fortune, that has not made us live in an effeminate, idle, and languishing age; some who could never have been so by other means, will be made famous by their misfortunes. As I seldom read in histories the confusions of other states without regret that I was not present, the better to consider them, so does my curiosity make me in some sort please myself in seeing with my own eyes this notable spectacle of our public death, its form and symptoms; and since I cannot hinder it, I am content to have been destined to be present therein, and thereby to instruct myself. So do we eagerly covet to see, though but in shadow and the fables of theatres, the pomp of tragic representations of human fortune; 'tis not without compassion at what we hear, but we please ourselves in rousing our displeasure, by the rarity of these pitiable events. Nothing tickles that does not pinch. And good historians skip over, as stagnant water and dead sea, calm narrations, to occupy themselves with wars and seditions, which they know are most acceptable to the readers.

I question whether I can decently confess with how small a sacrifice of its repose and tranquillity, I have passed over above the one half of my life amid the ruin of my country. I make my patience somewhat too cheap, in accidents that do not absolutely assail myself; and do not so much regard what they take from me, as what remains safe, both within and without. There is comfort in evading, one while this, another while that, of the evils that are levelled, at ourselves too, at last, but at present hurt others only about us; as also, that in matters of public interest, the more universally my affection is dispersed, the weaker it is: to which may be added, that it is half true: *Tantum ex publicis malis sentimus, quantum ad privatas res pertinet;*[2] and that the health from which we fell was so ill, that itself relieves the regret we should have for it. It was health, but only in comparison with the sickness that has succeeded it: we are not fallen from any great height; the corruption and brigandage which are in dignity and office, seem to me the most insupportable: we are less injuriously rifled in a wood, than in a place of security. It was an universal juncture of particular members, each rotten in emulation of the others: and most of them with inveterate ulcers, that neither admitted nor required any cure. This convulsion, therefore, really more animated than pressed me, by the assistance of my conscience, which was not only at peace within itself, but elevated, and I did not find any reason to complain of myself. Also, as God never sends evils, any more than goods, absolutely pure to men, my health continued at that time more than usually good; and, as I can do nothing without it, there are few things that I cannot do with it. It afforded me means to rouse up all my faculties, and to lay my hand before the wound that would else, peradventure, have gone farther; and I experienced,

---

[1] He is most potent, who is master of himself.—Seneca, *Epist.*, 90.

[2] We are only so far sensible of public evils, as they respect our private affairs.—Livy, xxx. 44.

in my patience, that I had some stand against fortune; and that it must be a great shock could throw me out of the saddle. I do not say this to provoke her to give me a more vigorous charge: I am her humble servant, and submit to her pleasure: let her be content, in God's name. Do you ask if I am sensible of her assaults? Yes, certainly. But, as those who are possessed and oppressed with sorrow, sometimes suffer themselves, nevertheless, by intervals to taste a little pleasure, and are sometimes surprised with a smile, so have I so much power over myself, as to make my ordinary condition quiet and free from disturbing thoughts; yet I suffer myself, withal, by fits to be surprised with the stings of those unpleasing imaginations that assault me, whilst I am arming myself to drive them away, or at least to wrestle with them.

But behold another aggravation of the evil which befel me in the tail of the rest! both without doors and within I was assailed with a most violent plague, violent in comparison of all others: for as sound bodies are subject to more grievous maladies, forasmuch as they are not to be forced but by such, so my very healthful air, where no contagion, however near, in the memory of man, ever took footing, coming to be corrupted, produced most strange effects:

Mista senum et juvenum densantur funera; nullum Sæva caput Proserpina fugit; [1]

I had to suffer this pleasant condition, that the sight of my house was frightful to me; whatever I had there was without guard, and left to the mercy of any one who wished to take it. I myself, who am so hospitable, was in very great distress for a retreat for my family; a distracted family, frightful both to its friends and itself, and filling every place with horror where it attempted to settle, having to shift its abode so soon as any one's finger began but to ache; all diseases are then concluded to be the plague, and people do not stay to examine whether they are so or no. And the mischief on't is, that, according to the rules of art, in every danger that a man comes near, he must undergo a quarantine in fear of the evil, your imagination all the while tormenting you at pleasure, and turning even your health itself into a fever. Yet all this would have much less affected me, had I not withal been compelled to be sensible of the sufferings of others, and miserably to serve six months together for a guide to this caravan; for I carry my own antidotes within myself, which are resolution and patience. Apprehension, which is particularly feared in this disease, does not much trouble me; and, if being alone, I should have been taken, it had been a less cheerless and more remote departure; 'tis a kind of death that I do not think of the worst sort; 'tis commonly short, stupid, without pain, and consoled by the public condition; without ceremony, without mourning, without a crowd. But as to the people about us, the hundredth part of them could not be saved:

Videas desertaque regna
Pastorum, et longe saltus lateque vacantes. [2]

In this place my largest revenue is pure manual labour: what an hundred men ploughed for me, lay a long time fallow.

But then, what example of resolution did we not see in the simplicity of all this people? Generally, every one renounced all care of life; the grapes, the principal wealth of the country, remained untouched upon the vines; every man indifferently prepared for and expected death, either to-night or to-morrow, with a countenance and voice so far from fear, as if they had come to terms with this necessity, and that it was an universal and inevitable sentence. 'Tis always such; but how slender hold has the resolution of dying? The distance and difference of a few hours, the sole consideration of company, renders its apprehension various to us. Observe these people: by reason that they die in the same month, children, young people, and old, they are no longer astonished at it: they no longer lament. I saw some who were afraid of staying behind, as in a dreadful solitude; and I did not commonly observe any other solicitude amongst them, than that of sepulture; they were troubled to see the dead bodies scattered about the fields, at the mercy of the wild beasts, that presently flocked thither. How differing are the fancies of men! the Neorites, a nation subjected by Alexander, threw the bodies of their dead into the deepest and less frequented part of their woods, on purpose to have them there eaten; the only sepulture reputed happy amongst them. Some, who were yet in health, dug their own graves; others laid themselves down in them whilst alive; and a labourer of mine, in dying, with his hands and feet pulled the earth upon him. Was not this to nestle and settle himself to sleep at greater ease? A bravery in some sort like that of the

---

[1] Old and young were buried in mixed heaps. No one escaped cruel Proserpine.—Horace, *Od.*, i. 28, 19.

[2] You would have seen the fields a desert, and everywhere forsaken groves.—Virgil, *Georg.*, iii. 476.

Roman soldiers, who, after the battle of Cannæ, were found with their heads thrust into holes in the earth, which they had made, and in suffocating themselves, with their own hands pulled the earth about their ears. In short, a whole province was, by the common usage, at once brought to a course, nothing inferior in undauntedness to the most studied and premeditated resolution.

Most of the instructions of science to encourage us herein have in them more of show than of force, and more of ornament than of effect. We have abandoned Nature, and will teach her what to do; teach her who so happily and so securely conducted us; and in the meantime, from the footsteps of her instruction, and that little which, by the benefit of ignorance, remains of her image imprinted in the life of this rustic rout of unpolished men, science is constrained every day to borrow patterns for her disciples of constancy, tranquillity and innocence. It is pretty to see, that these persons, full of so much fine knowledge, have to imitate this foolish simplicity, and this in the primary actions of virtue; and that our wisdom must learn even from beasts, the most profitable instructions in the greatest and most necessary concerns of our life; as, how we are to live and die, manage our property, love and bring up our children, maintain justice: a singular testimony of human infirmity; and that this reason we so handle at our pleasure, finding evermore some diversity and novelty, leaves in us no apparent trace of nature. Men have done with nature as perfumers with oils; they have sophisticated her with so many argumentations and far-fetched discourses, that she is become variable and particular to each, and has lost her proper, constant, and universal face; so that we must seek testimony from beasts, not subject to favour, corruption, or diversity of opinions. It is, indeed, true that even these themselves do not always go exactly in the path of nature, but wherein they swerve, it is so little that you may always see the track; as horses that are led, make many bounds and curvets, but 'tis always at the length of the halter, and they still follow him that leads them; and as a young hawk takes its flight, but still under the restraint of its tether. *Exsilia, tormenta, bella, morbos, naufragia meditare, . . . ut nullo sis malo tiro.*[1] What good will this curiosity do us, to anticipate all the inconveniences of human nature, and to prepare ourselves with so much trouble against things which, peradventure, will never befal us? *Parem passis tristitiam facit, pati posse;*[2] not only the blow, but the wind of the blow strikes us; or, like phrenetic people—for certainly it is a phrensy—to go immediately and whip yourself, because it may so fall out that Fortune may one day make you undergo it; and to put on your furred gown at Midsummer, because you will stand in need of it at Christmas! Throw yourselves, say they, into the experience of all the evils, the most extreme evils that can possibly befal you, and so be assured of them. On the contrary, the most easy and most natural way, would be to banish even the thoughts of them; they will not come soon enough; their true being will not continue with us long enough; our mind must lengthen and extend them; we must incorporate them in us beforehand, and there entertain them, as if they would not otherwise sufficiently press upon our senses. "We shall find them heavy enough when they come," says one of our masters, of none of the tender sects, but of the most severe; "in the meantime, favour thyself; believe what pleases thee best: what good will it do thee to anticipate thy ill fortune, to lose the present for fear of the future; and to make thyself miserable now, because thou art to be so in time?" These are his words. Science, indeed, does us one good office, in instructing us exactly as to the dimensions of evils,

Curis acuens mortalia corda![3]

'Twere pity that any part of their greatness should escape our sense and knowledge.

'Tis certain that, for the most part, the preparation for death has administered more torment than the thing itself. It was of old truly said, and by a very judicious author, *Minus afficit sensus fatigatio, quam cogitatio.*[4] The sentiment of present death sometimes, of itself, animates us with a prompt resolution not to avoid a thing that is utterly inevitable: many gladiators have been seen in the olden time, who, after having fought timorously and ill, have courageously entertained death, offering their throats to the enemies' sword and bidding them despatch. The sight of future death requires a courage that is slow, and consequently hard to be got. If you know not how to die, never trouble yourself;

---

[1] Meditate upon banishments, tortures, wars, diseases, and shipwrecks, that thou mayest not be a novice in any disaster.—Seneca, *Epist.*, 91, 107.

[2] It troubles men as much that they may possibly suffer, as if they really did suffer.—*Ibid.*, 74.

[3] Sharpening mortals by care.—Virgil, *Georg.*, i. 123.

[4] Suffering itself less afflicts the senses than the apprehension of suffering.—Quintilian, *Inst. Orat.*, i. 12.

nature will, at the time, fully and sufficiently instruct you: she will exactly do that business for you; take you no care—

Incertam frustra, mortales, funeris horam
Quæritis, et qua sit mors aditura via....[1]

Pœna minor, certam subito perferre ruinam;
Quod timeas, gravius sustinuisse diu.[2]

We trouble life by the care of death, and death by the care of life: the one torments, the other frights us. It is not against death that we prepare, that is too momentary a thing; a quarter of an hour's suffering, without consequence, and without damage, does not deserve especial precepts: to say the truth, we prepare ourselves against the preparations of death. Philosophy ordains that we should always have death before our eyes, to see and consider it before the time, and then gives us rules and precautions to provide that this foresight and thought do us no harm: just so do physicians, who throw us into diseases, to the end they may have whereon to employ their drugs and their art. If we have not known how to live, 'tis injustice to teach us how to die, and make the end difform from all the rest: if we have known how to live firmly and quietly, we shall know how to die so too. They may boast as much as they please, *Tota philosophorum vita, commentatio mortis est*;[3] but I fancy that, though it be the end, it is not the aim of life; 'tis its end, its extremity, but not nevertheless its object; it ought itself to be its own aim and design; its true study is to order, govern, and suffer itself. In the number of several other offices, that the general and principal chapter of Knowing how to live comprehends, is this article of Knowing how to die; and, did not our fears give it weight, one of the lightest too.

To judge of them by utility and by the naked truth, the lessons of simplicity are not much inferior to those which learning teaches us: nay, quite the contrary. Men differ in sentiment and force; we must lead them to their own good according to their capacities and by various ways:

Quo me cumque rapit tempestas, deferor hospes.[4]

I never saw any peasant among my neighbours cogitate with what countenance and assurance he should pass over his last hour; nature teaches him not to think of death till he is dying; and then he does it with a better grace than Aristotle, upon whom death presses with a double weight, both of itself and of so long a premeditation; and, therefore, it was the opinion of Cæsar, that the least premeditated death was the easiest and the most happy. *Plus dolet quam necesse est, qui ante dolet, quam necesse est.*[5] The sharpness of this imagination springs from our curiosity: 'tis thus we ever impede ourselves, desiring to anticipate and regulate natural prescripts. It is only for the doctors to dine worse for it, when in the best health, and to frown at the image of death; the common sort stand in need of no remedy or consolation, but just in the shock, and when the blow comes; and consider on't no more than just what they endure. Is it not, then, as we say, that the stolidity and want of apprehension in the vulgar give them that patience in present evils, and that profound carelessness of future sinister accidents? That their souls, in being more gross and dull, are less penetrable and not so easily moved? If it be so, let us henceforth, in God's name, teach nothing but ignorance: 'tis the utmost fruit the sciences promise us, to which this stolidity so gently leads its disciples.

We have no want of good masters, interpreters of natural simplicity. Socrates shall be one; for, as I remember, he speaks something to this purpose to the judges who sat upon his life and death.[6] "I am afraid, my masters, that if I entreat you not to put me to death, I shall confirm the charge of my accusers, which is, that I pretend to be wiser than others, as having some more secret knowledge of things that are above and below us. I have neither frequented nor known death, nor have ever seen any person that has tried its qualities, from whom to inform myself. Such as fear it, presuppose they know it; as for my part, I neither know what it is, nor what they do in the other world. Death is, peradventure, an indifferent thing; peradventure, a thing to be desired. 'Tis nevertheless to be believed, if it be a transmigration from one place to another, that it is a bettering of one's condition to go and live with so many great persons deceased, and to be exempt from having any more to do with

---

[1] Mortals, in vain you seek to know the hour of death, and how it will come upon you.—Propertius, ii. 27, 1.

[2] 'Tis less painful to undergo sudden destruction: 'tis hard to bear that which you long fear.—Author uncertain.

[3] That the whole life of a philosopher is the meditation of his death.—Cicero, *Tusc. Quæs.*, i. 30.

[4] Wherever the tempest drives me, there I abide as a guest.—Horace, *Epist.*, i. 1, 15.

[5] He grieves more than is necessary, who grieves before it is necessary.—Seneca, *Epist.*, 95.

[6] That which follows is taken from Plato, *Apology*.

unjust and corrupt judges: if it be an annihilation of our being, 'tis yet a bettering of one's condition to enter into a long and peaceable night; we find nothing more sweet in life than quiet repose and a profound sleep, without dreams. The things that I know to be evil, as to injure one's neighbour, and to disobey one's superior, whether it be God or man, I carefully avoid: such as I do not know whether they be good or evil, I cannot fear them. If I am to die and leave you alive, the gods alone only know whether it will go better with you or with me. Wherefore, as to what concerns me, you may do as you shall think fit. But according to my method of advising just and profitable things, I say that you will do your consciences more right, to set me at liberty, unless you see further into my cause than I do; and, judging according to my past actions, both public and private, according to my intentions, and according to the profit that so many of our citizens, both young and old, daily extract from my conversation, and the fruit that you all reap from me, you cannot more duly acquit yourselves towards my merit, than in ordering that, my poverty considered, I should be maintained at the Prytaneum, at the public expense, a thing that I have often known you, with less reason, grant to others. Do not impute it to obstinacy or disdain, that I do not, according to the custom, supplicate and go about to move you to commiseration. I have both friends and kindred, not being, as Homer says,[1] begotten of wood or of a stone, no more than others, who might well present themselves before you with tears and mourning, and I have three desolate children with whom to move you to compassion; but I should do a shame to our city at the age I am, and in the reputation of wisdom which is now charged against me, to appear in such an abject form. What would men say of the other Athenians? I have always admonished those who have frequented my lectures, not to redeem their lives by an unbecoming action; and in the wars of my country, at Amphipolis, Potidea, Delia, and other expeditions where I have been, I have effectually manifested how far I was from securing my safety by my shame. I should, moreover, compromise your duty, and should invite you to unbecoming things; for 'tis not for my prayers to persuade you, but for the pure and solid reasons of justice. You have sworn to the gods to keep yourselves upright; and it would seem as if I suspected you, or would recriminate upon you that I do not believe that you are so;

and I should testify against myself, not to believe them as I ought, mistrusting their conduct, and not purely committing my affair into their hands. I wholly rely upon them; and hold myself assured they will do in this what shall be most fit both for you and for me: good men, whether living or dead, have no reason to fear the gods."

Is not this an innocent child's pleading of an inimaginable loftiness, true, frank, and just, unexampled? And in what a necessity employed! Truly, he had very good reason to prefer it before that which the great orator Lysias had penned for him: admirably couched, indeed, in the judiciary style, but unworthy of so noble a criminal. Had a suppliant voice been heard out of the mouth of Socrates, that lofty virtue had struck sail in the height of its glory; and ought his rich and powerful nature to have committed her defence to art, and, in her highest proof, have renounced truth and simplicity, the ornaments of his speaking, to adorn and deck herself with the embellishments of figures, and the flourishes of a premeditated speech? He did very wisely, and like himself, not to corrupt the tenor of an incorrupt life, and so sacred an image of the human form, to spin out his decrepitude another year, and to betray the immortal memory of that glorious end. He owed his life not to himself, but to the example of the world; had it not been a public damage, that he should have concluded it after a lazy and obscure manner? Assuredly, that careless and indifferent consideration of his death deserved that posterity should consider it so much the more, as indeed they did; and there is nothing so just in justice than that which fortune ordained for his recommendation; for the Athenians abominated all those who had been causers of his death to such a degree, that they avoided them as excommunicated persons, and looked upon everything as polluted that had been touched by them; no one would wash with them in the public baths, none would salute or own acquaintance with them: so that, at last, unable longer to support this public hatred, they hanged themselves.

If any one shall think that, amongst so many other examples that I had to choose out of in the sayings of Socrates for my present purpose, I have made an ill choice of this, and shall judge this discourse of his elevated above common conceptions, I must tell them that I have purposely selected it; for I am of another opinion, and hold it to be a discourse, in rank and simplicity, much below and behind common conceptions. He represents, in an inartificial bold-

---

[1] *Odyssey*, xix. 163.

ness and infantine security, the pure and first impression and ignorance of nature; for it is to be believed that we have naturally a fear of pain, but not of death, by reason of itself; 'tis a part of our being, and no less essential than living. To what end should nature have begotten in us a hatred to it and a horror of it, considering that it is of so great utility to her in maintaining the succession and vicissitude of her works? and that in this universal republic, it conduces more to birth and augmentation, than to loss or ruin?

Sic rerum summa novatur.[1]

Mille animas una necata dedit.

"The failing of one life is the passage to a thousand other lives." Nature has imprinted in beasts the care of themselves and of their conservation; they proceed so far as to be timorous of being worse, of hitting or hurting themselves, of our haltering and beating them, accidents subject to their sense and experience; but that we should kill them, they cannot fear, nor have they the faculty to imagine and conclude such a thing as death; it is said, indeed, that we see them not only cheerfully undergo it, horses for the most part neighing and swans singing when they die, but, moreover, seek it at need, of which elephants have given many examples.

But besides, is not the way of arguing which Socrates here makes use of, equally admirable both in simplicity and vehemence? Truly, it is much more easy to speak like Aristotle, and to live like Cæsar, than to speak and live as Socrates did; there lies the extreme degree of perfection and difficulty; art cannot reach it. Now, our faculties are not so trained up; we do not try, we do not know them; we invest ourselves with those of others, and let our own lie idle; as some one may say of me, that I have here only made a nosegay of culled flowers, and have brought nothing of my own but the thread that ties them.

In earnest, I have so far yielded to the public opinion, that those borrowed ornaments accompany me, but I would not have them totally cover and hide me; that is quite contrary to my design, who desire to make a show of nothing but what is my own, and what is my own by nature; and had I taken my own advice, I had at all hazards spoken purely alone. I more and more load myself every day, beyond my purpose and first method, upon the account of idleness and the humour of the age. If it misbecome me, as I believe it does, 'tis no matter; it may be of use to some others. Such there are who quote Plato and Homer, who never saw either of them; and I also have taken things out of places far enough distant from their source. Without pains and without learning, having a thousand volumes about me in the place where I write, I can presently borrow, if I please, from a dozen such scrap-gatherers, people about whom I do not much trouble myself, wherewith to trick up this treatise of Physiognomy; there needs no more but a preliminary epistle of the German cut to stuff me with illustrations. And so 'tis we go a begging for a ticklish glory, cheating the sottish world. These lumber pies of common-places, wherewith so many furnish their studies, are of little use but to common subjects, and serve but to show us, and not to direct us: a ridiculous fruit of learning that Socrates so pleasantly discusses against Euthydemus. I have seen books made of things that were never either studied or understood; the author committing to several of his learned friends the examination of this and t'other matter to compile it, contenting himself, for his share, with having projected the design, and by his industry to have tied together this faggot of unknown provisions; the ink and paper, at least, are his. This is to buy or borrow a book, and not to make one; 'tis to show men not that he can make a book, but that, whereof they may be in doubt, he cannot make one. A president, in my hearing, boasted that he had cluttered together two hundred and odd common-places in one of his judgments; in telling which, he deprived himself of the glory he had got by it: in my opinion, a pusillanimous and absurd vanity for such a subject and such a person. I do quite contrary; and amongst so many borrowed things, am glad if I can steal one, disguising and altering it for some new service; at the hazard of having it said that 'tis for want of understanding its natural use; I give it some particular address of my own hand, to the end it may not be so absolutely foreign. These set their thefts in show, and value themselves upon them, and so have more credit with the laws than I; we naturalists think that there is a great and incomparable preference in the honour of invention over that of quotation.

If I would have spoken by learning, I had spoken sooner; I had written in a time nearer to my studies, when I had more wit and better memory; and should sooner have trusted to the vigour of that age than of this, would I have professed writing. And what if this gracious favour which Fortune has lately offered me upon the account of this work, had befallen me in that

---

[1] Lucretius, ii. 74.

time of my life, instead of this, wherein 'tis equally desirable to possess, soon to be lost! Two of my acquaintance, great men in this faculty, have, in my opinion, lost half, in refusing to publish at forty years old, that they might stay till threescore. Maturity has its defects as well as green years, and worse; and old age is as unfit for this kind of business as for any other. He who commits his decrepitude to the press, plays the fool if he thinks to squeeze anything out thence, that does not relish of dreaming, dotage and drivelling; the mind grows costive and thick in growing old. I deliver my ignorance in pomp and state, and my learning meagrely and poorly; this accidentally and accessorily, that principally and expressly; and write specifically of nothing, but nothing, nor of any science but of that inscience. I have chosen a time when my life, which I am to give an account of, lies wholly before me; what remains has more to do with death; and of my death itself, should I find it a prating death, as others do, I would willingly give an account at my departure.

Socrates was a perfect exemplar in all great qualities, and I am vexed that he had so deformed a face and body as is said, and so unsuitable to the beauty of his soul, himself being so amorous and such an admirer of beauty: Nature did him wrong. There is nothing more probable than the conformity and relation of the body to the soul: *Ipsi animi magni refert, quali in corpore locati sint: multa enim e corpore existunt, quæ acuant mentem: multa, quæ obtundant;*[1] this refers to an unnatural ugliness and deformity of limbs; but we call ugliness also an unseemliness at first sight, which is principally lodged in the face, and disgusts us on very slight grounds, by the complexion, a spot, a rugged countenance, for some reasons often wholly inexplicable, in members nevertheless of good symmetry and perfect. The deformity, that clothed a very beautiful soul in La Boetie, was of this predicament: that superficial ugliness, which nevertheless is always the most imperious, is of least prejudice to the state of the mind, and of little certainty in the opinion of men. The other, which by a more proper name, is called deformity, more substantial, strikes deeper in. Not every shoe of smooth shining leather, but every shoe well made, shows the shape of the foot within. As Socrates said of his, it betrayed equal ugliness in his soul, had he not corrected it by education; but in saying so, I believe he did but scoff, as his custom was; never so excellent a soul made itself.

I cannot often enough repeat how great an esteem I have for beauty, that potent and advantageous quality: he called it "a short tyranny," and Plato, "the privilege of nature." We have nothing that excels it in reputation; it has the first place in the commerce of men; it presents itself in the front; seduces and prepossesses our judgments with great authority and wonderful impression. Phryne had lost her cause in the hands of an excellent advocate, if, opening her robe, she had not corrupted her judges by the lustre of her beauty. And I find that Cyrus, Alexander, and Cæsar, the three masters of the world, never neglected beauty in their greatest affairs; no more did the first Scipio. The same word in Greek signifies both fair and good; and the Holy Word often says good, when it means fair: I should willingly maintain the priority in good things, according to the song that Plato[2] calls an idle thing, taken out of some ancient poet: "health, beauty, riches." Aristotle says that the right of command appertains to the beautiful; and that, when there is a person whose beauty comes near the images of the gods, veneration is equally due to him.[3] To him who asked why people oftener and longer frequent the company of handsome persons: "That question," said he, "is only to be asked by the blind." Most of the philosophers, and the greatest, paid for their schooling, and acquired wisdom by the favour and mediation of their beauty. Not only in the men that serve me, but also in the beasts, I consider it within two fingers' breadth of goodness.

And yet I fancy that those features and moulds of face, and those lineaments, by which men guess at our internal complexions and our fortunes to come, is a thing that does not very directly and simply lie under the chapter of beauty and deformity, no more than every good odour and serenity of air promises health, nor all fog and stink, infection in a time of pestilence. Such as accuse ladies of contradicting their beauty by their manners, do not always hit right; for, in a face which is none of the best, there may dwell some air of probity and trust: as on the contrary, I have read, betwixt two beautiful eyes, menaces of a dangerous and malignant nature. There are favourable physiognomies, so that in a crowd of

---

[1] It is of great consequence in what bodies souls are placed, for many things spring from the body that sharpen the mind, and many that blunt and dull it.—Cicero, *Tusc. Quæs.*, i. 33.

[2] In the *Gorgias*.
[3] *Politics*, i. 5.

victorious enemies, you shall presently choose, amongst men you never saw before, one rather than another, to whom to surrender, and with whom to intrust your life; and yet not properly upon the consideration of beauty.

A person's look is but a feeble warranty; and yet it is something considerable too; and if I had to lash them, I would most severely scourge the wicked ones who belie and betray the promises that nature has planted in their foreheads; I should with greater severity punish malice under a mild and gentle aspect. It seems as if there were some lucky and some unlucky faces; and I believe there is some art in distinguishing affable from merely simple faces, severe from rugged, malicious from pensive, scornful from melancholic, and such other bordering qualities. There are beauties which are not only haughty, but sour, and others that are not only gentle but more than that, insipid; to prognosticate from them future events, is a matter that I shall leave undecided.

I have, as I have said elsewhere, as to my own concern, simply and implicitly embraced this ancient rule, "That we cannot fail in following Nature," and that the sovereign precept is to "conform ourselves to her." I have not, as Socrates did, corrected my natural composition by the force of reason, and have not in the least disturbed my inclination by art; I have let myself go as I came: I contend not; my two principal parts live, of their own accord, in peace and good intelligence, but my nurse's milk, thank God, was tolerably wholesome and good. Shall I say this by the way? that I see, in greater esteem than 'tis worth, and in use solely among ourselves, a certain image of scholastic probity, a slave to precepts, and fettered with hope and fear. I would have it such as that laws and religions should not make, but perfect and authorise it; that finds it has wherewithal to support itself without help, born and rooted in us from the seed of universal reason, imprinted in every man by nature. That reason which straightens Socrates from his vicious bend, renders him obedient to the gods and men of authority in his city; courageous in death, not because his soul is immortal, but because he is mortal. 'Tis a doctrine ruinous to all government, and much more hurtful than ingenious and subtle, which persuades the people that a religious belief is alone sufficient, and without conduct, to satisfy the divine justice. Use demonstrates to us a vast distinction betwixt devotion and conscience.

I have a favourable aspect, both in form and interpretation;

Quid dixi, habere me? imo habui, Chreme.[1]
Heu! tantum attriti corporis ossa vides;[2]

and that makes a quite contrary show to that of Socrates. It has often befallen me, that upon the mere credit of my presence and air, persons who had no manner of knowledge of me, have put a very great confidence in me, whether in their own affairs or mine; and I have in foreign parts thence obtained singular and rare favours. But the two following examples are, peradventure, worth particular relation: a certain person planned to surprise my house and me in it; his scheme was to come to my gates alone, and to be importunate to be let in. I knew him by name, and had fair reason to repose confidence in him, as being my neighbour and something related to me. I caused the gates to be opened to him, as I do to every one. There I found him, with every appearance of alarm, his horse panting, and all in a foam. He presently popped in my ears this flim-flam: "That, about half a league off, he had met with a certain enemy of his, whom I also knew, and had heard of their quarrel; that his enemy had given him a very brisk chase, and that having been surprised in disorder, and his party being too weak, he had fled to my gates for refuge; and that he was in great trouble for his followers, whom (he said) he concluded to be all either dead or taken." I innocently did my best to comfort, assure, and refresh him. Shortly after came four or five of his soldiers, who presented themselves in the same countenance and affright, to get in too; and after them more, and still more, very well mounted and armed, to the number of five and twenty or thirty, pretending that they had the enemy at their heels. This mystery began a little to awaken my suspicion; I was not ignorant what an age I lived in, how much my house might be envied, and I had several examples of others of my acquaintance to whom a mishap of this sort had happened. But, thinking there was nothing to be got by having begun to do a courtesy, unless I went through with it, and that I could not disengage myself from them without spoiling all, I let myself go the most natural and simple way, as I always do, and invited them all to come in. And in truth I am naturally very little inclined to suspicion and distrust; I willingly incline towards excuse and the gentlest interpretation; I take men according to the common order, and do not more believe in those perverse and unnatural inclina-

---

[1] Have, did I say? no, Chremes, I had.—Terence, *Heaut.*, I. i. 42.

[2] Alas, of a worn body thou but seest the bones.—Pseudo-Gallus, 1. 238.

tions, unless convinced by manifest evidence, than I do in monsters and miracles; and I am, moreover, a man who willingly commit myself to Fortune, and throw myself headlong into her arms; and I have hitherto found more reason to applaud than to blame myself for so doing, having ever found her more discreet about, and a greater friend to my affairs, than I am myself. There are some actions in my life whereof the conduct may justly be called difficult, or, if you please, prudent; of these, supposing the third part to have been my own, doubtless the other two-thirds were absolutely hers. We make, methinks, a mistake, in that we do not enough trust heaven with our affairs, and pretend to more from our own conduct than appertains to us; and therefore it is that our designs so often miscarry. Heaven is jealous of the extent that we attribute to the right of human prudence above its own, and cuts it all the shorter by how much the more we amplify it. The last comers remained on horseback in my courtyard, whilst their leader, who was with me in the parlour, would not have his horse put up in the stable, saying he should immediately retire, so soon as he had news of his men. He saw himself master of his enterprise, and nothing now remained but its execution. He has since several times said (for he was not ashamed to tell the story himself) that my countenance and frankness had snatched the treachery out of his hands. He again mounted his horse; his followers, who had their eyes intent upon him, to see when he would give the signal, being very much astonished to find him come away and leave his prey behind him.

Another time, relying upon some truce, just published in the army, I took a journey through a very ticklish country. I had not ridden far but I was discovered, and two or three parties of horse, from various places, were sent out to seize me; one of them overtook me on the third day, and I was attacked by fifteen or twenty gentlemen in vizors, followed at a distance by a band of foot soldiers. I was taken, withdrawn into the thick of a neighbouring forest, dismounted, robbed, my trunks rifled, my money-box taken, and my horses and equipage divided amongst new masters. We had, in this copse, a very long contest about my ransom, which they set so high, that it was manifest I was not known to them. They were, moreover, in a very great debate about my life; and, in truth, there were various circumstances that clearly showed the danger I was in.

Tunc animis opus, Ænea, tunc pectore firmo.[1]

I still insisted upon the truce, too willing they should have the gain of what they had already taken from me, which was not to be despised, without promise of any other ransom. After two or three hours that we had been in this place, and that they had mounted me upon a pitiful jade that was not likely to run from them, and committed me to the guard of fifteen or twenty harquebuseers, and dispersed my servants to others, having given order that they should carry us away prisoners several ways, and I being already got some two or three musket-shots from the place,

Jam prece Pollucis, jam Castoris, implorata,[2]

behold a sudden and unexpected alteration; I saw the chief return to me with gentler language, making search amongst the troopers for my scattered property, and causing as much as could be recovered, to be restored to me, even to my money-box; but the best present they made me was my liberty, for the rest did not much concern me at that time. The true cause of so sudden a change, and of this reconsideration, without any apparent impulse, and of so miraculous a repentance, in such a time, in a planned and deliberate enterprise, and become just by usage (for, at the first dash, I plainly confessed to them of what party I was, and whither I was going), truly, I do not yet rightly understand. The most prominent amongst them, who pulled off his vizor and told me his name, repeatedly told me at the time over and over again, that I owed my deliverance to my countenance, and the liberty and boldness of my speech, that rendered me unworthy of such a misadventure, and should secure me from its repetition. 'Tis possible that the Divine goodness willed to make use of this vain instrument for my preservation; and it, moreover, defended me the next day from other and worse ambushes, of which these my assailants had given me warning. The last of these two gentlemen is yet living, himself to tell the story; the first was killed not long ago.

If my face did not answer for me, if men did not read in my eyes and in my voice the innocence of my intention, I had not lived so long without quarrels and without giving offence, seeing the indiscreet liberty I take to say, right or wrong, whatever comes into my head, and to judge so rashly of things. This way may, with reason, appear uncivil, and ill adapted to our

---

[1] Then, Æneas, there was needed an undaunted courage.—*Æneid*, vi. 261.

[2] Having prayed for the aid of Castor and Pollux. —Catullus, lxvi. 65.

way of conversation; but I have never met with any who judged it outrageous or malicious, or that took offence at my liberty, if he had it from my own mouth; words repeated have another kind of sound and sense. Nor do I hate any person; and I am so slow to offend, that I cannot do it, even upon the account of reason itself; and when occasion has required me to sentence criminals, I have rather chosen to fail in point of justice than to do it: *Ut magis peccari nolim, quam satis animi ad vindicanda peccata habeam.*[1]

Aristotle, 'tis said, was reproached for having been too merciful to a wicked man: "I was, indeed," said he, "merciful to the man, but not to his wickedness." Ordinary judgments exasperate themselves to punishment by the horror of the fact: but it cools mine; the horror of the first murder makes me fear a second; and the deformity of the first cruelty makes me abhor all imitation of it. That may be applied to me, who am but a Knave of Clubs, which was said of Charillus, king of Sparta: "He cannot be good, seeing he is not evil to the wicked." Or thus—for Plutarch delivers it both these ways, as he does a thousand other things, variously and contradictorily—"He must needs be good, because he is so even to the wicked." Even as in lawful actions, I dislike to employ myself, when for such as are displeased at it; so, to say the truth, in unlawful things, I do not make conscious enough of employing myself, when for such as are willing.

XIII. OF EXPERIENCE

THERE is no desire more natural than that of knowledge. We try all ways that can lead us to it; where reason is wanting, we therein employ experience,

Per varios usus artem experientia fecit,
Exemplo monstrante viam,[2]

which is a means much more weak and cheap; but truth is so great a thing, that we ought not to disdain any mediation that will guide us to it. Reason has so many forms, that we know not to which to take; experience has no fewer; the consequence we would draw from the comparison of events is unsure, by reason they are always unlike. There is no quality so universal in this image of things, as diversity and variety. Both the Greeks and the Latins, and we, for the most express example of similitude, employ that of eggs: and yet there have been men, particularly one at Delphos, who could distinguish marks of difference amongst eggs so well, that he never mistook one for another; and, having many hens, could tell which had laid it. Dissimilitude intrudes itself of itself in our works; no art can arrive at perfect similitude: neither Perrozet, nor any other cardmaker, can so carefully polish and blanch the backs of his cards, that some gamesters will not distinguish them by seeing them only shuffled by another. Resemblance does not so much make one, as difference makes another. Nature has obliged herself to make nothing other, that was not unlike.

And yet I am not much pleased with his opinion, who thought by the multitude of laws to curb the authority of judges, in cutting out for them their several parcels; he was not aware that there is as much liberty and latitude in the interpretation of laws, as in their form; and they but fool themselves, who think to lessen and stop our disputes by recalling us to the express words of the Bible: forasmuch as our mind does not find the field less spacious wherein to controvert the sense of another, than to deliver his own; and as if there were less animosity and tartness in commentary than in invention. We see how much he was mistaken; for we have more laws in France than all the rest of the world put together, and more than would be necessary for the government of all the worlds of Epicurus: *Ut olim flagitiis, sic nunc legibus laboramus:*[3] and yet we have left so much to the opinions and decisions of our judges, that there never was so full a liberty or so full a licence. What have our legislators gained by culling out a hundred thousand particular cases, and by applying to these a hundred thousand laws? This number holds no manner of proportion with the infinite diversity of human actions; the multiplication of our inventions will never arrive at the variety of examples; add to these a hundred times as many more, it will still not happen, that of events to come, there shall one be found that, in this vast number of millions of events so chosen and recorded, shall so tally with any other one, and be so exactly coupled and matched with it, that there will not remain some circumstance and diversity which will require a diverse judgment. There is little relation betwixt our actions,

---

[1] So that I had rather men should not commit faults, than that I should have the heart to condemn them.—Livy, xxix. 21.

[2] By various proofs, experience has made art: example showing the way.—Manilius, i. 59.

[3] So that as formerly we were opposed with wickedness, we are now oppressed with laws.—Tacitus, *Annal.*, iii. 25.

which are in perpetual mutation, and fixed and immutable laws; the most to be desired, are those that are the most rare, the most simple and general: and I am even of opinion, that we had better have none at all, than to have them in so prodigious a number as we have.

Nature always gives them better and happier than those we make ourselves; witness the picture of the Golden Age of the Poets, and the state wherein we see nations live, who have no other: some there are, who for their only judge, take the first passer-by that travels along their mountains, to determine their cause: and others who, on their market day, choose out some one amongst them upon the spot to decide their controversies. What danger would there be, that the wisest amongst us should so determine ours, according to occurrences, and at sight, without obligation of example and consequence? For every foot, its own shoe. King Ferdinand, sending colonies to the Indies, wisely provided that they should not carry along with them any students of the long-robe, for fear lest suits should get footing in that new world, as being a science in its own nature, the mother of altercation and division; judging with Plato,[1] "that lawyers and physicians are the pests of a country."

Whence does it come to pass that our common language, so easy for all other uses, becomes obscure, and unintelligible in wills and contracts? and that he who so clearly expresses himself, in whatever else he speaks or writes, cannot find in these, any way of declaring himself that does not fall into doubt and contradiction? if it be not that the princes of that art, applying themselves with a peculiar attention to cull out portentous words and to contrive artificial sentences, have so weighed every syllable, and so thoroughly sifted every sort of quirking connection, that they are now confounded and intangled in the infinity of figures and minute divisions, and can no more fall within any rule or prescription, nor any certain intelligence: *Confusum est, quidquid usque in pulverem sectum est.*[2] As you see children trying to bring a mass of quicksilver to a certain number of parts; the more they press and work it, and endeavour to reduce it to their own will, the more they irritate the liberty of this generous metal; it evades their endeavour, and sprinkles itself into so many separate bodies as frustrate all reckoning; so is it here; for in subdividing these subtleties, we teach men to increase their doubts; they put us into a way of extending and diversifying difficulties, and lengthen and disperse them. In sowing and retailing questions, they make the world fructify and increase in uncertainties and disputes, as the earth is made fertile by being crumbled and dug deep: *Difficultatem facit doctrina.*[3] We doubted of Ulpian, and are now still more perplexed with Bartolus and Baldus. We should efface the trace of this innumerable diversity of opinions; not adorn ourselves with it, and fill posterity with crotchets. I know not what to say to it; but experience makes it manifest, that so many interpretations dissipate truth, and break it. Aristotle wrote to be understood; if he could not do this, much less will another that is not so good at it; and a third than he, who expressed his own thoughts. We open the matter, and spill it in pouring out: of one subject we make a thousand, and in multiplying and subdividing them, fall again into the infinity of atoms of Epicurus. Never did two men make the same judgment of the same thing; and 'tis impossible to find two opinions exactly alike, not only in several men, but in the same man, at diverse hours. I often find matter of doubt in things of which the commentary has disdained to take notice; I am most apt to stumble in an even country, like some horses that I have known, that make most trips in the smoothest way.

Who will not say that glosses augment doubts and ignorance, since there's no one book to be found, either human or divine, which the world busies itself about, whereof the difficulties are cleared by interpretation. The hundredth commentator passes it on to the next, still more knotty and perplexed than he found it. When were we ever agreed amongst ourselves: "this book has enough; there is now no more to be said about it?" This is most apparent in the law; we give the authority of law to infinite doctors, infinite decrees, and as many interpretations; yet do we find any end of the need of interpreting? is there, for all that, any progress or advancement towards peace, or do we stand in need of any fewer advocates and judges, than when this great mass of law was yet in its first infancy? On the contrary, we darken and bury intelligence; we can no longer discover it, but at the mercy of so many fences and barriers. Men do not know the natural disease of the mind; it does nothing but ferret and inquire, and is eternally wheeling, juggling, and perplexing itself like silk-

---

[1] *Republic*, iii.
[2] Whatever is beaten into powder is confused.—Seneca, *Epist.*, 89.

[3] Doctrine begets difficulty.—Quintilian, *Inst. Orat.*, x. 3.

worms, and then suffocates itself in its work; *Mus in pice*.¹ It thinks it discovers at a great distance, I know not what glimpse of light and imaginary truth; but whilst running to it, so many difficulties, hindrances and new inquisitions cross it, that it loses its way, and is made drunk with the motion: not much unlike Æsop's dogs, that seeing something like a dead body floating in the sea, and not being able to approach it, set to work to drink the water and lay the passage dry, and so choked themselves. To which, what one Crates said of the writings of Heraclitus, falls pat enough, "that they required a reader who could swim well," so that the depth and weight of his doctrine might not overwhelm and stifle him. 'Tis nothing but particular weakness that makes us content with what others or ourselves have found out in this chase after knowledge: one of better understanding will not rest so content; there is always room for one to follow, nay, even for ourselves; and another road; there is no end of our inquisitions; our end is in the other world. 'Tis a sign either that the mind has grown short-sighted when it is satisfied, or that it has got weary. No generous mind can stop in itself; it will still tend further, and beyond its power; it has sallies beyond its effects; if it do not advance and press forward, and retire, and rush and wheel about, 'tis but half alive; its pursuits are without bound or method; its aliment is admiration, the chase, ambiguity, which Apollo sufficiently declared in always speaking to us in a double, obscure, and oblique sense; not feeding, but amusing and puzzling us. 'Tis an irregular and perpetual motion, without model and without aim; its inventions heat, pursue, and inter-produce one another:

> *Ainsi veoid on, en un ruisseau coulant,*
> *Sans fin l'une eau, apres l'aultre roulant;*
> *Et tout de reng, d'un eternel conduict,*
> *L'une suyt l'aultre, et l'une l'aultre fuyt.*
> *Par cette-cy, celle-là est poulsee,*
> *Et cette-cy par l'aultre est devancée:*
> *Tousiours l'eau va dans l'eau; et tousiours est-ce*
> *Mesme ruisseau, et tousiours eau diverse.*²

---

¹ A mouse in a pitch barrel.
² Etienne de la Boëtie, thus translated by Cotton:
So in a running stream one wave we see
After another roll incessantly,
And as they glide, each does successively
Pursue the other, each the other fly:
By this that's evermore pushed on, and this
By that continually preceded is:
The water still does into water swill,
Still the same brook, but different water still.

There is more ado to interpret interpretations than to interpret things; and more books upon books than upon any other subject; we do nothing but comment upon one another. Every place swarms with commentaries; of authors there is great scarcity. Is it not the principal and most reputed knowledge of our later ages to understand the learned? Is it not the common and final end of all studies? Our opinions are grafted upon one another; the first serves as a stock to the second, the second to the third, and so forth; thus step by step we climb the ladder: whence it comes to pass that he who is mounted highest, has often more honour than merit, for he is got up but an inch upon the shoulders of the last but one.

How often, and, peradventure, how foolishly, have I extended my book, to make it speak of itself; foolishly, if for no other reason but this, that it should remind me of what I say of others who do the same: that the frequent amorous glances they cast upon their work witness that their hearts pant with self-love; and that even the disdainful severity wherewith they scourge them, are but the dandlings and caressings of maternal love; as Aristotle, whose valuing and under valuing himself often springs from the same air of arrogance.³ My own excuse is, that I ought in this to have more liberty than others, forasmuch as I write specifically of myself and of my writings, as I do of my other actions; that my theme turns upon itself; but I know not whether others will accept this excuse.

I have observed in Germany, that Luther has left as many divisions and disputes about the doubt of his opinions, and more, than he himself raised upon the Holy Scriptures. Our contest is verbal: I ask what nature is, what pleasure, circle, and substitution are? the question is about words, and is answered accordingly. A stone is a body; but if a man should further urge: "And what is a body?"—"Substance." "And what is substance?" and so on, he would drive the respondent to the end of his Calepin. We exchange one word for another, and often for one less understood. I better know what Man is, than I know what Animal is, or Mortal, or Rational. To satisfy one doubt, they pop me in the ear with three; 'tis the Hydra's head. Socrates asked Menon, "What virtue was."⁴ "There is," says Menon, "the virtue of a man and of a woman, of a magistrate and of a private person, of an old man and of a child." "Very fine," cried Socrates,

---

³ *Ethics*, iv. 3.
⁴ Plato, in *Meno*.

"we were in quest of one virtue, and thou hast brought us a whole swarm." We put one question, and they return us a whole hive. As no event, no face, entirely resembles another, so do they not entirely differ: an ingenious mixture of nature. If our faces were not alike, we could not distinguish man from beast; if they were not unlike, we could not distinguish one man from another; all things hold by some similitude; every example halts, and the relation which is drawn from experience is always faulty and imperfect. Comparisons are ever coupled at one end or other: so do the laws serve, and are fitted to every one of our affairs, by some wrested, biassed, and forced interpretation.

Since the ethic laws, that concern the particular duty of every one in himself, are so hard to be framed, as we see they are, 'tis no wonder if those which govern so many particulars are much more so. Do but consider the form of this justice that governs us; 'tis a true testimony of human weakness, so full is it of error and contradiction. What we find to be favour and severity in justice—and we find so much of them both, that I know not whether the medium is as often met with—are sickly and unjust members of the very body and essence of justice. The country people run to bring me news in great haste, that they have just left in a forest of mine a man with a hundred wounds upon him, who was yet breathing, and begged of them water for pity's sake, and help to carry him to some place of relief; they tell me they durst not go near him, but have run away, lest the officers of justice should catch them there; and as happens to those who are found near a murdered person, they should be called in question about this accident, to their utter ruin, having neither money nor friends to defend their innocence. What could I have said to these people? 'Tis certain that this office of humanity would have brought them into trouble.

How many innocent people have we known that have been punished, and this without the judge's fault; and how many that have not arrived at our knowledge? This happened in my time: certain men were condemned to die for a murder committed; their sentence, if not pronounced, at least determined and concluded on. The judges, just in the nick, are informed by the officers of an inferior court hard by, that they have some men in custody, who have directly confessed the murder, and made an indubitable discovery of all the particulars of the fact. Yet it was gravely deliberated whether or not they ought to suspend the execution of the sentence already passed upon the first accused: they considered the novelty of the example judicially, and the consequence of reversing judgments; that the sentence was passed, and the judges deprived of repentance; and in the result, these poor devils were sacrificed by the forms of justice. Philip, or some other, provided against a like inconvenience, after this manner. He had condemned a man in a great fine towards another by an absolute judgment. The truth some time after being discovered, he found that he had passed an unjust sentence. On one side was the reason of the cause; on the other side, the reason of the judicial forms: he in some sort satisfied both, leaving the sentence in the state it was, and out of his own purse recompensing the condemned party. But he had to do with a reparable affair; my men were irreparably hanged. How many condemnations have I seen, more criminal than the crimes themselves?

All which makes me remember the ancient opinions, "That 'tis of necessity a man must do wrong by retail, who will do right in gross; and injustice in little things, who would come to do justice in great: that human justice is formed after the model of physic, according to which, all that is useful is also just and honest: and of what is held by the Stoics, that Nature herself proceeds contrary to justice in most of her works: and of what is received by the Cyrenaics, that there is nothing just of itself, but that customs and laws make justice: and what the Theodorians held, that theft, sacrilege, and all sorts of uncleanness, are just in a sage, if he knows them to be profitable to him." There is no remedy: I am in the same case that Alcibiades was,[1] that I will never, if I can help it, put myself into the hands of a man who may determine as to my head; where my life and honour shall more depend upon the skill and diligence of my attorney than on my own innocence. I would venture myself with such justice as would take notice of my good deeds, as well as my ill; where I had as much to hope as to fear: indemnity is not sufficient pay to a man who does better than not to do amiss. Our justice presents to us but one hand, and that the left hand, too; let him be who he may, he shall be sure to come off with loss.

In China, of which kingdom the government and arts, without commerce with or knowledge of ours, surpass our examples in several excellent features, and of which the history teaches me how much greater and more various the world is than either the ancients or we have been

---

[1] Plutarch, Alcibiades.

able to penetrate, the officers deputed by the prince to visit the state of his provinces, as they punish those who behave themselves ill in their charge, so do they liberally reward those who have conducted themselves better than the common sort, and beyond the necessity of their duty; these there present themselves, not only to be approved but to get; not simply to be paid, but to have a present made to them.

No judge, thank God, has ever yet spoken to me in the quality of a judge, upon any account whatever, whether my own or that of another, whether criminal or civil; nor no prison has ever received me, not even as a visitor. Imagination renders the very outside of a jail displeasing to me: I am so enamoured of liberty, that should I be interdicted the remotest corner of the Indies, I should live a little less at my ease; and whilst I can find earth or air open in any other part of the world, I shall never lurk in any place where I must hide myself. Good God! how ill should I endure the condition wherein I see so many people, nailed to a corner of the kingdom, deprived of the right to enter the principal cities and courts, and the liberty of the public roads, for having quarrelled with our laws. If those under which I live should but wag a finger at me by way of menace, I would immediately go seek out others, let them be where they would. All my little prudence in the civil wars wherein we are now engaged, is employed that they may not hinder my liberty of coming and going.

Now, the laws keep up their credit, not for being just, but because they are laws; 'tis the mystic foundation of their authority; they have no other, and it well answers their purpose. They are often made by fools, still oftener by men who, out of hatred to equality, fail in equity; but always by men, vain and irresolute authors. There is nothing so much, nor so grossly, nor so ordinarily faulty, as the laws. Whoever obeys them because they are just, does not justly obey them as he ought. Our French laws, by their irregularity and deformity, lend, in some sort, a helping hand to the disorder and corruption that all manifest in their dispensation and execution: the command is so perplexed and inconstant, that it in some sort excuses alike disobedience, and defect in the interpretation, the administration and the observation of it. What fruit, then, soever we may extract from experience, that will little advantage our institution, which we draw from foreign examples, if we make so little profit of that we have of our own, which is more familiar to us, and, doubtless, sufficient to instruct us in that whereof we have need. I study myself more than any other subject; 'tis my metaphysic, my physic.

> *Qua Deus hanc mundi temperet arte domum;*
> *Qua venit exoriens, qua deficit, unde coactis*
> *Cornibus in plenum menstrua luna redit:*
> *Unde salo superant venti, quid flamine captet*
> *Eurus, et in nubes unde perennis aqua;*
> *Sit ventura dies, mundi quæ subruat arces,*[1] ...
> *Quærite, quos agitat mundi labor.*[2]

In this university, I suffer myself to be ignorantly and negligently led by the general law of the world: I shall know it well enough when I feel it; my learning cannot make it alter its course; it will not change itself for me; 'tis folly to hope it, and a greater folly to concern one's self about it, seeing it is necessarily alike, public and common. The goodness and capacity of the Governor ought absolutely to discharge us of all care of the government: philosophical inquisitions and contemplations serve for no other use but to increase our curiosity. The philosophers, with great reason, send us back to the rules of nature; but they have nothing to do with so sublime a knowledge; they falsify them, and present us her face painted with too high and too adulterate a complexion, whence spring so many different pictures of so uniform a subject. As she has given us feet to walk with, so has she given us prudence to guide us in life: not so ingenious, robust, and pompous a prudence, as that of their invention; but yet one that is easy, quiet, and salutary, and that very well performs what the other promises, in him who has the good luck to know how to employ it sincerely and regularly, that is to say, according to nature. The most simply to commit one's self to nature, is to do it most wisely. Oh, what a soft, easy, and wholesome pillow is ignorance and incuriosity, whereon to repose a well-contrived head!

I had rather understand myself well in myself, than in Cicero. Of the experience I have of myself, I find enough to make me wise, if I were but a good scholar: whoever will call to mind the excess of his past anger, and to what a degree that fever transported him, will see the deformity of this passion better than in Aristotle,

---

[1] By what art God governs this home of the universe; whence comes the moon, whither she goes; how it is that she fills her horn and comes to the full every month; whence winds are frequent on the main; what the east wind courts with its blasts; and whence the clouds are perpetually supplied with water; whether a day is to come which is to uproot the world.—Propertius, iii. 5, 26.

[2] Seek ye whom the cares of the world trouble.—Lucan, i. 417.

and conceive a more just hatred against it; whoever will remember the ills he has undergone, those that have threatened him, and the light occasions that have removed him from one state to another, will by that prepare himself for future changes, and the knowledge of his condition. The life of Cæsar has no greater example for us than our own: though popular and of command, 'tis still a life subject to all human accidents. Let us but listen to it; we apply to ourselves all whereof we have principal need; whoever shall call to memory how many and many times he has been mistaken in his own judgment, is he not a great fool if he does not ever after suspect it? When I find myself convinced, by the reason of another, of a false opinion, I do not so much learn what he has said to me that is new, and the particular ignorance—that would be no great acquisition—as, in general, I learn my own debility and the treachery of my understanding, whence I extract the reformation of the whole mass. In all my other errors, I do the same, and find from this rule great utility to life; I regard not the species and individual, as a stone that I have stumbled at; I learn to suspect my steps throughout, and am careful to place them right. To learn that a man has said or done a foolish thing is nothing: a man must learn that he is nothing but a fool, a much more ample and important instruction. The false steps that my memory has so often made, even then when it was most secure and confident of itself, are not idly thrown away; it may now swear to me and assure me as much as it will, I shake my ears, and dare not trust it; the first opposition that is made to its testimony, puts me into suspense, and I durst not rely upon it in anything of moment, nor warrant it in another person's concerns: and were it not that what I do for want of memory, others do more often for want of good faith, I should always, in matter of fact, rather choose to take the truth from another's mouth, than from my own. If every one would pry into the effects and circumstances of the passions that sway him, as I have done into those which I am most subject to, he would see them coming, and would a little break their impetuosity and career; they do not always seize us on a sudden; there is threatening and degrees:

> *Fluctus uti primo cœpit cum albescere vento,*
> *Paulatim sese tollit mare, et altius undas*
> *Erigit, inde imo consurgit ad æthera fundo.*[1]

Judgment holds in me a magisterial seat; at least it carefully endeavours to make it so: it leaves my appetites to take their own course, hatred and friendship, nay, even that I bear to myself, without change or corruption; if it cannot reform the other parts according to its own model, at least it suffers not itself to be corrupted by them, but plays its game apart.

That advice to every one, "to know themselves," should be of important effect, since the god of wisdom and light caused it to be written on the front of his temple, as comprehending all he had to advise us. Plato says also, that prudence is no other thing than the execution of this ordinance; and Socrates minutely verifies it in Xenophon. The difficulties and obscurity are not discerned in any science but by those who are got into it; for a certain degree of intelligence is required to be able to know that a man knows not: and we must push against a door to know whether it be bolted against us or no: whence this Platonic subtlety springs, that "neither they who know are to inquire, forasmuch as they know; nor they who do not know, forasmuch as to inquire they must know what they inquire of." So in this, "of knowing a man's self," that every man is seen so resolved and satisfied with himself, that every man thinks himself sufficiently intelligent, signifies that every one knows nothing about the matter; as Socrates gives Euthydemus to understand. I, who profess nothing else, therein find so infinite a depth and variety, that all the fruit I have reaped from my learning serves only to make me sensible how much I have to learn. To my weakness, so often confessed, I owe the propension I have to modesty, to the obedience of belief prescribed me, to a constant coldness and moderation of opinions, and a hatred of that troublesome and wrangling arrogance, wholly believing and trusting in itself, the capital enemy of discipline and truth. Do but hear them domineer; the first fopperies they utter, 'tis in the style wherewith men establish religions and laws. *Nihil est turpius, quam cognitioni et perceptioni, assertionem approbationemque præcurrere.*[2] Aristarchus said, that anciently there were scarce seven sages to be found in the world; and in his time scarce so many fools; have not we more reason than he to say so in this age of ours. Affirmation and obsti-

---

[1] As at the first breath of the winds, the sea begins to foam, and swells, thence higher swells, and higher raises the waves, till at length they seem to rise to the sky.—*Æneid*, vii. 528.

[2] Nothing is worse than that assertion and decision should precede knowledge and perception.—Cicero, *Acad.,* i. 13.

nacy are express signs of want of wit. A fellow has stumbled and knocked his nose against the ground a hundred times in a day, and yet he will be at his Ergo's as resolute and sturdy as before; so that one would conclude he had had some new soul and vigour of understanding infused into him since, and that it happened to him, as to that ancient son of the earth, who took fresh courage and vigour by his fall:

> *Cui cum tetigere parentem,*
> *Jam defecta vigent renovato robore membra:* [1]

does not this incorrigible coxcomb think that he assumes a new understanding, by undertaking a new dispute? 'Tis by my own experience that I accuse human ignorance, which is, in my opinion, the surest part of the world's school. Such as will not conclude it in themselves, by so vain an example as mine, or their own, let them believe it from Socrates, the master of masters; for the philosopher Antisthenes, said to his disciples, "Let us go and hear Socrates: I will be a pupil with you"; and, maintaining this doctrine of the Stoic sect, "that virtue was sufficient to make a life completely happy, having no need of any other thing whatever": except of the force of Socrates, added he.

The long attention that I employ in considering myself, also fits me to judge tolerably of others; and there are few things whereof I speak better and with better excuse. I happen very often more exactly to see and distinguish the qualities of my friends than they do themselves; I have astonished some with the pertinence of my description, and have given them warning of themselves. By having from my infancy been accustomed to contemplate my own life in those of others, I have acquired a complexion studious in that particular; and when I am once intent upon it, I let few things about me, whether countenances, humours, or discourses, that serve to that purpose, escape me. I study all, both what I am to avoid, and what I am to follow. Also in my friends, I discover by their productions their inward inclinations; not by arranging this infinite variety of so diverse and unconnected actions into certain species and chapters, and distinctly distributing my parcels and divisions under known heads and classes;

> *Sed neque quam multæ species, et nomine quæ sint,*
> *Est numerus.* [2]

The wise speak, and deliver their fancies more specifically, and piece by piece; I, who see no further into things than as use informs me, present mine generally without rule and experimentally: I pronounce my opinion by disjointed articles, as a thing that cannot be spoken at once and in gross: relation and conformity are not to be found in such low and common souls as ours. Wisdom is a solid and entire building, of which every piece keeps its place and bears its mark; *Sola sapientia in se tota conversa est.*[3] I leave it to artists, and I know not whether or no they will be able to bring it about, in so perplexed, minute, and fortuitous a thing, to marshal into distinct bodies this infinite diversity of faces, to settle our inconstancy, and set it in order. I do not only find it hard to piece our actions to one another, but I, moreover, find it hard properly to design each by itself by any principal quality, so ambiguous and variform they are, with diverse lights. That which is remarked for rare in Perseus, king of Macedon, "that his mind fixing itself to no one condition, wandered in all sorts of living, and represented manners so wild and vagabond, that it was neither known to himself or any other what kind of man he was," seems almost to fit all the world; and, especially, I have seen another of his make, to whom I think this conclusion might more properly be applied; no moderate settledness, still running headlong from one extreme to another, upon occasions not to be guessed at; no line of path without traverse and wonderful contrariety; no one quality simple and unmixed; so that the best guess men can one day make will be, that he affected and studied to make himself known by being not to be known. A man had need have sound ears to hear himself frankly criticised; and as there are few who can endure to hear it without being nettled, those who hazard the undertaking it to us manifest a singular effect of friendship; for 'tis to love sincerely indeed, to venture to wound and offend us, for our own good. I think it harsh to judge a man whose ill-qualities are more than his good ones: Plato requires three things in him who will examine the soul of another: knowledge, benevolence, boldness.[4]

I am sometimes asked, what I should have thought myself fit for, had anyone designed to make use of me in my younger years;

> *Dum melior vires sanguis dabat, æmula necdum*
> *Temporibus geminis canebat sparsa senectus:* [5]

---

[1] Whose broken limbs, touching his mother earth, immediately new force and vigour acquired.—Lucan, iv. 599.

[2] But not the number of their species and names; they are too many.—Virgil, *Georg.*, ii. 103.

[3] Wisdom only is wholly within itself.—Cicero, *De Finib.*, iii. 7.

[4] Plato, *Gorgias.*

[5] Whilst better blood gave my limbs vigour, and

"for nothing," say I; and I am very willing to profess not knowing how to do anything, that I may so be excused from enslaving myself to another. But I had told the truths to that master of mine, and had regulated his manners, if he had so pleased; not in gross, by scholastic lessons, which I understand not, and from which I see no true reformation spring in those that do; but by observing them by leisure, at all opportunities, and simply and naturally judging them as an eye-witness, distinctly one by one; giving him to understand upon what terms he was in the common opinion, in opposition to his flatterers. There is none of us who would not be worse than kings, if so continually corrupted as they are with that sort of vermin; and we see that Alexander, that great king and philosopher, could not defend himself from them. I should have had fidelity, judgment, and freedom enough for that purpose. It would be a nameless office, otherwise it would lose its grace and its effect; and 'tis a part that is not indifferently fit for all men: for truth itself has not the privilege to be spoken at all times and indiscriminately: its use, noble as it is, has its circumscriptions and limits. It often falls out, as the world goes, that a man lets it slip into the ear of a prince, not only to no purpose, but moreover injuriously and unjustly; and no man shall make me believe that a virtuous remonstrance may not be viciously applied, and that the interest of the substance is not often to give way to that of the form.

For such a purpose, I would have a man who is content with his own fortune,

Quod sit, esse velit, nihilque malit,[1]

and of moderate station; forasmuch as, on the one hand, he would not be afraid to touch his master's heart to the quick, for fear by that means of losing his preferment; and, on the other hand, being of no high quality, he would have more easy communication with all sorts of people. I would have this office limited to only one person; for to allow the privilege of this liberty and privacy to many, would beget an inconvenient irreverence; and of that one, I would above all things require the fidelity of silence.

A king is not to be believed, when he brags of his constancy in standing the shock of the enemy for his glory, if, for his profit and amendment, he cannot stand the liberty of a friend's advice, which has no other power but to pinch his ear, the remainder of its effect being still in his own hands. Now, there is no condition of men whatever who stand in so great need of true and free advice and warning, as they do: they sustain a public life, and have to satisfy the opinion of so many spectators, that, as those about them conceal from them whatever should divert them from their own way, they insensibly find themselves involved in the hatred and detestation of their people, often upon occasions which they might have avoided without any prejudice even of their pleasures themselves, had they been advised and set right in time. Their favourites commonly have more regard to themselves than to their master; and indeed it answers with them, forasmuch as, in truth, most offices of real friendship, when applied to the sovereign, are under a rude and dangerous hazard,[2] so that therein there is great need, not only of very great affection and freedom, but of courage too.

In fine, all this hodge-podge which I scribble here, is nothing but a register of the essays of my own life, which, for the internal soundness, is exemplary enough, to take instruction against the grain; but as to bodily health, no man can furnish out more profitable experience than I, who present it pure, and no way corrupted and changed by art or opinion. Experience is properly upon its own dunghill in the subject of physic, where reason wholly gives it place: Tiberius said that whoever had lived twenty years ought to be responsible to himself for all things that were hurtful or wholesome to him, and know how to order himself without physic; and he might have learned it of Socrates, who, advising his disciples to be solicitous of their health as a chief study, added that it was hard if a man of sense, having a care to his exercise and diet, did not better know than any physician what was good or ill for him. And physic itself professes always to have experience for the test of its operations: so Plato had reason to say that, to be a right physician, it would be necessary that he who would become such, should first himself have passed through all the diseases he pretends to cure, and through all the accidents and circumstances whereof he is to judge. 'Tis but reason they should get the pox, if they will know how to cure it; for my part, I should put myself into such hands; the others but guide us, like him who paints seas and rocks and ports sitting at table, and there makes the model of a ship sailing in all security; but put him to the work

---

before envious old age had whitened my head.—Æneid, v. 415.

[1] Who is pleased with what he is, and desires nothing further.—Martial, x. 47, 12.

[2] Tacitus, *Histories*, 1, 15.

itself, he knows not at which end to begin. They make such a description of our maladies, as a town-crier does of a lost horse or dog—such a colour, such a height, such an ear—but bring it to him, and he knows it not, for all that. If physic should one day give me some good and visible relief, then, truly, I will cry out in good earnest:

Tandem efficaci do manus scientiæ.[1]

The arts that promise to keep our bodies and souls in health promise a great deal; but, withal, there are none that less keep their promise. And, in our time, those who make profession of these arts amongst us, less manifest the effects than any other sort of men; one may say of them, at the most, that they sell medicinal drugs; but that they are physicians, a man cannot say. I have lived long enough to be able to give an account of the custom that has carried me so far; for him who has a mind to try it, as his taster, I have made the experiment. Here are some of the articles, as my memory shall supply me with them; I have no custom that has not varied according to circumstances; but I only record those that I have been best acquainted with, and that hitherto have had the greatest possession of me.

My form of life is the same in sickness as in health; the same bed, the same hours, the same meat, and even the same drink, serve me in both conditions alike; I add nothing to them but the moderation of more or less, according to my strength and appetite. My health is, to maintain my wonted state without disturbance. I see that sickness puts me off it on one side, and if I will be ruled by the physicians, they will put me off on the other; so that by fortune and by art I am out of my way. I believe nothing more certainly than this, that I cannot be hurt by the use of things to which I have been so long accustomed. 'Tis for custom to give a form to a man's life, such as it pleases him; she is all in all in that: 'tis the beverage of Circe, that varies our nature as she best pleases. How many nations, and but three steps from us, think the fear of the night-dew, that so manifestly is hurtful to us, a ridiculous fancy; and our own watermen and peasants laugh at it. You make a German sick if you lay him upon a mattress, as you do an Italian if you lay him on a feather-bed; and a Frenchman, if without curtains or fire. A Spanish stomach cannot hold out to eat as we can; nor ours to drink like the Swiss. A German made me very merry at Augsburg, by finding fault with our hearths, by the same arguments which we commonly make use of in decrying their stoves: for, to say the truth, the smothered heat, and then the smell of that heated matter of which the fire is composed, very much offend such as are not used to them; not me; and, indeed, the heat being always equal, constant and universal, without flame, without smoke, and without the wind that comes down our chimneys, they may many ways sustain comparison with ours. Why do we not imitate the Roman architecture? for they say that anciently fires were not made in the houses, but on the outside, and at the foot of them, whence the heat was conveyed to the whole fabric by pipes contrived in the wall, which were drawn twining about the rooms that were to be warmed: which I have seen plainly described somewhere in Seneca. This German hearing me commend the conveniences and beauties of his city, which truly deserves it, began to compassionate me that I had to leave it; and the first inconvenience he alleged to me was, the heaviness of head that the chimneys elsewhere would bring upon me. He had heard some one make this complaint, and fixed it upon us, being by custom deprived of the means of perceiving it at home. All heat that comes from the fire weakens and dulls me; and yet Evenus said, that fire was the best condiment of life: I rather choose any other way of making myself warm.

We are afraid to drink our wines, when toward the bottom of the cask; in Portugal those fumes are reputed delicious, and it is the beverage of princes. In short, every nation has many customs and usages that are not only unknown to other nations, but savage and miraculous in their sight. What should we do with those people who admit of no evidence that is not in print, who believe not men if they are not in a book, nor truth, if it be not of competent age? we dignify our fopperies, when we commit them to the press: 'tis of a great deal more weight to say, "I have read such a thing," than if you only say, "I have heard such a thing." But I, who no more disbelieve a man's mouth than his pen, and who know that men write as indiscreetly as they speak, and who look upon this age as one that is past, as soon quote a friend as Aulus Gellius or Macrobius; and what I have seen, as what they have written. And, as 'tis held of virtue, that it is not greater for having continued longer, so do I hold of the truth, that for being older it is none the wiser. I often say, that it is mere folly that makes us run after foreign and scholastic examples; their fertility is the same now that it

---

[1] Show me an efficacious science, and I will take it by the hand.—Horace, *Epod.*, xvii. 1.

was in the time of Homer and Plato. But is it not that we seek more honour from the quotation, than from the truth of the matter in hand? As if it were more to the purpose, to borrow our proofs from the shops of Vascosan or Plantin, than from what is to be seen in our own village; or else, indeed, that we have not the wit to cull out and make useful what we see before us, and to judge of it clearly enough to draw it into example: for if we say that we want authority to give faith to our testimony, we speak from the purpose; forasmuch as, in my opinion, of the most ordinary, common, and known things, could we but find out their light, the greatest miracles of nature might be formed, and the most wonderful example, especially upon the subject of human actions.

Now, upon this subject, setting aside the examples I have gathered from books, and what Aristotle says of Andron the Argian, that he travelled over the arid sands of Lybia without drinking: a gentleman, who has very well behaved himself in several employments, said, in a place where I was, that he had ridden from Madrid to Lisbon, in the heat of summer, without any drink at all. He is very healthful and vigorous for his age, and has nothing extraordinary in the use of his life, but this, to live sometimes two or three months, nay, a whole year, as he has told me, without drinking. He is sometimes thirsty, but he lets it pass over, and he holds that it is an appetite which easily goes off of itself; and he drinks more out of caprice than either for need or pleasure.

Here is another example: 'tis not long ago that I found one of the learnedest men in France, and a man of considerable fortune, studying in a corner of a hall that they had separated for him with tapestry, and about him a rabble of his servants making all sorts of noise and confusion. He told me, and Seneca almost says the same of himself, he made an advantage of this uproar; that, beaten with this rattle, he so much the more collected and retired himself into himself for contemplation, and that this tempest of voices repercussed his thoughts within himself; when a student at Padua, he had his study so long situated amid the rattle of coaches and the tumult of the square, that he not only formed himself to the contempt, but even to the use of noise, for the service of his studies. Socrates answered Alcibiades, who was astonished how he could endure the perpetual scolding of his wife, "Why," said he, "as those do who are accustomed to the ordinary noise of wheels drawing water." I am quite otherwise; I have a tender head and easily discomposed; when 'tis bent upon anything, the least buzzing of a fly tears it into pieces.

Seneca in his youth having, by the example of Sextius, put on a positive resolution of eating nothing that had had life, and for a whole year dispensed with animal food, and, as he said, with pleasure: only left off, that he might not be suspected of taking up this rule from some new religion by which it was prescribed: he adopted, in like manner, from the precepts of Attalus a custom not to lie upon any sort of bedding that gave way under his weight, and, even to his old age, made use of such as would not yield to any pressure. What the usage of his time made him account roughness, that of ours makes us look upon as effeminacy.

Do but observe the difference betwixt the way of living of my labourers and my own; the Scythians and Indians have nothing more remote both from my capacity and my manners. I have picked up boys from begging, to serve me: who soon after have quitted both my kitchen and livery, only that they might return to their former course of life; and I found one afterwards, picking mussels out of the sewer for his dinner, whom I could neither by entreaties nor threats reclaim from the sweetness he found in indigence. Beggars have their magnificences and delights, as well as the rich, and, 'tis said, their dignities and polities. These are effects of custom; she can mould us, not only into what form she pleases (the sages say we ought to apply ourselves to the best, which she will soon make easy to us), but also to change and variation, which is the most noble and most useful instruction of all she teaches us. The best of my bodily conditions is that I am flexible and not very obstinate: I have inclinations more my own and ordinary, and more agreeable than others; but I am diverted from them with very little ado, and easily slip into a contrary course. A young man ought to cross his own rules, to awaken his vigour and to keep it from growing faint and rusty; and there is no course of life so weak and sottish, as that which is carried on by rule and discipline;

Ad primum lapidem vectari quum placet, hora
Sumitur ex libro; si prurit frictus ocelli
Angulus, inspecta genesi, collyria quærit;[1]

he shall often throw himself even into excesses, if he will take my advice; otherwise the least

---

[1] If he would be carried but a mile, he, for the proper hour, consults his almanac; if he but rub the corner of his eye, he chooses the salve by his horoscope.—Juvenal, vi. 576.

debauch will destroy him, and render him troublesome and disagreeable in company. The worst quality in a well-bred man is over fastidiousness, and an obligation to a certain particular way; and it is particular, if not pliable and supple. It is a kind of reproach, not to be able, or not to dare, to do what we see those about us do; let such as these stop at home. It is in every man unbecoming, but in a soldier vicious and intolerable: who, as Philopœmen said, ought to accustom himself to every variety and inequality of life.

Though I have been brought up, as much as was possible, to liberty and independence, yet so it is that, growing old, and having by indifference more settled upon certain forms (my age is now past instruction, and has henceforward nothing to do but to keep itself up as well as it can), custom has already, ere I was aware, so imprinted its character in me, in certain things, that I look upon it as a kind of excess to leave them off; and, without a force upon myself, cannot sleep in the day-time, nor eat between meals, nor breakfast, nor go to bed, without a great interval betwixt eating and sleeping, as of three hours after supper; nor get children but before I sleep, nor standing upon my feet; nor endure my own sweat; nor quench my thirst either with pure water or pure wine; nor keep my head long bare, nor cut my hair after dinner; and I should be as uneasy without my gloves as without my shirt, or without washing when I rise from table or out of my bed; and I could not lie without a canopy and curtains, as if they were essential things. I could dine without a tablecloth, but without a clean napkin, after the German fashion, very incommodiously; I foul them more than the Germans or Italians do, and make but little use either of spoon or fork. I am sorry they did not keep up the fashion, begun after the example of kings, to change our napkins at every service, as they do our plates. We are told of that laborious soldier Marius, that growing old, he became nice in his drink, and never drank but out of a particular cup of his own: I, in like manner, have suffered myself to fancy a certain form of glasses, and not willingly to drink in common glasses, no more than from a strange common hand: all metal offends me in comparison of a clear and transparent matter: let my eyes taste too, according to their capacity. I owe several other such niceties to custom. Nature has also, on the other side, helped me to some of hers; as not to be able to endure more than two full meals in one day, without overcharging my stomach, nor a total abstinence from one of those meals without filling myself with wind, drying up my mouth, and dulling my appetite; the finding great inconvenience from overmuch evening air; for of late years, in night marches, which often happen to be all night long, after five or six hours my stomach begins to be queasy, with a violent pain in my head, so that I always vomit before the day can break. When the others go to breakfast, I go to sleep; and when I rise, I am as brisk and gay as before. I had always been told that the night dew never rises but in the beginning of the night; but for some years past, long and familiar intercourse with a lord, possessed with the opinion that the night dew is more sharp and dangerous about the declining of the sun, an hour or two before it sets, which he carefully avoids, and despises that of the night, he almost impressed upon me, not so much his reasoning as his experiences. What, shall mere doubt and inquiry strike our imagination, so as to change us? Such as absolutely and on a sudden give way to these propensions, draw total destruction upon themselves. I am sorry for several gentlemen who, through the folly of their physicians, have in their youth and health wholly shut themselves up: it were better to endure a cough, than, by disuse, for ever to lose the commerce of common life in things of so great utility. Malignant science, to interdict us the most pleasant hours of the day! Let us keep our possession to the last; for the most part, a man hardens himself by being obstinate, and corrects his constitution, as Cæsar did the falling-sickness, by dint of contempt. A man should addict himself to the best rules, but not enslave himself to them, except to such, if there be any such, where obligation and servitude are of profit.

Both kings and philosophers go to stool, and ladies too; public lives are bound to ceremony; mine, that is obscure and private, enjoys all natural dispensation; soldier and Gascon are also qualities a little subject to indiscretion; wherefore I shall say of this act of relieving nature, that it is desirable to refer it to certain prescribed and nocturnal hours, and compel one's self to this by custom, as I have done; but not to subject one's self, as I have done in my declining years, to a particular convenience of place and seat for that purpose, and make it troublesome by long sitting: and yet, in the fouler offices, is it not in some measure excusable to require more care and cleanliness? *Natura homo mundum et elegans animal est.*[1] Of all the actions of nature, I

---

[1] Man is by nature a clean and delicate creature. —Seneca, *Epist.*, 92.

am the most impatient of being interrupted in that. I have seen many soldiers troubled with the unruliness of their bellies; whereas mine and I never fail of our punctual assignation, which is at leaping out of bed, if some indispensible business or sickness does not molest us.

I think then, as I said before, that sick men cannot better place themselves anywhere in more safety, than in sitting still in that course of life wherein they have been bred and trained up; change, be it what it will, distempers and puts one out. Do you believe that chestnuts can hurt a Perigourdin or a Lucchese, or milk and cheese the mountain people? We enjoin them not only a new, but a contrary, method of life; a change that the healthful cannot endure. Prescribe water to a Breton of three score and ten; shut a seaman up in a stove; forbid a Basque footman to walk: you will deprive them of motion, and in the end of air and light.

> *An vivere tanti est?*
> *Cogimur a suetis animum suspendere rebus,*
> *Atque, ut vivamus, vivere desinimus. . . .*
> *Hos superesse reor, quibus et spirabilis aer*
> *Et lux, qua regimur, redditur ipsa gravis.*[1]

If they do no other good, they do this at least, that they prepare patients betimes for death, by little and little undermining and cutting off the use of life.

Both well and sick, I have ever willingly suffered myself to obey the appetites that pressed upon me. I give great authority to my propensions and desires; I do not love to cure one disease by another; I hate remedies that are more troublesome than the disease itself. To be subject to the stone and subject to abstain from eating oysters, are two evils instead of one; the disease torments us on the one side, and the remedy on the other. Since we are ever in danger of mistaking, let us rather run the hazard of a mistake, after we have had the pleasure. The world proceeds quite the other way, and thinks nothing profitable that is not painful; it has great suspicion of facility. My appetite, in various things, has of its own accord happily enough accommodated itself to the health of my stomach. Relish and pungency in sauces were pleasant to me when young, but my stomach disliking them since, my taste incontinently followed. Wine is hurtful to sick people, and 'tis the first thing that my mouth then finds distasteful, and with an invincible dislike. Whatever I take against my liking, does me harm; and nothing hurts me, that I eat with appetite and delight. I never received harm by any action that was very pleasant to me; and accordingly have made all medicinal conclusions largely give way to my pleasure; and I have, when I was young,

> *Quem circumcursans huc atque huc sæpe Cupido*
> *Fulgebat crocina splendidus in tunica,*[2]

given myself the rein as licentiously and inconsiderately to the desire that was predominant in me, *Et militavi non sine gloria*,[3] as any other whomsoever; yet more in continuation and holding out, than in sally:

> *Sex me vix memini sustinuisse vices.*[4]

'Tis certainly a misfortune and a miracle at once, to confess at what a tender age I first came under the subjection of love: it was, indeed, by chance; for it was long before the years of choice or knowledge; I do not remember myself so far back; and my fortune may well be coupled with that of Quartilla, who could not remember when she was a maid:

> *Inde tragus, celeresque pili, mirandaque matri*
> *Barba meæ.*[5]

Physicians modify their rules according to the violent longings that happen to sick persons, ordinarily with good success; this great desire cannot be imagined so strange and vicious, but that nature must have a hand in it. And then how easy a thing is it to satisfy the fancy? In my opinion, this part wholly carries it, at least, above all the rest. The most grievous and ordinary evils are those that fancy loads us with; this Spanish saying mightily pleases in several senses; *Defienda me Dios de my*.[6] I am sorry when I am sick, that I have not some longing that might give me the pleasure of satisfying it; all the rules of physic would hardly be able to divert me from it. I do the same when I am well; I can see very

---

[1] Is life worth so much? They make us deprive ourselves of things to which we are accustomed; and, that we may live, we must cease to live. . . . I can't conceive that they still live, to whom light and air, by which they live, are forbidden.—Pseudo-Gallus, *Eleg.*, i. 155, 247.

[2] When Cupid, fluttering round me here and there, shone in his rich purple mantle.—Catullus, lxvi. 133.

[3] And fought not ingloriously.—Horace, *Od.*, iii. 26, 2.

[4] I can scarcely remember six bouts in one night.—Ovid, *Amor.*, iii. 7, 26.

[5] My precocious beard astonished my mother.—Martial, xi. 22, 7.

[6] God defend me from myself.

little more to be hoped or wished for. 'Twere pity a man should be so weak and languishing, as not to have even wishing left to him.

The art of physic is not so fixed, that we need be without authority for whatever we do; it changes according to climates and moons; according to Fernel and to Scaliger. If your physician does not think it good for you to sleep, to drink wine, or to eat such and such meats, never trouble yourself; I will find you another that shall not be of his opinion; the diversity of medical arguments and opinions embraces all sorts of forms. I saw a miserable sick person panting and burning for thirst, that he might be cured, who was afterwards laughed at for his pains by another physician, who condemned that advice as prejudicial to him: had he not tormented himself to good purpose? There lately died of the stone, a man of that profession, who had made use of extreme abstinence to contend with his disease: his fellow-physicians say, that on the contrary, this abstinence had dried him up, and baked the gravel in his kidneys.

I have observed, that both in wounds and sicknesses, speaking discomposes and hurts me, as much as any irregularity I can commit. My voice pains and tires me, for 'tis loud and forced; so that when I have gone to whisper some great persons about affairs of consequence, they have often desired me to moderate my voice.

This story deserves a place here. Some one in a certain Greek school speaking loud as I do, the master of the ceremonies sent to him to speak softly: "Tell him, then, he must send me," replied the other, "the tone he would have me speak in." To which the other replied, "That he should take the tone from the ears of him to whom he spake." It was well said, if to be understood: "Speak according to the affair you are speaking about to your auditor," for if it mean, "'tis sufficient that he hear you; or, govern yourself by him," I do not find it to be reason. The tone and motion of my voice carries with it a great deal of the expression and signification of my meaning, and 'tis I who am to govern it, to make myself understood: there is a voice to instruct, a voice to flatter, and a voice to reprehend. I will not only that my voice reach him, but, peradventure, that it strike and pierce him. When I rattle my footman with sharp and bitter language, it would be very pretty for him to say, "Pray, master, speak lower, I hear you very well." *Est quædam vox ad auditum accomodata, non magnitudine, sed proprietate.*[1] Speaking is half his who speaks, and half his who hears; the latter ought to prepare himself to receive it, according to its bias; as with tennis players, he who receives the ball, shifts and prepares, according as he sees him move who strikes the stroke, and according to the stroke itself.

Experience has, moreover, taught me this, that we ruin ourselves by impatience. Evils have their life and limits, their diseases and their recovery.

The constitution of maladies is formed by the pattern of the constitution of animals; they have their fortune and their days limited from their birth; he who attempts imperiously to cut them short by force in the middle of their course, lengthens and multiplies them, and incenses instead of appeasing them. I am of Crantor's opinion, that "we are neither obstinately and wilfully to oppose evils, nor truckle under them for want of courage; but that we are naturally to give way to them, according to their condition and our own." We ought to grant free passage to diseases; I find they stay less with me, who let them alone; and I have lost some, reputed the most tenacious and obstinate, by their own decay, without help and without art, and contrary to its rules. Let us a little permit Nature to take her own way; she better understands her own affairs than we. "But such an one died;" and so shall you: if not of that disease, of another. And how many have not escaped dying, who have had three physicians always at their tails? Example is a vague and universal mirror, and of various reflections. If it be a delicious medicine, take it: 'tis always so much present good. I will never stick at the name nor the colour, if it be pleasant and grateful to the palate: pleasure is one of the chiefest kinds of profit. I have suffered colds, gouty defluxions, relaxations, palpitations of the heart, meagrims, and other accidents, to grow old and die in time a natural death; I have so lost them when I was half fit to keep them: they are sooner prevailed upon by courtesy than huffing. We must patiently suffer the laws of our condition; we are born to grow old, to grow weak, and to be sick, in despite of all medicine. 'Tis the first lesson the Mexicans teach their children; so soon as ever they are born they thus salute them: "Thou art come into the world, child, to endure: endure, suffer, and say nothing." 'Tis injustice to lament that which has befallen anyone, which may befal everyone: *Indignare, si quid in te ini-*

---

[1] There is a certain voice accommodated to the hearing, not by its loudness, but by its propriety.—Quintilian, xi. 3.

que proprie constitutum est.[1]

See an old man who begs of God that he will maintain his health vigorous and entire; that is to say, that he restore him to youth:

Stulte, quid hæc frustra votis puerilibus optas? [2]

Is it not folly? His condition is not capable of it. The gout, the stone, and indigestion are symptoms of long years; as heat, rains, and winds are of long journeys. Plato does not believe that Æsculapius troubled himself to provide, by regimen, to prolong life in a weak and wasted body, useless to his country and to his profession, or to beget healthful and robust children; and does not think this care suitable to the Divine justice and prudence, which is to direct all things to utility. My good friend, your business is done; nobody can restore you; they can, at the most, but patch you up, and prop you a little, and by that means prolong your misery an hour or two:

> *Non secus instantem cupiens fulcire ruinam,*
> *Diversis contra nititur obiicibus;*
> *Donec certa dies, omni compage soluta,*
> *Ipsum cum rebus subruat auxilium.*[3]

We must learn to suffer what we cannot evade; our life, like the harmony of the world, is composed of contrary things—of diverse tones, sweet and harsh, sharp and flat, sprightly and solemn: the musician who should only affect some of these, what would he be able to do? he must know how to make use of them all, and to mix them; and so we should mingle the goods and evils which are consubstantial with our life; our being cannot subsist without this mixture, and the one part is no less necessary to it than the other. To attempt to kick against natural necessity, is to represent the folly of Ctesiphon, who undertook to kick with his mule.

I consult little about the alterations I feel: for these doctors take advantage; when they have you at their mercy, they cudgel your ears with their prognostics; and having once surprised me, weakened with sickness, injuriously handled me with their dogmas and magisterial fopperies—one while menacing me with great pains, and another with approaching death—by which threats I was indeed moved and shaken, but not subdued nor jostled from my place; and though my judgment was neither altered nor distracted, yet it was at least disturbed: 'tis always agitation and combat.

Now, I use my imagination as gently as I can, and would discharge it, if I could, of all trouble and contest; a man must assist, flatter, and deceive it, if he can; my mind is fit for that office; it needs no appearances throughout: could it persuade as it preaches, it would successfully relieve me. Will you have an example? It tells me: "that 'tis for my good to have the stone: that the structure of my age must naturally suffer some decay, and it is now time it should begin to disjoin and to confess a breach; 'tis a common necessity, and there is nothing in it either miraculous or new; I therein pay what is due to old age, and I cannot expect a better bargain; that society ought to comfort me, being fallen into the most common infirmity of my age; I see everywhere men tormented with the same disease, and am honoured by the fellowship, forasmuch as men of the best quality are most frequently afflicted with it: 'tis a noble and dignified disease: that of such as are struck with it, few have it to a less degree of pain; that these are put to the trouble of a strict diet and the daily taking of nauseous potions, whereas I owe my better state purely to my good fortune; for some ordinary broths of Eringo or burst-wort that I have twice or thrice taken to oblige the ladies who, with greater kindness than my pain was sharp, would needs present me half of theirs, seemed to me equally easy to take and fruitless in operation, the others have to pay a thousand vows to Æsculapius, and as many crowns to their physicians, for the voiding a little gravel, which I often do by the aid of nature: even the decorum of my countenance is not disturbed in company; and I can hold my water ten hours, and as long as any man that is in perfect health. The fear of this disease," says mind, "formerly affrighted thee, when it was unknown to thee; the cries and despairing groans of those who make it worse by their impatience, begot a horror in thee. 'Tis an infirmity that punishes the members by which thou hast most offended. Thou art a conscientious fellow:"

Que venit indigne pœna, dolenda venit:[4]

"consider this chastisement: 'tis very easy in comparison of others, and inflicted with a paternal tenderness: do but observe how late it comes;

---

[1] Then be angry, when there is anything unjustly decreed against thee alone.—Seneca, *Epist.*, 91.

[2] Why, you blockhead, pray such childish prayers in vain?—Ovid, *Trist.*, iii. 8, 11.

[3] Like one who, desiring to stay an impending ruin, places various props against it, till, in a short time, the house, the props, and all, giving way, fall together.—Pseudo-Gallus, i. 171.

[4] We are entitled to complain of a punishment that we have not deserved.—Ovid, *Heroid.*, v. 8.

it only seizes on and incommodes that part of thy life, which is, one way and another, sterile and lost; having, as it were by composition, given time for the licence and pleasures of thy youth. The fear and the compassion that the people have of this disease serve thee for matter of glory; a quality, whereof if thou hast thy judgment purified, and that thy reason has somewhat cured it, thy friends, notwithstanding, discern some tincture in thy complexion. 'Tis a pleasure to hear it said of oneself: what strength of mind, what patience! Thou art seen to sweat with pain, to turn pale and red, to tremble, to vomit blood, to suffer strange contractions and convulsions, at times to let great tears drop from thine eyes, to urine thick, black, and dreadful water, or to have it suppressed by some sharp and craggy stone, that cruelly pricks and tears the neck of the bladder, whilst all the while thou entertainest the company with an ordinary countenance; drolling by fits with thy people; making one in a continuous discourse, now and then making excuse for thy pain, and representing thy suffering less than it is. Dost thou call to mind the men of past times, who so greedily sought diseases to keep their virtue in breath and exercise? Put the case that nature sets thee on and impels thee to this glorious school, into which thou wouldst never have entered of thy own free will. If thou tellest me that it is a dangerous and mortal disease, what others are not so? for 'tis a physical cheat to except any that they say do not go direct to death: what matters if they go thither by accident, or if they easily slide and slip into the path that leads us to it? But thou dost not die because thou art sick; thou diest because thou art living: death kills thee without the help of sickness: and sickness has deferred death in some, who have lived longer by reason that they thought themselves always dying; to which may be added, that as in wounds, so in diseases, some are medicinal and wholesome. The stone is often no less long-lived than you; we see men with whom it has continued from their infancy even to their extreme old age; and if they had not broken company, it would have been with them longer still; you more often kill it than it kills you. And though it should present to you the image of approaching death, were it not a good office to a man of such an age, to put him in mind of his end? And, which is worse, thou hast no longer anything that should make thee desire to be cured. Whether or no, common necessity will soon call thee away. Do but consider how skilfully and gently she puts thee out of concern with life, and weans thee from the world; not forcing thee with a tyrannical subjection, like so many other infirmities which thou seest old men afflicted withal, that hold them in continual torment, and keep them in perpetual and unintermitted weakness and pains, but by warnings and instructions at intervals, intermixing long pauses of repose, as it were to give thee opportunity to meditate and ruminate upon thy lesson, at thy own ease and leisure. To give thee means to judge aright, and to assume the resolution of a man of courage, it presents to thee the state of thy entire condition, both in good and evil; and one while a very cheerful and another an insupportable life, in one and the same day. If thou embracest not death, at least thou shakest hands with it once a month; whence thou hast more cause to hope that it will one day surprise thee without menace; and that being so often conducted to the water side, but still thinking thyself to be upon the accustomed terms, thou and thy confidence will at one time or another be unexpectedly wafted over. A man cannot reasonably complain of diseases that fairly divide the time with health."

I am obliged to Fortune for having so often assaulted me with the same sort of weapons: she forms and fashions me by use, hardens and habituates me, so that I can know within a little for how much I shall be quit. For want of natural memory, I make one of paper; and as any new symptom happens in my disease, I set it down, whence it falls out that, having now almost passed through all sorts of examples, if anything astounding threatens me, turning over these little loose notes, as the Sybil's leaves, I never fail of finding matter of consolation from some favourable prognostic in my past experience. Custom also makes me hope better for the time to come; for, the conduct of this clearing out having so long continued, 'tis to be believed that nature will not alter her course, and that no other worse accident will happen than what I already feel. And besides, the condition of this disease is not unsuitable to my prompt and sudden complexion: when it assaults me gently, I am afraid, for 'tis then for a great while; but it has, naturally, brisk and vigorous excesses; it claws me to purpose for a day or two. My kidneys held out an age without alteration; and I have almost now lived another, since they changed their state; evils have their periods, as well as goods: peradventure, the infirmity draws towards an end. Age weakens the heat of my stomach, and its digestion being less perfect sends this crude matter to my kidneys; why, at a certain revolution, may not the heat of my kidneys be also abated, so that they can no more petrify my phlegm, and nature find out some other way of purgation. Years have evidently helped me to drain certain rheums; and why not these excrements which furnish matter for gravel? But is there anything delightful in comparison of this sudden change, when from an excessive pain, I come, by the voiding of a stone, to recover, as by a flash of lightning, the beautiful light of health, so free and full, as it happens in our sudden and sharpest colics? Is there anything in the pain suffered, that one can counterpoise to the pleasure of so sudden an amendment? O, how much does health seem the more pleasant to me, after a sickness so near and so contiguous, that I can distinguish them in the presence of one another, in their greatest show; when they appear in emulation, as if to make head against and dispute it with one another! As the Stoics say that vices are profitably introduced to give value to and to set off virtue, we can, with better reason and less temerity of conjecture, say that nature has given us pain for the honour and service of pleasure and indolence. When Socrates, after his fetters were knocked off, felt the pleasure of that itching which the weight of them had caused in his legs, he rejoiced to consider the strict alliance betwixt pain and pleasure; how they are linked together by a necessary connection, so that by turns they follow and mutually beget one another; and cried out to the good fellow Æsop, that he ought out of this consideration, to have taken matter for a fine fable.

The worst that I see in other diseases is, that they are not so grievous in their effect, as they are in their issue: a man is a whole year in recovering, and all the while full of weakness and fear. There is so much hazard, and so many steps to arrive at safety, that there is no end on't: before they have unmuffled you of a kerchief, and then of a cap, before they allow you to walk abroad and take the air, to drink wine, to lie with your wife, or eat melons, 'tis odds you relapse into some new distemper. The stone has this privilege, that it carries itself clean off: whereas the other maladies always leave behind them some impression and alteration that render the body subject to a new disease, and lend a hand to one another. Those are excusable that content themselves with possessing us, without extending farther, and introducing their followers; but courteous and kind are those whose passage brings us any profitable issue. Since I have been troubled with the stone, I find myself freed from all other accidents, much more, methinks, than I was before, and have never had any fever since; I argue that the extreme and frequent vomitings that I am subject to, purge me: and, on the other hand, my distastes for this and that, and the strange fasts I am forced to keep, digest my peccant humours, and nature, with those stones, voids whatever there is in me superfluous and hurtful. Let them never tell me that it is a medicine too dear bought: for what avail so many stinking draughts, so many caustics, incisions, sweats, setons, diets, and so many other methods of cure, which often, by reason we are not able to undergo their violence and importunity, bring us to our graves? So that when I have the stone, I look upon it as physic; when free from it, as an absolute deliverance.

And here is another particular benefit of my disease; which is, that it always plays its game by itself, and lets me play mine, if I have only courage to do it; for, in its greatest fury, I have endured it ten hours together on horseback. Do but endure only; you need no other regimen: play, run, dine, do this and t'other, if you can; your debauch will do you more good than harm; say as much to one that has the pox, the gout, or hernia. The other diseases have more universal obligations; rack our actions after another kind of manner, disturb our whole order, and to their consideration engage the whole state of life: this only pinches the skin; it leaves the understanding and the will wholly at our own disposal, and the tongue, the hands, and the feet; it rather awakens than stupefies you. The soul is struck with the ardour of a fever, overwhelmed with an epilepsy, and displaced by a sharp megrim, and, in short, astounded by all the diseases that hurt the whole mass, and the most noble parts; this never meddles with the soul; if anything goes amiss with her, 'tis her own fault, she betrays, dismounts, and abandons herself. There are none but fools who suffer themselves to be persuaded, that this hard and massive body which is baked in our kidneys is to be dissolved by drinks; wherefore, when it is once stirred, there is nothing to be done but to give it passage; and, for that matter, it will itself make one.

I moreover observe this particular convenience in it, that it is a disease wherein we have little to guess at: we are dispensed from the trouble into which other diseases throw us by the uncertainty of their causes, conditions, and progress; a trouble that is infinitely painful: we have no need of consultations and doctoral interpretations; the senses well enough inform us both what it is and where it is.

By suchlike arguments, weak and strong, as

Cicero with the disease of his old age, I try to rock asleep and amuse my imagination, and to dress its wounds. If I find them worse to-morrow, I will provide new stratagems. That this is true: I am come to that pass of late, that the least motion forces pure blood out of my kidneys: what of that? I move about, nevertheless, as before, and ride after my hounds with a juvenile and insolent ardour; and hold that I have very good satisfaction for an accident of that importance, when it costs me no more but a dull heaviness and uneasiness in that part; 'tis some great stone that wastes and consumes the substance of my kidneys and my life, which I by little and little evacuate, not without some natural pleasure, as an excrement henceforward superflous and troublesome. Now if I feel anything stirring, do not fancy that I trouble myself to consult my pulse or my urine, thereby to put myself upon some annoying prevention; I shall soon enough feel the pain, without making it more and longer, by the disease of fear. He who fears he shall suffer, already suffers what he fears. To which may be added, that the doubts and ignorance of those who take upon them to expound the designs of nature and her internal progressions, and the many false prognostics of their art, ought to give us to understand that her ways are inscrutable and utterly unknown; there is great uncertainty, variety, and obscurity in what she either promises or threatens. Old age excepted, which is an indubitable sign of the approach of death, in all other accidents I see few signs of the future, whereon we may ground our divination. I only judge of myself by actual sensation, not by reasoning: to what end, since I am resolved to bring nothing to it but expectation and patience? Will you know how much I get by this? observe those who do otherwise, and who rely upon so many diverse persuasions and counsels; how often the imagination presses upon them, without any bodily pain. I have many times amused myself, being well and in safety, and quite free from these dangerous attacks, in communicating them to the physicians as then beginning to discover themselves in me; I underwent the decree of their dreadful conclusions, being, all the while, quite at my ease, and so much the more obliged to the favour of God, and better satisfied of the vanity of this art.

There is nothing that ought so much to be recommended to youth as activity and vigilance: our life is nothing but movement. I bestir myself with great difficulty, and am slow in everything, whether in rising, going to bed, or eating: seven of the clock in the morning is early for me; and where I rule, I never dine before eleven, nor sup till after six. I formerly attributed the cause of the fevers and other diseases I fell into, to the heaviness that long sleeping had brought upon me; and have ever repented going to sleep again in the morning. Plato is more angry at excess of sleeping, than at excess of drinking.[1] I love to lie hard and alone, even without my wife, as kings do; and well covered with clothes. They never warm my bed, but since I have grown old, they give me at need warm cloths to lay at my feet and stomach. They found fault with the great Scipio, that he was a great sleeper; not, in my opinion, for any other reason, than that men were displeased, that he alone should have nothing in him to be found fault with. If I am anything fastidious in my way of living, 'tis rather in my lying than anything else; but, generally, I give way and accommodate myself, as well as any one, to necessity. Sleeping has taken up a great part of my life, and I yet continue, at the age I now am, to sleep eight or nine hours together. I wean myself to my advantage, from this propension to sloth, and am evidently the better for so doing. I find the change a little hard indeed, but in three days 'tis over; and I see but few who live with less sleep, when need requires, and who more constantly exercise themselves, or to whom long journeys are less troublesome. My body is capable of a firm, but not of a violent or sudden agitation. I evade of late violent exercises, and such as make me sweat, wherein my limbs grow weary before they are hot. I can stand a whole day together, and am never weary of walking: but from my youth, I have ever preferred to ride upon paved roads; on foot, I get up to the breech in dirt; and little fellows as I am are subject in the streets to be elbowed and jostled, for want of presence; I have ever loved to repose myself, whether sitting or lying, with my heels as high or higher than my seat.

There is no profession more pleasant than the military, a profession both noble in its execution (for valour is the stoutest, proudest, and most generous of all virtues), and noble in its cause: there is no utility either more universal or more just, than the protection of the peace and grandeur of one's country. The company of so many noble, young, and active men delights you: the ordinary sight of so many tragic spectacles; the freedom of the conversation, without art; a masculine and unceremonious way of living, please you; the variety of a thousand sev-

---
[1] *Laws.*

eral actions; the encouraging harmony of martial music, that ravishes and inflames both your ears and souls; the honour of this occupation, nay, even its hardships and difficulties, which Plato holds so light that, in his *Republic*, he makes women and children share in them, are delightful to you. You put yourselves voluntarily upon particular exploits and hazards, according as you judge of their lustre and importance; and, a volunteer, find even life itself excusably employed,

Pulchrumque mori succurrit in armis.[1]

To fear common dangers that concern so great a multitude of men; not to dare to do what so many sorts of souls, what a whole people dare, is for a heart that is poor and mean beyond all measure: company encourages even children. If others excel you in knowledge, in gracefulness, in strength, or fortune, you have third causes to blame for that; but to give place to them in stability of mind, you can blame no one for that but yourself. Death is more abject, more languishing and troublesome in bed than in battle; fevers and catarrhs as painful and mortal as a musket-shot. Whoever has fortified himself valiantly to bear the accidents of common life, need not raise his courage to be a soldier. *Vivere, mi Lucili, militare est.*[2]

I do not remember that I ever had the itch; and yet scratching is one of nature's sweetest gratifications, and nearest at hand; but the smart follows too near. I use it most in my ears, which are often apt to itch.

I came into the world with all my senses entire, even to perfection. My stomach is commodiously good, as also is my head and my breath; and, for the most part, uphold themselves so in the height of fevers. I have passed the age to which some nations, not without reason, have prescribed so just a term of life, that they would not suffer men to exceed it; and yet I have some intermissions, though short and inconstant, so clean and sound as to be little inferior to the health and pleasantness of my youth. I do not speak of vigour and sprightliness; 'tis not reason they should follow me beyond their limits:

Non hoc amplius est liminis, aut aquæ,
Cœlestis, patiens latus.[3]

My face and eyes presently discover my condition; all my alterations begin there, and appear somewhat worse than they really are; my friends often pity me, before I feel the cause in myself. My looking-glass does not frighten me; for even in my youth it has befallen me more than once to have a scurvy complexion and of ill prognostic, without any great consequence, so that the physicians, not finding any cause within answerable to that outward alteration, attributed it to the mind and to some secret passion that tormented me within; but they were deceived. If my body would govern itself as well, according to my rule, as my mind does, we should move a little more at our ease. My mind was then not only free from trouble, but, moreover, full of joy and satisfaction, as it commonly is, half by its complexion, half by its design:

Nec vitiant artus ægræ contagia mentis.[4]

I am of the opinion that this temperature of my soul has often raised my body from its lapses; this is often depressed; if the other be not brisk and gay, 'tis at least tranquil and at rest. I had a quartan ague four or five months, that made me look miserably ill; my mind was always, if not calm, yet pleasant. If the pain be without me, the weakness and languor do not much afflict me; I see various corporal faintings, that beget a horror in me but to name, which yet I should less fear than a thousand passions and agitations of the mind that I see about me. I make up my mind no more to run; 'tis enough that I can crawl along; nor do I more complain of the natural decadence that I feel in myself,

Quis tumidum guttur miratur in Alpibus?[5]

than I regret that my duration shall not be as long and entire as that of an oak.

I have no reason to complain of my imagination; I have had few thoughts in my life that have so much as broken my sleep, except those of desire, which have awakened without afflicting me. I dream but seldom, and then of chimæras and fantastic things, commonly produced from pleasant thoughts, and rather ridiculous than sad; and I believe it to be true that dreams are faithful interpreters of our inclinations; but there is art required to sort and understand them:

---

[1] 'Tis fine to die sword in hand.—*Æneid,* ii. 317.
[2] To live, my Lucilius, is to make war.—Seneca, *Epist.,* 96.
[3] I am no longer able to stand waiting at a door in the rain.—Horace, *Od.,* iii. 10, 9.

[4] The troubles of the body never affected my mind.—Ovid., *Trist.,* iii. 8, 25.
[5] No one is surprised to see a goitre in the Alps.—Juvenal, xiii. 162.

Res, quæ in vita usurpant homines,
　cogitant, curant, vident,
Quæque agunt vigilantes, agitantque,
　ea si cui in somno accidunt,
Minus mirandum est.[1]

Plato, moreover, says,[2] that 'tis the office of prudence to draw instructions of divination of future things from dreams: I don't know about this, but there are wonderful instances of it that Socrates, Xenophon, and Aristotle, men of irreproachable authority, relate. Historians say[3] that the Atlantes never dream; who also never eat any animal food, which I add, forasmuch as it is, peradventure, the reason why they never dream, for Pythagoras ordered a certain preparation of diet to beget appropriate dreams. Mine are very gentle, without any agitation of body or expression of voice. I have seen several of my time wonderfully disturbed by them. Theon, the philosopher, walked in his sleep, and so did Pericles' servant, and that upon the tiles and top of the house.

I hardly ever choose my dish at table, but take the next at hand, and unwillingly change it for another. A confusion of meats and a clutter of dishes displease me as much as any other confusion: I am easily satisfied with few dishes: and am an enemy to the opinion of Favorinus, that in a feast they should snatch from you the meat you like, and set a plate of another sort before you; and that 'tis a pitiful supper, if you do not sate your guests with the rumps of various fowls, the beccafico only deserving to be all eaten. I usually eat salt meats, and yet I love bread that has no salt in it; and my baker never sends up other to my table, contrary to the custom of the country. In my infancy, what they had most to correct in me was the refusal of things that children commonly best love, as sugar, sweetmeats, and march-panes. My tutor contended with this aversion to delicate things, as a kind of over-nicety; and indeed 'tis nothing else but a difficulty of taste, in anything it applies itself to. Whoever cures a child of an obstinate liking for brown bread, bacon, or garlic, cures him also of pampering his palate. There are some who affect temperance and plainness, by wishing for beef and ham amongst pheasant and partridge; 'tis all very fine; this is delicacy upon delicacies; 'tis the taste of effeminacy that disrelishes ordinary and accustomed things; *Per quæ luxuria divitiarum tædio ludit.*[4] Not to make good cheer with what another is enjoying, and to be curious in what a man eats, is the essence of this vice:

Si modica coenare times olus omne patella.[5]

There is, indeed, this difference, that 'tis better to oblige one's appetite to things that are most easy to be had, but 'tis always vice to oblige one's self: I formerly said a kinsman of mine was over-nice, who, by being in our galleys, had unlearned the use of beds and to undress when he went to sleep.

If I had any sons, I should willingly wish them my fortune: the good father that God gave me, who has nothing of me but the acknowledgment of his goodness, but truly 'tis a very hearty one, sent me from my cradle to be brought up in a poor village of his, and there continued me all the while I was at nurse, and still longer, bringing me up to the meanest and most common way of living: *Magna pars libertatis est bene moratus venter.*[6] Never take upon yourselves, and much less give up to your wives, the care of their nourishment; leave this to fortune, under popular and natural laws; leave it to custom to train them up to frugality and hardship, that they may rather descend from rigours than mount up to them. This humour of his yet aimed at another end, to make me familiar with the people and the condition of men who most need our assistance; considering that I should rather regard them who extend their arms to me, than those who turn their backs upon me; and for this reason it was, that he provided me godfathers of the meanest fortune, to oblige and attach me to them.

Nor has his design succeeded altogether ill; for, whether upon the account of the more honour in such a condescension, or out of a natural compassion that has a very great power over me, I have an inclination towards the meaner sort of people. The faction which I should condemn in our civil wars, I should more sharply condemn, flourishing and successful; it would half reconcile me to it, should I see it miserable and overwhelmed. How much do I admire the generous humour of Chelonis, daughter and wife to kings of Sparta! whilst her husband, Cleombrotus, in the commotion of her city, had the advantage

---

[1] 'Tis no wonder if what men practise, think, care for, see, and do when waking, should also run in their heads and disturb them when they are asleep.—Attius, *in* Cicero, *De Divin.*, i. 22.

[2] In the *Timæus*, 71.

[3] Herodotus, iv. 184.

[4] The caprices of luxury which would escape the tediousness of riches.—Seneca, *Epist.*, 18.

[5] If you can't be content with herbs in a small dish for supper.—Horace, *Epist.*, i. 5, 2.

[6] A well-governed stomach is a great part of liberty.—Seneca, *Epist.*, 123.

over Leonidas, her father, she, like a good daughter, stuck close to her father in all his misery and exile, in opposition to the conqueror. But so soon as the chance of war turned, she changed her will with the change of fortune, and bravely turned to her husband's side, whom she accompanied throughout where his ruin carried him; admitting, as it appears to me, no other choice than to cleave to the side that stood most in need of her, and where she could best manifest her compassion.[1] I am naturally more apt to follow the example of Flaminius, who rather gave his assistance to those who had most need of him than to those who had power to do him good, than I do to that of Pyrrhus, who was of an humour to truckle under the great, and to domineer over the poor.

Long sittings at meat both trouble me and do me harm; for, be it for want of moderation, or that I was so accustomed when a child, I eat all the while I sit. Therefore it is that at my own house, though the meals there are of the shortest, I usually sit down a little while after the rest, after the manner of Augustus; but I do not imitate him in rising also before the rest of the company; on the contrary, I love to sit still a long time after, and to hear them talk, provided I am none of the talkers; for I tire and hurt myself with speaking upon a full stomach, as much as I find it pleasant and very wholesome to argue and to strain my voice before dinner.

The ancient Greeks and Romans had more reason than we in setting apart for eating, which is a principal action of life, if they were not prevented by other extraordinary business, many hours and the greatest part of the night; eating and drinking more deliberately than we do, who perform all our actions post-haste; and in extending this natural pleasure to more leisure and better use, intermixing with their meals pleasant and profitable conversation.

They whose concern it is to have a care of me, may very easily hinder me from eating anything they think will do me harm; for in such matters I never covet nor miss anything I do not see; but withal, if it once comes in my sight, 'tis in vain to persuade me to forbear; so that when I design to fast, I must be kept apart from the supper-table, and must have only so much given me, as is required for a prescribed collation; for if I sit down to table, I forget my resolution. When I order my cook to alter the manner of dressing any dish, all my family know what it means, that my stomach is out of order, and that I shall not touch it.

I love to have all meats, that will endure it, very little boiled or roasted, and prefer them very high and even, as to several, quite gone. Nothing but hardness generally offends me (of any other quality I am as patient and indifferent as any man I have known); so that, contrary to the common humour, even in fish it often happens that I find them both too fresh and too firm: not for want of teeth, which I ever had good, even to excellence, and which age does but now begin to threaten: I have always been used every morning to rub them with a napkin, and before and after dinner. God is favourable to those whom he makes to die by degrees; 'tis the only benefit of old age; the last death will be so much the less painful; it will kill but a quarter of a man or but half a one at most. I have one tooth lately fallen out without drawing and without pain: it was the natural term of its duration; and that part of my being and several others, are already dead, others half dead, of those that were most active, and in highest esteem during my vigorous years; 'tis so I melt and steal away from myself. What a folly it would be in my understanding, to apprehend the height of this fall, already so much advanced, as if it were from the very top! I hope I shall not. I, in truth, receive a principal consolation in meditating my death, that it will be just and natural, and that henceforward I cannot herein either require or hope from Destiny any other but unlawful favour. Men make themselves believe that we formerly had, as greater stature, so, longer lives, but they deceive themselves; and Solon, who was of those elder times, limits the duration of life to threescore and ten years. I, who have so much and so universally adored that ἄριστον μέτρον[2] of ancient times; and who have concluded the most moderate measures to be the most perfect, shall I pretend to an immeasurable and prodigious old age? Whatever happens contrary to the course of nature, may be troublesome; but what comes according to her, should always be pleasant: *Omnia, quæ secundum naturam fiunt, sunt habenda in bonis.*[3] And so Plato likewise says,[4] that the death which is occasioned by wounds and diseases is violent; but that which comes upon us, old age conducting us to it, is of all others the most easy, and in some sort delicious. *Vitam adolescenti-*

---

[1] Plutarch, *Agis and Cleomenes*.

[2] The mean is best.

[3] All things that are done according to nature, are to be accounted good.—Cicero, *De Senec.*, xix.

[4] In *Timæus*.

bus vis aufert, senibus maturitas.[1] Death mixes and confounds itself throughout with life; decay anticipates its hour, and shoulders itself even into the course of our advance. I have portraits of myself taken at five and twenty, and five and thirty years of age; I compare them with that lately drawn; how variously is it no longer me; how much more is my present image unlike the former, than unlike that I shall go out of the world with? It is too much to abuse nature, to make her trot so far that she must be forced to leave us, and abandon our conduct, our eyes, teeth, legs, and all the rest, to the mercy of a foreign and begged assistance, and to resign us into the hands of art, being weary of following us herself.

I am not very fond either of salads or fruits, except melons. My father hated all sorts of sauces; I love them all. Eating too much hurts me; but, as to the quality of what I eat, I do not yet certainly know that any sort of meat disagrees with my stomach; neither have I observed that either full moon or decrease, spring or autumn, have any influence upon me. We have in us notions that are inconstant and for which no reason can be given: for example, I found radishes first grateful to my stomach, since that nauseous, and now again grateful. In several other things, I find my stomach and appetite vary after the same manner; I have changed again and again from white wine to claret, from claret to white.

I am a great lover of fish, and consequently make my fasts feasts, and feasts fasts: and I believe what some people say, that it is more easy of digestion than flesh. As I make a conscience of eating flesh upon fish-days, so does my taste make a conscience of mixing fish and flesh; the difference betwixt them seems to me too remote.

From my youth, I have sometimes kept out of the way at meals; either to sharpen my appetite against the next morning (for, as Epicurus fasted and made lean meals to accustom his pleasure to make shift without abundance, I, on the contrary, do it to prepare my pleasure to make better and more cheerful use of abundance); or else I fasted to preserve my vigour for the service of some action of body or mind: for both the one and the other of these is cruelly dulled in me by repletion; and, above all things, I hate that foolish coupling of so healthful and sprightly a goddess with that little belching god, bloated with the fumes of his liquor;—or to cure my sick stomach, or for want of fit company; for I say,
as the same Epicurus did, that one is not so much to regard what he eats, as with whom; and I commend Chilo, that he would not engage himself to be at Periander's feast till he first was informed who were to be the other guests; no dish is so acceptable to me, nor no sauce so appetizing, as that which is extracted from society. I think it more wholesome to eat more leisurely and less, and to eat oftener; but I would have appetite and hunger attended to; I should take no pleasure to be fed with three or four pitiful and stinted repasts a day, after a medicinal manner: who will assure me, that, if I have a good appetite in the morning, I shall have the same at supper? But, we old fellows especially, let us take the first opportune time of eating, and leave to almanac makers hopes and prognostics. The utmost fruit of my health is pleasure; let us take hold of the present and known. I avoid the invariable in these laws of fasting; he who would have one form serve him, let him avoid the continuing it; we harden ourselves in it; our strength is there stupefied and laid asleep; six months after, you shall find your stomach so inured to it, that all you have got is the loss of your liberty of doing otherwise but to your prejudice.

I never keep my legs and thighs warmer in winter than in summer; one simple pair of silk stockings is all. I have suffered myself, for the relief of my colds, to keep my head warmer; and my belly upon the account of my colic: my diseases in a few days habituated themselves thereto, and disdained my ordinary provisions: we soon get from a coif to a kerchief over it, from a simple cap to a quilted hat; the trimmings of the doublet must not merely serve for ornament: there must be added a hare's skin or a vulture's skin, and a cap under the hat: follow this gradation, and you will go a very fine way to work. I will do nothing of the sort, and would willingly leave off what I have begun. If you fall into any new inconvenience, all this is labour lost; you are accustomed to it; seek out some other. Thus do they destroy themselves, who submit to be pestered with these enforced and superstitious rules; they must add something more, and something more after that; there is no end on't.

For what concerns our affairs and pleasures, it is much more commodious, as the ancients did, to lose one's dinner, and defer making good cheer till the hour of retirement and repose, without breaking up a day; and so was I formerly used to do. As to health, I since by experience find, on the contrary, that it is better to dine, and that the digestion is better while awake. I am not very used to be thirsty, either well or

---

[1] Young men are taken away by force, old men by maturity.—Cicero, *De Senectute,* xix.

sick; my mouth is, indeed, apt to be dry, but without thirst; and commonly I never drink but with thirst that is created by eating, and far on in the meal; I drink pretty well for a man of my pitch: in summer, and at a relishing meal, I do not only exceed the limits of Augustus, who drank but thrice, precisely; but not to offend Democritus' rule, who forbade that men should stop at four times as an unlucky number, I proceed at need to the fifth glass, about three half-pints; for the little glasses are my favourites, and I like to drink them off, which other people avoid as an unbecoming thing. I mix my wine sometimes with half, sometimes with the third part water; and when I am at home, by an ancient custom that my father's physician prescribed both to him and himself, they mix that which is designed for me in the buttery, two or three hours before 'tis brought in. 'Tis said, that Cranaus, king of Athens, was the inventor of this custom of dashing wine with water; whether useful or no, I have heard disputed. I think it more decent and wholesome for children to drink no wine till after sixteen or eighteen years of age. The most usual and common method of living is the most becoming: all particularity, in my opinion, is to be avoided; and I should as much hate a German who mixed water with his wine, as I should a Frenchman who drank it pure. Public usage gives the law in these things.

I fear a fog, and fly from smoke as from the plague: the first repairs I fell upon in my own house, were the chimneys and houses of office, the common and insupportable defects of all old buildings; and amongst the difficulties of war, I reckon the choking dust they make us ride in a whole day together. I have a free and easy respiration; and my colds for the most part go off without offence to the lungs, and without a cough.

The heat of summer is more an enemy to me than the cold of winter; for, besides the incommodity of heat, less remediable than cold, and besides the force of the sunbeams that strike upon the head, all glittering light offends my eyes, so that I could not now sit at dinner over against a flaming fire.

To dull the whiteness of paper, in those times when I was more wont to read, I laid a piece of glass upon my book, and found my eyes much relieved by it. I am to this hour ignorant of the use of spectacles; and I can see as far as ever I did, or any other. 'Tis true, that in the evening I begin to find a little disturbance and weakness in my sight, if I read; an exercise I have always found troublesome, especially by night. Here is one step back, and a very manifest one; I shall retire another: from the second to the third, and so to the fourth, so gently, that I shall be stark blind before I shall be sensible of the age and decay of my sight: so artificially do the Fatal sisters untwist our lives. And so I doubt whether my hearing begins to grow thick; and you will see I shall have half lost it, when I shall still lay the fault on the voices of those who speak to me. A man must screw up his soul to a high pitch, to make it sensible how it ebbs away.

My walking is quick and firm; and I know not which of the two, my mind or my body, I have most to do to keep in the same state. That preacher is very much my friend who can oblige my attention a whole sermon through: in places of ceremony, where every one's countenance is so starched, where I have seen the ladies keep even their eyes so fixed, I could never order it so, that some part or other of me did not lash out; so that though I was seated, I was never settled. As the philosopher Chrysippus' maid said of her master, that he was only drunk in his legs, for it was his custom to be always kicking them about in what place soever he sat; and she said it, when the wine having made all his companions drunk, he found no alteration in himself at all; it may have been said of me from my infancy, that I had either folly or quicksilver in my feet, so much stirring and unsettledness there is in them, wherever they are placed.

'Tis indecent, beside the hurt it does to one's health, and even to the pleasure of eating, to eat so greedily as I do; I often bite my tongue, and sometimes my fingers, in my haste. Diogenes, meeting a boy eating after that manner, gave his tutor a box on the ear. There were men at Rome that taught people to chew, as well as to walk, with a good grace. I lose thereby the leisure of speaking, which gives great relish to the dinner-table, provided the discourse be suitable, that is, pleasant and short.

There is jealousy and envy amongst our pleasures; they cross and hinder one another. Alcibiades, a man who well understood how to make good cheer, banished even music from the table, that it might not disturb the entertainment of discourse, for the reason, as Plato[1] tells us, "that it is the custom of ordinary people to call fiddlers and singing men to feasts, for want of good discourse and pleasant talk, with which men of understanding know how to entertain one another." Varro requires all this in entertainments: "Persons of graceful presence and

---

[1] In the *Protagoras*.

agreeable conversation, who are neither silent nor babblers; neatness and delicacy, both of meat and place; and fair weather." The art of dining well is no slight art, the pleasure not a slight pleasure; neither the greatest captains nor the greatest philosophers have disdained the use or science of eating well. My imagination has delivered three repasts to the custody of my memory, which fortune rendered sovereignly sweet to me, upon several occasions in my more flourishing age; my present state excludes me; for every one, according to the good temper of body and mind wherein he then finds himself, furnishes for his own share a particular grace and savour. I, who but crawl upon the earth, hate this inhuman wisdom, that will have us despise and hate all culture of the body; I look upon it as an equal injustice to loath natural pleasures as to be too much in love with them. Xerxes was a coxcombical blockhead who, environed with all human delights, proposed a reward to him who could find out others; but he is not much less so who cuts off any of those pleasures that nature has provided for him. A man should neither pursue nor avoid them, but receive them. I receive them, I confess, a little too warmly and kindly, and easily suffer myself to follow my natural propensions. We have no need to exaggerate their inanity; they themselves will make us sufficiently sensible of it, thanks to our sick wet-blanket mind, that puts us out of taste with them as with itself; it treats both itself and all it receives, one while better, and another worse, according to its insatiable, vagabond, and versatile essence:

Sincerum est nisi vas, quodcunque infundis, acescit.[1]

I, who boast that I so curiously and particularly embrace the conveniences of life, find them, when I most nearly consider them, very little more than wind. But what? We are all wind throughout; and, moreover, the wind itself more discreet than we, loves to bluster and shift from corner to corner; and contents itself with its proper offices, without desiring stability and solidity—qualities that nothing belong to it.

The pure pleasures, as well as the pure displeasures, of the imagination, say some, are the greatest, as was expressed by the balance of Critolaus. 'Tis no wonder; it makes them to its own liking, and cuts them out of the whole cloth; of this I every day see notable examples, and, peradventure, to be desired. But I, who am of a mixed and heavy condition, cannot snap so soon at this one simple object, but that I negligently suffer myself to be carried away with the present pleasures of the general human law, intellectually sensible, and sensibly intellectual. The Cyrenaic philosophers will have it that as corporal pains, so corporal pleasures are more powerful, both as double and as more just. There are some, as Aristotle says,[2] who out of a savage kind of stupidity dislike them; and I know others who out of ambition do the same. Why do they not, moreover, forswear breathing? why do they not live of their own? why not refuse light, because it shines gratis, and costs them neither pains nor invention? Let Mars, Pallas, or Mercury afford them their light by which to see, instead of Venus, Ceres, and Bacchus. Will they not seek the quadrature of the circle, even when on their wives? I hate that we should be enjoined to have our minds in the clouds, when our bodies are at table; I would not have the mind nailed there, nor wallow there; I would have it take place there and sit, but not lie down. Aristippus maintained nothing but the body, as if he had no soul; Zeno stickled only for the soul, as if he had no body; both of them faultily. Pythagoras, they say, followed a philosophy that was all contemplation; Socrates one that was all conduct and action; Plato found a mean betwixt the two; but they only say this for the sake of talking. The true point is found in Socrates; and Plato is much more Socratic than Pythagoric, and it becomes him better: When I dance, I dance; when I sleep, I sleep. Nay, when I walk alone in a beautiful orchard, if my thoughts are some part of the time taken up with foreign occurrences, I some part of the time call them back again to my walk, to the orchard, to the sweetness of the solitude, and to myself.

Nature has with a motherly tenderness observed this, that the actions she has enjoined us for our necessity should be also pleasant to us; and she invites us to them, not only by reason, but also by appetite, and 'tis injustice to infringe her laws. When I see both Cæsar and Alexander in the thickest of their greatest business, so fully enjoy human and corporal pleasures, I do not hold that they slackened their souls, but wound them up higher, by vigour of courage, subjecting these violent employments and laborious thoughts to the ordinary usage of life: wise, had they believed the last was their

---

[1] Unless the vessel be clean, it will sour whatever you put into it.—Horace, *Epist.*, i. 2, 54.

[2] *Ethics*, ii. 7.

ordinary, the first their extraordinary, vocation. We are great fools. "He has passed over his life in idleness," say we: "I have done nothing today." What? Have you not lived? That is not only the fundamental, but the most illustrious of all your occupations. "Had I been put to the management of great affairs, I should have made it seen what I could do." Have you known how to meditate and manage your life, you have performed the greatest work of all. For a man to show and set out himself, nature has no need of fortune; she equally manifests herself in all stages, and behind a curtain as well as without one. Have you known how to regulate your conduct, you have done a great deal more than he who has composed books. Have you known how to take repose, you have done more than he who has taken cities and empires.

The great and glorious masterpiece of man is to know how to live to purpose; all other things, to reign, to lay up treasure, to build, are, at most, but little appendices and props. I delight to see a general of an army, at the foot of a breach he is presently to assault, give himself up entire and free at dinner, to talk and be merry with his friends; to see Brutus, when heaven and earth were conspired against him and the Roman liberty, stealing some hours of the night from his rounds to read and abridge Polybius, in all security. 'Tis for little souls, that truckle under the weight of affairs, not from them to know how clearly to disengage themselves, not to know how to lay them aside and take them up again:

O fortes, pejoraque passi
Mecum sæpe viri! nunc vino pellite curas:
Cras ingens iterabimus æquor.[1]

Whether it be in jest or earnest, that the theological and Sorbonical wine, and their feasts, are turned into a proverb, I find it reasonable they should dine so much more commodiously and pleasantly, as they have profitably and seriously employed the morning in the exercise of their schools. The conscience of having well spent the other hours, is the just and savoury sauce of the dinner-table. The sages lived after that manner; and that inimitable emulation to virtue, which astonishes us both in the one and the other Cato, that humour of theirs, so severe as even to be importunate, gently submits itself and yields to the laws of the human condition, of Venus and Bacchus; according to the precepts of their sect, that require the perfect sage to be as expert and intelligent in the use of natural pleasures as in all other duties of life: *Cui cor sapiat, ei et sapiat palatus.*[2]

Relaxation and facility, methinks, wonderfully honour and best become a strong and generous soul. Epaminondas did not think that to take part, and that heartily, in songs and sports and dances with the young men of his city, were things that in any way derogated from the honour of his glorious victories and the perfect purity of manners that was in him. And amongst so many admirable actions of Scipio, the grandfather, a person worthy to be reputed of a heavenly extraction, there is nothing that gives him a greater grace than to see him carelessly and childishly trifling at gathering and selecting shells, and playing at quoits upon the seashore with Lælius; and, if it was foul weather, amusing and pleasing himself in representing by writing in comedies the meanest and most popular actions of men; or having his head full of that wonderful enterprise of Hannibal and Africa, visiting the schools in Sicily, and attending philosophical lectures, improving himself, to the blind envy of his enemies at Rome. Nor is there anything more remarkable in Socrates than that, old as he was, he found time to make himself taught dancing and playing upon instruments, and thought it time well spent; but this same man was seen in an ecstacy, standing upon his feet a whole day and a night together, in the presence of all the Grecian army, surprised and ravished with some profound thought. He was the first who, amongst so many valiant men of the army, ran to the relief of Alcibiades, oppressed with the enemy; shielded him with his own body, and disengaged him from the crowd, by absolute force of arms. It was he who, in the Delian battle, raised and saved Xenophon when fallen from his horse; and who, amongst all the people of Athens, enraged as he was at so unworthy a spectacle, first presented himself to rescue Theramenes, whom the thirty tyrants were hauling to execution by their satellites, and desisted not from his bold enterprise but at the remonstrance of Theramenes himself, though he was only followed by two more in all. He was seen, when courted by a beauty with whom he was in love, to maintain at need a severe abstinence. He was seen ever to go to the wars, and walk upon ice, with bare feet; to wear the

---

[1] Brave spirits, who have often suffered sorrow with me, drink cares away; to-morrow we will set sail on the great sea.—Horace, *Od.*, i. 7, 30.

[2] He that has a learned soul has a learned palate too.—Cicero, *De Finib.*, ii. 8.

same robe, winter and summer; to surpass all his companions in patience of bearing hardships, and to eat no more at a feast than at his own private dinner. He was seen, for seven and twenty years together, to endure hunger, poverty, the indocility of his children, and the claws of his wife, with the same countenance; and, in the end, calumny, tyranny, imprisonment, fetters, and poison. But was this man obliged to drink full bumpers by any rule of civility? he was also the man of the whole army, with whom the advantage in drinking remained. And he never refused to play at cob-nut, nor to ride the hobby-horse with children, and it became him well; for all actions, says philosophy, equally become and equally honour a wise man. We have enough wherewithal to do it, and we ought never to be weary of presenting the image of this great man in all the patterns and forms of perfections. There are very few examples of life, full and pure; and we wrong our teaching every day, to propose to ourselves those that are weak and imperfect, scarce good for any one service, and rather pull us back; corrupters rather than correctors of manners. The people deceive themselves; a man goes much more easily indeed by the ends, where the extremity serves for a bound, a stop, and guide, than by the middle way, large and open; and according to art, more than according to nature: but withal much less nobly and commendably.

Grandeur of soul consists not so much in mounting and in pressing forward, as in knowing how to govern and circumscribe itself; it takes everything for great, that is enough, and demonstrates itself better in moderate than in eminent things. There is nothing so fine and legitimate as well and duly to play the man; nor science so arduous as well and naturally to know how to live this life; and of all the infirmities we have, 'tis the most savage to despise our being.

Whoever has a mind to send his soul abroad, when the body is ill at ease, to preserve it from the contagion, let him, by all means, do it if he can: but, otherwise, let him on the contrary favour and assist it, and not refuse to participate of its natural pleasures with a conjugal complacency, bringing to it, if it be the wiser, moderation, lest by indiscretion they should get confounded with pleasure. Intemperance is the pest of pleasure; and temperance is not its scourge, but rather its seasoning. Eudoxus, who therein established the sovereign good, and his companions, who set so high a value upon it, tasted it in its most charming sweetness, by the means of temperance, which in them was singular and exemplary.

I enjoin my soul to look upon pain and pleasure with an eye equally regular, *Eodem enim vitio est effusio animi in lætitia, quo in dolore contractio*,[1] and equally firm; but the one gaily and the other severely, and, so far as it is able, to be as careful to extinguish the one, as to extend the other. The judging rightly of good brings along with it the judging soundly of evil: pain has something of the inevitable in its tender beginnings, and pleasure something of the evitable in its excessive end. Plato[2] couples them together, and wills that it should be equally the office of fortitude to fight against pain, and against the immoderate and charming blandishments of pleasure: they are two fountains, from which whoever draws, when and as much as he needs, whether city, man, or beast, is very fortunate. The first is to be taken medicinally and upon necessity, and more scantily; the other for thirst, but not to drunkenness. Pain, pleasure, love, and hatred are the first things that a child is sensible of: if, when reason comes, they apply it to themselves, that is virtue.

I have a special nomenclature of my own; I "pass away time," when it is ill and uneasy, but when 'tis good I do not pass it away: "I taste it over again and stick to it"; one must run over the ill, and settle upon the good. This ordinary phrase of pastime, and passing away the time, represents the usage of those wise sort of people who think they cannot do better with their lives than to let them run out and slide away, pass them over, and baulk them, and, as much as they can, ignore them, and shun them as a thing of troublesome and contemptible quality: but I know it to be another kind of thing, and find it both valuable and commodious, even in its latest decay, wherein I now enjoy it; and nature has delivered it into our hands in such and so favourable circumstances, that we have only ourselves to blame if it be troublesome to us, or slide unprofitably away: *Stulti vita ingrata est, trepida est, tota in futurum fertur*.[3] Nevertheless, I compose myself to lose mine without regret; but withal as a thing that is perishable by its condition, not that it troubles or annoys me. Nor does it properly well become any not to be displeased when they die, excepting such as are

---

[1] For 'tis by the same vice that we dilate ourselves in mirth and contract ourselves in sorrow.—Idem, *Tusc. Quæs.*, iv. 31.

[2] *Laws*, i.

[3] The life of a fool is uneasy, timorous, and wholly bent upon the future.—Seneca, *Epist.*, 15.

pleased to live. There is good husbandry in enjoying it: I enjoy it double to what others do; for the measure of its fruition depends upon the more or less of our application to it. New especially that I perceive mine to be so short in time, I will extend it in weight; I will stop the promptitude of its flight by the promptitude of my grasp; and by the vigour of using it compensate the speed of its running away: by how much the possession of living is more short, I must make it so much deeper and more full.

Others feel the pleasure of content and prosperity; I feel it too, as well as they, but not as it slides and passes by; one should study, taste, and ruminate upon it, to render condign thanks to Him who grants it to us. They enjoy the other pleasures as they do that of sleep, without knowing it. To the end that even sleep itself should not so stupidly escape from me, I have formerly caused myself to be disturbed in my sleep, so that I might the better and more sensibly relish and taste it. I ponder with myself of content; I do not skim over, but sound it; and I bend my reason, now grown perverse and peevish, to entertain it. Do I find myself in any calm composedness? Is there any pleasure that tickles me? I do not suffer it to dally with my senses only, I associate my soul to it too: not there to engage itself, but therein to take delight; not there to lose itself, but to be present there; and I employ it, on its part, to view itself in this prosperous state, to weigh and appreciate its happiness, and to amplify it. It reckons how much it stands indebted to Almighty God that its conscience and the intestine passions are in repose; that it has the body in its natural disposition, orderly and competently enjoying the soft and soothing functions, by which He of His grace is pleased to compensate the sufferings wherewith His justice at His good pleasure chastises us. It reflects how great a benefit it is to be so protected, that, which way soever it turns its eye, the heavens art calm around it. No desire, no fear or doubt, troubles the air; no difficulty, past, present, or to come, that its imagination may not pass over without offence. This consideration takes great lustre from the comparison of different conditions; and therefore it is that I present to my thought, in a thousand aspects, those whom fortune or their own error torments and carries away; and those, who more like to me, so negligently and incuriously receive their good fortune. Those are men who pass away their time, indeed; they pass over the present, and that which they possess, to give themselves up to hope, and for vain shadows and images which fancy puts into their heads,

> *Morte obita quales fama est volitare figuras,*
> *Aut quæ sopitos deludunt somnia sensus:*[1]

which hasten and prolong their flight, according as they are pursued. The fruit and end of their pursuit is to pursue; as Alexander said, that the end of his labour was to labour,

Nil actum credens, cum quid superesset agendum.[2]

For my part then, I love life, and cultivate it, such as it has pleased God to bestow it upon us. I do not desire it should be without the necessity of eating and drinking; and I should think myself inexcusable to wish it had been twice as long: *Sapiens divitiarum naturalium quæsitor accerimus:*[3] nor that we should support ourselves by putting only a little of that drug into our mouths, by which Epimenides took away his appetite, and kept himself alive; nor that we should stupidly beget children with our fingers or heels, but, rather, with reverence be it spoken, that we might voluptuously beget them with our fingers and heels; nor that the body should be without desire, and without titillation. These are ungrateful and wicked complaints. I accept kindly, and with gratitude, what nature has done for me: am well pleased with it, and proud of it. A man does wrong to the great omnipotent Giver of all things, to refuse, annul, or disfigure His gift; all goodness Himself, He has made everything good: *Omnia quæ secundum naturam sunt, æstimatione digna sunt.*[4]

Of philosophical opinions, I preferably embrace those that are most solid, that is to say, the most human, and most our own: my discourse is, suitable to my manners, low and humble: philosophy plays the child, to my thinking, when it puts itself upon its Ergos, to preach to us that 'tis a barbarous alliance to marry the divine with the earthly, the reasonable with the unreasonable, the severe with the indulgent, the honest with the dishonest; that pleasure is a brutish quality, unworthy to be tasted by a wise man; that the sole pleasure he extracts from the enjoyment of a fair young wife, is a pleasure of his conscience to perform an action accord-

---

[1] Such as those forms which after death are said to flutter about; or those dreams which delude the senses in sleep.—*Æneid*, x. 641.

[2] Thinking nothing done, if anything is left to do.—Lucan, ii. 657.

[3] A wise man eagerly desires natural riches.—Seneca, *Epist.*, 119.

[4] All things that are according to nature are worthy of esteem.—Cicero, *De Finib.*, iii. 6.

ing to order, as to put on his boots for a profitable journey. Oh, that its followers had no more right, nor nerves, nor juice, in getting their wives' maidenheads, than in its lessons.

That is not what Socrates says, who is its master and ours: he values, as he ought, bodily pleasure; but he prefers that of the mind, as having more force, constancy, facility, variety, and dignity. This, according to him, goes by no means alone—he is not so fantastic—but only it goes first; temperance, with him, is the moderatrix, not the adversary of pleasure. Nature is a gentle guide, but not more sweet and gentle, than prudent and just: *Intrandum est in rerum naturam, et penitus, quid ea postulet, pervidendum.*[1] I hunt after her foot throughout; we have confounded it with artificial traces; and that academic and peripatetic good, which is "to live according to it," becomes, by this means, hard to limit and explain; and that of the Stoics, cousin-german to it, which is "to consent to nature." Is it not an error to esteem any actions less worthy, because they are necessary? And yet they will not beat it out of my head, that it is not a very convenient marriage of pleasure with necessity, with which, says an ancient, the gods always conspire. To what end do we dismember by divorce a building united by so close and brotherly a correspondence? Let us, on the contrary, confirm it by mutual offices; let the mind rouse and quicken the heaviness of the body, and the body stay and fix the levity of the soul. *Qui, velut summum bonum, laudat animæ naturam, et, tanquam malum, naturam carnis accusat, profecto et animam carnaliter appetit, et carnem carnaliter fugit; quoniam id vanitate sentit humana, non veritate divina.*[2] In this present that God has made us, there is nothing unworthy our care; we stand accountable, even to a hair; and 'tis no slight commission to man, to conduct man according to his condition; 'tis express, plain, and the principal injunction of all, and the Creator has seriously and strictly enjoined it. Authority has alone power to work upon common understandings, and is of more weight in a foreign language; therefore let us again charge with it in this place: *Stultitiæ proprium quis non dixerit, ignave et contumaciter facere, quæ facienda sunt; et alio corpus impellere, alio animum; distrahique inter diversissimos motus?*[3] To make this apparent, ask any one, some day, to tell you what whimsies and imaginations he put into his pate, upon the account of which he diverted his thoughts from a good meal, and regrets the time he spends in eating: you will find there is nothing so insipid in all the dishes at your table, as this wise meditation of his (for the most part we had better sleep than wake to the purpose we wake); and that his discourses and notions are not worth the worst mess there. Though they were the ecstasies of Archimedes himself, what then? I do not here speak of, nor mix with the rabble of us ordinary men, and the vanity of the thoughts and desires that divert us, those venerable souls, elevated by the ardour of devotion and religion, to a constant and conscientious meditation of divine things, who, by the energy of vivid and vehement hope, prepossessing the use of the eternal nourishment, the final aim and last step of Christian desires, the sole, constant, and incorruptible pleasure, disdain to apply themselves to our necessitous, fluid, and ambiguous conveniences, and easily resign to the body the care and use of sensual and temporal pasture: 'tis a privileged study. Between ourselves, I have ever observed supercelestial opinions and subterranean manners to be of singular accord.

Æsop, that great man, saw his master make water as he walked: "What, then," said he, "must we dung as we run?" Let us manage our time as well as we can, there will yet remain a great deal that will be idle and ill employed. The mind has not other hours enough wherein to do its business, without disassociating itself from the body, in that little space it must have for its necessity. They would put themselves out of themselves, and escape from being men; 'tis folly; instead of transforming themselves into angels, they transform themselves into beasts; instead of elevating, they lay themselves lower. These transcendental humours affright me, like high and inaccessible cliffs and precipices; and nothing is hard for me to digest in the life of Socrates but his ecstasies and communication with demons; nothing so human in Plato as that for which they say he was called divine; and of our sciences, those seem to be the most terrestrial

---

[1] A man must search into the nature of things, and examine what she requires.—*Ibid.*, v. 16.

[2] He who commends the nature of the soul as the supreme good, and condemns the nature of the flesh as evil, certainly, both carnally desires the soul, and carnally flies the flesh, because he is so possessed, through human vanity, and not by divine truth.—St. Augustine, *City of God*, xiv. 5.

[3] Who will not say, that it is the property of folly, slothfully and contumaciously to perform what is to be done, and to bend the body one way and the mind another, and to be distracted betwixt wholly different motions?—Seneca, *Epist.*, 74.

and low that are highest mounted; and I find nothing so humble and mortal in the life of Alexander, as his fancies about his immortalisation. Philotas pleasantly quipped him in his answer: he congratulated him by letter concerning the oracle of Jupiter Hammon, which had placed him amongst the gods: "Upon thy account, I am glad of it, but the men are to be pitied who are to live with a man, and to obey him, who exceeds and is not contented with the measure of a man."*Diis te minorem quod geris, imperas.*[1] The pretty inscription wherewith the Athenians honoured the entry of Pompey into their city, is conformable to my sense: "By so much thou art a god, as thou confessest thee a man."[2] 'Tis an absolute and, as it were, a divine perfection, for a man to know how loyally to enjoy his being. We seek other conditions, by reason we do not understand the use of our own; and go out of ourselves, because we know not how there to reside. 'Tis to much purpose to go upon stilts, for, when upon stilts, we must yet walk with our legs; and, when seated upon the most elevated throne in the world, we are but seated upon our breech. The fairest lives, in my opinion, are those which regularly accommodate themselves to the common and human model; without miracle, without extravagance. Old age stands a little in need of a more gentle treatment. Let us recommend it to God, the protector of health and wisdom, but withal, let it be gay and sociable.

> *Frui paratis et valido mihi*
> *Latoë, dones, et, precor, integra*
> *Cum mente; nec turpem senectam*
> *Degere, nec Cithara carentem.*[3]

---

[1] Because thou carriest thyself lower than the gods, thou rulest.—Horace, *Od.*, iii. 6, 5.

[2] Plutarch, Pompey.

[3] Grant it to me, Apollo, that I may enjoy what I have in good health; let me be sound in body and in mind; let me live in honour when old, nor let music be wanting.—Horace, *Od.*, i. 31, 17.

THE GREAT IDEAS, Volumes 2 and 3

....	FAMILY
ANGEL	FATE
ANIMAL	FORM
ARISTOCRACY	GOD
ART	GOOD AND EVIL
ASTRONOMY	GOVERNMENT
BEAUTY	HABIT
BEING	HAPPINESS
CAUSE	HISTORY
CHANCE	HONOR
CHANGE	HYPOTHESIS
CITIZEN	IDEA
CONSTITUTION	IMMORTALITY
COURAGE	INDUCTION
CUSTOM AND CONVENTION	INFINITY
	JUDGMENT
DEFINITION	JUSTICE
DEMOCRACY	KNOWLEDGE
DESIRE	LABOR
DIALECTIC	LANGUAGE
DUTY	LAW
EDUCATION	LIBERTY
ELEMENT	LIFE AND DEATH
EMOTION	LOGIC
ETERNITY	LOVE
EVOLUTION	MAN
EXPERIENCE	MATHEMATICS